古文字考釋提要總覽

——文字網“http://www.wenzi.cn/”關聯書系之一

第四册

主編　劉志基　董蓮池　王文耀　張再興　潘玉坤

第四册主編　董蓮池

上海人民出版社　上海書店出版社

策劃（以姓氏筆畫爲序）：王文耀　臧克和　劉志基
主編：劉志基　董蓮池　王文耀　張再興　潘玉坤

第四册主編：董蓮池

參編人員（以姓氏筆畫爲序）：
丁　瑛　丁雯穎　王　波　王　真　王錦華　朱　疆　朱穎星　李山川
李新城　吴　昊　邱　豔　何雯霞　余　穎　沈之傑　邵　琦　竺海燕
周　昉　周　玲　姜　慧　洪　莉　倪木蘭　徐　力　徐善飛　徐新偉
郭利芳　郭秋媛　陸　珏　陳婷珠　陶霞波　黄　蓓　常利輝　許　可
張　晗　楊玲榮　楊　洪　楊書平　雷黎明　蔣德平　樓　蘭　劉孝霞
劉翠翠　蘇　影　鵬　宇

上海市“十一五”重點圖書出版項目
上海市文化發展基金資助項目
教育部人文社會科學重點研究基地重大項目
國家社科基金重大項目“出土古文獻語料庫建設研究”（項目編號：10&ZD118）

目　録

凡　　例

一、本書彙集歷代古文字考釋意見，所收材料的時間下限一般爲 2008 年。

二、本書以提要的形式呈現各家古文字考釋意見，提要主要突出考釋結論和主要論證材料。一般論證過程則予以省略。

三、本書以表格形式呈現古文字考釋提要，每條考釋意見一欄，每欄七列。下面以“樣條”爲例分别说明：

1	2	3	4	5	6	7
上	 鄂君啓節	𨑒	金文	𨑒即上。凡稱𨑒者，既專指幹流的江漢，又爲逆流而上。	于省吾　鄂君啓節考釋　考古 1963 年 8 期	20523

樣條

第 1 列　字頭：標明考釋者認定的古文字字形的字頭歸屬。

第 2 列　古文字原形及其文獻出處：標明作爲考釋論著具體考釋對象的古文字原形，如果考釋論著明確所考字形所出的具體文獻，則在所列原形後注明具體文獻出處。如“樣條”第 2 列中的“”即爲第 5 列的論著提要所考釋的對象，而其後的“鄂君啓節”，即表明“”出自戰國青銅器“鄂君啓節”銘文。古文字原形及其文獻出處的設置，除了可以起到明確“考釋提要”的涉及物件的作用外，還將形成本成果數位形式相應的檢索路徑，即通過它們可以將全書涉及相同原形字或相同文獻出處的各家考釋意見類聚到一起。有些考釋涉及古文字原形太多，且各原形字之間並無結構等重要差異，因本列空間限制只列其代表原形；如果考釋論著並未明確其説解對象是哪個具體古文字原形則本列空缺。

第 3 列　隸古定：列出與字頭結構有差異的原形字的隸古定字形。如“樣條”第 3 列中的“𨑒”，結構與第 2 列中的“”一致，而與第 1 列中的“上”有明顯差異。因爲“隸古定”的設立主要爲了形成另一種檢索路徑，即可以將全書涉及相同結構古文

字的各家考釋意見類聚到一起，所以本書隸定力求客觀，並貫徹統一隸定標準，因此所形成的隸古定可能和考釋者的隸定不一致。另外，對於因各種原因難以隸定的古文字原形則暫時不隸定。

第 4 列　字形類：標明考釋論著所考字形的類型歸屬。“樣條”第 4 列中的“金文”，即標明第 2 列中的“䞨”屬於金文。若考釋論著所考字形跨類，則此欄空缺。“字形類型”的設置，可以形成專類古文字考釋的檢索路徑。

第 5 列　考釋提要：給出考釋論著具體考釋意見的要點。“樣條”第 5 列中的內容，即于省吾先生對“鄂君啓節”銘文“䞨”的考釋意見提要。作爲全書的主體，“考釋提要”力求客觀、簡明地反映考釋者的意見，著重反映考釋結論，以及關鍵性的考釋論證或論證材料。對提要的篇幅不做劃一的規定，其字數的多寡一般與考釋論著中相關文字説解本身的詳略程度成正比。

第 6 列　考釋論著的出處：依次標明考釋者姓名、論著名、論著所出期刊、出版社及出版時間。“樣條”第 6 列中的內容即表示第 5 列中的文字是出自《考古》1963 年第 8 期所載于省吾的論文《鄂君啓節考釋》。“考釋論著的出處”中的各個要素，都將成爲全書的一種檢索路徑，當然通過它們之間的相互組合，又可以相應的高級檢索。

第 7 列　“文字網”（http://www.wenzi.cn/）關聯號：該編號具體作用見本凡例“七”。

四、考釋提要通過字頭類聚，即把考定字頭歸屬相同的考釋論著提要歸在一起，並以論著的出版時間爲序排列。字頭則以《説文》部首排序。

五、古文字原形出處，含器物名和著録名兩種，凡出處字數較多者則列通用簡稱。因楚簡帛原形字所出著録較爲龐雜，兹列繁簡稱對照如下：

《包山楚簡》：包山

《長沙子彈庫戰國楚帛書研究》：長沙

《郭店楚墓竹簡》：郭店

《九店楚簡》：九店

《上海博物館藏戰國楚竹書》一：上一

《上海博物館藏戰國楚竹書》二：上二

《上海博物館藏戰國楚竹書》三：上三

《上海博物館藏戰國楚竹書》四：上四

《上海博物館藏戰國楚竹書》五：上五

《曾侯乙墓》：曾侯

《戰國楚竹簡匯編》：匯編

如有篇名簡稱，則爲原篇名前兩個字。

六、本書附傳統文本檢索和電子檢索兩種形式的索引。

1. 文本檢索，分字頭和隸古定兩種，均按筆畫數、筆序類型排序。

2. 電子檢索，除了文本檢索的内容外，還設有以下路徑的檢索：文字類型（甲、金等）、材料出處（片、器、簡等）、考釋者、考釋論著出處（刊名、時間、期號等）。以上各種路徑的檢索還可以相互組合形成各種高級檢索，詳見《〈古文字考釋提要總覽〉電子檢索系統》（將在全書出齊時出版）使用説明。

七、本書爲教育部人文社會科學重點研究基地華東師範大學中國文字研究與應用中心網站“文字網”（http://www.wenzi.cn/）的關聯文本，即本書的内容爲“文字網”專業資料檢索系統的有機組成部分，通過本書的關聯編號在“文字網”上進行檢索查詢，可以獲得更多相關信息：

1. 考釋論著全文；

2. 字形所出的原始文獻材料全貌；

3. 補充信息，即由於新的材料發現和研究進展所形成對本條考釋的補充和修正材料。

第四册部首索引

筆畫索引

十五畫

戢	993	魴	738	樊	295	濡	662
截	973	頟	5	頞	6	澅	669
畀	420	獢	289	惠	556	濊	669
閘	807	頤	81	頻	14	潑	669
閡	807	廚	137	澆	638	憐	505
閲	805	廟	144	澍	623	憯	497
閼	807	廛	140	澎	665	憔	556
憔	555	廞	145	瀆	611	憧	490
頫	21	廠	148	澧	666	翯	198
嶲	744	㢈	268	澫	666	彈	1039
鼩	318	廮	268	潮	594	替	177
磐	177	慶	471	濮	669	嬉	929
貓	220	麃	264	燙	354	嬛	930
慾	555	廎	148	澗	616	嫾	930
毚	282	麇	268	潰	608	嫦	930
滕	598	㬱	440	漂	669	嬌	904
奭	351	婁	930	濉	669	嫻	907
頔	21	㥢	557	溈	669	嫿	931
魼	743	熘	354	潼	569	嫣	879

頁部

頁			説文	頭也。从百从儿。古文䭫首如此。凡頁之屬皆从頁。百者，䭫首字也。	許慎　説文解字	
頁	 静簋顯字偏旁		金文	古䭫首字所從皆作首，不作頁。頁偏旁所用，亦以頭爲義，此静簋偏旁，下像人形，上像其首。或作從首。	林義光 文源	32151
頁			金文	此爲頁字最古者。象人身體全部。	丁佛言 説文古籀補補 卷九	32152
頁			陶文	按《説文》頁部所出籀文或古文其頁旁多加巛，此頁旁上所從與巛皆象髮。	顧廷龍 古匋文孴録 卷九	32153
頁			甲骨	竊謂乃頁字。《説文》頁，頭也。從百，從儿。蓋古文首字。借爲离。首、离一聲之轉。《説文》离讀與偰同。是即殷祖之契矣。	饒宗頤 殷代貞卜人物通考 卷五	32155
頁			金文	古文頁百首當爲一字。頁象頭及身，百但象頭，首象頭及上髮。	李孝定 甲骨文字集釋 卷九	35581
頁	 包/遣册/牘1		楚簡	應爲“頁”。	湯餘惠 包山楚簡讀後記 考古與文物 1993 年 2 期	1208
頁	 匯/信陽一號墓遣策/10		楚簡	即首字。	商承祚 戰國楚竹簡匯編 信陽長臺關一號楚墓竹簡第二組遣策	9425

頁			金文	合體字中也增加表示腳的符號。	張再興 西周金文構字元素的形體變化及其影響 瓊州大學學報 2002年1月	15394
頁			金文	銘文即籀文頁字。此當讀爲憃，從頁聲。	孫詒讓 古籀拾遺 卷下 毛公鼎	30410
頭			説文	首也。从頁豆聲。	許慎 説文解字	
頭			璽印	從百從豆省。許氏説首也。篆文從頁。非。	丁佛言 説文古籀補補 卷九	32156
顔	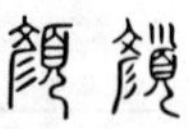 籀文	顏	説文	眉目之閒也。从頁彥聲。籀文。	許慎 説文解字	
顔		猶	金文	疑是古顔字。顔或從首。此字從首犬聲，犬彥聲同元部。	郭沫若 兩周金文辭大系圖録考釋 猶鐘	35666
顔			金文	上方爲頁即人面，下方爲彥字。此處作“中正”解。	王大有 燹公盨·遂國·遂人氏解讀 尋根 2003年2月	15313
頌	 籀文		説文	皃也。从頁公聲。籀文。	許慎 説文解字	
頌	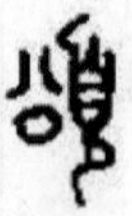		金文	許氏説，頌，皃也。今經典通作容。	吴大澂 説文古籀補 卷九	32160
頌	 郭/性自命出/21		楚簡	裘按：“頌”似當讀爲“容”。“頌”實即容貌之“容”的本字。	彭浩、劉祖信、王傳富 郭店楚墓竹簡	8854

頌	 郭/性自命出/20		楚簡	裘按："頌廟"當讀爲"容貌"。	彭浩、劉祖信、王傳富 郭店楚墓竹簡	8846
頌	 上一/性情論/12		楚簡	《説文》："頌，皃也。"段玉裁注："古作頌皃，今作容皃，古今字之異也。"	濮茅左 上海博物館藏戰國楚竹書 第一册 性情論	11099
頌	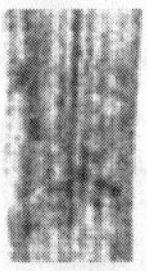 上一/性情論/29		楚簡	通"容"。下有墨釘。	濮茅左 上海博物館藏戰國楚竹書 第一册 性情論	12264
頌	 郭/老子甲/8		楚簡	容貌之容本字。	劉釗 郭店楚簡校釋	7328
頌	 上四/内豊/8		楚簡	"行不頌"，《禮記・曲禮上》作"行不翔"。"頌"與"翔"通。"頌"爲邪紐東部字，"翔"爲邪紐陽部字，"頌"、"翔"雙聲，東陽旁轉。鄭玄注《禮記・曲禮上》"室中不翔"曰："行而張拱曰翔。""行不翔"即謂行走時不可張開雙臂。"頌"，亦爲儀容。《説文・頁部》："頌，皃也。"段玉裁注："古作頌皃，今作容皃，古今字之異也。"鄭玄注上引《禮記・曲禮上》句時曰："不櫛、不翔，憂不爲容也。"	李零 上海博物館藏戰國楚竹書 第四册 内豊	3093

頌	 上四/内豊/8		楚簡	“頌”與“翔”當爲同義换讀，旁轉通假説不可信。“頌”通“容”，而“容”義爲“飛揚貌”，故可與“翔”互用。《字彙·宀部》：“容，飛揚貌。”《漢書·禮樂志》：“神之行，旌容容。”顔師古注：“容容，飛揚之貌。”簡八“行不頌”即“行不容”，也就是行走時不可一副飛揚的樣子，這與行走時不可張開雙臂，意義相同。	廖名春 讀楚竹書《内豊》篇劄記（一） 簡帛研究網 2005年2月20日	512
頌	 上四/内豊/8		楚簡	原注旁轉通假説不可信。“頌”通“容”，而“容”，禮書多指禮容。所謂禮容，即行禮者的體態、容貌等，爲行禮時所不可或缺。古代行禮，多講求動作、儀態等與禮節相互協調。《儀禮·士冠禮》：“賓右手執項，左手執前，進容，乃祝。”鄭玄注：“進容者，行翔而前鶬。”按，鶬通蹌，《儀禮·聘禮》：“衆介北面蹌焉。”鄭玄注：“容貌有節。”蹌，指行步有節。簡文“行不頌”即指孝子因父母有疾，憂致使行無禮容，此容正可以按“進容”之“容”理解，不必另解爲和翔相通。	曹建敦 讀上博藏楚竹書《内豊》篇劄記 簡帛研究網 2005年3月4日	525
頊			説文	顱也。从頁乇聲。	許慎　説文解字	
顱			説文	頊顱，首骨也。从頁盧聲。	許慎　説文解字	
顯			説文	顛頂也。从頁㬎聲。	許慎　説文解字	
顯			漢簡	顛，此字即“顯”之訛體，與願字音近相通。	銀雀山漢墓竹簡整理小組 銀雀山漢墓竹簡 第一輯	32165

顚			説文	頂也。从頁真聲。	許慎　説文解字	
顛			金文	古顛字。仆也。象踬跋之形。	吴大澂 毛公鼎釋文	32166
顛			金文	古顛字，仆也。從頁從又，象顛沛之形。今詩作填，誤又爲土。	吴大澂 説文古籀補	30409
頂	 或體 籀文	𩒹 顯	説文	顛也。从頁丁聲。𩒹或从資作。𩕊籀文从鼎。	許慎　説文解字	
頂			金文	羅振玉曰此當是顛頂之頂字。借作鼎。	强運開 説文古籀三補 卷九	32168
頂			甲骨	據形審量，宜爲從夫從丁，疑即今字頂之初文。頂又作䫀，見於《正字通》。則從頁從首一也。從夫，猶從頁或從首也。	白玉峥 殷虚第十五次發掘所得甲骨校釋 中國文字 1990 年 2 月	32170
顙			説文	頟也。从頁桑聲。	許慎　説文解字	
題			説文	頟也。从頁是聲。	許慎　説文解字	
題		頙	陶文	頙，《説文》所無。吴大澂云似題字省文。按《字彙補》頙，初責切，音拆。正也。	顧廷龍 古匋文録 卷九	32172
頟	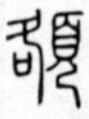		説文	顙也。从頁各聲。	許慎　説文解字	
頟		顀	金文	疑傾即頟字。	吴大澂 説文古籀補補遺 毛公鼎	35585
頟			金文	疑即頟字。古文讀若《書》罔晝夜頟頟。	吴大澂 説文古籀補 卷九	32174
頟		顀	金文	從頁從隹，疑即頟字頟古文。	吴大澂 説文古籀補補遺	41786

頞	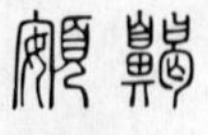 或體	齃	説文	鼻莖也。从頁安聲。齃或从鼻、曷。	許慎　説文解字	
頞	 伯頞父鬲		金文	從自。自，鼻也。“自”下象鼻中有莖。旻聲。	林義光 文源	32176
頯			説文	權也。从頁巿聲。	許慎　説文解字	
頰	 籀文	𩓨	説文	面旁也。从頁夾聲。𩓨籀文頰。	許慎　説文解字	
頣			説文	頰後也。从頁㠯聲。	許慎　説文解字	
頜	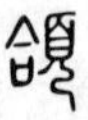		説文	顄也。从頁合聲。	許慎　説文解字	
顄			説文	頤也。从頁圅聲。	許慎　説文解字	
頸			説文	頭莖也。从頁巠聲。	許慎　説文解字	
頸			璽印	頸何。從古文巠。	丁佛言 説文古籀補補 卷九	32184
頸	 曾/9		楚簡	疑當讀爲“莖”。劉良注《文選》曰：“莖，旗杆也。”	湖北省博物館 曾侯乙墓	5763
領			説文	項也。从頁令聲。	許慎　説文解字	
項			説文	頭後也。从頁工聲。	許慎　説文解字	
項	 包/遣册/牘1		楚簡	此字從頁，工聲，當釋爲項。	湯餘惠 包山楚簡讀後記 考古與文物 1993 年 2 期	7074

項	 包/遣册/牘 1		楚簡	應釋“項”。	何琳儀 包山竹簡選釋 江漢考古 1993 年 4 期	7075
煩	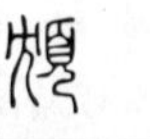		説文	項枕也。从頁冘聲。	許慎 説文解字	
顀			説文	出頟也。从頁隹聲。	許慎 説文解字	
顀	 沈子它簋蓋		金文	當爲從鳥從頁。從烏從隹同義。字即顀，即顧之省。鵿爲顀之異體。沈子段“鵿褱”即顧懷。	戴家祥 金文大字典 卷下	32193
顀	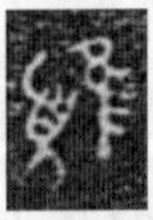 毛公鼎	䪼	金文	從頁從隹，疑即頟字古文。	吴大澂 説文古籀補第九	41788
顀	 毛公鼎	䪼	金文	疑顀頟二字古通。	吴大澂 愙齋集古録 第四册	35584
顀	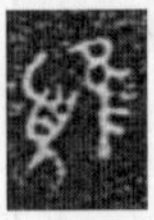 毛公鼎	䪼	金文	顀顀明是别字。顀疑推字假借。	高田忠周 説文古籀篇 卷四十五	35587
顀	 毛公鼎	䪼	金文	顀音鎚，《説文》：出額也，額出向前猶倦怠義。	吴寶煒 毛公鼎文正注	35588
顀	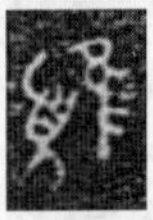 毛公鼎	䪼	金文	當即顀之異。《説文》：“顀，出頟也，从頁，隹聲。”案：字在此當讀爲推。	郭沫若 金文叢考 毛公鼎之年代 器銘考釋	32192
顀	 毛公鼎	䪼	金文	吴北江云，顀讀狂趡之趡。擾亂之意，《説文》以出頟説之非是。	于省吾 雙劍誃吉金文選 卷上二	35589

頧	 毛公鼎	雖	金文	此字左形右聲，與《説文》互易，言勿突出於政意。	張之綱 毛公鼎斠釋	35590
頧	 毛公鼎		金文	假借爲“推”。古此兩字同音。	胡性初 論毛公鼎銘文的修辭藝術 廣東教育學院學報 2000 年 5 期	15612
碩			説文	曲頤也。从頁不聲。	許慎　説文解字	
顩			説文	鱇皃。从頁僉聲。	許慎　説文解字	
頵			説文	面目不正皃。从頁尹聲。	許慎　説文解字	
頵			説文	頭頵頵大也。从頁君聲。	許慎　説文解字	
頵			金文	當爲頵之變體。《説文》：“頵，大也。”大揚義未協。目虢盤校之，疑當與顯義近也。	孫詒讓 古籀拾遺 卷中 追敲	32198
頵	 史頌簋  追簋  晋姜鼎	覠	金文	晉姜鼎字所從爲見，當釋覠。《集韻》：“大視也。”追敲字從頁爲頵。兩字古刻義同。古人自有覠命頵揚之文，今文習見顯命顯揚，多不之簪耳。	劉心源 奇觚室吉金文述 第四卷 史頌敲	45185
頵		頍	金文	覝即頵字省文。古文頁見通。頵覠覝皆同字顯然。《爾雅·釋詁》：“顯，光也。”虢季子白盤銘意即是也。或云銘上文曰丕顯子白，此曰孔顯有光，一銘而字不同，顯顯兩字各别，非是。	高田忠周 説文古籀篇 卷四十五	32289

頵	 楚王領鐘	領	金文	此爲頵之壞字，楚成王之名。	羅振玉 貞松堂集古遺文 卷一	35606
䪵			説文	面色顚䪵皃。从頁員聲。讀若隕。	許慎 説文解字	
䭠			説文	頭頰長也。从頁兼聲。	許慎 説文解字	
碩			説文	頭大也。从頁石聲。	許慎 説文解字	
碩			金文	金文用爲人名。	林潔明、周法高主編 金文詁林 卷九	35592
碩	 宴簋	厦	金文	叔碩父甗的碩字從石，古文石字爲偏旁多省作厂，故可能就是碩之省。碩訓大。	戴家祥 金文大字典 卷下	32203
碩			金文	石，象崖下石塊之形。而在其右下嵌入其他構字元素時，常省去“口”。“口”下移的結果很容易省略。	張再興 西周金文構字元素的形體變化及其影響 瓊州大學學報 2002 年 1 月	15389
碩	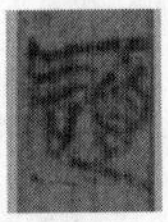 上三/周易/36		楚簡	引申爲“成果”、“收穫”。	濮茅左 上海博物館藏戰國楚竹書 第三册 周易	13708
頒			説文	大頭也。从頁分聲。一曰鬢也。《詩》曰：“有頒其首。”	許慎 説文解字	
頒		魚	甲骨	上面是個八，下面是個魚字，從八得聲，應讀若頒。是頒首魚的本字。“有頒其首”的頒音墳。不過頒字又音班。卜辭中的魚都讀班。當班賜講。	陳邦懷 甲骨文“魚”字試釋 中國語文 1966 年 1 期	32205

顒			説文	大頭也。从頁禺聲。《詩》曰："其大有顒。"	許慎　説文解字	
顒			金文	從頁禺聲。寬大温順義，本與容融通。此康容綏褭四字乃連語，非西夏合文。	劉心源 古文審卷二	32206
頚			説文	大頭也。从頁羔聲。	許慎　説文解字	
頶			説文	大頭也。从頁骨聲。讀若魁。	許慎　説文解字	
願			説文	大頭也。从頁原聲。	許慎　説文解字	
顤			説文	高長頭。从頁堯聲。	許慎　説文解字	
顤			説文	顤顤，高也。从頁敖聲。	許慎　説文解字	
頟			説文	面前岳岳也。从頁岳聲。	許慎　説文解字	
頣			説文	昧前也。从頁㞋聲。讀若昧。	許慎　説文解字	
頣	 上四/曹沫之陳/11		楚簡	《説文·頁部》："頣，昧前也。從頁，㞋聲。讀若昧。"吴大澂説："（頣）疑亦沬之古文，許書一字隸兩部者不可枚舉。"鈕樹玉《校録》："昧恐是沬，沬訓洗面，與頣義合。"又《水部》："沬，洒面也。從水，未聲。湏，古文沬從頁。"羅振玉《增訂殷虚書契考釋》："（甲骨文）象人散髮就皿洒面之狀。"簡文此字也可隸定爲"沬"。	廖名春 讀楚竹書《曹沬之陳》劄記 簡帛研究網 2005 年 2 月 12 日	3910
頣			金文	銘文中頣字左爲人首下水流形，右爲一人躬身形。又作湏、頪，義爲以水洗臉去除前昧，比喻要洗心革面，三省自身。	王大有 豳公盨·遂國·遂人氏解讀 尋根 2003 年 2 月	15312
顬			説文	面瘦淺顬顬也。从頁需聲。	許慎　説文解字	

䫉			説文	頭蔽䫉也。从頁豖聲。	許慎　説文解字	
頑			説文	梱頭也。从頁元聲。	許慎　説文解字	
䫕			説文	小頭䫕䫕也。从頁枝聲。讀若規。	許慎　説文解字	
顆			説文	小頭也。从頁果聲。	許慎　説文解字	
頢			説文	短面也。从頁昏聲。	許慎　説文解字	
頲			説文	狹頭頲也。从頁廷聲。	許慎　説文解字	
頠			説文	頭閑習也。从頁危聲。	許慎　説文解字	
頷			説文	面黃也。从頁含聲。	許慎　説文解字	
頷	 楚王領鐘	頷	金文	頷字或頷之訛文，許以顄字義訓頷者非。	高田忠周 説文古籀篇 卷四十五	35604
頷	 楚王領鐘	領	金文	字蓋頷之異文，從頁今聲。	郭沫若 兩周金文辭大系圖録考釋 楚王領鐘	32226
頷	 楚王領鐘	領	金文	頷字也，乃楚共王之名。	周法高 金文零釋 楚王領鐘的時代	35607
䫋			説文	面不正也。从頁爰聲。	許慎　説文解字	
頍			説文	舉頭也。从頁支聲。《詩》曰："有頍者弁。"	許慎　説文解字	

頌			説文	内頭水中也。从頁、叟，叟亦聲。	許慎　説文解字	
顧			説文	還視也。从頁雇聲。	許慎　説文解字	
顧		[illegible]	楚簡	裘按：此字今本作“寡”，但鄭注認爲“寡當爲顧，聲之誤也”。簡文此字從“見”（亦可謂從“視”，偏旁中二字一般不别），當釋爲“顧”，可證鄭注之確。	彭浩、劉祖信、王傳富　郭店楚墓竹簡	7283
顧				顧，我們懷疑西周金文“寡”的聲符是“顧”的象形原字，其字與“頁”相近，但突出眼目，人身直立（參見“寡”字條）。毛公鼎、沈子它簋、師隹鼎共有一字，《金文編》列於“頟”下，我們認爲可以分析爲從隹（或鳥）、顧（本字）聲。這幾篇銘文該字讀作“顧”，都文通字順，而且其辭例於文獻可證。諸家將它釋作《説文》“頟”，當是因同形而誤。“頟”可讀爲“顧”，是否就是“顧”的古字，似乎還可以討論。“顧”的來源無非兩種可能，一是在“頟”上增加“户”聲，二是取“雇”爲聲符。比較而言，前一種可能性更大。中山王器的“顧”字可分析爲：從鳥，寡省聲，也可以説是“顧”字本字增加形符“鳥”。郭店楚簡《緇衣》“顧”字可分析爲：從見（或視），寡省聲，也可以説是“顧”字本字增加義符見（或視）。	黄德寬　關於古代漢字字際關係的確定　中國文字研究　2003年4輯	14633

順			説文	理也。从頁从巛。	許慎 説文解字	
順				從也。從頁者，順從見於顏面，與顓頊爲謹同意。川聲。	林義光 文源	32232
順	 毛公旅鼎	⿰巛⿰言竟	金文	字左爲訓字，右從言人，或從言卩，未詳。即是訓緐文。或從二言從順省聲，或從競省從川聲。銘意當讀爲順。	高田忠周 説文古籀篇 卷五十二	28119
順	 井侯簋	⿰巛頁	金文	余謂乃順字，從頁，聲旁爲古巡字。	郭沫若 兩周金文辭大系圖録考釋	28270
順	 中山王嚳方壺	⿱巛心	金文	⿱巛心應釋爲順。訓順古通。	徐中舒、伍仕謙 中山三器釋文及宫堂圖説明 中國史研究1979年4期	22346
順	 中山王嚳方壺	⿱巛心	金文	⿱巛心字從心巛聲。壺銘有二種用法。一爲訓之更旁字，《説文》從言之字多從心。一與逆相對爲文，當爲順之更旁字。從心者表示心之順，從頁者表示顏色之順。	戴家祥 金文大字典 卷上	31546
顮			説文	顏色顮顃，慎事也。从頁㐱聲。	許慎 説文解字	
顃			説文	顮顃也。从頁粦聲。一曰頭少髮。	許慎 説文解字	
顓			説文	頭顓顓謹皃。从頁耑聲。	許慎 説文解字	
顓			璽印	通端。端，始也。又作耑。	丁佛言 説文古籀補補 卷九	32236
頊			説文	頭頊頊謹皃。从頁玉聲。	許慎 説文解字	

項	 項㚇盨		金文	古項字。	吴大澂 說文古籒補 卷九	32238
項	 項㚇盨		金文	古作象奉玉謹慤見於顔面之形。奉玉顓謹，有戰慄之意，故得引申爲寒縮。	林義光 文源	32239
項	 項㚇盨		金文	此篆頁下即人形之繁，人下亦足字，合以爲文。	高田忠周 說文古籒篇 卷四十五	35611
項	 項㚇盨		金文	顓項二字皆以謹爲義，此項下象足迹形，爲繁文。	方濬益 綴遺齋彝器款識考釋 卷九 第六頁	35608
項			金文	當釋項。	戴家祥 金文大字典 卷中	32241
頷			說文	低頭也。从頁金聲。《春秋傳》曰："迎于門，頷之而已。"	許慎　說文解字	
頓			說文	下首也。从頁屯聲。	許慎　說文解字	
頫	 或體	俛	說文	低頭也。从頁，逃省。太史卜書，頫仰字如此。楊雄曰：人面頫。頫或从人、免。	許慎　說文解字	
頫			金文	從人從府。鼎臣以爲俯爲頫的俗作，可據簋銘糾其謬。	戴家祥 金文大字典 卷上	32245
頣			說文	舉目視人皃。从頁臣聲。	許慎　說文解字	
顓			說文	倨視人也。从頁善聲。	許慎　說文解字	
頡	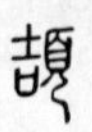		說文	直項也。从頁吉聲。	許慎　說文解字	

頡	 邵黛鐘		金文	與《書·酒誥》劼毖同意。頡劼二字古文通用。	吴大澂 説文古籀補 卷九	32248
頡	 邵黛鐘		金文	頡讀爲劼。	陶北溟 舊雲盦金文釋略·邵鐘 古學叢刊 1939 年	32251
䪺			説文	頭頡䪺也。从頁出聲。讀又若骨。	許慎 説文解字	
顥			説文	白皃。从頁从景。《楚詞》曰："天白顥顥。"南山四顥，白首人也。	許慎 説文解字	
顥				本義爲首映日光而白。引申爲老人頭白。又引申爲凡白之稱。	林義光 文源	32253
𩕲			説文	大醜皃。从頁樊聲。	許慎 説文解字	
𩔆			説文	好皃。从頁争聲。《詩》所謂"𩔆首"。	許慎 説文解字	
頨			説文	頭妍也。从頁，翩省聲。讀若翩。	許慎 説文解字	
顗			説文	謹莊皃。从頁豈聲。	許慎 説文解字	
顅			説文	頭鬢少髮也。从頁肩聲。《周禮》："數目顅脰。"	許慎 説文解字	
顐			説文	無髮也。一曰耳門也。从頁困聲。	許慎 説文解字	
𩑛			説文	秃也。从頁气聲。	許慎 説文解字	
頛			説文	頭不正也。从頁从耒。耒，頭傾也。讀又若《春秋》陳夏齧之齧。	許慎 説文解字	
𩔰			説文	傾首也。从頁卑聲。	許慎 説文解字	
𩔰	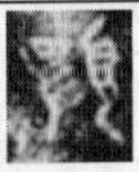 晉公盆		金文	疑即俾之假借字。	吴大澂 説文古籀補 卷九	32265

顊			金文	《説文》不載。郭沫若説該字假作卑，可備一説。	戴家祥 金文大字典	16620
⿰契頁			説文	司人也。一曰恐也。从頁契聲。讀若褉。	許慎 説文解字	
⿰鬼頁			説文	頭不正也。从頁鬼聲。	許慎 説文解字	
頗			説文	頭偏也。从頁皮聲。	許慎 説文解字	
⿰尤頁	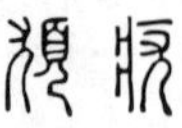 或體	疣	説文	顫也。从頁尤聲。㽦⿰尤頁或从疒。	許慎 説文解字	
顫			説文	頭不正也。从頁亶聲。	許慎 説文解字	
顑			説文	飯不飽，面黄起行也。从頁咸聲。讀若戇。	許慎 説文解字	
⿸厂顑			甲骨	即顑字。卜辭當讀如“咸劉厥敵”之咸、“克減侯宣多”之減。	唐蘭 天壤閣甲骨文存附考釋	32272
顲			説文	面顑顲皃。从頁畣聲。	許慎 説文解字	
煩			説文	熱頭痛也。从頁从火。一曰焚省聲。	許慎 説文解字	
煩				火爲焚省，不顯。頁火象面爲火灼之形。	林義光 文源	32275
煩			漢簡	是煩字。煩讀爲燔，以同音相通假。	于豪亮 釋漢簡中的草書 于豪亮學術文存 1985年1月	32277
顡			説文	癡，不聰明也。从頁豙聲。	許慎 説文解字	
頪			説文	難曉也。从頁、米。一曰鮮白皃。从粉省。	許慎 説文解字	
頪		不		米爲粉省不顯。頁米者視米之象，米繁碎難審視，故訓爲難曉。	林義光 文源	32279

類	 郭/緇衣/4		楚簡	讀作“述”，兩字同屬物部。簡文多以“頪”作“述”。	彭浩、劉祖信、王傳富 郭店楚墓竹簡	7188
類			楚簡	類，類別。	陳偉 郭店簡書《人雖有性》校釋 中國哲學史 2000 年 4 期	12641
頪	 上一/性情論/9		楚簡	《説文》：“頪，難曉也。”段玉裁注：“謂相似難分別也，頪、類，古今字。”又《孟子·告子上》：“指不若人，則知惡之；心不若人，則不知惡，此之謂不知類也。”趙岐注：“類，事也。”	濮茅左 上海博物館藏戰國楚竹書 第一册 性情論	12178
類	 上一/性情論/34		楚簡	即“類”。	濮茅左 上海博物館藏戰國楚竹書 第一册 性情論	11489
頪	 上二/容成氏/30		楚簡	六頪，即“六律”。“頪”、“律”都是來母物部字，音同互用。	李零 上海博物館藏戰國楚竹書 第二册 容成氏	13309
類	 郭/六德/31		楚簡	類，品類，仁類、義類與《五行》“仁之方”、“義之方”類似。	陳偉 郭店竹書別釋	9267
類			楚簡	賈誼《新書·等齊》云：“孔子曰：‘爲上可望而知也，爲下可類而志也。則君不疑於其臣，而臣不疑於其君。’”《新書》之引作“類”，可證郭店簡此字必是今之“類”字。	虞萬里 上博簡、郭店簡《緇衣》與傳本合校補證（上）史林 2002 年 2 期	13375

頪	 郭/尊德義/4		楚簡	頪，義爲遵循、師法。	陳偉 郭店竹書别釋	7394
頪	 郭/緇衣/4		楚簡	《緇衣》此字，在戰國或在漢代，皆有“述”和“類”兩種本子。用字雖然不同，含義卻是相通的。	陳偉 郭店竹書别釋	7189
頪	 郭/尊德義/4		楚簡	類字古文，爲有教無類之類。	劉釗 郭店楚簡校釋	7393
頪	 郭/緇衣/4		楚簡	爲類字古文。	劉釗 郭店楚簡校釋	7187
顦			説文	顦顇也。从頁焦聲。	許慎 説文解字	
顇			説文	顦顇也。从頁卒聲。	許慎 説文解字	
顐			説文	繫頭殟也。从頁昏聲。	許慎 説文解字	
頦			説文	醜也。从頁亥聲。	許慎 説文解字	
頛			説文	醜也。从頁其聲。今逐疫有頛頭。	許慎 説文解字	
顲			説文	呼也。从頁籥聲。讀與籥同。《商書》曰：“率顲衆戚。”	許慎 説文解字	
顯			説文	頭明飾也。从頁㬎聲。	許慎 説文解字	
顯			金文	古顯字，從二不，不，古丕字，大也。或從日從尹從皃。或從見。	吴大澂 説文古籀補 卷九	32286

顯	 追簋	䚉	金文	曩釋史頌簋字爲定，此簋字爲覲。今按：從舊説作顯，辭義較安。	徐同柏 從古堂款識學 第六卷	45183
顯			金文	顯字。	劉心源 古文審卷一	32287
顯		㬎	金文	顯訓頭明飾無所考。㬎從日中視絲，古文以爲顯字，日中視絲正顯明之象。顯，明也。象人面在日下視絲之形。絲本難視，持向日下視之乃明也。	林義光 文源	32288
顯	 井人妄鐘	害	金文	“害害”猶顯顯。	郭沫若 兩周金文辭大系圖録考釋	36472
顯	 師旂鼎		金文	疑是顯字之異，讀爲獻。	郭沫若 兩周金文辭大系圖録考釋 師旂鼎	32292
顯			金文	當亦顯之異文。	强運開 説文古籀三補 卷九	32290
顯	 史頌簋	䚉	金文	孫説誤。此篆見於金文者右皆從見，無作頁者。審其音義當與顯同。阮文達釋顯，蓋即以爲顯字之古文。	强運開 説文古籀三補 卷八	45187
顯	 井人妄鐘	䚉	金文	以史頌鼎虢季子白盤銘證之，亦顯之異文。	方濬益 綴遺齋彝器款識考釋 第一卷	45184
顯	 曾/3		楚簡	即《説文》篆文“韅”。	湖北省博物館 曾侯乙墓	5718

顯	 上三/周易/10		楚簡	光顯、盛大。	濮茅左 上海博物館藏戰國楚竹書 第三册 周易	13658
頣			説文	選具也。从二頁。	許慎　説文解字	
預			説文	安也。案：經典通用豫。从頁，未詳。	許慎　説文解字	
頙			陶文	《説文》無，《字彙補》音柴，正也。	高明、葛英會 古陶文字徵	17701
楨			楚簡	從頁、朩聲。《説文》無。	陳佩芬 上海博物館藏戰國楚竹書 第一册 紂衣	11911
楨			楚簡	“述”，原從頁從朮，疑讀“述”。古文字多用“述”爲“遂”，這裏是順遂之義。郭店本作“頪”，則是“類”字，“類”有模仿之義，字雖不同，形近易混，必有一誤，但文義相近。	李零 上博楚簡校讀記（之二）：《緇衣》 上博館藏戰國楚竹書研究 2002 年	5668
楨			楚簡	“朮”，原從朮從頁，此處當讀爲述。郭店簡作“爲下可頪而等”，今本作“爲下可述而志”。按，郭店簡的“頪”字，應是上博簡寫法的訛誤。	劉樂賢 讀上博簡劄記 上博館藏戰國楚竹書研究 2002 年	5669
頙	 包/卜筮/224		楚簡	應釋“夏”。	何琳儀 包山竹簡選釋 江漢考古 1993 年 4 期	6910
頙	 郭/成之聞之/38		楚簡	隸定爲“夏”，省“止”，亦見包山簡。	何琳儀 郭店竹簡選釋 簡帛研究 2001 年	8610
頫	 上三/周易/49		楚簡	疑亦“輔”之或體。阜陽漢簡《周易》作“父”。	濮茅左 上海博物館藏戰國楚竹書 第三册 周易	13841

⿰父頁	 上三/周易/27		楚簡	從父、從頁。《集韻》或從車、從頁作“⿰車頁”；或從車、從父作“⿰車父”，疑亦“輔”字。	濮茅左 上海博物館藏戰國楚竹書 第三册 周易	13645
⿰父頁	 上三/周易/27		楚簡	此字又見於第 49 簡，應分析爲從“頁”，“父”聲，當釋爲“⿰甫頁”。《玉篇》：“⿰甫頁，頰骨也。”《集韻》：“輔，《説文》‘人頰車也’。或做⿰甫頁。”“⿰甫頁”字曾侯乙墓鐘、磬銘文中多次出現。	徐在國 上博竹書（三）《周易》釋文補正 簡帛研究網 2004 年 4 月 24 日	2734
⿰句頁			陶文	左從句。右側上爲百下爲父。由曾侯乙鐘銘文之⿰甫頁可知該字右側部分可省作頁。讀作吼，或爲姤音字。從器銘知⿰句頁君爲徐國先祖。《禮記・檀弓下》的駒王實乃⿰句頁之舛。	商志䭴 次□缶銘文考釋及相關問題 文物 1989 年 12 期	17781
⿰岂頁	 郭/六德/26		楚簡	從“頁”“𢼸”省聲，“美”字或體。	趙平安 從楚簡“娩㝃”的釋讀談到甲骨文的“娩㝃” 簡帛研究 2001 年	9230
⿰岂頁	 上一/紂衣/1		楚簡	從頁從岂。《説文》所無。郭店簡作“⿰女岂”，蓋以岂爲聲符，今通作“美”。今本作“賢”。	陳佩芬 上海博物館藏戰國楚竹書 第一册 紂衣	11884
⿰旨頁	 上五/三德/16		楚簡	稽：《説文》：“留止也。”這裹指拖延。《管子・君臣上》：“令出而不稽。”	王晶 釋《上博五・三德》簡十六 簡帛網 2006 年 3 月 6 日	4713
頣	 上三/周易/24		楚簡	卦名，《周易》第二十七卦，震下艮上。	濮茅左 上海博物館藏戰國楚竹書 第三册 周易	13616

頤	 上三/周易/24		楚簡	違背頤養的正道，不以正道養生。	濮茅左 上海博物館藏戰國楚竹書 第三册 周易	13628
頤	 上三/周易/24		楚簡	觀其所養，觀察養賢與不肖。	濮茅左 上海博物館藏戰國楚竹書 第三册 周易	13617
頤	 上三/周易/24		楚簡	餬口。	濮茅左 上海博物館藏戰國楚竹書 第三册 周易	13624
頵	 大克鼎		金文	《説文》所無。孫詒讓謂當爲擾之異文。	容庚 金文編	16576
頫			金文	《玉篇》三六：頫，頰骨也，讀扶武切。當即《説文》之䩉字。䩉訓頰也，從面甫聲，頁爲人頭，從頁與從面同。亦同作俌。《説文》八篇："俌，輔也。從人甫聲。讀或撫。"形符變换，亦寫作輔，輔和車是面部組織的兩個部分。	戴家祥 金文大字典	15041
顥			金文	即今之漢口。	戴家祥 金文大字典	16467
頪	 郭/語叢一/110		楚簡	疑是"頷"之訛字，讀爲"色"。	彭浩、劉祖信、王傳富 郭店楚墓竹簡	8989

頯	 上三/周易/14		楚簡	從頁、從矣聲，《説文》所無，讀爲“疑”。	濮茅左 上海博物館藏戰國楚竹書 第三册 周易	10349
頯	 郭/語叢一/110		楚簡	從矣從色，應爲色字繁體。	劉釗 郭店楚簡校釋	8990
䪼	 上一/紂衣/7		楚簡	《説文》未見。郭店簡作“道”，今本作“遂”。	陳佩芬 上海博物館藏戰國楚竹書 第一册 紂衣	11973
䪼	 上一/紂衣/7		楚簡	“道”，簡文原從頁，郭店簡則寫作“道”。按，此字以頁爲聲符，此“頁”乃是古“首”字，即憂之聲符（參看《説文通訓定聲》），故可讀爲“道”。	劉樂賢 讀上博簡劄記 上博館藏戰國楚竹書研究 2002 年	14005
䪼	 上一/紂衣/7		楚簡	左半如何隸定還值得研究，右半從首，應讀“道”，今本作“遂”，即由“道”字的含義演變。	李零 上博楚簡校讀記（之二）：《緇衣》 上博館藏戰國楚竹書研究 2002 年	11972
頗	 包/文書/6		楚簡	應隸定“頗”，釋“履”。人名。	何琳儀 包山竹簡選釋 江漢考古 1993 年 4 期	3184
頗	 包/文書/6		楚簡	從舟、從止、從夏，頗即古履字。	湯餘惠 包山楚簡讀後記 考古與文物 1993 年 2 期	3183
頣			楚簡	林巳奈夫釋夏。	李零 長沙子彈庫戰國楚帛書研究	16601

頣	 包/文書/80		楚簡	應釋“履”。	何琳儀 包山竹簡選釋 江漢考古 1993 年 4 期	6160
頣	 郭/緇衣/7		楚簡	“夏”字，楚簡文字習見，在此借作“雅”。	彭浩、劉祖信、王傳富 郭店楚墓竹簡	7219
頣	 上一/孔子詩論/2		楚簡	古字此字與雅通用。	馬承源 上海博物館藏戰國楚竹書 第一册 孔子詩論	10802
頣	 上一/紂衣/4		楚簡	從頁，𤴓聲。	陳佩芬 上海博物館藏戰國楚竹書 第一册 紂衣	11935
頣	 上四/柬大王泊旱/1		楚簡	“大頣”，即“大夏”。《淮南子·地形訓》：“西北方曰大夏，曰海澤。”又水名。	濮茅左 上海博物館藏戰國楚竹書 第四册 柬大王泊旱	530
頟	 上三/周易/28		楚簡	從頁、從心、畓省聲，《説文》所無，音與“憂”、“羞”通。“或丞丌頟”，一作“或承之憂”，又作“或承之羞”。	濮茅左 上海博物館藏戰國楚竹書 第三册 周易	12601
頟	 上三/周易/28		楚簡	帛書本、今本作“或承之羞”。整理者認爲頟從頁從心，畓省聲，爲《説文》所無，音與“憂”、“羞”通。今按：金文“憂”字本像人以手掩面形，后又從心作。此即“憂”字。爪下多一畫“一”，可能表示手與身體相連之義，也可能爲飾笔。猶如中山王方壺的“愛”比圓壺的“愛”多出一筆。	黄錫全 讀上博《戰國楚竹書（三）》劄記六則 簡帛研究網 2004 年 4 月 29 日	2744

廎	 包/文書/145		楚簡	應釋“顔”。	何琳儀 包山竹簡選釋 江漢考古 1993 年 4 期	1454
顭			金文	該字假作媾。	戴家祥 金文大字典	16761
顬			楚簡	即囂，將四口集中於頁字下。	商承祚 戰國楚竹簡匯編 信陽長臺關一號楚墓竹簡第一組文章	9926
顰			金文	清人説金者或以即眉字之古形，非也。甲骨文作，金文作，而絶不作，眉壽即長壽，亦非也，有壽者其眉不必長也。	高鴻縉 頌器考釋	41316

百部

百			説文	頭也。象形。凡百之屬皆从百。	許慎 説文解字	
百			甲骨	當爲“百”之古文。與首字同。“多百”似謂俘獲首馘之多也。	孫詒讓 契文舉例 卷下	32294
脜			説文	面和也。从百从肉。讀若柔。	許慎 説文解字	
脜				百肉猶面肉也。百，面省。	林義光 文源	32296
脜			金文	此篆右從頁，左形或即古肉字。以盄龢鐘字爲證，左半或系從，讀作攸，古文有柔音。敦文即《書·舜典》之柔遠能邇也。	强運開 説文古籀三補 卷九	32297
脜	 番生簋蓋  大克鼎  秦公鎛		金文	讀爲柔。《説文》：“脜，面和也。從百從肉。讀若柔。”此篆右從頁，與百同意。左或即古肉字。或系從卣，卣讀若攸，故有柔音。脜篆下段注云：今字柔行而脜廢。《説文》頯篆讀如仇，與此篆音形兩者俱屬相近，或古頯脜二字本相通假。	强運開 説文古籀三補 第九卷	45175
脜			楚簡	讀爲擾，隸定爲“脜”。	陳松長 九店楚簡釋讀劄記 第三届國際中國古文字學研討會論文集 1997年10月	16122
覓	 上三/周易/38	頄	楚簡	頰間骨。	濮茅左 上海博物館藏戰國楚竹書 第三册 周易	13725

㝅			楚簡	“寡德”即君德。此是説《天保》“得禄蔑彊”，是以君德爲善的緣故。	廖名春 上海博物館藏《詩論》簡校釋劄記 上博館藏戰國楚竹書研究 2002年	5461
㝅	 上四/曹沫之陳/59		楚簡	“志”字義爲“意”，“寡”字義爲“獨”，當是指要注意“愛”、“和”，否則將成爲孤家寡人。	李鋭 讀上博四劄記（三） 2000 孔子網 2005年2月21日	3840
㝅	 中山王譽壺		金文	從頁，宂聲，讀若頒。在此讀爲寡。《説文》寡從宀頒。此省宀，僅存頒旁，戰國文字簡化常如此。	張政烺 中山王譽壺及鼎銘考釋 古文字研究 1979年1輯	17197
㝅	 郭/緇衣/22		楚簡	“寡”字異體。借作“顧”。《禮記・緇衣》鄭注：“葉公，楚縣公葉公子高也。臨死遺書曰顧命。”孫希旦云：“葉當作祭”，“祭公之顧命者，祭公謀父將死告穆王之言也。今見《逸周書・祭公解》篇”。	彭浩、劉祖信、王傳富 郭店楚墓竹簡	7517
㝅	 上一/紂衣/17		楚簡	即“寡”字，與“顧”通。《説文通訓定聲》：“寡，叚借爲顧。”郭店簡作“𩔗”，從見。今本“故君子寡言而行”，鄭玄注：“寡常爲顧聲之誤也。”	陳佩芬 上海博物館藏戰國楚竹書 第一册 紂衣	9367
㝅			楚簡	讀爲“寡”。	馬承源 上海博物館藏戰國楚竹書 第一册 孔子詩論	9535
㝅	 上一/紂衣/12		楚簡	爲“寡”之省筆。《中山王譽鼎》銘文和《天星觀楚簡》“寡”字都不從宀，省作“㝅”，與簡文同。《禮記・緇衣》“故君子寡言而行”，鄭玄注：“寡當爲顧，聲之誤也。”朱駿聲《説文通訓定聲》：“寡，叚借爲顧。”	陳佩芬 上海博物館藏戰國楚竹書 第一册 紂衣	12018
㝅	郭/尊德義/15		楚簡	即寡，寡信爲古代熟語，皆與言説關聯。	陳偉 郭店竹書別釋	7434

𩑶	 郭/緇衣/22		楚簡	寡字省文，讀爲顧。	劉釗 郭店楚簡校釋	7518
𩑶	 上五/三德/14	寡	楚簡	原讀作“寡”，疑當讀作“顧”。即“顧其憂”。《管子·形勢》：“故聖人擇言必顧其累，擇行必顧其憂。故曰：顧憂者，可與致道。”釋文當作“天之所敗，四（選）其救（從貝）（賕），而𩑶其憂”。	何有祖 上博五《三德》試讀 簡帛網 2006年2月20日	4876
䭫			楚簡	殆即《説文》釋“下首也。從首，旨聲”之䭫。	商承祚 戰國楚竹簡匯編 信陽長臺關一號楚墓竹簡第一組文章	9923
𩓁	 上三/彭祖/7		楚簡	含義待考，或讀爲“修”。	李零 上海博物館藏戰國楚竹書 第三册 彭祖	13568
𩓁	 上三/彭祖/7		楚簡	上從首或頁，下從攸，似可隸定爲“左從首，右從攸”，或爲“脩”的變體，《集韻·尤韻》：“修，或通作脩。”修，訓爲“告诫，儆戒”。	趙炳清 上博簡三《彭祖》補釋 簡帛研究網 2005年1月26日	1599
𨣼	 上五/君子爲禮/7		楚簡	此疑當釋爲“頸”。簡7緊接着言及“肩”、“身”、“足”等部位之禮儀，由上而下，此處釋爲“頸”當頗爲合理。“頸”前簡文有殘缺，待考。	何有祖 上博五《君子爲禮》試讀 簡帛網 2006年2月19日	4895
𧖥			楚簡	繒書乃謂，民能順天循善，不則擾亂。	高明 楚繒書研究 古文字研究 1985年12輯	11051
𩑋	 上五/三德/11		楚簡	疑讀爲“羞”。“羞”是心母幽部字，𩑋與憂所從相同，疑是影母幽部字，讀音相近，與上“恥”字互文。	李零 上海博物館藏戰國楚竹書 第五册 三德	631

面部

面			説文	顔前也。从百，象人面形。凡面之屬皆从面。	許慎　説文解字	
面	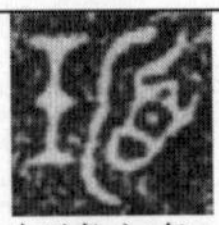 師遽方彝 緬字偏旁		金文	象形。	林義光 文源	32300
面			甲骨	此殆是面字。象形。	余永梁 殷虚文字考 國學論叢 1927 年	32301
面	 包/遣册/271		楚簡	指馬頭。墓中有以皮革做的馬頭護甲，當爲鞅面。	劉彬徽、彭浩、胡雅麗、劉祖信 包山楚簡	6290
面	 郭/尊德義/15		楚簡	讀銜。	李家浩 包山楚簡研究（五篇） 第二屆國際中國古文字學研討會論文集 1993 年 10 月	6784
面	 郭/尊德義/15		楚簡	《釋文》釋爲“面”，非常錯誤。隸定爲上從首下從臼，應讀爲“啗”，本爲“吃”或“使其吃”的意思，引申有“獲取”的意思。	劉釗 讀郭店楚簡字詞劄記（四） 古籍整理研究學刊 2002 年 5 期	6781
面	 郭/尊德義/15		楚簡	銜利，是含利、懷利的意思。	陳偉 郭店竹書别釋	6783
面	 郭/尊德義/15	晋	楚簡	隸定作晋，讀爲啗，意爲吃，引申爲獲取利益。	劉釗 郭店楚簡校釋	6782
面	 包/遣册/272		楚簡	這個字確實是作爲“面”字來使用的。簡文中的“面”解釋爲馬的面飾是合理的。	李家浩 包山遣册考釋（四篇） 古籍整理研究學刊 2003 年	4649

面			甲骨	應釋爲“面”，跟金文偏旁“面”字的寫法完全相同。本義是顔面，引申作“當面”講。	黄天樹 花園莊東地甲骨中所見的若干新資料 陝西師範大學學報（哲學社會科學版）2005 年 2 期	15941
靦	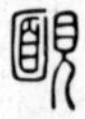  或體	⿰面旦	説文	面見也。从面、見，見亦聲。《詩》曰：“有靦面目。”⿰面旦或从旦。	許慎　説文解字	
酺			説文	頰也。从面甫聲。	許慎　説文解字	
酺	 伯侯父盤	⿱耳大	金文	此爲酺古文，從大與夫同，夫兼取聲，上部爲象形。	高田忠周 説文古籀篇 卷四十六 伯侯父盤	36391
醮			説文	面焦枯小也。从面、焦。	許慎　説文解字	
靨			説文	姿也。从面猒聲。	許慎　説文解字	

丏部

丏			説文	不見也。象壅蔽之形。凡丏之屬皆从丏。	許慎　説文解字	
丏		万	金文	象人頭上有物蔽之形。丏雙聲旁轉爲萬，故隸或以万爲萬字。	林義光　文源	32307
丏			楚簡	此應是金文賓之所從。璽文借爲千萬之萬。簡文上增八爲飾。	湯餘惠　包山楚簡讀後記　考古與文物 1993 年 2 期	32309

首部

首			説文	百同。古文百也。巛象髮，謂之鬈，鬈卽巛也。凡𦣻之屬皆从𦣻。	許慎　説文解字	
首	 窓鼎		金文	形如稽首之首，讀爲稽。	劉心源　奇觚室吉金文述　卷二　師首鼎	28120
首			金文	或釋衆，非。古文首字。“目”上即巛也。	劉心源　奇觚室吉金文述　卷二	32310
首	 矢人盤		金文	從古文首字。古文奇字人從二，非重文。古刻𩠐首之𩠐從𦣻亦從。《説文》頁，古文𩠐首如此。謂古文用頁爲𩠐。經典𩠐首字通作稽。此銘數字亦確是稽，稽者，考也。	劉心源　奇觚室吉金文述　卷八　矢人盤	28121
首			金文	巛取形，非川字。古作不象戴髮形。	林義光　文源	32311
首			甲骨	象首形。當即古首字。	柯昌濟　殷墟書契補釋	32313
首			甲骨	疑𦣻之古象形文。金文首字並象首戴髮形。	葉玉森　殷虚書契前編集釋　卷六	32312
首			甲骨	乃首字。他辭恒言多冐，即多首，猶言多君、多正、多帥。首用爲動詞，有率領之意，猶將之訓帥，衛之訓將。云“首人三千”，即帥人三千也。	饒宗頤　殷代貞卜人物通考　卷四	32315
首	 元年師兑簋		金文	字象人頭有髮形，直傳至今。	高鴻縉　中國字例二篇	35625
首			説文	百者篆文，𦣻者古文。曷以古篆別出爲部首，以各有隸之字故也。其字從古文者多，篆文者少，又肖其形，遂篆廢而古文行矣。	商承祚　説文中之古文考	42300

首			楚簡	從商承祚釋“首”，首事即舉事。	李零 長沙子彈庫戰國楚帛書研究	1549
首			楚簡	此字釋爲“百”。	何琳儀 長沙帛書通釋 江漢考古 1986 年 1、2 期	11571
首	 曾/6		楚簡	用翠鳥之羽繫於旗杆之首。	湖北省博物館 曾侯乙墓	5741
首	 包/遣册/273		楚簡	翯首即是用白色羽毛裝飾的旌旗頂端。	劉彬徽、彭浩、胡雅麗、劉祖信 包山楚簡	6303
首			楚簡	“首”字不清，也可能是“百”字。	李零 《長沙子彈庫戰國楚帛書研究》補正 古文字研究 2000 年 20 輯	11570
首			楚簡	《容成氏》2 號簡在“長者”和“宅”之間有個字，從禾從首。或認爲秀、首二字相通而釋爲秀。讀爲繇。筆者認爲釋爲秀比較有道理，但如將此字看作從首禾聲的字，禾與垸古音有陰陽對轉的關係，莫若將此字釋作垸，訓“髹漆”與簡文義更合。	楊澤生 上博竹書考釋（三篇） 第四届國際中國古文字學研討會論文集 2003 年	15267
首	 上三/周易/10		楚簡	王弼本上六爻辭“比之无首”，楚簡本作“比无首”，少一“之”字。案：帛書《易經》、阜陽漢簡本皆無“之”字，與楚簡同。而《小象傳》：“比之无首，无所終也。”表面上看有“之”字。但也有可能是爲了湊成四字句，就將“比无首”加上一“之”字。如《復》卦初九“不遠復”，《小象傳》作“不遠之復”；《大有》六五“威如，吉”，《小象傳》作“威如之吉”，也皆增加一“之”字。因此，楚簡本和帛書《易經》、阜陽漢簡本無“之”字，應當可從。	廖名春 楚簡《周易》校釋記（一） 簡帛研究網 2004 年 4 月 23 日	1415

首	 上四/曹沫之陳/53		楚簡	“聳首”，待考。	李零 上海博物館藏戰國楚竹書 第四册 曹沫之陳	2425
䭫			説文	下首也。从𩠐旨聲。	許慎 説文解字	
䭫	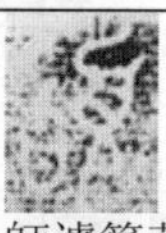 師遽簋蓋		金文	䭫。今經典通用稽。	吴大澂 説文古籀補 卷九	32316
䭫			金文	䭫首字也。經傳䭫首字通作稽。	劉心源 奇觚室吉金文述 卷八	32317
䭫			金文	䭫之言稽也。低首稽止也。䭫稽音義稍近，故多借稽爲䭫。䭫當從稽省聲也。	高田忠周 説文古籀篇 卷四十五	32318
䭫			楚簡	殆即䭫。䭫首爲古代叩拜禮用辭。金文銘文習見，後世作稽。	商承祚 戰國楚竹簡匯編 江陵望山一號楚墓竹簡疾病雜事劄記考釋	32320
⿰首斷	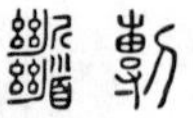 或體	剸	説文	戳也。从𩠐从斷。剸或从刀專聲。	許慎 説文解字	
⿰首斷		叀	甲骨	疑爲用牲之法。殆即剸字。	明義士 柏根氏舊藏甲骨文字考釋	32321
⿰首斷	 匯編 5573	剸	璽印	實爲《説文》剸字古體。與斷字之古文同字。	黄錫全 利用《汗簡》考釋古文字 古文字研究 1986 年 15 輯	32323
⿰首斷			金文	今按應是剸字。銘文假借爲“驛傳”之“傳”，用爲動詞。	湯餘惠 九年將軍張戈銘文補正 史學集刊 1987 年 4 期	32325
⿱产首			楚簡	似是一從产從首加重文號的字，這裏暫以“顔”字代之。	李零 讀九店楚簡 考古學報 1999 年 2 期	6661
⿰首戈	 上二/容成氏/9		楚簡	即“戴”。	李零 上海博物館藏戰國楚竹書 第二册 容成氏	13182
⿱止首	 包/遣册/269		楚簡	懷疑讀如首。	劉彬徽、彭浩、胡雅麗、劉祖信 包山楚簡	6764

県部

県			説文	到首也。賈侍中説：此斷首到縣県字。凡県之屬皆从県。	許慎　説文解字	
県			金文	《説文》：此斷首倒縣県字。按今字以梟爲之。	林義光 文源	32326
県			楚簡	釋爲“盜”。	李零 長沙子彈庫戰國楚帛書研究	1490
県			楚簡	此字釋爲“須”，乃“褸”之假借，引申訓“敗”。	何琳儀 長沙帛書通釋 江漢考古 1986年 1、2 期	10193
県			甲骨	人馘後，示以死，則睫眉作下垂狀。	王長豐 釋“馘”、“県”及其相关字 中原文物 2005 年 4 期	15111
縣			説文	繫也。从系持県。	許慎　説文解字	
縣	 縣妃簋		金文	孫詒讓曰當是古縣字。	丁佛言 説文古籀補補 卷九	35637
縣			金文	此字從木系首。《説文》從系持県，県爲倒首字，即梟斬之梟。	劉心源 奇觚室吉金文述 卷九	32328
縣			金文	縣之變體也。	孫詒讓 古籀餘論 卷三 改彝	32330
縣			金文	古文從木從糸持首。	林義光 文源	35638
縣	 沇兒鐘		金文	左從音，右象樂縣之形，薛氏釋縣，今從之。	方濬益 綴遺齋彝器款識考釋 卷二 王子沇兒鐘	32329
縣			甲骨	從幺繫貝，懸之於木，蓋即古文縣字。《説文》所無。	孫海波 甲骨文編 卷六	16498

縣	 元年師旋簋	還	金文	據目前所知，古文字中的“縣”最早見西周中期的免瑚和師旋簋，其字作“還”。“縣”指環繞國都或大城邑的地區，本是由還（環）派生出來的詞，所以就寫作還或睘、寰。因爲是區域名，所以又從邑作“鄵”。用來表示這一意義的“縣”則是一個假借字。	李家浩 先秦文字中的“縣” 文史 1987年28輯	32332

須部

須			説文	面毛也。从頁从彡。凡須之屬皆从須。	許慎　説文解字	
須			金文	須古文以爲篡字。	吴大澂 説文古籀補 卷九	32333
須	 易叔盨		金文	《説文》云須，頤下毛也，從頁彡。古文象面有鬚形。	林義光 文源	32334
須				須原面毛總偁。統言則爲總偁，析言則頤下爲須。	高田忠周 説文古籀篇 卷四十六	35643
須			金文	《攈古録金文》引許瀚説“此是句彝二字”。吴大澂云：“上文似句字，下文不可識。”	郭沫若 金文餘釋之餘 釋須句	32337
須	 易叔盨		金文	假借爲盨。	强運開 説文古籀三補 卷九	32335
須			金文	金文均像頁（頭）旁生鬚形，字倚頁畫鬚形，爲鬚意名詞。後借用爲必須之意，副詞，久而不返，秦人乃加意符髟作鬚。	高鴻縉 中國字例 二篇	35645
須			金文	周代金文始出現須字。這是從獨體的象形的而字孳乳爲附加首須的須字。由於而字假作虚詞，久假不歸，遂别造須字以代之。	于省吾 甲骨文字釋林 釋具有部分表音的獨體象形字	32338
須	 紀伯娗父匜	叵	金文	王獻唐釋須，於義爲長。	李孝定 金文詁林讀後記 卷十二	25278
須			甲骨	須字。	于省吾 釋從天從大從人的一些古文字 古文字研究 1986 年	32339
須	 曾/6		楚簡	《周禮》鄭司農注：“須，直謂頤下須。”羊須，羊嘴下翁鬚狀的毛。	湖北省博物館 曾侯乙墓	5742

須			甲骨	須的異體，在卜辭中一般用作人名、地名及數量名詞。	沈建華 釋甲骨文中所見西周幾個重要地名 考古與文物 1997 年 4 期	15834
須	 郭/老子甲/24		楚簡	待也。各本作“觀”。	彭浩、劉祖信、王傳富 郭店楚墓竹簡	5968
須	 郭/老子甲/2		楚簡	爲寡字誤寫。	彭浩、劉祖信、王傳富 郭店楚墓竹簡	6717
須	 郭/老子甲/2		楚簡	爲寡字省簡寫法，非誤寫。	劉釗 郭店楚簡校釋	6718
須	 郭/老子甲/24		楚簡	義爲等待。	劉釗 郭店楚簡校釋	5969
須	 上四/昭王毀室/5		楚簡	《集韻》：“須，俗作鬚。”“古須”即古稀，謂人年七十爲古稀。	陳佩芬 上海博物館藏戰國楚竹書 第四册 昭王毀室——昭王與龔之脾	3581
須	 上四/昭王毀室/5		楚簡	古須，整理者解釋爲“古稀”，不確。古，讀爲“姑”，訓爲“且”。須，是等待的意思。	劉樂賢 讀上博（四）劄記 簡帛研究網 2005 年 2 月 15 日	3769
須	 上四/昭王毀室/5		楚簡	“鬚”與“稀”聲韻皆遠，似無關係。“古須”當讀爲“姑須”，義爲“姑且等待”。	孟蓬生 上博竹書（四）閒詁 簡帛研究網 2005 年 2 月 15 日	3915
頿			説文	口上須也。从須此聲。	許慎 説文解字	
頿			金文	郭沫若認爲象人口旁有須。甚是。盂鼎所見加注“此”聲，所以應該是髭的象形初文。	裘錫圭 考古 讀安陽新出土的牛胛骨及其刻辭	32341
頯			説文	煩須也。从須从冄，冄亦聲。	許慎 説文解字	
顊			説文	須髮半白也。从須卑聲。	許慎 説文解字	

額			説文	短須髪皃。从須否聲。	許慎　説文解字	
顭	 國差罏		金文	許印林説字上從釁省，下從須，須爲古沬字。古文沬眉同聲。	吴式芬 攈古録金文卷三之一 齊國差罏	28041

彡部

彡			説文	毛飾畫文也。象形。凡彡之屬皆从彡。	許慎 説文解字	
彡			甲骨	《書》肜日之肜，義爲不絕。卜辭有彡日，彡諸肜正象相續不絕，殆爲肜日之本字。彭字蓋從此得聲。	羅振玉 殷虚書契考釋 卷中	32345
彡			甲骨	古彤字。	王襄 簠室殷契類纂 正編卷八	32347
彡			金文	古作彡，與三不同形。是不當與三同音。	林義光 文源	32346
彡			甲骨	羅氏釋肜至確。予疑彡爲古代表示不絕之標誌。	葉玉森 殷虚書契前編集釋 卷一	32348
彡			甲骨	卜辭彡用爲彤祭之彤。	孫海波 甲骨文編	32349
彡			甲骨	“彡夕”，連夕之祭也。王賓爲祭禮之總名，彡夕爲祭法。	唐蘭 天壤閣甲骨文存附考釋	32350
彡	 		金文	彡殆爲鼓聲，在殷代當是伐鼓而祭之義。相續不絕似是後起之義。彭字左從鼓，右從彡，拟鼓聲之彭彭。	董作賓 殷曆譜 上編第三卷 祀與年	45109
彡			甲骨	以彡爲相續不絕似是後起義，在殷代當是伐鼓而祭之義。	董作賓 殷曆譜 上編卷三 祀與年	32352
彡			甲骨	彡日即書文之肜日。	楊樹達 積微居甲文説 卷下 釋肜日	32353
彡			甲骨	彡爲繹祭。尋繹昨日之祭。以儐尸也。	饒宗頤 殷代貞卜人物通考 卷十七	32355
彡			甲骨	彡即肜，卜辭有彡日，又有肜夕。《爾雅》：“繹，又祭也。周曰繹，商曰肜。”孫炎注：“祭之明日，尋繹復祭，肜者相尋之意。”	饒宗頤 殷代貞卜人物通考 卷六	32354

彡			甲骨	彡即後世彤字。爲殷人五種要祀典之一。彡日之祭。則行於當日。以“祭之明日又祭”者,與甲骨文彡字之義有間。蓋後起之説。	屈萬里 殷墟文字甲編考釋	32357
彡			甲骨	契文之，五畫相繼，製字之始，當由聞鼓聲之連續，寫其聲爲，更製字，半象鼓形。後從舟從彡。衍爲肜字，經典肜日之肜用彤而、肜廢。	王襄 古文流變臆説	32356
彡			甲骨	鼓聲彭彭相續不絶,以此爲祭謂之彡祭。引申有尋繹不絶之義耳。作彤作肜作融均只是同音假借。彭之古文也。	李孝定 甲骨文字集釋 卷八	32358
彡	 		金文	鼓聲彭彭相續不絶,以此爲祭謂之彡祭。引申有尋繹不絶之義。與訓毛飾畫文之彡形雖同而音義各别。	李孝定 甲骨文字集釋	45110
彡	 		金文	其祭必以伐鼓爲主要禮儀，故名彡。本無相續不絶之義。後以連日而祭爲其特異，遂以又祭釋肜。豈可以鼓聲不絶,引申爲尋繹不絶之義。	周法高主編 金文詁林 第八卷	45111
彡			甲骨	祭名也。諸家多釋爲肜。	中國社會科學院考古研究所 小屯南地甲骨	32360
彡			甲骨	彡。《説文》：“毛飾畫文也。”據段注,乃以筆所畫之文。然實際亦包括刀刻、刺繡等之文飾。器物衣飾皆連綿銜接。故引申爲相續不絶之義。	徐中舒 甲骨文字典 卷九	32362
彡			甲骨	肜祭過程有三:肜夕屬前祭迎神之典,肜日是正祭,肜龠則屬送神之祀。	朱歧祥 殷墟甲骨文字通釋稿	32361
形			説文	象形也。从彡幵聲。	許慎 説文解字	

㐱	 或體		説文	稠髮也。从彡从人。《詩》曰："㐱髮如雲。"鬒㐱或从髟真聲。	許慎 説文解字	
㐱			甲骨	當爲昣之借字。昣，告也，致也。此亦當爲卜告致鬼神及人之事。故有以"貞㐱"並舉者。	孫詒讓 契文舉例 卷上	32364
㐱			金文	《説文》云：㐱，從彡人聲，但㐱與人不同音，當象人有稠髮形。	林義光 文源	35646
㐱			金文	《説文》云：㐱，稠髮也，從彡從人。或從髟真聲。	高田忠周 説文古籀篇 卷四十六	35647
㐱			甲骨	此云："㐱，乎，……"乎即呼也。謂㐱祭而呼告也。	吴其昌 殷墟書契解詁	32366
㐱			甲骨	胡君釋尿非也。疑是㐱字，乃人名。	楊樹達 積微居甲文説 讀胡厚宣君殷人疾病考	32368
修			説文	飾也。从彡攸聲。	許慎 説文解字	
修		攸	金文	修之古文，象手持物形，人有所飾也。	林義光 文源	28122
修			璽印	古鉥攸年。攸年即修年。義同長年。	丁佛言 説文古籀補補 卷九	32370
彰			説文	文彰也。从彡从章，章亦聲。	許慎 説文解字	
彰			陶文	許氏説：彰，文彰也。	丁佛言 説文古籀補補 卷九	32372
彫			説文	琢文也。从彡周聲。	許慎 説文解字	
彫			金文	象方格縱横、刻畫文采之形，當爲彫之初文。或從口，附加之形符也。	朱芳圃 殷周文字釋叢 卷下	19860
彫			金文	余曩謂乃密緻周帀之象；朱芳圃氏謂是彫之初文，説似較長。	李孝定 金文詁林讀後記	19864
彫		敡	楚簡	讀如彫。彫畫爲文飾。	劉彬徽、彭浩、胡雅麗、劉祖信 包山楚簡	32377

彫	 者㵾鐘		金文	均彫之或作，彫是琱異文。彫琱都是雕刻的本字。琱爲治玉。彫爲琢文。	戴家祥 金文大字典 卷上	32378
彫	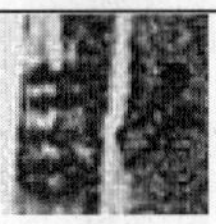		楚簡	彫，謂畫以紋飾。簡文不從彡。彫鼓，爲飾以彩繪之鼓。	商承祚 戰國楚竹簡匯編 信陽長臺關一號楚墓竹簡第二組遺策考釋	32379
彫	 匯/信陽一號墓遺策/7		楚簡	畫以紋飾。簡中此字右旁爲兩撇。	商承祚 戰國楚竹簡匯編 信陽長臺關一號楚墓竹簡第二組遺策	9396
彰			説文	清飾也。从彡青聲。	許慎 説文解字	
㣎			説文	細文也。从彡，㡀省聲。	許慎 説文解字	
弱			説文	橈也。上象橈曲，彡象毛氂橈弱也。弱物并，故从二弓。	許慎 説文解字	
弱			甲骨	以形求之，當即弱字，象弓弦折以示弱也。	柯昌濟 殷墟書契補釋	32382
彩			説文	文章也。从彡采聲。	許慎 説文解字	
肜			甲骨	肜。該字義爲不絶。卜辭有彡字，正象相續不絶，殆爲該字本字。	羅振玉 增訂殷虛書契考釋 卷中	16420
肜			甲骨	羅氏所釋至塙。彡爲古代表示不絶之標識，猶後世作……也。卜辭中肜日肜月，並爲祭名。	葉玉森 殷虛書契前編集釋 卷一	16421
肜			甲骨	該字表示連續不絶的意思。爲肜，非三字。	郭沫若 殷契卜辭考釋	16422
豩			甲骨	疑爲豕之一種，《説文》失收，后世誤爲豕字。	屈萬里 殷墟文字甲編考釋	18362
豩			金文	左實乃古文豕字，此銘文加彡象其毫毛長之形，此字爲籀文。	吴式芬 攈古録金文 卷二之三	17500
酌			甲骨	酉即古文酒字，從彡疑即卜辭肜日之彡，此字蓋肜日祭酒之專名。有時與肜祭並舉，或言肜酌或言酌肜，酌祭之日即爲肜祭之日，故從彡古當別有此字，書作酌以存。	葉玉森 殷虛書契前編集釋 卷	18351

彡			甲骨	酒祭，從彡從酉，《説文》無，其用與酒同。	孫海波 甲骨文編 卷十四	18352
彡			金文	彡就是肜字。彡就是彡的繁文，彤彤的本字。彡和彡略有區别。其實是一個字。	唐蘭 論周昭王時代的青銅器銘刻 古文字研究 1980年2輯	32359
彡			金文	甲骨文中常見祭名，對先世的特祭、合祭和周祭都可用彡，對自然神的祭祀也可用彡，但非酒祭之酒的專用字。此字絶大多數用作祭祀之法，即酒滴沃地以祭，可解爲酹，酹爲形聲字，彡爲會意字，象以酒滴灑地。彡爲單獨的祭名，也可以是多次祭祀中的一個環節。	陳佩芬 繁卣、趞鼎及梁其鐘銘文詮釋 上海博物館集刊總2期 1982年	18355
彡			甲骨	非酒字，語法行爲與賁、㞢等同。	周國正 卜辭兩種祭祀動詞的語法特徵及有關句子的語法分析 古文字學論集初編 1983年	18356
彡			甲骨	祭名。	中國社會科學院考古研究所 小屯南地甲骨	18353
彡			甲骨	卜辭用爲祭名，非酒字。	陳漢平 古文字釋叢 考古與文物 1985年1期	18354
彡			金文	銘文此字正是《説文》所謂"吉凶所造起也"之義。	陳奇猷 北趙晉侯墓出土叔夨方鼎銘文研究 古籍整理研究學刊 2004年1月	15544

彣部

彣			説文	䰠也。从彡从文。凡彣之屬皆从彣。	許慎　説文解字	
彥			説文	美士有文，人所言也。从彣厂聲。	許慎　説文解字	
彥	 彥父丁鼎	彥	金文	古彥字。	吴大澂 説文古籀補 卷九	32388
彥	 彥父丁鼎	彥	金文	此銘彥下彡象毛之屈曲，飾義已見。或疑彥非彥，即彣之異文。	吴式芬 攈古録金文 卷二 彥鼎	32389
彥	 彥父丁鼎	彥	金文	許印林説，此銘彥下彡象毛之屈曲。或曰彣之異文。	吴式芬 攈古録金文 卷二之二	35658
彥	 彥父丁鼎	彥	金文	疑此謂地名，貝所産也。又變爲弓者，連綿以便筆寫之捷。	高田忠周 説文古籀篇 卷十八	35660
彥	 彥父丁鼎	彥	金文	此從文從弓，弓字三折，與彡形近，當是古文彥。	方濬益 綴遺齋彝器款識考釋 卷四 第八頁	35659
彥	 彥父丁鼎	彥	金文	彥，以此字證之，似古文從文從厂聲從弓。	柯昌濟 韡華閣集古録跋尾甲篇 彥鼎	32390
彥	 彥父丁鼎	彥	金文	字從文從厂聲從弓。	柯昌濟 韡華閣集古録跋尾甲篇 第六十八頁	35661
彥	 彥父丁鼎	彥	金文	《説文》：“彥，從彣，厂聲。”此從文從弓，弓字三折，與彡形近，當是古文彥。	方濬益 綴遺齋彝器款識考釋 卷四 彥鼎	32392
彥	 彥父丁鼎	彥	金文	厂有高義。古人常用來形容美士。彥字美士之義當來自厂聲。從彣，指其容皃有所修飾也。可能是文身的古俗。	戴家祥 金文大字典 卷中	32394

彦				《説文》分析爲“從彣，厂聲”。按當爲“從彡，产聲”。	侯占虎 《説文》諧聲偏旁補正 中國文字研究 2003年4輯	14616
㢉				從初從彦省，所以贊初孫之美。連文會意。	高田忠周 古籀篇卷二十八	17661

文部

文			說文	錯畫也。象交文。凡文之屬皆从文。	許慎　說文解字	
文			金文	古文字中的“文”像一個正面直立的人。“文”的原義可有三種推測：一、文身。二、文飾。三、文雅。文字的最初意義是從人身上發展出來的，後來才發展爲由卜心所構成的文字。《左傳》上以文爲文字，直到秦始皇才“文字”連稱。秦以後漸以“字”代“文”。	陳夢家 釋“國”“文” 國文學刊	32407
文			貨幣	背文一字曰文，文者，合理也。此識曰文，與作工者同意。	馬昂 貨幣文字考	32396
文			金文	古文“文”字有從心者，壁中古文《大誥》篇其“文”字必與寍相似，漢儒遂誤釋爲寍。其實《大誥》篇寍王即文王，寍考即文考。	吴大澂 字說 文字說	32397
文		玟	金文	玟、珷皆從王，蓋會意字。或云皆是玉旁，似是而非。	劉心源 奇觚室吉金文述 卷二 盂鼎	32400
文			甲骨	以康且丁、武且乙例之。知文武丁即文丁。	羅振玉 殷虚書契考釋 卷上	32401
文			金文	疑文之變體。	吴大澂 愙齋集古録第八册	32398
文	 師酉簋	忞	金文	文字古文。用爲文武字。從心文。本義當爲文章，文亦聲。	林義光 文源	32402
文	 大盂鼎	玟	金文	文武從王，當臣子尊先王之意，特加王以別之。	高田忠周 說文古籀篇 卷十八	35651
文			金文	按交畫非初誼，此當爲文身之字。	孫海波 中國大學講義（内刊） 甲骨金文研究	42301

文			金文	《書·大誥》前寧人之寧即文之異文變字之誤。	郭沫若 金文叢考 周彝中之傳統思想考	32408
文			甲骨	《説文》以其交畫爲訓，非初誼。以此文正之，當是“祝髮文身”。	商承祚 甲骨文字研究 卷下	32403
文			甲骨	從此丞卣之“文”字又可以窺探“文”字原始之本義，蓋“文”者，乃象一繁文滿身而端立受祭之尸形。從文身端立受祭爲尸之遺俗而推演之，則此“尸”者乃象征祭者之視若父。“文考”、“文妣”、“文父”、“文母”者，尸之飾父母者也。父母之表，尤爲近親而哀慕，飾尸以祭，自較繁數，故帝乙之臨祭而稱其父，必冠以“文”字，示此人實已死而此乃指其尸也。	吴其昌 殷墟書契解詁	32404
文	 師酉簋	忞	金文	前文人，即《周書·大誥》前寍人，漢世《尚書》出於壁藏，罕識古篆，誤以“文”爲“寍”，於是前文人之文均訛爲“寍”。	方濬益 綴遺齋彝器款識考釋 卷一	32399
文	 師酉簋	忞	金文	學者罕識古篆，以文爲寍，誤也。	方濬益 綴遺齋彝器款識考釋 卷一 吴生鐘	35648
文			金文	字形象交文，錯畫也。俗作紋。	高鴻縉 中國字例 三篇	35653
文			金文	文即文身之文，象人正立形，胸前圖形即刻畫之文飾也。	朱芳圃 殷周文字釋叢 卷中	32410
文				甲骨及彝銘之文皆示人身有錯畫者，蓋文身之象形。	嚴一萍 釋文 中國文字	32411
文			金文	象人正立形，胸前圖形即刻畫之文飾也。	朱芳圃 殷周文字釋叢	35655
文			金文	文爲黹繡之造畫。	馬叙倫 讀金器刻詞 卷中	32406
文				疑“文”、“大”並“人”之異構，其始並象正面人形，及後側寫，獨具“人”意，而“大”、“文”逐廢，後取“大”爲小大字，取“文”爲錯畫文身義。“文”之音讀猶與“人”字相近。	李孝定 金文詁林讀後記 卷九	32412

文			甲骨	象正立之人形，胸部有刻畫之紋飾，故以文身之紋爲文。至金文胸部刻畫之文飾形漸訛而近於心字之形，故後世或誤讀爲忞。	徐中舒　甲骨文字典　卷九	32413
文	 上一/孔子詩論/1	旻	楚簡	從口從文，在簡文中此字與“文”並不完全相同。字的形體有點像戰國文字“旻”的寫法，但“文”在簡文中，也有寫成“吝”的，與“吝嗇”之“吝”一樣。到了小篆時代，此字廢而統一成爲“文”字了。文在這裏指文采。	馬承源　上海博物館藏戰國楚竹書　第一册　孔子詩論	9359
文	 上一/孔子詩論/1	旻	楚簡	“文”字原作“”，馬承源隸作“旻”，誤矣。郭店楚墓竹簡的“心”字，皆作“”，而“口”則作“”。“”和“”最大的區別就是中間的一筆左右出不出頭，不出頭的就是“口”，出了頭的就是“心”。此字右旁作“”，顯然不從口而從心。金文“文”多作“忞”，“文”寫作“”，顯然是從金文“忞”發展而來，是沿襲古風。	廖名春　上海博物館藏詩論簡校釋劄記　上博館藏戰國楚竹書研究 2002 年	5323
文	 上一/孔子詩論/3	旻	楚簡	“其言文”，就形式言贊美《邦風》。	龐樸　上博藏簡零箋　上博館藏戰國楚竹書研究 2002 年	5385
文	 上一/孔子詩論/1	旻	楚簡	“文毋隱言”的文，與上文所指的《詩》、《書》、《禮》、《樂》之義不同，當指舞蹈節奏等表現形式而言。竹簡《詩論》的“文毋隱言”的“文”指舞蹈節奏，正好與“詩”、“樂”相對。“文亡隱言，”指《詩》之舞蹈節奏必須與樂曲歌辭相一致。	江林昌　上博竹簡《詩論》的作者及其與今傳本《毛詩》序的關係　上博館藏戰國楚竹書研究 2002 年	9357

文			金文	文申（神），即有文德之神祖。	舒大剛 《周易》、金文“享孝”釋義 周易研究 2002 年 4 月	15421
文			璽印	印中最後一字，《古璽文編》編者釋爲“文”是有道理的。古璽中有倒書的現象，倒書的往往是印文的最後一個字，而此字在印文中恰好居於末尾。我們認爲有可能讀爲“命”或“令”。古文字有“㚑”字，是“粼”字異構，其中“厸”即“粼”字初文，而“文”爲疊加的聲旁。“文”與“厸”音近，而“厸”與“命”、“令”古音也近，皆屬真部字，“命”“令”本一字分化。以上説明“文”與“命”、“令”古音極近，“王上之文”可能讀爲“王上之命（令）”。	肖曉暉 古璽文釋讀補議（三則） 中國文字研究 2004 年 5 輯	14689
文	 上四/曹沫之陳/11	虔	楚簡	陳劍先生認爲此字在此讀作“文”，可從。上博簡《容成氏》簡有“居不褻美”。“居不褻美”是説居室裏不設置漂亮的裝飾，“美”作“裝飾、美飾”解。“居不褻文”和“居不褻美”所表達的意思相近。“文”亦可作“裝飾、美飾”解。《廣雅·釋詁》：“文，飾也。”	魏宜輝 讀上博楚簡（四）劄記 簡帛研究網 2005 年 3 月 10 日	3813
文	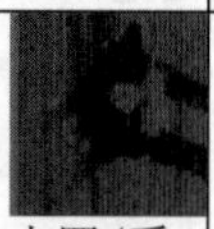 上四/采風曲目/1		楚簡	“（又文）又詨”跟在歌詩曲目名稱之後，是對該曲目做補充説明的話。不能理解爲曲名。“文”可能指鼓樂節奏。《禮記·樂記》“始奏以文，複亂以武”。鄭玄注：“文，謂鼓也；武，謂金也。”	董珊 讀《上博藏戰國楚竹書（四）》雜記 簡帛研究網 2005 年 2 月 20 日	511
文	 上六/用曰/18		楚簡	文，整理者釋爲“且”，又於其後斷讀。	陳偉 讀《上博六》條記 簡帛網 2007 年 7 月 9 日	41744
斐			説文	分别文也。从文非聲。《易》曰：“君子豹變，其文斐也。”	許慎 説文解字	

斐	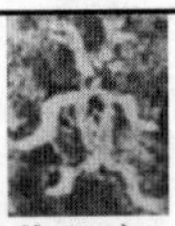 奜父辛鼎	奜	金文	象人首上插兩只羽毛之狀，作從非從人之形。可隸定做奜或[illegible]。實即斐之初文。斐應爲氏族的徽號，後來發展爲姓氏。	石志廉、楊桂榮 中國歷史博物館所藏部分商代青銅器 中國歷史博物館館刊 1982年4期	32416
辩			説文	駁文也。从文辡聲。	許慎　説文解字	
嫠			説文	微畫也。从文𠩺聲。	許慎　説文解字	
产				《説文》無。當從文，厂聲，爲“彦”字初文。《説文》無“产”字，但“産”字從“产”。金文“諺”字也從“产”。容庚認爲當立产部。“産”屬厂系字之二級主諧字。	侯占虎 《説文》諧聲偏旁補正 中國文字研究 2003年4輯	14615

髟部

髟			説文	長髮猋猋也。从長从彡。凡髟之屬皆从髟。	許慎　説文解字	
髟	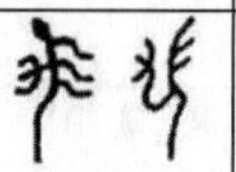		金文	陳世輝釋髟是正確的。殷墟刻辭中南方“風曰髟”就是詩“飄風自南”的“飄風”。飄風是指持續時間較短暫但風力甚大而有破壞力的風。這正是夏季風的特點，所以古代名南方風爲髟很合宜。卜辭還有一些髟字是指旋風或疾風。	林澐 釋史牆盤銘中的“逖虘髟”　陝西歷史博物館館刊 1994 年	32423
髮	  或體  古文	𩕄 頮	説文	根也。从髟犮聲。𩕄髮或从首。頮古文。	許慎　説文解字	
髮	 媦鐘	媦	金文	髮或從首。	丁佛言 説文古籀補補 卷九	32424
髮	 媦鐘	媦	金文	髮。從犬，犮之省文。	高田忠周 説文古籀篇 卷四十六	32425
髮	 媦鐘	媦	金文	當是國王名。疑是古顔字。	郭沫若 兩周金文辭大系圖録考釋	41789
髮	 媦鐘	媦	金文	此字與《説文》髮或體皆從首犮聲。	高鴻縉 中國字例二篇	35667
髮		媦	金文	犮本犬訛。此從犬不誤。	黄錫全 汗簡注釋	41790
髮	 史牆盤	媦	金文	䯂，從首犮聲，乃髮之異體。這裏當讀爲福。	趙誠 牆盤銘文補釋 古文字研究 1981 年 5 輯	32428

鬢			説文	頰髮也。从髟賓聲。	許慎　説文解字	
鬢			金文	或以爲即《説文》“份”字古文“彬”之異體。或以爲就是鬢字。	黄錫全 湖北出土商周文字輯證	32431
鬗			説文	髮長也。从髟㒼聲。讀若蔓。	許慎　説文解字	
⿱髟監			説文	髮長也。从髟監聲。讀若《春秋》“黑肱以濫來奔”。	許慎　説文解字	
⿱髟差			説文	髮好也。从髟、差。	許慎　説文解字	
鬈			説文	髮好也。从髟卷聲。《詩》曰：“其人美且鬈。”	許慎　説文解字	
髦			説文	髮也。从髟从毛。	許慎　説文解字	
鬡			説文	髮皃。从髟寧聲。讀若宁。	許慎　説文解字	
⿱髟周			説文	髮多也。从髟周聲。	許慎　説文解字	
⿱髟爾			説文	髮皃。从髟爾聲。讀若江南謂酢母爲⿱髟爾。	許慎　説文解字	
⿱髟音			説文	髮皃。从髟音聲。	許慎　説文解字	
⿱髟敄	  或體	髳	説文	髮至眉也。从髟敄聲。《詩》曰：“紞彼兩⿱髟敄。”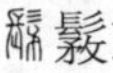⿱髟敄或省。漢令有髳長。	許慎　説文解字	
⿱髟敄			甲骨	象人帶有羊角形爲飾之帽，即金文敄字偏旁所從之罙。孳演爲矛。契文稱罙或罙方，即《書・牧誓》之髳，從髟者爲繁文。經傳亦作髦者，借字也。	于省吾 雙劍誃殷契駢枝 釋罙	32443
⿱髟敄			甲骨	字本象人戴羊角形之帽。與直兵之矛形近音同，因而後世混淆不分。甲骨文稱罙或罙方，即《書・牧誓》之髳，亦即《詩・角弓》之髦。髳乃後起之繁文，髦又爲髳之借字。	于省吾 甲骨文字釋林 釋罙	32444
⿱髟敄			甲骨	于省吾認爲此與“髳”爲一字，即《尚書・牧誓》之“髳”，此字釋“髳”固確，但不一定就是“牧誓”中的“髳”。	李民 甲骨文亳地綜考 紀念王懿榮發現甲骨文一百周年論文集 2000年	16030

鬋			説文	女鬢垂皃。从髟前聲。	許慎　説文解字	
鬑			説文	鬋也。一曰長皃。从髟兼聲。讀若慊。	許慎　説文解字	
⿸髟截			説文	束髮少也。从髟截聲。	許慎　説文解字	
鬄	  或體	髢	説文	髲也。从髟易聲。鬄或从也聲。	許慎　説文解字	
髲			説文	鬄也。从髟皮聲。	許慎　説文解字	
⿸髟次			説文	用梳比也。从髟次聲。	許慎　説文解字	
⿸髟昏			説文	潔髮也。从髟昏聲。	許慎　説文解字	
⿸髟般			説文	臥結也。从髟般聲。讀若槃。	許慎　説文解字	
⿸髟付			説文	結也。从髟付聲。	許慎　説文解字	
鬕			説文	帶結飾也。从髟莫聲。	許慎　説文解字	
⿸髟貴			説文	屈髮也。从髟貴聲。	許慎　説文解字	
⿸髟介			説文	簪結也。从髟介聲。	許慎　説文解字	
鬣	  或體  或體	⿰毛巤 ⿰豕巤	説文	髮鬣鬣也。从髟巤聲。鬣或从毛。或从豕。	許慎　説文解字	
鬣	 毛公鼎		金文	孫詒讓釋爲鬣，謂金鬣即金叐，所謂馬冠著鬣耑。故謂之金鬣也。此説極塙。《玉篇》有鋄字，“馬首飾也，亡犯切。”《後漢書·輿服志》記載，天子所乘車馬有“金鋄方鋄”，注：“徐廣曰：金爲馬文髦”，是馬首鬣端飾。漢以後改稱爲鋄。文髦應是一物異名。今見秦始皇陵出土之銅車馬，馬首鬣端均飾此物。	唐復年　毛公鼎銘斠補　第二届國際中國文字學研討會論文集 1993 年 10 月	32459

⿱髟盧			説文	鬣也。从髟盧聲。	許慎　説文解字	
髴			説文	髴，若似也。从髟弗聲。	許慎　説文解字	
髶			説文	亂髮也。从髟，茸省聲。	許慎　説文解字	
鬌			説文	髮隋也。从髟，隋省。	許慎　説文解字	
鬊			説文	鬊髮也。从髟春聲。	許慎　説文解字	
鬝			説文	鬝禿也。从髟閒聲。	許慎　説文解字	
鬄			説文	鬄髮也。从髟从刀，易聲。	許慎　説文解字	
髡	  或體	髨	説文	鬄髮也。从髟兀聲。或从元。	許慎　説文解字	
鬀			説文	鬄髮也。从髟弟聲。大人曰髡，小人曰鬀，盡及身毛曰鬄。	許慎　説文解字	
⿱髟竝			説文	鬢也。从髟竝聲。	許慎　説文解字	
⿱髟竝			金文	此篆文當爲⿱髟竝字異文。	高田忠周 説文古籀篇 卷四十六	36441
⿱髟彔			説文	⿱髟竝也。忽見也。从髟彔聲。彔，籀文魅，亦忽見意。	許慎　説文解字	
髽			説文	喪結。《禮》：女子髽衰，弔則不髽。魯臧武仲與齊戰于狐鮐，魯人迎喪者，始髽。从髟坐聲。	許慎　説文解字	
鬐			説文	馬鬣也。从髟耆聲。	許慎　説文解字	
髫			説文	小兒垂結也。从髟召聲。	許慎　説文解字	
髻			説文	總髮也。从髟吉聲。古通用結。	許慎　説文解字	
鬟			説文	總髮也。从髟瞏聲。案：古婦人首飾，琢玉爲兩環。此二字皆後人所加。	許慎　説文解字	
髭			漢簡	從髟此聲，當稱爲髭。	劉樂賢 秦漢文字釋叢 考古與文物 1991年6期	17979

后部

后			説文	繼體君也。象人之形。施令以告四方，故厂之。从一、口。發號者，君后也。凡后之屬皆从后。	許慎　説文解字	
后				后從反人從，“口”象出令形。	林義光 文源	32474
后				“后”由人形後有倒子的毓字訛成，與毓分化爲二字。卜辭皆象子在人後，故先後之後古亦作后。蓋毓后後三字實本一字。	王國維 多后 觀堂集林 1959 年 6 月	32475
后		毓	甲骨	后者乃古語也。當是母权時代女性酋長之稱。母權時代族中最高之主宰爲母，母氏最高之德業爲毓，故以毓稱之也。毓字變爲后，后義後限用於王妃，亦猶古義之孑遺矣。	郭沫若 卜辭通纂	32477
后			金文	葉玉森云后即司之反書，即司字。卜辭似假作祠。《堯典》“汝后稷”，必即“汝司稷”。非。后乃“后”字，非司字。司字，《説文》解爲從反后，從反后，其實爲一字。甲骨文字或反書，或正書，甲骨文求左右對稱，常常正反書之，其實爲一字。故司之説解與后之説解，其義一之與二，許氏不見真古文，不知爲一字，强分爲二，而易其解説。	金祥恒 中國文字 1962 年 12 月 第四至六頁	35671
后		爽	金文	爲最古之后字，從左右匹配會意。	李平心 爽字略釋 中華文史論叢 1962 年 1 輯	28124

后			甲骨	反后爲司之司字，意義爲司、爲祀，亦可爲另一字也。武丁卜辭中“后”、“司”二形均是“后”字，祖甲時“后”仍寫爲“后”，但可作爲祀義，一律作“后”字形，祖甲以後各期卜辭，“后”字一律爲“司”形，與金文同。不論辭之左右行均作“司”，其意則爲“后”。在一辭之中，如用爲司、假爲祀者，必係單問。用爲后者，一律爲合文。契文别有后字，即用於人名之前，稱后且某、后妣某之后字，從人或從女從子字，或正寫或倒寫，有其下加小點者，皆是一文。此字釋毓通后。毓不同育。後者爲生育之育。子字横於人形之下段，而未出。毓則已生，子在人旁。	丁驌 説后 中國文字	32482
后				司后二字，正反爲文，古者正反不分，金祥恒氏謂爲一字，是也。惟二字結構，殊難確指。	李孝定 金文詁林讀後記 卷九	32483
后				后之本義與育、毓爲一字。《説文》之嗣之古文字亦后字。産子以爲后嗣，繼體之君及先后字，亦由此義引申；産子乃婦人之事，故君子之妻亦曰后，以后專爲君后字，育、毓爲養育字，先后字别作後。反后爲司。與后同義，故嗣從司。後司后分化，司用爲司治、司察字者，音義皆受於嗣，即嗣之省形，非産子之司后字。	陳獨秀 小學識字教本 上篇	32478
后	 上一/孔子詩論/6		楚簡	二后爲文王、武王。	馬承源 上海博物館藏戰國楚竹書 第一册 孔子詩論	10930

后	 上一/紂衣/12		楚簡	經籍“后”、“句”通用，《周易·姤·上九》“姤其角”，《馬王堆漢墓帛書·周易》“姤”作“狗”。	陳佩芬 上海博物館藏戰國楚竹書 第一册 紂衣	12022
后				甲骨文“后”、“毓”同字。此當是甲骨文、金文“毓”字衍變的結果。只不過字的較早寫法是從女從倒子：應是“女”字之形變，“口”則是倒子之訛形。	潘玉坤 《篆隸萬象名義》篆文二題 中國文字研究 2005 年 6 輯	14719
㖃	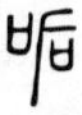		説文	厚怒聲。从口、后，后亦聲。	許慎 説文解字	

司部

司			説文	臣司事於外者。从反后。凡司之屬皆从司。	許慎　説文解字	
司	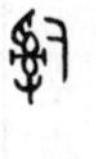	𤔲	金文	古司字。𤔔象兩手理絲形，理則治，否則亂。ㄱ治絲之器也。從彐爲治。疑司治二字本一字。	吴大澂 説文古籀補 卷九	32487
司	 毛公鼎		金文	司即伺。《説文》凡伺詧字止作司，《堯典》"汝司稷"。加人者俗字也。	劉心源 奇觚室吉金文述 毛公鼎	32488
司	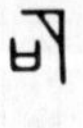	石	甲骨	ㅋ疑當爲"司"字。司疑爲祠之假借字，"司南庚"猶云祠於南庚也。	孫詒讓 契文舉例 卷下	32489
司			甲骨	古司字，祠字重文。	王襄 簠室殷契類纂 第九卷	32491
司	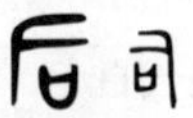		甲骨	"后"乃"司"之反書，即司字。卜辭似假作祠。	葉玉森 鐵雲藏龜拾遺考釋	35672
司			甲骨	此即祠祀之祠字。媘示與祖之作且祀之作巳同。	商承祚 殷虚文字考 國學叢刊 1925年10月	32492
司			甲骨	商稱年曰祀，又曰祠。卜辭稱祀者四，稱司者三。是商稱年曰祀，又曰司也。司即祠字，是祠與祀音義俱相近。	羅振玉 增訂殷虚書契考釋 卷下	32490
司	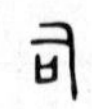		金文	銅器中司、𤔲二字之用，分別甚明。司均當作嗣，𤔲多用作似。文獻中，司𤔲大多通用。銅器中司又與史通。至有司、司徒、司馬、司工之司，銅器皆作𤔲。	徐中舒 耒耜考 史語所集刊第二本一分1932年4期	35683
司	 毛公鼎	𤔲	金文	吴大澂云司嗣古通。	張之綱 毛公鼎斠釋 毛公鼎	35685
司			甲骨	司讀爲祀，卜辭"王廿祀"或作"王廿司"其證。	郭沫若 殷契粹編	32496

司			金文	司從口從刁，刁象耜形，也象織機上放紗的叉形。	張鳳 文物周刊 安陽武官村出土方鼎銘文考釋	35691
司	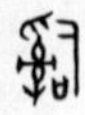	嗣	金文	司徒金文司均作嗣，徒作土，亦作徒。	斯維至 兩周金文所見職官考 中國文化研究所彙刊 第七卷 1947 年	35687
司		嗣	金文	司馬金文作嗣馬。	斯維至 兩周金文所見職官考 中國文化研究所彙刊 第七卷 1947 年	35688
司		嗣	金文	司工金文作嗣工。	斯維至 兩周金文所見職官考 中國文化研究所彙刊 第七卷 1947 年	35690
司			甲骨	司祀音近，卜辭假司爲祀，羅云廿司即廿祀，是也。又云司即祠，商稱年亦曰司，則説並非。	楊樹達 卜辭求義 咍部第十四	32499
司	 毛公鼎		金文	司蓋從口從匕，即飼小兒飯之義。飼、伺之初文也。	馬叙倫 説文解字六書疏證 卷十七	35744
司				商時有司字，從口從又省，周人加意符𤔔，故作嗣。	高鴻縉 頌器考釋	32495
司			甲骨	司與祠通。《爾雅·釋詁》："祠，祭也。"《説文》："祠，春祭曰祠，品物少多文詞也。"則引《禮記·月令》爲説。卜辭"品司"下云八月，則知殷禮之"祠"，非指春祭之祠，但取祭之義而已。今觀"品司"語，則祠祭不自周始可知矣。	饒宗頤 殷代貞卜人物通考 卷十三	32500
司				字從口從ㅋ。口即甌，盛食之器；ㅋ扱食之具，二者皆所以設食，即司之本義。孳乳爲祠，《爾雅·釋詁》："祠，祭也。"郭注："祠之言食。"考古人每食必祭，郭云"祠之言食"，引申之義也。《説文》釋祠字望文生義，其失甚矣。	朱芳圃 殷周文字釋叢 卷中	32501
司	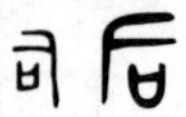		甲骨	疑司爲本字，后爲其假借。	丁驌 説后 中國文字 1969 年 3 月	35695

司			金文	彝銘中司、嗣兩字用法大異。嗣爲官治。卜辭司即祠。金文司假作嗣、假作事，或爲專名如“司母戊”。然則司、嗣本非一字。	周法高主編 金文詁林 卷十一	32502
司			金文	司通嗣。毛公鼎：“司余小子。”叔向簋：“余小子司朕皇考。”㝬鐘：“余唯司配皇天。”晉姜鼎：“余唯司朕先姑君晉邦。”均可證。《書·高宗肜日》：“王司敬民。”《史記·殷本紀》作嗣。	唐蘭 略論西周微史家族窖藏銅器群的重要意義——陝西扶風新出牆盤銘文解釋 文物 1978年3期	32497
司			璽印	漆樽上的“后”應釋司。戰國文字形體的方向往往正反無別。古璽中的“司”也有反書者。或讀爲“太后”非是。	何琳儀 秦文字辨析舉例 人文雜誌 1987年4期	32503
司			甲骨	𠃌象倒置之柶，柶所以取食。以倒柶覆於口上會意爲進食，自食爲司，食人食神亦稱司，故祭祀時獻食於神祇亦稱司，後起字爲祠。氏族社會中食物爲共同分配，主持十五分配者亦稱司。	徐中舒 甲骨文字典 卷九	32505
司	 包/文書/15		楚簡	楚官名，主司法。	劉彬徽、彭浩、胡雅麗、劉祖信 包山楚簡	3221
司	 包/文書/62		楚簡	“司惪”應讀“司直”，法官。	何琳儀 包山竹簡選釋 江漢考古 1993年4期	6117
司	 匯/五里牌遣策/17		楚簡	有人認爲是竹笥之笥。但墓中竹笥多被損壞。	商承祚 戰國楚竹簡匯編 長沙五里牌四〇六號楚墓竹簡遣策	7711
司		嗣	金文	“司史”，職官名。	李學勤 論應國墓地出土的匍盉 平頂山師專學報 1999年1期	15652

司			楚簡	始者，指上面説的性。	陳偉 郭店簡書《人雖有性》校釋 中國哲學史 2000 年 4 期	13814
司	 郭/語叢四/1	飼	楚簡	讀爲始，此句義爲遊説始於言辭。	林素清 郭店楚簡《語叢四》箋釋 郭店楚簡國際學術研討會論文集 2000 年 5 月	9497
司			楚簡	司，司掌，董理。	陳偉 郭店簡書《人雖有性》校釋 中國哲學史 2000 年 4 期	13928
司	 上一/性情論/2	飼	楚簡	讀作"始"，《郭店楚墓竹簡·五行》"又（有）與司（始），又（有）與冬（終）"的"始"也作"司"。	濮茅左 上海博物館藏戰國楚竹書第一册 性情論	12105
司			楚簡	反善退（復）司（始），指返歸本性。	濮茅左 上海博物館藏戰國楚竹書第一册 性情論	7798
司	 郭/語叢四/1	飼	楚簡	後文所談的是言辭的消極性後果，故此字疑讀爲殆。	陳偉 郭店竹書別釋	9498
司	 郭/成之聞之/29	飼	楚簡	讀爲始。	陳偉 郭店竹書別釋	4360
司	 郭/語叢四/1	飼	楚簡	"言以始，情以久。"指説服他人由言語始，影響深遠則有賴誠實。情，實也，即"身必從之，言及則明舉之而毋僞"也。	周鳳五《孔子詩論》新釋文及注解 上博館藏戰國楚竹書研究 2002 年	9499
司	 郭/性自命出/27	飼	楚簡	司掌、董理。	陳偉 郭店竹書別釋	8915

司	 上三/中弓/7		楚簡	即“先有司”。	李朝遠 上海博物館藏戰國楚竹書第三册 中弓	11716
司	 上四/逸詩—交交鳴鶩/3		楚簡	“㥯司”，待考。	馬承源 上海博物館藏戰國楚竹書第四册 逸詩——交交鳴鶩	2423
司	 上四/曹沫之陳/23		楚簡	“羣又司”，指軍中的負責官吏。	李零 上海博物館藏戰國楚竹書 第四册 曹沫之陳	3616
司	 上三/中弓/8		楚簡	“先有司”即“有司不可不先也”。	廖名春 楚簡《仲弓》篇與《論語·子路》篇仲弓章對讀劄記 孔子2000網 2004年4月16日	2813
司	 上四/逸詩—交交鳴鶩/3	[illegible]	楚簡	季旭昇先生讀爲“謀治”，秦樺林先生讀爲“謀始”，當以季説爲善。《禮記·中庸》：“哀公問政。子曰：‘文武之政，布在方策。其人存則其政舉，其人亡則其政息。人道敏政，地道敏樹。’”鄭注：“敏猶勉也。樹謂殖草木也。人之無政，若地無草木矣。敏或爲謀。”《中庸》之“敏”，各家均從鄭注訓“勉”，其實改訓爲“謀”，其義亦十分順暢。《淮南子·氾論訓》：“周公繼文王之業，履天子之籍，聽天下之政。”高注：“政，治也。”是“謀政”即“謀治”也。	孟蓬生 上博竹書（四）閒詁（續）簡帛研究網 2005年3月6日	2457

司	 上四/逸詩—交交鳴鶩/3		楚簡	“悬司”似可讀爲“謀治”，全句的意思是：君子不斷地努力謀求把施政做好。	季旭昇 《上博四・逸詩・交交鳴鶩》補釋 簡帛研究網 2005年2月15日	3823
司	 上四/逸詩—交交鳴鶩/3		楚簡	季旭昇先生讀爲“謀治”。按：疑讀爲“謀始”，《周易・訟卦》：“君子以作事謀始。”孔疏：“凡欲興作其事，先須謀慮其始。”	秦樺林 楚簡佚詩《交交鳴鶩》劄記 簡帛研究網 2005年2月20日	2478
司	 上四/逸詩—交交鳴鶩/3	⿰台司	楚簡	“司”，疑讀爲“怡”。義爲和悦。句可讀爲“閒燕惵怡”，是説君子们大家安閒和悦，互相愛惜。	廖名春 楚簡《逸詩•多薪》補釋 簡帛研究網 2005年2月12日	3920
司	 上五/季庚/1	⿰台司	楚簡	此字是個從“台”和“司”的兩聲字，於此似可釋爲“司”。	季旭昇 上博五芻議（上） 簡帛網 2006年2月18日	4819
司	 上五/季庚/1		楚簡	有司，整理者讀爲“有事”，恐非。“有司”習見於傳世古書和竹書。季康子地位高於有司，因而“從有司之后”不好理解。上博三《仲弓》4號簡“使雍也從於宰夫之后”與之相同，也令人困惑。合觀這兩條材料，我們懷疑這是當時一種特殊説法，即“從於宰夫之后”的人高於宰夫，“從有司之后”的人高於有司。	陳偉 上博五《季康子問於孔子》零識 簡帛網 2006年2月20日	4890
詞			説文	意内而言外也。从司从言。	許慎 説文解字	
詞				以同詷、合詥、咸諴同字之例。司即古文詞。	高田忠周 古籀篇 卷三十六	32507

詞	 包山/卜筮/219	訇	楚簡	指祭禱的名稱，而能與賽禱同列，性質相同的，就是“祠”了，因此應讀爲祠。其字大體可隸定爲“訇”，即“詞”字。而借爲“祠”。上端横畫疑爲綴飾，其下則爲“詞”的省變形體。	孔仲温 楚簡中有關祭禱的幾個固定字詞試釋 第三屆國際中國古文字學術研討會論文集 1997 年 10 月	22471
詞	 郭/緇衣/7	訂	楚簡	從“言”“㇆”聲，釋作“詞”。裘按：從文義看應讀作辭讓之“辭”。	彭浩、劉祖信、王傳富 郭店楚墓竹簡	7217
詞		訂	楚簡	郭店簡整理者以“訂”（13.108）爲“詞”，甚確。“訂”當是“詞”之初文，從言，另一構件爲聲。《漢語大字典》、《集韻》等收有同構字（構件組合爲上下方位），云“同‘詞’”。	陳偉武 郭店楚簡中《漢語大字典》所無之字 中國文字研究 2002 年 3 輯	14568
詞	 上三/中弓/26	句	楚簡	楚簡中“詞”可借爲“辭”。上博藏竹書《容成氏》22 號簡云：“冬不敢以寒詞，夏不敢以暑詞。”二“詞”字寫法與《仲弓》此字相同，均讀爲“辭”。郭店竹書《緇衣》6、7 號簡云：“臣事君，言其所不能，不詞其所能，則君不勞。”其寫法與《仲弓》此字聲符一致，只是義符作“言”，而《仲弓》作“口”。因而，《仲弓》此字讀爲“辭”，在文字層面上當無問題。	陳偉 竹書《仲弓》詞句試解（三則） 簡帛網 2005 年 8 月 15 日	1842
詞	 上四/柬大王泊旱/12		楚簡	讀爲“祠”，供奉鬼神或先賢的廟屋。《史記·萬石張叔列傳》：“天子巡狩海内，修上古神祠封禪，興禮樂。”又通“祀”。	濮茅左 上海博物館藏戰國楚竹書第四册 柬大王泊旱	1639
詞	 上四/柬大王泊旱/14		楚簡	讀爲“治”。	濮茅左 上海博物館藏戰國楚竹書第四册 柬大王泊旱	3383

𤔲	 貉子卣	𢿢	金文	𢿢殆𤔲之異文，讀爲治。	郭沫若 兩周金文辭大系圖録考釋 貉子卣	16636

巵部

巵			説文	圜器也。一名觛。所以節飲食。象人，卪在其下也。《易》曰："君子節飲食。"凡巵之屬皆从巵。	許慎　説文解字	
巵				人下卪無酒器之義。巵當爲支持之支本字。卪亦人字。象二人支持形。巵與支同音而通用。	林義光 文源	32510
巵	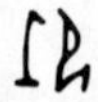		甲骨	巵字。爲酒器，乃假借爲觶。其本義久晦。	唐蘭 殷虚文字記	32511
巵			金文	從前自名爲"鉌"的器有哀成叔鉌、蔡太史鉌、史孔鉌、左關鉌，新看到的"鉌"自名的這個字，左邊從"角"、右半與"和"無關，同蔡太史自名那個字右半部分相似。蔡太史鉌的"鉌"字左邊從金，右爲"木"、"口"，"口"下增一筆。哀成叔鉌"鉌"字和蔡太史鉌"鉌"字結構並無差別，只是"口"的增筆有點不同。史孔鉌"鉌"字不從"金"，僅從"木"、"口"，其"口"可以理解爲上述"鉌"字"口"下加筆的省減。通過戰國古文研究，"口"字加筆，可知是"只"字。因此，左從"角"的便是"觗"，蔡太史鉌、哀成叔鉌銘上的便是"鉙"，史孔和的"和"便是"枳"。"只"、"枳"與"巵"音完全相同，可相通假，證明宋人把這種器定名爲"巵"十分正確。陳肪簋也有一個從"木"從"口"的字，結構同於史孔巵的銘云"枳子"，"枳"應讀爲"支"，亦即"支	李學勤 釋東周器名巵及有關文字 第四届國際中國古文字學研討會論文集 2003 年	14734

				子”，這是在古文字只首次發現該詞。		
䶈			説文	小卮有耳蓋者。从卮專聲。	許慎　説文解字	
𦦱			説文	小卮也。从卮耑聲。讀若捶擊之捶。	許慎　説文解字	
𦦱			金文	此借卮爲觶後所造之字。	王國維 釋觶觛卮𦦱 觀堂集林 1959年6月	32514

卩部

卩			説文	瑞信也。守國者用玉卩，守都鄙者用角卩，使山邦者用虎卩，士邦者用人卩，澤邦者用龍卩，門關者用符卩，貨賄用璽卩，道路用旌卩。象相合之形。凡卩之屬皆从卩。	許慎　説文解字	
卩	 豐兮夷簋	尸	金文	卩，節本字。	徐同柏 從古堂款識學 卷十五 周豐兮卩簋	45086
卩	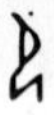	卩		卩即節。節，國之符信也。	劉心源 奇觚室吉金文述 卷十六	32515
卩		卩	甲骨	象跽形，命令等字從之，許書之卩，今隸作 卩，乃由🀀而訛。	羅振玉 殷虛書契考釋 卷中	32516
卩		卩	甲骨	卩疑即許書之卩。	柯昌濟 殷墟書契補釋	32517
卩			璽印	當釋卩。卩，鉢者，古用爲徵信之鉢也。初義當爲骨卩筋卩字。引申爲符卩卩操。	丁佛言 説文古籀補補 卷九	32518
卩			甲骨	即人之或體。	孫海波 中國大學講義（内刊） 甲骨金文研究	42302
卩	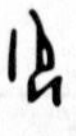		甲骨	疑即許書卩字。與即通。卜辭屢言“丝卩”，猶云比役比行。	葉玉森 殷虛書契前編集釋 卷一	32519
卩		卩	陶文	卩，方濬益釋。	顧廷龍 古匋文孴録	32520
卩	 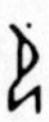	卩	甲骨	疑此乃跽字之初文。隸定之當作卩。	屈萬里 殷墟文字甲編考釋	32526

卪		卩	甲骨	乃膝之初文。	温少峰、袁庭棟 殷墟卜辭研究——科學技術篇	32523
卪			金文	當釋卪。讀爲即。	于豪亮 陝西省扶風縣强家村出土虢季家族銅器銘文考釋 古文字研究 1984年9輯	32524
卪		卩	甲骨	象人席地而坐之坐姿。《説文》“卩，瑞信也……象相合之形”所説義爲假借義，説形不確。	徐中舒 甲骨文字典 卷九	32525
卪		卩	金文	像人踞形，即古文夷字。卩、夷、尸古本一字。	戴家祥 金文大字典 卷上	32527
卪				卪（卩），甲骨、金文“卩”象人跪跽之形，與“己”同字，即“跽”字初文。亦爲“危”之初文，讀若跪。“危”從产，卩聲，爲“跪”之初文。“卩”亦爲“䣛”之初文。“跪”、“跽”、“䣛”同源。非《説文》所謂“瑞信也”。	侯占虎 《説文》諧聲偏旁補正 中國文字研究 2003年4輯	14628
令			説文	發號也。从亼、卪。	許慎　説文解字	
令				古文以爲命。象旂下持卪形。	吴大澂 説文古籀補 卷九	32529
令			金文	亼象屋宇形，朝廟受命者恭承之義，象卑躬也。	丁佛言 説文古籀補補 卷九	35697
令			金文	當令之異文。文義亦是。	劉心源 奇觚室吉金文述 卷二	32530
令				字從口在人上，古文象口發號，人跪伏以聽。	林義光 文源	32532
令				疑令命元同字。三代器銘文兩字並用不分。後世凡發號曰令。發號以使人曰命。分别劃然耳。	高田忠周 古籀篇 卷二十五	32534

令			金文	令者。時令也。字之右狀魚之形。字之左復作鷺。以鷺習水而捕魚。其猶習於禮而得民之譬也。	薛尚功 歷代鐘鼎彝器款識法帖 卷二十	32528
令			甲骨	古文令從亼，集衆人而命令之。故古令與命爲一字之誼。	羅振玉 增訂殷虛書契考釋	32531
令	 康侯簋	命	金文	令命古通，可釋爲爵命，册命，封。	周法高 金文零釋 康侯簋考釋	35701
令			金文	銘文説“祉令康侯啚於衛”，義爲延封康侯啚於衛。令命古通，可稱爲爵命、册令、封。	周法高 康侯簋考釋	41791
令				字從初文卩字省。謂服從之人，乃可以命令之也，亼聲。	高鴻縉 中國字例六篇	32536
令			甲骨	下從卩乃一人跽而受命。上口發號者也。卜辭令字之義與許訓同。	李孝定 甲骨文字集釋 卷九	32537
令		命	金文	金文令一爲命令之令，二爲賞賜之義，三爲令其爲侯。	陳夢家 西周銅器斷代	35700
令			金文	林義光謂象口發號，人跪伏以聽，其説可從。	周法高主編 金文詁林 卷九	35704
令	 屭羌鐘		金文	各家釋爲賓，當釋爲令，讀如命也。	唐蘭 屭羌鐘考釋 唐蘭先生金文論集 1995 年	32539
令			甲骨	亼象木鐸形，亼爲鐸身。其下之短横爲鈴舌。古人振鐸以發號令，從卩乃以跽之人表受命之意。	徐中舒 甲骨文字典 卷九	32538
令			楚簡	“令”與“領”通用。右令，疑即“右領”，官名。	湖北省博物館 曾侯乙墓	5686
令			金文	卜辭金文人、儿、卩、尸、夷古木一字。《説文》五篇亼，三合也。讀若集。集人爲令。在六書爲會意。令亦作命。	戴家祥 金文大字典 卷上	32540

令				令從亼從卩，亼象鈴形，卩象人席地端坐之形，此令字即會君長端坐發令之形。《説文》以令長之令爲假借字，觀此知其不足爲訓矣。今象鈴有舌，而令所從之亼，則像鈴無舌。古本有無舌之鈴。《廣雅》“鐘大鈴”，蓋大鈴不宜於振動作聲，必懸而擊之。懸擊則無舌。出土句鑃、徵城皆無舌。	徐中舒 北狄在前殷文化上之貢獻 中國文字研究 1999年1輯	14486
令	 上一/紂衣/6		楚簡	怨，誤釋爲“令”。	劉釗 讀《上海博物館藏戰國楚竹書》（一）劄記 上博館藏戰國楚竹書研究 2002年	13520
令	 上一/紂衣/6		楚簡	“怨”，假“宛”字爲之，其寫法，可參看《説文》卷十下、《汗簡》四十頁正、《古文四聲韻》卷四第十九頁背和四十頁正的古文“怨”，不是“命”或“令”字。楚文字中與“宛”有關的字有好幾個（李零《郭店楚簡校讀記》關於《緇衣》篇簡十“怨”字的討論，《道家文化研究》第十七輯，第455－542頁），一種是以“肙”爲聲旁表示“怨”義的“宛”字（從宀從悁，也可釋爲“悁”，如《孔子詩論》的幾個“怨”字）和楚“宛”地的“宛”字（從邑從肙，見包山楚簡），一種是與“邍”字和“畹”字有關的“宛”字（如《孔子詩論》所説《宛丘》之“宛”）；一種是與“逸”字（從兔從肉）有關的“宛”字（如《孔子詩論》所説《小宛》之“宛”）。現在出現的這種“宛”字是第四種“宛”字，它才是與今“宛”字直接對應的字形。	李零 上博楚簡校讀記（之二）：《緇衣》 上博館藏戰國楚竹書研究 2002年	11959

𠨘			説文	輔信也。从卩比聲。《虞書》曰："𠨘成五服。"	許慎　説文解字	
卶			説文	有大度也。从卩多聲。讀若侈。	許慎　説文解字	
𠨙			説文	宰之也。从卩必聲。	許慎　説文解字	
𠨙	 六祀𠨍其卣		金文	𠨍當是𠨙之初文。《詩・淇奧》"有斐君子"，釋文引《韓詩》作"有𠨙"，然則𠨍其猶言斐然。音轉爲不嬰。周之士大夫好以不嬰無忌爲名者，固皆取誼斐然，即𠨍之其別寫。	丁山　𠨙其卣三器銘文考釋（上海）中央日報文物周刊 1947 年 5 月三七期	32544
𠨙	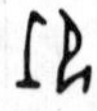		甲骨	當即𠨙字。	徐中舒　甲骨文字典　卷九	32545
卲	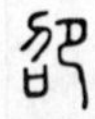		説文	高也。从卩召聲。	許慎　説文解字	
卲	 毛公鼎		金文	古昭字，從卩。	吴大澂　説文古籀補　卷九	32546
卲	 頌簋		金文	《説文》云卲從卩召聲。卩即人字，從人召聲。頌敦此字即卲字。	林義光　文源	35715
卲			甲骨	今按即色字。亦即卲字。	唐蘭　殷虚文字記	32548
卲	 頌鼎		金文	容庚云此字從召從人（象人跪形），《説文》誤析佋卲爲二字。	强運開　説文古籀三補　卷八	35711
卲	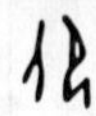	刀卩	甲骨	契文此字唐氏釋卲，謂即紹字，又論紹絶二字訓詁上的關係，説並精當。惟謂亦即色字，色字本義多訓此絶，顔色義乃假借，似有未安。	李孝定　甲骨文字集釋　卷九	32550
卲			金文	"逆卲王"。逆，迎也。卲與昭通，見也。"逆卲王"者，王未深入，而子使閒來迎見也。或説此銘卲王爲周昭王之生稱，失之。	唐蘭　論周昭王時代的青銅器銘刻　古文字研究　1980 年 2 輯	37330

卲			金文	卲，器主名。或認爲卲爲楚王族三大姓中之昭氏，或認爲此乃曾國之卲氏，是以地名爲氏稱。後説有一定道理。	黄錫全 湖北出土商周文字輯證	37331
卲	 中山王壺		金文	中山王壺銘“卲公”指召公奭，燕國創業之君。	戴家祥 金文大字典 下	37333
卲			金文	方濬益曰卲王即昭王，二字義近，古通。據宗周鐘、頌鼎、牆盤，可證方説正確可靠。	戴家祥 金文大字典 上	37332
卲	 上一/紂衣/7		楚簡	金文“卲”字經籍作“昭”，如《尚書・文侯之命》“昭升于上”。此句與今本有較大出入。	陳佩芬 上海博物館藏戰國楚竹書第一册 紂衣	11964
卲	 郭/窮達以時/10		楚簡	原書釋誤，改釋爲“叴”，在簡文中應讀爲“鳩”。	趙平安 從楚簡“娩”的釋讀談到甲骨文的“娩妨” 簡帛研究 2001 年	8012
卲			金文	右從“卩”，非“邑”。	張再興 殷周金文集成・青銅器定名問題 古籍整理研究學刊 2003 年 2 月	15470
卲	 郭/窮達以時/3		楚簡	爲叴字。	劉釗 郭店楚簡校釋	4547
厄			説文	科厄，木節也。从卪厂聲。賈侍中説，以爲厄，裹也。一曰厄，蓋也。	許慎　説文解字	
厄			金文	古厄字。鳥蠋也。	吴大澂 説文古籀補 卷九	32551
厄	 毛公鼎		金文	厄，即金厄。	劉心源 奇觚室吉金文述 卷二	32552
厄				卩即人字。字當從人、厂。爲過之古文。厂者移也。厄過古同音。	林義光 文源	32554

厄	 毛公鼎		金文	吴等釋爲厄字，上象衡，下象厄。厄有兩末以叉馬首，其形正象之。後訛作㧖，失其形而存其音。小篆又填車作軶。	王國維 毛公鼎銘考釋 王國維遺書第六册 1983 年	32553
厀			説文	脛頭卪也。从卪桼聲。	許慎 説文解字	
厀				㔾上象厀蓋，即厀之初文。卷字從 卩，訓厀曲，其確證也。	楊樹達 文字形義學	32559
厀		卩		以字之形音求之， 卩乃厀之初文。字今作膝。	楊樹達 積微居小學述林 卷五	32558
厀			楚簡	此厀爲漆之假借。古文字中厀可寫作漆；漆厀同音，可以互假，且與厀同音，當亦可通假。	劉雨 信陽楚簡釋文與考釋	37528
卷			説文	厀曲也。从卪丮聲。	許慎 説文解字	
卷	 上二/容成氏/14	拄	楚簡	疑此字下部所從是“廾”，其形與同篇簡文中有下部從“廾”之字“與”、“兵”等相同。疑當是楚文字中的“卷”字。在此處意爲“收起”。	范常喜 上博二《容成氏》簡 14 補説 簡帛網 2006 年 1 月 14 日	4139
郤			説文	節欲也。从卪谷聲。	許慎 説文解字	
郤				郤爲腳之初文也。足脛其初義。腳爲後起之加形旁字，乃據有足之脛之義。而初文之郤只爲郤退等義矣。	楊樹達 積微居小學述林 卷五	32562
卸			説文	舍車解馬也。从卪、止、午。讀若汝南人寫書之寫。	許慎 説文解字	
卸			説文	《説文》：“舍車馬也。”從 卩止，午聲。按：從 卩即從人。	林義光 文源	32563
卸			甲骨	御。此係方名。	徐協貞 殷契通釋	32564
卯			説文	二卪也。巽从此。闕。	許慎 説文解字	

卯			甲骨	從二人跽而相從之狀。疑即古文巽字也。	羅振玉 殷虚書契考釋 卷中	32566
卯		卯		本義當爲巽順。即遜之雙聲旁轉也。象二人俯伏相谦逊形。	林義光 文源	32567
卯		卯	甲骨	古卯字。	王襄 簠室殷契類纂 正編卷九	32568
卯		卯	甲骨	疑即古文巽字也。	商承祚 殷虚文字類編 卷九	32569
卯		卯	説文	卯。從二人相從跽伏撝謙不前之狀。本義殆服也順也。孳乳爲巽。卯直巽之本字。	丁山 説文闕義箋	32570
卯		卯	甲骨	羅振玉疑即古文巽字。	張秉權 殷墟文字丙編考釋	32572
卯		卯	甲骨	卯，人名。卯、哭、羿、㢲四字俱一義。今字哭作巽。	饒宗頤 殷代貞卜人物通考 卷十二	32573
卯		卯	甲骨	丁氏謂即㢲之本字。其説是也。惟引于鬯説“丨”象脛則非，實象人臂。又引羅説卩即人字，亦稍有未安。	李孝定 甲骨文字集釋 卷九	32574
卯		卯	甲骨	在卜辭中常用於人名、地名，有時也用爲人牲。	中國社會科學院考古研究所 小屯南地甲骨	32575
卯		卯	甲骨	象二人相從跽跪之形，會順從之意。爲巽之初文。	徐中舒 甲骨文字典 卷九	32576
卪			説文	卪也。闕。	許慎 説文解字	
㔿	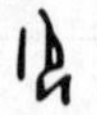	刵膝	甲骨	與“卩”爲一字之異體。都應稱爲“刵”。兩者在卜辭不表本義，而表假借義，都應該爲“剢”，訓爲切割，都可用作祭祀量詞和征伐量詞。	張玉金 釋甲骨文中的“㔿”和“卩”出土文獻研究 1999年5輯	15835
㔾	 長/丙篇	几	楚簡	此字釋爲“㔾”，讀如“範”，爲祖道之祭。	何琳儀 長沙帛書通釋 江漢考古 1986年1、2期	11545

印	 上四/柬大王泊旱/14		楚簡	通“仰”。《説文·匕部》：“卬，望也。欲有所庶及也，從匕、從卩，《詩》曰：‘高山卬止。’”又《人部》：“仰，舉也。”	濮茅左 上海博物館藏戰國楚竹書第四册 柬大王泊旱	3298
⿰午卩			甲骨	該字從文例上應該是祭名。當讀爲禦，是一種禦除災殃的祭祀。	裘錫圭 讀安陽新出土的牛胛骨及其刻辭 考古 1966 年 5 期	16398
⿰兕卩	 居簋		金文	左從兕右從 卩，兕即兕觥之義，卩與從又持之同義。康⿰兕卩猶康爵。一説從 卩取造酒有節，亦通。	吴榮光 筠清館金文 第五卷 周居後彝	45131
⿰豕卩	 包/文書/184	豝	楚簡	應釋“⿰豕卩”。《集韻》：“⿰豕卩，骨節間也。”	何琳儀 包山竹簡選釋 江漢考古 1993 年 4 期	6499
⿰亲卩	 包/文書/51		楚簡	讀如親。	劉彬徽、彭浩、胡雅麗、劉祖信 包山楚簡	6083
⿰桼卩	 包/遣册/253		楚簡	讀如桼，此指生漆本色，近黑色。	劉彬徽、彭浩、胡雅麗、劉祖信 包山楚簡	6987
⿰聑卩			甲骨	從聑從 卩，《説文》所無，當爲聑之繁文。	李孝定 甲骨文字集釋 卷十二	17715
⿰契卩	 匯/信陽一號墓遣策/11		楚簡	畫㽉，説明匭屬之物。	商承祚 戰國楚竹簡匯編 信陽長臺關一號楚墓竹簡第二組遣策	9432
⿰亯卩	  ⿰亯卩司寇鼎		金文	讀爲鑄或祝。故地在祝丘。是妊姓國。	趙平安 山東泰安龍門口新出青銅器銘文考釋 中國歷史文物 2006 年 2 月	15118

印部

印			説文	執政所持信也。从爪从卪。凡印之屬皆从印。	許慎 説文解字	
印	 曾伯霥簠		金文	以手持卪曰印。與後世印綬字不同。	丁佛言 説文古籀補補 卷九	35727
印	 曾伯霥簠		金文	當讀爲抑。	徐同柏 從古堂款識學 卷二 周曾伯霥簠	32578
印	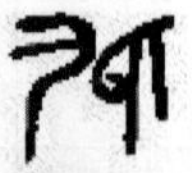		金文	印。此左旁即卪，右旁即爪。	劉心源 奇觚室吉金文述 卷四	32579
印	 曾伯霥簠		金文	徐籀莊讀抑是也。抑者，按循。	劉心源 奇觚室吉金文述 卷五 曾伯霥簠	32580
印	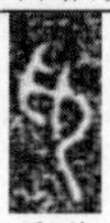 毛公鼎		金文	當即抑之古文。像不在上，按抑之。	林義光 文源	35730
印			甲骨	古抑字。許説按也，從反印。此象一人手按人之形。	王襄 簠室殷契類纂 九卷	32583
印				甲骨文字從爪，從人跽形，象以手抑人而使跽，其誼如許書之抑，其字形如許書之印。按抑本訓安，訓屈，訓止，與字形合。	孫海波 中國大學講義（内刊） 甲骨金文研究	42304
印	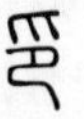		金文	印爲璽之異文。	高田忠周 説文古籀篇 卷二十五	35729
印	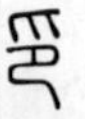		金文	羅振玉云印抑二字古爲一字，訓安訓治，乃印之本義。	高田忠周 説文古籀篇 卷二十五	35728
印	 曾伯霥簠		金文	抑。從反印，與《説文》合。	柯昌濟 韡華閣集古録跋尾甲篇 曾伯霥簠	32581
印	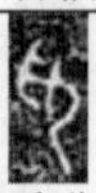 毛公鼎			即抑字初文。	高鴻縉 毛公鼎集釋	32587

印			甲骨	印抑同字。本義當爲按。羅振玉之説是也。	李孝定 金文詁林讀後記 卷九	32588
印			金文	印影母文部，抑影母之部。之文陰陽對轉，兩字不但同母，而且同部。羅説至確。	戴家祥 金文大字典 卷中	32591
印	 上五/弟子問/10	見	楚簡	原釋爲“見”。按釋“見”無義。細審圖版，疑隸作“印”。	何有祖 上博五《弟子問》試讀三則 簡帛網 2006年2月20日	4886
归	  俗體	抑	説文	按也。从反印。抑俗从手。	許慎 説文解字	
归	 曾伯霥簠	印	金文	印當讀爲抑，《説文》云抑，按也，從反印。	徐同柏 從古堂款識學 卷二	35725
归	 曾伯霥簠	印	金文	徐同柏讀爲抑，古文無反正，讀抑是也，抑者按循。	劉心源 奇觚室吉金文述 卷五	35726
归		印	甲骨	從爪從人跽形，象以手抑人而使之跽，其義如許書之抑，其字形則如許書之印。抑訓按、訓枉、訓止，與字形正合。予意許書印抑二字古爲一字。	羅振玉 殷虚書契考釋 卷中	32592
归		印	甲骨	金甲文反正無别。此即印之反文。	馬叙倫 説文解字六書疏證 卷十七	32593
归	 曾伯霥簠	印		古但曰璽。蓋至漢始稱印。璽稱印者。蓋用璽時必按抑之。羅氏説甚是。惟謂卜辭印字無反書者則不然。惟古文正反每無别。二者仍是一字也。	李孝定 甲骨文字集釋 卷九	32594
归		印	甲骨	以爪置於卩之左上方者爲印，而以爪置於卩之右上方者爲归。自甲骨文觀之，爪左右無别。許分正反二形位印抑二字，乃因後世璽印出現，用璽時須按抑，故初名之归，后名動分化，乃以印爲印信字，而印归意義始各有所專矣。	徐中舒 甲骨文字典 卷九	32595

色部

色	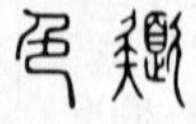 古文	𢒼	説文	顔氣也。从人从卪。凡色之屬皆从色。𢒼古文。	許慎　説文解字	
色				人卪非義。卪亦人字。象二人。與比字尼字同意。美色所比所尼之物也。	林義光　文源	32596
色			説文	此字玉篇未收，疑爲後人增入。	商承祚　説文中之古文考	32597
色		刀卩	甲骨	從卩從刀。唐蘭釋色之説可從。	徐中舒　甲骨文字典　卷九	32600
色			楚簡	疑前三例皆色字，末例當是絶字。簡文絶、色通用，大約是音近通假的關係。簡文不是用本義，謂色目，種類名目之義。	湯餘惠　包山楚簡讀後記　考古與文物 1993 年 2 期	32601
色			楚簡	顔色，係兩字合文。	彭浩、劉祖信、王傳富　郭店楚墓竹簡	6387
色			楚簡	謂“窈窕淑女”，在此不用作貶義。	馬承源　上海博物館藏戰國楚竹書第一册　孔子詩論	11225
色	 上一/孔子詩論/14		楚簡	好色指“淑女”，並非貶義。	馬承源　上海博物館藏戰國楚竹書第一册　孔子詩論	11254
色	 上四/柬大王泊旱/17		楚簡	“复色”，同“乍色”、“作色”。《禮記・哀公問》：“孔子愀然作色而對曰……”《韓詩外傳》卷八：“景公悖然作色。”	濮茅左　上海博物館藏戰國楚竹書第四册　柬大王泊旱	2426
色	 上四/柬大王泊旱/16		楚簡	作色，恐懼。《公羊傳・哀公六年》：“皆色然而駭。”	濮茅左　上海博物館藏戰國楚竹書第四册　柬大王泊旱	2405
色	 上四/柬大王泊旱/16		楚簡	“埜色”疑指“風塵之色”，蓋柬王三日風餐露宿，又無“藻箑”之障蔽，故有“埜色”。	孟蓬生　上博竹書（四）閒詁（續）簡帛研究網 2005 年 3 月 6 日	3854

艴			説文	色艴如也。从色弗聲。《論語》曰：“色艴如也。”	許慎　説文解字	
艵			説文	縹色也。从色并聲。	許慎　説文解字	
䒳	 郭/語叢一/50		楚簡	色字異體。	劉釗　郭店楚簡校釋	9604
䧁	 包/遣册/261		楚簡	疑應釋啫。	李天虹　《包山楚簡》釋文補正 江漢考古 1993 年 2 期	6427
頧	 郭/語叢一/47		楚簡	色字繁體。	劉釗　郭店楚簡校釋	9601

卯部

卯	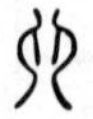		説文	事之制也。从卩、纯。凡卯之屬皆从卯。闕。	許慎　説文解字	
卯		卯	甲骨	此爲嚮背之嚮字。卯象二人相嚮。猶北象二人相背。許君謂爲事之制者。非也。	羅振玉　增訂殷虚書契考釋 卷中	32604
卯		既	甲骨	當即既字之異字。“今牧既”乃假爲餼。	郭沫若　卜辭通纂	32605
卯	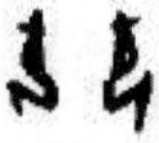	卯	甲骨	羅云此爲嚮背之嚮字。今得羅説，此字之意固躍然如見，而音亦明矣。	楊樹達　文字形義學	32609
卯		卯	甲骨	王國維云卯爲用牲之名，以音言之，古音卯劉同部。疑卯即劉之假借字。釋詁：劉，殺也。漢時以孟秋行貙之禮，亦謂秋之始殺也。	楊樹達　卜辭求義 卯	32607
卯	 散氏盤	卯	金文	羅氏釋爲嚮背之嚮之本字，甚是。	李孝定　甲骨文字集釋 卷九	32608
卯		卯	甲骨	象二人張口相向之形，爲嚮背之嚮初字。與《説文》卯字篆文略同。《説文》之訓當爲引申義。	徐中舒　甲骨文字典 卷九	32610
卿			説文	章也。六卿：天官冢宰、地官司徒、春官宗伯、夏官司馬、秋官司寇、冬官司空。从卯皀聲。	許慎　説文解字	
卿			金文	卿鄉省讀爲大饗之饗。	徐同柏　從古堂款識學 卷十三 商企鼎	32617
卿			金文	陳壽卿説……鄉即饗，省作鄉。	吴式芬　攈古録金文 卷三 虢季子盤	32612
卿			金文	即卿。用爲鄉。實爲饗。古文止卿字。小篆爲三形耳。	劉心源　奇觚室吉金文述 卷一	32614
卿			金文	當即饗字。古文饗或作鄉。師遽尊鄉醴當釋饗醴。	吴大澂　愙齋積古録 第十六册 虢季子白盤	32613

卿			金文	古金文嚮背之嚮與公卿之卿，毫無分别。卿誼取爲人所歸嚮。	羅振玉 雪堂金石文字跋尾	32618
卿			金文	卿饗並皆六卿字，其用爲饗食字者，與享通。	高田忠周 說文古籀篇 卷八十八	35742
卿			金文	古公卿之卿鄉黨之鄉饗食之饗皆爲一字。後世析爲三。	羅振玉 增訂殷虚書契考釋 卷中	32619
卿			甲骨	至殷之官制。則有卿事。卿事即卿士也。	羅振玉 增訂殷虚書契考釋 卷下	32620
卿			甲骨	卜辭有卿事元臣，蓋殷官名。羅氏考卿事爲冢宰，恐非。	陳直 殷契剩義	32626
卿			甲骨	甲文饗。象食時賓主相嚮之形，故曰饗。中不徹食，故爲嚮。其形義音固甚顯著。金文宰圃簋與此爲一字。	商承祚 甲骨文字研究 卷下	32627
卿			甲骨	新十八片“克王史”殆謂“克襄王事”。	郭沫若 卜辭通纂	32628
卿	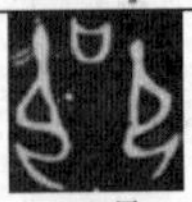 父己鼎		金文	字象兩人共食之形。口其盛食物之器也。	容庚 武英殿彝器圖録	35750
卿	 卿爵		金文	文爲二人相向，中從皀，卿字也。古卿饗一字。	方濬益 綴遺齋彝器款識考釋 卷十九	35734
卿	 伯卿鼎		金文	古卿鄉一字。公卿爲左右輔弼之位，故從卯以象形見義，從皀得聲。小篆興始分爲二，専以此爲公卿字，而更制鄉字以别之。	方濬益 綴遺齋彝器款識考釋 卷四第二十頁	35733
卿			金文	吴窓齋釋爲會射，非是。蓋亦饗之異文也。	强運開 説文古籀三補 卷九	32622
卿			金文	士事同訓，卿士金文均作卿事。番生簋有卿事大史寮，毛公鼎有卿史寮大史寮，疑西周時兩寮執政。寮猶今言府署之類。蓋一掌政事，一掌文書。	斯維至 兩周金文所見職官考 中國文化研究匯刊第七卷 1947 年	32633
卿	 無叀鼎	側	金文	爲公卿之卿字。右旁是人字，非刀。中從鼎，與篆文所從之皀皆盛食之器，義相近，可以通作。	楊樹達 積微居金文説 無叀鼎再跋	44958

卿			金文	此字許印林疑卿字，按許説是也。舊釋鬲非。卿爲饗之初文。甲骨文象兩人相嚮而食。《玉篇》饗，盛設禮以飯賓也。則此二人象一主一賓之意。器作此文，非爲飯賓而作器，故書此文。或卿有食義，此謂食器耶？	馬叙倫　讀金器刻詞　卷上	32630
卿			甲骨	卿、鄉、嚮、饗並爲一字。據其形祇爲饗之本字，嚮背字作此則卯之借字也。鄉黨字亦作此者，亦以同音相假。至公卿字作此，竊疑亦當於古音中求之也。卜辭“克卿王事”，郭讀克襄王事是也。	李孝定　甲骨文字集釋　卷九	32632
卿			金文	鄉、饗、卿古文一字，本義是鄉人共食，由此引申出饗和卿。	周法高主編　金文詁林　卷九	35748
卿			金文	李孝定《甲骨文集釋》以鄉卿皆爲饗食字之假借，非是。	周法高主編　金文詁林　卷九	35749
卿			金文	羅振玉説古公卿之卿、鄉黨之鄉、饗食之饗皆爲一字。	周法高主編　金文詁林　卷九	35747
卿	 			北卿即北嚮。本義應爲飲宴，引申爲一切相嚮之義。	王讚源　周金文釋例	32634
卿			甲骨	象二人相嚮共食之形，爲饗之初字。卿、鄉、饗初爲一字。蓋宴饗之時相嚮食器而坐，故得引申爲鄉，更以陪君王共饗之人分化爲卿。	徐中舒　甲骨文字典　卷九	32638
卿			金文	字象兩人相嚮對坐，共食一簋之形，本義當爲饗。	戴家祥　金文大字典	15026
卿			楚簡	甲骨文及金文作象對食形，爲饗之本字，但皆假作卿、鄉、饗，爲後世增益其體而分化。	商承祚　戰國楚竹簡匯編　信陽長臺關一號楚墓竹簡第一組文章	9920
卿	 郭/成之聞之/12		楚簡	裘按：疑當讀成“鄉（享）成”。	彭浩、劉祖信、王傳富　郭店楚墓竹簡	7535
卿	 郭/成之聞之/12		楚簡	讀爲嚮，嚮往、期待之義。	陳偉　郭店竹書别釋	7536

卿			楚簡	讀爲“饗”。	濮茅左 上海博物館藏戰國楚竹書第四册 柬大王泊旱	60025
卿	 上三/周易/2		楚簡	古“饗”字，甲骨文、金文、簡文的字形都象兩人相對而飲，通“亨”。	濮茅左 上海博物館藏戰國楚竹書第三册 周易	13350
卿	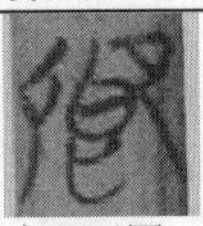 上三/周易/12		楚簡	讀爲“亨”。	濮茅左 上海博物館藏戰國楚竹書第三册 周易	7859
卿	 上三/周易/54		楚簡	亨。	濮茅左 上海博物館藏戰國楚竹書第三册 周易	13880
卿	 上三/周易/53		楚簡	讀爲“小亨”。	濮茅左 上海博物館藏戰國楚竹書第三册 周易	13870
卿	 上四/柬大王泊旱/7		楚簡	讀爲“饗”。	濮茅左 上海博物館藏戰國楚竹書第四册 柬大王泊旱	3394
卿			金文	容庚説或是，亦鄉之異文。此銘當爲人名。	周法高主編 金文詁林 卷九	35751
鄉	 上五/競建内之/10	鄉	楚簡	讀爲“追犬獵鄉”。到離城邑很遠的、可以狩獵的廣袤之地。	陳佩芬 上海博物館藏戰國楚竹書第五册 競建内之	2501
嚮	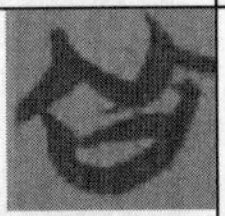 上四/柬大工泊旱/1	向	楚簡	“嚮”字簡文多作此形。古以爲人嚮明而立，日月星辰皆在前，高明廣大之象。凡日月食，亦向日而立，明復而止，以示敬日。	濮茅左 上海博物館藏戰國楚竹書第四册 柬大王泊旱	3095

辟部

辟			說文	法也。从卩从辛，節制其辠也；从口，用法者也。凡辟之屬皆从辟。	許慎 說文解字	
辟	 大盂鼎		金文	古文不從口。或從日。	吴大澂 說文古籀補 卷九	32640
辟	 大盂鼎		金文	古作從〇不從口，〇，束也，從人從辛，以〇束之，與章同意。或訛從口，或訛從日。	林義光 文源	32642
辟	 都公平侯鼎		金文	辟字反文。	丁佛言 說文古籀補補 卷九	32643
辟			金文	羅振玉《殷虚書契考釋》云，古文辟從辛人。古金文辟，增〇，乃璧之本字。從〇犀聲，而借訓法之辟，與鄙說近。唯幫人卩通用，而辟字所從正是卩字正形正義，斷非人也。	高田忠周 說文古籀篇 卷二十五	35757
辟			甲骨	古文辟從辛人。辟，法也，人有辛則加以法。古金文作“辟”，增“〇”，乃璧之本字。辟從〇，犀聲。借爲訓法之辟。	羅振玉 增訂殷虚書契考釋 卷中	32641
辟	 令狐君嗣子壺		金文	辟=當讀爲便便。便便，閒暇之貌。	郭沫若 金文叢考 嗣子壺	32648
辟	 師朢鼎		金文	“用辟于先王”，辟猶仕也。	郭沫若 兩周金文辭大系圖録考釋	35761

辟			甲骨	“辟臣”蓋是“嬖臣”。	郭沫若 殷契粹編	32646
辟			甲骨	多辟臣可能是嬖臣，乃親近的褻臣。鄭制大夫分上、亞、嬖三等。所以卜辭的元臣、小臣、辟臣可能也是等級有差之臣。	陳夢家 殷虛卜辭綜述	32649
辟	 大盂鼎		金文	此璧之初文也。從○，辟聲。○又辟之最初象形文也。	馬叙倫 説文解字六書疏證 卷十七	32647
辟			甲骨	契文正從卩從辛，亦或增口。舊或釋辟，不可通，且字從卩不從尸也。	李孝定 甲骨文字集釋 卷九	32650
辟			甲骨	從辛從卩無疑。辭稱“辟臣”、“多辟臣”，竊疑辟字實爲殉人之意。	丁驌 子 中國文字	32651
辟	 史牆盤		金文	辟作動詞用，則爲效法。其在句末作名詞用，則爲法則。	于省吾 牆盤銘文十二解 古文字研究 1981 年 5 輯	32652
辟			甲骨	辟從卩從辛。卩古文無節制義，辛亦不訓辠。郭沫若謂辛爲剞劂，所以施墨刑，又從卩，與人意同，故字得訓法也。金文或用爲弼字。又訓爲君。非從肉也。高田氏説非。	李孝定 金文詁林讀後記 卷九	32653
辟			金文	乃璧之初文。後世辟有法、誅等義，初義泯滅。乃加“玉”爲璧。已還原義。	戴家祥 金文大字典 卷上	32654
辟	 毛公鼎		金文	君王。在此特指周宣王。	胡性初 論毛公鼎銘文的修辭藝術 廣東教育學院學報 2000 年 5 期	15635
辟	 上一/紂衣/12		楚簡	與“嬖”通。《荀子·君道》“案唯便嬖親比己者之用也”，《韓詩外傳》卷四“嬖”作“辟”。又《荀子·儒效》“事其便辟”，楊倞注：“辟，讀爲嬖。”郭店簡作“卑”，今本作“嬖”。	陳佩芬 上海博物館藏戰國楚竹書 第一册 紂衣	12020

辟	 郭/成之聞之/16	㢊	楚簡	君子不貴僻物而貴與民有同：僻，原釋爲庶，恐不確。字與《汗簡》所録《尚書》、《義雲章》中的“辟”字類似，似應釋爲辟，讀爲僻，偏遠之義。	陳偉 郭店竹書别釋	8558
辟	 上四/曹沫之陳/37		楚簡	“辟”讀作“避”。《韓非子·八經·起亂》：“陳過則明其固，知辟罪以止威。”王先慎注：“辟’，即避字。既知避罪，則上可以止威。”《淮南子·兵略訓》：“所謂四義者，便國不負兵，爲主不顧身，見難不畏死，決疑不辟罪。”	何有祖 上博楚竹書（四）劄記 簡帛研究網 2005年4月15日	3684
辥			説文	治也。从辟从井。《周書》曰：“我之不辥。”	許慎 説文解字	
辥			金文	辥字，治也，爲人以手據法治事之意。其不從辟者，辟爲節制其辠，治事不盡爲治罪也。	丁佛言 説文古籀補補 卷九	32655
嬖			説文	治也。从辟乂聲。《虞書》曰：“有能俾嬖。”	許慎 説文解字	

勹部

勹			説文	裹也。象人曲形，有所包裹。凡勹之屬皆从勹。	許愼　説文解字	
勹			甲骨	字斷不得釋爲矛。此當是勹（包）之古文，象有所包裹而加緘縢之形，小篆形體即從此而出。	郭沫若　殷契餘論　骨臼辭	32658
勹			甲骨	與龍字形體迥異。其簡體明即字。王國維讀作旬，甚是。謂此爲訓裹之勹則誤。實勻之古文。或象龍蛇之類而非龍或蛇。字變則爲云，雲之本字。似古人以此爲能興雲，則當是龍類也。實像螭形也。卜辭者多用爲旬。作者多用爲雲。作者用法又異，疑讀爲惸或惌。	唐蘭　天壤閣甲骨文存附考釋	32659
勹			甲骨	以字形言，最近於篆文“勹”，“勹”爲抱之本字。象人曲肘有所抱取形。甲骨文此字像人曲肱尤爲妙肖。通觀卜辭，不訓引，也當訓取。還當讀爲抱。	丁山　甲骨文所見氏族及其制度　論某勹	32663
勹			甲骨	字象人身迴旋之形，故引申有旋轉圍繞之義。殷人以日自甲至癸爲一勹，蓋假爲旬。	朱芳圃　殷周文字釋叢　卷中	32661
勹	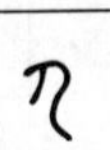		甲骨	即俯伏之伏字初文。從人、犬的伏之本義爲犬伺人，後世借此伏爲俯伏之伏，遂不知其本作勹。古人把俯身以爬行叫做匍匐。	于省吾　甲骨文字釋林　釋勹、匍	32662
勹	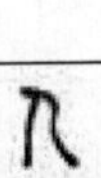		甲骨	于省吾先生指出即伏之初文。所論甚是。甲骨文的北方名實爲“伏”。	曹錦炎　讀甲骨文劄記（二則）　上海博物館集刊　1987年	32666
勹			璽印	應釋勹（伏初文），可讀爲符。“符”是先秦用爲憑信之物。	何琳儀　古璽雜識續　古文字研究　1992年19輯	32665

勹			陶文	甲骨文“勹”像人體俯伏之形，或釋伏，或釋俯。按，輕唇音古讀重唇音，故伏或俯古音均應該讀若包。即《説文》之勹。卜辭“扶風”的伏與陶文此字應是一字，此字可讀匍。	何琳儀 古陶雜識 考古與文物 1992年4期	32664
𠣊			説文	曲脊也。从勹，籍省聲。	許慎 説文解字	
匍			説文	手行也。从勹甫聲。	許慎 説文解字	
匍	 大盂鼎		金文	古匍字。	吴大澂 説文古籀補 卷九	32670
匍			金文	銘文“匍有四方”之匍當讀爲撫，撫匍古音同，故通。撫與有義同。王静安以《尚書·金縢》“敷佑四方”證此銘“匍有四方”，字音虽和，義則不明。	楊樹達 積微居金文説 全盂鼎五跋	32672
匍			金文	翁祖賡讀匍爲撫，孫詒讓、楊樹達從之。楊氏並引《左傳》證其説，云撫與有同義。今以翁釋爲正。	戴家祥 金文大字典 卷上	32673
匍			金文	人名。	李學勤 論應國墓地出土的匍盉 平頂山師專學報 1999年1期	15647
匍	 史牆盤		金文	“匍有”當讀爲“敷有”，匍金文作匍，文獻作敷，匍敷皆以甫爲聲，都有普遍義。	麻愛民 墻盤與文獻新證 語言研究 2003年3期	15209
匍			金文	讀爲輔。	李學勤 眉縣楊家村新出青銅器研究 文物2003年6期	15285
匍			金文	讀爲甫，大也。	王輝 逵盤銘文箋釋 考古與文物 2003年3期	15219
匐			説文	伏地也。从勹畐聲。	許慎 説文解字	
匊			説文	在手曰匊。从勹、米。	許慎 説文解字	
匊			金文	《説文》云：在手爲匊，從勹米。	林義光 文源	35765

匊	 番匊生壺		金文	釋爲匊，無說。	丁佛言 說文古籀補補 卷九	32675
匊			篆文	段玉裁云米至易椒，兩手兜之而聚，俗作掬，此說似是。勹，古包字，在手亦所以包有也。	高田忠周 古籀篇 卷三十六	35766
勻			說文	少也。从勹、二。	許慎　說文解字	
勻	 鼎		金文	勻從勹、從二，二示重複之意，當人回旋其身，周而复始，不止一次，故以二識之。與勹實爲一字。	朱芳圃 殷周文字釋叢 卷中	32681
勻			金文	字當是勻。在此借爲重。	雍城考古工作隊 文物 鳳翔縣高莊戰國秦墓發掘簡報	32682
勻		罚	甲骨	這個字所從的“吕”就是古吕字。除去“吕”的部分過去一般認爲是蜀字初文。唯陳夢家認爲是旬字，這一意見可取。“罚（旬）”、“勹”可以認爲是一個字的繁簡體。古文字裏從“口”和“一”往往通用不别，因此這個字應該就是西周金文中的勻字。勻字既然本從吕，很可能就是“鈞”的初文。不過從金的“鈞”字也出現得相當早。	裘錫圭 殷墟甲骨文字考釋 湖北大學學報 1990 年 1 月（期）	32683
勼			說文	聚也。从勹九聲。讀若鳩。	許慎　說文解字	
旬	  古文	旬	說文	徧也。十日爲旬。从勹、日。古文。	許慎　說文解字	
旬			甲骨	疑其象虺形。	劉鶚 鐵雲藏龜序	32685

旬			甲骨	今考定實當爲它之象形。	孫詒讓 契文舉例 卷上	32686
旬			金文	勹日非義，當從日旬省聲。	林義光 文源	32688
旬			甲骨	即旬字。	王國維 釋旬 觀堂集林卷六 1959年6月	32687
旬	 王孫遺者鐘		金文	古旬字，從勻，許慎説徧也，原書釋明，非是。	丁佛言 説文古籀補補 卷九	32689
旬		勹	甲骨	旬亘字皆象周匝循環之形。故以十干一周爲一旬。紀旬之法始甲終癸。卜旬則卜下旬甲至癸之十日。計日之法則繫日於旬，並不繫於甲日而繫於下旬之癸日。	董作賓 卜辭中所見之殷曆 安陽發掘報告 1929年	32691
旬		勹 云	甲骨	旬字。十日爲一旬，故從十，其意由十至十也。	商承祚 甲骨文字研究 卷下	32692
旬		云	甲骨	商釋旬非誤，字形演變，時代有先後也。以字形言之，當即云，在《説文》爲雲之古文。而旬字卜辭多作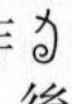，當即勻字。云勻蓋本一字，後世誤歧之也。	唐蘭 殷墟卜辭考釋	32694
旬			甲骨	“旬”者，殷代記日法自甲至癸，十日之名也。先師王國維之説是也。字在古時確爲旬。	吴其昌 殷墟書契解詁	32695
旬		勹	甲骨	旬。其初體應作，由甲至癸爲一旬。後隨意書寫，形義遂晦。世人不識。又讀爲包，而增日以會意，古文則從勻聲也。甲至癸爲十日之遍，故引申爲遍。	商承祚 説文中之古文考	32696
旬		勹	甲骨	卜辭或言“多父旬”，即它辭之“多介”、“多介父”。旬其名也。亦即《紀年》盤庚名之旬。	楊樹達 積微居甲文説	32699
旬		勹	甲骨	祖甲卜辭“旬”、“夕”，旬出頭，夕中間有點。到了何組旬不出頭，“夕”、“月”一律没有點。	陳夢家 殷虚卜辭綜述	32700
旬		𣅀	甲骨	𣅀從日從旬。疑爲旬之繁形。指旬日之間，爲時間副詞。	饒宗頤 殷代貞卜人物通考 卷十	32701

旬		勹	甲骨	卜辭所見“旬”，除了旬日義之外，又有徧祭及巡視兩義。均宜以假借説之。	饒宗頤 殷代貞卜人物通考 卷十五	32702
旬			金文	旬以丨之彎曲表回復之動象，由甲至癸而一旬。	高鴻縉 中國字例三篇	35775
旬		訇	金文	訇從言從勹，即古旬字。	于省吾 雙劍誃古文雜釋 釋訇	28125
旬		勹	甲骨	字象人身回旋之形，殷人以日自甲至癸爲一勹，蓋假爲旬。	朱芳圃 殷周文字釋叢 卷中	32704
旬			甲骨	旬是蜃的象形，所以辰有時辰之義。《説文》雲的古文就是甲文旬字。旬辰雲古音完全相同。因此釋甲文從人從旬的一個字爲侲，甲文旬的初形爲龍蛇形，甲骨文旬字而有口者，當是娠字，故所卜皆關婦某之形。	陳夢家 讀天壤閣甲骨文存 國書季刊 1963 年	32698
旬		昌	甲骨	或釋爲昌，爲旬之繁形。指旬日之間，爲時間副詞。	白玉峥 殷虛第十五次發掘所得甲骨校釋 中國文字 1990 年 2 月	32706
旬		勹	甲骨	旬，不從日。卜辭卜旬均從癸日始，自癸酉至壬午爲一旬，癸未至壬辰爲一旬，遞而推之，以至癸亥壬申共爲六旬，周一旬，亦有遍義。	王襄 古文流變臆説	32690
旬		勹	甲骨	契文此字，王襄釋旬，極確。卜辭旬字，其義爲十日。卜旬之辭均以癸日，蓋以旬之末日卜下旬之吉凶。董先生之説是也。金文從匀從日。	李孝定 甲骨文字集釋 卷九	32705
旬	 王孫遺者鐘	昀	金文	昀乃旬之古體。昀兼旬匀爲一體，旬之別構無疑。	戴家祥 金文大字典 卷中	32708
勼			説文	覆也。从勹覆人。	許慎 説文解字	
勼				《説文》云：勼，覆也。今字以抱爲之。	林義光 文源	32709
勼			甲骨	段先生謂之抱之本字。	商承祚 殷虛文字類編 卷九	32711

勹			甲骨	在卜辭爲地名。疑與包古爲一字。象人在腹中之形，與孕同意。勹包聲同韻近。	李孝定 甲骨文字集釋 卷九	32713
勹			甲骨	甲骨文象人之胞胎形，當爲包之初文。勹包形同義近，當爲一字。許强分爲二。	徐中舒 甲骨文字典 卷九	32714
勹	 保父丁簋	保	金文	象人抱子之形。《説文》有勹字，從勹覆人，是爲抱之本字。經典作抱，爲假借字。抱爲捊或體。	方濬益 綴遺齋彝器款識考釋 卷六	44938
匈	  或體	肻	説文	聲也。从勹凶聲。匈或从肉。	許慎 説文解字	
匈	 梁上官鼎		金文	古匈字。	丁佛言 説文古籀補補 卷九	32715
匈	 梁上官鼎		金文	乃匈字之異，讀爲容。古匈容同紐。	郭沫若 金文叢考 金文餘釋之餘	32716
匈	 梁上官鼎		金文	疑是《説文》之匈字。字在此蓋以音近假爲容，此記鼎之容量也。	楊樹達 積微居金文説 欒鼎跋	32718
匈	 梁上官鼎		金文	疑借爲容。	馬叙倫 讀金器刻詞 梁鼎	32719
匊			説文	帀徧也。从勹舟聲。	許慎 説文解字	
匊			金文	古尊罍皆有舟。匊者假借字也。	吴榮光 筠清館金文 卷五 周十月彝	32720
匊	 史牆盤	㓷	金文	㓷即金文寏，《説文》作匊，“匊匝，遍也”古書多借用周字。	唐蘭 略論西周微史家族窖藏銅器群的重要意義——陝西扶風新出牆盤銘文解釋 文物 1978 年 3 期	32722

𠣾			金文	當即《説文》𠣾字。	唐蘭 論周昭王時代的青銅器銘刻 古文字研究 1980年2輯	32723
𠣾				"𠣾"下《説文斠詮》云："此周遍字。""𠣾、帀、徧"三個詞的意義的共同點是"𠣾遍"。所謂𠣾遍，其意義特點是表示行爲方向的上下往復，周繞回環。考察"𠣾"的構形，是從勹，舟聲。"勹"的意義特點是表示"環帀"。"𠣾"的"舟聲"是聲中有義。"𠣾"表示舟船在水上環帀、舟旋、𠣾繞，舟船環帀、𠣾繞的目標是"州"，因而《説文》云："州，水中可居者曰州，𠣾繞其旁。""𠣾遍"記録這一史實：舟船環繞於州丘山岸，一遍又一遍地救助民衆登上丘山。"𠣾"與"亙"的區别在於："亙"着重表述舟船從此岸到達彼岸，"𠣾"着重表述舟船在山岸之間往返濟渡。	宋永培 《説文解字》字系研究 中國文字研究 1999年1輯	14515
匌			説文	帀也。从勹从合，合亦聲。	許慎　説文解字	
匌	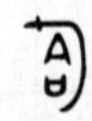		金文	訓爲帀，可信。	戴家祥 金文大字典 卷上	32725
匓			説文	飽也。从勹𣪘聲。民祭，祝曰："厭匓。"	許慎　説文解字	
匓		匓	金文	錢宫詹云：《詩》"如食宜饇"即此字。亦用飫饇。《説文》無饇。	劉心源 奇觚室吉金文述 卷二	32726
匓	 毛公旅鼎		金文	當即匓之古文。	郭沫若 兩周金文辭大系圖録考釋 令	32728

匔			金文	朱駿聲云民祭祀曰厭匔，亦作匬。錢宫詹云：《詩》“如食宜匬”即此字。按區𣪕雙聲，此説可從。	高田忠周 説文古籀篇 卷三十六	35778
匔		匔	金文	匔讀如勼，《説文》：“聚也。”古書多寫作鳩。	唐蘭 論周昭王時代的青銅器銘刻 古文字研究 1980年2輯	32730
匔	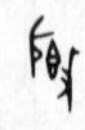 毛公旅鼎  令簋	匔	金文	此當古匔字。從肙或𣪕省，與從勹同意，同象腹形。	郭沫若 金文叢考 矢令𣪕追記	35783
匔	 郭/尊德義/24	訇	楚簡	匔字省文，讀爲究。古音匔、究皆在見紐幽部，於音可通。	劉釗 郭店楚簡校釋	8178
㚆	  或體	复	説文	重也。从勹復聲。或省彳。	許慎　説文解字	
㚆			金文	王先生曰：“此或复字。”	余永梁 殷虛文字考 國學論叢 1927年	32732
㚆			甲骨	复是㚆字或體，通腹。	唐蘭 略論西周微史家族窖藏銅器群的重要意義——陝西扶風新出牆盤銘文解釋 文物1978年3期	32735
㚆			甲骨	复爲初文。㚆爲後起字。	于省吾 甲骨文字釋林 卷下	32734
冢			説文	高墳也。从勹豖聲。	許慎　説文解字	
冢	 趙簋		金文	此與家迥異，乃冢字。	于省吾 雙劍誃古文雜釋 釋冢司馬	35786
冢	 		金文	此字應釋爲冢。侯馬盟書“冢”字寫法可以爲證。銘中讀爲“重”。句末一字是“之冢”合文。	李家浩 戰國時代的“冢”字 著名中年語言學家自選集李家浩卷	32739

冡	 包/文書94		楚簡	冡，塜字。	劉彬徽、彭浩、胡雅麗、劉祖信 包山楚簡	32740
冡	 包/遣册/257	冢	楚簡	讀如豵。小豬。《説文》釋爲“生六月豚也”。《周禮・夏官・大司馬》“大獸小禽”鄭司農注：“一歲爲豵。”“冡脯”即用六個月或一歲的豬肉做成的脯。	劉彬徽、彭浩、胡雅麗、劉祖信 包山楚簡	7034
冡			金文	冡字從“主”，有可能從“主”得聲。	何琳儀 句吴王劍補釋 第二届國際中國文字學研討會論文集 1993 年 10 月	32742
冡			楚簡	應是冡字。	湯餘惠 包山楚簡讀後記 考古與文物 1993 年 2 期	32741
冡	 妤盗壺		金文	此字當爲冡字。朱德熙、裘锡圭認爲借作重，而“冡貢之邦”即“重任之邦”。	戴家祥 金文大字典 卷上	32743
㔫			甲骨	象狗貼耳而坐之形。	郭沫若 兩周金文辭大系圖録考釋	16275
㔫			甲骨	諸家定爲㔫字，蓋是。卜辭中所見者，多爲向㔫求雨之辭，疑乃神祇之類也。	屈萬里 殷墟文字甲編考釋	16276
𠣘			璽印	從勹，士聲，隸寫作𠣘。	尤仁德 春秋戰國八璽考釋 考古與文物 1982 年 3 期	16256
勼			説文	從勹從中，會其抱草之意。隸定爲勼，蓋爲芻之異體字。	馮良珍 説文勹字及從勹之字探源 文物研究 1985 年 1 期	16257
㔰	 郭/尊德義/26		楚簡	簋之别體，讀爲軌。	李零 郭店楚簡校讀記 道家文化研究 1999 年 17 輯	8196
㔰	 郭/尊德義/26		楚簡	釋簋讀軌可從，則義軌當讀爲儀軌，指法度、規範。	陳偉 郭店竹書别釋	8195

𠣍	 郭/尊德義/26		楚簡	讀爲究，意爲窮盡。	劉釗 郭店楚簡校釋	8197
鬻	 寡兒鼎		金文	此字鼎彝之别名。	容庚 善齋彝器圖録 第十二頁	35793
𪐴	 		貨幣	該字應隸定爲𪐴，勹爲聲符。	何琳儀 戰國文字通論	16640

包部

包			說文	象人裹妊，巳在中，象子未成形也。元氣起於子。子，人所生也。男左行三十，女右行二十，俱立於巳，爲夫婦。裹妊於巳，巳爲子，十月而生。男起巳至寅，女起巳至申。故男秊始寅，女秊始申也。凡包之屬皆从包。	許慎　說文解字	
包		囝	金文	疑古包字。爵文。	吴大澂 說文古籀補 附録	32744
包		囝	金文	象子在懷抱形，與包字同意。	吴大澂 愙齋集古録 二十二册	32745
包	 圜君鼎		金文	象子未成形在裹中，而非人褢之形。當即胞之古文。胎衣也。	林義光 文源	32746
包			甲骨	疑即包字。古包字許訓象人裹妊，巳在中，象子未成形也。又曰：包，裹也，象人曲形，有所包裹，與此字外所從相似，内從貝，古異文也。	柯昌濟 殷墟書契補釋	32747
包		貟	甲骨	竊疑此字是包裹之包。	陳夢家 釋冄丗記 考古學社社刊 1936 年 2 期	32751
包			說文	胞之初文，胞爲後起加旁字。勹象裹，爲外形。巳象子未成，在勹之内，爲内形。	楊樹達 文字形義學	32750
包			秦簡	包，據簡文指罪人被流放時其家屬應隨往流放的地點。包疑讀爲保。	睡虎地秦墓竹簡整理小組 睡虎地秦墓竹簡	32753
胞			說文	兒生裹也。从肉从包。	許慎　說文解字	
匏			說文	瓠也。从包，从夸聲。包，取其可包藏物也。	許慎　說文解字	
匏			甲骨	疑即匏字之初文，先民能仿匏之形而造出青銅器卣。	黨相魁 殷契斟釋 紀念王懿榮發現甲骨文一百周年論文集 2000 年	16061

苟部

苟	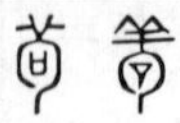 古文		説文	自急敕也。从羊省，从包省。从口，口猶慎言也。从羊，羊與義、善、美同意。凡苟之屬皆从苟。古文羊不省。	許慎　説文解字	
苟		丂	甲骨	不從口形，與羌近。又疑苟從羌得聲。	孫海波　甲骨文編　卷九	16274
苟	 大盂鼎		金文	古敬字。象人共手致敬也。	吴大澂　説文古籀補	32756
苟			金文	象繩之形。	徐同柏　從古堂款識學　卷十六　周盂鼎	32757
苟			金文	阮釋爲虖。《説文》從虖從虍乎聲，此形殊不類。諦寀之。實𦍌字也。苟，《説文》篆文從羊省，古文不省。此從羊不省。	孫詒讓　古籀拾遺　卷中　楚良臣餘義鐘	32758
苟	 師虎簋		金文	確是敬字。許印林定爲敬省，當得其實。	吴式芬　攈古録金文　卷三　虎敦	32759
苟	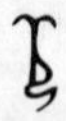		金文	爲苟省，亦即敬省。敬從苟，故古刻即以苟爲敬。	劉心源　奇觚室吉金文述　卷三	32760
苟	 大盂鼎		金文	皆用爲敬字。從人美。或從口。苟爲急救，未有他證，實與敬同字。《説文》敬，即苟之或體。	林義光　文源	32762
苟			璽印	敬字。	丁佛言　説文古籀補補　卷九	32763
苟	 班簋		金文	乃狗之象形文。卜辭多見，用以爲牲，又用爲沃甲之沃，狗沃音相近也。㚇又作苟，乃從口聲。其用爲敬者，敬即警之初文。自來用狗以警衛，故字從㚇從攴。此簋苟用爲敬字。	郭沫若　兩周金文辭大系圖録考釋　班簋	32766

苟	 屬羌鐘		金文	卜辭用爲祭牲，又用沃甲之沃，由沃以得其音，由牲以得其義，知是狗之初文，象貼耳人立之形，從口作者乃以口爲聲。其在金文均用爲敬，蓋敬者警也，自來用狗以警衛，故用狗形之文爲警。此屬即讀屬狗亦無不可。	郭沫若 兩周金文辭大系圖録考釋 屬羌鐘	60154
苟			金文	此與《説文》所載苟字古文正合。	方濬益 綴遺齋彝器款識考釋 卷九 鄭儀萲父簋	32761
苟				甲骨文、金文用爲敬字。此當爲“叩氣吠以守”之狗之初字。其形有兩耳。從口者。吠氣誼也。許云從羊失之。	商承祚 説文中之古文考	32767
苟			金文	敬字古文。	周名煇 新定説文古籀考 卷上	32770
苟			甲骨	下從人而不放足，上象兩角之形而非揚臂之狀，疑爲苟字。在卜辭均爲地名。	張秉權 殷墟文字丙編考釋	32773
苟	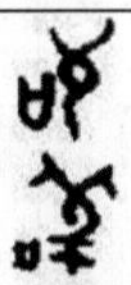		金文	字從羌從口會意。羌爲牧羊人，口示吆喝，合之謂牧人警敕羊群。許君訓爲自急敕，引申之義也。	朱芳圃 殷周文字釋叢 卷中	32771
苟			甲骨	舊説以苟爲敬之初文是對的。由初形孳乳爲從口，即後世苟，又孳乳爲從攴，即今敬字。苟與《説文》苟迥然有別。	于省吾 釋羌、苟、敬、美 吉林大學社會科學學報 1992年	32772
苟	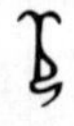		金文	苟即敬也，加攴以明擊敕之義也。警從敬得聲得義，故釋名曰：“敬，警也，恒自肅警也。”此訓最先最確。	李孝定 金文詁林讀後記 卷九	32774
苟			甲骨	象狗兩耳上從、蹲踞警惕之形，爲儆（警）之初文。后引申爲敬。	徐中舒 甲骨文字典 卷九	32775
苟				爲狗之初字。象人跪跽乞食形，上象兩耳，非從羊省，從口，謂張口受食，故用爲苟且字。	陳獨秀 小學識字教本 上篇	32768
敬			説文	肅也。从攴、苟。	許慎 説文解字	

敬	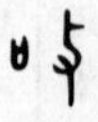 毛公鼎	攴	金文	容庚謂敬從口從攴。是敬應屬攴部，苟入口部，不應立爲部首。	何大定　説文解字部首删正　中山大學語言歷史研究所集刊第五册	35801
敬	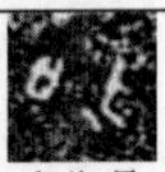 毛公鼎	攴	金文	敬之省文。	吴大澂　毛公鼎釋文	32777
敬	 楚季苟盤	苟	金文	此乃敬省，即苟字，從羊省，從包省。	吴式芬　攈古録金文　卷三之二	35794
敬	 大保簋	𤇾	金文	此銘苟之省口者，亦讀敬。盂鼎與此同。	劉心源　奇觚室吉金文述　卷三	35798
敬			甲骨	古敬字。	王襄　簠室殷契類纂　正編卷九	32779
敬	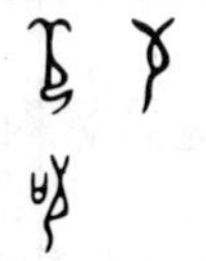		金文	盂鼎、太保彝從人美，師虎敦從口。苟、敬古一字。	林義光　文源	35799
敬	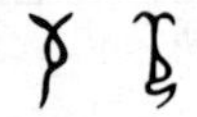		金文	皆用爲敬字，從人美。非爲急敕。與敬同字。	林義光　文源	28126
敬	 作册夨令簋		金文	當是敬之古文。從昚(古文慎)，井聲。	郭沫若　兩周金文辭大系圖録考釋　令簋	32780
敬	 盂鼎	𤇾	金文	此苟之省文，象人屈躬致敬之形，所謂急敕也。	方濬益　綴遺齋彝器款識考釋　卷三第二十六頁	35808
敬	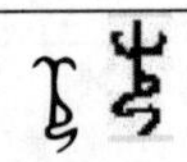		金文	皆爲古敬字也。	强運開　説文古籀三補　卷九	32781
敬			金文	徐釋敬，此亦苟之省文。《説文》苟，自急敕也，從羊省，從包省，從口。此古文象人屈躬致敬之形。	方濬益　綴遺齋彝器款識考釋　卷九第十六頁	35796
敬	 大保簋	𤇾	金文	敬字古文也。"克敬"爲成語。	周名煇　新定説文古籀考　卷上	35805
敬	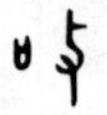	攴	金文	敬從苟從攴會意，謂牧人手持卜以警敕羊群，一從口從攴作，省形也。	朱芳圃　殷周文字釋叢　卷中	32783

敬			金文	字從𡕒從口，會意。謂牧羊人，手持卜以警敕羊群。	朱芳圃　殷周文字釋叢	35807
敬			甲骨	敬字從𦍌，古稱奴隸爲敬。	李平心　卜辭金文中所見社會經濟史實考釋　中華文史論叢 1983 年	43162
敬			楚簡	此句亦誤，詞義不通，應將兩個否定詞隔開，作“毋或弗敬”，猶言不存有不敬之心。	高明　楚繒書研究　古文字研究　1985 年 12 輯	720
敬	 大盂鼎		金文	象犬形。以後孳乳象犬帶鈴，攴象以棍擊犬。驚、憼諸字都由此發展而來。	徐中舒　怎樣研究中國古代文字　古文字研究　1986 年 15 輯	32784
敬	 中山王譽方壺		金文	孫釋敬至確。郭讀爲狗，謂象狗貼耳而坐之形，非是。	戴家祥　金文大字典　卷中	32785
敬	 郭/五行/22		楚簡	簡文左部爲“茍”之訛體。	彭浩、劉祖信、王傳富　郭店楚墓竹簡	6369
敬	 郭/成之聞之/16		楚簡	敬，慎。	崔永東　讀郭店楚簡《成之聞之》與《老子》劄記　簡帛研究 2001 年	6538
敬	 上三/中弓/6		楚簡	即致敬，極盡誠敬之心。	李朝遠　上海博物館藏戰國楚竹書第三册　中弓	11713
敬	 上二/昔者君老/4		楚簡	是“恭謹從事”的意思，《史記・五帝本紀》：“乃命羲和，敬順昊天。”張守節正義曰：“敬猶恭勤也。”《論語・衛靈公》：“子曰：‘事君，敬其事而後其食。’”何晏注引孔安國曰：“先盡力而後食祿。”孔穎達正義曰：“言當	吴辛丑　竹書《昔者君老》一、四簡疏解　簡帛研究網 2004 年 7 月 25 日	4077

				先盡力敬其職事，必有勳績而後食祿也。”楊伯峻先生將“敬其事”譯作“認真工作”。楚簡“敬”字和《論語》“敬”字意義相同，所不同的是《論語》“敬”的賓語“其事”後置，而楚簡“敬”的賓語“邦之大矛”借助“是”字而前置。簡文“唯邦之大矛是敬”，意謂太子認真處理國家大事，不敢懈怠。也許“矛”字另有别解，但“邦之大矛”是動詞“敬”的前置賓語則是確定無疑的。		

鬼部

鬼	 古文	䰟	説文	人所歸爲鬼。从人，象鬼頭。鬼陰氣賊害，从厶。凡鬼之屬皆从鬼。古文从示。	許慎 説文解字	
鬼			金文	鬼與禺同爲類人異獸，引申爲異族名，又引申爲畏。	沈兼士 鬼字原始意義之試探 國刊（三九八至四零八頁）卷五三期	35821
鬼			金文	梁伯戈鬾方蠻。今經典通作鬼。方鬼。方國名。	吴大澂 説文古籀補 卷九	32786
鬼	 梁伯戈	鬾	金文	此從攴，卜攴同音，故此即魁。	劉心源 奇觚室吉金文述 卷十	35812
鬼	 小盂鼎		金文	字從犬從甶。當是䰡字。䰡方即《易》“高宗伐鬼方”。	孫詒讓 古籀餘論 卷三 盂鼎	32788
鬼	 鄭同媿鼎 敫字偏旁		金文	鬼字古作象形，上部象其頭大，不從厶。鬼害人不得云私。篆從厶者，以厶爲聲，厶古與口同字。口音圍，鬼諧聲爲巍，則音亦與圍近。	林義光 文源	32790
鬼	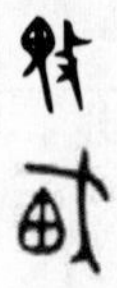 小盂鼎	鬾	金文	鬼方之名，《易》、《詩》作“鬼”，此“鬼”古金文或從戈，或從攴，皆爲古文畏字。鬼方之名當作畏方。	王國維 鬼方昆夷玁狁考 觀堂集林 1959年6月	32791
鬼		䰟	金文	古文鬼從示。	丁佛言 説文古籀補補 卷九	32793
鬼			甲骨	第一、二、三、四體皆鬼字。第三體象鬼跽向神。古代神話，殆謂人死爲鬼。必受制於神也。第五體疑亦鬼字。	葉玉森 説契 學衡 1924年31期	32792
鬼	 小盂鼎	䰢 傀	金文	王國維説此與從攴之字爲一字，皆爲古畏字。	高田忠周 説文古籀篇 卷三十五	35819

鬼		䰠 魃	金文	此字義最顯著者，字從示，以協神字，而與卜辭合，又從甘或與厶異文。古文戈攴通用，然則𩲡亦同魃，魃即𢿢字也。	高田忠周　説文古籀篇　卷三十五	32794
鬼		䰠	甲骨	《説文解字》鬼古文從示，與此合。惟許書謂鬼字從厶，卜辭及古金文皆無之。	羅振玉　增訂殷虚書契考釋　1927年	32789
鬼			金文	鬼之繁文。	郭沫若　金文叢考　丘關之釜考釋	32795
鬼			甲骨	鬼假爲畏。	郭沫若　卜辭通纂	32798
鬼			甲骨	古鬼字。亦方名。	徐協貞　殷契通釋　卷二	32796
鬼	 斛从盨		金文	當是鬼之異文，讀爲歸，饋也。	郭沫若　兩周金文辭大系圖録考釋　斛從盨	32800
鬼			甲骨	殆鬼字之異，讀爲歸，蓋兄復以讓於中以爲其采邑，然不能私相接受，故仍由王命轉賜也。	郭沫若　兩周金文辭大系圖録考釋　中齋	32799
鬼			甲骨	予舊釋鬼之奇字。殷墟卜辭第二千六十二版之字，與藏龜拾遺第十一葉十六版之字爲同一字，同爲鬼字。爲原始辟邪假面之演化。	葉玉森　殷虚書契前編集釋　卷七	32797
鬼	 小盂鼎		金文	此從戈，當是鬼之異文。梁伯戈鬼方字從攴與此同意。	方濬益　綴遺齋彝器款識考釋　卷三　盂鼎	32787
鬼				鬼畏禺三字原指一物。商代鬼畏二義尚同用一字。鬼亦用爲異族之稱。已造鬼神專字。根據以上所列各證，得結論如下：鬼與禺同爲類人異獸之稱；由具體的鬼引申爲異族人種之名；由具體的鬼引申爲抽象的畏及其他奇偉僪怪諸形容詞；由實物之名借以形容人死后所想象之靈魂。	沈兼士　鬼字原始意義之試探　國學集刊 1935年	32803

鬼	 小盂鼎		金文	鬼方。從由從戈。	强運開 說文古籀三補 卷九	32801
鬼			金文	諸形均爲鬼。自人視之，謂怪異。後引申爲異同之異。	許敬參 釋鬼 河南博物館館刊 1936 年 1 輯	32804
鬼			甲骨	卜辭云“叀鬼”，蓋即鬼方之人俘虜以爲祭品者，與卯羌之例正同。	孫海波 甲骨文録附考釋	32805
鬼		䰡 魃 魌	金文	鬼從示者，生而有功於民，死而享之。從攴戈者，厲鬼也。	商承祚 說文中之古文考	35822
鬼				與篆古文同，隹不從厶。	商承祚 說文中之古文考	32802
鬼			甲骨	鬼爲惡劣之義，“奎若兹鬼”，言道途若此之惡劣也。	于省吾 雙劍誃殷契駢枝校補 三編	32807
鬼			甲骨	郭讀鬼爲畏，以鬼夢連讀，説自可通，然卜辭多字，恒云多君，多臣，多父，前編四卷十八葉三版云：“貞亞多鬼，痛？亡疒？”則此辭言“多鬼夢”乃夢多鬼之倒文，非謂鬼夢多也。	楊樹達 卜辭求義	32809
鬼			甲骨	卜辭鬼方與《易》、《詩》所載鬼方是一，亦即《後漢書・西羌傳》注引《竹書紀年》所載的鬼戎，爲翟（狄）之一種。《殷本紀》載紂之三公九侯，徐廣曰一作鬼侯。正義引《括地志》，相州滏陽西南五十里有鬼侯城，《海内北經》：鬼國在貳負之尸北，貳負之尸在太行伯東。	陳夢家 殷虛卜辭綜述	32810
鬼			甲骨	是鬼字。在此是人名，或稱鬼方易。鬼大概是鬼方的首領之名。	張秉權 殷墟文字丙編考釋	32813
鬼		䰡	甲骨	䰡讀爲餽祭之餽。	饒宗頤 殷代貞卜人物通考 卷四	32812

鬼	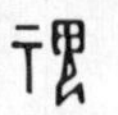	䰟	甲骨	卜辭鬼方之名見於《易》與《詩》、西周金文等。隗姓赤狄殆即其胤。殷末有鬼侯，《括地志》載相州滏陽西南五十里有鬼侯城，殆鬼族入臣於殷而邑於此。	饒宗頤 殷代貞卜人物通考 卷三	32811
鬼			甲骨	甶爲人死後人所祭之神主，以之寄托其神，口聲，爲人鬼之鬼；[illegible]方即鬼方。周人改從甶口聲，小篆變爲從甶厶(古肱字)聲。	高鴻縉 中國字例五篇	32814
鬼			甲骨	[illegible]方即鬼方。爲殷西北之大敵。	嚴一萍 殷商天文志 中國文字 1980 年	32817
鬼			甲骨	鬼方即《易・既濟》、《未濟》及《詩・蕩》所稱之鬼方。	屈萬里 殷墟文字甲編考釋	32815
鬼			甲骨	多鬼夢，郭讀畏固可通。惟讀如字辭意亦協適。或言“鬼亦得疒”，人名。作䰟者與許書古文合。	李孝定 甲骨文字集釋 卷九	32816
鬼			秦簡	（五）鬼，讀爲懷，和柔。懷字漢代多寫作褱。（十二）鬼，疑讀爲猥，鄙賤。	睡虎地秦墓竹簡整理小組 睡虎地秦墓竹簡	32823
鬼			金文	古文當是全體象形。沈兼士之説鬼字實自似鬼之獸類禺蛻變而成可商。	李孝定 金文詁林讀後記 卷九	32818
鬼				古代認爲人死后歸於圖騰，具有靈性，能福禍人，所以産生威嚴和畏懼對立含義。鬼、威、畏原來只是一字。後來才分化爲三個字。金文盂鼎“畏天威”，畏、威兩字寫法都作鬼拄杖形，可證原爲一字分化，原本兼有對立二義。後代將“拄杖的鬼”字專作“畏懼”字用，另借“婆婆孃”的古稱“威”（姑）專作威嚴字用，原字則保留“人鬼”、“鬼神”的含義。	夏渌 古文字的一字對偶義 武漢大學學報 1988 年 3 期	32819
鬼			甲骨	象人身而巨首的異物，以表示與生人有異之鬼。殷代鬼神觀念已相當發展，鬼從人身明其皆從生人遷化，故許慎所釋與殷人近似。	徐中舒 甲骨文字典 卷九	32822
鬼			甲骨	舊釋作鬼，可從。	陳邦懷 釋鬼 一得集 1989 年	32820

鬼	 小盂鼎		金文	“鬼方”的鬼原字從戈，與殷墟甲骨“鬼方”寫法不同。而甲骨文另有與此寫法相同的“鬼”字，所以周所伐“鬼方”是否商王所伐鬼方，不是没有懷疑的餘地。	李學勤 小盂鼎與西周制度 中青年學者文庫 李學勤集 1999 年 5 月	32821
鬼		䰟	金文	竊謂此字當爲從示從畏，乃威之變體。威神，猶云明神、大神也。	戴家祥 金文大字典 卷中	32824
鬼		恖	楚簡	《包山楚簡》“鬼攻解”應是攻解連讀，是巫祝人所謂的祓禳之祭。鬼攻解的鬼不是受祭的鬼神，而是致做法的巫鬼，即巫祝之人。	吴郁芳 包山楚簡卜禱簡牘釋讀 考古與文物 1996 年 2 期	32825
鬼			甲骨	甲骨文諸形，上部均爲田土之“田”，下部均爲人形，古田土相通，字會“人死歸土”的意義。	程邦雄 “鬼”字形義淺探 華中理工大學學報 1997 年 3 期	32826
鬼	 上三/亙先/3		楚簡	疑讀“畏”，是畏懼之義。	李零 上海博物館藏戰國楚竹書 第三册 亙先	13489
鬼	 上二/魯邦大旱/2	視	楚簡	依照黄德寬的分析（黄德寬《〈戰國楚竹書〉（二）釋文補正》，簡帛研究網站，2003 年 1 月 21 日），此字釋爲“鬼”，在形體上應可講通。原來斷讀的“事”、“鬼”二字當連讀。“事鬼”，即奉事鬼神，《論語·先進》：“季路問事鬼神。子曰：‘未能事人，焉能事鬼？’”既爲“事鬼”一讀提供了傳世典籍方面的辭例，也表明“事鬼”的“鬼”可以兼賅鬼神。	陳偉 讀《魯邦大旱》劄記 上博館藏戰國楚竹書研究續編 2004 年	12976
鬼	 上二/魯邦大旱/2	視	楚簡	所從的鬼有訛變，黄德寬有精當考釋（黄德寬《〈戰國楚竹書〉（二）釋文補正》，載《學術界》2003 年 1 期）。此處即讀爲鬼。按鬼兼指鬼神，清王念孫已指出，文獻中的鬼、神，對文則異，散文則通。	李學勤 上博楚簡《魯邦大旱》解義 上博館藏戰國楚竹書研究續編 2004 年	120

鬼	 上四/柬大王泊旱/6	䰟	楚簡	古文“鬼”。《説文·鬼部》：“䰟，古文從示。”	濮茅左　上海博物館藏戰國楚竹書第四册　柬大王泊旱	3377
鬼	 上二/魯邦大旱/2	視	楚簡	“視”字原釋文可商。其字作，從“示”無疑。應當分析爲從示、鬼聲，即“鬼”之異文。“視”字在郭店、上博楚簡中均從目從人作，與“見”之别在“人”之腿部的彎曲與否，這已是大家的共識，尚未見從“示”的“視”。二是此字的寫法與郭店簡《老子》乙之“畏”作，本書《民之父母》中的“威”作，構形非常接近，不同之處在於一作鬼頭，一作目。其實古字中“目”寫作“田”司空見慣。此處所謂的“視”，與《民之父母》的“威”和《老子》乙篇的“畏”是一個字的不同寫法和用法。《陳昉簋》“恭盟鬼神”之“鬼”也從示、鬼聲，故可將此字讀作“鬼”。如此，此簡意謂：“庶民只知道求雨而事鬼神，卻不知道刑與德”，文意通暢明白。	黄德寬　戰國楚竹書（二）釋文補正　上博館藏戰國楚竹書研究續編　2004 年	1100
鬼	 新蔡/甲二：40/52	䙐	楚簡	甲二 40“下内外䙐神句所”，第四字原作者隸定作從“視”“止”，釋爲“視”，我們認爲有問題。此字應分析爲從“示”“畏”聲，釋爲“鬼”。下一則材料可以爲證：上博楚竹書（二）《魯邦大旱》2“庶民知説之事鬼也”之“鬼”，原書釋爲“視”，黄德寬分析爲從“示”“鬼”聲，釋爲“鬼”。	徐在國　新蔡葛陵楚簡劄記　中國文字研究 2004 年 5 輯	14667
鬼	 上二/魯邦大旱/2	視	楚簡	《説文》“鬼”之古文“䰟”的變形。	李守奎　讀《上海博物館藏戰國楚竹書》（二）雜識　上博館藏戰國楚竹書研究續編　2004 年	14375

鬼	 上五/鬼神之明/1	䰟	楚簡	即“鬼”字繁構，從示旁，見於《説文》古文。郭店楚簡“鬼”字寫法相同。	曹錦炎 上海博物館藏戰國楚竹書第五册 鬼神之明	1438
魋			説文	神也。从鬼申聲。	許慎　説文解字	
魂			説文	陽氣也。从鬼云聲。	許慎　説文解字	
魄			説文	陰神也。从鬼白聲。	許慎　説文解字	
魄	 弘簋	鬾	金文	此即魄字異文。	高田忠周 説文古籀篇 卷三十五	35824
䰡			説文	厲鬼也。从鬼失聲。	許慎　説文解字	
魖			説文	耗神也。从鬼虚聲。	許慎　説文解字	
魃			説文	旱鬼也。从鬼犮聲。《周禮》有赤魃氏，除牆屋之物也。《詩》曰：“旱魃爲虐。”	許慎　説文解字	
鬽	  或體  籀文  古文	魅	説文	老精物也。从鬼、彡。彡，鬼毛。或从未聲。籀文从彖首，从尾省聲。古文。	許慎　説文解字	
鬽			甲骨	疑許書之鬽，從鬼、彡。彡，鬼毛。	葉玉森 鐵雲藏龜拾遺附考釋	32835
鬽			甲骨	此像鬼頭上有毛。所謂“老精爲物也”。	商承祚 甲骨文字研究 下篇	41792
鬽			甲骨	蓋即《説文》鬽字籀文也。	唐蘭 殷虚文字記 釋鬽	32840
鬽			説文	以它文證之，此所謂古文乃籀文。	商承祚 説文中之古文考	32837
鬽			甲骨	鬼爲領名，彡爲屬名。	楊樹達 文字形義學	32842

鬽		䰠	金文	意者爲鬽魅字之或體，假爲月建之未字乎！	楊樹達 積微居金文説 工師 跋	32841
鬽			甲骨	字象人身着毛，當爲鬽之初文。	朱芳圃 殷周文字釋叢 卷中	32839
鬾			説文	鬼服也。一曰小兒鬼。从鬼支聲。《韓詩傳》曰：“鄭交甫逢二女，鬾服。”	許慎 説文解字	
䰧			説文	鬼皃。从鬼虎聲。	許慎 説文解字	
魕			説文	鬼俗也。从鬼幾聲。《淮南傳》曰：“吴人鬼，越人魕。”	許慎 説文解字	
䰰			説文	鬼鬽聲，䰰䰰不止也。从鬼需聲。	許慎 説文解字	
魤			説文	鬼變也。从鬼化聲。	許慎 説文解字	
𩴴			説文	見鬼驚詞。从鬼，難省聲。讀若《詩》“受福不儺”。	許慎 説文解字	
䰨			説文	鬼皃。从鬼賓聲。	許慎 説文解字	
醜			説文	可惡也。从鬼酉聲。	許慎 説文解字	
醜			甲骨	古醜字。左所從象尊内有酒滴滴形，與從酉誼同。	王襄 簠室殷契類纂 正編	32850
醜			甲骨	疑醜字。卜辭醜爲人名。	余永梁 殷虚文字考 國學論叢 1927 年	32851
醜			甲骨	契文與篆文全同。商説可從。	李孝定 甲骨文字集釋 卷九	32853
醜			盟書	盟書此字應作醜。	李裕民 侯馬盟書疑難字考 古文字研究 1981 年 5 輯	32854
魋			説文	神獸也。从鬼隹聲。	許慎 説文解字	
魑			説文	鬼屬。从鬼从离，离亦聲。	許慎 説文解字	
魔			説文	鬼也。从鬼麻聲。	許慎 説文解字	
魘			説文	寱驚也。从鬼厭聲。	許慎 説文解字	

魌			甲骨	卜辭該字人形，四肢完備，其頭部戴有尖頂高冠，面部透雕方形眼孔，兩側有對稱附耳，耳下置墜飾，可見這是一個表意明朗的象徵文字。該字用爲面具，是巫師通神驅鬼的重要裝飾。	王正書 甲骨“”字補釋 考古與文物 1994 年 3 期	16705

甶部

甶			説文	鬼頭也。象形。凡甶之屬皆从甶。	許慎　説文解字	
甶			金文	甶字《説文》兩見，卷九次於鬼下的部首是甶，卷十前於鬼字的部首是囟。此字亦見卜辭，爲酋長之稱。	陳夢家 西周銅器斷代五 考古學報 1956 年 3 期	32857
甶			甲骨	第 3 辭之甶當爲第 1 辭之“羌甶”之省。甲五〇七“羌方甶其用”與此片内容相近，均是卜問用羌人之頭祭祀祖先之事。	中國社會科學院考古研究所 小屯南地甲骨	32861
甶			金文	即許訓鬼頭之字，與訓頭會腦蓋之囟爲二字。	李孝定 金文詁林讀後記 卷九	32860
甶			甲骨	羅振玉釋爲西，陳夢家釋作甶或者思。唐蘭釋爲甴，其義當與惟同。解釋都可取，恰確含義應據文義而定。	陳全方 陝西岐山鳳雛村西周甲骨文概論 古文字研究論文集 1982 年	32859
甶	 包/文書/128		楚簡	借作畀，《爾雅·釋詁》：“畀，予也。”	劉彬徽、彭浩、胡雅麗、劉祖信 包山楚簡	1176
甶			楚簡	“甶”爲句首發語詞。“甶”在句中，結構比較鬆散，亦可反證“甶”的詞性確爲語詞。	曾憲通 包山卜筮簡考釋 第二屆國際中國文字學研討會論文集 1993 年 10 月	32862
甶	 包/文書/136		楚簡	釋爲“思”，用例與“命”相當。	陳偉 包山楚司法簡 131—139 號考析 江漢考古 1994 年 4 期	4633
甶				甲骨文及古金器文鬼䰟皆無厶。鬼神字本作䰟，䰟示旁置鬼，猶之禮亦旁置乙，乙爲燕，鬼則爲夔，初皆以爲圖騰。故禮䰟字從之。	陳獨秀 小學識字教本	32855
甶	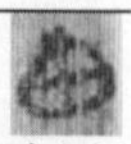 上四/昭王毀室/10		楚簡	《説文·甶部》：“甶，鬼頭也，象形。”“衣甶”，義未詳。	陳佩芬 上海博物館藏戰國楚竹書 第四册 昭王毀室——昭王與龔之脽	3564

甶				甶與鬼實爲一字，是訓“首”之“魁”的本字。古文字鬼字各形，均象人形而特出其首，甶字則省去人身，只存首形。《合集》7023 反“女甶五”指五個女子頭顱；《合集》28092“用危方甶于妣庚”，指用危方首領作人牲來祭祀妣庚。	陳秉新 《〈説文〉箋證》選録（一） 中國文字研究 2004 年 5 輯	14641
甶	 上四/昭王毁室/10		楚簡	“甶”字當釋“囟”。	季旭昇 上博四零拾 簡帛研究網 2005 年 2 月 15 日	3825
甶	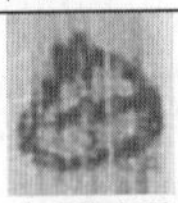 上四/昭王毁室/10		楚簡	此處斷句疑有誤。楚簡中多用甶爲“使”，此處亦當用爲“使”字。“或”讀“又”。甶字當屬下讀。“安”字亦當屬下讀，訓爲“乃”，表示連接的副詞。	孟蓬生 上博竹書（四）閒詁 簡帛研究網 2005 年 2 月 15 日	2466
甶	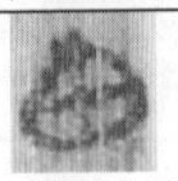 上四/昭王毁室/10		楚簡	“衣”前應有缺文。使，原作“囟”形，即“思”字所從，據文義當讀爲“使”。	劉樂賢 讀上博（四）劄記 簡帛研究網 2005 年 2 月 15 日	3912
畏	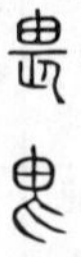 古文	鬼	説文	惡也。从甶，虎省。鬼頭而虎爪，可畏也。[illegible]古文省。	許慎 説文解字	
畏		愧		疑篆文畏實當從虐省，其下當作[illegible]，[illegible]所謂反爪也。畏訓惡，與虐訓殘義相近，故從之。	孫詒讓 名原 卷下	35828
畏			甲骨	當即畏字。	孫詒讓 契文舉例	32863
畏	 大盂鼎	愧	金文	左旁即人字反文，象人見鬼形。右旁象鬼手有爪。	林義光 文源	35829
畏			金文	畏古金文作𩲡，或作魃。大盂鼎、毛公鼎從卜。從卜從攴從戈皆可相通。從卜之畏和從戈之畏尤古。其後從卜之字變而作魃，從戈之字變而作威。	王國維 鬼方昆夷玁狁考 觀堂集林卷十三 1959 年 6 月	32866

畏			甲骨	從鬼手持卜。鬼而持支，可畏孰甚。古金文形既從卜，又加支。初形已失矣。	羅振玉 殷虛文字類編 卷九	32865
畏	 大盂鼎	愧	金文	畏從鬼從匕會意，乃非自然死亡之鬼，故可惡可憎。	高田忠周 說文古籀篇 卷三十五	35830
畏		愧	金文	象一個人形，頭經過修正和簡略，手握棍或矛。	L.C.Hopkins 中國古文字裏所見的人形 中山大學語言歷史研究所周刊第六册 1930 年	35831
畏		敳	金文	威原作敳，乃古畏字，古威畏字通。威乃後起字。	郭沫若 兩周金文辭大系圖録考釋 頭批 沇兒鐘	32867
畏			金文	羅師謂鬼而持卜，可畏孰甚。	商承祚 説文中之古文考	35833
畏		愧	金文	畏從鬼，其義亦相因。古畏威一字，威，可畏也。威字後起。從戍者戈之訛，跪跽形之鬼字與女字下筆形近，鬼女二字事類相近，偏旁中例得通作也。	李孝定 金文詁林讀後記 卷九	32871
畏				甲骨文及古金器文畏象人戴畫鬼之假面而手執仗，有威可畏也。	陳獨秀 小學識字教本	32868
畏	 陳昉簋蓋	愢	金文	字從心。以字形言，即《説文》媿之或體字，於文意則不可通。王國維謂古鬼畏同字，其説是也。	戴家祥 金文大字典 卷中	32873
畏		愧	金文	即畏字之繁。此加支旁，爲形符重複。	戴家祥 金文大字典 卷下	32874
畏	 郭/成之聞之/5		楚簡	裘按：此字上部與簡文一般“畏”字有異。如此字確爲“畏”字訛體，疑當讀爲“威”。	彭浩、劉祖信、王傳富 郭店楚墓竹	8527
畏	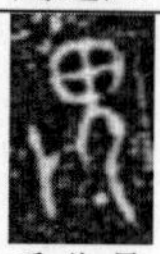 毛公鼎	愧	金文	“威”的意思。	胡性初 論毛公鼎銘文的修辭藝術 廣東教育學院學報 2000 年 5 期	15627

畏		㙍	金文	商周金文共使用了 33 處“威”字，其使用情況是：在“威儀”的構成裹，只用“威”字；在“天威”的結合中則又只用從卜從鬼的“㙍”，見《師訇簋》“天疾㙍”等。這個從卜從鬼的“㙍”，應該就是“畏”字。後面的這種情況，共出現了 6 次。	臧克和 殷周《金文資料庫》與《尚書》文獻用字研究（一） 中國文字研究 2002 年 3 輯	14565
畏	 上二/魯邦大旱/2	視	楚簡	黄德寬先生釋爲“畏”是對的；但此字當讀如字即可。簡文之意爲：庶民相信説祭求雨之事，此乃是出於敬畏鬼神之心。簡文中説到，百姓相信魯邦之大旱，乃山川鬼神降祟，因心多所敬畏，故欲藉説祭以除災。	顔世鉉 上博楚竹書補釋二則 簡帛研究網 2003 年 4 月 29 日	1099
畏	 上三/亙先/3	鬼	楚簡	“鬼”字可能是“畏”字。	吴根友 上博楚簡《恒先》篇哲學思想探析 簡帛研究網 2004 年 5 月 8 日	2976
畏	 上二/魯邦大旱/2	視	楚簡	郭店《老子》乙組（簡五）及上博《民之父母》（簡八）之“畏”字（後例讀爲威），誠如黄德寬説與此字近似（惟上部寫作“田”，與此字作目稍異），可從顔世鉉説（顔世鉉《上博楚竹書補釋二則》，簡帛研究網站）直接釋讀爲畏。	林志鵬 《魯邦大旱》詮解 上博館藏戰國楚竹書研究續編 2004 年 7 月	119
畏	 上三/亙先/3	鬼	楚簡	畏：可畏，恐怖。	趙建功 《恒先》易解（上） 簡帛研究網 2005 年 1 月 26 日	2624
畏	 上五/季庚/18	視	楚簡	原考釋所隸“視”字，上從“鬼”，下從“示”，實爲“畏”或“鬼”字。完全相同的寫法見《上博二·魯邦大旱》簡 2“庶民知説之事‘鬼’也”。	季旭昇 上博五芻議（上） 簡帛網 2006 年 2 月 18 日	4834
畏	 上五/季庚/21	悬	楚簡	原考釋所隸“悬”字，上似當視爲“鬼”字，同樣的寫法見於第十八簡。全字應讀爲“畏”或“威”。	季旭昇 上博五芻議（上） 簡帛網 2006 年 2 月 18 日	4829

禺			説文	母猴屬。頭似鬼。从由从禸。	許慎 説文解字	
禺				象獮猴頭足尾之形。	林義光 文源	32875
禺	 趙孟疥壺		金文	禺假爲遇。	楊樹達 積微居金文説 趙孟疥壺跋	32878
禺	 趙孟疥壺		金文	禺者吴也。禺與吴勮敔古音並近。	陳夢家 燕京學報 1937 年 21 期 禺邗王壺考釋	32876
禺			金文	上乃象人非人之頭，下即表蟲獸之足與尾形，長尾猴也。	高鴻縉 中國字例二篇	35837
禺			甲骨	大頭人形，狀如西藏跳神之所戴之面具，隸定作魌，似不如作禺之切合也。作吴亦可從。	丁驌 契文獸類及獸形字釋 中國文字 1966 年	32880
禺	 匯/五里牌遣策/14		楚簡	即偶。	商承祚 戰國楚竹簡匯編 長沙五里牌四〇六號楚墓竹簡遣策	9659
禺	 郭/語叢四/10		楚簡	裘按：此句當讀爲“匹婦愚夫”。	彭浩、劉祖信、王傳富 郭店楚墓竹簡	9091
禺	 郭/語叢四/10		楚簡	讀爲偶，匹偶義。“匹夫偶婦”，猶通常所説“匹夫匹婦”。	陳偉 郭店竹書别釋	9093
禺	 郭/語叢四/10		楚簡	讀爲愚。	劉釗 郭店楚簡校釋	9092
䑑			金文	該字左從東楚名缶之由，右從吏，必由之屬。甾内有從甾從吏字，讀如從辵從凡字，恐此字亦讀如從辵從凡字。	吴榮光 筠清館金文卷五	17248
髞	 包/文書/92		楚簡	讀如操，《説文》：“把持也。”	劉彬徽、彭浩、胡雅麗、劉祖信 包山楚簡	2546

厶部

厶			説文	姦衺也。韓非曰：“蒼頡作字，自營爲厶。”凡厶之屬皆从厶。	許慎　説文解字	
厶			甲骨	段先生曰：此公私之本字。今私行而厶廢矣。	商承祚 殷虛文字類編 卷九	32882
厶			漢簡	厶有兩讀。一讀爲私，另一讀則爲某。	于豪亮 居延漢簡釋叢 文史 1981 年 12 輯	32884
厶	 郭/老子甲/2		楚簡	此字寫法與六國古印文字相似。	彭浩、劉祖信、王傳富 郭店楚墓竹簡	6716
厶	 上一/紂衣/21		楚簡	古“私”字。《説文》：“厶，姦衺也。韓非曰：倉頡作字，自營爲厶。”段玉裁注：“公私字，本如此。今字私行而厶廢矣。”《廣韻》：“厶，自營也。”	陳佩芬 上海博物館藏戰國楚竹書第一册 紂衣	12054
厶			甲骨	象人鼻側形的象意字。“截流私分”的人總是以側面來應付衆人的質疑，因而用其形象之“偏”來表示其私心，同時賦予“厶”以含蔑視的“si、xi”音讀以示對這類人的譴責。	范德茂、吴蕊 關於“厶”字的象意特點及幾個證明 文史哲 2002 年 3 期	15825
厶	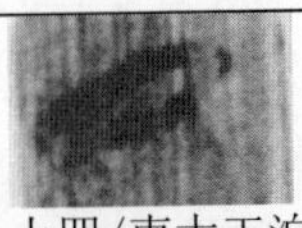 上四/柬大王泊旱/19		楚簡	“厶”，《説文・厶部》：“厶，姦衺也，韓非曰：‘蒼頡作字，自營爲厶。’”《集韻》：“厶通作私。”	濮茅左 上海博物館藏戰國楚竹書第四册 柬大王泊旱	1060
篡			説文	屰而奪取曰篡。从厶算聲。	許慎　説文解字	

篹			漢簡	篹讀爲“選”，二字音近相通。竹書中略見其例。	銀雀山漢墓竹簡整理小組 銀雀山漢墓竹簡 第一輯	32886
㕗	 古文 或體 或體	羑䛻誘	説文	相訹呼也。从厶从羑。古文。或如此。或从言、秀。	許慎　説文解字	

山部

山			説文	宣也。宣氣散，生萬物，有石而高。象形。凡山之屬皆从山。	許慎　説文解字	
山			金文	山形取備物之意，山涯也。産生物也。	徐同柏 從古堂款識學 卷十五 商山父壬彝	35842
山	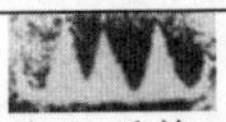 山父壬尊		金文	山形取備物之義。山，産也，産生物也。	徐同柏 從古堂款識學 卷五	35841
山			甲骨	龟甲文當是原始象形字，與金文略同。但金文爲實體，此爲匡郭。	孫詒讓 名原	32892
山				甲骨金文山火一字。一象峰巒起伏之形，一象火光上炎之形，二形取象則一，故易混淆。	孫海波 中國大學講義（内刊）甲骨金文研究	32893
山			甲骨	羅振玉並釋火。森按：三辭文並殘闕是否火字無從證明。第三辭墇爲山形或山字。	葉玉森 殷虚書契前編集釋 卷五	32894
山			甲骨	“五山”，此例僅見，不知是否即五嶽。	郭沫若 殷契粹編考釋	32895
山			甲骨	此決爲山字無疑。	李旦丘 鐵雲藏龜零拾附考釋	32896
山			金文	“山且丁”即“皇祖丁”。	周名煇 新定説文古籀考 卷上	35846
山			金文	皇字。皇祖二字連用。	周名煇 新定説文古籀考 卷上	32897
山			金文	山象三峰之形，三有多意。“宣也”爲音訓。《説文》“屾”疑爲山之籀文。	高鴻縉 中國字例 二篇	35847
山			甲骨	契文山火字形體無別。當於文義别之。	李孝定 甲骨文字集釋 卷九	32899
山	 包/卜筮/214		楚簡	“夕山”，應是楚人所祀山神名。《九歌》有“山鬼”，應與“夕山”之神相類。疑夕山與楚人葬所有关。	劉信芳 包山楚簡神名與《九歌》神祇 文學遺産 1993年5期	1129
山			金文	金文用作本義。或作地名及人名。	戴家祥 金文大字典 卷上	32900

山	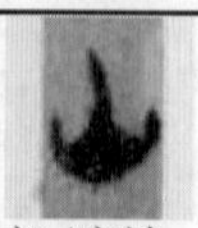 郭/窮達以時/13		楚簡	韜山石，是“韜於山石”的意思，指隱藏於山石之間。	劉樂賢 郭店楚簡雜考（五則） 古文字研究 2000 年 22 輯	6315
山	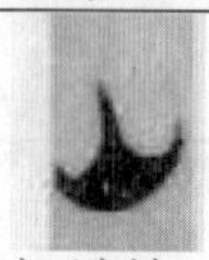 郭/窮達以時/10		楚簡	張山，於此當讀作“腸山”。似指太行山，太行山上有羊腸坂，得名來源於其坂道縈曲如羊腸、艱險難行。	白於藍 郭店楚墓竹簡考釋（四篇） 簡帛研究 2001 年	8009
山	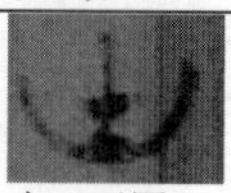 上三/周易/17		楚簡	岐山在周西，文王所治之地。文王居岐山之下，一年成邑，二年成都，三年五倍其初，王業興於此，能亨盛其王業於西山。或“西山”指西方險阻之地。	濮茅左 上海博物館藏戰國楚竹書 第三册 周易	12594
山	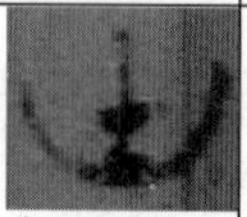 上三/周易/17		楚簡	“西山”有“岐山”、“西方險阻之地”兩説。阜陽漢簡本“西”作“支”，可見“西山”即“岐山”。《升》卦六四“王用亨於岐山”，阜陽漢簡本作“王用亨於枝山”，與此“王用亨於西山”同。可見“西方險阻之地”説不可信。	廖名春 楚簡《周易》校釋記（二） 簡帛研究網 2004 年 4 月 23 日	2815
山	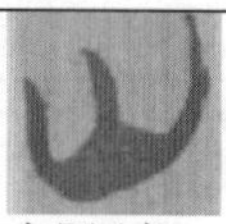 上四/柬大王泊旱/3		楚簡	祀禮所指五嶽，《爾雅・釋山》：“泰山爲東嶽，華山爲西嶽，霍山爲南嶽，恆山爲北嶽，嵩高爲中嶽。”《周禮・春官宗伯・大司樂》“四鎮五嶽崩”，鄭玄注：“五嶽：岱在兖州，衡在荆州，華在豫州，嶽在雍州，恆在並州。”嶽瀆之外，猶有名山大川。《周禮・春官宗伯・大司樂》鄭玄注：“四鎮，山之重大者，謂揚州之會稽、青州之沂山、幽州之醫無閭、冀州之霍山。”是爲五嶽之外名山。	濮茅左 上海博物館藏戰國楚竹書 第四册 柬大王泊旱	3316
山	 上五/三德/11		楚簡	“揣深”、“度山”是一件不可思議的事，當時真的有誰會去測量揣度自然界的高深嗎？所以，這衹能是一個比喻，提醒人們不要做不自量力之事。“高山，仰之不可極也。深淵，度之不可測也。”（《管子・九守》）“天道玄默，无容无則，天不可極，深不可測。”（《淮南子・主術》）	曹峰 《三德》零釋（二） 簡帛網 2006 年 4 月 8 日	5024

嶽	 古文	岳	說文	東，岱；南，霍；西，華；北，恆；中，泰室。王者之所以巡狩所至。从山獄聲。古文象高形。	許慎　說文解字	
嶽		羊	甲骨	山岳神。	伊藤道治　倉敷考古館研究集報1977年所收大原美術館所藏甲骨文	43125
嶽			甲骨	乃從山省聲之字，當即𦾔字之異，惟在卜辭乃人名，非必即是華山也。	郭沫若　卜辭通纂考釋	43107
嶽		岳	甲骨	動詞；假爲雩。	郭沫若　殷契萃編考釋	43110
嶽			甲骨	烤羊肉。	吴澤　古代史：殷代奴隸制社會史	43113
嶽			甲骨	冥。	于省吾　雙劍誃殷契駢枝三編	43112
嶽		岳	甲骨	地名或山川。	屈萬里　河字意義的演變　史語所集刊第30本上1959年	43118
嶽		岳	甲骨	武丁時作、；第三期作；武乙時作。	嚴一萍　甲骨文斷代研究新例　史語所集刊外編第四種下1961年	43121
嶽		岳	甲骨	武丁時貞人名。	嚴一萍　甲骨文斷代研究新例　史語所集刊外編第四種下1961年	43120
嶽		羔	甲骨	從羊在火上，炰羔之義。	孫海波　甲骨文編	43108

嶽			甲骨	貞人名；人名；神名；地名。	張秉權 甲骨文中所見人地同名考	43124
嶽		岳	甲骨	指嵩山。	彭裕商 卜辭中的“土”“河”“岳” 古文字研究論文集 1982 年	43129
嶽		岦	甲骨	從山不從火。	姚孝遂、肖丁合著 小屯南地甲骨考釋	43130
嶽			甲骨	象山嶽層巒疊嶂之形；自然神祇；人名。	徐中舒 甲骨文字典 甲骨文字典	43132
嶽		羔	甲骨	或釋岳；地名，人名。	張秉權 甲骨文與甲骨學	43133
嶽			甲骨	冥。	容庚 卜辭研究	43111
嶽		岳	甲骨	甲文岳字屢見。許書古文亦即此字。	孫詒讓 名原	32902
嶽		岳	甲骨	岳字。殷都朝歌，中岳嵩高正在畿内，此岳殆即指嵩高與？又有方岳並舉者，亦或就岳而爲四方之祭，皆未可定。	孫詒讓 契文舉例	32901
嶽		岳	甲骨	甲骨文中的岳就是太岳山。	屈萬里 岳義稽古 清華大學學報 1941 年 1 期	32910
嶽		岳	甲骨	山名；人名；告。	丁山 由陳侯因資錞銘黄帝論五帝 史語所集刊 2—4 第三本四分 1933 年	43106
嶽		岳	甲骨	岳之省文。	葉玉森 殷虚書契前編集釋 卷四	32903

嶽		岳	甲骨	孫釋岳不甚確，姑從孫釋爲岳。與沈水河水同祭，可知岳爲山名。	陳夢家 古文字中之商周祭祀 燕京學報 1936 年 19 期	32905
嶽			甲骨	從山苿聲，或苿省聲。釋爲岳字亦可通。蓋以雙聲爲聲也。	郭沫若 殷契粹編	32904
嶽		岳	甲骨	孫釋岳可信。下所從確爲山字，決非火字，羅振玉釋爲羔大謬。	李旦丘 鐵雲藏龜零拾附考釋	32911
嶽			甲骨	當爲從火芈聲之字。字有省作芈者，尤可爲非岳之證。其所指先公當爲冥。	于省吾 雙劍誃殷契駢枝校補三編	32908
嶽			甲骨	應讀若芈，即楚姓之芈。認爲是指冥是很可能的。	陳夢家 殷虛卜辭綜述	32906
嶽		岳	甲骨	署者名；貞人名。	貝塚茂樹 甲骨文字•本文篇	43119
嶽		岳	甲骨	疑是岳之省，或筆未刻全。	屈萬里 殷墟文字甲編考釋	32909
嶽		岳	甲骨	契文諸體與許書岳字古文略同，孫釋岳極允當。	李孝定 甲骨文字集釋 卷九	32912
嶽		岳	甲骨	山神。	島邦男 祭祀卜辭の研究	43114
嶽		岳	甲骨	岳神之義。	池田末利 殷虛書契後編釋文稿	43122
嶽		岳	甲骨	人名，地名；史官名。	白玉峥 契文舉例校讀（四） 中國文字 1969 年 32 期	43126
嶽		羔	甲骨	羊山。	赤塚忠 殷王朝における“河”の祭祀 中國古代の宗教と文化	43128
嶽		岳	甲骨	羊族之族神。	赤塚忠 甲骨學の發達と本書の主要問題 中國古代の宗教と文化	43127

嶽		岳	甲骨	卜辭中的岳似當指嵩山。	彭裕商 卜辭中的“土”“河”“岳” 古文字研究論文集 1982年	32913
嶽		岳	甲骨	岳與河夒均爲商之先祖，岳究屬傳説中商先祖之何人，尚有待於進一步追索。陳夢家以爲河與岳是商代由自然神崇拜向祖宗神崇拜之進一步發展，河、岳由自然神而爲祖宗神，其認識是正確的。	姚孝遂 甲骨文字詁林 第二册	32914
岱			説文	太山也。从山代聲。	許慎　説文解字	
島			説文	海中往往有山可依止，曰島。从山鳥聲。讀若《詩》曰“蔦與女蘿”。	許慎　説文解字	
島			甲骨	《説文》島字從山鳥聲，此正從鳥從山。	姚孝遂 甲骨文字詁林 第二册 按語	32919
峱			説文	山，在齊地。从山狃聲。《詩》曰：“遭我于峱之間兮。”	許慎　説文解字	
嶧			説文	葛嶧山，在東海下邳。从山睪聲。《夏書》曰：“嶧陽孤桐。”	許慎　説文解字	
嵎			説文	封嵎之山，在吴楚之閒，汪芒之國。从山禺聲。	許慎　説文解字	
嵎		鰅	金文	即嵎，夷以海濱鹵地故從鹵。史頌敦作鰅。	吴闓生 吉金文録 卷二	16831
嶷			説文	九嶷山，舜所葬，在零陵營道。从山疑聲。	許慎　説文解字	
嶅			説文	山，在蜀湔氐西徼外。从山敔聲。	許慎　説文解字	
岓			説文	山也。或曰弱水之所出。从山几聲。	許慎　説文解字	
巀			説文	巀嶭山，在馮翊池陽。从山截聲。	許慎　説文解字	
嶭			説文	巀嶭山也。从山辥聲。	許慎　説文解字	
崋			説文	山，在弘農華陰。从山，華省聲。	許慎　説文解字	
崋			甲骨	從山省聲，以聲求之，當即字華之異，惟在卜辭乃人名，非必即是華山也。	郭沫若 卜辭通纂	32929

崞			説文	山，在鴈門。从山𩫏聲。	許慎　説文解字	
崵			説文	崵山，在遼西。从山昜聲。一曰嵎鐵崵谷也。	許慎　説文解字	
岵			説文	山有草木也。从山古聲。《詩》曰：“陟彼岵兮。”	許慎　説文解字	
屺			説文	山無草木也。从山己聲。《詩》曰：“陟彼屺兮。”	許慎　説文解字	
嶨			説文	山多大石也。从山，學省聲。	許慎　説文解字	
嶅			説文	山多小石也。从山敖聲。	許慎　説文解字	
岨			説文	石戴土也。从山且聲。《詩》曰：“陟彼岨矣。”	許慎　説文解字	
岡			説文	山骨也。从山網聲。	許慎　説文解字	
岡	 毛公鼎		金文	即岡字。	王國維 毛公鼎銘考釋 王國維遺書第六册 1983年	32939
岡		罔	璽印	按字從網從山，應釋作岡。	劉釗 璽印文字釋叢（一） 考古與文物 1990 年 2 期	32941
岑			説文	山小而高。从山今聲。	許慎　説文解字	
岑			秦簡	讀爲矝。《爾雅・釋詁》：“苦也。”	睡虎地秦墓竹簡整理小組 睡虎地秦墓竹簡	32943
岑			璽印	從山今聲，當釋爲岑。	劉樂賢 秦漢文字釋叢 考古與文物 1991 年 6 期	32944
崟			説文	山之岑崟也。从山金聲。	許慎　説文解字	
崒			説文	崒，危高也。从山卒聲。	許慎　説文解字	
巒			説文	山小而鋭。从山䜌聲。	許慎　説文解字	
密			説文	山如堂者。从山宓聲。	許慎　説文解字	
密	 小臣鼎	宻	金文	密之古文。	柯昌濟 韡華閣集古録跋尾甲篇	32949

密			漢簡	密戈密戈，字本作微哉微哉。“密”、“微”二字音義皆相近。	銀雀山漢墓竹簡整理小組 銀雀山漢墓竹簡 第一輯	32953
密			甲骨	這片卜辭的密，當指古密須國。	陳全方 陝西岐山鳳雛村西周甲骨文概論 古文字研究論文集 1982年	32951
密			甲骨	周原卜甲三片中的密，均指古密須國。	陳全方 周原甲骨所見國名補釋 考古與文物叢刊 1983年2號或古文字論集（一）	32952
密	 高密戈		金文	金文密顯然從火宓聲。許慎釋義屬揣測之言，初義不明。	戴家祥 金文大字典 卷上	32955
岫	 籀文	[illegible]	説文	山穴也。从山由聲。[illegible]籀文从穴。	許慎　説文解字	
陖	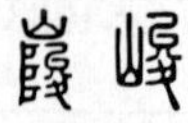 或體	峻	説文	高也。从山陖聲。峻陖或省。	許慎　説文解字	
陖			金文	此篆從山，當是古峻字。	强運開 説文古籀三補 卷九	32959
隓			説文	山之墮墮者。从山，从憜省聲。讀若相推落之憜。	許慎　説文解字	
巀			説文	尤高也。从山棧聲。	許慎　説文解字	
崛			説文	山短高也。从山屈聲。	許慎　説文解字	
巁			説文	巍高也。从山蠆聲。讀若厲。	許慎　説文解字	
峯			説文	山耑也。从山夆聲。	許慎　説文解字	
巖			説文	岸也。从山嚴聲。	許慎　説文解字	
嵒			説文	山巖也。从山、品。讀若吟。	許慎　説文解字	
嵒				嵒即巖之或體，從山，嚴省聲。	林義光 文源	32967
嵾			説文	𡼏也。从山參聲。	許慎　説文解字	

𡾰			説文	山皃。从山臯聲。	許慎　説文解字	
嵪			説文	山皃。一曰山名。从山告聲。	許慎　説文解字	
嶐			説文	山皃。从山隆聲。	許慎　説文解字	
嵯			説文	山皃。从山𢀩聲。	許慎　説文解字	
峨			説文	嵯峨也。从山我聲。	許慎　説文解字	
峨		峩		疑嵯峩之峩。	王國維 觀堂書札 中國歷史文獻研究集刊第一集 1980 年	32972
崝			説文	嶸也。从山青聲。	許慎　説文解字	
嶸			説文	崝嶸也。从山榮聲。	許慎　説文解字	
峌			説文	谷也。从山巠聲。	許慎　説文解字	
崩	 古文	𨻡	説文	山壞也。从山朋聲。古文从𨸏。	許慎　説文解字	
崩		𨻡		篆文從山，此從𨸏者，𨸏，山之無石者也。	商承祚 説文中之古文考	32977
崩		崩	璽印	不得釋爲嵛，字應釋爲崩。	劉釗 璽印文字釋叢（一） 考古與文物 1990 年 2 期	32979
崩			璽印	此字下部爲朋，故釋爲崩，即崩字。	劉樂賢 秦漢文字釋叢 考古與文物 1991 年 6 期	32980
岪			説文	山脅道也。从山弗聲。	許慎　説文解字	
岪			金文	許氏説：岪，山脅道也。	吴大澂 説文古籀補 卷九	32981
岪	 十二年邦司寇矛		金文	金文結構同小篆。十二年矛用作人名。	戴家祥 金文大字典 卷上	32983
嵍			説文	山名。从山敄聲。	許慎　説文解字	

嵍	 須丞生鼎蓋	丞	金文	嵍爲旄邱之本字，嵍正而旄假也。	商承祚	35853
嵍	 須丞生鼎蓋		金文	此即嵍古文。	高田忠周 說文古籀篇 卷十三	35851
嶢			説文	焦嶢，山高皃。从山堯聲。	許慎　說文解字	
峩			説文	山㕬也。从山戕聲。	許慎　說文解字	
嵏			説文	九嵏山，在馮翊谷口。从山㚇聲。	許慎　說文解字	
岬			説文	陬隅，高山之節。从山从卩。	許慎　說文解字	
崇			説文	嵬高也。从山宗聲。	許慎　說文解字	
崇		虫	甲骨	古“虫”、“崇”通用，虫白當崇伯。亦即崇侯虎，其地在今陝西户縣。	陳全方 周原甲骨所見國名補釋 考古與文物叢刊 1983年2號或古文字論集（一）	32992
崔			説文	大高也。从山隹聲。	許慎　說文解字	
嶙			説文	嶙峋，深崖皃。从山粦聲。	許慎　說文解字	
峋			説文	嶙峋也。从山旬聲。	許慎　說文解字	
岌			説文	山高皃。从山及聲。	許慎　說文解字	
嶠			説文	山鋭而高也。从山喬聲。古通用喬。	許慎　說文解字	
嵌			説文	山深皃。从山，欺省聲。	許慎　說文解字	
嶼			説文	島也。从山與聲。	許慎　說文解字	
嶺			説文	山道也。从山領聲。	許慎　說文解字	
嵐			説文	山名。从山，葻省聲。	許慎　說文解字	

嵩			説文	中岳，嵩高山也。从山从高，亦从松。韋昭《國語》注云：“古通用崇字。”	許慎　説文解字	
嵩	 郭/語叢三/15		楚簡	原篆上從高，下從山，與“嵩”並非一字。	何琳儀 郭店竹簡選釋 簡帛研究 2001 年	9776
嵩	 郭/語叢三/15		楚簡	應讀爲縱。	劉釗 郭店楚簡校釋	9777
崑			説文	崑崙，山名。从山昆聲。《漢書》楊雄文通用昆侖。	許慎　説文解字	
崙			説文	崑崙也。从山侖聲。	許慎　説文解字	
嵇			説文	山名。从山，稽省聲。奚氏避難特造此字，非古。	許慎　説文解字	
峑	 上一/孔子詩論/10		楚簡	灘峑，今本《詩・國風・周南》篇名作《漢廣》。此字爲“往”的聲符，“廣”與“峑”一聲之轉。	馬承源 上海博物館藏戰國楚竹書 第一册 孔子詩論	11203
峻	 大克鼎	毗	金文	此篆從山，當是古峻字。	强運開 説文古籀三補 卷九	35857
峻	 大克鼎	毗	金文	此字亦峻籀文也。	高田忠周 説文古籀篇 卷十三	35858
炭			甲骨	從火從山，《説文》所無。其義不詳。又字或從火山二字會意，爲火山之專字。謂山下有火也，存以俟考。	李孝定 甲骨文字集釋 卷十	16394
柔	 郭/老子乙/13		楚簡	敄省文，讀爲督，意爲昏亂。	劉釗 郭店楚簡校釋	7582
柔	 上五/鬼神之明/3		楚簡	從山，從矛，字亦見於《郭店楚簡・老子乙》，今本相對應字作勤，有別。	曹錦炎 上海博物館藏戰國楚竹書 第五册 鬼神之明	1960

孞	 上五/鬼神之明/3		楚簡	"孞"字如曹先生所説，見於郭店簡《老子乙》，但此字與今本對應的"勤"字是怎樣一種關係，現在還没有一致的意見。但其從"矛"聲當無問題。"矛"是明母幽部字，"穆"是明母覺部字，幽、覺兩個韻部是陰入對轉關係，所以從"矛"聲的"砨"可讀作"穆"，"蘭砨公"即"宋穆公"……總之，從簡文形體、文義以及有關史實看，"蘭孞公"應該是"宋穆公"；"宋穆公者，天下之亂人也"是戰國人很自然的看法。	楊澤生 説上博簡"宋穆公者，天下之亂人也" 簡帛網 2006年3月10日	4703
峌	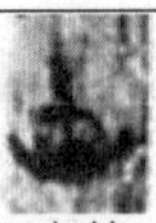 包/卜筮/214	山	楚簡	山名。裘錫圭先生釋峌爲坐，馬王堆帛書《雜占》"坐易"也作"坙易"。	劉彬徽、彭浩、胡雅麗、劉祖信 包山楚簡	1939
毎	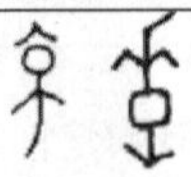	坶	金文	毎當是坶之異文，典籍均作牧。	何琳儀 橋形布幣考 吉林大學社會科學學報 1992年2期	18337
崱	 包/卜筮/216	剆	楚簡	應釋"崱"。《集韻》："崱，山連皃。"	何琳儀 包山竹簡選釋 江漢考古 1993年4期	1943
滣	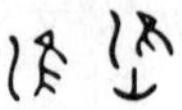		甲骨	甲骨文有地名"淮"，或增山旁作滣，淮地位於商王征人方往來經過之地，又曾駐有軍隊。所以，滣應該是"淮"字增加山旁後出現的繁構，仍應釋爲"淮"。	曹錦炎 甲骨文地名構形試析 殷都學刊 1990年3期	39091
嶭			金文	即乂，義爲治。	李學勤 眉縣楊家村新出青銅器研究 文物 2003年6期	15290
𡾞			甲骨	該字即璞字。	唐蘭 殷虚文字記 釋𡾞	16987
𡾞			甲骨	字之上端象山穴，該字爲古代采玉於山之象形字。本義爲擊，乃動詞。後演變出名詞璞。	劉桓 古代文字研究 内蒙古大學學報 1980年4期	16990

[illegible]			甲骨	疑是[illegible]字簡寫法。讀爲保。	丁山　商周史料考證	16988
[illegible]			甲骨	唐説可從。讀如戣，擊也。	徐中舒　甲骨文字典　卷一	16989

屵部

屵			説文	岸高也。从山、厂，厂亦聲。凡屵之屬皆从屵。	許慎　説文解字	
岸			説文	水厓而高者。从屵干聲。	許慎　説文解字	
岸	 遣尊	厈	金文	此即岸字之省。	吴其昌 金文厤朔疏證 卷二	35909
岸	 上五/三德/12	鼾	楚簡	見於上博楚竹書《周易·漸卦》初六，今本作“干”，即古書“衎”或“岸”。	李零 上海博物館藏戰國楚竹書 第五册 三德	3000
崖			説文	高邊也。从屵圭聲。	許慎　説文解字	
崔			説文	高也。从屵隹聲。	許慎　説文解字	
嶏			説文	崩也。从屵肥聲。	許慎　説文解字	
嶏			説文	崩聲。从屵配聲。讀若費。	許慎　説文解字	

广部

广			説文	因广爲屋，象對剌高屋之形。凡广之屬皆从广。讀若儼然之儼。	許慎　説文解字	
广			金文	即檐之古文。广檐古同音。	林義光 文源	33004
广	 上一/紂衣/21	匹	楚簡	“匹”，原從宀從匕，應即“庀”字。簡文蓋假“庀”字爲“匹”。	李零 上博楚簡校讀記（之二）：《緇衣》上博館藏戰國楚竹書研究 2002 年	14049
府			説文	文書藏也。从广付聲。	許慎　説文解字	
府		府	金文	府即府之繁文。楚器銘文之“大府”即楚國職官名。爲楚王“治藏之長”。	殷滌非 安徽壽縣新發現的銅牛 文物 1959 年 4 期	33007
府	 鄂君啓車節	府	金文	張政烺謂府即府庫之府，甚是。今則府行而府廢。	于省吾 考古 鄂君啓節考釋	33008
府		府		于省吾釋爲貣，讀爲府庫之府，是也。	許學仁 楚文字考釋 中國文字 1983 年	33009
府	 		璽印	此璽文與銀節約上的府字相同，無疑是府字。後一個形體也是府字，没有簡化，從广從貝付聲。	徐寶貴 戰國璽印文字考釋 中國文字 1991 年 9 月	33011
府	 包/文書/3	府	楚簡	玉府，府即府。玉府掌王之金玉、玩好、兵器之類。	劉彬徽、彭浩、胡雅麗、劉祖信 包山楚簡	33012
府	 上都府簠		金文	字從广，又與寸通，當即府字。	戴家祥 金文大字典 卷上	33013
府	 上二/容成氏/6		楚簡	丹府，爲堯幼時居住的地方之一。	李零 上海博物館藏戰國楚竹書 第二册 容成氏	13163

府		賔	璽印	新蔡泥封字，原釋“府”的一組字，從字形上看與楚系文字的“府”（從貝，或從宀從付）不同。其上部偏旁應釋爲“反”，只不過反旁上不加了一横裝飾而已，下從貝。應釋爲“販”。釋府證據不足。	何琳儀、胡長春 釋販 第四届國際中國古文字學研討會論文集 2003 年	15266
廱			説文	天子饗飲辟廱。从广雝聲。	許慎　説文解字	
庠			説文	禮官養老。夏曰校，殷曰庠，周曰序。从广羊聲。	許慎　説文解字	
庠		宰	甲骨	當即庠。舊釋爲牢，非是。其本義爲少牢。	唐蘭 天壤閣甲骨文存附考釋	33016
庠		宰	甲骨	即後起之庠字。	陳夢家 射與郊 清華大學學報 1941 年 1 期	33017
廬			説文	寄也。秋冬去，春夏居。从广盧聲。	許慎　説文解字	
廬	 師湯父鼎		金文	此字下從皿之省，非從口。	丁佛言 説文古籀補補 卷九	35860
廬		鑪	金文	此即鑪之省也。	孫詒讓 古籀餘論卷三 匡簠	33018
廬			金文	兩盧字乃省文，假爲盧。易弓矢虎盧，盧與弓矢並列，蓋即盧器之盧。蓋虎盧即殳之古稱，以爲盧器之屬，故稱盧。	郭沫若 兩周金文辭大系圖録考釋 趞曹鼎	33021
廬			金文	廬通用作序。廬序古音同。屬聲符更换例。廬爲王之講武習射之所。	戴家祥 金文大字典 卷上	33023
庭			説文	宫中也。从广廷聲。	許慎　説文解字	
庭		宧	甲骨	耶，古聽字。宧古廷字。契文以耶爲聽聞、聽治之聽，以宧爲廣廷之廷。亦省作耶。周人假廷爲宧。廷行而宧廢。	于省吾 雙劍誃殷契駢枝 三編	33024
庭		宧	甲骨	宧，于省吾釋爲庭或廷。其説近是。宧爲祝祭之所。亦是鄉宴之所。	陳夢家 殷虛卜辭綜述	33026

庭		宧	甲骨	契文作宧。于氏釋庭。是也。庭廷之别在有屋無屋之分。	李孝定 甲骨文字集釋 卷九	33027
庭	 四祀切其卣	廰	金文	從广耶聲，古廳字。聽廷爲雙聲疊韻字。耶從耳從口，口近於耳，會意聲通達也，當是聖之本字。壬是後人添加的聲符。耶爲壬聲，廷從壬聲。故即庭字。甲骨文中作宧，爲祝祭或宴饗之所。	戴家祥 金文大字典 卷上	33028
庭	 上五/君子爲禮/8	廷	楚簡	此字原釋爲“廷”。按上部還有“宀”，字疑釋爲“庭”。依文例可補作“其在庭則欲齊齊”。	何有祖 上博五《君子爲禮》試讀 簡帛網 2006年2月19日	4899
廇			説文	中庭也。从广畱聲。	許慎 説文解字	
庉			説文	樓牆也。从广屯聲。	許慎 説文解字	
庌			説文	廡也。从广牙聲。《周禮》曰：“夏庌馬。”	許慎 説文解字	
廡	 籀文	𢊁	説文	堂下周屋。从广無聲。𢊁籀文从舞。	許慎 説文解字	
庮			説文	廡也。从广庮聲。讀若卤。	許慎 説文解字	
庮			石刻	從邑。當是地名。以形聲求之，當讀作卤音。	强運開 石鼓釋文	16957
庖			説文	廚也。从广包聲。	許慎 説文解字	
庖			金文	庖宰。或釋冢宰，釋爲掌管飲食的庖宰可能更爲恰當。	李學勤 湖南戰國兵器銘文選釋 古文字研究 1985年12輯	33035
庖	 魯士庨父簠	庨	金文	以形義審之，字當釋庨讀爲庖。	戴家祥 金文大字典 卷中	33036
廚			説文	庖屋也。从广尌聲。	許慎 説文解字	
廚	 上樂床鼎	床	金文	疑廚之異文，從广朱聲。朱聲與尌聲同部。	郭沫若 金文叢考	33037

庫			説文	兵車藏也。从車在广下。	許慎　説文解字	
庫			金文	過去釋軍都是錯誤的。它們所從既不是包，更非勹或勹省聲，肯定是庫不是軍。	黄茂琳 新鄭出土戰國兵器中的一些問題 考古 1973 年 6 期	35868
庫			金文	金文與篆文同，正用爲藏兵器之所。	林潔明、周法高主編 金文詁林 卷九	35869
庫	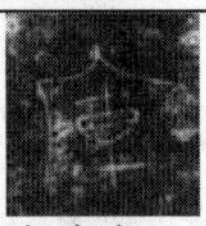 右庫戈		金文	上像屋形，當釋爲庫。“右庫”爲治鑄作坊，多見於三晉兵器。	林清源 兩周青銅句兵銘文匯考	33041
庫		宭	金文	釋庫爲是。	戴家祥 金文大字典 卷上	33043
庫			金文	儲存物品的建築物。庫存物品很多，按慣例多以庫存物品的類别定其庫名。西河庫無庫的名稱，令人難解。	朱華、王仲璋 “西河庫”銅鼎淺説 文物世界 2002 年 3 月	15124
庫	 上四/相邦之道/3		楚簡	“㠯（以）實貨（府）庫”，《史記・孫子吴起列傳》：“起曰：治百官，親萬民，實府庫，子孰與起？”“府庫”乃國家財政所繫，故有關税收皆存於兹。《周禮・天官冢宰・大府》：“凡萬民之貢，以充府庫。”倘有需要，天子乃布德行惠，“命有司發倉廩，賜貧窮，根乏絶，開府庫，出幣帛，周天下”（《禮記・月令》）。	張光裕 上海博物館藏戰國楚竹書 第四册 相邦之道	3712
廏	 古文		説文	馬舍也。从广𣪘聲。《周禮》曰：“馬有二百十四匹爲廏，廏有僕夫。”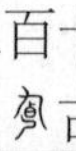古文从九。	許慎　説文解字	
廏			金文	從广從僕。古廏字。	吴大澂 説文古籀補 卷九	33044
廏		寓	甲骨	寓雖半損，然其跡甚明，爲廏之初文無可疑。	郭沫若 殷契粹編	33045
廏		寓	甲骨	象馬在檻中，猶牛之在牢。即《説文》古文之廏。	金祥恒 釋廏 中國文字	33048

廏			楚簡	是旣字。它們見於齊璽和陶文，大都借爲廏字。在楚國文字裏，廏往往寫作從食。有時借𣪘爲廏。	朱德熙 戰國文字中所見有關廏的資料 古文字論集（初編）1983年	33049
廏	 曾/4		楚簡	應指曾國宮庭之廏。	湖北省博物館 曾侯乙墓	5724
廏	 兮甲盤		金文	字從攴從宄，以聲義求之，字當釋廏。	戴家祥 金文大字典 卷上	33051
廏			璽印	從广從飤。即廏字。	李家浩 戰國官印考釋兩篇 于省吾教授百年誕辰紀念文集 1996年9月	33050
序			説文	東西牆也。从广予聲。	許慎　説文解字	
廦			説文	牆也。从广辟聲。	許慎　説文解字	
廣			説文	殿之大屋也。从广黄聲。	許慎　説文解字	
廣			金文	其爲廣字無可疑者。	孫詒讓 古籀拾遺 卷中	35874
廣	 士父鐘		金文	此字從黄乃廣字，釋寅非。	劉心源 奇觚室吉金文 卷九	35873
廣			金文	當釋廣。舊釋寅。非。	吴大澂 愙齋集古録 第二册	33055
廣	 不其簋蓋		金文	廣伐西俞，廣亦伐也。	王國維 不其敦蓋銘考釋 王國維遺書 1983年	33056
廣	 不其簋		金文	“廣伐”猶“搏伐”。	郭沫若 兩周金文辭大系圖録考釋	35875
廣			金文	此當從并省。光聲。似爲廣的本字。“廣張”後世寫爲“擴張”，有擴大張揚之意。	譚戒甫 周初夨器銘文綜合研究 武漢大學人文科學學報 1956年1期	33058
廣			甲骨	從宀從黄。《説文》所無。疑廣之古文。	李孝定 甲骨文字集釋 卷七	33059

廣			甲骨	此從宀黄聲。宀與广同，當即廣字。辭中還表示人名。	李孝定 甲骨文字集釋 卷九	33060
廣			秦簡	廣，通擴字。廣衆心，發揚士氣。	睡虎地秦墓竹簡整理小組 睡虎地秦墓竹簡	33061
廣	 史牆盤		金文	當釋廣。	戴家祥 金文大字典 卷上	33062
廣	 包/文書/129	㒸	楚簡	包山129簡原報告釋爲“具”之字，即廣之古文。	劉信芳 包山楚簡近似之字辨析 考古與文物1996年2期	17598
廥			説文	芻藁之藏。从广會聲。	許慎　説文解字	
庾			説文	水槽倉也。从广臾聲。一曰倉無屋者。	許慎　説文解字	
庰			説文	蔽也。从广并聲。	許慎　説文解字	
廁			説文	清也。从广則聲。	許慎　説文解字	
廛			説文	一畝半，一家之居。从广、里、八、土。	許慎　説文解字	
廛				從广爲轉注。里八土爲會意。八者分也。	林義光 文源	33067
廛	 郭/唐虞之道/1	㢆	楚簡	此字右上從“番”，右下從“土”，後演化爲“壬”形。可讀“禪”。或疑此字爲“廛”之異文，其與“禪”古音尤近。	何琳儀 郭店竹簡選釋 簡帛研究2001年	8364
戊			説文	屋牝瓦下。一曰維綱也。从广，閔省聲。讀若環。	許慎　説文解字	
廇			説文	屋階中會也。从广怱聲。	許慎　説文解字	
庈			説文	廣也。从广侈聲。《春秋國語》曰：“俠溝而庈我。”	許慎　説文解字	
廉			説文	仄也。从广兼聲。	許慎　説文解字	

廉				《説文》訓廉爲仄，應該是取側邊義，而不是狹窄義。古代中國，人們建房前先築一個平臺，房屋建在平臺上。上古時期常見的房屋構造是前堂後室格局，堂前面没有牆壁，是平時行禮待客的地方。堂的地面與台的側面椽膠的邊棱叫廉。廉者，兼也，兼併兩面也。邊棱是一條綫，由此引申指細小。堂廉的另一特點是正直，所以古代常用來比喻人的品格。	楊琳 《説文》辨正五則 中國文字研究 2004 年 5 輯	14651
⿸广秅			説文	開張屋也。从广秅聲。濟陰有⿸广秅縣。	許慎　説文解字	
龐			説文	高屋也。从广龍聲。	許慎　説文解字	
龐			甲骨	從广，龍聲，或從龏聲。羅釋可從。卜辭用作地名，或言“婦龐”，人名，蓋龐方之女嬪於王室者。	李孝定 甲骨文字集釋 卷九	33078
底			説文	山居也。一曰下也。从广氐聲。	許慎　説文解字	
庢			説文	礙止也。从广至聲。	許慎　説文解字	
廮			説文	安止也。从广嬰聲。鉅鹿有廮陶縣。	許慎　説文解字	
废			説文	舍也。从广犮聲。《詩》曰：“召伯所废。”	許慎　説文解字	
庳			説文	中伏舍。从广卑聲。一曰屋庳。或讀若逋。	許慎　説文解字	
庇			説文	蔭也。从广比聲。	許慎　説文解字	
庇	 昆疕王鐘		金文	昆疕王鐘，應該釋爲庀。庀本庇之簡化字。夷讀與庀同部。故庀讀爲夷。羅振玉讀“昆疕王”爲“昆夷王”從上古音系之完全可通。	戴家祥 金文大字典 卷中	33085
庶			説文	屋下眾也。从广、炗。炗，古文光字。	許慎　説文解字	

庶			金文	庶古作從火石聲，從火取眾盛之意。	林義光 文源	33086
庶		卌	璽印	卌，即古庶字。	丁佛言 說文古籀補補 卷九	33088
庶			金文	庶字小篆從广，金文從厂，從厂者爲最初古文。	高田忠周 說文古籀篇 卷十四	35878
庶	 			庶。齊侯鎛、毛公鼎等所見與鼓文近似。	强運開 石鼓釋文	33090
庶			金文	此字或爲庶之省文也。	强運開 說文古籀三補 卷十	33089
庶			金文	厂相當於小屋，中部相當於鍋，下部相當於火，合起來看，應是廚房或雜屋之意。	周谷城 古史零證 庶爲奴説	35882
庶			甲骨	卜辭庶字是“從火燃石、石亦聲”的會意兼形聲字。也即煑的本字。古籍中借庶爲衆庶之庶，又别制煮字以代庶，而庶之本義逐淹没無聞。卜辭字是典籍中衆庶的庶的本字。庶行廢合乎文字由繁趨簡的簡化規律。	于省吾 釋庶 考古 1959 年	33095
庶			金文	字象厂中鐙光輝煌之形，本義當訓光明，孳乳爲睹。	朱芳圃 殷周文字釋叢	35883
庶			金文	庶最早出現於西周初年。庶字與衆字相同。有多的意思。另外，庶有次一等或第二等的意思。爲眾所没有。庶的這一意義來源於周人對其他方國或部落的征服。	趙錫元 周代的二等國民——庶人 史學集刊 1982 年 3 期	33097
庶			金文	林義光釋從火石聲。於義爲勝。周谷城釋不可從。	李孝定 金文詁林讀後記 卷九	33096
庶			金文	庶長爲爵名。	張占民 秦兵器題銘考釋 古文字研究 1986 年 14 輯	33098
庶			金文	本義應爲是衆多。庶不過是借其音以行。商代的“庶人”不同於周代的原因，是周代庶子家庭的子孫淪爲國族中的普通平民。	沈長雲 釋《大盂鼎銘》“人鬲自馭至於庶人” 河北師範學院學報 1988 年 3 期	33099

庶	 上二/魯邦大旱/2	遮	楚簡	此字從石、從众。字書所無。以石爲聲符，以众爲意符，可讀爲庶民之“庶”，當爲“庶”之古文異體。	馬承源 上海博物館藏戰國楚竹書第二册 魯邦大旱	12972
庶	 上二/昔者君老/1		楚簡	多次。庶叩，叩問多次。	陳佩芬 上海博物館藏戰國楚竹書第二册 昔者君老	13077
庶	 上四/内豊/8		楚簡	眾，多。	李零 上海博物館藏戰國楚竹書 第四册 内豊	2032
庶	 上四/柬大王泊旱/2		楚簡	《集韻》同“遮”。	濮茅左 上海博物館藏戰國楚竹書第四册 柬大王泊旱	3579
庶	 上四/柬大王泊旱/2		楚簡	“庶”與“炙”音近可通，“蹠”即“蹠”字異體，《吕氏春秋·本味》“貛貛之炙”王念孫云“炙”當“讀爲雞跖之跖”，此義“跖”與“蹠”一字，皆可爲證。《廣雅·釋詁二》：“炙，爇也。”	陳劍 上博竹書《昭王與龔之脽》和《柬大王泊旱》讀後記 簡帛研究網 2005年2月15日	3669
庶	 上四/柬大王泊旱/2		楚簡	“庶”，甲骨文作“㢜”，本從火，石聲，炙烤之義（參于省吾先生《甲骨文字釋林·釋庶》）。古音石聲、炙聲相通。《易·晉·九四》：“晉如鼫鼠。”馬王堆帛書《周易》“鼫”作“炙”。這句話意思是，龜尹知道簡王是因爲受了太陽的炙烤而得了疥病。	孟蓬生 上博竹書（四）閒詁 簡帛研究網 2005年2月15日	3921
庤			説文	儲置屋下也。从广寺聲。	許慎 説文解字	
廙			説文	行屋也。从广異聲。	許慎 説文解字	
廙	 長由盉	侹	金文	此即《説文》之廙，行屋也。	陳夢家 西周銅器斷代	35930

廙			金文	《説文》：廙，行屋也，從广異聲。銘文中亦用本義。或釋爲地名。	林潔明、周法高主編 金文詁林 卷九	35884
廙	 毓祖丁卣		金文	異爲廙之本字。廙爲異之孳乳字。在異地有行屋則加“广”。	杜迺松 談毓祖丁卣等三件商代長銘銅器 文物 1984 年 10 期	33102
廙			金文	卌三年逑鼎作廙，即文獻之翼。	孫亞冰 眉縣楊家村卅二、卅三年逑鼎考釋 中國史研究 2003 年 4 期	15146
廔			説文	屋麗廔也。从广婁聲。一曰穜也。	許慎 説文解字	
雇			説文	屋从上傾下也。从广隹聲。	許慎 説文解字	
廢			説文	屋頓也。从广發聲。	許慎 説文解字	
廼			説文	久屋朽木。从广酉聲。《周禮》曰：“牛夜鳴則廼。”臭如朽木。	許慎 説文解字	
廑			説文	少劣之居。从广堇聲。	許慎 説文解字	
廟	 古文	庿	説文	尊先祖皃也。从广朝聲。庿古文。	許慎 説文解字	
廟	 周公東征鼎		金文	此字從月，不從泉，先民見泉潮，與月相應，從月從泉一也。	吴其昌 金文厤朔疏證 卷一 周公東征鼎	33112
廟		亞		宋以來釋爲亞形，是不對的。這是古代的祭祀的地方。是周以後的所謂明堂、辟雍、世室、重屋等。是氏族時代民衆崇拜祖先的寺廟。	姜亮夫 古初的繪畫文字 杭州大學學報 1962 年 2 期	33114
廟	 塱方鼎	䆗	金文	篆書下半部從舟，而金文從水，此屬表示事物類屬與場所偏旁的更换。從宀者即廟字别構，广、宀都表示處所，偏旁更换后，構成别體，意義不變。	戴家祥 金文大字典 卷上	33116
廟	 上一/性情論/12	宙	楚簡	“宙”，即“廟”字，讀作“貌”。	濮茅左 上海博物館藏戰國楚竹書第一册 性情論	11095

廟	 上一/孔子詩論/5	庿	楚簡	即“廟”字，西周金文多作“廟”或“庿”，個别作“朝”，戰國中山王壺作庿。此詩鄭箋云：“廟，本又作庿，古今字也。”《説文》古文與此同。此字據金文例從广與從宀，則“庿”亦爲古文。	馬承源 上海博物館藏戰國楚竹書第一册 孔子詩論	10911
廟		庿	楚簡	郭店簡以“庿”爲“廟”，實爲“庿”之異構。	陳偉武 郭店楚簡中《漢語大字典》所無之字 中國文字研究2002年3輯	14582
廟	 郭/語叢四/27、27背	庿	楚簡	即庿字，即廟字異體。讀爲貌。	劉釗 郭店楚簡校釋	9848
廟	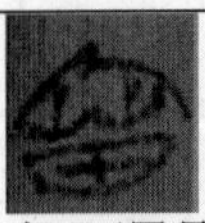 上三/周易/42	庿	楚簡	從宀，苗聲，同“庿”、“廟”。《説文》古文作“庿”，簡文作“庿”，從“广”與從“宀”同義。	濮茅左 上海博物館藏戰國楚竹書第三册 周易	13758
廟	 上三/周易/54	庿	楚簡	同“庿”、“廟”。	濮茅左 上海博物館藏戰國楚竹書第三册 周易	13881
庍			説文	人相依庍也。从广且聲。	許慎 説文解字	
廅			説文	屋迫也。从广曷聲。	許慎 説文解字	
庈			説文	郤屋也。从广屰聲。	許慎 説文解字	
庈			金文	從广，屰省聲。	林義光 文源	35907
庈	 遣尊		金文	即《説文》广部之庈，同榜，又同欂。	方濬益 綴遺齋彝器款識考釋 卷十八 遣尊	33119
庈	 遣尊		金文	厈就是《説文》中的“庈”，也就是“斥”。	唐蘭 西周銅器斷代中的“康宫”問題 考古學報1962年1期	33123
廞			説文	陳輿服於庭也。从广欽聲。讀若歆。	許慎 説文解字	

廞			金文	此爲廞字，無容疑者。	高田忠周 說文古籀篇 卷七十三	33124
廞	 疋作父丙鼎		金文	當釋廞。	戴家祥 金文大字典 卷上	33126
膠			説文	空虛也。从广膠聲。	許慎　説文解字	
廈			説文	屋也。从广夏聲。	許慎　説文解字	
廊			説文	東西序也。从广郎聲。《漢書》通用郎。	許慎　説文解字	
廂			説文	廊也。从广相聲。	許慎　説文解字	
庪			説文	祭山曰庪縣。从广技聲。	許慎　説文解字	
庱			説文	地名。从广，未詳。	許慎　説文解字	
廖			説文	人姓。从广，未詳。當是省廫字尔。	許慎　説文解字	
厇	 匯/望一劄記/78		楚簡	此處省邑旁。	商承祚 戰國楚竹簡匯編 望山一號楚墓竹簡疾病雜事劄記	10694
厇	 上五/競建內之/10	度	楚簡	度，法也。	陳佩芬 上海博物館藏戰國楚竹書第五册 競建內之	1431
庍			金文	爲介之孳乳字。賜予也。《詩・七月》"以介眉壽"，金文作"匃眉壽"，《廣雅・釋詁》："匃，予也。"	陳夢家 禺邗王壺考釋 燕京學報 1937年21期	16427
庍	 趙孟庍壺		金文	陳夢家説介之孳乳字，與匃通，當訓賜予，此説亦是。	聞一多 聞一多全集 卷二 禺邗王壺跋	35889
声			甲骨	象鹿首形。隸作声。《説文》所無，爲第一期卜辭地名，靠近滴地。第四、五期復增口。	朱歧祥 甲骨學論叢	16430

𢇛			金文	可釋爲“𢇛”，𢇛監當係作器者之名。	李步青、林仙庭 山東省龍口市出土西周銅鼎 文物 1991 年 5 期	18071
庴		宕	金文	即宕字。《説文》：“宕，過也。”	劉桓 五年琱生毁、六年琱生毁銘文補釋 故宫博物院院刊 2003 年 3 期	15672
𢇵			甲骨	意指某種建築物或建築物的某處部位，古文字中宀广互用，因此，到了後代很可能寫成了𢇵，其意義相同，諸字書所言爲“屋舍”了。	鍾柏生 釋束及其相關問題 “中央研究院”歷史語言研究所集刊第五十八本第一分 1987 年	18255
麻			金文	《荀子·王制》篇有“丹干”，郭沫若認爲丹干即丹矸，亦即丹秆，猶車之稱車輛，馬之稱馬匹，秆當爲初文，干乃假借，矸則後起。金文該字除了用作丹的量詞外，還有其他用法。于省吾説散盤“登秆”，秆即岸。	戴家祥 金文大字典	17085
𢉂	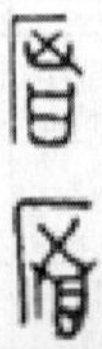		璽印	字應釋𢉂，古文字從厂字，後世多數變爲從作從广字。	劉釗 璽印文字釋叢（一） 考古與文物 1990 年 2 期	17471
𢈈	 毛公鼎	㕻	金文	《玉篇》广部有𢈈，於令切，疑即此字。	劉心源 奇觚室吉金文述 卷二	35948
𢈈	 毛公鼎	㕻	金文	此《玉篇》广部𢈈，地名。广厂古通。	張之綱 毛公鼎斠釋	35952
庻	 包/遣册/257		楚簡	即庶字，借作炙。	劉彬徽、彭浩、胡雅麗、劉祖信 包山楚簡	7038
𢋈	 令鼎	𠪷	金文	從广，從僕，古廄字，𢋈有僕。	吴大澂 説文古籀補	27521

廚	 虢季子白盤		金文	張石匏説廚，見毛伯敦、王格於宣射，薛釋榭，從广，與廟同義。	吴式芬 攈古録金文 卷三之二	35893
廚	 虢季子白盤		金文	廚從广，毛伯敦以射字爲之，經傳用謝，亦用榭。	劉心源 奇觚室吉金文述 卷八	35897
廚	 虢季子白盤		金文	廚，古榭字。《春秋》成周宣榭災，杜注爲講武屋，《公羊》何注則以爲宣王廟，今以此文證之，是宣榭在廟中。	方濬遺 綴遺齋彝器款識考釋 卷七 虢季子白盤	41793
廚			金文	《説文》所無，新附從木作榭，經典訛作序，序榭古音同在遇韻，聲訓皆同。	容庚 金文編	17655
廏	 包/文書/61		楚簡	管理馬匹的機構。	劉彬徽、彭浩、胡雅麗、劉祖信 包山楚簡	6113
廏	 包/文書/61		楚簡	廏字，新大廏，是負責官吏馬匹的機構。	劉彬徽、彭浩、胡雅麗、劉祖信 包山楚簡	6109
廏	 包/文書/69		楚簡	即大廏，管理馬匹的機構。	劉彬徽、彭浩、胡雅麗、劉祖信 包山楚簡	6129
廏	 包/文書/154		楚簡	字從厂，從飤。應爲[illegible]，官署名。	湯餘惠 包山楚簡讀後記 考古與文物 1993 年 2 期	6200
廣	 包/文書/3		楚簡	即府。	劉彬徽、彭浩、胡雅麗、劉祖信 包山楚簡	3167
廣	 包/文書/172		楚簡	讀作工府。	劉彬徽、彭浩、胡雅麗、劉祖信 包山楚簡	6259
[illegible]			金文	“緐”當爲“[illegible]”、“[illegible]”的省文，乃鼎的别名。	張頷 庚兒鼎解 考古 1963 年 5 期	16643
廩			金文	禾的單位。	李學勤 季姬方尊研究 中國史研究 2003 年 4 期	15596

厂部

厂	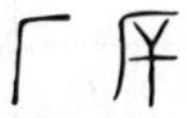 籀文	厈	説文	山石之厓巖，人可居。象形。凡厂之屬皆从厂。厈籀文从干。	許慎　説文解字	
厂		厈	金文	此字從厂從干，實厈字。	劉心源 古文審 卷四	33128
厂	 作册睘尊	厈	金文	厈者，厈即岸也。	吴其昌 金文厤朔疏證 睘尊	33131
厂	 庚嬴卣		金文	字既從厂，從干，從木。當是厂之或體孳乳字。厂，象山厂之形。從干作厈。則爲擊音符字。從木。則取象於山厂之内。豎木防傾之形。	周名煇 新定説文古籀考 卷下	33130
厂				本象石岸之形，周秦時加干爲聲符，後又加山爲意符。	高鴻縉 中國字例 二篇	33133
厂	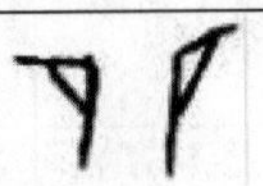		甲骨	此當即石之古文。許書以爲厈之篆文。今姑按金祥恒説收於厂下。卜辭厂義未詳。	李孝定 甲骨文字集釋 卷九	33134
厂		厈	金文	厈即岸字初文。“王在岸”與金文中的王在某宫或某廟，都係指舉行某種典禮所在之地，其非遠方之地名甚明。睘卣等稱“王在岸”，指在璧雍環水的岸上，至於當時岸上設置如何，無以臆度。	于省吾 讀金文劄記五則 考古 1966 年 2 期	33135
厂		厈 厈	金文	于省吾以厈厈爲一字，並即岸之初文，細繹其説，亦覺近理。	李孝定 金文詁林讀後記 卷九	33136
厂			甲骨	厂也當是一種房屋的形狀。	王慎行 商代宫室建築考 考古與文物 1988 年 3 期	33137

厂	 散氏盤		金文	厈、屵、岸與厂形聲義皆相近。當是一字。金文厂用作本義。	戴家祥 金文大字典 卷上	33138
厂		㡿	金文	厈即寒浞故地。	郭沫若 兩周金文辭大系圖録考釋	35908
厓			説文	山邊也。从厂圭聲。	許慎 説文解字	
厓			金文	此當厓之異文，從又與反字同誼。	柯昌濟 韡華閣集古録跋尾甲篇 鄘伯簋	35946
厓		陆	楚簡	“陆”在郭店簡中讀爲“解。“陆”當是從阜，圭聲，疑是“厓”之異體。	陳偉武 郭店楚簡中《漢語大字典》所無之字 中國文字研究 2002 年 3 輯	14583
厜			説文	厜㕒，山顛也。从厂垂聲。	許慎 説文解字	
㕒			説文	厜㕒也。从厂義聲。	許慎 説文解字	
㕒			甲骨	從二厂，我聲，當即㕒。義從我聲，從我從義一也。	王國維 觀堂書劄 1921 年	33140
厰			説文	崟也。一曰地名。从厂敢聲。	許慎 説文解字	
厰	 虢季子白盤		金文	即《詩》玁狁字。	吴大澂 愙齋積古録 第十六册 虢季子白盤	33143
厰	 虢季子白盤		金文	即《詩》之玁狁。疑厰即巖之本字。除用作部族名玁狁外，郭沫若認爲還表示祖先的神靈。如“其厰在上”之“厰”。	戴家祥 金文大字典 卷上	33146
厬			説文	仄出泉也。从厂晷聲。讀若軌。	許慎 説文解字	
厎	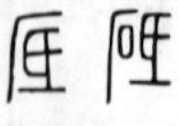 或體	砥	説文	柔石也。从厂氐聲。砥厎或从石。	許慎 説文解字	
厥			説文	發石也。从厂欮聲。	許慎 説文解字	

厥	 大盂鼎	氒	金文	釋爲氒至確。字斷非氏。	郭沫若 金文叢考 釋氒氏 金文餘釋之餘	33150
厥	 欮簋		金文	欮從欠屰聲，當即厥之古文。	柯昌濟 韡華閣集古録跋尾	45195
厥	 王子午鼎	氒	金文	即氒字。同厥。	趙世綱等 王子午鼎銘文試釋 文物 1980年10期	33151
厥			金文	之也，其也。	陳奇猷 北趙晉侯墓出土叔夨方鼎銘文研究 古籍整理研究學刊 2004年1月	15548
厲	 或體	蠆	説文	旱石也。从厂，蠆省聲。或不省。	許慎 説文解字	
厲	 魯大司徒子仲伯匜	礪	金文	此從石從萬，乃合砅濿二字爲之而省水。《説文》厲從石省，此從石不省。是礪即厲也。厲，國名。	劉心源 奇觚室吉金文述 卷八 中伯匜	33152
厲	 魯大司徒子仲伯匜		金文	吴氏云古礪字。按吴説是也。	高田忠周 説文古籀篇 卷十四	33153
厲	 魯大司徒子仲伯匜	𥗼	金文	此即厲之繁文，從石從厂同意，從邁省聲與萬聲同。在此乃孟姬所適之國名。	郭沫若 兩周金文辭大系圖録考釋	35917
厲	 魯大司徒子仲伯匜	礪	金文	應是礪之異文。即厲國也。	方濬益 綴遺齋彝器款識考釋 卷十四 魯大司徒子仲白匜	33155
厲			金文	厲，磨石也，從石省，不從厂。	高鴻縉 中國字例六篇	35918
厲	 魯大司徒子仲伯匜	𥗼	金文	河南鹿邑、商城、息暨三地並有厲國之遺址。	陳槃 春秋大事表列國爵姓及存滅表譔異 1969年	35919

厲			金文	諸家謂厲礪同字。是也。子仲匜作礪，省石作厂則爲厲。石、厂偏旁得通也。新附字有礪是偏旁纍增也。	李孝定　金文詁林讀後記　卷九	33158
厲	 師同鼎	剏	金文	從井列聲，字不見於字書。古從列聲的字，後世通作厲。故此字也可以讀作後世的厲字。	陳世輝　師同鼎銘文考釋　史學集刊 1984 年 1 期	33159
厲		礪	金文	礪是厲的形旁重複字。金文厲用作地名或人名。	戴家祥　金文大字典　卷上	33160
厲			金文	前人多認爲“厂”爲“石”之省。	張再興　西周金文構字元素的形體變化及其影響　瓊州大學學報 2002 年 1 月	15391
厲	 上三/周易/25	兩	楚簡	“兩”，王弼本作“厲”。“厲”即“礪”之本字。“兩”爲“厲”之或體，聲符不變，義符“厂”則改爲“石”。楚簡本“兩”字 12 見，皆爲王弼本之“厲”。包山 149 號楚簡之“兩”，李守奎隸作“礪”。	廖名春　楚簡《周易・頤》卦試釋　簡帛研究網　2004 年 4 月 24 日	43522
厱			説文	厱諸，治玉石也。从厂僉聲。讀若藍。	許慎　説文解字	
厤			説文	治也。从厂秝聲。	許慎　説文解字	
厤			金文	厤即歷之古文，過也。從二禾，二禾者禾再孰也。厂推移之象。	林義光　文源	35921
厤			金文	《説文》：厤從厂秝聲。厂者人所居。秝有齊整布列意，疑兼會意。然治歷即《禮記・郊特性》“歷其卒伍”注“簡歷，謂算具陳列之也”是也。經傳皆用“歷”爲之。	高田忠周　説文古籀篇　卷十三	35920
厤			甲骨	今審此字當是厤。	孫海波　卜辭文字小記　考古社刊 1935 年 12 月	33164
厤			金文	《説文》：厤，治也。王筠曰，此治金治玉之治，謂磨厲之也。字應從石省，秝聲。	高鴻縉　中國字例六篇	35922

厤	 毛公鼎		金文	《説文》訓治。按：從厂無治意。當是從石之省。疑即以石磑米去殼的本字。毛公鼎借作經歷之歷。	戴家祥 金文大字典 卷上	33166
⿸厂異			説文	石利也。从厂異聲。讀若枲。	許慎 説文解字	
⿸厂異			金文	讀爲翼，敬也。	王輝 逨盤銘文箋釋 考古與文物 2003年3期	15224
⿸厂古			説文	美石也。从厂古聲。	許慎 説文解字	
厗			説文	唐厗，石也。从厂，屖省聲。	許慎 説文解字	
厗	 匯/信陽一號墓遣策/4		楚簡	讀題音。《説文》："唐厗，石也。從厂，屖省聲。"	商承祚 戰國楚竹簡匯編 信陽長臺關一號楚墓竹簡第二組遣策	9623
⿸广立			説文	石聲也。从厂立聲。	許慎 説文解字	
⿸广立		⿸广立 ⿱宀立	金文	即《説文》⿸广立字。古刻從广從宀，用爲尻字。	劉心源 奇觚室吉金文述 卷十二	33170
⿸广立		⿸广立	金文	金文⿸广立字，實從广與從宀同意，從立，立者位也，會意之旨尤顯。後借尻爲⿸广立，⿸广立字全廢。後亦借居爲尻，尻字殆廢。	高田忠周 説文古籀篇 卷十六	33171
⿸广立		⿱宀立	金文	⿸广立爲居室正字。或從宀作⿱宀立。又尻爲安居正字。尻⿸广立當通用字，後世並借蹲尻字爲之。	高田忠周 説文古籀篇 卷七十六	33172
⿸广立		⿸广立 ⿱宀立	金文	⿸广立或作⿱宀立。舊釋爲居，苦無確證。按隸古定《尚書》殘卷等居作⿸尸立，其從尸實广之訛。	郭沫若 兩周金文辭大系圖録考釋 中齋	33175
⿸广立		⿸广立	金文	金文之⿸广立即《説文》之"⿸广異，行屋也"。	陳夢家 西周銅器斷代五 考古學報 1956年3期	33174

应		应	金文	下減应是下減地方的行朝（臨時朝廷），“应”就是“位”，王到一個地方，需要舉行典禮，就是建立臨時的位，金文裏常見到那個地方的位，一般稱成居，也是錯誤的。	唐蘭 五省出土重要文物展覽圖録《五省文物出土重要文物展覽圖録》序言	41801
应		应	金文	就是《尚書·召詔》“攻位”的“位”。就是臨時蓋的行宫。	唐蘭 西周銅器斷代中的“康宫”問題 考古學報 1962年1期	33177
应		应	金文	居室字作应，今則居行而应廢。	李孝定 金文詁林讀後記 卷九	33179
应			金文	郭釋应爲“行屋”，極是。行屋爲天子出行所居，後世亦名“行宫”，西周亦名爲应。	譚戒甫 西周“曶”器銘文綜合研究 中華文史論叢 1982年3輯	33178
厄			説文	石地惡也。从厂兒聲。	許慎　説文解字	
厄			甲骨	疑《説文》厄字，從厂兒聲。	余永梁 殷虚文字考 國學論叢 1927年	33181
厽			説文	石地也。从厂金聲。讀若紟。	許慎　説文解字	
厙			説文	石閒見。从厂甫聲。讀若敷。	許慎　説文解字	
厙		陠	金文	蓋厙異文。	高田忠周 説文古籀篇 卷十四	33183
厝			説文	厲石也。从厂昝聲。《詩》曰:“他山之石,可以爲厝。”	許慎　説文解字	
厖			説文	石大也。从厂尨聲。	許慎　説文解字	
屵			説文	岸上見也。从厂，从之省。讀若躍。	許慎　説文解字	
厥			説文	辟也。从厂夾聲。	許慎　説文解字	
厥			貨幣	即“厥”字，而“陜”爲厥的通假字。戰國貨幣中的厥實爲“陜”地所鑄造的貨幣。	張頷 魏幣布考釋 中國錢幣 1985年4期	33190
仄	  籀文	仄	説文	側傾也。从人在厂下。仄籀文从矢，矢亦聲。	許慎　説文解字	

仄			甲骨	義與昃同。當即仄之本字，傾側也。卜辭屬地名或族稱。	朱歧祥 殷墟甲骨文字通釋稿	33193
仄	 郭/唐虞之道/18		楚簡	裘按：據文義“仄夫”似應爲“匹夫”之誤寫。	彭浩、劉祖信、王傳富 郭店楚墓竹簡	8455
仄	 郭/唐虞之道/18		楚簡	“仄”疑讀“側”，“側夫”猶“微賤之人”。	何琳儀 郭店竹簡選釋 簡帛研究 2001 年	8454
辟			説文	仄也。从厂辟聲。	許慎　説文解字、	
厞			説文	隱也。从厂非聲。	許慎　説文解字	
厭			説文	笮也。从厂猒聲。一曰合也。	許慎　説文解字	
厭	 國差罎	㾓	金文	從疒從肙，是㾓字矣。㾓不見字書，新附魘，夢驚也，古只作厭，實當作㾓。	劉心源 奇觚室吉金文述 卷十八	33196
厭	 國差罎	㾓	金文	猒，飽也，孳乳爲厭。此從疒從肙。	容庚 寶藴樓彝器圖録	44894
厭			金文	字義取石笮，動詞，故從石省，猒聲，經傳多通以代猒足，又加土作壓。	高鴻縉 中國字例六篇	35934
厭	 班簋	㾓	金文	舊釋此字爲厭可從。㾓戎即厭國。	黄盛璋 班簋的年代、地理與歷史問題 考古與文物 1981 年 1 期	33198
厭	 包/卜筮/219		楚簡	《禮記》注：“厭，厭飫神也。”	劉彬徽、彭浩、胡雅麗、劉祖信 包山楚簡	6892
厭			楚簡	以聲類求之，讀作“讒”更妥善。同時，於文意也更順暢。	彭浩、劉祖信、王傳富 郭店楚墓竹簡	13835

厃	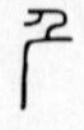		説文	仰也。从人在厂上。一曰屋梠也，秦謂之桷，齊謂之厃。	許慎 說文解字	
厃	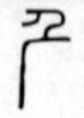			仰視也。象人登厂仰望形。經傳以瞻爲之。屋梠之義當作广，非厃之本義。	林義光 文源	33199
厃			甲骨	本象攲器之形。故皆作傾斜形。早期甲骨文"下厃"與"厃方"爲方國名習見。第五期又均爲地名。	于省吾 甲骨文字釋林 卷上	33201
厃			甲骨	疑爲厃之繁構。	徐中舒 甲骨文字典 卷三	33202
厇			楚簡	讀乇（託）音，有開拓意。	商承祚 戰國楚竹簡匯編	9965
厇	 郭/老子甲/10		楚簡	疑爲"安"字誤寫。	彭浩、劉祖信、王傳富 郭店楚墓竹簡	6021
厇	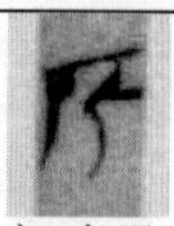 郭/老子甲/10		楚簡	用作形容詞。	董琨 郭店楚簡《老子》的語言學劄記 古文字研究 2002年24輯	6022
厇	 郭/成之聞之/33		楚簡	疑讀爲托，依托義。	陳偉 郭店竹書別釋	4380
厇	 上二/容成氏/2		楚簡	酥厇，待考。	李零 上海博物館藏戰國楚竹書 第二册 容成氏	13136
厇			楚簡	煮盧厇，疑讀"煮鹽鹺"或"煮鹹鹺"。	李零 上海博物館藏戰國楚竹書 第二册 容成氏	1987
厇	 郭/成之聞之/34		楚簡	宅，猶在。	陳偉 郭店竹書別釋	4390

厇	 上二/容成氏/2		楚簡	與擇通。如《論語 • 裏仁》“擇不處仁”。《文選 • 思玄賦》李注、《困學紀聞》並引擇作宅。《莊子 •則陽》：“比於大澤。”《釋文》：“澤本亦作宅。”小方足布“沙乇（宅）”我們釋讀爲“沙澤”。此處的“宅”可釋讀爲“鐸”或“鎛”。宅、鐸同音（定母鐸部）。鎛，幫母鐸部。諸字音近。鐘架一般較高，所以適合長者敲擊或撞擊。	黃錫全 讀上博簡（二）劄記（叁）簡帛研究網 2003年3月23日	4100
厇	 郭/成之聞之/33		楚簡	讀爲度。	劉釗 郭店楚簡校釋	4379
厇	 上二/容成氏/2		楚簡	“戚施”，畸胸之義。	安徽大學古文字研究室 上海楚竹書(二)研讀記 簡帛研究網 2003年1月13日	4099
厇	 上四/曹沫之陳/51		楚簡	“戢厇”，待考。	李零 上海博物館藏戰國楚竹書 第四册 曹沫之陳	2422
厇	 上二/容成氏/2		楚簡	釋作“秀”，通“繇”，“繇宅”即占卜住宅之義。	安徽大學古文字研究室 上海楚竹書(二)研讀記 簡帛研究網 2003年1月13日	4098
厇	 上三/彭祖/1		楚簡	厇，整理者讀爲“度”，可從。按：厇，同“宅”，《正字通•厂部》：“厇，與宅通。”“宅”同“度”，《集韻•陌韻》：“宅，或作度。”故厇，可讀爲“度”。	趙炳清 上博簡三《彭祖》補釋 簡帛研究網 2005年1月26日	2388

⿸尸乇	 上五/三德/7		楚簡	今按：讀“堇度”爲“限度”，於義固可通，但終覺其詞不古。疑“堇度”即傳世典籍中的“期度”。《漢書·霍光傳》：“顯及諸女，晝夜出入長信宮殿中，亡期度。”《宋書·謝靈運傳》：“穿池植援，種竹樹果，驅課公役，無復期度。”古音之部與文部亦常相通。《禮記·射義》：“旄期稱道不亂者。”鄭注：“旄期，或爲旄勤。”《莊子·秋水》：“騏驥驊騮一日而馳千里，捕鼠不如狸狌。”《荀子·性惡》：“驊騮騹驥，纖離緑耳，此皆古之良馬也。”楊倞注：“此皆周穆王八駿名。騹，讀爲騏。”然則堇之於期，猶勤之於期，騹之於騏也……但需要指出的是“期度”並不是我們通常所説的“日期”或“法度”，而是“終極”或“窮盡”。“期”和“度（字亦作斁射）”在古代均有“窮盡”、“終了”、“停息”之義，所以“期度”是一個並列結構的複合詞。	孟蓬生《三德》零詁（二則）簡帛網 2006年2月28日	5029
⿸尸乇	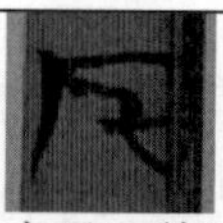 上五/三德/7		楚簡	堇度，李零先生讀“限度”，孟蓬生先生讀“期度”，何有祖先生讀“謹度”。筆者認爲何先生的説法更合理。何先生指出《潛夫論·斷訟》有“勑民慎行德義，無違制，節謹度”，筆者頗疑後兩句當連讀“無違制節謹度”。其實典籍中屢見“制節謹度”之語，《孝經·諸侯章》：“在上不驕，高而不危。制節謹度，滿而不溢。”注：“費用約儉，謂之制節；慎行禮法，謂之謹度。”可見	王蘭 上博五《三德》編聯 簡帛網 2006年4月15日	4866

				"謹度"當爲典籍習語。		
⿸厂水			楚簡	此字釋砅，字同濿、厲。	李零 長沙子彈庫戰國楚帛書研究	359
⿸厂水			楚簡	"亡⿸厂水"應讀"無戾"。	何琳儀 長沙帛書通釋 江漢考古 1986年1、2期	358
⿸厂疋			金文	爲"居"之異體。兵器名。疑即燕國戟銘中常見的"鋸"。此字應是"戟"之異名。與典籍"瞿"、"钁"同類。"足"、"疋"實一字分化。從"厂"、"疋"聲，與"居"音近可通。也可理解爲"居"之異體。	何琳儀 戰國兵器銘文選釋 考古與文物 1999年5期	15517
⿸厂弄			璽印	從厂從弄，古文從厂多變爲從广。故可釋爲⿸广弄。⿸广弄見於《廣韻》、《集韻》。	劉釗 璽印文字釋叢（一） 考古與文物 1990年2期	17556
⿸厂主	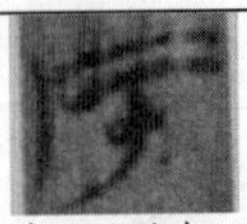 上三/亙先/4		楚簡	所從主與楚簡"宔"（用作"主"）所從相同，這裏讀爲"濁"（"濁"是定母屋部字，"主"是章母侯部字，讀音相近）。	李零 上海博物館藏戰國楚竹書 第三册 亙先	12852
⿸厂主	 上三/亙先/4		楚簡	疑此字隸爲"冢"、讀"濁"，此字較本册《周易》（遯卦）諸"豖"字之形稍省，"冢"、"濁"聲母接近，韻部一爲東部，一爲侯部，陰陽對轉。	黄人二、林志鵬 上博藏簡第三册恆先試探 簡帛研究網 2004年5月12日	2590
⿸厂主	 上三/亙先/4		楚簡	濁，原簡字形從厂主聲，李零先生讀爲"浊"，可信。	劉信芳 上博藏竹書《恒先》試解 簡帛研究網 2004年5月16日	2883
⿸厂主	 上三/中弓/8		楚簡	即楚簡中常見的"宔"字。古文字中從厂從宀，一也。此字多相當於"塚"，讀爲柱用切之"重"，音近相通。	李朝遠 上海博物館藏戰國楚竹書第三册 中弓	11728
⿸厂主	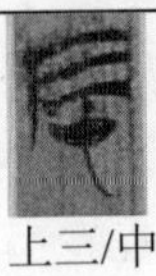 上三/中弓/8		楚簡	"重"是不輕易、難之義。	廖名春 楚簡《仲弓》篇與《論語·子路》篇仲弓章對讀劄記 孔子2000網 2004年4月16日	2781

庄	 上三/中弓/8		楚簡	“重”，庸鄙寫文贊成整理者從主聲之説，疑應隸作“冢”、讀“重”，兩者聲母極近，韻母同爲東部（清人以來之古音研究或將“重”字列入中部，但不管如何，“東”、“中”仍是旁轉），故可假。	黄人二、林志鵬 上博藏簡第三册恆先試探 簡帛研究網 2004年5月12日	2895
庾			璽印	從厂從曳，古文從厂與從广多互作。故可釋爲庾。庾見《玉篇》、《廣韻》、《集韻》。	劉釗 璽印文字釋叢（一） 考古與文物 1990年2期	17557
㕫	 郭/老子甲/36		楚簡	從“厂”“句”聲，讀作“厚”。	彭浩、劉祖信、王傳富 郭店楚墓竹簡	6593
㕫	 郭/老子甲/36		楚簡	爲厚字異體，從句得聲，古音句在見紐侯部，厚在匣紐侯部，聲爲喉牙通轉，韻部相同。	劉釗 郭店楚簡校釋	6594
㕷			金文	即是《説文》中的圣。	楊文山 青銅器麥盉與“邢侯征事”——兩周邢國歷史綜合研究之四 文物春秋 2004年2月	15194
庛	 郭/忠信之道/1		楚簡	從“朿”聲，讀作“積”。《説文》：“聚也。”	彭浩、劉祖信、王傳富 郭店楚墓竹簡	8089
庛	 郭/忠信之道/1		楚簡	從朿聲，讀爲積。	劉釗 郭店楚簡校釋	8090
㕽	 郭/語叢三/50		楚簡	疑爲依字異構。	陳偉 郭店楚簡別釋 江漢考古 1998年4期	9469
㕽	 郭/語叢三/50		楚簡	讀“依”。據《論語·述而》。	龐樸 初讀郭店楚簡 歷史研究 1998年4期	13899
㕽	 郭/語叢三/50		楚簡	《古文四聲韻》卷一録云台碑“依”字從宀從从，可證此字爲“依”。	顔世鉉 郭店楚簡散論（二） 江漢考古 2000年1期	9470

厤	 郭/語叢三/50		楚簡	爲庇字異構，《説文》“比”字古文與此字下部相同。庇亦有因凭義。	陳偉 郭店竹書别釋	9471
㕯	 上五/君子爲禮/7	痌	楚簡	可讀爲“痌”或“痛”。	張光裕 上海博物館藏戰國楚竹書第五册 君子爲禮	5186
㕯	 上五/君子爲禮/7	痌	楚簡	此字應隸作“㕯”。本章《君子爲禮》簡文秦樺林先生已經指出與《新書·容經》關係密切。他解釋“廢”説：“廢，‘低下、垂下’之義。漢賈誼《新書·容經》：‘廢首低肘，曰‘卑坐’。’”《新書·行容》：“行以微磬之容，臂不搖掉，肩不上下，身似不則，從容而任。”又《趨容》：“肩狀若流，足如射箭。”而“㕯”字從“冋”聲（見紐耕部）疑讀作“擎”（群紐耕部），二者疊韻，聲紐同爲見系。《廣雅·釋詁一》：“擎，舉也。”所以簡文可以讀作“肩毋廢（低下）、毋擎（上舉）”，就是肩部不上下的意思。而且與底下的“倩”字同押“耕部”。	蘇建洲 《上博（五）》柬釋（二） 簡帛網 2006年2月28日	5009
㕯	 上五/君子爲禮/7	痌	楚簡	原考釋以爲從“同”聲，讀爲“痌”或“痛”。案：“痌”或“痛”都不是一般人儀容方面所能自主控制的。此字下半所從，又見《上博三·周易》簡49《艮卦》，主要有釋“同”、“冋”、“㕣”（“鉛”字所從）、“[龹/口]”（“卷”字所從）等四説。我們做《上博三讀本》時配合今本《周易》做“薰”，因此採用了釋“[龹/口]”的説法。於《君子爲禮》，則四種説	季旭昇 上博五芻議（下） 簡帛網 2006年2月18日	4758

				法都可以通讀，"同"讀爲"動（搖晃）"、"冋"讀爲"竦（高聳）"、"公"讀爲"袒（露肩）"、"⿱龹口"讀爲"蜷（縮肩）"。由於《上博三·周易》有傳世文獻的佐證，所以在本篇我們也會優先釋爲"⿱龹口"字。待考。		
孨	 包/卜筮/207		楚簡	借作薦，孨字異體。《周禮·天官·庖人》注："備品物曰薦，致滋味乃爲羞。"	劉彬徽、彭浩、胡雅麗、劉祖信 包山楚簡	5295
孨				疑爲"字"繁體。先秦古文字從厂從宀常相通。孖爲從子的繁寫。本義孳乳繁衍。疑爲"祠"的假借。即"賽禱"的同義詞。	孔仲温 楚簡中有關祭禱的幾個固定字詞試釋 第三届國際中國古文字學研討會論文集 1997 年 10 月	16139
厓			楚簡	疑"厚"之異體。郭店簡作"厚"，今本作"重"。	陳佩芬 上海博物館藏戰國楚竹書第一册 紂衣	12069
厓			楚簡	"重"，原從石從主，簡文多用爲"冢"字。此可證明郭店本的這個字其實也是"冢"字，在簡文中應讀爲"重"，不是"厚"字。	李零 上博楚簡校讀記（之二）：《緇衣》 上博館藏戰國楚竹書研究 2002 年	12604
厓			楚簡	整理者釋作"厚"的字，實爲"塚"的省寫。"塚"，讀爲重。今本作"重絶富貴"，與此一致。	劉樂賢 讀上博簡劄記 上博館藏戰國楚竹書研究 2002 年	12605
戾			金文	許印林説爲夭之變體，加厂取高義，或釋昊亦通。	吴式芬 攈古録金文 卷三之一	18167
戾	 六年召伯虎簋		金文	此從厂從吴，疑即《説文》㾗之省。	孫詒讓 古籀餘論卷三	35937
戾			金文	疑㾗字之省，該字下部爲㬪之省，疑義爲順服。	孫詒讓 古籀餘論卷三 多父盤	18168
戾			金文	字從厂從昊，疑即厂之省哭作昊者，當讀爲服。	孫詒讓 名原 卷下	35936
厰	 庸伯馭簋		金文	字從厂從二土，從又。	吴大澂 説文古籀補	35944

𠪚			金文	《説文》無，義如揚。	容庚　金文編	18358
𠪚	 上四/逸詩—交交鳴鶩/1		楚簡	從厂、從長，字書所無，讀爲“長”。《廣雅·釋詁》云“長”有“善”、“常”、“老”、“久”等義，此當取“善”義。《論語·述而》：“擇其善者而從之，其不善者而改之。”	馬承源　上海博物館藏戰國楚竹書第四册　逸詩——交交鳴鶩	3463
𠪚	 上四/逸詩—交交鳴鶩/1		楚簡	“以自爲長”，即“自以之爲長”，自己以對方爲師長。《大雅·皇矣》：“克長克君。”毛傳：“教誨不倦曰長。”屈原《橘頌》：“年歲雖少，可師長兮。”“以自爲長”是説君子之間相師，《小雅·鹿鳴》：“君子是則是傚。”上博簡《詩傳》：“以道交，見善而傚。”《論語·里仁》：“子曰：‘見賢思齊焉。’”君子之交在於互相學習對方的優點。	秦樺林　楚簡佚詩《交交鳴鶩》劄記　簡帛研究網　2005年2月20日	2479
𠪚	 上四/逸詩—交交鳴鶩/1		楚簡	“厇”字寫法與《説文》“長”字下所録古文二體“夫”、“厇”相類。古文字材料裏的“夫”字，從前已見戰國趙十一年庫嗇夫鼎：“賈氏夫（張）所爲”（《殷周金文集成》02608）。長，正長。《左傳·昭公二十八年》：“教誨不倦曰長。”上博簡逸詩“間關悔（誨）辭”之“悔”讀爲“教誨”之“誨”，説的就是正長對詩人的教誨。	董珊　讀《上博藏戰國楚竹書（四）》雜記　簡帛研究網　2005年2月20日	3932
𠪚	 上四/逸詩—交交鳴鶩/1		楚簡	通長，領導。原考釋解爲“善”，與“君子相好”的意思比較没有關係。	季旭昇　《上博四·逸詩·交交鳴烏》補釋　簡帛研究網　2005年2月15日	3735

㕇	 上四/逸詩—交交鳴鷥/1		楚簡	簡文“以自爲長”即“以自爲善”，使自己求善、趨於善。與《論語•學而》篇比較，簡文“君子相好”，相當於“有朋自遠方來，不亦樂乎”；簡文“以自爲長”，相當於“人不知而不慍，不亦君子乎”。君子之間相互往來交好，可謂“不亦樂乎”；大家各自向善、求善，所以“人不知”也能做到“不慍”。	廖名春　楚簡《逸詩•多薪》補釋　簡帛研究網　2005年2月12日	2456
㕟	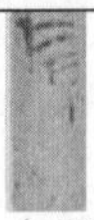 上四/相邦之道/3		楚簡	首字疑乃“㕟（庶）”字之殘，其下或爲“民”字。“㕟（庶）”一辭於《上海博物館藏戰國楚竹書（二）・魯邦大旱》第二及第六簡中兩見，可取與本簡字形參對。若然，“庶民”正可與上文“百工（攻）”對言，於義亦合也。	張光裕　上海博物館藏戰國楚竹書第四冊　相邦之道	3318
㕣	 毛公鼎		金文	金文該字從厂音聲，字屬形聲。釋爲㕣。金文用作人名。	戴家祥　金文大字典	17198
雁			璽印	從厂從隼，應釋作庫。	劉釗　璽印文字釋叢（一）　考古與文物1990年2期	17583
㕡			楚簡	此意不明。	商承祚　戰國楚帛書述略　文物1964年9期	664
㕡			楚簡	此字即“䂂”。	高明　楚繒書研究　古文字研究1985年12輯	663
㕡			楚簡	應即《説文》“䂂”字。這裏讀爲“擬”。擬者，比度也。	李零　長沙子彈庫戰國楚帛書研究	394
㕡			楚簡	讀“擬”。	何琳儀　長沙帛書通釋校補　江漢考古1989年4期	395
㕡			楚簡	許慎説：䂂，盛貌，從孨從日，讀若薿薿。諸家皆根據《説文》爲説。	曾憲通　長沙楚帛書文字編	17386

⿸厂昏	 新/乙三：24/512		楚簡	此字所從的“⿸厂昏”當是“廣”，是聲符，讀爲“厭”應該成立。新蔡簡二字互爲異文是一個例證。此字在新蔡簡、包山簡、楚帛書中均讀爲“厭”，義爲厭祭。祭時無屍，僅以食供食，謂之厭祭。	徐在國 新蔡葛陵楚簡劄記（二）簡帛研究網 2003年12月17日	14470
⿸厂⿱乇見	 上一/紂衣/23		楚簡	字待考。從厇從見，厇、宅通爲字之聲鈕。《説文》所無。郭店簡作“䋍”，今本作“著”。	陳佩芬 上海博物館藏戰國楚竹書第一册 紂衣	12071
⿸厂殷			甲骨	疑是廌字。	陳夢家 殷虛卜辭綜述	17584
⿸厂殷			甲骨	象馬在牢中，見於卜辭凡四條，無一用作祭祀之牲牢。《續甲骨文編》據《粹編》考釋隸定作⿸厂殷，甚確。	嚴一萍 牢字新義 中國文字 1969年	17585
⿸厂敢	 郭/語叢二/2		楚簡	讀爲嚴，義爲威嚴。	劉釗 郭店楚簡校釋	8993
⿸厂⿱兼土	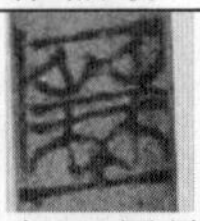 上三/周易/12		楚簡	《説文》所無，讀爲“謙”，同“嗛”。“謙”，《周易》第十五卦，艮下坤上。馬王堆漢墓帛書又作“嗛”、“溓”。	濮茅左 上海博物館藏戰國楚竹書第三册 周易	7858
⿸厂⿱兼土	 上三/周易/12		楚簡	謙之聲聞於外。	濮茅左 上海博物館藏戰國楚竹書第三册 周易	7863
⿸厂⿱兼土	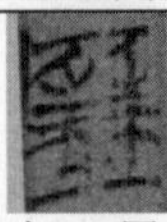 上三/周易/12		楚簡	指揮之間皆用謙之道，而無有不利。	濮茅左 上海博物館藏戰國楚竹書第三册 周易	10330
⿸厂⿱昏谷			金文	爲深谷名。或許就是⿸厂⿱昏谷字。	孫亞冰 眉縣楊家村卌二、卌三年逨鼎考釋 中國史研究 2003年4期	15140

丸部

丸			説文	圜，傾側而轉者。从反仄。凡丸之屬皆从丸。	許慎　説文解字	
丸				反仄，非謂仄之反，不得作仄字反文。本象丸形。	林義光 文源	33203
檛			説文	鷙鳥食已，吐其皮毛如丸。从丸咼聲。讀若骫。	許慎　説文解字	
㮣			説文	丸之孰也。从丸而聲。	許慎　説文解字	
㭨			説文	闕。	許慎　説文解字	

危部

危			説文	在高而懼也。从产，自卪止之。凡危之屬皆从危。	許慎　説文解字	
危				厂上厂下皆危地。象人在厂上厂下形。	林義光 文源	33209
危			甲骨	方名。于省吾定爲危字。尋征人方卜辭，則在攸侯國附近。	饒宗頤 殷代貞卜人物通考 卷四	33211
危	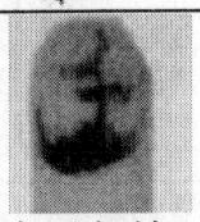 郭/六德/17		楚簡	讀爲委，義爲委託、交付。也可能與委質之禮有關：“委質”之“質”通“贄”，指開始臣服於君長時的見面禮。古書記“士贄以雉”，取雉即野雞秉性剛烈，不可生擒、畜養之義，故古書中有“委質而策死”“委死之質”之類説法，本簡“委其死”與之同義。	陳偉 郭店竹書別釋	9198
危	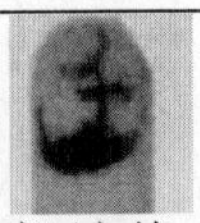 郭/六德/17		楚簡	應讀爲“委”，委託、交付的意思。也疑是委質而言的意思。	陳偉 郭店簡《六德》校讀 古文字研究 2002 年 24 輯	8833
峞			説文	峞嶇也。从危支聲。	許慎　説文解字	

石部

石			説文	山石也。在厂之下；囗，象形。凡石之屬皆从石。	許慎　説文解字	
石	 己厌貉子簋		金文	字從厂，厂下字乃象形，偶與口字形相涉。此銘假石爲祏。	高田忠周　説文古籀篇	35954
石			甲骨	甲骨文石與篆文同，皆象石方圓不等之形。字又假爲量詞，十斗爲石。	孫海波　中國大學講義（内刊）　甲骨金文研究	42309
石			甲骨	當是石之初文。此假借爲祏。	郭沫若　卜辭通纂	33215
石			甲骨	石字古文。此假借爲祏。	楊樹達　卜辭求義	33217
石	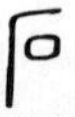			石之初文爲指事而非象形。	高鴻縉　中國字例三篇	33218
石		碭	金文	石沱爲鼎之别名。碭即石沱。	林潔明、周法高主編　金文詁林　卷九	33220
石			金文	當釋爲石。《説文》古文“磬”左邊所從石字可證。	林清源　兩周青銅句兵銘文匯考	33222
石			甲骨	頗疑象石磬之形。古文字於空廓處多增口，故後世之石多從口。	李孝定　金文詁林讀後記　卷九	33221
石			甲骨	石字折角的偏旁疑爲石刀形之訛變。后又增表示器皿之形旁，則爲石器，以石器本質爲石，進而表示一般之石。	徐中舒　甲骨文字典　卷九	33223
石			金文	石字金文與許説合。其所從之口也當表示山石的形象。金文用作人名。或用作形容詞，借爲碩大之碩。	戴家祥　金文大字典　卷中	33224

石	 郭/緇衣/35		楚簡	今本作“砧”。	彭浩、劉祖信、王傳富 郭店楚墓竹簡	7286
石	 上一/性情論/3		楚簡	金石，古有“金石樂”，即使用鐘、磬等樂器演奏之音樂。《左傳・襄公九年》：“以金石之樂節之。”金石居八音之先，故言“樂”率稱金石。	濮茅左 上海博物館藏戰國楚竹書第一册 性情論	12117
石			金文	金文合體字中變體往往作“厂”，後來分化出構字元素“厂”。	張再興 西周金文構字元素的形體變化及其影響 瓊州大學學報 2002 年 1 月	15397
石			金文	象崖下石塊之形。而在其右下嵌入其他構字元素時，常省去“口”。	張再興 西周金文構字元素的形體變化及其影響 瓊州大學學報 2002 年 1 月	15388
石	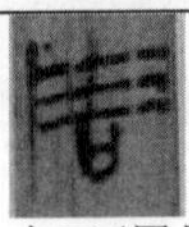 上三/周易/14		楚簡	介於石，兩石相摩擊而出火之意，介然守其節操，堅勁如石，行其正道，上交不諂，下交不瀆，明道達理。	濮茅左 上海博物館藏戰國楚竹書第三册 周易	10342
石			璽印	“石子”讀爲“庶子”。用爲人名。	肖曉暉 古璽名字解詁 漢字研究 2005 年 1 輯	15712
磺	 古文		説文	銅鐵樸石也。从石黃聲。讀若穬。卝古文磺。《周禮》有卝人。	許慎 説文解字	
磺		銚	金文	銚即今字之磺。	陳夢家 壽縣蔡侯墓銅器 考古學報 1956 年 2 期	33226
磺		鉚	陶文	當釋鉚，爲磺字異體。	王輝 秦器銘文叢考 考古與文物 1989 年 5 期	33228
磺	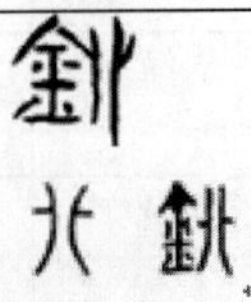	鉚	陶文	此即古磺字。磺爲銅鐵樸石，故字或從石。段玉裁將古文磺從石部删除是不對的。	葛英會 古陶文研習劄記 考古學研究 1992 年 1 期	33227
碭			説文	文石也。从石昜聲。	許慎 説文解字	

碭	 作册夨令簋	碭	金文	從厂長聲，殆是碭之古文，讀爲揚。	郭沫若 兩周金文辭大系圖録考釋	35942
碝			説文	石次玉者。从石耎聲。	許慎　説文解字	
砮			説文	石，可以爲矢鏃。从石奴聲。《夏書》曰："梁州貢砮丹。"《春秋國語》曰："肅慎氏貢楛矢石砮。"	許慎　説文解字	
礜			説文	毒石也。出漢中。从石與聲。	許慎　説文解字	
碣	  古文	磳	説文	特立之石。東海有碣石山。从石曷聲。古文。	許慎　説文解字	
磏			説文	厲石也。一曰赤色。从石兼聲。讀若鎌。	許慎　説文解字	
碫			説文	厲石也。从石叚聲。《春秋傳》曰："鄭公孫碫字子石。"	許慎　説文解字	
礫			説文	小石也。从石樂聲。	許慎　説文解字	
䂬			説文	水邊石。从石巩聲。《春秋傳》曰："闕䂬之甲。"	許慎　説文解字	
磧			説文	水陼有石者。从石責聲。	許慎　説文解字	
碑			説文	豎石也。从石卑聲。	許慎　説文解字	
䃍			説文	陖也。从石㒸聲。	許慎　説文解字	
磒			説文	落也。从石員聲。《春秋傳》曰："磒石于宋五。"	許慎　説文解字	
䂻			説文	碎石磒聲。从石炙聲。	許慎　説文解字	
硞	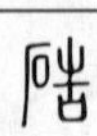		説文	石聲。从石告聲。	許慎　説文解字	
硠			説文	石聲。从石良聲。	許慎　説文解字	
礐			説文	石聲。从石，學省聲。	許慎　説文解字	
硈	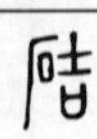		説文	石堅也。从石吉聲。一曰突也。	許慎　説文解字	

磕			説文	石聲。从石盍聲。	許慎　説文解字	
硻			説文	餘堅者。从石，堅省。	許慎　説文解字	
硻	 郭/緇衣/44		楚簡	讀爲堅。	劉釗 郭店楚簡校釋	7658
磿			説文	石聲也。从石厤聲。	許慎　説文解字	
磛			説文	礹，石也。从石斬聲。	許慎　説文解字	
礹			説文	石山也。从石嚴聲。	許慎　説文解字	
磬	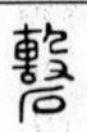		説文	堅也。从石毄聲。	許慎　説文解字	
确	  或體	㱿	説文	磬石也。从石角聲。确或从㱿。	許慎　説文解字	
磽			説文	磬石也。从石堯聲。	許慎　説文解字	
磽	 上二/子羔/1		楚簡	既可通“硗”，自可讀“饒”。飽也。“絶饒”猶言“乏饒”，引申爲貧富。	白於藍 讀上博簡（二）劄記 江漢考古 2005 年 4 期	14142
硪			説文	石巖也。从石我聲。	許慎　説文解字	
硪			甲骨	硪從石，我聲，當同峨。山麓之石徑嵯峨也。硪當“王車”，則王車必覆。	董作賓 殷曆譜卷九	33257
硪			甲骨	如董先生之解，硪如字亦可通，不必讀爲峨。硪如解爲人名，馭如字，義亦可通。惟不如董説辭義茂美。	李孝定 甲骨文字集釋 卷九	33258
碞			説文	磛嵒也。从石、品。《周書》曰：“畏于民碞。”讀與巖同。	許慎　説文解字	
磬	  古文  籒文	硁 殸	説文	樂石也。从石、殸。象縣虡之形。殳，擊之也。古者母句氏作磬。古文从巠。籒文省。	許慎　説文解字	

磬			甲骨	卜辭殸形意已具。其從石者，乃後人所加，重複甚矣。	羅振玉 增訂殷虚書契考釋 卷中	33261
磬			甲骨	殷墟卜辭磬作殸，與籀文略同。	王國維 史籀篇疏證 王國維遺書第六册 1983 年	33260
磬			甲骨	籀文作殸，古文作硜。殸巠古音同。邢、陘、殸是同源異作。	陳夢家 殷虛卜辭綜述	33263
磬				案：篆作磬，而注云從巠，則當作巠，從巠聲也。	商承祚 説文中之古文考	42313
礙			説文	止也。从石疑聲。	許慎　説文解字	
硩			説文	上擿巖空青、珊瑚墮之。从石折聲。《周禮》有硩蔟氏。	許慎　説文解字	
硟			説文	以石扞繒也。从石延聲。	許慎　説文解字	
碎			説文	䃺也。从石卒聲。	許慎　説文解字	
破			説文	石碎也。从石皮聲。	許慎　説文解字	
礱			説文	䃺也。从石龍聲。天子之桷，椓而礱之。	許慎　説文解字	
研			説文	䃺也。从石幵聲。	許慎　説文解字	
研		硯	璽印	燕私名璽人名。硯即研之或體。	湯餘惠 略論戰國文字形體研究中的幾個問題 古文字研究 1986 年 15 輯	33271
研	 上二/容成氏/24		楚簡	讀爲看。《説文》看或體從目從倝。二字同從倝聲，形音具近。“面看”即面見、面對、面望、面觀之義。如《尚書・周書・立政》“謀面用丕訓德”疏：“禹能謀所面見之事，無所疑惑。”中山王墓雜器刻銘“倝（從㫃從目）器”即看器，供觀看之器（何琳儀《戰國古文字典》第 966 頁）。	黄錫全 讀上博簡（二）劄記（肆） 簡帛研究網 2003 年 5 月 16 日	4123
研	 上二/容成氏/24		楚簡	應讀爲“乾”。《集韻・寒韻》：“乾，燥也。”乾爲乾燥義。	徐在國 上博竹書（二）文字雜考 學術界 2003 年 1 期	4124

䃺			説文	石磑也。从石靡聲。	許慎　説文解字	
磑			説文	䃺也。从石豈聲。古者公輸班作磑。	許慎　説文解字	
碓			説文	春也。从石隹聲。	許慎　説文解字	
碓			甲骨	碓訓爲春，皆擣筑也。今人尚呼春爲碓者，實一語之變也。	蕭璋 釋至 國立浙江大學文學院集刊 1943 年 3 輯	38459
䃊			説文	春已，復擣之曰䃊。从石沓聲。	許慎　説文解字	
磻			説文	以石箸惟繁也。从石番聲。	許慎　説文解字	
䃴			説文	斫也。从石箸聲。	許慎　説文解字	
硯			説文	石滑也。从石見聲。	許慎　説文解字	
砭			説文	以石刺病也。从石乏聲。	許慎　説文解字	
䃞	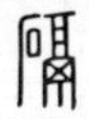		説文	石也。惡也。从石鬲聲。	許慎　説文解字	
砢			説文	磊砢也。从石可聲。	許慎　説文解字	
磊			説文	眾石也。从三石。	許慎　説文解字	
礪			説文	䃺也。从石厲聲。經典通用厲。	許慎　説文解字	
礪	 子仲匜	儊	金文	字從古文石，從古文邁，邁通萬，故此爲礪字。	劉心源 奇觚室吉金文述 卷八 子仲匜	35915
礪	 子仲匜	儊	金文	礪即厲之異文。此篆從石從又會意，從厂從蠇聲。	高田忠周 説文古籀篇 卷十四 子仲匜	35916
礪	 子仲匜	儊	金文	此應是礪之異文，從古文石，又從手之象形。	方濬益 綴遺齋彝器款識考釋 卷十四 子仲匜	35914
礪	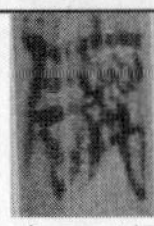 上三/周易/5	兩	楚簡	從石、從厲省，同“礰”、“礪”、“厲”。從“厲”之字也往往省作從“萬”。	濮茅左 上海博物館藏戰國楚竹書第三册 周易	12833

礪	 上三/周易/25	兩	楚簡	“兩”，王弼本作“厲”。“厲”即“礪”之本字。“兩”爲“厲”之或體，聲符不變，義符“厂”則改爲“石”。楚簡本“兩”字12見，皆爲王弼本之“厲”。包山149號楚簡之“兩”，李守奎隸作“礪”。	廖名春 楚簡《周易・頤》卦試釋 簡帛研究網 2004年4月24日	1412
碏			説文	《左氏傳》：“衛大夫石碏。”《唐韻》云：敬也。从石，未詳。昔聲。	許慎　説文解字	
磯			説文	大石激水也。从石幾聲。	許慎　説文解字	
碌			説文	石皃。从石彔聲。	許慎　説文解字	
砧	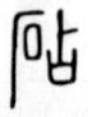		説文	石柎也。从石占聲。	許慎　説文解字	
砧	 郭/緇衣/36		楚簡	“石”、“占”共用口旁，讀爲“玷”。	彭浩、劉祖信、王傳富 郭店楚墓竹簡	7288
砌			説文	階甃也。从石切聲。	許慎　説文解字	
礩			説文	柱下石也。从石質聲。	許慎　説文解字	
礎			説文	礩也。从石楚聲。	許慎　説文解字	
硾			説文	擣也。从石垂聲。	許慎　説文解字	
矺			璽印	中山王鼎釋“宅”讀爲“度”，其字近年來在楚簡中發現了不少，如郭店簡《老子》乙（8簡），《成之聞之》（74簡），上博簡《彭祖》（1簡），一般都據三體石經將它釋作“宅”再讀爲“度”。此字釋“宅”於字形上其實是通不過的，“宅”字當從“宀”或“广”，而此字顯然是從“石”省，當隸定作“矺”，與“度”當爲流行於不同地域之異體字，也許“度”就是在“矺”的基礎上改換偏旁而成的。	張世超 “尺”的字源考察與語源問題 漢字研究 2005年1輯	15778

砓			甲骨	從石從殳，《説文》無，疑與磬爲一字。	徐中舒 甲骨文字典 卷九	18169
砋	 上二/從政（乙篇）/2		楚簡	此字讀爲“盈”。	張光裕 上海博物館藏戰國楚竹書第二册 從政（乙篇）	13046
砋	 上二/從政（乙篇）/2		楚簡	原整理者對簡文“盈惡”的釋讀正確。《史記·范睢蔡澤列傳》：“進退盈縮，與時變化，聖人之常道也。”《文選·東京賦》：“土圭測景，不縮不盈。”李善注引薛綜曰：“盈，長也。”簡文“盈惡”即“長惡”之意，《左傳·隱公六年》：“善不可失，惡不可長，其陳桓公之謂乎！長惡不悛，從自及也。雖欲救之，其將能乎！”	顏世鉉 上博楚竹書散論（三） 簡帛研究網 2003年1月19日	3996
砋	 上二/從政（乙篇）/2		楚簡	訓“長”（《文選·東京賦》薛注“盈，長也”。“膚法盈惡”，謂離棄法度而助長邪惡）。	趙建偉 讀上博竹簡（二）劄記七則 簡帛研究網 2003年11月2日	3995
⿱石毛	 郭/緇衣/2		楚簡	與《汗簡》“厚”字相近。	彭浩、劉祖信、王傳富 郭店楚墓竹簡	7181
⿱石毛	 郭/緇衣/2		楚簡	厚字古文，義爲遠。	劉釗 郭店楚簡校釋	7182
⿱石毛	 郭/老子甲/4		楚簡	從石毛聲，疑爲厚字異體，訓爲重。	劉釗 郭店楚簡校釋	3235
⿱今石	 上一/紂衣/16		楚簡	從石從今。《説文》所無。今本字作“危”。	陳佩芬 上海博物館藏戰國楚竹書第一册 紂衣	10618

峹	 上一/紂衣/16	楚簡	整理者把字隸作“峹”，以爲“從石、從今”。這個字今本作“危”，郭店簡作“陒”。“陒”從禾聲，禾、危同爲歌部字，聲母發音部位也相近，顯然是借用爲危。《中國歷代貨幣大系》五四三、五四四有字作，過去或隸作“垝”，和簡文是同一個字，就是“产”字。二和口都是羡畫。	趙平安 上博藏《緇衣》簡字詁四篇 上博館藏戰國楚竹書研究 2002年	14037
峹	 上一/紂衣/16	楚簡	“危”，原從今從石，疑是“危”字寫錯，郭店本作“危”。	李零 上博楚簡校讀記（之二）：《緇衣》 上博館藏戰國楚竹書研究 2002年	14036
砫	 郭/緇衣/44	楚簡	今本作“重”。	彭浩、劉祖信、王傳富 郭店楚墓竹簡	7654
砫	 郭/緇衣/44	楚簡	從石從主，讀爲重。	劉釗 郭店楚簡校釋	7655
砫	 郭/老子甲/5	楚簡	從石主聲，讀爲重。	劉釗 郭店楚簡校釋	3239
砫	 上五/季庚/18	楚簡	疑讀爲：“子之言也已砫（重）。丘也聞君子田肥民則安，惰民不尌。”砫，原考釋以爲“或讀爲重”。案：或讀是也。	季旭昇 上博五芻議（上） 簡帛網 2006年2月18日	4852
砫	 上五/季庚/18	楚簡	此處當以讀爲“重”爲是。“已重”是古人習語。《左傳·宣公十一年》云：“牽牛以蹊者，信有罪矣。而奪之牛，罰已重矣。”《國語·吴語》“吴王夫差還自黄池”章云：“子爲我禮已重矣。”是其例。“子之言也已重”，是説你的話説得嚴重了。在現存簡文中，孔子這句話較有可能是針對1號簡所記季康子之語而言的。其記云：“季康子問於孔子曰：‘肥從有司之後，一不知民務	陳偉 《季康子問孔子》零識（續） 簡帛網 2006年3月2日	1265

				之安在。唯子之貽羞……'" 康子過於客氣，所以孔子有此言。如果這一猜測不誤，則18A的位置應前移，與1號簡相近。由于二者不能直接連讀。其間可能還有一簡。		
䂻			甲骨	，從石從舌，隸定爲䂻。胡厚宣疑爲舌之別體，蓋是。	屈萬里 殷墟文字甲編考釋	17200
䃋			甲骨	該字從石從言，《説文》所無。疑爲舌之異體。疑當讀爲舌。	徐中舒 甲骨文字典 卷九	17385
䂽	 包/遣册/255		楚簡	從石從缶，讀如缶，此指陶罐。	劉彬徽、彭浩、胡雅麗、劉祖信 包山楚簡	7002
䂽	 包/遣册/255		楚簡	陶罐名，具有保鮮、保温、防碰撞、盛裝成品或半成品食物、可供加熱之用的稍大型貯存容器。	李天智 包山二號墓陶罐試析 江漢考古2003年4期	7001
碄	 上一/紂衣/18		楚簡	從石，林聲，即《説文》"磿"字，今本作"磨"。	陳佩芬 上海博物館藏戰國楚竹書第一册 紂衣	9371
䝟	 上二/容成氏/39		楚簡	可分析爲從貝，砌聲，砌則從刀、從石。《説文》："厱，厱諸，治玉石也。""砌"字則從石、從刀，頗疑"砌"乃"厱"之會意初文。亦即"賺"。	白於藍 讀上博簡（二）劄記 上博館藏戰國楚竹書研究續編2004年	13987
䝟	 上二/容成氏/39		楚簡	從文意看，當與"惠而不費""惠而不儉（通貶，損耗意）"同義。可讀作"貶"，也可能是"貶"的異體字。	白於藍 讀上博簡（二）劄記 江漢考古2005年4期	14265
磬			甲骨	甲骨文、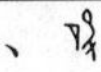、爲一字，即磬字。	李宗焜 釋磬聲 第三届國際中國古文字學研討會論文集1997年10月	16189
𥓓	 郭/緇衣/36		楚簡	從"石"從"麻"省，即"磨"字。	彭浩、劉祖信、王傳富 郭店楚墓竹簡	7287
硢			璽印	字不從阜。左旁爲"石"之繁寫。硢即峹之異文。	湯餘惠 略論戰國文字形體研究中的幾個問題 古文字研究1986年15輯	17586

礪	 上三/周易/22		楚簡	讀爲“厲”，危厲。	濮茅左 上海博物館藏戰國楚竹書第三册 周易	13598
礧	 上五/季庚/10	畾	楚簡	同“礧”《集韻》：“礧，击也，石轉突也。”礧，亦有高峻之意。	濮茅左 上海博物館藏戰國楚竹書第五册 季庚子問於孔子	619

長部

長	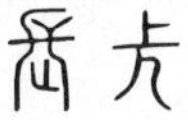 古文  古文	𠑒	説文	久遠也。从兀从匕。兀者，高遠意也。久則變化。亾聲。𠂆者，倒亾也。凡長之屬皆从長。𠑒古文長。𠑗亦古文長。	許愼 説文解字	
長			金文	亦即長字。竊疑當讀作揚。亦與揚同意。	張光裕 玉刀珌銘補釋 中國文字	33296
長	 作長鼎		金文	字象人長髮下垂。	商承祚 説文中之古文改	35962
長				古長字。	吴大澂 説文古籀補 卷九	33285
長			甲骨	古長字。	王襄 簠室殷契類纂 正編卷九	33286
長			甲骨	疑長字。	王襄 簠室殷契類纂 正編卷九	33287
長				當以生長爲本義。中從一，一地也，上部象發芽漸長之形，從匕從乙。	林義光 文源	33288
長			金文	此字與古耑字篆同。義亦相近。或古爲一字。	丁佛言 説文古籀補補 卷十	33289
長				長字古文從兵從老會意。	高田忠周 古籀篇 卷三十三	33290
長	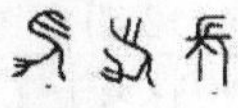			長實象人發長貌，引申爲長久之義。	余永梁 殷虚文字續考 國學論叢 1927 年	33291
長	 驫羌鐘	𨱖	金文	商承祚曰此即長，從立繁文，是也。	郭沫若 金文叢考 驫羌鐘銘考釋	35960
長			甲骨	上象髮長形。至塙。髮長之人則年長。與老字構造法同。訛變髮形晦。	葉玉森 殷虚書契前編集釋 卷二	33292
長	 驫羌鐘		金文	商承祚曰此即長，從立繁文，是也。	郭沫若 兩周金文辭大系圖録考釋 驫羌鐘	33295

長	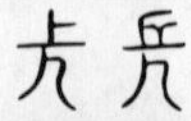		金文	人體各部最長者髮也，取拔髮以象長義。	商承祚 說文中之古文考	35961
長	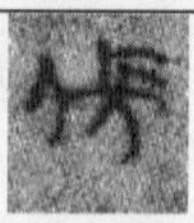	倀	楚簡	長幼之長的異文，在兄弟行居長，故加人旁意符，説明其字非長短之長。	商承祚 戰國楚帛書述略 文物 1964年9期	993
長	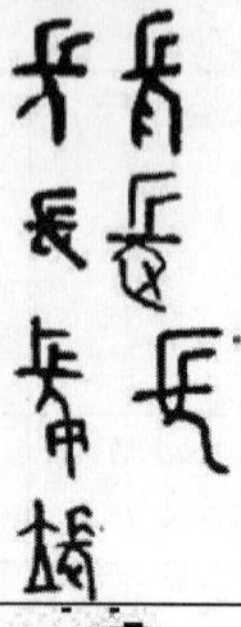		金文	余永梁曰，長實象人髮長貌，引申爲長久之義，其説甚確。	林潔明、周法高主編 金文詁林 卷九	35963
長			金文	從立從長。爲晚周古文長字。舊釋端，失之。	于省吾 雙劍誃古文雜釋	33294
長				倀即長，乃恒久之義。表時間長短。長短字亦有作倀者。	許學仁 楚文字考釋 中國文字 1983年	33297
長			金文	是長，孫詒讓釋爲馬不確。	陳連慶 敔簋銘文淺釋 古文字研究 1984年9輯	33298
長		倀	楚簡	此字即“長”字的繁體。	高明 楚繒書研究 古文字研究 1985年12輯	11172
長		倀	楚簡	同“長”。“長曰”猶言“一曰”。	李零 長沙子彈庫戰國楚帛書研究	992
長			楚簡	“分長”疑讀“分張”，猶“分佈”。	何琳儀 長沙帛書通釋 江漢考古 1986年1、2期	11560
長	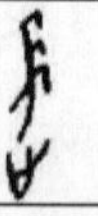		甲骨	象人長髮之形，引申而爲凡長之稱。	徐中舒 甲骨文字典 卷八	33299
長	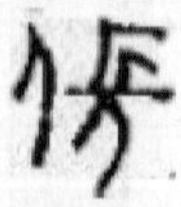		楚簡	“分長”指祥瑞之氣騰升而上。	連劭名 長沙楚帛書與卦氣説 考古 1990年9期	10597
長	 包/遣册/268		楚簡	借作韔，《詩經》毛傳：“韔，弓室也。”	劉彬徽、彭浩、胡雅麗、劉祖信 包山楚簡	6739

長	 包/文書/59		楚簡	長葬，即長沙。西周金文習見賜戈而言“彤沙”，沙即作枲。	林澐 讀包山楚簡劄記七則 江漢考古 1992 年 4 期	6103
長	 匯/望二遣策/53		楚簡	長王孫，爲贈送隨葬品者。	商承祚 戰國楚竹簡匯編 望山二號楚墓竹簡遣策	10767
長	 匯/望一劄記/26	鄙	楚簡	地名。疑即長字，戰國時屬魏，在今山西長子縣西南。銅器有長子鼎、長子口臣簠。	商承祚 戰國楚竹簡匯編 望山一號楚墓竹簡疾病雜事劄記	10475
長			貨幣	“鄖子”當爲“長子”。方足布之别品。從古幣和出土的方足布“長”都增從“邑”旁。	張頷 古幣文三釋 張頷學術文集 1995 年 3 月	33301
長	 郭/老子甲/8		楚簡	帛書本及今本均無。	彭浩、劉祖信、王傳富 郭店楚墓竹簡	7321
長			楚簡	“分長”，疑指下文張軍舉兵之事。何文讀爲“分張”，以爲分佈之義。	李零 《長沙子彈庫戰國楚帛書研究》補正 古文字研究 2000 年 20 輯	11559
長	 上一/紂衣/3		楚簡	簡文自“君長”下斷缺，據郭店簡可補“勞，古君民者章好以視民忿”十一字，最後“谷”字在第四簡第一字，則簡文相接。	陳佩芬 上海博物館藏戰國楚竹書第一册 紂衣	11928
長			楚簡	長，《説文》：“長，久遠也。”《莊子·在宥》：“非德也而可長久者天下無之。”又《史記·秦始皇本紀》：“事不師古，而能長久者，非所聞也。”簡文“長”指道德之恒。或釋“長”爲增長、進益意。	濮茅左 上海博物館藏戰國楚竹書第一册 性情論	12133
長	 上二/容成氏/16		楚簡	晉長，即蓁長，指生長茂盛。	李零 上海博物館藏戰國楚竹書 第二册 容成氏	13222

長	 郭/性自命出/12		楚簡	似應讀爲張，展開、張揚之義。	陳偉 郭店竹書别釋	8283
長			金文	應是氏族或國名。“長子口”可能是長國在商代的最後一個封君，周滅商後，長子口臣服於周。	李麗娜、劉玉珍 逐鹿中原——兩周中原列國文物瑰寶展掠影 中原文物 2003 年 3 期	15167
長			璽印	2001 年常德市漢壽縣聶家橋武峰山 38 號墓出土楚璽，第一字典型的楚璽文“長”字。湖南出土的“張女”璽中，“張”中之“長”比此字僅少一横。	陳松長 湖南新出戰國楚璽考略(四則) 第四届國際中國古文字學研討會論文集 2003 年	14741
長	 上三/亙先/9		楚簡	“先有小”至“焉有長”句：諸先之先，有終極之先、絶對之先、涵蓋一切之先，是爲恒先。	龐樸 《恒先》試讀 簡帛研究網 2004 年 4 月 26 日	2811
長	 上四/曹沫之陳/25	伥	楚簡	即“長”，疑伍長、什長、卒長之類。	李零 上海博物館藏戰國楚竹書 第四册 曹沫之陳	3362
長	 上二/容成氏/16		楚簡	即進長，古音晉、進聲通。《周易·晉》之《釋文》：“晉，彖曰：進也。”《尚書·禹貢》“草木漸苞”，傳：“漸，進長也。”	孟蓬生 上博竹書（二）字詞劄記 上博館藏戰國楚竹書研究續編 2004 年	13989
長	 上五/鬼神之明/2		楚簡	年紀，歲數。長年，長壽。	曹錦炎 上海博物館藏戰國楚竹書 第五册 鬼神之明	3006
長	 上五/鮑叔牙與隰朋之諫/3		楚簡	從字面來看，“亩縲耑（短），田縲長”是説用於丈量“亩”的繩索短，丈量“田”的繩索長。簡文的“亩”是土地的單位面积。田，《説文》云：“樹谷曰田，象四口、十，阡陌之制也。”簡文的“田”應是指阡陌，亩小田大，自然是“亩縲耑（短），田縲長”。	彭浩 試説“畝縲短，田縲長，百粮篁” 簡帛網 2006 年 4 月 2 日	4722

長	 上五/鮑叔牙與隰朋之諫/3		楚簡	簡文“短”與“長”應取截長以補短之短長義。畝之税額取其短，田之税額取其長，而“百糧（量）箽（鍾）”爲其均數。	劉信芳 上博藏五試解續 簡帛網 2006年3月20日	547
肆	 或體		説文	極、陳也。从長隶聲。䮈或从髟。	許慎 説文解字	
肆	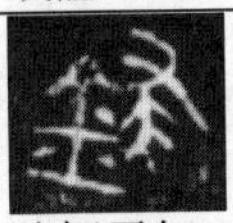 陳桓子鈃	銉	金文	金當是銉之遺。後人以《説文》無銉字。遂去其半。直書作金。堵以二銉者，言堵以二爲肆也。樂則鼓鎛應之，言大樂以大鐘以應之。	吴雲 兩罍軒彝器圖録 卷五 齊侯中罍	33304
肆		隸	金文	古肆字。陳也，列也。凡懸鐘磬，半爲堵，全爲肆。	吴大澂 説文古籀補 卷九	33305
肆	 陳桓子鈃	銉	金文	銉，古文肆。樂懸全爲肆。	徐同柏 從古堂款識學 卷十 周陳桓子鈃	33306
肆		隸	金文	古肆與肄同字。肄習之義，亦由陳列引申。	林義光 文源	33307
肆		銉	金文	肆從隸聲，故此借隸爲肆，古省文假借恒例也。	高田忠周 説文古籀篇 卷三十三	33308
肆		隸	金文	隸爲髟之轉注字。髟從長得聲。	馬叙倫 説文解字六書疏證 卷十八	33309
肆			金文	字從隸聲，隸者及也，有次之謂也，當以爲次陳之意。	高田忠周 説文古籀篇 卷三十三	35972
肆	 洹子孟姜壺	銉	金文	肆字本不從金，從金者合鼓鐘之文以會意也。	吴榮光 筠清館金文 卷二 周齊侯仲罍	35964
肆	 洹子孟姜壺	銉	金文	陳頌南説此即肆字，從金會意。	吴雲 兩罍軒彝器圖録 卷五	35966
肆	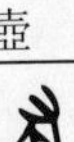	隸	金文	聿古肆字，陳也。凡縣鐘磬，半爲堵，全爲肆，或從金。	吴大澂 説文古籀補	35968
肆	 洹子孟姜壺	銉	金文	此爲古文肆。	徐同柏 從古堂款識學 卷十	35965

⿰镸隶	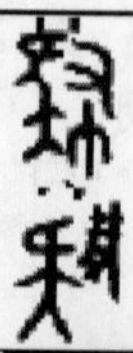	隸	金文	肆古不從長，從隸省從《說文》古矢字，與肆爲一字。	林義光 文源	35970
⿰镸隶	 洹子孟姜壺	銉	金文	吴雲云銉即肆，從金會意，爲樂縣專文。其說是也。	强運開 說文古籀三補 卷十四	35969
⿰镸隶	 ⿲火隶攴王盉	⿲火隶攴	金文	張孝達說潘侍郎讀爲肆，是也。此從火從攴，肆王猶今王。	潘祖蔭 攀古樓彝器款識	36178
⿰镸隶	 邵鐘  洹子孟姜壺	隸 銉	金文	高田氏以隸爲肆古文假借，銉爲縣鐘專字，不可用於他義，其說是也。	李孝定 金文詁林讀後記	17595
镾			説文	久長也。从長爾聲。	許慎　說文解字	
镻			説文	蛇惡毒長也。从長失聲。	許慎　說文解字	
⿰镸隶		絺	金文	絺、肆金文通用，皆作絺。	高田忠周 說文古籀篇	27784
肆		隸	金文	朱駿聲云：此字從長，本訓長。	高田忠周 說文古籀篇 卷三十三	35971
肆	 洹子孟姜壺	銉	金文	經傳以同音通假爲堵，肆非本字。	方濬益 綴遺齋彝器款識考釋 卷十三 第三十頁	35967

勿部

勿	 或體	旃	説文	州里所建旗。象其柄，有三游。雜帛，幅半異。所以趣民，故遽，稱勿勿。凡勿之屬皆从勿。勿或从於。	許慎　説文解字	
勿			金文	古勿字。	吴大澂 説文古籀補 卷九	33312
勿			甲骨	古物字。本訓爲異毛色之牛即雜色牛。引申之，凡牲之毛色皆訓爲物。雜帛爲物，乃借誼也。	王襄　簠室殷契類纂	33314
勿			金文	古作象飛鳥之翅，當爲非之或體。	林義光 文源	35974
勿			甲骨	卜辭云“十勿牛”亦即物牛之省。古者謂雜帛爲物，蓋曰物本雜色牛之名，後推之以名雜帛，更以名萬有不齊之庶物。	王國維 釋物 觀堂集林卷六 1959 年 6 月	33313
勿	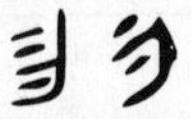		甲骨	爲勿之省，其義爲雜色牛。	胡光煒 甲骨文例卷下	33316
勿			金文	勿本義當爲土色，經傳多借物爲之。	徐中舒 耒耜考 史語所集刊第二本一分 1932 年 4 期	35975
勿			金文	勿實犂之初文，犂，耕也。字從刀，其點乃象起土之形。	郭沫若 古代銘刻彙考續編	35978
勿			甲骨	字形不可識。卜辭用爲否定辭。其義有近於勿。	孫海波 甲骨文編	33318
勿			甲骨	許訓未確。朔義弗明。以文意繹之，與不弗亡等有否定及禁止義。	明義士 柏根氏舊藏甲骨文字考釋	33320
勿	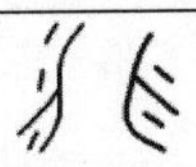		甲骨	“勿”是一個從刀的字。它所從的“刀”與甲骨文常見的刀字和刀旁毫無區別。“勿”字刀刃旁的小點與“分”字刀形兩側的筆畫相類，是代表刀所切割的東西的。所以從字形上看，勿字的本義應該是分割、切斷，是刎的初文。	裘錫圭 釋“勿”“發”中國語文研究 1981 年 2 期	35973

勿			金文	勿象旗之三游從風之形，未着其柄，後借爲禁止之勿。	高鴻縉 中國字例二篇	35977
勿			金文	金文勿與甲文犂牛之犂形同，當爲耒之初文。	馬叙倫 讀金器刻詞	35976
勿	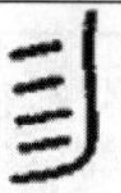 		甲骨	字從刀從彡，會意，彡象以毛爲飾，畫之成文，引申有雜色之義。	朱芳圃 殷周文字釋叢 卷下	33317
勿			楚簡	此“勿”字從日從曶而增攴旁，其字又可作昒。	商承祚 戰國楚帛書述略 文物 1964 年 9 期	12493
勿			金文	勿在契文中均作否定詞，無一與牛連用。犂之初文。	李孝定 甲骨文字集釋 第三二五頁	35981
勿			金文	勿與犂之初文在甲文中不容相混，爲笏。	林潔明、周法高主編 金文詁林 卷九	35982
勿			甲骨	或釋爲犂之初文，或云牛不純色之專字，從這片卜辭看，應是勿之或體。	胡厚宣 蘇聯國立愛米塔什博物館所藏甲骨文字考釋 出土文獻研究（第二輯）1989 年	33322
勿	 		金文	字象以犂起土之形，卜辭皆假爲黎里之黎。	胡厚宣 甲骨學商史論叢 叢二	35979
勿	 郭/老子甲/14		楚簡	“萬勿（物）”，帛書本作“天地”，今本作“天下”。	彭浩、劉祖信、王傳富 郭店楚墓竹簡	7351
勿			楚簡	物，外部事物或外界環境。	陳偉 郭店簡書《人雖有性》校釋 中國哲學史 2000 年 4 期	13921
勿	 上一/性情論/1		楚簡	讀爲“物”。《老子》四十章“故物或損之而益，或益之而損”，《馬王堆漢墓帛書·老子》本作“勿”，《郭店楚墓竹簡·老子》亦假“勿”爲“物”。“物”指外界客觀事物。	濮茅左 上海博物館藏戰國楚竹書第一册 性情論	12088
勿	 上一/性情論/33		楚簡	讀作“物”，事物。	濮茅左 上海博物館藏戰國楚竹書第一册 性情論	11482

勿	 上一/紂衣/19		楚簡	經籍“勿”、“物”通用。《説文通訓定聲》：“勿，叚借爲物。”《六書正義》：“物，周禮九旗雜帛爲物，借爲事物之物，本只勿字，後人加牛以別之。”《莊子・天道》“中心物愷”，陸德明釋文：“物本亦作勿。”	陳佩芬 上海博物館藏戰國楚竹書第一册 紂衣	9733
勿	 上一/孔子詩論/3		楚簡	讀作物。納物，即包容各種事物。	馬承源 上海博物館藏戰國楚竹書第一册 孔子詩論	4493
勿	 郭/語叢一/71		楚簡	讀爲物，役使義。	陳偉 郭店竹書別釋	8958
勿	 上二/民之父母/3		楚簡	疑“志”之誤寫。“志”，恩意。《説文・心部》：“志，意也，從心，之聲。”《釋名・釋典藝》：“詩之也，志之所之也。”	濮茅左 上海博物館藏戰國楚竹書第二册 民之父母	11631
勿	 郭/性自命出/1		楚簡	讀爲物，外部事物或外部環境。	陳偉 郭店竹書別釋	6609
勿	 郭/性自命出/14		楚簡	羣物，猶庶物、百物、萬物。	陳偉 郭店竹書別釋	8291
勿	 郭/尊德義/19		楚簡	物，事。	陳偉 郭店竹書別釋	8153
勿	 上三/周易/1		楚簡	本簡文右旁多一小圈，亦即“勿”字，當爲字形的修飾，楚國文字多附飾。	濮茅左 上海博物館藏戰國楚竹書第三册 周易	12802

勿	 上二/民之父母/3		楚簡	應讀爲“物”，這在《郭店》、《上博》的簡文中是很常見的。“物”者，最寬的定義是“我”以外的萬事萬物（《郭店・性自命出》簡 12：“凡見者之謂物。”“物至”應指天地萬物之理、當然包括人民之所欲，“志”（心之所之爲志，這裏指執政者的心之所之）也要跟着知道。	季旭昇《上博二》小議（二）：《民之父母》“五至”解 簡帛網 2003 年 3 月 19 日	4440
勿	 上二/民之父母/3		楚簡	濮茅左先生懷疑竹書“勿”系“志”之誤寫，又認爲“‘勿’讀作‘物’，似亦通”。但“勿”與“志”字形差别較大，竹書上下文也没有“勿”或與“勿”相關之字，“志”誤寫爲“勿”的可能性應該是很小的。在古書裏，“志”與“詩”常常相聯；且在郭店竹簡《性自命出》篇裏，“凡人雖有性，心亡奠志，待勿(物)而後作。”可見“物”與“志”之間有着非常密切的關係。由於物、志關係密切，竹書此處又是“勿”、“志”相連，所以認爲“勿”應該讀爲“物”，“志”則讀作本字。這樣，竹書所述“五至”當是：“物之所至者，志亦至焉；志之所至者，禮亦至焉；禮之所至者，樂亦至焉；樂之所至者，哀亦至焉，哀樂相生。”在“志”和“禮”之間缺少了“詩”這個環節。因此，懷疑竹書此段書寫有訛誤，當爲“勿之所至者，志=亦=至=安=；志=之=所=至=者=，豊亦至安……”第一個“志”讀爲本字，重文的“志”通假爲“詩”（七號簡“詩”字亦假“志”爲之）。郭店《老子》乙本一五號簡“清”字下有重	李天虹 上博館藏竹書（二）雜識 簡帛研究網 2003 年 9 月 17 日	4441

				文符，第一個“清”讀作本字，第二個“清”通假爲“静”，與此類同。高華平先生也有類似的認識。		
勿	 上四/曹沬之陳/38		楚簡	“勿”，義爲“無”。《小爾雅》：“勿，無也。”《易·益卦》：“立心勿恒。”孔疏：“勿，猶無也。”又《豐卦》彖詞：“勿憂，宜日中。”孔疏：“勿，無也。”“无兵以克”，是說没有（不依靠）军队而取得胜利，亦即不戰而屈人之兵。	孟蓬生 上博竹書（四）閒詁 簡帛研究網 2005年2月15日	3660
勿			甲骨	根據“勿”、“不”和“弗”出現在命辭、占辭、驗辭中的情況以及驗辭同命辭的關係，可以證明殷商時代它們在意義上和分佈特徵上的區别：(1)“勿+VP”相當於“不要VP”，“不VP”和“弗+VP”相當於“不會VP”；(2)“不”主要用於猜度問句，“弗”主要用於一般疑問句。	郝文華《甲骨文字典》中的“勿”、“不”和“弗” 鄖陽師範高等專科學校學報 2005年2月	15956
勿	 上三/亙先/7		楚簡	讀“物”。	李零 上海博物館藏戰國楚竹書 第三册 亙先	12881
勿	 上三/亙先/7		楚簡	主采物：不詳。“主”似爲動詞，主張什麽。	龐樸《恒先》試讀 簡帛研究網 2004年4月26日	2330
勿	 上三/亙先/7		楚簡	“採物”即禮制、政務諸事等，都是有爲，作爲，乃有事，乃臣道，此與无事之君道不可同日而語。	郭齊勇《恒先》——道法家形名思想的佚篇 簡帛研究網 2004年5月8日	2341

勿	 上三/亙先/7		楚簡	“采物”，從構詞方式上看，二字是“采（綵）”、“物”義近而連用。但文獻所見“綵物”或“物綵”的詞義内涵較小，專指象徵等級制度的旗章服飾之屬，這個意思用在《恒先》這裏是不合适的。《恒先》中的“綵物”似專指萬物之名而言。	董珊 楚簡《恆先》初探 簡帛研究網 2004年5月12日	1386
勿	 上三/亙先/7		楚簡	“主采物”，意同《性情論》、《性自命出》之不爲物取，或讀“采”如《説文》“袖”字正篆，則“木”當爲“禾”之誤摹，則可讀爲“誘”，“誘物”意仍同不爲物取。	黄人二、林志鵬 上博藏簡第三册恆先試探 簡帛研究網 2004年5月12日	2322
勿	 上三/亙先/7		楚簡	“采物”爲同意詞連用，與《左傳·隱公五年》之“物采”同。	李鋭 《恒先》淺釋 簡帛研究網 2004年4月23日	2987
勿	 上三/亙先/7		楚簡	“綵”、“物”相對爲文，均爲名詞。	曹峰 楚簡《恆先》“祥義利巧綵物出於作”解 簡帛研究網 2004年12月26日	406
勿	 上三/亙先/7		楚簡	采物：讀爲彩物，形形色色的事物，主要指人爲造作的事物。	趙建功 《恒先》易解（下） 簡帛研究網 2005年2月7日	2022
勿	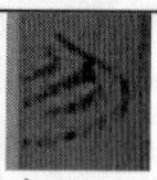 上三/亙先/7		楚簡	《左傳·文公六年》“分以采物”，所謂“采物”，就是通過“采章物色”而製作的禮教之物。竹簡的“采物”一詞，當與此同義。	丁四新 楚簡《恆先》章句釋義 簡帛網 2005年12月30日	500
昜			説文	開也。从日、一、勿。一曰飛揚。一曰長也。一曰彊者眾皃。	許慎 説文解字	
昜			金文	古昜字省文。	吴大澂 説文古籀補 卷九	33324
昜			金文	古文昜。	徐同柏 從古堂款識學 卷十二 周陽丙彝	33325
昜	 昜尗簋		金文	古文昜，古器銘揚從昜從丮，或通陽，國名或姓氏。	徐同柏 從古堂款識學 卷十二	35983

昜			甲骨	古昜字。	王襄 簠室殷契類纂 正編卷九	33327
昜			金文	古作從日，一蔽之，勿，飛也，雲飛而日見也。或作從日從一從丿，丿引去之象。	林義光 文源	33326
昜			甲骨	當即昜，從人在日下，會意。	柯昌濟 殷墟書契補釋	33328
昜			金文	即陽之省文。益陽，屬長沙國。	陳邦直 夢坡室獲古叢編 周益陽鐸	33330
昜		旟	金文	勿字之或體從㫃，此篆正從斻，與飛揚義亦合，爲古昜字無疑。	强運開 說文古籀三補 卷九	33331
昜			金文	昜爲暘之初文。	馬叙倫 說文解字六書疏證 卷十八	35988
昜			金文	字上部爲鐙缸也，金文或增彡，象鐙光下射，本義當訓光明。孳乳爲陽、爲暘、爲盪等。	朱芳圃 殷周文字釋叢 卷上	33333
昜			楚簡	《爾雅釋天》："十月爲陽"與繒書相當。繒書與《爾雅》近，而與《月令》、《吕覽》、《淮南》有不同處。	嚴一萍 楚繒書新考 中國文字 1967—1968 年	33334
昜			金文	金文或作昜，國名，爲姬姓。	林潔明、周法高主編 金文詁林 卷九	35990
昜			甲骨	甲骨文昜字習見。有的以昜爲地名，有的言"昜伯"。此外稱"鬼方昜"者兩見，這裏的昜作動詞用，是説鬼方飛揚而去言其逃亡之速。	于省吾 甲骨文字釋林 釋"方昜"	33335
昜			金文	昜，許君訓開。金文或用爲對揚字。其字惟從"日"可確知，餘偏旁難以確指。	李孝定 金文詁林讀後記 卷九	33336
昜			楚簡	同陽，即《爾雅·釋天》十二月名之陽，冬十月。	李零 長沙子彈庫戰國楚帛書研究	1520

昜			楚簡	《爾雅・釋天》：“十月爲陽”，陽從昜得聲，故昜、陽可通。頗疑昜、陽均讀爲暘。《吕氏春秋・十一月紀》：“命之曰暘月”，高注：“陰氣在上，民人空閒，無所事作，故命之曰暘月也。”帛書所記爲楚地氣候，與秦地不同。所以帛書之昜月，可能就是《吕氏春秋》所説的暘月。從聲韻上講，暘也從昜得聲，自無問題。其得名之由，高誘所言可備一説。	曹錦炎 楚帛書《月令》篇考釋 江漢考古 1985 年 1 期	11589
昜			楚簡	當讀作“陽”，月名。	高明 楚繒書研究 古文字研究 1985 年 12 輯	10577
昜			楚簡	即“陽月”。	何琳儀 長沙帛書通釋 江漢考古 1986 年 1、2 期	11587
昜			甲骨	李孝定謂亻疑古柯字，日在亻上，象日初昇之形，其説可參。金文增彡爲昜，彡殆象初日之光綫。	徐中舒 甲骨文字典 卷九	33337
昜	 包/文書/53		楚簡	地名。	劉彬徽、彭浩、胡雅麗、劉祖信 包山楚簡	6084
昜	 包/文書/103		楚簡	地名。非《漢書・地理志》所記之弘農郡。	劉彬徽、彭浩、胡雅麗、劉祖信 包山楚簡	5199
昜	 包/文書/2		楚簡	通作陽。	劉彬徽、彭浩、胡雅麗、劉祖信 包山楚簡	3156
昜			金文	同鍚，爲器物名。西周金文中常與戈等賞賜給臣下，盾上的青銅飾物。	劉昭瑞 説鍚 考古 1993 年 1 期	18189
昜			楚簡	即陽，從阜後加。鄦昜，爲地名。	商承祚 戰國楚竹簡匯編 望山二號楚墓竹簡遺策	7713
昜	 包/文書/181		楚簡	“郘昜”即“郘陽”，當是南陽盆地東南部的古蓼國、漢湖陽縣。	徐少華 包山楚簡釋地十則 文物 1996 年 12 期	6489

昜	 包/文書/37		楚簡	“福昜”當是西漢扶陽縣所在。	徐少華 包山楚簡釋地五則 江漢考古 1996 年 4 期	6064
昜			甲骨	象已上升的太陽，“一”表示天。丨，“上下通也”，以示通天。甲骨文中“鬼方昜”意爲“鬼方飛揚而去，言其逃亡之速”，正表明“昜”有飛揚義。	蔣瑞 “昜”字形義考 古漢語研究 1999 年 3 期	15818
昜	 包/文書/172		楚簡	“霝陽”即“零陽”，應是漢武陵郡零陽縣，故址在今湖南慈利縣東不遠，隋改爲慈利縣。	徐少華 包山楚簡釋地六則 簡帛研究 2001 年 9 月	4267
昜	 包/文書/109		楚簡	“夷陽”亦爲戰國中期楚國在淮水上中游地區所設的縣之一。簡文之“夷陽”，當即漢晉弋陽縣。漢晉弋縣，爲汝南郡所轄，南北朝時改爲定城縣，唐宋時期沿用未變，元明之際廢入光州，民國初年改光州爲潢川縣，故治即今河南潢川縣所在。	徐少華 包山楚簡釋地六則 簡帛研究 2001 年 9 月	4628
昜			金文	“昜”或“陽”。不僅同一形體的釋文不一致，也與金文中從“阜”的形體混淆。	張再興 殷周金文集成·青銅器定名問題 古籍整理研究學刊 2003 年 2 月	15481
昜			金文	“對揚”合文。上半爲對字。下半部分爲昜（揚）字。	陳奇猷 北趙晉侯墓出土叔夨方鼎銘文研究 古籍整理研究學刊 2004 年 1 月	15553
昜			金文	前四個字形，象日在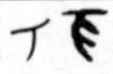之上。最後一個字形左旁加“阜”表示山南向陽的一面。“昜”字從阜，取陰陽之義。昜是陽、暘、揚的初文本字。本義指太陽。甲骨文中，主要用作地名和方國名。	秦建文 金文“揚”字形義考 曲靖師範學院學報 2004 年 1 月	15434

冄部

冄			説文	毛冄冄也。象形。凡冄之屬皆从冄。	許慎　説文解字	
冄		冉	金文	冉字省，古器多用此字，或地名或人名。今作冉。《元和姓纂》冉，高辛氏之後。	劉心源 奇觚室吉金文述 卷五 冉尊	33338
冄	 [illegible]婦娫鼎	冉	金文	吾以爯字考之，確信其爲冉。	劉心源 奇觚室吉金文述 卷五 冉婦彝	33339
冄	 師寰簋	冉	金文	冉。衰字借用爲形也。冄即古文髯字。	高田忠周 説文古籀篇 卷四十六	33340
冄		冉		象須在人左右兩頰之形。即髥之初文。	楊樹達 積微居小學述林 卷五	33342
冄		冉		爲象形字。髥爲累加字，二者實一。名詞。	高鴻縉 中國字例二篇	33343
冄		冉	甲骨	象皮毛下垂之形。與《説文》冉篆文略同。	徐中舒 甲骨文字典 卷九	33345
冄		冉	金文	髯是冄的加旁字，從髟表示冄爲無毛髮之類。	戴家祥 金文大字典 卷中	33346

而部

而			説文	頰毛也。象毛之形。《周禮》曰："作其鱗之而。"凡而之屬皆从而。	許慎　説文解字	
而	 義楚觶耑字偏旁		金文	需耎從而，皆有下垂之義。菌屬之芒柄……仰者爲芒，覆者爲柄，則"而"者下垂也。古作象下垂之形，鬚亦下垂，故引申爲鬚。	林義光 文源	33347
而			金文	而象面毛，兩分視之，實彡字之别出也。	高田忠周 説文古籀篇 卷四十六	35997
而			甲骨	而字。《説文》而，頰毛也。	唐蘭 天壤閣甲骨文存附考釋	33349
而				而之本義爲兩頰下垂之短毛，後世加彡爲耏，亦加髟爲髵。	高鴻縉 中國字例三篇	33351
而			楚簡	諸家釋天，誤。當爲而字。	嚴一萍 楚繒書新考 中國文字 1967—1968 年	33353
而			甲骨	而。字於本辭，當爲貞人名。	白玉峥 契文舉例校讀 中國文字 1971 年	33352
而			金文	而字在金文中極少見。作爲承接詞或轉接詞使用是入春秋後的文法。此字也表明了器的時代。	郭沫若 敖簋銘考釋 考古 1973 年	33354
而			甲骨	而象須形，而與須初本同文。後來加頁而爲須，分化爲二。甲骨文以而爲方國名，又以而爲地名。至於言"獲五而"、"四而"則是商人征伐而方所獲的俘虜。	于省吾 甲骨文字釋林 卷中	33355
而			金文	金文而皆用作連詞。後人爲彰明而本義，故加表示毛髮的偏旁作髵。	戴家祥 金文大字典 卷中	33357
而	 包/文書/2		楚簡	連詞，表示承接，相當於"則"。	徐在國 楚簡文字拾零 江漢考古 1997 年 2 期	3165

而	 郭/成之聞之/26		楚簡	可能是“天”之誤。	陳寧 《郭店楚墓竹簡》中的儒家人性言論初探 中國哲學史 1998 年 4 期	14135
而	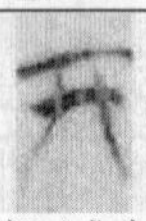 郭/成之聞之/26		楚簡	裘按：此字疑是誤字。	彭浩、劉祖信、王傳富 郭店楚墓竹簡	4334
而	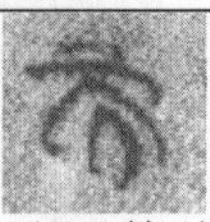 長/乙篇/行1-3		楚簡	此字應從李家浩説釋“而”。	李零 《長沙子彈庫戰國楚帛書研究》補正 古文字研究 2000 年 20 輯	12734
而			楚簡	桊而，篇名。今本《詩・國風・周南》有《卷耳》，字音相通。	馬承源 上海博物館藏戰國楚竹書第一册 孔子詩論	11862
而	 上一/孔子詩論/29		楚簡	桊而，篇名。今本所無。	馬承源 上海博物館藏戰國楚竹書第一册 孔子詩論	10092
而			楚簡	讀爲“卷耳”。	黄人二 從上海博物館藏《孔子詩論》簡之《詩經》篇名論其性質 上博館藏戰國楚竹書研究 2002 年	5637
而	 上一/孔子詩論/29		楚簡	“而”，可讀“苡”。《易・繫辭下》：“上古結繩而治。”《論衡・齊世》引“而”作“以”。《周禮・考工記》：“石有時以泐。”《説文》水部引“以”作“而”。是其佐證。“柎而”應讀“芣苡”，即《詩・周南・芣苡》。	何琳儀 滬簡《詩論》選釋 上博館藏戰國楚竹書研究 2002 年	10091
而	 郭/成之聞之/26		楚簡	讀爲能，指才能方面。	陳偉 郭店竹書別釋	4336
而	 上一/孔子詩論/4		楚簡	“而”，用於主謂之間，猶言“賤民怨之”。類似者如《相鼠》：“相鼠有皮，人而無儀。”又《論語・八佾》：“管氏而知禮，孰不知禮？”	王志平 《詩論》箋疏 上博館藏戰國楚竹書研究 2002 年	5400

而	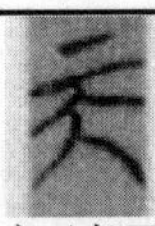 郭/老子甲/19		楚簡	而字誤寫。	劉釗 郭店楚簡校釋	7388
而	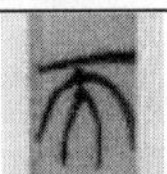 郭/語叢四/4		楚簡	訓爲如。	劉釗 郭店楚簡校釋	9048
而	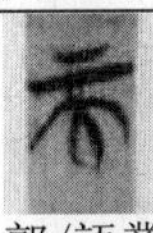 郭/語叢四/2		楚簡	訓爲如。王引之《經傳釋詞》卷七："而，猶若也。"	劉釗 郭店楚簡校釋	9035
而	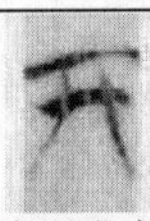 郭/成之聞之/26		楚簡	讀爲儒。	劉釗 郭店楚簡校釋	4335
而	 上二/子羔/1		楚簡	"而"讀爲乃。	李學勤 楚簡《子羔》研究 上博館藏戰國楚竹書研究續編 2004 年 7 月	233
而	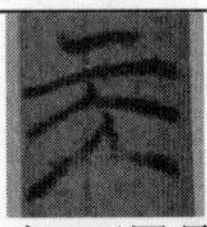 上三/周易/22		楚簡	楚簡"而"字王弼本、帛書《易經》本皆無。當爲衍文。	廖名春 楚簡《周易·大畜》卦再釋 簡帛研究網 2004 年 4 月 24 日	2019
而	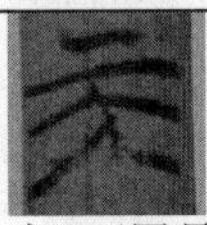 上三/周易/22		楚簡	從楚簡"而"字運用以及句法結構關係方面考慮，覺得這個"而"字并非衍文，而是一個把隱性語法關係變爲顯性語法關係的重要虛詞。	吴辛丑 楚簡《周易》"不家而食"新解 簡帛研究網 2004 年 7 月 18 日	1698
而	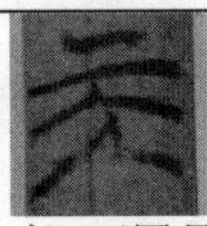 上三/周易/22		楚簡	古人往往在並列的兩句或兩個詞組之間加"而"字。這種"而"字雖然不表示實在意義，卻具有語法上的關聯作用，故不可輕易視爲衍文。	吴辛丑 楚簡《周易》"而"字非衍文補證 簡帛研究網 2004 年 8 月 1 日	1477
而	 上二/子羔/14		楚簡	"而"字筆畫稍有殘泐，原釋文未釋。細審字形，實與五號、八號、兩簡的四個"而"字全同。	裘錫圭 談談上博簡《子羔》篇的簡序 上博館藏戰國楚竹書研究續編 2004 年 7 月	290

而	 上四/柬大王泊旱/14		楚簡	“而”與“天”字在楚簡中寫法相近，楚簡中也確實有訛亂的例子，但是本句“王卬天句而洨謂大宰”，一釋“天”、一釋“而”，從圖版來看，兩個字寫得一模一樣，都應該是“而”字，似不得一釋“天”、一釋“而”。	季旭昇 《上博四·柬大王泊旱》三題 簡帛研究網 2005年2月12日	3828
耏	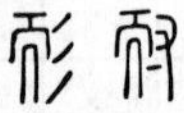 或體	耐	説文	罪不至髡也。从而从彡。㖞或从寸。諸法度字从寸。	許慎　説文解字	
耏			秦簡	耐，刑罰的一種，古書或作耏。	睡虎地秦墓竹簡整理小組 睡虎地秦墓竹簡	33359
㷊	 上二/容成氏/29		楚簡	即“氣”。“氣”字簡文多從既從火，這裏從而，蓋涉下文“而”字而誤。	李零 上海博物館藏戰國楚竹書 第二册 容成氏	13303

豕部

豕	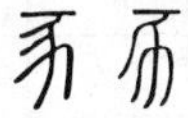 古文		説文	彘也。竭其尾，故謂之豕。象毛足而後有尾。讀與豨同。（桉：今世字，誤以豕爲彘，以彘爲豕。何以明之？爲啄琢从豕，蠡从彘。皆取其聲，以是明之。）凡豕之屬皆从豕。古文。	許慎　説文解字	
豕			金文	古豕字。	吴大澂 説文古籀補 卷九	33360
豕	 毛公鼎 家字偏旁		金文	豕。	劉心源 奇觚室吉金文述 卷三	33361
豕				甲文豕多省變象形字，金文豕乃甲文省變。	孫詒讓 名原 卷上	33362
豕	 圅皇父簋		金文	古作横視之，象豕形。	林義光 文源	36001
豕			甲骨	象竭尾碩腹。極肖豕形。	孫海波 中國大學講義（内刊） 甲骨金文研究	33367
豕			甲骨	豕與犬之形象，其或左或右。有從彡者，象剛鬣。或腹下加丿，不識爲何意。	羅振玉 增訂殷虚書契考釋	33363
豕			甲骨	極得豕象。犬與豕之别，一長尾體修，一厥尾碩腹也。	商承祚 甲骨文字研究 卷下	33366
豕			甲骨	此獸形文殆豕字，足作雙鉤爲異。	郭沫若 殷契粹編考釋	33369
豕			甲骨	卜辭中倒之例極多。爲豕可無礙矣。	唐蘭 天壤閣甲骨文存附考釋	33370
豕			篆文	與亥之古文同一形而二義，甲文極肖豕形，金文近篆體。	商承祚 説文中之古文考	36002
豕			甲骨	字作大豕狀。當即天豕。	饒宗頤 殷代貞卜人物通考 卷十三	33372

豕			金文	甲文豕字正由此簡化。豕尾有時舉而不垂。甲文或加矢聲爲彘，後世或加者聲作豬，加希聲作豨，加彑聲作彖，此五字一字也。	高鴻縉 中國字例二篇	36003
豕			漢簡	簡文豕從篆文簡。居延漢簡隊所從之豕與文同。	金祥恒 長沙漢簡零釋 中國文字 1972年	33375
豕			甲骨	卜辭中野豬一律稱豕。最早豕當爲野豬的專名。	羅琨 釋家 古文字研究1989年17輯	33376
豕	 包/文書/168		楚簡	簡文與《説文》古文形近。	劉彬徽、彭浩、胡雅麗、劉祖信 包山楚簡	6238
豕			璽印	私璽正文之豕爲人名。官璽反文之豕爲地名。	何琳儀 戰國文字形體析疑 于省吾教授百年誕辰紀念文集1996年9月	33377
豕	 上三/周易/40		楚簡	牝豕，羸弱之豕，豭强而牝弱，故稱“羸豕”，或讀爲“累豕”，被困縛之豕。	濮茅左 上海博物館藏戰國楚竹書第三册 周易	13745
豕		豕	甲骨	此字於豕之腹下加一點。先前以爲象豕後腹下蓄陽具，乃牡豕之形也。豕爲豕而有陽具者，故引申爲陽具，孳乳爲椓，謂去陰也，由陰器轉而爲相交。今細觀此文，點恐不必即像陽物。中國古文字中有形態字，所爲形態字者古象形字加一符記，而變其詞性，其義其音與原來的象形字並無大變。所以又以爲豕字加一點爲豕，所從一點並不象形。	陳夢家 讀天壤閣甲骨文存 國書季刊1963年	33371
豬			説文	豕而三毛叢居者。从豕者聲。	許慎 説文解字	
豬	 包/遣册/257		楚簡	即烤豬。	劉彬徽、彭浩、胡雅麗、劉祖信 包山楚簡	7039

豬	 包/遣册/257		楚簡	簡文從豕從者。琎豬，即蒸豬。	劉彬徽、彭浩、胡雅麗、劉祖信 包山楚簡	7037
豬	 包/遣册/257		楚簡	右旁當從“善”。	白於藍 《包山楚簡文字編》校讀瑣議 江漢考古 1998年2期	14431
豬		豕	漢簡	豕本是其初文，象形，豕、豬古音韻部相近，豬爲“豕”附加聲符而成的後起字，從犬的“猪”爲後起字，“豕”、“犬”在異體字構成中常通用。	徐莉莉 武威漢代醫簡異體字考 天津師範大學學報 2005年1期	16000
豰			説文	小豚也。从豕㱿聲。	許慎　説文解字	
豰			甲骨	從豕從子會意。當即訓“仔豬”之“豰”字初文。	温少峰、袁庭棟 殷墟卜辭研究——科學技術篇	33380
豯			説文	生三月豚，腹豯豯皃也。从豕奚聲。	許慎　説文解字	
豵			説文	生六月豚。从豕從聲。一曰一歲豵，尚叢聚也。	許慎　説文解字	
豵	 包/遣册/257	冡	楚簡	冡讀如豵。冡脯即用六個月或一歲的豬肉做成的脯。	劉彬徽、彭浩、胡雅麗、劉祖信 包山楚簡	33383
豝			説文	牝豕也。从豕巴聲。一曰一歲，能相把拏也。《詩》曰：“一發五豝。”	許慎　説文解字	
豣			説文	三歲豕，肩相及者。从豕幵聲。《詩》曰：“並驅从兩豣兮。”	許慎　説文解字	
豣			石鼓	豩，豣之或作。今《詩・齊風》作肩，肩即豩省。歲無論其三、四，蓋不限於豕也。	郭沫若 郭沫若全集考古編 卷九 石鼓文研究	33387
豣			石鼓	豩爲古豣字無疑。	强運開 説文古籀三補 卷九	33385
豣			石鼓	豩爲豩豕之專字。豣肩爲借字。豩當㒟屬。	商承祚 石刻篆文編字説 古文字研究 1981年5輯	33388

豶			説文	羠豕也。从豕賁聲。	許慎 説文解字	
豭			説文	牡豕也。从豕叚聲。	許慎 説文解字	
豭			甲骨	從豕牙聲，當是豭字之異。	郭沫若 卜辭通纂	33396
豭			甲骨	當象牡豕之形，故並繪其勢。當爲豭之本字。	唐蘭 天壤閣甲骨文存附考釋	33392
豭			甲骨	此字從豕，並繪其勢，即許書之㞋豭則其後形聲字。後腹下加點者，當釋豕，從上者當隸定作豖，其義爲牡。	李孝定 甲骨文字集釋 卷九	33395
豭			甲骨	象牡豕有勢之形，爲豭之初文。	徐中舒 甲骨文字典 卷九	33398
豭			甲骨	不僅表示牡豕，這個字的本義原是家豬的專名。甲骨文獵獲到的野生動物不分牡牝，只有家畜才有表示牡牝的專名。	羅琨 釋家 古文字研究 1989 年 17 輯	33397
㲣			説文	上谷名豬豭。从豕，役省聲。	許慎 説文解字	
豨			説文	豶也。从豕隋聲。	許慎 説文解字	
豤			説文	齧也。从豕艮聲。	許慎 説文解字	
豷			説文	豕息也。从豕壹聲。《春秋傳》曰："生敖及豷。"	許慎 説文解字	
豧			説文	豕息也。从豕甫聲。	許慎 説文解字	
豧	 曾/1 正		楚簡	簡文中用爲地名，疑讀爲"甫"。	湖北省博物館 曾侯乙墓	5677
豢			説文	以穀圈養豕也。从豕类聲。	許慎 説文解字	
豢	 上二/容成氏/28		楚簡	"换"字。	李零 上海博物館藏戰國楚竹書 第二册 容成氏	13296

豢	 上二/容成氏/28		楚簡	换土，即周代的爰田、趄田。是説讓土地輪休，不關乎品種的更换。	王輝 讀上博楚竹書《容成氏》劄記（十則） 古文字研究 2004 年 25 輯	13295
豠			説文	豕屬。从豕且聲。	許慎 説文解字	
豲			説文	逸也。从豕原聲。《周書》曰："豲有爪而不敢以撅。"讀若桓。	許慎 説文解字	
豨			説文	豕走豨豨。从豕希聲。古有封豨脩虵之害。	許慎 説文解字	
豨	 隸簋		金文	疑爲《説文》豨字。	楊樹達 積微居金文説 豨簋跋	28129
豖			説文	豕絆足行豖豖。从豕繫二足。	許慎 説文解字	
豖	 大簋蓋		甲骨	從豕，有索以絆之。即豖字。	郭沫若 兩周金文辭大系圖録考釋 大	33415
豖			甲骨	乃豖字。豖者牡豕之謂也。	陳夢家 釋豖 考古社刊 1937 年 6 月	33416
豖			甲骨	二足爲口所圍，隸作豖。卜辭或用爲緅豖從祭，唯屬孤證。	朱歧祥 殷墟甲骨文字通釋稿	33419
豖	 大簋蓋		金文	爲膳夫之名。	戴家祥 金文大字典 卷下	33420
豦			説文	鬭相丮不解也。从豕、虍。豕、虍之鬭，不解也。讀若蘮蒘草之蘮。司馬相如説：豦，封豕之屬。一曰虎兩足舉。	許慎 説文解字	
豦			金文	字是豦。	丁佛言 説文古籀補補 卷九	33421
豦	 豦簋		金文	字意應爲虎鬬不解，從虎省豕聲。	高鴻縉 中國字例六篇	33424
豦	 豦簋		金文	司馬相如封豕之屬説當是本義，虍象徵其威猛。	朱芳圃 殷周文字釋叢 卷上	33425

虡	 匯/信陽一號墓遺策/1		楚簡	獸名。黃金與白金之虡，指鈎面以虡爲飾。墓中出土實物可爲證。	商承祚 戰國楚竹簡匯編 信陽長臺關一號楚墓竹簡第二組遣策	10307
豙			説文	豕怒毛豎。一曰殘艾也。从豕、辛。	許慎 説文解字	
豙			金文	從辛，從犬。當即豪字，小篆從豕。毛公鼎金豪，徐同柏釋爲金柅。	吴大澂 説文古籀補	33427
豙	 毛公鼎		金文	字作豪。豪，豕怒而毛豎，豎從立有止義，柅爲止車物，故假豪爲柅。	徐同柏 從古堂款識學 卷十六 周毛公鼎	33429
豙			金文	金豪，徐同柏釋爲金柅，謂毛豎有止意。柅爲止車物，故假爲柅。柅豪一聲之轉。	吴大澂 毛公鼎釋文	33428
豙	 毛公鼎		金文	强也。從豕屰上。	林義光 文源	33430
豙	 毛公鼎		金文	徐明經讀爲柅，豪柅梲皆聲相近也。	王國維 毛公鼎銘考釋 王國維遺書第六册 1983 年	33432
豙			説文	似當從辛。辛。辠也，從干二（上）。干上則有冒犯意。豕怒毛豎，正會干上意。若從辛訓爲如食辛辣。未免曲解。	唐桂馨 説文識小録 古學叢刊 1939 年	33433
豙			金文	豪結構與妾相同。辛，薪也。豕性躁疾，故以火之猛烈象徵其怒容。孳乳爲毅。	朱芳圃 殷周文字釋叢 卷上	33436
豙	 毛公鼎		金文	徐同柏釋柅，孫詒讓釋爲轙，二釋並有義據，今並存之。	張之綱 毛公鼎斠釋	36013
豙			金文	字從辛，與殘艾義相因，殘艾即殺，從辛字亦有殺義。	沈兼士 輔仁學誌八卷二期 彖殺祭古語同源考	36015
豙	 毛公鼎		金文	止車之物，軔爲正字，柅爲同音之通假，此處豙亦通假字。軔柅豙古音同。	高鴻縉 毛公鼎集釋	33435

豩			説文	二豕也。豳从此。闕。	許慎　説文解字	
豩			金文	明是並豕，今稱豩，豩即豨也。豩乃豪豬之屬，故銘云豩豕。	劉心源 奇觚室吉金文述 卷五 王白尊	36151
豩			篆文	當與豨同字。	林義光 文源	33439
豩	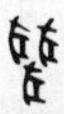		甲骨	此從三豕，疑即豩字。	羅振玉 增訂殷虛書契考釋 卷中	33438
豩	 婦闖卣	闖	金文	闖爲婦之名，字無考。疑爲豩緐文。	方濬益 綴遺齋彝器款識考釋 卷十二	17870
豝			甲骨	當爲豝字，從豕從匕，即牝字，指母豬而言。	張秉權 殷墟文字丙編考釋	18175
豝			甲骨	豝當爲牝，而𧰲當從豕從刀，本意爲殺豬，引申爲殺伐，二字非一。	陳煒湛 甲骨文異字同形例 古文字研究 1981 年 6 輯	18176
豝			甲骨	從豕從匕，乃牝豕也。	吴其昌 殷虛書契解詁	44856
豻	 包/卜筮/202		楚簡	似爲豣字異體。豣，《説文》："三歲豕，肩相及者。"	劉彬徽、彭浩、胡雅麗、劉祖信 包山楚簡	5273
豻	 包/卜筮/202	豣	楚簡	從豕從干，似爲豣字異體。	劉彬徽、彭浩、胡雅麗、劉祖信 包山楚簡	33389
豻	 包/卜筮/203		楚簡	應爲豕，當讀爲豵。	湯餘惠 包山楚簡讀後記 考古與文物 1993 年 2 期	5274
豤	 匯/望一劄記/56		楚簡	遺漏合文符號。于豕二字合書。	商承祚 戰國楚竹簡匯編 望山一號楚墓竹簡疾病雜事劄記	10372
豤	 匯/望一劄記/9		楚簡	于豕二字的合文。大豬。	商承祚 戰國楚竹簡匯編 望山一號楚墓竹簡疾病雜事劄記	10429

豨	 上三/周易/44		楚簡	字待考，今本作“鮒”，蝦蟆，一説“井底小魚”。	濮茅左 上海博物館藏戰國楚竹書第三册 周易	13779
豨	 上三/周易/44		楚簡	原文隸作從“豕”從“丰”。上博竹書（三）《周易》簡中的“豕”字寫法很特别，與常見的“豕”字寫法不同。字形應分析爲從“豕”，“丰”聲，字不見於後世字書，疑是“冢”字異體。上古音“冢”爲明紐東部字，“丰”爲並紐東部字。聲紐均是唇音，韻部相同。“冢”字異體可從“丰”聲。《説文》：“冢，覆也。”後多作“蒙”。“蒙”、“霧”二字古通。”“鮒”、“務”二字古通。簡文“阱浴射蒙”可從今本讀爲“井穀射鮒”。	徐在國 上博竹書（三）劄記二則 簡帛研究網 2004年4月26日	2559
豽			甲骨	該字從豕從由，《説文》所無。方國名。	孫海波 甲骨文編 卷九	17391
豠	 包/卜筮/207		楚簡	借作豭，《説文》：“牡豕也。”	劉彬徽、彭浩、胡雅麗、劉祖信 包山楚簡	5297
豨			甲骨	字從豕從聿。即“𧰼”。《字匯》𧰼同，《集韻》作𧰼，《夏小正》“貍子肇肆”，傳以肆爲殺。詩禮皆謂祭牲體解爲肆，與殺義近。𧰼亦作肆。詩：“是伐是肆。”	饒宗頤 殷代貞卜人物通考	17587
豢	 包/卜筮/200		楚簡	豢字，簡文的豢指豕。《禮記·月令》注：“養牛羊曰芻，犬豕曰豢。”	劉彬徽、彭浩、胡雅麗、劉祖信 包山楚簡	5917
豢	 匯/望一劄記/56		楚簡	即豢字，假爲豲。一説此字從豕，右旁爲聲符。讀爲完，即豲之異體同音字。	商承祚 戰國楚竹簡匯編 望山一號楚墓竹簡疾病雜事劄記	10373

⿰豕予	 郭/語叢二/14		楚簡	家字異文，讀爲憧，義爲“意不定”。	劉釗 郭店楚簡校釋	9009
⿰豕肙			石刻	讀肩是，賈公彥以爲即鹿之絶有力者。	趙烈文 石鼓文纂釋	17857
⿰豕昔	 包/卜筮/200		楚簡	讀作臘，簡文砅禱夫人之臘用豕。	劉彬徽、彭浩、胡雅麗、劉祖信 包山楚簡	5919
⿰豕昔	 包/卜筮/202		楚簡	從豕、昔聲，疑狙之異。昔、且古聲通。	湯餘惠 包山楚簡讀後記 考古與文物 1993 年 2 期	5272
⿰豕覃			甲骨	從豕⿱日子聲，後世或改從覃，以聲求之，似即豵之本字。卜辭是國名，蓋即鄿國之本名。	唐蘭 殷虛文字記釋 厚	17976
⿰豕覃			甲骨	從覃聲，當爲古之譚國，譚或作鄿、覃、郯，狄之分族，爲嬴姓之國。	李平心 甲骨文及金文考釋（初稿）華東師範大學學報 1956 年 4 期	17977
豳	 ⿰⿱豩火支王盉	⿰⿱豩火支	金文	此字從豩從火從支，疑大篆訛從山也，爲豳字也。	柯昌濟 韡華閣集古録跋尾甲篇 ⿰⿱豩火支王盉	36186
豳	 ⿰⿱豩火支王盉	⿰⿱豩火支	金文	周孟伯説⿰豕豕與豩同，火與山同，乃豳奇字，支則其羡文。	潘祖蔭 攀古樓彝器款識 ⿰⿱豩火支王盉	36177
豳	 ⿰⿱豩火支王盉	⿰⿱豩火支	金文	此即古文豳字，從山與從火同，豳一作邠，從支與從邑通。	陳直 金文拾遺 ⿰⿱豩火支王盉	36190
⿱关豕			楚簡	爲⿰豕关之字的繁構。祭祀用的豬。	陳偉武 戰國楚簡考釋斠議 第三屆國際中國古文字學研討會論文集 1997 年 10 月	16150
⿱豕豩	 婦闟卣		金文	阮氏以下鐘鼎字皆合門⿱豕豩爲一字。今審篆勢，⿱豕豩自爲一字。以訓“羊臭”之羴從三羊例之，⿱豕豩亦當訓豕臭，從三豕會意。實從豩從豕。此爲古字逸文。衹恨其音不可識。	高田忠周 説文古籀篇 卷八十九	17871

𧲸			甲骨	地名。	李孝定 甲骨文字集釋 卷九	16896
豶	 滙/望一剳記/40		楚簡	即貛，《説文》釋爲野豕。《爾雅・釋獸》："狼牡貛，牝狼。"	商承祚 戰國楚竹簡匯編 信陽長臺關一號楚墓竹簡第二組遣策	10502

㣇部

㣇	 古文  籀文		説文	脩豪獸。一曰河内名豕也。从彑，下象毛足。凡㣇之屬皆从㣇。讀若弟。古文。籀文。	許慎　説文解字	
㣇			甲骨	甲骨文亦有㣇字，作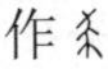。爲許書古文之濫觴。	孫詒讓 名原 卷下	44858
㣇	 齊大宰歸父盤		金文	實亦㣇之異文。亦即古文家之省。古人名字，義必相應，故名家字歸父。	孫詒讓 名原 卷下	44859
㣇	 乍父辛角	𣪠	金文	左丬似當爲增注標識文，又或爲紀數。以形校之，疑亦㣇之異文。但“亞㣇”究不審何義。	孫詒讓 名原 卷下	44857
㣇			甲骨	爲古文彖字。	孫詒讓 契文舉例 卷上	33441
㣇			璽印	古鉨。彖與豕同。古家從㣇。亦從豕。	丁佛言 説文古籀補補 卷九	33442
㣇			甲骨	當以孫釋㣇爲是。讀爲祟。	郭沫若 甲骨文字研究 卷上	33443
㣇			金文	當是㣇字，語辭。	郭沫若 殷周青銅器銘文研究 齊侯壺釋文	41796
㣇			金文	蓋本㣇之象形文，因音近假而爲殺、爲蔡、爲祟。本銘乃作器者名，當以讀蔡爲宜。	郭沫若 西周金文辭大系圖録考釋 卷二 蔡簋	33444
㣇	 蔡姞簋		金文	此即《説文》殺字。其字以脩毫獸之㣇爲本義，象形。用爲祟、竄、蔡、殺者均其引伸若假借之義也。此正假爲殺。	郭沫若 金文叢考 丘關之 釜考釋	33451
㣇			金文	按即㣇字。叚爲蔡也。	郭沫若 兩周金文辭大系圖録考釋 蔡姞簋	33447

𢊁		殺	甲骨	爲殺之古文。與歲字同音，此假爲歲。祭名。	楊樹達 卜辭求義	33450
𢊁			甲骨	卜人名。又用爲地名。殆爲古蔡字。	饒宗頤 殷代貞卜人物通考 卷七	33452
𢊁			甲骨	甲骨文𢊁字。與《魏石經》古文蔡字形同。𢊁，災禍也。	屈萬里 殷墟文字甲編考釋	33453
𢊁			甲骨	豕彖𢊁三者同物。彖爲豕重文。家豕也。𢊁爲另一字。野豕也。	朱芳圃 殷周文字釋叢 卷上	33445
𢊁	 中山王嚳方壺	蔡	金文	于省吾釋“𢊁”，可從。按蔡字在甲骨文、金文中有兩種字形，一作，隸定爲“𢊁”，一作，從大，象人形，與𢊁本非一字，因二者形近，其後混而爲一。應釋蔡。此壺字形與同從大，右下部略呈弧形，與字右下二筆的位置和形狀相同，僅將相同的兩筆省作一筆而已。省略重複的筆畫是古文字中常見現象。這個字，從字形看，象以物斷其下肢形，故其義與契、割相近。壺銘之蔡正通丯、契。“因載所美，邵蔡皇工”即“因記所美，明刻大功”。	李裕民 古文字考釋四種 古文字研究 1982 年 7 輯	33454
𢊁			甲骨	當釋爲𢊁，假爲蔡。卜辭亦有此字，假爲祟。	李孝定 金文詁林讀後記 卷一	33455
𢊁			甲骨	即𢊁之初文，金文作，用爲蔡字。	徐中舒 甲骨文字典 卷一	41840
𢊁			甲骨	即𢊁之初文。蓋𢊁與殺古音近，故後世亦借𢊁爲殺。	徐中舒 甲骨文字典 卷三	23157
𢑴			説文	豕屬。从𢊁㫚聲。	許慎 説文解字	
𧰯	 籀文	豪	説文	豕，鬣如筆管者。出南郡。从𢊁高聲。籀文从豕。	許慎 説文解字	
𧰯		豪	甲骨	相當於《説文》豪字。或隸作豬字亦通。	朱歧祥 殷墟甲骨文字通釋稿	33459

彙	 或體	蝟	說文	蟲，似豪豬者。从㣇，胃省聲。或从虫。	許慎　說文解字	
𢑱	 古文	𧰲	說文	㣇屬。从二㣇。古文𢑱。《虞書》曰："𢑱類于上帝。"	許慎　說文解字	
𢑱	 數王盉		金文	當即𢑱之古文。	吴大澂 說文古籀補 卷九	33461
𢑱		肆	金文	即《說文》用爲肆，而篆作𢑱者。	劉心源 古文審 卷五	33462
𢑱	 𢑱鼎		金文	作器者名。即𢑱字。	劉心源 奇觚室吉金文述 卷二 𢑱鼎	33463
𢑱	 天亡簋		金文	當爲𢑱。	孫詒讓 古籀餘論 卷三 大豐簋	33464
𢑱	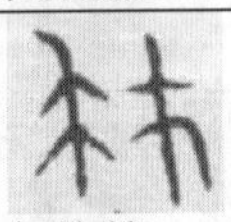 師訇簋		金文	當爲𢑱之壞字。	孫詒讓 名原 卷下	44860
𢑱	 天亡簋  毛公鼎		金文	即𢑱字。金文又多借肆爲𢑱隸。如毛公鼎"皇天無旲"。	孫詒讓 名原 卷下	44861
𢑱			金文	𢑱。《説文》豩當與𢑱同。	林義光 文源	36020
𢑱	 散氏盤	殔	金文	𢑱之略形，與肆通，實與遂通，從始向末之義。	高田忠周 說文古籀篇 八十九	45168
𢑱	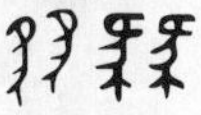		金文	朱駿聲云𢑱假借爲肆，又轉義爲遂。	高田忠周 說文古籀篇 卷八十九	36021
𢑱	 毛公鼎	肆	金文	肆𢑱字通。	張之綱 毛公鼎斠釋	28130

緣	 天亡簋		金文	緣爲肆之古文。	楊樹達 積微居金文説 大豐簋再跋	33467
緣	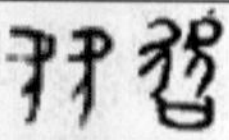		甲骨	字形與古文緣略同，乃肆字也。肆遂古通。	饒宗頤 殷代貞卜人物通考 卷八	33468
緣	 包/文書/177		楚簡	緣。《召尊》形體與簡文同。	劉彬徽、彭浩、胡雅麗、劉祖信 包山楚簡	33469
希	 郭/語叢二/24		楚簡	疑讀爲“肆”，“肆”有“大”義。	彭浩、劉祖信、王傳富 郭店楚墓竹簡	9336
希	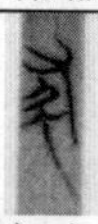 郭/語叢二/24		楚簡	讀爲“肆”。	連劭名 郭店楚簡《語叢》叢釋 孔子研究 2003 年 2 期	14161
希	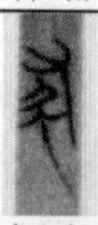 郭/語叢二/24		楚簡	讀爲肆，義爲正直。	劉釗 郭店楚簡校釋	9337
肄	 井人妄鐘		金文	肄字左旁象以手持巾之形，與持聿無關。	林潔明、周法高主編 金文詁林 卷三下	28127
緣	 包/文書/177		楚簡	應爲晉。用爲姓氏之潛。《姓氏考略》：“古潛國在楚地，以地爲氏。”	湯餘惠 包山楚簡讀後記 考古與文物 1993 年 2 期	6479
緣	 包/文書/177		楚簡	應釋“晉”。	何琳儀 包山竹簡選釋 江漢考古 1993 年 4 期	6480

彑部

彑			説文	豕之頭。象其鋭，而上見也。凡彑之屬皆从彑。讀若罽。	許慎　説文解字	
彘			説文	豕也。後蹏發謂之彘。从彑矢聲；从二匕，彘足與鹿足同。	許慎　説文解字	
彘				以帬作校之，疑彘本從，亦帬之變體，并非從矢。古彘邑幣彘字與金文正相類。	孫詒讓 名原 卷下	44862
彘			金文	彘，古作中象毛，不從矢。	林義光 文源	33472
彘			甲骨	甲骨文從矢貫豬身，蓋彘爲野豕。其性兇猛，非射不可得。	孫海波 中國大學講義（内刊） 甲骨金文研究	33475
彘			甲骨	從豕身箸矢，乃彘字也。許君謂彘從彑矢聲，從二匕是誤以象形爲形聲字。	羅振玉 增訂殷虚書契考釋 卷中	33471
彘	 偺簋		金文	此字容庚釋豖，實爲彘字，穿腹一横畫象矢形。	郭沫若 殷周青銅器銘文研究 戊辰彝考釋	36005
彘			金文	此讀爲豙，疑古彘豙本一字。	郭沫若 金文叢考 周公簋釋文 器銘考釋	42315
彘			甲骨	或貫矢或置矢於側，殆亦以矢爲聲，與雉同。	葉玉森 殷虚書契前編集釋 卷一	33474
彘			甲骨	彘字之省文。其字在甲骨文中變體滋多，要皆從豕從矢。羅云彘殆野豬，非射不可得。説是也。	吴其昌 殷墟書契解詁	33476
彘			金文	金文不即爲豙，不得爲墜。甲文彘字皆從豕加矢爲聲；金文此字從豕箸矢形，乃甲文之後起，依音當可通叚爲失，“女毋敢失”。	高鴻縉 毛公鼎集釋	21915

彘			甲骨	契文之彘象豕箸矢形，疑彘是野獸。豝、豵亦用矢射，殆與彘同類。	王襄 古文流變臆説	33473
彘		⿰矢豕	甲骨	從字形講它是後來的彘字。在甲骨文中並非是野豬，除少數國族人名外，大部分作祭名，係動詞，是射豕之祭的專用字。在商代野豬稱豕，可見羅説非。	張亞初 甲骨文金文零釋 古文字研究 1981 年 6 輯	33478
彘		鉃	金文	金文彘象矢貫豕形。矢不僅爲聲，而且還是會意符號。有用作人名者。有通矢者，《爾雅》：矢，陳也。銘文彘告即陳叙的意思。	戴家祥 金文大字典 卷中	33479
彖			説文	豕也。从彑从豕。讀若弛。	許慎　説文解字	
彖			金文	金文家一從豕，一從彖。可證彖爲豕之重文。	朱芳圃 殷周文字釋叢 卷上	33481
彖	 匯/信陽一號墓遣策/7		楚簡	字書未見。	商承祚 戰國楚竹簡匯編 信陽長臺關一號楚墓竹簡第二組遣策	9404
彖	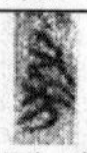 匯/信陽一號墓遣策/6		楚簡	指鐘鼓之柎有漆畫紋飾。	商承祚 戰國楚竹簡匯編 信陽長臺關一號楚墓竹簡第二組遣策	9386
彖			金文	即掾。沿邊緣而行。引申爲遵循追逐。陳緣，意思是經營、馳逐。或作陳篆。對象常是王家大命。	鄭剛 金文中的“陳”和“彖”第三届國際中國古文字學研討會論文集 1997 年 10 月	16118
㣇			説文	豕也。从彑，下象其足。讀若瑕。	許慎　説文解字	
㣇		彑	説文	即小篆⿱彑巾等字之偏旁，不爲字。	林義光 文源	33482
㣇			甲骨	當像牡豕之形，故並繪其勢。牡豕爲豭，故當爲豭之本字。	唐蘭 天壤閣甲骨文存附考釋	33484
彖			説文	豕走也。从彑，从豕省。	許慎　説文解字	
彖		⿱彑巾	金文	疑即“⿱彑巾”之省。	孫詒讓 名原 卷下	33485
彖		⿱彑巾	甲骨	孫怡讓稱⿱彑巾得之，假爲祟。	郭沫若 卜辭通纂	33486

豚部

豚	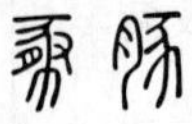 篆文		説文	小豕也。从彖省，象形。从又持肉，以給祠祀。凡豚之屬皆从豚。豚篆文从肉、豕。	許慎　説文解字	
豚			甲骨	此與“美”並舉，或當釋爲“豚”字。	孫詒讓 契文舉例 卷下	33488
豚			甲骨	豚，《説文》從彖省，從又持肉。此從豕肉。會意字也。	羅振玉 增訂殷虛書契考釋 卷中	33489
豚			甲骨	豚。從口，小豕好鳴，故從口。	葉玉森 殷虛書契前編集釋 卷三	33491
豚	 豚卣		金文	此文從又，正《説文》部首之所本。	方濬益 綴遺齋彝器款識考釋 卷十二 豚卣	33492
豚			甲骨	所從並非口字，乃肉字在偏旁中的變體。釋爲豚，無論在構形上、詞義上都是相符的。	于省吾 甲骨文字釋林 卷下 釋豚	33494
豚			説文	案：據下出篆文豚，則𧱍乃古文也。	商承祚 説文中之古文考	42316
㣇			説文	豚屬。从豚衛聲。讀若罽。	許慎　説文解字	

豸部

豸			説文	獸長脊，行豸豸然，欲有所司殺形。凡豸之屬皆从豸。（司殺讀若伺候之伺。）	許慎　説文解字	
豸			楚簡	疑即豸字。	嚴一萍 楚繒書新考 中國文字 1967—1968 年	33497
豸			甲骨	豸。象猛獸張口之形，與《説文》篆文略同。甲骨文豸字爲有足之猛獸形，《爾雅・釋蟲》即段注所説皆非其本義。	徐中舒 甲骨文字典 卷九	33498
豹			説文	似虎，圜文。从豸勺聲。	許慎　説文解字	
豹			甲骨	古豹字。	王襄 簠室殷契類纂 正編卷九	33500
豹			甲骨	似虎而身有圜斑。乃豹象也。《説文》以爲形聲字，非是。	商承祚 甲骨文字研究 卷下	33501
豹	 曾/167		楚簡	字原文從“鼠”。	湖北省博物館 曾侯乙墓	1825
豹	 己侯虓鐘	虓	金文	從卜從虎。《説文》所無。以聲義求之，似當釋豹。	戴家祥 金文大字典 卷下	33505
貙			説文	貙貗，似貍者。从豸區聲。	許慎　説文解字	
貙	 貙卣		金文	此上文毆字之繁也，從貙聲。	高田忠周 説文古籀篇 卷九十二 貙卣	36026
貚			説文	貙屬也。从豸單聲。	許慎　説文解字	
貔	  或體	豼	説文	豹屬，出貉國。从豸𣬉聲。《詩》曰：“獻其貔皮。”《周書》曰：“如虎如貔。”貔，猛獸。豼或从比。	許慎　説文解字	

貔	 史牆盤		金文	即貔字。與能字不同。	唐蘭 略論西周微史家族窖藏銅器群的重要意義——陝西扶風新出牆盤銘文解釋 文物1978年3期	33511
豺			説文	狼屬，狗聲。从豸才聲。	許慎 説文解字	
豺			金文	張之洞釋作豺。	鮑泉 愙齋集古録校勘記	33512
貐			説文	猰貐，似貙，虎爪，食人，迅走。从豸俞聲。	許慎 説文解字	
貘			説文	似熊而黄黑色，出蜀中。从豸莫聲。	許慎 説文解字	
貘	 二祀𠨘其卣		金文	從犬從日在茻中，當是獏字，即貘之或體。	丁山 𠨘其卣三器銘文考釋 中央研究院歷史語言研究所集刊	36029
貘	 二祀𠨘其卣		金文	從莫從犬，當莽字異文。	高田忠周 説文古籀篇 卷七十九	36028
貘	 曾/1正		楚簡	“豸”旁原文寫作“鼠”。古代“豸”、“鼠”二形旁常混用。	湖北省博物館 曾侯乙墓	5694
貘	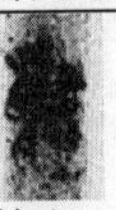 曾/2		楚簡	簡文多寫作“㲠”，意似指狸皮。	湖北省博物館 曾侯乙墓	5697
貘	 匯/望二遣策/18		楚簡	（貍貘）當指貍皮。“貍貘”字簡文皆從“鼠”。戰國文字“鼠”、“豸”二偏旁似混用。	湖北省文物考古研究所、北京大學中文系 望山楚簡	10739
貘	 匯/望二遣策/18		楚簡	以“狸貘”爲狸皮甚是。楚簡以“亳（㲠）”爲常，當是表皮毛之專字。從毛從革古可互作，“㲠”當即後代之“鞾”。“㲠”作“莫”作“鼳”者假其音，且“鼳”當是受“鼲”、“鼫”、“鼦（貂）”之類化而從鼠。漢字中幕指帷幔，㲠、鞾指毛皮，膜指肉間胲膜，均爲覆蓋物，音近義通，字屬同源。	陳偉武 説“貘”及其相關諸字 古文字研究2004年25輯	10740

鏞			説文	猛獸也。从豸庸聲。	許慎　説文解字	
玃			説文	纱玃也。从豸矍聲。	許慎　説文解字	
貀			説文	獸，無前足。从豸出聲。《漢律》："能捕豺貀，購百錢。"	許慎　説文解字	
貈			説文	似狐，善睡獸。从豸舟聲。《論語》曰："狐貈之厚以居。"	許慎　説文解字	
貈		⿰氵豸	甲骨	從水從豸，他辭又有⿰氵豸。⿰氵豸，即《説文》貈，通作涸。	饒宗頤 殷代貞卜人物通考 卷六	33524
貈	 史牆盤	⿴囗貈	金文	從貈從口，應即貈字。	唐蘭 陝西省岐山董家村新出重要銅器銘辭的譯文和注釋 文物 1976 年 5 期	33525
貈	 史牆盤	⿴囗貈	金文	⿴囗貈應讀爲貊，訓爲勉勵。	于省吾 牆盤銘文十二解 古文字研究 1981 年 5 輯	33526
貈			金文	應指一獸名爲宜。字應隸定爲⿰豸月。⿰豸月本貈之本字。	劉自讀、路毓賢 周至敔簋器蓋銘文考釋 考古與文物 1991 年 6 期	33527
貈				貈即貂之異體。貂本以象形字表示，象修體、豐尾、三角耳之貂鼠形。乖伯簋疊加"刀"爲聲符，後世改刀聲爲召聲，而象形部分亦類化爲豸。敔簋"⿰豸月"字當釋貂。《字彙補·豸部》："⿰豸月，同貈。"在偏旁中，肉、月、舟常互訛。	陳秉新《〈説文〉箋證》選録（一）中國文字研究 2004 年 5 輯	14642
豻	  或體	犴	説文	胡地野狗。从豸干聲。犴豻或从犬。《詩》曰："宐犴宐獄。"	許慎　説文解字	
貂			説文	鼠屬。大而黄黑，出胡丁零國。从豸召聲。	許慎　説文解字	
貂	 廓伯歸夆簋		金文	貂。象形刀聲之字，且繫於裘字上，其爲貂字無疑。	郭沫若 兩周金文辭大系圖録考釋 廓伯簋	33530

貂	 曾/4		楚簡	簡文均寫作“鼦”。	湖北省博物館 曾侯乙墓	5734
貂	 庯伯歸夆簋		金文	郭釋貂至確。	戴家祥 金文大字典 卷下	33531
貂				簡文僅從刀而不從召，應爲鼦之初文。	莊淑慧 曾侯乙墓出土竹簡考 臺灣師範大學國學研究所集刊 1996 年 3 月	33532
貉			説文	北方豸穜。从豸各聲。孔子曰：“貉之爲言惡也。”	許慎 説文解字	
貉	 貉子卣		金文	貉子蓋北狄君長近王畿者。	方濬益 綴遺齋彝器款識考釋 卷十二 第十一頁	36030
貉			金文	戴侗曰貉，狐類，毛厚，可爲求。其説是也，與《説文》貉爲一字。	朱芳圃 殷周文字釋叢	36031
貉	 貉子卣		金文	貉子，殆即貉國之君長。其屬地在我國東北嚴寒地帶，與周王室有供職關係。	戴家祥 金文大字典 卷下	33536
貉			金文	貉與貂實一字。金文所謂貉子者，殆即貉國之君長，其屬地在我國之東北嚴寒地帶，與周王室有貢職關係。	戴家祥 金文大字典 卷上	33537
貆			説文	貉之類。从豸亘聲。	許慎 説文解字	
貍			説文	伏獸，似貙。从豸里聲。	許慎 説文解字	
貍			金文	此字象掘地及泉，實牛於中，當爲貍之本字。或又從犬。	羅振玉 增訂殷虛書契考釋 卷中	33539
貍			甲骨	此即貍字。貍者，野貓也。	郭沫若 甲骨學文字編補遺	33541
貍			甲骨	《類編》貍下所收，乃地名，商氏誤録。	葉玉森 殷虛書契前編集釋 卷一	33540
貍			甲骨	讀爲埋。埋於水中與土中俱曰貍。即瘞埋之埋。	饒宗頤 殷代貞卜人物通考 卷三	33543

貍			甲骨	卜辭所用率多爲地名。亦有用爲動詞者。均非用爲祭祀之辭。釋貍之説實不能采信。闕疑可也。	白玉峥 契文舉例校讀典禮篇 中國文字 1974 年	33544
貍			甲骨	象將牛羊等犧牲埋入坎中之狀。	王慎行 殷周社祭考 中國史研究 1988 年 3 期	33545
貍	 匯/望二遣策/7		楚簡	八號簡作“貍貘”，當指貍皮。“貍貘”字簡文皆從“鼠”。戰國文字“鼠”、“豸”二偏旁似混用。	湖北省文物考古研究所、北京大學中文系 望山楚簡	10734
貒			説文	獸也。从豸耑聲。讀若湍。	許慎 説文解字	
貛			説文	野豕也。从豸雚聲。	許慎 説文解字	
貛	 包/文書/185		楚簡	應釋“觀”。《萬姓統譜》：“觀，姒姓，夏有觀扈。”	何琳儀 包山竹簡選釋 江漢考古 1993 年 4 期	6500
貁			説文	鼠屬。善旋。从豸穴聲。	許慎 説文解字	
貓			説文	貍屬。从豸苗聲。	許慎 説文解字	
貓			甲骨	當釋貓。	陳邦福 殷契説存	33549
貄		肄	金文	釋文貄字，諸家作肆。	高鴻縉 中國字例二篇	28128

𤉡部

𤉡	 古文	兕	説文	如野牛而青。象形。與禽、离頭同。凡𤉡之屬皆从𤉡。古文从几。	許慎　説文解字	
𤉡		𧰼	金文	兕龍。人名。此二字釋爲丁亥五月非也。	劉心源 奇觚室吉金文述 卷五	33552
𤉡		𧰼	金文	象形字。此頭作凹，與篆文兕同，下象尾形。較爲繁縟。	孫詒讓 契文舉例 卷下	33553
𤉡		𧰼	甲骨	古兕字。兕今名爲水牛，殷人亦用以爲祭。	王襄 簠室殷契徵文考釋 卷九	33554
𤉡	 兕器	𧰼	金文	上爲屋室之狀，下一字曰巳，當讀爲兕。器蓋上各有犀兕之形，故以兕名之。作屋室之狀者，薦之宗廟之器也。	薛尚功 歷代鐘鼎彝器款識法帖 卷十三	33551
𤉡		𧰼	甲骨	此象兕頭形，與傳世兕觥之兕頭形同。疑爲𧰼。	余永梁 殷虛文字考 國學論叢 1928 年	33556
𤉡		𧰼	甲骨	殆即許書之兕。	羅振玉 增訂殷虛書契考釋 卷中	33555
𤉡		𧰼	甲骨	此是四足獸，牛族，體偉，有角，有長尾，是野生動物，在殷世繁殖于中原的很多，難與後世的獸比况而定爲某一種獸。	方國瑜 “獲白麟”質疑 師大國學叢刊 1931 年 1 卷 2 期	33557
𤉡		𧰼	甲骨	以字形而論，甲骨刻辭此字當釋爲兕，即《説文》之𧰼，可決然不疑者。	唐蘭 獲白兕考 史學年報 1934 年 4 期	33558
𤉡		𧰼	甲骨	犀兕一聲之轉。二獸一物，不過是方俗的殊名。犀豸亦異名同物。甲骨文中那個常見的，於形當釋爲豸，於誼當釋爲兕。實皆犀牛的異名。	丁山 商周史料考證	33560
𤉡			説文	案：云與禽离頭同，則應作也，抑原書本不誤，而後人寫誤也。	商承祚 説文中之古文考	42317

易部

易			説文	蜥易，蝘蜓，守宫也。象形。《祕書》説：日月爲易，象陰陽也。一曰从勿。凡易之屬皆从易。	許慎　説文解字	
易			金文	易可歸併入勿部而易部可删。	何大定 説文解字部首删正 中央研究院歷史語言研究所集刊第五本	36034
易			金文	不易之易讀爲弛。	孫詒讓 古籀拾遺卷上	36032
易	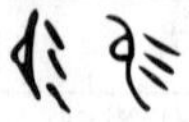		甲骨	皆"易"之象形字。舊稱爲彤日，形義未合。考金文錫作此形，即借易爲錫，此字形與金文易形正同，而讀當如字，"易日"猶言更日也。	孫詒讓 契文舉例卷上	33561
易	 毛公鼎	賜	金文	當爲慢易之易字，疑古文易賜一字。	吴大澂 愙齋集古録第四册 毛公鼎	28131
易				易從夕，以寓其冥冥之意，而從彡，又以其象畫卦之形。是易字乃真爲易經之易而特造之專字也。冥冥之中有天意，故天子賞錫字借易爲之，蓋錫極於九，三三而九，九之本數仍爲三，是其引申假借之義，亦甚與易字本義近也。	顧實 釋易 國學輯林 1926 年 1 期	33563
易	 小臣謎簋		金文	易爲錫或賜之本字。古易金易貝均得曰易。唯曾伯霥簠從金從目作鍚，毛公鼎等作賜，目亦貝之象形字。	徐中舒 謎敦考釋 史語所集刊第三本二分 1931 年	36035
易			甲骨	孫詒讓釋爲易，王國維謂易日爲祭名。並塙。金文叚易爲錫。似非禓省。	葉玉森 殷虚書契前編集釋 卷一	33564

易			金文	金文錫大都作易，亦作賜。唯曾伯霥簠從金作鍚，齊壺從貝作賜。《詩》有錫無賜，故金文易皆釋爲錫。	徐中舒 金文嘏辭釋例 史語所集刊第六本一分 1935 年	36036
易			甲骨	“易日”，易乃暘省，易日，卜日之陰翳否也。	郭沫若 殷契粹編	33566
易				即易字。象蜥蜴之頭腳身刺及尾，字形雖多略異，而象身刺之彡則同，易之特徵也。	陳獨秀 小學識字教本 上篇 象鳥獸蟲魚	33568
易	 毛公鼎		金文	易，金文中皆用爲賞賜之錫，錫有賜、與二義。本銘屬於後者。	董作賓 毛公鼎考年注釋	36038
易			金文	從“易”字作“益”（字形略）可以看出易是益的簡化。	郭沫若 由周初四德器的考釋談到殷代已在進行的文字簡化 文物 1959 年 7 月	36042
易	 頌鼎		金文	甲骨文易，後借用爲變易簡易等意，乃加日爲義符作“暘”，表“日覆之暫見”這一本義。周時“易”借爲賞賜義，秦人添造賜錫，蓋賞以金爲錫，賞以貝爲賜。後世習用錫或賜，而易不復借爲賞賜矣。	高鴻縉 頌器考釋	36040
易			甲骨	易日即錫日，天雨求賜日也。	饒宗頤 殷代貞卜人物通考 卷三	33569
易			金文	此爲乍晴乍蔭之意，倚日畫雲挂及光綫露出之形，引申爲變易、交易等意。	高鴻縉 中國字例二篇	36039
易	 小臣謎簋		金文	易爲錫本字，字形象一平淺釜器中斜傾錫液。	勞幹 古文字試釋 史語所集刊第四十本上 1969 年	36037
易	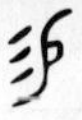		金文	金文中的易是否就是益的省形卻還是值得懷疑的。我們暫時只能相信益、易的通假只是古音同部的關係。	張光裕 先秦泉幣文字辯疑 中國文字 1970 年 9 月	36045

昜	 德方鼎		金文	德鼎用益爲錫，當是同聲相借，決非字形演變之簡化。金文中之“昜”，有帶點者，明其右半從日，正像雲開而見日出，左半之彡像陽光之下射也。	嚴一萍　中國文字　1971 年 6 月	36043
昜			金文	高鴻縉以昜爲暘之本字，爲乍晴乍陰之意，引申爲變昜、交昜等意，説於字形字義字音並有據，可從。金文皆假爲賞賜之錫，故加日爲暘，而昜之本義遂不見矣。	林潔明、周法高主編　金文詁林　卷九	36047
昜	 麥盉		甲骨	此字應釋爲昜，賞賜也。	田昌五　周原出土甲骨中反映的商周關係　文物 1989 年	33570
昜	 郭/尊德義/37		楚簡	義爲改變。	陳偉　郭店竹書别釋	6354
昜	 郭/語叢二/23		楚簡	義爲和昜。	劉釗　郭店楚簡校釋	9334
昜	 上三/周昜/55		楚簡	變昜。	濮茅左　上海博物館藏戰國楚竹書　第三册　周昜	13954
昜	 郭/語叢二/23		楚簡	和悦、心安意。	連劭名　郭店楚簡《語叢》叢釋　孔子研究 2003 年 2 期	14146
昜			金文	通錫，即賜，義爲賞賜。	楊文山　青銅器麥盉與“邢侯征事”——兩周邢國歷史綜合研究之四　文物春秋 2004 年 2 月	15182
炅	 中山王譽壺		金文	該字從昜，亦省聲，昜之異體。在此讀爲愓。	張政烺　中山王譽壺及鼎銘考釋　古文字研究 1979 年 1 輯	17418
䁆			金文	《説文解字》無。從二昜相背，義爲悖。	容庚　金文編	16466

象部

象			說文	長鼻牙，南越大獸，三秊一乳，象耳牙四足之形。凡象之屬皆从象。	許慎 說文解字	
象	 師湯父鼎		金文	古作象鼻首四足尾之形，或象首及牙。	林義光 文源	36048
象			金文	象尊，尊銘全作象形。《周官・司尊彝》春祠夏禴，其再獻用兩象尊。尊以象銘，蓋其宜也。	薛尚功 歷代鐘鼎彝器款識法帖 卷二	33571
象	 象祖辛鼎		金文	是器鼎也，而銘之以象，何也？《博古録》云："易之六十四卦皆象也。"蓋鼎之爲卦，上離下巽，以木巽火，有鼎之體，此畫象形，其亦準易而著之耶？	薛尚功 歷代鐘鼎彝器款識法帖 卷九	33572
象			甲骨	篆文但見長鼻及足尾不見耳牙之狀。卜辭亦但象長鼻。蓋象之尤異於他畜者其鼻矣。	羅振玉 增訂殷虛書契考釋 卷中	33576
象	 匡卣		金文	"象舞"二字，《攈古録》上字釋"爲"，下字未釋。孫釋"爲器"。案：古爲字從"爪"、"象"，此僅一象形，不從"爪"，非"爲"字也。	郭沫若 兩周金文辭大系圖録考釋 匡卣	33579
象			甲骨	卜辭翼辭有"象入"，是即鼎銘所謂象氏乎？今以甲骨文、金文證之，知商代確有象氏爾。	丁山 甲骨文所見氏族及其制度 殷商氏族方國志	33582
象	 噩君啓車節		金文	此亦是象字。象禾，地名。今河南泌陽縣東北有象河関。	殷滌非 壽縣出土的"鄂君啓金節" 文物 1958 年 4 期	33581
象				俱象長鼻豐首巨身及前後足與尾之形。狀象如繪。	高鴻縉 中國字例 二篇	33580

象	 象且辛鼎		甲骨	契文之象但著其長鼻，下見耳牙，爲象之特徵。	王襄 古文流變臆説	33574
象			金文	兔象的區别爲兔體尾短而上翹，象體長尾或歧尾而下垂。	商承祚 談鄂君啓節銘文中幾個文字和幾個地名等問題 中華文史論叢 1965年6輯	36051
象			甲骨	象大象之形。甲骨文以長鼻巨齒爲其特徵。	徐中舒 甲骨文字典 卷九	33583
象	 噩君啓車節		金文	西周金文時，象字從不帶有上翹的尾形，而兔字一律帶有短尾。由此可以知道鄂君啓節的這個形體應釋作象而不應釋作兔。	劉釗 第三届國際中國古文字學研討會論文集 金文考釋零拾	33585
象	 郭/老子丙/4		楚簡	“大象”指“道”而言。	劉釗 郭店楚簡校釋	7089
豫	 古文		説文	象之大者。賈侍中説：不害於物。从象予聲。古文。	許慎　説文解字	
豫	 寧鼎		金文	地名。其字從象。河南古爲産象之區，《左傳》有鄢，從爲即從象，鄢即鄬，後隸書邑誤爲予，而爲豫字。豫者象邑，故中州爲豫州，亦實象州。此字作𦞣，明其地産象。蓋爲鄢、鄬、豫之初文，則其地實爲今之河南可知。	吴其昌 金文厤朔疏證 卷一	33587
豫			篆文	《禹貢》豫州之豫，爲象邑二字之合文。《説文》從予乃從邑之訛。予爲晚出字。豫當以産象得名，與秦時之象郡以産象得名者同。此又爲古代河南産象之一證。	徐中舒 殷人服象及象之南遷 歷史語言研究所集刊2册1930年	33586
豫	 寧鼎		金文	從肉從象，乃國族名，殆即豫州之豫。從肉蓋以喻其物大也。	郭沫若 兩周金文辭大系圖録考釋 寧鼎	33588
豫				案：據《汗簡》引華岳碑象字，則此似亦當如此作，段改近之。	商承祚 説文中之古文考	42318

豫	 包/文書/7		楚簡	即《鄂君啓節》豫之省形。	劉彬徽、彭浩、胡雅麗、劉祖信 包山楚簡	3188
豫		⿰⿱八吕象	金文	應隸寫作蛎，即小篆“豫”的繁化。《古文四聲韻》“豫”讀“舍”、“捨”、“舒”，是本銘“豫”讀“舍”的佳證。	何琳儀 古璽雜識續 古文字研究 1992 年 19 輯	60153
豫		⿰⿱八吕象	璽印	此字左所從應釋爲予，右應釋爲象。即豫字。璽文“豫”均爲人名。	何琳儀 古璽雜識續 古文字研究 1992 年 19 輯	33591
豫	 郭/六德/33	⿰公⿱⺈月	楚簡	各家隸定作“豫”，字形可參包山簡 7、11“豫”字。借爲“舍”。簡文“舍”、“求”相對爲文。“舍其志”，舍其殺伐征戰之志。	劉信芳 郭店楚簡《六德》解詁一則 古文字研究 2000 年 22 輯	6812
豫	 郭/六德/33	⿰公⿱⺈月	楚簡	即“豫”字異體，疑讀爲“抒”。“抒其志”即抒發志向。	劉釗 郭店楚簡校釋	6813
豫	 上四/曹沫之陳/50	⿰⿱八吕象	楚簡	“退豫”，讀“復豫”，疑指重整隊形。“豫”或讀爲“叙”。	李零 上海博物館藏戰國楚竹書 第四册 曹沫之陳	1853
豫	 上四/曹沫之陳/19	⿰⿱八吕象	楚簡	從文義看，似與“陳”相似而有別：“陳”是臨戰狀態下的固定陣形，而“豫”則是趨戰過程中臨時采取的隊形。“豫”在“陳”前，還没有形成“陣”。此字也有可能是讀爲“叙”，“叙”有列次之義。	李零 上海博物館藏戰國楚竹書 第四册 曹沫之陳	3450
豫	 上四/曹沫之陳/43	⿰⿱八吕象	楚簡	“陳未豫”，似指没有排列好陣形。“豫”，或讀爲“叙”。	李零 上海博物館藏戰國楚竹書 第四册 曹沫之陳	3685

豫	 上四/曹沫之陳/19	⿰⿱八吕象	楚簡	“豫”字本篇多見，原注釋不確。楚簡文字已數見以“豫”爲“舍”，如今本《周易·頤》初九爻辭“舍尔靈龜”，《上海博物館藏戰國楚竹書（三）·周易》簡24“舍”作“豫”；《論語·子路》：“（孔子）曰：舉爾所知。爾所不知，人其舍諸？”《上海博物館藏戰國楚竹書（三）·仲弓》簡10“舍”作“豫”，等等。簡文之“豫”皆顯然亦當讀爲“舍”，意爲“軍隊駐扎”（動詞）或“軍隊駐扎之所”（名詞）。《吴子·圖國》：“吴子曰：‘昔之圖國家者，必先教百姓而親萬民。有四不和：不和於國，不可以出軍；不和於軍，不可以出陳；不和於陳，不可以進戰；不和於戰，不可以決勝……”“四不和”較此處簡文之“三不和”多出“不和於戰”一項，餘則與簡文相應，“軍”即簡文之“舍”。	陳劍 上博竹書《曹沫之陳》新編釋文（稿） 簡帛研究網 2005年2月12日	3846
豫		⿱宀⿻豕十	金文	此即豫字古文。《四聲韻》作辱。	潘祖蔭 攀古樓彝器款識 季悆鼎	36504
⿰谷象	 上三/周易/24		楚簡	讀爲“舍”。	濮茅左 上海博物館藏戰國楚竹書 第三册 周易	13619
⿰谷象	 上三/中弓/10		楚簡	音近讀爲“舍”。“舍”字從余得聲。“舍”爲魚部書紐，“豫”爲魚部喻紐字，兩字叠韻，喻、書旁紐。	李朝遠 上海博物館藏戰國楚竹書 第三册 中弓	13362
⿰谷象	 上三/周易/24		楚簡	此字從八從吕從象，其實是戰國文字“豫”的常見寫法。當釋爲“豫”，讀爲“予”。馬王堆帛書本和今本《周易》相應之字均作“舍”，與竹書用字辭義相通。	陳偉 楚竹書《周易》文字試釋 簡帛研究網 2004年4月18日	1710

馬部

馬	  古文  籀文	影	説文	怒也。武也。象馬頭髦尾四足之形。凡馬之屬皆从馬。古文。籀文馬與影同，有髦。	許慎　説文解字	
馬			甲骨	要皆馬之原始象形字。	孫詒讓 名原 卷上	33593
馬			甲骨	龜文馬有數體，亦皆象形。	孫詒讓 契文舉例 卷下	33592
馬			甲骨	卜辭諸字形雖屢變，然一見可知爲馬字。	羅振玉 增訂殷虛書契考釋 卷中	33595
馬		影	篆文	與影形略似，但影從彡不能得髦形，當爲轉寫之失矣。	王國維 史籀篇疏證 王國維遺書第六册 1983 年	33594
馬			石鼓	馬見於金文者與石鼓同，足證張德容説小篆馬爲籀文，小篆因之，非小篆所始有。	强運開 石鼓釋文 甲鼓	33596
馬	 令鼎		金文	“先馬”就是後世俗語所説的“頂馬”。	于省吾 殷代的交通工具和馹傳制度 吉林大學社會科學學報 1995 年 2 期	33598
馬		禡	甲骨	爲馬之繁形。讀如師祭之禡。	饒宗頤 殷代貞卜人物通考 卷五	33600
馬				戈文馬字象頭嘴耳目鬣足身尾之形。甲文馬字正由此簡化。周人以目代首，並省去肚皮，小篆又略省。	高鴻縉 中國字例 二篇	33599
馬	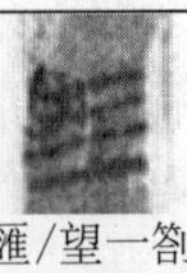 匯/望一劄記/92		楚簡	獻馬，爲秦曆年終之月，當夏曆九月，楚曆九月，入秦後改屬十二月。	曾憲通 楚月名初探 中山大學學報 1980 年 1 期	9979
馬	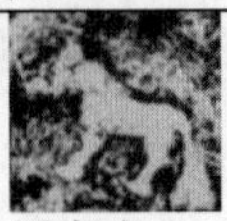 馬永卣		金文	馬應是族氏徽號。永是作器的人名。	石志廉、楊桂榮 中國歷史博物館所藏部分商代青銅器 中國歷史博物館館刊 1982 年 4 期	33601

馬			楚簡	《周禮·夏官·校人》“乘馬一師四圉”，鄭玄引鄭司農曰：“四馬爲乘。”	湖北省博物館 曾侯乙墓	5754
馬	 曾/167		楚簡	職官名。疑與《左傳》中的“乘馬禦”相當。	湖北省博物館 曾侯乙墓	5854
馬			金文	“馬母”即中山王圓壺“百母”，“馬”與“百”雙聲疊韻，音近可通。總之“馬”和“百”，“母”和“每”都是以脣音爲紐帶的一聲之轉。中山王圓壺的“百每”即典籍“勉閔”。	何琳儀 戰國文字通論	33603
馬			璽印	字應釋作馬。璽文爲“馬府”。此璽應爲管理馬匹的機構的官印。	劉釗 璽印文字釋叢（一） 考古與文物 1990 年 2 期	33604
馬	 包/文書/81		楚簡	職官名。	劉彬徽、彭浩、胡雅麗、劉祖信 包山楚簡	2510
馬	 匯/望一劄記/92		楚簡	獻馬，代月名。	商承祚 戰國楚竹簡匯編 望山一號楚墓竹簡疾病雜事劄記	9978
馬			金文	金文馬用作牲畜名，或用作官名。	戴家祥 金文大字典 卷下	33605
馬			楚簡	疑即右司馬之簡稱，爲楚職官名。	商承祚 戰國楚竹簡匯編 望山一號楚墓竹簡疾病雜事劄記	7873
馬	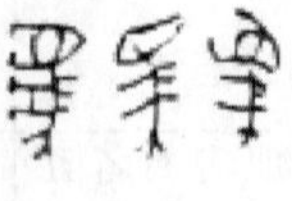		甲骨	卜辭中有的馬爲馬匹之馬，可供駕車、騎乘或祭祀之用。有的則與軍事活動有關，爲商王朝征伐軍隊中的特殊兵種，即馬隊。	王宇信 甲骨文“馬”“射”的再考察——兼駁馬、射與戰車相配置 第三届國際中國古文字學研討會論文集 1997 年 10 月	16071
馬	 郭/窮達以時/8		楚簡	邸思少司馬，楚職官名。亦見於包山楚簡。	彭浩、劉祖信、王傳富 郭店楚墓竹簡	8001
騭			説文	牡馬也。从馬陟聲。讀若郅。	許慎　説文解字	

隲	 大鼎	⿰山馬	金文	字從馬，從馬蹄在山上，爲隲之異文。	高田忠周 説文古籀篇 卷九十二 大鼎	36069
馬			説文	馬一歲也。从馬；一，絆其足。讀若弦。一曰若環。	許慎　説文解字	
駒			説文	馬二歲曰駒，三歲曰駣。从馬句聲。	許慎　説文解字	
駒			甲骨	從馬句聲。言馬子句曲未長成也。	孫海波 中國大學講義（內刊） 甲骨金文研究	33609
駒	 兮甲盤		金文	馬能駕車似非小馬。	方濬益 綴遺齋彝器款識考釋 卷七 兮甲盤	36057
駒			金文	執駒當是一種典禮，鄭玄云："執猶拘也。"其説是也。	郭沫若 文史論集 1961 年	36058
駒			金文	執駒當是一種典禮，古時候王者有考牧簡畜的制度。"執"，器蓋文從執訊之訊，從句，句當是聲，字蓋古拘字。	郭沫若 文史論集	33613
駒			甲骨	象意字。當即駒之初文。隻駒，就是將馬駒抓獲，很可能就是"執駒"。到了周代，"執駒"成爲馬政中的重典。	王宇信 商代的馬和養馬業 中國史研究 1979 年 4 期	33614
⿰馬八			説文	馬八歲也。从馬从八。	許慎　説文解字	
騆			説文	馬一目白曰騆，二目白曰魚。从馬閒聲。	許慎　説文解字	
騏			説文	馬青驪，文如博棊也。从馬其聲。	許慎　説文解字	
驪			説文	馬深黑色。从馬麗聲。	許慎　説文解字	
驪		⿰馬利	甲骨	從馬利聲。殆是許書之驪字。古利麗同音。	羅振玉 增訂殷虛書契考釋 卷中	33618
驪			甲骨	卜辭以從麗從馬爲馬名。義同。	唐蘭 殷虛文字記	33620

驪		駲	甲骨	從馬從利，利爲聲符。羅爲是驪。卜辭爲馬名。蓋與後世以馬色爲馬名者相同。	徐中舒 甲骨文字典 卷十	33621
駽			説文	青驪馬。从馬肙聲。《詩》曰："駜彼乘駽。"	許慎　説文解字	
騩			説文	馬淺黑色。从馬鬼聲。	許慎　説文解字	
騩			甲骨	新發現的字，當是指毛色淺黑的一種馬。	劉一曼、曹定云 殷墟花東 H3#卜辭中的馬——兼論商代馬匹的使用 殷都學刊 2004 年 1 期	15927
騮			説文	赤馬黑毛尾也。从馬畱聲。	許慎　説文解字	
騢			説文	馬赤白雜毛。从馬叚聲。謂色似鰕魚也。	許慎　説文解字	
騅			説文	馬蒼黑雜毛。从馬隹聲。	許慎　説文解字	
騅			金文	按此篆類騅而稍異。隹下所多之形或隹之衍筆。	戴家祥 金文大字典 卷下	33627
駱			説文	馬白色黑鬣尾也。从馬各聲。	許慎　説文解字	
駱			漢簡	駱蘇殆落蘇。落蘇，茄子之别稱。	張標 漢簡帛筆記三則 考古與文物 1987 年 5 期	33629
駰			説文	馬陰白雜毛。黑。从馬因聲。《詩》曰："有駰有騢。"	許慎　説文解字	
驄			説文	馬青白雜毛也。从馬悤聲。	許慎　説文解字	
驈			説文	驪馬白胯也。从馬矞聲。《詩》曰："有驈有騜。"	許慎　説文解字	
駹			説文	馬面顙皆白也。从馬尨聲。	許慎　説文解字	
騧	  籀文		説文	黄馬，黑喙。从馬咼聲。籀文騧。	許慎　説文解字	
驃			説文	黄馬發白色。一曰白髦尾也。从馬𤐫聲。	許慎　説文解字	
駓			説文	黄馬白毛也。从馬丕聲。	許慎　説文解字	

驖			説文	馬赤黑色。从馬戴聲。《詩》曰：“四驖孔阜。”	許慎　説文解字	
驖	 多友鼎		金文	字從車從或從辵。字書所無，疑即驖字。	戴家祥 金文大字典 卷下	33640
騂			説文	馬頭有發赤色者。从馬岸聲。	許慎　説文解字	
馰			説文	馬白頟也。从馬，的省聲。一曰駿也。《易》曰：“爲的顙。”	許慎　説文解字	
馰	 郭/窮達以時/10		楚簡	此字後缺一“於”字。此字在此當讀爲約，有約束、節制之義。	白於藍 郭店楚墓竹簡考釋（四篇）簡帛研究 2001 年	8007
駁			説文	馬色不純。从馬爻聲。	許慎　説文解字	
駁				駁，從馬爻。	林義光 文源	33644
駁			甲骨	此殆即許書之駁。	羅振玉 增訂殷虛書契考釋 卷中	33643
駁			甲骨	駁，從羅振玉釋。雜色馬也。	屈萬里 殷墟文字甲編考釋	33646
駁			甲骨	駁。皆馬名。蓋即雜色馬之專名。引申以爲凡不純之偁。	李孝定 甲骨文字集釋 卷十	33647
駁			楚簡	駁。右從即爻。	湯餘惠 包山楚簡讀後記 考古與文物 1993 年 2 期	33648
馵			説文	馬後左足白也。从馬，二其足。讀若注。	許慎　説文解字	
驔			説文	驪馬黄脅。从馬覃聲。讀若簟。	許慎　説文解字	
驠			説文	馬白州也。从馬燕聲。	許慎　説文解字	
騽			説文	馬豪骭也。从馬習聲。	許慎　説文解字	
騽			甲骨	騽，卜辭從馬從古友字，疑許訛爲從習。	羅振玉 增訂殷虛書契考釋 卷中	33654

騽			甲骨	羅釋騽甚是。然謂所從習爲古文友字則蛇足也。其分明從羽從日，許之誤在訛日爲白。	郭沫若 卜辭通纂	33655
騽			甲骨	騽字。驗卜辭似以訓驪馬黄脊爲優。	唐蘭 殷虚文字記	33657
[illegible]			説文	馬毛長也。从馬倝聲。	許慎　説文解字	
騛			説文	馬逸足也。从馬从飛。《司馬法》曰："飛衛斯輿。"	許慎　説文解字	
驁			説文	駿馬。以壬申日死，乘馬忌之。从馬敖聲。	許慎　説文解字	
驁	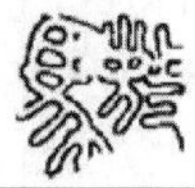	驐	石鼓	驐。此云六轡驐驐，蓋亦猶樂名。驁，夏取翱翔之意也。	强運開 石鼓釋文	33660
驥			説文	千里馬也，孫陽所相者。从馬冀聲。天水有驥縣。	許慎　説文解字	
駿			説文	馬之良材者。从馬夋聲。	許慎　説文解字	
駿	 毛公鼎		金文	當即駿之異文。駿，長也。此言庴長於公族。故命司公族。	吴大澂 毛公鼎釋文	33663
驍			説文	良馬也。从馬堯聲。	許慎　説文解字	
騒	 籀文		説文	馬小皃。从馬垂聲。讀若箠。籀文从𠂹。	許慎　説文解字	
驕			説文	馬高六尺爲驕。从馬喬聲。《詩》曰："我馬唯驕。"一曰野馬。	許慎　説文解字	
驕			甲骨	卜辭從馬蒿聲，字書所無。其義爲馬名。以聲推之，疑即驕之或體。	唐蘭 殷虚文字記	33670
驕			甲骨	字書所無，其義爲馬名，以聲類推之，疑即驕之或體。或因此馬軀體健壯雄偉，故名之曰驕。	王宇信 商代的馬和養馬業 中國史研究 1980 年 1 期	33671
騋			説文	馬七尺爲騋，八尺爲龍。从馬來聲。《詩》曰："騋牝驪牡。"	許慎　説文解字	

驩			説文	馬名。从馬雚聲。	許慎　説文解字	
驗			説文	馬名。从馬僉聲。	許慎　説文解字	
䭸			説文	馬名。从馬此聲。	許慎　説文解字	
䮌			説文	馬名。从馬休聲。	許慎　説文解字	
駮			説文	馬赤鬣縞身，目若黄金，名曰媽。吉皇之乘，周文王時，犬戎獻之。从馬从文，文亦聲。《春秋傳》曰："媽馬百駟。"畫馬也。西伯獻紂，以全其身。	許慎　説文解字	
馶			説文	馬彊也。从馬支聲。	許慎　説文解字	
駜			説文	馬飽也。从馬必聲。《詩》云："有駜有駜。"	許慎　説文解字	
駜			甲骨	《甲骨文編》把這個字隸定爲從壬從馬，附在馬部之末。這個字可以釋爲駜。在卜辭中是一種馬的名稱，字義與《説文》有别。	裘錫圭 釋柲 古文字研究 1980 年 3 輯	33680
駜	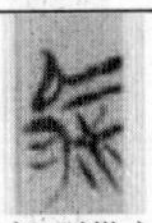 郭/緇衣/42		楚簡	讀作"匹"。今本作"正"。鄭注："正當爲匹，字之誤也，匹謂知識朋友。"	彭浩、劉祖信、王傳富 郭店楚墓竹簡	7643
駫			説文	馬盛肥也。从馬光聲。《詩》曰："四牡駫駫。"	許慎　説文解字	
騯			説文	馬盛也。从馬旁聲。《詩》曰："四牡騯騯。"	許慎　説文解字	
駉			説文	駉駉，馬怒皃。从馬卬聲。	許慎　説文解字	
驤			説文	馬之低仰也。从馬襄聲。	許慎　説文解字	
驀			説文	上馬也。从馬莫聲。	許慎　説文解字	
騎			説文	跨馬也。从馬奇聲。	許慎　説文解字	

駕	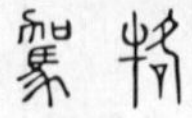 籀文	牫	說文	馬在軛中。从馬加聲。牫籀文駕。	許慎　說文解字	
駕			石鼓	楊升庵釋作駕。是也。段注云。駕之言以車加於馬也。運開按。此爲會意字。	强運開 石鼓釋文	33687
騑			說文	驂，旁馬。从馬非聲。	許慎　說文解字	
駢			說文	駕二馬也。从馬并聲。	許慎　說文解字	
驂			說文	駕三馬也。从馬參聲。	許慎　說文解字	
驂			石鼓	驂，《說文》駕三馬也。張德容云：《左傳》載虢公晉侯朝王皆賜馬三匹，可知周時有駕三馬之制。足證鼓爲周物無疑也。	强運開 石鼓釋文	33691
驂	 曾/142		楚簡	自此簡至208號簡爲一類，主要記駕車的馬。	湖北省博物館 曾侯乙墓	442
驂	 曾/178		楚簡	謂駕三馬。	湖北省博物館 曾侯乙墓	5868
駟			說文	一乘也。从馬四聲。	許慎　說文解字	
駟	 伯駟父盤		金文	《說文》從馬四聲。按四聲兼意。金文用作人名，無釋。或以其專長職業命名。	戴家祥 金文大字典 卷下	33694
駙			說文	副馬也。从馬付聲。一曰近也。一曰疾也。	許慎　說文解字	
騔			說文	馬和也。从馬皆聲。	許慎　說文解字	
騀			說文	馬搖頭也。从馬我聲。	許慎　說文解字	
駊			說文	駊騀也。从馬皮聲。	許慎　說文解字	
騊			說文	馬行皃。从馬舀聲。	許慎　說文解字	
篤			說文	馬行頓遲。从馬竹聲。	許慎　說文解字	

篤		亯	甲骨	疑爲篤字。《説文》篤，馬行遲鈍，從馬竹聲。管，厚也，從亯竹聲，讀若篤。是篤、管義近可爲一字之通用，管字形與此字形相近，亯或爲此字變形，故疑爲篤字。	柯昌濟 《殷墟卜辭綜類》例證考釋 古文字研究 1989年16輯	33700
騤			説文	馬行威儀也。从馬癸聲。《詩》曰："四牡騤騤。"	許慎 説文解字	
鷽			説文	馬行徐而疾也。从馬，學省聲。	許慎 説文解字	
駸			説文	馬行疾也。从馬，侵省聲。《詩》曰："載驟駸駸。"	許慎 説文解字	
馺			説文	馬行相及也。从馬从及。讀若《爾雅》"小山馺，大山峘"。	許慎 説文解字	
馮			説文	馬行疾也。从馬冫聲。	許慎 説文解字	
馮	 姑馮昏同之子句鑃		金文	此字左邊從冰固無疑，右旁所從實鳳之奇文。釋馮至當，蓋此字本從奇文鳳、仌聲。從鳳鳥者取鳳鳥之馮風也。馮從馬作者乃後來之訛變。	郭沫若 兩周金文辭大系圖録考釋 姑馮句鑃	33705
馮			金文	馮、憑爲古今字。馮是依馮之馮。	戴家祥 金文大字典 卷下	33707
駬			説文	馬步疾也。从馬耴聲。	許慎 説文解字	
騃			説文	馬行仡仡也。从馬矣聲。	許慎 説文解字	
驟			説文	馬疾步也。从馬聚聲。	許慎 説文解字	
駒			説文	馬疾走也。从馬匃聲。	許慎 説文解字	
颿			説文	馬疾步也。从馬風聲。	許慎 説文解字	
驅	  古文	敺	説文	馬馳也。从馬區聲。敺古文驅从攴。	許慎 説文解字	

驅		毆	金文	從攴不從馬，攴爲以手執策有駕馭之意，從馬之驅爲後起。	商承祚 説文中之古文考	28132
驅		敺	甲骨	契文從馬從攴，與馭字從又略異，而爲會意字則同。蓋馭爲使馬，故從又，驅則鞭之使前，故從攴。前三文從馬省，弟四文則象策馬之狀如繪字。讀區聲。	李孝定 甲骨文字集釋 卷十	33716
驅	 毆卣	毆	金文	疑爲驅之異體。	戴家祥 金文大字典 卷中	33717
驅	 上三/周易/10		楚簡	三面而驅。	濮茅左 上海博物館藏戰國楚竹書第三册 周易	13659
馳			説文	大驅也。从馬也聲。	許慎　説文解字	
騖			説文	亂馳也。从馬敄聲。	許慎　説文解字	
䮮			説文	次弟馳也。从馬列聲。	許慎　説文解字	
騁			説文	直馳也。从馬甹聲。	許慎　説文解字	
駾			説文	馬行疾來皃。从馬兑聲。《詩》曰："昆夷駾矣。"	許慎　説文解字	
駃			説文	馬有疾足。从馬失聲。	許慎　説文解字	
駻			説文	馬突也。从馬旱聲。	許慎　説文解字	
駧			説文	馳馬洞去也。从馬同聲。	許慎　説文解字	
驚			説文	馬駭也。从馬敬聲。	許慎　説文解字	
駭			説文	驚也。从馬亥聲。	許慎　説文解字	
䭯			説文	馬奔也。从馬亢聲。	許慎　説文解字	
騫			説文	馬腹縶也。从馬，寒省聲。	許慎　説文解字	
駐			説文	馬立也。从馬主聲。	許慎　説文解字	

駐	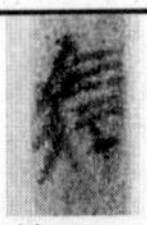 曾/163		楚簡	馬名。與《説文》訓爲“馬立”之“駐”當非一字，其確義待考。	湖北省博物館 曾侯乙墓	476
馴			説文	馬順也。从馬川聲。	許慎　説文解字	
馴			璽印	此字當釋爲從馬川聲的馴字。	劉樂賢 秦漢文字釋叢 考古與文物 1991年6期	33733
駗			説文	馬載重難也。从馬㐱聲。	許慎　説文解字	
驙			説文	駗驙也。从馬亶聲。《易》曰：“乘馬驙如。”	許慎　説文解字	
騺			説文	馬重皃。从馬執聲。	許慎　説文解字	
鞠			説文	馬曲脊也。从馬鞠聲。	許慎　説文解字	
騬			説文	犗馬也。从馬乘聲。	許慎　説文解字	
騬	 包/文書/93		楚簡	應爲“駁”，《説文》：“駁，馬色不純。從馬，爻聲。”	湯餘惠 包山楚簡讀後記 考古與文物 1993年2期	2548
騬	 包/文書/93		楚簡	此乃駁字。	何琳儀 包山竹簡選釋 江漢考古 1993年4期	2549
馻			説文	系馬尾也。从馬介聲。	許慎　説文解字	
騷			説文	擾也。一曰摩馬。从馬蚤聲。	許慎　説文解字	
馽	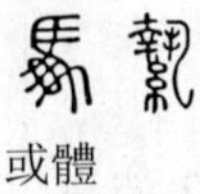 或體	縶	説文	絆馬也。从馬，囗其足。《春秋傳》曰：“韓厥執馽前。”讀若輒。縶馽或从糸執聲。	許慎　説文解字	
馽			甲骨	古縶字。象拘攣罪人之形，爲縶之本義。絆馬其借義也。	王襄 簠室殷契類纂 正編卷十	33741
馽			甲骨	象繫繩於人頸，隸定當爲馽，蓋即縶本字。故亦作。從系從丮，可讀爲執。《集韻》：“執，執事者。”故馽有執事之義。	饒宗頤 殷代貞卜人物通考	44863

馽			甲骨	字象繫繩於人頸，蓋即縶本字。	饒宗頤 殷代貞卜人物通考 卷五	33743
馽			甲骨	契文象拘繫辠人並加手梏之形，當入糸部；或入羍部，以爲執之或體；或入手部，以爲摯之或體；於義均較適。許君以爲馽之重文，事類懸隔。失其次矣。	李孝定 甲骨文字集釋 卷十	33744
馽			盟書	象馬絆三足之形，當即馽字，也就是後世通行的縶字。	李裕民 侯馬盟書疑難字考 古文字研究 1981 年 5 輯	33745
駘			説文	馬銜脱也。从馬台聲。	許慎　説文解字	
駔	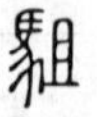		説文	牡馬也。从馬且聲。一曰馬蹲駔也。	許慎　説文解字	
騶			説文	廄御也。从馬芻聲。	許慎　説文解字	
騶	 趞鼎		金文	從馬從走，以意求之，殆即騶字。	戴家祥 金文大字典 卷下	33750
驛			説文	置騎也。从馬睪聲。	許慎　説文解字	
馹			説文	驛傳也。从馬日聲。	許慎　説文解字	
騰			説文	傳也。从馬朕聲。一曰騰，犗馬也。	許慎　説文解字	
騰			秦簡	騰讀爲謄。《説文》：“迻書也。”《繫傳》：“謂移寫之也。”	睡虎地秦墓竹簡整理小組 睡虎地秦墓竹簡	33756
騰			楚簡	“朕”即騰傳。《説文》：“騰，傳也。”帛書作朕省馬，主聲不主形也。在此騰有上升意，傳有下遞意。	陳邦懷 戰國楚帛書文字考證 古文字研究 1981 年 5 輯	33755
騅	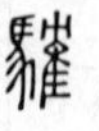		説文	苑名。一曰馬白頟。从馬隺聲。	許慎　説文解字	
駉	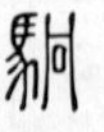		説文	牧馬苑也。从馬冋聲。《詩》曰：“在駉之野。”	許慎　説文解字	
駪			説文	馬衆多皃。从馬先聲。	許慎　説文解字	

駮			説文	獸，如馬，倨牙，食虎豹。从馬交聲。	許慎　説文解字	
駃			説文	駃騠，馬父贏子也。从馬夬聲。	許慎　説文解字	
騠			説文	駃騠也。从馬是聲。	許慎　説文解字	
驘	 或體	驘	説文	驢父馬母。从馬𣎆聲。驘或从羸。	許慎　説文解字	
驢			説文	似馬，長耳。从馬盧聲。	許慎　説文解字	
騡			説文	驢子也。从馬冢聲。	許慎　説文解字	
驒			説文	驒騱，野馬也。从馬單聲。一曰青驪白鱗，文如鼉魚。	許慎　説文解字	
騱			説文	驒騱馬也。从馬奚聲。	許慎　説文解字	
騊			説文	騊駼，北野之良馬。从馬匋聲。	許慎　説文解字	
騊			石鼓	當即駣字。《詩・車攻》作皁。蓋駣爲正字，皁則同音相叚借也。	强運開　石鼓釋文	33768
駼			説文	騊駼也。从馬余聲。	許慎　説文解字	
驫			説文	眾馬也。从三馬。	許慎　説文解字	
驫		驫	金文	驫，云爲氏。字即驫。然謂驫必姒姓，則證尚未充。	郭沫若　金文叢考　驫鐘銘考釋　器銘考釋	33774
驫			金文	此驫字《説文》所無，疑即驫之繁文。	容庚　善齋彝器圖録　驫羌鐘	33772
驫	 驫羌鐘	驫	金文	此字《説文》所無，疑即驫之繁文。	容庚　善齋彝器圖録　第三頁	36063
駛			説文	疾也。从馬吏聲。	許慎　説文解字	
駛		駛	甲骨	從馬從史。即駛字。亦作駛。此辭駛殆指良馬。	饒宗頤　殷代貞卜人物通考　卷十七	33775
駥			説文	馬高八尺。从馬戎聲。	許慎　説文解字	

騣			説文	馬鬣也。从馬㚇聲。	許慎　説文解字	
馱			説文	負物也。从馬大聲。此俗語也。	許慎　説文解字	
騂			説文	馬赤色也。从馬，觲省聲。	許慎　説文解字	
騂		羊	甲骨	羅振玉説即騂之本字。至確。義爲赤爲剛。羊牢者，謂其牲牢爲赤色特牛。	吴其昌 殷墟書契解詁	33776
騂		羊		字原爲牛羊赤色者，故從牛從羊會意。後人又以稱馬作騂。亦作騂。	高鴻縉 中國字例四篇	33777
騂		羊	甲骨	商承祚認爲即《説文》新附羊之初文。但卜辭之羊字不一定指馬，也可能指牛。	中國社會科學院考古研究所 小屯南地甲骨	33778
馬			石刻	馬旁加一畫，不知何字。前人釋馯，但視其位置居中，無干之餘地。	羅振玉 石鼓文考釋	17324
⿰馬匕	 曾/160		楚簡	此字從“馬”從“匕”，即“牝”的專字。	湖北省博物館 曾侯乙墓	474
⿰馬匕	 包/文書/80		楚簡	應釋“⿰馬匕”。	何琳儀 包山竹簡選釋 江漢考古 1993年4期	6152
⿰馬土			金文	爲牡馬專字。	容庚 金文編	17597
⿰馬土	 曾/197		楚簡	從“馬”從“土”，即“牡”的專字。此字下當漏寫一“爲”字。	湖北省博物館 曾侯乙墓	5878
駇			甲骨	或是駇字，意即紋身之馬也。上所從之偏旁既非鹿非麠非龟，卻近夢字。	丁驌 契文獸類及獸形字釋 中國文字1966年9月	17733
駇	 包/文書/151		楚簡	職官名。	劉彬徽、彭浩、胡雅麗、劉祖信 包山楚簡	6182
駇	 包/遺册/270		楚簡	御字。	劉彬徽、彭浩、胡雅麗、劉祖信 包山楚簡	6767

駇	 包/文書/33	駇	楚簡	簡文作⿰馬午，從馬午聲，讀如駇。	劉彬徽、彭浩、胡雅麗、劉祖信 包山楚簡	6057
䭾	 曾/144		楚簡	疑是人名。	湖北省博物館 曾侯乙墓	449
⿰馬六	 曾/171		楚簡	當是“六馬”的專字。	湖北省博物館 曾侯乙墓	5858
⿰馬午	 郭/成之聞之/16		楚簡	駕馭之馭專字。	劉釗 郭店楚簡校釋	8554
⿰匹馬	 曾/129		楚簡	此字亦見於曾姬無卹壺，從“馬”、“匹”聲，即“匹”的專字。	湖北省博物館 曾侯乙墓	1822
⿰匹馬	 曾/141		楚簡	此字原文殘缺，其下原來可能有“=”號，如此則應釋作“匹馬”。	湖北省博物館 曾侯乙墓	441
⿱羽馬			甲骨	⿱羽馬即獁，獁也作狗，狗又作狗，狗與狗乃後起的借字。	于省吾 甲骨文字釋林 釋⿱羽馬	16543
駂			金文	從缶聲，當爲鴇之借字，與鴇通。	孫詒讓 名原 卷下	17980
駂			石鼓	從馬缶聲，疑與阜音義同。	羅振玉 石鼓文考釋	17981
⿰馬廾	 曾/142		楚簡	或說此字是“駵”的訛體。“駵”即“騮”的或體。	湖北省博物館 曾侯乙墓	443
⿰馬可			陶文	從馬可聲。	陳偉武 《古陶文字徵》訂補 中山大學學報 1995 年 1 期	17860
⿰馬占	 甲骨文録 312 片		甲骨	從馬從歺，蓋假爲疒。	楊樹達 卜辭求義	17861
⿰馬坴	 包/文書/12		楚簡	所從之坴爲社之古字。	劉彬徽、彭浩、胡雅麗、劉祖信 包山楚簡	3214

駤	 包/文書/132 反		楚簡	疑指某種運載工具或傳輸方式。	劉彬徽、彭浩、胡雅麗、劉祖信 包山楚簡	4569
駤	 包/文書/12		楚簡	當讀作駐，即牡馬之牡。	李天虹 《包山楚簡》釋文補正 江漢考古 1993 年 2 期	3213
駤	 包/文書/132 反		楚簡	疑指某種運載工具或傳輸方式。	陳偉 包山楚司法簡 131—139 號考析 江漢考古 1994 年 4 期	4265
駤				從字形結構上看，該字應釋爲駤。	周寶宏 讀古文字雜記九則 于省吾教授百年誕辰紀念文集 1996 年 9 月	16580
駤	 上四/柬大王泊旱/16		楚簡	同“騺”。《集韻》：“騺，良馬。”《玉篇》：“騺，健馬也。”	濮茅左 上海博物館藏戰國楚竹書第四册 柬大王泊旱	3295
駤	 上四/柬大王泊旱/16		楚簡	當讀爲“馹”，驛車也。字之右旁爲“埶”的省寫。《尚書·堯典》：“格于藝祖。”《史記·五帝本紀》：“歸於祖禰廟。”《周禮·考工記·輪人》：“則無槷而固。”鄭注：“槷讀如涅。”《説文·水部》：“涅，黑土在水中者。從水，從土，日聲。”又《衣部》：“褻，私服也。從衣，埶聲。”又：“衵，日日所常衣。從衣，日聲。”褻衵音義相通。	孟蓬生 上博竹書（四）閒詁 簡帛研究網 2005 年 2 月 15 日	3886
駤	 上四/柬大王泊旱/16		楚簡	字從馬、從“執（藝）”省，當即“馹”的楚系特有的寫法，此字亦見《包山楚簡》“大駤尹”。	季旭昇 上博四零拾 簡帛研究網 2005 年 2 月 15 日	1070
馭	 上四/昭王毀室/6		楚簡	即“馭”，《説文·彳部》：“馭，古文御。”御，使馬也。	陳佩芬 上海博物館藏戰國楚竹書第四册 昭王毀室——昭王與龔之脽	3347
駕	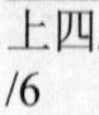	駘	甲骨	隸定爲駘。當爲駕之初文。	魯實先 殷契新詮卷三	33721

⿰馬孚	 曾/147		楚簡	《集韻•泰韻》：“⿰馬孚，馬毛班白。”	湖北省博物館 曾侯乙墓	459
⿰垂馬			甲骨	“⿰垂馬”，即小馬惶怖驚走奔突。	徐錫臺 周原出土卜辭試釋 四川大學學報叢刊 1982年10輯	16649
⿰牢馬			甲骨	用以祭祀，故加牢以別之。	商承祚 福氏所藏甲骨文字釋文	16581
⿰牢馬			甲骨	該字表示經過特殊飼養而用於祭祀之馬。	姚孝遂 牢窐考辨 古文字研究 1984年8輯	16582
騝			石刻	該字從建。	羅振玉 石鼓文考釋	16688
騝			石刻	騝騝，形容馬之壯健。	强運開 石鼓釋文	16689
騝			石刻	《説文》所無。	商承祚 石刻篆文編	16687
⿰馬京	 散盤		金文	此篆從馬從京，京蓋字聲，字書不收，古逸文也。	高田忠周 説文古籒篇 卷九十二	36067
騍	 曾/142		楚簡	疑此字即“騧”的異體。《説文•馬部》：“騧，黄馬黑喙。”	湖北省博物館 曾侯乙墓	446
⿰馬或	 曾/165		楚簡	此字也可能是“⿰馬孛”字，今暫且釋作“⿰馬或”。	湖北省博物館 曾侯乙墓	482
⿰岡馬	 大鼎		金文	《説文》所無。郭沫若云當與犅同意。	容庚 金文編	16701
⿰岡馬	 大鼎		金文	字從馬從岡，當同犅聲義略同，即驪，白雜毛之牡馬。	孫詒讓 名原 卷下	36068
⿰岡馬	 大鼎		金文	此當與犅同意。犅爲特牛，則此爲牡馬。	郭沫若 兩周金文辭大系圖録考釋	36070

⿰馬爯	 曾/146		楚簡	疑當讀爲"騬"。"少⿰馬爯"似指年歲小的閹割過的馬。	湖北省博物館 曾侯乙墓	454
⿰馬班	 曾/171		楚簡	從"班"聲。鄭玄注："雜色曰班。"當是指雜色的馬。	湖北省博物館 曾侯乙墓	5857
⿰馬古	 曾/176		楚簡	當從"古"聲。疑讀爲"騢"。《説文·馬部》："騢，馬赤白雜色。"	湖北省博物館 曾侯乙墓	5865
騮		⿰牢馬	甲骨	殷墟甲骨文中有一個從馬、從牢的字，過去的學者一般都把它看作是"牢"字。本文根據新出土的新蔡葛陵楚墓竹簡，認爲它是一個從馬、牢聲的字，讀作"騮"。	張新俊 釋殷墟甲骨文中的"騮" 古籍整理研究學刊 2005年5月	15962
⿰馬⿱襾丙			金文	⿰馬⿱襾丙字《説文》所無，金文用爲人名，義不可知。	林潔明、周法高主編 金文詁林 卷十	36071
⿰索馬			甲骨	新見字，從索從馬，是一種馬的名稱。	劉一曼、曹定云 殷墟花東H3#卜辭中的馬——兼論商代馬匹的使用 殷都學刊 2004年1期	15924
⿱乘馬	 曾/7		楚簡	可釋作"馬"，也可釋作"乘馬"。如屬前者，"⿱乘馬"當是"乘"的專字。	湖北省博物館 曾侯乙墓	5752
⿰馬甫	 曾/142		楚簡	當是"服馬"的專字。	湖北省博物館 曾侯乙墓	444
⿰馬甫	 曾/169		楚簡	此殘簡可能與上面168號殘簡爲一簡的斷片，兩斷片之間尚缺"□（馬名）爲左"三字。	湖北省博物館 曾侯乙墓	5855
騹	 郭/窮達以時/10		楚簡	就是"騏"，良馬。	白於藍 郭店楚墓竹簡考釋（四篇） 簡帛研究 2001年	8010
⿰馬幾	 郭/窮達以時/10		楚簡	此句據《韓詩外傳》和《説苑》推論。	彭浩、劉祖信、王傳富 郭店楚墓竹簡	8005

驜	 郭/窮達以時/10		楚簡	原書認爲即“驥”字，甚是。	趙平安 從楚簡“娩”的釋讀談到甲骨文的“娩妿” 簡帛研究 2001 年	8006
騽	 曾/183		楚簡	此字當釋爲“驔”。《毛傳》：“青驪驎曰驔。”	湖北省博物館 曾侯乙墓	5870
驫	 驫羌鐘		金文	驫所從字乃象馬首及髦鬣形。古璽文馬字下復綴二小畫。	徐中舒 驫氏編鐘圖釋	36062
驫		馬	陶文	馬爲驫省，這裏應與韓國陶工姓氏有關。	蔡全法 近年來“鄭韓故城”出土陶文簡釋 中原文物 1986 年 1 期	17032
驫			金文	該字所從象馬首及髦鬣形，姑隸定爲驫。不見字書。	戴家祥 金文大字典	17031
騉	 曾/147		楚簡	疑讀爲“騆”。《説文•馬部》：“馬一目白曰騆。”	湖北省博物館 曾侯乙墓	456
驡	 曾/166		楚簡	從“嚻”聲。“嚻”、“敖”古通。疑此字當讀爲“驁”。字或作“驐”。《説文・馬部》：“驐，駿馬。”	湖北省博物館 曾侯乙墓	1824

廌部

廌			説文	解廌，獸也，似山牛，一角。古者决訟，令觸不直。象形，从豸省。凡廌之屬皆从廌。	許慎　説文解字	
廌			甲骨	此亦象形獸，上有角似鹿，下形又與豕足同，當爲“廌”。	孫詒讓　契文舉例　卷下	33779
廌			甲骨	余意廌字。豸爲初文，廌乃緐文。	商承祚　甲骨文字研究　卷下	33780
廌	 包/遣册/265		楚簡	讀作薦，《周禮》注中有“備品物曰薦”。薦鼎，盛食之鼎。	劉彬徽、彭浩、胡雅麗、劉祖信　包山楚簡	6470
廌			金文	應即《説文》廌字。	于中航　螭藋戟小考　文物 1994 年 3 期	33784
廌			盟書	疑爲“廌”（薦）。	張頷　侯馬盟書分類例釋注　張頷學術文集 1995 年 3 月	33785
廌	 郭/語叢四/9		楚簡	裘按：《莊子》中“門”“存”爲韻（皆文部字）。此字古有“薦”音，“薦”是文部字。所以此字可讀爲“存”。	彭浩、劉祖信、王傳富　郭店楚墓竹簡	9074
廌	 上一/紂衣/5		楚簡	《廣雅・釋詁一》：“廌，灋也。”郭店簡作“灋”，今本作“全”。	陳佩芬　上海博物館藏戰國楚竹書　第一册　紂衣	11943

廌	 上一/紂衣/5		楚簡	“廌”，郭店本作“灋”，字形相近。原書引《廣雅・釋詁一》，指出“廌”、“灋”可以互訓。王念孫《廣雅疏證》卷一上說其詞義關聯在於“廌”即獬豸，古者決訟，令觸不直者。但這兩個字讀音相差較遠（“廌”是定母支部字，“灋”是幫母葉部字），不是通假字，而屬形近混淆。楚簡“灋”多用爲“廢”，“廌”多用爲“存”，一字之差，可以造成理解上完全相反，這裏從文義考慮，還是以作“灋”讀“廢”爲是。	李零 上博楚簡校讀記（之二）：《緇衣》上博館藏戰國楚竹書研究 2002 年	13511
廌	 上二/容成氏/48		楚簡	疑讀“盡”。下文“孟津”作“孟濜”，字亦從廌。	李零 上海博物館藏戰國楚竹書第二册 容成氏	12685
廌	 上一/紂衣/5		楚簡	陳先生（整理者）引《廣雅》文訓上博簡中的“廌”爲“灋”而與之相應的郭店簡文恰好作“灋”，但“廌”訓爲“灋”在典籍中未見用例，郭店簡文中的“灋”應從裘錫圭說（《郭店楚墓竹簡》按語，《中國古典學重建中應該注意的問題》，《北京大學中國古典文獻研究中心集刊》第 2 輯）讀爲“廢”。如一定認爲上博簡文的“廌”當對應郭店簡文的“灋”，則只可能“廌”是“灋”省，但證據尚嫌不足。“廌”可能應該讀爲“存”。	馮勝君 讀上博簡《緇衣》劄記二則 上博館藏戰國楚竹書研究 2002 年	5673
廌	 上三/周易/6	[illegible]	楚簡	此字上從“鹿”形，下從爪從衣，下所從即“衺”，於楚簡多讀爲“衣”，但亦讀“裼”、“狄”，於此當讀同“裼”、“狄”，作爲聲符用。如此，此字可逕通讀爲今本《周易》之“褫（徹紐支部）”。“裼”、“狄”上古音均爲定紐支部。另一考慮則可視此字爲“廌”之異體字。此字從“鹿”形、“衺（裼、狄）”聲，即“廌”字異體，	季旭昇 《上博三・周易》簡六“朝三褫之”説 簡帛研究網 2004 年 4 月 19 日	43521

				“廌”字上古音屬澄紐支部，與“豸（褫、狄）”韻同屬支部，聲同爲舌頭音。“廌”又與“褫”音近，“褫”字上古音屬徹紐支部，此字實當讀“褫”。釋義與今本《周易》並無不同。“終朝三褫之”意思是：一個早上被拿掉三次。		
𢊁			説文	解廌屬。从廌孝聲。闕。	許慎 説文解字	
𢊁			金文	從廌爻聲。郭釋𢊁可從。	林潔明、周法高主編 金文詁林 卷十	33788
薦			説文	獸之所食艸。从廌从艸。古者神人以廌遺黄帝。帝曰：“何食？何處？”曰：“食薦；夏處水澤，冬處松柏。”	許慎 説文解字	
薦			石鼓	此云馬薦，當是馬食之草。	張燕昌 石鼓文釋存	33789
薦	 鄭登伯鬲		金文	字從茻，小徐本《説文》有從草之字别從茻者，大篆也，此亦然。	劉心源 奇觚室吉金文述 卷八	36079
薦	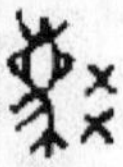 走簋		金文	薦字。遂艸於右旁異體也。	劉心源 奇觚室吉金文述 卷五 走簋二	33791
薦	 鄭登伯鬲		金文	薦從茻者。小徐本從艹之字别從茻者皆是大篆。此薦當亦然也。	劉心源 奇觚室吉金文述 卷八 鄭登伯鬲	33792
薦	 鄭登伯鬲		金文	薦者荐也。古作象人形，上象首，下象身及臂脛。從茻，象人卧草中形。	林義光 文源	33793
薦	 卲王之諻簋		金文	從廌從皿。疑是古薦字。此曰薦敨，當是祭器。	丁佛言 説文古籀補補 附録	33794

薦	 卲王之諻簋	盧	金文	此爲薦之異文，借爲進饗之義，故從皿，上省草。	高田忠周 說文古籀篇 卷九十一	36082
薦	 卲王之諻簋	盧	金文	此與薦同。	商承祚 十二家吉金圖録	36083
薦	 叔朕簠		金文	薦，獸所食草，從廌從草，此從茻，爲籀文。	方濬益 綴遺齋彝器款識考釋 卷八叔朕簠	36077
薦			金文	此篆右所從乃艸之體。從廌從艸，仍爲古薦字。	强運開 說文古籀三補 卷十	33797
薦			石鼓	薛尚功鄭魚仲均作薦，楊升庵作麃非是。此篆正是《説文》大篆從茻之例。	强運開 石鼓釋文	33796
薦	 叔朕簠		金文	薦。此從茻爲籀文。	方濬益 綴遺齋彝器款識考釋 卷八	33790
薦			甲骨	廌字象形，爲獸名。薦同薦。薦字從艸爲苴藉。盧字從皿字爲進獻。廌字象共牲首於几上，爲祭登牲首之專名。	于省吾 雙劍誃殷契駢枝校補	33799
薦	 卲王之諻簋	盧	金文	張政烺説字從皿從廌，決是薦字。	陳仁壽 金匱論古初集 第七卷第七十二頁	36085
薦	 鄭鄧伯鬲		金文	薦爲草名，古書以爲進獻者。	馬叙倫 讀金器刻詞	36084
薦	 卲王之諻簋		金文	與蔡侯申墓所出吴王光鑑的薦字略同，吴王光鑑的薦字從艸從廌從収，此則從皿從廌。薦是進獻的意思。	李零 楚國銅器銘文編年匯釋 古文字研究1986年13輯	33801
薦	 鄭鄧伯鬲		金文	薦也是一種祭祀。“薦壺”“薦鬲”“薦簠”即指薦祭所用之器。	戴家祥 金文大字典 卷下	33803

薦	 上二/子羔/12		楚簡	當作“藉墊”講。姜原在“攷(搴)而薦之”之際，既然並不知道上帝的降臨，所以也就無從將“芺”“進獻”給了上帝。所以原句意指姜原於冬日看到“芺”，感覺特别稀奇，拔取之後將它藉墊起來，表示愛惜。《宋書·符瑞志上》及《太平御覽》卷八〇五引《帝王世紀》在講到簡狄得燕卵之後“覆以玉筐”，其“覆”字用法可以參考。《史記·周本紀》：“飛鳥以其翼覆薦之。”則“覆”與“薦”本就是同一種類型的行爲。	白於藍 釋“玄咎” 簡帛研究網 2003年1月19日	4018
薦	 上二/子羔/12		楚簡	“薦”訓爲進獻，白於藍訓“薦”爲藉墊（白於藍《釋玄咎》，簡帛研究網站，2003年1月19日）似較迂曲。	林志鵬 戰國楚竹書《子羔》篇復原芻議 上博館藏戰國楚竹書研究續編 2004年7月	286
薦	 上柬 4		簡牘	疑此字是一個從衣省、廌省會意的字，爲“薦”字或體，在文中指薦祭之所。	張桂光《柬大王泊旱》編聯與釋讀略説 古文字研究 2006年26輯	41535
灋	  古文  今文	㕼 法	説文	刑也。平之如水，从水；廌，所以觸不直者；去之，从去。古文。今文省。	許慎　説文解字	
灋	 上一/紂衣/14	⿱亼圭	楚簡	今本作“法”，郭店作“灋”，上博作“⿱亼圭”。按：“⿱亼圭”應定爲“㕼”，即古文“法”字。《説文》廌部“灋”字下附古今二文，謂“法、今文省；㕼、古文”。	龐樸 上博藏簡零箋 上博館藏戰國楚竹書研究 2002年	14032
灋			楚簡	《説文》：“灋，刑也。平之如水，從廌，所以觸不直者去之，從去。”郭店簡“去”聲化爲“夫”聲。法，幫紐葉部，夫，幫紐魚部，聲紐相同。	張静 郭店楚簡中的變形音化現象 漢字研究 2005年1輯	15725

灋			璽印	《璽彙》3797 號璽亦爲雙面璽，一面印文爲“司馬法”，複姓“司馬”合文，另一面印文首字也是“司馬”合文，第二字以“嗌”爲聲旁，可讀爲“夷”。“法”和“夷”在典籍中都訓爲“常”。《爾雅·釋詁》：“法、彝，常也。”郝懿行《爾雅義疏》指出：“彝者……通作夷。《詩》‘串夷載路’、‘靡有夷屆’毛傳並云：‘夷，常也。’‘民之秉彝’《孟子》作‘民之秉夷’。《書》‘是彝是訓’，《宋世家》作‘是夷是訓’……”“法”本指“法則”，引申爲“常理”，所以可訓爲“常”。“彝”則本指宗廟常器，也引申有“常”義。此璽中，“法”和“△(夷)”一爲名，一爲字，同義相配。	肖曉暉 古璽名字解詁 漢字研究 2005 年 1 輯	15719
灋	 大盂鼎		金文	古灋字也，古文灋廢一字也。	吴大澂 説文古籀補	36088
灋	 師虎簋		金文	許印林説灋古法字。此借作廢。	吴式芬 攈古録金文 卷三之二 虎敦	33806
灋			金文	灋亦可讀薦。即灋字。借用之。	劉心源 奇觚室吉金文述 卷四 史頌	33807
灋			金文	從去灋聲，爲廢之古文。廢法雙聲旁轉。諸彝器勿灋朕命皆勿廢朕命。	林義光 文源	33809
灋	 蔡簋		金文	金銘“廢”皆用法字，蓋法有時而廢。於古人通作廢字，猶治亂謂之亂也。	薛尚功 歷代鐘鼎彝器款識法帖 卷十四 龙敦	33804
灋				古以法爲廢，此爲轉音通用。	高田忠周 古籀篇 卷九十一	33810
灋	 大盂鼎		金文	文中兩灋字均讀爲廢，唯義有別。上之“灋保先王”乃“大保先王”，下之“勿廢朕令即勿廢朕命”。	郭沫若 兩周金文辭大系圖録考釋 大盂鼎	33811

灋	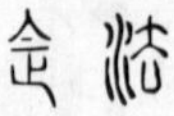			蓋灋法二字,一屬周初。一屬晚周。漢時亦通用之。法下“今文省”之“今”當爲古字寫誤。	商承祚 說文中之古文考	33813
灋			金文	字從廌去,如水平會意。後世省作法。	高鴻縉 中國字例 四篇	36091
灋			金文	“法度量則”的法本應作動詞理解,意爲效法。	王輝 秦銅器銘文編年集釋	33814
灋	 包/文書/16		楚簡	借作廢。	劉彬徽、彭浩、胡雅麗、劉祖信 包山楚簡	6036
灋			楚簡	發掘者隸爲定字,但或以爲是法字的古文。它與定字的字形相去較遠,隸定爲“法”才是對的。	許進雄 談與金有關的字 殷都學刊 1992 年 2 期	33815
灋		𢉎	楚簡	當是從去從廌的𢉎字,𢉎即灋,今通作法。	曾憲通 長沙楚帛書文字編	33816
灋	 包/文書/16		楚簡	其中“去”訛作“夫”形,“夫”遂聲化爲聲符。	何琳儀 包山竹簡選釋 江漢考古 1993 年 4 期	3234
灋	 中山王譽方壺		金文	張政烺認爲即灋字。此言“可法可尚”,蓋王譽欲以法節制飲酒。字從户,爲中山王器銘特殊的增飾符號。	戴家祥 金文大字典 卷中	33817
灋			楚簡	簡文從“水”從“去”從“薦”省,即“法”之初文“灋”。裘按:簡文“法”字疑當讀爲“廢”,二字古通。	彭浩、劉祖信、王傳富 郭店楚墓竹簡	7301
灋	 郭/六德/40		楚簡	讀爲“無所廢”。	劉信芳 郭店簡文字例解三則 “中央研究院”歷史語言研究所集刊第七十一本第四分 2000 年	9299
灋	 上二/昔者君老/3		楚簡	灋亞,即爲“廢惡”。	陳佩芬 上海博物館藏戰國楚竹書 第二册 昔者君老	13103

灋			楚簡	該字乃“法”字古寫。“法”字《説文》古文、《汗簡》、《古文四聲韻》中的形體與上博簡此字形體十分接近，故上博簡此字當即“法”之古文無疑。該字上部所從乃“全”字，並非“百”字，“百”字與此形近者乃晉系文字的寫法，楚文字中“百”字習見，從未見有作此形者。《説文》“全”字篆文與上博簡此字上部所從形同。另包山楚簡中“全”字很常見，亦可參。至於“法”字何以會從全從止，尚待考證。	白於藍《上海博物館藏戰國楚竹書（一）》釋注商榷 華南師範大學學報 2002 年 5 期	12650
灋	 上二/從政（乙篇）/2		楚簡	“膚（虧）法”，即破壞法令，與“枉法”意近。	顔世鉉 上博楚竹書散論（三）簡帛研究網 2003 年 1 月 19 日	3994
灋	 郭/老子甲/31		楚簡	讀爲乏，乏物意同奇物，即不可多得之物。	劉釗 郭店楚簡校釋	6558
灋	 郭/緇衣/9		楚簡	讀爲廢。	劉釗 郭店楚簡校釋	7231
灋	 上五/季庚/15		楚簡	原考釋讀爲“法”，恐有可商。疑當讀“廢”。“惡勿變，先人之所廢勿起”，應釋爲：國家有缺失卻不肯改變，先人所荒廢的事情不肯復興，那麼人民就會爲不善而犯罪，迷失了父子兄弟的倫常，而去行賄收賂。犯罪叫“坐”。	季旭昇 上博五芻議（上）簡帛網 2006 年 2 月 18 日	4826
灋	 上五/競建內之/3		楚簡	施行先聖王的綱紀法度。	陳佩芬 上海博物館藏戰國楚竹書 第五册 競建內之	2999
灋	 上三/亙先/13		楚簡	讀“廢”。	李零 上海博物館藏戰國楚竹書第三册 亙先	13531

灋	 上三/亙先/11		楚簡	疑指“舉天下之作强者”與其弱者（即“物後”與“物先”）並用而不廢。	李零 上海博物館藏戰國楚竹書第三册 亙先	13399
灋	 上三/亙先/11		楚簡	兩者不廢：不以成敗論也。	劉信芳 上博藏竹書《恒先》試解 簡帛研究網 2004年5月16日	2278
灋	 上三/亙先/11		楚簡	兩者不廢：無非是果與不果兩種結果。	龐樸 《恒先》試讀 簡帛研究網 2004年4月26日	1677
灋	 上三/亙先/11		楚簡	“舉天下之作，强者果天下之大作。其埶（勢）屯，不自若，作庸有？果與不果，兩者不廢”：這意思是説普天下的行事，强者可以成就天下的大業。但是那些形勢艱難的人，本來就不順，又怎麽能夠立業呢？如果循名責實的話，考察一個人，成功與不成功，兩者不能偏廢。	王志平 《恒先》管窺 簡帛研究網 2004年5月8日	1389
灋	 上三/亙先/5		楚簡	明明天行，唯復以不廢：種種天行中，唯有復不會中途而廢。參《老子》的“萬物並作，吾以觀復”。	龐樸 《恒先》試讀 簡帛研究網 2004年4月26日	1466
灋	 上三/亙先/5		楚簡	“唯復以不廢”即“唯復不廢”，其“以”字用法略同於“而”。	董珊 楚簡《恒先》初探 簡帛研究網 2004年5月12日	2947
灋	 上三/亙先/13		楚簡	灋，當讀爲“廢”。	丁四新 楚簡《恒先》章句釋義 簡帛網 2005年12月30日	1689
灋	 上三/亙先/11		楚簡	灋，即“法”，效法；此處不當讀爲“廢”。	丁四新 楚簡《恒先》章句釋義 簡帛網 2005年12月30日	2704

灋	 上三/亙先/13		楚簡	法：通廢，作癈。	趙建功 《恒先》易解（下） 簡帛研究網 2005 年 2 月 7 日	2705
灋	 上三/亙先/5		楚簡	法：通廢（癈），廢止。	趙建功 《恒先》易解（下） 簡帛研究網 2005 年 2 月 7 日	2706
灋	 上一/紂衣/14	金	楚簡	“法”，原作“[illegible]”，原書以爲從止從全，其實是從止從金，“金”即“灋”字的古文（《說文》卷十上、《汗簡》第八頁背和第二十六頁背、《古文四聲韻》卷五第二十九頁背）。古文“灋”應分析爲從宀從乏（比較正規的寫法是把“乏”字的最上一筆寫成斜畫，但不太正規的寫法則類似於“定”或“全”字），實即“窆”字（參看中山王墓《兆域圖》的“窆”字），並非“全”字。	李零 上博楚簡校讀記（之二）：《緇衣》 上博館藏戰國楚竹書研究 2002 年	14031
灋	 上一/紂衣/14	金	楚簡	“法”字寫作上全下止。今本“心以體全”的“全”，似是由這種寫法的“法”字簡省或訛變而致。“心以體全”，似應讀爲“心以體廢”。今本因訛抄成“心以體全”，與後面“君以民亡”不諧，遂增加字句以求一致。	劉樂賢 讀上博簡劄記 上博館藏戰國楚竹書研究 2002 年	10602
獻			盟書	即薦，謂進獻祭品。	張頷 侯馬盟書類例釋注 張頷學術文集 1995 年 3 月	33802

鹿部

鹿			説文	獸也。象頭角四足之形。鳥鹿足相似，从匕。凡鹿之屬皆从鹿。	許慎　説文解字	
鹿			石鼓	章釋爲麀。昌俺石本是鹿字。	張燕昌　石鼓文釋存	33818
鹿	 貉子卣		金文	此文象首形，古文首亦從目也。	孫詒讓　名原　卷上	36093
鹿	 貉子卣		金文	下所從象足形，非比字。	林義光　文源	33822
鹿			甲骨	甲骨文鹿形而歧見兩首，下其足也，許君以爲從匕，非。	孫海波　中國大學講義（内刊）　甲骨金文研究	42320
鹿			甲骨	或立或寢。或左或右。或回顧或側視。皆象鹿形。	羅振玉　增訂殷虚書契考釋　卷中	33821
鹿			甲骨	鹿假爲祿。鹿音與彔音古互相通用也。	郭沫若　卜辭通纂　征伐	33824
鹿			甲骨	此仍是鹿字。	唐蘭　天壤閣甲骨文存附考釋	33827
鹿			甲骨	本辭之敝鹿當爲同地，假鹿爲録。	楊樹達　卜辭求義	33828
鹿			甲骨	字仍當釋鹿。	魯實先　卜辭姓氏通釋之一　東海學報 1959 年 1 期	33829
鹿				字全象形。	高鴻縉　中國字例二篇	33830
鹿			金文	字全象形，頭有枝角。小篆角省。甲、金文形完者，小篆均畫其腹。	高鴻縉　中國字例二篇	36096

鹿			甲骨	契文鹿字象其兩角多歧。其作一角者乃廌字。	李孝定 甲骨文字集釋 卷十	33831
鹿			漢簡	簡文隸變其頭角似草頭。	金祥恒 長沙漢簡零釋 中國文字 1972 年	33832
鹿			甲骨	唐蘭釋爲鹿的意見是正確的。此字角是分杈的，這正是鹿角的主要特徵，所以此字仍應釋作鹿字。	中國社會科學院考古研究所 小屯南地甲骨 釋文	33833
鹿	 包/文書/179		楚簡	“酓鹿”即“熊鹿”，爲復姓，應即史書所記之“熊率”氏。《左傳·恒公六年》有“熊率且比”，與楚武王同時。鹿、率古音雙聲，韻部亦近。作爲姓氏用字，“鹿”是本字，“率”是通假字。	劉信芳 包山楚簡中的幾支楚公族試析 江漢論壇 1995 年 1 期	4268
鹿			金文	鹿在金文“麋”中省去腳形。	張再興 西周金文構字元素的形體變化及其影響 瓊州大學學報 2002 年 1 月	15380
鹿	 上二/容成氏/45		楚簡	據推測即《左傳·昭公十七年》之“甘鹿”，在今河南嵩縣東北。	李零 上海博物館藏戰國楚竹書 第二册 容成氏	12677
鹿	 上二/容成氏/41		楚簡	即“戮”。	李零 上海博物館藏戰國楚竹書 第二册 容成氏	12787
鹿	 上二/容成氏/41		楚簡	第一字乃“網”字，從手即撒網之義。此字見於甲骨文，郭沫若認爲“象投網之形，殆即網之異文”。鹿，來母屋部。羅，來母歌部。絡，來母鐸部。諸字音近。此句似可讀“網宗鹿（羅、絡）族”，即網羅宗族。《漢書·王莽傳》：“網羅天下異能之士，至者前後千數。”《蜀志·鍾會傳》：“詔曰：會所向摧弊，前無强敵，緘制衆城，網羅进逸。”《江賦》：“網路群流，商榷涓澮。”	黄錫全 讀上博簡（二）劄記（肆） 簡帛研究網 2003 年 5 月 16 日	4167

麚			説文	牡鹿。从鹿叚聲。以夏至解角。	許慎　説文解字	
麚		塵	甲骨	余釋塵爲麚，釋豝爲豝，釋駝爲騇，釋牂爲羒，釋羖爲牂。	楊樹達 積微居甲文説 釋塵牂羖豝駝	22039
麚	 師害簋		金文	字當讀麚，聲符更旁字也。	戴家祥 金文大字典 卷下	33836
麟			説文	大牝鹿也。从鹿粦聲。	許慎　説文解字	
麟			甲骨	葉玉森疑古麟字是也。其形似鹿而冠角不同，頸甚長。據《説文》則麟爲鹿屬，疑即近世之長頸鹿，且此形亦極肖之。	商承祚 甲骨文字研究 卷下	33837
麟			甲骨	契文此字爲動物之象形字無疑。惟究爲何獸，實未可確指。姑從孫説作麟。	李孝定 甲骨文字集釋 卷十	33839
䴷			説文	鹿麛也。从鹿耎聲。讀若偄弱之偄。	許慎　説文解字	
䴟			説文	鹿迹也。从鹿速聲。	許慎　説文解字	
麛			説文	鹿子也。从鹿弭聲。	許慎　説文解字	
麛			甲骨	《説文》："麛，鹿子也。"甲骨文有角者爲鹿母，無角者爲鹿子，麛爲後起字。	商承祚 甲骨文字研究 卷下	33842
麉			説文	鹿之絶有力者。从鹿幵聲。	許慎　説文解字	
麉	 元年師旋簋		金文	《説文》："鹿之絶有力者。"	戴家祥 金文大字典 卷下	33846
麒			説文	仁獸也。麇身牛尾，一角。从鹿其聲。	許慎　説文解字	
麐			説文	牝麒也。从鹿吝聲。	許慎　説文解字	

麐			甲骨	似鹿而角異。從吝省聲。殆即麐字。鹿爲歧角，麐角未聞，似鹿。故此字角無歧。許從鹿殆失之矣。	羅振玉 增訂殷虛書契考釋 卷中	33848
麐			金文	麟字本當作麐。卜辭金文有從象鹿無角從文者，乃其夙初形體，從吝聲當爲後起。蓋從文聲者兼取其義。其字或讀麠，故秦公簋假爲慶字。	唐蘭 獲白兕考 史學年報 1934 年 4 期	33851
麐		慶	金文	許瀚云疑此亦慶字。此銘蓋慶名而“伯其”字，“其”祺之假借，故與慶應。說至確。此乃慶之正字，慶乃訛字。慶亦見卜辭，獸名，以聲求之殆是麠字，麠所指與麟是一物，麟，《爾雅》、《説文》作麐，蓋漢人訛慶爲慶，誤讀慶從文聲，别造一從吝聲之麐以代之，又因麐、麟音近，故又誤麟爲麐，麟據《説文》實是大牡鹿。漢人附會之以爲麐。麠或從京作麖。要之，慶、慶、麠、麖爲一字，其物即是麐，麐與麟乃音之訛，慶與慶乃形之訛，古人以慶若麐爲祥獸，故以爲山物之章表，慶爲仁獸，故孳乳爲慶，知此，伯其父慶之名字可别得一解，即“其”讀爲麒，名慶，故字麒也。	郭沫若 金文叢考 彝銘文字解詁	33852
麐	 秦公簋	慶	金文	從鹿從文，亦古麐字。	强運開 説文古籀三補 卷十	33850
麐		慶	甲骨	當釋麐。秦公段假爲慶，非即慶字也。契文自有從鹿從心之慶字，與此從鹿從文有别也。	李孝定 甲骨文字集釋 卷十	33854
麐	 伯其父簠	慶	金文	字從鹿從文，應釋爲麐。郭沫若釋爲慶。非是。慶字可假爲麐，亦可假爲慶。	戴家祥 金文大字典 卷下	33855

麋			説文	鹿屬。从鹿米聲。麋冬至解其角。	許慎　説文解字	
麋		猸	金文	猸，殆即麋之别構，形聲變易字也。鐘銘“猸其萬年子孫永寶”，猸爲人名或族氏名。	戴家祥　金文大字典　卷中	33868
麋			石鼓	古麋字。	吴大澂　説文古籀補　卷十	33856
麋			金文	當釋麋。下是從米省。	丁佛言　説文古籀補補　卷十	33858
麋	 六年召伯虎簋		金文	上部即麃字省文，而麃鹿混用已久，此實爲鹿省。下部禾米象形字，則此字當爲麋字。	高田忠周　説文古籀篇　卷九十三	36477
麋			甲骨	古麋字從眉。	孫海波　甲骨文編　卷十	33861
麋			石鼓	下所從正象米形。	强運開　石鼓釋文	33862
麋			甲骨	非鹿字。角與鹿不同。	瞿潤緡　殷墟卜辭考釋	33860
麋			甲骨	契文此字大體爲象形。然麋角斷無作“ⅠⅠⅠ”者，孫説爲從眉，亦未安。唐氏謂古麋眉形近，故眉壽多作麋壽，説亦有可商。《急就篇》顔注“麋似鹿而大。冬至則解角，目上有眉，因以爲名也。”此説與契文字形亦近。蓋它獸無眉而麋獨有，故作字象之也。顔説當是。	李孝定　甲骨文字集釋　卷十	33864
麋			甲骨	甲骨文麋字，頭部所作和人的眉目同形。後世代之以麋，於是麋行而𦣻廢。總之𦣻本獨體象形字，其頭部作眉形也表示字的音讀。	于省吾　甲骨文字釋林　釋具有部分表音的獨體象形字	33865
麋			甲骨	即麋。	姚孝遂、肖丁　小屯南地甲骨考釋	33866
麋			甲骨	應釋爲麋的異構。	饒宗頤　釋紀時之奇字：與（執）第二届國際中國文字學研討會論文集 1993 年 10 月	33867

麎			説文	牝麋也。从鹿辰聲。	許慎 說文解字	
麔	 或體	鹿	説文	大麋也。狗足。从鹿旨聲。或从几。	許慎 說文解字	
麇	 籀文	麕	説文	麞也。从鹿，囷省聲。籀文不省。	許慎 說文解字	
麇	 師害簋		金文	或釋麇。《路史·國名紀》：麇在楚之房縣。此云麇生，猶《史記》雲侯生酈生賈生董生。	劉心源 奇觚室吉金文述 卷三 師害簋	33871
麇			甲骨	麇。殆似鹿而無角者。其從手舉鞭形者殆亦麇字。	商承祚 殷虛文字類編 卷十	33874
麇			金文	釋麇釋菓。均非。	丁佛言 說文古籀補補 卷十	33875
麇			甲骨	卜辭不從鹿，然則麇殆似鹿而無角者與。	羅振玉 增訂殷虛書契考釋 卷中	33872
麇		罠	甲骨	實從禾罠聲，稛或穛之本字。麇之本字，實當作罠，以無角別於鹿，亦象形字。	唐蘭 獲白兕考 史學年報 1934 年 4 期	33877
麇			甲骨	似與麇並非一字。	葉玉森 殷虛書契前編集釋 卷四	33876
麇			金文	金文作麇，省囷爲禾，如《說文》。金文作人名。	戴家祥 金文大字典 卷下	33879
麇				麇，甲骨文字形上部隸定作罠，麇實際應分析爲從禾、罠聲，本義爲束禾，引申指束縛。後世易從罠爲從鹿，是偏旁類化的結果。罠即麕之初文，象如小鹿而無角的麕形；麕是後起的形聲字。古書多借麇爲麕獸字。許慎不知麇之古形，從而作出“從鹿，囷省聲”的錯誤分析，並把麇的借義當成了麇的本義。	陳秉新《〈說文〉箋證》選録（一）中國文字研究 2004 年 5 輯	14643

麞			説文	麋屬。从鹿章聲。	許慎　説文解字	
麔			説文	麋牝者。从鹿咎聲。	許慎　説文解字	
麠	 或體	麖	説文	大鹿也。牛尾一角。从鹿畺聲。麖或从京。	許慎　説文解字	
麃			説文	麠屬。从鹿，票省聲。	許慎　説文解字	
麃			甲骨	此亦當同火，蓋是麃字。《説文》麃即此字也。	孫詒讓 契文舉例 卷下	33883
麃			金文	通鑣，馬嚼子。	唐蘭 陝西省岐山縣董家村新出西周重要銅器銘辭的譯文和注釋 文物 1976 年 5 期	17911
麃	 上五/季庚/22	函	楚簡	此字當從“麃”，或者就是“麃”字。其形下從火自不待言，上半爲“鹿”符的殘筆……整理者是把“鹿”字兩邊的筆畫誤認爲“彳”與“戈”了……《逸周書・王會》：“麃者，若鹿，迅走。”簡文當即用此義。疑此簡當讀爲：麃速無恒，在後之世。比亂邦相懷毀，眾必惡善，賢人……	禤健聰 上博楚簡（五）零札（二） 簡帛網 2006 年 2 月 26 日	1142
麈			説文	麋屬。从鹿主聲。	許慎　説文解字	
麑			説文	狻麑，獸也。从鹿兒聲。	許慎　説文解字	
麑			甲骨	古麑字。麑訓鹿子，從鹿從兒，形義均塙。殆爲麑之本訓。	王襄 簠室殷契類纂 正編卷十	33888
麑			甲骨	象鹿子隨母形，殆即許書之麑字。會合鹿兒之義正是鹿子矣。	羅振玉 增訂殷虚書契考釋 卷中	33887
麙			説文	山羊而大者，細角。从鹿咸聲。	許慎　説文解字	
麢			説文	大羊而細角。从鹿霝聲。	許慎　説文解字	

麢			甲骨	應是《説文》中的麢字。用作地名，當指河南淇縣西北之“靈山”最爲合宜。	曹定雲 釋麢 考古與文物 1991 年 5 期	33892
麈			説文	鹿屬。从鹿圭聲。	許慎　説文解字	
麝			説文	如小麋，臍有香。从鹿䠶聲。	許慎　説文解字	
麌			説文	似鹿而大也。从鹿與聲。	許慎　説文解字	
麗	  古文  篆文	丽 丽	説文	旅行也。鹿之性，見食急則必旅行。从鹿丽聲。《禮》：麗皮納聘。蓋鹿皮也。丽古文。丽篆文麗字。	許慎　説文解字	
麗			金文	古麗字。	吴大澂 説文古籀補 卷十	33896
麗	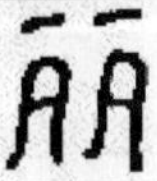		金文	麗妅，女名。或釋此字爲龔。非也。	劉心源 奇觚室吉金文述 卷八 孖商盤	33898
麗			金文	此即古文所從丽字。	劉心源 奇觚室吉金文述 卷五 王田尊	33897
麗		丽		當即麗字古文。蓋下從鹿省，上從即丽字也。	孫詒讓 名原 卷下	33899
麗			金文	古作象兩兩相附之形。《方言》：“丽，藕也。”此當爲丽之本義，與麗不同字。	林義光 文源	33900
麗			金文	本義當爲華麗。從鹿者，取其毛色麗爾也。	林義光 文源	33901
麗			璽印	形似古文比。象兩人並肩而立，古伉儷字應作此。	丁佛言 説文古籀補補 卷十	33903
麗			甲骨	釋爲麗，地名。象二鹿旅行，如許君説。古文並二鹿形之訛變。初文本象二鹿，訛而僅象鹿腹與足，而首角形失，增鹿乃更訛矣。	葉玉森 説契 學衡 1924 年 31 期	33902

麗				丽從兩耒，麗從兩耒兩犬。其所從耒形與甲骨金文耤字合。小篆、古文丽即耒形筆誤。麗屬來母，即從耒聲。丽象兩耒並耕形，故丽有耦意，故儷得訓爲伉儷。《説文》説其義則是，其形則非。	徐中舒 耒耜考 歷史語言研究所集刊 2 册 1930 年	33904
麗			甲骨	乃麗之初文。	魯實先 殷契新詮 卷一	33907
麗	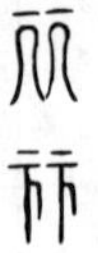			案：鹿好竝行故竝駕謂之麗。配偶謂之麗，昏禮用以爲聘禮也。	商承祚 説文中之古文考	42321
麗	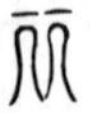		甲骨	此字就是麗字初文。即伉儷本字。象二人齊手比肩之形，會雙雙結伴相隨之誼。在卜辭中還表示室名。或者附連、附麗之義。	秦永龍 釋“麗” 北京師範大學學報 1984 年	33908
麗			甲骨	古金文從二耒從二犬。從二耒象並耕之形，古代偶耕，故麗有耦意。從二犬相附亦會偶意。	徐中舒 甲骨文字典 卷十	33910
麗	 曾/163		楚簡	謂兩馬併駕。字或作“驪”。	湖北省博物館 曾侯乙墓	477
麗			甲骨	當釋爲麗，示二亥並列而行，鄰（吅）聲。	黄錫全 甲骨文字釋叢 考古與文物 1992 年 6 期	33912
麗			甲骨	乃麗之初文。從从（下部爲從之或體），從吅（鄰之古文，象二室相鄰），吅亦聲（鄰麗俱爲來紐）。其據以會意者爲二室相鄰，二人相儷，是以其本義爲兩耦，即麗與儷之初文。	魯實先 殷契新詮之一	37226

麗			楚簡	《郭簡·六德》簡三〇釋文："爲宗族丽朋友，不爲朋友丽宗族。"裘錫圭認爲丽當與《性自命出》二四號簡的开（瑟）爲一字，在此疑當讀爲"殺"，義爲省減。今按：很難説作爲象形字的"开"與"丽"是一字；况且取義"省減"，爲宗族省減朋友，不爲朋友省減宗族，似語義不明，又不能與上句"絶"字相合。丽字疑當讀作"麗"。《汗簡》卷六正有"麗"字作此形者。包山楚簡第 164 組簡"纚"字上部與此字形近。"麗"在此處疑讀爲"離"。麗離古字通。"爲宗族離朋友"之"離"與上句"見父絶君"之"絶"義近，絶即抛棄，離即叛離。	吕浩 《郭店楚墓竹簡》釋文訂補 中國文字研究 2001 年 2 輯	14559
麀	 或體	䴢	説文	牝鹿也。从鹿，从牝省。或从幽聲。	許慎 説文解字	
麀			石鼓	即牝字。其字從匕鹿。匕亦聲。	羅振玉 石鼓文考釋	33913
麀			石鼓	麀字。字首象牝鹿之無角，而鹿字首則像牡鹿之有角，足見古人制字之精義。《説文》麀鹿兩篆之首皆作有角形，似已失其真。	强運開 石鼓釋文	33914
麀			甲骨	與鹿近，當即麀之初文。	李孝定 甲骨文字集釋 卷十	33916
麀			金文	應隸定爲麀。其所從厂乃鹿身之省形。應讀爲鏕。《説文》"鏕，温器也。一曰金器。所謂金器應指黄金製造之器。總之，《中山》諸銘"牀麀"可讀"藏鏕"，麀是中山國掌管温器或黄金器的特殊職官。	何琳儀 戰國文字通論	33917

⿸鹿士			甲骨	王國維説："其從鹿從士與從牛從士同意，鹿牝者謂之麀，牡者謂之⿸鹿士也。"	商承祚 殷虚文字類編 卷二	17794
⿸鹿士			甲骨	從鹿從士，《説文》所無，王國維説是也。契文畜父之字即於畜名之字旁着士字以示之。	李孝定 甲骨文字集釋 卷十	17795
⿸鹿文			金文	從鹿從文，字應釋麐。	戴家祥 金文大字典	15049
⿸鹿彔	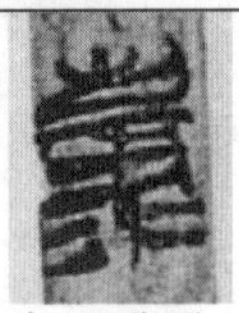 上一/孔子詩論/23		楚簡	此字從鹿從録，以録爲聲符。	馬承源 上海博物館藏戰國楚竹書第一册 孔子詩論	10064
⿸鹿衣	 上四/柬大王泊旱/4		楚簡	從形體來看，比較有可能分析爲從"鹿""衣"聲。字可讀作"吉"，見紐質部。與"衣"聲紐相近，韻部"質微"有相通的例證，如《淮南子·原道訓》"先者隤陷則後者以謀"，高誘《注》曰："楚人讀磓爲隤"，而"磓"，端紐質部；"隤"，定紐微部。又向熹先生指出《詩·小雅·采菽》第五章"汎汎楊舟，紼纚維之。樂只君子，天子葵之；樂只君子，福祿膍之。優哉游哉，亦是戾矣。"中"維"（微）、"葵"（脂）、"膍"（脂）、"戾"（質）有合韻的現象。還有《左傳·閔公二年》："衛懿公好鶴。""懿公"，《論衡·儒增》作"哀公"。"哀"從"衣"聲；"懿"，從壹聲，而"壹"，《説文》曰："從壺吉聲。"所以"衣"、"吉"相通應無問題。古代占卜"吉祥"與否，常是決定是否付諸	蘇建洲 楚文字考釋四則 簡帛研究網 2005年3月14日	3783

				行動的重要準則。如《吕氏春秋·孟冬紀》："命太卜，禱祠龜策占兆，審卦吉凶。"《吕氏春秋·貴質論·直諫》："先王卜以臣爲葆，吉。"《左傳·哀公九年》："晉趙鞅卜救鄭，遇水適火，占諸史趙、史墨、史龜。史龜曰：'是謂沈陽，可以興兵，利以伐姜，不利子商。伐齊則可，敵宋不吉。'"尤其《左傳·昭公十七年》曾記載："吴伐楚，陽丐爲令尹，卜戰，不吉。司馬子魚曰：'我得上流，何故不吉？且楚故，司馬令龜，我請改卜。'令曰：'魴也以其屬死之，楚師繼之，尚大克之！'吉。戰於長岸，……"爲了一個好預兆，甚至不惜改卜。簡 4 讀作"如褱（吉），將祭之。"簡 5 讀作"如褱（吉），速祭之，吾鼠（癙？）病。"看來都是很合理的。		
麐	 秦公簋	麌 麌	金文	字從鹿從文，明明麐之省。許印林謂麌字非也。	劉心源 奇觚室吉金文述 卷十七 伯其父簠	36473
麐	 秦公簋	麌	金文	字從鹿從文，當麐字之省，此假借爲彣，非獸名。	高田忠周 説文古籀篇 卷九十三	36476
麞	 郭/語叢三/44		楚簡	疑當讀爲"度"或"序"。	彭浩、劉祖信、王傳富 郭店楚墓竹簡	9815
麞	 郭/語叢一/60		楚簡	此字應讀爲"且"。	彭浩、劉祖信、王傳富 郭店楚墓竹簡	8948
麞	 郭/性自命出/20		楚簡	若此句中"舍"確應讀爲與"序"通的"叙"字，那麼讀此字爲"序"的説法似難成立。	彭浩、劉祖信、王傳富 郭店楚墓竹簡	8844

𢼸	 郭/性自命出/17		楚簡	此字與“𢼸”有别，但亦應從“且”得聲，疑即“䖑”字異體。“且”與“度”、“序”古音皆相近。	彭浩、劉祖信、王傳富　郭店楚墓竹簡	8651
𢼸	 郭/語叢四/6		楚簡	裘按：此字從“且”聲，在此似亦當讀爲“且”。	彭浩、劉祖信、王傳富　郭店楚墓竹簡	9061
𢼸	 郭/語叢一/97		楚簡	疑當讀爲“度”或“序”。參看《性自命出》篇注10等。	彭浩、劉祖信、王傳富　郭店楚墓竹簡	8978
𢼸	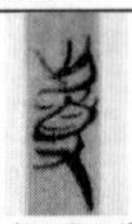 郭/語叢一/4		楚簡	疑當讀爲“度”或“序”。參看《性自命出》篇注10等。	彭浩、劉祖信、王傳富　郭店楚墓竹簡	7899
𢼸	 郭/性自命出/20		楚簡	也許此字應讀爲“度”，待考。	彭浩、劉祖信、王傳富　郭店楚墓竹簡	8848
𢼸	 郭/語叢二/5		楚簡	此字疑讀爲“度”或“序”，參看《語叢一》注3。	彭浩、劉祖信、王傳富　郭店楚墓竹簡	9000
𢼸	 郭/語叢四/6		楚簡	讀爲文，義爲掩飾。	李天虹　釋楚簡文字“𢼸”　華學2000年4輯	9062
𢼸	 上一/孔子詩論/28		楚簡	與“䖑”字可能是一字之異。	馬承源　上海博物館藏戰國楚竹書第一册　孔子詩論	11833
𢼸	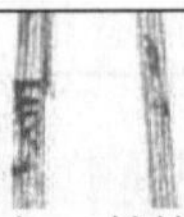 上一/性情論/11		楚簡	則𢼸（取），也可讀爲“取則”、“取法”，取以爲法則。或讀作“度”、“文”。	濮茅左　上海博物館藏戰國楚竹書第一册　性情論	11094

麐			楚簡	即“䖒”字，從鹿、從虍，義符類同。與“且”通用。	濮茅左 上海博物館藏戰國楚竹書第一册 性情論	10989
麐	 郭/性自命出/65		楚簡	文，指有文采、符合禮儀的規範。	陳偉 郭店竹書别釋	8795
麐	 郭/語叢三/41		楚簡	讀爲文，略同於“節文”是對包括數量在内的各種禮儀的規定。	陳偉 郭店竹書别釋	9812
麐	 郭/語叢四/6		楚簡	據《汗簡》“閔”分析，本即敏字。此字在楚簡中有兩種用法，一爲文，一爲敏。	李零 郭店楚簡中的“敏”和“文”字 古文字研究2003年24輯	9063
麐	 上二/子羔/5（正、背）		楚簡	當隸定爲“瞀”，與《古文四聲韻》“閔”形體吻合。“瞀”、“閔”一聲之轉。《字彙》“瞀，閔也，”簡文“瞀”當讀“文”。	何琳儀 滬簡二册選釋 簡帛研究網2003年1月14日	1091
麐	 郭/尊德義/17		楚簡	文，指禮節。	劉釗 郭店楚簡校釋	6792
麐	 郭/性自命出/17		楚簡	文字。節文，本指制定禮儀使之行之有度。	劉釗 郭店楚簡校釋	8652
麐	 郭/語叢一/4		楚簡	《汗簡》、《古文四聲韻》引石經“閔”字古文即此字所由來。閔從文聲，故可讀爲文，義爲理，指自然界或人類社會帶規律性的現象。	劉釗 郭店楚簡校釋	7900

𡖍	 郭/語叢一/88		楚簡	讀爲文，意爲文飾、裝飾。	劉釗　郭店楚簡校釋	8968
𡖍	 郭/語叢三/71上		楚簡	讀爲文，與質相對，指文飾或外貌。	劉釗　郭店楚簡校釋	9494
𡖍	 郭/語叢三/41		楚簡	讀爲文，指有節度。	劉釗　郭店楚簡校釋	9813
𡖍	 郭/語叢三/44		楚簡	讀爲文，疑指樂聲或節奏和諧。	劉釗　郭店楚簡校釋	9816
𡖍	 郭/語叢四/6		楚簡	讀爲文，義爲掩飾。	劉釗　郭店楚簡校釋	9064
𡖍	 郭/語叢三/10		楚簡	讀爲文。	劉釗　郭店楚簡校釋	9766
𡖍	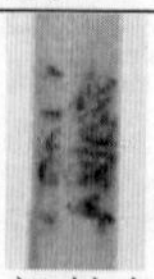 郭/性自命出/65		楚簡	文字，意爲節制。	劉釗　郭店楚簡校釋	8794
𡖍	 上二/子羔/5（正、背）		楚簡	“𡖍”應讀文（此字讀作“文”，李天虹、李學勤、李零等均有論説，參見李零：《郭店楚簡中“敏”字和“文”字》，《古文字研究》第二十四輯，中華書局2002年版，第389頁）。	黄德寬　戰國楚竹書（二）釋文補正　上博館藏戰國楚竹書研究續編　2004年7月	215

麋			金文	從鹿朩聲，字當讀麐。聲符更旁字也。	戴家祥 金文大字典	15050
⿱鹿會	 曾/151		楚簡	此字兩個偏旁應有一個是聲旁。如從“會”聲，當讀爲“䯉”，指淺黑色的馬；如從“麗”聲，當讀爲“驪”，深黑色。	湖北省博物館 曾侯乙墓	465

麤部

麤			説文	行超遠也。从三鹿。凡麤之屬皆从麤。	許慎 説文解字	
麤		鹿鹿	甲骨	古麤字。從二鹿。	王襄 簠室殷契類纂 正編卷十	33918
麤		鹿鹿	甲骨	從二鹿與從三鹿同。	商承祚 殷虚文字類編 卷十	33919
麤		鹿鹿	甲骨	古文會意字從二體三體四體不拘，並狀其多。王説可從。	李孝定 甲骨文字集釋 卷十	33922
麤			楚簡	仔細觀察，簡文所謂“女”實際是鹿字頂端的一部分。此字從三個鹿字的省體，就是“麤”字。正好是鞋的名稱。	朱德熙 馬王堆一號漢墓遺策考釋補正 文史 1980 年 10 輯	33923
𪋻	  籀文	𪋻	説文	鹿行揚土也。从麤从土。籀文。	許慎 説文解字	
𪋻		塵	甲骨	古塵字。從鹿從土。	王襄 簠室殷契類纂 正編卷十	33925
𪋻		塵		殷墟卜辭作塵，與今隸同。卜辭塵與篆文𪋻皆鹿上土下，籀文土在上者，許君所謂揚土也。	王國維 史籀篇疏證 王國維遺書第六册 1983 年	33924

㲋部

㲋	 篆文		説文	獸也。似兔，青色而大。象形。頭與兔同，足與鹿同。凡㲋之屬皆从㲋。篆文。	許慎　説文解字	
㲋			甲骨	古㲋字。	王襄　簠室殷契類纂正編卷十	33930
㲋			金文	見於虢叔鐘的古熊字的偏旁即㲋。	林義光　文源	33929
㲋				篆文、石鼓文“㲋”所從之“㲋”，與籀文略同。	王國維　史籀篇疏證　王國維遺書第六册　1983年	33928
㲋			甲骨	㲋字疑是《説文》之㚖。	陳夢家　殷虛卜辭綜述	33932
㲋			金文	卜辭中的㲋爲商王的臣僚，受商王指揮，爲商王服務。㲋的銅器蓋爲鴞首，尖喙鼓目。憨狀可掬。有扉稜。	胡平生　對部分殷商“記名銘文”銅器時代的考察　古文字論集　1992年2輯	33933
㲋				《説文》之“㲋”，來自讀如“一”的古“逸”字。《説文》“㲋”的讀音和意義都是晚出的。金文可明確分析爲“㲋”聲的字是“彙”，辭例爲“數=彙=”、“豐=彙=”、“彙=數=”。“數=彙=”可倒説，説明不是聯綿詞。“彙”從泉，㲋聲，即從“逸”聲，當是古“潏”字。“逸”、“潏”古同音。《説文》：“潏，水涌出也。”《廣韻》：“潏，泉出皃”。泉水噴涌而出，不可遏制。稱“劈”、“潏”，實與“逸”、“佚”、“軼”、“泆”、“溢”語出同源。就字形分析，“數”本狀聲之盛，“彙”本狀水之盛，“數=彙=”爲盛大不衰之意。	張世超　釋“逸”　中國文字研究　2005年6輯	14696

㲋			説文	狡兔也，兔之駿者。从㲋、兔。	許慎　説文解字	
㲋	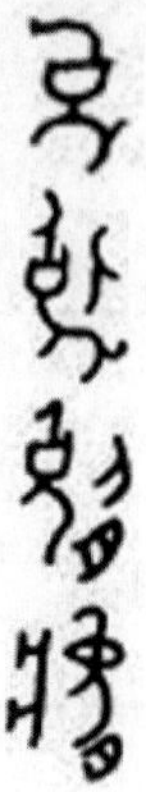		金文	根據字形來分析，所從的[illegible]象兔形。“[illegible]”、“[illegible]”、“[illegible]”諸字所表達的事實上是同一個意義，也就是説兔善跳，故孳乳爲超。超與釗在“遠”的意義上是方言之别。釗又有勉義，方言又有勔釗，因此盂鼎“勿瑦[illegible]”應可讀作“勉釗”。“叔[illegible]”可能即康王釗。金文中代表一套的“造”字，最初假借“兔”（讀釗），後來爲了和表示兔子的“兔”有别，加上聲符刀作[illegible]，後來又爲了和表示超、遠的意義不同，又加上肉作[illegible]，最後聲符又被爿所替代，成爲[illegible]。又説古人在表示一套的套字，最初大概即拿“兔”字假借其音讀超，後來有從刀聲的“[illegible]”，再爲了區别超遠之意的釗，又加上肉，成爲“[illegible]”，至於從“爿”，爿疑作爲聲符，同時爲了文字方正的緣故，把“刀”省去了，變成“䐗”，後來又另造了表示一套的造、遳、艁、竈等字，而使從兔的諸字反不可識。	吴匡、蔡哲茂 釋金文“[illegible]”“[illegible]”“[illegible]”等字兼解《左傳》的“讒鼎” 歷史語言研究所集刊 1988 年 59 輯	33935
䰻			説文	獸名。从㲋吾聲。讀若寫。	許慎　説文解字	
䰻	 遺小子簋		金文	從㲋從五從酉。疑即䰻字古文。阮相國釋作招，非是。	吴大澂 説文古籀補附録	33936
䰻	 周韎敨		金文	䰻字從酉。古文酉口同字。《説文》讀寫，寫音近吾。故字又通吾。此爲男爵之國。當讀若許。石鼓文吾形從午。吾午許一聲之轉。	徐同柏 從古堂款識學卷十二 周韎敨	33937
䰻	 遺小子簋		金文	總審此字，上半實從㲋，下從五從酉。以聲類求之，當即《説文》之䰻字。此省吾爲五，又增酉形，遂不可識。	孫詒讓 古籀拾遺 卷中遺小子簋	33938

魯	 遣小子簋	鼛	金文	字從龟，古刻熊龜二字從之。此又從五從酉，《説文》作魯。阮氏釋招非。	劉心源 奇觚室吉金文述 卷十六	36113
魯	 遣小子簋	鼛	金文	此即魯之異文，省口從酉，又有從泉從酉。	孫詒讓 籀高述林 卷七	36115
魯		鼛	甲骨	古鼛字，許書所無。吴愙齊疑魯字古文。	王襄 簠室殷契類纂正編卷十	33939
魯		鼛	甲骨	吴中丞疑即許書魯字古文。	商承祚 殷虚文字類編卷十	33940
魯	 周魯公鬲	鼛	金文	按字從龟從五從酉省，絶非魯之變文。不能定其音，惟釋爲招則斷然不合。	周慶雲 夢坡室獲古叢編 周魯公鬲	33941
魯	 季魯簋	鼛	金文	孫詒讓云當即《説文》魯字。蓋字古本讀如吾，更因形近遂訛成從吾聲作魯。讀若寫者，又後來之音變也。	郭沫若 金文叢考 季魯簋	33942
魯		鼛	甲骨	魯與上魯乃别一地名。	葉玉森 殷虚書契前編集釋 卷二	33944
魯		鼛	璽印	蓋即古魯字。	强運開 説文古籀三補卷十	33945
魯	 邲其卣	鼛	金文	此《説文》魯，即柷敔本字。	丁山 邲其卣三器銘文考釋 文物周刊1946年	36116
魯		鼛	甲骨	甲骨文這兩個形體與從龟從酉之鼛亦當相同。	徐中舒 甲骨文字典卷十	33948
㲋			説文	獸也。似牲牲。从龟夬聲。	許慎 説文解字	
㲋			石鼓	許書㲋字疑即石鼓文的這個字，後人傳寫之誤。	吴大澂 説文古籀補卷十	33949
㲋		龟	金文	龟，石鼓文所見與此同。《説文》作㲋傳寫訛耳。釋燕釋克皆非。	劉心源 奇觚室吉金文述 卷六 井季龟卣	33952

⿱皀大		⿱皀史	石鼓	⿱皀史音訓丑若反。許書有⿱皀大字，疑⿱皀史之訛。	羅振玉 石鼓文考釋	33953
⿱皀大		⿱皀史	石鼓	⿱皀史當如“⿱皀木，從木皀聲，讀若薄。”士父鐘“⿱皀史⿱皀史數數”，它器多作“⿱皀木⿱皀木數數”，均從皀聲之字。與數字當爲雙聲聯語，猶勃勃蓬蓬、礴礴磅磅。	郭沫若 石鼓文研究	33955
⿱皀大			石鼓	吴愙齊云疑石鼓文⿱皀史。後人傳寫之誤。其説是也。其義姑從蓋闕可也。	强運開 石鼓釋文	33954
⿱皀大	 井季⿱皀史卣	⿱皀史	金文	此字從皀從史，自是以史爲聲。今以此銘及石鼓文證之，是《玉篇》之⿱皀史即《説文》之⿱皀大。	方濬益 綴遺齋彝器款識考釋 卷十二 井季⿱皀史卣	33951
⿱皀木		⿱皀史	金文	讀若薄。薄音在魚部，與數爲雙聲。數數⿱皀史⿱皀史猶言蓬蓬勃勃或旁旁薄薄也。從史字之音亦當如⿱皀木。	郭沫若 金文叢考	31003
⿱皀史	 士父鐘		金文	下從史。石鼓文汧沔有此字，與庶詞爲韻，知此字當在魚部。又與簿爲韻。從皀得聲，當是簿書之簿。	郭沫若 兩周金文辭大系圖録考釋 士父鐘	17784
⿱皀史	 井季⿱皀史卣		金文	《説文》所無，字從皀史聲，《説文》之⿱皀大爲⿱皀史字之訛。	方濬益 綴遺齋彝器款識考釋 卷十二 井季⿱皀史卣	17783
⿱皀史				偏旁象獸形，或即貍屬也，字當從皀史聲。	高鴻縉 中國字例 二篇	17782
⿱皀史			金文	石鼓文有⿱皀史字，金文有從皀從泉字，即⿱皀史之渺文，二字皆讀爲薄。	郭沫若 金文叢考	36106
⿱皀史			金文	井季卣及石鼓文之⿱皀史字偏旁俱象獸形，或即貍屬。	高鴻縉 中國字例 二篇	36107
⿱皀君			金文	該字似從皀，君聲。《説文》所無。	馬叙倫 讀金器刻詞 國學季刊 1935 年	16502
⿱皀魯			甲骨	諸家説爲⿱皀魯之古文或是。今仍收，爲《説文》所無字，亦慎之也。	李孝定 甲骨文字集釋 卷十	33947

兔部

兔			說文	獸名。象踞，後其尾形。兔頭與㲋頭同。凡兔之屬皆从兔。	許慎 說文解字	
兔			石鼓	古兔字。	吴大澂 說文古籀補 卷十	33957
兔			甲骨	此當即兔字。	孫詒讓 契文舉例 卷下	33958
兔			甲骨	長耳而厥尾，象兔形。	羅振玉 增訂殷虚書契考釋 卷中	33959
兔			甲骨	長耳厥尾。其性喜立，兔之象也。金文齊陳曼簠逸字所從不得其形。	商承祚 甲骨文字研究 卷下	33960
兔			漢簡	[四九]兔，當讀爲斥候之“斥“，二字古音相近。	銀雀山漢墓竹簡整理小組 銀雀山漢墓竹簡 第一輯	33962
兔	 上一/孔子詩論/25		楚簡	又兔，讀爲“有兔”，今本《詩》無此篇名。若以首句二字爲篇之命名例，則可能是今本《詩・國風・王風・兔爰》的原有篇名。	馬承源 上海博物館藏戰國楚竹書 第一册 孔子詩論	10536
兔	 上一/孔子詩論/23		楚簡	“象”，《考釋》誤釋“兔”。簡文“象蘆”可讀“桑扈”，即《詩•小雅•桑扈》。《詩》云：“君子樂胥，萬邦之屏。”“之屏之翰，百辟爲憲。”與《詩論》“甬（用）人”之義相涵。	何琳儀 滬簡《詩論》選釋 上博館藏戰國楚竹書研究 2002年	1996
逸			說文	失也。从辵、兔。兔謾訑善逃也。	許慎 說文解字	
逸	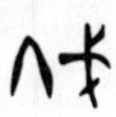	戜		從戈從終，古文逸字，冬、終、戎古音通。	高田忠周 古籀篇 卷二十六	18170

逸			甲骨	以偏旁考之，當釋爲逸，逸本象逐兔，引申爲兔之奔逸。	唐蘭 天壤閣甲骨文存附考釋	33966
逸			甲骨	唐氏釋逸是也。蓋逸字造字之初義，爲兔之奔逸。兔爲名詞，增止而變爲動詞。	白玉崢 契文舉例校讀典禮篇 中國文字 1974 年	33967
逸			金文	應從郭沫若、容庚諸人釋作逸。	林潔明、周法高主編 金文詁林 卷十	36121
逸		迖	金文	兔與所從皆不類。六國古璽狗犺所從犬與其所從相似。但逸字以兔表義，未始不可以更旁從犬。容氏《金文編》釋逸可信。	戴家祥 金文大字典 卷下	33970
逸	 上一/性情論/26		楚簡	《郭店・性自命出》59 簡與之相對的字作□。多友鼎有字作□，李學勤認爲即三體石經“逸”字古文。簡文所從□當是□之簡體，“兔”下部□與□合併遂成□。簡文從三□，當讀爲“逸”。	徐在國、黄德寬《上海博物館藏戰國楚竹書（一）緇衣•性情論》釋文補正 古籍整理研究學刊 2002 年 3 月	41590
逸	 上三/周易/58	㬥	楚簡	據照片，原簡在此字上下處有殘闕，擬恢复此字左從“爿”。然則此字可與三體石經“逸”之古文吻合。今本“曳”。“曳”，喻紐月部；“逸”，喻紐質部；月、質韻部頗近。	何琳儀、程燕 滬簡《周易》選釋 簡帛研究網 2004 年 5 月 16 日	2657
逸	 上三/周易/58	㬥	楚簡	若恢復此字左從“爿”，據三體石經，可釋爲“逸”，且與今本《未濟》“曳”雙聲叠韻。	何琳儀、程燕 滬簡《周易》選釋 簡帛研究網 2004 年 5 月 16 日	14123
逸	 上一/性情論/28	脊		該字亦見於正始三體石經古文，是《尚書・多士》“誕淫厥逸”的“逸”字，不同的是石經這個字下面有“彡彡”形，可能是飾筆或者是增從“水”旁。該字還見於西周金文卯簋和多友鼎。	李學勤 釋《性情論》之逸蕩 中國古代文明研究 2005 年 4 月	41557
逸		鼠 翟		中山王譽壺銘文有“曾亡□夫之救(救)”語，鄂君啓節有“歲□返”語。二字學界多隸定作鼠和翟。□所從與□均象一動物奔逸之狀，當爲“逸”字古文異體。“一”、“逸”二字古音同	張世超 釋“逸” 中國文字研究 2005 年 6 輯	14694

				在質部，聲紐皆屬喉音，讀音極其相近，故中山文字以“逸”加標於“一”上爲聲符，而楚文字則借之爲“一”。由此可知，戰國文字中“逸”字可以這樣構成：字形所象動物爲何不甚重要，要在其足部象奔逸之狀。字形中之動物頭部兼有“鼠”、“兔”二字之特徵，這種構字的意向表現得最爲明顯。傳世齊器陳曼瑚銘中有字作，從辵，上部象一奔逸之犬形，文云：“齊陳曼不敢康”，舊説或釋爲“從”、“遂”、“逸”、“逐”，或將其隸定作從辵從犬，再釋爲“逸”或“逐”。今結合字形鼠、翟的情况，字形仍以釋“逸”爲妥。鄂君啓節的翟，以象熊奔逸狀爲“逸”，用爲“一”，是爲假借。不過，楚文字中之“翟”似乎亦或用其物類之象，讀爲“能”，如《成之聞之》第16—17 簡“貴而翟纕，則民穀（欲）其貴之上也”，其中“翟纕”應讀爲“能讓”。就是説，“翟纕”在楚文字中可表“逸”，用爲“一”；又可表“熊”，用爲“能”，屬於所謂“一形多用”現象。		
冤			説文	屈也。从兔从冂。兔在冂下，不得走，益屈折也。	許慎　説文解字	
冤			甲骨	從網從兔，蓋爲冤字古文。	陳邦懷 殷虚書契考釋小箋	33971
冤		⿱罒兔	甲骨	象兔在罟下。王國維謂即罝。	羅振玉 增訂殷虚書契考釋 卷中	33973
冤		⿱罒兔	甲骨	依字形當象兔在網下。釋罝較適。卜辭爲地名。	葉玉森 殷虚書契前編集釋 卷一	33972
冤			甲骨	從網從兔，王氏釋罝似有可商。陳氏釋爲冤之説較可信。由網訛變爲冂極有可能。且冂許書訓	李孝定 甲骨文字集釋 卷十	33975

				覆，以網覆兔，亦有覆義。許訓屈，則覆之引申義也。字在卜辭爲地名。		
娩			説文	兔子也。娩，疾也。从女、兔。	許慎 説文解字	
娩				從女非義，當與嬬同字，從兔女聲，女嬬雙聲旁轉。	林義光 文源	33976
㲜			説文	疾也。从三兔。闕。	許慎 説文解字	
㲜			甲骨	從兔由穴突出。隸作㑳。讀如㲜，疾也，赴也。俗作趧。卜辭亦有出行之意。	朱歧祥 殷墟甲骨文字通釋稿	33980
㕙			説文	狡兔也。从兔夋聲。	許慎 説文解字	
𧮫	 上一/孔子詩論/4		楚簡	此字從谷從兔，《説文》所無，其他字書中也未見。	馬承源 上海博物館藏戰國楚竹書第一册 孔子詩論	10111
𧮫	 上一/孔子詩論/4		楚簡	“從谷”不確，字乃“沿”字所從，其形則《説文》訓“山間陷泥地”之古文省形也。“從兔”亦非是，實“肙”字。二者疊加聲符，當讀爲“怨”。字又見郭店《六德》簡三三：“捐其志，求養親之志。”讀爲“捐”。又《性自命出》簡五八：“門内之治，欲其揜也。”字從二“肙”，讀爲“揜”，即《禮記·喪服四制》：“門内之治恩揜義”之謂也。本篇簡三“怨悱”字形小異，乃同字異構。簡文謂居上位者若殘民以逞，構怨於人，可以從“國風”諸詩覘其民心也。	周鳳五 《孔子詩論》新釋文及注解 上博館藏戰國楚竹書研究 2002年	10108
𧮫	 上一/孔子詩論/4		楚簡	“豫”，《考釋》誤隸定爲從“谷”從“兔”。	何琳儀 滬簡《詩論》選釋 上博館藏戰國楚竹書研究 2002年	5401
𧮫	 上一/孔子詩論/4		楚簡	“怨”本爲從“谷”從古文“怨”（從兔、從肉）之字，疑從“怨”得聲，故讀爲“怨”。	王志平 《詩論》箋疏 上博館藏戰國楚竹書研究 2002年	5404

⿰谷兔	 上一/孔子詩論/4		楚簡	從兔，可能屬月部。從谷，可能是入聲字。考之句意，應是“説（悦）”字。	李開 上博楚竹簡《孔子詩論》詞語考釋 古籍整理研究學刊2005年1期	14266
⿱兔朋	 上一/孔子詩論/8		楚簡	此字《説文》所無，從兔下有二肉。	馬承源 上海博物館藏戰國楚竹書第一册 孔子詩論	11177
⿱兔朋	 上一/孔子詩論/8		楚簡	宛，簡文從“肙”聲。《小宛》本字作“窻”，小孔貌。	周鳳五 《孔子詩論》新釋文及注解 上博館藏戰國楚竹書研究 2002 年	10041
⿱兔朋	 上一/孔子詩論/8		楚簡	“宛”從兔從二肉，疑當隸定爲“腕”，讀爲“宛”。	王志平 《詩論》箋疏 上博館藏戰國楚竹書研究 2002 年	11176
⿱兔朋	 上一/孔子詩論/8		楚簡	“少肙”，《考釋》認爲與《詩》之《小宛》相當，可以信從。	何琳儀 滬簡《詩論》選釋 上博館藏戰國楚竹書研究 2002 年	5443

莧部

莧			説文	山羊細角者。从兔足，苜聲。凡莧之屬皆从莧。讀若丸。寬字从此。	許慎 説文解字	
莧			金文	似夔而小異。上從苜。《説文》莧似即此字。亞舟爵上的那個字與此亦相類。	孫詒讓 契文舉例	33981
莧			篆文	苜非聲，此象形字。分别象角，首與尾足之形。	林義光 文源	33982
莧	 散氏盤		金文	此處用爲人名，當爲莧古文。	强運開 説文古籀三補 卷十	28133

犬部

犬			説文	狗之有縣蹏者也。象形。孔子曰："視犬之字如畫狗也。"凡犬之屬皆从犬。	許慎　説文解字	
犬			金文	古犬字。	吴大澂 説文古籀補 卷十	33986
犬				犬。此後定象形字也。原始象形字無可考。	孫詒讓 名原	33987
犬			金文	古文作橫視之如畫狗也。	林義光 文源	36122
犬			甲骨	此謂犬之最簡象形文。郭氏謂卜辭中犬字多上拳其尾，其説未信，本辭犬字即垂尾。	葉玉森 殷虚書契前編集釋 卷一	33988
犬			甲骨	犬中，郭君釋犬爲官名，中爲人名。是也。犬職官司狩獵，蓋與《周禮・地官》之迹人相當。	楊樹達 積微居甲文説 釋犬	33992
犬			甲骨	犬方或省稱犬。其君亦稱犬侯。犬方即昆夷也。	楊樹達 積微居甲文説 釋犬方	33991
犬			甲骨	武丁卜辭的多犬和乙辛卜辭的犬某都是犬人之官。多犬與犬是司犬之官，猶多司馬與馬乃司馬之官。	陳夢家 殷虚卜辭綜述	33990
犬			甲骨	在苑囿設有職司獵物的人員稱爲犬。	李學勤 殷代地理簡論 六	33994
犬			甲骨	多犬，官名，即犬人。《周禮》秋官之屬，掌犬牲。	饒宗頤 殷代貞卜人物通考 卷三	33995
犬				諸犬形并前期金文。甲骨文由此簡化，並正反不拘。後世加句爲聲符作狗。犬與狗並非二字。《説文》另出狗字，當併。	高鴻縉 中國字例二篇	33993
犬			漢簡	犬悬。犬原作蜱，即犬夷之犬的異體古寫。	沈壽 西漢帛畫《導引圖》解析 文物 1980 年 9 期	33996

犬	 包/卜筮/233		楚簡	殺白犬的風俗，《風俗通義校注》："太史公記：'秦德公始殺狗磔邑四門，以禦蠱菑'，今人殺白犬以血題門户，正月白犬血辟除不祥，取法於此也。"	劉彬徽、彭浩、胡雅麗、劉祖信 包山楚簡	6516
犬	 包/卜筮/208		楚簡	白犬，白狗。	劉彬徽、彭浩、胡雅麗、劉祖信 包山楚簡	5299
犬			金文	犬魚，復合族氏銘。	杜廼松 全國銅器鑑定所見金文考察 中原文物 2001 年 6 期	15483
狗			説文	孔子曰："狗，叩也。叩氣吠以守。"从犬句聲。	許慎 説文解字	
狗	 屭羌鐘	羌	金文	舊均釋羌，按乃《説文》苟之重文之省。字有兩讀，用爲祭牲與羊牢同例，又用爲沃甲之沃，乃狗之初文，音近沃，苟字即由此而訛，形失而聲存。	郭沫若 金文叢考 屭氏鐘補遺	33998
狗			甲骨	芺乃狗之象形文，亦即小篆苟字，則芺甲之爲沃甲斷無可易。狗沃音相近。	郭沫若 卜辭通纂	33999
狗			金文	非羌字，乃狗之初文。象狗善人立而垂其耳。卜辭習見，多爲祭牲，周初金文多用爲敬字。	郭沫若 兩周金文辭大系圖録考釋 屭鐘	33997
狗	 屭羌鐘	羌	金文	説文苟之重文，狗之初文，金文用爲敬、警。	郭沫若 兩周金文辭大系圖録考釋 屭羌鐘	42495
狗			甲骨	芺百芺，上字當是用牲之法，以聲求之，殆即諨辜之辜。芺芺即磔狗。	郭沫若 殷契粹編考釋	34000
狗			甲骨	甲骨文、早期金文象狗形。甲骨文用爲地名，讀狗讀敬還不能肯定。金文分化爲敬的專用字。原始的狗字用筆太簡，師鳌簋增口支兩個偏旁，口像頸上所繫鈴，支像持杖牧畜形，説明狗是家畜。在文字行用中，犬作爲狗的專名，敬不致於與犬相混淆。	徐中舒 怎樣考釋古文字 古文字學論集 1988 年	34002

狗	 上三/彭祖/1		楚簡	“狗老”，整理者讀“狗”爲“耇”，因聲求義，則其爲一彎腰駝背之老人可知也，不論“耇老”、“耆老”，皆通泛之稱而無法顯示其請問彭祖時謙遜低下之態度，故於釋文中雖從整理者作，然寔可逕讀爲“狗”即可，疑爲其初名；彼以帝王之尊，年高德劭之老人，不管年少時是否初名爲“狗”，晚年名之爲“狗”，則可謂至卑至微，若後世之云“狗生”、“畜産”，或以配合其階級，或不欲其早夭能存活，故取此賤名。	黄人二、林志鵬 上博藏簡第三册彭祖試探 簡帛研究網 2004年4月29日	2766
狗	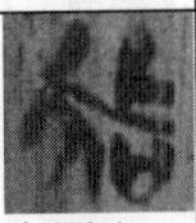 上四/采風曲目/6		楚簡	本簡現存五字，爲一曲目。“狗”讀爲“苟”。	馬承源 上海博物館藏戰國楚竹書第四册 采風曲目	3541
獀			説文	南趙名犬獿獀。从犬安聲。	許慎 説文解字	
尨			説文	犬之多毛者。从犬从彡。《詩》曰：“無使尨也吠。”	許慎 説文解字	
尨	 曶鼎	求	金文	其文與尨生鼎尨字同。	阮元 積古齋鐘鼎彝器款識 卷四 曶鼎	45073
尨			金文	尨姞。尨國姞姓婦人也。國名紀。古有尨國。	劉心源 奇觚室吉金文述 卷五 尨姞彝	34005
尨			金文	庬尨古通。《詩經・長發》傳：庬，厚也。	吴大澂 愙齋集古録 第二册 虘鐘	34004
尨			金文	此明尨字。	高田忠周 説文古籀篇 卷九十	34008
尨			甲骨	象犬腹下脩毛垂狀。當爲尨字。今篆形彡在背上。犬非剛鬣。若在背部，彡狀不可見矣。	羅振玉 增訂殷虚書契考釋 卷中	34007
尨			金文	與庬同。《釋詁》庬。大也。	方濬益 綴遺齋彝器款識考釋 卷一	34006

尨			甲骨	尨即豵。豵即尾星。	饒宗頤 殷代貞卜人物通考 卷三	34010
尨	 上三/周易/1		楚簡	音與"蒙"通。	濮茅左 上海博物館藏戰國楚竹書第三册 周易	12808
尨	 上三/亙先/11		楚簡	此字當分析爲從"犬"，"屯"聲，"犬"與"屯"共用字形。疑讀爲"屯"或"鈍"。《説文》："屯，難也。"又"屯"也可以讀爲"鈍"，指形勢不利。	王志平《恒先》管窺 簡帛研究網 2004年5月8日	1648
尨	 上三/亙先/11		楚簡	"寱尨（蒙？）"不知何意。《淮南子》泰族篇中有"物有隆殺，不得自若"。《韓詩外傳》卷五中有"物有成衰，不得自若"。這兩段中均有"不得自若"，與本篇"不自若"接近，所以"寱尨（蒙？）"有可能也是類似"隆殺"、"成衰"的意思。《鶡冠子》泰鴻篇有"自若則清，動之則濁"。正因爲"不自若"，所以會"動"，就本篇而言，正因爲"不自若"，所以會"作"。而正因爲有"作"，就會有"果與不果"。	曹峰《恒先》編聯、分章、釋讀劄記 簡帛研究網 2004年5月16日	2312
尨	 上三/亙先/11		楚簡	即"敦厖"、"淳厖"或"淳蒙"，純樸之意。還可讀爲"純蒙"，《論衡·自然》中有"道家德厚，下當其上，上安其下，純蒙無爲"。	曹峰 楚簡《恒先》"祥義利巧綵物出於作"解 簡帛研究網 2004年12月26日	1683
尨	 上三/亙先/11		楚簡	冥尨：讀爲冥厖或冥龐，指强者自己蒙昧無知，自高自大。冥：幽也，暗也，夜也，在此引申爲暗然無知。厖，大也，在此引申爲自高自大。	趙建功《恒先》易解（下） 簡帛研究網 2005年2月7日	1618
狡			説文	少狗也。从犬交聲。匈奴地有狡犬，巨口而黑身。	許慎　説文解字	
獪			説文	狡獪也。从犬會聲。	許慎　説文解字	

獳			説文	犬惡毛也。从犬農聲。	許慎 說文解字	
猲			説文	短喙犬也。从犬曷聲。《詩》曰："載獫猲獢。"《爾雅》曰："短喙犬謂之猲獢。"	許慎 說文解字	
獢			説文	猲獢也。从犬喬聲。	許慎 說文解字	
獢	 上三/亙先/11	蛞	楚簡	熾龙："熾"原簡字形以上從日，下從火之字爲聲符。"熾"是盛的意思，"龙"讀爲"厖"，大也（《爾雅·釋詁》）。	劉信芳 上博藏竹書《恒先》試解 簡帛研究網 2004年5月16日	2290
獫			説文	長喙犬。一曰黑犬黃頭。从犬僉聲。	許慎 說文解字	
狂			説文	黃犬黑頭。从犬主聲。讀若注。	許慎 說文解字	
猈			説文	短脛狗。从犬卑聲。	許慎 說文解字	
猗			説文	犗犬也。从犬奇聲。	許慎 說文解字	
猗			璽印	猗。許氏說：猗，犗犬也。段氏說：猗，嘆詞。古又叚爲兮字。	丁佛言 說文古籀補補 卷十	34021
狊			説文	犬視皃。从犬、目。	許慎 說文解字	
猎			説文	竇中犬聲。从犬从音，音亦聲。	許慎 說文解字	
猎			璽印	從犬從音。當即古猎字。	强運開 說文古籀三補 卷十	34024
默			説文	犬暫逐人也。从犬黑聲。讀若墨。	許慎 說文解字	
猝			説文	犬从艸暴出逐人也。从犬卒聲。	許慎 說文解字	
猩			説文	猩猩，犬吠聲。从犬星聲。	許慎 說文解字	
㺌			説文	犬吠不止也。从犬兼聲。讀若檻。一曰兩犬爭也。	許慎 說文解字	
獥			説文	小犬吠。从犬敢聲。南陽新亭有獥鄉。	許慎 說文解字	
猥			説文	犬吠聲。从犬畏聲。	許慎 說文解字	

獿			説文	獿獿也。从犬、夒。	許慎 説文解字	
獶			説文	犬獿獿咳吠也。从犬翏聲。	許慎 説文解字	
獑			説文	犬容頭進也。从犬参聲。一曰賊疾也。	許慎 説文解字	
獎			説文	嗾犬厲之也。从犬，將省聲。	許慎 説文解字	
狻			説文	齧也。从犬戔聲。	許慎 説文解字	
狦			説文	惡健犬也。从犬，删省聲。	許慎 説文解字	
狠			説文	吠鬬聲。从犬艮聲。	許慎 説文解字	
狠			漢簡	狠：紛争之義。	劉信芳 居延漢簡《隸篇》研究 考古 2005 年 9 期	16010
獢			説文	犬鬬聲。从犬番聲。	許慎 説文解字	
狋			説文	犬怒皃。从犬示聲。一曰犬難得。代郡有狋氏縣。讀又若銀。	許慎 説文解字	
犷			説文	犬吠聲。从犬斤聲。	許慎 説文解字	
犷			甲骨	犷即狺字。此爲地名。	饒宗頤 殷代貞卜人物通考 卷六	34041
獡			説文	犬獡獡不附人也。从犬舄聲。南楚謂相驚曰獡。讀若愬。	許慎 説文解字	
獷			説文	犬獷獷不可附也。从犬廣聲。漁陽有獷平縣。	許慎 説文解字	
狀			説文	犬形也。从犬爿聲。	許慎 説文解字	
奘			説文	妄彊犬也。从犬从壯，壯亦聲。	許慎 説文解字	
獒			説文	犬如人心可使者。从犬敖聲。《春秋傳》曰：“公嗾夫獒。”	許慎 説文解字	
獳			説文	怒犬皃。从犬需聲。讀若槈。	許慎 説文解字	
狧			説文	犬食也。从犬从舌。讀若比目魚鰈之鰈。	許慎 説文解字	
狎			説文	犬可習也。从犬甲聲。	許慎 説文解字	

狃			説文	犬性驕也。从犬丑聲。	許慎 說文解字	
狃	 沈子簋		金文	狃與戰連文。殆假爲𪀔。驪白雜色曰𪀔。	郭沫若 金文叢考 沈子簋銘考釋 器銘考釋	34052
犯			説文	侵也。从犬巳（段注改爲㔾）聲。	許慎 說文解字	
犯			楚簡	兩“口”字，原《考釋》認爲都是“犯”，當是。賡，繼續。以犯賡犯，後一犯字多一近似於“心”的構件，使之區別於前者，如果前者爲“侵犯”義，後者應該是“惡意”或者“有意”的侵犯。以犯賡犯，當與《禮記・表記》“以怨報怨”意義相近。《禮記・表記》曰：“以怨報德，則民有所勸；以怨報怨，則民有所懲。”	楊朝明 《從政》篇釋義三則 簡帛研究網 2003年5月4日	4609
猜			説文	恨賊也。从犬青聲。	許慎 說文解字	
猛			説文	健犬也。从犬孟聲。	許慎 說文解字	
犺			説文	健犬也。从犬亢聲。	許慎 說文解字	
㹤	  杜林說	怯	説文	多畏也。从犬去聲。怯杜林說：㹤从心。	許慎 說文解字	
獜	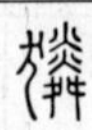		説文	健也。从犬粦聲。《詩》曰：“盧獜獜。”	許慎 說文解字	
獧			説文	疾跳也。一曰急也。从犬睘聲。	許慎 說文解字	
倏			説文	走也。从犬攸聲。讀若叔。	許慎 說文解字	
狟			説文	犬行也。从犬亘聲。《周禮》曰：“尚狟狟。”	許慎 說文解字	
狟	 陳逆簠		金文	狟同桓。	阮元 積古齋鐘鼎彝器款識 卷七 陳逆簠	34062

犻			説文	過弗取也。从犬市聲。讀若孛。	許慎　説文解字	
⿰犭易			説文	犬張耳皃。从犬易聲。	許慎　説文解字	
猌			説文	犬張齗怒也。从犬來聲。讀又若銀。	許慎　説文解字	
猌			金文	齗爲齒本。猌從齒，與許説正合。	丁佛言 説文古籀補補 卷十	34066
猌			甲骨	字從二耒二犬。耒與來聲義俱通。故地名應是猌字。	饒宗頤 殷代貞卜人物通考 卷六	34068
犮			説文	走犬皃。从犬而丿之。曳其足，則剌犮也。	許慎　説文解字	
犮			金文	當即犮。象人足下有物越而過之之形。後一字亦當爲犮。從犬乃形訛。	林義光 文源	34070
犮			甲骨	犮猶拔也。釋爲移義。	嚴一萍 楚繒書新考 中國文字 1967—1968 年	34072
戾			説文	曲也。从犬出户下。戾者，身曲戾也。	許慎　説文解字	
戾		畎	甲骨	古戾字。	王襄 簠室殷契類纂 正編卷十	34074
戾			甲骨	古文戾字也。	陳邦懷 殷虛書契考釋小箋	34075
戾			甲骨	古文戾字。言亡戾猶言亡尤。	葉玉森 殷虛書契前編集釋 卷一	34076
戾	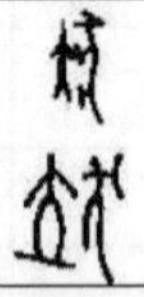	犾 ⿰言犬	甲骨	當釋犾。卜辭犾極多。舊不説。今按即⿰礻犬⿰言犬字。《説文》闕此字，三體石經爲戾字古文。	唐蘭 古文字學導論 下	34078
獨			説文	犬相得而鬬也。从犬蜀聲。羊爲羣，犬爲獨也。一曰北嚻山有獨浴獸，如虎，白身，豕鬣，尾如馬。	許慎　説文解字	
獨	 上一/ 性情論 /30	蜀	楚簡	“蜀居”，即“獨居”。	濮茅左 上海博物館藏戰國楚竹書 第一册 性情論	12281

狢			説文	獨狢，獸也。从犬谷聲。	許慎 説文解字	
貆	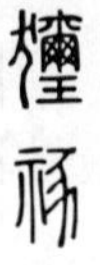 或體	祢	説文	秋田也。从犬璽聲。祢貆或从豕。宗廟之田也，故从豕、示。	許慎 説文解字	
貆			金文	從爾從犬，即《説文》貆字之重文。字形稍訛。許以爲從豕從示乃沿訛形爲説。下半所從是邑字。即肹桊等之本字。徐廣以爲一作獮者爲近實，肹桊鮮均叚借字。	郭沫若 兩周金文辭大系圖録考釋 明公簋	34084
獵			説文	放獵逐禽也。从犬巤聲。	許慎 説文解字	
獵			石鼓	古獵躐同字。古文從辵從足亦無别，獵躐邋一字。許君訓邋爲擠，非本誼。字本從辵，不從手也。薛氏釋獵，是。	羅振玉 石鼓文考釋	34086
獵			石鼓	假邋爲獵。	强運開 説文古籀三補 卷十	34087
獠			説文	獵也。从犬尞聲。	許慎 説文解字	
狩			説文	犬田也。从犬守聲。《易》曰："明夷于南狩。"	許慎 説文解字	
狩		獸	甲骨	古獸狩實一字。禽與獸初誼皆訓田獵，此獸狩一字之證。許君訓獸爲守備者，非初誼矣。	羅振玉 殷虚書契考釋 卷中	34090
狩		獸	甲骨	予疑字左所從象捕獸器。蓋以擊捕獲之雞兔者。	葉玉森 殷虚書契前編集釋 卷一	34092
狩		獸	甲骨	從單從犬之字，即狩也。斯以田獵所獲得之生物，即以獸名之矣。溯其源，則"獸"爲動詞，不爲名詞。"狩"實後起字耳。	吴其昌 殷墟書契解詁	34094

狩		獸	甲骨	卜辭中相當於狩獵的動詞主要有狩、苗、田、弋。苗和狩是相近的，狩、田、弋三者有區别。在某些地點只行弋不出田。在武丁、祖庚、廪辛、武乙、文武丁諸王卜辭和帝乙時非王卜卜辭中，多用狩、田、苗，在康丁、帝乙、帝辛諸王卜辭中，則多用田、弋。	李學勤 殷代地理簡論	34097
狩		獸	甲骨	契文獸從單從犬，單即戰之省，假爲狩。	王襄 古文流變臆説	34091
狩			甲骨	單干古爲一字，並盾之象形。獸之初義爲田獵。田狩者以單自蔽，以犬自隨，故字從單從犬會意，亦猶戰從單從戈會意也。	李孝定 甲骨文字集釋 卷十	34093
狩		獸	甲骨	狩字或從單，或從干，單干同字。	白玉峥 契文舉例校讀 中國文字1969年	34098
狩	 牆盤		金文	此讀爲狩。	唐蘭 略論西周微史家族窖藏銅器群的重要意義——陝西扶風新出牆盤銘文解釋 文物1978年3期	34099
狩			甲骨	從犬從干，干爲狩獵工具，犬善逐獸，故干犬會狩獵之意。而從有犬守聲之狩乃後起形聲字。	徐中舒 甲骨文字典 卷十	34100
臭			説文	禽走，臭而知其迹者，犬也。从犬从自。	許慎 説文解字	
臭			甲骨	臭殆即溴。殷時地名之臭，當即春秋之溴。	饒宗頤 殷代貞卜人物通考 卷七	34102
臭	 郭/語叢一/51		楚簡	隸定作上從自下從矣。釋讀有兩種，其一從矣，自聲，字讀爲“臭”。其二從自，矣聲，讀爲“息”，本義謂人之氣息，今所謂“呼吸”。	劉信芳 郭店簡《語叢》文字試解（七則）簡帛研究2001年	9607
獲			説文	獵所獲也。从犬蒦聲。	許慎 説文解字	
獲	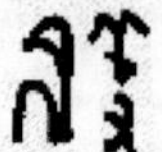		甲骨	此文亦從隹、從艹，而形較緐。右下似有又形。疑護、獲之省。	孫詒讓 契文舉例	34103

獲	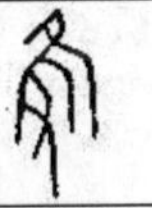	隻	甲骨	從又持隹有捕獲之誼。殷契叚爲獲字。	王襄 簠室殷契類纂 正編卷十	34105
獲		隻	甲骨	此從隹從又。象捕鳥在手之形。與許訓鳥一枚之隻字同形。得鳥曰隻，失鳥曰隻。	羅振玉 增訂殷虛書契考釋 卷中	34104
獲	 畬忎鼎	隻	金文	金文用隻爲獲，從又持隹，不從犬，會意。獲爲後起形聲字。	林潔明、周法高主編 金文詁林 卷十 畬忎鼎	36124
獲		隻	金文	金文用隻爲獲。從又持隹。不從犬。會意。獲爲隻後起形聲字也。	林潔明、周法高主編 金文詁林 卷十	34107
獲	 方鼎	隻	金文	是一個形聲字，從示隻聲。讀如獲，乃獲俘獻祭之專字。	孫稚雛 金文釋讀中一些問題的探討（續）古文字研究 1984年9輯	34108
獲	 上三/周易/37	戞	楚簡	即“獲”字。	濮茅左 上海博物館藏戰國楚竹書 第三冊 周易	13712
獲		隻	金文	獲在此用爲名詞，當所獲講。	裘錫圭 商銅鼉銘補釋 中國歷史文物 2005年6期	15105
獘	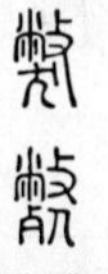 或體	斃	説文	頓仆也。从犬敝聲。《春秋傳》曰：“與犬，犬獘。”斃獘或从死。	許慎 説文解字	
獘			甲骨	殆爲《周禮·獸人》弊田之“弊”矣。	商承祚 殷虛文字類編 卷十	34111
獻			説文	宗廟犬名羹獻。犬肥者以獻之。从犬鬳聲。	許慎 説文解字	
獻		甗	金文	甗字從鼎者。甗亦是鼎屬也。	阮元 積古齋鐘鼎彝器款識 卷七	34113
獻		甗	金文	古文獻甗爲一字。	吴大澂 説文古籀補 卷十	34114
獻			金文	此從鼎從犬。鼎鬲同物，故字或從鼎。鬳所目獻孰，故字又從犬。獻犧娑虍一聲之轉。	徐同柏 從古堂款識學 卷九 周陳公子甗	34115

獻			金文	許印林説，字左爲鬳形，加犬則獻字。	吴式芬 攈古録金文 卷三之一 陳矦午	34118
獻		鬳	金文	右從虎，非犬。是即鬳字耳。	吴式芬 攈古録金文 卷一之三 伯貞甗	34116
獻			金文	許印林説獻字，虎、犬分明，虍下左畔則鬲之變體，從目與鼎同意。從木而歧其下。又按虍下是鼎非鬲之别體，薛《款識》甗下從鼎者甚衆，且皆從虍從犬，借獻爲甗也。古器物銘皆借獻爲甗，甗爲後起字。	吴式芬 攈古録金文 卷二之三 齊陳曼簠	34117
獻			金文	左下所從即鼎。古刻獻爲甗，多從鼎。獻從鼎與鬲同意。獻叔爲謚號。	劉心源 奇觚室吉金文述 卷五 陳曼簠	34119
獻			甲骨	古獻字。從犬，從鬳省。	王襄 簠室殷契類纂 正編卷十	34121
獻			金文	獻爲甗古文，古作從鼎獻省聲。	林義光 文源	36132
獻			甲骨	疑獻字，即鬳之省。	商承祚 殷虚文字類編	22756
獻	 虢季子白盤		金文	獻從鬳從犬，鬳亦聲。此爲形聲而會意也。轉爲進獻之偁。	高田忠周 説文古籀篇 卷九十 虢季子白盤	36133
獻			甲骨	獻本作從虎從鼎，或從虎從鬲。後求其結構，將虍移於鼎或鬲之上。而以虎字之下體寫爲犬形。用爲進獻字，復别構甗爲器名。	商承祚 殷契佚存附考釋	34123
獻	 史獸鼎		金文	“獻工于尹”言奏其事於尹，獻猶今人言呈報也。	于省吾 雙劍誃吉金文選 卷上二 史獸鼎	36135
獻			金文	銅器多從鼎。金文諸獻字偏旁鼎皆與貝字形近。	徐中舒 陳侯四器考釋 中央研究院歷史語言研究所集刊第三本第四分 1933 年	34126
獻		鬳	金文	即鬳字。於此當讀爲獻，乃獻俘之義。	屈萬里 殷墟文字甲編考釋	34129

獻		甗	金文	甗之異文。弗生甗上的形體獻字而借爲甗，甗即甗之初文也。	馬叙倫 讀金器刻詞 卷中	34128
獻			甲骨	契文從犬從鬲。或又叚甗爲之。竊疑從犬從鼎爲會意。以犬爲鼎實羹獻之意也。	李孝定 甲骨文字集釋 卷十	34130
獻			甲骨	獻的本義爲降，即繳械投降。引申之則爲獻納。	伍仕謙 甲骨文考釋六則 古文字研究論文集 1982 年	34131
獻			甲骨	自甲骨文觀之，從犬虎從鼎鬲皆會意爲鼎實，非僅謂犬肥者也。	徐中舒 甲骨文字典 卷十	34132
獻	 包/文書/147		楚簡	從虍從貝從犬，似爲獻字異體。	劉彬徽、彭浩、胡雅麗、劉祖信 包山楚簡	34133
獻	 白貞甗		金文	從虎從犬即獻之省體。金文獻通常從鼎。	戴家祥 金文大字典 卷中	34134
獻			楚簡	並當釋爲獻字。	高智《包山楚簡》文字校釋十四則 于省吾教授百年誕辰紀念文集 1996 年 9 月	34135
獻			金文	當祭祀後進行饗燕中以酒食獻賓。	劉桓 五年琱生毁、六年琱生毁銘文補釋 故宫博物院院刊 2003 年 3 期	15668
獻	 仲𢦏臣盤	𢦏	金文	即獻字，“𢦏臣”即“殷獻臣”。	劉宗漢 《叔夨方鼎》“王乎殷厥士賫叔夨”解 歷史研究 2003 年 3 期	15120
獻	 陳侯午錞		金文	獻銅器多從鼎，又省虍，且鼎與貝字形易混，此字即如此。	徐中舒 陳侯四器考釋 史語所集刊第三本四分 1933 年	36134
狦			説文	獟犬也。从犬幵聲。一曰逐虎犬也。	許慎 説文解字	
獟			説文	狦犬也。从犬堯聲。	許慎 説文解字	
狾			説文	狂犬也。从犬折聲。《春秋傳》曰：“狾犬入華臣氏之門。”	許慎 説文解字	

狂	 古文	忹	説文	狾犬也。从犬㞷聲。𢗋古文从心。	許慎 説文解字	
狂			金文	陳介祺釋作狂。	吴大澂 説文古籀補 卷十	34139
狂			甲骨	郭沫若云：狂字假爲往。	楊樹達 卜辭求義	34141
狂			甲骨	似當讀爲往。非地名。	李孝定 甲骨文字集釋 卷十	34142
狂				案：鉢文皆從犬與篆文同，此從心，乃犬形寫誤。	商承祚 説文中之古文考	42325
類			説文	種類相似，唯犬爲甚。从犬頪聲。	許慎 説文解字	
狄			説文	赤狄，本犬種。狄之爲言淫辟也。从犬，亦省聲。	許慎 説文解字	
狄	 曾伯霥簠		金文	古狄字。	吴大澂 説文古籀補 卷十	34146
狄	 曾伯霥簠		金文	《説文》從犬從亦省聲，此從犬從亦不省。	徐同柏 從古堂款識學 卷二 曾伯霥簠	36137
狄	 曾伯霥簠		金文	此從亦不省聲。	劉心源 奇觚室吉金文述 卷五 曾霥伯簠	36139
狄			金文	火古作與“亦”古文形近，“亦”訛遂省爲“火”。	林義光 文源	36140
狄	 曾伯霥簠		金文	阮元釋放非，此分明夷狄字。	高田忠周 説文古籀篇 卷九十 曾伯霥簠	36142
狄	 曾伯霥簠		金文	此從亦。是古文不渻。	方濬益 綴遺齋彝器款識考釋 卷八 曾伯霥簠	34148

狄	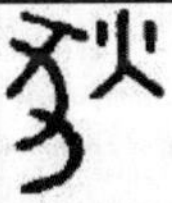 戰狄鐘		金文	《詩》“狄彼東南”，鄭箋讀狄爲剔，訓治，此狄字與彼用法同，是動詞。又，狄字亦可讀逖，《説文》：“逖，遠也。”“戰狄不龏”，謂盡逐遠不恭之人也。	楊樹達 積微居金文説 戰狄鐘	36143
狄			甲骨	從犬從大，董氏釋狄。《説文》狄從亦省聲，亦與大形近易訛。	饒宗頤 殷代貞卜人物通考 卷十七	34154
狄			甲骨	此字古蓋從大不從火。狄殆即從犭從大之訛。此處是第三期貞人名。	屈萬里 殷墟文字甲編考釋	34155
狄			甲骨	契文從犭從大。篆訛爲狄耳。屈説可從。	李孝定 甲骨文字集釋 卷十	34157
狄	 曾伯霥簠		金文	狄。	屈萬里 書傭論學集 曾伯霥簠	36144
狄	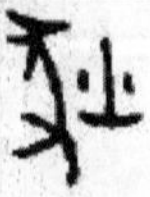 史牆盤		金文	狄與伐相對，應該讀爲逖，是驅除的意思。	裘錫圭 史牆盤銘解釋 文物 1978 年 3 期	34158
狄	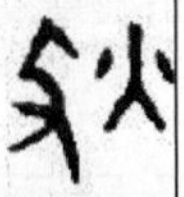 曹伯狄簋		金文	鐘文及此銘的狄字皆是亦省聲。亦與赤聲相通。因知此銘的曹伯狄即是文獻記載的曹伯赤。	陳邦懷 曹伯狄簋考釋 文物 1980 年 5 期	34159
狄	 戰狄鐘		金文	狄之本意當爲犬種。古人蔑視少數民族，故借來稱之爲狄。因少數民族的方國都在邊遠，故狄又引申爲遠。後人爲了在字形上加以區别，添辵旁作逖。	戴家祥 金文大字典 卷中	34161
狄	 逨盤		金文	應讀剔。	何琳儀 逨盤古辭探微 安徽大學學報（哲學社會科學版）2003 年 4 期	15240
狄	 逨盤		金文	讀爲逖。	李學勤 眉縣楊家村新出青銅器研究 文物 2003 年 6 期	15278
狄	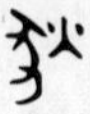 逨盤		金文	“克逹（仇）匹成王。成受大令（命）。方狄（剔）不亯（享）。用奠亖（四）或（國）萬邦。”狄，讀剔。剔之本義爲解骨，引申爲翦削。	王輝 逨盤銘文箋釋 考古與文物 2003 年 3 期	15215

狄	 上三/中弓/23	卒	楚簡	“卒”字當隸作“狄”，所從偏旁“衣”，與“卒”互作而用之情況，於楚系簡牘中極常見，故不贅述。	黄人二、林志鵬 上博藏簡第三册仲弓試探 簡帛研究網 2004年4月23日	2749
狻			説文	狻麑，如虦貓，食虎豹者。从犬夋聲。見《爾雅》。	許慎 説文解字	
狻			甲骨	王國維釋夋，亦即後起之狻，《説文》狻，狻麑。此形不似猛獸，而象猿狙，狻麑之訓費其朔也。	商承祚 甲骨文字研究 卷下	34163
玃			説文	母猴也。从犬矍聲。《爾雅》云：“玃父善顧。”攫持人也。	許慎 説文解字	
猶			説文	玃屬。从犬酋聲。一曰隴西謂犬子爲猷。	許慎 説文解字	
猶			石鼓	古猶字。石鼓。	吴大澂 説文古籀補 卷十	34165
猶			甲骨	古猶字。	王襄 簠室殷契類纂 正編卷十	34167
猶			甲骨	疑亦猶字之省。	商承祚 殷虛文字類編 卷十	34168
猶				《爾雅·釋詁》：“猷，謀也。又言也。”故從口。	丁佛言 説文古籀補補 卷十	34169
猶		猷	甲骨	《説文》有猶無猷，當爲一字。石鼓毛公鼎有猷。此從犬；另一偏旁象酒盈尊，殆即許書之酋。	羅振玉 增訂殷虛書契考釋 卷中	34166
猶		猷	甲骨	卜辭有猷字，乃國名。所從決非犬形。余以卜辭之字與《爾雅》之字訓比驗之，以爲古之猶字，其實即從鼠由聲之鼬，今人稱爲黄鼠狼，國之名猷者，當是以鼬爲圖騰。	郭沫若 甲骨文字研究 釋繇	34170

猶		猷	甲骨	古猷字，與猶爲一字。此爲方名。	徐協貞 殷契通釋	34171
猶			石鼓	猶本爲獸名。引申之義爲猶豫，爲猶謀，爲猷圖。	强運開 石鼓釋文	34172
猶			甲骨	其字當從犬囙聲。然後世既無猒字，亦無從犬從卟聲之字。余謂猒實周以後之猷字。	唐蘭 天壤閣甲骨文存附考釋	34174
猶		猷	甲骨	方國名，從酉。	孫海波 甲骨文編 卷十	17190
猶			金文	猷猶一字。屬偏旁左右移位之例。猶的本義是犬類動物，然金文與經典多用作謀猷之義。經典猶或訓似。	戴家祥 金文大字典 卷中	34176
狙			説文	玃屬。从犬且聲。一曰狙，犬也，暫齧人者。一曰犬不齧人也。	許慎　説文解字	
猴			説文	夒也。从犬矦聲。	許慎　説文解字	
猴		猴	甲骨	甲骨文象巨顙鋭口而長臂，乃猴也。《説文》“猴”字乃後起。	孫海波 中國大學講義（内刊） 甲骨金文研究	34180
猴		猴	甲骨	此獸巨顙鋭口而長臂，乃猴也。《説文》：“猴，夒也。”“猴”字乃後起，其本體疑即《説文》之禺。今篆所作者，整齊失其形也。	商承祚 甲骨文字研究 卷下	34178
猴			甲骨	所指乃殷先公，非獸名。商氏釋爲夒是也。猴蓋夒之後起字。以夒之音求之，此字當許書之猴，非猿字也。	李孝定 甲骨文字集釋 卷十	34181
㺃			説文	犬屬。䐈已上黄，䐈已下黑，食母猴。从犬㱿聲。讀若構。或曰㺃似牂羊，出蜀北囂山中，犬首而馬尾。	許慎　説文解字	
狼			説文	似犬，鋭頭，白頰，高前，廣後。从犬良聲。	許慎　説文解字	
狼			甲骨	古狼字。從犬，左旁即古良字。又《説文》良從亡聲，故古狼字或從亡。或曰從良省。	王襄 簠室殷契類纂 正編卷十	34184

狼			甲骨	以義考之，此當爲狼字。良亡音相近。故假亡爲良。	商承祚 殷虚文字類編 卷十	34185
狼			甲骨	從犬從良即狼字。或有從亾者，殆“良”之省，許君謂良從亡聲，故知亦狼字。	羅振玉 增訂殷虚書契考釋 卷中	34183
狼			甲骨	此正從犬良聲，釋狼是也。至契文另有犷，不當釋爲狼，當釋爲狐，葉氏之言是也。字今作狐，乃易亡聲爲瓜聲也，非有二物也。	李孝定 甲骨文字集釋 卷十	34187
狛			説文	如狼，善驅羊。从犬白聲。讀若蘗。甯嚴讀之若淺泊。	許慎 説文解字	
獌			説文	狼屬。从犬曼聲。《爾雅》曰：“貙獌，似貍。”	許慎 説文解字	
狐			説文	祥獸也。鬼所乘之。有三德：其色中和，小前大後，死則丘首。从犬瓜聲。	許慎 説文解字	
狐		犷	甲骨	以葉釋狐爲是。亡音古讀無，與瓜音同在魚部。即讀陽部音，亦與瓜爲對轉也。	郭沫若 卜辭通纂	34191
狐		瓜	金文	“命瓜”當即令狐，此器之作者蓋晉之大夫，封於令狐者也。	郭沫若 兩周金文辭大系圖録考釋	36148
狐		犷	甲骨	從犬從亡，疑即古文狐字。柯昌濟亦釋狐，與予説合。	葉玉森 殷虚書契前編集釋 卷三	34190
狐		犷	甲骨	犷或釋狼或釋狐，由於出土骨骼没有狼，故暫定狐。	陳夢家 殷虚卜辭綜述	34193
狐		瓜	金文	金文不從犬。命瓜，郭沫若謂即令狐，晉大夫封於令狐者，是也。	林潔明、周法高主編 金文詁林 卷十	36149
獺			説文	如小狗也。水居食魚。从犬賴聲。	許慎 説文解字	
猵	  或體	獱	説文	獺屬。从犬扁聲。獱或从賓。	許慎 説文解字	

猋			説文	犬走皃。从三犬。	許慎　説文解字	
猋			金文	此從三犬，下有重文符號，明知猋猋也。銘意蓋爲多禽，亦重言形况字。	高田忠周 説文古籀篇 卷九十	36153
猋			甲骨	《説文》有從二犬之狀，訓兩犬相齧，然形不類，殆即"犬走皃"之猋，本一字，後世分爲二。	商承祚 甲骨文字研究 卷下	34199
猋			甲骨	此字三象形文。竝脩尾削腹，象犬。疑古猋字。本辭爲地名。	葉玉森 殷虚書契前編集釋 卷一	34197
狘			説文	獸走皃。从犬戉聲。	許慎　説文解字	
獋			説文	獸名。从犬軍聲。	許慎　説文解字	
獋		昆		昆，古文字象獸形，上象獸首，下象其足，乃猑或獋之本字。《漢書・百官公卿表上》："又牧槖、昆蹏令丞皆屬焉。"顔師古注："昆，獸名也。"此其本義。古書常借爲晜弟之晜或蚰蟲之蚰，後人遂又造猑或獋以當昆之本義。	陳秉新 《〈説文〉箋證》選録（一） 中國文字研究 2004 年 5 輯	14639
狷			説文	褊急也。从犬肙聲。	許慎　説文解字	
狷	 上三/中弓/16（正）	朕	楚簡	"朕人"即"狷人"。"狷"字，此處寫作"朕"。	李朝遠 上海博物館藏戰國楚竹書 第三册 中弓	13403
猰			説文	猰貐，獸名。从犬契聲。	許慎　説文解字	
㹠	 6.151		陶文	《説文》所無。	高明、葛英會 古陶文字徵	16424
⿰犭山	 郭/六德/24		楚簡	上從犬、下從山，可能是"岳"字異構，在此讀爲"獄"。	彭浩、劉祖信、王傳富 郭店楚墓竹簡	9217

⿰犭山	 郭/六德/44		楚簡	就其字形而言，應讀爲“訕”。	劉信芳 郭店簡文字例解三則“中央研究院”歷史語言研究所集刊第七十一本第四分 2000年	9311
⿰犭山	 郭/六德/24		楚簡	疑是“岳”别體，借作“獄”。	陳偉 郭店竹書别釋	9218
⿰犭山	 郭/六德/24		楚簡	從犬山聲，讀爲訕，意爲謗謗。	劉釗 郭店楚簡校釋	9219
犳			璽印	《説文解字》所無，《玉篇》：“犳，獸。豹文。”	羅福頤 古璽文編	16303
⿰犭亡			甲骨	從犬從亡，《説文》所無。商承祚釋狼，郭沫若釋狐。	孫海波 甲骨文編	16431
⿰犭亡	 上一/性情論/38		楚簡	讀爲“猛”。	濮茅左 上海博物館藏戰國楚竹書第一册 性情論	12394
⿰犭亡	 上一/性情論/38		楚簡	誤釋從犬從乍爲從犬從亡。	劉釗 讀《上海博物館藏戰國楚竹書》（一）劄記 上博館藏戰國楚竹書研究 2002年	12634
⿰犭夫			陶文	該字用爲里名。	陳偉武《古陶文字徵》訂補 中山大學學報 1995年1期	16423
⿰犭比	 ⿰犭比伯卣		金文	字從允從比。	方濬益 綴遺齋彝器款識考釋 卷十一 ⿰犭比伯卣	36155
狁	 虢季子白盤	⿰革允	金文	字左旁象犬頭尾四足形。	徐同柏 從古堂款識學 卷十 虢季子白盤	36371
狁	 虢季子白盤	⿰革允	金文	陳壽卿説，此爲狁，從允加⿰米朱之偏旁與玁之從敢加厂同也。	吳式芬 攈古録金文 卷三之二 虢季子白盤	36370

狁	 虢季子白盤	執	金文	張石匏説字從本從草允聲，爲玁狁字無疑。	吴式芬 攈古録金文 卷三之二 虢季子白盤	36369
犻	 郭/性自命出/47		楚簡	字本從犬從乍，讀爲作，奮作，振奮、振作。	陳偉 郭店竹書別釋	9186
犻	 郭/性自命出/47		楚簡	讀爲作。奮作意爲振奮。	劉釗 郭店楚簡校釋	9185
牴	 3.348		陶文	《説文》無，《玉篇》犬名。	高明、葛英會 古陶文字徵	18059
犯	 6.186		陶文	《説文》無，《類篇》犯，犬之短尾者。	高明、葛英會 古陶文字徵	18060
犾	 上五/姑成家父/3		楚簡	《姑成家父》簡3有兩個“幸”字，……此字季旭昇師首先釋出，並以爲字從倒矢、從犬，何有祖先生以爲釋“幸”可從，但“其字右部與‘犬’不類，似更接近‘虎’字”，何有祖先生的懷疑也很有道理，因爲匂字右旁所從確實與一般楚系“犬”字稍有異，不過類似這種寫法的“犬”字也曾出現於其他楚簡如（新蔡·乙一：28）、（望山·8）、（望山·29/狐），因此該字右旁釋作“犬”應當還在可以被接受的範圍。	高佑仁 《姑成家父》劄記一則 簡帛網 2006年2月24日	1285
犾	 上五/姑成家父/3		楚簡	字從倒矢、從犬，即“幸”字（參陳劍先生《釋上博竹書〈昭王毀室〉的“幸”字》，學苑出版社《漢字研究》，2005年1輯）。	季旭昇 上博五芻議（下） 簡帛網 2006年2月18日	4785
猒			甲骨	從犬冎聲，《説文》無，猾之古文。卜辭假爲禍。	李孝定 甲骨文字集釋 卷十	18250

㕞			甲骨	《説文》無，亡囙猶言亡咎，卜辭前期作囙，後期作㕞。	孫海波 甲骨文編	18202
㹦			金文	《説文》無，古籍作田或畋。	容庚 金文編	18249
狺	 伯狺父鬲		金文	《廣韻》：狺，犬争也，本作犷。《集韻》音釿，本作齗。	丁佛言 説文古籀補補 附録 伯狺父鬲	36158
狺			金文	該字《説文》所無。從㹜從言，二犬所以守也。	方濬益 綴遺齋彝器款識考釋 卷二十七	17081
狺	 伯狺父鬲		金文	此字無考，《説文》獄從言二犬，此從犬，蓋當時臆造字。	方濬益 綴遺齋彝器款識考釋 卷二十七 伯狺父鬲	36157
狽			甲骨	該字從犬尾著貝，當隸定爲狽，從犬貝聲。契文、金文均有此字。	李孝定 甲骨文字集釋 卷十	17078
狽			甲骨	從犬從貝，《説文》無，今狼頣之頣作狽。	孫海波 甲骨文編	17868
狽			金文	該字《説文》所無。從犬貝聲。金文用作人名。	林潔明、周法高主編 金文詁林 卷二	17079
狽			甲骨	從犬貝聲。《説文》所無。人名。	徐中舒 甲骨文字典 卷十	17080
狽			金文	《説文》所無。從貝犬聲，金文用爲人名。	戴家祥 金文大字典	14916
﨤			金文	從犬吾聲，當讀作啎。啎者，逆也。	戴家祥 金文大字典	17077
狣	 上五/競建内之/8		楚簡	讀爲“外之爲諸侯笑”。從兆、從犬，字形未見，疑讀爲笑。在此作譏笑、嘲笑解。	陳佩芬 上海博物館藏戰國楚竹書 第五册 競建内之	2508
狣	 上五/競建内之/8		楚簡	此字爲“笑”之異體。	林志鵬 上博楚竹書《競建内之》重編新解 簡帛網 2006年2月25日	4986

狣	 上五/競建内之/8		楚簡	本從兆從犬，原釋爲“笑”。季旭昇先生指出：“此字與楚系文字‘笑’從艸、從犬者不同。此字當爲從犬（‘犬’可視爲‘笑’省）、兆聲，兆（澄紐宵部）、嘲（知紐宵部），上古聲韻畢同。”恐當讀作“爲諸侯朝”，是朝見諸侯的意思。	陳偉 《競建内之》《鮑叔牙與隰朋之諫》零識 簡帛網 2006年2月22日	5177
狣	 上五/競建内之/8		楚簡	原讀“笑”。案：此字與楚系文字“笑”從艸、從犬者不同。當爲從犬（“犬”可視爲“笑”省）、兆聲，兆（澄紐宵部）、嘲（知紐宵部），上古聲韻畢同。	季旭昇 上博五芻議（上） 簡帛網 2006年2月18日	4799
㹭	 上四/昭王毀室/3		楚簡	從犬，屰聲，讀爲“逆”。“不逆”是君子的謙稱；“不逆之君”即有道之君，《晏子問下》：“君子懷不逆之君。”	陳佩芬 上海博物館藏戰國楚竹書第四册 昭王毀室——昭王與龔之脽	3455
㹭	 上四/昭王毀室/3		楚簡	逆，原從“犬”，整理者讀爲“逆”，可從。但是，整理者將“不逆”當作“君子”的謙稱，卻未必可信。疑此處“逆”字爲動詞，是料想、預料的意思。	劉樂賢 讀上博（四）劄記 簡帛研究網 2005年2月15日	3745
㹭	 上四/昭王毀室/3		楚簡	此字左半所從並不是“屰”。字左半所從其實是“倒矢”形。楚系文字作“倒矢”形的字就是“矢”字。今本《詩經•齊風•猗嗟》“四矢反兮，以禦亂兮”，《上海博物館藏戰國楚竹書（一）•孔子詩論》簡22“矢”字正作“倒矢”之形，可證。此字實爲左從“倒矢”右從“犬”。此字就是“幸”字。“幸”字從“矢”從“犬”，其形體結構及造字本義還有待進一步研究。	陳劍 釋上博竹書《昭王毀室》的“幸”字 簡帛研究網 2005年12月16日	3888
㹷			金文	張政烺讀爲幸，趙誠、商承祚假作刑。均無説。朱德熙、裘錫圭謂“此句疑當讀爲‘天其有刑，㝵在厥邦’，刑，法也。”（《文物》1997年第1期《平山中山王墓銅器銘文的初步研究》）按：該字字書不載。諸釋聊備一説。	戴家祥 金文大字典	17158

犾	 大克鼎		金文	從犬執省聲。或爲邇。	高田忠周 說文古籀篇	27664
犾	 大克鼎		金文	犾讀爲㬪；㬪邇同義。	于省吾 雙劍誃吉金文選 卷上 克鼎	27665
犾			甲骨	以卜辭與金文互證，金文犾乃甲骨文𤟹之省，從犬從坴。犾與邇通，𤟹若犾當爲其古文。	郭沫若 殷契粹編考釋	17170
犾			金文	異體或作𤞟。	王輝 逨盤銘文箋釋 考古與文物 2003年3期	15217
犾			甲骨	爲犾的省寫（木旁省），卜辭中與遠爲對文，應讀爲邇。金文犾字借爲柔遠能邇之邇。	裘錫圭 釋殷虛甲骨文的“遠”“犾”（邇）及有關諸字 古文字研究 1985年12輯	18872
肰	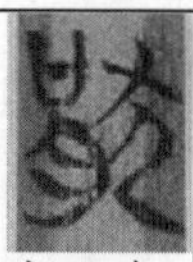 上三/中弓/12		楚簡	從⺼、從犬，爲“狷”字，耿直、固執。與“獨”義相近。	李朝遠 上海博物館藏戰國楚竹書第三册 中弓	13368
肰	 上三/亙先/1		楚簡	“厭”意爲足。	李學勤 楚簡《恒先》首章釋義 簡帛研究網 2004年4月23日	1592
肰	 上三/亙先/1		楚簡	“自厭”即“自滿”。	朱淵清 “域”的形上學意義 簡帛研究網 2004年4月18日	2315
肰	 上三/亙先/1		楚簡	“自厭”即“自滿”。	廖名春 上博藏楚竹書《恆先》簡釋 簡帛研究網 2004年4月19日	2296
肰	 上三/亙先/1		楚簡	肰”通“厭”，各家都訓爲“滿”或“足”，基本上不錯；但不論“滿”或“足”，都是整全完備之意。	陳麗桂 上博簡（三）：《亙先》的義理與結構 簡帛研究網 2004年12月19日	2342

猒	 上三/亙先/1		楚簡	“厭”是“足”。	董珊 楚簡《恆先》初探 簡帛研究網 2004年5月12日	2937
猒	 上三/亙先/1		楚簡	自厭：它安祥自足。	龐樸 《恒先》試讀 簡帛研究網 2004年4月26日	2329
猒	 上三/亙先/1		楚簡	“厭”字疑爲“然”字之誤摹，因爲在自然漸生狀態下，不自我壓制，由“或”之始動，而氣是自作自生，終成天地萬物，但以無確證，暫存疑。	黄人二、林志鵬 上博藏簡第三册恆先試探 簡帛研究網 2004年5月12日	496
猒	 上三/中弓/12		楚簡	暫視“猒”字爲“然”之誤摹。	黄人二、林志鵬 上博藏簡第三册仲弓試探 簡帛研究網 2004年4月23日	2887
猒	 上三/亙先/1		楚簡	自厭：自足。	劉信芳 上博藏竹書《恒先》試解 簡帛研究網 2004年5月16日	2337
猒	 上三/中弓/12		楚簡	“猒（厭）”字又見於簡16，原皆釋讀爲“狷”。“狷人”當爲狷士。“獨主厭人”大意謂獨斷專行，不聽他人意見。	陳劍 上博竹書《仲弓》篇新編釋文（稿）簡帛研究網 2004年4月18日	2804
猒	 上三/亙先/1		楚簡	厭：原作猒，通作厭，飽也，足也，滿足；通懕，安也，安然；合也，冥然自合。自厭：自足，安然自足，泰然自若，完善圓滿，冥然自合。	趙建功 《恒先》易解（上）簡帛研究網 2005年1月26日	2601
猓			甲骨	象形冎聲，乃猓然之猓。（1428片）	郭沫若 殷契粹編考釋	44864
㺧			金文	字從犬從戋，所表或爲小獸。器銘作者以此自名亦猶夏後氏寒浞名其子曰豷。（《左傳·襄公四年》）宋大夫名華貙。（《昭公·二十一年》）晉力士名鉏麑。（《宣公二年》）孔子弟子有冉伯牛、司馬子牛（《史記》）之類是也。	戴家祥 金文大字典	14915

⿰丙犬	 郭/老子甲/33		楚簡	字從丙聲，讀爲猛。古音丙在幫紐陽部，猛在明紐陽部，聲爲一系，韻部相同。	劉釗 郭店楚簡校釋	6568
⿰犭昜			金文	《説文》所無，亦可假借爲揚，右上部亦可解爲從甘。	高田忠周 古籀篇 卷九十	17465
⿰犭昜	 ⿰犭昜鼎		金文	此爲古逸字。右旁爲昜之省變，可假借爲揚。	高田忠周 説文古籀篇 卷九十	36162
猾			甲骨	從犬骨聲，卜辭中亦即禍福之禍也。	周鳳五 説猾 中國文字 1973 年	17649
⿰犭受	 包/文書/155		楚簡	⿰犭受，從犬省。	劉彬徽、彭浩、胡雅麗、劉祖信 包山楚簡	6206
⿰犭差			金文	從犬，從木，左聲。字書不見。疑是佐車之佐字。在此讀爲佐。	張政烺 中山王譽壺及鼎銘考釋 古文字研究 1979 年 1 輯	17466
猿			甲骨	爰、援、猿古今字，爰象兩手攀援一物，又爰與袁通，袁篆文下部或由象形猿字訛變，上部爲增飾，袁即古文猿。	葉玉森 鐵雲藏龜拾遺附考釋	17648
猷			甲骨	該字不識，爲族邦之名。	中國社會科學院考古研究所 小屯南地甲骨	17191
猷	 上一/紂衣/24		楚簡	謀略也。《尚書·君陳》："爾有嘉謀嘉猷。"今本作"猶"。	陳佩芬 上海博物館藏戰國楚竹書第一册 紂衣	12081
猷	 郭/性自命出/58		楚簡	義爲謀慮，與故爲對文。	陳偉 郭店竹書别釋	8761
猷	 上三/中弓/18		楚簡	通"猶"。	李朝遠 上海博物館藏戰國楚竹書第三册 中弓	13414

猷	 上三/周易/25		楚簡	“猷”，帛書本作“容”，王弼本作“欲”，阜陽漢簡本作“谾”。“猷”古音爲幽部喻母，“欲”爲屋部喻母，音近通用。而“容”、“谾”與“欲”皆從“谷”得聲，通用更屬自然。	廖名春 楚簡《周易·頤》卦試釋 簡帛研究網 2004年4月24日	2794
獸				獸即狩之初文。從單從犬，會意。	朱芳圃 殷周文字釋叢 卷上	16471
獸	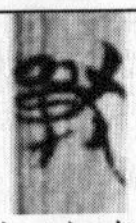 包/文書/142		楚簡	借作守。	劉彬徽、彭浩、胡雅麗、劉祖信 包山楚簡	1308
獸	 上二/從政（甲篇）/1		楚簡	讀作“守”。	張光裕 上海博物館藏戰國楚竹書 第二册 從政（甲篇）	13019
獂	 包/卜筮/202	鼰	楚簡	獂也寫作鼰，讀作舉。鼰禱即舉禱也。	劉彬徽、彭浩、胡雅麗、劉祖信 包山楚簡	39120
獂	 包/卜筮/202		楚簡	獂也寫作鼰，讀作舉。《周禮·天官·膳夫》鄭注：“殺牲盛饌曰舉。”	劉彬徽、彭浩、胡雅麗、劉祖信 包山楚簡	5927
獻	 包/文書/147		楚簡	似爲獻字的異體。	劉彬徽、彭浩、胡雅麗、劉祖信 包山楚簡	4577
獻	 包/文書/79		楚簡	應釋“獨”。	何琳儀 包山竹簡選釋 江漢考古 1993年4期	6144
㹏			金文	從犬與聲，字書不見。在此讀爲舉。	張政烺 中山王譽壺及鼎銘考釋 古文字研究 1979年1輯	16612

[illegible]			金文	《説文》所無。	容庚 金文編	16611
韄	 包/文書/133		楚簡	從隻從專，讀如獲。	劉彬徽、彭浩、胡雅麗、劉祖信 包山楚簡	34110
[illegible]			金文	蓋疑從犬气聲，古字逸文也，其義未可知矣。	高田忠周 說文古籀篇 卷九十	36160
獻	 匯/望一劄記/92		楚簡	即獻。	商承祚 戰國楚竹簡匯編 望山一號楚墓竹簡疾病雜事劄記	10713
玁	 虢季子白盤	嚴	金文	嚴即玁省。	徐同柏 從古堂款識學 卷十 虢季子百盤	35911
玁	 虢季子白盤	嚴	金文	陳壽卿説，此即玁。	吴式芬 攈古録金文 卷三之二 虢季子百盤	35910
玁	 虢季子白盤	嚴	金文	此即玁字，蓋漢時通用嚴允也。	吴大澂 愙齋集古録 第十六册 虢季子百盤	35912
[illegible]			金文	該字隸定爲[illegible]，乃從焱秝聲。在此器用爲方名兼姓氏之義。是尊銘之義。春秋時衛有犁邑，衛國近於陰虚，則衛之犁邑，蓋即彝銘之[illegible]。	王永誠 魯實先先生金文治學要旨與貢獻 魯實先先生學術討論會論文集 1993年6期	16975
龔	 上三/周易/44		楚簡	字待考，或讀爲“汲”、“繘”。馬王堆漢墓帛書作“汲”，從下向上打水。今本作“繘”，汲井水的繩索。	濮茅左 上海博物館藏戰國楚竹書 第三册 周易	13773

⿱⿲米月隹犬	 上三/周易/44		楚簡	所從的“米”、“犬”、“月（即肉）”，疑爲“類”字異體。另外一部分是“惟”。類、律二字古通。《禮記•樂記》：“律小大之稱。”《史記•樂書》“律”作“類”。律、聿二字古通。《爾雅•釋言》：“律遹述也。”《詩•大雅•文王有聲》《正義》引“律”作“聿”。聿、繘二字古通。《詩•大雅•文王有聲》：“遹追來孝。”《禮記•禮器》引“遹”作“聿”。《詩•小雅•楚茨》：“神保聿歸。”《宋書•樂志》引“聿”作“遹”。《集韻》“毛+隼”的或體作“毴”。“隼”字從“隹”聲。所從的“類”、“惟”都是聲符，當讀爲“繘”。“繘”、“汲”二字當屬同義關係。	徐在國 上博竹書（三）《周易》釋文補正 簡帛研究網 2004年4月24日	2638

㹜部

㹜			説文	兩犬相齧也。从二犬。凡㹜之屬皆从㹜。	許慎　説文解字	
㹜			甲骨	古㹜字。	王襄　簠室殷契類纂 正編卷十	34201
獄			説文	司空也。从㹜臣聲。復説獄司空。	許慎　説文解字	
獄			甲骨	古獄字。	王襄　殷墟卜辭類纂正編　卷十	34202
獄			金文	《玉篇》以爲伺字。今以爲乃魯煬公熙之名，熙與此同一聲符。	陳夢家　西周銅器斷代　魯侯熙鬲	34204
獄	 		金文	中從臣。左右從犬。即獄。	于省吾　雙劍誃古文雜釋　釋獄	34205
獄	 		金文	獄通熙。魯侯獄鬲即《史記》魯煬公熙。	唐蘭　略論西周微史家族窖藏銅器群的重要意義——陝西扶風新出牆盤銘文解釋　文物 1978 年 3 期	34207
獄			金文	獄讀爲伺。譯成現代漢語是注視的意思。	陳世輝　牆盤銘文解説　考古 1980 年 5 期	34208
獄	 焂戒鼎		金文	獄次，義爲伺察兵舍的處止。	陳佩芬　釋焂戒鼎　第三届國際中國古文字學研討會論文集 1997 年 10 月	16176
獄			説文	確也。从㹜从言。二犬，所以守也。	許慎　説文解字	
獄	 召伯簋		金文	此字中從言，左右皆爲犬，確是獄字。此兩犬反正相對。	孫詒讓　古籀拾遺卷中　召伯簋	36167
獄	 召伯簋		金文	中從言。左右皆爲犬。亦塙是獄字。	孫詒讓　古籀餘論　召伯虎簋	34209

獄			金文	從二犬守言。言實辛之訛變。辛，罪人也。	林義光 文源	34210
獄				獄字所從之言，實假爲辛。辛訓辠。從二犬從言，謂以二犬守罪人爾。	楊樹達 增訂積微居小學金石論叢 第一	34212
獄	 召伯簋		金文	獄訓訟，從犾，以二犬相齧喻獄訟者相争，相争以言，故從言。	楊樹達 增訂積微居小學金石論叢	36169
獄	 包/文書/84反		楚簡	篇題。	劉彬徽、彭浩、胡雅麗、劉祖信 包山楚簡	6146
獄	 召伯簋		金文	以兩犬相齧喻獄訟兩造之争，争者必以言，文故從言。	戴家祥 金文大字典 卷下	34213
獄	 上二/容成氏/29		楚簡	訟獄，二字皆争訟之義。	李零 上海博物館藏戰國楚竹書 第二册 容成氏	13304
獄		獄=	楚簡	“辟”字原誤釋爲“獄”。“辟（嬖）大夫”即下文之“俾（嬖）大夫”。《國語·吴語》：“陳士卒百人，以爲徹行百行。行頭皆官師，擁鐸拱稽，建肥胡，奉文犀之渠。十行一嬖大夫……”韋昭注：“三君皆云：‘官師，大夫也。’昭謂：下言‘十行一嬖大夫’，此一行宜爲士。《周禮》：‘百人爲卒，卒長皆上士。’……十行，千人。嬖，下大夫也。子産謂子南曰：‘子皙，上大夫。汝，嬖大夫。’”簡文“嬖大夫”與此同，“官師”當即此“大官之師”。	陳劍 上博竹書《曹沫之陳》新編釋文（稿）簡帛研究網 2005年2月12日	3683
獄		獄=	楚簡	合文，讀爲“大夫”。“數獄大夫”，“數”是表示若干；“獄大夫”，疑掌軍中之刑罰。	李零 上海博物館藏戰國楚竹書 第四册 曹沫之陳	3372

鼠部

鼠			説文	穴蟲之總名也。象形。凡鼠之屬皆从鼠。	許慎 説文解字	
鼠			甲骨	所從小點象米粒。鼠善疑，將食米，仍卻顧疑怯。古人造字，既狀其形，並狀其性，加小點仍爲鼠。卜辭云“帚(歸)鼠”，頗難索解。	葉玉森 殷虚書契前編集釋 卷一	34214
鼠			楚簡	疑爲鼠字。《詩》“鼠思泣血”，箋訓憂，此意同。	商承祚 戰國楚帛書述略 文物 1964 年 9 期	34216
鼠			楚簡	讀爲“爽”。	李零 長沙子彈庫戰國楚帛書研究	773
鼠			楚簡	爽、鼠是魚、陽兩部通轉字。	李零 長沙子彈庫戰國楚帛書研究	372
鼠			楚簡	此字左部似仍有“彳”旁，故應隸定爲“彷”，同“徬”。	何琳儀 長沙帛書通釋校補 江漢考古 1989 年 4 期	12505
鼠			楚簡	乃“皃”字，即毁字異體。	劉釗 説“離”、“皇”二字來源並談楚帛書“萬”、“皃”二字的讀法 江漢考古 1992 年 1 期	373
鼠			楚簡	此字釋爲“皃”，疑應讀爲“霓”。霓，字亦作蜺，也是一種咒咎。	李零《長沙子彈庫戰國楚帛書研究》補正 古文字研究 2000 年 20 輯	12506
鼠	 上四/柬大王泊旱/5		楚簡	通“癙”，憂病。《爾雅·釋詁》：“癙，病也。”《詩·小雅·正月》：“癙憂以痒。”又《詩·小雅·雨無止》：“鼠思泣血。”	濮茅左 上海博物館藏戰國楚竹書第四册 柬大王泊旱	3301
鼶			説文	鼠也。从鼠番聲。讀若樊。或曰鼠婦。	許慎 説文解字	

𪕒			説文	鼠，出胡地，皮可作裘。从鼠各聲。	許慎　説文解字	
鼢	 或體	蚡	説文	地行鼠，伯勞所作也。一曰偃鼠。从鼠分聲。蚡或从虫、分。	許慎　説文解字	
䶄			説文	䶄令鼠。从鼠平聲。	許慎　説文解字	
鼶			説文	鼠也。从鼠虒聲。	許慎　説文解字	
䶉			説文	竹鼠也。如犬。从鼠，畱省聲。	許慎　説文解字	
鼫	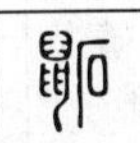		説文	五技鼠也。能飛，不能過屋；能緣，不能窮木；能游，不能渡谷；能穴，不能掩身；能走，不能先人。从鼠石聲。	許慎　説文解字	
鼨	 籀文	𪕊	説文	豹文鼠也。从鼠冬聲。𪕊籀文省。	許慎　説文解字	
䶑	 或體	貖	説文	鼠屬。从鼠益聲。貖或从豸。	許慎　説文解字	
鼷			説文	小鼠也。从鼠奚聲。	許慎　説文解字	
鼩			説文	精鼩鼠也。从鼠句聲。	許慎　説文解字	
鼸			説文	䶃也。从鼠兼聲。	許慎　説文解字	
䶃			説文	鼠屬。从鼠今聲。讀若含。	許慎　説文解字	
鼬	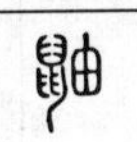		説文	如鼠，赤黄而大，食鼠者。从鼠由聲。	許慎　説文解字	
䶆			説文	胡地風鼠。从鼠勺聲。	許慎　説文解字	
䶂	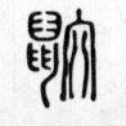		説文	鼠屬。从鼠穴聲。	許慎　説文解字	
鼭			説文	鼠，似雞，鼠尾。从鼠此聲。	許慎　説文解字	
鼲	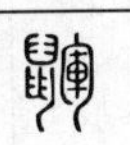		説文	鼠。出丁零胡，皮可作裘。从鼠軍聲。	許慎　説文解字	

䶇			説文	斬䶇鼠。黑身，白腰若帶；手有長白毛，似握版之狀；類蝯蜼之屬。从鼠胡聲。	許慎 說文解字	
⿰鼠高	 曾/4		楚簡	多寫作“⿰犭高”。疑讀爲“縞”。“⿰犭高”即“獒”的異體。	湖北省博物館 曾侯乙墓	5736
⿰鼠匕	 包/文書/164		楚簡	應隸定作⿰鼠瓜，讀作狐。	李天虹 《包山楚簡》釋文補正 江漢考古 1993 年 2 期	6226
䶂	 匯/望一劄記/19		楚簡	此字《説文》：“胡地風鼠。從鼠，勺聲。”爲貞人名。	商承祚 戰國楚竹簡匯編 望山一號楚墓竹簡疾病雜事劄記	10460
䶂	 包/遣册/277		楚簡	一種鼠名，見《爾雅・釋獸》。但《漢簡》卷上之一齒部引《義雲切韻》和《古文四聲韻》卷四効韻引《石經》，皆以“䶂”爲“豹”。簡文也很可能是作爲“豹”字來用的。	李家浩 包山遣册考釋（四篇） 古籍整理研究學刊 2003 年	4654
⿰鼠瓜	 包/遣册/259		楚簡	狐字。	劉彬徽、彭浩、胡雅麗、劉祖信 包山楚簡	6279
⿰鼠瓜	 包/文書/95		楚簡	狐字。楚簡中從豸往往以從鼠代之，從豸又與從犭相通。	劉彬徽、彭浩、胡雅麗、劉祖信 包山楚簡	34194
⿰鼠瓜	 上三/周易/37		楚簡	從鼠，瓜聲，疑即“狐”字。	濮茅左 上海博物館藏戰國楚竹書第三册 周易	13713
鼬			楚簡	該字應隸定爲鼬，似亦應是一種鼠的專稱。	陳松長 包山楚簡遣册釋文訂補 第二届國際中國文字學研討會論文集 1993 年 10 月	16793
⿰鼠胃	 包/文書/120		楚簡	可釋爲“蝟”，楚簡文字從豸、從犬之字每從鼠作。用爲人名。	湯餘惠 包山楚簡讀後記 考古與文物 1993 年 2 期	5245

⿰鼠膚	 上三/周易/45		楚簡	從鼠，膚聲，讀爲“扶”。“莍䶂”，得到了整修、保護。	濮茅左 上海博物館藏戰國楚竹書第三册 周易	13786
⿰鼠膚	 上三/周易/45		楚簡	字爲一雙聲字，鼠、膚皆聲，當讀爲“抒（斜）”。《睡虎地秦墓竹簡》“鼠”字多用爲“給予”義，整理者以爲即“予”字之借。膚字本從盧聲。《説文·肉部》：“臚，皮也。從肉，盧聲。膚，籀文臚。”而盧聲古音與予聲亦相通。此字的兩個構件均可看作聲符，且均與予聲、余聲相通，則在本簡中可讀爲“抒”或“斜”（兩字同詞）。	孟蓬生 上博竹書《周易》的兩個雙聲符字 簡帛研究網 2005年3月31日	2362
⿰鼠賣	 包/遣册/273		楚簡	⿰鼠黨字，借作儻，《廣雅·釋器》：“儻，黑也。”	劉彬徽、彭浩、胡雅麗、劉祖信 包山楚簡	6301

能部

能			説文	熊屬。足似鹿。从肉㠯聲。能獸堅中，故稱賢能；而彊壯，稱能傑也。凡能之屬皆从能。	許慎　説文解字	
能			金文	《爾雅》：鼈三足能。此當爲能之本義。古作正象三足形。	林義光 文源	34235
能			甲骨	當即古文能字。	葉玉森 説契 學衡 1924 年 31 期	34236
能			金文	從又，“又”與“手”通用。除去“又”餘下的部分即烏字，故知字亦即搗，實扜字異文。《方言》扜，揚也。扜求者，謂揚言而自請也。銘義云已賜我壽，豈敢有所自誇張而求於他耶？	高田忠周 説文古籀篇 卷五十五	34237
能	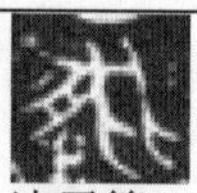 沈子簋		金文	“能福”猶言“宏福”。《釋名》：“能該也，無物不兼該也。”	郭沫若 金文叢考 沈子簋銘考釋	34240
能			甲骨	此字極奇，乃國名。中部疑象鼈形，從三止，象三足。當即古文能字。殷之能國即古郘國歟？	葉玉森 殷虛書契前編集釋 卷六	37249
能				能之爲獸，即熊。以其足掌特異，故字先繪其足，又多肉故從肉，以聲。	高鴻縉 中國字例五篇	34241
能			金文	能即熊也，獸名，非《爾雅》之謂三足鼈。	朱芳圃 殷周文字釋叢卷上	36175
能			楚簡	此乃能字。毛公鼎所作與繒書形近。徐灝《説文解字注箋》曰“能即古熊字”。	嚴一萍 楚繒書新考 中國文字 1967—1968 年	34242
能			楚簡	能乃古熊字。與嬴亦通。	饒宗頤 楚繒書疏證 “中央研究院”歷史語言研究所集刊第四十本上册 1969 年	34239

能			金文	金文正象熊獸形，以聲者正象其頭耳形。徐鉉之説是也。	林潔明、周法高主編 金文詁林 卷十 番生簋	36176
能	 墻盤		金文	當釋能。徐説“能”古熊字是也。此從“䏻”，象四足形，從“攴”示被鞭撲之意。古者謂相善爲“相能”。能，善也。周當年戰争性質爲掠奪，而其政治辭令則曰“廣能”《易·繫辭》上“廣大配天地”。	戴家祥 墻盤銘文通釋 上海師範大學學報 1979 年 2 期	34244
能			金文	“能”是個獨體象形字，而用“㠯”爲音符。獨體象形字而具有部分表音，乃是一種新的發現。	于省吾 釋能和𣎆以及從𣎆的字 古文字研究 1983 年 8 輯	34245
能	 楚帛書/乙篇	𣎆	楚簡	此字釋爲“能”。	連劭名 長沙楚帛書與中國古代的宇宙論 文物 1991 年 2 期	798
能	 䣓季彝		金文	疑即能字。從能從邑省。金文有關國邑的地名每每從邑以區别之。能古與熊通，䣓季即以地爲姓，即楚國熊姓。	戴家祥 金文大字典 卷上	34247
能			楚簡	從羽爲象形，與羽毛無關。能字異體。可讀作從乃聲的“仍”。訓爲因仍、連續。	陳偉武 戰國楚簡考釋斠議 第三届國際中國古文字學研討會論文集 1997 年 10 月	16206
能	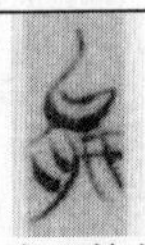 郭/尊德義/11		楚簡	讀爲乃。	陳偉 郭店竹書别釋	7407
能	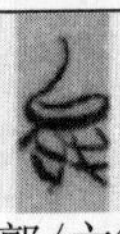 郭/六德/19		楚簡	與《禮記·郊特牲》“壹與之齊，終身不改”對讀，可以確知此字讀爲一，不是脱寫上部的“羽”，就是“罷”字假借。	陳偉 郭店竹書别釋	9203
能	 郭/六德/19		楚簡	楚簡“一”的通假字寫作上羽下能，可以與“能”區分清楚。但偶有混用。	劉樂賢 讀郭店簡儒家文獻劄記 新出楚簡與儒家思想國際學術研討會論文 2002 年 3 月	9201

能			金文	“柔遠能邇”，《尚書》文獻出現了 3 次，殷商西周金文出現了 2 次。可見“柔遠能邇”應是商周之際的成語。其中“能”字，《書古文訓》皆寫作“耐”，《釋文》敦煌本“伯 3315”也寫作“耐”。“耐”字是以而作聲符的，能、耐雙聲，態、耐叠韻，“態”字亦從能符得聲。《毛詩傳箋通釋》認爲，“童子佩觿，能不我知”中的“能”字應該讀作表示轉折的“而”。“柔遠能邇”實際上是用作“柔遠而邇”，意思是説懷柔遠方而如近附。	臧克和 殷周《金文資料庫》與《尚書》文獻用字研究(一) 中國文字研究 2002 年 3 輯	14566
能	 郭/六德/19		楚簡	能爲罷之省，用爲一。	劉釗 郭店楚簡校釋	9202
能	 上二/容成氏/39		楚簡	應理解爲“柔遠能邇”的“能”。	安徽大學古文字研究室 上海楚竹書(二)研讀記 簡帛研究網 2003 年 1 月 13 日	4160
能	 上二/容成氏/39		楚簡	《廣雅・釋詁二》：能，任也。	白於藍 讀上博簡(二)劄記 江漢考古 2005 年 4 期	14298
能	 上五/季庚/11		楚簡	按：“能”疑讀爲“乃”，二字古通。	李鋭 讀《季康子問於孔子》劄記 孔子 2000 網 2006 月 2 月 26 日	1292

熊部

熊			説文	獸似豕。山居，冬蟄。从能，炎省聲。凡熊之屬皆从熊。	許慎　説文解字	
熊			金文	古熊字，象形。	吴大澂 説文古籒補	34248
熊	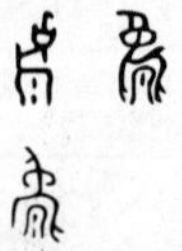	㲋	甲骨	古金文熊字有虢叔鐘、宗周鐘等所見諸形者，與卜辭同。	羅振玉 殷虚書契考釋 卷中	16722
熊			金文	古熊字。《山海經》其光熊熊。注：熊熊，火氣炎盛相焜燿之貌。	吴大澂 愙齋集古録第二册	34249
熊			金文	此形體余意爲“熊”字。以勹爲聲。	衛聚賢 函皇父諸器考釋 説文月刊 1940 年 6 月	34252
羆	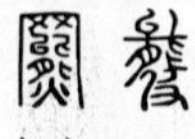 古文		説文	如熊，黄白文。从熊，罷省聲。古文从皮。	許慎　説文解字	
羆			金文	古作不從能、火，此後出字。疑無本字，借罷字爲之，後因加火耳。	林義光 文源	34253

火部

火			説文	燬也。南方之行，炎而上。象形。凡火之屬皆从火。	許慎　説文解字	
火			甲骨	此唯象其炎上之形。	孫詒讓 名原 卷上	34255
火			甲骨	象火形。古金文從火之字皆如此作。	羅振玉 增訂殷虚書契考釋 卷中	34256
火			甲骨	象火勢熊熊蔓延之狀。	商承祚 甲骨文字研究 卷下	34257
火			甲骨	火亦指災害，故“亡禍”可變文作“無火”。	饒宗頤 殷代貞卜人物通考 卷十五	34261
火			甲骨	火星。當是經傳所記之大火。《殷歷譜》云：火即大火，亦即大辰，東方七宿之心宿也。今卜辭一月火見，而問其雨不雨，其旱可知。	嚴一萍 殷商天文志 中國文字 1980 年	34263
火			甲骨	卜辭火、山兩字常不易分。本辭此字於火形爲肖。此當是火字無疑。疑此乃《詩》“七月流火”之火，星名。	屈萬里 殷墟文字甲編考釋	34262
火		山	金文	此火之異文。或謂舟之異文，象帆，造舟者之族徽。	馬叙倫 讀金器刻詞 父壬尊	35845
火	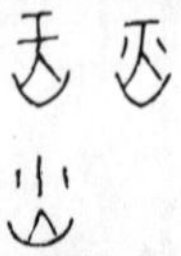		甲骨	卜辭中有作爲祭祀、求雨對象的、和，乃是二（上）火和小火二字之合文。	温少峰、袁庭棟 殷墟卜辭研究——科學技術篇	28588
火			楚簡	此亦當是火字。	曾憲通 長沙楚帛書文字編	34264
火			楚簡	此五字應讀“益濟禹之火”，“益”、“禹”原從土，即古史傳説中的“益”、“禹”。	李零 讀九店楚簡 考古學報 1999 年 2 期	3138

火			甲骨	“好火”是對人類有益的自然現象；“去火”和“去雨”可能是祓除之義；“執火”與祭祀活動有關；同時，火也會給人類造成極大危害。	連劭名 卜辭所見商代自然崇拜中的火 中原文物 2001 年 3 期	15883
炟			說文	上諱。	許慎　說文解字	
炟		火	金文	釋爲炟是較爲恰當的。尊文炟字，在陵陽河這一特定的地理環境中，爲二月、八月的早晨，似也有春天秋天之意。實際是一以山頭記歷的圖畫文字。	王樹明 論陶尊文字“炟”與“炅” 古文字論集 1992 年	34266
⿰火尾			說文	火也。从火尾聲。《詩》曰：“王室如⿰火尾。”	許慎　說文解字	
燬			說文	火也。从火毀聲。《春秋傳》曰：“衞侯燬。”	許慎　說文解字	
燬			楚簡	帛書此字正從壬，而益火旁，爲燬字無疑。燬事即毀事。	曾憲通 長沙楚帛書文字編	34269
燹			說文	火也。从火豩聲。	許慎　說文解字	
燹	 項燹簋		金文	舊釋絺。此字下乃火省，當釋爲燹。	劉心源 奇觚室吉金文述 卷十七 項燹簋	34270
燹	 項⿱⿰豕希火盨	⿱⿰豕希火	金文	當即燹之變體。古文希豕形義相近，可互通也。	孫詒讓 名原	44865
燹			金文	古從絺從火，絺燹雙聲對轉。	林義光 文源	36184
燹			金文	希豕形義相近。絺豩亦不相遠。而古音即相通。由是觀之從絺從火當爲燹無疑。	高田忠周 說文古籀篇 卷十三	34271
燹		⿰燹攴	金文	“火”形如半環，在秦篆往往誤之爲“山”。豳篆從山，其在古文自可作“火”。從火豩聲爲燹。此下爲火之形泐。當即烽燧之燹，字或從口，或從攴，其辭或曰⿰燹攴王，⿰燹攴王猶非豳字莫解，⿰燹攴之從攴，蓋猶鬼方之作䰩方，一作魃方，明其好大武功。⿰燹攴王即豳王，豳即燹字篆變之訛也。	丁山 說文闕義箋 卷四	34275

燹	 項勳盨		金文	以豪篆從豕，古文從希，即古燹字。	强運開 説文古籀三補 卷十 項勳盨	36181
燹	 項勳盨		金文	劉心源云字下所從乃火省，當釋燹，是也。	楊樹達 積微居金文説 項燹盨跋	34274
焌			説文	然火也。从火夋聲。《周禮》曰：“遂籥其焌。”焌火在前，以焞焯龜。	許慎　説文解字	
焌			楚簡	它應該是後代的焌字。“焌月”同於秦簡中的應該爲楚簡中的月份名稱用字“爨月”，具體月份當爲楚歷的十一月。	曾憲通 楚文字釋叢 中山大學學報 1996 年 3 期	34277
尞			説文	柴祭天也。从火从昚。昚，古文慎字。祭天所以慎也。	許慎　説文解字	
尞		尞	金文	從木在火上，燔祭也。	王國維 戩壽堂所藏殷墟文字附考釋	36194
尞		尞	金文	古作不從昚，象物投火中。	林義光 文源	36191
尞		尞	甲骨	亦尞字。	商承祚 殷虚文字類編 卷十	34281
尞		尞	甲骨	今此字實從木在火上。木旁諸點象火燄上騰之狀。許君云“尞”從“昚”省非也。	羅振玉 增訂殷虛書契考釋 卷中	34278
尞		尞	甲骨	與尞爲一字。至其引申之義，則爲同官。經典多作“僚”。	吴其昌 夨彝考釋 燕京學報 1931 年 9 期	34282
尞		尞	甲骨	羅釋爲尞，至塙。	葉玉森 殷虛書契前編集釋 卷一	34280
尞		尞	甲骨	羅説是也。然省火之説，似有未諦。卜辭尞字本象木在火中，諸點象火燄。更從火作者其發生較晚，實爲重疊的孳乳字。	陳夢家 古文字中之商周祭祀 燕京學報 1936 年 19 期	34283
尞		尞	甲骨	當即尞之新字。從又持木於神示前，仍爲尞祭之義。	董作賓 殷曆譜 上編卷三	34285

尞		賁	金文	字上部乃燎之初文，倚木晝其焚時有飛爐形。	高鴻縉 中國字例二篇	36193
尞			甲骨	以字形考之，殆即賁也。《説文》："尞，祡祭天也。"其俗體作燎。	金祥恒 中國文字 1991 年	34287
尞			楚簡	就字形結構而言，疑即《説文》訓"祡祭天"之賁字。	嚴一萍 楚繒書新考 中國文字 1967—1968 年	34286
尞				祭事。	丁驌 説木杏東（[illegible]） 中國文字 1969 年	32131
尞			甲骨	董作賓認爲此字表示的是新派賁祭，字從又持木焚於示前，賁祭之義廼遂顯。這種看法大體是正確的。用此字所表達的祭確實行於祖甲之後，而尞祭確實行於武丁及祖丁時期，所以此字大多情況下確是賁祭之義。但賁祭强調的是火，而此祭猶如木祭，朿祭，强調的是燃燒的東西木。而且從某些例子看，與賁并不是毫無區别的。	王輝 殷人火祭説 四川大學學報叢刊 古文字研究論文集 1982 年 10 輯	34288
尞			金文	謫審下從火，當釋賁。	戴家祥 金文大字典 卷中	34289
尞	 郭/六德/33		楚簡	應讀爲"涅"，謂孵化也。	劉信芳 郭店楚簡《六德》解詁一則 古文字研究 2000 年 22 輯	6808
尞	 郭/六德/33		楚簡	釋炅，讀爲軫，義爲多。	顔世鉉 郭店楚簡《六德》箋釋 "中央研究院"歷史語言研究所集刊第七十二本第二分 2001 年	6810
尞	 郭/六德/33		楚簡	爲古慎字，疑讀爲實。	劉釗 郭店楚簡校釋	6809
然	 或體	蘸	説文	燒也。从火肰聲。蘸或从艸、難。臣鉉等案：艸部有蘸。注云艸也。此重出。	許慎　説文解字	

然			金文	古燃字。	吴大澂 説文古籀補	34290
然	 滕虎簋	滕	金文	阮元釋作然。	高田忠周 説文古籀篇 卷十三 滕虎簋	36214
然	 者沪鐘	難	金文	此即難字，今作然，乃從火難聲。	郭沫若 殷周青銅器銘文研究卷二 者沪鐘韻讀	36198
然	 者沪鐘	難	金文	此即難字（今作然），從火，從古難字爲聲。歸父盤“難老”、殳季良父壺“難老”，“難”字都從黄，故此斷爲難字。	郭沫若 者沪鐘銘考釋 考古學報1958年1期	34291
然			漢簡	我們懷疑簡文然應該讀爲臡。難然古音極近。《説文》然或體作“蘸”可證明。“離然”是帶有調味品的食物。	朱德熙 馬王堆一號漢墓遺策考釋補正 文史 1980 年 10 輯	34293
然			金文	然爲燃之初字。	戴家祥 金文大字典 卷中	34294
然	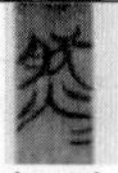 郭/太一生水/3		楚簡	讀作“熱”。	彭浩、劉祖信、王傳富 郭店楚墓竹簡	7138
然	 郭/老子甲/34		楚簡	裘錫圭按，此字之義當與帛書本等之“朘”字相當，似非“然”字。	彭浩、劉祖信、王傳富 郭店楚墓竹簡	6576
然	 郭/老子甲/34		楚簡	隸定作侌，即陰。指男女生殖器官。	王輝 郭店楚簡釋讀五則 簡帛研究 2001 年	6575
然			楚簡	此小句表示以《邦風》觀察民俗。	馬承源 上海博物館藏戰國楚竹書 第一册 孔子詩論	4487
然	 郭/老子甲/34		楚簡	讀朘無疑，朘指小兒生殖器。	劉釗 郭店楚簡校釋	6577

然	 郭/語叢一/63	㷠	楚簡	然字異體。	劉釗 郭店楚簡校釋	8952
然	 郭/老子乙/15		楚簡	讀爲熱。	劉釗 郭店楚簡校釋	7598
然	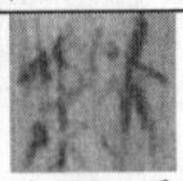 上四/采風曲目/5		楚簡	“丝信然”，曲目。讀爲“兹信然”。	馬承源 上海博物館藏戰國楚竹書 第四册 采風曲目	1871
爇			説文	燒也。从火蓺聲。《春秋傳》曰：“爇僖負羈。”	許慎 説文解字	
爇			甲骨	從丮從火炬。疑古爇字。許書訓燒也。	葉玉森 殷虚書契前編集釋 卷二	34295
爇			甲骨	《説文》：“爇，燒也。從火，蓺聲。”契文從火埶省聲。字本象秉苣之形。在契文本爲會意，當解云“燒也。象秉苣之形。從丮執苣”。以象意字聲化之例推之，當爲“從火埶聲”。卜辭中爲人名。	李孝定 甲骨文字集釋 卷十	34297
燔			説文	爇也。从火番聲。	許慎 説文解字	
燔			金文	燔。從火，從古番字省。吴東發説。執膰以祭謂之燔。	吴大澂 説文古籀補	34298
燒			説文	爇也。从火堯聲。	許慎 説文解字	
烈			説文	火猛也。从火㓞聲。	許慎 説文解字	
烈		𠹗	金文	魯大司徒匜厲從口從心，厲烈同字，則此爲烈之異文。	吴闓生 吉金文録 卷三	36488
烈			甲骨	皆應釋作“烈”。在卜辭中用作地名。	劉釗 甲骨文字考釋 古文字研究 1992 年 19 輯	34302
烈	 上二/容成氏/16	㱥	楚簡	楚簡或用爲“列”，疑是古“烈”字。	李零 上海博物館藏戰國楚竹書 第二册 容成氏	13219

炪			説文	火光也。从火出聲。《商書》曰："予亦炪謀。"讀若巧拙之拙。	許慎　説文解字	
燁			説文	燁爨，火皃。从火畢聲。	許慎　説文解字	
爨			説文	燁爨也。从火蠡聲。蠡，籀文悖字。	許慎　説文解字	
烝			説文	火氣上行也。从火丞聲。	許慎　説文解字	
烝		䒷 䒹	金文	古烝字。從米在豆，兩手持之以獻也。	吴大澂 説文古籀補	34306
烝		䒷	金文	從米從豆，亦烝也。冬祭曰蒸。	劉心源 古文審 卷八	34308
烝		䒷	金文	烝。字或省収。或釋豊，非。	劉心源 奇觚室吉金文述 卷二 盂鼎	34309
烝			石鼓	烝，音訓與烝通。	羅振玉 石鼓文考釋	41797
烝			甲骨	此字從禾從米從畁。羅僅解字形而未知古烝字從畁得聲也。盂鼎字亦從畁得聲。古烝字從畁得聲。卜辭假畁爲烝，更可證此字從畁得聲。	陳邦懷 殷虚書契考釋小箋	34316
烝		䒹	金文	此篆爲烝祭本字。從米從禾從登省。黍稷進貢之物。從登，所以進之意，而登亦聲。其會意形聲，顯然可知矣。	高田忠周 説文古籀篇 卷八十三	34315
烝			甲骨	卜辭從禾從米在豆中，廾以進之。盂鼎與此同而省禾。《春秋繁露》四祭，冬曰烝。烝者，以十月進初稻也。與卜辭從禾之旨正符，此爲烝之初義。引申之而爲進。	羅振玉 增訂殷虚書契考釋 卷中	34310
烝		䒷	金文	烝字，與大盂鼎同。《爾雅・釋天》"冬祭曰烝"，此敦在十一月，是冬祭也。	吴其昌 金文厤朔疏證	34317
烝			金文	舊以烝爲冬祭，此在十一月，恐係偶合。大盂鼎則用爲通汎之祭名。	郭沫若 金文叢考	34319

烝			金文	余謂當是烝之異。從米從匕，巳聲。巳與烝，之烝陰陽對轉也。	郭沫若 金文叢考 金文餘釋之餘	34318
烰			説文	烝也。从火孚聲。《詩》曰："烝之烰烰。"	許慎　説文解字	
煦			説文	烝也。一曰赤皃。一曰温潤也。从火昫聲。	許慎　説文解字	
熯			説文	乾皃。从火，漢省聲。《詩》曰："我孔熯矣。"	許慎　説文解字	
炥			説文	火皃。从火弗聲。	許慎　説文解字	
熮			説文	火皃。从火翏聲。《逸周書》曰："味辛而不熮。"	許慎　説文解字	
閄			説文	火皃。从火，㒼省聲。讀若粦。	許慎　説文解字	
閄			甲骨	古閄字。	王襄 簠室殷契類纂正編卷十	34325
閄			貨幣	與藺、藺同音，可通借。藺戰國屬趙。在今山西離石縣西。	丁福保 古泉學綱要 説文月刊 1930 年	34328
閄			甲骨	閄與大甲同例，所祭之神名。	郭沫若 殷契粹編考釋	34326
閄			甲骨	閄。《綜述》云"當是與雷雨有關的神。"《説文》有閄，云"火皃"，其義與卜辭不同。	屈萬里 殷墟文字甲編考釋	34329
㷳			説文	火色也。从火雁聲。讀若鴈。	許慎　説文解字	
熲			説文	火光也。从火頃聲。	許慎　説文解字	
爚			説文	火飛也。从火龠聲。一曰爇也。	許慎　説文解字	
熛			説文	火飛也。从火票聲。讀若摽。	許慎　説文解字	
熇			説文	火熱也。从火高聲。《詩》曰："多將熇熇。"	許慎　説文解字	
烄			説文	交木然也。从火交聲。	許慎　説文解字	

烄		烎	甲骨	象投交脛人於火上。	葉玉森 研契枝譚	34337
烄		烎	甲骨	象一交脛人索繫其頸投之火上形。疑烄之繁變。	葉玉森 殷虛書契前編集釋 卷六	34338
烄			甲骨	以上六片均有烄字，與烄自是一字。余意當即郊祀之郊之本字。但在卜辭乃是求雨之祭。	郭沫若 殷契粹編	34339
烄		烎	甲骨	烄與卜辭之尞同，或言尞，或言烄，用字異耳。	楊樹達 卜辭求義	34341
焏			説文	小熱也。从火干聲。《詩》曰："憂心焏焏。"	許慎　説文解字	
焏			甲骨	當爲焏之初文。卜辭中用爲祭名，以聲類求之，當爲禴之本字。禴，夏祭名。	朱芳圃 殷周文字釋叢 卷上	34343
燋			説文	所以然持火也。从火焦聲。《周禮》曰："以明火爇燋也。"	許慎　説文解字	
燋			甲骨	象兩手奉苣，或一手持之，當爲燋之初文。	朱芳圃 殷周文字釋叢 卷上	34345
炭			説文	燒木餘也。从火，岸省聲。	許慎　説文解字	
羨			説文	束炭也。从火，差省聲。讀若鹺。	許慎　説文解字	
羨			金文	金文字形同小篆，用爲人名。	林潔明、周法高主編 金文詁林 卷十	36199
熬			説文	交灼木也。从火，教省聲。讀若狡。	許慎　説文解字	
炦			説文	火氣也。从火犮聲。	許慎　説文解字	
灰			説文	死火餘妻也。从火从又。又，手也。火既滅，可以執持。	許慎　説文解字	
灰				古作象灰形，又持之。無叀鼎灰蓋借爲賫字。	林義光 文源	34350
灰	 牆盤		金文	是灰本字。象用手在火上撤去食器（鬲），表示火已灰燼。小篆省去了鬲，只作灰。盘銘讀作恢。是恢弘光大的意思。	陳世輝 牆盤銘文解説 考古 1980 年 5 期	34352
炱			説文	灰，炱煤也。从火台聲。	許慎　説文解字	

炱			石鼓	潘、吴都釋作炱。《玉篇》：炱，煤煙塵也。	趙烈文 石鼓文纂釋	34353
炱			石鼓	張德容云：燮爲籀文。張説甚塙。	强運開 石鼓釋文	34354
煨			説文	盆中火。从火畏聲。	許慎 説文解字	
熄			説文	畜火也。从火息聲。亦曰滅火。	許慎 説文解字	
烓			説文	行竈也。从火圭聲。讀若冋。	許慎 説文解字	
煁			説文	烓也。从火甚聲。	許慎 説文解字	
燀			説文	炊也。从火單聲。《春秋傳》曰："燀之以薪。"	許慎 説文解字	
燀			甲骨	從單從火，與《説文》燀篆文略同。	徐中舒 甲骨文字典 卷十	34361
炊			説文	爨也。从火，吹省聲。	許慎 説文解字	
炊			秦簡	炊，疑讀爲箠。箠飭，對馬鞭打。	睡虎地秦墓竹簡整理小組 睡虎地秦墓竹簡	34363
烘			説文	尞也。从火共聲。《詩》曰："卬烘于煁。"	許慎 説文解字	
齌			説文	炊餔疾也。从火齊聲。	許慎 説文解字	
熹			説文	炙也。从火喜聲。	許慎 説文解字	
熹			甲骨	疑熹字。	王襄 簠室殷契類纂 存疑	34367
熹			甲骨	此從喜省聲。點象火上然。	商承祚 殷虚文字類編 卷十	34368
熹			甲骨	即熹字。古從壴之字，后世多從喜。卜辭中蓋以熹爲饎也。	唐蘭 殷虚文字記	34372
熹			甲骨	卜辭如釋熹似不可解，予意此字從亘省從火。投亘於火。象投亘於火，猶烄字，象投交脛人於火。亘與交脛人並俘虜也。	葉玉森 殷虚書契前編集釋 卷五	34369

𤎖	 大豐簋		金文	“事喜上帝”，喜當是𤎖省。卜辭中當與祡寮同意。	郭沫若 兩周金文辭大系圖録考釋 大豐簋	34370
𤎖			甲骨	𤎖與豊爲同例語，則𤎖又當讀爲饎。	郭沫若 殷契粹編	34371
𤎖			甲骨	卜辭𤎖爲祭時品物之名。讀如字意謂以炙肉爲祭，於義亦安，固不須讀作饎也。	李孝定 甲骨文字集釋 卷十	34374
𤎖		喜		疑即𤎖字。	王國維 觀堂書札 中國歷史文獻研究集刊第一集 1980 年	34366
煎			説文	熬也。从火前聲。	許慎　説文解字	
熬	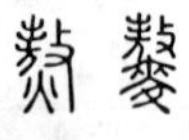 或體	⿱敖麥	説文	乾煎也。从火敖聲。⿱敖麥熬或从麥。	許慎　説文解字	
熬				熬，《説文》：乾煎也。古文唯當借敖爲之。	高田忠周 古籀篇 卷十三	34375
炮			説文	毛炙肉也。从火包聲。	許慎　説文解字	
衮			説文	炮肉，以微火温肉也。从火衣聲。	許慎　説文解字	
衮			甲骨	孫氏收此作衮可從。本辭僅餘殘文。不詳其義。	李孝定 甲骨文字集釋 卷十	34379
熷			説文	置魚筩中炙也。从火曾聲。	許慎　説文解字	
㷭	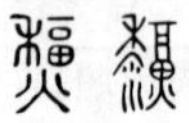 籀文	⿱⿰黍畐灬	説文	以火乾肉。从火稫聲。籀文不省。	許慎　説文解字	
㷭	 周者減鐘	⿱稫又		疑⿱稫又字。	褚德彝 夢坡室獲古叢編 周者減鐘 樂器二	34381
㷭				此㷭字。從火葡聲。《説文》㷭以火乾肉也。《方言》作㷷與此正合。	余永梁 殷虛文字續考 國學論叢 1927 年	34382
㷭			甲骨	方言作㷷。葡服稫古音相同。此從火。余氏以爲即許書之㷭。其説可從。	李孝定 甲骨文字集釋 卷十	34384

爆			説文	灼也。从火暴聲。	許慎　説文解字	
煬			説文	炙燥也。从火昜聲。	許慎　説文解字	
煬	 郭/六德/36		楚簡	讀爲陽，有虛飾、假裝的意思。字亦作佯。	陳偉　郭店竹書别釋	9287
焳			説文	灼也。从火隺聲。	許慎　説文解字	
爤	 或體	燗	説文	孰也。从火蘭聲。燗或从閒。	許慎　説文解字	
爢			説文	爛也。从火靡聲。	許慎　説文解字	
尉			説文	从上案下也。从𡰥；又持火，以尉申繒也。	許慎　説文解字	
尉				從石省，從又持火。俗作熨，下復從火。非是。	林義光　文源	34390
爑			説文	灼龜不兆也。从火从龜。《春秋傳》曰：“龜爑不兆。”讀若焦。	許慎　説文解字	
爑			甲骨	當是從火從龜，象以火熟龜。據象意字聲化例，龜乃聲。卜辭同⿱⺮龜⿱艹⿱龜大假爲秋。	唐蘭　殷虛文字記	34394
爑			甲骨	灼龜不兆也。	饒宗頤　殷代貞卜人物通考	38304
灸			説文	灼也。从火久聲。	許慎　説文解字	
灼			説文	炙也。从火勺聲。	許慎　説文解字	
煉			説文	鑠治金也。从火柬聲。	許慎　説文解字	
燭			説文	庭燎，火燭也。从火蜀聲。	許慎　説文解字	

燭				甲文此字與用法相同，近人釋爲一字。火把之燭本以木燃。金文用爲氏族人名，仍當讀爲燭。甲骨文該字象雙手持燭，音讀如燭，確爲燭之古文矣。	王獻唐 古文字中所見之火燭	22828
燭			甲骨	燭在卜辭中爲地名。	陳漢平 古文字釋叢 考古與文物 1985 年	34398
燭			楚簡	釋燭是。	湯餘惠 包山楚簡讀後記 考古與文物 1993 年 2 期	34399
熜			説文	然麻蒸也。从火悤聲。	許慎　説文解字	
灺			説文	燭㶳也。从火也聲。	許慎　説文解字	
㶳			説文	火餘也。从火聿聲。一曰薪也。	許慎　説文解字	
㶳			金文	象薪有餘火，手持之，與灰同意。今字作燼。	林義光 文源	34404
㶳			甲骨	此從又持丨，以撥餘火。象形，非形聲也。	羅振玉 增訂殷虛書契考釋 卷上	34403
㶳			甲骨	契文象以手持箸撥火形。箸之下端與火燄形相交，所成之形與聿混，篆體遂訛從聿。許君不得其解，因謬爲聿聲。字實不從聿。不詳其義。	李孝定 甲骨文字集釋 卷十	34406
㶳			秦簡	讀爲殔，應爲陳屍之意。	睡虎地秦墓竹簡整理小組 睡虎地秦墓竹簡	34407
焠			説文	堅刀刃也。从火卒聲。	許慎　説文解字	
煣			説文	屈申木也。从火、柔，柔亦聲。	許慎　説文解字	

煣		燰	金文	燰是煣字，等於夓是猱字。此處當通鞣，是製成的柔軟的皮革，車具中賁鞃都聯繫起來說，這裏的賁字疑只是裝飾的意思。	唐蘭 陝西省岐山董家村新出重要銅器銘辭的譯文和注釋 文物 1976 年 5 期	34410
焚			説文	燒田也。从火、棥，棥亦聲。	許慎 説文解字	
焚	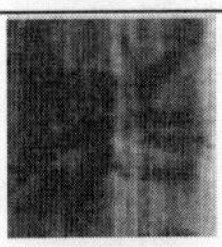	棼	楚簡	從木作棼。	商承祚 戰國楚竹簡匯編 仰天湖25號楚墓竹簡遣策	9697
焚	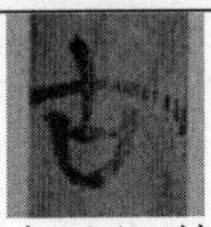 上五/三德/10	棼	楚簡	“棼”，疑讀爲“煩”。“棼”屬並母文部，“煩”屬並母元部，文、元旁轉，二字古音相近可通。“煩”，煩辱、勞苦之意。《戰國策·秦策一》“政教不順者不可以煩大臣”，高誘注：“煩，勞也。”“煩”與下文“恥”對舉，“恥”，辱没之義。	劉國勝 上博（五）零札（六則） 簡帛網 2006 年 3 月 31 日	569
焚				經傳皆作焚，玄應引《説文》焚，燒山也。字從火，燒林意也，則篆當訂作焚。	林義光 文源	34412
焚		焚	甲骨	火部之焚即焚之訛。今證之卜辭，亦從林不從棥。或又從草。於燒田之誼更明。	羅振玉 增訂殷虚書契考釋 卷中	34411
焚		焚	甲骨	羅振玉以卜辭證成段玉裁改“焚”爲“焚”之特識。然《説文》“燒田”，田乃田獵字，“燒田”之義蓋謂烈山澤而焚之，以駭百獸，乃從而驅獲之。	吴其昌 殷墟書契解詁	34415
焚			甲骨	從林從炎者蓋焚之緐。	郭沫若 殷契粹編	34413
焚		焚	甲骨	焚，即火田。《爾雅·釋天》：“火田曰狩。”	陳夢家 殷虚卜辭綜述	34416
焚		焚	甲骨	焚即焚田，《爾雅·釋天》：“或田爲狩。”郭注：“放火燒草獵亦以爲狩。”	饒宗頤 殷代貞卜人物通考	34421

樊			甲骨	《萃釋》謂是焚字之，繁體，是也。焚山麓爲田獵也。	屈萬里 殷墟文字甲編考釋	34417
樊		焚	甲骨	契文從火林。或從火艸。乃會意，非形聲。段氏改樊爲焚極其卓見。卜辭言焚皆田獵之事，魯氏所言甚是。	李孝定 甲骨文字集釋 卷十	34419
樊		焚	甲骨	皆焚之異體。《説文》“焚，燒田也”，所謂燒田者，謂燒其叢林草萊以事田獵也。凡卜辭之焚並同此意。	魯實先 殷契新詮 卷三	34418
樊		焚	甲骨	羅振玉釋焚。釋焚是也。	白玉峥 契文舉例校讀典禮篇 中國文字 1974 年	34420
樊		焚	甲骨	焚字的異體。古文字中艸與從林往往無别。焚擒，古時狩獵方法之一種，大概是一種縱火燒林，乘禽獸驚恐逃竄之機，布網羅禽獸的方法。	陳世輝、湯餘惠 古文字學概要	34422
樊		焚	金文	焚，《説文》不載。古文作“燔”。《説文》“燔，爇也”，“爇，燒也”。焚，從林從火，字屬會意。焚山林蓋爲焚之本義。燔爲形聲字。	戴家祥 金文大字典 卷中	34425
樊	 上三/亙先/4	焚=	楚簡	焚焚，讀爲紛紛，上古音皆在文部。紛紛，繁多貌；與“芸芸”義相近。	丁四新 楚簡《恒先》章句釋義 簡帛網 2005 年 12 月 30 日	2701
樊	 上五/鬼神之明/2	焚	楚簡	焚燒，重刑之一。	曹錦炎 上海博物館藏戰國楚竹書 第五册 鬼神之明	1433
樊	 上五/鬼神之明•融師有成氏/4	焚	楚簡	簡文可讀爲“不及愧忿”，是説“有成氏”“志行顯明”，心中無愧也無忿。也可以説是“去忿悁之心”，“棄細忿之愧”，修养境界極高。故後文説“正固”云云也就好理解了。	廖名春 讀《上博五•融師有成氏》篇劄記四則 孔子 2000 網 2006 年 2 月 19 日	5123

焚	 上五/鬼神之明/2	焚	楚簡	疑簡文"焚"當讀如"僨"，訓爲僵，義爲斃、殺。"焚聖人"即"僨聖人"、斃聖人，指"殺關龍逄"、"殺王子比干"，並非指燒死、焚炙關龍逄和比干。	廖名春 讀《上博五•鬼神之明》篇劄記 孔子2000網 2006年2月19日	5117
焚	 上三/亙先/4	焚=	楚簡	重文，讀"紛紛"。	李零 上海博物館藏戰國楚竹書 第三册 亙先	12864
熑			説文	火煣車網絶也。从火兼聲。《周禮》曰："煣牙，外不熑。"	許慎 説文解字	
燎			説文	放火也。从火尞聲。	許慎 説文解字	
燎			甲骨	燎也。燎牲者，積聚柴薪，置璧與牲于其上而燎之，升其煙氣。尞亦作燎。	饒宗頤 殷代貞卜人物通考 卷三	34428
熛			説文	火飛也。从火，㘨與䙴同意。	許慎 説文解字	
熛			金文	從火從䙴省。䙴，升也。灭亦古文火字。	林義光 文源	34429
熛				從火從[illegible]，即《説文》熛字。簡文之票即《説文》之膘。	金祥恒 釋票 中國文字1969年	34431
熛			金文	郭沫若隸作熛，曰熛今作票，叚爲暴。	戴家祥 金文大字典 卷中	34432
熛				據《上博楚竹書（一）•紂衣》"民之蔈也"中"蔈"字所從可知，"票"本是從黑（墨本字）、從木，會以墨塗木以爲標誌之意，即標之本字。小篆形體是訛變的結果。	陳秉新 《〈説文〉箋證》選録（一） 中國文字研究2004年5輯	14644
熼			説文	焦也。从火曹聲。	許慎 説文解字	
爨	 或體	焦	説文	火所傷也。从火雥聲。焦或省。	許慎 説文解字	
爨		雋	金文	此明從火從隹，《説文》爨省作焦，此篆是也。	高田忠周 説文古籀篇 卷十三	36201

𤓽	 上二/魯邦大旱/4	𤏁	楚簡	《説文·火部》："𤓽，火所傷也。從火，雥聲。焦或省。"	馬承源 上海博物館藏戰國楚竹書 第二册 魯邦大旱	12999
烖	 古文  或體  籀文	𤆎 灾 災	説文	天火曰烖。从火𢦏聲。𤆎古文从才。灾或从宀、火。災籀文从巛。	許慎　説文解字	
烖			甲骨	此烖字。	余永梁 殷虚文字續考	34436
烖		灾	甲骨	從宀從火與《説文》火部烖同一字。	饒宗頤 殷代貞卜人物通考 卷五	34438
烖		灾	甲骨	字蓋從宀從火，示以火焚屋之意，準之六書，應爲會意，當是火災之本字。以今隸書之，當作灾，爲《説文》烖之或體。	白玉峥 契文舉例校讀 中國文字 1971 年	34441
烖		灾	甲骨	契文亦有灾字，兩氏當時均未及見灾字。所見一辭雖僅餘殘文，然與許書作災者正合。可無疑也。	李孝定 甲骨文字集釋 卷十	34439
烖		灾	甲骨	此亦灾字。	嚴一萍 楚繒書新考 中國文字 1967—1968 年	34440
烖			甲骨	從川才聲，原是水災，應寫作𣲉，今無其字，寫爲通行的災字。	張政烺 殷契𠭯田解 甲骨文與殷商史第一輯 1983 年	34442
烖		𢦏	楚簡	即烖省，今作災，此處讀哉。"虐哉"爲發語辭。	商承祚 戰國楚竹簡匯編 信陽長臺關一號楚墓竹簡第一組文章	9855
烖		𢦏	楚簡	即災，第四二簡作"𢦏"，義同。	商承祚 戰國楚竹簡匯編 信陽長臺關一號楚墓竹簡第一組文章	9972
煙	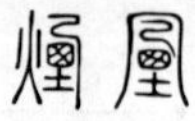 古文  或體  籀文	𡨴 烟	説文	火氣也。从火垔聲。𡨴古文。烟或从因。𡩁籀文从宀。	許慎　説文解字	

煙			甲骨	此從卣、從火，當爲煙之省。其讀則爲禋。	孫詒讓 契文舉例 卷下	34444
煙			璽印	此從窗。下象以手執火而然之。與籀文極相似。	丁佛言 説文古籀補補 卷十	34445
煙				案：土部𡈆之古文作𡆸，則此家小篆之𡈆而誤。	商承祚 説文中之古文考	42329
焆			説文	焆焆，煙皃。从火肙聲。	許慎　説文解字	
熅			説文	鬱煙也。从火昷聲。	許慎　説文解字	
熅		𩕩	甲骨	象一人以手於爐火上取煖之形，即熅之古字。字乃地名。蓋殷邑也。	郭沫若 殷契粹編	34448
熅			甲骨	郭云古熅字，近之。熅，契文象人於皿中浴身之形。浴者身必温煖也。此字如易頁爲人則爲熅字矣。熅許訓爲鬱煙。亦與向火取煖之義相因。	李孝定 甲骨文字集釋 卷九	34450
⿰火皀			説文	望火皃。从火皀聲。讀若馰顙之馰。	許慎　説文解字	
燂			説文	火熱也。从火覃聲。	許慎　説文解字	
焞			説文	明也。从火享聲。《春秋傳》曰："焞燿天地。"	許慎　説文解字	
炳			説文	明也。从火丙聲。	許慎　説文解字	
焯			説文	明也。从火卓聲。《周書》曰："焯見三有俊心。"	許慎　説文解字	
照			説文	明也。从火昭聲。	許慎　説文解字	
照	 牆盤	鍣	金文	從火從攴從召。左偏旁象手執火炬之形，右偏旁召聲，當係照之異體字。	于豪亮 牆盤銘文考釋 古文字研究 1982 年 7 輯	34457
煒			説文	盛赤也。从火韋聲。《詩》曰："彤管有煒。"	許慎　説文解字	

烗			説文	盛火也。从火从多。	許慎　説文解字	
熠			説文	盛光也。从火習聲。《詩》曰:“熠熠宵行。”	許慎　説文解字	
煜			説文	熠也。从火昱聲。	許慎　説文解字	
燿			説文	照也。从火翟聲。	許慎　説文解字	
煇			説文	光也。从火軍聲。	許慎　説文解字	
煇			甲骨	《周禮》眡祲掌十煇之煇乃暈之古文。日光炁也。本辭煇下有風。殆占煇而驗風歟?	葉玉森 殷虚書契前編集釋 卷四	34466
煇			甲骨	葉釋煇是也。該月暈爲大風之兆,故卜辭言煇風,此刻反證字之必當釋煇矣。	楊樹達 卜辭瑣記	34468
煇			甲骨	高笏之先生釋輝之説可從。	白玉峥 契文舉例校讀典禮篇 中國文字 1974 年	34469
煌			説文	煌,煇也。从火皇聲。	許慎　説文解字	
焜			説文	煌也。从火昆聲。	許慎　説文解字	
炯			説文	光也。从火同聲。	許慎　説文解字	
爗			説文	盛也。从火曅聲。《詩》曰:“爗爗震電。”	許慎　説文解字	
燗			説文	火門也。从火閻聲。	許慎　説文解字	
炫			説文	燿燿也。从火玄聲。	許慎　説文解字	
光	 古文 古文		説文	明也。从火在人上,光明意也。古文。古文。	許慎　説文解字	
光			金文	古光字。	吴大澂 説文古籀補附録	34477
光	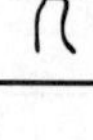		金文	古者執燭以人。從人持火。	林義光 文源	34479

光				許氏説黄從古文光，觀此似光亦從黄。蓋光黄二字古無分别。黄亦光之色耳。不徒從田象地色也。	丁佛言 説文古籀補補 卷十	34480
光			甲骨	《説文解字》光從火在人上。光明意也。	羅振玉 增訂殷虚書契考釋 卷中	34478
光			甲骨	光字。	商承祚 甲骨文字研究 卷下	34482
光			甲骨	光亦國名。卜辭之光或即古光國。	葉玉森 殷虚書契前編集釋 卷三	34483
光			金文	此篆與《説文》古文光相同，容庚云庶字從此，吴愙齋則直釋爲庶。或爲庶之省文。	强運開 説文古籀三補 卷十三	34484
光	 曾伯霥簠	黹	金文	（阮元）誤釋光爲業。此字上所從火字也。《説文》光古文作㷋，又作炗，可證。	方濬益 綴遺齋彝器款識考釋 卷八	44925
光	㷋 炗			甲骨文金文形體皆與篆文同。	商承祚 説文中之古文考	34486
光	 麥盉		金文	光讀爲貺。	楊樹達 積微居金文説 麥盉跋	34488
光	 宰甶簋		金文	字上從火，下從女，即光字也。古從女字與從人字同。讀爲貺。	楊樹達 積微居金文説 宰甶簋	36206
光			金文	光應從火跪聲，字下爲古跪字。	高鴻縉 中國字例 五篇	36207
光				光上從火，下從古跪字。	高鴻縉 中國字例 五篇	34489
光			甲骨	字在卜辭中爲國族之名。火在人上取光明照耀之意。	李孝定 甲骨文字集釋 卷十	34490
光			楚簡	疑即光字。	嚴一萍 楚繒書新考 中國文字 1967—1968 年	34491

光			甲骨	這個字上從火下從二對稱之人形。應是光字。在甲骨文中作地名、國族名。	張亞初 商周族氏銘文考釋舉例 古文字研究 1982 年 7 輯	34492
光			楚簡	簡文此語所指大概是一種用閃光織物製作的鑲邊。	湯餘惠 略論戰國文字形體研究中的幾個問題 古文字研究 1986 年 15 輯	34495
光			金文	光字省文。	于省吾 釋從天從火從人的一些古文字 古文字研究 1986 年 15 輯	34494
光			金文	上從火下從女。當釋爲“光”。	王慎行 乙卯尊銘文通釋譯論 古文字研究 1986 年 13 輯	34493
光			甲骨	從人從火。隸作光。火下或又從卩，從人從卩無別。	朱歧祥 殷墟甲骨文字通釋稿	34496
光	 宰甫卣	姿	金文	楊樹達云：余謂其字上從火，下從女，即光字也。《説文》十篇上《火部》：“光，明也。從火在兒上。”兒爲古人字。銘文從女與從人同……光當讀爲貺。楊説形義聲訓翔實可據，故特表而出之。	戴家祥 金文大字典	14911
光		姿	金文	該字從火從女，《説文》所無。即光字也。楊説形義聲訓，翔實可據，故特表而出之。	戴家祥 金文大字典	16432
光			金文	金文用作人名。或光明義，或作榮耀、光華義。	戴家祥 金文大字典 卷中	34499
光			金文	光，左右對稱而共一個火字頭。	張亞初 金文考證例釋 第三届國際中國古文字學研討會論文集 1997 年 10 月	16133
光			金文	單光，族氏。“光”字下部作對稱的相背“人”形，勾勒的，族氏用字的一種美術化。單地的光氏。	李學勤 北宋河清出土的一組青銅器 洛陽大學學報 1999 年 1 期	15543
光			金文	義爲光寵。	楊文山 青銅器麥盃與“邢侯征事”——兩周邢國歷史綜合研究之四 文物春秋 2004 年 2 月	15175

熱			説文	温也。从火埶聲。	許慎　説文解字	
熱		炅	漢簡	是熱字異體，當係從火從日會意。炅和熱可能在相當長的時期内一直並行使用着，在秦和西漢時，炅似乎比熱用得更爲普遍。大約在東漢初，熱取代了炅，炅也有了其他的讀音和涵義。炅是熱也就不爲人所知了。	于豪亮 居延漢簡釋叢 文史 1981 年 12 輯	34501
熾	 古文	戠	説文	盛也。从火戠聲。古文熾。	許慎　説文解字	
熾			石鼓	舊釋爲熾是也。又按：其中畫實係通連，足正羅説諸本摹誤之失。按：此下當有闕文。	强運開 石鼓釋文	34503
熾	 包/文書/139	戠	楚簡	此乃熾字。	李天虹《包山楚簡》釋文補正 江漢考古 1993 年 2 期	3118
熾		䊙	金文	從異從戠，戠亦聲，似熾字。史墻盤中猶云並耀光芒。	戴家祥 金文大字典 卷下	34506
燠			説文	熱在中也。从火奥聲。	許慎　説文解字	
煖			説文	温也。从火爰聲。	許慎　説文解字	
煗			説文	温也。从火耎聲。	許慎　説文解字	
炅			説文	見也。从火、日。	許慎　説文解字	
炅			漢簡	簡文此處當訓熱，病熱曰“炅”，蓋漢人恒辭矣。	陳槃 漢晉遺簡偶述 歷史語言研究所集刊 16 册 1947 年	34511
炅			漢簡	漢代帛書、竹簡有炅字，多用如熱字。炅既爲熱，引申之有光明義，有暴曬義。《説文》有炟字，大概是炅之訛字。炅之“古迥切”一音，並無根據。	王輝 秦器銘文叢考 考古與文物 1989 年 5 期	34514

炅			璽印	璽文炅字火旁加一横畫。由璽文得知，炅至遲在戰國已有，並以爲姓氏。炅與“光”的意思正相吻合。	尤仁德　館藏戰國六璽考釋　考古與文物 1990 年 3 期	34515
炅			甲骨	應釋爲“炅”，讀爲“熱”。	詹鄞鑫　釋甲骨文炅字及相關的青銅器紋飾　徐中舒百年誕辰紀念文集 1998 年 10 月	16022
炕			説文	乾也。从火亢聲。	許慎　説文解字	
燥			説文	乾也。从火喿聲。	許慎　説文解字	
烕			説文	滅也。从火、戌。火死於戌，陽氣至戌而盡。《詩》曰：“赫赫宗周，褒似烕之。”	許慎　説文解字	
烕			金文	戌有不用義，有鎮壓義，戌下從火則火威之義自見。	唐桂馨　説文識小録　古學叢刊 1939 年	34518
烕			甲骨	字從火從戉。當即《説文》威之初文。威自東周以後。訛戉爲戌。考之初文，方知其爲從火戉聲。如依舊説，以威爲會意字既誤。以爲形聲字亦無當矣。	于省吾　雙劍誃殷契駢枝校補	34520
烕			甲骨	本誼爲火之滅，引申以爲凡滅之偁。戌之古文爲兵器之象形，於火滅之義無與，許慎以“從火戌”會意解之實無據。謂之形聲又不如戉聲爲近。契文有從火戉聲之字，于氏謂是威古文者是也。字在卜辭爲人名。	李孝定　甲骨文字集釋　卷十	34521
烕			楚簡	威。李棪齋先生抄示稿釋“成”，商氏考釋，推其語氣，似亦釋“成”。	嚴一萍　楚繒書新考　中國文字 1967—1968 年	34522
焅			説文	旱氣也。从火告聲。	許慎　説文解字	
燾			説文	溥覆照也。从火壽聲。	許慎　説文解字	
爟	 或體	烜	説文	取火於日官名，舉火曰爟。《周禮》曰：“司爟，掌行火之政令。”从火雚聲。烜或从亘。	許慎　説文解字	

爟		彧	金文	從火從或省聲。與爟同聲紐，二字屬一聲之轉。“嗣彧”爲司爟無疑。	吴洪清 芝罘曩國銅器銘文補釋 山東古文字研究 1993 年 6 月	34528
㷭			説文	燧，候表也。邊有警則舉火。从火逢聲。	許慎　説文解字	
㷭			漢簡	漢簡中的㷭，都是指不燃燒的㷭，但㷭字從火，所以㷭字的原義，應當指塞上通訊的表記，包括燃燒與不燃燒的兩種表記，但演變結果卻專指不燃燒的表記，在這種表記中又再分出大型的㷭和小型的表。大型的㷭常用，就專用了㷭的名稱，而小型的就用泛稱的表來指稱。	勞榦 釋漢簡中的“烽” 中國文字 1988 年	34530
爝			説文	苣火，祓也。从火爵聲。吕不韋曰：湯得伊尹，爝以爟火，釁以犧猳。	許慎　説文解字	
熭			説文	暴乾火也。从火彗聲。	許慎　説文解字	
熙			説文	燥也。从火巸聲。	許慎　説文解字	
熙	 孟姜匜	巸	金文	巸爲熙之聲母。故此匜及徐王子鐘並省熙爲巸。	孫詒讓 古籀拾遺 卷上 孟姜匜	34533
熙	 孟姜匜	巸	金文	巸即熙。熙熙。和樂之貌。	劉心源 奇觚室吉金文述 卷三	34535
熙		趔	金文	假趔爲熙，不從火。	强運開 説文古籀三補 卷二	34536
熙	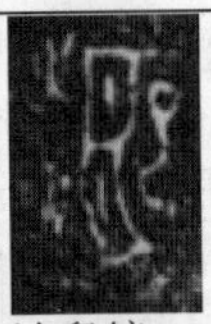 沇兒鐘	趔	金文	皇皇熙熙。言聲之大且廣。	方濬益 綴遺齋彝器款識考釋 卷二 郗王子沇兒鐘	34534
熙	 魯侯獄鬲	獄	金文	字從臣而左右各一犬，乃魯煬公熙之名。熙與此同一聲符。	陳夢家 西周銅器斷代	36165

熙		冀	金文	從戠得聲。當讀爲熙。義爲光明。	于豪亮 牆盤銘文考釋 古文字研究 1982 年 7 輯	34538
爞			説文	旱氣也。从火蟲聲。	許慎　説文解字	
煽			説文	熾盛也。从火扇聲。	許慎　説文解字	
烙			説文	灼也。从火各聲。	許慎　説文解字	
爍	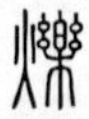		説文	灼爍，光也。从火樂聲。	許慎　説文解字	
燦			説文	燦爤，明瀞皃。从火粲聲。	許慎　説文解字	
煥			説文	火光也。从火奐聲。	許慎　説文解字	
𤆍	 上三/周易/56	災	楚簡	古文“災”。	濮茅左 上海博物館藏戰國楚竹書 第三册 周易	13960
𤆍	 上三/周易/21	災	楚簡	從火，才聲。指繫其牛於道，路人牽得，邑人無辜受連累遭禍事。	濮茅左 上海博物館藏戰國楚竹書 第三册 周易	13592
炋			甲骨	從斤從火從不，《説文》無，義不明。	徐中舒 甲骨文字典 卷十	18080
炃		炘	甲骨	典籍作炘，即焮字的古文，訓爲炙，甲骨文中當爲先公之名。	于省吾 甲骨文字釋林 釋炃	18081
炘			甲骨	從火從斤，《説文》無。神祇名。	徐中舒 甲骨文字典 卷十	18082
炈			甲骨	爲之或體。	魯實先 卜辭姓氏通釋之一 東海學報 1959 年 1 期	18083
炈			甲骨	從殳從火，《説文》所無，古文偏旁從人從火無通例，魯説待商。	李孝定 甲骨文字集釋 卷十	18084
炷			甲骨	《説文》無炷字，此字從火從主，古自有炷字矣。	余永梁 殷墟文字考	18263

炇			甲骨	疑炇之本字與烄通。又甲文赤字從大從火，古人以大人形爲大，赤之本義爲焚人而祭。上古烄、炇、赤本爲一字，後來赤保存下來，但意義有了分化，赤逐漸用爲赤煊之赤，喪失原來焚人以祭的意義。炇不見《説文》，成爲死字。卜辭烄字從句例看，與炇完全相同。	王輝 殷人火祭説 四川大學學報叢刊 古文字研究論文集 1982 年 10 輯	18085
烒	 匯/信陽一號墓遺策/7		楚簡	字書未見。	商承祚 戰國楚竹簡匯編 信陽長臺關一號楚墓竹簡第二組遺策	9400
烾			甲骨	，按此字形結構分析，從止從火，即癹 字。有殷墟卜辭中癹字爲證。疑癹爲烾字。	徐錫臺 試釋殷墟出土甲骨文字二十七則 紀念王懿榮發現甲骨文一百周年論文集 2000 年	16047
炤			陶文	炤，《説文》所無，《集韻》即昭，《説文》昭，日明也。	顧廷龍 古匋文舂録 卷十	18264
𤆻			甲骨	從火從𣥠，《説文》所無。與祈雨求年之事儻有關聯。該字象兩足蹈火之形，或爲巫術之一種。	李孝定 甲骨文字集釋 卷十	17427
倏	 散氏盤		金文	焂字見散氏盤。古自有字，非始於拓跋世也。	吴式芬 攈古録金文 卷二之二	36109
焂	 散氏盤		金文	焂，《説文》所無，應是從火攸聲之字，攸與焂同音通假。	高鴻縉 散盤集釋	36211
㶳	 匯/信陽一號墓遺策/12		楚簡	即炭字。	商承祚 戰國楚竹簡匯編 信陽長臺關一號楚墓竹簡第二組遺策	9450
㶳	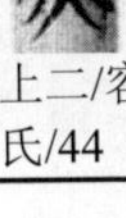 上二/容成氏/44		楚簡	盂㶳，即“盂炭”，可能指以盂盛炭，或讀爲“塗炭”。	李零 上海博物館藏戰國楚竹書 第二册 容成氏	12541

⿰火⿱乃心	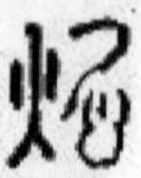		金文	所從更近於乃，故仍以于釋隸定爲⿰火⿱乃心。⿰火⿱乃心谷記於上洛之下，其地當相去不遠。	陳連慶 敔簋銘文淺釋 古文字研究 1984年9輯	17094
⿰⿱口火欠	 上四/柬大王泊旱/16		楚簡	《類篇》：“⿱艹⿰力方，虛宜切，⿱艹⿰力方欱欲食也。”《廣韻》：“⿱艹⿰力方，⿱艹⿰力方欱乞人見食皃。	濮茅左 上海博物館藏戰國楚竹書 第四册 柬大王泊旱	3578
⿰⿱口火欠	 上四/柬大王泊旱/16		楚簡	字簡文分明從日，原書隸定爲⿰⿱口火欠，非是，今予改正。頗疑此字結構當分析爲從欠，炅聲。炅即熱字，見於馬王堆漢墓帛書。《老子》乙本“或熱或碓”，甲本“熱”作“炅”。整理者注：“炅，從火，日聲，當即熱之異體字，不讀古迥切或古惠切（見《廣韻》）。”如此字果從炅聲，則當讀爲“暍”，義爲“中暑”。《説文·日部》：“暍，傷暑也。”古音埶聲、曷聲古音相通。此簡大意是説，經過三日雩祭，楚柬王面有風塵之色，而隨從柬王留在郊外的侍從及寵臣中也有因此而中暑的人。	孟蓬生 上博竹書（四）閒詁（續）簡帛研究網 2005年3月6日	2448
⿱缶灬			陶文	該字從火從缶，即⿱缶灬。⿱缶灬里是屬於丘齊鄉的。	王恩田 齊國地名陶文考 考古與文物 1996年4期	17037
焊	 上一/性情論/18		楚簡	讀作“忓”，《説文通訓定聲》：“忓，極也。”下有墨釘。	濮茅左 上海博物館藏戰國楚竹書 第一册 性情論	7822
⿱自火	 包/文書/129		楚簡	爨字，竃也。	劉彬徽、彭浩、胡雅麗、劉祖信 包山楚簡	1184
⿱允炅			楚簡	⿱允炅與爨二字音近義屬，在古代互相通假是不成問題的。爨上部象以兩手捧置炊具於灶上，下部推火入灶口，義爲燃火燒物，故以火爲義符。⿱允炅是從炅允聲的形聲字，形旁炅亦從火取義。可證⿱允炅爨二字的含義均與燃火有關。從字音上説，⿱允炅	曾憲通 楚月名初探——兼談固墓竹簡的年代問題 古文字研究 1981年5輯	22686

				和爨聲則同類，韻則同部，是音近義通的通假字。楚簡中的臭月就是秦簡中爨月。楚歷當爲八月。入秦後改屬十一月。		
臭	 上六/平王與王子木/3		楚簡	隸爲“臭（夋）”而讀爲“酸”，文義更爲顯豁。	單育辰 佔畢隨録 簡帛網 2007年7月26日	41750
𤈦	 包/文書/129		楚簡	具字，簡文與曾侯乙墓竹簡“具”字同。	劉彬徽、彭浩、胡雅麗、劉祖信 包山楚簡	1183
𤈦	 包/文書/147		楚簡	上部從者，下部爲火，是煮字無疑。本簡是目前最早言及煮鹽於海的記載，頗足珍貴。	林澐 讀包山楚簡劄記七則 江漢考古 1992年4期	6170
𤈦	 包/文書/129		楚簡	即“廣”之古文。“廣王之臭”即擴大楚王爨祭的規模，包括增修祭祀設施，提高祀神禮品的規格等。	劉信芳 包山楚簡近似之字辨析 考古與文物 1996年2期	1182
煲			甲骨	從保從山，山當爲火之訛，或從火從好。《説文》所無。意義不明。	徐中舒 甲骨文字典 卷十	17626
𢿅			金文	從支從炤，即《爾雅・釋蟲》“熒即照炤”之炤。	戴家祥 金文大字典	14913
𤐡			甲骨	見殷墟卜辭云：“……于𤐡戈”。按此字形結構分析，從复從火，即𤐡字，説文所無。	徐錫臺 試釋殷墟出土甲骨文字二十七則 紀念王懿榮發現甲骨文一百周年論文集 2000年	16045
𤓰			楚簡	即熏氣。	商承祚 戰國楚帛書述略 文物 1964年9期	961

㷉			楚簡	帛書“卤㷉”即“火氣”，與“燎氣”對文見義。	何琳儀 長沙帛書通釋 江漢考古1986年1、2期	11153
㷉			楚簡	“㷉”同“氣”，兩者異作可能反映晉、楚文字的地域性特點。	何琳儀 長沙帛書通釋 江漢考古1986年1、2期	958
㷉			楚簡	“寮㷉”謂空隙之氣。	何琳儀 長沙帛書通釋校補 江漢考古1989年4期	11146
㷉			楚簡	似指山陵空隙中之各種氣脈。	何琳儀 長沙帛書通釋校補 江漢考古1989年4期	969
㷉			楚簡	氣，精神，情感。《孟子·公孫醜上》：“夫志，氣之帥也。氣，體之充也。”趙岐注：“志，心所念慮也。氣，所以充滿形體爲喜怒也。”	陳偉 郭店簡書《人雖有性》校釋 中國哲學史2000年4期	13941
㷉	 郭/性自命出/2		楚簡	氣，精神、情感。	陳偉 郭店竹書別釋	6612
㷉	 上二/容成氏/30		楚簡	即“氣”。强調樂的合和之用。	李零 上海博物館藏戰國楚竹書 第二册 容成氏	13307
㷉			楚簡	熏氣即陽氣。	董楚平 楚帛書“創世篇”釋文釋義 古文字研究2002年24輯	959
㷉	 上三/亙先/2		楚簡	作爲終極的“氣”，最原始的“氣”。	李零 上海博物館藏戰國楚竹書 第三册 亙先	13483
㷉	 郭/老子甲/35		楚簡	爲氣字古文。	劉釗 郭店楚簡校釋	6583
㷉	 郭/六德/15		楚簡	讀爲氣。	劉釗 郭店楚簡校釋	8824

燛	 上三/亙先/4		楚簡	氣，瀰漫充滿天地間，萬有雖同出此一氣之化生，然而各因其强烈之生化趨勢，以類相生。	陳麗桂 上博簡（三）：《亙先》的義理與結構 簡帛研究網 2004年12月19日	1613
燛	 上三/亙先/2		楚簡	“恒氣”就是“元氣”。	郭齊勇《恒先》——道法家形名思想的佚篇 簡帛研究網 2004年5月8日	2969
燛	 上三/亙先/2		楚簡	恒氣:“恒”在這裏是修飾“氣”的，恒，常也，久也，也就是永恒。	劉信芳 上博藏竹書《恒先》試解 簡帛研究網 2004年5月16日	1475
燛	 上三/亙先/2	燛	楚簡	恒、氣之生：作爲宇宙本原的恒、氣的存在狀態和生成萬物的過程。鑒於其緊承“氣是自生，恒莫生氣，氣是自生自作”，又緊接“不獨有與”，似以讀“恒、氣”，作爲兩個詞爲宜。	趙建功《恒先》易解（上） 簡帛研究網 2005年1月26日	2693
燛=	 上三/亙先/2		楚簡	重文，讀“氣。氣”，後一字屬下句。此句的意思是説道並不直接産生氣。	李零 上海博物館藏戰國楚竹書 第三册 亙先	13482
燛=	 上三/亙先/1		楚簡	重文，讀“有氣，有氣”，後二字屬下句。此句是説“氣”從“或”生。下文把“氣”分爲清、濁兩種。	李零 上海博物館藏戰國楚竹書 第三册 亙先	13465
燛=	 上三/亙先/2		楚簡	恒莫生氣：此外絶對没有誰能生出氣來。	龐樸《恒先》試讀 簡帛研究網 2004年4月26日	2690
燛=	 上三/亙先/1		楚簡	有或焉有氣：有動區於是有氣。	龐樸《恒先》試讀 簡帛研究網 2004年4月26日	1655
燛=	 上三/亙先/2		楚簡	恒莫生氣：氣是從來就有的，故下文稱爲“恒氣”。	劉信芳 上博藏竹書《恒先》試解 簡帛研究網 2004年5月16日	1687

㷡=	 上三/亙先/1		楚簡	氣，在先秦是一個重要哲學概念，”，“氣”是“有”的本原，是天地萬物的根源。這裏的“氣”在“始”、“往”之前，也是形而上者，具有抽象、一般的特性，與具體可感之氣不可等同。但可感之氣和萬物，毫無疑問皆來源於此“氣”。	丁四新 楚簡《恆先》章句釋義 簡帛網 2005年12月30日	1612
燙			金文	從水，炅聲。字書不見，按字音求之，疑讀爲煅。	張政烺 中山國胤嗣𡥈盗壺釋文 古文字研究 1979年1輯	16519
燙			金文	張政烺所釋可備一説。如字隸定爲燙字則現代漢語湯手之湯，《字彙》收之。唯不知𡥈盗壺“燙上”作何解，待再考。	戴家祥 金文大字典	16520
熶	 包/遣册/262		楚簡	燭字。	劉彬徽、彭浩、胡雅麗、劉祖信 包山楚簡	6429
熶	 包/文書/163		楚簡	應爲燭。	湯餘惠 包山楚簡讀後記 考古與文物 1993年2期	6220
㸋	 匯/望一劄記/24		楚簡	即樂。簡文下從火，不從木。	商承祚 戰國楚竹簡匯編 望山一號楚墓竹簡疾病雜事劄記	10467
熖			璽印	從火，脂聲，應該釋爲“焰”。脂字本從“臽”聲，“臽”、“脂”二字用作形聲字聲旁時當可通用。	裘錫圭 戰國璽印文字考釋三篇 古文字研究 1983年10輯	16515
熾			甲骨	𡿩，見殷墟卜辭云“庚午王才𡿩卜”。按此形結構分析，從歨從火，即㷧或熾字。	徐錫臺 試釋殷墟出土甲骨文字二十七則 紀念王懿榮發現甲骨文一百周年論文集 2000年	16034
燧	 善鼎	燹	金文	此篆上從𧰨，𧰨遂通用，則此從火，當爲燧字異文。	高田忠周 説文古籀篇 卷十三	36183

⿱癶火	 包/遣册 /257		楚簡	讀如蒸。	劉彬徽、彭浩、胡雅麗、劉祖信 包山楚簡	7036
⿰月⿱龹火	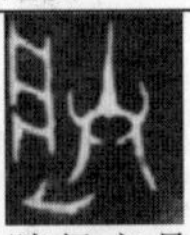 滕侯方鼎		金文	從火，⿰舟关聲。即經典中滕薛之滕，⿰月⿱龹火虎敦之“⿰月⿱龹火虎”即爲《檀弓》之“滕孟虎”。	王國維 釋⿰月⿱龹火 觀堂集林卷六 1959 年 6 月	17779
⿰月⿱龹火	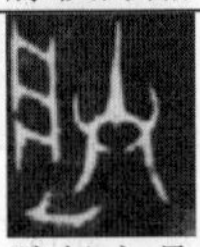 滕侯方鼎		金文	⿰月⿱龹火，從舟，非從肉。從𢍏，非從犬。	高田忠周 古籀篇卷十三	17777
⿰月⿱龹火			金文	當即⿰月⿱龹火字。	吴其昌 金文厤朔疏證 1936 年	17778
⿱毀火			楚簡	此⿱毀火字當爲毀之繁構。《説文》“毀，缺也，一曰壞也”；《詩·豳風》“無壞我室”，毀訓爲壞。不毀事，不壞事也。	曹錦炎 楚帛書《月令》篇考釋 江漢考古 1985 年 1 期	10579
⿱毀火			楚簡	此字釋爲上“毀”下“灬”的字，火也。	連劭名 長沙楚帛書與卦氣説 考古 1990 年 9 期	10580
⿱既火	 上二/民之 父母/10		楚簡	上從旣（古文愛，或慨）聲，下從火，疑亦“氣”的異體字。	濮茅左 上海博物館藏戰國楚竹書 第二册 民之父母	12910
⿱既火	 上二/從政 （甲篇）/9		楚簡	即“氣”。	張光裕 上海博物館藏戰國楚竹書 第二册 從政（甲篇）	10224
⿰⿱㒸火攴	 静簋		金文	字從攴，爲燧之古文。	强運開 説文古籀三補 卷十四	36182
⿱敖火	 包/遣册 /257		楚簡	讀如熬。《説文》：“熬，乾煎也。”⿱敖火鷄即熬鷄。	劉彬徽、彭浩、胡雅麗、劉祖信 包山楚簡	7044
⿱虤火			甲骨	從虤從火，《説文》所無。	朱芳圃 甲骨學文字編	17739

𪛁			甲骨	該字即秋，與春相對，爲季節之名。“今𪛁”與“來𪛁”相對，是知乃有起訖而又可多次到來之季節。該字與禾年有關。由卜辭看，秋季多雨。殷代之秋，當包括今之夏秋兩季的時間。卜辭用此稱爲𪛁，乃取火燒蝗蟲的本字作爲“黄熟”之義，表示這段時間是農作黄熟，進行收穫之期。	温少峰、袁庭棟 殷墟卜辭研究——科學技術篇	16979

炎部

炎			説文	火光上也。从重火。凡炎之屬皆从炎。	許慎　説文解字	
炎			金文	炎當即春秋時郯國之故偁。漢屬東海郡。	郭沫若 兩周金文辭大系圖録考釋	36220
炎			楚簡	此字釋爲“赤”，“赤帝”即“炎帝”。	何琳儀 長沙帛書通釋 江漢考古 1986 年 1、2 期	2138
炎			金文	據漢字結構特點，凡獨體字重複，均有加重本義的作用。炎當是火之烈也。金文用作地名，如郭氏所釋。	戴家祥 金文大字典 卷中	34546
炎			金文	讀爲廉。	李學勤 眉縣楊家村新出青銅器研究 文物 2003 年 6 期	15282
燄			説文	火行微燄燄也。从炎臽聲。	許慎　説文解字	
⿰炎舌			説文	火光也。从炎舌聲。	許慎　説文解字	
⿱炎亩			説文	侵火也。从炎亩聲。讀若桑葚之葚。	許慎　説文解字	
煔			説文	火行也。从炎占聲。	許慎　説文解字	
燅	 或體	⿰炙坴	説文	於湯中爚肉。从炎，从熱省。⿰炙坴或从炙。	許慎　説文解字	
燮			説文	大熟也。从又持炎、辛。辛者，物熟味也。	許慎　説文解字	
燮	 曾伯霥簠		金文	讀若溼。幽溼也。	徐同柏 從古堂款識學 周曾伯霥簠	34553
燮	 曾伯霥簠		金文	象手持火熟物。按古從辛之字或訛從言，燮爲和，亦熟飪五味之義。燮燮當同字。	林義光 文源	34555

燮			金文	爕燮同字，不容疑矣。大熟亦大和也，和熟一義。轉通。又持炎辛之説，後人附會湼造耳。	高田忠周 説文古籀篇 卷十四	34556
燮			金文	此字從又持炬，從三火，象炎炎之形，殆即許書之燮字。許書從辛。殆炬形之訛。	羅振玉 增訂殷虚書契考釋 卷中	34554
燮			甲骨	羅謂從又持炬，可備一説。契文應讀爲溼。溼，憂也。	于省吾 雙劍誃殷契駢枝 三編 釋燮	34558
燮				燮和猶調和，原從又（手）持棍疏火使燃形，故曰燮理。周文構造仍不異，秦時棍變爲言聲。隸楷本之。	高鴻縉 中國字例 二篇	34559
燮			金文	燮金文從帀，不從辛，亦非從言。從言從辛當即此字之形變。高鴻縉訓疏火之説，似未安。	李孝定 金文詁林讀後記 卷十	34560
粦			説文	兵死及牛馬之血爲粦。粦，鬼火也。从炎、舛。	許愼　説文解字	
粦			金文	舛象二足跡形。鬼火宵行逐人，故從夂、㐄。	林義光 文源	34562
粦	 尹姞鬲  史牆盤  師訊鼎	⿱粦口 ⿰阝⿱粦口	金文	從粦從口，從阜從粦從口，與粦是同一個詞的不同寫法。陳夢家認爲“粦”指耳目聰明。	裘錫圭 史牆盤銘解釋 文物 1978 年 3 期	34565
粦			金文	粦爲鬼火，蓋十口相傳之古誼，至今猶然。其字從炎猶有義可説，惟炎舛無義。金文所從象人形，點蓋粦火着人身之象，非從炎舛也。陳夢家讀粦爲瞵，可從。	李孝定 金文詁林讀後記 卷十	34566
粦	 史牆盤	⿱粦口	金文	“粦”下從“口”者即粦。“粦明”即精明。	于豪亮 牆盤銘文考釋 古文字研究 1982 年 7 輯	34567

粦			甲骨	今觀甲骨文，有一從“大”，於兩臂之上下各加一小點，當即“粦”之初文。其後或於字下增“口”爲繁文。或唯於兩臂上方加點，或於兩足処增“舛”爲意符。所從之大，其兩臂上下之點何所示？拙見認爲仍以《說文》所訓之“鬼火”較爲近理。	杜忠誥 古文字形體研究五則 國文學報 1991 年	34564
粦	 逨盤		金文	通瞵，耳目聰明。	劉懷君、辛怡華、劉棟 逨盤銘文試釋 文物 2003 年 6 期	15258
粦	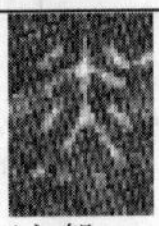 逨盤	⿱炎谷	金文	又作⿱炎皿、⿰阝⿱炎谷。此字上所從非炎。炎從二火，此字上從大、四點，即粦字。⿱炎谷、⿱炎皿、⿰阝⿱炎谷應釋作粦。粦明就是精明的意思，有粦也就是要精明。	孫亞冰 眉縣楊家村卅二、卅三年逨鼎考釋 中國史研究 2003 年 4 期	15151
⿱炎谷			金文	從炎聲，在此讀爲同屬匣母談部的嫌，意思是疑。	李學勤 眉縣楊家村新出青銅器研究 文物 2003 年 6 期	15304

黑部

黑			説文	火所熏之色也。从炎，上出囱。囱，古窗字。凡黑之屬皆从黑。	許慎　説文解字	
黑	 稻嫼簋蓋 數字偏旁		金文	古作象火自窗上出形。	林義光 文源	34568
黑			金文	字初依火或炎畫其上束草有煙跡形，由物形煙跡生意，故托以黑白之黑。	高鴻縉 中國字例二篇	36229
黑			甲骨	黑。本義雖須待考，但許説臆測無據。甲骨文字有兩種用法，指用牲的毛色言之，指日氣晦冥的晝盲言之。	于省吾 甲骨文字釋林 釋黑	34574
黑			金文	金文黑字，其下似亦從“大”，不從炎，字形難以索解。	李孝定 金文詁林讀後記 卷十	34573
黑				煙囱爲煙熏黑：黑、墨古本一字。圓圈代表煙囱，囱、窗本一字。後加穴旁，作窗户字。囱專作煙突。煙從囱冒出，表示灶的煙囱被火煙所熏黑，留下煙墨。	夏淥 造字形義來源非一説 武漢大學學報 1987 年 2 期	34575
黑	 曾/174		楚簡	黑色的馬。	湖北省博物館 曾侯乙墓	5862
黑				依甲骨文及金文，“黑”之初形，當是象顔面被墨刑之人的正面形。	杜忠誥 古文字形體研究五則 國文學報 1991 年	34576
驢			説文	齊謂黑爲驢。从黑盧聲。	許慎　説文解字	
黵			説文	沃黑色。从黑會聲。	許慎　説文解字	
黯			説文	深黑也。从黑音聲。	許慎　説文解字	

黶			説文	申黑也。从黑厭聲。	許慎　説文解字	
黳			説文	小黑子。从黑殹聲。	許慎　説文解字	
⿰黑旦			説文	白而有黑也。从黑旦聲。五原有莫⿰黑旦縣。	許慎　説文解字	
⿰黑箴			説文	雖皙而黑也。从黑箴聲。古人名⿰黑箴字皙。	許慎　説文解字	
黑昜			説文	赤黑也。从黑昜聲。讀若煬。	許慎　説文解字	
黲			説文	淺青黑也。从黑參聲。	許慎　説文解字	
黭			説文	青黑也。从黑奄聲。	許慎　説文解字	
黝			説文	微青黑色。从黑幼聲。《爾雅》曰："地謂之黝。"	許慎　説文解字	
黗			説文	黄濁黑。从黑屯聲。	許慎　説文解字	
點			説文	小黑也。从黑占聲。	許慎　説文解字	
黚			説文	淺黄黑也。从黑甘聲。讀若染繒中束緅黚。	許慎　説文解字	
黅			説文	黄黑也。从黑金聲。	許慎　説文解字	
⿰黑冤			説文	黑有文也。从黑冤聲。讀若飴盌字。	許慎　説文解字	
⿱算黑			説文	黄黑而白也。从黑算聲。一曰短黑。讀若以芥爲齏，名曰芥荃也。	許慎　説文解字	
⿱幵黑			説文	黑皴也。从黑幵聲。	許慎　説文解字	
黠			説文	堅黑也。从黑吉聲。	許慎　説文解字	
黔			説文	黎也。从黑今聲。秦謂民爲黔首，謂黑色也。周謂之黎民。《易》曰："爲黔喙。"	許慎　説文解字	

黔			石刻	秦人崇尚水德，“衣服旄旌節旗皆上黑”，正式更名民曰黔首，可能同這種理論有關。與“更名河曰德水”，用意相近。在秦簡中，民與吏經常連用，可見民或黔首與隸、臣、妾有别，大致相當於中、小地主及一般農民、商人。	王輝 秦器銘文叢考 考古與文物 1989年5期	34598
黕			説文	滓垢也。从黑冘聲。	許慎　説文解字	
黨			説文	不鮮也。从黑尚聲。	許慎　説文解字	
黨	 郭店/尊德義/17	堂	楚簡	郭店簡有“堂”（10.17），由此知鄉黨字原當從里，尚聲，實爲初文。作爲鄉黨字的“鄗”乃後出，其一訓聚居、族黨義只見於《廣雅》、《玉篇》之類字書。“黨”從黑尚聲，本指不鮮明。	陳偉武 郭店楚簡中《漢語大字典》所無之字 中國文字研究 2002年3輯	14584
黷			説文	握持垢也。从黑賣聲。《易》曰：“再三黷。”	許慎　説文解字	
黵			説文	大污也。从黑詹聲。	許慎　説文解字	
黴			説文	中久雨青黑。从黑，微省聲。	許慎　説文解字	
黜			説文	貶下也。从黑出聲。	許慎　説文解字	
黜		黰	甲骨	字從蚩從黑。蚩甲骨文形體上半與止字同，下像蟲身。古書無從黑從蚩的字。該字當即黜。爲廢逐、罷免的意思。	唐蘭 陝西省岐山董家村新出重要銅器銘辭的譯文和注釋 文物 1976年5期	34607
䵘			説文	䵘姍，下哂。从黑般聲。	許慎　説文解字	
黱			説文	畫眉也。从黑朕聲。	許慎　説文解字	
儵			説文	青黑繒縫白色也。从黑攸聲。	許慎　説文解字	
儵	 焂作觶		金文	此與黑部之儵同音。段注：儵古亦假爲倏忽字，從黑從火其義一也。疑倏即古儵字。又按犬部倏段注：引申爲凡忽然之詞，或假儵字爲之。是三字同音，義亦相近，故古多通假。	强運開 説文古籀三補 卷十	34610

黬			説文	羔裘之縫。从黑或聲。	許慎　説文解字	
黰			説文	黰謂之垽。垽，滓也。从黑，殿省聲。	許慎　説文解字	
黮			説文	桑葚之黑也。从黑甚聲。	許慎　説文解字	
黭			説文	果實黭黯黑也。从黑弇聲。	許慎　説文解字	
黥	  或體	㓷	説文	墨刑在面也。从黑京聲。黥或从刀。	許慎　説文解字	
⿰黑敢			説文	⿰黑敢者忘而息也。从黑敢聲。	許慎　説文解字	
⿰黑敢				左旁爲黑，右旁爲敢，字應作⿰黑敢。這裏是參盟人名。	李裕民 侯馬盟書疑難字考 古文字研究 1981 年 5 輯	34619
黟			説文	黑木也。从黑多聲。丹陽有黟縣。	許慎　説文解字	

囱部

囱	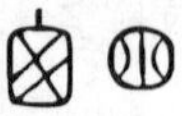 古文  或體	窗	説文	在牆曰牖，在屋曰囱。象形。凡囱之屬皆从囱。古文。或从穴。	許慎　説文解字	
囱	 毛公鼎	蔥	金文	不象窗形。吴大澂以爲蔥之古文，是也。象蔥本之形。	林義光　文源	34621
囱		甶	甲骨	此即《説文》訓爲鬼頭之甶字。地名。	郭沫若　郭沫若全集考古編　卷九　石鼓文	34624
囱				古文。在屋，謂在屋頂，今云天窗是也。	楊樹達　文字形義學	34625
囱				案：黑字從此。	商承祚　説文中之古文考	42332
囱			甲骨	就其結構推察，疑即今字窗之初文。	白玉峥　勿不因説中國文字	34626
悤			説文	多遽悤悤也。从心、囱，囱亦聲。	許慎　説文解字	
悤	 毛公鼎		金文	古鍯字，不從金，與毛公鼎字同。廼蔥之象形字也。蔥横從艸，鎗鍯從金，皆後人所加。	吴大澂　説文古籀補　卷十	34628
悤	 𩰫鐘	蔥	金文	古蔥字，象形。	吴大澂　説文古籀補　卷十	34627
悤		它	金文	見周鐘者，阮釋爲它不可易也。它當讀作祂，隷變作袉。爵弁服之袉，當以緇爲正，此云葬它即爵弁服之緇袉也。此云葬它實則緇也。毛公鼎之它黄亦到文。蓋冕服之裳，以黄爲袉，與爵弁服緇袉異。若釋爲蔥衡。則古無草蔥之佩，不能通於此鼎矣。	孫詒讓　國粹學報第 6 年（1910）庚戌 4 號（66 期）美術篇　卷七　克鼎釋文	34630

悤	 毛公鼎	它	金文	孫詒讓釋爲它。義據精覈。而世猶泥守《攈古》釋蔥之説，故備録之以諗來者。	張之綱 毛公鼎斠釋	34631
悤		蔥	金文	蔥。即繱也，謂其色蔥蔥淺青也。金文蔥黄，即蔥衡之借字。	强運開 説文古籀三補 卷十三	34632
悤	 馱鐘	蔥	金文	爲蔥之古文。此叚爲聰。	方濬益 綴遺齋彝器款識考釋 譱夫克鼎	34629
悤	 大克鼎	心	金文	今考定乃心字。悤古音在東部，心古音在侵部，東侵近旁轉。古人字少，故讀心爲悤。	周名煇 新定説文古籀考 卷下	34636
悤	 毛公鼎	蔥	金文	爲蔥之象形文。象蔥之地下肥莖。此處用爲清緑色。	高鴻縉 毛公鼎集釋	34634
悤			甲骨	即悤之初文。	于省吾 甲骨文字釋林 釋心	34635
悤			金文	此字當釋悤，假爲忠，或曰讀爲聰。	李平心 者汈鐘銘考釋讀後記 中華文史論叢 1980 年 3 輯	36463
悤			金文	古“悤”字在“心”形的上口加點或短竪，其本義似與心之孔竅有關。“悤”和“聰”大概指心和耳的孔竅，引申而指心和耳的通徹。大概由於“悤”、“聰”同音，在語言中無法區别，“悤”義遂爲“聰”所吞并。後來，“悤”只用來表示悤遽等義。	裘錫圭 説字小記 北京師範學院學報 1988 年 2 期	34637
悤			金文	悤之由來，當由心上加點逐步演變而成。釋作“悤”的字，心中的點畫寫得要靠上一些，加在心字上部靠口的部分。而心字中的點，一般寫在最下邊。	郝士宏 説悤及從悤的一組字 漢字研究 2005 年 1 輯	15754

				只有𤔲簋中的“念”字，心字中的點畫寫得比較靠上，這很可能是偶然誤書造成的，不應該視作心、悤二字没有區别的例證。由以上分析可以看出，從悤得聲的聰、窻、蔥等字都是由悤之空、明之意派生來的；而總、驄則是由蔥之青緑特點進一步派生的。我們認爲古漢字在分化派生的過程中，如同詞義的引申一樣，可以從本義以輻射的方式向各個方向派生分化。		

焱部

焱			說文	火華也。从三火。凡焱之屬皆从焱。	許慎 說文解字	
焱			甲骨	從三火。《集韻》同煬，煬是燒的意思。	王輝 殷人火祭說 四川大學學報叢刊 古文字研究論文集 1982年10輯	34639
焱			甲骨	從三火，示焚燒。卜辭習言“焱羌”，即焚羌人以祭。	朱歧祥 殷墟甲骨文字通釋稿	34640
焱			甲骨	卜辭焱似爲地名。	姚孝遂 甲骨文字詁林 第二冊 按語	34641
熒			說文	屋下鐙燭之光。从焱、冂。	許慎 說文解字	
熒		𤇾	金文	冂象屋形，屋上二火象其光。	林義光 文源	34642
熒			金文	以字形言當釋“𤇾”，而字書無此字。當收此字作“熒”，至“滎”乃從木，𤇾聲，非此字也。	李孝定 金文詁林讀後記 卷六	34644
熒			璽印	段氏注《說文解字》說，熒澤、熒陽。古無作滎者。《史記》、《漢書》、《水經注》皆宋開寶後淺人竄改。今得熒陽丞封泥，熒字從火不從水，可佐證段說。	羅福頤 封泥證史録舉隅 古文字研究 1985年11輯	34645
燊			說文	盛皃。从焱在木上。讀若《詩》“莘莘征夫”。一曰役也。	許慎 說文解字	
燊			甲骨	火在木上，疑即許書燊字，此從一火迺焱省。本辭爲地名。	葉玉森 殷虛書契前編集釋 卷二	34646

炙部

炙	 籀文	鍊	説文	炮肉也。从肉在火上。凡炙之屬皆从炙。鍊籀文。	許慎　説文解字	
炙			漢簡	簡文“以劦（脅）炙”，蓋以豕肋肉炙之也。其以劦“脅”炙之，蓋肉較薄，炙之易熟也。	金祥恒 長沙漢簡零釋 中國文字 1972 年	34650
炙		腴	金文	炙，原作腴，上從兩肉，古文字偏旁往往單雙無别，炙本是烹飪法的一種，義同烤。	曹錦炎 紹興坡塘出土徐器銘文及其相關問題 文物 1984 年 1 期	34651
燔			説文	宗廟火孰肉。从炙番聲。《春秋傳》曰：“天子有事燔焉，以饋同姓諸矦。”	許慎　説文解字	
爒			説文	炙也。从炙尞聲。讀若䉒燎。	許慎　説文解字	

赤部

赤	 古文	烾	說文	南方色也。从大从火。凡赤之屬皆从赤。烾古文从炎、土。	許慎　說文解字	
赤		灻	甲骨	當爲“炎”字。下所從即火形圜也。	孫詒讓 契文舉例卷下	34654
赤			甲骨	古赤字。許說南方色也，從大從火。	王襄 簠室殷契類纂 正編卷十	34655
赤			甲骨	卜辭屢見赤，從大從火，與《說文》同。然亦有從天者。天大同取象於人之形，乃可通用，是知赤字可從天。	孫海波 卜辭文字小記讀 考古社刊 1935 年 12 月	34656
赤	 頌鼎		金文	字從大火會意，應入火部，從炎土之字金文未見。	高鴻縉 中國字例四篇	36237
赤	 頌鼎		金文	金文之赤從大、火，《說文》古文從炎、土，土，火之譌，炎乃大之譌。	金祥恒 釋赤與幽 中國文字 1962 年 6 月	36238
赤			甲骨	南方色也自非赤之本義。赤色火色也。大火之色赤，𢆶火之色黝，故赤從大火與幽同爲會意。馬氏爲從火，大聲，爲形聲，則非是。赤爲朱色之深。	金祥恒 釋赤與幽 中國文字 1962 年 6 月	34660
赤			甲骨	契文亦從大從火。古文作烾。蓋形之譌。卜辭赤亦爲顏色之名。言“赤馬”、“赤”，均言牲色是也。	李孝定 甲骨文字集釋 卷十	34659
赤			甲骨	赤，自甲文至小篆，結體未變。《說文》訓稱殆非造字之初義，經造字之初義，蓋取以火燒人之象。殆爲古時刑罰之一歟？否則，何以從大從火？且大在火上。	白玉峥 契文舉例校讀典禮篇 中國文字 1974 年	34661

赤			甲骨	赤的本義爲焚人。卜辭之“赤馬”就是焚馬以祭。這是赤的引申義。《説文》赤的説解。顯然是錯誤的。	王輝 殷人火祭説 四川大學學報叢刊 古文字研究論文集 1982 年 10 輯	34662
赤				甲骨文作,金文古鉨同篆文，此從土者，土經重火無不赤也。	商承祚 説文中之古文考	42334
赤			甲骨	從大置於火上。隸作赤。即烄字。焚人以祭。	朱歧祥 殷墟甲骨文字通釋稿	34663
赤			金文	“赤金”，純銅。	李學勤 論應國墓地出土的匍盉 平頂山師專學報 1999 年 1 期	15657
赤			甲骨	以大、火會意。本義爲殷商時期焚人祭天以祈雨，顏色義純屬假借。	張學城 釋“赤” 内蒙古民族大學學報（社會科學版） 2002 年 4 期	15792
赨			説文	赤色也。从赤，蟲省聲。	許慎　説文解字	
赧			説文	日出之赤。从赤，㱿省聲。	許慎　説文解字	
赧			説文	面慙赤也。从赤𠬪聲。周失天下於赧王。	許慎　説文解字	
經	  或體  或體	赤丁 赬	説文	赤色也。从赤巠聲。《詩》曰：“魴魚經尾。”䞓或从丁。赬經或从貞。	許慎　説文解字	
浾	  或體	泟	説文	經，棠棗之汁，或从水。泟浾或从正。	許慎　説文解字	
赭			説文	赤土也。从赤者聲。	許慎　説文解字	
赭	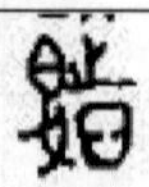		楚簡	此字當指一種顏色，即“赭”之異體。	湖北省文物考古研究所 望山楚簡 二號墓竹簡考釋	42335
䞘			説文	赤色也。从赤䡛聲。讀若浣。	許慎　説文解字	
赫			説文	火赤皃。从二赤。	許慎　説文解字	

赫			甲骨	赫之變體皆從大從二火。或從二火之變體。與許書之赤義同。疑奭赫醜古均同誼，故相通叚。赫有儔類之義，猶後世之妃匹也。	王襄 簠室殷契徵文考釋 帝系	34674
赫			甲骨	羅謂奭從皕乃從炏之訛，[illegible]即召公名之奭，說至確。羅既釋爲奭，又釋爲赫。奭赫同游盛大之訓。奭赫古雖同誼通叚。似不可以爲一字。至謂《說文解字》赫從二赤。此省二大爲一云云。尤未允也。	陳邦懷 殷虚書契考釋小箋	34673
赫			甲骨	《說文》赫從二赤，此從大從二火，省二大爲一。此字即召公名之奭。奭從皕，乃從炏之訛，卜辭有妃義。	羅振玉 增訂殷虛書契考釋 卷中	34672
赩			說文	大赤也。从赤、色，色亦聲。	許慎　說文解字	
赮			說文	赤色也。从赤叚聲。	許慎　說文解字	

大部

大			説文	天大，地大，人亦大。故大象人形。古文大（他達切）也。凡大之屬皆从大。	許慎　説文解字	
大			金文	《説文》籒文大部實爲“大”之俗體，當附入大部，不應分立爲部首。	何大定 説文部首删正 史語所研究院文科研究所集刊	36241
大			金文	“人”像側立，“大”像正立。古作象軀體碩大之形。古今相承以爲大小之大。惟爲偏旁或與人同義。	林義光 文源	34678
大	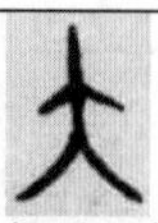 師毛父簋		金文	太室者，廟中之室。言太以别於其次者。	薛尚功 歷代鐘鼎彝器款識法帖 卷十四 師毛父敦	34677
大			金文	“大”象人體正視形也，或重繁文，省作夳、太。	高田忠周 説文古籒篇 卷三十九	36240
大				大人大丈夫之謂也。轉爲凡物大事之偁。	高田忠周 古籒篇 卷三十九	34679
大			甲骨	大邑商即周書多士之天邑商。古文大、天形近易訛。猶卜辭之大乙史記殷本紀作天乙。	葉玉森 殷虚書契前編集釋 卷三	20492
大	 夻爵	夻	金文	玗，金文省作“于”，即雩之本字。又用爲吁，此銘“大于”即夏旱祭之大雩也。	商承祚 十二家吉金文圖録	36256
大			甲骨	象人正立之形。商人於最初先王之不同名者，尊之曰大。大之初義，爲先祖之最尊者，用之於直系，故曰大宗。	明義士 柏根氏舊藏甲骨文字考釋	34681
大			甲骨	大假爲達，達從羍聲。羍從大聲。又達或作达，正從大耳。	郭沫若 殷契粹編	34680
大			金文	金文中唯見大師大保。無大傅。此蓋古代政教合一之制度。郭氏謂銘中大保即召公奭，殆亦可能。	斯維至 兩周金文所見職官考 中國文化研究匯刊第七卷 1947 年	34686

大			甲骨	大與逮音近，大假爲逮耳。	楊樹達 積微居甲文説 釋大	34684
大	 不其簋		金文	大脜二字相連，當爲一個名詞，是楚國職官名。	殷滌非 安徽壽縣新發現的銅牛 文物 1959 年 4 期	36243
大				應是人之初文。本意爲人。其所以借用爲大小之大者，即所謂天大地大人亦大也。此字久而爲借意所專，乃另造側面人。	高鴻縉 中國字例二篇	34685
大			甲骨	大象人正面立形。象正面人形者自來均釋爲天。以犇字形體知稱“天”的那個形體亦即大之初文。故卜辭“大邑商”亦作“天邑商”，其原本一字。	嚴一萍 釋大 中國文字	34687
大				前者像人形，後者像蓋形。凡物蓋在上面，必大於下。	譚戒甫 中國古代文字的哲學觀 中國哲學 2 輯	34690
大			金文	“大”字像人正面之形，文字偏旁從“大”者亦多用此意。而獨立之“大”則爲“小大”義，高田中周、高鴻縉均以爲假借。似不能以假。	李孝定 金文詁林讀後記 卷六	34688
大			楚簡	大事，《吕氏春秋・二月紀》高注：“兵戈征伐也。”《易・小過》“不可大事”，當與此義同。《吕氏春秋・四月紀》：是月也，“無起土功，無發大衆，無伐大樹。”出兵須發大衆，此言“無發”，與帛書言“不可以作大事”義合。	曹錦炎 楚帛書《月令》篇考釋 江漢考古 1985 年 1 期	10150
大			甲骨	甲骨文大、仸、达即今語至也，及也。嚴一萍認爲大是方國名，其説可商也。	金祥恒 釋大仸达 中國文字 1991 年	34689
大	 郭/語叢三/60		楚簡	此字可能是“内”。	彭浩、劉祖信、王傳富 郭店楚墓竹簡	9478
大	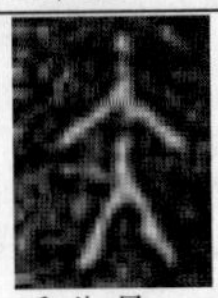 毛公鼎		金文	“小大”即“大小”。古人叙事用語習慣先小後大。	胡性初 論毛公鼎銘文的修辭藝術 廣東教育學院學報 2000 年 5 期	15643

大	 郭/成之聞之/38		楚簡	大夏，應讀“大雅”。	何琳儀 郭店竹簡選釋 簡帛研究 2001 年	8609
大	 上一/孔子詩論/2		楚簡	即大夏，今本《毛詩·大雅》編名。	馬承源 上海博物館藏戰國楚竹書 第一册 孔子詩論	10801
大	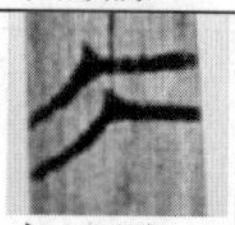 上一/孔子詩論/3		楚簡	“大”字也同樣當屬上讀，於句型、於當時人對於《詩》的看法皆甚相切合。	俞志慧 《孔子詩論》五題 上博館藏戰國楚竹書研究 2002 年	10844
大	 上二/魯邦大旱/1		楚簡	大旱發生於魯哀公時。簡辭所云的大旱之災發生在十五年夏秋時，内容可補《經》、《傳》之不足。	馬承源 上海博物館藏戰國楚竹書 第二册 魯邦大旱	12958
大	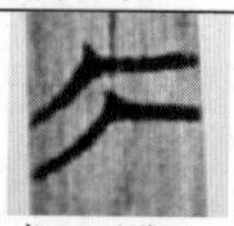 上一/孔子詩論/3		楚簡	“大”用作動詞。	龐樸 上博藏簡零箋 上博館藏戰國楚竹書研究 2002 年	10845
大	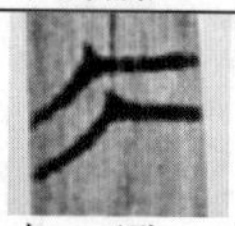 上一/孔子詩論/3		楚簡	“大”字也同樣當屬上讀，於句型、於當時人對於《詩》的看法皆甚相切合。	俞志慧 《孔子詩論》五題 上博館藏戰國楚竹書研究 2002 年	5378
大			甲骨	具有從原始男性生殖崇拜歷史地轉遞的哲學、美學的本體意蘊。	王振复、鄔元華 甲骨文字原始人文意識考釋 學術月刊 2003 年 5 期	15951
大	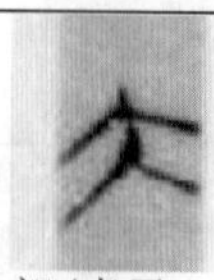 郭/老子甲/14		楚簡	此後稍停頓，爲“大，小之”，與天地萬物相比，自己還是很渺小的。	聶中慶、李定 郭店楚簡《老子》校讀劄記之一 古籍整理研究學刊 2003 年 3 期	7354
大	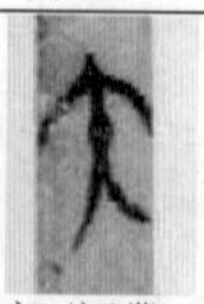 郭/語叢三/60		楚簡	釋内，讀爲納。	劉釗 郭店楚簡校釋	9479

大	 散氏盤		金文	大沽，大湖。	連劭名 金文所見西周時代的刑典 華夏考古2003年1月	15464
大			金文	大盧，部族名。	黄錫全 士山盤銘文别釋 中國歷史文物2003年2月	15537
大	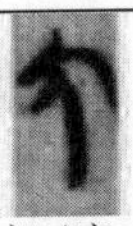 郭/唐虞之道/7	免	楚簡	應釋爲“大”。“免”字上部表示冠冕的部分往往比較誇張，左右兩筆均衡地向外鼓出。與此字或多或少存在一定差異，并不大相同。另一方面，楚簡中“大”字有時卻與“免”類似。釋“大”則文意通順，且與其對文“至”照應。	陳偉 郭店竹書《唐虞之道》校釋 江漢考古2003年2月	13816
大	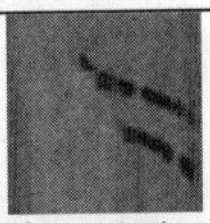 上三/亙先/1		楚簡	太：原作“大”。“大”通“太”。義爲極、至。	廖名春 上博藏楚竹書《恆先》簡釋 簡帛研究網 2004年4月19日	1573
大	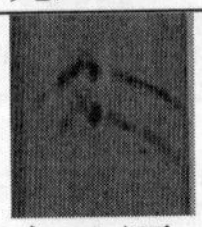 上三/亙先/1		楚簡	三個“大”字，李學勤、廖名春釋爲“太”，其實不必。此二字可互通。	郭齊勇 《恒先》——道法家形名思想的佚篇 簡帛研究網 2004年5月8日	1600
大	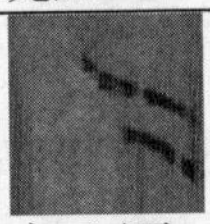 上三/亙先/1		楚簡	道家文獻凡在某一詞語前加一“大”字，大都是超越的意思。	劉信芳 上博藏竹書《恒先》試解 簡帛研究網 2004年5月16日	2285
大	 上四/逸詩—交交鳴鶩/4		楚簡	《書·無逸》：“至於小大。”孔疏引鄭云：“小大，謂萬人，上及君臣。”《魯頌·泮水》：“無小無大，從公於邁。”鄭箋：“臣無尊卑，皆從君而來。”是小大爲尊卑之臣。	秦樺林 楚簡佚詩《交交鳴鶩》劄記 簡帛研究網 2005年2月20日	3831
大	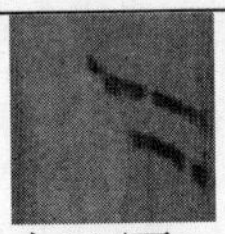 上三/亙先/1		楚簡	大：讀爲太，極也，至也，大之極致。“太”在古文中通作“大”。	趙建功 《恒先》易解（上） 簡帛研究網 2005年1月26日	2725
大	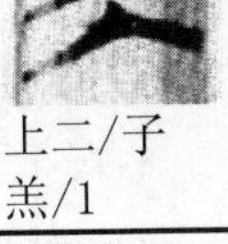 上二/子羔/1		楚簡	小大，指尊卑。	白於藍 讀上博簡（二）劄記 江漢考古2005年4期	14098

大	 上三/亙先/1		楚簡	三"大"字，很也，非常也，包含了至極之義。一説讀爲"太"，至、極也。"太"，古字常寫作"大"，"大"、"太"相通。這裏疑讀如字，更切合文意。	丁四新 楚簡《恆先》章句釋義 簡帛網 2005年12月30日	1674
大	 包/卜筮/210		楚簡	"太"字。其"示"旁爲神名標誌。"太"，即楚人所祀"太一"，是至上神，所主爲何星尚有待進一步研究，以太白、太歲的可能性爲最大。"蝕太"應是指太一所居之星隱而未見。	劉信芳 包山楚簡神名與《九歌》神祇 文學遺産 1993年5期	1121
奎			説文	兩髀之閒。从大圭聲。	許慎　説文解字	
奎	 師奎父鼎	⿱大玉	金文	字從大從玉或即古奎字。	柯昌濟 韡華閣集古録跋尾甲篇 第一二九頁	36270
奎			金文	奎同魁。正奎宫，當爲中山朝會之所，政令所自出，故曰正奎。	徐中舒、伍仕謙 中山三器釋文及宫室圖説明 中國史研究 1979年4期	34693
夾			説文	持也。从大俠二人。	許慎　説文解字	
夾			金文	象二人相向夾一人之形。	林義光 文源	34694
夾	 大盂鼎		金文	吴大澂云，"夾死"謂夾輔其主也。在左右曰夾。	高田忠周 説文古籀篇 卷三十九	36247
夾	 大盂鼎		金文	夾字從大，從二人在亦下，與夾別。	高田忠周 説文古籀篇 卷三十九	36248
夾			甲骨	夾二人爲夾，夾一人亦爲夾也。	郭沫若 卜辭通纂	34697
夾			金文	余舊釋夾，謂從大，像人形兩腋下所夾之物。可任意狀之而夾意自顯。夾輔也，在旁也，並有妃意。新出夨彝有辭，釋夾，謂夾輔左右也。郭氏謂假作敏，似非。	葉玉森 殷虛書契前編集釋 卷一	34696
夾			甲骨	"大"者君也，二"人"者佐輔右弼也。持之意，當屬二人，不應屬大。應從二人持大（人）會意。	高鴻縉 中國字例四篇	34700

夾			甲骨	字象一人或二人在大亦下。有夾持之意。	李孝定 甲骨文字集釋 卷十	34701
夾			甲骨	夾於卜辭有二義。夫夾義爲輔爲近。夾之第二義爲方名。	魯實先 殷契新詮 卷一 釋夾	34699
夾			金文	此從大夾二人，當訓持之夾。“夾”自訓夾輔，似不得與夾“死”連文也。	李孝定 金文詁林讀後記 卷十	34702
夾			楚簡	或釋爲亦。這裏應讀爲“兼”，謂可以出師、築邑則不可嫁女、取臣妾，二事不可兼而得之。	李零 長沙子彈庫戰國楚帛書研究	2271
夾			楚簡	“不亦得”，乃就“臣妾”爲說。	曹錦炎 楚帛書《月令》篇考釋 江漢考古 1985 年 1 期	10132
夾			楚簡	舊釋“亦”，應釋“夾”。	何琳儀 長沙帛書通釋 江漢考古 1986 年 1、2 期	10133
夾	 上三/周易/27		楚簡	同“輔夾”。“夾”，今本作“頰”。	濮茅左 上海博物館藏戰國楚竹書 第三册 周易	13646
奄			説文	覆也。大有餘也。又，欠也。从大从申。申，展也。	許慎　説文解字	
奄			金文	從申從大，乃古文奄。覆也。鼎鼏之謂。	徐同柏 從古堂款識學 卷八 周應公鼎	34704
奄	 應公鼎		金文	徐同柏以爲從申從大，乃古文奄。	吴式芬 攈古録金文 卷二之二	36252
奄			金文	徐説字形是也，解字義甚非。奄本義爲人長大也。轉爲姿容閒雅綏綽有餘裕義。又爲凡大有義。故又復轉爲覆也。或云訓覆義者假借爲弇。	高田忠周 説文古籀篇 卷三十九	34705
奄			金文	《説文》無庵字，許君蓋一奄爲庵，故訓覆，引申爲大，爲久。至奄即金文此字，本作黿，從大從黽，乃國族名，省變爲奄，又加邑作郁。郭氏知從大從黽爲氏族，此其特識，突過前人，至讀爲“天黿”二字，則尚無確證。孫氏讀爲“大黽”，引谷名爲證，亦近牽合，故亦不敢苟同。	聞一多 釋 中國文字	34707

奄	 邢人鐘	疐	金文	爲奄字變體。	孫詒讓 古籀餘論卷三 邢人鐘	42758
夸			説文	奢也。从大于聲。	許慎 説文解字	
夸	 夸爵		金文	余疑此即夸字，蓋制器人之名也。	楊樹達 積微居金文説 夸爵跋	36257
夸	 夸爵	夸	金文	字所從的扜，商氏釋爲于，是也，而謂“雩”之本字，則非。爲竽之象形，竽爲管樂，字則銷其曲管。字上從大，楊樹達釋“夸”，是也。	李孝定 金文詁林讀後記 卷十	34713
夸			甲骨	象人跨欄皃，即夸之本字。俗作跨，渡也。見於第四期卜辭，用爲人名“子夸”。	朱歧祥 殷墟甲骨文字通釋稿	34714
夸			楚簡	選堂先生謂此字似從大從亏，可能爲夸字。夸步釋爲大步，義亦通。	曾憲通 長沙楚帛書文字編	34715
夸				“夸父”得名於“規矩”，或者説，夸父就是規矩的轉語。	臧克和 《説文解字》中的“夸父” 學術研究 1995 年 5 期	34716
夸	 焂戒鼎		金文	此鼎銘夸字中間從木，或爲夸之繁，今讀如夸，夸有大義。夸比就是大比，主持比較六師治理的優長名次。	陳佩芬 釋焂戒鼎 第三屆國際中國古文字學研討會論文集 1997 年 10 月	16179
查			説文	奢查也。从大亘聲。	許慎 説文解字	
㚌			説文	㚌，大也。从大瓜聲。	許慎 説文解字	
奯			説文	空大也。从大歲聲。讀若《詩》“施罟泧泧”。	許慎 説文解字	
戴	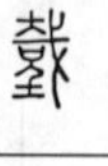		説文	大也。从大𢦏聲。讀若《詩》“戴戴大猷”。	許慎 説文解字	
奅			説文	大也。从大卯聲。	許慎 説文解字	
会	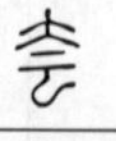		説文	大也。从大云聲。	許慎 説文解字	
奃			説文	大也。从大氏聲。讀若氏。	許慎 説文解字	

⿱大介			説文	大也。从大介聲。讀若蓋。	許慎　説文解字	
⿱大此			説文	瞋大也。从大此聲。	許慎　説文解字	
⿱大弗			説文	大也。从大弗聲。讀若“予違，汝弼”。	許慎　説文解字	
⿱大屯			説文	大也。从大屯聲。讀若鶉。	許慎　説文解字	
契			説文	大約也。从大从㓞。《易》曰：“後代聖人易之以書契。”	許慎　説文解字	
契	 杕氏壺		金文	即契字，此假爲挈。挈，瓶也。	郭沫若　兩周金文辭大系圖録考釋　杕氏壺	34729
契	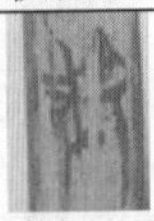 上五/君子爲禮/14		楚簡	“與”字原釋爲“契”，以爲商之始祖。但“契”在簡文中夾在禹與舜之間，頗爲突兀。細審原簡，實爲“與”字，簡 15“與”同之。“與舜……”當是與“禹”作比較後再與“舜”作比較。	何有祖　上博五《君子爲禮》試讀　簡帛網 2006 年 2 月 19 日	4896
夷			説文	平也。从大从弓。東方之人也。	許慎　説文解字	
夷	 曾伯霥簠	尸	金文	夷古文作𡰥，此尸即𡰥之省。	徐同柏　從古堂款識學　卷二　周曾伯霥簠	45085
夷			金文	漢淮夷，夷字舊釋人，迺尸字。古文夷從尸從二，此省二。	劉心源　古文審　卷六	34731
夷			金文	古夷字即今之尸字也。古尸字即今之死字也。	吴大澂　字説　夷字説	34730
夷			金文	夷，即遲之本字，象人被絆之形，與後退久同意。	林義光　文源	36259
夷			金文	夷從大，大人也。夷俗仁，仁者壽。字元從大從尸。尸即𡰥之省。	高田忠周　説文古籀篇　卷三十九	34733
夷	 沈子簋		金文	淵、夷與衣對文，亦當爲國族之名。	郭沫若　兩周金文辭大系圖録考釋　沈子簋	34737
夷	 小臣守簋		金文	以上皆夷字。與蠻夷之“夷”截然兩字，與“弟”字爲一字，而蠻夷之“夷”與尸爲一字。蠻夷之“夷”實當爲“尸”字。夷之本義爲鐵鑄之矢，引申爲傷。	吴其昌　金文名象疏證	34734

夷	 兮甲盤		金文	强氏定爲人字。今考定當從吴清卿説，以爲古文夷字。	周名煇 新定説文古籀考 卷下	34744
夷				在商朝時候，“人”的寫法與夷的寫法没有什麽分别，故甲骨文中人方也可以認作夷方。到了周代，把夷寫作俯伏乞憐或箕踞放肆的形象。	李濟 跪坐蹲居與箕踞 “中央研究院”歷史語言研究集刊 1954 年 24 輯	34741
夷			金文	金文此字皆不從弓，乃取鳥之具，其音本與弋同，故後起字從隹弋聲作雉。鼎文作此者，蓋做器者以作取鳥之具爲業，或以取鳥爲業者也。	馬叙倫 讀金器刻詞 卷上	34736
夷			金文	夷字所從非弓，實是甲文于所從右旁之反形。	譚戒甫 考古 1963 年 12 期	36263
夷			金文	夷有平義，平則安於行。	商承祚 戰國楚帛書述略 文物 1964 年 9 期	34739
夷	 	弜	甲骨	從弓從大，《説文》所無，疑爲夷之古文。	李孝定 甲骨文字集釋 卷二	26802
夷				此數夷字下部呈彎曲狀如弓形，以示和人字區别，含有弓的意象。夷是持弓或負弓的人。夷字從先殷金文、甲骨文、周金文楷書，都離不開弓，凡是離開弓的夷，那是簡化了的。所以《説文》謂夷，從大從弓，東夷之人也。	田倩君 釋夷 中國文字	34740
夷			甲骨	據腹甲西方風曰“夷”，知該字爲夷之反寫，蓋一象人之側面，一象人之正面。	嚴一萍 卜辭四方風新義 大陸雜誌 1957 年	34738
夷		尸	金文	像人高坐形，古人用此爲夷狄字，蓋謂其高坐，與中土殊也。	李孝定 金文詁林讀後記 卷十	34743
夷		尸	甲骨	卜辭中的夷表示方國名稱外，還可以表示祭名。	李義、趙世超 甲骨文字補釋四則 考古與文物 1990 年 8 期	34745
夷			甲骨	從矢從己，後變爲從弓。東夷部落的族稱，“尸”的借用字。本音出自於東夷民族的最高圖騰——燕的方音古稱。	張富祥 説“夷” 淄博學院學報（社會科學版）1997 年 3 期	15808

夷	 上三/周易/51	𡰥	楚簡	同“夷”。	濮茅左 上海博物館藏戰國楚竹書 第三册 周易	13858
夷	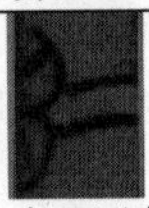 上五/鬼神之明/3	𡰥	楚簡	古文“夷”。鴟夷，革囊。	曹錦炎 上海博物館藏戰國楚竹書 第五册 鬼神之明	1436
太			金文	古埍文太字如此，晚周變體也。古文通作大，大下重文。	吴大澂 説文古籀補 卷十一	24224
太	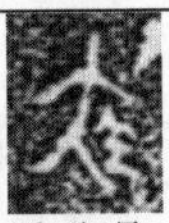 毛公鼎	疾	金文	或釋疾，非。《説文》泰古文作[illegible]，從大從二。古文凡重出字連書者，下一字往往省作二，謂二即上一字也。古文泰蓋本是絫二大字爲之。大而又大，故曰泰。今寫太字大下加一點，即[illegible]省也。叔夷鎛從絫大不省。	劉心源 奇觚室吉金文述 卷二 毛公鼎	44884
太			楚簡	太一，在此爲道的代稱。	彭浩、劉祖信、王傳富 郭店楚墓竹簡	7128
太			楚簡	指天地形成前的原始狀態。	陳偉 郭店竹書别釋	7129
太			金文	太室者廟中之室，言太以别其次者。	薛尚功 歷代鐘鼎彝器款識法帖 卷十四	36245
[illegible]	 匯/望一劄記/57		楚簡	是與禱的對象。亦見第八五簡。甲骨文中有此字，爲貞人名。或釋作扶。	商承祚 戰國楚竹簡匯編 望山一號楚墓竹簡疾病雜事劄記	10375
[illegible]			甲骨	從大從天，天字卜辭亦用作大，但偶作“顛頂”之義則讀作天。故于省吾云像一人騎在另一人頭上。疑爲神祇名。	徐中舒 甲骨文字典 卷十	16281
杏				人名，地名。	張秉權 甲骨文中所見人地同名考《慶祝李濟先生七十歲論文集》下 1967年	31983
杏				遠離也；方國名。	徐中舒 甲骨文字典 卷十	31985
[illegible]			甲骨	卜辭該字均象矢箭射向人之形。本義似爲人受外傷。卜辭用爲副	趙誠 甲骨文虚詞探索 古文字研究 1986年15輯	17564

				詞，表示急速、趕快之義。該字用爲副詞，只是借音字。如果當時的人們認爲被矢射傷包含有急速之義，則該字用爲副詞爲本義之引申。		
奭			甲骨	變形甚多，卜辭多用於祖妣之間變例或在祖妣之末，疑意爲匹配比偶。	孫海波　甲骨文編	18164
⿱大豕			甲骨	卜辭數見，並從大從豕，非從羊，不能認爲羍字。又《藏龜拾遺》十三頁有一上“大”下“豕”形體，象一大人騎豕，疑與⿱大豕同字。	葉玉森　殷虚書契前編集釋　卷四	18361
⿱大豕			甲骨	⿱大豕，人名，武丁時期的一員武將。	考古所　小屯南地甲骨考釋	18413
⿱良大			甲骨	卜辭地名。似從良聲，本義未詳。	唐蘭　殷虚文字記釋良狼⿱良大	17117
⿻大火火				從大從二火。大爲義符。表音之二火寫法不一，難以據此求其本音。從卜辭語氣看，此字指王配而言；該字音讀若母，通假音讀爲“輔”或“甫”。	丁驌　説⿻大火火　中國文字 1981 年 12 月	17199
⿱聑大	 商婦婛⿱聑大 銅甗		金文	象一人頭生長髮面帶鬍須，頭上作相對二耳狀。我們認爲象徵着從俘獲的敵人身上割下來的雙耳（戰利品）。因此，該字是一個能征善戰的始祖的標誌。	石志廉　商婦婛⿱聑大銅甗　文物 1980 年 12 期	16946
鶡	 包/文書 /88		楚簡	應釋“鶡”。	何琳儀　包山竹簡選釋　江漢考古 1993 年 4 期	2533
⿱聑大	 郭/緇衣 /45		楚簡	裘按：此字從“聑”聲，“聑”、“攝”古音相近。	彭浩、劉祖信、王傳富　郭店楚墓竹簡	7659

亦部

亦			説文	人之臂亦也。从大，象兩亦之形。凡亦之屬皆从亦。	許慎　説文解字	
亦	 效卣		金文	潡秋館藏召圜一器，銘文有“休異”，與此器“揚公休亦”略同，疑“休異”、“休亦”一音之轉。	李棪 金文選讀 第一輯序論	36278
亦	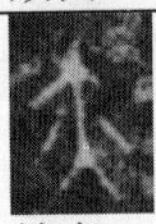 效卣		金文	亦其，其也，亦乃語助詞，無意義。	郭沫若 兩周金文詞大系圖録考釋	36275
亦			甲骨	愚謂：亦者，又也，又者，一事再見之辭也。	楊樹達 積微居甲文説 釋亦	34749
亦			金文	亦即古腋字，從大，以兩點指明其部位，指事字。	高鴻縉 中國字例三篇	36276
亦			甲骨	大象人正立之形。下兩點表示兩亦之所在。於六書爲指事。其用爲重累之辭者，叚借也。	李孝定 甲骨文字集釋 卷十	34750
亦			金文	殆“亦”字或體也。	林清源 兩周青銅句兵銘文匯考	34751
亦			甲骨	從大，兩點示人之二腋，即亦字。唯卜辭亦字屬語詞，所用非本義。	朱歧祥 殷墟甲骨文字通釋稿	34753
亦	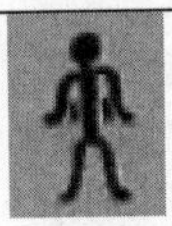		金文	亦戈，僅此一字。當爲該戈主人的名字。從銅戈銘文與卜辭内容分析，當是商王一位先祖的名字。	高明 “圖形文字”即漢字古體説 第二屆國際中國文字學研討會論文集 1993 年 10 月	34754
亦			金文	“腋”之初文，象正面直立的成年人，兩點指示腋下的部位。	張再興 西周金文構字元素的形體變化及其影響 瓊州大學學報 2002 年 1 月	15383
亦	 上二/容成氏/45		楚簡	尃亦，即“溥夜”，猶言徹夜。	李零 上海博物館藏戰國楚竹書 第二册 容成氏	12551

亦	 郭/五行/38		楚簡	讀爲赦，秦漢時期赦字多有從亦者。	劉釗 郭店楚簡校釋	8052
亦			金文	“今女亦既又節誓”，“亦”義同於“又”。	連劭名 金文所見西周時代的刑典 華夏考古 2003 年 1 月	15445
亦	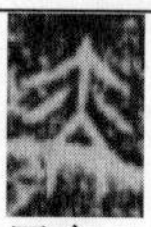 甲合 12487		甲骨	不是連詞。甲骨刻辭中“亦”除了爲神名、地名外，均是副詞。	楊逢彬 論殷墟甲骨刻辭中不能肯定存在連詞 古漢語研究 2003 年 3 期	15895
亦	 上四/曹沫之陳/63		楚簡	“火”字原誤釋爲“亦”。“毋火食”即君“自過”措施之一。	陳劍 上博竹書《曹沫之陳》新編釋文（稿） 簡帛研究網 2005 年 2 月 12 日	2071
亦	 上五/鮑叔牙與隰朋之諫/8	内	楚簡	原簡“亦”兩見，第一個“亦”原釋爲“内（入）”，細審原簡，實爲“亦”。	何有祖 上博五《鮑叔牙與隰朋之諫》試讀 簡帛網 2006 年 2 月 19 日	4923
亦	 上五/君子爲禮/14	非	楚簡	“亦”，原釋爲“非”。看原簡，應是“亦”字。	何有祖 上博五《君子爲禮》試讀 簡帛網 2006 年 2 月 19 日	4900
夾			説文	盗竊褱物也。从亦，有所持。俗謂蔽人俾夾是也。弘農陜字从此。	許慎 説文解字	
夾	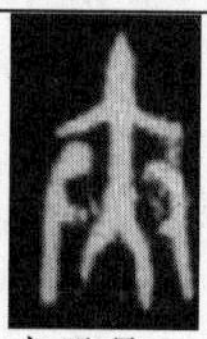 大盂鼎	夾	金文	《説文》夾，從亦，有所持，此與《説文》同，夾正文。	吴寶煒 南公鼎文釋考	36249
夾		夾	金文	字從亦，有所持，指事字，動詞。	高鴻縉 中國字例三篇	36250

夨部

夨			説文	傾頭也。从大，象形。凡夨之屬皆从夨。	許慎　説文解字	
夨	 散盤		金文	此爲夨，象西夷椎結之狀。	吴大澂 説文古籀補 附録	36281
夨		夭	金文	許印林説，當是夭。	吴式芬 攟古録金文 卷一之一 仄鼎	34756
夨	 散氏盤		金文	夨非地即姓也。	劉心源 奇觚室吉金文述 卷八 夨人盤	34759
夨	 散氏盤	矢	金文	《説文》夨，傾頭也。從大。象形。按大象人形。古作 。	林義光 文源	34764
夨				傾頭也。從大象形。經傳皆以側以仄爲之。夨字遂廢矣。	高田忠周 古籀篇 卷三十九	34760
夨				釋者謂即吳字。蓋吳之初文本大字。象形。	柳詒徵 説吳 史學與地學 1926 年 1 期	34765
夨			甲骨	《説文》夨，傾頭也。此象傾頭形。	羅振玉 增訂殷虚書契考釋 卷上	34761
夨	 散伯簋		金文	夨、散二國名。	王國維 毛公鼎銘考釋 王國維遺書 第六册 1983 年	34763
夨		吳	甲骨	余謂乃《説文》古文吳字。	郭沫若 卜辭通纂	34767
夨		夭	金文	此文自是夭字。	方濬益 綴遺齋彝器款識考釋 卷五 夭鼎	34757
夨		夭	甲骨	此字羅釋夨。夨夭是無别的。都象人頭傾側之貌。今因右傾者居多。故定爲夭字。	陳夢家 殷虛卜辭綜述	34766
夨			甲骨	字從大而傾其頭，故有傾側之意。夨，仄也。此亦變文。虛實相比。會意。非象形狀語。	高鴻縉 中國字例四篇	34770

夨			甲骨	早期商朝有夨文，正象人傾頭之形，當即夨之初文。甲骨文之夨同見於一版，故知傾頭左右無別。在卜辭爲先王名（王夨）或爲地名。	嚴一萍 釋夨 中國文字	34772
夨	 夨鼎		金文	皆從大而傾其首。尋夭影紐。夨照紐。同爲清破裂音。非謂頭傾於左。	馬叙倫 讀金器刻詞 卷中	34769
夨				《説文》夨矢，傾頭也。此正像傾頭之形。羅稱矢可從。	李孝定 甲骨文字集釋 卷十	34771
夨			金文	容庚説夨象頭之動作，夭象手之動作，此爲夨字。按容説至確。	周法高主編 金文詁林 卷十三	34773
夨	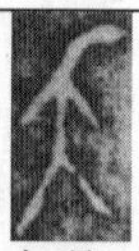 夨鼎		金文	夭與夨韻部聲紐皆不通，馬叙倫方音異讀説非是。	林潔明、周法高主編 金文詁林 卷十	36289
夨			金文	疑是夨的異體，假借爲“則”。此處“邵夨”疑當讀爲“紹則”或“昭則”。	朱德熙 平山中山王墓銅器銘文的初步研究 文物 1979 年 1 期	34778
夨				當稱爲夨。此處作“則”字解。	徐中舒、伍仕謙 中山三器釋文及宫室圖説明 中國史研究 1979 年 4 期	34774
夨	 宜侯夨簋		金文	夨地在汧隴一帶。夨國不是吴國。	尹盛平 西周的強國與太伯、仲雍奔“荆蛮” 陝西省文博考古科研成果彙報會論文選集 1981 年	34776
夨			金文	古夨國是一個不見於經籍的小國。有人推測夨國在今咸陽地區的興平一帶。	盧連成 古夨國遺址墓地調查記 文物 1982 年	34777
夨				此字之特徵，在頭部之傾仄，若夭字則爲手之上下、前後相反枝出。	彭静中 金文新釋（九則） 四川大學學報 1983 年 1 期	34775
夨			金文	夨、側義别。其后皆用“側”字，於是“側”行而“夨”廢。	陳奇猷 北趙晋侯墓出土叔夨方鼎銘文研究 古籍整理研究學刊 2004 年 1 月	15551
奊			説文	頭傾也。从夨吉聲。讀若孑。	許慎　説文解字	

奊			説文	頭衺、骫奊態也。从矢圭聲。	許慎　説文解字	
吳	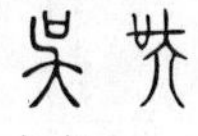 古文	[illegible]	説文	姓也。亦郡也。一曰吳，大言也。从矢、口。[illegible]古文如此。	許慎　説文解字	
吳			金文	吳，古虞字。	阮元 積古齋鐘鼎彝器款識 卷六 師酉簋	36290
吳			金文	歡娛之娛，並與吳同音。實皆以吳爲古文。經傳或以虞爲之。	林義光 文源	34783
吳				大言爲本義。大言者。所謂荒唐不稽之言。其言不正。故從口從夨。會意。其爲人姓爲郡名。即叚託名幖識者也。	高田忠周 古籀篇 卷四十九	34784
吳			甲骨	王吳者，當即糧圉。	郭沫若 卜辭通纂	34786
吳				吳人即虞人。	强運開 説文古籀三補 卷五	34782
吳			金文	虞吳古相通假。	强運開 説文古籀三補 卷五	36291
吳			甲骨	蓋字訓大言故從夨口。用爲郡名乃假借。其爲姓則緣郡名以得氏也。	李孝定 甲骨文字集釋 卷十	34788
吳				吳虞相通。所以讀“吳人”爲“虞人”是正確的。	嚴一萍 吳人——讀石鼓文小記 中國文字 1973 年	34791
吳			金文	國名，姬姓。	林潔明、周法高主編 金文詁林 卷十	36295
吳			金文	戈銘上不從口，疑非吳字。下一字與它迥異。斷非一字。	林清源 兩周青銅句兵銘文匯考	34792
吳			金文	段玉裁謂“大言非正理也”，蓋即高田氏所本。	李孝定 金文詁林讀後記 卷十	34789
吳			甲骨	象爬蟲之形，隸作吳。卜辭用爲殷武丁時征西將領名，或族稱。曾攻伐羌人、龍方諸族。	朱歧祥 殷墟甲骨文字通釋稿	34793
吳	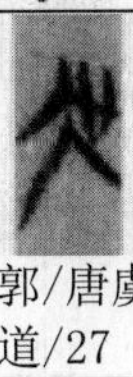 郭/唐虞之道/27		楚簡	似爲古書篇名。但與引文不見於今本古籍。裘按：疑當讀爲“虞詩”。	彭浩、劉祖信、王傳富 郭店楚墓竹簡	8069

吳	 郭/唐虞之道/1		楚簡	借作“虞”。	彭浩、劉祖信、王傳富 郭店楚墓竹簡	8361
吳	 上二/子羔/1		楚簡	“吳”、“虞”古字通假。《公羊傳·定公四年》中有“伐鮮虞”，陸德明釋文：“虞本或作吳。”	馬承源 上海博物館藏戰國楚竹書第二册 子羔	11776
吳	 上一/紂衣/13	⿱口立	楚簡	郭店簡作“懽”。此字當是“吳”字，讀娛，與懽（歡）同義。	陳英傑 讀楚簡劄記 簡帛研究網 2002 年 11 月 24 日	14148
吳	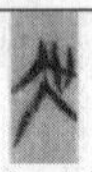 郭/唐虞之道/27		楚簡	虞詩，佚詩。	劉釗 郭店楚簡校釋	8070
吳			金文	即虞。	劉懷君、辛怡華、劉棟 逨盤銘文試釋 文物 2003 年 6 期	15263
吳	 上二/容成氏/5		楚簡	讀作“有虞”，馬承源先生在《子羔》篇中已提及。	安徽大學古文字研究室 上海楚竹書(二)研讀記 簡帛研究網 2003 年 1 月 13 日	4113
吳	 上五/季庚/6		楚簡	與“餘”同屬“魚”部，可通。即晉孟子餘（趙衰）。趙衰，字子餘，亦稱趙成子、成季、孟子餘。	濮茅左 上海博物館藏戰國楚竹書第五册 季庚子問於孔子	593
吳	 上五/季庚/6		楚簡	原釋文讀爲孟子吳（餘），並指出他與孟子側非一人。但簡文字形與包山簡 181“厂”下之形近（包山簡從日），而與吳不同（“吳”字口形明顯）。包山簡讀爲“昃”。此疑讀爲“孟子側”，即孟子反，爲孔子所敬者。《論語·雍也》：“子曰：孟之反不伐，奔而殿。將入門，策其馬，曰：‘非敢後也，馬不進也。’”簡文“丘聞之，孟子側曰”與“丘聞之，臧文仲有言曰”，或有聽聞與傳聞之別。	李鋭 讀《季康子問於孔子》劄記 孔子網 2006 年 2 月 26 日	1290
昊			貨幣	字當隸定爲昊，此爲滕侯之私名。	林清源 兩周青銅句兵銘文彙考	16389

夭部

夭			説文	屈也。从大，象形。凡夭之屬皆从夭。	許愼 説文解字	
夭			甲骨	疑即夭字。夭沃古訓通。夭即古文沃字。曰王夭或夭者。殆沃丁或沃甲歟。	葉玉森 殷契鉤沈	34762
夭	 夨鼎	夨	金文	許印林説此當是夭字。	吴式芬 攈古録金文 卷一	36279
夭			金文	許印林説，此即夭之變體，加厂取高義，或釋昗亦通。	吴式芬 攈古録金文 卷三 多父盤	35939
夭			金文	象首大屈之形。奔走字篆從夭。象兩手搖曳形。	林義光 文源	34795
夭	 			夭字亦元以屈頭爲形。但與夨左右相反耳。然夭義不主於頭。夭夨兩字雖形近相似。造字之意。自別異矣。	高田忠周 古籀篇 卷三十九	34796
夭			甲骨	與古文傾頭之夨形頗相混。	羅振玉 增訂殷虚書契考釋 卷中	34794
夭			甲骨	古文無夭。象人走與奔時其手一上一下夭屈之勢。是夭別於夨者。在手不在頭也。	商承祚 甲骨文字研究 卷下	34797
夭	 夨鼎	夨	金文	此文自是夭字。	方濬益 綴遺齋彝器款識考釋 卷五第十九頁	36280
夭	 夨鼎		金文	此文必非以頭傾爲義。豈作器者之名與？	馬叙倫 説文解字六書疏證 卷二十	34799
夭				夭夨古蓋同形，依上下文辨之。秦時始爲分別，偏左者曰夨，偏右者曰夭。	高鴻縉 中國字例四篇	34800
夭			甲骨	契文夭象走時兩臂擺動之形，羅説是也。字在卜辭中爲人名，或爲地名。	李孝定 甲骨文字集釋 卷十	34801

夭			金文	容庚謂夨像頭之動作，夭像手之動作，是也。高鴻縉謂夭夨古同字，非。夨夭金文判爲二字。	林潔明、周法高主編 金文詁林 卷十	36300
夭			楚簡	都是夭字。當戰國文夭字轉化爲早期隸書夭字時，弧形的筆畫被拉直，正中一筆直寫，兩端彎曲的斜筆也寫成一斜畫。這些變化在古璽文也是有所反映的。夭字在甲骨文中寫作，在金文中寫作，戰國文字作，從“大”，是甲金文中夭字的繁體。《説文》夭字形體與甲骨文、金文、古璽和汗簡的夭字都不同，可能《説文》夭字是傳寫走樣罷了。	吴九龍 簡牘帛書中的“夭”字 出土文獻研究 1985年6月	34802
夭			金文	不能釋爲夨。應定爲夭字。	沈長雲 談銅器銘文中的“夭王”及相關歷史問題 考古與文物 1989年6期	34804
喬			説文	高而曲也。从夭，从高省。《詩》曰：“南有喬木。”	許慎 説文解字	
喬	 邵鱶鐘		金文	即喬。從高上曲。	吴大澂 説文古籀補	36304
喬	 楚王酓忎鼎		金文	即喬。此用作鐈。鐈似鼎而長足。此鼎足高於常鼎，則鐈乃長足之鼎也。	商承祚 十二家吉金圖録 楚王酓忎鼎	34808
喬			金文	上從中。與前喬喬字同而異者。	方濬益 綴遺齋彝器款識考釋 卷二 邵鱶鐘	34805
喬	 包/遣册/265		楚簡	讀如鐈。	劉彬徽、彭浩、胡雅麗、劉祖信 包山楚簡	6467
喬	 包/文書/49		楚簡	“喬尹”疑讀“囂尹”，楚國官名。	何琳儀 包山竹簡選釋 江漢考古 1993年4期	6079

喬			盟書	“喬”和“就”是從一個字分化出來的。	朱德熙 關於侯馬盟書的幾點補釋 朱德熙古文字論集 1995 年	34810
喬	 上二/容成氏/1		楚簡	疑“喬結氏”當讀爲“高辛氏”。高爲宵部見母，喬爲宵部群母，韻同聲近。《詩・周頌・般》：“墮山喬嶽。”《玉篇・山部》引喬作高。辛爲真部心母，結爲質部見母，韻近聲異。《詩・小雅・天保》：“吉蠲爲饎。”《大戴禮記・遷廟》、《周禮・秋官・蠟氏》賈疏引吉作絜。而騂可與挈通。《周禮・地官・草人》：“騂剛用牛。”鄭注：“故書騂爲挈。杜子春云：‘挈讀爲騂。’”	廖名春 讀上博簡《容成氏》劄記（一） 簡帛研究網 2003年4月25日	4080
喬	 郭/老子甲/7		楚簡	讀爲驕。	劉釗 郭店楚簡校釋	7317
喬	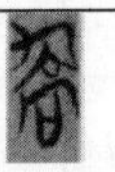		楚簡	喬，春秋金文（喬君鉦），從止從高，戰國文字（侯馬 334）“止”已訛爲“屮”，郭店簡（7.18），“屮”又訛爲“又”，郭店簡（1.1.38），“又”聲化爲“九”聲。喬，群紐宵部；九，見紐幽部。見、群二紐同屬牙音，幽、宵旁轉。	張静 郭店楚簡中的變形音化現象 漢字研究 2005 年 1 輯	15728
𡚁			説文	吉而免凶也。从屰从夭。夭，死之事。故死謂之不𡚁。	許慎　説文解字	
奔			説文	走也。从夭，賁省聲。與走同意，俱从夭。	許慎　説文解字	
奔			石鼓	鄭音奔，又云作走字。吾邱氏曰以爲奔字通。二人曰從三人众，此三走爲會意也。昌按既是走字，又何必三。若如此字，則從众皆人字也。甲秀及顧氏本俱有重文。	張燕昌 石鼓文釋存	34813
奔			金文	疾走也，從三走省。小篆從夭從卉。義不可通。盂鼎、效卣從三止，石鼓文類小篆，變止爲中，自此始。	吴大澂 説文古籀補 卷十	34814

奔	 陳子匜		金文	疑奔之異文。	劉心源 奇觚室吉金文述 卷八	35891
奔			石鼓	即奔。從三烝，象衆奔之形。	羅振玉 石鼓文考釋	34817
奔	 大盂鼎		金文	古作所從與走同意，下象足跡。疾走故跡多。	林義光 文源	34816
奔			甲骨	契文迺地名。象一人揚臂放足狂奔行，二爲梏形。	葉玉森 說契 學衡 1924 年 31 期	34821
奔	 大盂鼎		金文	奔字。乃象形文，象人蠢軼絶塵之狀，下從三止。效卣、大克鼎所見三止而訛變爲芔。	郭沫若 金文叢考 周公簋釋文 器銘考釋	34824
奔	 麥盉	旞	金文	旞即奔之異文無疑。	郭沫若 兩周金文辭大系圖録考釋 麥盉	34823
奔			石鼓	羅振玉謂止上所從像人疾走時揚臂疾趨，夭則像人側首，二形截然不同。許書殆傳繕失之。按羅氏此説甚精。蓋奔走等字所從似犬而實非犬，據此可證張氏從犬之説。	强運開 石鼓釋文	34820
奔			金文	奔從三止。稍訛爲中。許君遂以爲賁省聲。三止者，多趾也，三者極言之，郭沫若氏説是也。	李孝定 金文詁林讀後記 卷十	34826
奔	 麥方尊	旞	金文	從止旞聲是奔的或體字。	孫常叙 麥尊銘文句讀試解 松遼學刊 1983 年 3 期	34825
奔	 大盂鼎  大克鼎		金文	《盂鼎》所見，象人奔跑雙手揮動，下從三“止”，表示奔跑之迅速。《克鼎》所見，下所從“止”已訛變成了“中”就成了“卉”，因此釋“奔”形體爲“贲”省聲。	張再興 西周金文構字元素的形體變化及其影響 瓊州大學學報 2002 年 1 月	15395

奔	 上四/曹沫之陳/37	牪	楚簡	疑同“犇”，即“奔”字。	李零 上海博物館藏戰國楚竹書 第四册 曹沫之陳	2414

交部

交			説文	交脛也。从大，象交形。凡交之屬皆从交。	許慎　説文解字	
交			甲骨	古交字。	王襄　簠室殷契類纂 正編	34827
交			甲骨	與十二辰之形無别。金文所見皆象二股相交之形。	商承祚　甲骨文字研究 卷下	34832
交			金文	此“交”字也。亦即“校”之本字也。“交”誼爲矢。	吴其昌　金文名象疏證	34830
交			金文	字從大而交其兩脛，故有交叉之意，變文，會意，動詞。	高鴻縉　中國字例四篇	36316
交			甲骨	夨夭變大字之首，交變大字之足也，皆象人正面立形。引申之，凡相併相合相錯相接皆曰交。	嚴一萍　釋交　中國文字	34833
交	 交君子簠		金文	古器有交君子壺等，蓋絞古文作交。絞亦嘗爲東方之國。	陳槃　春秋大事表列國爵姓及存滅表譔異第三十二本 1969 年	34834
交			金文	古文交矢形近易混。似仍以許訓交脛爲長。	李孝定　金文詁林讀後記　卷十	34835
交			甲骨	象人垂手交脛之形，示從屬，隸作交。卜辭交用爲殷人奴隸一種。由焚人牲以祭的烄可證。甲骨文與奚、僕字同辭。	朱歧祥　殷墟甲骨文字通釋稿	34836
交	 郭/魯穆公問子思/6		楚簡	讀爲效。	彭浩、劉祖信、王傳富　郭店楚墓竹簡	4537
交	 郭/性自命出/10		楚簡	交可釋爲“更”。《小爾雅・廣詁》：“交,更也。”《吕氏春秋・務大》高誘注“交相爲贊”曰：“交,更也。”交性即易性。	陳寧　《郭店楚墓竹簡》中的儒家人性言論初探　中國哲學史 1998 年 4 期	14140

交			楚簡	交，交接，會合，與逆義近。	陳偉 郭店簡書《人雖有性》校釋 中國哲學史 2000年4期	13374
交	 上一/性情論/30		楚簡	交往。	濮茅左 上海博物館藏戰國楚竹書第一册 性情論	12275
交	 上一/性情論/25		楚簡	接交。接交有其原則，《法言·重黎》：“或問‘交’，曰：‘仁’。”上交，指賤者與貴者接交。下交，指尊貴者與微賤者接交。古頗重視上、下交。	濮茅左 上海博物館藏戰國楚竹書第一册 性情論	12226
交	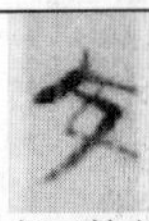 郭/尊德義/29		楚簡	似當讀爲“絞”，義爲急、切。表示速度快。	陳偉 郭店竹書別釋	7980
交	 上一/孔子詩論/20		楚簡	《考釋》句讀及釋字均誤。簡文“交人”，讀“佼人”，見《詩•陳風•月出》“月出皎兮，佼人僚兮。舒窈糾兮，勞心悄兮。”《詩論》往往截取《詩》中之句，以代《詩》之篇名。簡文“交（佼）人不可肝也”，意謂不可以盯着美人瞧。	何琳儀 滬簡《詩論》選釋 上博館藏戰國楚竹書研究 2002年	11400
交	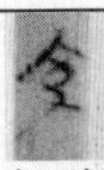 郭/性自命出/11		楚簡	實，充實義。	陳偉 郭店竹書別釋	8279
交	 郭/性自命出/55		楚簡	義爲交往、交結。	陳偉 郭店竹書別釋	8756
交	 上一/性情論/26		楚簡	此處所謂“同方而交”、“同悅而交”，並非指的一般交友，應是承接上文“上交”事君，“下交”得衆的“交”，是指事君、臨民的互動情況而言。	陳麗桂《性情論》説“道” 上博館藏戰國楚竹書研究 2002年	12230
交	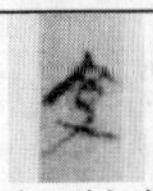 郭/性自命出/10		楚簡	疑讀爲徼，乃求取義。	劉釗 郭店楚簡校釋	8273

交			楚簡	《郭店楚墓竹簡・性自命出》有“交性者故也”一語，性上一字應爲“室下加心”之形，可知“交性”應改釋爲“室性”。室字因爲抄寫訛變形似“交”故誤釋。一説此字讀爲“實”，然“實性”於文不通，心旁室字義應近“窒”，但文義仍與簡文不符。帛書從手從室之字與從心從室的字與“節”有異文關係可通。故“室”應讀爲“節”，“節性”古書中屢見，此處文意亦更爲恰當。	裘錫圭 由郭店簡《性自命出》的“室性者故也”説到《孟子》天下之言性也章 第四届國際中國古文字學研討會論文集 2003 年	14723
交	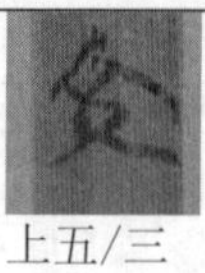 上五/三德/9		楚簡	交，恐當讀爲“絞”。高陽所云，正好是兩件違反常規、且又相互倒錯的事情。凶服，即喪服。《周禮•春官•司服》：“其凶服，加以大功、小功。”鄭玄注：“喪服，天子諸侯齊斬而已，卿大夫加以大功、小功，士亦如之，又加緦焉。”《論語•鄉黨》：“凶服者式之。”集解引孔安國曰：“凶服，送死之衣物。”祭祀有專門的服裝，不可著凶服。至於“絞”和“袒”，則都是喪服即凶服的特徵。《儀禮•既夕禮》：“既馮屍，主人袒，髻發，絞帶。”《禮記•奔喪》：“乃爲位，括發袒，成踴，襲、絰、絞帶，即位。”均爲絞、袒並提的例子。《儀禮•喪服》云：“《儀禮•喪服》：“喪服，斬衰裳，苴絰杖、絞帶。”鄭注：“絞帶者，繩帶也。”賈疏：“繩帶也者，以絞麻爲繩作帶，故雲絞帶。”《禮記•喪服小記》“括發於堂上”，孔疏：“袒，謂堂上去衣。”《詩•秦風•終南》：“君子至止，錦衣狐裘。”毛傳：“錦衣，采色也。”孔疏：“錦者，雜采爲文，故雲采衣也。”這樣的衣服當然不適合在喪禮上穿着。	陳偉 上博五《三德》初讀 簡帛網 2006年2月19日	4915
交	 上四/逸	交=	楚簡	“交＝”，“交交”重文，形容芊飛翔往來。《詩・秦風・黄鳥》：“交交黄鳥，止于棘”，“交交黄	馬承源 上海博物館藏戰國楚竹書第四册 逸詩——交交鳴鶩	1744

	詩一交交鳴鶩/2			鳥，止于桑”，“交交黃鳥，止于楚”。《詩經集解》：“交交，往來之貌。”		
交	 上四/逸詩一交交鳴鶩/2	交=	楚簡	《詩經》“交交”，古來有三說，主“小貌”的，見《毛詩·秦風·黃鳥》毛傳；主“飛往來貌”的，見《毛詩·小雅·桑扈》鄭箋；主“鳥鳴聲”的，見馬瑞辰《毛詩傳箋通釋·黃鳥》。近人多從馬瑞辰說。但是從“交交鳴烏”來看，顯然鄭説最合適。因爲烏鴉的體積不小，鳴聲也不會是“交交”。	季旭昇《上博四·逸詩·交交鳴烏》補釋 簡帛研究網 2005年2月15日	3832
交	 上四/逸詩一交交鳴鶩/2	交=	楚簡	“交交鳴烏”，在結構上與之最類似的當屬《邶風·匏有苦葉》：“雝雝鳴雁。”毛傳：“雝雝，雁聲和也。”故“交交鳴烏”之“交交”亦當與鳴叫聲有關。《秦風·黃鳥》：“交交黃鳥。”馬瑞辰《毛詩傳箋通釋》：“交交，通作咬咬，鳥聲也。”	秦樺林 楚簡佚詩《交交鳴鶩》劄記 簡帛研究網 2005年2月20日	3925
䙶			説文	衺也。从交韋聲。	許慎　説文解字	
絞			説文	縊也。从交从糸。	許慎　説文解字	

尢部

尢	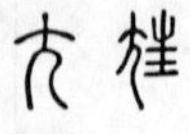 古文	尪	説文	尣，曲脛也。从大，象偏曲之形。凡尣之屬皆从尣。尪古文从㞢。	許慎　説文解字	
尢				段氏改以爲篆文。謂：尢者，古文象形字。尪省小篆形聲字。此亦古文二，篆文上之例，必取古文爲部首者，以其屬皆從古文也。	商承祚 説文中之古文考	42338
尢	 史牆盤		金文	尢字古文作尪，尢保是巫保。總稱爲巫，分別説，女的稱巫，男的是尪，楚人稱巫爲靈。	唐蘭　略論西周微史家族窖藏銅器群的重要意義——陝西扶風新出牆盤銘文解釋　文物1978年3期	34841
尢			楚簡	此字今俗作尤，疑爲紌，蜀錦名。	商承祚 戰國楚竹簡匯編	60137
尢	 匯/望二遣策/1		楚簡	此字今俗作尤，疑爲紌，蜀錦名。	商承祚 戰國楚竹簡匯編 望山二號楚墓竹簡遺策	10731
尳			説文	厀病也。从尣从骨，骨亦聲。	許慎　説文解字	
𡯌			説文	蹇也。从尣皮聲。	許慎　説文解字	
𡯂			金文	字從尣從比。《説文》尣，𡯂曲脛也。從大，象偏曲之形。	方濬益 綴遺齋彝器款識考釋 卷十二	34843
𡯄			説文	𡯄𡯄，行不正。从尣左聲。	許慎　説文解字	
𡯅			説文	行不正也。从尣艮聲。讀若燿。	許慎　説文解字	
尲			説文	不正也。从尣兼聲。	許慎　説文解字	
尬			説文	尲尬也。从尣介聲。	許慎　説文解字	

尥			説文	行脛相交也。从尣勺聲。牛行腳相交爲尥。	許慎 説文解字	
尳			説文	尳不能行，爲人所引，曰尳𡰝。从尣从爪，是聲。	許慎 説文解字	
𡰝			説文	尳𡰝也。从尣从爪，巂聲。	許慎 説文解字	
尪			説文	股尪也。从尣于聲。	許慎 説文解字	
𡰪			説文	厀中病也。从尣从羸。	許慎 説文解字	
尣亾	 上三/周易/32	尣亾=	楚簡	簡 38 的這個字，帛書本、今本作“牽”。簡 44、53 的這個字，今本均作“喪”，其形的確像從“喪”省。綜合幾字形體，此字不大可能是“芒”字，而應釋爲“喪”。“喪”字原本從“桑”，後來變從“亡”聲。爲什麼今本作“牽”，值得考慮。喪，心母陽部。牽，溪母真部。二字讀音不同。“喪羊悔亡”，似可解釋爲“亡羊悔亡”，意即“羊跑了悔恨無用”。與將“牽羊”解釋爲“投降”，即“牽羊投降悔恨無用”義近。	黄錫全 讀上博《戰國楚竹書（三）》劄記六則 簡帛研究網 2004 年 4 月 29 日	2670
尣亾=	 上三/周易/32	尣亾=	楚簡	“亡，喪”合文。“喪”，失，或釋“芒”。	濮茅左 上海博物館藏戰國楚竹書第三册 周易	13683

壺部

壺			説文	昆吾圜器也。象形。从大，象其蓋也。凡壺之屬皆从壺。	許慎 説文解字	
壺			金文	或釋作壇。此當如字讀，“大”下部分象壺形，“大”其蓋也。	徐同柏 從古堂款識學 卷八 周杞伯壺	34854
壺				甲骨文壺字象上有蓋旁有兩耳之形，非從大也，金文或從金或從殳。	孫海波 中國大學講義（内刊） 甲骨金文研究	42339
壺			金文	小篆上爲蓋，中爲耳，下爲底。象形篆也。而此文更奇。	薛尚功 歷代鐘鼎彝器款識法帖 卷十一	34853
壺			甲骨	上有蓋，旁有耳，壺之象也。	羅振玉 增訂殷虚書契考釋 卷中	34855
壺			金文	壺字，一爲蓋文，一爲器文。	郭沫若 兩周金文辭大系圖録考釋 杞伯每亡壺	36917
壺			金文	“以壺告”者，“壺”蓋假爲符。或者古人之符即以壺爲之，壺者插籌之具也，壺又稱中。史字從又持中者即持壺也。	郭沫若 兩周金文辭大系圖録考釋 召伯虎簋其一	36916
壺	 伯克壺		金文	乃壺之訛字。壺本象形文。此與墉之古文𩫖字近似。	郭沫若 兩周金文辭大系圖録考釋 伯克壺	36915
壺			金文	字原象形，上爲其蓋，非從大。	高鴻縉 中國字例二篇	36322
壺	 廿二壺		金文	見廿二壺，吴蒙釋壺甚是。壺本象形。到了春秋戰國已把壺身變從“豆”了；華母壺則省去了象徵壺蓋的“大”。廿二壺銘上的“壺”是由華母壺銘文“壺”這種寫法演變而成的。	李家浩 盱眙銅壺芻議 古文字研究 1985年12輯	34860

壺			金文	借壺爲壹，壺壹兩字在音、義上並無聯繫，只取外形相似從而借用，臨時權代，此後未見通行。	郭子直 戰國秦封宗邑瓦書銘文新釋 古文字研究 1986 年 4 輯	34861
壺			金文	讀爲“符”不確。當如字讀。	劉桓 五年琱生毁、六年琱生毁銘文補釋 故宫博物院院刊 2003 年 3 期	15669
壼			説文	壹壼也。从凶从壺。不得泄，凶也。《易》曰：“天地壹壼。”	許慎 説文解字	

壹部

壹			説文	專壹也。从壺吉聲。凡壹之屬皆从壹。	許慎　説文解字	
壹				《説文》所據《周易》及經典之壹皆是借字。秦並天下，防奸易，故以壹爲一，後世相承。	商承祚 石刻篆文編	34866
壹			甲骨	本壹字。此爲牲名，《詛楚文》壹字與戰國時期秦系文字其他材料寫法正同，無疑是很具時代及地域特色的。把《詛楚文》的時代放到戰國晚期的秦至爲恰當。壹讀爲殪，殪，殺也。	饒宗頤 殷代貞卜人物通考 卷三	34865
懿			説文	專久而美也。从壹，从恣省聲。	許慎　説文解字	
懿	 單伯昊生鐘		金文	從心，疑當爲懿。	孫詒讓 古籀餘論 卷二 單伯鐘	34868
懿	 單伯壺	歖	金文	字形從心從欠甚明，又從壺之省文，此即懿字。	高田忠周 説文古籀篇 卷七十六 單伯壺	36327
懿	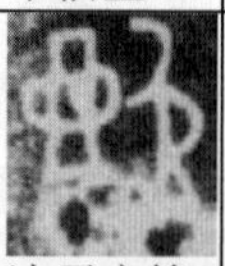 沈子它簋蓋		金文	銘文之懿王，即恭王之子懿王堅也。	郭沫若 金文叢考 謚法之起源	34872
懿	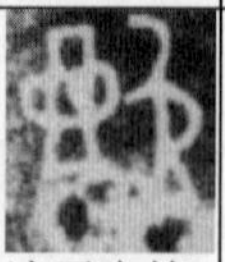 沈子它簋蓋		金文	古懿字。金文懿多作懿。又或省心，本銘與彼同。	郭沫若 金文叢考 沈子簋銘考釋	34873
懿	 單伯昊生鐘		金文	匡彝懿王省去心字。《集韻》懿古文作懥，又作歖，與此合。	强運開 説文古籀三補 卷十	34869

懿			金文	懿字初文從壺從欠，象人張口就飲於壺側。而歖美之義自見。	于省吾　雙劍誃古文雜釋　釋懿	36330
懿		嫤	甲骨	字從女，餘下象壺形，即今楷壹之初文，自當作嫤。嫤，疑即懿字。婦懿，武丁時諸婦之一。	白玉峥　契文舉例校讀典禮篇　中國文字 1974 年	34876
懿	 史牆盤		金文	應是“懿”的省體字。“懿哲”可解釋爲懿美而英明。	杜廼松　史牆盤銘文幾個字詞的解釋　文物 1978 年 7 期	34875

幸部

幸	㚔		説文	所以驚人也。从大从羊。一曰大聲也。凡幸之屬皆从幸。一曰讀若瓠。一曰俗語以盗不止爲幸，幸讀若籥。	許慎 説文解字	
幸		㚔	甲骨	古㚔字。	王襄 簠室殷契類纂正編卷十	34877
幸			甲骨	疑即是工或攻之初字。古工、功、攻係一字。	郭沫若 甲骨文字研究 釋工	34880
幸		㚔	甲骨	像刑具，辠人所以梏兩手，執圉等字皆從此。	孫海波 甲骨文編卷十	34882
幸		㚔	陶文	此從大從羊，疑即㚔字。	顧廷龍 古匋文孴録	34879
幸		㚔	甲骨	即小篆㚔字，當是器物象形文，其物兩端有鋒，可執以事操作。余意當是鍼之初文，鍼與執同紐，而音爲對轉。	郭沫若 殷契粹編	34878
幸		㚔	甲骨	象手械，即桊字。蓋加於俘虜之刑具也。	董作賓 殷曆譜 下編卷九	34881
幸		㚔	甲骨	卜辭該字，多作動詞用，其義與執同。	屈萬里 殷墟文字甲編考釋	34885
幸		㚔	甲骨	象人械其兩手，中有二孔，以容兩手，上下用繩束之。	朱芳圃 殷周文字釋叢 卷下	34883

幸		㚔	甲骨	㚔。像手梏形。殷墟出土陶俑有兩手加梏者，與此文形近。契文執字正象捕繫辠人兩手加梏之形，其旁從正是此字，亦足證爲㚔字無疑也。	李孝定 甲骨文字集釋 卷十	34886
幸		㚔	甲骨	卜辭㚔字像拲手刑具，從囗者，像拲手刑具連有項枷之形，字或作圉，亦猶執字亦作圛，卜辭執字從幸，幸亦作圛，知圛即是幸字，圉圛義同，是圉字即是㚔字。㚔即執，義爲追捕之稱。	胡厚宣 甲骨文所見殷代奴隸的反壓迫鬥争 考古學報 1966 年 1 期	34889
幸	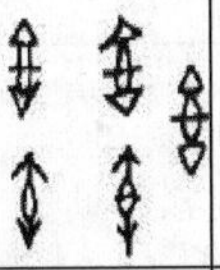	㚔	甲骨	其用，多爲動詞，義爲執。玆隸作㚔。	白玉峥 契文舉例校讀典禮篇 中國文字 1974 年	34887
幸		㚔	金文	㚔象梏形，即“梏”之表意初文。古音與“皋”字相近。“睪”、“皋”古通。跟“皋”相通的“睪”就是從㚔演變出來的。小盂鼎“虢”，孫詒讓謂“皋”之古文，“皋冑”猶言甲冑，甚是，但以“皋冑”之“皋”爲包甲之則非，“皋”本當有甲義。	朱德熙 平山中山王墓銅器銘文的初步研究 文物 1979 年 1 期	34890
幸	 	㚔	甲骨	像枷鎖手扣之形，有執可互證，隸作㚔。引申爲拘執意。	朱歧祥 殷墟甲骨文字通釋稿	34894
幸		㚔	甲骨	像一種刑具形。可以説是原始的手銬，本爲木制。發展到後來寫成了幸。作爲名詞，就是這種刑具的名稱。作爲動詞，本義當爲用這種刑具將人的雙腕扼住就是給人帶上木手銬。卜辭幸作爲動詞有一種意義是指强制地將俘虜或奴隸帶來或捆著領來，當是本義之引申。還有種意義是對敵方加以鉗制或挾擊。此外還有一種用法，即表示强迫的意思。	趙誠 甲骨文行爲動詞探索（一） 古文字研究 1989 年 17 輯	34891

幸		卒		我們懷疑卒字古音原同於甲，乃關押之押的本字。從幸從虎之字，則是柙的本字。古文字中的“卒”雖象桎梏之形，但本身並不是梏字。	李零《古文字雜識（六篇）》古文字研究 1989 年 17 輯	34892
幸		卒	甲骨	幸爲象形初文，梏爲後起形聲字，應該是可信的。	張桂光 古文字考釋六則 于省吾教授百年誕辰紀念文集 1996 年 9 月	34893
幸	 集成 11912	卒	金文	當統一作釋。	張再興《殷周金文集成》青銅器定名問題 古籍整理研究學刊 2003 年 2 月	15480
幸	 上博四/昭王毀室/3		楚簡	當釋爲“幸”；第 3 號簡下半段與上半段拼合後，相連處的文句當讀爲“仆之母(毋)辱君下，不幸仆之父之骨在於此室之階下”。	陳劍 釋上博竹書《昭王毀室》的“幸”字 漢字研究 2005 年 1 輯	15750
睪			説文	目視也。从横目，从幸。令吏將目捕罪人也。	許慎　説文解字	
睪				字之構造，謂眼綫搜索辠人，故訓爲司視。	楊樹達 文字形義學	34896
睪			漢簡	當讀爲“櫜”。“睪”古有“皋”音，或作“睾”，“皋”“櫜”古通。	銀雀山漢墓竹簡整理小組 銀雀山漢墓竹簡 第一輯	34897
睪		旲	金文	竊以爲旲乃睪之訛體，故古文以爲澤。	周法高主編 金文詁林	27895
睪	 包/卜筮/218		楚簡	借作擇。	劉彬徽、彭浩、胡雅麗、劉祖信 包山楚簡	6886
睪	 包/遣册/259		楚簡	讀如皋，訓爲甲。參見注解 128(記録 4215)或指披在衣外之服。	劉彬徽、彭浩、胡雅麗、劉祖信 包山楚簡	6281
睪	 包/遣册/259		楚簡	《説文》：“襗，絝也，從衣，睪聲。”所謂絝即脛衣。	劉信芳 包山楚簡遣策考釋拾零 江漢考古 1992 年 3 期	6280

睪			金文	鐘銘“無睪”，即傳統九月樂律之“無射”。睪射聲同。	戴家祥 金文大字	14926
睪	 郭/六德/44		楚簡	“睪”當讀爲“繹”或“釋”。	彭浩、劉祖信、王傳富 郭店楚墓竹簡	9313
睪	 郭/性自命出/64		楚簡	應讀作“釋”。	劉釗 讀郭店楚簡字詞劄記（三） 古文字研究 2000 年 22 輯	8785
睪	 上一/性情論/13		楚簡	讀爲“薄澤”。	濮茅左 上海博物館藏戰國楚竹書 第一册 性情論	12191
睪	 郭/六德/44		楚簡	以讀“釋”爲長，表分開來看的意思。	陳偉 郭店竹書别釋	9315
睪	 郭/性自命出/64		楚簡	讀爲懌。	陳偉 郭店竹書别釋	8786
睪	 郭/六德/44		楚簡	讀爲繹，意爲解析。	劉釗 郭店楚簡校釋	9314
執			説文	捕罪人也。从丮从幸，幸亦聲。	許慎　説文解字	
執			金文	晚周兵器銘末常有“執齋”字，或作“幸齋”，乃掌握兑劑之事。	商承祚 録遺序言	36338
執	 執中觚	史	金文	中爲射禮用以盛算者，以手執之，奉中之意。	阮元 積古齋鐘鼎彝器款識 卷五 執中觚	28134

執	 不其簋	蓺	金文	字下從夂，非從女。	丁佛言 説文古籀補補 卷十	36332
執	 毛公鼎	褺	金文	即執之異文。又通壆。	吴大澂 毛公鼎釋文	34900
執			甲骨	金文借爲擇字。竊疑或爲“執”之借字，爲執捕之意。	孫詒讓 契文舉例	34901
執			甲骨	象有物梏人兩手。乃執字也。又或繫之以索，或牽之以手。誼益顯著。	商承祚 殷虚文字類編 待問編卷四	34905
執	 員方鼎		金文	女多折首執訊。右下非從女。	丁佛言 説文古籀補補 卷十	34903
執			甲骨	疑即執字。	商承祚 殷虚文字考 國學叢刊 1925 年 10 月	34904
執				甲骨文象有物梏兩人手之形，金文或從女，蓋捕辠女也。從丮夅，夅亦聲。	孫海波 中國大學講義（內刊） 甲骨金文研究	42341
執			甲骨	予舊釋爲執。其字作側視形。本辭並正視形，亦執之省變。增“又”“糸”者，繁變。	葉玉森 殷虚書契前編集釋 卷二	34906
執	 員方鼎		金文	執即褺省。	于省吾 雙劍誃吉金文選 員鼎	34908
執	 員方鼎		金文	“王令員領執犬”，令當訓爲錫，執當讀鷙猛之鷙。	郭沫若 兩周金文辭大系圖録考釋	36339
執			石鼓	執。金文所見諸形體均與鼓文可資印證。	强運開 石鼓釋文	34907
執	 史尊	史	金文	投壺司射奉中之象。	方濬益 綴遺齋彝器款識考釋 卷十七 執中尊	28135

執	 員方鼎		金文	獵必以犬，故鼎爲王供執犬之役。	楊樹達 積微居金文說 第八十一頁	36340
執			金文	甲文象古枷枷人手之形，後世變爲從幸丮聲，通以代丮。	高鴻縉 中國字例二篇	36336
執			甲骨	執與縶通。縶、靮、繮、紲是一物異名。	沈文倬 “執駒”補釋 考古 1961 年 6 期	34913
執			甲骨	執字於此當作名詞用，謂被執之人也。	屈萬里 殷墟文字甲編考釋	34911
執	 員方鼎		甲骨	執象兩手持㚔；或從女，或從廾，皆別構也。使畏攝是其義也。引申有持義。	朱芳圃 殷周文字釋叢 卷下	34910
執			金文	執字甲文象人兩手加梏之形，幸象手梏之形，非聲。	林潔明、周法高主編 金文詁林 卷十	36341
執			金文	“執王应”，執讀若藝。《廣雅》：“藝，治也。”執王应就是建立周王的臨時住所。	唐蘭 論周昭王時代的青銅器銘刻 古文字研究 1980 年 2 輯	34915
執			金文	執字甲骨文象人着手梏之形，金文分爲左右對稱。	李孝定 金文詁林讀後記 卷十	34912
執			甲骨	讀報聲。	寒峰 甲骨文所見的商代軍制數則 胡厚宣等《甲骨探史録》1982 年	31944
執			甲骨	執也；疑爲災害之義。	徐中舒 甲骨文字典	31945
執			甲骨	乃今之執字，有枷執、捕獲之義。	胡厚宣 蘇聯國立愛米塔什博物館所藏甲骨文字考釋 出土文獻研究 1985 年	34914
執			甲骨	從攴、㚔，㚔亦聲。隸作敎。即執字。《説文》：“捕辠人也。”卜辭用本義。	朱歧祥 殷墟甲骨文字通釋稿	34917

執			甲骨	“執”字簡化形體，所從之“一”當是簡略符號。	姚孝遂 說“一” 第二屆國際中國文字學研討會論文集 1993年10月	34916
執	 郭/語叢二/50	杢彡	楚簡	爲“執”之簡寫。	湯餘惠、吴良寶 郭店楚簡文字拾零（四篇） 簡帛研究 2001年	9750
執	 郭/性自命出/65		楚簡	執志，守持心志。	陳偉 郭店竹書别釋	8797
執	 逨盤		金文	可訓爲邇。	劉懷君、辛怡華、劉棟 逨盤銘文試釋 文物2003年6期	15256
圉			說文	囹圄，所以拘罪人。从幸从囗。一曰圉，垂也。一曰圉人，掌馬者。	許慎 說文解字	
圉			甲骨	古圉字。此從執從囗。執，捕罪人也，囗，古圉字，捕罪人而拘於圉中。	王襄 簠室殷契類纂正編卷十	34919
圉				甲骨文象梏人而納之囚闌。此爲本字，圉乃其省。今人以圉爲圉人，圄爲囹圄，非是。	孫海波 中國大學講義（内刊） 甲骨金文研究	42343
圉				正象拘罪人於欄中之形，圄爲後起字，《說文》不應奪圉。	商承祚 殷虚文字考卷二	42342
圉			甲骨	此從執從囗。象拘罪人於囹圄中之形。	孫海波 甲骨文編卷十	34918
圉			金文	舊釋爲廟。絶非廟字。上所從即《說文》之广，下爲械人兩手，與《說文》之圉是一字。	馬叙倫 讀金器刻詞卷上	34921

圉			甲骨	象刑具在囗中，囗，獄室也。圉六人，猶言拘禁六人。	朱芳圃 殷周文字釋叢 卷下	34923
圉			甲骨	該字給我們留下了奴隸在牢獄中慘遭迫害的真實寫照。	齊文心 殷代的奴隸監獄和奴隸暴動——兼甲骨文“圉”、“戎”二字用法的分析 中國史研究 1979 年 1 期	34925
圉			甲骨	從執從囗，囗示囚意，字有囚禁罪犯之意，隸作圛，當即圉字。卜辭用本義，屬名詞。	朱歧祥 殷墟甲骨文字通釋稿	41799
圉	 圉甗		金文	金文圉或作人名。	戴家祥 金文大字典 卷上	34927
圉		䥙 䕕	甲骨	字從睪、從囗，乃圉之異構。後二形體爲圛之異構。	姚孝遂 甲骨文字詁林 第三册 按語	34924
盩			説文	引擊也。从幸、攴，見血也。扶風有盩厔縣。	許慎 説文解字	
盩			石鼓	此云盩道，盩厔之道也。	趙烈文 石鼓文纂釋	34928
盩	 史頌簋		金文	即抽字。引也。公也。	徐同柏 從古堂款識學 卷二 周史頌敦	34929
盩		𢻳	金文	古作從攴治卒。又作從血自卒出。	林義光 文源	34930
盩			石鼓	從段説盩即周字。鼓言盩，即周道也。	强運開 石鼓釋文	34932
盩			金文	從𢻳皿聲。讀若戾。𢻳爲盩之初文。蓋從攴卒聲。卒《説文》讀若籋。此人名。	馬叙倫 讀金器刻詞 卷中	34933
盩	 牆盤	盭	金文	從皿[illegible]聲，古書多與戾通。《爾雅》“戾，至也。”至與致同，戾和即致和。	唐蘭 略論西周微史家族窖藏銅器群的重要意義——陝西扶風新出牆盤銘文解釋 文物 1978 年 3 期	34935

盩	 史頌簋		金文	訓至。引申爲徧或遍意。	張亞初 周厲王所作祭器㝬簋考——兼論與之相關的幾個問題 古文字研究 1981年5輯	34936
盩				盩與抽雙聲叠韻，音同。所謂“盩導”讀“抽導”。所謂“抽導”即“引導”。	何琳儀 戰國文字通論	34937
報			説文	當罪人也。从幸从𠬝。𠬝，服罪也。	許慎　説文解字	
報			甲骨	此疑是報字。右從即𠬝字，左即𡴘之省。又疑爲設之省，右爲殳，左從或言之省。兩讀未知孰是，姑並存之。	孫詒讓 契文舉例 卷下	34939
報	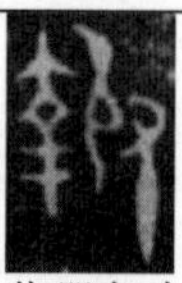 作册夨令簋		金文	鐘鼎古文報執皆從幸。	高田忠周 説文古籀篇 卷四十	36347
報	 作册夨令簋		金文	當讀爲保。文報猶言福蔭也。下“隹丁公報”則是報祭之報。	郭沫若 兩周金文辭大系圖録考釋 令	34942
報		𠬝	甲骨	𠬝象以又按跽人，謂用俘虜爲祭也。𠬝報諧聲，疑此即報字。	陳夢家 古文字中之商周祭祀 燕京學報 1936年19期	34943
籟	  或體	𥫔	説文	窮理罪人也。从幸从人从言，竹聲。䈞或省言。	許慎　説文解字	
㜽	 上一/紂衣/10		楚簡	從𡴘，從丮、從女。《包山楚簡》常見，作“執”。	陳佩芬 上海博物館藏戰國楚竹書 第一册 紂衣	11998
㜽	 上三/周易/8		楚簡	讀爲“執”。	濮茅左 上海博物館藏戰國楚竹書 第三册 周易	11755

㙯	 上三/周易/26		楚簡	讀爲“勢”。	濮茅左 上海博物館藏戰國楚竹書 第三册 周易	13641
㙯	 上三/周易/26		楚簡	“埶”，帛書本、王弼本都作“執”，當讀爲“執”。	廖名春 楚簡《周易》校釋記（二） 簡帛研究網 2004年4月23日	2860
㙯	 上三/彭祖/1		楚簡	即“執”，此處應通“慹”，爲“服、畏服”之意。	趙炳清 上博簡三《彭祖》補釋 簡帛研究網 2005年1月26日	2675

奢部

奢	 籀文	奓	説文	張也。从大者聲。凡奢之屬皆从奢。籀文。	許慎　説文解字	
奢		奓	石刻	《説文》奢之籀文作奓，與此同。大者人也，亦即侈字。奢訓張，侈訓大，同義。	商承祚 石刻篆文編字説 古文字研究 1981 年 5 輯	34948
奲			説文	富奲奲皃。从奢單聲。	許慎　説文解字	

亢部

亢	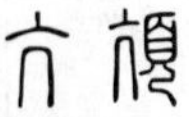 或體	頏	説文	人頸也。从大省，象頸脈形。凡亢之屬皆从亢。頏亢或从頁。	許慎 説文解字	
亢	 趞簋		金文	金文二例均是亢字。乃假爲黄。亢似當以高爲其本義。	郭沫若 金文叢考釋亢黄 金文餘釋之餘	34955
亢	 夨令方彝		金文	亢，舊並釋太，非也。	唐蘭 作册令尊及作册令彝銘考釋 北京大學國學季刊 1934 年	34957
亢	 趞簋		金文	唐蘭釋亢，至確。本銘乃黄之假字，故音同在陽部也。黄本古佩玉之象形文，假爲黄色字而失其本義。	郭沫若 兩周金文辭大系圖録考釋 趞鼎	34952
亢			陶文	亢。周節墨之亢之鉨。	顧廷龍 古匋文舂録	34953
䟘			説文	直項莽䟘皃。从亢从夋。夋，倨也。亢亦聲。	許慎 説文解字	

夲部

夲			説文	進趣也。从大从十。大十，猶兼十人也。凡夲之屬皆从夲。讀若滔。	許慎 説文解字	
㚏			説文	疾也。从夲卉聲。拜从此。	許慎 説文解字	
㚏			金文	舊並釋作華，非。此即《説文》此即㚏字。觀《説文》重文，知此㚏即賁即奔。	劉心源 古文審 卷七	34961
㚏			金文	許印林説，款識多借爲賁。賁古斑字。所謂虎賁旅賁是也。牧敦㚏駁，讀爲賁飾之賁。	吴式芬 攈古録金文 卷二之三 盂爵	34960
㚏			金文	此即㚏字，㚏賁奔通。	劉心源 奇觚室吉金文述 卷二 毛公鼎	36353
㚏			金文	此即賁之古文，象華飾之形，㚏與奔形近音同，故兼有奔義。	林義光 文源	36357
㚏	 		甲骨	𣎴爲求，𣎴爲㚏。	商承祚 殷契佚存	44866
㚏			甲骨	㚏當讀若賁。《廣雅》賁，美也。㚏、賁可通假，金文皆以㚏爲之。	孫海波 甲骨文編 卷十	34966
㚏			石鼓	《説文》㚏即奔字。此從《説文》疾訓甚通。	强運開 石鼓釋文	34967
㚏	 杜伯盨		金文	㚏賁自可通假。賁，美也，容庚説如此，精確可從。	强運開 説文古籀三補 卷十	34964
㚏			金文	孫詒讓釋爲㚏，通賁，是也。吴式芬釋幩亦通。	張之綱 毛公鼎斠釋 毛公鼎	36362
㚏			金文	㚏即賁本字。賁又從貝聲，拜貝古並在祭部，故得相同。㚏勾對文，旂㚏連言，知㚏亦有勾意。	徐中舒 金文嘏辭釋例 中央研究院歷史語言研究所集刊第六本一分 1935年	36359

𠦪			甲骨	祭名。有祈求之意。“𠦪年”、“𠦪雨”卜辭習見。	容庚 善齋彝器圖録 令尊	34969
𠦪			甲骨	𠦪年猶祈年。	郭沫若 殷契粹編	34968
𠦪			甲骨	從郭沫若説“𠦪年”猶祈年。	楊樹達 卜辭求義	34970
𠦪	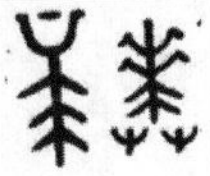		金文	于金文中有三種用法：一是祭名。相當於《説文》之祓。金文用爲動詞，除惡祭也。二是與匄對文。或與祈連用。三是用同賁。飾也。	林潔明、周法高主編 金文詁林 卷十二	34977
𠦪	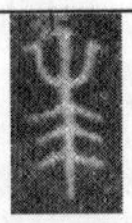		金文	用𠦪壽，匄永福。𠦪當讀如乞。	唐蘭 論周昭王時代的青銅器銘刻 古文字研究 1980 年 2 輯	34974
𠦪			金文	𠦪有祓義。龍宇純説是也。𠦪壽即祈壽。龍宇純説𠦪祓諸字間關係，可從。	李孝定 金文詁林讀後記 卷十	34973
𠦪			金文	𠦪，讀爲賁。賁，古斑字。賁固色之不一者。故亦讀爲斑。所謂斑駁是也。	張政烺 王臣簋釋文 四川大學學報叢刊第十輯《古文字研究論文集》	34975
𠦪			金文	𠦪的本義當是百草之象形。甲骨文的𠦪多用爲祭名，有祈求之意。或借用作鶗。許訓“疾也”實不可取。	蔡運章 甲骨金文與古史研究	34976
𠦪			金文	借爲賁，古斑字，文采雜色飾。	孫亞冰 眉縣楊家村卅二、卅三年逨鼎考釋 中國史研究 2003 年 4 期	15159
𠦪			甲骨	所從𠦪象牡荊枝條之形，上爲花序三出，下爲易長之根。商代氣候温暖，祭祀頻繁，祭品極易腐敗。荊枝香氣濃郁可以驅蟲防腐，是上貢之前的必備之物，因而引申有祈禱之義。	徐云峰 商代㢊、康卜辭中之玳瑁及其他 農業考古 2002 年 1 期	15856
㬥			説文	疾有所趣也。从日出夲廾之。	許慎 説文解字	
䎽			説文	進也。从夲从屮，允聲。《易》曰：“䎽升大吉。”	許慎 説文解字	

⿰韋允			金文	其爲玁狁字無疑。	吴式芬 攈古録金文 卷三之二 虢季子盤	34980
奏	  古文  古文		説文	奏進也。从夲从廾从中。中，上進之義。古文。亦古文。	許慎　説文解字	
奏			甲骨	象兩手絜木形。當是許書之桊字。《孟子》“拱把”，“拱”當如此作。訓兩手同械者，殆引申之義矣。	羅振玉 殷虚書契考釋 卷中	34984
奏			甲骨	《尚書·大傳》“大拱”，鄭注：“兩手搤之曰拱。”此當爲拱之本字。卜辭此字正象兩手搤木形。	陳邦懷 殷虚書契考釋小箋	34985
奏			甲骨	余釋爲祓。	饒宗頤 殷代貞卜人物通考 卷十	34989
奏			甲骨	奏。當從萃釋説。羅稱非是。卜辭奏字多用爲樂舞（奏樂）之義。	屈萬里 殷墟文字甲編考釋	34987
奏			甲骨	凡此諸辭。以“拱”讀之均扞格難通，釋奏訓進若奉，則罔不洽適。羅説之誤至明矣。	李孝定 甲骨文字集釋 卷十	34988
奏			金文	“奏”可訓爲“進”，在先秦漢語中，受“奏”者地位不一定高。	裘錫圭 商銅黿銘補釋 中國歷史文物 2005 年 6 期	15109
皐			説文	氣皐白之進也。从夲从白。《禮》：祝曰皐，登謌曰奏。故皐奏皆从夲。《周禮》曰：“詔來鼓皐舞。”皐，告之也。	許慎　説文解字	
皐			金文	竊疑當爲“皋”之古文。	孫詒讓 古籀餘論 卷三 盂鼎	34992
皐		皋	甲骨	此疑即“皋”字。	孫詒讓 契文舉例 卷上	34991
皐			金文	字從虎從幺從夲，以形聲推之，蓋當讀爲“皋”，其義則爲虎皮戟甲。	孫詒讓 名原 卷下	34990

臯		臭 畀	金文	皋古文當從白從大，字訓當如之。	柯昌濟 韡華閣集古録跋尾甲篇 單伯畀生鐘	36375
臯		蜀	金文	細審該戈“蜀”字有誤，我們認爲必須將“蜀”月讀爲皋月，皋月是用《爾雅》所記的月名。	饒宗頤 楚繒書之摹本及圖像 故宫季刊 1968 年	34995
臯		虢	金文	銘文之金虢，蓋即皮甲而有銅飾者。	黄然偉 殷周青銅器賞賜銘文研究	34994
臯			金文	皋字在篆文中的正體應該就像這枚印中的“皋”。漢印沿襲了戰國古文混亂的“夰”（大）的寫法，又把“白”衍爲“自”，而産生了“臯”，作爲“皋”的别構。又因“皋”、“澤”在意義上有關係，所以和澤所從的“睪”也混同起來。致使“皋”字出現多種字形。	張頷《成皋丞印》跋 古文字研究 1986 年 14 輯	34996
䵒	 伯氏姒氏鼎		金文	該字從奉关聲，當讀作朕。	戴家祥 金文大字典	16557

夰部

夰			説文	放也。从大而八分也。凡夰之屬皆从夰。	許慎　説文解字	
𥄎			説文	舉目驚𥄎然也。从夰从䀠，䀠亦聲。	許慎　説文解字	
𥄎		𣡌	金文	𣡌或即𥄎字。	阮元 積古齋鐘鼎彝器款識 卷八 散氏盤	34998
𥄎			甲骨	從䀠之字皆有左右顧之義。瞿字從隹，故謂鷹隼之視耳。𥄎則人之驚顧。䀠則人之左右視。䀠、𥄎二字當本一字。契文作𥄕，省卩則爲䀠，易卩爲大則爲𥄎，篆文又訛大爲夰。此字所見各辭均殘文，義不明。	李孝定 甲骨文字集釋 卷十	35000
奡			説文	嫚也。从百从夰，夰亦聲。《虞書》曰："若丹朱奡。"讀若傲。《論語》："奡湯舟。"	許慎　説文解字	
昦			説文	春爲昦天，元氣昦昦。从日、夰，夰亦聲。	許慎　説文解字	
昦		昊	金文	當即昊。	吴大澂 愙齋集古録 第二册	35003
昦	 單伯鐘		金文	昦。此下從矢。小異。	方濬益 綴遺齋彝器款識考釋 卷一 單伯鐘	35002
昦	 牆盤	昊	金文	昊指昊天。本作昦，此與隸書同。	唐蘭 略論西周微史家族窖藏銅器群的重要意義——陝西扶風新出牆盤銘文解釋 文物 1978 年 3 期	35005
臩			説文	驚走也。一曰往來也。从夰、臦。《周書》曰："伯臩。"古文臦，古文囧字。	許慎　説文解字	

䙼	 伯侯父盤	[illegible]	金文	字從兩反弓，從大，省丌，乃《説文》䙼字。	阮元 積古齋鐘鼎彝器款識 卷八 伯侯父盤	36388
䙼	 伯侯父盤		金文	從冏，取其明辨也。《説文》從丽，當是後世繁文。	阮元 積古齋鐘鼎彝器款識 卷八 伯侯父盤	35007
䙼	 伯侯父盤	[illegible] [illegible]	金文	此篆似從火從兩耳，當爲䙼之古文。	强運開 説文古籀三補 卷十	36390
䙼			金文	上從兩耳相對，耳有所聞乃始驚走，下蓋從火，當亦䙼之古文。	强運開 説文古籀三補 卷十	35008
昊			甲骨	疑本皋字，用爲人名或國名。	葉玉森 殷虚書契前編集釋 卷一	17997
昊			金文	《説文》無，爾雅釋天夏爲昊天，疏以昊者爲元氣博大之貌。	容庚 金文編	17996

亣部

亣			説文	籒文大，改古文。亦象人形。凡亣之屬皆从亣。	許慎 說文解字	
奕			説文	大也。从大亦聲。《詩》曰："奕奕梁山。"	許慎 說文解字	
奕	 效卣	亦	金文	陳夢家謂亦爲奕，其説可從。	李棪 金文選讀 第一輯序論	36277
奕	 亦車觚	亦	金文	古無以奕受氏者。殆亦作器者之名耳。	薛尚功 歷代鐘鼎彝器款識法帖 卷五	35012
奕		袤	金文	從示亦聲字，字書所無，殆是奕之古文。在此假爲狄。	郭沫若 信陽墓的年代與國别 文物參考資料 1958 年 1 期	35014
奘			説文	駔大也。从大从壯，壯亦聲。	許慎 說文解字	
臭			説文	大白、澤也。从大从白。古文以爲澤字。	許慎 說文解字	
臭			石鼓	薛作畀。鄭云即思字。郭云恐是臭。未詳孰是。	張燕昌 石鼓文釋存	35016
臭	 毛公鼎		金文	《説文》有臭，而無哭。疑臭即哭之變體。臭哭必爲一字矣。	孫詒讓 名原 下卷	35017
臭			甲骨	從孫説當讀爲斁。斁澤從睪得聲。	柯昌濟 殷墟書契補釋	35018
臭	 毛公鼎		甲骨	象人頭上蒙倛；當爲禓之初文。禓，逐强鬼也。爲古代一種感致巫術，即以鬼攻鬼。	朱芳圃 殷周文字釋叢 卷下	35020
臭			金文	臭或爲從白從矢字之訛誤。從白從矢字爲澤之古文，當以音近讀爲逆。	于豪亮 中山三器銘文考釋 于豪亮學術文存 1985 年 1 月	35021

臭			金文	字從白從大。銘借作斁。《説文》三篇："斁，解也。從攴睪聲。"《詩》云："服之無斁。斁，壓也。一曰終也。"《書·洛誥》："我惟無斁其康年。"句例與此銘同。僞孔傳訓斁爲壓。	戴家祥 金文大字典	14925
奚			説文	大腹也。从大，䌛省聲。䌛，籀文系字。	許慎 説文解字	
奚			金文	龔定盦説，幼之異文從大者。吴子苾釋綏。青地緑文曰綏。	吴榮光 筠清館金文 卷二 周父癸角	35022
奚			金文	字象人戴窶數形，古婁字與奚字同意，當亦象女奴戴器形。	吴大澂 説文古籀補 奚卣	36378
奚			金文	从大从爪，絲省聲，塙是奚字。龔自珍釋爲幼，吴式芬釋爲綏。並未允。	孫詒讓 古籀拾遺 卷下 周父癸角	35026
奚			甲骨	女奴爲奚，童僕亦稱奚。	吴大澂 字説 奚字説	35023
奚	 矢人盤		金文	或釋周。亦非。《古老子》、《摭古異文》奚形體與此合。	劉心源 奇觚室吉金文述 卷八 矢人盤	35025
奚			金文	大象人形，此象糸繫人頸，爪持之，當即傒之本字。	林義光 文源	35027
奚			甲骨	疑奚字之異體。	商承祚 殷虚文字類編 卷十	35030
奚			金文	審篆形，明是奚字也。	高田忠周 説文古籀篇 卷三十九	35028
奚	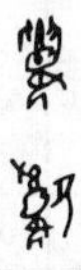		甲骨	卜辭第二字從女奚省聲。當爲嫨之初字。	陳邦懷 殷虚書契考釋小箋	35032
奚	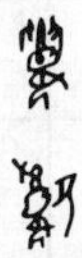		甲骨	罪隸爲奚之本誼，故從手持索以拘罪人。其從女者，與從大同。	羅振玉 增訂殷虚書契考釋 卷中	35024
奚			甲骨	此作以手持索拘罪人，當爲奚之本義。從女與從大同。	商承祚 甲骨文字研究 卷下	35031
奚			甲骨	二奚均呈縲絏之象，從字形而言，乃拘者跪地反剪二手之形，實非從女。當以罪隸爲本義。	郭沫若 卜辭通纂	35033

奚			甲骨	小母之稱罕見。或稱庶母。矢奚殆其名也。	葉玉森 殷虚書契前編集釋 卷一	35029
奚			甲骨	即要字。要殆假爲郊。	郭沫若 殷契粹編考釋	35034
奚			甲骨	此字形無大腹義。甲骨文女字似與大字相混。大即人也。以繫大使爲奴曰奚。不必定爲女。	唐桂馨 説文識小録 古學叢刊 1939 年	35038
奚	 亞奚簋		甲骨	象爪牽人髮而命事之形。奚奴爲名詞，亦用爲動詞。後世加人旁作傒，或加女旁作嫨。	高鴻縉 中國字例二篇	35039
奚			甲骨	説者謂象以手持索拘人之形。“奚貝”者，余謂乃拘擄所得之具。	馬國權 倘角新釋 學術研究 1962 年 6 期	35040
奚	 奚爵		金文	從系得聲。	馬叙倫 讀金器刻詞 卷中	35035
奚			甲骨	像頭上編髮辮形。	于省吾 甲骨文字釋林 卷上 釋奚	35037
奚			金文	奚字。古圖畫文字象縲紲加人頭，蓋繫其頸；皋人皆械繫之。此其象意字也。	李孝定 金文詁林讀後記 卷十	35041
奚			楚簡	疑當讀爲“奚”。	湖北省博物館 曾侯乙墓	3059
奚			楚簡	用桐木作的俑。	湖北省博物館 曾侯乙墓	3062
奚			楚簡	用柏木作的俑。	湖北省博物館 曾侯乙墓	3061
奚			璽印	字應釋作“奚”。	劉釗 璽印文字釋叢（一） 考古與文物 1990 年 2 期	35042
奚			甲骨	與篆文從糸同，蓋奴隸起源於戰俘，戰鬬之中，强者殺之，馴服者役焉。其後，犯罪奴隸，亦課以苦役，成群結隊相互聯繫。奚本象形，作嫨者，性别加旁字也。	戴家祥 金文大字典 卷中	35043

奚	 上二/民之父母/6		楚簡	即“傾”之借字，支耕相轉。古音奚聲與解聲、圭聲相通。傾，頭不正也。	高定彝 老子道德經研究	14376
奚	 上二/民之父母/6		楚簡	讀爲“繫”。	濮茅左 上海博物館藏戰國楚竹書第二册 民之父母	11762
奚	 上二/民之父母/6		楚簡	劉樂賢《讀上博簡〈民之父母〉等三篇劄記》已經先指出“該字仍當以按傳世本讀“傾”爲佳。奚字古音是支部匣紐，傾字古音是耕部溪紐，二者讀音接近，存在通假的可能”。我們可以加一些文獻的證據：《禮記·祭義》“君子頃步而弗敢忘”，鄭注：“頃當爲跬，聲之誤也。”“跬”字所從的“圭”聲與本簡的“奚”聲上古同屬牙音支部字，而“頃”聲則屬牙音耕部字，三字爲陰陽對轉的關係。	季旭昇 讀《上博（二）》小議 簡帛網 2003年1月12日	4241
奚	 上二/民之父母/6		楚簡	該字仍當以按傳世本讀“傾”爲佳。奚字古音是支部匣紐，傾字古音是耕部溪紐，二者讀音接近，存在通假的可能。	劉樂賢 讀上博簡《民之父母》等三篇劄記 簡帛研究網 2003年1月10日	4239
奚	 上二/民之父母/6		楚簡	當讀“傾”。“奚”，匣紐支部；“傾”，溪紐耕部。匣、溪唯深喉、淺喉之别，支、耕陰陽對轉。《禮記·孔子閒居》、《孔子家語·論禮》均作“傾耳而聽之”。	何琳儀 滬簡二册選釋 簡帛研究網 2003年1月14日	4243
奚	 上二/民之父母/6		楚簡	傳世本作“傾”。“奚”與“傾”聲紐同系，韻部陰陽對轉。	安徽大學古文字研究室 上海楚竹書(二)研讀記 簡帛研究網 2003年1月3日	4240
奚	 上二/民之父母/6		楚簡	此字下半從系，上半爪的起筆略直，不像一般爪的起筆稍斜，且爪的右側又多出一筆，整體來看象“日”字。似不妨改釋作“昃”。“昃耳”即“側耳”。	林素清《上博簡》（二）《民之父母》幾個疑難字的釋讀 上博館藏戰國楚竹書研究續編 2004年	14359

奚	 上二/民之父母/6		楚簡	原注釋讀“奚”爲“系”非是。《禮記·孔子閒居》、《孔子家語·論禮》此字均作“傾”，“奚”爲“傾”之通假字。“奚”，古音爲匣紐支部，“傾”爲溪紐耕部，聲紐同系，韻部爲陰陽對轉關係。《禮記·祭義》“故君子頃步而弗敢忘”，“頃”《經典釋文》“讀爲跬”，“跬”屬溪紐支部；《説文解字·言部》：“謑”或作“䚷”，從奊聲。“奊”：《説文》謂“從圭聲”，“圭”屬見紐支部。凡此均可證“奚”讀爲“傾”。“傾耳而聽”爲先秦常語，讀“系耳”則不合常理。	黄德寬 戰國楚竹書（二）釋文補正 上博館藏戰國楚竹書研究續編 2004 年	161
奚	 上二/民之父母/6		楚簡	“奚”，整理者讀“系”。按，當讀“傾”。“奚”，匣紐支部；“傾”，溪紐耕部。匣，溪唯深喉、淺喉之别，支、耕陰陽對轉。《禮記·孔子閒居》、《孔子家語·論禮》均作“傾耳而聽之”。	何琳儀 第二批滬簡選釋 上博館藏戰國楚竹書研究續編 2004 年	160
奚	 上五/鮑叔牙與隰朋之諫/6		楚簡	尤“何如”。	陳佩芬 上海博物館藏戰國楚竹書第五册 鮑叔牙與隰朋之諫	592
耎			説文	稍前大也。从大而聲。讀若畏偄。	許慎 説文解字	
耎			秦簡	讀爲濡。《廣雅》：“漬也。”	睡虎地秦墓竹簡整理小組 睡虎地秦墓竹簡	35045
奰			説文	大皃。从大𥆞聲。或曰拳勇字。一曰讀若傿。	許慎 説文解字	
奰		⿱罒大	金文	⿱罒大殆奰之初文，本義當指人目之大。引申爲壯大。	周法高主編 金文詁林 卷十	35047
奰			説文	壯大也。从三大三目。二目爲𥆞，三目爲奰，益大也。一曰迫也。讀若《易》虙羲氏。《詩》曰：“不醉而怒謂之奰。”	許慎 説文解字	

夫部

夫			説文	丈夫也。从大，一以象簪也。周制以八寸爲尺，十尺爲丈。人長八尺，故曰丈夫。凡夫之屬皆从夫。	許慎　説文解字	
夫	 韓侯伯晨鼎		金文	夫讀爲黼，夫甫二字聲近，古多通用。	孫詒讓　古籀拾遺　卷下	36392
夫			甲骨	古夫字。	王襄　簠室殷契類纂　正編卷十	35049
夫	 邾公華鐘		金文	夫與大初皆象人正立形。其後分爲兩音兩義。加“一”爲“夫”以别于“大”。“一”非象丈夫之簪也。	林義光　文源	35050
夫	 韓侯伯晨鼎		金文	“幽夫”當釋爲“絲弁”。	吴闓生　吉金文録　卷一　第二十至二十一頁	36394
夫			甲骨	與大通用。夫甲即大甲。	孫海波　甲骨文編　卷十	35052
夫			甲骨	秦刻辭大夫作夫夫，知二字古通用。	楊樹達　卜辭求義	35054
夫			甲骨	夫示小示即大示小示。	陳夢家　殷虚卜辭綜述	35053
夫				夫只是長人，只是大個子，或大塊頭。	周谷城　古史零證　農夫田民兩級考	35055
夫				成人也。字依大（人）畫其首發戴簪形。由丈大（人）生意，故爲成人意之夫。成人長一丈故曰丈夫。	高鴻縉　中國字例　二篇	35056
夫			甲骨	孫氏謂通大。是也。	李孝定　甲骨文字集釋　卷十	35060
夫				“夫”張釋爲“不”，屬下讀，殆非是。	郭沫若　侯馬盟書試探　文物 1966 年 2 月	35057

夫	 韓侯伯晨鼎		金文	白川静云本器之字應作幽亢。近於“夫”字之形乃亢之異文。説殊可信。	周法高主編 金文詁林 卷十	35058
夫	 韓侯伯晨鼎		金文	白川静謂“幽夫”應作“幽亢”。	林潔明、周法高主編 金文詁林 卷十	36397
夫				與《六書通》“夫人”之字相似，故當釋爲“夫”。	徐錫臺 西周陶文試釋 人文雜誌 1985年3期	35059
夫			楚簡	相當於秦二十等爵中的第七級公大夫。	湖北省博物館 曾侯乙墓	3056
夫	 包/文書/3	天	楚簡	夫，此指成年之人。	劉彬徽、彭浩、胡雅麗、劉祖信 包山楚簡	3172
夫	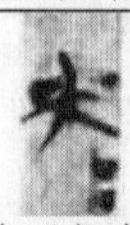 包/文書/94		楚簡	可能是楚聲王塚大夫。	劉彬徽、彭浩、胡雅麗、劉祖信 包山楚簡	2554
夫			楚簡	即古籍中常見的於乎，但未見於夫。	商承祚 戰國楚竹簡匯編 信陽長臺關一號楚墓竹簡第一組文章	9858
夫	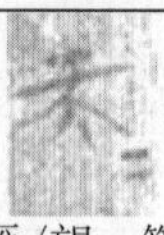 匯/望一劄記/55		楚簡	爲大夫二字合書。	商承祚 戰國楚竹簡匯編 望山一號楚墓竹簡疾病雜事劄記	10368
夫	 匯/望一劄記/39		楚簡	大夫二字的合文。又見第五五簡。	商承祚 戰國楚竹簡匯編 望山一號楚墓竹簡疾病雜事劄記	10498
夫	 郭/魯穆公問子思/6		楚簡	這一段有缺文，據文義似可釋讀並補字如下：夫爲其君之故殺其身者，效祿爵者也。恒[稱其君]之惡[者，遠]祿爵者也。[爲]義而遠祿爵，非子思，吾惡聞之矣！	彭浩、劉祖信、王傳富 郭店楚墓竹簡	4536
夫	 郭/老子甲/17	天	楚簡	“夫”字之誤。簡文中的“天”字一般寫成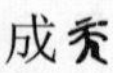、，“而”字寫成，“夫”字多作，以上三字因形近而易誤。	彭浩、劉祖信、王傳富 郭店楚墓竹簡	7373

夫	 郭/緇衣/1		楚簡	今本於篇首有“子言之曰：爲上易事也，爲下易知也，則刑不煩矣”一章，爲簡本所無。	彭浩、劉祖信、王傳富 郭店楚墓竹簡	7164
夫	 郭/語叢四/10		楚簡	裘按：此句當讀爲“匹婦愚夫”。	彭浩、劉祖信、王傳富 郭店楚墓竹簡	9094
夫	 上一/紂衣/14		楚簡	下有合文符，爲“大夫”兩字。	陳佩芬 上海博物館藏戰國楚竹書第一册 紂衣	12038
夫	 上一/孔子詩論/3		楚簡	此處之後辭文殘失。與上下文留白第四簡不能連讀。以下是一段論述，可能是更具體地述及《訟》、《大夏》、《少夏》和《邦風》，大約至少二枚。	馬承源 上海博物館藏戰國楚竹書第一册 孔子詩論	10865
夫	 上一/紂衣/12		楚簡	右下角有合文符，爲“大夫”兩字。	陳佩芬 上海博物館藏戰國楚竹書第一册 紂衣	12023
夫			楚簡	如夫，爲句首連接語氣辭。但在古文獻中較爲少見。	馬承源 上海博物館藏戰國楚竹書第二册 魯邦大旱	12998
夫	 上一/孔子詩論/16		楚簡	簡文“夫萬”，疑讀“扶蘇”，即《詩·鄭風·山有扶蘇》之“扶蘇”。檢《詩論》中載《詩》之篇名，往往可以省簡。《詩序》“刺忽也。所美非美然。”其中“美”與《詩論》之“美”恰可互證。這也説明上文對“扶蘇”的考釋，並非是無根之談。	何琳儀 滬簡《詩論》選釋 上博館藏戰國楚竹書研究 2002 年	11307
夫	 上三/中弓/4		楚簡	《周禮·天官冢宰》中有“宰夫”一職，爲下大夫，“掌治朝之灋”。簡文中的“剚夫”，已非王官，爲春秋時卿大夫的家臣，掌管膳食，亦稱“膳宰”。	李朝遠 上海博物館藏戰國楚竹書第三册 中弓	11698
夫	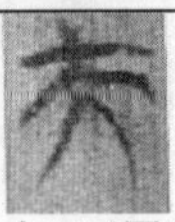 上三/周易/1		楚簡	剛陽之人。	濮茅左 上海博物館藏戰國楚竹書第三册 周易	12804

夫			金文	“一夫”合文。	李學勤 季姬方尊研究 中國史研究 2003年4期	15591
夫	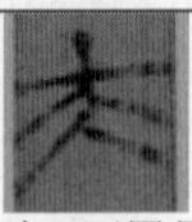 上三/周易/16		楚簡	此句意從此失彼。	濮茅左 上海博物館藏戰國楚竹書第三册 周易	12584
夫	 上三/中弓/4		楚簡	“宰夫”一詞見於《周禮·天官》，其職爲下大夫，掌正治朝之位，並處理諸臣、百姓上書及財政審計等。簡文“宰夫”蓋指卿大夫之家宰。“宰夫”所指爲子路。	林志鵬 仲弓任季氏宰小考 簡帛研究網 2004年6月6日	2750
夫	 上二/容成氏/42		楚簡	夫是以，夫爲語首助詞，有提示作用。	王輝 讀上博楚竹書《容成氏》劄記（十則） 古文字研究 2004年25輯	12791
夫	 上三/中弓/2		楚簡	“夫”字可爲句首或句末之助詞，整理者從下讀，疑應從上讀。	黄人二、林志鵬 上博藏簡第三册仲弓試探 簡帛研究網 2004年4月23日	2768
夫	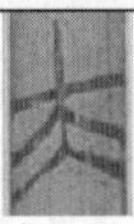 上三/中弓/3		楚簡	“子有臣萬人道，汝思老其家，夫”，“夫”屬後讀。“子有臣萬人道，汝思老其家”，其解釋應該是：“你（指仲弓）有（做宰）治理萬人的本領方法，你（又）考慮一直在他（指季桓氏）家爲他效力”，這是孔子對中弓説的一句話。	朱淵清 仲弓的年齡及其身份 簡帛研究網 2004年5月12日	2779
夫	 上五/姑成家父/9		楚簡	强門大夫，原考釋以爲“强門”指豪門大族；“大夫”指晉國卿以下的陪臣一類，胥童、夷羊五之屬。案：晉厲公殺三郤，主要就是靠胥童、夷羊五、長魚嶲（矯），强門大夫應該就是指胥童、夷羊五等人。下簡説强門大夫率以釋長魚嶲，惻三郤，可證。胥童、夷羊五等人因爲得到晉厲公的寵幸，封爲卿，稱之爲强門大夫，應不爲過。	季旭昇 上博五芻議（下） 簡帛網 2006年2月18日	4761

夫	 上五/競建內之/1		楚簡	爲“大夫”合文，指隰朋、鮑叔牙兩人。	陳佩芬 上海博物館藏戰國楚竹書第五册 競建內之	626
夫	 上五/競建內之/1		楚簡	二大夫，從整理者釋。何有祖先生改釋爲“士大夫”，諸家從之。按：“二大夫”即指前隰朋與鮑叔牙，此處無言“士大夫”之理。因爲言“二大夫”即承上而有定指，言“士大夫”則泛泛無定指，非爲文之法。事實上全篇與桓公應答的也就是這兩位大夫，並無旁人。何有祖先生之所以改釋“二”爲“士”，是由於認爲横劃上有竪筆。但看大圖版，所謂竪筆實在過於漫漶，很難説一定就是一道筆畫。原整理者目驗原簡，此處還是應該相信原整理者的釋文。	張富海 上博簡五《鮑叔牙與隰朋之諫》補釋 簡帛網 2006年5月10日	4679
夫	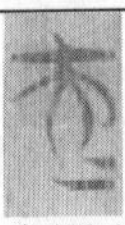 上四/曹沫之陳/25	夫=	楚簡	讀“裨大夫”，疑即上“獄大夫”。	李零 上海博物館藏戰國楚竹書 第四册 曹沫之陳	3434
夫	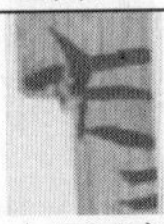 上四/柬大王泊旱/23	夫=	楚簡	“大夫”兩字合文。	濮茅左 上海博物館藏戰國楚竹書第四册 柬大王泊旱	529
夫	 上四/昭王毀室/1	夫=	楚簡	爲“大夫”合文。	陳佩芬 上海博物館藏戰國楚竹書第四册 昭王毁室——昭王與龔之脽	3279
規			説文	有法度也。从夫从見。	許慎　説文解字	
規	 師朢鼎	䂓	金文	䂓當是規之古文。蓋謂用規以畫圓，周即圓周也。	郭沫若 兩周金文辭大系圖録考釋 師望鼎	35061
規	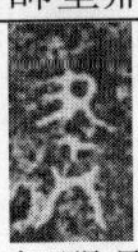 師朢鼎	䂓	金文	從聿從乂。《説文》所無。郭沫若謂當是規之古文。其説是也。	張日昇 金文詁林卷三	35063

夫夫			説文	竝行也。从二夫。輦字从此。讀若伴侶之伴。	許慎 説文解字	
夫夫			甲骨	古夫夫字。許説並行也，從二夫，輦字從此，讀若伴侶之伴。	王襄 簠室殷契類纂 正編卷十	35064
姑			金文	其字從夫從古，疑即𡚁字之省。	孫詒讓 名原 卷下	36398
姑			金文	左半從夫，右半從古，字當釋姑，考姑之訓義有二。《爾雅·釋親》："父之姑弟妹爲姑。"此一義也。姑姊妹，祖父之女也，故表義從女。《釋名·釋親屬》："婦稱夫之母曰姑。"《説文》十二篇："姑，夫母也。"舅姑之姑，名由夫來，必更旁從夫，乃足以示别異於姑姊妹之姑，此又一義也。	戴家祥 金文大字典	14851
𡚁			金文	即昭王之名本字，從害聲，害割古爲一聲，瑕格一聲，故害瑕爲同聲字，昭王實名爲歆，後世作瑕者，乃同聲同義假借之訛别字也。	吴其昌 金文厤朔疏證 1936 年	17810
𡚁			金文	𡚁從害夫聲，宗周鐘的𡚁即厲王胡，王孫遺者鐘的𡚁屖讀爲舒遲。	周法高 金文零釋 釋𡚁	17808
𡚁			金文	作國名，作人名。𡚁國與淮夷有關，𡚁侯之國必濱於淮夷，而猶臣服於周。今謂𡚁即胡，即春秋之胡。本器作者之𡚁，亦當讀爲胡。史稱周厲王名胡，此器當在厲、宣之世，則𡚁即厲王本名，又無可疑也。	唐蘭 周王𡚁鐘考 唐蘭先生金文論集 1995 年	17809
𡚁	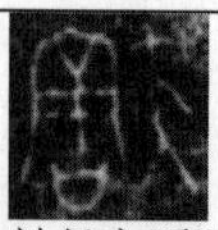 𡚁侯之孫陳鼎		金文	此字當從害夫聲，金文或從害玌聲。	吴大澂 説文古籀補	36413

立部

立			説文	住也。从大立一之上。凡立之屬皆从立。	許慎　説文解字	
立			金文	子立一上。一者，祭位也，立乎其位，所以承祭也。立，古位字。從大，立一之上。《説文》以大爲象人形，此銘一上作人形，即古立字也。	阮元 積古齋鐘鼎彝器款識 卷二 子立敦	35066
立				人不行謂之立，因而所立之處亦謂之立。以動字爲静字也。後乃讀于備切以别其音，遂加人旁以别其形耳。	王筠 説文釋例	35067
立	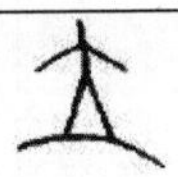		金文	許印林説立涖通。《説文》作竦，臨也。	吴式芬 攈古録金文 卷三之一 齊國差甔	35068
立			金文	象人正立地上形。	林義光 文源	35069
立				甲骨文金文象人立地上之形。	孫海波 中國大學講義（内刊） 甲骨金文研究	42344
立			金文	疑立本地字，後假爲立爲位。	商承祚 立字質疑 中山大學文學院研究所集刊第六册 1930年	36426
立			甲骨	立當讀爲位。蓋謂爲壇位也。	郭沫若 殷契粹編考釋	35073
立			金文	立本爲動詞，後借以名其所立之處，始爲名詞，從人立地以上。	高鴻縉 中國字例三篇	36430
立			金文	“立事歲”是齊國習見的紀年格式，是主持國家的祭祀。	齊文濤 概述近年來山東出土的商周青銅器 文物 1972年5期	36431
立			甲骨	當讀爲位。有可能告天的儀式就是在天位進行。“天位”疑指郊祭天神的圜丘。	連劭名 讀周原出土的甲骨刻辭 古文字研究 1986年13輯	35076

立	 包/卜筮/250		楚簡	立、位古同，簡文中指神位。	劉彬徽、彭浩、胡雅麗、劉祖信 包山楚簡	6971
立	 郭/成之聞之/3		楚簡	裘按：似當讀爲“莅”。	彭浩、劉祖信、王傳富 郭店楚墓竹簡	8514
立	 郭/成之聞之/8		楚簡	裘按：當釋作“位”。	彭浩、劉祖信、王傳富 郭店楚墓竹簡	8539
立	 上一/紂衣/2		楚簡	即“静恭尔位”。《荀子·勸學》：“《詩》曰：‘靖共爾位，好是正植。’”《大戴禮記·勸學》“共”作“恭”。《左傳·成公十六年》“楚共王”，《吕氏春秋·權勳》作“荆龔王”，古“共”、“恭”、“龏”（龔）通。“立”、“位”古字通，西周金文中常見册命禮之“立中廷”，即位於中廷。	陳佩芬 上海博物館藏戰國楚竹書第一册 紂衣	11904
立	 上一/紂衣/13		楚簡	經籍“立”、“涖”通用。《周禮·地官·鄉師》“以涖匠師”，鄭玄注：“故書涖作立。”鄭眾云：“立，讀爲涖。”郭店簡作“位”。今本作“涖”。	陳佩芬 上海博物館藏戰國楚竹書第一册 紂衣	12034
立			楚簡	讀爲“位”。	馬承源 上海博物館藏戰國楚竹書第一册 孔子詩論	10531
立			甲骨	卜辭有“立中”，建中之地在中央，民衆從四方匯聚，尚中意識由此產生。“中”在卜辭中兼作氏族社會之徽幟和測風之儀。作爲前者，“中”與權力、法制、道德等有關；作爲後者，“中”又與度有關。	劉青 從卜辭“立中”到《易傳》的中道思想 上海財經大學學報2001年4月	15873

立	 包/卜筮/250		楚簡	立、位古同，簡文中指神位。	連劭名 包山簡所見楚地巫禱活動中的神靈 考古2001年6期	4640
立	 上一/孔子詩論/27		楚簡	從上下文的用詞特色看，“子立”當爲一個獨立詩名。	曹峰 對《孔子詩論》第八簡以後簡序的再調整——從語言特色的角度入手 上博館藏戰國楚竹書研究2002年	11831
立	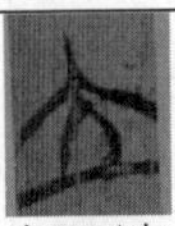 上三/中弓/23		楚簡	確定，建立。	李朝遠 上海博物館藏戰國楚竹書第三册 中弓	13440
立	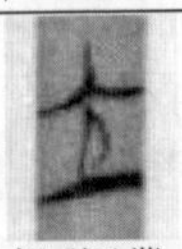 郭/語叢二/34		楚簡	義爲建樹或成就。	劉釗 郭店楚簡校釋	9738
立	 上四/内豊/8		楚簡	“不采立”，不倚立即要有站相。	李零 上海博物館藏戰國楚竹書 第四册 内豊	3693
立	 上五/姑成家父/4		楚簡	强立，遇事能明辨不疑。《禮記•學記》：“九年知類通達，强立而不反，謂之大成。”鄭玄注：“强立，臨事不惑也。”孔穎達疏：“强立謂專强獨立，不有疑滯。”	陳偉 《苦成家父》通釋 簡帛網 2006年2月26日	5048
逮			説文	臨也。从立从隶。	許慎 説文解字	
逮			金文	即《説文》逮，今之莅或涖或蒞字。逮爲正字，莅、蒞非古，以金文考之，是也。	金祥恒 小臣 鼎銘文逮字考釋 中國文字1991年	35078
竧			説文	磊竧，重聚也。从立㙜聲。	許慎 説文解字	
端			説文	直也。从立耑聲。	許慎 説文解字	
端			秦簡	端，故意。	睡虎地秦墓竹簡整理小組 睡虎地秦墓竹簡	35081

竱	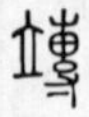		説文	等也。从立專聲。《春秋國語》曰："竱本肇末。"	許慎 説文解字	
竦			説文	敬也。从立从束。束，自申束也。	許慎 説文解字	
竫			説文	亭安也。从立争聲。	許慎 説文解字	
靖			説文	立竫也。从立青聲。一曰細皃。	許慎 説文解字	
竢	  或體	迉	説文	待也。从立矣聲。或从巳。	許慎 説文解字	
竢	 陳侯因資敦	極	金文	古竢字無疑。	强運開 説文古籀三補 卷十 陳侯因資敦	44980
竢	 陳侯因資敦	極	金文	竢之古文，讀爲嗣。	郭沫若 兩周金文辭大系圖録考釋 陳侯因資敦	44984
竢	 陳侯因資敦	極	金文	從立，上似從厶從司，疑竢之異文。古音司聲㠯聲相近，可互通。	孫詒讓 古籀餘論 卷三 陳侯彝	44977
竘			説文	健也。一曰匠也。从立句聲。讀若齲。《逸周書》有竘匠。	許慎 説文解字	
竘	 陳侯因資敦	極	金文	或釋盜，非。從立從句。《説文》："竘，健也。"勤適謂勤和。	劉心源 奇觚室吉金文述 卷四 陳侯因資敦	44976
竘	 陳侯因資敦	極	金文	竘，《逸周書》有"竘匠"。	丁佛言 説文古籀補補 卷十	44978
竘	 陳侯因資敦	竒	金文	竘，假借爲巧。句、工古音通。銘文"休竘"亦疑"休功"字也。	高田忠周 説文古籀篇 三十九	44987
竵			説文	不正也。从立𤴡聲。	許慎 説文解字	

竭			説文	負舉也。从立曷聲。	許慎 説文解字	
䇓	 或體	⿰立芻	説文	待也。从立須聲。⿰立芻或从芻聲。	許慎 説文解字	
𥫔			説文	痿也。从立羸聲。	許慎 説文解字	
竣			説文	偓竣也。从立夋聲。《國語》曰："有司已事而竣。"	許慎 説文解字	
⿰立彔			説文	見鬼鬽皃。从立从録。録，籒文鬽字。讀若虙羲氏之虙。	許慎 説文解字	
⿰立昔			説文	驚皃。从立昔聲。	許慎 説文解字	
⿰立卑			説文	短人立⿰立卑⿰立卑皃。从立卑聲。	許慎 説文解字	
竲			説文	北地高樓無屋者。从立曾聲。	許慎 説文解字	
⿰立⿱屮卩			金文	該字從立，從屮，從卩。字書不見。音義不易定。	張政烺 中山王譽壺及鼎銘考釋 古文字研究 1979 年 1 輯	17090
⿰立⿱屮卩			金文	即替字。	于豪亮 中山三器銘文考釋 于豪亮學術文存 1985 年 1 月	35108
⿰立長			璽印	《鍴盧印稿》有"⿰立長坪君相室鉌"，"⿰立長坪"即"長平"。	于豪亮 古璽考釋 古文字研究 1981 年 5 輯	17660
⿰立司	 陳侯因資敦		金文	從立從㠯，㠯即台或以之繁文。台以均有嗣意。此云佅極趠文，蓋欲續趠文之事業。	徐中舒 陳侯四器考釋 史語所集刊 第三本四分 1933 年	44982
⿱尚立	 上四/曹沫之陳/50		楚簡	"幾莫之⿱尚立"，讀"忌莫之當"，指忌諱不得其當。	李零 上海博物館藏戰國楚竹書 第四册 曹沫之陳	3621
⿱尚立	 上五/競建内之/10		楚簡	俚⿱尚立：讀爲朋黨。	陳佩芬 上海博物館藏戰國楚竹書 第五册 競建内之	1968

堂	 上四/曹沫之陳/50		楚簡	“幾莫之當”當指採取以上諸措施之後復戰，則我軍兵眾奮勇向前，近於無能抵擋之者。對照後文有關部分可知，此句後省略了總結收束之語“此復敗戰之道”。	陳劍 上博竹書《曹沫之陳》新編釋文（稿） 簡帛研究網 2005 年 2 月 12 日	2068
堂	 上五/競建內之/10		楚簡	我們認爲此“朋黨”用作動詞，後面的“群獸”是該行爲的對象。	楊澤生 《上博五》零釋十二則 簡帛網 2006 年 3 月 20 日	5168
蹬			金文	象用手腳撥動弓弩發箭之形，當是撥的古文。《周禮·考工記》發當爲撥。《釋名·釋言》：“發，撥也。”弦撥箭發，在動作的時間上僅瞬息之間，發爲撥的初字可信。發引申爲出發的意思後，才加手才符以存古意。《禮記·曲禮》上“衣毋撥”，注：發揚貌，又爲廢。《論語·微子》：“廢中權”，鄭注：發動貌。是發、廢同讀同義之徵。	戴家祥 金文大字典	14842
𡐦	 包/卜筮/205		楚簡	“大𡐦”就是司法文書簡的“大臧”，是掌管收藏的職官。	劉彬徽、彭浩、胡雅麗、劉祖信 包山楚簡	5282
𡐦	 包/卜筮/205		楚簡	疑讀作牂。《廣雅·釋獸》：“吴羊……三歲曰牂。”	劉彬徽、彭浩、胡雅麗、劉祖信 包山楚簡	5283
𡐦	 包/卜筮/205		楚簡	“大𡐦”就是司法文書簡的“大臧”，是掌管收藏的職官。	李家浩 包山祭禱簡研究 簡帛研究 2001 年	1116
䜌			璽印	該字所從乃䜌的省文。在印文中用作姓氏。	裘錫圭 戰國璽印文字考釋三篇 古文字研究 1983 年 10 輯	16997

竝部

並	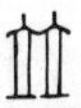		説文	併也。从二立。凡竝之屬皆从竝。	許慎 説文解字	
並	 竝爵	竝	金文	此最古象形文。但人戴笠而立。	高田忠周 説文古籒篇 卷三十九	35096
並		竝	甲骨	與并本爲一字，竝象二人併立，并則象二人側立形。	丁山 甲骨文所見氏族及其制度 竝氏	35099
並		竝	金文	取二人並立之意，動詞，亦用爲連詞。	高鴻縉 中國字例 四篇	36433
並			甲骨	像人正面端立之狀。並字。卜辭之並，其義一爲人名，一爲併也、俱也。	金祥恒 釋 中國文字	35100
並	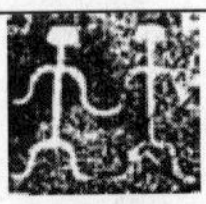	竝	金文	《説文》：“竝，併也。從二立。”“並”爲後起字。	張再興 殷周金文集成·青銅器定名問題 古籍整理研究學刊 2003年2月	15476
並			金文	讀爲旁，義爲廣大。	李學勤 眉縣楊家村新出青銅器研究 文物2003年6期	15274
並	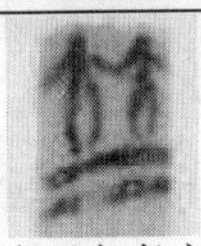 郭/唐虞之道/15		楚簡	傍也、依也，並於大時，即依靠關鍵時機。	劉釗 郭店楚簡校釋	8439
並		竝	甲骨	此與從幵同字同誼，許君分爲二部。非也。	商承祚 甲骨文字研究 卷下	35097
並	 [illegible]作父乙尊		金文	前人釋班釋辨並未確。可作，其訛爲，又變爲，遂作此形，實仍是竝字。	唐蘭 天壤閣甲骨文存考釋	44867

並		竝	甲骨	可作連詞，連接兩名詞；可作動詞；可作名詞，爲人名或國邑名。作爲地名，其地望應：北在今河南固始縣東北，東至淩水，西至信陽、固始間，其南境之郲地不確。	王長豐 竝方國族氏考 中原文物 2006 年 1 期	15872
普	  或體  或體	替 普	説文	廢，一偏下也。从竝白聲。𣌭或从兟从曰。暜或从曰。	許慎 説文解字	
普	 迦尊	迦	金文	此銘從二立，小篆之普字即此字也。	吴榮光 筠清館金文 卷四 周竝匜	36437
普	 番生簋蓋	替	金文	古作從甘即從口，從二欠。口二欠者倦極也，俗謂代謂替，亦由倦極思廢之義引申。	林義光 文源	35102
普	 中山王譽鼎	竝	金文	當爲替之省文。	徐中舒、伍仕謙 中山三器釋文及宫室圖説明 中國史研究 1979 年 4 期	35105
普	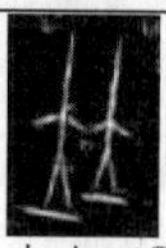 中山王譽鼎	竝	金文	確是替字。	張政烺 中山王譽壺及鼎銘考釋 古文字研究 1979 年 1 輯	35107
普			金文	替字篆作暜，訓廢，從竝無義。金文作朁，林義光氏謂從甘與從口同，口二欠者，倦極也，倦極則思廢。雖可備一説而失之鑿。銘文釋替可通。	李孝定 金文詁林讀後記 卷十	35106
普	 上三/周易/44	普	楚簡	普字似與無涉。疑當釋爲“替”。《説文》替字從並，白聲，“並”下或從“曰”。但《汗簡》卷中之二所録石經“替”字上從並，下從日，《古文四聲韻》卷四所録亦同。依此，竹書此字當可釋爲“替”。《莊子•則陽》“與世偕行而不替”成玄英疏：“替，廢也，堙塞也。”這與“泥”的辭義相通。	陳偉 楚竹書《周易》文字試釋 簡帛研究網 2004 年 4 月 18 日	1465

暜	 上三/周易/44	暜	楚簡	“普”之本字。	濮茅左 上海博物館藏戰國楚竹書 第三册 周易	13775
暜	 上三/周易/44	暜	楚簡	陳偉先生讀暜爲替。陳説爲是。但需要指出的是，該字上部所從不是象兩人並立的竝字，而是替字的初文。中山王鼎有暜字，張政烺先生曾據《説文》“廢，一偏下”之説解，考訂此字爲替字初文。替的本義爲代替，引申爲廢棄。	孟蓬生 上博竹書（三）字詞考釋 簡帛研究網 2004年4月26日	1714
暜	 上三/周易/44	暜	楚簡	帛書本和今本與“普”對應之字均作“泥”。“普”字應讀爲“湴”。《廣韻·鑒韻》説“湴”同“埿”，“深泥也”。而“埿”應該是“泥”的加旁字，《集韻·齊韻》：“埿，塗也。通作泥。”塗即濕泥。所説“湴”同於“埿”應屬同義换讀。現在廣州話還把“爛泥”叫做“泥湴”，把“泥漿”叫做“泥湴漿”。簡文把井中之泥稱爲湴”，用詞非常精當。	楊澤生 上博竹書第三册零釋 簡帛研究網 2004年4月29日	2739

囟部

囟	  古文  或體		説文	頭會，𡿺蓋也。象形。凡囟之屬皆从囟。古文囟字。或从肉、宰。	許慎　説文解字	
囟			甲骨	西周卜辭中應釋爲“囟”，讀爲“思”或“斯”。	李學勤 續論西周甲骨 人文雜誌 1986 年 1 期	35111
囟			甲骨	囟實由由所衍化。卜辭以“囟”爲“西”，乃音假。	姚孝遂 甲骨文字詁林 第二册 按語	35112
囟			甲骨	周原甲骨文中的“囟”均讀爲“斯”，義爲“那麽、就”。	張玉金 周原甲骨文“囟”字釋義 殷都學刊 2000 年 1 期	15802
囟	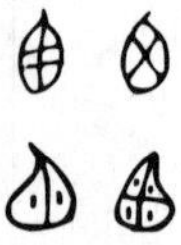		甲骨	，甲骨文中的這幾種形體都應釋囟，唐蘭此前曾經指出其中三個應釋囟。其義項有三：一是引申義，意思是腦袋、頭顱。二是假借義，讀爲“斯”，可譯爲“就”。三也是假借義，讀爲“西”，意思是西方。周原甲骨文中的“囟”都應讀爲“斯”，意思是“那麽、就”。金文中“囟”和“西”已分化爲兩個字，“囟”有兩種用法：讀爲“斯”，如《師訇簋銘》“訇其萬囟年，子子孫孫永寶用”；作人名用（舊釋由），如《長囟盉銘》。	張玉金 釋甲骨金文中的“西”和“囟”字 中國文字研究 2001 年 2 輯	14529
囟			楚簡	周原甲骨文裏的“囟”是語氣副詞，義爲“應、當”，跟《詩》《書》裏的虛詞“式”的用法相同。楚墓竹簡裏的“囟”或“思”有的跟周原甲骨文裏的“囟”用法一樣，有的讀爲	沈培 周原甲骨文裏的“囟”和楚墓竹簡裏的“囟”或“思” 漢字研究 2005 年 1 輯	15773

					“使”。“思”是心母之部字，“式”是書母職部字。它們韻部之間是陰入對轉的關係。心母和書母兩個聲母之間也有比較密切的關係。例如，同從“台”聲的“枲”和“始”，一在心母，一在書母。從“世”得聲的字，也是有的在心母，有的在書母。（參看鄭張尚芳2003：464—465）李玉（1994：12—13）統計秦漢簡帛資料裏心母和書母的通假次數有84次之多。可見，“囟”、“思”和“式”相通在語音上是沒有問題。根據目前所掌握的材料，我們只能説“思”（包括“囟”）表示“使令”或“致使”義時就是借爲“使”來用的。		
囟	 上四/曹沫之陳/24			楚簡	“思”字原作“由”（即“思”字之聲符）。本篇後文及舊有其他楚簡中同類用法的“由”字和“思”字多見，不少研究者指出它有“使令”一類意思，孟蓬生先生、陳斯鵬先生主張就直接讀爲“使”。但從本篇簡36“使長百人”與“思帥”同時出現來看，這類用法的“思”字在當時的語言中是否就是跟“使”毫無區别的同一個詞，其實還是可以進一步研究的。它們是音義皆近的一對詞，就好像虚詞“惠”和“唯”、“于”和“於”的關係一樣的可能性，恐怕也不能完全排除。	陳劍 上博竹書《曹沫之陳》新編釋文（稿）簡帛研究網 2005年2月12日	3668
巤				説文	毛巤也。象髮在囟上及毛髮巤巤之形。此與籀文子字同。	許慎　説文解字	
巤	 師寰簋			金文	龔定盦云籀文子字與巤同字。	吴榮光 筠清館金文 卷三	35114

巤	 師寰簋		金文	許慎之意巤非子，籀文以爲子字，形近而假借之例。	吴榮光 筠清館金文 卷三	36445
巤	 師寰簋		金文	此即巤字。	丁佛言 説文古籀補補 卷十	36449
巤	 師寰簋		金文	巤即人名，或曰即臘字，臘祭之器，故云臘尊簋。	劉心源 奇觚室吉金文述 卷四	36447
巤			甲骨	與古文金文友字略同。	孫詒讓 契文舉例 契文舉例	42909
巤			甲骨	此與籀文子字同意，但省巛耳，其義當爲“獵”之借字。	孫詒讓 契文舉例 卷上	35115
巤		昱	甲骨	翌；巤之初字。	王國維 戩壽堂所藏殷墟文字考釋	42910
巤	 師寰簋		金文	按銘文意元爲臘字，省文假借也。	高田忠周 説文古籀篇 卷四十六	35116
巤			甲骨	臘祭亦有定日；或釋昱。	王襄 簠室殷契徵文考釋	42911
巤			金文	羽即巤之初文，巤爲獸毛之名，亦爲鳥羽之名，且羽巤音同。	聞一多 聞一多全集 卷二 璞堂雜識	36455
巤				乃牛羊豕馬等獸頭頸上毛。俗名曰鬃。後人或作鬣或⿺毛巤。	高鴻縉 中國字例五篇	35119
巤			金文	從囟，上下像毛髮巤巤，爲全體象形。其下半與契文羽字全同，陳夢家以爲羽亦聲，是也。	李孝定 金文詁林讀後記 卷十	35121
𣬈			説文	人臍也。从囟，囟，取氣通也；从比聲。	許慎　説文解字	
𣬈			金文	戴家祥曰：字《説文》所無，以金文慣例審之似，即𣬈字反書。《説文》十篇《囟部》“𣬈，人臍也。從囟。囟，取氣通也。從比聲。”《集韻》工平六脂𣬈，隸作毗，或書作毘。古音毘聲同卑。《小雅・節南山》：“天子是毗。”《毛傳》：毗，厚也。鄭箋：毗，輔也。《荀	戴家祥 金文大字典	14957

				子・宥坐篇》作“天子是庳”。楊倞注：庳，輔也。是其證，器銘“作旅𣪘”，當讀爲“作旅甈”。旅義爲陳。《説文》十二篇《瓦部》：“甈，罌謂之甈。從瓦卑聲。”《博雅》：甈，瓶也。《唐韻》𣪘讀房脂切，並母脂部。甈讀部迷切，不但同部，而且同母。		

思部

思			説文	容也。从心囟聲。凡思之屬皆从思。	許慎　説文解字	
思			秦簡	《汗簡》引華岳碑思字形體與繒書同。	嚴一萍　楚繒書新考　中國文字 1967—1968 年	35127
思			楚簡	此字在此作語助詞。	高明　楚繒書研究　古文字研究 1985 年 12 輯	11517
思			楚簡	玆因無百神，風雨之亂作，日月可按規律運轉，則宇宙有宵有朝，有晝有夕。	高明　楚繒書研究　古文字研究 1985 年 12 輯	11532
思			楚簡	疑借爲“息”。	李零　長沙子彈庫戰國楚帛書研究	2223
思			楚簡	此二字應爲名詞。	李零　長沙子彈庫戰國楚帛書研究	2151
思			楚簡	“思”字上缺兩字。	何琳儀　長沙帛書通釋校補　江漢考古 1989 年 4 期	11641
思		囟	周原	李學勤和王宇信隸定爲“囟”，釋爲“思”，得之。然二氏以此“思”爲虛辭，與“隹”同意，恐怕仍有可商之處。應該釋動詞，即“願”的意思。	夏含夷　試論周原卜辭⊗字——兼論周代貞卜之性質　古文字研究 1989 年 17 輯	45210
思			楚簡	“思”，假借爲“息”。	連劭名　長沙楚帛書與中國古代的宇宙論　文物 1991 年 2 期	11516
思	 郭/太一生水/12		楚簡	簡文與“田”字有别，故釋作“思”。	彭浩、劉祖信、王傳富　郭店楚墓竹簡	7161
思			楚簡	“毋思”，原斷在下句，今按帛書此章有韻，“思”字是韻腳，應連此句爲讀。此句含義不清。	李零　《長沙子彈庫戰國楚帛書研究》補正　古文字研究 2000 年 20 輯	2206

思	 上一/性情論/19		楚簡	似讀成“息”，今本“思”、“息”有通用的情况，如《詩・周南・漢廣》“南有喬木，不可休息”，《韓詩外傳》卷一“休息”作“休思”。	濮茅左 上海博物館藏戰國楚竹書第一册 性情論	7830
思	 上一/孔子詩論/10		楚簡	《綠衣》的詩意。	馬承源 上海博物館藏戰國楚竹書第一册 孔子詩論	11218
思	 郭/尊德義/18		楚簡	“思”字上部框中的交叉兩筆，均作“十”而不是像此字作“×”。疑應釋爲“畏”，在此可能讀爲“威”。因下缺二字，不能通釋。	陳偉 郭店簡書《尊德義》校釋 中國哲學史 2001 年 3 期	14305
思	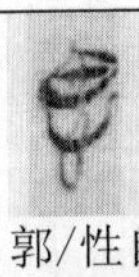 郭/性自命出/26		楚簡	讀爲思。永思，長思。	陳偉 郭店竹書别釋	8898
思	 上一/孔子詩論/2		楚簡	指詩之志。“其思深而遠”，意指《詩》之志意深沉而悠遠。	江林昌 上博竹簡《詩論》的作者及其與今傳本《毛詩》序的關係 上博館藏戰國楚竹書研究 2002 年	5357
思	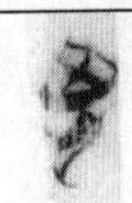 郭/尊德義/18		楚簡	當釋畏，讀爲威。原釋思，但楚簡中思字上部框中均作“十”，與此不同。	陳偉 郭店竹書别釋	8145
思	 郭/窮達以時/8		楚簡	爲楚國地名，見於包山楚簡和典籍。	劉釗 郭店楚簡校釋	8000
思	 上三/周易/55		楚簡	意能執柔順之道，以事其君，使天下之眾不致離散，平暴亂之事，拯眾爲心。	濮茅左 上海博物館藏戰國楚竹書第三册 周易	13950
思	 上二/容成氏/3		楚簡	讀爲使。	裘錫圭 讀上博簡《容成氏》劄記二則 古文字研究 2004 年 25 輯	1885

思	 上三/亙先/5		楚簡	荒思，若依簡 10“荒言”例，“荒思”謂孟浪之思。	劉信芳 上博藏竹書《恒先》試解 簡帛研究網 2004 年 5 月 16 日	2282
思	 上三/亙先/5		楚簡	“荒思”，疑讀爲“無使”。	黄人二、林志鵬 上博藏簡第三册恆先試探 簡帛研究網 2004 年 5 月 12 日	1579
思	 上二/容成氏/44		楚簡	當讀爲使。古音思屬心母之部，使爲山母之部，心、山古音每相通，可通。	孟蓬生 上博竹書（二）字詞劄記 上博館藏戰國楚竹書研究續編 2004 年	14347
思	 上二/容成氏/20		楚簡	亦可讀爲司，《釋名・釋言語》：“思，司也。”《説文通訓定聲》：“思，假借爲司。”《周禮・司市》“上旌天思次以令市”，鄭玄注：“‘思’當爲‘司’。”	晏昌貴《容成氏》中的“禹政” 上博館藏戰國楚竹書研究續編 2004 年 7 月	14228
思	 上二/容成氏/3		楚簡	讀爲使。	裘錫圭 讀上博簡《容成氏》劄記二則 古文字研究 2004 年 25 輯	13149
思		囟	楚簡	周原甲骨文裏的“囟”是語氣副詞，義爲“應、當”，跟《詩》、《書》裏的虚詞“式”的用法相同。楚墓竹簡裏的“囟”或“思”有的跟周原甲骨文裏的“囟”用法一樣，有的讀爲“使”。“思”是心母之部字，“式”是書母職部字。它們韻部之間是陰入對轉的關係。心母和書母兩個聲母之間也有比較密切的關係。例如，同從“台”聲的“枲”和“始”，一在心母，一在書母。從“世”得聲的字，也是有的在心母，有的在書母。(參看鄭張尚芳 2003：464—465) 李玉(1994：12—13)統計秦漢簡帛資料裏心母和書母的通假次數有 84 次之多。可見，“囟”、“思”和“式”相通在語音上是	沈培 周原甲骨文裏的“囟”和楚墓竹簡裏的“囟”或“思” 漢字研究 2005 年 1 輯	15774

				没有問題。根據目前所掌握的材料，我們只能説“思”（包括“囟”）表示“使令”或“致使”義時就是借爲“使”來用的。		
思			璽印	思君子(古璽彙編 3482)，璽印文字有“思士”，王輝先生謂“殆指善於思考的士吏”。“思君子”之“思”或與此類同。	肖毅 楚系成語璽輯略 漢字研究 2005年1輯	15702
思	 上三/亙先/5		楚簡	此“思”，入乎自然之化，而不是違反天道的思慮。文末“有求而不慮”之“慮”，與此處“思”的含義不同。	丁四新 楚簡《恆先》章句釋義 簡帛網 2005年12月30日	1712
思	 上三/亙先/5		楚簡	思：思慮，思想。	趙建功 《恒先》易解（下） 簡帛研究網 2005年2月7日	2640
思	 上五/姑成家父/5		楚簡	思讀爲斯，是很常見的通假。不斯從，指不接受郤錡的建議。	季旭昇 上博五芻議（下） 簡帛網 2006年2月18日	4773
思	 上五/三德/1		楚簡	“明王”即優秀的統治者不必操心思慮。“無思”之用例，多見於道家系統的文獻……《三德》在整體風格上與《黄帝四經》非常接近，而《黄帝四經》對執道者（即統治者）之無爲有相當多的論述……《三德》雖然没有正面論述“無爲”，但如果把它視爲具有黄老思想傾向的作品，説它也崇尚“無爲”就不足爲奇。所以這句話可以這樣解釋，統治者把握了“天時”、“地材”、“民力”，就可以無思、無慮、無爲了。與“天時”、“地材”、“民力”相關的“德”稱之爲“三德”。	曹峰 《三德》零釋（一） 簡帛網 2006年4月10日	5145
思	 上二/容成氏/44		楚簡	明顯具有强制色彩，必須如孟先生所云讀爲“使”。	陳偉 竹書《容成氏》零識 簡帛網 2006年10月13日	4174

慮			説文	謀思也。从思虍聲。	許慎　説文解字	
慮			金文	此字當從心盧聲。與盧字同意。入思部虍聲未免支離。	唐桂馨 説文識小録 古學叢刊 1939 年	35130
慮	 中山王譽鼎	㠊	金文	從吕從心，即慮字。古從吕得聲之字與慮字通假。	于豪亮 中山三器銘文考釋 于豪亮學術文存 1985 年 1 月	35133
慮	 中山王譽鼎	㠊	金文	字從心吕聲，讀作慮，慮從心 盧聲。吕盧古音同屬來母魚韻，故從吕從心者蓋慮之聲符更换字。	戴家祥 金文大字典 卷上	35134
慮			楚簡	該字虎頭且聲，《説文》讀昨何切；現在下面加意符心，表示心態，似乎可以釋爲“作”字，存心造作也。與僞字義近，爲孝作慈，非真孝慈，故需棄絶之。	龐樸 初讀郭店楚簡 歷史研究 1998 年 4 期	14153
慮	 上一/性情論/39		楚簡	《説文》：“慮，謀思也。”段玉裁注：“謂計畫之纖悉必周，有不周者非慮也。”《方言》第一：“慮，思也。”《荀子·大略》：“文貌情用，相爲内外表裏。禮之中焉，能思索謂之能慮。”	濮茅左 上海博物館藏戰國楚竹書 第一册 性情論	12404
慮	 郭/性自命出/48		楚簡	思慮、謀劃。	陳偉 郭店竹書别釋	8728
慮	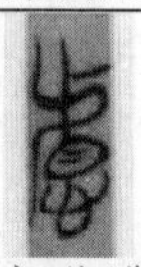 郭/語叢二/10		楚簡	義爲謀劃或圖謀。	劉釗 郭店楚簡校釋	9003
慮	 上五/三德/15	虘	楚簡	此字釋寫並不準確，“虘”下所從是“心”而不是“又”。這種寫法的字曾見於郭店《老子》甲 1 號簡，裘錫圭教授反復推求，最後釋爲“慮”。依照這一釋讀，前面的“百事不遂”，可以理解爲自然發生的事情，而後面	陳偉 上博五《三德》初讀 簡帛網 2006 年 2 月 19 日	4918

				的“慮事不成”則是主觀策劃事件。比之整理者的意見，似更爲合理……值得注意的是，2 號簡的有字爲协，與 15 號簡的字只是從心並不相同。迄今所見的楚簡讀爲“且”的字，大都從𠭥從又，此字之下又從心的字讀爲“詐”，或有可説。但從𠭥從心即郭店《老子》中裘先生釋爲“慮”的字，構形上固有差别，不當混同。		

心部

心			説文	人心，土藏，在身之中。象形。博士説以爲火藏。凡心之屬皆从心。	許慎　説文解字	
心			石鼓文	當爲心字，各形體與鼓文近似可以爲證。	强運開 石鼓釋文	35137
心			金文	中無點乃心臟字，有點爲心思字。點爲鐵之初文，今作尖，聲符兼意符。	聞一多 聞一多全集 卷二 釋朱	36458
心	 大克鼎		金文	容庚釋恖誤。此爲心字。	周名煇 新定説文古籀考 卷下	36235
心				字本心肺之心，而其用恆爲心思之心。心肺之心爲循環系之中樞，心思之心爲神經系之中樞，二者截然不同，古人不知。昧爲一事。	高鴻縉 中國字例二篇	35139
心			甲骨	甲骨文心字正象人心臟的輪廓。甲骨文從心從貝有别。	于省吾 甲骨文字釋林 卷下 釋心	35140
心			金文	古文字於空廓處每增點，無義。聞一多説非。古人謂心主思慮，以其多竅也。加點指心竅所在，然則仍是心字。周名煇謂恖心同字，説或較勝，蓋金文心字字形與此極近。	李孝定 金文詁林讀後記 卷十	35142
心	包/卜筮/218		楚簡	似指胃部。	劉彬徽、彭浩、胡雅麗、劉祖信 包山楚簡	6880
心	 匯/望一劄記/14		楚簡	悖心，即他簡所言之心孛。此處寫倒。	商承祚 戰國楚竹簡匯編 望山一號楚墓竹簡疾病雜事劄記	10451

心	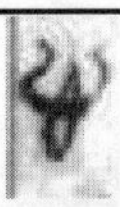		楚簡	心，古人心目中的思維器官。《孟子•告子上》：“心之官則思。”	陳偉 郭店簡書《人雖有性》校釋 中國哲學史2000年4期	14074
心	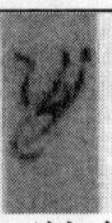 郭/性自命出/67		楚簡	字序抄寫有誤，正確應作“君子身以心爲主”。	劉釗 讀郭店楚簡字詞劄記（三） 古文字研究2000年22輯	8809
心			楚簡	心，心態、感受。	陳偉 郭店簡書《人雖有性》校釋 中國哲學史2000年4期	13918
心	 上一/性情論/35		楚簡	《孟子・告子上》：“心之官則思。”	濮茅左 上海博物館藏戰國楚竹書第一册 性情論	11497
心	 郭/性自命出/29		楚簡	心態、感受。	陳偉 郭店竹書别釋	8931
心	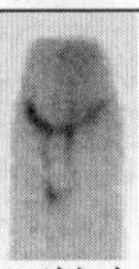 郭/性自命出/53		楚簡	“心威”，指内在的威儀。	陳偉 郭店竹書别釋	8746
心	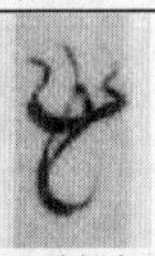 郭/性自命出/26		楚簡	動心，古書中習見，《孟子・告子上》：“所以動心忍性。”	陳偉 郭店竹書别釋	8901
心	 上三/周易/49		楚簡	讀爲“厲痛心”。子孫分裂，憂危而痛心。喻上下離心，君臣不接，令人心痛。	濮茅左 上海博物館藏戰國楚竹書第三册 周易	13840
心			金文	心賊，即邪惡之心。	連劭名 金文所見西周時代的刑典 華夏考古2003年1月	15460
心	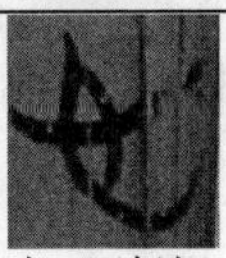 上三/彭祖/1		楚簡	執心，即敬畏之心。	趙炳清 上博簡三《彭祖》補釋 簡帛研究網 2005年1月26日	2381

息			説文	喘也。从心从自，自亦聲。	許愼　説文解字	
息		悳	金文	字從自從心，當爲息字，銘義似爲休安之義。	高田忠周 説文古籒篇 卷四十三 者瀘鐘	36461
息		鼻	金文	銘文用作休息之息。	戴家祥 金文大字典 卷上	35147
情			説文	人之陰氣有欲者。从心青聲。	許愼　説文解字	
情	 上一/性情論/2		楚簡	下有重文符，兩“情”字分屬上下句，即“道司於情，情生於眚”。	濮茅左 上海博物館藏戰國楚竹書 第一册 性情論	12106
情	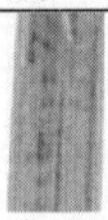 上一/性情論/21		楚簡	人情，《荀子・王霸》：“夫人之情，目欲綦色，耳欲綦聲，口欲綦味，鼻欲綦臭，心欲綦佚。此五綦者，人情之所必不免也。”即追求感官目、耳、口、鼻、心等的愉悦。	濮茅左 上海博物館藏戰國楚竹書 第一册 性情論	7837
情	 上一/性情論/18		楚簡	至其情，《六韜・文師》：“言至情者，事之極也。”	濮茅左 上海博物館藏戰國楚竹書 第一册 性情論	7816
性			説文	人之陽氣性善者也。从心生聲。	許愼　説文解字	
志			説文	意也。从心之聲。	許愼　説文解字	
志			秦簡	志，疑讀爲特。特馬是未經閹割不適駕車的雄馬。	睡虎地秦墓竹簡整理小組 睡虎地秦墓竹簡	35150
志			楚簡	此字據上簡補。	商承祚 戰國楚竹簡匯編 望山一號楚墓竹簡疾病雜事劄記	9981
志	 郭/六德/33		楚簡	裘按：此句似當讀爲“求養親之志”。“志”從“之”聲。其下有表示重文或合文之符號，故可讀爲“之志”。	彭浩、劉祖信、王傳富 郭店楚墓竹簡	6815
志			楚簡	志，意愿，思慮。“志”是由“心”形成的，所以《語叢一》52号簡説：“志，心司”；《毛詩序》説：“詩者，志之所之也。在心爲志，發言爲詩。”	陳偉 郭店簡書《人雖有性》校釋 中國哲學史 2000 年 4 期	12671

志			楚簡	“捨其志”，捨其殺伐征戰之志。	劉信芳 郭店楚簡《六德》解詁一則 古文字研究 2000 年 22 輯	1985
志	 上一/性情論/1		楚簡	正志，正確的認識，《荀子·解蔽》：“壹於道則正，以贊稽物則察，以正志行論，則萬物官矣。”又《周易·遯》曰：“嘉遯貞吉，以正志也。”“志”字下有墨釘。	濮茅左 上海博物館藏戰國楚竹書第一册 性情論	12086
志			楚簡	執志，持守正志。《後漢書·高鳳傳》：“執志不倦，名聲著聞。”	濮茅左 上海博物館藏戰國楚竹書第一册 性情論	12258
志	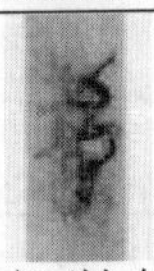 郭/性自命出/65		楚簡	執志，守持心志。	陳偉 郭店竹書別釋	8798
志	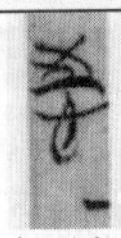 郭/六德/33		楚簡	“養親之志”，指奉養父母能順從其意志。	陳偉 郭店竹書別釋	6816
志	 上一/孔子詩論/8		楚簡	“忠志”即忠心。	廖名春 上海博物館藏詩論簡校釋劄記 上博館藏戰國楚竹書研究 2002 年	10747
志	 上二/民之父母/10		楚簡	㤅志，指精神、意志。	濮茅左 上海博物館藏戰國楚竹書第二册 民之父母	12911
志	 上二/民之父母/3		楚簡	讀爲“詩”。	濮茅左 上海博物館藏戰國楚竹書第二册 民之父母	11632
志	 上一/孔子詩論/8		楚簡	簡文“言不中志”，在大臣爲言不由衷，在幽王則忠言逆耳也。	周鳳五 《孔子詩論》新釋文及注解 上博館藏戰國楚竹書研究 2002 年	10749

志	 上一/紂衣/19	旹	楚簡	“志”，上從止，下爲“目”字的或體，字形與中山王方壺的“齒”字不同，並不是“齒”字的異體。	李零 上博楚簡校讀記（之二）：《緇衣》上博館藏戰國楚竹書研究 2002年	14044
志	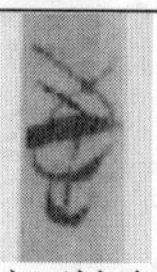 郭/性自命出/1		楚簡	意願、思慮。	陳偉 郭店竹書別釋	6607
志	 郭/老子甲/17		楚簡	讀爲恃。	劉釗 郭店楚簡校釋	7370
志	 上三/周易/27		楚簡	此字應與上簡連讀。	濮茅左 上海博物館藏戰國楚竹書第三册 周易	13644
志	 上三/周易/27		楚簡	“志”，王弼本與《繫辭傳》引、帛書《易經》本與帛書《繫辭傳》引皆作“思”。“志”，古音爲之部章母；“思”，古音爲之部心母。音義皆同，故可通用。從《繫辭傳》“子曰：天下何思何慮”（帛書本同）説來看，故書當作“思”。	廖名春 楚簡《周易》校釋記（二） 簡帛研究網 2004年4月23日	2782
志			璽印	呈志。呈，通逞。呈志，如願。	肖毅 楚系成語璽輯略 漢字研究 2005年1輯	15700
意			説文	志也。从心察言而知意也。从心从音。	許慎　説文解字	
意			秦簡	讀爲隱。	睡虎地秦墓竹簡整理小組 睡虎地秦墓竹簡	35154
意	 上五/鬼神之明/4	兴	楚簡	猜測、料想。郭店簡《語叢三》有此字。	曹錦炎 上海博物館藏戰國楚竹書第五册 鬼神之明	3015

意	 上五/鬼神之明/4	兴	楚簡	意、抑通假。如《國語•晉語八》："不知人殺乎抑厲鬼邪？"《説苑•辨物》抑作意。《論語•學而》："抑與之與？"《漢石經》抑作意。古書中"意"用作"抑"、表示或者的文例尚多。《墨子•明鬼下》："豈女爲之與，意鮑爲之與？"孫詒讓《閒詁》引王引之曰："意，與抑同。"《莊子•盜蹠》："知不足邪，意知而力不能行邪？"《説苑•善説》："不識世無明君乎，意先生之道固不通乎？"竹書中"意"也是用在下句，連接兩個相反的問題。	陳偉 上博五《鬼神之明》篇初讀 簡帛網 2006年2月18日	4929
恉			説文	意也。从心旨聲。	許慎 説文解字	
悳	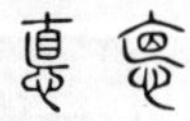 古文		説文	外得於人，内得於己也。从直从心。[字形]古文。	許慎 説文解字	
悳	 陳侯因資敦	悳	金文	心從從省字省，蓋以省心會意較直心義猶允協。	孫詒讓 名原 卷下	36459
悳		悳	金文	從直從心。直者循之本字。心之所循爲悳也。經傳悳皆以德爲之。德之訓爲升，此登之雙聲對轉。	林義光 文源	35157
悳		悳	金文	《説文》當云"從直從心，直亦聲"。古讀"直"如"得"，此即假"直"爲"得"，故許慎云"外得于人，内得于己也"。金文這個形體即恩悳、道德之悳。甲骨、金文多假"德"爲之。	趙天吏 釋"悳" 河南師範大學學報 1982年2期	35161
悳				金文與此近似，此文略有筆誤，當據石經古文作[字形]。	商承祚 説文中之古文考	42346
悳		悳	楚簡	此字乃"德"字之省，與側、仄古爲雙聲叠韻，互爲通用。	高明 楚繒書研究 古文字研究1985年12輯	43
悳		悳	楚簡	此字乃"德"字之省，與側、仄古爲雙聲叠韻，互爲通用。	高明 楚繒書研究 古文字研究1985年12輯	12517

悳		悳	楚簡	“悳”，同“德”。“德”與“陟”同源。“群神乃陟”意謂：側慝之歲，群神升回天國，不再佑民。	何琳儀 長沙帛書通釋 江漢考古 1986年1、2期	712
悳	 包/文書/62	悳	楚簡	楚職官名，職掌不詳。	劉彬徽、彭浩、胡雅麗、劉祖信 包山楚簡	6119
悳	 包/文書/62	悳	楚簡	“司悳”應讀“司直”，法官。	何琳儀 包山竹簡選釋 江漢考古 1993年4期	6118
悳		悳		“德”由直得聲受名，具有了一般的正道直行的字義。原初的道德形態是取象於道路的，這從德多與道合成詞語也可以發現其關聯。	臧克和 漢字單位觀念史考述	35163
悳		悳	楚簡	人享神，故神德之。這是“德慝”一詞中“德”的含義。	李零《長沙子彈庫戰國楚帛書研究》補正 古文字研究 2000年20輯	710
悳	 上一/紂衣/21	悳	楚簡	懷德，經籍常見，《詩·大雅·板》“懷德維寧，宗子維城”，《左傳·僖公五年》所引同上。《論語·里仁》“君子懷德，小人懷土；君子懷刑，小人懷惠”，何晏集解：“孔安國曰：懷，安也。”	陳佩芬 上海博物館藏戰國楚竹書第一册 紂衣	12057
悳	 上一/紂衣/3	悳	楚簡	“德”古作“悳”，簡文常見。《楚辭·離騷》“覽民德焉錯輔”，劉師培考異：“德，一作悳。”《漢書·地理志》“安悳”，顔師古注：“悳，古德字。”	陳佩芬 上海博物館藏戰國楚竹書第一册 紂衣	11926
悳	 上一/孔子詩論/24	悳	楚簡	“文武之德”者，非周之文王、武王之有德，乃謂后稷能文能武，文武雙全，兼有文德與武德。《生民》中有后稷稼穡之描述，是所謂武德；有祭祀上帝的描述，是所謂文德。	胡平生 讀上博藏戰國楚竹書《詩論》劄記 上博館藏戰國楚竹書研究 2002年	2008

悳	 上一/孔子詩論/9	悳	楚簡	“寡德”即君德。此是説《天保》“得禄蔑疆”，是以君德爲善的緣故。	廖名春 上海博物館藏詩論簡校釋劄記 上博館藏戰國楚竹書研究 2002年	5462
悳	 上二/魯邦大旱/1	悳	楚簡	此處孔子“刑德”並舉，其義猶《論語·里仁》“君子懷德，小人懷土，君子懷刑，小人懷惠。”“德”指内在的修養，“刑”泛指法制，法度。	林志鵬 《魯邦大旱》詮解 上博館藏戰國楚竹書研究續編 2004年7月	115
悳	 上三/中弓/11	悳	楚簡	通“德”。“興悳”，振興道德。	李朝遠 上海博物館藏戰國楚竹書 第三册 中弓	13365
悳		悳	楚簡	此兩句疑互倒。此句是説民敬神、神乃德惠於民，應在上句前。	李零 長沙子彈庫戰國楚帛書研究	711
悳		悳	楚簡	德者善也、福也。這裏指天之慶賞。	李零 長沙子彈庫戰國楚帛書研究	44
悳	 上一/孔子詩論/7	悳	楚簡	此當爲《毛詩·大雅·皇矣》引句，今本云：“帝謂文王，予懷明德。”毛亨傳云：“懷，歸也。”	馬承源 上海博物館藏戰國楚竹書 第一册 孔子詩論	10937
悳	 上一/孔子詩論/5	悳	楚簡	這四字爲《毛詩·清廟》引句，原文爲：“濟濟多士，秉文之德，對越在天。”	馬承源 上海博物館藏戰國楚竹書 第一册 孔子詩論	4480
悳	 上一/性情論/23	悳	楚簡	同“德”，簡文“悳”的字形與“性”頗近，疑有筆誤。	濮茅左 上海博物館藏戰國楚竹書 第一册 性情論	12211
悳	 上一/孔子詩論/2	悳	楚簡	此辭古籍中未見，坪、平古通用。《訟》之平德，必是指文王武王之德。平成天下之德。	馬承源 上海博物館藏戰國楚竹書 第一册 孔子詩論	10777
悳	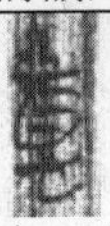 上一/性情論/10	悳	楚簡	悳（德），《禮記·月令》“命相布德和令”，鄭玄注：“德，謂善教也。”又《禮記·樂記》：“德者，性之端者也。”	濮茅左 上海博物館藏戰國楚竹書 第一册 性情論	10992

悳		悳	楚簡	與今本原《詩》與今本《緇衣》同。《説文·心部》："悳，外得於人，内得於己。從直從心。"《玉篇·心部》："悳，今通用爲德。"《廣韻·德韻》："德，德行。悳，古文。"	王平 上博簡《緇衣》引《詩》中的"又共悳行，四或川之" 天津師範大學學報 2002 年 3 期	14071
悳	 上二/子羔/2	悳	楚簡	此字讀爲"德"，言堯德澤温厚。	馬承源 上海博物館藏戰國楚竹書第二册 子羔	11800
悳	 郭/五行/21	悳	楚簡	讀爲直，義爲正直、梗直。	劉釗 郭店楚簡校釋	6640
悳	 上三/彭祖/4	悳	楚簡	悳，德之古文，《玉篇·心部》："悳，今通用德。"《广韻·德韻》："德，德行。悳，古文。"	趙炳清 上博簡三《彭祖》補釋 簡帛研究網 2005 年 1 月 26 日	2714
悳	 上三/周易/5	悳	楚簡	食其舊日之德禄位。	濮茅左 上海博物館藏戰國楚竹書第三册 周易	12832
悳	 上三/周易/28	悳	楚簡	即"恆其德"，執守一德。	濮茅左 上海博物館藏戰國楚竹書第三册 周易	12603
應			説文	當也。从心癃聲。	許慎 説文解字	
應			金文	多作。應公劍作鴡。應公觶之應字從從鳥。甲骨文之應作仳、，隹前之圓圈亦胸膺之指示。國名。	周永珍 兩周時期的應國、鄧國銅器及地理位置 考古 1982 年 1 期	15364
慎	 古文	昚	説文	謹也。从心真聲。古文。	許慎 説文解字	
慎	 郭/語叢一/46	昚	楚簡	慎字古文。	劉釗 郭店楚簡校釋	9599
慎	 邾公華鐘		金文	從日從火。日近也。日用火有慎之象。	林義光 文源	35165

慎			璽印	從夜從心。悬定爲古慎字。	丁佛言 説文古籀補補 卷十	35166
慎			金文	字爲古慎字，從火在日間。白日之火，不易見，故當慎。	高鴻縉 中國字例四篇	36468
慎		沓		慎字的古文是一上火下日之字。日是聲。它之所以讀爲慎，以它爲聲符之所以讀爲鎮，是因爲它與慎、鎮在古代讀音相近。	劉樂賢 釋《説文》古文慎字 考古與文物 1993 年 4 期	35168
慎		新	楚簡	慎，訓誠，見《爾雅・釋詁上》。	陳偉 郭店簡書《人雖有性》校釋 中國哲學史 2000 年 4 期	13932
慎			楚簡	意思是“恐懼”。	姜廣煇《郭店楚墓竹簡•語叢一》疏解（六）簡帛研究網 2002 年 10 月 2 日	13834
慎	 郭/語叢四/4	新	楚簡	口不慎而户之閉：慎，似應讀爲順。户，指代口；户之閉，即閉口不言。古人有用“閉”、“門户之閉”來表示緘口不語的做法。	陳偉 郭店竹書別釋	9047
慎			楚簡	“慎其獨”上脱去“君子”兩字，亦即上句末的“君子”脱去重文。	彭浩、劉祖信、王傳富 郭店楚墓竹簡	7950
慎			説文	石經古文同，金文郑華鐘作沓，敦煌尚書禹貢作工沓。	商承祚 説文中之古文考	42348
忠			説文	敬也。从心中聲。	許慎 説文解字	
忠			璽印	璽文雖然結構有所增繁，但必是忠無疑。	尤仁德 館藏戰國六璽考釋 考古與文物 1990 年 3 期	35170
忠	 郭/尊德義/33		楚簡	疑當讀爲中，義爲正、恰當。	陳偉 郭店竹書別釋	8331
忠	 郭/語叢二/63		楚簡	疑當讀爲中，此簡與 33 號簡相接，承接前文文意。	陳偉 郭店竹書別釋	9487
愨			説文	謹也。从心𡉉聲。	許慎 説文解字	

⿱䫉心			説文	美也。从心䫉聲。	許慎 説文解字	
快			説文	喜也。从心夬聲。	許慎 説文解字	
快			璽印	字從心從夬，應釋作快。	劉釗 璽印文字釋叢（一） 考古與文物1990年2期	35174
快			璽印	上夬下心，應是古文快字。	湯餘惠 包山楚簡讀後記 考古與文物1993年2期	35175
快			璽印	我們認爲這兩字其實都是快字。其上部所從，都是“夬”的異寫。	劉樂賢 第三屆國際中國古文字學研討會論文集 楚文字雜識	35176
快	 郭/尊德義/35		楚簡	裘按：疑當讀爲“決”。	彭浩、劉祖信、王傳富 郭店楚墓竹簡	6350
快	 郭/性自命出/47		楚簡	此字讀解有三種可能：一，如字讀，指愉快或放肆；二，讀爲觖，義爲不滿；三，讀爲慧，義爲聰明或狡黠。	陳偉 郭店竹書别釋	9190
快	 郭/尊德義/35		楚簡	讀爲決，指決斷。	陳偉 郭店竹書别釋	6351
快	 郭/性自命出/47		楚簡	快如，意爲直爽、爽快。	劉釗 郭店楚簡校釋	9189
愷	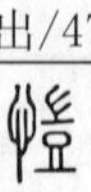		説文	樂也。从心豈聲。	許慎 説文解字	
㥦	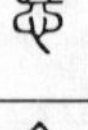		説文	快心。从心匧聲。	許慎 説文解字	
念			説文	常思也。从心今聲。	許慎 説文解字	

念			金文	夔簋銘："用作宫中念器。"其中"念"字當讀爲"飪"字。"飪"本義爲熟，亦可指熟食。"飪器"應即盛熟食的器物。念、飪均爲侵部字，聲母分屬泥、日兩母。《儀禮·聘禮》"賜饗唯羹腍"，鄭注："古文飪作腍"，如此，"念器"即是"腍器"，而"飪"只是"腍"字不同聲符的一個異體字而已。	師玉梅　以古音釋字五則　中國文字研究 2005 年 6 輯	14711
念	 夔簋		金文	總之由來，當由心上加點逐步演變而成。釋作"悤"的字，心中的點畫寫得要靠上一些，加在心字上部靠口的部分。而心字中的點，一般寫在最下邊。只有夔簋中的"念"字，心字中的點畫寫得比較靠上，這很可能是偶然誤書造成的，不應該視作心、悤二字没有區别的例證。由以上分析可以看出，從悤得聲的聰、窻、蔥等字都是由悤之空、明之意派生來的；而總、驄則是由蔥之青緑特點進一步派生的。我們認爲古漢字在分化派生的過程中，如同詞義的引申一樣，可以從本義以輻射的方式向各個方向派生分化。	郝士宏　説悤及從悤的一組字　漢字研究 2005 年 1 輯	15755
㤔			説文	思也。从心付聲。	許慎　説文解字	
憲			説文	敏也。从心从目，害省聲。	許慎　説文解字	
憲	 井人妄鐘	害	金文	上從害省，下即目字，其爲憲字無疑。	孫詒讓　古籀拾遺　卷下	36470
憲			金文	從夫從害，音義無可考。以字例考之，當即憲之或體。疑憲字古或從夫，與規矩字略同，與訓敏字從心小異。蓋規矩憲三字同訓法，故或皆從夫，其義恉亦自同條共丗。	孫詒讓　名原　卷下	35182

憲		害	金文	古作從目害省聲。	林義光 文源	36471
憲			秦簡	憲盜，據簡文，係一種捕盜的職名。“憲”與害通假。	睡虎地秦墓竹簡整理小組 睡虎地秦墓竹簡	35188
憲	 史牆盤	害	金文	害同憲。與聖字義近。	李學勤 論史牆盤及其意義 考古學報 1978 年 2 期	35185
憲	 史牆盤	害	金文	害同憲，公佈政令教令也。古代政教合一，政令教令皆公佈之，是爲憲。	徐中舒 西周牆盤銘文箋釋 考古學報 1978 年 2 期	35186
憲	 史牆盤	害	金文	害爲憲之初文。憲憲應讀爲忻忻，乃形容開朗之義。	于省吾 牆盤銘文十二解 古文字研究 1981 年 5 輯	35187
憲		害	金文	憲丘是一複姓，見於各姓氏譜録中。	劉樂賢 秦漢文字釋叢 考古與文物 1991 年 6 期	35189
憕			説文	平也。从心登聲。	許慎　説文解字	
戁	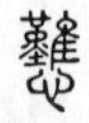		説文	敬也。从心難聲。	許慎　説文解字	
戁	 郭/性自命出/35		楚簡	讀“嘆”。據《禮記・檀弓下》。	龐樸 初讀郭店楚簡 歷史研究 1998 年 4 期	13900
戁	 郭/性自命出/25		楚簡	末一字疑當讀爲“歎”。	彭浩、劉祖信、王傳富 郭店楚墓竹簡	8882
戁	 郭/性自命出/32		楚簡	讀爲嘆。	陳偉 郭店竹書别釋	8673
戁	 郭/老子甲/16		楚簡	通爲難。	劉釗 郭店楚簡校釋	7363

憖	 郭/語叢四/14		楚簡	讀爲難，義爲忌憚。	劉釗 郭店楚簡校釋	6622
憖	 上三/彭祖/2		楚簡	讀“難”。	李零 上海博物館藏戰國楚竹書 第三册 彭祖	13549
憖	 上三/中弓/12		楚簡	讀爲“難”。	李朝遠 上海博物館藏戰國楚竹書 第三册 中弓	13370
憖	 上三/中弓/21		楚簡	通“難”，不容易。	李朝遠 上海博物館藏戰國楚竹書 第三册 中弓	13424
忻			説文	闓也。从心斤聲。《司馬法》曰：“善者，忻民之善，閉民之惡。”	許慎　説文解字	
忻			楚簡	忻，通欣，喜悦。	陳偉 郭店簡書《人雖有性》校釋 中國哲學史 2000 年 4 期	13917
忻	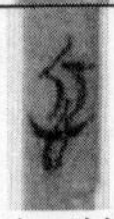 郭/性自命出/32		楚簡	通欣，喜悦。	陳偉 郭店竹書别釋	8672
憧			説文	遲也。从心重聲。	許慎　説文解字	
惲			説文	重厚也。从心軍聲。	許慎　説文解字	
惇			説文	厚也。从心𦎧聲。	許慎　説文解字	
忼			説文	慨也。从心亢聲。一曰《易》“忼龍有悔”。	許慎　説文解字	
慨			説文	忼慨，壯士不得志也。从心既聲。	許慎　説文解字	
悃			説文	愊也。从心困聲。	許慎　説文解字	
愊			説文	誠志也。从心畐聲。	許慎　説文解字	

愿			説文	謹也。从心原聲。	許慎　説文解字	
慧			説文	儇也。从心彗聲。	許慎　説文解字	
慧	 上一/性情論/38		楚簡	《郭店楚墓竹簡・性自命出》作“快”，“慧”、“快”兩字古通。《戰國策・趙策二》：“恭於教而不快，和於下而不危。”鮑彪注：“快爲縱逸。”	濮茅左 上海博物館藏戰國楚竹書第一册 性情論	12396
憭			説文	慧也。从心尞聲。	許慎　説文解字	
恔			説文	憭也。从心交聲。	許慎　説文解字	
㤻			説文	静也。从心疢聲。	許慎　説文解字	
悊			説文	敬也。从心折聲。	許慎　説文解字	
悊		悊	璽印	鉩文斦爲斤，斤又爲析。其下從心作悊。悊字訓敬。	王獻唐 那羅延稽古文字 周　鉩師比考	35206
悊			盟書	温縣盟書 t5k14 和 t5k1 有“各悊其德”，各下一字魏克彬先生釋爲“慎”，各應釋爲恪，尚書中有“丕顯文武，克慎其德”，《尚書•盤庚上》“先王有嚴，恪謹天命”，謹，《説文》：“慎也。”	趙世綱 禱詞考——温縣盟書T4K5#盟詞釋讀 第四届國際中國古文字學研討會論文集 2003 年	14730
悊	 上五/三德/11		楚簡	此字從“折”得聲，“折”上古音屬月部章母，而“適”屬於錫部書母，二者讀音不遠，而且從二者得聲之字有相通之例，如：《周禮・秋官・序官》：“硩蔟氏。”鄭注：“鄭司農云‘硩讀爲擿’。”因此我們懷疑簡文中“悊”字可以讀作“適”。“適”有“安逸，閒適”義。如：《楚辭・九辯》：“堯舜皆有所舉任兮，故高枕而自適。”王逸注：“安臥垂拱，萬國治也。”《史記・李斯列傳》：“夫不能修申、韓之明術，行督責之道，專以天下自適也，而徒務苦形勞神，	范常喜《上博五•三德》劄記六則 簡帛網 2006 年 5 月 18 日	4299

				以身徇百姓，則是黔首之役，非畜天下者也，何足貴哉！”此外《論語・學而》“君子食無求飽，居無求安，敏於事而愼於言，就有道而正焉，可謂好學也已”一句，正可與簡文對讀。		
悰			説文	樂也。从心宗聲。	許慎 説文解字	
悰	 陳喜壺		金文	字書所無。以形聲審之，似可釋悰。	戴家祥 金文大字典	14971
恬			説文	安也。从心，甛省聲。	許慎 説文解字	
恢			説文	大也。从心灰聲。	許慎 説文解字	
恭			説文	肅也。从心共聲。	許慎 説文解字	
恭	 叔向父禹簋	廾	金文	即恭敬之恭，象兩手有所執。	吴大澂 説文古籀補	28139
恭	 頌鼎		金文	從心。共聲。音義仍同。	高鴻縉 頌器考釋	35212
恭			楚簡	今繒書有恭字，而經典則恭共每互用。	嚴一萍 楚繒書新考 中國文字 1967—1968 年	35213
恭			楚簡	讀爲“恐”。	李零 長沙子彈庫戰國楚帛書研究	660
恭			楚簡	“恭”讀“㤨”訓“恐”。	何琳儀 長沙帛書通釋 江漢考古 1986 年 1、2 期	661
恭			楚簡	恭遜，九德之中六曰“恭遜，是謂容德”。屬有容之德。	馬承源 上海博物館藏戰國楚竹書第二册 魯邦大旱	13062
憼			説文	敬也。从心从敬，敬亦聲。	許慎 説文解字	
恕	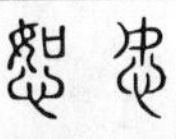 古文	忞	説文	仁也。从心如聲。古文省。	許慎 説文解字	
恕	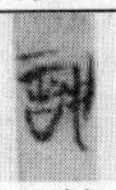 郭/性自命出/38	詉	楚簡	此字從言女聲，其右旁所從實即女字。當釋爲“忠恕”之“恕”。	白於藍 郭店楚墓竹簡考釋（四篇） 簡帛研究 2001 年	9145

怡			説文	和也。从心台聲。	許慎 説文解字	
怡	 徐王義楚觶	𠮷	金文	即怡字，假爲台，我也。	郭沫若 兩周金文辭大系圖録考釋 郐王義楚鍴	44983
怡			金文	裘锡圭認爲可釋作怡或怠。今從其説。	隨縣博物館 湖北隨縣城郊發現春秋墓葬和銅器 文物 1980年1期	35218
怡		忥	楚簡	原隸作忥，注又以爲憍字異體。上從㠯，爲台之附加聲旁（司聲）字，金文用作第一人稱代詞。釋爲怡字可信。簡文也應是怡字的古文。	湯餘惠 包山楚簡讀後記 考古與文物 1993年2期	35219
怡			楚簡	當指新人心中的喜悦。	馬承源 上海博物館藏戰國楚竹書第一册 孔子詩論	11196
怡	 郭/性自命出/45		楚簡	義爲和悦。	陳偉 郭店竹書别釋	9173
怡	 郭/性自命出/45		楚簡	隸定爲叡，讀爲殆，意爲危殆，指憂患意識。	劉釗 郭店楚簡校釋	9172
慈			説文	愛也。从心兹聲。	許慎 説文解字	
慈		㞢	楚簡	從厂從孴，乃慈之異構，厂則後加。	唐健垣 楚繒書文字拾遺 中國文字 1968年	35222
慈			楚簡	經籍“慈”、“子”通用。《禮記·樂記》“則易直子諒之心，油然生矣”，《韓詩外傳》卷三“子諒”作“慈良”。	陳佩芬 上海博物館藏戰國楚竹書第一册 紂衣	12032
慈	 郭/老子甲/30		楚簡	讀爲滋。	劉釗 郭店楚簡校釋	6556
慈	 上三/中弓/8	慈=	楚簡	準前簡“慈幼”句，本簡“慈”下的重文符號爲衍。	李朝遠 上海博物館藏戰國楚竹書第三册 中弓	11724

怟			説文	愛也。从心氏聲。	許慎 説文解字	
㥷			説文	怟㥷，不憂事也。从心虒聲。讀若移。	許慎 説文解字	
恮			説文	謹也。从心全聲。	許慎 説文解字	
恩			説文	惠也。从心因聲。	許慎 説文解字	
恩	 上五/姑成家父/9		楚簡	從因從心，原釋作“恩”，當是。考釋云：“‘公恩’，人名。‘亡告’即‘無告’，無（其他）處訴告。”季旭昇先生以爲：“‘告’字疑作兩解，一讀爲‘梏’，一讀爲‘告’。‘公恩亡梏’，謂厲公恩寵長魚翯，釋其梏。”陳劍先生疑讀爲“慍”，解釋説：“郭店簡《五行》數見的‘恩’字，馬王堆帛書本作‘温’。”根據陳劍、沈培先生的編連、斷讀，釋長魚矯系强門大夫所爲，時間在此之後。至於郭店簡《五行》12、32 號簡之上部所從類似“因”的字，右上多一短筆，與常見的因字以及此處“恩”字上部不同。因而應該尋求新的解釋。我們懷疑“恩”讀爲“忍”。《禮記·喪服四制》云：“門内之治恩揜義，門外之治義斷恩。”郭店簡《六德》30、31 號簡記此語恩作“紉”，證明“恩”與從“刃”得聲的字可以通假。忍，指隱忍不發，所以接着説“無告”（不向別人言説）。	陳偉 《苦成家父》通釋 簡帛網 2006 年 2 月 26 日	5070
懘			説文	高也。一曰極也。一曰困劣也。从心帶聲。	許慎 説文解字	
憖			説乂	問也。謹敬也。从心猌聲。一曰説也。一曰甘也。《春秋傳》曰：“昊天不憖。”又曰：“兩君之士皆未憖。”	許慎 説文解字	

憖		憖	金文	從犬，從心，從來，來或聲。憖或猌之別構。加心表示一種憤怒的心理狀態。金文作人名。無義可説。	戴家祥 金文大字典 卷中	34069
憖			金文	古作下像犬張齗之形，上從犬來，兼會意。	林義光 文源	35228
憖	 包/文書/15 反		楚簡	《説文》與簡文形似。	劉彬徽、彭浩、胡雅麗、劉祖信 包山楚簡	6038
懬			説文	闊也。一曰廣也，大也。一曰寬也。从心从廣，廣亦聲。	許慎　説文解字	
悈			説文	飾也。从心戒聲。《司馬法》曰："有虞氏悈於中國。"	許慎　説文解字	
㥯			説文	謹也。从心㥯聲。	許慎　説文解字	
㥯	 上五/三德/18	龙	楚簡	此字釋爲"犮"極是。此字形又見於曾侯乙墓竹簡 170，何琳儀老師以爲此字從犬，加短横表示犬行有所碍。此處似當讀爲"祓"。若以爲與"長"反義對舉，讀爲"拔"，訓爲"盡"似不通。因爲通常的反義對舉是先舉出一個字，再舉出另一個與之相反的字，即"一正一反一正一反"格式。而如其所説簡文中四個字卻是當中兩個字分別與第一個字和第四個字相反，即"一正一反一反一正"格式。所以我們認爲還是依原釋將它們視爲含義相近的四個字爲恰。"犮"讀爲"祓"，《爾雅・釋詁》："祓，福也。"	侯乃鋒 讀上博（五）《三德》劄記四則 簡帛網 2006 年 2 月 27 日	5088
㥯			金文	明器亦稱㥯器，漢晉以來皆沿用之。該字省下心字，古篆類如此。惟其爲㥯器。則下用享字乃有著矣。	周慶雲 夢坡室獲古叢編 周單 生鐙	35233
㥯	 散氏盤		金文	此篆乃㥯字古文。今字作隱。言隱瞞。	周名煇 新定説文古籀考 卷下	35235

慶			説文	行賀人也。从心从夊。吉禮以鹿皮爲贄，故从鹿省。	許慎 説文解字	
慶			金文	此字上所從字與《説文》慶從鹿省合，蓋慶字。	孫詒讓 古籀拾遺 卷中 召伯簋	36474
慶	 六年召伯虎簋		金文	本義當爲喜。象人喜樂矯首頓足形。	林義光 文源	35236
慶	 伯其父簠		金文	從鹿從文。案此即古慶字之正體也。	郭沫若 殷周青銅器銘文研究 大豐簋韻讀	35237
慶	 伯其父簠	夓	金文	字從鹿省從文，乃慶之正字，形訛也。獸名。	郭沫若 金文叢考 名字解詁	36478
慶	 伯其父簠		金文	慶慶麠麖爲一字。慶乃慶形之訛。古人以慶爲祥獸。慶爲仁獸，故孳乳爲慶。	郭沫若 金文叢考 彝銘文字解詁	35238
慶			金文	馬慶均地名。慶古文慶。	郭沫若 卜辭通纂	35239
慶	 秦公簋	夓	金文	此銘乃有韻之文，其間韻讀煌、亯、彊、方皆陽部字，《説文》從鹿之字讀入陽部與此聲義相協旨，僅一慶耳，慶字。	周名煇 新定説文古籀考 卷下	36479
慶			金文	金文明從心鹿聲。	高鴻縉 中國字例二篇	36480
慶			金文	金文從心從鹿不省。秦公簋作慶，應是麐字，而簋銘云："高弘有慶"，當讀爲慶，蓋偶用假字耳。	李孝定 金文詁林讀後記 卷十	35243
慶	 曾/62		楚簡	"慶"、"卿"古音相近可通。	湖北省博物館 曾侯乙墓	5829
慶			金文	金文慶從心不從夊。陶文慶與古文愛、古憂有着相同的發展軌跡。	葛英會 古陶文研習劄記 考古學研究 1992年1期	35242

慶	 郭/六德/11		楚簡	賞慶，意爲獎賞。	劉釗 郭店楚簡校釋	8815
愃			説文	寬嫺心腹皃。从心宣聲。《詩》曰："赫兮愃兮。"	許慎 説文解字	
愻			説文	順也。从心孫聲。《唐書》曰："五品不愻。"	許慎 説文解字	
𢡆			説文	實也。从心，塞省聲。《虞書》曰："剛而𢡆。"	許慎 説文解字	
恂			説文	信心也。从心旬聲。	許慎 説文解字	
忱			説文	誠也。从心冘聲。《詩》曰："天命匪忱。"	許慎 説文解字	
惟			説文	凡思也。从心隹聲。	許慎 説文解字	
惟		𢡯	金文	此從心從唯，即惟字也。	劉心源 奇觚室吉金文述 卷四	36484
惟	 陳侯因資敦	𢡯	金文	舊釋烈，非。此從心從唯。本銘慕悳二字從之可證。	劉心源 奇觚室吉金文述 卷四 陳矦因資敦	35252
惟	 陳侯因資敦	𢡯	金文	從口從心從隹。即惟。從心唯聲。不省口。	徐中舒 陳侯四器考釋 中央研究院歷史語言研究所集刊第三本第四分 1933 年	35254
懷			説文	念思也。从心褱聲。	許慎 説文解字	
懷	 上五/季庚/22		楚簡	原考釋所隸"懷"，可疑。此字上從"宀"，中實從"鬼"，下從"心"……即"威"或"畏"之異體。"相威毀"謂互相威脅毀滅。	季旭昇 上博五芻議（上） 簡帛網 2006 年 2 月 18 日	4831
惀			説文	欲知之皃。从心侖聲。	許慎 説文解字	
想			説文	冀思也。从心相聲。	許慎 説文解字	

想	 上五/姑成家父/7		楚簡	字當從木從德，當讀作“直”。“直立”指爲臣以正直。《荀子·榮辱》：“辯而不説者，争也；直立而不見知者，勝也。”《管子·君臣》：“故妻子必定，子必正，相必直立以聽，官必中信以敬。”	何有祖 《季庚子問於孔子》與《姑成家父》試讀 簡帛網 2006年2月19日	1273
想	 上五/姑成家父/7		楚簡	從木從德，原釋文誤作“想”。何有祖君指出：“當從木從德，當讀作‘直’。‘直立’指爲臣以正直。《荀子·榮辱》‘辯而不説者，争也；直立而不見知者，勝也。’《管子·君臣》‘故妻子必定，子必正，相必直立以聽，官必中信以敬。’”在此釋字基礎上，其實還存在一種可能，即將此字讀爲“特”。特與德、直二字均可通假。包山222號簡“特牛”即作從“德”從“牛”的合文。《禮記·儒行》云：“儒有委之以貨財，淹之以樂好，見利，不虧其義；劫之以衆，沮之以兵，見死，不更其守；鷙蟲攫搏，不程勇者；引重鼎不程其力；往者不悔，來者不豫；過言不再，流言不極；不斷其威，不習其謀。其特立有如此者。”這種極富個性的“特立”，比之只是形容正直的“直立”，似乎更適於與“徑行（率性而行）”並舉，同時也更符於本篇的意境。徑，本作“經”，從沈培先生讀。	陳偉 《苦成家父》通釋 簡帛網 2006年2月26日	5056
𢟪			説文	深也。从心家聲。	許慎 説文解字	
慉			説文	起也。从心畜聲。《詩》曰：“能不我慉。”	許慎 説文解字	
意	  籀文	意	説文	滿也。从心啻聲。一曰十萬曰啻。籀文省。	許慎 説文解字	

悹			説文	憂也。从心官聲。	許慎　説文解字	
憀			説文	憀然也。从心翏聲。	許慎　説文解字	
愙			説文	敬也。从心客聲。《春秋傳》曰："以陳備三愙。"	許慎　説文解字	
愙	 周寇鼎		金文	愙當即客之異文。二王之後謂之客。	吴大澂 説文古籀補 卷十	35263
愙	 不其簋		金文	丁佛言云借乍洛，然未言本爲何字。與愙鼎之愙疑爲一字。	强運開 説文古籀三補 卷十	35264
愙	 毛公鼎		金文	不可確識，以意求之，蓋愙之假音字也。	楊樹達 積微居金文説 毛公鼎跋	35266
愯			説文	懼也。从心，雙省聲。《春秋傳》曰："駟氏愯。"	許慎　説文解字	
懼	古文	思	説文	恐也。从心瞿聲。思古文。	許慎　説文解字	
懼	 上二/從政（乙篇）/3	思	楚簡	即"懼"。	張光裕 上海博物館藏戰國楚竹書第二册 從政（乙篇）	13053
懼			甲骨	疑爲古懼字。象鬼披髮張爪令人可懼之形也。	柯昌濟 殷墟書契補釋	35272
怙			説文	恃也。从心古聲。	許慎　説文解字	
恃			説文	賴也。从心寺聲。	許慎　説文解字	
恃	 郭/語叢一/38		楚簡	疑讀爲"志"或"詩"。	彭浩、劉祖信、王傳富 郭店楚墓竹簡	9592
恃	 郭/語叢一/38		楚簡	讀爲志。	劉釗 郭店楚簡校釋	9593

慒			説文	慮也。从心曹聲。	許慎　説文解字	
悟	 古文	[illegible]	説文	覺也。从心吾聲。[illegible]古文悟。	許慎　説文解字	
憮			説文	愛也。韓鄭曰憮。一曰不動。从心無聲。	許慎　説文解字	
㤅	 古文	[illegible]	説文	惠也。从心旡聲。[illegible]古文。	許慎　説文解字	
㤅			金文	㤅，小篆從心，此下部所從當即心之變文。	吴大澂 説文古籀補 卷十	35278
㤅	 上二/魯邦大旱/2		楚簡	此字通作“薆”。《爾雅·釋言》：“薆，隱也。”郭璞注：“謂隱蔽。”此字聲符和字義也同於“瘞”，屬影母；薆在微韻，瘞在祭韻，屬旁對轉。	馬承源 上海博物館藏戰國楚竹書 第二册 魯邦大旱	12980
㤅	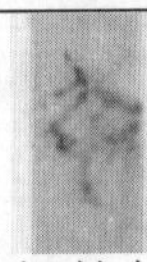 郭/性自命出/40		楚簡	性愛，即基於天性之愛，當爲前文所謂“愛類”之一。	彭浩、劉祖信、王傳富 郭店楚墓竹簡	9152
㤅	 上一/性情論/34		楚簡	即“愛”字。	濮茅左 上海博物館藏戰國楚竹書 第一册 性情論	11488
㤅	 上一/孔子詩論/17		楚簡	讀爲“愛”。	馬承源 上海博物館藏戰國楚竹書 第一册 孔子詩論	11321
㤅	 上一/孔子詩論/17		楚簡	菜薮之㤅，其評述也與婦人有關。	馬承源 上海博物館藏戰國楚竹書 第一册 孔子詩論	11327
㤅	 上二/魯邦大旱/2		楚簡	愛，讀本字即可，是吝惜的意思。“毋愛珪璧幣帛於山川”，是説要祭祀山川。	劉樂賢 讀上博簡《民之父母》等三篇劄記 簡帛研究網 2003年1月10日	1101

忎	 上三/中弓/23		楚簡	同“愛”。郭店簡中常見。	李朝遠 上海博物館藏戰國楚竹書第三册 中弓	13432
忎	 上二/魯邦大旱/2		楚簡	“忎”原注釋讀爲薆，認爲聲符和字義同於“瘞”，意爲埋。劉樂賢釋爲愛，意爲吝惜（劉樂賢《讀上博簡〈民之父母〉等三篇劄記》，簡帛研究網站，2003年1月10日），顏世鉉贊同（顏世鉉《上博楚竹書散論（三）》，簡帛研究網站，2003年1月14日）。釋“愛”是正確的。“砢”在楚系文字中多見，幾乎無一例外地釋作愛。將“忎”釋爲瘞的假借字，雖然假借關係上不存在問題，但缺乏例證。如簡文中的“不愛……”或與“不愛”相類的句式在文獻中多見，而且常用於與祭祀有關的場合，“不愛……”釋作不吝惜要比釋作不埋更具合理性，也更多文獻例證。將“不愛……”釋作不吝惜按照筆者釋文理解，與文意並不矛盾。	曹峰 《魯邦大旱》初探 上博館藏戰國楚竹書研究續編 2004年7月	12979
忎	 上二/魯邦大旱/2		楚簡	“愛”，意思是吝惜。	李學勤 上博楚簡《魯邦大旱》解義 上博館藏戰國楚竹書研究續編 2004年	125
忎	 上四/曹沫之陳/12		楚簡	讀“愛”。墨子有“兼愛”之説。	李零 上海博物館藏戰國楚竹書 第四册 曹沫之陳	3436

㤅	 上二/魯邦大旱/2		楚簡	此字隸定爲“㤅”，即“愛”字，《説文·心部》：“㤅，惠也。”又《説文·夊部》：“愛，行貌也，從夊、㤅聲。”段注：“今字假愛爲㤅，而㤅廢矣。愛，行貌也，故從夊。”愛訓吝惜，見於《論語》如《八佾》：“子貢欲去告朔之餼羊。子曰：‘賜也，爾愛其羊，我愛其禮。’”愛猶惜。	林志鵬 《魯邦大旱》詮解 上博館藏戰國楚竹書研究續編 2004年7月	123
㤅	 上四/内豊/1		楚簡	“愛”的古字。竹書“㤅（愛）”和“忠”在字形上有近似處，或誤摹爲“忠”。	李零 上海博物館藏戰國楚竹書 第四册 内豊	3708
㤅	 上四/内豊/1		楚簡	“愛”字《大戴禮記·曾子立孝》作“忠”，應該是同義换讀。《吕氏春秋》之單音詞“忠”，《韓非子》皆作複音詞“忠愛”。“忠”、“愛”義近，故文獻常並稱。《管子·五輔》：“薄税斂，毋苟於民，待以忠愛，而民可使親。”《禮記·王制》：“悉其聰明、致其忠愛以盡之。”《逸周書·官人》：“忠愛以事親，驩以敬之。”	廖名春 讀楚竹書《内豊》篇劄記（一） 簡帛研究網 2005年2月20日	508
⿰忄胥			説文	知也。从心胥聲。	許慎 説文解字	
慰			説文	安也。从心尉聲。一曰恚怒也。	許慎 説文解字	
⿱𣪊心			説文	謹也。从心𣪊聲。讀若毳。	許慎 説文解字	
⿱箮心			説文	⿱箮心箸也。从心箮聲。	許慎 説文解字	
怞			説文	朗也。从心由聲。《詩》曰：“憂心且怞。”	許慎 説文解字	
⿰忄某			説文	⿰忄某，撫也。从心某聲。讀若侮。	許慎 説文解字	
忞			説文	彊也。从心文聲。《周書》曰：“在受德忞。”讀若旻。	許慎 説文解字	
慔			説文	勉也。从心莫聲。	許慎 説文解字	

愐			説文	勉也。从心面聲。	許慎 説文解字	
怈			説文	習也。从心曳聲。	許慎 説文解字	
懋	 或體	悉	説文	勉也。从心楙聲。《虞書》曰:“時惟懋哉。” 悉或省。	許慎 説文解字	
懋	 上三/彭祖/7	悉	楚簡	從心，矛聲，是懋之省文。郭店簡《性自命出》第四十七簡有此字，讀爲“懋”，《説文・心部》“懋，勉也”，訓爲“勤勉”。	趙炳清 上博簡三《彭祖》補釋 簡帛研究網 2005 年 1 月 26 日	2728
懋	 師旂鼎		金文	吴其昌曰“懋父”即經典之康伯髦，牟伯，王孫牟，中旄父。	周法高 金文零釋 師旂鼎考釋	36495
懋		悉	甲骨	悉字。爲《説文》懋之或體作悉。悉甲當是上甲微的異稱。	于省吾 甲骨文字釋林 釋心	35292
懋			甲骨	于氏悉甲的説法是錯的。貝塚釋文爲地名是對的。	嚴一萍 于省吾强詞造“甲” 中國文字	35293
懋		悉	甲骨	悉實際上是懋字的初文。懋是茂的本字。此字從林爲林木茂盛之意。	張亞初 古文字分類考釋論稿 古文字研究 1989 年 17 輯	35294
慕			説文	習也。从心莫聲。	許慎 説文解字	
慕	 陳侯因資敦	慕	金文	慕者，願也。大願克成，謂纂齊。	劉心源 奇觚室吉金文述 卷四 陳侯因資敦	35295
慕	 陳侯因資敦	慕	金文	慕疑與墓同。墓有慕意。慕當作名詞解。	徐中舒 陳侯四器考釋 中央研究院歷史語言研究所集刊第三本第四分 1933 年	35298
慕	 陳侯因資敦	慕	金文	用慕爲謨。謨者蓋國家之大計，所以定國安家者也。慕釋爲謨正適切。言能實行國家之大計也。	周法高主編 金文詁林 卷十	35299
慕	 陳侯因資敦	慕	金文	慕通謨，古文作暮。古代從口與從心常通用。	唐蘭 略論西周微史家族窖藏銅器群的重要意義——陜西扶風新出牆盤銘文解釋 文物 1978 年 3 期	35300

慕	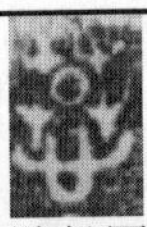 陳侯因資敦	慕	金文	“慕”與謀音同字通。“大慕克成”即“大謀克成”。	張亞初 周厲王所作祭器㝬簋考——兼論與之相關的幾個問題 古文字研究 1981 年 5 輯	35301
悛			說文	止也。从心夋聲。	許慎　說文解字	
𢘍			說文	肆也。从心隶聲。	許慎　說文解字	
𢘍				字上部爲隸，下部爲心，隸定爲𢘍。𢘍爲參盟人名。	李裕民 侯馬盟書疑難字考 古文字研究 1981 年 5 輯	35305
惥			說文	趣步惥惥也。从心與聲。	許慎　說文解字	
惥		𢗋	楚簡	牙、与古本同字。忢（𢗋）可釋爲惥。	湯餘惠 包山楚簡讀後記 考古與文物 1993 年 2 期	35307
惥	 郭/語叢二/42		楚簡	疑讀爲與，意爲稱讚、稱揚。	劉釗 郭店楚簡校釋	9744
惥	 上三/周易/51		楚簡	恭敬，行步安舒貌。亦書作“懙”。“慶惥”，福慶安舒。	濮茅左 上海博物館藏戰國楚竹書第三册 周易	13861
惥	 上三/中弓/7		楚簡	從與從心，即“與”。	李朝遠 上海博物館藏戰國楚竹書第三册 中弓	11721
惥	 上三/中弓/2		楚簡	從與、從心。簡文讀作“與”。	李朝遠 上海博物館藏戰國楚竹書第三册 中弓	12844
惥	 上三/周易/53		楚簡	恭敬，或讀爲“舉”，喻身處人下，不得有所安有所舉，志窮且困，以爲災禍自至。	濮茅左 上海博物館藏戰國楚竹書第三册 周易	13872
惥	 郭/成之聞之/39		楚簡	讀爲赦。	劉釗 郭店楚簡校釋	8611

悬	 上三/中弓/7		楚簡	讀爲“赦”。古漢語講究結構對稱，同義並舉是古漢語裏常見的結構。出於這個考慮，“悬”當讀爲“赦”。“悬”上古音以母（喻四）魚部，“赦”書紐鐸部，“以”、“書”旁紐，“魚”、“鐸”對轉。且“赦”從“赤”聲，《説文》或體作“赦”，從“亦”聲，“亦”爲“以”紐。	楊懷源 讀上博簡《中弓》劄記四則 簡帛研究網 2004年8月7日	1691
悬	 上三/中弓/7		楚簡	讀爲“赦”。見郭店簡《成之聞之》簡39引《康誥》“型（刑）兹亡悬（赦）”。原釋讀爲“赦過與罪”。	陳劍 上博竹書《仲弓》篇新編釋文（稿）簡帛研究網 2004年4月18日	1479
悬	 上三/中弓/7		楚簡	下從“心”釋爲“與”，字形均可通，但當連詞用，義同“及”，白話文的“和”，則可商。竊以爲此處當讀爲“赦過舉罪”，謂赦免無心之過，舉發有心之罪。“舉”釋爲“舉發過惡”。	季旭昇 《上博三·仲弓》篇零釋三則 簡帛研究網 2004年4月23日	2616
悬	 上三/周易/53		楚簡	對照今本《周易》，《馬王堆》本“火”字讀爲“禍”；則《上博三》此字似可讀爲“瘏”，《毛詩·周南·卷耳》：“我馬瘏矣。”毛傳：“瘏，病也。”“瘏”與簡文從“與”之字聲近韻同。	季旭昇 《上博三·周易》零釋七則 簡帛研究網 2004年4月24日	2708
慆			説文	説也。从心舀聲。	許慎 説文解字	
慆			楚簡	慆，《禮記·檀弓下》作“陶”，彭林先生以爲作“慆”是。《淮南子·本經訓》云：“凡人之性，心和欲得則樂，樂斯動，動斯蹈，蹈斯蕩，蕩斯歌，歌斯舞，歌舞節則禽獸跳矣。”“蹈”似爲“慆”之誤。如然，《本經訓》此字同於簡書而異於《檀弓下》。《檀弓下》“詠斯猶”鄭玄注：“猶當爲搖，聲之誤也。搖謂身動搖也。秦人‘猶’、‘搖’聲相近。”	陳偉 郭店簡書《人雖有性》校釋 中國哲學史2000年4期	13927

				《本經訓》相應處作“蕩”，蕩訓搖動，正與鄭玄之説相合。		
慆	 上一/性情論/19		楚簡	躐慆讀爲“鬱陶”可通。	濮茅左 上海博物館藏戰國楚竹書第一册 性情論	7826
慆	 上一/性情論/19		楚簡	上博楚竹書《性情論》第19簡有字原釋文直接隸作“慆”，於字形無説。按，此字從“爪”、從“午”、從“米”、從“臼”，其本義當是以手持午（杵）在臼中擣米，與“舂”字的構字相類。疑即“擣”、“搗”的本字。“舀”與“擣”字形上聯繫密切，古音也極近，語義上也有聯繫，二者可以看做同源詞。“舀”、“擣”作爲聲旁，作用相同，故將其釋爲“慆”是不錯的。上博簡中的“賤慆”，疑讀爲“踐蹈”。	李守奎 楚簡文字四考 中國文字研究 2002年3輯	14601
慆	 郭/性自命出/34		楚簡	讀爲陶，喜悦快樂貌。	劉釗 郭店楚簡校釋	8692
懕			説文	安也。从心厭聲。《詩》曰：“懕懕夜飲。”	許慎　説文解字	
憺			説文	安也。从心詹聲。	許慎　説文解字	
憺	 上五/季庚/20	凸	楚簡	原考釋以爲“同跪，讀爲危”。蓋以爲此字上部讀同“危”。案：此字上部先秦多半應該讀同“詹”，“詹”字上部即從此爲聲。因此，此字似可讀爲“憺”，安也。凡失勿憺，謂凡是做錯了都不要恬然自安，不知悔改。	季旭昇 上博五芻議（上） 簡帛網 2006年2月18日	4795
怕			説文	無爲也。从心白聲。	許慎　説文解字	
恤			説文	憂也。收也。从心血聲。	許慎　説文解字	
恤		卹	金文	金文無從心之恤。卹恤後世通用。而恤屬後起。	李孝定 金文詁林讀後記 卷五	35313

忓			説文	極也。从心干聲。	許慎　説文解字	
忓	 楚王酓忎鼎	忎	金文	楚王酓忎當即楚幽王熊悍。羊即是干，從干從心與從羊從心同。從干從心與悍均從干得聲，古或是一字。	郭沫若 金文叢考 壽縣楚器之年代	35316
忓	 楚王酓忎鼎	忎	金文	從心羊聲，羊即干字之異。	郭沫若 兩周金文辭大系圖録考釋 楚王酓忎鼎	35315
忓	 楚王酓忎鼎	忎	金文	即忎，幽王悍也。	商承祚 十二家吉金圖録 楚王酓忎鼎	35317
懽			説文	喜歅也。从心雚聲。《爾雅》曰：“懽懽愮愮，憂無告也。”	許慎　説文解字	
懽	 郭/緇衣/24		楚簡	其上部爲“雚”的異體，讀作“歡”。今本作“格”。裘按：“懽”也有可能讀爲“勸”。勸，勉也。	彭浩、劉祖信、王傳富 郭店楚墓竹簡	7526
懽	 郭/尊德義/32		楚簡	裘按：疑當讀爲“勸”。	彭浩、劉祖信、王傳富 郭店楚墓竹簡	7611
懽	 郭/性自命出/52		楚簡	此字當讀爲“勸”。	彭浩、劉祖信、王傳富 郭店楚墓竹簡	8739
懽	 郭/性自命出/52		楚簡	讀爲勸，勉力爲善意。	陳偉 郭店竹書别釋	8741

懽			楚簡	字原隸爲上口下立。李零先生疑同咠，讀耻。其説無據。郭店《魯穆公問子思》2 號有咠（揖），《緇衣》34 號有佴，其咠旁形體與此不類。郭店《緇衣》24 號異文作懽，原注讀歡，“裘按：‘懽’也有可能讀‘勸’。勸，勉也。”因此，上博此字當是“吴”字，讀娱，與懽（歡）同義。	陳英傑 上博簡拾零 學術研究 2003 年 4 期	12665
懽	 郭/性自命出/52		楚簡	意爲勉力。	劉釗 郭店楚簡校釋	8740
懽	 郭/緇衣/24		楚簡	即懽，戰國文字中雚旁與龠的上部經常相混，讀爲勸，意爲勤勉。	劉釗 郭店楚簡校釋	7527
懽	 上三/中弓/22		楚簡	同“歡”，歡喜。	李朝遠 上海博物館藏戰國楚竹書第三册 中弓	13428
懽	 上三/中弓/22		楚簡	“懽”可以釋作“勸”。《説文解字·力部》：“勸，勉也。”段玉裁《説文解字注》：“勉之而悅從亦曰勸。”“民懽丞（承）學”同樣也可以讀作“民勸丞（承）學”《論語·爲政》：“子曰：‘臨之以莊則敬，孝慈則敬，舉善而教不能則勸。’”何晏注：“包曰：‘舉用善人而教不能者，則民勸勉。’”正和“民勸丞（承）學”内涵一致，所以“懽”釋爲“勸”更爲妥當。	申紅義《上海博物館藏戰國楚竹書》（三）《仲弓》雜記 簡帛研究網 2004 年 6 月 30 日	1037
愳			説文	懽也。琅邪朱虚有愳亭。从心禺聲。	許慎　説文解字	
惄			説文	飢餓也。一曰憂也。从心叔聲。《詩》曰：“惄如朝飢。”	許慎　説文解字	

⿱赧心		⿱赤心	甲骨	即⿱赤心字，從心赤聲。⿱赤心即⿱赧心。	于省吾 甲骨文字釋林 釋心	35322
⿰忄卻			説文	勞也。从心卻聲。	許慎　説文解字	
憸			説文	憸詖也。憸利於上，佞人也。从心僉聲。	許慎　説文解字	
愒			説文	息也。从心曷聲。	許慎　説文解字	
⿱毳心			説文	精戇也。从心毳聲。	許慎　説文解字	
⿱册心			説文	疾利口也。从心从册。《詩》曰："相時⿱册心民。"	許慎　説文解字	
急			説文	褊也。从心及聲。	許慎　説文解字	
急			漢簡	從心及聲，急及音近。	銀雀山漢墓竹簡整理小組 銀雀山漢墓竹簡 第一輯	35330
⿲辛忄辛			説文	憂也。从心辡聲。一曰急也。	許慎　説文解字	
⿲辛忄辛	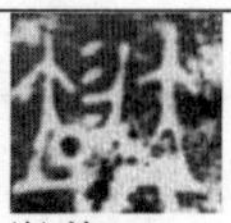 ⿺辶竝尊	⿺辶竝	金文	以此銘知⿲辛忄辛爲古從竝字繁文，而班字又其後起。	阮元 積古齋鐘鼎彝器款識 卷一	36436
㥛			説文	疾也。从心亟聲。一曰謹重皃。	許慎　説文解字	
懁			説文	急也。从心睘聲。讀若絹。	許慎　説文解字	
⿰忄巠			説文	恨也。从心巠聲。	許慎　説文解字	
⿰忄巠	 郭/尊德義/34		楚簡	意爲恨。	劉釗 郭店楚簡校釋	6337
⿰忄巠	 郭/尊德義/34		楚簡	讀如字，意爲恨。	李零 郭店楚簡校讀記 道家文化研究 1999 年 17 輯	6339
⿰忄巠	 郭/尊德義/34		楚簡	可能讀爲輕，義爲輕視。	陳偉 郭店竹書別釋	6338

⿱弦心			説文	急也。从心从弦，弦亦聲。河南密縣有⿱弦心亭。	許慎　説文解字	
慓			説文	疾也。从心票聲。	許慎　説文解字	
懦			説文	駑弱者也。从心需聲。	許慎　説文解字	
恁			説文	下齎也。从心任聲。	許慎　説文解字	
恁	 王孫遺者鐘		金文	恁之訓弱訓恖，猶言荏染。	郭沫若 金文叢考 傳統思想考	35339
恁	 中山王嚳鼎		金文	恁，同任。任，信於友道。	徐中舒、伍仕謙 中山三器釋文及宮室圖説明 中國史研究 1979 年 4 期	35341
恁	 中山王嚳鼎		金文	我們認爲中山王器銘中“恁”當假“仁”。	陳抗 釋“恁” 中山大學研究生學刊 1980 年（創刊號）	35342
恁	 中山王嚳鼎		金文	朱德熙、裘錫圭隸定爲恁。甚確。恁從心從玉從人。古人每析玉爲信。	何琳儀 中山王器考釋拾遺 史學集刊 1984 年 3 期	35343
恁			金文	恁與賃同。	何直剛 僕賃五年解 中國史研究 1988 年 1 期	35344
忒			説文	失常也。从心代聲。	許慎　説文解字	
怚			説文	驕也。从心且聲。	許慎　説文解字	
悒			説文	不安也。从心邑聲。	許慎　説文解字	
悆			説文	忘也。嘾也。从心余聲。《周書》曰：“有疾不悆。”悆，喜也。	許慎　説文解字	
悆	 季悆作旅鼎		金文	即豫字。	潘祖蔭 攀古樓彝器款識 卷一 季悆鼎	35349

悆	 季悆作旅鼎		金文	此明悆字也。	高田忠周 説文古籀篇 卷四十三	35350
悆			甲骨	乃豫之古文。豫爲後起的借字。	于省吾 甲骨文字釋林 釋心	35352
忒			説文	更也。从心弋聲。	許慎　説文解字	
忒	 蔡侯鎛		金文	蔡侯鐘貣等與此同，經典作忒。	嚴一萍 楚繒書新考 中國文字 1967—1968 年	35354
忒			盟書	先秦忒本從戈作，後來才省寫作忒。	李裕民 侯馬盟書疑難字考 古文字研究 1981 年 5 輯	35355
憪			説文	愉也。从心閒聲。	許慎　説文解字	
愉			説文	薄也。从心俞聲。《論語》曰："私覿，愉愉如也。"	許慎　説文解字	
愉		俞	金文	愈，《説文》作愉。偷愉同字也。	劉心源 古文審 卷八	35357
愉	 魯伯俞父簠		金文	許印林説，盤鬲愈下所加是古言字，是諭字也。其簠銘但作俞。	吴式芬 攈古録金文　魯伯愈父盤	35358
愉	 魯伯愈父鬲	愈	金文	《説文》無愈字。今以此諸器證之，是古有愈字。	方濬益 綴遺齋彝器款識考釋 卷二十七 魯伯愈父鬲	35359
愉	 郭/老子乙/11		楚簡	讀爲渝，意爲變更、改變。	劉釗 郭店楚簡校釋	7574
懱			説文	輕易也。从心蔑聲。《商書》曰："以相陵懱。"	許慎　説文解字	
愚			説文	戇也。从心从禺。禺，猴屬，獸之愚者。	許慎　説文解字	
愚	 上三/中弓/26		楚簡	謙詞，自稱。	李朝遠 上海博物館藏戰國楚竹書第三册 中弓	13445

愚	 上三/中弓/26		楚簡	4 號簡最後一字與 26 號簡開頭一字，“憧愚”見於《大戴禮記・千乘》，其云：“凡民之不刑，崩本以要閑，作起不敬以欺惑憧愚。”孔廣森解釋説：“造作不畏法之事，以惑愚民。”古書中亦作“愚憧”，見《史記・三王世家》。廖名春先生將“憧愚”訓作愚蠢，當是。	陳偉 竹書《仲弓》詞句試解（三則） 簡帛研究網 2005 年 8 月 15 日	2748
戇			説文	愚也。从心贛聲。	許慎 説文解字	
悷			説文	姦也。从心采聲。	許慎 説文解字	
惷			説文	愚也。从心春聲。	許慎 説文解字	
惷	 毛公鼎	[illegible]	金文	《説文》心部惷從心春聲，此從春省聲。	孫詒讓 古籀拾遺 卷下	36512
惷	 毛公鼎	[illegible]	金文	惷，《説文》云愚也，此即專壹之意。	劉心源 奇觚室吉金文述 卷二	36511
惷	 毛公鼎		金文	讀爲蠢。蠢，出也，作也。	王國維 毛公鼎銘考釋 觀堂集林 1959 年 6 月	35370
惷	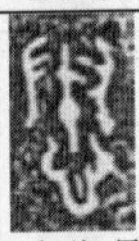 毛公鼎		金文	此即從春省聲。疑假借爲春也。有擊治之意。	高田忠周 説文古籀篇 卷四十三	35367
惷	 毛公鼎	惷	金文	此去臼從春從心。惷，古文。	吴寶煒 毛公鼎文正注	35368
惷	 毛公鼎	惷	金文	惷，亂也。言布命，不先告父厝，父厝不發命，不得亂布命於外也。	于省吾 雙劍誃吉金文選 卷上 毛公厝鼎銘	35373
惷	 毛公鼎		金文	此從惷省聲，疑即謹慎之意。	張之綱 毛公鼎斠釋	35369

憃	 毛公鼎	惷	金文	舂省臼耳。舂春相近，故得讀爲蠢。	周法高主編 金文詁林 卷十	35372
懝			説文	騃也。从心从疑，疑亦聲。一曰惶也。	許慎 説文解字	
忮			説文	很也。从心支聲。	許慎 説文解字	
悍			説文	勇也。从心旱聲。	許慎 説文解字	
態	 或體	能	説文	意也。从心从能。或从人。	許慎 説文解字	
怪			説文	異也。从心圣聲。	許慎 説文解字	
像			説文	放也。从心象聲。	許慎 説文解字	
慢			説文	惰也。从心曼聲。一曰慢，不畏也。	許慎 説文解字	
怠			説文	慢也。从心台聲。	許慎 説文解字	
怠	 上三/中弓/26		楚簡	與“貽”音近可通。《禮記・内則》：“將爲不善，思貽父母羞辱。”《逸周書・序》：“穆王思保位惟難，恐貽世羞，欲自警悟，作《史記》。”	陳劍 上博竹書《仲弓》篇新編釋文（稿）簡帛研究網 2004年4月18日	2564
懈			説文	怠也。从心解聲。	許慎 説文解字	
憜	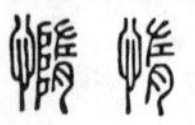 或體 古文	惰 媠	説文	不敬也。从心，㡌省。《春秋傳》曰：“執玉憜。”憜或省𠂤。古文。	許慎 説文解字	
慫			説文	驚也。从心從聲。讀若悚。	許慎 説文解字	
怫			説文	鬱也。从心弗聲。	許慎 説文解字	
忿			説文	忽也。从心介聲。《孟子》曰：“孝子之心不若是忿。”	許慎 説文解字	
忽			説文	忘也。从心勿聲。	許慎 説文解字	
忘			説文	不識也。从心从亡，亡亦聲。	許慎 説文解字	

忘			盟書	忘字。	張頷 侯馬東周遺址發現晉國朱書文字 文物 1966 年 2 期	35395
忘	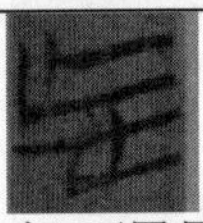 上三/周易/20		楚簡	音與“孟”、“妄”通。“亡忘”，同“无孟”、“无妄”，卦名，《周易》第二十五卦，震下乾上。竹書作“忘”有“棄”、“遺”之意。阜陽漢簡《周易》作“亡”，作“孟”、“妄”疑皆爲借字。	濮茅左 上海博物館藏戰國楚竹書第三册 周易	13584
忘	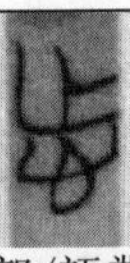 郭/語叢二/16		楚簡	讀爲“妄”。	連劭名 郭店楚簡《語叢》叢釋 孔子研究 2003 年 2 期	14160
忘	 上三/周易/39		楚簡	亦通“亡”。	濮茅左 上海博物館藏戰國楚竹書第三册 周易	13735
忘	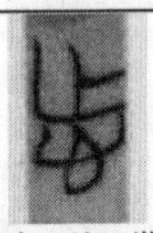 郭/語叢二/16		楚簡	疑讀爲妄，義爲狂亂。	劉釗 郭店楚簡校釋	9014
忘	 郭/尊德義/14		楚簡	讀爲妄。	劉釗 郭店楚簡校釋	7425
懣			説文	忘也。懣兜也。从心㒼聲。	許慎 説文解字	
恣			説文	縱也。从心次聲。	許慎 説文解字	
恣	 中山侯鉞		金文	戰國楚系文字中有從欠之字作次形者，齊系文字有從次之字省作欠形者。此字或隸定從欠從心。據戰國文字次旁或可省作欠旁，當釋爲恣之省文。即圓壺之㳄。同一人名形體有異不足爲奇。	何琳儀 戰國文字形體析疑 于省吾教授百年誕辰紀念文集 1996 年 9 月	44868
惕			説文	放也。从心易聲。一曰平也。	許慎 説文解字	

憧			説文	意不定也。从心童聲。	許慎　説文解字	
憧	 上三/中弓/4		楚簡	字形爲從童、從心，讀爲從重從心之"憅"。"童"與"重"形近義通。"憅"，遲緩。	李朝遠 上海博物館藏戰國楚竹書第三册 中弓	11699
憧	 上三/中弓/4		楚簡	此字從"童"從"心"，當即"憧"。《玉篇·心部》：憧，"愚也。"《類篇·心部》：憧，"騃昏也。"	陳偉 竹書《仲弓》詞句試解（三則） 簡帛研究網 2005年8月15日	1833
悝			説文	啁也。从心里聲。《春秋傳》有孔悝。一曰病也。	許慎　説文解字	
憍			説文	權詐也。从心矞聲。	許慎　説文解字	
㤮			説文	誤也。从心狂聲。	許慎　説文解字	
怳			説文	狂之皃。从心，况省聲。	許慎　説文解字	
怳				從光亦怳。從兄從光與從兄從㞷爲兄弟正字。后兄弟行。異體廢。但從兄從光與從兄從㞷得與怳通用耳。	高田忠周 説文古籀篇 四十四	35403
怳	 王孫遺者鐘	⿰兄生	金文	銘意明爲兄弟字，然從生自別爲一字。此怳之異文。《説文》"狂之皃"，然此篆從狂省兄聲，故借爲兄字。蓋亦籀文尚繁之一證。	高田忠周 説文古籀篇 四十四	45152
怳	 ⿰兄光簋	⿰兄光	金文	從光亦怳字。	高田忠周 説文古籀篇 四十四	45166
恑			説文	變也。从心危聲。	許慎　説文解字	
⿰忄巂			説文	有二心也。从心巂聲。	許慎　説文解字	
悸			説文	心動也。从心季聲。	許慎　説文解字	
悸	 上一/性情論/15		楚簡	《説文》："悸，心動也。"《集韻》："悸，或作悘。"又："悘，悘悘，悚悸也。"	濮茅左 上海博物館藏戰國楚竹書第一册 性情論	12202

憿			説文	幸也。从心敫聲。	許慎　説文解字	
懖	 古文	[illegible]	説文	善自用之意也。从心銛聲。《商書》曰："今汝懖懖。"古文从耳。	許慎　説文解字	
忨			説文	貪也。从心元聲。《春秋傳》曰："忨歲而潵日。"	許慎　説文解字	
惏			説文	河内之北謂貪曰惏。从心林聲。	許慎　説文解字	
懜			説文	不明也。从心夢聲。	許慎　説文解字	
愆	 或體 籀文	寋 僁	説文	過也。从心衍聲。或从寒省。籀文。	許慎　説文解字	
愆	 蔡侯鎛	愆	金文	愆即愆字。《爾雅・釋言》訓過。	陳夢家 壽縣蔡侯墓銅器 考古學報 1956年2期	35414
愆		衍		根據《侯馬盟書》字的異體，可將此字稱爲愆字。"利津衍"，"津"是津渡，"衍"是大澤。這三個字的意見應當是説"使津梁和川澤暢通無阻"。	李零 釋"利津"和戰國人名中的與字 出土文獻研究續集 1989年	35415
慊			説文	疑也。从心兼聲。	許慎　説文解字	
惑			説文	亂也。从心或聲。	許慎　説文解字	
惑	 包/文書/57		楚簡	簡45作"國"。	劉彬徽、彭浩、胡雅麗、劉祖信 包山楚簡	6093
惑	 包/文書/57		楚簡	應釋"慖"。"慖"爲"國"之繁文。	何琳儀 包山竹簡選釋 江漢考古 1993年4期	6092

惑			楚簡	“惑[illegible][illegible]辠”（簡七）。我們認爲，“惑”可以讀如字，由其“昏惑”義項引申爲“不計較”，既然要用這個人才，而“人非聖賢，孰能無過”，哪怕他曾經犯過過失，甚至是大錯，只要真正需要他，而他也真是個人才，爲什麽不舉薦、不擢用呢？	張通海 上博簡（三）《中弓》散記 漢字研究 2005年1輯	15740
惑	 上三/中弓/7		楚簡	通“赦”，寬免。“赦”，鐸部書紐；“惑”，職部匣紐；職、鐸對轉。	李朝遠 上海博物館藏戰國楚竹書第三册 中弓	11719
惑	 上三/中弓/7		楚簡	“惑”當讀爲“宥”。“惑”疑紐職部，“宥”疑紐之部，雙聲，之職對轉，語音極近。從諧聲上看，“惑”讀爲“宥”也是可信的。《説文・宀部》：“宥，寬也，從宀有聲。”“惑”從“心”“或”聲，據劉興均先生研究，“有”、“或”本爲同源詞。“有”古籍中常與“或”通用。	楊懷源 讀上博簡《中弓》劄記四則 簡帛研究網 2004年8月7日	1031
㥸			説文	怓也。从心民聲。	許慎　説文解字	
怓			説文	亂也。从心奴聲。《詩》曰：“以謹惽怓。”	許慎　説文解字	
惷			説文	亂也。从心春聲。《春秋傳》曰：“王室日惷惷焉。”一曰厚也。	許慎　説文解字	
惷			陶文	上所從即屯之異。	顧廷龍 古匋文録	35420
惛			説文	不憭也。从心昏聲。	許慎　説文解字	
惛	 郭/性自命出/64		楚簡	義爲神志不清。	陳偉 郭店竹書别釋	8787
忥			説文	癡皃。从心气聲。	許慎　説文解字	
㦛			説文	譾言不慧也。从心衞聲。	許慎　説文解字	

憒			説文	亂也。从心貴聲。	許慎　説文解字	
忌	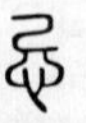		説文	憎惡也。从心己聲。	許慎　説文解字	
忌	 齊大宰歸父盤		金文	古文以爲己字。齊太僕歸父盤爲忌，鑄盤忌讀若己。	吴大澂 説文古籀補	36520
忌	 齊大宰歸父盤		金文	跽省文。跽，古讀如己。	徐同柏 從古堂款識學 卷十六 周齊歸父盤	35426
忌	 齊大宰歸父盤		金文	己之二字合篆。	劉心源 奇觚室吉金文述 卷八 齊太宰歸父盤	35428
忌			金文	諆，從其，從𢀜，𢀜，古文𠃨字，象人跪而執事之形，古文以爲忌字。王孫遺諸鐘“戲諆”，邾公華、邾公牼鐘作“威忌”，知諆即忌字。	王國維 不諆敦蓋銘考釋 王國維遺書第六册 1983 年	35429
忌	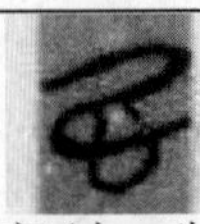 郭/太一生水/7		楚簡	讀作“紀”。	彭浩、劉祖信、王傳富 郭店楚墓竹簡	7147
忌			楚簡	郭店簡《語叢》一載“知己而後知人”其“己”寫法與此近，應隸爲“忌”，讀爲“己”。《五行》載：“忌（己）有弗爲而美者也。”	王中江 《從政》重編校注 簡帛研究網 2003 年 1 月 16 日	4060
忌			楚簡	原《考釋》以爲有猜忌之義，王中江先生讀爲“己”，並指出郭店竹書中的《語叢一》有“知己而後知人”，按照字形，其中的“己”應隸定爲“忌”，讀如“己”，字形與之近；《五行》篇有“忌（己）有弗爲而美者也”。（《〈從政〉重編校注》，簡帛研究網（03/01/16））王讀是。	楊朝明 《從政》篇釋義三則 簡帛研究網 2003 年 5 月 4 日	4059

忌	 郭/太一生水/7		楚簡	讀爲己。	劉釗 郭店楚簡校釋	7148
忿			説文	悁也。从心分聲。	許慎　説文解字	
悁	 籀文	剈	説文	忿也。从心肙聲。一曰憂也。籀文。	許慎　説文解字	
悁	 郭/緇衣/10		楚簡	裘按：此字應按今本釋作“怨”，字形待考。此字又見22號簡，今本亦作“怨”。	彭浩、劉祖信、王傳富 郭店楚墓竹簡	7699
悁			楚簡	該字於今本中寫作“怨”。另外，上博簡《緇衣》第十二簡其中“令”字，於今本《禮記·緇衣》中亦寫作“怨”。“怨”字在《説文》古文、《三體石經·無逸》、《玉篇·心部》中的形體，若將所從之義符“心”去掉，則所剩之聲符與郭店簡該字的形體十分接近。故該字仍當讀爲“怨”。	白於藍《上海博物館藏戰國楚竹書（一）》釋注商榷 華南師範大學學報 2002年5期	14178
悁			楚簡	通“怨”。	虞萬里 上博簡、郭店簡《緇衣》與傳本合校補證（上） 史林2002年2期	14216
悁	 郭/緇衣/10		楚簡	怨字異體。	劉釗 郭店楚簡校釋	7700
悁	 上五/鮑叔牙與隰朋之諫/5	惦	楚簡	此字也可能讀爲“悁”。楚簡中有從糸從占的字，即“絹”字之省。此字聲符亦省作“占”形。“悁”義爲忿恨，與“怨”義同而音近（聲調有平去之别），是一對同源詞。“怨悁”連言，猶古書中“麤粗”或“麤觕”連言。	張富海 上博簡五《鮑叔牙與隰朋之諫》補釋 簡帛網 2006年5月10日	4307
黎			説文	恨也。从心黎聲。一曰怠也。	許慎　説文解字	

恚			説文	恨也。从心圭聲。	許慎　説文解字	
恚	 合 19212		甲骨	合 19212(前 6·23·1)中一字上半部從“仐”，所不同的只是“仐”的下部多了一横，卜辭吉字又可從此(存補 5—10—4)。下半部從心，那麼如果説上半部是從圭的，那此字就是《説文》從心圭聲的“恚”字。此字後代兩見，一見於《陶彙》5·1：“咸亭當柳恚器。”一見於《戰國文字編》第 712 頁：沈口玉圭。	蔡哲茂 説殷卜辭中的“圭”字 漢字研究 2005 年 1 輯	15760
怨	  古文	命	説文	恚也。从心夗聲。命古文。	許慎　説文解字	
怨				石經古文與此同，集韻類篇古文寫法略異。	商承祚 説文中之古文考	42356
怨	 上一/紂衣/6	命	楚簡	怨誤釋爲“命”。	劉釗 讀《上海博物館藏戰國楚竹書》（一)劄記 上博館藏戰國楚竹書研究 2002 年	11953
怨			楚簡	整理者所釋“怨”之原字型，應爲“悁”，讀爲“怨”。	王中江 《從政》重編校注 簡帛研究網 2003 年 1 月 16 日	3999
怒			説文	恚也。从心奴聲。	許慎　説文解字	
怒		忞	金文	《三字石經》怒，古文作忞。	徐中舒、伍仕謙 中山三器釋文及宮室圖説明 中國史研究 1979 年 4 期	35443
怒		忞	楚簡	《郭簡·六德》簡二〇至二一釋文：“既生畜之，或從而𡥈（教）㥟（誨）之。”所謂“教誨”之“誨”，根據原簡文圖版，似應釋作“忞”字，讀爲“怒”，而非“誨”字。簡文中“母”、“女”二形有别。其實“忞”即古“怒”字。《集韻·莫韻》：“怒，古作忞。”怒有譴責義，此處“怒”與“教”	吕浩 《郭店楚墓竹簡》釋文訂補 中國文字研究 2001 年 2 輯	14555

				共現，“怒”是父母對“不可教”之子的進一步反應，即責罵、譴責。又《韓非子·五蠹》：“今有不才之子，父母怒之弗爲改。”		
憝			説文	怨也。从心敦聲。《周書》曰：“凡民罔不憝。”	許慎　説文解字	
慍			説文	怒也。从心𥁕聲。	許慎　説文解字	
惡			説文	過也。从心亞聲。	許慎　説文解字	
惡			秦簡	[二]惡，當讀爲厭。[五]惡，讀爲堊。	睡虎地秦墓竹簡整理小組 睡虎地秦墓竹簡	35449
憎			説文	惡也。从心曾聲。	許慎　説文解字	
怖			説文	恨怒也。从心市聲。《詩》曰：“視我怖怖。”	許慎　説文解字	
忍			説文	怒也。从心刀聲。讀若顡。李陽冰曰：“刀非聲，當从刈省。”	許慎　説文解字	
忍			金文	此字當釋爲與之並次的忍字異體。	陳偉武《古陶文字徵》訂補 中山大學學報 1995 年 1 期	35454
⿰忄彖			説文	怨恨也。从心彖聲。讀若膎。	許慎　説文解字	
恨			説文	怨也。从心艮聲。	許慎　説文解字	
懟			説文	怨也。从心對聲。	許慎　説文解字	
悔			説文	悔恨也。从心每聲。	許慎　説文解字	
悔	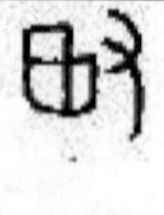		甲骨	愚稱爲悔字。悔者，卦之上體也。案卜詞從悔從豕者，殆即悔吝字。	柯昌濟 殷墟書契補釋	35458
悔			甲骨	悔，卜辭假每爲之，不從心。	李孝定 甲骨文字集釋 卷十	35460
悔		毋	楚簡	整理者釋“誨”，與義不合，當釋爲“悔”。	王中江《從政》重編校注 簡帛研究網 2003 年 1 月 16 日	1104

悔	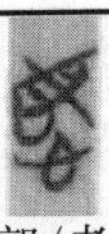 郭/老子甲/25	⿱母心	楚簡	不當釋爲謀，實乃“悔”字。簡文用字往往有約簡的情況。本句意爲：“在没有犯罪之前，後悔藥還是有的。”郭店楚簡《性自命出》中也出現了這個字（也被誤釋爲謀），位於第48—49號簡上，“速，悔之方也”，意思是説盲動是通向悔恨的途徑。	王連成 郭店楚簡《老子》甲第25、26號簡重讀 簡帛網 2006年9月3日	41505
憘			説文	小怒也。从心喜聲。	許慎 説文解字	
怏			説文	不服，懟也。从心央聲。	許慎 説文解字	
懣			説文	煩也。从心从滿。	許慎 説文解字	
憤			説文	懣也。从心賁聲。	許慎 説文解字	
悶			説文	懣也。从心門聲。	許慎 説文解字	
惆			説文	失意也。从心周聲。	許慎 説文解字	
悵			説文	望恨也。从心長聲。	許慎 説文解字	
愾			説文	大息也。从心从氣，氣亦聲。《詩》曰：“愾我寤歎。”	許慎 説文解字	
懆			説文	愁不安也。从心喿聲。《詩》曰：“念子懆懆。”	許慎 説文解字	
愴			説文	傷也。从心倉聲。	許慎 説文解字	
愴	 包/文書/142		楚簡	讀如帛倉。	劉彬徽、彭浩、胡雅麗、劉祖信 包山楚簡	1301
怛	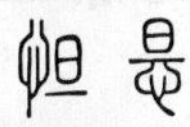 或體	悬	説文	憯也。从心旦聲。悬或从心在旦下。《詩》曰：“信誓悬悬。”	許慎 説文解字	
怛		悬	陶文	吴大澂云古悬字省文。	顧廷龍 古匋文舂録	35471
憯			説文	痛也。从心朁聲。	許慎 説文解字	

憯			楚簡	疑當讀“險”，惡也。	張桂光《郭店楚墓竹簡•老子》釋注商榷 江漢考古1999年2期	14092
慘			説文	毒也。从心參聲。	許慎　説文解字	
悽			説文	痛也。从心妻聲。	許慎　説文解字	
恫			説文	痛也。一曰呻吟也。从心同聲。	許慎　説文解字	
悲			説文	痛也。从心非聲。	許慎　説文解字	
悲	 上一/性情論/18		楚簡	哭亦悲，《荀子・樂論》：“哭泣之聲，使人心悲。”	濮茅左 上海博物館藏戰國楚竹書第一册 性情論	7815
悲	 上二/昔者君老/4		楚簡	“忞悲”義同“哀悲”。	陳佩芬 上海博物館藏戰國楚竹書第二册 昔者君老	13115
惻			説文	痛也。从心則聲。	許慎　説文解字	
惻			楚簡	讀“測”，深意。這兩句是，各人要永遠敬事上天，不可褻瀆神靈，否則災難降臨，令人莫測。	商承祚 戰國楚帛書述略 文物1964年9期	11031
惻			甲骨	惻不當讀爲測，應與下“成”連讀斷句，仍用《説文》本訓“痛也”。	嚴一萍 楚繒書新考 中國文字1967—1968年	35479
惻			楚簡	此字釋爲上“則”下“心”的字，同惻，這裏借爲則。	李零 長沙子彈庫戰國楚帛書研究	732
惻			楚簡	“天象是惻”承“惟天作妖”而言，意謂對“作妖”之“天象”傷悼敬慎之，始可免除災難。“惻”或借讀爲“測”、“則”，似可不必。	何琳儀 長沙帛書通釋 江漢考古1986年1、2期	11029
惻			楚簡	李學勤、李零均讀惻爲則，商先生讀作惻，謂有深意。何琳儀以爲《説文》訓“痛也”乃承“隹天作妖”而言，不必借讀爲測、則。	曾憲通 長沙楚帛書文字編	35481

惻	 郭/語叢二/27		楚簡	疑當讀爲“賊”。	彭浩、劉祖信、王傳富 郭店楚墓竹簡	9342
惻			楚簡	應讀“則”。饒文、高文、何文讀如本字，以爲敬慎之義。	李零《長沙子彈庫戰國楚帛書研究》補正 古文字研究 2000 年 20 輯	731
惻	 上二/從政（甲篇）/15		楚簡	或讀爲“賊”。	張光裕 上海博物館藏戰國楚竹書 第二册 從政（甲篇）	9866
惻	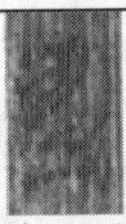 上二/從政（甲篇）/15		楚簡	讀爲“毋賊”。《説文·戈部》：“賊，敗也。從戈，則聲。”《論語·陽貨》：“子曰……好知不好學，其蔽也蕩；好信不好學，其蔽也賊。”	張光裕 上海博物館藏戰國楚竹書 第二册 從政（甲篇）	10247
惻	 郭/語叢二/43		楚簡	讀爲“側”。	連劭名 郭店楚簡《語叢》叢釋 孔子研究 2003 年 2 期	13895
惻	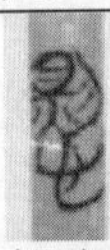 郭/語叢二/43		楚簡	讀爲賊。	劉釗 郭店楚簡校釋	9747
惻			楚簡	讀爲賊。《説文》謂“賊”字從“則”得聲，故可通。	曹錦炎 上海博物館藏戰國楚竹書 第五册 鬼神之明	60005
惻	 上五/鬼神之明/2		楚簡	讀爲賊。《説文》謂“賊”從“則”得聲，故可通。	曹錦炎 上海博物館藏戰國楚竹書 第五册 鬼神之明	1429
惻	 上五/姑成家父/10		楚簡	惻，原考釋讀爲“賊”，以爲“古代人身傷害罪叫賊”，又謂是“指用不正當的手段襲擊”。案諸史傳及簡文，似乎看不出有“指用不正當的手段襲擊”的意思與必要，則前説似較可取。在此疑讀爲“弑（審	季旭昇 上博五芻議（下） 簡帛網 2006 年 2 月 18 日	4765

				紐職部）”或“剸（莊紐之部）”，二字與“惻（莊紐職部）”聲韻俱近，可以通假。“剸”，刺殺也。“不用其眾”，原考釋謂“不興師動眾”，可從。即不用强門大夫之人眾，依《左傳·成公十七年》的記載：“壬午，胥童、夷羊五帥甲八百將攻郤氏，長魚矯請無用眾。”因此本簡似乎可以理解爲强門大夫等人率領圍釋放了長魚矯之後，但是長魚矯要求不要用强門大夫等人眾，而獨力消滅了三郤。		
惜			説文	痛也。从心朁聲。	許慎　説文解字	
愍			説文	痛也。从心敃聲。	許慎　説文解字	
愍	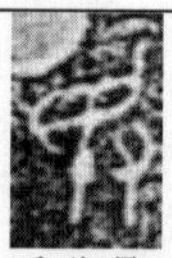 毛公鼎	敃	金文	讀爲愍。	于省吾 雙劍誃吉金文選 卷上 毛公厝鼎	28140
愍	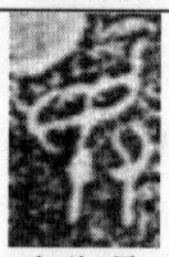 毛公鼎	⿰民又	金文	愍天即旻天。	張之綱 毛公鼎斠釋	28141
愍	 毛公鼎	⿰民又	金文	金文“亡敃”及卜辭“亡䎽”與古籍之“無妄”、“無悶”、“無文”義相同或相近。	李平心 甲骨文金石文劄記 李平心史論集 1983 年	35486
慇			説文	痛也。从心殷聲。	許慎　説文解字	
⿱依心			説文	痛聲也。从心依聲。《孝經》曰：“哭不⿱依心。”	許慎　説文解字	
⿱簡心			説文	⿱簡心，存也。从心，簡省聲。讀若簡。	許慎　説文解字	
慅			説文	動也。从心蚤聲。一曰起也。	許慎　説文解字	
感			説文	動人心也。从心咸聲。	許慎　説文解字	
忧			説文	不動也。从心尤聲。讀若祐。	許慎　説文解字	

慦			説文	怨仇也。从心咎聲。	許慎　説文解字	
愪			説文	憂皃。从心員聲。	許慎　説文解字	
怮			説文	憂皃。从心幼聲。	許慎　説文解字	
忦			説文	憂也。从心介聲。	許慎　説文解字	
恙			説文	憂也。从心羊聲。	許慎　説文解字	
恙		恙	甲骨	其字從羊從心，即恙字。無恙乃爲無憂，乃古人常語。	于省吾 甲骨文字釋林 釋心	35497
恙	 上三/亙先/7		楚簡	“恙”讀爲“詳”。古書“詳”字舊注訓爲“詳審”之類的意思。	董珊 楚簡《恆先》“詳宜利巧”解釋 簡帛研究網 2004年11月9日	2803
惴			説文	憂懼也。从心耑聲。《詩》曰：“惴惴其慄。”	許慎　説文解字	
慇			説文	憂也。从心鈞聲。	許慎　説文解字	
怲			説文	憂也。从心丙聲。《詩》曰：“憂心怲怲。”	許慎　説文解字	
怲			楚簡	整理者所釋“怲”頗爲費解。陳劍和劉樂賢釋爲“猛”，可從。	王中江 《從政》重編校注 簡帛研究網 2003年1月16日	4206
怲			楚簡	當讀爲“妨”。楚簡“病”字或從“方”聲。《説文》“仿”，籀文或從“丙”聲。“枋”又作“柄”。《儀禮·士昏禮》：“皆南枋。”注：“今文枋作柄。”因此，“怲”字可讀爲“妨”。《説文》：“妨，害也。”簡文“妨則亡（無）新（親）”意爲傷害則失去親近。	徐在國 上博竹書（二）文字雜考 學術界2003年1期	4207
惔			説文	憂也。从心炎聲。《詩》曰：“憂心如惔。”	許慎　説文解字	
惙			説文	憂也。从心叕聲。《詩》曰：“憂心惙惙。”一曰意不定也。	許慎　説文解字	
慯			説文	憂也。从心，殤省聲。	許慎　説文解字	

愁			説文	憂也。从心秋聲。	許慎　説文解字	
愵			説文	憂皃。从心弱聲。讀與惄同。	許慎　説文解字	
慆			説文	憂困也。从心臽聲。	許慎　説文解字	
悠			説文	憂也。从心攸聲。	許慎　説文解字	
悠	 寍叔簋	詸	金文	前人缺釋。以意求之，字當釋悠。從心者或更旁從言。“詸公”即悠公。	戴家祥 金文大字典	14968
悴			説文	憂也。从心卒聲。讀與《易》萃卦同。	許慎　説文解字	
悴	 郭/尊德義/10	哀	楚簡	此字從“卒”，似當釋爲“悴”。哀、卒爲物微對轉，故可用爲“哀”。	陳偉 郭店簡書《尊德義》校釋 中國哲學史 2001 年 3 期	14284
慁			説文	憂也。从心圂聲。一曰擾也。	許慎　説文解字	
慹			説文	楚潁之閒謂憂曰慹。从心埶聲。	許慎　説文解字	
忓			説文	憂也。从心于聲。讀若吁。	許慎　説文解字	
忡			説文	憂也。从心中聲。《詩》曰：“憂心忡忡。”	許慎　説文解字	
悄			説文	憂也。从心肖聲。《詩》曰：“憂心悄悄。”	許慎　説文解字	
慽			説文	憂也。从心戚聲。	許慎　説文解字	
惪			説文	愁也。从心从頁。	許慎　説文解字	
惪	 		楚簡	商承祚先生釋爲憂，甚確。憂亦作懮。《楚辭·抽思》“傷余心之懮懮”，注：“病貌。”	滕壬生 釋惪 古文字研究 1983 年 10 輯	35523
惪	 馬王堆/戰縱/272		漢簡	爲惪異構字，於形於義皆合。	王貴元 馬王堆帛書文字考釋 古漢語研究 1995 年	35526
惪	 上五/三德/16		楚簡	憂：担憂，發愁。《列子·天瑞》：“杞國有人憂天地崩墜，身亡所寄，廢寢食者。”	王晶 釋《上博五·三德》簡十六 簡帛網 2006 年 3 月 6 日	4716

悳	 郭/唐虞之道/16		楚簡	此字上部爲“百”之異體。	彭浩、劉祖信、王傳富　郭店楚墓竹簡	8445
悳	 郭/老子甲/34		楚簡	讀爲嚘，義爲氣逆。	劉釗　郭店楚簡校釋	6579
患	 古文  古文	悤 悶	説文	憂也。从心上貫吅，吅亦聲。亦古文患。古文从關省。	許慎　説文解字	
患			金文	按從心串聲。串即毌字。	林義光　文源	35528
患		串	金文	當是貫的初文，或省作串。象把貝串起來的樣子。	唐蘭　論周昭王時代的青銅器銘刻　古文字研究 1980 年 2 輯	35529
恇			説文	怯也。从心、匡，匡亦聲。	許慎　説文解字	
悏			説文	思皃。从心夾聲。	許慎　説文解字	
懾			説文	失氣也。从心聶聲。一曰服也。	許慎　説文解字	
憚			説文	忌難也。从心單聲。一曰難也。	許慎　説文解字	
悼			説文	懼也。陳楚謂懼曰悼。从心卓聲。	許慎　説文解字	
恐	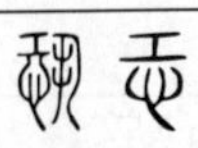 古文	忎	説文	懼也。从心巩聲。古文。	許慎　説文解字	
慴			説文	懼也。从心習聲。讀若疊。	許慎　説文解字	
怵			説文	恐也。从心术聲。	許慎　説文解字	
怵	 中山王譽方壺	心	金文	此怵字。《説文》：“怵，恐也。”	徐中舒　中山三器釋文及宮室圖説明　中國史研究 1979 年 4 期	35542
惕	 或體	悐	説文	敬也。从心易聲。或从狄。	許慎　説文解字	

愓	 趙孟庎壺	惖	金文	惖爲愓之別構。愓鍚古通。	聞一多 聞一多全集 禺邗王壺跋	35544
愓	 上三/彭祖/6		楚簡	怵愓，即戒惧、惊惧之意。	趙炳清 上博簡三《彭祖》補釋 簡帛研究網 2005年1月26日	1841
愓	 上四/曹沫之陳/46		楚簡	“圪成則愓”，此句當作“圪成則愓□”，但“圪”字也有可能屬上句，即作“少則愓茇圪，成則愓□□”。	李零 上海博物館藏戰國楚竹書 第四册 曹沫之陳	3640
烘			説文	戰慄也。从心共聲。	許慎　説文解字	
悈			説文	苦也。从心亥聲。	許慎　説文解字	
惶			説文	恐也。从心皇聲。	許慎　説文解字	
悑	 或體	怖	説文	惶也。从心甫聲。怖或从布聲。	許慎　説文解字	
慹			説文	悑也。从心執聲。	許慎　説文解字	
愨			説文	悑也。从心㱿聲。	許慎　説文解字	
憊	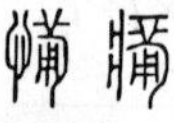 或體		説文	愨也。从心葡聲。𤺌或从疒。	許慎　説文解字	
惎			説文	毒也。从心其聲。《周書》曰：“來就惎惎。”	許慎　説文解字	
惎		忎	陶文	從丌從心。疑即惎字。	顧廷龍 古匋文舂録	35556
惎	 郭/忠信之道/1		楚簡	裘按：疑“惎”當讀爲“欺”。	彭浩、劉祖信、王傳富 郭店楚墓竹簡	8088
惎	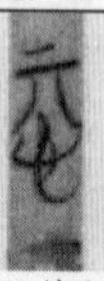 郭/語叢二/27		楚簡	《説文・心部》：“惎，毒也。”	彭浩、劉祖信、王傳富 郭店楚墓竹簡	9343

惎	 郭/語叢四/13		楚簡	讀爲欺。	陳偉 郭店竹書別釋	9111
惎	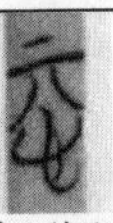 郭/語叢二/26		楚簡	讀爲“欺”。	連劭名 郭店楚簡《語叢》叢釋 孔子研究2003年2期	14164
惎	 郭/語叢四/13		楚簡	讀爲欺。	劉釗 郭店楚簡校釋	9110
惎	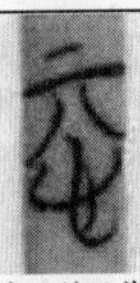 郭/語叢二/26		楚簡	讀爲忌，義爲忌恨、妒嫉。	劉釗 郭店楚簡校釋	9340
恥			説文	辱也。从心耳聲。	許慎　説文解字	
㥏			説文	青徐謂慙曰㥏。从心典聲。	許慎　説文解字	
忝			説文	辱也。从心天聲。	許慎　説文解字	
慙			説文	媿也。从心斬聲。	許慎　説文解字	
恧			説文	慙也。从心而聲。	許慎　説文解字	
恧	 郭/語叢二/17		楚簡	《説文》：恧，慚也。	連劭名 郭店楚簡《語叢》叢釋 孔子研究2003年2期	14296
怍			説文	慙也。从心，作省聲。	許慎　説文解字	
憐			説文	哀也。从心粦聲。	許慎　説文解字	
憐		[illegible]	石鼓	此移心於下。當是古文所謂筆跡小異耳。	强運開 石鼓釋文	35566
慩	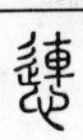		説文	泣下也。从心連聲。《易》曰：“泣涕慩如。”	許慎　説文解字	

忍			説文	能也。从心刃聲。	許慎　説文解字	
忍	 上三/亙先/1		楚簡	簡文似乎是説，道自我滿足，不求於外，但他也並不壓抑自己，拒絶施化。	李零 上海博物館藏戰國楚竹書 第三册 亙先	13460
忍	 上三/亙先/1		楚簡	“自忍”即自我克制。	朱淵清 “域”的形上學意義 簡帛研究網 2004年4月18日	502
忍	 上三/亙先/1		楚簡	不自忍：但不抑制自己。	龐樸 《恒先》試讀 簡帛研究網 2004年4月26日	2328
忍	 上三/亙先/1		楚簡	“自忍”，自我克制。	廖名春 上博藏楚竹書《恆先》簡釋 簡帛研究網 2004年4月19日	2297
忍	 上三/亙先/1		楚簡	“忍”似可訓爲“容”：《論語·八佾》“是可忍也”，皇侃疏“忍，猶容耐也”；《淮南子·本經》“而莫之充忍”，王念孫《讀書雜誌》讀“忍”爲“牣”，《小爾雅·廣詁》“牣”訓爲“塞”，“塞”、“容”義相近。	董珊 楚簡《恆先》初探 簡帛研究網 2004年5月12日	2953
忍	 上三/亙先/1		楚簡	“忍”，李學勤讀作“牣”，訓爲“滿”；然這一小節本述“亙先”之本體質性，作“不自滿”，意不頂愜，不如逕讀本字“忍”，“不自忍”，謂不勉强，亦即順其自然之意，更合道家釋“道”之基本質性。	陳麗桂 上博簡（三）：《亙先》的義理與結構 簡帛研究網 2004年12月19日	2339
忍	 上三/亙先/1		楚簡	“忍”讀作“牣”，訓爲滿。	李學勤 楚簡《恒先》首章釋義 簡帛研究網 2004年4月23日	1374

忍	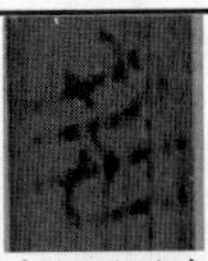 上三/亙先/1		楚簡	不自忍：不自我克制。簡本《老子》乙4："亡爲而亡不爲。"因其自足，故無爲也；因其不自我克制，故無不爲也。	劉信芳 上博藏竹書《恒先》試解 簡帛研究網 2004年5月16日	2332
忍	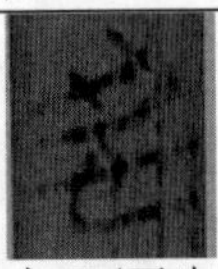 上三/亙先/1		楚簡	忍：忍耐，抑制，克制。不自忍：不自我抑制，不能不，不得不，顺其自然。	趙建功 《恒先》易解（上） 簡帛研究網 2005年1月26日	1604
㥸			説文	厲也。一曰止也。从心弭聲。讀若沔。	許慎　説文解字	
㣻			説文	懲也。从心乂聲。	許慎　説文解字	
懲			説文	㣻也。从心徵聲。	許慎　説文解字	
憬			説文	覺寤也。从心景聲。《詩》曰："憬彼淮夷。"	許慎　説文解字	
慵			説文	嬾也。从心庸聲。	許慎　説文解字	
悱			説文	口悱悱也。从心非聲。	許慎　説文解字	
怩			説文	衄怩，慙也。从心尼聲。	許慎　説文解字	
惉			説文	惉懘，煩聲也。从心沾聲。	許慎　説文解字	
懘			説文	惉懘也。从心滯聲。	許慎　説文解字	
懇			説文	悃也。从心豤聲。	許慎　説文解字	
忖			説文	度也。从心寸聲。	許慎　説文解字	
怊			説文	悲也。从心召聲。	許慎　説文解字	
慟			説文	大哭也。从心動聲。	許慎　説文解字	
惹			説文	亂也。从心若聲。	許慎　説文解字	
恰			説文	用心也。从心合聲。	許慎　説文解字	
悌			説文	善兄弟也。从心弟聲。經典通用弟。	許慎　説文解字	

懌			説文	説也。从心睪聲。經典通用釋。	許慎　説文解字	
懌			陶文	古匋懌。從睪省。新附字。見原書。	丁佛言 説文古籀補補 卷十	35576
懌			陶文	此從心，從睪省，疑即懌字。	顧廷龍 古匋文録	35577
懌	 郭/緇衣/41		楚簡	簡文的“懌”，今本作“射”，《詩》作“斁”，字皆通。毛傳：“厭也。”	彭浩、劉祖信、王傳富 郭店楚墓竹簡	7630
懌	 郭/老子甲/9		楚簡	讀作“釋”。	彭浩、劉祖信、王傳富 郭店楚墓竹簡	6013
懌	 郭/成之聞之/36		楚簡	通赦，放過、赦宥義。	陳偉 郭店竹書别釋	4411
懌	 郭/成之聞之/36		楚簡	讀爲釋，意爲消除、赦宥。	劉釗 郭店楚簡校釋	4410
懌			楚簡	甲三 61“成敢用解訛懌憂”，“懌”字當讀爲“釋”。釋與解爲同義詞。	徐在國 新蔡葛陵楚簡劄記 中國文字研究 2004 年 5 輯	14672
懌	 新/甲三:61/106		楚簡	“懌”字當讀爲“釋”。《説文》：“釋，解也。”《漢書·吴王濞傳》：“猶懼不見釋。”顔師古注：“釋，解也，放也。”釋與解爲同義詞。	徐在國 新蔡葛陵楚簡劄記 簡帛研究網 2003 年 12 月 7 日	14449
忄乚	 郭/唐虞之道/7		楚簡	從“乚”聲，亦通作“隱”。	彭浩、劉祖信、王傳富 郭店楚墓竹簡	8407
㠯心	 上五/三德/16		楚簡	整理者讀“怠”，傳世本作“以”，應以讀“以”爲是。	王晶 釋《上博五·三德》簡十六 簡帛網 2006 年 3 月 6 日	4715

⿱厶心	 上五/三德/16		楚簡	整理者讀爲“怠”。……結合傳世本作“以”可見，字形中的“心”可能是“口”形之訛，當以傳世本爲是。	范常喜　《上博五·三德》劄記三則　簡帛網　2006 年 2 月 24 日	4947
忉			陶文	《説文解字》所無。《正韻》：“忉，音刀，憂心貌。”	高明、葛英會　古陶文字徵	16258
忎	 上四/曹沫之陳/17	㤅	楚簡	疑是“㤅”字之誤，簡文讀爲“愛”，是吝惜之義。	李零　上海博物館藏戰國楚竹書　第四册　曹沫之陳	2419
忎	 上四/曹沫之陳/17	㤅	楚簡	陳劍先生指出字不從“又”，相當正確，此偏旁與《曹沫之陣》之“又”字差異甚大。然陳劍先生主張其爲“旡”形之“訛變”，似也可以成立，但精確一點應是“旡”旁的“省形”。而且從甲骨、金文、戰國文字以至於三體石經的古文，皆存在着此種省形的形體。在甲骨、金文、戰國文字乃至於三體石經的古文字材料中，依舊保留着此型態的“旡”字。從字形上來分析，以“訛變”來説明此字，似不如將之説成“省略”來的佳。	高佑仁　論《曹沫之陣》簡 17 之“愛”字　孔子 2000 網　2005 年 8 月 23 日	3896
忎	 上四/曹沫之陳/17	㤅	楚簡	“愛”字，上所從“旡”形略有訛變。原釋爲上從“又”，説爲從“旡”之誤，不必。	陳劍　上博竹書《曹沫之陳》新編釋文（稿）　簡帛研究網　2005 年 2 月 12 日	509
⿰忄冂	 郭/老子甲/11		楚簡	此字之聲旁亦可隸定爲“幻”。	彭浩、劉祖信、王傳富　郭店楚墓竹簡	7337
⿹𠃌心	 上五/季庚/18		楚簡	從心，疑“⿰台⺕”省，讀爲“辝”，同“辤”。《説文》：“辤，不受也。從辛、從受，受辛宜辤之，籀文辤從台。”該字亦讀爲“辭”，告辭。	濮茅左　上海博物館藏戰國楚竹書　第五册　季庚子問於孔子	1966

𢖶	 上三/中弓/26		楚簡	同“恐”。	李朝遠 上海博物館藏戰國楚竹書第三册 中弓	13446
𢖶	 上三/彭祖/8		楚簡	即“恐”古文，《説文》：“恐，懼也。從心，巩聲。𢖶，古文。”	趙炳清 上博簡三《彭祖》補釋 簡帛研究網 2005 年 1 月 26 日	2678
忎				從心羊聲，羊即干之異文。	郭沫若 兩周金文辭大系圖録考釋 楚王酓忎鼎	18269
忎				即忎，幽王悍。	商承祚 十二家吉金圖録 楚王酓忎鼎	18268
𢘓	 郭/太一生水/10		楚簡	裘按：“𢘓”讀爲“字”。	彭浩、劉祖信、王傳富 郭店楚墓竹簡	7154
𢘓			楚簡	字本從才從心，當讀爲戴，擁戴義。屬上讀。	陳偉 郭店竹書別釋	8184
忹			陶文	《説文》無，《集韻》慢也。	顧廷龍 古匋文舂録 卷十	18179
忹			陶文	《説文》無，《集韻》慢也。	高明、葛英會 古陶文字徵	18078
怘			楚簡	從厷，即《説文》訓“臂上也”之厷，在此義爲宏。後以肱代瓻。	商承祚 戰國楚竹簡匯編	9937
忤			璽印	《説文》無，《玉篇》逆也。	羅福頤 古璽文編	18011
𢖻			楚簡	郭店簡字形作上部從川、下部從心的結構，今本原《詩》與今本《緇衣》同作“順”字。《説文·頁部》：“順，理也。從頁從川。”《中山王鼎》銘文中的“順”字作上部從川、下部從心結構，説明從頁從川的結構與從川從心的結構爲同字異構。	王平 上博簡《緇衣》引《詩》中的“又共悳行，四或川之” 天津師範大學學報 2002 年 3 期	12666

⿱川心	 郭/緇衣/12		楚簡	順字古文。	劉釗 郭店楚簡校釋	7465
㤃	 上一/孔子詩論/9		楚簡	從方從心之说字，疑爲“忿”字筆誤，忿彼仇外的此邦之人也。	馬承源 上海博物館藏戰國楚竹書第一册 孔子詩論	9548
㤃	 上一/孔子詩論/9		楚簡	簡文從心，方聲。按，當讀爲“方”。《論語·憲問》：“子貢方人。”《釋文》引鄭本作“謗”，訓“言人之過惡”。《黄鳥》共三章，反覆申言“此邦之人，不我肯榖”、“此邦之人，不可與明”、“此邦之人，不可與處”，而思“言旋言歸，復我邦族”。所謂“困而欲反其故”是也。或讀爲“妨”，害也；其人爲多恥者所害，憂讒畏譏而思歸也，亦通。	周鳳五 《孔子詩論》新釋文及注解 上博館藏戰國楚竹書研究 2002 年	5470
㕽			甲骨	舊釋作昬誤。當釋作㕽。郭璞《三倉解詁》和《玉篇》有此字，但與甲骨文語意不符。	于省吾 甲骨文字詁林 釋心	16450
⿱女心	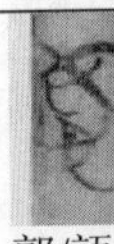 郭/語叢一/46		楚簡	怒字古文。	劉釗 郭店楚簡校釋	9598
⿱女心	 上五/競建内之/6		楚簡	恕字古文。《禮記·中庸》：“忠恕違道不遠”，孔穎達疏“恕，忖也，忖度其義於人。”	陳佩芬 上海博物館藏戰國楚竹書第五册 競建内之	3008
⿱女心	 上五/競建内之/6		楚簡	字從“女”從“心”。郭店竹書《老子》甲組 34 號簡和《性自命出》2 號簡的“怒”字，均從艸從女從心。《語叢》一 46 號簡、《語叢二》25、26 號簡從女從心之字，也都被釋爲“怒”。因而此字也當釋爲“怒”。“諦怒”費解。帝、責，《説文》並爲“朿”聲，或可通假。	陳偉 《競建内之》《鮑叔牙與隰朋之諫》零識 簡帛網 2006 年 2 月 22 日	5184

怌	 上二/容成氏/35		楚簡	從文義看，應讀爲“施”。	李零 上海博物館藏戰國楚竹書 第二册 容成氏	13328
怌	 上一/孔子詩論/26		楚簡	從心，不聲，讀爲“背”。以此評論的當爲《小雅》的《谷風》。	馬承源 上海博物館藏戰國楚竹書 第一册 孔子詩論	11612
怌	 上一/孔子詩論/26		楚簡	字從否從心，口與心共用筆畫，當是㤗字。《玉篇·心部》：“㤗，怒也。”	陳英傑 讀楚簡劄記 簡帛研究網 2002 年 11 月 24 日	14413
怌	 上一/孔子詩論/26		楚簡	“㤗”原爲從心否聲之字，讀爲“倍”。	王志平 《詩論》箋疏 上博館藏戰國楚竹書研究 2002 年	10546
怌	 上一/孔子詩論/26		楚簡	原釋以爲從心，不聲，讀爲“背”。按，簡文從心，從否，但否字下方“口”與“心”字有省筆，共用部分筆畫，故不易辨識；簡文省筆又見簡十七“《東方未明》，有利詞”之“詞”，可以參看。此字當讀爲“否”。《説文》：“否，不也。”經傳多訓“不通”、“不善”，或借爲“鄙”。《小雅·谷風》首章云：“習習谷風。維風及雨。將恐將懼，維予與女。將安將樂，女轉棄予。”次章云：“將安將樂，棄予如遺。”卒章云：“忘我大德，思我小怨。”則簡文當讀爲“鄙”。《楚辭·懷沙》：“易初本迪兮，君子所鄙。”王《注》：“鄙，恥也。”簡文蓋謂其人忘恩背德，行爲可鄙也。	周鳳五 《孔子詩論》新釋文及注解 上博館藏戰國楚竹書研究 2002 年	11614

忢	 上一/孔子詩論/26		楚簡	上博本隸作從不、從心的字，恐不確。其上半部與中山王鼎銘“智天若否”的“否”字近似，當隸作“怌”。從詛楚文看，其意或許與怒有關。“北（邶）白（柏）舟悶”與“浴（谷）風相對爲文，都表達憤懣之氣，但前者抑鬱在内，後者發洩在外。	曹峰 對《孔子詩論》第八簡以後簡序的再調整——從語言特色的角度入手 上博館藏戰國楚竹書研究 2002年	4523
忢	 上一/孔子詩論/26		楚簡	這個字從心從音，應讀爲“倍”。	劉釗 讀《上海博物館藏戰國楚竹書》（一）劄記 上博館藏戰國楚竹書研究 2002年	2014
忢	 上一/孔子詩論/26		楚簡	據字形當釋爲“怌”。《玉篇·心部》：“怌，恐也。”《集韻·脂韻》：“怌，恐懼也。”《字彙·心部》：“怌，慢也。”當從前二義。小序所謂“天下俗薄，朋友道絶焉。”	李銳 讀上博楚簡劄記 上博館藏戰國楚竹書研究 2002年	2015
恁	 郭/緇衣/21		楚簡	借作“託”，《説文》：“託，寄也”。	彭浩、劉祖信、王傳富 郭店楚墓竹簡	7510
恁	 郭/太一生水/11		楚簡	讀爲托。	劉釗 郭店楚簡校釋	7158
忢			楚簡	即“忨”，《説文》云：“忨，貪也。從心元聲。”《玉篇》云：“愛也。”是以“忨”有“貪”、“愛”二義。在簡文中，字與“悦”字相對應，當取《玉篇》之釋。	馬承源 上海博物館藏戰國楚竹書 第一册 孔子詩論	11256
忢	 上一/孔子詩論/19		楚簡	“寂忢”，當讀爲“臧願”。臧，《説文》：“善也。”《詩·邶風·雄雉》：“不忮不求，何用不臧。”毛傳：“臧，善也。”臧願，即善願、美願。	胡平生 讀上博藏戰國楚竹書《詩論》劄記 上博館藏戰國楚竹書研究 2002年	11366

忎	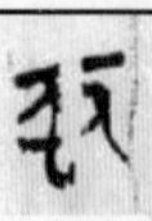 上一/孔子詩論/19		楚簡	作“兀”下“心”，若依此形，則可隸定爲“惎”，已見於郭店簡《忠信之道》簡一（裘錫圭先生釋爲“欺”）、《六德》簡四十一（釋讀者釋爲“其”）、《語叢二》簡二十七（裘先生據《説文》“心”部惎字釋爲“毒”），然作此讀則句義難明。李零先生謂此字“從心從元”，“簡文多用爲願字”（《上博楚簡校讀記（之一）——〈子羔〉篇“孔子詩論”部分》，簡帛研究網站）。從“元”之字確也有書作從“兀”者，結合後半句“未得達也”，此字釋讀爲“願”無誤，𤸷願，或指一種銘心刻骨的願望。	俞志慧 《孔子詩論》五題 上博館藏戰國楚竹書研究 2002年	11364
忎			楚簡	（上博釋文）釋“忎”義非是。“忎”當讀如“願”。元，從心元聲，上古音爲疑母元部字；願，亦爲疑母元部字，二字同音可通。《方言》一：“願，欲思也。”《爾雅·釋詁下》：“願，思也。”《詩·衛風·伯兮》鄭箋：“願，念也。”“好色之願”，即“好色之思”、“好色之念”、“好色之欲”。誠如考釋所説，“好色”並非貶義。	胡平生 讀上博藏戰國楚竹書《詩論》劄記 上博館藏戰國楚竹書研究 2002年	11255
忎	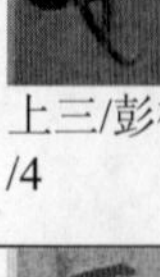 上三/彭祖/4		楚簡	即“愿”，與“天”、“困”諧韻，或許是於“愿”下絶句。	李零 上海博物館藏戰國楚竹書 第三册 彭祖	13558
忎	 上三/中弓/26		楚簡	從元、從心，同“愿”，兩字均從心，“元”與“原”通。	李朝遠 上海博物館藏戰國楚竹書 第三册 中弓	13448

⿱元心	 上四/柬大王泊旱/21		楚簡	字亦見於《中山方壺》，從心，元聲，或同“忨”，《説文·心部》：“忨，貪也，從心，元聲。”或釋爲“愿”，聲符“元”與“原”古互用。如《集韻》“螈”字，或從元，作“蚖”；《集韻》“羱”字，或從元，作“羫”。《廣韻》：“愿，敬也，善也，謹也。”讀爲“願”。	濮茅左 上海博物館藏戰國楚竹書第四册 柬大王泊旱	2407
⿱元心	 上三/彭祖/4		楚簡	此字從元從心，同“愿”，兩字均從心，“元”與“原”通。愿，可訓爲“謹慎、恭謹”，《説文》：“愿，謹也。”	趙炳清 上博簡三《彭祖》補釋 簡帛研究網 2005 年 1 月 26 日	1834
⿱☒心	 上三/彭祖/6		楚簡	上部不清，下部從心，且有重文符。	李零 上海博物館藏戰國楚竹書 第三册 彭祖	13561
⿰忄者	 郭/成之聞之/31		楚簡	當釋圖，有畫、謀、度諸義，似皆可通。	陳偉 郭店竹書別釋	4376
⿰忄者	 郭/緇衣/23		楚簡	疑讀圖。	劉釗 郭店楚簡校釋	7519
⿰忄弘			楚簡	從心，弘聲，應即⿰忄弘字，見於《廣韻》、《集韻》。	湯餘惠 包山楚簡讀後記 考古與文物 1993 年 2 期	18079
⿱升心			盟書	字體複雜，其偏旁有從言、從音、從旨、從自、從百、從首、從心等。但在本兩坎内均從升從心，升有進或獻之義，從心從首，意即獻心獻首，升首是古代祭禮一個重要程序。	趙世綱 禱詞考——温縣盟書T4K5#盟詞釋讀 第四屆國際中國古文字學研討會論文集 2003 年	14727
⿱工心	 上四/曹沫之陳/5		楚簡	字當爲從工從心，即《説文》“恐”字古文，原誤釋爲從心“壬”聲讀爲“任”。	陳劍 上博竹書《曹沫之陳》新編釋文（稿） 簡帛研究網 2005 年 2 月 12 日	2454

怸	 郭/太一生水/12		楚簡	從“心”“化”聲，借作“過”。	彭浩、劉祖信、王傳富 郭店楚墓竹簡	7159
怸	 上一/性情論/32		楚簡	讀爲“過”，義爲誤、失。《廣雅·釋詁三》：“過，誤也。”《戰國策·齊策一》“君之謀過也”，高誘注：“過，失。”	濮茅左 上海博物館藏戰國楚竹書第一册 性情論	11477
怸	 上三/中弓/7		楚簡	從心從化，化亦聲；化爲歌部曉紐，過爲歌部見紐：化、過叠韻，曉、見旁紐。簡文“過”往往作此形，即過失、錯誤。	李朝遠 上海博物館藏戰國楚竹書第三册 中弓	11720
怸	 上四/曹沫之陳/63		楚簡	“自怸”，讀“自過”，指引咎自責。	李零 上海博物館藏戰國楚竹書 第四册 曹沫之陳	3068
怸	 上三/中弓/7		楚簡	“赦過”指“赦免小過”。過，應該是指比較小的無心之錯。	季旭昇 《上博三·仲弓》篇零釋三則 簡帛研究網 2004年4月23日	2756
怸	 上三/中弓/20		楚簡	陳劍先生認爲“孚過”應當讀爲“愎過”，甚是。説“愎過”的意思是“堅持過失”，卻值得商榷。“捍責”既然是抵拒責備，那“愎過”也應當是相似的意思，“愎”在古書中作“抵拒、乖戾”講是常訓，“過”也有“責備”的意思。“愎過捍責”是一個聯合詞組，“愎過”和“捍責”兩者是並列關係，意思相同。	史傑鵬 上博竹簡（三）注釋補正 簡帛研究網 2005年7月16日	2021

㣼	 上五/三德/5		楚簡	簡 5 最後三字爲“過而改”，李零將其與簡 6 相聯，讀爲“過而改新”，然先秦文獻中幾乎不見“改新”之用例……陳劍先生將簡 22 和簡 6 相聯，讀爲“臨民以仁，民莫弗新（親）”，這樣不僅押韻（真部），而且意思也通順了……簡 5 後面那支簡的首字很可能是“之”，先秦文獻中有“過而改之”的用例。從文意上看，《三德》簡 2 到簡 5 的簡文中，作者排列了大量的過失，如“僞詐”、“不忌”、“不已”、“陽而幽”、“幽而陽”、“詬政卿於神次”、“享逸安”、“求利”、“殘其親”、“君無主臣”、“故常不利，邦失幹常”、“變常易禮”等，而“福之基”正在於改正這些過失。這裏的結構與《大戴禮記·盛德》有點相似，《大戴禮記·盛德》是先講“過而改之”，再列舉各種過失。而《三德》有可能是先列舉各種過失，再講“過而改之”，“之”正指代各種“過失”。再從用韻看，“之”與簡 5 末尾的“哉”、“基”同屬之部，正好可以押韻。	曹峰 《三德》零釋（一） 簡帛網 2006 年 4 月 10 日	5143
谷	 郭/語叢二/10		楚簡	谷字從仌從心，仌乃谷字初文，讀爲欲。	劉釗 郭店楚簡校釋	9002
忛	 郭/窮達以時/15		楚簡	堇。	彭浩、劉祖信、王傳富 郭店楚墓竹簡	6321
悔	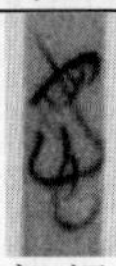 郭/語叢二/38		楚簡	疑當讀爲“謀”或“悔”。	彭浩、劉祖信、王傳富 郭店楚墓竹簡	9743

悔	 郭/語叢三/31		楚簡	如上一字確爲“寡”，那麽此字應爲“悔”。	彭浩、劉祖信、王傳富 郭店楚墓竹簡	9797
悔	 郭/語叢三/31		楚簡	寡悔，即少悔，與寡尤（少過）相通。	陳偉 郭店竹書别釋	9798
悔	 郭/性自命出/49		楚簡	謀字古文。	劉釗 郭店楚簡校釋	8732
悔	 郭/老子甲/25		楚簡	謀字古文。	劉釗 郭店楚簡校釋	5974
恫	 包/文書/180		楚簡	字從牙，不從司。應爲忢。可釋爲愳。	湯餘惠 包山楚簡讀後記 考古與文物 1993 年 2 期	6486
恫	 包/文書/107		楚簡	實乃訝字，即驚訝之訝。	何琳儀 包山竹簡選釋 江漢考古 1993 年 4 期	5210
㤿	 上二/子羔/1		楚簡	㤿，原篆上從“肥”省，下從“心”。䆅，上從“宀”，下從“毳”。《考釋》認爲相當“今字肥脆”，甚確。《容成氏》“肥毳”也釋“肥脆”，可資比照。至於讀“肥脆”爲“肥磽”，則似有未的，蓋“脆”、“橇”與“磽”聲韻均不合。按，“肥脆”應讀“肥瘠”。“脆（臎）”，清紐月部；“瘠”，精紐支部。故二字爲齒音雙聲。如果退一步從“臎”或作“脆”分析，“危”歸歌部（董同龢、王力之説），歌、月對轉。而“危”或歸支部（段玉裁、王念孫、朱駿聲之説），則“脆”與“瘠”同屬支部。“肥瘠”，見《書·禹貢》“田之高下肥瘠”。《吕覽·仲秋記》：“案芻豢，瞻肥瘠。”或作“肥膌”，見《管子·問》“時簡稽帥馬牛之肥膌”。	何琳儀 滬簡二册選釋 簡帛研究網 2003 年 1 月 14 日	3945

⿱㔾心	 上二/子羔/1		楚簡	應讀“肥脃”，“脃”清紐支部，“脃”從紐錫部。見《管子·問》“時簡稽帥馬牛之肥脃”。	安徽大學古文字研究室 上海楚竹書（二）研讀記 簡帛研究網 2003 年 1 月 13 日	3944
⿱㔾心	 上二/子羔/1		楚簡	（⿱㔾心𡫸）原釋讀肥磽。何琳儀讀爲肥瘠（何琳儀《滬簡二册選釋》，簡帛研究網站，2003 年 1 月 14 日），白於藍讀絶饒（白於藍《讀上博簡（二）劄記》，《上博館藏戰國楚竹書研究續編》），似都有道理，又都似未能論定，這裏暫從何琳儀讀作肥瘠。	張桂光 《上博簡》（二）《子羔》篇釋讀劄記 上博館藏戰國楚竹書研究續編 2004 年 7 月	11795
⿱㔾心	 上二/子羔/1		楚簡	此字上部實乃“乚”字，下部爲心，亦見於郭店楚簡《老子》乙簡十六。對照馬王堆漢墓帛書《老子》乙本中寫作“絶”（子孫以其祭祀不絶）。“絶饒”猶言“乏饒”，引申指貧富。	白於藍 讀上博簡（二）劄記 上博館藏戰國楚竹書研究續編 2004 年 7 月	14360
⿱㔾心	 上二/子羔/1		楚簡	叡疑從《説文》讀若殊的“几”字，這裏讀爲柱，訓爲强。	李學勤 楚簡《子羔》研究 上博館藏戰國楚竹書研究續編 2004 年	14055
⿱夬心	 包/文書/82		楚簡	應是古快字。	湯餘惠 包山楚簡讀後記 考古與文物 1993 年 2 期	2515
⿱右心	 上一/性情論/6		楚簡	即“怙”字，《正字通》：“怙，俗憂字。”據文意似當作“囿”。《莊子·徐无鬼》：“辯士無談説之序，則不樂；察士無淩誶之事，則不樂：皆囿於物者也。”	濮茅左 上海博物館藏戰國楚竹書第一册 性情論	12148
⿱右心	 上一/性情論/6		楚簡	釋文釋爲憂、囿，並引《莊子》“囿於物者也”爲證，有移來作解之勢，令人不安。	龐樸 上博藏簡零箋 上博館藏戰國楚竹書研究 2002 年	12611
⿱右心	 上一/性情論/6		楚簡	誤釋“快”，從心從右。	劉釗 讀《上海博物館藏戰國楚竹書》（一）劄記 上博館藏戰國楚竹書研究 2002 年	12146

莌	 上一/性情論/27		楚簡	即“憊”。《周易·遯》“有疾憊也”，陸德明釋文引鄭玄云：“憊，困也。”	濮茅左 上海博物館藏戰國楚竹書 第一册 性情論	12246
莌	 上一/性情論/27		楚簡	“苟”字從心不從口，曾見於江陵天星觀一號墓，隸定爲上苟下心的“莌”字。按，此字應視作心態的而非行爲的“㣈”字，以强調其爲心態故，遂去口從心。此次楚簡中，從心字特夥，皆爲强調字義的心態性，反映出當時心性研究甚囂；一如近代科學家大造其氣頭、金旁新字，以應付聲光化電之泊來也。	龐樸 上博藏簡零箋 上博館藏戰國楚竹書研究 2002年	12629
悃	 郭/五行/13		楚簡	隸定作悤，通作函，有包含、容納之義。也可能借爲温。	陳偉 郭店竹書別釋	7940
悃	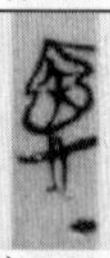 郭/五行/13		楚簡	隸定作悤字，圅爲昷初文。讀爲温。	劉釗 郭店楚簡校釋	7939
悤	 上二/昔者君老/3		楚簡	此字《郭店楚墓竹簡》性自命出篇第三十五簡、語叢二第七簡、第三十簡皆有，字書體與之相近，讀爲“慍”，意爲怨怒。	陳佩芬 上海博物館藏戰國楚竹書 第二册 昔者君老	13098
悤	 上二/從政（乙篇）/4		楚簡	此字即“温”。	馬承源 上海博物館藏戰國楚竹書 第二册 魯邦大旱	13063
悤	 郭/性自命出/34		楚簡	慍之初文。	劉釗 郭店楚簡校釋	8697
忈			楚簡	從丘從心，即丘之别稱。朱德熙釋此字爲忈，謂忈智屨與上文新智屨對舉。忈可讀作舊。但不宜解釋爲新舊的舊。	商承祚 戰國楚竹簡匯編	9693

冬	 上三/周易/12		楚簡	讀爲“終”。	濮茅左　上海博物館藏戰國楚竹書第三册　周易	7860
㥢	 上四/昭王毁室/9		楚簡	可能是“思”之誤字。其形中間作從左上向右下的一斜弧筆，不同於“白”字，所以陳劍先生懷疑是“夬”字省寫，應讀爲“快”。但從字形來看，“夬”字以及“快”字中所從的“夬”旁，均未見省“又”者。所以我們推測此處可能並非“夬”字之省，而可能是“思”字漏筆所致。簡文中仍當讀爲“使”，楚文字中“思”通“使”常見。	楊寬　楚帛書的四季神像及其創世神話　文學遺産 1997 年 4 期	3879
㥢	 上四/昭王毁室/9		楚簡	同“怕”。《集韻》：“怕，古書作㥢。”本句語意不明。	陳佩芬　上海博物館藏戰國楚竹書第四册　昭王毁室——昭王與龔之脽	3288
㥢	 上四/昭王毁室/9		楚簡	原釋爲上從“白”，但其形中間作從左上向右下的一斜弧筆，“白”未見如此作者。頗疑此字上半所從乃“夬”之省形，隸作“快”字。“快君”乃昭王對吴王闔廬出於敵愾之稱，如“快”字之釋可靠，“快君”或可讀爲“獪君”，謂其狡獪也。	陳劍　上博竹書《昭王與龔之脽》和《柬大王泊旱》讀後記　簡帛研究網 2005 年 2 月 15 日	3716
㥢	 上四/昭王毁室/9		楚簡	此處吴王爲闔廬。“㥢君”，當讀爲“伯（霸）君”。“伯”，本字，“霸㥢”皆借字。《説苑・政理》：“桓公，霸君也；管仲，賢佐也。”《中論・審大臣》：“若時無鮑叔之舉，霸君之聽，休功不立於世，盛名不垂於後，則長爲賤丈夫矣。”吴王闔廬“西破彊楚，入郢，北威齊晉，顯名諸侯”（《史記・孫子吴起列傳》）故可稱爲“霸君”。	孟蓬生　上博竹書（四）閒詁　簡帛研究網 2005 年 2 月 15 日	2465

息	 上四/昭王毀室/9	楚簡	“息君”讀爲“霸君”應該是可取的。“霸”字金文中有從“帛”作者，典籍通作“魄”，“帛”、“魄”皆從“白”得聲。楚文字中“白”字字形稍有草率，寫成簡文中形狀也是有可能的。陳劍先生不取“霸君”説，想是從文意上考慮，認爲“霸君”似乎爲褒稱，作爲敵對的雙方，昭王不可能稱吴王爲“霸君”。事實也許恰恰相反。《風俗通義》卷第一“五伯”：桓公問管仲：“吾何君也？”對曰：“狄困於衛，復兵不救，湏滅乃徃存之，仁不純，爲霸君也。”“仁不純”稱爲“霸君”，可見“霸君”並非褒稱，楚王稱吴王也是可能的。	侯乃鋒《昭王與龔之脽》第九簡補説　簡帛研究網 2005年3月20日	2481
恷	 郭/尊德義/31	楚簡	疑當釋爲悴，讀爲萃，聚集義。“和萃”，猶“和集”、“和輯”。	陳偉　郭店竹書別釋	7992
恷	 郭/老子丙/10	楚簡	即哀之古文。	劉釗　郭店楚簡校釋	7111
恷	 郭/性自命出/2	楚簡	哀字古文。	劉釗　郭店楚簡校釋	6611
毋	 上一/孔子詩論/26	楚簡	《集韻》“侮”古作“㣍”。	馬承源　上海博物館藏戰國楚竹書第一册　孔子詩論	11621
毋		楚簡	《集韻》：“謀，或作㣍。”《説文》：“謀，慮難曰謀。”《玉篇》：“謀，計也。”所以“速（數）”、“謀”相仿。	濮茅左　上海博物館藏戰國楚竹書第一册　性情論	12409
毋	 上二/從政（乙篇）/4	楚簡	或讀爲“謀”。	張光裕　上海博物館藏戰國楚竹書第二册　從政（乙篇）	13061

𢘓	 上一/孔子詩論/26		楚簡	似應釋“無”。其詩有云：“樂子之無知”、“樂子之無家”、“樂子之無室”，皆以無爲樂，即以無爲得也。從毋（亡、無、無）從心，作“𢡺”。	龐樸 上博藏簡零箋 上博館藏戰國楚竹書研究 2002 年	11006
𢘓	 上一/孔子詩論/26		楚簡	“㥵”，見《玉篇》“㥵，受也”。《集韻》：“侮，《説文》傷也。一曰，慢也。古作㥵。”簡文“㥵”，疑讀“悔”。《詩·檜風·隰有萇楚》：“隰有萇楚，猗儺其枝。夭之沃沃，樂子之無知。隰有萇楚，猗儺其華。夭之沃沃，樂子之無家。隰有萇楚，猗儺其實。夭之沃沃，樂子之無室。”《詩·序》：“疾恣也，國人疾其君之淫恣，而思無情欲者也。”所謂“思無情欲者”無疑有“悔”之義。	何琳儀 滬簡《詩論》選釋 上博館藏戰國楚竹書研究 2002 年	4524
𢘓	 上三/中弓/5		楚簡	從心，母聲，“母”、“謀”均爲之部明紐字，兩者雙聲叠韻。《説文·言部》“謀”之古文有二，一爲從母從口，一爲從母從言。校之簡文，從言之“譕”恐爲從心之“𢘓”的形訛。郭店簡中的“𢘓”都讀爲“謀”。某，這裏作諮詢解。	李朝遠 上海博物館藏戰國楚竹書 第三册 中弓	11704
𢘓	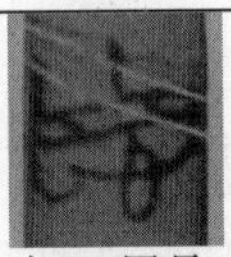 上三/周易/32		楚簡	阜陽漢簡《周易》作“毎”。	濮茅左 上海博物館藏戰國楚竹書 第三册 周易	13682
𢘓	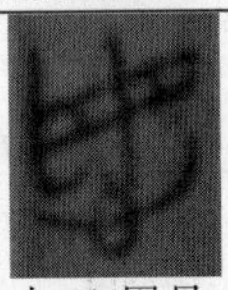 上三/周易/19		楚簡	本句簡文屬《復》卦六五爻辭。“復”，卦名，《周易》第二十四卦，震下坤上。	濮茅左 上海博物館藏戰國楚竹書 第三册 周易	13582
𢘓	 上三/彭祖/6		楚簡	讀“謀”。	李零 上海博物館藏戰國楚竹書 第三册 彭祖	13562

𢘓	 上三/中弓/9		楚簡	“母”、“敏”、“謀”均爲明紐之部字，可通假。	李朝遠 上海博物館藏戰國楚竹書第三册 中弓	13359
𢘓	 上二/從政（乙篇）/4		楚簡	整理者所釋“誨”字，與義不合，當釋爲“悔”。	王中江 《從政》重編校注 簡帛研究網 2003年1月16日	1102
𢘓	 上三/中弓/5		楚簡	“誨”，整理者讀“謀”，同字形於簡九讀“敏”，另篇關於《易》者則多讀爲“悔”，隨辭例異讀之。	黄人二、林志鵬 上博藏簡第三册仲弓試探 簡帛研究網 2004年4月23日	2761
𢘓	 上三/周易/26		楚簡	“亡𢘓”，帛書本作“𢘓亡”，王弼本及《小象傳》引作“悔亡”。當依帛書本、王弼本及《小象傳》引作“𢘓亡”。	廖名春 楚簡《周易》校釋記（二） 簡帛研究網 2004年4月23日	2821
𢘓	 上四/逸詩—交交鳴鴍/3		楚簡	此字疑讀爲“煤”。《説文·言部》：“謀，古文作譬。”《爾雅·釋詁下》：“煤，愛也。”《説文·心部》：“煤，煤撫也。”徐鍇《繫傳》：“撫愛之也。”	廖名春 楚簡《逸詩·多薪》補釋 簡帛研究網 2005年2月12日	3793
𢘓	 上二/從政（乙篇）/4		楚簡	湏當是“諮”，它和𢘓一起讀爲“諮謀”。《小雅·皇皇者華》：“周爰諮謀。”“諮”同“諮”，義即謀也。	陳英傑 讀上博簡（二）劄記五則 簡帛研究網 2005年2月15日	1103
𢘓	 上五/三德/20		楚簡	“悔”字原作“謀”，雖然相同字形在《三德》簡13中讀爲“謀”，但此處讀爲“謀”不可解，所以應是“悔”的假借字或異體字，爲“悔恨”之意。“以哀”、“以悔”意義相近，都是一種沉痛之狀。	曹峰 《三德》零釋（三） 簡帛網 2006年4月11日	5019

𢘓	 上一/性情論/38		楚簡	即“懋”，讀作“侮”。下有墨釘。	濮茅左 上海博物館藏戰國楚竹書 第一册 性情論	12395
𢘓	 郭/性自命出/47		楚簡	字本從心從矛，讀爲柔，義爲柔弱。	陳偉 郭店竹書別釋	9188
𢘓	 上三/彭祖/7		楚簡	疑讀“務”。	李零 上海博物館藏戰國楚竹書 第三册 彭祖	13565
𢘓	 郭/性自命出/47		楚簡	讀爲瞀，意爲昏亂。	劉釗 郭店楚簡校釋	9187
𢘓	 上三/中弓/15	懋	楚簡	同“懋”，勤勉也。	李朝遠 上海博物館藏戰國楚竹書 第三册 中弓	11737
𢘓	 上三/中弓/15	懋	楚簡	𢘓字當讀爲“務”。“民務”古書多見，謂民之所務。	陳劍 上博竹書《仲弓》篇新編釋文（稿）簡帛研究網 2004年4月18日	2560
𦯎	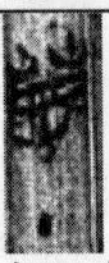 上一/性情論/1		楚簡	從艸從女從心，《説文》所無。《三體石經·無逸》“怒”字古文作“𢗟”，《集韻》“怒”古作“𢗟”。從簡文的假借用法和後世字書彼相印證來看，𢗟，即古文“怒”應該是無疑的，本簡“𦯎”讀爲“怒”。	濮茅左 上海博物館藏戰國楚竹書 第一册 性情論	12096
𦯎	 郭/老子甲/34		楚簡	讀怒，義爲凸起。	劉釗 郭店楚簡校釋	6578

惹	 郭/性自命出/2		楚簡	讀爲怒。	劉釗 郭店楚簡校釋	6610
㥌	 上三/亙先/13		楚簡	讀“慮”。“有求而不慮”，亦“果遂”之義。	李零 上海博物館藏戰國楚竹書 第三册 亙先	13537
㥌	 上三/亙先/13		楚簡	患：整理者隸定爲從心吕聲之字，讀爲慮。按原簡該字稍殘，下從心，心上之二口有豎畫穿出（下口中的豎畫尤明顯），有可能是“患”字。明王、明君、明士因其有求，所以“不患”。典籍“不患”爲辭，其後例有賓語；簡文“不患”後無賓語，應是承上文省略賓語“得失”。	劉信芳 上博藏竹書《恒先》試解 簡帛研究網 2004 年 5 月 16 日	494
㥌	 上三/亙先/13		楚簡	庸有求而不慮：常有只知求而不知慮者（只有願望，没有謀劃）。	龐樸 《恒先》試讀 簡帛研究網 2004 年 4 月 26 日	1563
㥌	 上三/亙先/13		楚簡	“予”，原作“㥌”，中山王鼎“㥌”用作“慮”。“吕”古音屬來紐魚部，此疑讀爲“予”（喻紐魚部字）。	李鋭 《恒先》淺釋 簡帛研究網 2004 年 4 月 23 日	2926
㥌	 上三/亙先/13		楚簡	“舉天下之名，無有廢者；舉天下之明王、明君、明士，庸有求而不慮”：本句意爲普天下的名聲，没有廢棄的，都是永恒的；普天下的“明王、明君、明士”，怎么能夠求名卻不去考慮賴以成名的恒道呢？	王志平 《恒先》管窺 簡帛研究網 2004 年 5 月 8 日	2308
性	 包/文書/24		楚簡	此乃狂字。	李天虹 《包山楚簡》釋文補正 江漢考古 1993 年 2 期	6046
性	 上三/中弓/附		楚簡	疑讀“枉”。“枉”，不正，矯枉過正。	李朝遠 上海博物館藏戰國楚竹書 第三册 中弓	13453

⿰忄㞷	 上三/中弓/附		楚簡	“往”，原從心，往聲，整理者讀“枉”，以“不正”爲訓，非是，蓋以上位者行正，則民無不往焉，若“往”字照整理者所訓讀，則“不又（有）”之“不”應爲羡衍，方可通釋。	黄人二、林志鵬 上博藏簡第三册仲弓試探 簡帛研究網 2004年4月23日	2755
⿰忄行			陶文	《説文》無，《玉篇》：悦也。	高明、葛英會 古陶文字徵	18261
⿰彳⿱一心			陶文	可隸定爲⿰彳⿱一心，《説文》所無。	顧廷龍 古匋文舂録 卷三	17059
⿰忄矣	 郭/緇衣/43		楚簡	疑爲疑字異體。	劉釗 郭店楚簡校釋	7648
⿰忄矣	 郭/緇衣/5		楚簡	讀爲疑。	劉釗 郭店楚簡校釋	7203
⿰忄矣	 郭/緇衣/4		楚簡	讀作“疑”，“矣”“疑”音近，“心”旁爲意符。	彭浩、劉祖信、王傳富 郭店楚墓竹簡	7194
⿰忄矣			楚簡	應釋“疑”。	李零 讀九店楚簡 考古學報1999年2期	6671
⿰忄矣	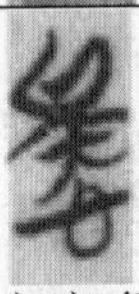 郭店/魯/4		楚簡	隸定作“嘻”，爲古書中常用嘆詞，含義與“噫”大體一致。	劉樂賢 讀郭店簡儒家文獻劄記 新出楚簡與儒家思想國際學術研討會論文 2002年3月	4535
⿰忄矣	 郭/語叢四/15		楚簡	讀爲俟，等待的意思。	陳偉 郭店竹書别釋	6625
⿱年心	 上一/孔子詩論/8		楚簡	此字從心從年，待考。	馬承源 上海博物館藏戰國楚竹書 第一册 孔子詩論	10048

悉	 上一/孔子詩論/8		楚簡	簡文由禾、口、人三部分組成，應是“秂”字，從“口”與否，正與簡書“文”字或從口或不從口均無分別之情形同，如馬先生説：“當時楚國文字僅有大體的規範……從楚簡文字的整體而言，字形規範還是不嚴，從某些具體的文字來看，同一字的寫法仍有變化。”《説文》“禾”部：“秂，上諱。”即漢光武帝劉秀之諱。此據《爾雅·釋草》立説：“木謂之華，草謂之榮。不榮而實者謂之秀，秀而不實者謂之英。”以孔子自己之言釋之更近詩歌文本，《論語·子罕》：“子曰：‘苗而不秀者，有矣夫！秀而不實者，有矣夫！’”與“實”相對者，花也，引申之則華美也。於此言詩詞之秀，蓋因《小宛》以蟲鳥爲喻具生動形象之藝術效果。	俞志慧《孔子詩論》五題 上博館藏戰國楚竹書研究 2002年	5446
悉	 上一/孔子詩論/8		楚簡	“悉”，曾誤釋“委”，今仍從《考釋》隸定，讀“仁”，即“忎”之異文，屬“疊韻音符互换”現象。《詩論》意謂“《小宛》並非惡言，且有仁人之心”，似與《小宛》“哀我填寡，宜岸宜獄”詩意相當。	何琳儀 滬簡《詩論》選釋 上博館藏戰國楚竹書研究 2002年	10045
悉	 上一/孔子詩論/8		楚簡	簡文從心，禾聲，原缺釋，蓋誤以爲從“年”聲而不得其解也。《禮記·緇衣》：“則民言不危行，行不危言矣。”郭店《緇衣》簡三一“危”字從阜，從心，禾聲，與此可以互證。“其言不惡，少有危焉”，蓋美詩人處衰亂之世而能戒慎恐懼，《小宛》末章云“惴惴小心，如臨于谷；戰戰兢兢，如履薄冰”是也。	周鳳五《孔子詩論》新釋文及注解 上博館藏戰國楚竹書研究 2002年	5445

忎	 上一/孔子詩論/8		楚簡	此字當讀爲“悆”，符合文義且“年”、“悆”鄰韻鄰紐。	李開 上博楚竹簡《孔子詩論》詞語考釋 古籍整理研究學刊 2005年1期	14282
悦			楚簡	“同悦”者，以其德性相交。《六韜·發啓》：“與人同病相救，同情相成，同惡相助，同好相趨。”所説的是以其德性相交。	濮茅左 上海博物館藏戰國楚竹書第一册 性情論	12234
悦			楚簡	讀爲“説”。《莊子·天下》“上説下教”，陸德明釋文：“説，猶教也。”《孟子·盡心下》：“説大人，則藐視之，勿視其巍巍然。”	濮茅左 上海博物館藏戰國楚竹書第一册 性情論	12268
㤱	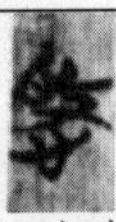 包/文書/110		楚簡	疑當釋作愋。	李天虹 《包山楚簡》釋文補正 江漢考古 1993年2期	5213
恖	 包/卜筮/198		楚簡	借作鬼，祭祖先。	劉彬徽、彭浩、胡雅麗、劉祖信 包山楚簡	5902
恖	 包/卜筮/198		楚簡	應釋“思”，發語詞。	何琳儀 包山竹簡選釋 江漢考古 1993年4期	5901
悤	 郭/語叢二/7		楚簡	此字疑當讀爲“慍”。	彭浩、劉祖信、王傳富 郭店楚墓竹簡	9001
悤	 郭/語叢二/30		楚簡	爲慍字古文。	劉釗 郭店楚簡校釋	9344
𢙴	 上一/紂衣/13		楚簡	下有合文符，爲“𢙴心”兩字。郭店簡作“悉心”。今本作“孫心”。“𢙴心”或可讀爲“遜心”。	陳佩芬 上海博物館藏戰國楚竹書第一册 紂衣	12035
𢚔	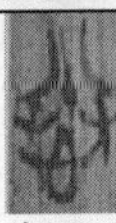 上三/中弓/13		楚簡	從心、從卷省，即“惓”字，通“倦”。	李朝遠 上海博物館藏戰國楚竹書第三册 中弓	13770

巻	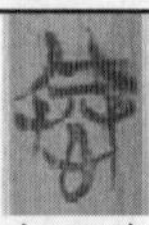 上三/中弓/17		楚簡	即"惓"字，同"倦"。	李朝遠 上海博物館藏戰國楚竹書第三册 中弓	13410
巻	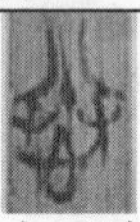 上三/中弓/13		楚簡	字又見郭店、上博《緇衣》簡 1，當從力聲，疑皆可讀爲"劺"，二字古通。《廣雅・釋詁二》："劺，順也。"	李鋭 《仲弓》續釋 簡帛研究網 2004 年 4 月 19 日	2880
巻	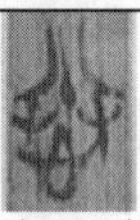 上三/中弓/13		楚簡	釋讀爲"遜"，參看沈培：《上博簡〈緇衣〉篇"攴"字解》。"遜"與上"緩"爲對文，遜，順也。古書多作"孫"。《禮記・學記》："大學之法，不陵節而施之謂孫。"	陳劍 上博竹書《仲弓》篇新編釋文（稿） 簡帛研究網 2004 年 4 月 18 日	1459
巻	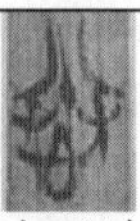 上三/中弓/13		楚簡	"惓"，字實作"烝"，與"券（去刀形）"形不同字。爲勝、滕、送所從偏旁。似可通讀爲"順"。	季旭昇 《上博三・仲弓》篇零釋三則 簡帛研究網 2004 年 4 月 23 日	2757
𢙴	 上一/性情論/5		楚簡	讀爲"交"，指"交友"、"結交"、"禮交"。	濮茅左 上海博物館藏戰國楚竹書第一册 性情論	12136
𢙴	 上一/性情論/4		楚簡	即"恔"字，從交從心，音效，快也，讀爲"交"，下同，指交於禮樂。《禮記・禮器》："禮交動乎上，樂交動乎下，和之至也。"	濮茅左 上海博物館藏戰國楚竹書第一册 性情論	12129
𢡂	 郭/尊德義/24		楚簡	離勞，即"離騷"。"離"應讀"罹"。	何琳儀 《郭店竹簡選釋》 簡帛研究 2001 年	8176
𢡂	 郭/尊德義/24		楚簡	讀爲罹，遭受。	劉釗 郭店楚簡校釋	8177
𢚎	 上二/昔者君老/4		楚簡	此字即"悈"。《龍龕手鑑》："悈，哀也。"	陳佩芬 上海博物館藏戰國楚竹書第二册 昔者君老	13114

𢚧	 上二/昔者君老/4		楚簡	原篆上作衣下從心，與郭店楚簡“哀”字同構。	吴辛丑 竹書《昔者君老》一、四簡疏解 簡帛研究網 2004年7月25日	4072
𢚧	 上五/三德/20		楚簡	疑讀爲“依”或“哀”。	李零 上海博物館藏戰國楚竹書 第五册 三德	597
㤺	 上三/亙先/10		楚簡	“荒”，疑讀爲“罔”。	黄人二、林志鵬 上博藏簡第三册恆先試探 簡帛研究網 2004年5月12日	2911
㤺	 上三/亙先/10		楚簡	此字當讀爲“謊”。王念孫《廣雅疏證》卷二下：“慌與㤺同。”而“謊”與“慌”義同。《吕氏春秋・知接》云：“無由接而言見，謊。”高誘注：“謊，讀（一本作讀爲）誣妄之誣，億不詳審也。”簡文“有疑（謊）”之“謊”，正“億不詳審”之義（“億”，度也）。“疑謊”爲近義並列，如讀“擬謊”則爲反義並列。	秦樺林、凌瑜“習以不可改也”——楚簡《恒先》中有關“語言符號的强制性”的思想 簡帛研究網 2005年1月26日	1649
㤺	 上三/亙先/10		楚簡	荒，大也，廣也。	丁四新 楚簡《恆先》章句釋義 簡帛網 2005年12月30日	2689
悳			楚簡	金文亦有省彳的。《説文》：“悳，外得於人，内得於己也。從直，從心。”後世增彳旁，復將直横寫作德，而以悳爲古文矣。	商承祚 戰國楚竹簡匯編	9930
㥑	 上二/從政（甲篇）/16		楚簡	即“憂”。	張光裕 上海博物館藏戰國楚竹書第二册 從政（甲篇）	9871

𢝊	 上五/鮑叔牙與隰朋之諫/5		楚簡	對於此字，筆者以爲李天虹先生對字形的分析很有道理，字形上部爲“自”之訛，但是站在古文字“△（憂之上部）”、“自”常見互相訛混，……所以將此字釋爲“憂”應該也是有可能性的。“憂”有疾、病之義。簡文“人之生（性）三，食、色、憂”，正好三者都是人的“生理”方面的反映，與《郭店·語叢一》簡110：“食與色與疾”可以呼應。	蘇建洲 《上博（五）》柬釋（一） 簡帛網 2006年2月27日	5005
𢝊	 上五/鮑叔牙與隰朋之諫/5	息	楚簡	有可能是“息”字，但不是“休止”之“息”。古“息”有滋生、繁育義，又可指“子息”。簡文“人之生三，食、色、息”可能是説，人之生有三：食、色和子嗣；或者人之性有三：食、色和繁衍後嗣。豎刁“自殘”、易牙“食子”，都是與人之生（或“性”）背道而馳的事情，所以在講豎刁、易牙之事前，鮑叔牙和隰朋先提及人生的這三件大事或人的這三種本性。這與《齊太公世家》所記“自宫以適君，非人情”、“殺子以適君，非人情”的語意是相符的。	李天虹 再談《鮑叔牙與隰朋之諫》中的“息”字 簡帛網 2006年3月1日	4684
𢝊	 上五/鮑叔牙與隰朋之諫/5		楚簡	原簡上部所從與“目”形同，原釋可商；根據文意，疑其上部爲“自”之訛，當釋爲“息”。《廣雅·釋言》：“息，休也。”《墨子·非樂上》：“勞者不得息。”簡文講“食”、“色”、“息”三者是“人之性”，可能與4號簡所説“縱公之所欲”有關。	李天虹 上博五《竞》、《鮑》篇校讀四則 簡帛網 2006年2月19日	4908
𢝊	 上五/鮑叔牙與隰朋之諫/5		楚簡	句恐當斷讀作“人之生（性）三，食、色、憂。”這裏的“憂”當是憂患義。	周波 上博五劄記（三則） 簡帛網 2006年2月26日	4729

㥦			璽印	該字從医從心，不從匧，應釋爲㥦。此字見於集韻。	劉釗 璽印文字釋叢（一） 考古與文物 1990年2期	17201
㤥	 上二/從政（甲篇）/8		楚簡	即“怲”。《説文・心部》：“怲，憂也。”《詩・小雅・頍弁》：“未見君子，憂心怲怲。”毛傳：“怲怲，憂盛滿也。”	張光裕 上海博物館藏戰國楚竹書第二册 從政（甲篇）	10219
㤥	 上二/從政（甲篇）/8		楚簡	整理者所釋“怲”頗爲費解。陳劍和劉樂賢釋爲“猛”，可從。	王中江 《從政》重編校注 簡帛研究網 2003年1月16日	4203
㤥	 上二/從政（甲篇）/8		楚簡	從丙、口、心。徐在國先生讀爲此字“妨”，訓作“害”，近是。然本文以爲此字可讀爲“方”，訓作“逆”。《孟子・梁惠王下》“方命虐民”，趙岐注“方猶逆也”（《尚書・堯典》也説“方命圮族”）。簡文“方則亡親”是説君主行事違亂逆戾（違逆天時、地理、人心）則會亡失親族及親近之人。	趙建偉 讀上博竹簡（二）劄記七則 簡帛研究網 2003年11月2日	4205
㤥	 上二/從政（甲篇）/8		楚簡	此字可以讀爲“梗”。《方言・二》：“梗，猛也。”《廣雅・釋詁》：“梗，强也。”簡文是説，爲政如果剛猛强悍，人民就不親附。	周鳳五 讀上博楚竹書《從政》甲篇劄記 上博館藏戰國楚竹書研究續編 2004年	4204
惃	 郭/尊德義/16		楚簡	在此似應讀爲“混”，雜亂義。	陳偉 郭店簡書《尊德義》校釋 中國哲學史 2001年3期	14419
惃	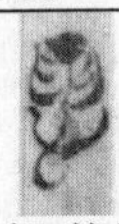 郭/尊德義/16		楚簡	讀昏。	劉釗 郭店楚簡校釋	6789
𢡕	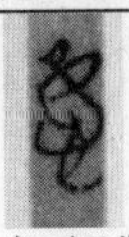 郭/語叢二/43		楚簡	讀爲宴，義爲高興。	劉釗 郭店楚簡校釋	9746

惘			金文	該字似罔似可商。該字僅一字，爲作器者之名，讀惘。另一銘“頡惘”，未詳其義，蓋古連語，當爲劬勞、勤勉之比，言事君之道也。	李孝定 金文詁林讀後記 卷九	17300
惝	 包/卜筮/197		楚簡	讀作尚。	劉彬徽、彭浩、胡雅麗、劉祖信 包山楚簡	5893
[illegible]	 包/遣册/278 反		楚簡	此字從心，弘聲，應即㣧字，見於《廣韻》、《集韻》等書。	湯餘惠 包山楚簡讀後記 考古與文物 1993 年 2 期	6867
⿰彳⿱斤心	 上一/性情論/37		楚簡	待考，疑“忻”之别體。	濮茅左 上海博物館藏戰國楚竹書第一册 性情論	12309
⿰彳⿱斤心	 上五/弟子問/12		楚簡	隸定當不誤。不過此字構形頗有特點，簡略説一下。《君子爲禮》11 號簡“行”、“偃”等字，所從“彳”旁筆畫交接處有合攏的迹象，但還是可以看出是從“彳”的。簡文此字亦當從“彳”。字原釋文讀作“近”。然據文意，此處言及“言”、“行”間的有機互動，當并非簡單的接近可以形容。頗疑此字當讀作“謹”。從斤與從堇諸字多可通用。《季康子問於孔子》7 號簡“斤”讀作“謹”亦是佳證。又楚簡言及言行時多用“謹”字。如郭店《緇衣》33 號簡“慎於言而慬（謹）於行”，《季康子問於孔子》7 號簡“夫義者，以斤（謹）君子之行也。”	何有祖 上博五零釋（二） 簡帛網 2006 年 2 月 24 日	4740
⿱我心	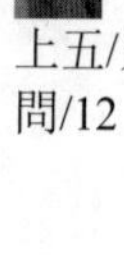		楚簡	該字郭店簡從心我聲，可以直接釋爲“我”字，“我”和“儀”字通用。文獻雖無直接證據，但是“莪”字漢碑多作“儀”。傳本作“儀”，傳本和簡文實同。	虞萬里 上博簡、郭店簡《緇衣》與傳本合校補證（上） 史林 2002 年 2 期	14180

恙	 郭/緇衣/2		楚簡	讀爲儀。	劉釗 郭店楚簡校釋	7175
恙	 上四/曹沫之陳/33		楚簡	讀“義”，這裏似是公平之義。	李零 上海博物館藏戰國楚竹書 第四册 曹沫之陳	3421
恙	 上四/柬大王泊旱/2		楚簡	字亦見於《郭店楚墓竹簡》中《緇衣》、《語叢》等篇，讀爲“儀”。《詩・曹風・鳲鳩》：“其儀一兮。”	濮茅左 上海博物館藏戰國楚竹書 第四册 柬大王泊旱	2410
恙			楚簡	讀“義”，這裏似是公平之義。	李零 上海博物館藏戰國楚竹書 第四册 曹沫之陳	60019
息	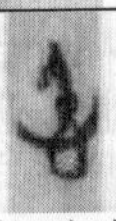 郭/唐虞之道/2		楚簡	從“身”聲，讀作“仁”。裘按：本篇“仁”字皆從“千”或“人”聲。	彭浩、劉祖信、王傳富 郭店楚墓竹簡	8373
息	 郭/緇衣/44		楚簡	今本作“賢”。	彭浩、劉祖信、王傳富 郭店楚墓竹簡	7657
息	 郭/老子丙/3		楚簡	從“心”“身”聲，即《説文》“仁”字古文。	彭浩、劉祖信、王傳富 郭店楚墓竹簡	7080
息	 上二/從政（甲篇）/6		楚簡	即“不仁”。	張光裕 上海博物館藏戰國楚竹書 第二册 從政（甲篇）	7844
息	 上博一/紂衣/6		楚簡	從身從心，是“仁”之異體。《説文》、《漢簡》載“仁”字形從千、心，形體訛誤，上部應爲“身”字。	虞萬里 上博簡、郭店簡《緇衣》與傳本合校補證（上） 史林 2002 年 2 期	12654
息	 上二/子羔/10		楚簡	原釋作“仁”，誤。由第九簡的内容可以知道本簡爲指禹誕生事，所謂“生乃呼曰”是指禹的神異。此字在此當讀作“身”，亦作“妊”、“娠”。	馬承源 上海博物館藏戰國楚竹書 第二册 子羔	10321

[身心]	 上二/子羔/10		楚簡	陳劍（《上博簡〈子羔〉、〈從政〉篇的竹簡拼合與編連問題小議》，簡帛研究網站，2003年1月8日）認爲此字從人得聲，與“年”相通。依陳氏的編連，其説可從。	林志鵬 戰國楚竹書《子羔》篇復原芻議 上博館藏戰國楚竹書研究續編 2004年7月	9
[身心]	 上二/子羔/10		楚簡	“㤝”或徑讀爲身或讀爲年，此依原釋文讀妊。“三妊”照字面解當是三次妊娠，此指三個妊娠週期的時間，“三”當是虛數，蓋言懷孕時間之長，與“黄帝妊二十月而生”、“（女狄）有娠，十四月而生子”一類記載相近。	張桂光 《上博簡》（二）《子羔》篇釋讀劄記 上博館藏戰國楚竹書研究續編 2004年7月	8
[身心]	 上二/子羔/10		楚簡	讀爲“身”，“大妊有身”即指有身孕的意思。	安徽大學古文字研究室 上海楚竹書（二）研讀記 簡帛研究網 2003年1月13日	4004
悡			楚簡	此字《集韻》以爲“䊍”的省文，在此可以看作是楚國的簡體字。《説文》云：“䊍，狠心。從心黎聲。一曰怠也。”此處的辭意當合於《王風》的《揚之水》，是説《湯之水》中所表達的愛懷，也是婦人的離恨。	馬承源 上海博物館藏戰國楚竹書第一册 孔子詩論	10996
悡			楚簡	悡，原釋引《説文》訓“恨心”，以爲簡文説詩中“所表達的愛懷，也是婦人的離恨。”按，此詩共三章，分别嗟嘆“不與我成申”、“不與我成甫”、“不與我成許”，而以“懷哉懷哉，曷月予還歸哉？”作結，是征夫獨戍懷歸之詞也。簡文蓋謂其人遠戍異地而愛婦懷歸，實有怠惰之意。則“悡”字當從《説文》一説訓“怠”爲是。	周鳳五 《孔子詩論》新釋文及注解 上博館藏戰國楚竹書研究 2002年	5519
悡	 郭/語叢二/4		楚簡	悡即䊍字，恨也。	劉釗 郭店楚簡校釋	8997

悡	 郭/語叢二/4		楚簡	讀爲“利”。	連劭名 郭店楚簡《語叢》叢釋 孔子研究 2003 年 2 期	13887
恁	 包/文書/95		楚簡	應釋“恷”（怵）。	何琳儀 包山竹簡選釋 江漢考古 1993 年 4 期	2555
恁	 包/文書/185		楚簡	此字疑“俛”之異文。	何琳儀 郭店竹簡選釋 簡帛研究 2001 年	6502
悆	 郭/緇衣/6		楚簡	今本作“俗”，似誤。	彭浩、劉祖信、王傳富 郭店楚墓竹簡	7209
悆	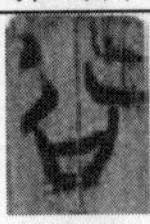		楚簡	下從心，疑爲“慾”字之初文。	虞萬里 上博簡、郭店簡《緇衣》與傳本合校補證（上）史林 2002 年 2 期	13919
悆	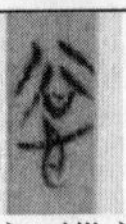 郭/緇衣/6		楚簡	欲字古文。	劉釗 郭店楚簡校釋	7210
悆	 郭/成之聞之/2		楚簡	裘按：此字也有可能讀爲“念”。	彭浩、劉祖信、王傳富 郭店楚墓竹簡	8511
悆	 郭/成之聞之/2		楚簡	釋爲“恂”。	張桂光《郭店楚墓竹簡》釋注續商榷 簡帛研究 2001 年	8512
悆	 郭/語叢二/13		楚簡	疑讀爲貪。	劉釗 郭店楚簡校釋	9007
您	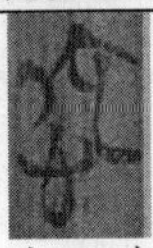 上三/中弓/13		楚簡	讀作“弛”。從佗、從心，佗亦聲。“佗”、“弛”均在歌部，同爲舌音，可通。	李朝遠 上海博物館藏戰國楚竹書第三册 中弓	13769

𢘊	 上三/中弓/13	楚簡	“緩”、“弛”二字疑連讀。	黄人二、林志鵬 上博藏簡第三册仲弓試探 簡帛研究網 2004年4月23日	2762
寍	 包/文書/168	楚簡	疑爲寍字之誤。隨寍即隨城，疑爲隨國故地。	劉彬徽、彭浩、胡雅麗、劉祖信 包山楚簡	6242
𡩋	 郭/六德/35	楚簡	讀爲忠。	劉釗 郭店楚簡校釋	9281
㤳	 郭/語叢二/11	楚簡	通“倍”。“倍”與“背”通，與“反”同意。	連劭名 郭店楚簡《語叢》叢釋 孔子研究 2003年2期	14105
㤳	 郭/語叢二/11	楚簡	讀爲倍，義爲背叛。	劉釗 郭店楚簡校釋	9004
寋	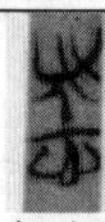 郭/語叢二/3	楚簡	從心從竸，應是“競”之繁文，同文求異，所謂“避復”者也。	何琳儀 郭店簡古文二考 古籍整理研究學刊 2002年5期	8996
𢘏	 包/文書/141	楚簡	人名，爲憍字異體，參見簡143。	劉彬徽、彭浩、胡雅麗、劉祖信 包山楚簡	1300
𢘏	 包/文書/141	楚簡	應釋爲“怡”。簡文應是怡字的古文。	湯餘惠 包山楚簡讀後記 考古與文物 1993年2期	1299
𢘏	 包/文書/141	楚簡	從心從牙從口，亦訝字。	李天虹 《包山楚簡》釋文補正 江漢考古 1993年2期	1298
𢘏	 上四/曹沫之陳/52	楚簡	讀“殆”，這裏是狐疑猶豫的意思。	李零 上海博物館藏戰國楚竹書 第四册 曹沫之陳	3430

怠	 上四/曹沫之陳/45		楚簡	合文，讀“殆心”，指危懼之心。	李零 上海博物館藏戰國楚竹書 第四册 曹沫之陳	3373
怠	 上四/曹沫之陳/33		楚簡	原釋爲“治”，疑讀爲“殆”，連下讀。原文於此字下有小勾號，或疑當於“殆”下斷讀。但所謂句讀符號未必可信，如簡 7“然而古”下亦有小勾號，不得斷讀。	李鋭 《曹劌之陣》重編釋文 簡帛研究網 2005 年 5 月 27 日	3717
怊	 包/卜筮/226		楚簡	朱德熙、裘錫圭認爲從卲從心，讀如悼。	陳振裕 望山一號墓的年代與墓主 中國考古學會第一次年會論文集 1979 年	6917
怊	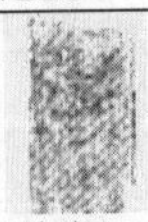 匯/望一劄記/4		楚簡	此人爲墓主， 即《韓非子·内儲説下》所言的卲滑，在楚懷王時被派往越國作反間工作，“五年而能亡越”，爲楚滅越立了大功，此墓主身佩精美的越王勾踐劍，足證明其身份。	商承祚 戰國楚竹簡匯編 望山一號楚墓竹簡疾病雜事劄記	10411
怊			楚簡	爲楚悼王熊疑。	商承祚 戰國楚竹簡匯編 望山一號楚墓竹簡疾病雜事劄記	10683
悉	 上一/孔子詩論/8		楚簡	讀爲“疑”，有重文符號，增語辭“矣”。	馬承源 上海博物館藏戰國楚竹書 第一册 孔子詩論	10741
悉	 上一/孔子詩論/14		楚簡	從矣聲，讀爲“嬉”。“嬉”、“矣”同部音近。	馬承源 上海博物館藏戰國楚竹書 第一册 孔子詩論	11253
悉	 上一/紂衣/2		楚簡	從心，矣聲，《説文》所無。郭店簡作“悘”，今本作“疑”。	陳佩芬 上海博物館藏戰國楚竹書 第一册 紂衣	11913

悘	 上一/孔子詩論/14		楚簡	擬，簡文從心，矣聲，原讀爲“嬉”；又以“好色”爲“淑女”，以“忨”爲“愛”，其説遂不可解。按，字當讀爲“擬”，比擬也；“忨”讀爲“願”。簡文“以琴瑟之悅，擬好色之願”，謂《關雎》以琴瑟和鳴比擬男女天性，美其好色而能以禮節之，所謂“樂而不淫”是也。	周鳳五《孔子詩論》新釋文及注解 上博館藏戰國楚竹書研究 2002 年	11251
悘	 上一/孔子詩論/8		楚簡	簡文“多疑”，謂君臣上下猜疑。	周鳳五《孔子詩論》新釋文及注解 上博館藏戰國楚竹書研究 2002 年	10742
悘	 上一/孔子詩論/8		楚簡	《小旻》有：“戰戰兢兢，如臨深淵，如履薄冰”等句，故曰“多疑”。	廖名春 上海博物館藏詩論簡校釋劄記 上博館藏戰國楚竹書研究 2002 年	10743
悘	 上一/孔子詩論/14		楚簡	簡文謂“以琴瑟之悅，𢘓好色之願”。“𢘓”當讀爲“擬”。“擬”有“比”、“度”等意。《説文》：“擬，度也。從手，疑聲。”段注云：“今所謂揣度也。”《漢書·揚雄傳》：“常擬之以爲式。”顔注：“擬謂比象也。”因此，簡文的意思是説，以琴瑟之愉悅，比象對美女的思念。	胡平生 讀上博藏戰國楚竹書《詩論》劄記 上博館藏戰國楚竹書研究 2002 年	1773
悘	 上三/亙先/10		楚簡	讀“疑”。	李零 上海博物館藏戰國楚竹書 第三冊 亙先	12898
悘	 上三/亙先/10		楚簡	“疑”，或讀如本字，訓爲“不定”，或如趙建功先生所説，讀爲“擬”，訓爲“度”。	秦樺林、凌瑜 “習以不可改也”——楚簡《恒先》中有關“語言符號的强制性”的思想 簡帛研究網 2005 年 1 月 26 日	2933
悘	 上三/亙先/10		楚簡	疑：當借爲拟（擬），音同而假，意爲摹拟，比拟，拟度，拟定。	趙建功《恒先》易解（下） 簡帛研究網 2005 年 2 月 7 日	2594

⿱者心	 上一/紂衣/12		楚簡	從心，者聲。郭店簡作"惜"，今本爲"作"。	陳佩芬 上海博物館藏戰國楚竹書第一册 紂衣	12019
𢝊			楚簡	此字即《説文》"𢝊"，義爲"愁也"。	馬承源 上海博物館藏戰國楚竹書第一册 孔子詩論	11262
𢝊	 上三/彭祖/7		楚簡	與一般的"憂"字寫法不太一樣，或與下文"蚭"字有關。	李零 上海博物館藏戰國楚竹書 第三册 彭祖	13566
𢝊	 上三/彭祖/7		楚簡	在郭店簡《老子》甲第三十四簡、《唐虞之道》第十六簡、《六德》第四十一簡隸定爲"𢝊"，《説文•心部》："愁也。從心從頁。"《正字通•心部》："憂本字"，訓爲"憂慮、擔心"。	趙炳清 上博簡三《彭祖》補釋 簡帛研究網 2005年1月26日	2392
𢝊	 上五/季庚/5		楚簡	字形難辨，疑爲"舀"或"𢝊"，讀爲"擾"，音通。"擾"，亂，擾亂，侵擾。	濮茅左 上海博物館藏戰國楚竹書第五册 季庚子問於孔子	45204
愄	 郭/緇衣/45		楚簡	借作"威"。	彭浩、劉祖信、王傳富 郭店楚墓竹簡	7660
愄	 郭/老子甲/9		楚簡	從心從畏省，簡文多如此。讀作"畏"。	彭浩、劉祖信、王傳富 郭店楚墓竹簡	6008
愄	 上一/性情論/23		楚簡	讀爲"畏"。《禮記・曲禮上》"畏而愛之"，鄭玄注："心服曰畏。"	濮茅左 上海博物館藏戰國楚竹書第一册 性情論	12209
愄	 郭/性自命出/53		楚簡	讀爲威，"心威"，指内在的威儀。	陳偉 郭店竹書別釋	8747
愄		⿰忄威	楚簡	"畏"、"威"同源，郭店簡已用"愄"爲"威"（3.30），又用"⿰忄威"爲"威"（7.13），"⿰忄威"爲繁體。	陳偉武 郭店楚簡中《漢語大字典》所無之字 中國文字研究2002年3輯	14581

愄	 上二/從政（甲篇）/8		楚簡	讀爲“畏”固可，此處或讀作“威”。	張光裕 上海博物館藏戰國楚竹書 第二册 從政（甲篇）	10217
愄	 郭/性自命出/60		楚簡	思字誤寫。	劉釗 郭店楚簡校釋	8784
愄	 上二/從政（甲篇）/8		楚簡	該字模糊不清，周鳳五訓爲“誑”，可備一說。據《左傳·襄公十八年》所載“且社稷之主不可以輕，輕則失眾。君必待之”，暫釋爲“輕”。	王中江 《從政》重編校注 簡帛研究網 2003年1月16日	4197
愄	 郭/老子甲/9		楚簡	畏字異體，因爲畏是一種心態，故又加心旁。	劉釗 郭店楚簡校釋	6007
愄	 郭/唐虞之道/12		楚簡	讀爲夔。	劉釗 郭店楚簡校釋	8425
愄			璽印	應釋爲“愄”，通畏。	陳松長 湖南新出戰國楚璽考略（四則） 第四届國際中國古文字學研討會論文集 2003年	14738
悁	 包/文書/138反		楚簡	此隸定不可信，也應讀作“怨”。	湯餘惠、吴良寶 郭店楚簡文字拾零（四篇） 簡帛研究 2001年	6001
悁	 上四/曹沫之陳/17		楚簡	“先复悁”，讀“先作怨”，指先動手發難。簡文“怨”多作“悁”，從心從肙字的異體。	李零 上海博物館藏戰國楚竹書 第四册 曹沫之陳	3096

悁	 上四/曹沫之陳/17		楚簡	李零將“先作怨”解釋爲“先動手發難”並不妥當，因爲小邦處大邦之間、敵邦環伺之際，强調勿“先動手”並不符合小邦在險峻的國際形勢中應有的態度，此處所指應是小邦在大邦與大邦之間，舉措應當保持圓融，不得罪任何一方，而兩面討好，左右逢源，不做出使任何一邦怨恨之事，而讓我邦遭受戰爭的危難，簡文“不可以先作怨”應是此義。《説文》：“怨，恚也。從心夗聲。”本義即怨恨、仇恨之意，《玉篇·心部》：“怨，恨望也。”又《韓非子·難三》：“桓公能用管仲之功而忘射鉤之怨。”《史記·秦本紀》：“繆公之怨此三人入於骨髓。”而“作怨”之文例在古籍很多，如《尚書·康誥》云：“王曰：‘嗚呼！封，敬哉！無作怨。’”《注》云：“言當修己以敬，無爲可怨之事物。”可證簡文“先作怨”應指不做出使他邦怨恨吾國之事。	高佑仁 《曹沫之陣》校讀九則 武漢大學簡帛研究網 2005年11月13日	3749
悁	 上二/從政（甲篇）/5		楚簡	即“怨”。	張光裕 上海博物館藏戰國楚竹書第二册 從政（甲篇）	7841
悁	 上二/從政（乙篇）/2		楚簡	整理者所釋“怨”之原字形，應爲“悁”，讀爲“怨”。	王中江 《從政》重編校注 簡帛研究網 2003年1月16日	3998
惴			楚簡	從心爲聲，應釋爲惴。《字彙》“惴，諧也”。	湯餘惠 包山楚簡牘後記 考古與文物 1993年2期	17916
惴	 郭/性自命出/62		楚簡	此字讀作“悔”。	劉釗 讀郭店楚簡字詞劄記（三） 古文字研究 2000年22輯	8220

愧	 郭/性自命出/65		楚簡	讀爲“悔”。	劉釗 讀郭店楚簡字詞劄記（三） 古文字研究 2000 年 22 輯	8796
愧	 郭/性自命出/62		楚簡	釋爲僞。	陳偉 郭店竹書別釋	8221
愧	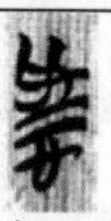 上二/從政（乙篇）/1		楚簡	讀與“僞”同。	張光裕 上海博物館藏戰國楚竹書第二册 從政（乙篇）	13038
愧	 郭/老子甲/13		楚簡	讀爲化。	劉釗 郭店楚簡校釋	7345
愧	 郭/性自命出/48		楚簡	僞。	劉釗 郭店楚簡校釋	8723
愲	 包/遣册/牘1		楚簡	即卓滑。	劉彬徽、彭浩、胡雅麗、劉祖信 包山楚簡	1201
慼			楚簡	内容與《禮記·檀弓》對照，知此字即“戚”字，經典作“慼”。此字下方有心旁，故省略了戚字的下齒，爲憂戚之戚專字。	彭裕商 讀《郭店楚墓竹簡》劄記 古文字研究 2002 年 24 輯	8698
惏			楚簡	簡文中該字從休從心，古怵字。	湯餘惠 包山楚簡讀後記 考古與文物 1993 年 2 期	17045
愌			璽印	該字從心從奐，可隸定爲愌。	劉釗 璽印文字釋叢（一） 考古與文物 1990 年 2 期	17478
悺			璽印	左邊所從爲心字異構，宮聲。故隸定爲悺。	劉樂賢 秦漢文字釋叢 考古與文物 1991 年 6 期	17479
惓	 上一/性情論/31		楚簡	讀爲“惓”。《玉篇》：“惓，悶也。”	濮茅左 上海博物館藏戰國楚竹書第一册 性情論	12288

卷	 上一/孔子詩論/4		楚簡	讀作惓。	馬承源 上海博物館藏戰國楚竹書第一册 孔子詩論	10899
惓	 上一/性情論/35		楚簡	從卷從心，當爲“惓”字。	濮茅左 上海博物館藏戰國楚竹書第一册 性情論	12296
惓	 上一/孔子詩論/4		楚簡	惓，又見於《性情論》第31簡、第35簡，郭店簡相應之字作患（惓、患二字古音相近，可以通假）。據此，則簡文此詞應讀爲慼患，是憂患的意思。首句應讀作“民之有慼患也”。	劉樂賢 讀上博簡劄記 上博館藏戰國楚竹書研究 2002年	5412
惓	 上一/孔子詩論/4		楚簡	“惓”，可讀“怨”。《詩·豳風·九罭》“衮衣繡裳”，《釋文》“衮字或作卷”。而《玉篇·系部》引《韓詩》“衮”作“綩”。是其確證。簡文“炌惓”應讀“竊怨”，意謂“私下怨恨”。參見《漢書·金日磾傳》“出則聯乘，入侍左右，貴戚多竊怨，上聞愈厚焉。”	何琳儀 滬簡《詩論》選釋 上博館藏戰國楚竹書研究 2002年	5410
惓	 上一/孔子詩論/4		楚簡	惓，又見於《性情論》第31簡、第35簡，郭店簡相應之字作患（惓、患二字古音相近，可以通假）。據此，則簡文此詞應讀爲慼患，是憂患的意思。首句應讀作“民之有慼患也”。	劉樂賢 讀上博簡劄記 上博館藏戰國楚竹書研究 2002年	10893
惓	 上一/孔子詩論/4		楚簡	字與楚簡“豢”字所從同，當讀爲“患”。據《性自命出》“慼”甚於“憂”，則“慼患”猶言“憂患”而甚之耳。此字又見上博簡《性情論》簡31“凡憂患之事欲任”、簡35“用智之疾者，憂患爲甚”，原釋“惓”，與本篇同，但“憂患”成語習見，且釋“患”於字形有據，又有郭店簡文足資對照，毋庸别出新解也。	周鳳五 《孔子詩論》新釋文及注解 上博館藏戰國楚竹書研究 2002年	10900

惓	 上一/孔子詩論/4		楚簡	簡文稱文中將從“心”從“卷”的“患”字誤認爲是“惓”（兩者爲同形異字）。	劉釗 讀《上海博物館藏戰國楚竹書》（一）劄記 上博館藏戰國楚竹書研究 2002 年	10896
惓	 上一/孔子詩論/29		楚簡	讀爲“卷耳”。	黄人二 從上海博物館藏《孔子詩論》簡之《詩經》篇名論其性質 上博館藏戰國楚竹書研究 2002 年	11861
惓	 上一/孔子詩論/4		楚簡	惓，簡文作上下結構，上部爲“卷”之省，下部作“心”字，《淮南子·人間訓》“是猶病者已惓而索良醫也”，東漢高誘注：“惓，劇也。”李學勤釋爲“患”（《上海博物館藏楚竹書〈詩論〉分章釋文》，見簡帛研究網站），於義亦通，然其本字當仍是“惓”字。	俞志慧 《孔子詩論》五題 上博館藏戰國楚竹書研究 2002 年	5409
惓	 上一/孔子詩論/29		楚簡	讀爲“卷耳”。	黄人二 從上海博物館藏《孔子詩論》簡之《詩經》篇名論其性質 上博館藏戰國楚竹書研究 2002 年	5636
惓	 上四/相邦之道/1		楚簡	字亦見《上海博物館藏戰國楚竹書（一）·孔子詩論》第四簡、《性情論》第三十一簡，於《郭店楚墓竹簡·性自命出》第六十二簡則書作“凡憂患之事”，“憂患”猶言憂慮，如《論語·季氏》：“不患寡而患不均，不患貧而患不安。”《玉篇》：“惓，悶也。”《説文》：“悶，懣也。”又“懣”下云：“煩也。”段玉裁注：“煩者，熱頭痛也，引申之凡心悶皆爲煩。”由是得知“惓”當有“煩悶”義，與“患”義亦相當。本簡“牧其惓（惓）”蓋指如有煩悶憂慮則宜加以疏導及調息抒解。	張光裕 上海博物館藏戰國楚竹書第四册 相邦之道	2025

⿰忄聿	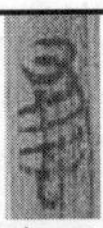 上三/中弓/20		楚簡	即“聿”。借爲“盡”。“聿”、“盡”雙聲疊韻，可通，郭店簡中多見。	李朝遠 上海博物館藏戰國楚竹書第三册 中弓	13421
⿱亟心	 上三/亙先/12	亙	楚簡	“極”，原簡字形從心亟聲，讀爲極。《繫辭》“易有太極”，帛書本作“恒”。此處“極”也是“恒”的意思。	劉信芳 上博藏竹書《恒先》試解 簡帛研究網 2004年5月16日	1377
⿱壴心	 匯/望一劄記/31		楚簡	憙字之省。	商承祚 戰國楚竹簡匯編 望山一號楚墓竹簡疾病雜事劄記	10482
⿱壴心	 上三/周易/4		楚簡	上從壴，下從心。當釋爲恄。《説文》：小怒也。此字與“窒”雙聲旁轉，故今本以爲“窒”。	何琳儀、程燕 滬簡《周易》選釋 簡帛研究網 2004年5月16日	14120
⿰忄書	 上五/鮑叔牙與隰朋之諫/6		楚簡	疑當讀爲圖。同字又見《上博一·緇衣》簡12“毋以小謀敗大煮”。圖，謀也。	季旭昇 上博五芻議（上） 簡帛網 2006年2月18日	4818
⿱共忎	 郭/緇衣/8		楚簡	從共從忎，忎即恐字。這是個雙聲符字，在簡文中應讀爲“邛”。	趙平安 從楚簡“娩”的釋讀談到甲骨文的“娩妫”簡帛研究 2001年	7226
⿱共忎	 郭/緇衣/8		楚簡	即恭字，纍加工爲聲。	劉釗 郭店楚簡校釋	7227
⿱甚心	 上二/容成氏/37		楚簡	即“謀”。	李零 上海博物館藏戰國楚竹書 第二册 容成氏	12751
⿰忄吝	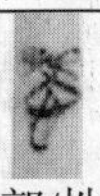 郭/性自命出/59		楚簡	“兑人勿吝”當讀爲“説人勿隱”，謂凡説服他人，言詞切勿虚矯不實也。	周鳳五 《孔子詩論》新釋文及注解 上博館藏戰國楚竹書研究 2002年	8772
⿰忄吝	 郭/性自命出/59		楚簡	讀爲吝，意爲吝惜，放不下。	陳偉 郭店竹書别釋	8774

悋	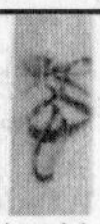 郭/性自命出/59		楚簡	爲憐之異體，讀爲吝，意爲吝惜。	劉釗 郭店楚簡校釋	8773
悤			金文	疑是𠔉之異體。	張政烺 中山王𦣞盗壺及鼎銘考釋 古文字研究 1979 年 1 輯	17677
悤	 包/文書/20		楚簡	當隸定作上臾下心，讀爲“憒”。	陳秉新、李立芳 包山楚簡新釋 江漢考古 1998 年 2 期	14245
惪	 包/卜筮/197	悳	楚簡	從人從心從頁。簡文此字從百，與從頁同，讀作憂。	劉彬徽、彭浩、胡雅麗、劉祖信 包山楚簡	35525
愈	 郭/窮達以時/13		楚簡	堇愈，當讀“瑾瑜”，美玉。	劉樂賢 郭店楚簡雜考（五則） 古文字研究 2000 年 22 輯	6310
愈	 郭/窮達以時/13		楚簡	讀爲瑾瑜，美玉也。	劉釗 郭店楚簡校釋	6311
愈	 上三/周易/15		楚簡	讀爲“渝”。	濮茅左 上海博物館藏戰國楚竹書第三册 周易	12578
愈	 上三/周易/16		楚簡	讀爲“官有渝”。	濮茅左 上海博物館藏戰國楚竹書第三册 周易	12582
愈	 上四/柬大王泊旱/2		楚簡	字亦見於《郭店楚墓竹簡·老子乙》。	濮茅左 上海博物館藏戰國楚竹書第四册 柬大王泊旱	2409
愈	 上三/彭祖/7		楚簡	“愈”字，疑讀爲“降”，郭店《老子甲》簡十九“以逾甘露”，今本正作“以降甘露”。	黄人二、林志鵬 上博藏簡第三册彭祖試探 簡帛研究網 2004 年 4 月 29 日	2896

愈	 上三/彭祖/7		楚簡	愈，訓爲“賢良”，《廣雅·釋言》：“愈，賢也。”益愈，即“更加賢良”之意。	趙炳清 上博簡三《彭祖》補釋 簡帛研究網 2005年1月26日	2563
愈		悆	金文	此字經典通用愈。	吴大澂 説文古籀補 季悆鼎	36505
愈			金文	《説文》無愈有瘉，今以諸器證之古有愈字，或作俞。	方濬益 綴遺齋彝器款識考釋 卷二十七 魯伯愈父鬲 第二十四頁	36508
悉	 包/卜筮/198		楚簡	悉讀作禹。人悉可能指大禹。楚人自認爲於禹有共同的祖先，故得祭祀大禹。	劉彬徽、彭浩、胡雅麗、劉祖信 包山楚簡	5904
悮	 包/文書/168		楚簡	應爲懌，人名。	湯餘惠 包山楚簡讀後記 考古與文物1993年2期	6241
悮	 包/文書/82		楚簡	應讀爲懌。	李天虹 《包山楚簡》釋文補正 江漢考古1993年2期	2516
悮			楚簡	楚系文字睪、有别，秦漢以後睪字行廢。雖可將悮理解爲懌字義，但宜保留悮這個字形。	劉信芳 包山楚簡近似字辨析 考古與文物1996年2期	17665
悬	 上五/季庚/9		楚簡	同“愧”，讀爲“威”。	濮茅左 上海博物館藏戰國楚竹書第五册 季庚子問於孔子	618
悖	 郭/尊德義/34		楚簡	釋悖。	李零 郭店楚簡校讀記 道家文化研究1999年17輯	6347
悖	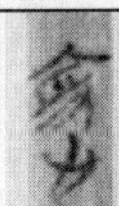 郭/尊德義/34		楚簡	疑是“愛”之變體，字應釋爲“暖”，讀爲“緩”，指爲政寬緩。	陳偉 郭店簡書《尊德義》校釋 中國哲學史2001年3期	14086

㤖	 郭/尊德義/34		楚簡	釋愋，讀爲緩，指爲政寬緩。	陳偉 郭店竹書别釋	6346
㤖	 郭/尊德義/34		楚簡	隸定作㥂，意爲心不安。	劉釗 郭店楚簡校釋	6345
㥏	 上二/民之父母/4		楚簡	字殘“心”，據下文可知。從心、從哀，字或作“㥏”。《説文通訓定聲·履部》：“哀，閔也。從口，衣聲。字亦作㥏。”	濮茅左 上海博物館藏戰國楚竹書第二册 民之父母	11634
㥻	 包/卜筮/207		楚簡	讀作氣，㲙的異體。	劉彬徽、彭浩、胡雅麗、劉祖信 包山楚簡	5292
㦣	 上二/民之父母/10		楚簡	同“愇”。《文選·幽通賦》“違世業之可懷”，李善注引曹大家曰：“違或作愇，愇，亦恨也。”《禮記·孔子閒居》鄭玄注：“不違者，民不違君之氣志也。”指内無所戾。	濮茅左 上海博物館藏戰國楚竹書第二册 民之父母	12912
㦣	 上三/周易/11		楚簡	即“愇”字，通“韙”。明其是者，戒其非。或讀爲“威”、“委”。	濮茅左 上海博物館藏戰國楚竹書第三册 周易	7856
㦣	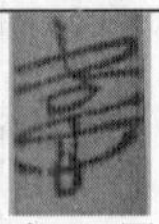 上三/周易/11		楚簡	“㦣”、“委”都應讀如“威”。帛書《二三子》應作：“卦曰：‘絞如，委如，吉。’孔子曰：‘絞，日也；委，老也。老、日之行□□□，故曰吉。’”所謂“委，老也”，即“威，老也”。《説文·女部》：“威，姑也。從女，從戌。《漢律》曰：‘婦告威姑。’”《廣雅·釋親》：“姑，謂之威。”此“威”是指丈夫的母親，故稱爲“老”。由於“老”是名詞，故能與“日”並稱。	廖名春 楚簡《周易》校釋記（一） 簡帛研究網 2004年4月23日	2864

悉	 上四/内豊/4		楚簡	《説文》所無。《中山王譽鼎》、《譽壺》銘文中有“𢆶”字，釋爲“哉”。簡文從𢆶、從心，與“慈”通。“慈俤”，文獻作“順弟”，“慈”、“順”都有“上愛下”之義。	李零 上海博物館藏戰國楚竹書 第四册 内豊	3569
慬			楚簡	爲“謹”之同聲符異體字。《爾雅·釋言》：“誥、誓，謹也。”郭注：“皆所以約勤謹戒衆。《詩·大雅·抑》“質爾人民，謹爾侯度，用戒不虞”，即用此義。	虞萬里 上博簡、郭店簡《緇衣》與傳本合校補證（上）史林 2002 年 2 期	13922
慬	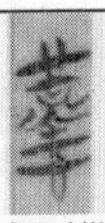 郭/緇衣/6		楚簡	讀爲謹。	劉釗 郭店楚簡校釋	7211
慕			金文	《説文》慔字實爲慕之異文，心在下或在左固同意。	高田忠周 説文古籀篇 卷四十三 禹鼎	36496
㥾	 郭/尊德義/33		楚簡	裘按：疑當讀爲“懷”。	彭浩、劉祖信、王傳富 郭店楚墓竹簡	7612
㥾	 郭/尊德義/33		楚簡	從目從米從心，似可釋爲眯，讀爲敉，安定的意思。	陳偉 郭店竹書別釋	8327
㥾	 郭/尊德義/33		楚簡	即懷字，意爲留戀、懷念。	劉釗 郭店楚簡校釋	8328
㦂	 郭/語叢一/46		楚簡	從爿羊從心，釋“恙”，義謂“憂傷”。《説文通訓定聲》：“恙，憂也。從心，羊聲。”	姜廣煇 《郭店楚墓竹簡·語叢一》疏解（六） 簡帛研究網 2002 年 10 月 2 日	14268
㦂	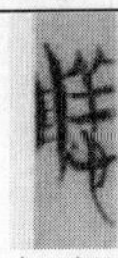 郭/語叢一/46		楚簡	疑讀爲莊。	劉釗 郭店楚簡校釋	9600

⿱吅⿱文心	 上一/性情論/39		楚簡	讀爲“文”。文，美、善，《禮記·樂記》“以進爲文”，鄭玄注：“文，猶美也，善也。”《荀子·禮論》：“僞者，文理隆盛也。無性則僞之無所加，無僞則性不能自美。性僞合，然後成聖人之名，一天下之功於是就也，故曰：天地合而萬物生，陰陽接而變化起，性僞合而天下治。”	濮茅左 上海博物館藏戰國楚竹書 第一册 性情論	12403
⿱吅⿱文心	 上四/内豊/6		楚簡	從叟、從心。“叟”爲“鄰”，《馬王堆漢墓帛書·老子乙本》“叟國相望”，今本《老子》第八十章作“鄰國相望”；字從心可讀爲“憐”。“憐”，《爾雅·釋詁下》：“憐，愛也。”	李零 上海博物館藏戰國楚竹書 第四册 内豊	3467
⿱吅⿱文心	 上四/内豊/6		楚簡	孔子有“子爲父隱”（《論語·子路》）説。簡文即“止之而不可，隱而任不可”，是説君子以諫言“止”父母之“不善”而不被父母所接受，就當隱忍而任憑父母所行。讀“隱”比讀“憐”更文從字順。	廖名春 讀楚竹書《内豊》篇劄記（一） 簡帛研究網 2005年2月20日	3750
傷	 上五/鮑叔牙與隰朋之諫/6		楚簡	《集韻》：“惕，或做偒。”《説文·心部》：“惕，敬也。從心、易聲。”字讀爲“易”。	陳佩芬 上海博物館藏戰國楚竹書 第五册 鮑叔牙與隰朋之諫	3041
⿱訒心	 包/卜筮/217		楚簡	讀如順。	劉彬徽、彭浩、胡雅麗、劉祖信 包山楚簡	6872
⿱害心	 郭/尊德義/23		楚簡	裘按：疑當讀爲“害”。在文末第38簡與“利”爲對文。	彭浩、劉祖信、王傳富 郭店楚墓竹簡	8175
⿱⿱宀肙心	 上一/孔子詩論/18		楚簡	讀爲“捐”，字從心從肙，“肙”爲基本聲符，通作“捐”。投之以木瓜之“投”，義與“捐”相通。“投”《集韻》云：“棄也。”《説文》言“捐”曰：“棄也。”是“投”、“捐”義相近。	馬承源 上海博物館藏戰國楚竹書 第一册 孔子詩論	4486

悹	 上一/孔子詩論/3		楚簡	讀作悁。	馬承源 上海博物館藏戰國楚竹書第一册 孔子詩論	10807
悹	 上一/孔子詩論/18		楚簡	讀爲“捐”，字從心從肙，“肙”爲基本聲符，通作“捐”。	馬承源 上海博物館藏戰國楚竹書第一册 孔子詩論	11340
悹	 上一/孔子詩論/18		楚簡	《說文》：“捐，棄也。”與“投”義同。	王志平 《詩論》箋疏 上博館藏戰國楚竹書研究 2002 年	5532
悹	 上一/孔子詩論/19		楚簡	應定爲“悁”，忿也。評語“既曰天也，猶有悁言”，謂既然說過這是天命，就不該再發牢騷了。	龐樸 上博藏簡零箋 上博館藏戰國楚竹書研究 2002 年	5543
悹	 上一/孔子詩論/3		楚簡	簡端經擬補缺文，知此處所論爲《小雅》，則二字當讀爲“怨悱”，所謂“《小雅》怨悱而不亂”是也。	周鳳五 《孔子詩論》新釋文及注解 上博館藏戰國楚竹書研究 2002 年	5359
悹	 上一/孔子詩論/3		楚簡	“怨湛”即“怨深”，故下言“衰”、“小”。	廖名春 上海博物館藏詩論簡校釋劄記 上博館藏戰國楚竹書研究 2002 年	5358
悹	 上一/孔子詩論/18		楚簡	《說文》：“捐，棄也。”與“投”義同。	王志平 《詩論》箋疏 上博館藏戰國楚竹書研究 2002 年	11341
悹	 上一/孔子詩論/18		楚簡	宜讀作“悁”，通“狷”，潔身自好也。《木瓜》薄投厚報，狷介者之情也。	龐樸 上博藏簡零箋 上博館藏戰國楚竹書研究 2002 年	11337

⿱宀⿱目心	 上一/孔子詩論/18		楚簡	當讀爲“娟”。“娟”有好義。《楚辭·大招》：“體便娟只。”王逸注：“便娟，好貌也。”《洪武正韻·先韻》：“娟，美好貌。”《廣韻·清韻》：“嬛，好也。”而“嬛”與“娟”可通。《楚辭·遠遊》：“雌蜺便娟。”洪興祖《補注》：“《爾雅》引雌蜺嫙嬛，嬛與娟同。”《詩》云：“匪報也，永以爲好也。”“娟”即“好”。簡文“因‘木瓜’之報以諭其娟者也”即借“木瓜”之“報”以明“永以爲好”之願。	廖名春 上海博物館藏詩論簡校釋劄記 上博館藏戰國楚竹書研究 2002年	5533
⿱宀⿱目心	 上一/孔子詩論/19		楚簡	在《孔子詩論》中，從目的字均可讀作“怨”。	曹峰 對《孔子詩論》第八簡以後簡序的再調整——從語言特色的角度入手 上博館藏戰國楚竹書研究 2002年	11360
⿱𡨄心	 上三/周易/45		楚簡	或讀爲“愆”。“心辚”，心中過失，追悔之意。凡患生於心，愆必由己，當清心除患，潔志消愆。	濮茅左 上海博物館藏戰國楚竹書第三册 周易	13784
⿱𡨄心	 上三/周易/45		楚簡	賽和寒在古文字中是完全不同形的字。本簡此字逕釋爲“⿱𡨄心”即可，《馬王堆帛書·周易》作“爲我心塞”，今本《周易》作“爲我心惻”。“⿱𡨄心”、“塞”、“惻”上古音均在職部，可以通。或讀爲“愆”的原因，可能是跟“寒”形相混，“寒”在元部，與“塞”、“惻”上古音相去較遠。“爲我心惻”謂：使我心中悽惻不安。	季旭昇 《上博三·周易》零釋七則 簡帛研究網 2004年4月24日	1601
⿰氵惠			漢簡	當爲恿字或體。	徐莉莉 武威漢代醫簡異體字考 天津師範大學學報 2005年1期	15988
⿰阝⿱有心			金文	從肴聲，讀爲肖，《説文》：肖，骨肉相似也。	于豪亮 中山三器銘文考釋 考古學報 1979年2期	17958

惎	 郭/尊德義/1		楚簡	忌字，義爲妒忌、憎惡。	陳偉 郭店竹書別釋	8136
惎	 郭/尊德義/1		楚簡	即惎字，即嫉妒。	劉釗 郭店楚簡校釋	8135
慮	 郭/老子甲/1		楚簡	裘錫圭案：慮，從且聲，與“詐”音近。	彭浩、劉祖信、王傳富 郭店楚墓竹簡	6699
慮	 郭/老子甲/1		楚簡	慮爲慮異體，義爲謀劃。	劉釗 郭店楚簡校釋	6700
惟	 郭/尊德義/21		楚簡	讀爲惟，思慮、度量。	陳偉 郭店竹書別釋	8162
惟	 郭/尊德義/21		楚簡	讀爲遺。	劉釗 郭店楚簡校釋	8163
慾	 上三/亙先/5		楚簡	此四字應與上簡連讀。上文説“生亓所慾”，是相互需要，這裏説“復亓所慾”，是相互滿足。	李零 上海博物館藏戰國楚竹書 第三册 亙先	12865
慾	 上三/亙先/4		楚簡	讀“欲”。這裏是説異性相求。	李零 上海博物館藏戰國楚竹書 第三册 亙先	12862

慾	 上三/亙先/3		楚簡	讀"欲"。	李零 上海博物館藏戰國楚竹書 第三册 亙先	13493
慾	 上三/亙先/3		楚簡	"求欲"詞見《左傳·襄公三十一年》"求欲無厭"、《吕氏春秋·爲欲》"（晉）文公可謂知求欲矣"、《申鑒·政體》"賤求欲而崇克濟"，此是"求"、"欲"義近連用作名詞的例子；《風俗通義》卷三"故御史大夫胡毋季皮獨過相侯，求欲作衰，曰：'君不爲子衡作吏，何制服？'"此"求欲"爲動詞。《左傳·僖公八年》"予取予求"，"求"義也跟"欲"接近。	董珊 楚簡《恆先》初探 簡帛研究網 2004年5月12日	2954
慾	 上三/亙先/5		楚簡	（上接9簡）（因）復其所欲：謂恒氣自生自作，復其所欲復。	龐樸 《恒先》試讀 簡帛研究網 2004年4月26日	2872
慾	 上三/亙先/3		楚簡	求欲：想要，期望。	趙建功 《恒先》易解（上） 簡帛研究網 2005年1月26日	1606
慾	 上三/亙先/3		楚簡	"求欲"，即求其所欲的省略語。	丁四新 楚簡《恆先》章句釋義 簡帛網 2005年12月30日	1375
慾	 上三/亙先/4		楚簡	慾即欲，想要。	丁四新 楚簡《恆先》章句釋義 簡帛網 2005年12月30日	2562
憔		雔	金文	劉心源云：顀當顦省，即憔悴字。	高田忠周 說文古籀篇 卷四十五 毛公鼎	35586
憓			金文	從心，㥣省聲，疑是䜌之異體，警惕之義。	張政烺 中山國胤嗣妤䜣壺釋文 古文字研究 1979年1輯	17939

⿱啻心	 上三/周易/4		楚簡	《説文》所無，從心，啻聲。古“商”、“啻”同形，凡今商聲字，《説文》皆言啻聲。讀爲“愓”，聲符“啻”與“易”通。或以爲“愓”之異體。	濮茅左 上海博物館藏戰國楚竹書第三册 周易	12818
⿱⿰召早心	 包/遣册/267		楚簡	讀如卓。	劉彬徽、彭浩、胡雅麗、劉祖信 包山楚簡	5957
⿱⿰召早心	 包/遣册/267		楚簡	從“召”聲，“早”亦聲。	何琳儀 包山竹簡選釋 江漢考古 1993年4期	5956
慼			楚簡	戚，憂愁、悲傷。	陳偉 郭店簡書《人雖有性》校釋 中國哲學史2000年4期	12639
⿱萬心	 上一/性情論/4		楚簡	讀爲“厲”，《集韻》：“厲，嚴也。”或依《廣韻·釋詁四》作“厲，高也”解。	濮茅左 上海博物館藏戰國楚竹書第一册 性情論	12130
⿱萬心	 上一/性情論/5		楚簡	讀爲“厲”。	濮茅左 上海博物館藏戰國楚竹書第一册 性情論	12138
⿱萬心	 上四/柬大王泊旱/16		楚簡	讀爲“瀝”。	濮茅左 上海博物館藏戰國楚竹書第四册 柬大王泊旱	1623
⿱萬心	 上四/柬大王泊旱/16		楚簡	“萬”聲字與“賴”字和“賴”聲字相通之例甚多，看高亨、董治安《古字通假會典》631—632頁。賴，利也，古書常訓。“邦賴之”即國以此大雨爲利。	陳劍 上博竹書《昭王與龔之脽》和《柬大王泊旱》讀後記 簡帛研究網 2005年2月15日	3664

⿱萬心	 上四/柬大王泊旱/16	⿱萬心	楚簡	“邦瀝之”似爲不詞。字當讀爲“賴”，利也。《國語·齊語》：“相示以利，相示以賴。”韋昭注：“賴，贏也。”《廣韻》：“賴，利也。”《三國志·吴志·陸遜傳》：“遜開倉以振貧民，勸督農桑，百姓蒙賴。”《尚書》：“一人有慶，兆民賴之。”疏：“天子一人有善事，則億兆之民蒙賴之。”“蒙賴”，即蒙其利。“邦之”，猶言一國受其利。	孟蓬生 上博竹書（四）閒詁 簡帛研究網 2005年2月15日	3934
懅			金文	該字與遽通用。	朱德熙 平山中山王墓銅器銘文的初步研究 文物1979年1期	16514
⿱爲心	 上一/性情論/8		楚簡	本簡現存三十二字。讀作“爲”。	濮茅左 上海博物館藏戰國楚竹書第一册 性情論	12158
⿱爲心	 上一/性情論/39		楚簡	下有重文符，讀爲“僞僞”。僞，《廣雅·釋詁二》：“僞，爲也。”《荀子·性惡》：“人之性惡，其善者僞也。”楊倞注：“僞，爲也，矯也，矯其本性也，凡非天性而人作爲之者皆謂之僞。”《荀子·正名》：“情然而心爲之擇謂之慮，心慮而能爲之動謂之僞，慮積焉，能習焉，而後成謂之僞。”	濮茅左 上海博物館藏戰國楚竹書第一册 性情論	12402
⿱爲心	 上一/性情論/30		楚簡	讀作“僞”，《新書·道述》：“言行抱一謂之貞，反貞爲僞。”簡文意爲要以身作則，言行一致。	濮茅左 上海博物館藏戰國楚竹書第一册 性情論	12274
⿱爲心	 上一/性情論/32		楚簡	讀爲“僞”。	濮茅左 上海博物館藏戰國楚竹書第一册 性情論	12292

⿱爲心	 上一/性情論/30		楚簡	“⿱爲心”字示心有所爲，非性情之真；歷來定爲“僞”字。荀子“人性惡，其善者僞也”之“僞”，疑本亦從心作“⿰氵⿱爲心”。《論語》、《荀子》的兩層結構（不言——隱），在楚簡衍爲三層（不言——⿰氵⿱爲心——隱），這是《性自命出》等篇以分析心性見長（所謂“心術爲主”）的特徵。由此也可推定，⿰氵⿱爲心字應保留“心”形。	龐樸 上博藏簡零箋 上博館藏戰國楚竹書研究 2002 年	12631
⿱自自心	 郭/緇衣/23		楚簡	簡文從“⿱自自中”從“心”，借作“塞”。	彭浩、劉祖信、王傳富 郭店楚墓竹簡	7520
⿱自自心	 郭/緇衣/23		楚簡	字本從二自從心形，《汗簡》卷二之下有個近似心的“疾”字，《説文》竊字下：“廿，古文疾字”。對照傳世本，將此字讀爲疾應該問題不大。	陳偉 郭店竹書別釋	7522
⿱自自心	 郭/緇衣/23		楚簡	息字繁文，讀爲塞。	劉釗 郭店楚簡校釋	7521
⿱自自心	 郭/緇衣/23		楚簡	疑從奭省聲，本義爲嗔怒。	虞萬里 上博簡、郭店簡《緇衣》與傳本合校補正（中） 史林 2003 年 3 期	14093
⿱緩心	 上三/中弓/13		楚簡	即“緩”，寬綽舒和。“服之緩”，指爲政寬和。	李朝遠 上海博物館藏戰國楚竹書第三冊 中弓	13768
⿱緩心	 上三/中弓/17		楚簡	從緩、從心，即“緩”，延緩。	李朝遠 上海博物館藏戰國楚竹書第三冊 中弓	13408
⿱鼓心			金文	從心從鼓。字書所無。以形聲審之，字當釋忶，注音更旁字也。	戴家祥 金文大字典	16556
懥	 上三/周易/4		楚簡	讀爲“窒”，上古音近。	濮茅左 上海博物館藏戰國楚竹書第三冊 周易	12817

懥	 上三/周易/4		楚簡	原篆上從“豈”，下從“心”。《説文》：“愷，怒也。從心，豈聲。”“愷”，透紐月部；“窒”端紐質部。端、透均屬舌音，月、質旁轉。	何琳儀、程燕 滬簡《周易》選釋 簡帛研究網 2004年5月16日	2889
懥	 上三/周易/4		楚簡	應讀作“恎”或“恤”，訓爲懼。	楊澤生 竹書《周易》劄記（四則） 簡帛研究網 2004年5月8日	1565
懥	 上三/周易/4		楚簡	“惕”即“惖”，“商”、“易”音同，故“惖”可寫作“禘 ”。從“商（啇）”之字，多有止義。帛書《易經》“惕”作“寧”，音近，義也通。“寧”義爲安、息，也是止。王弼本《乾》卦九三爻辭“夕惕若”之“惕”，帛書《易經》和《二三子》、《衷》篇皆作“沂”。“沂即析（惁），由解除引申爲安閒休息”，惁惖（惕）實爲一字的異寫，“惕”應訓爲止息。楚簡“惖”作“禘”，也可支持這一觀點。	廖名春 楚簡《周易》校釋記（一） 簡帛研究網 2004年4月23日	2828
悆	匯/望一劄記/17		楚簡	貞人名。亦見於下簡及99簡。	商承祚 戰國楚竹簡匯編 望山一號楚墓竹簡疾病雜事劄記	10457
憂	 上三/中弓/26		楚簡	同“惪”、“憂”。	李朝遠 上海博物館藏戰國楚竹書第三册 中弓	13447
憂	 上三/中弓/26		楚簡	當從陳劍先生説讀爲“羞”。此字構形當分析從心，頁聲。實際上頁即脜字之異構。《説文·肉部》：“脜，面柔也。從百，從肉，讀若柔。”古音柔聲、丑聲相通，故憂、羞可以相通。《説文·羊部》：“羞，進獻也。從羊丑。羊，所進也。丑亦聲。”可知羞字本義與“羞恥”之“羞”無關。然則憂字從心，頁聲，當爲“羞恥”之“羞”的本字。	孟蓬生 上博竹書（三）字詞考釋 簡帛研究網 2004年4月26日	1692

⿱⿰月頁心	 上三/中弓/26		楚簡	與“羞”音近可通。	陳劍 上博竹書《仲弓》篇新編釋文（稿） 簡帛研究網 2004年4月18日	2565
憏	 郭/語叢一/84		楚簡	讀爲察。	劉釗 郭店楚簡校釋	8963
⿰忄蔡				該字從心從蔡，隸定爲⿰忄蔡，從盟書中所處地位看，⿰忄蔡某是參盟人名。	李裕民 侯馬盟書疑難字考 古文字研究 1981年5輯	16739
⿱猷心	 上一/性情論/26		楚簡	即“慆”，《玉篇》：“慆，傲也。”《方言》第十三：“慆，惡也。”“惡”有不睦意，如《戰國策·齊策三》“齊國之交惡”，高誘注：“惡，不睦也。”	濮茅左 上海博物館藏戰國楚竹書第一册 性情論	12236
⿱新心	 上二/昔者君老/3		楚簡	讀爲“親”。	陳佩芬 上海博物館藏戰國楚竹書第二册 昔者君老	13092
⿱爾心	 上四/曹沫之陳/2		楚簡	讀“彌”。《小爾雅·廣詁》：“彌，益也。”	李零 上海博物館藏戰國楚竹書 第四册 曹沫之陳	3426
⿱圖心			金文	方圍内的形體是啚的簡化。“有事者官⿱圖心之”疑讀爲“有事諸官圖之”或“有事者，官圖之”。	朱德熙、裘錫圭 平山中山王墓銅器銘文的初步研究 文物1979年1期	16700
⿱⿰業戈心	 上一/孔子詩論/4		楚簡	讀作罷。	馬承源 上海博物館藏戰國楚竹書第一册 孔子詩論	10890
⿱⿰業戈心	 上一/孔子詩論/4		楚簡	戚，原釋“撲”，讀爲“罷”。字見郭店《性自命出》簡二十四“憂斯戚”。	周鳳五 《孔子詩論》新釋文及注解 上博館藏戰國楚竹書研究 2002年	5408

䜀	 上一/孔子詩論/4		楚簡	《詩論》此戔可讀竊。《廣雅·釋詁四》："竊，私也。"簡文"炏惓"應讀"竊怨"，意謂"私下怨恨"。	何琳儀　滬簡《詩論》選釋　上博館藏戰國楚竹書研究　2002 年	5406
䜀	 上一/孔子詩論/4		楚簡	罷，廖名春釋文作慼。按，該字亦見於郭店簡《性自命出》篇，《禮記·檀弓》作戚，故知廖釋可從。慼，亦作慽，《説文》："慽，憂也。"簡文此詞應讀爲慼患，是憂患的意思。首句應讀作"民之有慼患也"。	劉樂賢　讀上博簡劄記　上博館藏戰國楚竹書研究 2002 年	5407
䜀	 上一/孔子詩論/4		楚簡	戚，此字形已見於郭店簡《性自命出》簡三十四，李零先生讀爲"戚"，《詩經·小雅·小明》"自詒伊戚"，毛《傳》："戚，憂也。"	俞志慧　《孔子詩論》五題　上博館藏戰國楚竹書研究　2002 年	5405
懠	 上一/性情論/15		楚簡	即"懠"。《爾雅·釋言》："懠，怒也。"《集韻》同。《詩·大雅·板》"天之方懠"，毛亨傳："懠，怒也。"	濮茅左　上海博物館藏戰國楚竹書第一册　性情論	10205
𢡱	 上一/孔子詩論/28		楚簡	從幺從心，以訢爲聲符，《説文》所無，竹簡多讀爲"慎"。	馬承源　上海博物館藏戰國楚竹書第一册　孔子詩論	11855
㥲	 郭/性自命出/46		楚簡	此字當釋作"㥲"。	彭浩、劉祖信、王傳富　郭店楚墓竹簡	9182
㥲	 郭/性自命出/46		楚簡	讀爲奮，奮作，振奮、振作。	陳偉　郭店竹書别釋	9184
㥲	 郭/性自命出/46		楚簡	奮字古文。	劉釗　郭店楚簡校釋	9183
㦃	 上四/曹沫之陳/34		楚簡	同"憚"，是畏難之義。	李零　上海博物館藏戰國楚竹書　第四册　曹沫之陳	3292

[illegible]	 包/文書/172		楚簡	簡文作“”，簡 14 反有憖字，簡文作“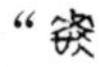”。疑爲同一字之異體。	劉彬徽、彭浩、胡雅麗、劉祖信 包山楚簡	6260
⿱彊心	 郭/語叢二/34		楚簡	此字從“心”“彊”聲，當讀爲“强”。與後一簡“强”、“弱”相對。	彭浩、劉祖信、王傳富 郭店楚墓竹簡	9352
⿱彊心	 郭/語叢二/34		楚簡	義爲强大、堅强。	劉釗 郭店楚簡校釋	9353
⿱霝心			金文	從心霝聲。在此讀作霝。“⿱霝心音鉠鉠”表示樂音之龢。⿱霝心字或作霝，從龢省。	戴家祥 金文大字典	16897
⿱霝心	 郭/語叢一/34		楚簡	疑當讀爲“零”，爲零落、稀少之意，與前文“繁”的意思正好相反。	陳偉 郭店竹書別釋	7919
⿱霝心	 郭/語叢一/34		楚簡	讀爲靈或令，意爲美好。	劉釗 郭店楚簡校釋	7920
⿱寉心	 上四/相邦之道/3		楚簡	此字可能也應讀爲“勸”，同前一處一樣都應是“勤勉”的意思。古書在産生之初可能還不太講究用字的求别，如《馬王堆帛書・周易》：“仰以觀於天文，俯以觀於地理，是故知幽明之故；觀始反終，故知死生之説。”就連用三個“觀”字。	楊寬 楚帛書的四季神像及其創世神話 文學遺産 1997 年 4 期	3796
懽	 上二/從政（乙篇）/1		楚簡	讀若“勸”。	張光裕 上海博物館藏戰國楚竹書第二册 從政（乙篇）	9892
⿱繇心			璽印	該字從心從繇，當釋爲⿱繇心。《詩・黍離》“中心搖搖”，《爾雅》作愮，即此字。	陳漢平 古文字釋叢 出土文獻研究 1985 年 1 輯	16932

⿱龍心	 郭/老子乙/5		楚簡	從心龍聲，讀爲寵。	劉釗 郭店楚簡校釋	7554
⿰彳⿱雚心	 上四/相邦之道/3		楚簡	當讀爲“勸”。	張光裕 上海博物館藏戰國楚竹書第四册 相邦之道	3441
戀			璽印	此字當釋爲戀，乃戀之省文。	陳漢平 古文字釋叢 考古與文物 1985 年 1 輯	16958
⿱觀心	 包/遣册/259		楚簡	疑讀作獾。	劉彬徽、彭浩、胡雅麗、劉祖信 包山楚簡	6392
⿱觀心	 包/遣册/259		楚簡	觀，《爾雅・釋言》：“觀，指示也。”《莊子・大宗師》：“以觀眾人之耳目。”釋文：“觀，示也。”	劉信芳 包山楚簡遣策考釋拾零 江漢考古 1992 年 3 期	6391
⿱⿰爲爲心	 包/文書/106		楚簡	應釋“悖”。	何琳儀 包山竹簡選釋 江漢考古 1993 年 4 期	5209
⿱虘心	 上五/三德/2		楚簡	“⿱爲心⿱虘心”二字，原考釋讀爲“訛詐”，可從。又以此説明《郭店・老子甲》第一簡有“絕⿱爲心棄⿱虘心”，裘錫圭先生本讀爲“絕訛棄詐”，後改爲“絕偽棄慮”，反而不對。案：此二字於本簡連讀，依上下文義，讀爲“訛詐”，没有問題。但郭店簡二字分讀，與本簡已有不同，據《郭店・老子》上下文義，釋爲“譌詐”，又顯然不是很理想，與《老子》全文思想體系不搭。裘説改釋爲“絕僞棄慮”，文義較舊説好。拙見釋爲“絕僞棄作”，也未嘗不可以。與《老子》同屬道家文獻的《上博三・恆先》簡 11、12“爲”與“作”同出而意義不同，可證當時“爲”與“作”也常常一起出現。	季旭昇 上博五芻議（下） 簡帛網 2006 年 2 月 18 日	4782

惢部

惢			説文	心疑也。从三心。凡惢之屬皆从惢。讀若《易》“旅瑣瑣”。	許慎　説文解字	
縈			説文	垂也。从惢糸聲。	許慎　説文解字	

水部

水			説文	準也。北方之行。象衆水並流，中有微陽之氣也。凡水之屬皆从水。	許慎　説文解字	
水			金文	字象水珠並水流形，凡水之稱，非指衆川並流也。	林義光 文源	28280
水			石鼓	段玉裁云水之文與坎卦同。運開按：伏犧畫卦，倉頡即因之造水字。	强運開 石鼓釋文	23560
水			甲骨	“辛亥卜，出貞：今日王其水寢，五月。”（佚存 921）以水爲動詞。考《周禮》“匠人建國，水地以縣”。《釋名》：“水，準，平物也。”所云“水寢”，疑指建造寢宫，以水平度地。	饒宗頤 殷代貞卜人物通考 十三	23562
水			金文	初字象流水之形，《説文》訓準爲音訓。北方之行乃戰國以後五行説之遺，非文字構造之朔。	高鴻縉 中國字例二篇	28279
水	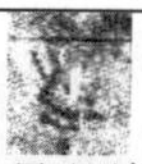 長/丙篇		楚簡	釋“水”，甚確。	何琳儀 長沙帛書通釋校補 江漢考古 1989 年 4 期	10176
水	 包/卜筮/213		楚簡	大水，即天水。大、天二字古通。	劉彬徽、彭浩、胡雅麗、劉祖信 包山楚簡	1935
水	 包/卜筮/237		楚簡	“大水”是道神，即《周易》中的“大川”，《論語・子罕》云：“子在川上曰：逝者如斯夫，不舍晝夜”。	劉彬徽、彭浩、胡雅麗、劉祖信 包山楚簡	6925
水	 包/卜筮/213		楚簡	“大水”，應指天漢之神。“漢”之古文從水從或從大，謂域中大水。在楚人所祀諸神中，“大水”的位置是很崇高的，幾乎與太一相匹，非“天漢”莫屬。《九歌》之“河伯”亦爲天漢之神。	劉信芳 包山楚簡神名與《九歌》神祇 文學遺産 1993 年 5 期	1127

水	 匯/望一劄記/41		楚簡	大水，楚人賽禱的神名之一，似以指大江之神爲宜。	商承祚 戰國楚竹簡匯編 望山一號楚墓竹簡疾病雜事劄記	10509
水	 上一/孔子詩論/29		楚簡	河水，篇名。今本所無。應是逸詩的篇名。	馬承源 上海博物館藏戰國楚竹書第一册 孔子詩論	11875
水	 上一/孔子詩論/29		楚簡	“河水”，詩題，已見於《左傳·僖公二十三年》和《國語·晉語四》，後者曰：秦伯賦《鳩飛》，公子（重耳）賦《河水》。三國吴韋昭注：“《鳩飛》，《小雅·小宛》之首章，曰：‘宛彼鳴鳩，翰飛戾天。我心憂傷，念昔先人。明發不寐，有懷二人。’”“河，當作‘沔’，字相似誤也。其詩曰：‘沔彼流水，朝宗於海。”韋昭謂“河”、“沔”因字相似而誤之説，驗諸簡文、《左傳》和《國語》，則非也。如《小宛》有《鳩飛》之異名，《褰裳》有《涉溱》之異名，將《河水》理解爲《小雅·鴻雁之什·沔水》之異名可也。	俞志慧 《孔子詩論》五題 上博館藏戰國楚竹書研究 2002 年	11871
水	 上一/孔子詩論/29		楚簡	《河水》當指《伐檀》。	廖名春 上海博物館藏詩論簡校釋劄記 上博館藏戰國楚竹書研究 2002 年	11868
水	 上一/孔子詩論/29		楚簡	所謂《河水》，疑即今本《邶風·新臺》也。	周鳳五 《孔子詩論》新釋文及注解 上博館藏戰國楚竹書研究 2002 年	11876
水	 上一/孔子詩論/29		楚簡	《河水》究爲何首，不得而知。	王志平 《詩論》箋疏 上博館藏戰國楚竹書研究 2002 年	11874
汃			説文	西極之水也。从水八聲。《爾雅》曰：“西至汃國，謂四極。”	許慎 説文解字	

河			説文	水。出焞煌塞外昆侖山，發原注海。从水可聲。	許愼 説文解字	
河		滒	篆文	此純然形聲字，可聲即其固有之名，文字以前之偁也，轉爲河川之河。	高田忠周 古籀篇 卷二	28282
河	 同簋	滒	金文	滒即河字，何段之河作牱，與此所從者同。	郭沫若 兩周金文辭大系圖録考釋 同簋	23564
河	 同簋	滒	金文	字蓋從古文歌。即以歌爲聲符，定爲古河字。	强運開 説文古籀三補 卷十一	28281
河		污	甲骨	至郭沫若始識爲從水丂聲，疑爲河之初文。然語焉未詳，且誤以河爲殷之先世。今考訂爲大河之河。	陳夢家 古文字中之商周祭祀 燕京學報 1936 年 19 期	23567
河		污	甲骨	污即河字。從水丂聲。丂，古柯字，象形，金文每假爲考。	郭沫若 殷契粹編考釋	23568
河		污	甲骨	污字從水從丂，郭沫若釋爲河字，是也。疑河爲殷之先人，實爲河伯之嫡祖。	楊樹達 積微居甲文説 釋污	23570
河		污	甲骨	卜辭河從丂。用法有三。一爲商代高祖之名，二爲大河之河，三爲貞人名。	孫海波 甲骨文編	23565
河		污	甲骨	“河”在卜辭中與“高祖夒”、“高祖亥”經常同時致祭，而且尚有“河其即宗”以及“上甲即宗于河”的記載。可以證明“河”已由自然神轉化爲人格神。至於以河爲“實沈”爲“帝嚳”均屬猜測之辭。	姚孝遂、肖丁 小屯南地甲骨考釋	23571
河	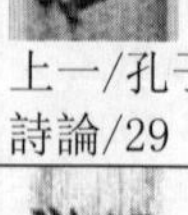 上一/孔子詩論/29		楚簡	從簡文看，“河”與“沔”有清楚的區别，不可能混淆。	馬承源 上海博物館藏戰國楚竹書 第一册 孔子詩論	11475
河	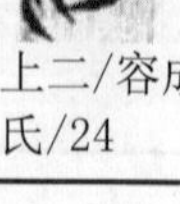 上二/容成氏/24		楚簡	九河，見《爾雅·釋水》。	李零 上海博物館藏戰國楚竹書 第二册 容成氏	13272

泑			説文	澤。在昆侖下。从水幼聲。讀與	許慎　説文解字	
涑			説文	水。出發鳩山，入於河。从水東聲。	許慎　説文解字	
涪			説文	水。出廣漢剛邑道徼外，南入漢。从水音聲。	許慎　説文解字	
潼			説文	水。出廣漢梓潼北界，南入墊江。从水童聲。	許慎　説文解字	
潼	 曶鼎		金文	此字左從辵。右上所從即是瞳字省壬，用作聲符。右下當是卩、口二字。疑此字爲潼關地帶的本字。大約西周時，渭水下游由驪山至黄河曲處，總名爲潼。	譚戒甫 西周“曶”器銘文綜合研究 中華文史論叢 1980年3輯	23576
江			説文	水。出蜀湔氐徼外崏山，入海。从水工聲。	許慎　説文解字	
江			璽印	古鉨。江去疾。江字易横竪。	丁佛言 説文古籀補補 卷十一	23577
江			金文	江從工聲，疑有大義。	高田忠周 説文古籀篇 卷二	28283
沱			説文	江别流也。出崏山東，别爲沱。从水它聲。	許慎　説文解字	
沱	 静簋	池	金文	古沱字。徐鉉曰沱沼之沱今别作池，非。	吴大澂 説文古籀補	28284
沱	 紀公壺	它	金文	當爲沱字。曩公匜所見省爲它。宗周鐘“倉＝它＝”，“它”與曩公匜“它”字略同。“沱＝”當讀爲《詩》“委委佗佗”之“佗”，《爾雅》：“委委佗佗，美也。”	孫詒讓 古籀拾遺 卷上	28285
沱	 静簋		金文	沱字舊釋作洍，非。今考《説文》皆以沱爲池，古音支歌不分，故沱即池。篆書“它”、“也”形近，隸變多混。傳世文獻竝可證沱即池也。	劉心源 古文審 卷七	23580
沱			金文	此亦池字。	高田忠周 説文古籀篇 卷二	28286

沱	 趙孟疥壺		金文	黄沱者，黄池也。金文沱池一字。	陳夢家 燕京學報 1937年21期 禺邗王壺考釋	28287
沱	 郭/五行/17		楚簡	疑通跎，失足。“摧跎”指羽毛摧折、衰敗的樣子。	廖名春 郭店楚簡《五行》篇校釋劄記 中國哲學史 2001年3期	14085
沱	 合集12568	盗 盅	甲骨	金文器類匜的稱謂寫法，常見的有從皿從也，隸作盅，上古“它”和“也”音不分可互通，“也”可讀“它”聲，故又可隸作“盗”。春秋鄧尹疾鼎銘“沰盜”，又見它器銘，省形爲“石沱”。案：“沱”實應是“盗”本字的省形。甲骨文天象卜辭常見所謂“盅雨”一辭，由金文“盗”與所謂“盅”字的原形相較可知其從的“卣”其實是“它”字契刻倒寫，故所謂“盅”本是從皿從它的“盗”。從金文“它”、“也”互用來看“盜”字，與卜辭“盗”相近，由此可知，“盗雨”似應讀爲“沱雨”，形容滂沱大雨之狀。	沈建華 甲骨金文釋字舉例 第四届國際中國古文字學研討會論文集 2003年	14745
浙			説文	江。水東至會稽山陰爲浙江。从水折聲。	許慎　説文解字	
涐			説文	水。出蜀汶江徼外，東南入江。从水我聲。	許慎　説文解字	
湔			説文	水。出蜀郡緜虒玉壘山，東南入江。从水前聲。一曰手瀚之。	許慎　説文解字	
湔			甲骨	在殷並爲國名。字疑從止從舟，即歬。乃湔之本字。《廣雅·釋詁》：湔，洒也。契文或從三點象水，乃湔字所由來。或省水，像置足於槃，湔意仍顯。	葉玉森 説契 學衡 1924年31期	23587
湔				即湔字，從沚從舟。湔方乃春秋之犬戎。	饒宗頤 殷代貞卜人物通考 卷四	23589

沬			説文	水。出蜀西徼外，東南入江。从水末聲。	許慎 説文解字	
沬	 郭/尊德義/35		楚簡	讀爲昧，義爲冒犯。	陳偉 郭店竹書别釋	6348
沬	 郭/尊德義/35		楚簡	讀爲没，意爲掩蓋、超過。	劉釗 郭店楚簡校釋	6349
温			説文	水。出犍爲涪，南入黔水。从水𥁕聲。	許慎 説文解字	
温		浴	甲骨	此字當即温字，所從𥁕形亦見於漢魯峻碑。罗釋爲浴恐未確。	陳邦懷 殷虛書契考釋小箋	24187
温			甲骨	此古文温字。《春秋左氏隱三年傳》：祭足帥師取温之麥。杜注：今河内温縣。	陳邦懷 殷虛書契考釋小箋	23591
温			陶文	古匋。䫚温二字。	强運開 説文古籀三補 卷十一	23592
温			甲骨	人名。	張秉權 殷墟文字丙編考釋 上輯二	31973
温			甲骨	地名。	池田末利 殷虛書契後編釋文稿 卷二	31974
温			甲骨	象人浴於盤中之形。	李孝定 甲骨文字集釋 卷十一	31976
温			甲骨	温𥁕初當本是一字。作温者爲𥁕增之水耳。字形象人浴於般中之形，羅説字意是也。浴則身暖，故引申得有温暖之意。	李孝定 甲骨文字集釋 卷十一	23594
温			甲骨	人名，地名。	張秉權 甲骨文中所見人地同名考 慶祝李濟先生七十歲論文集下 1967年	31977
温		浴		酒身也；疑爲祭祀之儀式；地名。	徐中舒 甲骨文字典	31978
灊			説文	水。出巴郡宕渠，西南入江。从水鬵聲。	許慎 説文解字	
灊			甲骨	從水從古鬵字，則爲灊矣。灊當爲春秋楚之潛邑，在今安徽霍山縣。	郭沫若 卜辭通纂	22750

灊	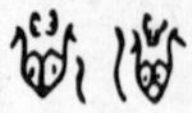		甲骨	“水”之外的另一部件乃從𦉼心聲。以聲類求之，則𩰫乃古𩰫字也。從水，則爲灊字矣。灊即春秋時楚之濳邑。	郭沫若 卜辭通纂	23595
沮			説文	水。出漢中房陵，東入江。从水且聲。	許慎　説文解字	
沮	 散氏盤	涉	金文	此字亦或爲沮，然可有可無，疑象水艸形，以明疆界，未必字也。	吴榮光 筠清館金文 卷三	28288
沮			甲骨	卜辭以此爲祖，當系偶誤。然足證殷時已有沮字。孫氏《甲骨文編》收之是也。	李孝定 甲骨文字集釋 卷十一	23597
沮	 郭/五行/17	淉	楚簡	裘按：此字不從“具”，疑是“淉”之訛字。	彭浩、劉祖信、王傳富 郭店楚墓竹簡	7954
沮	 郭/五行/17	淉	楚簡	隸定作淉，讀爲泣。	劉釗 郭店楚簡校釋	7955
滇			説文	益州池名。从水真聲。	許慎　説文解字	
涂			説文	水。出益州牧靡南山，西北入澠。从水余聲。	許慎　説文解字	
沅			説文	水。出牂牁故且蘭，東北入江。从水元聲。	許慎　説文解字	
淹			説文	水。出越嶲徼外，東入若水。从水奄聲。	許慎　説文解字	
溺			説文	水。自張掖删丹西，至酒泉合黎，餘波入于流沙。从水弱聲。桑欽所説。	許慎　説文解字	
溺			甲骨	象人遺溺形，爲尿之初文。	徐中舒 甲骨文字典 卷十一	23604
溺	 郭/老子甲/8		楚簡	簡文從弓從勿從水，此處似借作“妙”。此字亦見於《包山楚簡》第二四六號：“思攻解於水上與溺人。”溺人，没於水中之人。	彭浩、劉祖信、王傳富 郭店楚墓竹簡	7325
洮			説文	水。出隴西臨洮，東北入河。从水兆聲。	許慎　説文解字	

涇			説文	水。出安定涇陽幵頭山，東南入渭。雝州之川也。从水巠聲。	許慎　説文解字	
涇	 克鐘	巠	金文	克鐘：適涇東至於京師。“涇”不從水。又一器所見從水。	强運開 説文古籀三補 卷十一	23605
涇	 克鐘	巠	金文	金文或不從水作巠，用同涇水之涇。	林潔明、周法高主編 金文詁林 卷十一	28289
涇	 濦伯卣	濦	金文	商代甲骨文和西周金文“黑”字上部一律作鋭首、下部作“大”或“大”兩側各一點形，無作該字所從之形者。李學勤、劉釗以爲所從之形是“巠”，釋爲涇，甚是。	董蓮池 金文編校補	28574
涇	 郭/緇衣/6		楚簡	巠、𢀖二旁在戰國文字中有時相混，涇即淫字。	劉釗 郭店楚簡校釋	7216
涇	 郭/唐虞之道/12		楚簡	疑讀爲輕。	劉釗 郭店楚簡校釋	8430
渭			説文	水。出隴西首陽渭首亭南谷，東入河。从水胃聲。杜林説。《夏書》以爲出鳥鼠山。雝州浸也。	許慎　説文解字	
渭			金文	從鄳字的構形來看，當是從邑胃聲的形聲字，疑即渭字異體。因渭爲水名，在用作地名時可將水旁改爲邑旁。	吴振武 湖北隨縣劉家崖青銅器銘文補釋 考古 1982 年 6 期	23607
渭	 上二/容成氏/27		楚簡	渭水。	李零 上海博物館藏戰國楚竹書 第二册 容成氏	13288
漾	  古文	瀁	説文	水。出隴西相道，東至武都爲漢。从水羕聲。古文从養。	許慎　説文解字	
漾	 曾姬無卹壺		金文	金文字同《説文》，然銘文其義不明。	周法高主編 金文詁林 卷十一	28290

漢	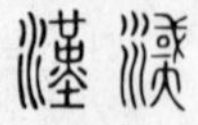 古文	滅	説文	漾也。東爲滄浪水。从水，難省聲。古文。	許慎 説文解字	
漢	 散氏盤	[illegible]	金文	字疑漢之異文，從害聲，害漢疊韻。	柯昌濟 韡華閣集古録跋尾甲篇	28291
浪			説文	滄浪水也。南入江。从水良聲。	許慎 説文解字	
沔			説文	水。出武都沮縣東狼谷，東南入江。或曰入夏水。从水丏聲。	許慎 説文解字	
沔			石鼓	石本之形與《説文》泛、沔篆形俱不合。諸摹本所摹皆非，謹從石本訂正親。	張燕昌 石鼓文釋存	23612
沔	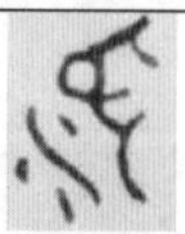 陳逆簋		金文	義同衍，衍壽即延壽。	阮元 積古齋鐘鼎彝器款識 卷七 陳逆簋	28147
沔	 陳逆簠		金文	義同衍，衍壽即延壽。	阮元 積古齋鐘鼎彝器款識 卷七 陳逆簠	42540
沔			石鼓	沔，音訓，鄭氏云沔讀作綿。《沔水》傳：水流滿也，與瀰瀰聲義近。前人誤釋沔爲泛也。	羅振玉 石鼓文考釋	23613
沔			石鼓	薛尚功趙古則釋作沔爲是。	强運開 石鼓釋文	23614
湟			説文	水。出金城臨羌塞外，東入河。从水皇聲。	許慎 説文解字	
汧			説文	水。出扶風汧縣西北，入渭。从水幵聲。	許慎 説文解字	
汧			石鼓	汧殹字兩見，尋繹上下文，當是水名，不應作虚字訓。疑即古池字。	張燕昌 石鼓文釋存	39077
汧			石鼓	《説文》，汧水出右扶風汧縣，西北入渭。班許皆於西北句絶，此水自西北而東南也。	强運開 石鼓釋文	23617
澇			説文	水。出扶風鄠，北入渭。从水勞聲。	許慎 説文解字	
漆			説文	水。出右扶風杜陵岐山，東入渭。一曰入洛。从水桼聲。	許慎 説文解字	

漆	 散氏盤		金文	今釋作漆，即《詩》漆沮之漆也。	張筱衡 散盤考釋（下） 人文雜誌 1958 年 3 期	23621
漆	 上五/鮑叔牙與隰朋之諫/8	傍	楚簡	何先生釋爲“漆”可信。此字形可以參看包山楚簡 253 以及天星觀卜筮類簡文中的“㓼”字形。我們以爲簡文當讀爲“雨平地至膝”。前面所説“是歲也，晉人伐齊。既至齊地，晉邦有亂，師乃歸”一句本身就是一層意思，而“雨平地至膝”是説齊邦内下了一場大雨，是另一件事。“雨平地至膝”極言雨之大，也是古籍中可見的表述方式。《左傳·隱公九年》疏有“平地尺爲大雪”，《公羊傳·隱公九年》注有“平地七尺雪”。古代史書中也常用“大雨平地三尺”這樣的句子來形容雨大。	侯乃鋒 上博（五）幾個固定詞語和句式補説 簡帛網 2006 年 3 月 20 日	1153
漆	 上五/鮑叔牙與隰朋之諫/8	傍	楚簡	細審字右下從止，主體部分左從二左撇夾在兩木間，疑即裘錫圭先生所釋“漆”之繁文……字右部從“卪”。從“卪”的“漆”亦見於曾候乙墓竹簡（分别爲 12、64、37 號簡）字疑當讀作“漆”。“漆”在簡文中當非“漆垣”，因爲據裘先生論述，漆垣原分屬魏、趙，後爲秦所占。簡文言“地至漆複”，從“至”、“複”字可知有兩種可能，其一，“漆”本爲齊地，此爲失而復得。其二，“漆”當時屬於魯國或他國，但地處齊魯交界。考之文獻，當以後一種爲可能……“漆”疑當屬魯鄰國“郲”，後併入魯。……總之，無論“漆”當時屬魯或“郲”，該字當釋爲“漆”都是有可能的。	何有祖 上博（五）零釋 簡帛網 2006 年 2 月 22 日	1159

滻			説文	水。出京兆藍田谷，入霸。从水産聲。	許慎 説文解字	
洛			説文	水。出左馮翊歸德北夷界中，東南入渭。从水各聲。	許慎 説文解字	
洛	 㽙作父乙尊		金文	洛即格之變文。	吴榮光 筠清館金文 卷三	28293
洛	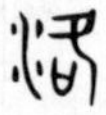		金文	古文或以爲格字。太師虘豆“卲洛”即昭格。	吴大澂 説文古籀補 卷十一	23623
洛		各	石鼓	石鼓“大□出各”，《字彙補》引沈括《筆談》云又借作洛。石鼓文：大車出洛。	强運開 説文古籀三補 卷十一	23627
洛	 㽙作父乙尊		金文	洛于官，洛爲洛水，官爲洛水附近的地名。	孫海波 濬縣彝器	28295
洛	 㽙作父乙尊		金文	洛于官，洛假爲經傳通用之格。格，至也，官爲官署。競卣用各，此用洛字。各爲訓至之本字，洛爲各之假字。	楊樹達 積微居金文説	28292
洛	 㽙作父乙尊		金文	此假洛爲格，至也。	陳夢家 西周銅器斷代	28296
洛	 㽙作父乙尊		金文	洛當讀作落。	周法高主編 金文詁林 卷十一	28294
洛	 不其簋	䨣	金文	翁氏祖庚釋爲洛字，殆是。	王國維 不𡢁敦蓋銘考釋 王國維遺書第六册 1983 年	23626
洛	 上二/容成氏/26		楚簡	洛水。	李零 上海博物館藏戰國楚竹書 第二册 容成氏	13281
淯			説文	水。出弘農盧氏山，東南入海。从水育聲。或曰出酈山西。	許慎 説文解字	

汝			説文	水。出弘農盧氏還歸山，東入淮。从水女聲。	許慎　説文解字	
潩			説文	水。出河南密縣大隗山，南入潁。从水異聲。	許慎　説文解字	
汾			説文	水。出太原晉陽山，西南入河。从水分聲。或曰出汾陽北山，冀州浸。	許慎　説文解字	
汾	 齊侯作孟姜敦	釁	金文	從水從釁，汾字繁文，與眉字古音通。	高田忠周 説文古籀篇 卷二	28148
澮			説文	水。出霍山，西南入汾。从水會聲。	許慎　説文解字	
澮			楚簡	似即古文會，則即澮，而即关，簡文云关盌應該讀爲“浣盤”，“浣盤”與“盥盤”同意，是洗手用的盤。“澮盌”應讀爲“沬盤”，即洗臉用的盤。	李家浩 信陽楚簡“澮”字及从“关”之字 中國語言學報 1983 年	23634
沁			説文	水。出上黨羊頭山，東南入河。从水心聲。	許慎　説文解字	
沁			甲骨	《甲骨文編》誤釋爲淠。甲骨文沁字也省作心，“涉心”是説涉沁水以從事狩獵。如果按舊説釋沁爲淠，不僅背於字形，而且與地形不符。	于省吾 甲骨文字釋林 釋心	23636
沾			説文	水。出壺關，東入淇。一曰沾，益也。从水占聲。	許慎　説文解字	
沾			陶文	古添字，亦通霑。	丁佛言 説文古籀補補 卷十一	23637
潞			説文	冀州浸也。上黨有潞縣。从水路聲。	許慎　説文解字	
漳			説文	濁漳，出上黨長子鹿谷山，東入清漳。清漳，出沾山大要谷，北入河。南漳，出南郡臨沮。从水章聲。	許慎　説文解字	
淇			説文	水。出河内共北山，東入河。或曰出隆慮西山。从水其聲。	許慎　説文解字	

淇			甲骨	殆即淇字也。甲骨文所見水大多皆在河南境内，淇水亦河南境内之水也。	楊樹達 卜辭求義 溲	23643
淇	 上四/逸詩—多薪/1		楚簡	從其、從水，字反書。	馬承源 上海博物館藏戰國楚竹書第四册 逸詩——多薪	3456
淇	 上四/逸詩—多薪/1		楚簡	疑“淇”當讀作“綦”。“綦”與“緊”可以通用。楚簡的“淇”即“綦”，可讀爲“緊”，實際就是“殹”，相當於“也”。因此，“兄及弟淇”也就是“兄及弟也”，與《詩·小雅·鴻雁之什·斯干》的“兄及弟矣”同。	廖名春 楚簡《逸詩·多薪》補釋 簡帛研究網 2005年2月12日	3867
潒			説文	水。出河内蕩陰，東入黄澤。从水𦵯聲。	許慎 説文解字	
沇	  古文	㳂	説文	水。出河東東垣王屋山，東爲泲。从水允聲。㳂古文沇。臣鉉等曰：口部已有，此重出。	許慎 説文解字	
沇		㕣	甲骨	疑爲㕣。本辭苦㕣乃二國名。沇下出古文㕣，蓋㕣爲本字，篆變作沇，隸變作兗。卜辭所指乃古兗國。兗國，少昊之裔。	葉玉森 殷虚書契前編集釋 卷六	23645
沇			金文	金文字形與小篆同，用爲人名。	周法高主編 金文詁林 卷十一	28297
沇		兖	甲骨	即沇字的初文。甲骨文均以爲地名。	于省吾 甲骨文字釋林	23647
沇			説文	《玉篇》未收。段氏改爲㕣，然則宋時不從水旁也。段説可商，金文沇兒鐘與篆文同。	商承祚 説文中之古文考	42359
沇			貨幣	面文“㕣釿”，或釋爲公釿。“㕣”，古文沇字，古地名，春秋屬周。“釿”爲貨幣單位。	蔡運章 中國錢幣大辭典·先秦編	41421
沇		兖	甲骨	從水允聲。沇洲以沇水爲名，卜辭田獵之沇在沁陽附近，即原城附近的東丘城。	張金霞 甲骨文兖字及其地望考 古漢語研究 1997年3期	15836
沛			説文	沇也。東入于海。从水巿聲。	許慎 説文解字	

溛			説文	水。出南郡高城溛山，東入繇。从水危聲。	許愼 説文解字	
溠			説文	水。在漢南。从水差聲。荆州浸也。《春秋傳》曰："脩涂梁溠。"	許愼 説文解字	
洭			説文	水。出桂陽縣盧聚，山洭浦關爲桂水。从水匡聲。	許愼 説文解字	
潓			説文	水。出廬江，入淮。从水惠聲。	許愼 説文解字	
灌			説文	水。出廬江雩婁，北入淮。从水雚聲。	許愼 説文解字	
漸			説文	水。出丹陽黟南蠻中，東入海。从水斬聲。	許愼 説文解字	
漸			陶文	古漸字。	吴大澂 説文古籀補 卷十一	23654
漸	 包/文書/140		楚簡	借作斬。	劉彬徽、彭浩、胡雅麗、劉祖信 包山楚簡	4573
漸	 上三/周易/50	澌	楚簡	同"漸"字，本簡"六二"、"九三"爻辭又作"漸"。卦名，《周易》第五十三卦，艮下巽上。	濮茅左 上海博物館藏戰國楚竹書第三册 周易	13844
泠			説文	水。出丹陽宛陵，西北入江。从水令聲。	許愼 説文解字	
潬			説文	水。在丹陽。从水箄聲。	許愼 説文解字	
溧			説文	水。出丹陽溧陽縣。从水栗聲。	許愼 説文解字	
湘			説文	水。出零陵陽海山，北入江。从水相聲。	許愼 説文解字	
湘			璽印	湘。古鉩。郿湘。	丁佛言 説文古籀補補 卷十一	23659
汨			説文	長沙汨羅淵，屈原所沈之水。从水，冥省聲。	許愼 説文解字	
溱			説文	水。出桂陽臨武，入匯。从水秦聲。	許愼 説文解字	
深			説文	水。出桂陽南平，西入營道。从水罙聲。	許愼 説文解字	

深		湥	石鼓	《説文》深，水出桂陽南平，西入營道。又突篆下云：突，湥也。一曰竈突，從穴火求省。讀若《禮》三年導服之導。按突即湥浅字，不當有異音，蓋竈突可讀禫，與突爲雙聲，據此則湥本水名，作湥淺訓者，乃突叚字也，自湥行而突廢矣。	强運開 石鼓釋文	23663
深			金文	《行氣銘》之深字相當於穾字與罙字。	孫啓明 《行氣銘》古文字研究 醫古文知識2001年4期	15205
深	 郭/性自命出/31		楚簡	浚深，形容思想、情感的深沉。	陳偉 郭店竹書別釋	8943
潭			説文	水。出武陵鐔成玉山，東入鬱林。从水覃聲。	許慎 説文解字	
油			説文	水。出武陵孱陵西，東南入江。从水由聲。	許慎 説文解字	
油			甲骨	王先生曰："疑油，《廣雅·釋訓》：油，流也。"	余永梁 殷虚文字續考 國學論叢 1928年	23667
油	 噩君啓舟節	湎	金文	湎，羅釋曰："從脜，音柔，是油脂的油，此指油水。今湖北公安縣有油河。"説較長。銘文四水並舉，故羅説的油水應爲資、阮、澧三水以外另一條江南地區較大的水道。	譚其驤 鄂君啓節銘文釋地 中華文史論叢1980年2輯	23669
油	 噩君啓舟節	䌛	金文	是一個從"繇"聲的字。油水之"油"，《漢書·地理志》自注作"繇"，"繇""繇"古通。水名，所以節文從水。油水在今湖北公安縣西北。	朱德熙 鄂君啓節考釋（八篇） 紀念陳寅恪先生誕辰百年學術論文集 1989年8月	16914
油	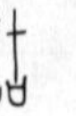 吴王光鐘	沽	金文	由字上部既可寫作圓點狀，也可寫成一横，下部所從之"口"，既有空心的，也有加一點的，所以此字可釋爲"油"。	劉釗 金文考釋零拾 第三届國際中國古文字學研討會論文集 1997年10月	16112
[illegible]			説文	水。出豫章艾縣，西入湘。从水買聲。	許慎 説文解字	

湞			説文	水。出南海龍川，西入溱。从水貞聲。	許慎　説文解字	
溜			説文	水。出鬱林郡。从水畱聲。	許慎　説文解字	
瀷			説文	水。出河南密縣，東入潁。从水翼聲。	許慎　説文解字	
潕			説文	水。出南陽舞陽，東入潁。从水無聲。	許慎　説文解字	
溵			説文	水。出南陽魯陽，入城父。从水敫聲。	許慎　説文解字	
瀙			説文	水。出南陽舞陽中陽山，入潁。从水親聲。	許慎　説文解字	
淮			説文	水。出南陽平氏桐柏大復山，東南入海。从水隹聲。	許慎　説文解字	
淮	 曾伯霥簠	雅	金文	淮，從水從唯，古文隹、唯通也。	劉心源　奇觚室吉金文述　卷五	28298
淮			甲骨	從〳即水省。卜辭從水之字多省作〳。	羅振玉　雪堂金石文字跋尾	23678
淮		潍	甲骨	甲骨文有地名“淮”，或增山旁作潍，淮地位於商王征人方往來經過之地，又曾駐有軍隊。所以，潍應該是“淮”字增加山旁後出現的繁構，仍應釋爲“淮”。	曹錦炎　甲骨文地名構形試析　殷都學刊 1990 年 3 期	23680
滍			説文	水。出南陽魯陽堯山，東北入汝。从水蚩聲。	許慎　説文解字	
滍	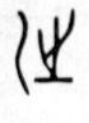	沚	甲骨	甲骨文有沚字，不見於《説文》、《玉篇》、《廣韻》。以地望及字音求之，蓋即滍水也。	楊樹達　積微居甲文説	23681
澧			説文	水。出南陽雉衡山，東入汝。从水豊聲。	許慎　説文解字	
澧	 鄂君啓舟節		金文	《漢書・地理志》：“武陵郡充縣歷山澧水所出。”金文用同。	戴家祥　金文大字典　卷中	23683
溳			説文	水。出南陽蔡陽，東入夏水。从水員聲。	許慎　説文解字	

淠			説文	水。出汝南弋陽垂山，東入淮。从水畀聲。	許慎　説文解字	
淠	 孟淠父鼎		金文	姜姓淠名。積古齋釋爲浬，誤也。	劉心源 奇觚室吉金文述 卷五	23684
淠	 克鼎	渒	金文	疑是淠。《説文》："淠水出汝南垂山。"亦作渒。	丁佛言 説文古籀補補 附録	28299
淠	 克鼎	渒	金文	吴大澂釋作淠，云亦作渒。此亦從卑也。	强運開 説文古籀三補 卷十一	28300
澺			説文	水。出汝南上蔡黑閭澗，入汝。从水意聲。	許慎　説文解字	
洶			説文	水。出汝南新郪，入潁。从水囟聲。	許慎　説文解字	
灈			説文	水。出汝南吴房，入瀙。从水瞿聲。	許慎　説文解字	
潁			説文	水。出潁川陽城乾山，東入淮。从水頃聲。豫州浸。	許慎　説文解字	
洧			説文	水。出潁川陽城山，東南入潁。从水有聲。	許慎　説文解字	
洧		漢	甲骨	卜辭又、有、手偏旁不分，故此三部形聲之字，每易混淆。此字《類編》以爲漢字，竊疑當釋洧，地名。卜辭之洧，殆即《漢書·地理志》之洧水也。	孫海波 卜辭文字小記 考古社刊 1935年12月	23689
濦			説文	水。出潁川陽城少室山，東入潁。从水㥯聲。	許慎　説文解字	
過			説文	水。受淮陽扶溝浪湯渠，東入淮。从水過聲。	許慎　説文解字	
泄			説文	水。受九江博安洵波，北入氐。从水世聲。	許慎　説文解字	
汳			説文	水。受陳留浚儀陰溝，至蒙爲雝水，東入于泗。从水反聲。	許慎　説文解字	
汳			甲骨	殆即《説文》之汳字，字之右下作"小"者蓋象水形。汳水，《漢書·地理志》作卞，今加水旁作汴。	楊樹達 卜辭求義 涼	17669

澮			説文	水。出鄭國。从水曾聲。《詩》曰："澮與洧，方渙渙兮。"	許慎　説文解字	
淩			説文	水。在臨淮。从水夌聲。	許慎　説文解字	
濮			説文	水。出東郡濮陽，南入鉅野。从水僕聲。	許慎　説文解字	
濼			説文	齊魯閒水也。从水樂聲。《春秋傳》曰："公會齊侯于濼。"	許慎　説文解字	
濼	 虘鐘		金文	古文以爲樂字。	吴大澂 説文古籀補 卷十一	23700
濼			金文	此篆省文，假借爲樂，聲通也。	高田忠周 説文古籀篇 卷二	28302
濼			甲骨	此即許書從水樂聲之濼，而借用爲喜楽字。	羅振玉 增訂殷虛書契考釋 卷中	23701
濼			金文	揆其字形當是濼字。	郭沫若 者汈鐘銘考釋 考古學報 1958 年 1 期	23702
漷			説文	水。在魯。从水郭聲。	許慎　説文解字	
淨			説文	魯北城門池也。从水争聲。	許慎　説文解字	
濕			説文	水。出東郡東武陽，入海。从水㬎聲。桑欽云：出平原高唐。	許慎　説文解字	
濕	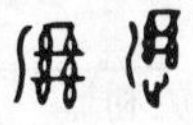		甲骨	從水，從𨸏，表水絶流處；從止，足所止也；足止水絶流處，溼隰之意竝顯。故古文溼隰爲一字。史懋壺所見則從水從𨸏從土，其意爲水絶流處之土，亦溼隰確詁。卜辭之溼乃地名。	葉玉森 殷虛書契前編集釋 卷三	23706
濕	 散氏盤		金文	濕田即"隰田"。	連劭名 金文所見西周時代的刑典 華夏考古 2003 年 1 月	15462
泡			説文	水。出山陽平樂，東北入泗。从水包聲。	許慎　説文解字	
菏			説文	菏澤水。在山陽胡陵。《禹貢》："浮于淮泗，達于菏。"从水苛聲。	許慎　説文解字	
泗			説文	受泲水，東入淮。从水四聲。	許慎　説文解字	

泗			甲骨	從水、四聲。有人釋爲淵，誤。泗爲鼻涕字，卜辭作地名。	劉桓 卜辭雜釋五則 殷都學刊 1996 年 1 期	23710
泗	 上二/容成氏/37		楚簡	此字是“伊”的通假字。	李零 上海博物館藏戰國楚竹書 第二册 容成氏	12753
洹			說文	水。在齊魯閒。从水亘聲。	許慎 說文解字	
洹	 齊侯壺		金文	陳頌南說洹子即桓子也。	吴雲 兩罍軒彝器圖録 卷四	28304
洹	 齊侯壺		金文	古洹字。齊侯壺：“洹子孟姜。”今《左傳》作“桓子”。	吴大澂 說文古籀補 卷十一	23711
洹			金文	經傳桓字，疑原當作洹，蓋出於水名也。	高田忠周 說文古籀篇 卷二	28303
洹	 		甲骨	洹。殷代水名存於卜辭中，今可確知者，僅此而已。	羅振玉 增訂殷虛書契考釋 卷中	23712
洹	 齊侯壺		金文	此字皆作桓，汗簡水部有洹字，與此正同。	方濬益 綴遺齋彝器款識考釋 卷十三	28305
洹	 利簋	⿱亯門	金文	⿱亯門即洹，即安陽殷墟。其地爲洹水流經，當即依水名地。	黄盛璋 關於利簋銘文考釋的討論 文物 1978 年 6 期	23714
洹	 燕侯載作戎戈		金文	戈銘“蝨生不自洹來”中“洹”字，應指洹水一帶，這裏春秋時原是衛國屬地，後來可能被魏國吞併。	林清源《殷周金文集成》11383 號戈銘文讀序檢討 第三届國際中國古文字學研討會論文集 1997 年 10 月	16096
灉			說文	河灉水。在宋。从水雝聲。	許慎 說文解字	
澶			說文	澶淵水。在宋。从水亶聲。	許慎 說文解字	
洙			說文	水。出泰山蓋臨樂山，北入泗。从水朱聲。	許慎 說文解字	
沭			說文	水。出青州浸。从水术聲。	許慎 說文解字	

沂			説文	水。出東海費東，西入泗。从水斤聲。一曰沂水，出泰山蓋青州浸。	許慎　説文解字	
沂			漢簡	沂陽，地名，當離介休縣不遠，其地於《漢書·地理志》屬太原郡，南臨上黨郡，沂陽縣漢初當屬上黨郡。	晏昌貴 張家山漢簡釋地六則 江漢考古 2005 年 2 期	15967
洋			説文	水。出齊臨朐高山，東北入鉅定。从水羊聲。	許慎　説文解字	
洋			甲骨	此字以形定即洋字，其意不可知。	商承祚 殷虛文字考 國學叢刊 1925 年 10 月	23719
洋		洚	甲骨	洚於卜辭所見，異體頗繁。以兕羊又作兕洚證之，蓋即洋字。	饒宗頤 殷代貞卜人物通考 卷十	23721
濁			説文	水。出齊郡厲嬀山，東北入鉅定。从水蜀聲。	許慎　説文解字	
濁	 曾侯乙鐘		金文	濁，金文唯見於曾侯乙鐘，冠於“坪皇”、“文王”、“新鐘”等樂律銘文之上，表示比該律低一律的名稱。	戴家祥 金文大字典 卷中	23723
濁	 郭/老子甲/9		楚簡	簡文右部從“蜀”省。楚簡中的“蜀”旁多作此形。帛書乙本於此句後有“湷呵其若浴”。	彭浩、劉祖信、王傳富 郭店楚墓竹簡	6017
漑			説文	水。出東海桑瀆覆甑山，東北入海。一曰灌注也。从水既聲。	許慎　説文解字	
濰			説文	水。出琅邪箕屋山，東入海。徐州浸。《夏書》曰：“濰、淄其道。”从水維聲。	許慎　説文解字	
浯			説文	水。出琅邪靈門壺山，東北入濰。从水吾聲。	許慎　説文解字	
汶			説文	水。出琅邪朱虛東泰山，東入濰。从水文聲。桑欽説：汶水出泰山萊蕪，西南入泲。	許慎　説文解字	
治			説文	水。出東萊曲城陽丘山，南入海。从水台聲。	許慎　説文解字	

治	 頌鼎	嗣	金文	吴侃叔云：“命女官治成周。”釋治爲司，不辭矣。	阮元 積古齋鐘鼎彝器款識 卷四	35674
治	 郭/尊德義/31	訂	楚簡	在此似當讀爲“貽”，和悦義。	陳偉 郭店簡書《尊德義》校釋 中國哲學史 2001 年 3 期	14420
治		紿	楚簡	金文中的“始”乃是用爲女姓“姒”，其字形可證厶和司聲音是相同或相近的。由上金文字形可以看出，楚簡“治、始、詞、殆”上部構件當是厶(以字所從)與鵬的疊置，它是一個雙聲符字，從厶聲與鵬聲，也可分析爲從台聲和司聲。	陳英傑 楚簡劄記五種 漢字研究 2005 年 1 輯	15782
濅			説文	水。出魏郡武安，東北入呼沱水。从水㝲聲。㝲，籒文㝱字。	許慎　説文解字	
寖	 上五/競建内之/4		楚簡	水名。	陳佩芬 上海博物館藏戰國楚竹書第五册 競建内之	3013
渪			説文	水。出趙國襄國之西山，東北入寖。从水禺聲。	許慎　説文解字	
渪		瀜	甲骨	當隸定爲渪，或隸定作瀜，古文龜禺禹是一字。	陳夢家 殷虚卜辭綜述	16912
渪			金文	金文與篆文同，用爲地名。	周法高主編 金文詁林 卷十一	28306
渪			金文	作爲地名的渪或許是渪水北岸的一個地區，或者是一處都邑，可能是今天邢臺一帶的商代遺址之一。渪水一帶似應在王畿以内。	李學勤 小臣缶方鼎與箕子 殷都學刊 1985 年 2 期	23732
滮			説文	水。出趙國襄國，東入渪。从水虒聲。	許慎　説文解字	
渚			説文	水。在常山中丘逢山，東入渪。从水者聲。《爾雅》曰：“小洲曰渚。”	許慎　説文解字	
渚	 郭/語叢四/17		楚簡	讀爲瀦。	陳偉 郭店竹書别釋	6636

渚	 上四/逸詩—交交鳴鶩/2		楚簡	《爾雅·釋丘》“如陼者陼丘”，郭璞注：“水中小洲爲陼。”《詩·召南·江有汜》“江有渚，之子歸，不我與”，《詩經集傳》：“渚，小洲也，水歧成渚。”“陼”、“渚”通假。《小雅·鴻雁之什·鴻雁》：“鴻雁于飛，集于中澤。”《毛亨傳》：“中澤，澤中也。”“中渚”亦爲“渚中”。	馬承源 上海博物館藏戰國楚竹書第四册 逸詩——交交鳴鶩	3589
洨			說文	水。出常山石邑井陘，東南入于泜。从水交聲。祁國有洨縣。	許慎　說文解字	
洨	 上三/周易/11		楚簡	《集韻》音“交”，讀爲“皎”。“皎”，光明而照察。	濮茅左 上海博物館藏戰國楚竹書第三册 周易	13664
洨	 上三/周易/11		楚簡	從帛書《二三子》“絞，日也”的解釋看，楚簡本的“洨”、王弼本的“交”以及《二三子》的“絞”，都應讀如“皎”。	廖名春 楚簡《周易》校釋記(一) 簡帛研究網 2004年4月23日	2727
洨	 上四/柬大王泊旱/14		楚簡	讀爲“詨”，叫呼。《山海經·北山經》“其鳴自詨”，郭璞注：“今吴人謂叫呼爲詨，或作謼、呼、謞、嚆、謣、嘮。”	濮茅左 上海博物館藏戰國楚竹書第四册 柬大王泊旱	3393
洨	 上四/柬大王泊旱/14	泣	楚簡	字當隸作“泣”，字從水、立聲。“立”形這麼寫，楚簡常見，其末筆如果寫成彎筆，弧形向上，就很容易與“交”形雷同。“泣”是無聲或低聲地哭，與“啕”不同，“啕”是比較大聲地哭。	季旭昇《上博四·柬大王泊旱》三題 簡帛研究網 2005年2月12日	2450
濟			說文	水。出常山房子贊皇山，東入泜。从水齊聲。	許慎　說文解字	
濟	 濟陰圜幣	齊	貨幣	古濟字。晚周文字。	吴大澂 說文古籀補 卷十一	23736
濟	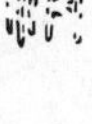		石鼓	此字曾被薛尚功誤寫。釋滋。今得安氏十鼓齋所藏北宋拓第一本作濟。濟本水名，引申之意爲濟渡。	强運開 石鼓釋文	23737

濟			甲骨	濟水爲古槐水。從水，齊聲。	朱芳圃 殷周文字釋叢 卷上	23738
濟	 上二/容成氏/31	淒	楚簡	即“濟”，簡文“濟”字多從水從妻。	李零 上海博物館藏戰國楚竹書 第二册 容成氏	13317
濟	 郭/尊德義/1	潍	楚簡	《尊德義》簡一，有“尊德義，明乎民倫，可以爲君……”君下三字，顔世鉉初釋爲“推忿懣”；李零讀爲“去忿戾”；顔世鉉后改釋“推”爲“津”讀爲“盡”。顧史考認爲該字從舟從隹從水，在此不一定釋爲“津”，而應爲“濟”字。“忿懣”二字也似應該讀爲“紛亂”。故君下三字讀爲“濟紛亂”爲佳。	顧史考 讀《尊德義》購》劄記 第四届國際中國古文字學研討會論文集 2003年	14728
汦			説文	水。在常山。从水氐聲。	許慎 説文解字	
濡			説文	水。出涿郡故安，東入漆涑。从水需聲。	許慎 説文解字	
灅			説文	水。出右北平浚靡，東南入庚。从水壘聲。	許慎 説文解字	
沽			説文	水。出漁陽塞外，東入海。从水古聲。	許慎 説文解字	
沽			璽印	吴清卿釋爲湖字。	丁佛言 説文古籀補補 卷十一	23743
沽	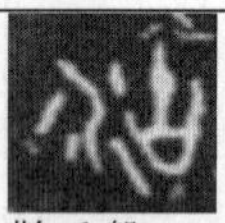 散氏盤		金文	散氏盤所見吴大澂釋爲湖之省，非是。《説文》本有“沽”字，當從本讀，不必更爲曲説。	强運開 説文古籀三補 卷十一	28308
沽	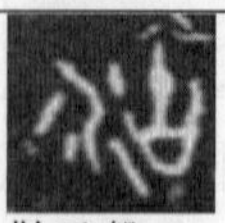 散氏盤		金文	用爲地名。容庚吴愙齋並讀沽爲湖，非是。	周法高主編 金文詁林 卷十一	28307
沽	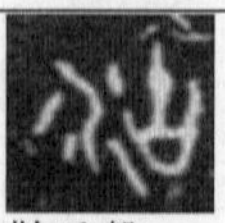 散氏盤		金文	“至于大沽”，吴清卿讀爲湖。余疑即《水經·沔水注》之故道水。疑後世之故道水由縣得名，漢之故道縣當因沽水得名，既有故道縣，因稱此水爲故道水。但地望稍西，未敢遽定。	王國維 毛公鼎銘考釋 王國維遺書 第六册 1983年	23744

沽	 散氏盤		金文	大沽，大湖。	連劭名 金文所見西周時代的刑典 華夏考古 2003 年 1 月	15465
沽	 上五/鮑叔牙與隰朋之諫/5		楚簡	“沽”，讀爲“胡”。《墨子・尚賢中》：“胡不察尚賢爲政之本也。”	劉信芳 上博藏五試解七則 簡帛網 2006 年 3 月 1 日	555
沽	 上五/鮑叔牙與隰朋之諫/5		楚簡	沽，也許讀爲“姑”，姑息之意。	李天虹 上博五《竞》、《鮑》篇校讀四則 簡帛網 2006 年 2 月 19 日	4905
沽	 上五/鮑叔牙與隰朋之諫/5		楚簡	“沽”，當讀作“怙”。“生”讀作“性”。《詩・唐風・鴇羽》“父母何怙”，毛傳：“怙，恃也。”此指公自恃而不察人性。	何有祖 上博五《鮑叔牙與隰朋之諫》試讀 簡帛網 2006 年 2 月 19	4928
沽	 上五/弟子問/16		楚簡	讀若“孤”。	張光裕 上海博物館藏戰國楚竹書第五册 弟子問	1197
沽	 上五/弟子問/16		楚簡	似當讀爲“固”，蔽塞義。	陳偉 上博五《弟子問》零釋 簡帛網 2006 年 2 月 21 日	4871
沛			説文	水。出遼東番汗塞外，西南入海。从水市聲。	許慎　説文解字	
浿			説文	水。出樂浪鏤方，東入海。从水貝聲。一曰出浿水縣。	許慎　説文解字	
浿			甲骨	從水貝聲，當是浿字。浿當爲水名，然料非《説文》中樂浪之浿。	屈萬里 殷墟文字甲編考釋	23749
瀤			説文	北方水也。从水褱聲。	許慎　説文解字	

瀤	 新/甲三:243/269		楚簡	《釋文》隸定爲從“水”，從“衣”，從“目”，從“米”，此字所謂“米”旁實乃“水”旁之誤認。中間短横爲飾筆。《説文》“霸”之古文所從“雨”旁的“水”形，亦作“米”形，應屬同類。應隸定爲“瀤”。簡文“瀤”應讀“夔”。首先，“褱”是“懷”之異文。其次，“褱”與“夔”聲系相通。另外地名“夔”亦作“歸”。“褱”、“褱”、“歸”、“夔”皆可通，然則“瀤”自可讀“夔”或“歸”。	何琳儀 新蔡竹簡選釋（下） 簡帛研究網 2003年12月2日	14392
灅			説文	水。出鴈門陰館累頭山，東入海。或曰治水也。从水纍聲。	許慎　説文解字	
滬			説文	水。出北地直路西，東入洛。从水虘聲。	許慎　説文解字	
滬			甲骨	從水從虘，與《説文》滬字篆文形同。《説文》滬爲水名，此疑爲地名。	徐中舒 甲骨文字典 卷十一	23753
泒			説文	水。起雁門葰人戍夫山，東北入海。从水瓜聲。	許慎　説文解字	
滱			説文	水。起北地靈丘，東入河。从水寇聲。滱水卽漚夷水，并州川也。	許慎　説文解字	
淶			説文	水。起北地廣昌，東入河。从水來聲。并州浸。	許慎　説文解字	
泥			説文	水。出北地郁郅北蠻中。从水尼聲。	許慎　説文解字	
泥		泥	金文	可釋爲“泥”。泥陽見《史記·樊酈滕灌列傳》，《讀史方輿紀要》云本秦邑，戈銘呈秦國晚期風格。	何琳儀 古兵地名雜識 考古與文物 1996年6期	23759
湳			説文	西河美稷保東北水。从水南聲。	許慎　説文解字	
漹			説文	水。出西河中陽北沙，南入河。从水焉聲。	許慎　説文解字	
涶			説文	河津也。在西河西。从水垂聲。	許慎　説文解字	

潁			説文	水也。从水旟聲。	許慎　説文解字	
洵			説文	過水中也。从水旬聲。	許慎　説文解字	
洵			璽印	案勻旬義同。右所從是旬之省。或云此文是湖之省。	丁佛言 説文古籀補補 卷十一	23764
涻			説文	水。出北嚻山，入邙澤。从水舍聲。	許慎　説文解字	
涻	 散氏盤		金文	散氏盤：自涻涉以南至于大沽。不應釋爲瀗。水名。	吴大澂 説文古籀補 卷十一	23766
涻	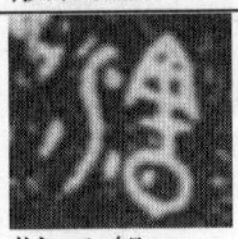 散氏盤		金文	此當即涻字，涻水即涔水也。	吴大澂 愙齋集古録 第十六册	28309
汈			説文	水也。从水刃聲。	許慎　説文解字	
滇			説文	水也。从水直聲。	許慎　説文解字	
滇			甲骨	字的上部所從與示判然有别，釋“視”決不可從，應爲雨省，下部從直。古雨、水義近，字與滇當是一字。其從雨從直，義當是形容雨水之大。卜辭用作地名、方國名、祭名、征伐等。	黄錫全 甲骨文字釋叢 考古與文物 1992年6期	23770
淒			説文	水也。从水妾聲。	許慎　説文解字	
淗			説文	水也。从水居聲。	許慎　説文解字	
澩			説文	水也。从水臮聲。	許慎　説文解字	
沋			説文	水也。从水尤聲。	許慎　説文解字	
洇			説文	水也。从水因聲。	許慎　説文解字	
淉			説文	水也。从水果聲。	許慎　説文解字	
涓			説文	水也。从水肖聲。讀若瑣。	許慎　説文解字	
浝			説文	水也。从水龙聲。	許慎　説文解字	

⿰氵乳			説文	水也。从水乳聲。	許慎　説文解字	
汷			説文	水也。从水夂聲。夂，古文終。	許慎　説文解字	
洦			説文	淺水也。从水百聲。	許慎　説文解字	
汘			説文	水也。从水千聲。	許慎　説文解字	
洍			説文	水也。从水𦣞聲。《詩》曰："江有洍。"	許慎　説文解字	
洍	 匯/信陽一號墓文章/56		楚簡	洍，《説文》謂"水也"。《詩經・召南・江有汜》之"汜"《説文》引作"洍"。是洍可通汜。又謂"汜，水別復入水也"，意即水之歧流復還本水。"若洍"，爲復返本源義。	商承祚 戰國楚竹簡匯編 信陽長臺關一號楚墓竹簡第一組文章	10277
洍	 上三/周易/24		楚簡	讀爲"頤"。	濮茅左 上海博物館藏戰國楚竹書第三册 周易	13627
澥			説文	郭澥，海之別也。从水解聲。一説：澥即澥谷也。	許慎　説文解字	
漠			説文	北方流沙也。一曰清也。从水莫聲。	許慎　説文解字	
海			説文	天池也。以納百川者。从水每聲。	許慎　説文解字	
海			金文	《説文》："海，天池也，以納百川者，從水每聲。"金文字同，用同本義。	周法高主編 金文詁林 卷十一	28310
海	 包/文書/147		楚簡	當是海字。字從母，與民迥異。古文字中母、每或通用，馬王堆帛書《老子》海即從母作。本簡是目前最早言及煮鹽於海的記載，頗足珍貴。	林澐 讀包山楚簡劄記七則 江漢考古 1992 年 4 期	6173
海	 上二/民之父母/7	⿰氵母	楚簡	《爾雅・釋地》："九夷、八狄、七戎、六蠻謂之四海。"鄭樵注："此四夷皆際海，故謂之四海。"據語意，"四海"應爲泛稱，指廣闊天地間。	濮茅左 上海博物館藏戰國楚竹書第二册 民之父母	12530

海	 上三/中弓/18		楚簡	猶言天下。	李朝遠 上海博物館藏戰國楚竹書第三册 中弓	13413
海	 上三/周易/9		楚簡	王弼本初六爻辭“有孚盈缶”，楚簡本作“又孚海缶”。《玉篇・水部》：“海，大也。”“海”有大、富義，故能與“盈”義近互用。	廖名春 楚簡《周易》校釋記（一）簡帛研究網 2004年4月23日	1419
溥			説文	大也。从水尃聲。	許慎　説文解字	
溥	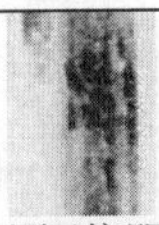 匯/信陽一號墓文章/8	尃	楚簡	《説文》：“大也。”	商承祚 戰國楚竹簡匯編 信陽長臺關一號楚墓竹簡第一組文章	9911
溥	 上二/容成氏/45	尃	楚簡	此字有“遍”義。	李零 上海博物館藏戰國楚竹書 第二册 容成氏	12550
灡			説文	水大至也。从水闇聲。	許慎　説文解字	
洪			説文	洚水也。从水共聲。	許慎　説文解字	
洚			説文	水不遵道。一曰下也。从水夅聲。	許慎　説文解字	
洚			甲骨	洚當爲祭名，讀爲降，謂降其神也，非洚水之意。	李孝定 甲骨文字集釋 卷十一	23790
衍			説文	水朝宗于海也。从水从行。	許慎　説文解字	
衍	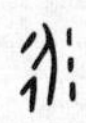		甲骨	按亦衍字也。卜詞文字偏旁時有變異。	柯昌濟 殷墟書契補釋	23793
衍	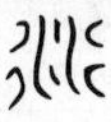 姑衍簋蓋		金文	從古潮字省。貞卜文字衍形體與此同。	丁佛言 説文古籀補補 卷十一	23792
衍			甲骨	《説文》：衍，水朝宗于海。從行，從水。此從川，示百川之歸海義彌顯矣。	羅振玉 增訂殷虚書契考釋 卷中	23791
衍	 姑衍簋		金文	衍字象水在丘中，疑象邱衍之狀。	柯昌濟 韡華閣集古録跋尾甲篇 第一九七頁	28311

衍			篆文	字從水行會意，順成結合，外命動詞，應入水部。	高鴻縉 中國字例四篇	28313
衍	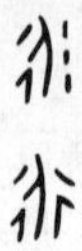	侃	甲骨	在殷墟甲骨文中，“永”和“衍”這兩個詞本來是用相同的字形表示的，後來出現分化，一般以[illegible]、[illegible]表示永，[illegible]、[illegible]等表示衍，這一分化在殷末應已完成。甲骨文三、四期中的“[illegible]王”“王[illegible]”其字當釋爲衍，讀爲侃（衎），[illegible]可能是“衍”的異體。[illegible]類當是表示衍的假借義的分化字，到西周時代省變成爲侃字。	裘錫圭 釋“衍”、“侃” 魯實先先生學術討論會論文集 1993 年 6 期	39109
衍	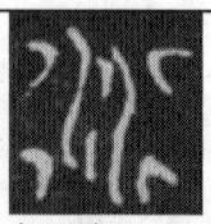 衍耳父乙尊	洐	金文	此字行分兩旁，水流其中，當亦爲衍字，金文作人名，無義可説。	戴家祥 金文大字典 卷下	23921
潮			説文	水朝宗于海。从水，朝省。	許慎　説文解字	
潮		淖	金文	古文潮朝爲一字。	吴大澂 説文古籀補 卷十一	23795
潮		淖	金文	朝、淖非一字也。金文以淖爲朝者，淖從朝省聲，同聲通假。	楊樹達 積微居小學述林 金文編書後	28276
潮		淖	金文	《説文》朝訓旦。淖訓水朝宗于海，朝、淖非一字。金文以淖爲朝者，淖字從朝省聲。同聲通假耳。	楊樹達 積微居小學述林 金文編書後	23797
潮	 商潮甗	淖	金文	潮字。	段紹嘉 介紹陝西省博物館的幾件周銅器 文物 1963 年 3 期	23798
澮			説文	水脈行地中澮澮也。从水貪聲。	許慎　説文解字	
滔			説文	水漫漫大皃。从水舀聲。	許慎　説文解字	
滔			石鼓	此字薛趙楊皆釋作滔。《説文》：水漫漫大貌，舀聲。	强運開 石鼓釋文	23800

滔	 上五/三德/7		楚簡	“滔皇”，整理者“疑讀‘饕皇’”，我們懷疑讀爲“淫荒”。“荒”是曉母陽部字，“皇”是匣母陽部字，其韻部相同，聲母都是喉音，發音部位相同，因此可以相通。而“滔”爲透母侵部字，“淫”爲余母侵部字，其聲母關係密切，韻母具有對轉關係，可以相通。“淫”有過濫、過度之義。而“淫荒”古書常見。	楊澤生 《上博五》零釋十二則 簡帛網 2006年3月20日	5157
滔	 上五/三德/7		楚簡	“饕皇”字原作“滔皇”，整理者李零先生説“疑讀‘饕皇’”，楊澤生先生懷疑讀爲“淫荒”。我們認爲“饕皇”是正確的。古人稱飲食貪婪者爲“饕餮”。“饕皇”即“貪饕”到極點的人，文獻中不見此用例，是《三德》爲前後押韻而創作出來的吧。	曹峰 《三德》零釋（三） 簡帛網 2006年4月11日	5017
涓			説文	小流也。从水肙聲。《爾雅》曰：“汝爲涓。”	許慎　説文解字	
混			説文	豐流也。从水昆聲。	許慎　説文解字	
潒			説文	水潒瀁也。从水象聲。讀若蕩。	許慎　説文解字	
潒	 新/甲三：15、60/66		楚簡	潒是“蕩”的古字。從文意考慮，疑“潒”當讀作“顫”或“戰”。古音“蕩”屬定母陽部，其音符“湯”或爲書母字；“顫”、“戰”屬章母元部，其音符亶、單均爲端母字。是“潒”與“顫”、“戰”聲母相近，韻部相隔亦不遠。	李天虹 新蔡楚簡補釋四則 簡帛研究網 2003年12月17日	14444
潒	 新蔡/甲三：15、60/66		楚簡	甲三 15“隹潒栗恐懼”。《説文》：“潒，水潒瀁也。”《玉篇》：“潒，今作蕩。”蕩有震動義。《史記·龜策列傳》：“以破族滅門者，不可勝數，百僚蕩恐。”蕩與恐連用，與簡文蕩與慄、恐、懼連用同。	徐在國 新蔡葛陵楚簡劄記 中國文字研究2004年5輯	14670

漦			説文	順流也。一曰水名。从水𠩺聲。	許慎 説文解字	
汭			説文	水相入也。从水从内，内亦聲。	許慎 説文解字	
汭			甲骨	王徵君説水北曰汭，僅見《尚書》僞孔傳。毛傳、鄭箋均無水北之説。此字從水北，未可據以爲汭。	商承祚 殷虚文字類編 卷十一	23807
汭		沘	甲骨	從水北，北亦聲。此當是“水北曰汭之汭”。今從内聲者。殆後起字也。	羅振玉 增訂殷虚書契考釋 卷中	23806
汭			金文	金文從鳶攴聲。	周法高主編 金文詁林 卷十	36076
汭			甲骨	從水從内，隷作汭。卜辭用爲地名，見晚期甲骨。	朱歧祥 殷墟甲骨文字通釋稿	23809
潚			説文	深清也。从水肅聲。	許慎 説文解字	
演			説文	長流也。一曰水名。从水寅聲。	許慎 説文解字	
演			甲骨	以寅字甲骨文形體推之，知此字爲演字。	商承祚 殷虚文字類編 卷十一	23812
渙			説文	流散也。从水奐聲。	許慎 説文解字	
泌			説文	俠流也。从水必聲。	許慎 説文解字	
活	或體	⿰氵聒	説文	水流聲。从水𠯑聲。⿰氵聒 活或从聒。	許慎 説文解字	
湝			説文	水流湝湝也。从水皆聲。一曰湝湝，寒也。《詩》曰：“風雨湝湝。”	許慎 説文解字	
湝	 上二/容成氏/23		楚簡	此字《廣韻·平皆》以爲“水流皃”。簡文似指積水不能泄導。	李零 上海博物館藏戰國楚竹書 第二册 容成氏	13265
泫			説文	湝流也。从水玄聲。上黨有泫氏縣。	許慎 説文解字	
淲			説文	水流皃。从水，彪省聲。《詩》曰：“淲沱北流。”	許慎 説文解字	

虒	 上一/紂衣/14	虡	楚簡	從虍從示，《説文》所無。郭店簡作“虐”，今本作“虐”。	陳佩芬 上海博物館藏戰國楚竹書第一册 紂衣	10600
滤	 喬君鉦		金文	疑從水省，從虎。《説文》：滤，水流皃。金文用作宫室之名。	戴家祥 金文大字典 卷中	23819
滤	 上四/昭王毁室/1	滬	楚簡	即“滤”或“滹”，《集韻》：“池水名。”池不能爲室，疑假作“附”。《説文》：“附，隊婁，小土山也。”《小爾雅·廣詁》：“附，近也。”意爲近死滑之地築室。	陳佩芬 上海博物館藏戰國楚竹書第四册 昭王毁室——昭王與龔之脽	3364
淢			説文	疾流也。从水或聲。	許慎　説文解字	
淢			金文	金文與《説文》同，用爲地名。	周法高主編 金文詁林 卷十一	28314
瀏			説文	流清皃。从水劉聲。《詩》曰：“瀏其清矣。”	許慎　説文解字	
瀸			説文	礙流也。从水薉聲。《詩》云：“施罟瀸瀸。”	許慎　説文解字	
滂			説文	沛也。从水旁聲。	許慎　説文解字	
滂			石鼓	乃滂字也。	郭沫若 石鼓文研究	23823
汪			説文	深廣也。从水王聲。一曰汪，池也。	許慎　説文解字	
汪	 汪伯卣	浬	金文	汪字從水㞷聲。此字右所從即㞷省。	徐同柏 從古堂款識學 卷三	28315
漻			説文	清深也。从水翏聲。	許慎　説文解字	
泚			説文	清也。从水此聲。	許慎　説文解字	
況			説文	寒水也。从水兄聲。	許慎　説文解字	
況		兄	金文	先生爲兄，㞷即先生二字省文。兄況二字古本通用。史梅兄敦字，兄光敦字疑皆況字異文。舊釋兄光未確。	吴大澂 字説 兄況字説	45203
沖			説文	涌摇也。从水、中。讀若動。	許慎　説文解字	

沖			甲骨	古沖字。	王襄 簠室殷契類纂 正編卷十一	23830
沖			金文	銘文沖假爲童。	周法高主編 金文詁林 卷十一	28316
汎			説文	浮皃。从水凡聲。	許愼　説文解字	
汎	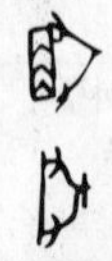		甲骨	卜辭中與舟連文，當是浮泛之義，疑即是汎之古文。	郭沫若 卜辭通纂	23835
汎	 天亡簋	凡	金文	凡爲汎之初文，加水會意乃後起義。“三方”字斷非指方向，即三泭，泭即桴，桴即篺，“凡三方”即汎了三張篺。	岑仲勉 天亡簋全釋 中山大學學報 1961年1期	23836
沄			説文	轉流也。从水云聲。讀若混。	許愼　説文解字	
浩			説文	澆也。从水告聲。《虞書》曰："洪水浩浩。"	許愼　説文解字	
沆			説文	莽沆，大水也。从水亢聲。一曰大澤皃。	許愼　説文解字	
泬			説文	水从孔穴疾出也。从水从穴，穴亦聲。	許愼　説文解字	
濞			説文	水暴至聲。从水鼻聲。	許愼　説文解字	
濞			漢簡	應是鼻洟之洟的會意字，從水從鼻。	阜陽漢簡整理組 阜陽漢簡《倉頡篇》文物 1983年2期	23842
瀱			説文	水小聲。从水爵聲。	許愼　説文解字	
滃			説文	水疾聲。从水翕聲。	許愼　説文解字	
滕			説文	水超涌也。从水朕聲。	許愼　説文解字	
滕	 郳伯御戎鼎		金文	此從朕從火，蓋滕之異文。與周同姓國。	孫詒讓 古籀餘論 卷二	36212
滕	 郳伯御戎鼎		金文	滕侯簋蓋兩從朕從火，蓋滕之異文，此字下亦從火，與彼正同。滕與周同姓國，故其女曰滕姬。	孫詒讓 古籀餘論 卷二	23845

滕	 滕虎簋	[illegible]	金文	此字從火朕聲，即滕薛之滕字。	王國維 釋滕 觀堂集林 1959 年 6 月	36218
滕	 滕虎簋	[illegible]	金文	此字從火朕聲，即滕薛之滕字也。	于省吾 雙劍誃吉金文選 卷上	36216
滕	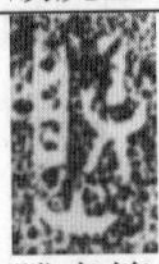 滕虎簋	[illegible]	金文	滕騰古一字，從火從弅，象騰起之狀也。從舟或是繁文。	柯昌濟 韡華閣集古録跋尾甲篇	36217
滕	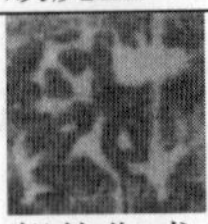 郳伯御戎鼎		金文	容庚云，滕侯，文王子叔繡之後，疑滕即從火朕聲字之誤。	强運開 説文古籀三補 卷十	36213
滕			金文	滕。舊釋然。案滕侯簋滕字與此正同。滕騰古殆即一字，從火從尖，象騰起之狀也，從舟或是緐文。	柯昌濟 韡華閣集古録跋尾甲篇 滕虎彝	23848
滕			甲骨	殆即祖乙之名，與《紀年》記名滕者文異而實同也。	楊樹達 積微居甲文説	23849
滕	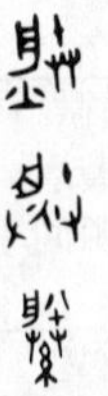		金文	滕字或從舟從火，或從舟從糸，或右旁從米從廾。	陳槃 春秋大事表列國爵姓及存滅表譔異第三十本 1969 年	36219
潏			説文	涌出也。一曰水中坻，人所爲，爲潏。一曰潏，水名，在京兆杜陵。从水矞聲。	許慎　説文解字	
洸			説文	水涌光也。从水从光，光亦聲。《詩》曰："有洸有潰。"	許慎　説文解字	
波			説文	水涌流也。从水皮聲。	許慎　説文解字	
波	 上二/容成氏/24		楚簡	即"陂"，"九澤既陂"之"陂"，是築堤障塞之義。	李零 上海博物館藏戰國楚竹書 第二册 容成氏	13269

波	 上二/容成氏/24		楚簡	"波明者之澤"，李零認爲即"陂明都之澤"。"陂"，是築堤障塞之義。"明都之澤"，即古書常見的孟諸澤。按，釋"波"爲"陂"，解作"築堤障塞"，同下文"决九河"相矛盾。我們認爲"波"借爲"披"當更加允當。"披"有"打開"之意，《漢書·薛宣傳》："披抉其門而殺之。"顔師古注："披，發也。"另在語言的"活化石"——成語中也有孑遺，如"披肝瀝膽"之"披"亦取此意。	張通海 上博簡《容成氏》補釋數則 中國文字研究 2005年6輯	14718
澐			説文	江水大波謂之澐。从水雲聲。	許慎　説文解字	
瀾	 或體	漣	説文	大波爲瀾。从水闌聲。𤀥瀾或从連。	許慎　説文解字	
淪			説文	小波爲淪。从水侖聲。《詩》曰："河水清且淪漪。"一曰没也。	許慎　説文解字	
淪		𧮫	金文	《説文》無，疑即陯之古字，當爲淪陷之正字。	方濬益 綴遺齋彝器款識考釋 卷十二	17901
淪				毛傳：淪，小風水成文轉如輪也。是淪受義於轉輪也。	楊樹達 增訂積微居小學金石論叢 字義同緣於語源同例證	23859
淪	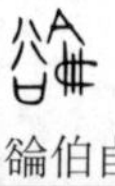 𧮫伯卣	𧮫	金文	容庚、方濬益並釋陯，方云此即淪陷正字，最得其語。	周法高主編 金文詁林 卷十一	28317
淪	 伯駟父盤		金文	金文用作人名。	戴家祥 金文大字典 卷中	23861
漂			説文	浮也。从水票聲。	許慎　説文解字	
浮			説文	氾也。从水孚聲。	許慎　説文解字	
浮	 上五/鮑叔牙與隰朋之諫/3		楚簡	"作"，疑讀爲"胙"，"浮"，疑讀爲"酺"。謂既祭，書册以賜福肉，酺衆民也。	劉信芳 上博藏五試解七則 簡帛網 2006年3月1日	560

浮	 上五/鮑叔牙與隰朋之諫/3		楚簡	浮，訓作罰。罰是比作刑要輕的處罰。有如秦漢律中的貲甲盾、罰金、奪爵等。	彭浩 "有司箸作浮老弱不刑"解 簡帛網 2006年3月7日	4707
濫			説文	氾也。从水監聲。一曰濡上及下也。《詩》曰："觱沸濫泉。"一曰清也。	許慎　説文解字	
濫	 匯/信陽一號墓遣策/11		楚簡	讀鑑，字從水。在銅鏡發明前，古人皆以器盛水照容。此字從水，仍存鑑水古義。	商承祚 戰國楚竹簡匯編 信陽長臺關一號楚墓竹簡第二組遣策	9433
氾			説文	濫也。从水㔾聲。	許慎　説文解字	
泓			説文	下深皃。从水弘聲。	許慎　説文解字	
泓	 者濾鐘	沪	金文	《説文》所無，疑即泓之省者。	吴大澂 説文古籀補 卷十一	23866
泓	 王孫遺者鐘	渺	金文	《説文》："泓，下深皃。"此篆從水從弓，弓即弘省。又從㐱，蓋涉沴字而然矣。沴訓水不利也，水不疏通也，故滞漬下深也。從沴省兼會意。銘文中當假借爲弘爲宏。義爲含宥萬物。	高田忠周 説文古籀篇 卷三	17491
泓	 者濾鐘	沪	金文	沔即泓字之異，從水弓聲。	郭沫若 兩周金文辭大系圖録考釋 者濾鐘	23867
湋			説文	回也。从水韋聲。	許慎　説文解字	
測			説文	深所至也。从水則聲。	許慎　説文解字	
測		溭	漢簡	溭水之深淺，邑之大小……入相錯者。簡文"溭"爲"測"字異體。	銀雀山漢墓竹簡整理小組 銀雀山漢墓竹簡 第一輯	23872
湍			説文	疾瀨也。从水耑聲。	許慎　説文解字	

湍	 郭/老子甲/38		楚簡	讀爲揣，義爲持。	劉釗 郭店楚簡校釋	6602
淙			説文	水聲也。从水宗聲。	許慎 説文解字	
激			説文	水礙衺疾波也。从水敫聲。一曰半遮也。	許慎 説文解字	
洞			説文	疾流也。从水同聲。	許慎 説文解字	
瀶			説文	大波也。从水旛聲。	許慎 説文解字	
洶			説文	涌也。从水匈聲。	許慎 説文解字	
洶	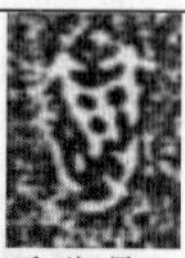 毛公鼎	湑	金文	右旁確是胷字，從肉象形，象胸壁之上有二乳。從水，乃洶字。在此假爲酗。	郭沫若 金文叢考	28321
涌			説文	滕也。从水甬聲。一曰涌水，在楚國。	許慎 説文解字	
涌		湧	石鼓	湧。涌爲小篆，而湧爲古文籀文。	强運開 石鼓釋文	23880
湁			説文	湁湒，鬻也。从水拾聲。	許慎 説文解字	
涳			説文	直流也。从水空聲。	許慎 説文解字	
汋			説文	激水聲也。从水勺聲。井一有水、一無水，謂之瀱汋。	許慎 説文解字	
汋	 中山王鼎		金文	李學勤認爲鼎銘“汋於人”、“汋於淵”即《大戴禮記·武王踐阼》載的盥盤之銘“溺於人”、“溺於淵”。汋字從水勺聲，溺字從水弱聲，勺弱古音同屬宵部，故汋溺通偕。	戴家祥 金文大字典 卷中	23886
瀱			説文	井一有水、一無水，謂之瀱汋。从水罽聲。	許慎 説文解字	
渾			説文	混流聲也。从水軍聲。一曰洿下皃。	許慎 説文解字	
洌			説文	水清也。从水列聲。《易》曰：“井洌，寒泉，食。”	許慎 説文解字	

洌			甲骨	從水從歺，疑即洌字之省。	商承祚 殷虛文字考 國學叢刊 1925年10月	23889
淑			説文	清湛也。从水叔聲。	許慎 説文解字	
溶			説文	水盛也。从水容聲。	許慎 説文解字	
瀓			説文	清也。从水，徵省聲。	許慎 説文解字	
清			説文	朖也。瀓水之皃。从水青聲。	許慎 説文解字	
清	 上二/容成氏/1		楚簡	讀作“尊清”，“尊”可能是省寫。	安徽大學古文字研究室 上海楚竹書（二）研讀記 簡帛研究網 2003年1月13日	4091
清	 齊國差鑰	瀞	金文	古清字，從水静聲，許慎分清瀞爲二字，非。	吴大瀓 説文古籀補	28322
清	 齊國差鑰	瀞	金文	阮元釋清，是也。	吴式芬 攈古録金文 卷三之一	28323
清	 郭/老子乙/15		楚簡	裘按：簡文“清=”似當爲“清青（静）”或“青（清）（静）”。	彭浩、劉祖信、王傳富 郭店楚墓竹簡	7599
清	 郭/五行/8		楚簡	即澄清。以水之澄清分析來比喻去僞存真、去粗取精的認識過程。	廖名春 郭店楚簡《五行》篇校釋劄記 中國哲學史 2001年3期	14143
清	 上一/孔子詩論/5		楚簡	《清廟》置於《訟》的第一篇，直接評述詩的内容和政治價值。	馬承源 上海博物館藏戰國楚竹書 第一册 孔子詩論	10910
清	 上二/容成氏/1		楚簡	酋清，疑是清静無爲的意思。	李零 上海博物館藏戰國楚竹書 第二册 容成氏	13124
清	 郭/老子乙/15		楚簡	清静合文，即清字既用作清，同時又借爲静。	劉釗 郭店楚簡校釋	7668

清	 上二/容成氏/1		楚簡	"酒清"，《禮記》："酒清人渴而不敢飲也。"	安徽大學古文字研究室 上海楚竹書（二）研讀記 簡帛研究網 2003年1月3日	4092
湜			説文	水清底見也。从水是聲。《詩》曰："湜湜其止。"	許慎 説文解字	
潣			説文	水流浼浼皃。从水閔聲。	許慎 説文解字	
滲			説文	下漉也。从水參聲。	許慎 説文解字	
潿			説文	不流濁也。从水圍聲。	許慎 説文解字	
溷			説文	亂也。一曰水濁皃。从水圂聲。	許慎 説文解字	
淈			説文	濁也。从水屈聲。一曰滒泥。一曰水出皃。	許慎 説文解字	
淀			説文	回泉也。从水，旋省聲。	許慎 説文解字	
漼			説文	深也。从水崔聲。《詩》曰："有漼者淵。"	許慎 説文解字	
淵	  古文  或體	囦 𣶒	説文	回水也。从水，象形。左右，岸也。中象水皃。古文从囗、水。淵或省水。	許慎 説文解字	
淵	 上三/周易/50	⿲𠂤水𠂤	楚簡	字原作水在兩阜之間，據上博簡與帛書本《周易》的對讀，此字當釋爲"淵"。	禤健聰 上博簡（三）小札 簡帛研究網 2004年5月12日	2356
淵	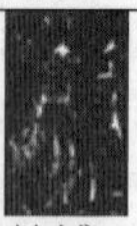 黏鎛		金文	淵。從水在𣶒中，與《説文》義合。	潘祖蔭 攀古樓彝器款識 卷二	23905
淵	 沈子簋  黏鎛		金文	中從水，亦象形。	林義光 文源	28325
淵			甲骨	此與許書之古文淵同。	商承祚 殷虛文字類編 卷十一	23907

淵			金文	𣶒是古文正形，兩旁象左右岸，中部即横水之變，以象回水形也。	高田忠周　説文古籀篇　卷三	28324
淵			甲骨	疑即古文淵字。	葉玉森　殷虛書契前編集釋　卷四	23909
淵	 包/文書/143	𣶒	楚簡	商氏釋泉。而繒書别有泉字，這裏的字形，即《説文》所謂“𣶒或省水”也。	嚴一萍　楚繒書新考　中國文字 1967—1968 年	23912
淵	 牆盤		金文	是𣶒字，王孫鐘、叔弓鎛、子仲姜鎛並可證。	唐蘭　略論西周微史家族窖藏銅器群的重要意義——陝西扶風新出牆盤銘文解釋　文物 1978 年 3 期	23913
淵	 長/乙篇/行 1-3	囦	楚簡	此字疑同《説文》淵字的古文囦。	李零　長沙子彈庫戰國楚帛書研究	976
淵	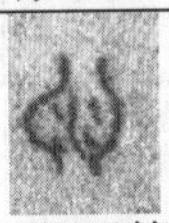 長/甲篇/行 5-7	泉	楚簡	“淵”。帛書中必是形容詞。“有淵其如”意謂“洪泉甚深”。	何琳儀　長沙帛書通釋　江漢考古 1986 年 1、2 期	402
淵	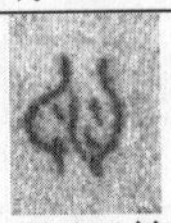 長/甲篇/行 1-2	泉	楚簡	釋爲“淵”。	何琳儀　長沙帛書通釋　江漢考古 1986 年 1、2 期	305
淵	 牆盤		金文	此字以往有人釋爲泉，亦有人釋爲淵，當以釋淵爲是。	湯餘惠　略論戰國文字形體研究中的幾個問題　古文字研究 1986 年 15 輯	23914
淵	 牆盤		金文	𣶒字古體，乃肅字之省。	陝西周原考古隊　西周微氏家族青銅器羣研究	23047
淵			金文	淵象兩岸，中爲回水之形，本當作，後加水旁是爲進一步指明回水而已。	戴家祥　金文大字典　卷中	23916
淵	 上一/性情論/27	囦	楚簡	即“淵”字。《説文》：“淵，囦，古文從囗、水。”《廣雅·釋詁三》：“淵，深也。”	濮茅左　上海博物館藏戰國楚竹書　第一册　性情論	12247

淵	 郭/性自命出/62	囦	楚簡	淵字古文。	劉釗　郭店楚簡校釋	8219
淵	 上三/彭祖/4	囦	楚簡	囦，淵之古文，《説文・水部》："囦，古文淵。從口、水。"	趙炳清　上博簡三《彭祖》補釋　簡帛研究網 2005 年 1 月 26 日	2561
瀰			説文	滿也。从水爾聲。	許慎　説文解字	
澹			説文	水搖也。从水詹聲。	許慎　説文解字	
澹	 郭/語叢一/107		楚簡	此字聲旁從"炎"省聲，或即"澹"之别體，在此讀爲"詹"，後起字作"譫"，意爲多言、妄言。	彭浩、劉祖信、王傳富　郭店楚墓竹簡	8985
潯			説文	旁深也。从水尋聲。	許慎　説文解字	
泙			説文	谷也。从水平聲。	許慎　説文解字	
泏			説文	水皃。从水出聲。讀若窋。	許慎　説文解字	
瀳			説文	水至也。从水薦聲。讀若尊。	許慎　説文解字	
澌			説文	土得水沮也。从水㒸聲。讀若麴。	許慎　説文解字	
滿			説文	盈溢也。从水㒼聲。	許慎　説文解字	
滿			陶文	陶文之圝圝字即古文滿字也。	于省吾　雙劍誃古文雜釋	25734
滿		满	漢簡	疑是滿字。	馬王堆漢墓帛書整理小組　馬王堆漢墓帛書	25735
滑			説文	利也。从水骨聲。	許慎　説文解字	
濇			説文	不滑也。从水嗇聲。	許慎　説文解字	
澤			説文	光潤也。从水睪聲。	許慎　説文解字	
澤			金文	今考定爲澤字古文，讀如郝同。	周名煇　新定説文古籀考　卷上	25740

澤	 包/文書/100	澳	楚簡	即“澤”字。	劉信芳 包山楚簡近似之字辨析 考古與文物1996年2期	5191
澤	 郭/性自命出/23		楚簡	澤，水澤。	陳偉 郭店簡書《人雖有性》校釋 中國哲學史2000年4期	14070
澤	 上二/容成氏/3		楚簡	鮫澤，即“漁澤”，打魚於澤。	李零 上海博物館藏戰國楚竹書 第二册 容成氏	13142
澤	 郭/語叢四/7		楚簡	流澤，或讀作“絡繹”，連續不斷的樣子。	陳偉 郭店竹書別釋	9070
澤	 上四/曹沫之陳/2		楚簡	“非山非澤”應解爲“無山無澤”。在古籍中，“非”字可以通假成“不”，而“不”字又可通假成“無”，由此可見“非”可以通假成“無”。“無山無澤”的“無”並不能解成“没有”，更不能説成“不是”，而應解爲“無論”、“不論”，不但非“否定”，反而是“肯定”的口吻。“無山無澤，亡有不民”其文意即所謂“無論哪一座高山，無論哪一處水澤，都是我們魯邦之民”，如此解釋於文義上十分清爽適暢。	高佑仁 讀《曹沫之陣》心得兩則：“幾”、“非山非澤，亡有不民” 簡帛網 2005年4月3日	3826
澤	 上四/曹沫之陳/2		楚簡	“非山非澤”的“非”，其實當訓爲隱、閒，也就是偏僻之“僻”。所謂“非山非澤，無有不民”，是説魯邦全境“東西七百，南北七百”里之内，即使是偏僻的山澤，無一例外，所居住的都是魯之臣民。這是追溯魯國昔日的强大，以與今日的“小”作對比，説明“爲大鐘”之非。	廖名春 讀楚竹書《曹沫之陳》劄記 簡帛網 2005年2月12日	3930

澤	 上三/彭祖/6		楚簡	澤，通“釋”，訓爲“鬆散，解脱”，清段玉裁《説文解字注·水部》：“澤，又借爲釋字。”	趙炳清 上博簡三《彭祖》補釋 簡帛研究網 2005年1月26日	2389
淫			説文	侵淫隨理也。从水至聲。一曰久雨爲淫。	許慎　説文解字	
淫	 郭/尊德義/16	湯	楚簡	釋爲淫。	李家浩 楚墓竹簡中的“昆”字及從“昆”之字 中國文字 1999年12月	6787
淫	 郭/緇衣/6		楚簡	其字下部，確爲“壬”字，則非“涇”字可定。	虞萬里 上博簡、郭店簡《緇衣》與傳本合校補證（上）史林 2002年2期	13942
淫	 郭/緇衣/6	涇	楚簡	巠、至二旁在戰國文字中有時相混，涇即淫字。	劉釗 郭店楚簡校釋	39083
淫	 郭/尊德義/16	湯	楚簡	與傳抄古文中的淫字形近。	劉釗 郭店楚簡校釋	6788
瀸			説文	漬也。从水韱聲。《爾雅》曰：“泉一見一否爲瀸。”	許慎　説文解字	
泆			説文	水所蕩泆也。从水失聲。	許慎　説文解字	
泆	 子禾子釜		金文	乃泆之異。泆與逸古字通用。泆有過出義，通審本銘，釋此義正相適。	郭沫若 金文叢考 丘關之釜考釋	25842
潰			説文	漏也。从水貴聲。	許慎　説文解字	
潰			甲骨	殆是潰字。	余永梁 殷虚文字考 國學論叢 1927年	25843
滲			説文	水不利也。从水參聲。《五行傳》曰：“若其滲作。”	許慎　説文解字	
滲	 王孫遺者鐘	澇	金文	即滲，音義同戾。《廣雅·釋詁》：“戾，善也。”	于省吾 雙劍誃吉金文選 卷上	17493

沴	 王孫遺者鐘	滲	金文	即古沴字。沴訓殄亦訓害，龢沴人民者，蓋謂調龢其人民使之毋相沴害也。	强運開 説文古籀三補 卷十一	25844
沴	 王孫遺者鐘	滲	金文	于省吾云此同沴，音義同戾，是也。銘義即和而安之。	周法高主編 金文詁林 卷十一	28328
淺			説文	不深也。从水戔聲。	許慎　説文解字	
淺	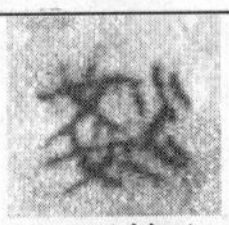 長/甲篇/行 5-7		楚簡	“四淺”即“四踐”。	陳邦懷 戰國楚帛書文字考證 古文字研究 1981 年 5 輯	25848
淺	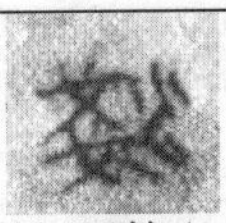 長/甲篇/行 5-7		楚簡	踐與躔音義相通，指四時星辰的躔度。	李零 長沙子彈庫戰國楚帛書研究	321
淺	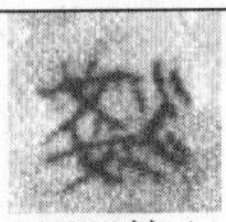 長/甲篇/行 5-7		楚簡	商承祚讀“四淺”爲“四踐”。	高明 楚繒書研究 古文字研究 1985 年 12 輯	7736
淺	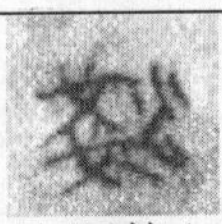 長/甲篇/行 5-7		楚簡	“淺”，商讀“踐”。“四踐”猶“四履”。	何琳儀 長沙帛書通釋 江漢考古 1986 年 1、2 期	320
淺	 越王勾踐劍		金文	從水從戔，象鼻形的筆畫爲增飾符號。本銘戉王鳩淺即越王勾踐。	戴家祥 金文大字典 卷中	25851
洔			説文	水暫益且止，未減也。从水寺聲。	許慎　説文解字	
渻			説文	少減也。一曰水門。又，水出丘前謂之渻丘。从水省聲。	許慎　説文解字	
淖			説文	泥也。从水卓聲。	許慎　説文解字	
淖			石鼓	此篆當是淖字。	强運開 石鼓釋文	25852

淖	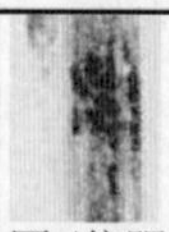 匯/信陽一號墓文章/8		楚簡	此字或釋爲“専”、“溥”，與此字形不類，當釋“淖”爲是。《説文》：“淖，泥也。”	劉雨 信陽楚墓 信陽楚簡釋文與考釋	25854
濢			説文	小溼也。从水翠聲。	許慎 説文解字	
溽			説文	溼暑也。从水辱聲。	許慎 説文解字	
涅			説文	黑土在水中也。从水从土，日聲。	許慎 説文解字	
涅			楚簡	“涅陽幣”之涅，與此形近，疑當釋爲涅。	嚴一萍 楚繒書新考 中國文字 1967 年	25858
滋			説文	益也。从水兹聲。一曰滋水，出牛飲山白陘谷，東入呼沱。	許慎 説文解字	
滋			甲骨	商先生疑溼，竊疑當釋滋。從二水者，是古文繁簡之例也。	孫海波 卜辭文字小記 考古社刊 1935 年 12 月	25860
滋		滐	金文	滐從水從丝從四草，當爲滋字。	李景林 陝西永壽縣出土春秋中滋鼎 考古與文物 1990 年 4 期	25861
⿰氵曶			説文	青黑色。从水曶聲。	許慎 説文解字	
浥			説文	溼也。从水邑聲。	許慎 説文解字	
浥	 邕子良人甗	𠛪	金文	金文凡邕之偏旁皆不從邑，當釋爲浥較確。	方濬益 綴遺齋彝器款識考釋 卷九卷	28329
浥	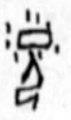		甲骨	字從水從邑，邑亦聲，契文水旁每有作數點者如沚、益等，故可隸作浥。	黨相魁 殷契斠釋 紀念王懿榮發現甲骨文一百周年論文集 2000 年	16060
沙	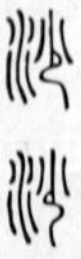 譚長説		説文	水散石也。从水从少。水少沙見。楚東有沙水。譚長説：沙或从尐。尐，子結切。	許慎 説文解字	
沙	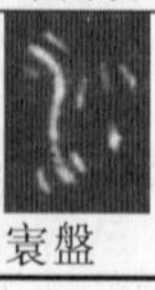 寰盤		金文	寰盤“縞必彤沙”，沙亦通紗。	吴大澂 説文古籀補	28334

沙	 無叀鼎		金文	字象水中聚沙石形，“彤沙”即赤衣。沙即紗古文，或本作沙。	吴大澂 字説 沙字説	28330
沙	 無叀鼎		金文	沙或作砂，或從厂，從厂者從石省也，象水散石形。沙即紗。	劉心源 奇觚室吉金文 卷二	28333
沙			金文	古文象散沙及水形。	林義光 文源	28335
沙			金文	“彤沙”實即紅綏，沙綏古本同音字，蓋古人借沙爲之，後人則作綏也。更轉而爲緌爲貎。	郭沫若 殷周青銅器銘文研究	28332
沙	 師毀簋		金文	蓋即沙緌之本字。從尾，沙省聲。戈緌以旄尾爲之，故從尾。	郭沫若 金文叢考	25870
沙		赤	甲骨	赤當是沙字之異。北赤殆即流沙也。	郭沫若 殷契粹編考釋	25869
沙			金文	所以從水，少聲者，水少沙見也。	高鴻縉 中國字例五篇	28331
沙			金文	彤沙，郭謂即紅綏，殊可置信。	戴家祥 金文大字典 卷中	25871
沙			甲骨	即沙字，契文小字作，少字作或，其實小少本爲一字，點或多或少，會物细小碎散意。六點實與四點同，故可隸作沙。	黨相魁 殷契斠釋 紀念王懿榮發現甲骨文一百周年論文集 2000 年	16059
沙	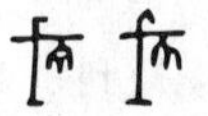	𢦏	甲骨	象古代繫在戈上的紅色纓子，可能是彤沙之“沙”的象形初文。卜辭借作“𢦏”（殺），義爲克、戰勝。	吴振武《合》33208 號卜辭的文字學解釋 史學集刊 2000 年 1 期	15820
瀨			説文	水流沙上也。从水賴聲。	許慎　説文解字	
瀆			説文	水厓也。从水賁聲。《詩》曰：“敦彼淮瀆。”	許慎　説文解字	
瀆			秦簡	《睡虎地秦簡》中《詰咎》篇在幾條談到以灰敺鬼的方術中用到“瀆”字，鄭剛訓爲“施”、“布”、“敷”一類意思，較接近事實。	劉釗 談睡虎地秦簡中的文字 古漢語研究 1995 年 3 期	25874
涘			説文	水厓也。从水矣聲。《周書》曰：“王出涘。”	許慎　説文解字	

汻			説文	水厓也。从水午聲。	許慎　説文解字	
氿			説文	水厓枯土也。从水九聲。《爾雅》曰："水醮曰氿。"	許慎　説文解字	
漘			説文	水厓也。从水脣聲。《詩》曰："寘河之漘。"	許慎　説文解字	
浦			説文	瀕也。从水甫聲。	許慎　説文解字	
沚			説文	小渚曰沚。从水止聲。《詩》曰："于沼于沚。"	許慎　説文解字	
沚			甲骨	從水從止，疑古沚字，舊釋洗。	王襄 簠室殷契類纂 正編卷十一	25879
沚			甲骨	沚從三點，與水同義。在卜辭中爲國名。	明義士 柏根氏舊藏甲骨文字考釋	25882
沚			甲骨	近人多釋爲沚者是也。沚可人名，習見於武丁卜辭。或僅言沚。沚爲國名，可蓋其國之君也。卜辭又有沚可，與此非一人。沚爲殷畿以西之諸侯，與土方接壤。	唐蘭 天壤閣甲骨文存附考釋	25880
沚			甲骨	沚從止，上附水點，隸作沚，卜辭用爲殷西附庸大族，自武丁始即歸附於殷，晚期卜辭用爲地名。	朱歧祥 甲骨學論叢	25883
沚			甲骨	從水，止聲。可讀爲"辻"，即爲移徙之徙。在卜辭爲地名，即《司馬相如傳》之斯榆的合音，是北川一大邦，爲漢代對外交通要道。	饒宗頤 説沚與豐及沚吺——卜辭復合人名研究舉例 故宫博物院院刊 2000 年 6 期	15845
沸			説文	滭沸，濫泉。从水弗聲。	許慎　説文解字	
潀			説文	小水入大水曰潀。从水从眾。《詩》曰："鳧鷖在潀。"	許慎　説文解字	
派			説文	别水也。从水从𠂢，𠂢亦聲。	許慎　説文解字	
派	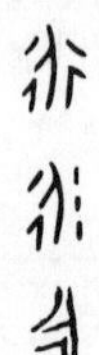		甲骨	此當是水之流别𠂢字。據其構形，知𠂢派本一字，許君分爲二，非也。卜辭中疑假用爲他字。	商承祚 殷虚文字類編 卷十一	25887

汜			說文	水别復入水也。一曰汜，窮瀆也。从水巳聲。《詩》曰：“江有汜。”	許慎　説文解字	
汜			甲骨	甲骨文有汜字，右邊所從與甲骨文中多見的祭祀之祀右邊所從完全一致，因此這個字也必是從水從巳得聲的汜字無疑。很可能指汜水。又有省水的。甲骨文中有用作地名或國族的，蓋即汜水地區的國族或城邑。	彭邦炯 武王伐紂探路 中原文物1990年2期	25890
湀			説文	湀辟，深水處也。从水癸聲。	許慎　説文解字	
湀	 浂伯寺簋	浂	金文	此明從水從矢，古字逸文也。竊謂湀古文，癸從癶矢聲，湀字當省作浂。文義即水名，以爲地名爲邑名。	高田忠周 説文古籀篇 卷四	28336
濘			説文	滎濘也。从水寧聲。	許慎　説文解字	
濘		甹	甲骨	卜辭寧字皆省“心”。此字從水從寧，知是濘字。卜辭中爲地名。	陳邦懷 殷虚書契考釋小箋	25893
濘		甹	甲骨	即濘字，菁華九葉五片有此字，爲地名。後編下二四葉一片也有此字，亦地名。	屈萬里 殷墟文字甲編考釋	25896
濘	 	甹	甲骨	從水從甹。疑爲濘之或體。	孫海波 甲骨文編卷十一	25894
滎			説文	絶小水也。从水，熒省聲。	許慎　説文解字	
滎	 		陶文	滎字。印文爲“滎陽稟陶”。此陶印的發現證段玉裁説“熒陽”古無作“滎”者，作“滎”乃後世妄改是錯誤的。	牛濟普 滎陽印陶考 中原文物1984年2期	25898
洼			説文	深池也。从水圭聲。	許慎　説文解字	
洼	 後下21·7		甲骨	（後下 21·7）還有一個從水從“㕣”的字。池田末利在《殷虚書契後編釋文稿》認爲是將祭器的豆沉到水裏的會意字，與“沉”字的構形方式相同。	蔡哲茂 説殷卜辭中的“圭”字 漢字研究2005年1輯	15763

				此説乃誤將“合”當作豆，後世常有以圭璧沉河以爲盟誓者，因此此字可能與這種行爲有關。此外此字還有一種可能，如巛從水災聲，在是聲符，當作無災有災的“災”字。所以此字可能是從水圭聲的“洼”字。		
漥			説文	清水也。一曰窊也。从水窐聲。	許慎 説文解字	
潢			説文	積水池。从水黄聲。	許慎 説文解字	
潢			甲骨	從水省。	陳邦懷 殷虚書契考釋小箋	25903
潢			甲骨	潢，左從水省。卜辭從水之字多如此省。	羅振玉 增訂殷虚書契考釋 卷中	25901
沼			説文	池水。从水召聲。	許慎 説文解字	
湖			説文	大陂也。从水胡聲。揚州浸，有五湖。浸，川澤所仰以灌漑也。	許慎 説文解字	
湖	 上二/容成氏/26	沽	楚簡	即“湖”。	李零 上海博物館藏戰國楚竹書 第二册 容成氏	13279
汥			説文	水都也。从水支聲。	許慎 説文解字	
洫			説文	十里爲成。成閒廣八尺、深八尺謂之洫。从水血聲。《論語》曰：“盡力于溝洫。”	許慎 説文解字	
洫			漢簡	漢代文字多以“洫”作“溢”。疑此字本從“皿”從“水”，乃“益”之異體。因與溝洫之洫字形近，遂至混而不分。簡文借爲鎰。	銀雀山漢墓竹簡整理小組 銀雀山漢墓竹簡 第一輯	25909
溝			説文	水瀆。廣四尺、深四尺。从水冓聲。	許慎 説文解字	
瀆			説文	溝也。从水賣聲。一曰邑中溝。	許慎 説文解字	

渠			説文	水所居。从水，榘省聲。	許慎　說文解字	
渠			漢簡	毋衝龍而功毋渠詹而守，宋本作“無衝機而攻，無溝壍而守”。《治要》“溝壍”作“渠塹”。宋本之“溝塹”當是簡文“渠詹”之訛文。	銀雀山漢墓竹簡整理小組 銀雀山漢墓竹簡 第一輯	25911
瀶			説文	谷也。从水臨聲。讀若林。一曰寒也。	許慎　說文解字	
瀶			金文	字形間有三垂，作巛形，即山川之川。古文巛水通用。此瀶字無疑。假借爲臨。	高田忠周 說文古籀篇 三	44869
湄			説文	水艸交爲湄。从水眉聲。	許慎　說文解字	
湄	 格伯簋	涉	金文	此字從水從艸，字書所無，疑即古文湄。《爾雅》訓水草交爲湄也。	阮元 積古齋鐘鼎彝器款識 第七卷	28337
湄	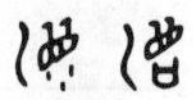		甲骨	湄日者，湄當讀爲彌。彌日即終日也。	楊樹達 卜辭瑣記 王叀田湄	25915
湄			甲骨	右從水，左從眉，乃湄字。上甲湄即上甲微，微與眉古音同，二字古多通作。	楊樹達 積微居甲文説 釋[illegible]	16365
湄	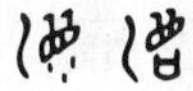		甲骨	後編上卷十四葉之八云：“王狂田，湄日……”粹編六九三片云：“湄日不雨？其雨？”湄蓋假借爲彌。彌日即終日。前編三卷廿二葉之四云：“貞禦王自上甲湄大示。”上甲湄即上甲微也。古無輕唇音，微字讀與湄同。字雖異而音則一。	楊樹達 卜辭求義 湄	25916
湄	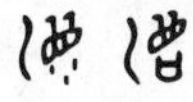		甲骨	湄總是和日字連文，構成一語詞。湄日一語常用於問災、吉、風、雨等事項。湄似應假借作彌字。彌，終也，彌日的意思就是終日。	張秉權 殷虛文字劄記 “中央研究院”歷史語言研究所集刊第二十五本 1954年	25917
湄			甲骨	甲骨文湄字從水[illegible]聲，[illegible]乃眉字初文。湄與妹昧音近通用。湄日即昧日，旦湄即旦昧，指天將明時言之。	于省吾 甲骨文字釋林 釋湄日	25918

湄			甲骨	楊樹達説湄假爲彌，彌日爲終日，誤。卜辭多見“冬日”，即終日，未見以湄日代替終日之例，故于省吾謂當讀爲昧。湄日即昧日，旦湄即旦昧，皆謂天將明之時，此説可從。	徐中舒　甲骨文字典　卷十一	25919
湄	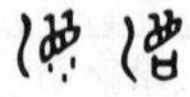		甲骨	從水眉聲，隸作湄。楊樹達謂或假爲彌，終也。卜辭言“湄日”即彌日，意謂一整天。字多用於第三期以後的田狩卜辭。有增口或省水者，皆爲湄。	朱歧祥　甲骨學論叢	25921
湄			甲骨	此應爲麇的異構，是湄日之湄的異形。	饒宗頤　釋紀時之奇字：卣、㬥與[illegible]（埶）第二届國際中國文字學研討會論文集 1993 年 10 月	25920
湄	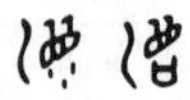		甲骨	“湄日”不可能是指“終日”，只能是指一日中的某一段時間。在帝乙帝辛時的卜辭中，“湄日”之“湄”又作“妹”。陳夢家謂：“妹或是妹爽（天將明之前）。”	楊升南　説甲骨卜辭中的“湄日”　徐中舒百年誕辰紀念文集 1998 年 10 月	16015
洐			説文	溝水行也。从水从行。	許慎　説文解字	
澗			説文	山夾水也。从水閒聲。一曰澗水，出弘農新安，東南入洛。	許慎　説文解字	
澗			甲骨	葉玉森釋淵。余謂是澗字。	楊樹達　卜辭瑣記	23923
澗	 包/文書/10	⿲自水自	楚簡	應釋“澗”，此字又見於青川木牘及陶文，我們曾釋爲《説文》訓爲“山夾水”之澗字。	湯餘惠　包山楚簡讀後記　考古與文物 1993 年 2 期	3197
澗	 包/文書/10	⿲自水自	楚簡	此字又見於青川木牘及陶文，我們曾釋爲澗字，高明《古陶文字徵》疑爲陎，從字形上説不無道理，但在青川木牘“利津”之後，難以講通。	湯餘惠　包山楚簡讀後記　考古與文物 1993 年 2 期	23924
澗	 上三/周易/50	⿲自水自	楚簡	從兩𠂤，從水。“𠂤”，大陸其山無石，兩𠂤夾水，會意，亦“澗”字。“澗”，通“干”。簡文作“⿲自水自”，與今本作“干”也相印證。	濮茅左　上海博物館藏戰國楚竹書第三册　周易	13847

澗	 上五/三德/12	𣶒	楚簡	原簡作水在兩阜之間，《説文》："阜，大陸山無石者象形。"字爲兩山夾水之會意，正是"澗"字。《説文》："澗，山夾水也。"《詩・召南・采蘩》"於澗之中"毛傳："山夾水曰澗。"《釋名•釋水》："山夾水曰澗。澗，間也，言在兩山之間也。""澗"與"幹"、"澗"皆可通作。上古音"幹"、"澗"同爲見紐元部字，典籍也多通假之例，如《詩・衛風・考槃》："考槃在澗。"《釋文》："澗，《韓詩》作幹。"《文選・劉都賦》劉注引《韓詩》澗作幹"淵"爲影紐真部字，與"澗"音近（元、真旁轉；影、見爲鄰紐）可通。三字實可通用。故今本作"幹"，帛書本作"淵"，竹書本作"澗"。簡文中字當用"澗"之本字。"冥（從網）澗之邑"與"臨川之都"對文。"川"、"澗"皆屬險地。古代都邑建設多憑依天險。《逸周書・武紀解》"國有三守：卑辭重幣以服之，弱國之守也；修備以待戰，敵國之守也；循山川之險而國之，僻國之守也。"亦考慮依"澗"建城。《史記・高祖本紀》"可急使兵守函谷關"，《正義》顔師古曰："今桃林南有洪溜澗，古函谷也。"《後漢書・耿弇傳》："恭以疏勒城傍有澗水可固"，又"匈奴遂於城下擁絶澗水"。	何有祖 上博五《三德》試讀（二） 簡帛網 2006年2月21日	4894
澳			説文	隈，厓也。其内曰澳，其外曰隈。从水奥聲。	許慎 説文解字	
澩	或體	滈	説文	夏有水，冬無水，曰澩。从水，學省聲。讀若學。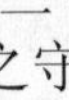澩或不省。	許慎 説文解字	

𤅩	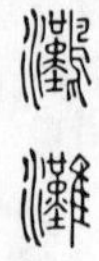 俗體	灘	説文	水濡而乾也。从水𪇰聲。《詩》曰："𤅩其乾矣。"灘俗𤅩从隹。	許慎　説文解字	
𤅩	 噩君啓節	灘	金文	灘當讀爲漢，《集韻》"太歲在甲曰汭漢，亦作涒灘"是漢灘通讀之證。漢爲漢水名。	戴家祥 金文大字典 卷中	23927
汕			説文	魚游水皃。从水山聲。《詩》曰："蒸然汕汕。"	許慎　説文解字	
汕		𨔣	石鼓	趙古則釋𨔣，楊昇庵釋徹，周秦石刻釋音𨔣。薛氏作散，即㯚。或音汕。疑𨔣即籀文汕字。	强運開 石鼓釋文	23928
汕			璽印	《璽彙》0363 著録燕長條璽，印文六字。其中第一字可隸定爲洀，戰國文字"洀"從水舟聲。第二字從水從山，釋汕應無疑義。洀汕應讀爲"朝鮮"，即朝鮮。字均從水，應是水名，"汕"爲汕水，"洀"俟後考。	何琳儀 古璽雜釋再續 中國文字 1993年3月	23930
決			説文	行流也。从水从夬。廬江有決水，出於大别山。	許慎　説文解字	
決			璽印	《漢徵》釋作浿，以不識字列水部後。按字從水從夬，應釋作決。	劉釗 璽印文字釋叢（一） 考古與文物 1990年2期	23932
決	 上二/容成氏/24		楚簡	《説文·水部》："決，行流也。"是疏通水道的意思。	李零 上海博物館藏戰國楚竹書 第二册 容成氏	13271
濼			説文	漏流也。从水䜌聲。	許慎　説文解字	
滴			説文	水注也。从水啻聲。	許慎　説文解字	
注			説文	灌也。从水主聲。	許慎　説文解字	

注			甲骨	殷墟甲骨文中有一字，象用手將一個器皿裏的液體注入到另一器皿，其簡體有省去手形的，也有省去受注器形的，其在卜辭中按用法大致可分爲三類：第一類用作和牲畜有關的一個動詞；第二類用作跟軍事有關的一個動詞；第三類作人名、地名。西周金文中亦有此字形。釋爲注比較妥當，第三期卜辭所見的“鑄”字下部所從我以爲就是這個形體。第五期卜辭所見的鑄字類似金文鑄，應該就是由這個形體變來。注、鑄二字古通用，不僅因爲二字古音相近，而且鑄器的主要工作就是把鎔化的金屬注入器範，“鑄”應該就是由“注”孳生的一個詞。第一類“注”字讀爲《說文》訓“去陰之刑”的斀字，第二類“注”字也許應該讀爲“駐”字，第三類作人名、地名的“注”字可能應當讀爲鑄國的“鑄”。	裘錫圭 殷墟甲骨文字考釋 湖北大學學報 1990 年 1 月（期）	23937
浂			説文	漑灌也。从水芺聲。	許慎　說文解字	
渻			説文	所以攤水也。从水昔聲。《漢律》曰：“及其門首洒渻。”	許慎　說文解字	
溢			説文	埤增水邊土。人所止者。从水筮聲。《夏書》曰：“過三溢。”	許慎　說文解字	
津	  古文	䑺	説文	水渡也。从水𦘔聲。古文津从舟从淮。	許慎　說文解字	
津			金文	曹錦炎疑爲律，劉廣和疑爲晝字變體，實此字與津字的篆體、古或體都極相似。	董楚平 徐器湯鼎銘文考釋中的一些問題 杭州大學學報 1987 年 1 期	23942
津			金文	字當釋津。	戴家祥 金文大字典 卷下	23945

津	 上二/容成氏/51	濅	楚簡	即“津”。	李零 上海博物館藏戰國楚竹書 第二册 容成氏	12703
淜			説文	無舟渡河也。从水朋聲。	許慎 説文解字	
潢			説文	小津也。从水横聲。一曰以船渡也。	許慎 説文解字	
潢			甲骨	甲骨文中有一個象横舟渡水的字，郭沫若釋爲般，無據。字象横舟於水上，實即横渡之横，《説文》加從水作潢。典籍中又有杭字，與横渡之横字音近而義通，字又作航。卜辭中此字讀爲横或航，雖在字形演變方面暫時没有材料，揆諸辭例卻是最合適。	詹鄞鑫 甲骨文字考釋二則 語言研究 1986 年 2 期	23947
泭			説文	編木以渡也。从水付聲。	許慎 説文解字	
渡			説文	濟也。从水度聲。	許慎 説文解字	
渡			甲骨	疑是後世渡河之“渡”的出文。	温少峰、袁庭棟 殷墟卜辭研究——科學技術篇	23950
渡			甲骨	左側從人在舟上，即“航”的簡字；右側從又持斗具量米，當是度量之度的初文，作聲符。是渡口的“渡”古字。卜辭用爲地名，當與渡口之所在有關。	夏渌 釋“渡”與“度” 語言研究 1986 年 1 期	23951
沿			説文	緣水而下也。从水㕣聲。《春秋傳》曰：“王沿夏。”	許慎 説文解字	
泝	 或體	遡	説文	逆流而上曰㴑洄。㴑，向也。水欲下違之而上也。从水㡿聲。㴑或从朔。	許慎 説文解字	
洄			説文	㴑洄也。从水从回。	許慎 説文解字	
泳			説文	潛行水中也。从水永聲。	許慎 説文解字	
泳	 仲鑠盨	迊	金文	亦永字轉義，字明從辵，亦泳字。	高田忠周 説文古籀篇 卷四	28340

潛			説文	涉水也。一曰藏也。一曰漢水爲潛。从水朁聲。	許慎　説文解字	
淦	  或體	汵	説文	水入船中也。一曰泥也。从水金聲。淦或从今。	許慎　説文解字	
泛			説文	浮也。从水乏聲。	許慎　説文解字	
汓	  或體	泅	説文	浮行水上也。从水从子。古或以汓爲没。汓或从囚聲。	許慎　説文解字	
汓		泅	甲骨	並疑爲泅，《説文》："浮行于水上也，古文或以汓爲没字"，重文作泅，泅字含意不必止於泅水，不過歷時久而古意湮，难以考見耳。	孫海波 卜辭文字小記 考古社刊 1935 年 12 月	23963
砅	  或體	濿	説文	履石渡水也。从水从石。《詩》曰："深則砅。"砅或从厲。	許慎　説文解字	
砅		澫	石鼓	吴氏釋爲濿，即《説文》砅之或體。	羅振玉 石鼓文考釋	23965
砅		澫	甲骨	從水從萬，殆即許書之砅字，砅或作濿，考勉勵之勵，粗糲之糲，蚌蠣之蠣，許書皆從萬，以此知澫即濿也。	羅振玉 增訂殷虚書契考釋 卷中	23966
砅			楚簡	疑爲《説文》砅字。亡砅疑即易經需卦之"不利涉大川"，言渡河則不吉也。	唐健垣 楚繒書文字拾遺 中國文字 1968 年	23969
砅		砯	甲骨	甲骨文中此字中從水，兩側從石，隸定應作砯即砅字初文。砯爲砅之古文，履石渡水之形尤爲鮮明。後世稱橋樑爲厲，乃砯或砅的借字，其起源於履石渡水是顯而易見的。而《説文》砅字段注謂古假砅爲厲，是由於不知砅與砯之造字本義，故本末倒置。	于省吾 甲骨文字釋林	23970

砅	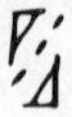	磃	甲骨	中從水，兩側從石，于省吾釋砅初文，本義爲履石渡水。古人最初渡水的橋，應是在淺水中放置大石塊或石條，履石而過。卜辭中有砅字作地名，蓋因當地有渡河之“砅”而以砅名之。甲文中有從水從萬的字形多種，今隸定爲澫，羅振玉謂即砅字，卜辭中澫字爲地名，當與砅字作地名同例，因其地有“石步”橋而得名。	温少峰、袁庭楝 殷墟卜辭研究——科學技術篇	23972
砅			陶文	此陶文從水從石，即《説文》砅字。《汗簡》砅入石部，《古文四聲韻》引《説文》砅字，兩書中砅字皆石在水上，與今本《説文》水石並列者異，而與陶文砅同。唯二書中所録砅字所從石字中部多出二横筆。	葛英會 古陶文研習劄記 考古學研究 1992 年 1 期	23971
湊			説文	水上人所會也。从水奏聲。	許慎　説文解字	
湛	  古文	湛	説文	没也。从水甚聲。一曰湛水，豫章浸。古文。	許慎　説文解字	
湛	 毛公鼎		金文	孫詒讓云湛言湛溺，此右旁正合《説文》甚字古文。	張之綱 毛公鼎斠釋	28341
湛	 包/文書/169		楚簡	簡文右旁所從與《説文》甚古文相似。	劉彬徽、彭浩、胡雅麗、劉祖信 包山楚簡	6246
湮			説文	没也。从水垔聲。	許慎　説文解字	
休			説文	没也。从水从人。	許慎　説文解字	
休	 郭/語叢二/36	恖	楚簡	裘按：此字爲“休”之訛體。《説文·水部》：“休，没也。從水從人。”即“溺”字。簡文此處讀爲“弱”。上條從心彊聲之字當讀爲强，“强”、“弱”相對。	彭浩、劉祖信、王傳富 郭店楚墓竹簡	9741

没			説文	沈也。从水从𠬛。	許慎　説文解字	
没	 包/文書/172	𠈸	楚簡	此字從休勿聲，即“淹没”之“没”。	湯餘惠 包山楚簡讀後記 考古與文物 1993 年 2 期	6258
溨			説文	没也。从水㫐聲。	許慎　説文解字	
滃			説文	雲氣起也。从水翁聲。	許慎　説文解字	
泱			説文	滃也。从水央聲。	許慎　説文解字	
淒			説文	雲雨起也。从水妻聲。《詩》曰：“有渰淒淒。”	許慎　説文解字	
淒	 郭/成之聞之/25		楚簡	裘按：此字似當讀爲“濟”。濟，成也。	彭浩、劉祖信、王傳富 郭店楚墓竹簡	4329
淒	 郭/六德/16		楚簡	讀爲濟。	劉釗 郭店楚簡校釋	8825
淒	 上二/容成氏/31		楚簡	“淒”當讀爲資。“淒”爲清母脂部字，“資”爲精母脂部字，聲韻相近。“資，取也。”爲仿效、取法之義。	王志平 《容成氏》中製樂諸簡的新闡釋 上博館藏戰國楚竹書研究續編 2004 年	14370
渰			説文	雲雨皃。从水弇聲。	許慎　説文解字	
溟			説文	小雨溟溟也。从水冥聲。	許慎　説文解字	
涑			説文	小雨零皃。从水束聲。	許慎　説文解字	
瀑			説文	疾雨也。一曰沫也。一曰瀑，資也。从水暴聲。《詩》曰：“終風且瀑。”	許慎　説文解字	
澍			説文	時雨，澍生萬物。从水尌聲。	許慎　説文解字	
澍		澍	甲骨	從水從壴，字書所無，以聲類求之，疑即澍字之省寫，蓋尌字從壴得聲，則澍字自可省寸作澍矣。	孫海波 甲骨文録附考釋	23988

湒			説文	雨下也。从水咠聲。一曰沸涌皃。	許慎　説文解字	
澬			説文	久雨涔資也。一曰水名。从水資聲。	許慎　説文解字	
潦			説文	雨水大皃。从水尞聲。	許慎　説文解字	
濩			説文	雨流霤下。从水蒦聲。	許慎　説文解字	
濩			甲骨	卜辭中爲樂名，即大濩也。或從水，從隻聲。或省又，隻省聲。	羅振玉 增訂殷虛書契考釋 卷中	23992
濩			甲骨	卜辭中“濩”多如此作，乃本字也。亦間有繁作者，從水，從隻（獲本字），後世悉從此繁體，以别以“淮”字。而在卜辭，“淮”、“濩”當爲一字也。羅説卜辭中爲祭名，即大濩，是也。	吴其昌 殷墟書契解詁	23994
濩			甲骨	羅氏謂濩即大濩，乃樂名，宜可信。唯本辭無一祭名，與辭例不合，或濩仍祭名，祭時作大濩樂，乃謂之濩耳。	葉玉森 殷虛書契前編集釋 卷一	23993
濩		淮	甲骨	契文濩字但作“淮”。周代大濩爲六樂之一。《周禮•大司樂》云：“舞大濩以享先妣。”然殷之濩舞，亦以祭大乙、祖乙諸先王。	饒宗頤 殷代貞卜人物通考 卷十四	23996
濩		淮	甲骨	契文作淮，從隻省聲。羅氏謂是樂名，即大濩之乐，當是。	李孝定 甲骨文字集釋 卷十一	23997
濩		淮	甲骨	此字乃象沈隹於水之形，乃會意字。卜辭用作祭名，蓋謂沈隹於水中之祭，與甲骨文沈字會沈牛羊於水而祭同。羅振玉釋濩，字形近似，可從。然謂樂名則不確。	徐中舒 甲骨文字典 卷十一	23998
涿	 奇字	旫	説文	流下滴也。从水豖聲。上谷有涿縣。奇字涿从日、乙。	許慎　説文解字	
涿	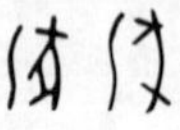		甲骨	此殆是涿字。	余永梁 殷虛文字續考 國學論叢 1928 年	24001

涿			甲骨	涿訓水下滴，亦剌擊之義。從豖聲之字，多用椎擊之義，涿之訓流下滴，義與椎擊相應，水注爲滴，下滴爲涿，聲音相通，意義相貫，當爲一語之轉。	蕭璋 釋至 國立浙江大學文學院集刊 1943 年 3 輯	24000
涿		豖	甲骨	即豖字。或省○從豖。	孫海波 甲骨文編 卷十一	24003
涿			甲骨	從水從豖，豖或作豝等，并同。當爲涿字。	徐中舒 甲骨文字典 卷十一	24004
瀧			説文	雨瀧瀧皃。从水龍聲。	許慎　説文解字	
瀧	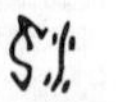		甲骨	疑字從水從龍，即古文瀧。	葉玉森 殷虚書契前編集釋 卷二	24005
瀧	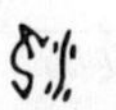		甲骨	葉釋瀧之説可從，字在卜辭爲地名。	李孝定 甲骨文字集釋 卷十一	24009
瀧			甲骨	疑即瀧字。	孫海波 甲骨文編 卷十一	24006
瀧			楚簡	瀧汨凼滿，選堂先生讀爲“瀧汨淊漫”，謂指未有日月之前，雨水泛濫漫没之象。陳邦懷先生疑爲瀧、汨二字爲楚地水名，此句謂二水蕩泆遠漫。	曾憲通 長沙楚帛書文字編	24010
瀧			楚簡	瀧、汨，皆楚國之水名。	曾憲通 長沙楚帛書文字編	24008
瀧	 長/乙篇/行 1-3		楚簡	“瀧”，讀爲“豅”。《説文》：“大長谷也。”	曾憲通 長沙楚帛書文字編	11156
渿			説文	沛之也。从水柰聲。	許慎　説文解字	
滈			説文	久雨也。从水高聲。	許慎　説文解字	
淒			説文	雨淒淒也。从水妻聲。一曰汝南謂飲酒習之不醉爲淒。	許慎　説文解字	
溦			説文	小雨也。从水，微省聲。	許慎　説文解字	
濛			説文	微雨也。从水蒙聲。	許慎　説文解字	
濛			甲骨	從雨從夢，疑是濛字之古文。[illegible]雨謂細雨也。	屈萬里 殷墟文字甲編考釋	24015

濛	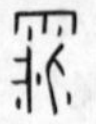		甲骨	許書溦溟濛均訓細雨，蓋以聲近而然。夢與此三字亦一聲之轉，而與濛聲尤近，屈萬里說至塙。從雨從夢，疑是濛字古文。	李孝定 甲骨文字集釋 卷十一	24016
沈			說文	陵上滈水也。从水冘聲。一曰濁黕也。	許慎 說文解字	
沈	 上鄀公簋蓋		金文	邥，古文沈。	徐同柏 從古堂款識學 卷十一	24019
沈			甲骨	此象沈牛於水中，殆即薶沈之沈字，此爲本字。《周禮》作沈字，乃借字也。	羅振玉 增訂殷虛書契考釋 卷中	24017
沈			甲骨	象沈羊於水中之形，應與沈爲一字，非篆文之洋。	孫海波 甲骨文編 卷十一	24018
沈	 沈子它簋蓋		金文	沈，姬姓，乃周公之後。	周法高主編 金文詁林 卷十一	28342
沈	 		甲骨	卜辭多指沈牛，亦有二“水”中從羊者，專指沈羊而言，後世則不復區分。	于省吾 甲骨文字釋林 卷中	24027
沈			甲骨	此字新見於《屯南》二二三二。字從水從王，王即玉。結構與沈牛羊的“沈”相似，是沈玉於水，亦應釋爲沈。在此片卜辭中爲動詞，是祭名，即沈玉之祭。	邨笛 卜辭考釋數則 古文字研究 1981 年 6 輯	24022
沈	 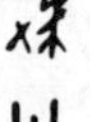		甲骨	此二字釋爲沈、薶也可通。反正是祭祀時的用牲法，卜辭中此二字多用於河，偶爾也用於土及四方。此外則絶無所及。	彭裕商 卜辭中的“土”“河”“岳” 古文字研究論文集 1982 年	24023
沈			甲骨	此字的用例字義有廣狹兩種，廣義而言泛指沈牲，狹義而言則是專指沈牛。	周國正 卜辭兩種祭祀動詞的語法特徵及有關句子的語法分析 古文字學論集初編 1983 年	24024

沈			陶文	這個陶文的構形與《汗簡》所録《義雲章》沈字完全相同，當爲一字。	葛英會 古陶文研習劄記 考古學研究 1992 年 1 期	24021
沈				爲大匠之私名。泰沈，即大沈。	王輝 秦文字釋讀訂補(八篇) 考古與文物 1997 年 5 期	15345
沈	 郭/窮達以時/9		楚簡	可釋爲“沈”，當讀爲醢。本句講的是王子比干的故事。	趙平安 《窮達以時》第九號簡考論——兼及先秦兩漢文獻中比干故事的衍變 古籍整理研究學刊 2002 年 2 期	14131
沈	 郭/窮達以時/9		楚簡	即沈字繁寫，讀沉。	劉釗 郭店楚簡校釋	8002
湡			説文	雷震湡湡也。从水再聲。	許慎 説文解字	
滔			説文	泥水滔滔也。一曰繅絲湯也。从水臽聲。	許慎 説文解字	
滔	 滔御事罍		金文	滔從臽聲。臼部臽，小阱也，從人在臼上。宗周鐘、伐戎劍所見臽爲籀文，象人在重險之形。此所從臽與篆文同。又臽與圅形聲並近，意義亦相通。	方濬益 綴遺齋彝器款識考釋 卷二十六	24029
滔	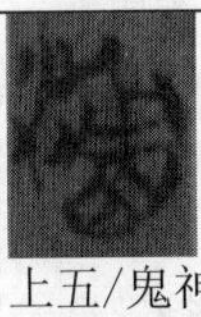 上五/鬼神之明·融師有成氏/3	獸	楚簡	整理者釋“沈”。此字與郭店《窮達以時》簡 9“滔”字形同，可釋爲“滔”。	禤健聰 上博楚簡(五)零札(二) 簡帛網 2006 年 2 月 26 日	542
涵			説文	水澤多也。从水圅聲。《詩》曰：“僭始既涵。”	許慎 説文解字	
涵	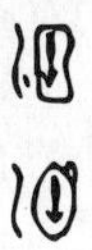		甲骨	當是涵字。	屈萬里 殷墟文字甲編考釋 甲釋	24033

⿰氵挐			説文	漸溼也。从水挐聲。	許慎　説文解字	
瀀			説文	澤多也。从水憂聲。《詩》曰："既瀀既渥。"	許慎　説文解字	
涔			説文	潰也。一曰涔陽渚，在郢中。从水岑聲。	許慎　説文解字	
漬			説文	漚也。从水責聲。	許慎　説文解字	
漚			説文	久漬也。从水區聲。	許慎　説文解字	
浞			説文	濡也。从水足聲。	許慎　説文解字	
渥			説文	霑也。从水屋聲。	許慎　説文解字	
漼			説文	灌也。从水隺聲。	許慎　説文解字	
洽			説文	霑也。从水合聲。	許慎　説文解字	
濃			説文	露多也。从水農聲。《詩》曰："零露濃濃。"	許慎　説文解字	
瀌			説文	雨雪瀌瀌。从水麃聲。	許慎　説文解字	
溓			説文	薄水也。一曰中絶小水。从水兼聲。	許慎　説文解字	
溓	 厚趠方鼎	溓	金文	《説文》溓或從廉，此溓字更從止。	徐同柏 從古堂款識學 卷十三	28346
溓	 司鼎		金文	《山海經》注："絶，猶截渡也。中小水而截渡之曰溓。"此從兼，從涉省，即中絶之義。本銘當是地名。	劉心源 奇觚室吉金文述 卷二	24046
溓	 溓姬簋	溓	金文	此字上從兼中從水横形，下從止，當爲溓字。	孫詒讓 古籀餘論 卷二	28345
溓	 司鼎	溓	金文	容庚云：《説文》溓，或曰中絶山水。從水兼聲。此從止，疑是一字。按從水，兼聲。止，足也。從横水居中，正象中絶形，中絶小水，故足可涉，定爲溓字無疑。	强運開 説文古籀三補 卷十一	28348

溓			金文	溓公。溓字從兼聲，其形與《説文》所説從又持二禾不同，實則從又持兩禾和從又持兩矢都是兼字。由於從兩禾的兼與從兩矢的兼，聲義全同，字形也差不多，後世又不大明暸兼字挾兩矢的意義，所以從兩矢的兼字就逐漸被廢止而專用從兩禾的兼字。溓公不知何人。	唐蘭 論周昭王時代的青銅器銘刻 古文字研究 1980年2輯	24050
泐			説文	水石之理也。从水从防。《周禮》曰："石有時而泐。"	許慎　説文解字	
滯			説文	凝也。从水帶聲。	許慎　説文解字	
汦			説文	著止也。从水氏聲。	許慎　説文解字	
滮			説文	水裂去也。从水虢聲。	許慎　説文解字	
澌			説文	水索也。从水斯聲。	許慎　説文解字	
汔			説文	水涸也。或曰泣下。从水气聲。《詩》曰："汔可小康。"	許慎　説文解字	
汔		迄	石鼓	趙薛俱釋作迄。楊升庵釋逆非是。迄許書未見，徐鉉本新坿云迄，至也。《説文》：汔，水涸也。蓋迄汔訖三字古皆通用，迄字許氏原書未收，竊疑即汔之或體。鼓文上言霝雨，下言湧湧，正言水之由涸而盈。	强運開 石鼓釋文	24056
涸	  或體	[illegible]	説文	渴也。从水固聲。讀若狐貈之貈。[illegible]涸亦从水、鹵、舟。	許慎　説文解字	
涸			金文	《説文》云：涸亦從水鹵舟。按從水鹵者，水涸則鹽見也，舟，舟聲。	林義光 文源	24057
消			説文	盡也。从水肖聲。	許慎　説文解字	
潐			説文	盡也。从水焦聲。	許慎　説文解字	

渴			説文	盡也。从水曷聲。	許慎 説文解字	
渴	 中山王方壺		金文	《説文》：竭，盡也。古書多以竭爲之，此銘亦通作竭。	戴家祥 金文大字典 卷中	24063
渴	 上三/周易/9	海	楚簡	字有可能是“渴”的異體，讀爲“竭”。“竭缶”當是説缶裏無水。	楊澤生 竹書《周易》中的兩個異文 簡帛研究網 2004年5月29日	485
渴			漢簡	疑爲渴字異構，從曷省，此字當是將“渴”字左上部省去，另加“介”聲符，古音匃聲、介聲相通，簡文借爲“歇”或“泄”字。	孟蓬生 張家山漢簡字義劄記 古籍整理研究學刊 2004年5期	15978
漮			説文	水虚也。从水康聲。	許慎 説文解字	
溼			説文	幽溼也。从水；一，所以覆也，覆而有土，故溼也。㬎省聲。	許慎 説文解字	
溼	 散氏盤		金文	古溼字，古文溼隰爲一字，散氏盤溼田，當讀作隰田。	吴大澂 説文古籀補 卷十一	24065
溼	 史懋壺		金文	“溼宫寢”謂“澤之宫寢”，溼澤聲近義同。	徐同柏 從古堂款識學 卷一	28350
溼	 散氏盤  史懋壺		金文	從水，古疇字省，從㬎玄，田疇之深黑處爲溼。從二玄，猶從玄，與幽同意。變作史懋壺那種形體，從水從土，“土”上即原從古疇省從二玄的那種寫法之變。濕當與溼同字。	林義光 文源	28349
溼	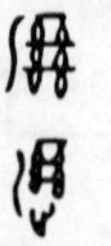		甲骨	古溼字。	王襄 簠室殷契類纂 正編卷十一	24068
溼			甲骨	此或省土，從止，象足履溼，與從土之義同。	商承祚 殷虚文字類編 卷十一	24071

溼				《金石聚》云：《説文·水部》：溼，幽溼也。溼幽溼也。阜部曰：隰，阪下溼也。容按：《爾雅》高平曰邍下溼曰隰。隰訓下溼，溼本從㬎省聲，二字爲轉注。此蓋以溼爲隰。按此説明瞭可信據者。	高田忠周　古籀篇　卷四	24069
溼	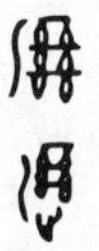		甲骨	絲畏水，故以之會意。甲骨文或增止，金文或增土。	商承祚　甲骨文字研究　卷下	24072
溼	  史懋壺		甲骨	從水，從㡭，表水絶流處，從止，足所止也。足止水絶流處，隰溼之義並顯，故古文溼隰爲一字。史懋壺所見從水從㡭從土，義爲水絶流處亦濕。	葉玉森　殷虚書契前編集釋　卷二	24070
溼			石鼓	薛尚功、趙古則均作溼，楊升庵作隰。運開按：古文溼隰爲一字。	强運開　石鼓釋文	24073
溼			篆文	溼從水從土，以籀文系爲聲，後籀文系變作小篆從的那種形體，又省作𢆶。	高鴻縉　中國字例　五篇	28351
湆			説文	幽溼也。从水音聲。	許慎　説文解字	
洿			説文	濁水不流也。一曰窳下也。从水夸聲。	許慎　説文解字	
浼			説文	汙也。从水免聲。《詩》曰："河水浼浼。"《孟子》曰："汝安能浼我？"	許慎　説文解字	
汙			説文	薉也。一曰小池爲汙。一曰涂也。从水于聲。	許慎　説文解字	
汙	 好盗壺	河	金文	河，從水，吁聲，蓋汙之異體，在此讀爲宇。	張政烺　中山國胤嗣　好盗壺釋文　古文字研究 1979 年 1 輯	24081
湫			説文	隘。下也。一曰有湫水，在周地。《春秋傳》曰："晏子之宅秋隘。"安定朝那有湫泉。从水秋聲。	許慎　説文解字	

湫	 詛楚文		石鼓	“厥湫”即湫淵。今在甘肅平涼县境。	郭沫若 郭沫若全集考古編 卷九 詛楚文	24083
潤			説文	水曰潤下。从水閏聲。	許慎 說文解字	
準			説文	平也。从水隼聲。	許慎 說文解字	
汀	  或體	𣲷	説文	平也。从水丁聲。𣲷汀或从平。	許慎 說文解字	
沑			説文	水吏也。又，温也。从水丑聲。	許慎 說文解字	
沑			甲骨	此字從水從丑，當即沑字。	陳邦懷 殷虚書契考釋小箋	24089
沑			甲骨	契文象澡手之形，羅氏說字意是也。然謂即是澡字則未安。就偏旁分析證之，陳說當即沑字是也。《說文》沑下說解“水吏也”之“吏”，竊謂當以“和”字爲是，和、昷義近，澡手則温。	李孝定 甲骨文字集釋 卷十一	24091
沑			甲骨	此字從水丑聲，由丑得聲受義。丑乃扭字之初文，將水扭住不放，有“蓄水”義，故《說文》訓“昷也”。“昷”即今“蘊”字初文，有“蘊藏”義。再引申而司蓄水之人亦稱“沑”，故出“水吏也”（《說文》）和“主水者”（《蒼頡篇》）之義。卜辭言“作沑”即筑堤堰蓄水之事。	温少峰、袁庭棟 殷墟卜辭研究——科學技術篇	24092
瀵			説文	水浸也。从水糞聲。《爾雅》曰：“瀵，大出尾下。”	許慎 說文解字	
淖			説文	新也。从水臯聲。	許慎 說文解字	
瀞			説文	無垢薉也。从水静聲。	許慎 說文解字	
瀞	 國差罎		金文	清以青爲聲，瀞由争得聲。争青同部，瀞清義又相若，得通用。	吴式芬 攈古録金文 卷三之一	24094

瀞			石鼓	《説文》瀞字，段注曰今之淨字也。古瀞今淨，是之謂古今字也。古書多假清爲瀞，許氏分清瀞爲二字，非也。	强運開 石鼓釋文	24095
瀞	 國差罎		金文	瀞清二字，許君音訓雖别而相近，故金銘通用。清主謂水之澄澈，瀞主謂無垢穢。瀞字今作淨。	李孝定 金文詁林讀後記 卷十一	24097
瀎			説文	拭滅皃。从水蔑聲。	許慎 説文解字	
泧			説文	瀎泧也。从水戉聲。讀若椒椴之椴。	許慎 説文解字	
洎			説文	灌釜也。从水自聲。	許慎 説文解字	
洎			石鼓	石鼓文中洎字，蓋謂汧水湧盈如水在釜中沸騰之狀也。	强運開 石鼓釋文	24100
洎	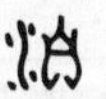		甲骨	從水從自，與《説文》洎字篆文形同。	徐中舒 甲骨文字典 卷十一	24103
湯			説文	熱水也。从水昜聲。	許慎 説文解字	
湯	 師湯父鼎		金文	古湯字省。	吴大澂 説文古籀補 卷十一	24104
湯			石鼓	《集韻》正韻並音商，湯湯，流貌。此言徒馭湯湯，蓋言徒馭衆多之貌。	强運開 石鼓釋文	24105
湯			金文	金文字同《説文》，用爲人名及地名。	周法高主編 金文詁林 卷十一	28352
湯	 長/甲篇/行 1-2	澫	楚簡	“湯”就是大雨。	李零 長沙子彈庫戰國楚帛書研究	99
湯	 長/甲篇/行 1-2		楚簡	字形乃是湯之繁文，繒書似謂天將作暴雨，降於四方。	高明 楚繒書研究 古文字研究 1985 年 12 輯	24108

湯	 長/甲篇/行 1-2	瀥	楚簡	此字是“湯”之繁文，嚴讀“蕩”。	何琳儀 長沙帛書通釋 江漢考古 1986 年 1、2 期	12451
湯	 包/遣册/265		楚簡	熱水。	劉彬徽、彭浩、胡雅麗、劉祖信 包山楚簡	7063
湯	 郭/唐虞之道/1		楚簡	借作“唐”。	彭浩、劉祖信、王傳富 郭店楚墓竹簡	8360
湯	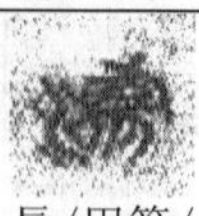 長/甲篇/行 1-2	瀥	楚簡	湯也是一種咒咎。	李零《長沙子彈庫戰國楚帛書研究》補正 古文字研究 2000 年 20 輯	96
湯	 郭/尊德義/16		楚簡	讀爲“愓”，放蕩。	陳偉 郭店簡書《尊德義》校釋 中國哲學史 2001 年 3 期	14162
湯	 上一/孔子詩論/17	水	楚簡	湯之水，篇名。今本《詩·國風》之《王風》、《鄭風》、《唐風》各有一篇《揚之水》，本篇當爲其中的一篇。“揚”從昜得聲，與“湯”音相通。	馬承源 上海博物館藏戰國楚竹書第一册 孔子詩論	11320
湯	 曾伯霥簠		金文	緐湯當讀繁陽，古音舌端透紐，每與喉音喻紐混諧。《左傳·襄公四年》：“楚師爲陳叛故，猶在繁陽。”杜預注：繁陽，楚地，在汝南鮦陽縣。即今河南省沈丘縣西南四十里，西近項城縣。又《定公六年》：“吴大子終累敗楚舟師，獲潘子臣小帷子及大夫七個。楚國大惕，懼亡子期，又以陵師敗於繁陽。”曾國姬姓，自東周中葉以還，與江淮間諸小國皆通婚姻。而與楚之王族關係尤切，故曾伯霥得在“抑燮繁陽”之例云。	戴家祥 金文大字典	14895

渜			説文	湯也。从水耎聲。	許慎　説文解字	
洝			説文	渜水也。从水安聲。	許慎　説文解字	
洏			説文	洝也。一曰煑孰也。从水而聲。	許慎　説文解字	
涗			説文	財温水也。从水兑聲。《周禮》曰："以涗漚其絲。"	許慎　説文解字	
涫			説文	鬻也。从水官聲。酒泉有樂涫縣。	許慎　説文解字	
涾			説文	涫溢也。今河朔方言謂沸溢爲涾。从水沓聲。	許慎　説文解字	
汏			説文	淅灡也。从水大聲。	許慎　説文解字	
汏			甲骨	從水從大，即汏字。古通作泰。	孫海波 卜辭文字小記 考古社刊 1935 年 12 月	24116
汏			甲骨	此字形從大從㣺，大爲人之正視形，㣺爲血點。本片卜辭中，汏爲動詞，汏方𠬝是對方𠬝施以汏刑。	中國社會科學院考古研究所 小屯南地甲骨	24118
灡			説文	淅也。从水簡聲。	許慎　説文解字	
淅			説文	汏米也。从水析聲。	許慎　説文解字	
滰			説文	浚乾漬米也。从水竟聲。《孟子》曰："夫子去齊，滰淅而行。"	許慎　説文解字	
滰	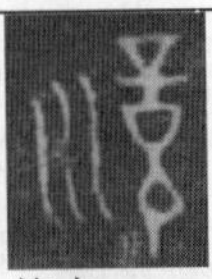 啓卣	𣶃	金文	"滰川上"，"滰"作臨近、沿水的意思。	戴家祥 金文大字典 卷中	24122
滰	 虎簋蓋	𣶃	金文	蓋銘"滰屯"與"玄衣"、"幽黄"對舉。宜看作是一種顏色，讀爲黥，是一種黑色。	王輝 虎簋蓋銘座談紀要 考古與文物 1997 年 3 期	24123
溲			説文	浸渋也。从水叜聲。	許慎　説文解字	
浚			説文	杼也。从水夋聲。	許慎　説文解字	

浚	 郭/性自命出/31	濬	楚簡	釋浚。《爾雅·釋言》："浚、幽，深也。"浚深，似是形容思想、情感的深沉。	陳偉 郭店簡書《人雖有性》校釋 中國哲學史 2000 年 4 期	14204
瀝			説文	浚也。从水歷聲。一曰水下滴瀝。	許慎　説文解字	
瀝	 郭/忠信之道/9	緜	楚簡	讀爲蠻。	劉釗 郭店楚簡校釋	8505
漉	  或體	淥	説文	浚也。从水鹿聲。漉或从録。	許慎　説文解字	
漉			甲骨	從麋從水，甲骨文中麋鹿二字字形有別，但在做偏旁時每有混用，故即從麋亦從鹿。故甲骨文中此字可釋漉。	徐中舒 甲骨文字典 卷十一	24129
潘			説文	淅米汁也。一曰水名，在河南滎陽。从水番聲。	許慎　説文解字	
灡			説文	潘也。从水蘭聲。	許慎　説文解字	
泔			説文	周謂潘曰泔。从水甘聲。	許慎　説文解字	
泔	 長/乙篇/行 1-3	汩	楚簡	此字當釋爲"泔"。	李零 長沙子彈庫戰國楚帛書研究	974
泔	 長/乙篇/行 1-3		楚簡	此字各家諸釋皆不確。右半上出兩筆甚長，應是甘字。	李零 長沙子彈庫戰國楚帛書研究	24132
泔	 長/乙篇/行 1-3	汩	楚簡	此字釋爲"泔"，讀爲"涵"。	連劭名 長沙楚帛書與中國古代的宇宙論 文物 1991 年 2 期	11157
滫			説文	久泔也。从水脩聲。	許慎　説文解字	

瀫			説文	滓滋也。从水㲉聲。	許慎　説文解字	
淤			説文	瀫滓，濁泥。从水於聲。	許慎　説文解字	
滓			説文	瀫也。从水宰聲。	許慎　説文解字	
淰			説文	濁也。从水念聲。	許慎　説文解字	
瀹			説文	漬也。从水龠聲。	許慎　説文解字	
[illegible]			説文	釃酒也。一曰浚也。从網从水，焦聲。讀若《夏書》“天用勦絶”。	許慎　説文解字	
[illegible]			説文	側出泉也。从水殸聲。殸，籒文磬字。	許慎　説文解字	
湑			説文	莤酒也。一曰浚也。一曰露皃。从水胥聲。《詩》曰：“有酒湑我。”又曰：“零露湑兮。”	許慎　説文解字	
湑	 上四/昭王毁室/1	浘	楚簡	疑“湑”之省文，“湑”，盛貌。《詩・小雅・甫田之什・裳裳者華》“其葉湑兮”，毛亨傳：“湑，盛貌。”	陳佩芬 上海博物館藏戰國楚竹書第四册 昭王毁室——昭王與龔之脽	3254
湎			説文	沈於酒也。从水面聲。《周書》曰：“罔敢湎于酒。”	許慎　説文解字	
湎	 毛公鼎	潰	金文	右旁象頭角豐滿形。	徐同柏 從古堂款識學 卷十六	28356
湎	 毛公鼎	潰	金文	亦當即湎字。按字形疑即從腦之右旁。	孫詒讓 名原 卷下	28355
湎	 毛公鼎	潰	金文	當即湎字。該字右所從上部疑即首上之鬈，亦即髮形之省，下作田即囟之變。	孫詒讓 名原 卷下	16745
湎	 毛公鼎	潰	金文	湎。或從水，或從酉，右旁象顔色湛湎之形。	林義光 文源	28354
湎	 毛公鼎	潰	金文	疑爲湎字。	林泰輔 毛公鼎銘考 中山大學語言歷史研究所周刊第六册 1930 年	28353

湎	 毛公鼎	湏	金文	此疑即從皃從水，與從面聲意並相近。	張之綱 毛公鼎斠釋	28357
湎	 毛公鼎	湏	金文	字意同湎，其音讀實未易言也。	李孝定 金文詁林讀後記 卷十一	24148
漿	  古文		説文	酢𣹹也。从水，將省聲。𣶒古文𣹹省。	許慎　説文解字	
涼			説文	薄也。从水京聲。	許慎　説文解字	
淡			説文	薄味也。从水炎聲。	許慎　説文解字	
涒			説文	食已而復吐之。从水君聲。《爾雅》曰："太歲在申曰涒灘。"	許慎　説文解字	
澆			説文	渎也。从水堯聲。	許慎　説文解字	
澆	 上五/弟子問/8	浧	楚簡	此字整理者讀爲"淆"，恐不合。陳劍先生括注"啜？水"，未詳所據。愚意以爲字可分析爲"從水、從土、爻聲"，可能即"澆"字異構。上古音"澆"屬見母宵部，"爻"屬匣母宵部，而從"爻"聲的"教"即歸見母，可知"澆"、"爻"古音極近，故以"爻"爲聲符替"澆"字造一異體字是完全可能的。大概因爲"澆"本取意於以水沃土，故字又從"土"作。"飲酒如澆"，意謂飲酒有如水之沃土，不知其味也。	陳斯鵬 讀《上博竹書（五）》小記 簡帛網 2006年4月1日	5099
液			説文	盡也。从水夜聲。	許慎　説文解字	
汁			説文	液也。从水十聲。	許慎　説文解字	
汁			封泥	封泥中汁邡長印中的"汁邡"即史書中的"什方、什邡"，什並汁之誤。	羅福頤 封泥證史録舉隅 古文字研究 1985年11輯	24154
滒			説文	多汁也。从水哥聲。讀若哥。	許慎　説文解字	

灝			説文	豆汁也。从水顥聲。	許慎　説文解字	
溢			説文	器滿也。从水益聲。	許慎　説文解字	
溢			甲骨	即兼有氾溢之意。	李孝定 甲骨文字集釋 卷五	31975
洒			説文	滌也。从水西聲。古文爲灑埽字。	許慎　説文解字	
洒			甲骨	契文從水從甾，卜辭假甾爲西，羅氏釋洒可從。字在卜辭爲地名。	李孝定 甲骨文字集釋 卷十一	24158
滌			説文	洒也。从水條聲。	許慎　説文解字	
瀐			説文	和也。从水戠聲。	許慎　説文解字	
瀋			説文	汁也。从水審聲。《春秋傳》曰："猶拾瀋。"	許慎　説文解字	
渳			説文	飲也。从水弭聲。	許慎　説文解字	
⿰氵算			説文	飲歃也。一曰吮也。从水算聲。	許慎　説文解字	
潄			説文	盪口也。从水欶聲。	許慎　説文解字	
泂			説文	滄也。从水同聲。	許慎　説文解字	
滄			説文	寒也。从水倉聲。	許慎　説文解字	
滄	 郭/緇衣/10		楚簡	訓爲"寒"。	彭浩、劉祖信、王傳富 郭店楚墓竹簡	7703
滄	 郭/緇衣/10		楚簡	猶言極寒。	劉釗 郭店楚簡校釋	7704
滄	 上四/柬大王泊旱/1		楚簡	《説文・水部》："滄，寒也。"段玉裁注："《周書・周祝》解曰：'天地之間有滄熱。'"王憂病心寒。或讀爲"蹌"，行有節奏貌。《詩・齊風・猗嗟》："巧趨蹌兮。"	濮茅左 上海博物館藏戰國楚竹書第四册 柬大王泊旱	1257

滄	 上四/柬大王泊旱/1		楚簡	滄，當讀爲“創”，指創傷。	孟蓬生 上博竹書（四）閒詁 簡帛研究網 2005年2月15日	3898
瀙			説文	冷寒也。从水親聲。	許慎 説文解字	
淬			説文	滅火器也。从水卒聲。	許慎 説文解字	
沐			説文	濯髮也。从水木聲。	許慎 説文解字	
沐			甲骨	沐字。從水從木，又有從中者，從中從木同意，仍是一字。或省水旁，但作木者。	饒宗頤 殷代貞卜人物通考 卷九	24170
沐	 	亹	金文	非眉字，該字構形是用水沖洗腦袋，故人形前後都有水滴，此字應該釋沐。	張亞初 金文考證例釋 第三屆國際中國古文字學研討會論文集 1997年10月	16129
沬	  古文	湏	説文	洒面也。从水未聲。古文沬从頁。	許慎 説文解字	
沬	 魯伯愈父匜	盨	金文	古沬字。從頁，從𣎆，從皿，注水。疑古沐沬爲一字。	吴大澂 説文古籀補 卷十一	24171
沬	 魯伯匜	顯	金文	此字與《説文》沬之古文相近。𣎆象髮下垂形，置水於皿，披髮就之，正象濯髮形，當即古沬字。	吴大澂 字説 沐沬字説	35595
沬	 魯伯愈父盤  殷穀盤	盨	金文	湏，古作象皿中有水，人面及鼻鬚臨其上之形。	林義光 文源	24174
沬	 魯伯匜		金文	沬之古文，象皿中有水，人面及鼻鬚臨其上之形。	林義光 文源	35598

沬	 魯伯匜		金文	吴大澂謂此爲沬，是也。然謂沬沐二字原同，斷非矣。沐，形聲；，從水從頁，會意，字又作頮。也作從面從頁，中皀即面有鬚髮形，下從水從皿，盤盂盛水之意。	高田忠周 說文古籀篇 卷四	35597
沬			甲骨	象人散髮就皿洒面之狀，許書作沬，後起之字也。許書又云，沐，濯髮也，疑古沐沬一字也。	羅振玉 增訂殷虛書契考釋 卷中	24172
沬	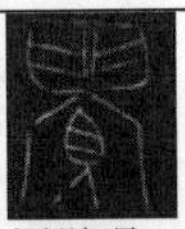 眉脒鼎	釁	金文	古沬字，象傾盆浴灑之形，假爲眉壽之眉字。	郭沫若 金文叢考	28146
沬	 囂伯盤	釁	金文	古文沬字，囂伯盤所見象傾盆浴灑之形，下承以皿，字形最爲詳備。	郭沫若 兩周金文辭大系圖録考釋	24178
沬	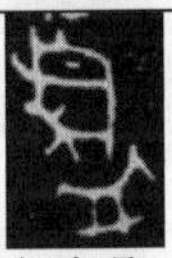 無叀鼎	盨	金文	古沬字，象奉匜沃盥之形，假爲眉壽字。	郭沫若 兩周金文辭大系圖録考釋	28145
沬	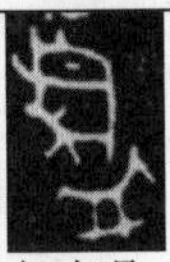 無叀鼎	盨	金文	盨乃古沬字。字本作釁，象奉匜沃盥之形，此其省體。彝銘“眉壽”字均假此爲之。	郭沫若 兩周金文辭大系圖録考釋 無叀鼎	24177
沬	 殷穀盤		金文	《説文》沬也，古文作頮。此頮從益從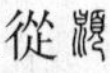，《説文》中之皀即水部之。觀此文則皀從自。從益象盤之盛水。	方濬益 綴遺齋彝器款識考釋 卷七 第十四頁	35594
沬			金文	頮爲沬之古文。吴大澂疑顥亦沬之古文，是也。考其形，魯伯匜殷穀盤所訛也。	商承祚 説文中之古文考	35599
沬	 𣪘盤	頮	金文	魯伯俞父盤、殷穀盤中之頮字並從泉，從頁，從水，從皿。此銘左旁所從與二器頮字所從“泉”同，右旁即“頁”之壞形，與二器異者，省不從水從皿耳。	楊樹達 積微居金文説 𢍏盤跋	24179

沬	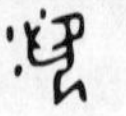		甲骨	卜辭中有沬王二字連用，殷王之子，食土例亦稱王，積習相沿，宗周未改。是知沬王者，必殷之王子矣。沬王遺物，世無傳者，沬氏地望，疑在渠水流域。	丁山 殷商氏族方國志 王 附論王子稱王 婦妹氏 亞牧	24184
沬			甲骨	古文沬作頮，或即此字。	饒宗頤 殷代貞卜人物通考 卷四	24181
沬	 魯伯匜		金文	左旁從頁省從水，表現盥沬之意，後人不明，復加頁加水。	王獻唐 黄縣㠱器	35603
沬			金文	字倚皿畫人臨之而以雙手濯髮形，由形生濯髮之意。	高鴻縉 中國字例二篇	35601
沬	 魯伯愈父盤	盨	金文	與金文常見之釁壽之釁字當爲一字，不過省去臼與倒皿之形，更另增一㿝形偏旁而已。	李孝定 釋釁與沬 "中央研究院"歷史語言研究所集刊外編第四種下册 1961 年	24180
沬		釁	金文	釁字本義爲沬面，象形，即沬本字。	李孝定 釋釁與沬 "中央研究院"歷史語言研究所集刊外編第四種下册 1961 年	28144
沬		釁	金文	釁爲沬之本字，眉壽字專字。眉壽即福壽。	周法高主編 金文詁林 卷四	28143
沬		釁	金文	釁爲沬之本字，從双手持倒皿，人在皿下沐浴之形。竊疑釁之古音有兩讀，分屬微部及文部，微文二部陰陽對轉，關係密切，聲母爲复輔音 x、m。其後复輔音分化，沬亦分化爲莫見切和呼内切，釁、沬遂判然爲二字。	周法高主编 金文詁林 卷四	42570
沬	 [illegible]匜	盨	金文	《三代》卷十七，三三頁著録一件銅器銘文中第二行"自作"下有一字，字不好認。根據文例，匜上一字，往往是説明這件器的用途的修飾語，如盥、沬等字。本銘匜上之字形體與盥字相去甚遠，應該釋作沬字。	孫稚雛 金文釋讀中一些問題的商討 中山大學學報 1979 年 3 期	24182

沬		釁	金文	眉釁并列似有可商。釁實爲沬之本字，其後孳衍，本字形變爲釁，其音義猶與沬字相關，本義則爲後起形聲之“沬”所取代。眉爲象形字，音讀偶與沬近，在假借義中多通用，非本一字。高田氏謂此所從顯即頮字，亦即靧字。説殊有可商。此下諸文當釋沬，即釁字異體，《説文》之顯，即此諸篆之訛變。	李孝定 金文詁林讀後記 卷十	24183
沬	 上四/曹沬之陳/11		楚簡	相當於“沬”字，這裏讀爲“食不二味”。《左傳·哀公元年》：“昔闔廬食不二味，居不重席。”	李零 上海博物館藏戰國楚竹書 第四册 曹沬之陳	3261
浴			説文	洒身也。从水谷聲。	許慎　説文解字	
浴				注水於盤而人在其中浴之象也。	羅振玉 殷虚書契考釋 第二册	31972
浴			甲骨	此字爲注水於般而人在其中浴之象也，許書作浴，變象形爲形聲也。	羅振玉 增訂殷虛書契考釋 卷中	24186
浴	 		甲骨	此字象人立於盤而水霝其間，乃象形。其從宀者象人浴於室中之形也。	商承祚 甲骨文字研究 卷下	24189
浴	 長/甲篇/行 11-13		楚簡	此字應讀爲谷，假浴爲谷。	李零 長沙子彈庫戰國楚帛書研究	747
浴	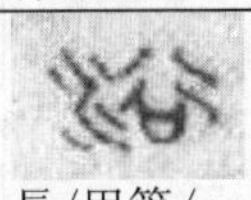 長/甲篇/行 11-13		楚簡	“浴”應讀“谷”。	何琳儀 長沙帛書通釋 江漢考古 1986 年 1、2 期	748
浴			甲骨	其字從人從水從凵，象人以水浴身之形；凵，非坎非阱也，乃盛水供人沐浴，爲浴桶、浴盆之類之器之形。故此字疑即今字浴之初文。	白玉峥 殷虛第十五次發掘所得甲骨校釋 中國文字 1990 年 2 月	24191

浴	 匯/信陽一號墓文章/8		楚簡	浴，浴德也。《禮記·儒行》："儒有澡身而浴德。"疏："浴德，謂沐浴於德，以德自清也。"《三國志·魏書·管寧傳》："澡身浴德，將以曷爲？"浴有潔治之意。	商承祚 戰國楚竹簡匯編 信陽長臺關一號楚墓竹簡第一組文章考釋	24192
浴	 郭/老子甲/2		楚簡	讀爲谷。	劉釗 郭店楚簡校釋	6719
浴	 上三/周易/44		楚簡	借爲"谷"。	濮茅左 上海博物館藏戰國楚竹書第三册 周易	13777
浴	 上四/采風曲目/4		楚簡	"王音深浴"，曲目。"深浴"讀爲"深谷"。	馬承源 上海博物館藏戰國楚竹書第四册 采風曲目	3594
澡			説文	洒手也。从水喿聲。	許慎 説文解字	
澡	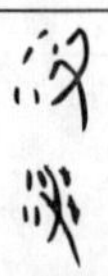		甲骨	此字從點象水，從又象手，手在水中是澡也。《説文》所載爲後起之字。	羅振玉 增訂殷虛書契考釋 卷中	24193
澡	 郭/太一生水/3		楚簡	讀作"燥"，《説文》："燥，幹也。"	彭浩、劉祖信、王傳富 郭店楚墓竹簡	7139
洗			説文	洒足也。从水先聲。	許慎 説文解字	
洗	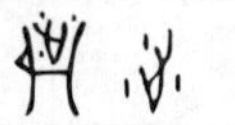		甲骨	字從水，從止，置足於水中也，是洗也。或增象盤之形，是洒足之盤也。古者沐盥以皿，洗足以盤。	羅振玉 增訂殷虛書契考釋 卷中	24196
洗			甲骨	洗方，以聲類求之，蓋即有莘氏之莘也。	楊樹達 積微居甲文説 釋□方	24199
洗			金文	此字上所從，羅釋爲洗是也。下從槃，上從洗聲。乃古禮經洗（承盥洗者，棄水器也）之本字。經文作洗者，省形存聲耳。	楊樹達 積微居甲文説	24198

洗			甲骨	從止在盤中，乃洗足之會意字也。前進字從行或彳，其但作歬者乃假洗足字爲前歬進字，非歬進字作此形，下逮小篆，反被借義所專，乃别出從水歬聲之字，以爲洗足之專字。	李孝定 讀契識小録 “中央研究院”歷史語言研究所集刊第三十五本 1964年	24200
洗			甲骨	字從土從洗，應是洗的異文，義爲潑水於地，即“洒水”，今之“澆灌”。與“田”相屬，即是洗田、灑田，即“負水澆稼”之意。	温少峰、袁庭棟 殷墟卜辭研究——科學技術篇	24201
汲			説文	引水於井也。从水从及，及亦聲。	許慎　説文解字	
汲	 者㴻鐘	沪	金文	此右旁乃及，此爲汲字，引水也，從水從及，及亦聲。	高田忠周 説文古籀篇 卷四	28358
汲	 上五/競建内之/4	澘	楚簡	何有祖指出前一字當隸作“衰”。何説是。此句“以”訓爲“用”，作爲介詞可介出祈禳所用方法或物品。頗疑“衰汲（下從舟）”讀爲“疏趾”，爲祭祀時對雉牲的美稱，與上文“擒此（指雉）祭之”呼應。	林志鵬 上博楚竹書《競建内之》重編新解 簡帛網 2006年2月25日	4978
淳			説文	渌也。从水𦎫聲。	許慎　説文解字	
淳			璽印	古淳字，晚周文字之異體也。	吴大澂 説文古籀補 卷十一	24204
淳			璽印	淳，從水，從享省。	丁佛言 説文古籀補補 卷十一	24205
淳	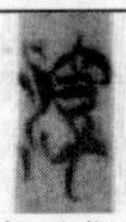 郭/成之聞之/4	淳	楚簡	裘按：或可釋作“淳”。	彭浩、劉祖信、王傳富 郭店楚墓竹簡	8523
淳	 郭/成之聞之/4	淳	楚簡	淳有沃灌義，在此指對民衆之浸潤。	劉釗 郭店楚簡校釋	8524
淋			説文	以水㳀也。从水林聲。一曰淋淋，山下水皃。	許慎　説文解字	

淋			甲骨	從水林聲，隸作淋。或即林地之水名。	朱歧祥 殷墟甲骨文字通釋稿	24208
渫			説文	除去也。从水枼聲。	許慎 説文解字	
渫			石鼓	古渫字。	吴大澂 説文古籀補 卷十一	24209
渫			石鼓	作渫是也。《易》“井渫不食”注：不停汙之謂也。《説文》渫，除去也。渫與洩同。鼓文亦作宣洩義，言湧盈以渫去其溼也。	趙烈文 石鼓文纂釋	24210
渫			秦簡	渫，讀爲世，金文常用枼爲世。	睡虎地秦墓竹簡整理小組 睡虎地秦墓竹簡	24212
渫	 郭/緇衣/6		楚簡	裘按：此字上部與《窮達以時》篇二號簡“殜”字右旁相同，似當釋爲“渫”。《説文》：“渫，除去也。”	彭浩、劉祖信、王傳富 郭店楚墓竹簡	7214
澣	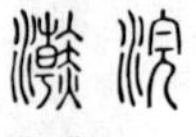 或體	浣	説文	濯衣垢也。从水倝聲。浣澣或从完。	許慎 説文解字	
濯			説文	澣也。从水翟聲。	許慎 説文解字	
濯	 右濯戈		金文	濯，所以刺船也，短曰楫，長曰濯。是戈當系水師所用，今俗作櫂，又作棹。	吴大澂 説文古籀補 卷十一	24214
濯		䨏	甲骨	《説文》：“濯，澣也。從水，翟聲。”此從三點象水，羽象帚，所用以澣者，置羽水中是濯也。許書作濯是後起字。	羅振玉 增訂殷虚書契考釋 卷中	24504
涑			説文	澣也。从水束聲。河東有涑水。	許慎 説文解字	
潎			説文	於水中擊絮也。从水敝聲。	許慎 説文解字	
瀧			説文	涂也。从水从土，尨聲。讀若隴。	許慎 説文解字	
灑			説文	汛也。从水麗聲。	許慎 説文解字	
灑			漢簡	灑灑，傳世典籍或作洗，當讀爲瘁，指寒病。	孟蓬生 張家山漢簡字義劄記 古籍整理研究學刊 2004年5期	15977

汛			説文	灑也。从水卂聲。	許慎　說文解字	
染			説文	以繒染爲色。从水杂聲。	許慎　說文解字	
染			篆文	從木在水中，木所以染。即梔茜之屬。從九（轉注），繒布置染中皆揉曲之，九揉，曲也。	林義光 文源	24222
泰	  古文	夳	説文	滑也。从廾从水，大聲。夳古文泰。	許慎　說文解字	
泰	 叔夷鐘	太	金文	太，或釋疾，非。案《説文》泰古文從大從二，古文凡重出者下一字往往省作二，謂二即上一字。古文泰蓋本是絫二大字爲之，大而又大故曰太。此銘從絫大不省。	劉心源 奇觚室吉金文述 卷二	24225
泰		太		《説文》古文泰，段云當從仌作，取滑之義也，從大聲。按古作從仌省。	林義光 文源	24227
泰			篆文	泰，脱也。即洮汰之汰本字，凡洮汰者，以物置於水中，因其滑而脱去之。𠬞巛，手捧水形。	林義光 文源	24226
泰	  	太		商器此字即泰字。證此初文，手滑當非泰初義，以足滑訓泰字，最合本義。蓋字象人陷泥水之中，高及股膝，以水形之左傾右斜，示足下之滑，使人不能自主也。甲骨文太字凡三見，爲國族地名、人名。其從"大"腿部從三點者與"太"當爲一字。	嚴一萍 釋太 中國文字 1961 年	24229
泰	 伯公父簠	太	金文	當釋爲太。太師小子連文，金文屢見。甲骨文中，大與小相對而言，而大、夫、太等字在甲骨文中本爲一字。	伍仕謙 白公父簠銘文考釋 古文字研究論文集 1982 年	24230
泰		太	甲骨	從人，跨下一横，其義未詳，或即泰之本字，今俗作太。	朱歧祥 殷墟甲骨文字通釋稿	24232
泰			綜合	泰字，從大，從廾，從水，大亦聲。它的篆文的本義與婦女分娩有關，意謂"生子滑利"。	劉漢生 釋"泰" 武漢大學學報 1995 年 5 期	24231

泰			磚文	此字實應隸作泰字。用如太、大。泰沈，即大沈。泰爲大匠省文，沈爲大匠私名。	王輝 秦文字釋讀訂補(八篇) 考古與文物1997年5期	15344
⿰氵閻			説文	海岱之閒謂相汙曰⿰氵閻。从水閻聲。	許慎　説文解字	
瀳			説文	汙灑也。一曰水中人。从水贊聲。	許慎　説文解字	
⿰氵愁			説文	腹中有水氣也。从水从愁，愁亦聲。	許慎　説文解字	
湩			説文	乳汁也。从水重聲。	許慎　説文解字	
湩			璽印	古鉢文，杫湩，地名。疑即古梓潼字。杫梓音相近，從童從重古文通用也。	吴大澂 説文古籀補 卷十一	24237
湩			璽印	古鉢。枝湩。此枝或即《説文》郝之古文省文。	丁佛言 説文古籀補補 卷十一	24238
洟			説文	鼻液也。从水夷聲。	許慎　説文解字	
洟	 者瀘鐘	沪	金文	《説文》所無，疑即洟字。	林潔明、周法高主編 金文詁林 卷十一	24240
潸			説文	涕流皃。从水，散省聲。《詩》曰："潸焉出涕。"	許慎　説文解字	
汗			説文	人液也。从水干聲。	許慎　説文解字	
汗			石鼓	《正字通》云，石鼓文汧=釋作瀚，古借汗字。似爲近之。	强運開 石鼓釋文	24242
汗	 上四/柬大王泊旱/1	滄	楚簡	楚文字中"滄"可用爲"寒"，"寒"與"汗"古音相同。其時既發生旱災，自是驕陽當空，簡王迎日而立被陽光所炙烤，故簡文謂其汗出下流至腰間之帶。古書有"汗流至踵"（《莊子·田子方》）或"汗出至踵"（《韓詩外傳》卷十）的説法。進一步推測，以前所見用爲"寒"的所謂"滄"字，都是將"水"旁横寫在"倉"的下	陳劍 上博竹書《昭王與龔之脽》和《柬大王泊旱》讀後記 簡帛研究網 2005年2月15日	3812

				面的，而簡文此形水旁竪寫在“倉（寒）”的左旁，跟舊所見用爲“寒”的所謂“滄”字可能還並非一字。它以“水”爲意符、“倉（寒）”爲聲符，很可能本來就是“汗”字的異體。		
泣			説文	無聲出涕曰泣。从水立聲。	許慎　説文解字	
涕			説文	泣也。从水弟聲。	許慎　説文解字	
涕	 士上卣	眔	金文	不從隸省，當爲涕之古字，象目垂涕形。	郭沫若 金文叢考 臣辰盉銘考釋	28149
涕			甲骨	表示鼻子得了一種疾病。	王宇信、張永山、楊升南 試論殷墟五號墓的“婦好”考古學報 1977 年 2 期	42879
涕			甲骨	鼻疾也。	嚴一萍 婦好列傳 中國文字 1981 年	42880
涑			説文	澣也。从水束聲。	許慎　説文解字	
灋			説文	議辠也。从水、獻。與法同意。	許慎　説文解字	
灋			秦簡	《説文》議罪也。古書也寫作讞或者灋。	睡虎地秦墓竹簡整理小組 睡虎地秦墓竹簡	24248
灋	 曾侯乙鐘		金文	此字以釋灋較妥。從水獻，與法同義。灋字從水，是體現議罪量刑，在統一水平的原則上，力求公正的裁決。	戴家祥 金文大字典 卷中	24249
渝			説文	變汙也。从水俞聲。一曰渝水，在遼西臨俞，東出塞。	許慎　説文解字	
渝	 [illegible]鎛		金文	該字左旁殘缺，右旁從俞，依稀可辨爲渝字。《説文》：渝，變污也。引申爲改變的意思。	戴家祥 金文大字典 卷中	24252
渝			璽印	關於朔縣秦漢墓出土铜印的第二個字，諸家有釋作海、涿或洮等字，皆非也。此字實爲渝字。此銅印中二字亦不是“貴海”，而是“周渝”。	張頷 “貴海”銅印釋文正誤 張頷學術文集 1995 年 3 月	24251

減			説文	損也。从水咸聲。	許慎　説文解字	
減	 者減鐘	滅	金文	減之繁飾。因用於器銘刻辭故加皿旁。	戴家祥 金文大字典 卷中	24254
滅			説文	盡也。从水烕聲。	許慎　説文解字	
漕			説文	水轉轂也。一曰人之所乘及船也。从水曹聲。	許慎　説文解字	
泮			説文	諸矦鄉射之宫，西南爲水，東北爲牆。从水从半，半亦聲。	許慎　説文解字	
泮	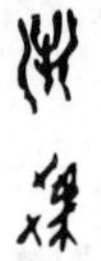		甲骨	該字羅振玉釋爲沈牛之沈字。余以爲該字從水，從牛，當爲泮之古文。	唐蘭 天壤閣甲骨文存附考釋	24258
漏			説文	以銅受水，刻節，晝夜百刻。从水扇聲。	許慎　説文解字	
澒			説文	丹沙所化，爲水銀也。从水項聲。	許慎　説文解字	
萍			説文	苹也。水艸也。从水、苹，苹亦聲。	許慎　説文解字	
濊			説文	水多皃。从水歲聲。	許慎　説文解字	
汩			説文	治水也。从水曰聲。	許慎　説文解字	
汩	 長/甲篇/行 1-2	浘	楚簡	從曰聲，其字與淈字通假。這裏山崩泉湧都是凶咎之象。	李零 長沙子彈庫戰國楚帛書研究	310
汩	 長/甲篇/行 1-2		楚簡	釋爲“汩”，爲水勢洶湧。	高明 楚繒書研究 古文字研究 1985 年 12 輯	309
汩	 長/甲篇/行 1-2	浘	楚簡	右所從疑即《説文》𡰪字，此字就是《説文》中用來形容水流急的汩字。	李零 長沙子彈庫戰國楚帛書研究	24263
汩	 長/甲篇/行 1-2		楚簡	“有淵其汩”，意謂“洪泉甚深”。	何琳儀 長沙帛書通釋 江漢考古 1986 年 1、2 期	12468

汩	 長/乙篇/行 1-3		楚簡	此字選堂先生釋爲汩，從水，曰聲，訓急流。	曾憲通 長沙楚帛書文字編	24264
汩	 長/乙篇/行 1-3		楚簡	此字原釋“泔”，李文、高文同，但泔字當中一筆不應與兩邊相連，今從饒文、何文改正。	李零《長沙子彈庫戰國楚帛書研究》補正 古文字研究 2000 年 20 輯	11158
瀼			説文	露濃皃。从水襄聲。	許慎 説文解字	
溥			説文	露皃。从水專聲。	許慎 説文解字	
汍			説文	泣淚皃。从水丸聲。	許慎 説文解字	
泯			説文	滅也。从水民聲。	許慎 説文解字	
瀊			説文	沆瀊，氣也。从水，鼂省聲。	許慎 説文解字	
瀘			説文	水名。从水盧聲。	許慎 説文解字	
瀘	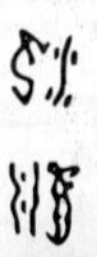		甲骨	從水，從虍，古瀘字，許書所無，地名。	王襄 簠室殷契徵文考釋 二編	24266
瀘	 噩君啓舟節	濻	金文	商承祚謂新發現的舟節，從水從膚，借作廬。從盧與從膚古字通。	于省吾 鄂君啓節考釋 考古 1963 年 8 期	28360
瀟			説文	水名。从水蕭聲。	許慎 説文解字	
瀛			説文	水名。从水羸聲。	許慎 説文解字	
滁			説文	水名。从水除聲。	許慎 説文解字	
洺			説文	水名。从水名聲。	許慎 説文解字	
潺			説文	水聲。从水孱聲。	許慎 説文解字	
湲			説文	潺湲，水聲。从水爰聲。	許慎 説文解字	
濤			説文	大波也。从水壽聲。	許慎 説文解字	

濤			陶文	疑波濤之濤也。	吴大澂 説文古籀補 卷十一	24269
濤		㴹	甲骨	濤。許書無濤字，新坿有之。此從水 𢎘 聲，今字從壽者，猶疇今字作疇。	商承祚 殷虚文字類編 卷十一	24270
濤		㴹	甲骨	濤。殷墟文字右旁所從即申，與電蛇之形同。字形象龍在水中致起波瀾之象。	張與仁 巳己文字與彝器畫紋考釋 中國文字 1966 年	24271
潎			説文	水涌也。从水敍聲。	許慎　説文解字	
港			説文	水派也。从水巷聲。	許慎　説文解字	
瀦			説文	水所亭也。从水豬聲。	許慎　説文解字	
瀰			説文	大水也。从水镾聲。	許慎　説文解字	
淼			説文	大水也。从三水。或作渺。	許慎　説文解字	
潔			説文	瀞也。从水絜聲。	許慎　説文解字	
浹			説文	洽也。从也。从水夾聲。	許慎　説文解字	
溘			説文	奄忽也。从水盍聲。	許慎　説文解字	
潠			説文	含水噴也。从水巽聲。	許慎　説文解字	
涯			説文	水邊也。从水从厓，厓亦聲。	許慎　説文解字	
沘			甲骨	從水從匕，即沘字。可讀爲沘，河流名，即今河南沘陽河。	劉桓 卜辭雜釋五則 殷都學刊 1996 年 1 期	16263
汈	 者瀘鐘	沪	金文	當爲汈字，舠之異體。舠行於水，故字從水。	郭沫若 者汈鐘銘考釋 文物參考資料 1958 年 1 期	16260
汈	 者瀘鐘	沪	金文	此右旁與銘中剌字所從者合同，故知當爲汈。	郭沫若 者汈鐘銘考釋 文史 1958 年 1 期	28278
汈	 曾/214	汈	楚簡	職官名。	湖北省博物館 曾侯乙墓	3064

汈	 者盄鐘	汈	金文	金文用作人名，義不可考。	戴家祥 金文大字典	16261
㲺	 㝬鐘		金文	郭沫若釋作順，非。當是㲺字，㲺孫即仍孫。《爾雅・釋親》："晜孫之子爲仍孫。"	唐蘭 周王㝬鐘考 唐蘭先生金文論集 1995 年	16259
汐		汌	璽印	隸定當作汌。從水從月。卜辭中月夕同文，殆即汐字，汐爲潮汐專字。	周名輝 新定說文古籀考 卷中	16438
沚			甲骨	《說文解字》、《玉篇》、《廣韻》均無此字。以地望及字音求之，當爲滍水。㞢、蚩古音同。	楊樹達 積微居甲文說 釋沚	16324
汈	 上四/逸詩—交交鳴鶩/1		楚簡	"汈"，讀爲"梁"。	馬承源 上海博物館藏戰國楚竹書 第四册 逸詩——交交鳴鶩	3495
池		殹	石鼓	汧殹字兩見，尋繹上下文，當是水名，不應作虛字訓。疑即古池字。	張燕昌 石鼓文釋存	23579
污			金文	隸定爲污，義待考。	戴家祥 金文大字典	16262
沌			甲骨	從爪從水從屯。《說文》所無。地名。	徐中舒 甲骨文字典 卷十一	16434
汫			甲骨	從水從井。《說文》所無。義不明。	徐中舒 甲骨文字典 卷十一	16433
汱	 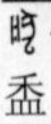作父乙盉		金文	字當釋汱。	戴家祥 金文大字典 卷中	14906
洰			璽印	《說文》無，《集韻》水中物曰洰。	羅福頤 古璽文編	18088
囦	 郭/性自命出/62		楚簡	義爲深邃。	陳偉 郭店竹書別釋	8218
汼			甲骨	該字從水從牛。《說文》所無。卜辭用此爲祭時用牲之法。以意定之，當作湛。	李孝定 甲骨文字集釋 卷十一	16436

沃		丁	甲骨	沃丁專字，丁藏在爵的腹内。	黄奇逸 釋沃丁·盤庚 考古與文物 1987年1期	39107
汴	 上二/子羔/7	湲	楚簡	“汴”疑讀爲變。	李學勤 楚簡《子羔》研究 上博館藏戰國楚竹書研究續編 2004年	249
汧			漢簡	此字隸定爲汧是很對的。認爲是紅色也是正確的。字應該讀爲“丹”。但從古書丹漆資料看，讀爲彤似更合適。	朱德熙 馬王堆一號漢墓遣策考釋補正 文史 1980年10輯	16439
沘		氿	甲骨	此亦當釋沘。即“虎方其涉沘”之沘水。	葉玉森 殷虛書契前編集釋 卷二	16435
沘	 上二/容成氏/41	雹	楚簡	該字雨中間有竪筆貫下筆跡，似不從丙。下從匕是。雨與水義近，溾也可能即“沘”字別體，在此可從整理者讀“批”，義爲擊。《左傳·莊公十二年》：“宋萬遇仇牧於門，批而殺之。”	黄錫全 讀上博簡（二）劄記（肆）簡帛研究網 2003年5月16日	4163
沘	 上二/容成氏/41	雹	楚簡	《容成氏》簡41有“雹”字，整理者認爲讀“批”。或以爲從雨瓜聲，“下也”。又疑爲從匕從丙，讀柄，意爲控制。全按，此字雨中由竪筆貫下筆跡，似不從丙，下從匕是，雨與水近，可能讀作沘。	黄錫全 讀上博間（二）劄記五則 第四届國際中國古文字學研討會論文集 2003年	14736
洓	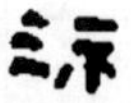		陶文	《説文》無，《玉篇》水名。	高明、葛英會 古陶文字徵	18086
洎			璽印	《説文》無，《集韻》洎淚波。	羅福頤 古璽文編	18092
泚			甲骨	從水在北中，與北爲一字，此泚可能是邶，邶乃殷北鄙之國。	饒宗頤 殷代貞卜人物通考	18089
泚			甲骨	從水從北，《説文》無，卜辭中作地名。	李孝定 甲骨文字集釋 卷十	18090
泚			甲骨	字爲地望之稱，義非水名，似爲河道個別分歧之稱謂。	丁驌 東薇堂讀契記（二） 中國文字 1988年7月	18091

沬			金文	從水矢聲，即《左傳》晉之智地。	柯昌濟 韡華閣集古録跋尾 沬伯寺敨	18093
沬			陶文	左邊三短横乃是水旁。與江陵鳳凰山出土秦“泠賢”印同。	王輝 秦文字釋讀訂補（八篇）考古與文物 1997 年 5 期	15362
泃			陶文	《説文》無，《集韻》水聲也。	高明、葛英會 古陶文字徵	18094
泊	 上四/柬大王泊旱/1		楚簡	《集韻》：“泊，止也。”《廣韻》同。《增修互注禮部韻略》：“泊，止息也。”“泊”或通“怕”，《集韻》：“怕，通作泊。”	濮茅左 上海博物館藏戰國楚竹書第四册 柬大王泊旱	3583
泊	 上四/柬大王泊旱/1		楚簡	從文義上説，“泊”讀爲“雩”應較爲直捷。從語音上看，泊、雩都是魚部字，聲類似遠隔。但可以加以疏通。“綒”，《説文》云：“履也。一曰：青絲頭履也。讀若阡陌之陌。從糸、户聲。”又“雇”字亦從“户”聲，《説文》“雇”字或體作“鶚”，解説謂“雇或從雩”，其實當看作從“雩”爲聲符。由這兩個從“户”聲的字爲樞紐，“雩”、“陌”也可以音系相通，而“陌”所從之聲符“百”，跟“泊”之聲符“白”聲系字常常可以相通。由此可見，“泊”確有可能就讀爲“雩”。	董珊 讀《上博藏戰國楚竹書（四）》雜記 簡帛研究網 2005 年 2 月 20 日	3784
泊	 上四/柬大王泊旱/1		楚簡	“泊”當用爲祭名，實即《周禮》的“酺”字，其法與雩祭或禜祭類似。	孟蓬生 上博竹書（四）閒詁 簡帛研究網 2005 年 2 月 15 日	3884
汿	 上五/季庚子問於孔子/4		楚簡	讀爲“侮”。輕慢、侮辱、欺凌。	濮茅左 上海博物館藏戰國楚竹書第五册 季庚子問於孔子	1976
汿	 上五/季庚子問於孔子/4		楚簡	讀“繆”有亂的意思。簡文“驕”導致繆亂的後果和上文説“恭則遂”正好是相應的。	楊澤生 《上博五》零釋十二則 簡帛網 2006 年 3 月 20 日	5171

⿰氵弁			璽印	從水，釋爲⿰氵弁，見於《集韻》。	劉釗　璽印文字釋叢（一）　考古與文物 1990 年 2 期	18281
⿰氵弁	 上二/子羔/7	⿰氵叓	楚簡	從水從弁，可釋讀爲“弁”，爲喜樂之義。	黄錫全　讀上博楚簡（二）劄記八則　上博館藏戰國楚竹書研究續編 2004 年	251
洰	 		陶文	《説文》無，《集韻》水貌。	高明、葛英會　古陶文字徵	18087
⿰氵史	 上二/子羔/7	⿰氵叓	楚簡	當爲後世字書所載之“⿰氵史”或“⿰氵吏”字，讀爲“事”。“大事”即重大舉措。	魏啓鵬　説“四方有敗”及“先王之道”——讀《上博簡》（二）箋記之一　上博館藏戰國楚竹書研究續編 2004 年	14341
⿰氵史	 上二/子羔/7	⿰氵叓	楚簡	右旁於字形分析，確爲“史”字無疑，所以將它隸定作從氵從史。其字不可確識，大抵有鋪張一類含義。	張桂光　《上博簡》（二）《子羔》篇釋讀劄記　上博館藏戰國楚竹書研究續編 2004 年	12566
泂			陶文	《説文》無，《集韻》水名。	高明、葛英會　古陶文字徵	18095
泧			甲骨	所從或當爲戌，歲亦從戌得聲，可通，當是濊水，即涣水，即今澮水。	陳夢家　殷虚卜辭綜述	18274
洱			甲骨	字右從耳。其於洱言㳄豕與否，則洱爲被祭的主名。此段卜辭材料可證洱是地名。洱地是由洱水得名。	于省吾　甲骨文字釋林　釋洱	18271
洱			甲骨	從水從耳，當釋爲洱。地名或水名。蓋因其水澤湖泊形似人耳，故名。	陳漢平　古文字釋叢　考古與文物 1985 年 3 期	18273
洱			甲骨	從水從耳，地名或水名，蓋其水澤湖泊形似人耳，故名洱。	徐中舒　甲骨文字典　卷十一	18272
洀		洀	璽印	《璽彙》0363 著録燕長條璽，印文六字。其中第一字可隸定爲洀，戰國文字“洀”從水舟聲。第二字從水從山，釋汕應無疑義。洀汕應讀爲“朝鮮”，即朝鮮。字均從水，應是水名，“汕”爲汕水，“洀”俟後考。	何琳儀　古璽雜釋再續　中國文字 1993 年 3 月	39103

洀				隸定作洀，有多種寫法，釋爲“盤桓”，確。	陳振裕、李天虹“洀”與“洀工”探析 于省吾教授百年誕辰紀念文集 1996 年 9 月	18280
洀			甲骨	郭沫若釋爲般，其說至確。余意⊏象水形，乃水字。此水橫截舟上，示舟浮行水上形。後世作洀。洀，古盤桓的盤字。	楊樹達 積微居甲文說 釋	18278
洀			甲骨	字從水從舟，〈是水字，非象殳形也。	楊樹達 卜辭求義 洀	18277
洀	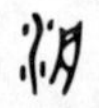		甲骨	從水從舟，古盤字，象水中行舟之義，故有“盤桓”之義。	温少峰、袁庭棟 殷墟卜辭研究——科學技術篇	18279
洀	 啓作祖丁尊		金文	《說文》無，《玉篇》同瀊潘，水迴旋也。	容庚 金文編	18276
浧	 上三/周易/9	海	楚簡	原篆與“海”不似，疑從“水”，“企”聲。《說文》：“企，舉踵也，從人，止聲。去智切。”《集韻》：“企，舉踵也，或作跂。章移切。”然則“企”可能有兩種讀音，此字疑從《集韻》的讀音，聲紐屬舌音。今本“盈”聲紐亦屬舌音。因此，此字與“盈”聲紐相同，韻部由支耕對轉。	何琳儀、程燕 滬簡《周易》選釋 簡帛研究網 2004 年 5 月 16 日	2401
氵凵	 上五/三德/16		楚簡	這個字從水從凵，“凵”很可能是“激”字的表意初文，“凵”字中的橫畫，不是無義的飾笔，而是具有表意功能的，象水流中的阻塞之物，《說文·水部》：“激，水礙衺疾波也，一曰：半遮也。“水礙”指的是水中有阻塞。“疾波”是指水流因受阻而騰湧、飛濺。“一曰：半遮也”正與“凵”字所從橫畫相吻合。從讀音上分析，“氵凵”可以和“籥”通用，“凵”字的讀音與“籥”相近；“激”的讀音也和“籥”極近。凵”字很可能就是“激”的本字。	魏宜輝 試析古文字中的“激”字 簡帛網 2006 年 3 月 29 日	4724

梨			金文	銘文梁字從水從井從刀。吴氏釋爲梁是也。刀爲刅之省。字從井者，字乃從水從刱聲，故有井形也。	楊樹達 積微居金文説 仲㪤父盤跋	17159
浗	 郭/唐虞之道/17		楚簡	裘按：疑讀爲“求”。	彭浩、劉祖信、王傳富 郭店楚墓竹簡	8449
浗	 郭/唐虞之道/17		楚簡	通仇，爲匹配、對比之義。	劉釗 郭店楚簡校釋	8450
洖			陶文	《説文》無，《集韻》音吾，人名。	高明、葛英會 古陶文字徵	18275
涃	 郭/緇衣/6	渫	楚簡	此字在“水”形以上的部分，與《説文》“困”字古文相似。應可釋爲“涃”，讀爲“困”。困有阻礙的意思，與對應今本“禦”義相近。	陳偉 上博、郭店二本《緇衣》對讀 簡帛研究網 2002 月1月21日	14275
浧			楚簡	字殘，應與簡48“處之不盈志”的“盈”字爲同字，古書亦作“浧志”。	李零 讀九店楚簡 考古學報1999年2期	3128
浧	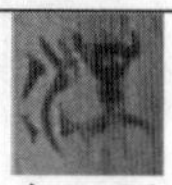 上三/亙先/4		楚簡	讀“盈”。	李零 上海博物館藏戰國楚竹書 第三册 亙先	12858
浧	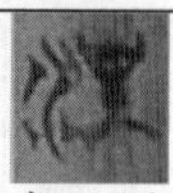 上三/亙先/4		楚簡	浧，讀爲盈，上古音在耕部。	丁四新 楚簡《恆先》章句釋義 簡帛網 2005年12月30日	2578
浸	 郭/性/30		楚簡	浸、殺原皆從“水”，含義不詳。殺，通“悴”。悴訓憂愁、悲傷。浸殺也許是説憂傷漸深。	陳偉 郭店簡書《人雖有性》校釋 中國哲學史2000年4期	14171
浸	 上一/性情論/18		楚簡	漸近。《周易·遯》：“浸者，漸進之名。”	濮茅左 上海博物館藏戰國楚竹書 第一册 性情論	7821
浸	 郭/語叢二/17	[illegible]	楚簡	即浸字，疑讀爲侵。	劉釗 郭店楚簡校釋	9016

㲱	 包/卜筮/246		楚簡	讀作没。"没人"即溺於水中之人。	劉彬徽、彭浩、胡雅麗、劉祖信 包山楚簡	6961
涖	 齊國差鑰	立	金文	《爾雅·釋詁》：涖，視也。立事謂視事，此言立工，工亦事也。	于省吾 雙劍誃吉金文選 齊國差鑰	36427
涖	 齊國差鑰	立	金文	"國差立事歲"，謂國佐監涖工事之歲。	陳小松 國佐鑰爲齊人鑄以祀火正者説 文物周刊 1946 年	36428
涖	 齊國差鑰	立	金文	立當讀爲涖，涖事猶言涖政也。	楊樹達 積微居金文説	36429
溲			甲骨	該字從水從叟。《説文》所無。	李孝定 甲骨文字集釋 卷十一	17106
泾	 上五/弟子問/8		楚簡	字從爻得聲，疑讀爲"淆"。《廣韻》："淆，混淆濁水。"	張光裕 上海博物館藏戰國楚竹書第五册 弟子問	603
[illegible]	 上五/競建内之/4		楚簡	讀爲汲。汲汲爲不休息貌，寖汲是汲汲不休的寖水旁。	陳佩芬 上海博物館藏戰國楚竹書第五册 競建内之	1945
[illegible]			甲骨	該字卜辭未見，疑爲從水從皀。	孫海波 甲骨文録附考釋	17107
浨	 郭/緇衣/6	禦	楚簡	郭店簡《六德》有"道宎"一詞，宎字與此字上半字形相同，故此字釋作從水、宎聲較妥。宎從亡聲（李零先生亦以爲郭店簡此字從亡得聲），古在陽部，禦古在魚部，魚陽對轉，其例甚多。唯二者之聲紐，尚須推證。宎在明紐，禦在疑紐，雖一在唇音，一在喉音，而仍時相通假。傳本作"禦"，簡文與傳本實同。	虞萬里 上博簡、郭店簡《緇衣》與傳本合校補證（上） 史林 2002 年 2 期	13377

涞	 郭/緇衣/6	渫	楚簡	爲涞字，不論如何解形，讀御爲是。	劉釗 郭店楚簡校釋	7213
涱			楚簡	此字釋爲“漲”。帛書借爲障隔、障礙之障。	商承祚 戰國楚帛書述略 文物1964年9期	100
添		沾	陶文	古添字，亦通霑。	丁佛言 説文古籀補補 卷十一	39088
湯	 包/文書/3	湯	楚簡	湯字。	劉彬徽、彭浩、胡雅麗、劉祖信 包山楚簡	3173
湃		非	甲骨	“非”是表示方位的語詞，原字從水非聲，讀爲“非”，意同“偏”。	連劭名 殷墟卜辭中的“對”和“非”文物春秋2001年2期	15867
渒			甲骨	該字爲國名，或地名。疑從水從卑，乃古渒字。從卑與從甲同。不然即從水從畢，乃古滭字。	葉玉森 殷虚書契前編集釋 卷六	17307
淺	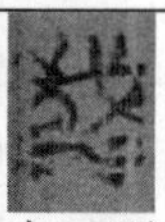 上三/亙先/2		楚簡	“寂”，整理者所讀，殆以爲是馬王堆帛書《經法》“虚無刑（形），其叔（從衣，寂）冥冥，萬物之所從生”之“叔（從衣）”，然依字形看，從水、戠聲（下部歧出一人形），寔與“赤（叔）”形不似，疑或可讀“哉”，則“爲一若哉”意即“爲一若始”，或者讀“俶”訓“始”，形容“或”欲開始運動前，孤獨單一之狀態，如初始之無物素樸一般。	黄人二、林志鵬 上博藏簡第三册恆先試探 簡帛研究網2004年5月12日	1578
淺	 上三/亙先/2		楚簡	爲一若寂：它們處在單一而寂静狀態。	龐樸 《恒先》試讀 簡帛研究網 2004年4月26日	1408
浇	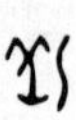		甲骨	當釋浇。	陳邦福 殷契辨疑	17108
浇			甲骨	該字從水從羌。《説文》所無。陳釋爲浇是也。地名。	李孝定 甲骨文字集釋 卷十一	17109
滖			甲骨	地名，亦水名。	葉玉森 殷虚書契前編集釋 卷一	17670

⿰氵臬			甲骨	從水從臬，《説文》所無。《水經》“沁水出上黨涅縣謁戾山”注云：“沁水即涅水也。”涅⿰氵臬古音相同，故⿰氵臬水即沁水，亦名少水。	李孝定 甲骨文字集釋 卷十一	17671
⿰氵帚	 郭/語叢二/17		楚簡	從水，從逯省聲。應讀爲“愧”。	劉信芳 郭店簡《語叢》文字試解（七則）簡帛研究 2001年	9017
⿰氵帚	 郭/語叢二/17		楚簡	讀爲“侵”。	連劭名 郭店楚簡《語叢》叢釋 孔子研究 2003年2期	14163
沴	 王孫遺者鐘		金文	該字從水㐱聲，㐱者璽之異，則該字斯爲瀰矣。瀰者水盛皃。	郭沫若 兩周金文辭大系圖録考釋 王孫遺者鐘	17492
淄		汌	甲骨	該字從巛從水，卜辭罕見。疑即淄，或汌之古文。	孫海波 誠齋甲骨文字考釋	16444
淄			金文	該字從水從二甾，一正一倒。	于省吾 雙劍誃殷契駢枝續編 釋甾	17308
淄			甲骨	該字應釋爲淄，《甲骨文編》誤釋爲油，非是。淄水乃商境内的河流。即今之淄水。	劉桓 古代文字研究 内蒙古大學學報 1980年4期	17309
⿰氵壴			甲骨	即水經濁漳水注之“自渠枝水俗謂之泜水”。卜辭豈氏故地，當求之於祇水流域之鼓聚。祇正豈之聲訛。	丁山 殷商氏族方國志	17482
⿰氵壴			甲骨	該字從水從壴，《説文》所無。	李孝定 甲骨文字集釋 卷十一	17483
⿰氵封				該字從水從封，可隸定爲⿰氵封。⿰氵封也可能就是滂字。	張亞初 古文字分類考釋論稿 古文字研究 1989年17輯	17481
⿰氵柞	 郭/緇衣/6	渫	楚簡	劉信芳隸定爲從水從柞，可信。字與“禦”均屬魚部，可通假。	何琳儀 郭店竹簡選釋 簡帛研究 2001年	7212
⿰氵柞	 上二/容成氏/25		楚簡	疑讀爲“阻”。	李零 上海博物館藏戰國楚竹書 第二册 容成氏	13273

㵗			金文	㵗。省心字。見《集韻》。	阮元 積古齋鐘鼎彝器款識 卷八 散氏盤	17930
㵗			金文	㵗，或釋滄，非。《集韻》水名。從害，乃憲省。	劉心源 奇觚室吉金文述 卷八 散氏盤	17931
㵗			金文	阮元云㵗字省心。見《集韻》，水名，説可從。從水憲省聲，非爲滄，水名。	高田忠周 説文古籀篇 卷四 散氏盤	17932
㵗	 散氏盤		金文	王静安曰，此水名，以聲類求之，蓋即《水經·渭水注》之扞水也。	高鴻縉 散盤集釋	28487
㵗	 散氏盤		金文	害，古瞎字，從目害省聲，以聲類求之，害應即後世斜水，瞎斜古同音。	高鴻縉 散盤集釋	17933
㵗	 散氏盤		金文	《説文》無，《唐韻》水名。	容庚 金文编 散氏盤	17929
滮	 上四/昭王毀室/1		楚簡	虍聲與付聲無論聲紐還是韻部，都有一定距離，讀“附”實不可取。字當讀爲“汻(滸)”。《説文·水部》：“汻，水厓也。從水，午聲。”徐鉉等按：“今作滸，非是。”《爾雅》虍聲與午聲古均爲曉紐魚部字，故可相通。《爾雅·釋丘》：“岸上，滸。”郭璞注：“岸上地。”又《釋水》：“滸，水厓。”郭璞注：“水邊地。”《集韻·姥韻》：“汻，水厓也。或作滸、滹。”	孟蓬生 上博竹書(四)閒詁 簡帛研究網 2005年2月15日	3767
㶊	 上二/容成氏/23		楚簡	疑是從水從勞省，這裏讀爲“潦”。	李零 上海博物館藏戰國楚竹書 第二册 容成氏	13264
㬏	 上三/周易/58		楚簡	字待考，如據帛書、今本可讀爲“抴”、“曳”。“曳”，拖。	濮茅左 上海博物館藏戰國楚竹書 第三册 周易	13969
源	 郭/成之聞之/11	湶	楚簡	裘按：“源”字又見下14簡，字作“湶”。此字所從“泉”字形，參看吴振武《燕國銘刻中的“泉”字》，載《華學》第二輯。	彭浩、劉祖信、王傳富 郭店楚墓竹簡	8551

澑	 噩君啓舟節	䨻	金文	譚其驤先生認爲澑是指耒水。我們不同意此説。“澑水”應是指今之洣水。	熊傳新、何光岳 《鄂君啓節》舟節中江湘地名新考 湖南師範大學學報 1982 年 3 期	16518
澑		䨻	金文	《説文》所無。《玉篇》釋爲“澤名。通作雷”。	容庚 金文編 噩君啓舟節	16517
溺	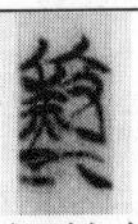 郭/性自命出/30		楚簡	濈溺，猶言“漬水”。	彭浩、劉祖信、王傳富 郭店楚墓竹簡	8935
溺	 郭/性自命出/30		楚簡	讀爲殺。	陳偉 郭店竹書別釋	8934
渁			陶文	《説文》所無，《玉篇》渁水擊迴旋也。	高明、葛英會 古陶文字徵	17672
渁	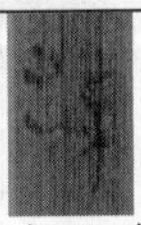 上三/中弓/19		楚簡	與“竭”雙聲疊韻，通。“竭”，窮盡。山崩川竭，古人認爲是重大事變或其徵兆。	李朝遠 上海博物館藏戰國楚竹書第三册 中弓	13417
溪	 包/文書/140 反		楚簡	地名。	劉彬徽、彭浩、胡雅麗、劉祖信 包山楚簡	1297
溪	 郭/語叢四/17	溪	楚簡	溪字異體。	劉釗 郭店楚簡校釋	6637
溪	 曾/212	㮝	楚簡	曾侯乙墓這個字與包山簡“溪”很相近，當釋爲“溪”。在簡文中依舊讀爲“奚奴”之“奚”。“桐溪”、“柏溪”即用桐、柏做成的“奚”的俑。	李守奎 曾侯乙墓竹簡“水”字補釋 第四届國際中國古文字學研討會論文集 2003 年	15269
溪	 上四/柬大王泊旱/3		楚簡	“名山名溪”，指名山大川，五嶽四瀆之屬。“名溪”，“溪”亦作“谿”，泛指名水。《爾雅・釋水》：“江、河、淮、濟爲四瀆”，“水注川曰谿，注谿曰谷，注谷曰溝，注溝曰澮，注澮曰瀆”。	濮茅左 上海博物館藏戰國楚竹書第四册 柬大王泊旱	1728

溪	 上四/柬大王泊旱/8		楚簡	“深溪”，大壑。《淮南子·修務訓》：“上峭山，赴深谿，遊川水。”高誘注：“峭山，高山；深谿，大壑；遊，渡也。”高山深溪，道多隘，地險要，不能還車，兵法所忌，此環境多逢凶險。	濮茅左 上海博物館藏戰國楚竹書 第四册 柬大王泊旱	3604
湶	 散氏盤		金文	該字今考定是湶字。當是古文俗字。湶即泉字。	周名輝 新定説文古籀考 卷上	17484
溴	 包/文書/100		楚簡	當讀作澤。	李天虹 《包山楚簡》釋文補正 江漢考古 1993年2期	5190
淑	 上三/亙先/2	泧	楚簡	此字似可分析爲從水從尗從戈，疑以音近讀爲“寂”。	李零 上海博物館藏戰國楚竹書 第三册 亙先	13476
㴬			甲骨	從水從射，即㴬之古文。	陳邦懷 殷虚書契考釋小箋	17926
漪	 同簋	猰	金文	此字柯昌泗以爲漪字。	丁佛言 説文古籀補補 附録	28272
滴			甲骨	古滴字。	王襄 簠室殷契類纂存疑	17801
滴			甲骨	許書無滴字，《集韻》有之，音商，水名。但不知此爲今何水。	羅振玉 增訂殷虚書契考釋 卷中	17800
滴			甲骨	從水從商。此字屢見，則此水必與商人生活有關，非僻地遠區。商章音同，滴水或即后日之漳水。	葛毅卿 説滴 中央研究院歷史語言研究所集刊第七本第四分 1938年	17803
滴			甲骨	甲文所見水名，皆在河南省境，推之滴水例同。以字音求之，蓋即今之漳水。古章商音同可通。	楊樹達 積微居甲文説 釋滴	17804

滴			甲骨	僅以聲類推求滴爲商水或漳水，未必可信。	陳夢家 殷虛卜辭綜述	17805
滴			甲骨	從水從商，《説文》無，商都附近水名。	孫海波 甲骨文編 卷十一	17802
滴			甲骨	從卜辭看，滴水距離商都不遠，且爲東西向較大河流。符合條件的只有洹水和漳水。洹字形不作此，故當爲漳水。	孫淼 夏商史稿	17806
滛	 上二/容成氏/3		楚簡	此字不識，所從與第三十五簡芑字同。	李零 上海博物館藏戰國楚竹書 第二册 容成氏	13143
㵟	 上三/亙先/2	泧	楚簡	字下有重文符號“=”。字所從聲符見於楚文字“戚（原字從艸）郢”之“戚”字所從，“戚”、“寂”的基本聲符都是“赤”，因此可以讀爲“寂”。《老子》形容“道”是“有物混成，先天地生，寂兮廖兮”其“寂”字在馬王堆帛書甲本《老子》作“繡”，乙本作“蕭”，都是通假字。	董珊 楚簡《恆先》初探 簡帛研究網 2004年5月12日	2361
溫	 上五/鮑叔牙與隰朋之諫/5		楚簡	惊貌。	陳佩芬 上海博物館藏戰國楚竹書 第五册 鮑叔牙與隰朋之諫	2992
湆	 永盂		金文	郭沫若謂“湆宜”指“陰陽”，甚是，爲同聲假借字，《説文》無。陰陽洛全取天象爲名，推測爲靠近“上洛”的地名。	陳邦懷 永盂考略 文物1972年11期	17799
漅	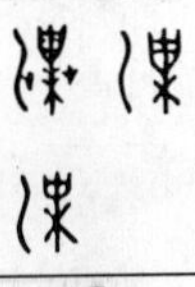		甲骨	從水巢聲，即古漅字。《説文》所無。甲骨文爲盧伯之名。後世用爲湖名。	于省吾 甲骨文字釋林 釋漅	17807
澎			甲骨	從水從彭，水名。	李孝定 甲骨文字集釋 卷十一	17925

澺			漢簡	《考釋》105 號簡第一字應釋作澺。澺應當是一種調味品，疑當讀爲醷。《説文·酉部》："醷，醬也。"	朱德熙 馬王堆一號漢墓遣策考釋補正 朱德熙古文字論集 1995 年	17927
澫	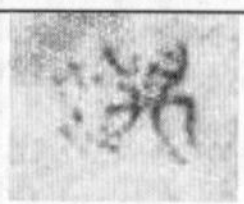 長/甲篇/行 11-13		楚簡	此字字書所無。可能是個表示溪流或淵穴一類意思的字。	李零 長沙子彈庫戰國楚帛書研究	746
澫	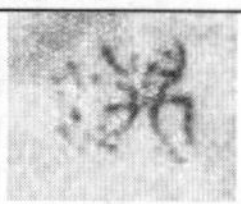 長/甲篇/行 11-13		楚簡	"澫"同"砅"，字亦通"瀨"。	何琳儀 長沙帛書通釋 江漢考古 1986 年 1、2 期	11038
澫	 長/乙篇/行 1-3		楚簡	"澫"，讀爲"瀨"。《漢書·揚雄傳》上顔注："瀨，急流也。"	連劭名 長沙楚帛書與中國古代的宇宙論 文物 1991 年 2 期	11161
澫			楚簡	表示雨水汎濫之象。何琳儀讀該字爲厲，乃水名。	曾憲通 長沙楚帛書文字編	16516
澫		礪	金文	字從后，即古文石字，石爲偏旁常作厂，故礪即蠆。蠆字《説文》所無，疑即澫字。古文表示事物和場所的偏旁常可更换，澫從水，蠆從止，可能亦屬這種類型的偏旁更换字。金文礪爲地名，可能即隨州。	戴家祥 金文大字典 卷中	23973
澫	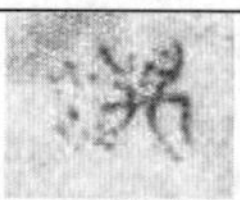 長/甲篇/行 11-13		楚簡	此字即"濿"字，讀爲"瀨"。李文、饒文讀"漫"，是據鄭樵誤釋，唯何文得之。	李零《長沙子彈庫戰國楚帛書研究》補正 古文字研究 2000 年 20 輯	11037
澫	 長/乙篇/行 1-3		楚簡	瀧汩益厲，四水，何琳儀考證皆在南楚。	董楚平 楚帛書"創世篇"釋文釋義 古文字研究 2002 年 24 輯	11162
澫	 上四/逸詩一交交鳴鶩/3		楚簡	《説文》所無，吾丘衍《周秦刻石釋音·石鼓文五》："君子澹之澫澫。"讀爲"漫"。《楚地釋名·春秋分記》：樠木之下（莊四年），"郡國志云，武陵山亦曰樠木之下，即此今郢州"。	馬承源 上海博物館藏戰國楚竹書第四册 逸詩——交交鳴鶩	3572

澫	 上四/昭王毀室/5		楚簡	從水，萬聲，見於石鼓文，諸家皆讀爲“漫”，以此，“坪澫”可讀作“平漫”。《廣雅·釋訓》：“漫漫，平也。”《玉篇》：“漫，水漫漫平遠貌。”	陳佩芬 上海博物館藏戰國楚竹書第四册 昭王毀室——昭王與龔之腓	3452
澫	 上四/逸詩—交交鳴鵉/3		楚簡	簡文“澫”即“厲”之加旁字。《説文·厂部》謂“厲”：“從厂、蠆省聲。”則“萬”亦可視爲“厲”之簡省聲符，郭店楚簡《性自命出》第11簡“萬性者”，“萬”即讀爲“厲”。“澫”所從水，與“谷”寫作“浴”一樣，都是累增形旁。《衛風·有狐》：“在彼淇梁。”“在彼淇厲。”《交交鳴烏》：“集於中梁。”“集於中厲。”二者文例相同。《廣雅·釋詁》：“厲，方也。”王念孫疏證：“厲謂水厓也。”馬瑞辰《毛詩傳箋通釋》：“淇厲謂淇水之旁，正與河側同義耳。”	秦樺林 楚簡佚詩《交交鳴鵉》劄記 簡帛研究網 2005年2月20日	2455
澫	 上四/逸詩—交交鳴鵉/3		楚簡	“漫”爲大水貌，引申爲長貌、遼遠貌。而詩首章“集於中梁”、第二章“集於中渚”之“梁”、“渚”都是可供鳥聚集歇息的落腳地。因此，將“澫”訓爲“漫”與上文顯然不協。疑“澫”當讀爲“隅”，字亦作“澞”。《廣韻·虞韻》：“澞，齊藪名。也作‘隅’。《爾雅》曰：‘齊有海澞。’”今《爾雅·釋地》作“海隅”。郭璞注：“海濱廣斥。”《書·益稷》：“帝光天之下，至於海隅蒼生。”如此，“澞”當爲水濱、水邊。這樣，方與上文“梁”、“渚”之義相協。	廖名春 楚簡《逸詩·多薪》補釋 簡帛研究網 2005年2月12日	2060
澫	 上五/競建内之/6		楚簡	讀爲漫，謂放縱。《史記·李斯傳》：“流漫之志詘矣。”	陳佩芬 上海博物館藏戰國楚竹書第五册 競建内之	1949

澫	 上四/逸詩—交交鳴鶩/3		楚簡	細繹詩意，“澫”字與第一簡之“沙”及第二簡之“渚”字一樣，均與水相關，而且皆系泛指，似與樠木山無關。“萬”古音可讀入月部，“勱邁”等字從萬聲而讀入月部可證。萬聲與賴聲相通。《史記・范睢傳》：“漆身爲厲。”司馬貞《索隱》云：“厲音賴。言以漆塗身而生瘡爲病癩。”《漢書・地理志》：“厲鄉，故厲國也。”師古注：“厲讀曰賴。”以音求之，此簡“澫”字當讀爲“瀨”，義爲淺水。《説文・水部》：“瀨，水流沙上也。從水，賴聲。”《楚辭・九歌》：“石瀨兮淺淺，飛龍兮翩翩。”	孟蓬生 上博竹書（四）閒詁 簡帛網 2005年2月15日	3869
澫	 上五/競建内之/6		楚簡	“澫”即“濿”，又見《上博四・交交鳴烏》簡三“集於中澫”，與簡四“貝”、“衛”、“萬”、“大”爲韻，足證當讀爲“濿”。於本簡則疑讀爲“賴”，恃也，謂不依恃二三子，不聽二三子之言。	季旭昇 上博五芻議（上） 簡帛網 2006年2月18日	4808
澫	 上五/競建内之/6		楚簡	讀賴。“甚哉，吾不賴”，是謂語前置的感歎句。不賴，大概同於“無賴”，指缺乏才能。《史記・張釋之馮唐列傳》記文帝曰：“尉無賴。”《集解》引張晏曰：“才無可恃。”	陳偉 《競建内之》《鮑叔牙與隰朋之諫》零識 簡帛網 2006年2月22日	5176
澫	 上五/競建内之/6		楚簡	我們懷疑讀作“詈”。詈屬來母支部字，萬屬明母元部字，其聲母韻母雖然皆不相同，但都關係密切。從“萬”聲的“厲”即屬來母，而支部字與元部字以及與元部有對轉關係的月部字皆可相通，如古書中疑母支部的“倪”跟疑母元部的“研”相通，疑母支部的“蜺”跟疑母月部的“齧”相通。簡文“詈”當罵、責備講，如《書・無逸》：“小人怨汝詈汝，則皇自敬德……小人怨汝詈汝，則信之。”	楊澤生 《上博五》零釋十二則 簡帛網 2006年3月20日	5173

瀃			金文	《説文》無，玉篇水名。	容庚 金文編	17928
潍	 郭/尊德義/1		楚簡	讀爲推，推義爲排除。	劉釗 郭店楚簡校釋	8130
潍	 郭/尊德義/1	濉	楚簡	可釋爲濉，爲“睢水”之名本字，讀爲“沮”，義爲“終止”、“阻遏”，多用於對消極現象的阻遏。	彭浩、劉祖信、王傳富 郭店楚墓竹簡	8131
潍	 郭/尊德義/1	濉	楚簡	似可釋爲“濉”，爲“睢水”之名本字；讀爲“沮”，爲終止、阻遏之意。	陳偉 郭店簡書《尊德義》校釋 中國哲學史 2001 年 3 期	14109
潙	 新/甲三：15、60/66	潒	楚簡	“潙”，原篆左從“水”，右從“象”。“潙”所從“爲”以“象”代替。“爲”與“危”聲系相通。例如：《莊子·漁父》“以危其真”，釋文“危或作僞”。“危”與“畏”聲系亦相通。《書·湯誥》“栗栗危懼”，《初學記·帝王部》引作“栗栗畏懼”。簡文“潙栗”可讀“危栗”。《易林》：“鳥鳴葭端，一呼三顛。動搖東西，危栗不安。”亦可讀“畏栗”。	何琳儀 新蔡竹簡選釋（上） 簡帛研究網 2003 年 12 月 7 日	14379
濮	上一/性情論/13	浒	楚簡	即“濮”字，讀爲“薄”。	濮茅左 上海博物館藏戰國楚竹書第一册 性情論	12190
潑			金文	象傾盤水澆於頭上皿以接水之形，當爲潑字。潑，澆也。可假爲眉字。	馬薇廎 彝器中所加於器上的形容字 中國文字 1972 年	17936
潑		釁	金文	非沫字，當爲潑本字。	馬薇廎 釋潑 中國文字	42571
瀗			甲骨	《説文》無，地名。	徐中舒 甲骨文字典 卷十一	17934
瀸	 郭/性自命出/30		楚簡	應讀“浸”。	何琳儀 郭店竹簡選釋 簡帛研究 2001 年	8933

氵戠	 郭/性自命出/30		楚簡	讀爲浸。	陳偉 郭店竹書別釋	8932
氵瑟	 上二/容成氏/24	㳅	楚簡	此字從水瑟聲，似可考慮讀爲“窒”或“垔”，意爲“窒塞”。《舜典》“朕垔讒説”，一般釋“垔”爲“疾”，但《正字通》釋“垔”爲“窒塞”。上古音“瑟”、“窒”、“垔”同在質部，聲紐也近。“□窒湝流”謂“窒塞水流”，因此禹要親自疏濬孟諸九河。	季旭昇 讀《上博（二）》小議 簡帛研究網 2003 年 1 月 12 日	4133
氵瑟	 上二/容成氏/24	㳅	楚簡	可能不是專指的水名，而是指水貌漫流不通，與上接簡 22“山陵不疏，水潦不湝”對應。瑟從必聲，氵瑟可讀泌。《説文》：“泌，俠流也。”段注：“輕快之流，如俠士然。”《詩·衡門》：“泌之洋洋。”泌爲泉水。《文選·郭璞江賦》：“長波浹渫。”李善注引《埤蒼》曰：“浹渫，水滂溏也。”《説文》：“湝，水流湝湝也。”段注：“《小雅》‘淮水湝湝’。毛曰‘湝湝’猶上文‘湯湯’也。《廣雅》曰‘湝湝’，流也。”《書·堯典》：“湯湯洪水方割。”	黄錫全 讀上博簡（二）劄記（肆）簡帛研究網 2003 年 5 月 16 日	4132
𣿟	 上三/周易/45		楚簡	從水，囦聲，疑“囦”爲“剝”之或體，或釋“囦”爲“剡”，籀文“鋭”。讀爲“洌”。	濮茅左 上海博物館藏戰國楚竹書第三册 周易	13787
𣿟	 上三/周易/45		楚簡	帛書本作“井戾寒湶食”，今本作“井洌寒泉食”。字從“水”，同“洌”，指水潔、水清，很可能就是“湛”字古文或體增從刀作，或者“戡”字增從水作。	黄錫全 讀上博《戰國楚竹書（三）》劄記数則 簡帛研究網 2004 年 6 月 22 日	2743
濬	 郭/性自命出/31		楚簡	此字疑是濬（濬）。	彭浩、劉祖信、王傳富 郭店楚墓竹簡	8941

滮	 郭/窮達以時/4		楚簡	枣滮，可能是“棘津”。	彭浩、劉祖信、王傳富 郭店楚墓竹簡	4553
滮	 郭/窮達以時/4		楚簡	鹰古有薦音，鹰、津古音相近，滮讀爲津。	劉釗 郭店楚簡校釋	4554
滸	 上四/柬大王泊旱/1		楚簡	讀爲“旱”，或讀爲“乾”。《黄帝内經・素問》：“風勝則動，熱勝則腫，燥勝則乾，寒勝則浮，濕勝則濡寫。”王冰注：“燥勝，則津液竭涸，故皮膚乾燥。”王患疥瘡病，疥瘡病唇燥口渴，奇癢，故也怕乾旱。	濮茅左 上海博物館藏戰國楚竹書第四册 柬大王泊旱	1633
滸	 上四/柬大王泊旱/18		楚簡	“邦家大滸”，本次楚簡王時大旱，史書未見。	濮茅左 上海博物館藏戰國楚竹書第四册 柬大王泊旱	3702
滸	 上四/柬大王泊旱/12		楚簡	讀爲“旱”。《墨子・七患》曰：“一穀不收謂之饉，二穀不收謂之旱，三穀不收謂之凶，四穀不收謂之餽，五穀不收謂之饑。”	濮茅左 上海博物館藏戰國楚竹書第四册 柬大王泊旱	3577
澛			甲骨	字從初文尞與從火同，即聲。當即澛字古文。卜辭澛爲地名，地望待考。	陳秉新 殷虚征人方卜辭地名彙釋 文物研究 1989 年 5 期	16986
瀊	 散氏盤	溼	金文	該字爲地名，字書不載。	劉心源 奇觚室吉金文述 卷八	16655
濂	 厚趠方鼎		金文	此從兼從涉省，即中絶之意，本銘當是地名。	劉心源 奇觚室吉金文述 卷二	28361
瀘	 鄂君啓節		金文	瀘借作廬，瀘江當即廬江水，在今江西省北部。	于省吾 鄂君啓節考釋 考古 1963 年 8 期	16744
𤁣	 長/甲篇/行 1-2		楚簡	該字從止從湯。	曾憲通 長沙楚帛書文字編	16746

滐	 郭/性自命出/22		楚簡	此字爲“淺澤”二字合文。	彭浩、劉祖信、王傳富 郭店楚墓竹簡	8861
澳	 上二/容成氏/21		楚簡	從讀音和文義看，似應讀爲“熊”。“熊”是匣母蒸部字，此字從“興”，當是曉母蒸部字，讀音相近。	李零 上海博物館藏戰國楚竹書 第二册 容成氏	13247
濾	 散氏盤		金文	阮元謂此濾字省心，其說可從。吴大澂釋淦非。	高田忠周 說文古籀篇 卷四	28273
濾	 散氏盤		金文	吴大澂釋爲淦非。阮元釋爲濾，是也。	强運開 說文古籀三補 卷十一	28274
瀴	 上三/周易/9	海	楚簡	此字右旁從“妟”，“嬰”字從之。妟，影母元部。嬰，影母耕部，讀音相近。當爲“瀴”字省作。瀴、盈音近假借。	黄錫全 讀上博《戰國楚竹書（三）》劄記数則 簡帛研究網 2004年6月22日	1702
灉			甲骨	該字從水從龜，乃地名。羅振玉釋爲龜。予疑其地殆即名龜，或龜水合文也。	葉玉森 殷虚書契前編集釋 卷七	16910
灉			甲骨	該字不見於字書。其爲形聲字。音讀當如龜也。	屈萬里 殷墟文字甲編考釋	16913
灉			甲骨	用與龜同。	孫海波 甲骨文編 卷十一	16911
瀄			甲骨	該字從水，或省水，乃地方之專名。當爲從水櫛聲。	郭沫若 卜辭通纂	16856
瀰	 王孫遺者鐘	渺	金文	字從水從彊之異，瀰，水盛貌。	郭沫若 兩周金文辭大系圖録考釋	28271
灘	 上一/孔子詩論/10		楚簡	灘，從隹從漢。	馬承源 上海博物館藏戰國楚竹書 第一册 孔子詩論	11202
瀿			甲骨	字從即從尞從水或省。釋㶡似尚未塙。	葉玉森 殷虚書契前編集釋 卷二	16983
瀿			甲骨	該字從水從即從尞，或省水同。《説文》所無。地名。王國維説可參。	徐中舒 甲骨文字典 卷十	16985

瀊			甲骨	象人持封豎立於河旁之形，隸作瀊。讀如蟄，字有埋藏意。卜辭有“瀊示”。	朱歧祥 殷墟甲骨文字通釋稿	16959
灩	 鄂君啓舟節		金文	灩當即耒水。耒水系湘水的枝流。	于省吾 鄂君啓節考釋 考古 1963 年 8 期	16960
瀶	 郭/老子甲/22		楚簡	待考，今本此處爲“逝”字。	彭浩、劉祖信、王傳富 郭店楚墓竹簡	7438
瀶	 郭/老子甲/22		楚簡	此字又見曾侯乙墓編鐘，異體甚多。疑讀“殺”。	何琳儀 郭店竹簡選釋 簡帛研究 2001 年	7440
瀶	 郭/老子甲/22		楚簡	瀶是個三聲字，即從舌、從次、從臼（陷字初文），讀爲衍或羨。	劉釗 郭店楚簡校釋	7439
灩	 上五/鮑叔牙與隰朋之諫/5	湴	楚簡	此字，右旁所從實爲“覃”或“鹽”（覃鹽二字本爲同源分化字，參拙作《談覃鹽》，《龍宇純先生七秩晉五壽慶論文集》，臺灣學生書局）。西周晚期毛公鼎的“簟”字“竹”下所從即爲此形（見四訂《金文編》712 號）；完全相同的這個字形，在楚系文字中卻是“鹽”字（見《包山》簡 147“煮鹽於海”（林澐《讀包山楚簡劄記七則》，《江漢考古》1992 年 4 期；劉釗《談包山楚簡中有關煮鹽於海的重要史料》，《中國文物報》1992 年第 3 期）。由於《鮑叔牙與隰朋之諫》屬楚系文字，因此我們可以優先把此字釋爲從水、鹽聲，讀爲“奄”。“鹽”一般屬於喻紐談部，但此字從“監”聲，顯然聲母跟舌根的	季旭昇 上博五芻議（上） 簡帛網 2006 年 2 月 18 日	4823

				關係很密切，而“奄”字在影紐談部，二字聲近韻同，當可通假。奄然，奄奄一息的樣子。		
灩	 上五/鮑叔牙與隰朋之諫/5	溫	楚簡	“鹽（奄）”的釋讀，從季旭昇先生之説。《白虎通義・崩薨》：“諸侯曰薨，國失陽。薨之言奄也，奄然亡也。”季説“奄然”是奄奄一息的樣子，非是。奄然大概是形容消失不見的狀詞。	張富海 上博簡五《鮑叔牙與隰朋之諫》補釋 簡帛網 2006年5月10日	4678

沝部

沝			説文	二水也。闕。凡沝之屬皆从沝。	許慎 説文解字	
沝			甲骨	從二水，隷作沝，征戰卜辭用爲地名。	朱歧祥 殷墟甲骨文字通釋稿	24276
流	 篆文		説文	水行也。从沝、㐬。㐬，突忽也。流篆文从水。	許慎 説文解字	
流		㳅	石鼓	偏旁水字之重文，讀作流水。金石文此例時有之。	趙烈文 石鼓文纂釋	24277
流		㳅	石鼓	此流字甚爲明顯。	强運開 石鼓釋文	24279
流		㳅	甲骨	釋流字。古流字象虫流於水中形，後訛虫形，失古意也。	柯昌濟 殷墟書契補釋	24278
流		澅	璽印	《古璽匯編》3200之[illegible]和0212之[illegible]即楚文字“流”字。宋代古文字書“流”有許多不同寫法，與之可以對比。戰國㚸蚉壺“湝湝流涕”之“流”與之也很相似。楚文字“流”字的這種聲旁見於包山簡“祝融”之“融”和“鬻熊”之“鬻”，“流”、“鬻”、“融”三字分屬“幽”、“覺”、“冬”部，屬陰入陽對轉關係。《古璽匯編》3200“舸流”不一定是私璽，而是與船舶通行有關的官璽。	李零 古文字雜識（二則） 第三届國際中國古文字學研討會論文集 1997年10月	16173
流	 上一/性情論/38	澅	楚簡	《逸周書·官人》：“心氣華設者，其聲流散。”黄懷信等集注：“潘振云：‘浮華故流，流者，如水之流也。’”《荀子·大略》：“多言而類，聖人也；少言而法，君子也；多言無法，而流湎然，雖辯，小人也。”	濮茅左 上海博物館藏戰國楚竹書 第一册 性情論	12314

流	 上一/性情論/28	澅	楚簡	毋渡（流），不流言。《荀子·大略》："流言止於知者。"《荀子·致士》："凡流言、流說、流事、流謀、流譽、流愬，不官而衡至者，君子慎之。"楊倞注："流者，無根據之謂。"	濮茅左 上海博物館藏戰國楚竹書 第一册 性情論	12251
流	 上二/容成氏/24	澅	楚簡	即"流"。	李零 上海博物館藏戰國楚竹書 第二册 容成氏	13267
流	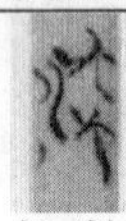 郭/性自命出/31	澅	楚簡	形容思緒放蕩而無所依憑。	陳偉 郭店竹書別釋	8668
流	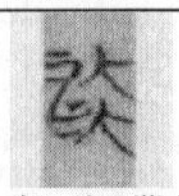 郭/語叢四/7	澅	楚簡	流澤，或讀作"絡繹"，連續不斷的樣子。	陳偉 郭店竹書別釋	9069
流	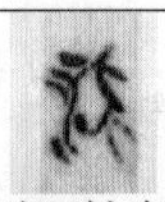 郭/性自命出/46	澅	楚簡	義爲虛浮不實。	陳偉 郭店竹書別釋	9179
流	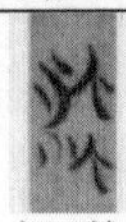 郭/尊德義/28	澅	楚簡	澅即流字之變形音化，即將流之右旁變形爲蚩，古蚩、蟲不分，古蟲在定紐冬部，流在來紐幽部，聲爲一系，韻爲對轉，於音可通。	劉釗 郭店楚簡校釋	7970
流	 郭/性自命出/46	澅	楚簡	隸定爲澅，意爲放逸淫侈，毫無節制。	劉釗 郭店楚簡校釋	9178
流	 郭/緇衣/30	澅	楚簡	楚文字"流"字特殊寫法。	劉釗 郭店楚簡校釋	7257
涉	 篆文		説文	徒行厲水也。从沝从步。涉篆文从水。	許慎 説文解字	
涉	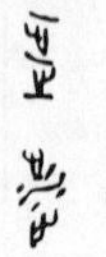	㳅	甲骨	古涉字。象兩足跡在水旁，有徒行厲水之義。	王襄 簠室殷契類纂 正編卷十一	24281

涉		𣶒	甲骨	其爲涉字無疑。所謂王涉於某者，非王自行徒涉也。以車爲步，以舟爲涉也。許書篆文從水步，與此正同。金文亦然，無從二水者。	商承祚 殷虛文字類編 卷十一	24286
涉	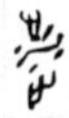	𣶒	甲骨	《説文》，𣶒，徒行厲水也，從步沝。涉，篆文從水。金文此字從水之省。羅振玉謂王無涉之理。予以爲所謂涉者，或徒扛，或乘車馬渡淺水也，皆可謂涉。非王自行徒涉也。	商承祚 甲骨文字研究 卷下	24285
涉		𣶒	甲骨	古人陸行曰跋，水行曰涉。涉字固不必訓徒涉。	葉玉森 殷虛書契前編集釋 卷一	24288
涉		𣶒	石鼓	是𣶒爲古文可知。從止從水，止爲足，水橫其中。正象涉水没足之形。古金文字形從川，實亦從水。與小篆相近。是小篆蓋亦從古文也。	强運開 石鼓釋文	24287
涉	 散氏盤		金文	涉從兩止，中隔一水，止，足跡也，中亦止之變體。	吴大澂 説文古籀補	28369
涉	 效卣	⿰川步	金文	此從累止從水，蓋涉之變體。	劉心源 奇觚室吉金文述 卷六	28365
涉	 散氏盤  格伯簋		金文	古作象水中兩足跡形。	林義光 文源	28367
涉	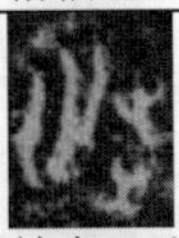 效卣	⿰川步	金文	效卣涉或從川。	丁佛言 説文古籀補補 第十一卷	28364
涉	 格伯簋		金文	從兩足夾一水，又前有一水，涉也。	高田忠周 説文古籀篇 卷四	28368

涉	 效卣	䏶	金文	涉與枼古音同，蓋假爲枼。“枼子”即世子也。	楊樹達 積微居金文説	28362
涉	 散氏盤		金文	此銘涉水形稍變。據此知《説文》正字從二水者實有所本。	高鴻縉 散盤集釋	28366
涉		𣻑		象兩人並涉之足跡。	金祥恒 釋涉 中國文字 1970 年	24290
涉	 效卣	䏶	金文	字左旁所從之字非川，水也，涉也。此借涉爲嫡。	金祥恒 釋涉 中國文字 1970 年	28363
涉	 包/文書/128 反		楚簡	入也。	劉彬徽、彭浩、胡雅麗、劉祖信 包山楚簡	1178
涉	 上五/季庚子問於孔子/7		楚簡	“涉”字曾作爲青銅器中“祭公”之“祭”字聲符，參考李學勤先生有關論述，疑此處“涉”字（古音禪紐葉部）讀爲“習”（邪紐葉部，或歸緝部）。另：簡文或與《詩經》文句相關。《詩・小雅・大東》：“周道如砥，其直如矢；君子所履，小人所視。”	李鋭 讀《季康子問於孔子》劄記 孔子 2000 網 2006 月 2 月 26 日	1294
涉	 上五/季庚子問於孔子/7		楚簡	涉，入也。《左傳・僖公四年》：“不虞君之涉吾地也。”《漢書・高帝紀》“涉魏而東”，顔注引晉灼曰：“涉猶入也。”“涉之”、“觀之”的“之”，應指“書”、“詩”和“儀”。	李天虹 讀《季康子問於孔子》劄記 簡帛網 2006 年 2 月 24 日	5107

瀕部

瀕			説文	水厓。人所賓附，頻蹙不前而止。从頁从涉。凡頻之屬皆从頻。	許慎　説文解字	
瀕	 效卣	𣻎	金文	頻本義當爲頻蹙，象當涉見水頻蹙之形。	林義光 文源	28370
瀕	 㝬簋		金文	頻、瀕、濱三字古字通，均有近和邊意。	張亞初 周厲王所作祭器㝬簋考——兼論與之相關的幾個問題 古文字研究 1981 年 5 輯	24293
瀕	 㝬簋		金文	字當釋瀕。	戴家祥 金文大字典 卷中	14908
瀕	 㝬簋  順史鬲		金文	字從川頻聲，當釋瀕。古文從水、從川往往混淆。	戴家祥 金文大字典 卷中	24294
顰			説文	涉水顰蹙。从頻卑聲。	許慎　説文解字	

く部

く	 古文 篆文	甽 畎	説文	水小流也。《周禮》："匠人爲溝洫，相廣五寸，二相爲耦；一耦之伐，廣尺、深尺，謂之く。"倍く謂之遂；倍遂曰溝；倍溝曰洫；倍洫曰巜。凡く之屬皆从く。甽古文く从田从川。畎篆文く从田犬聲。六畎爲一畝。	許慎　説文解字	
く	 作父乙盉		金文	從水從犬當釋汱。汱之初文爲く。《説文》，甽，古文く。畎，篆文く。畎汱形義更旁字也。く本象形，變爲形聲爲甽爲畎爲汱，此亦六書隸屬再分之一例也。	戴家祥　金文大字典 卷中	24299

巜部

巜			説文	水流澮澮也。方百里爲巜，廣二尋，深二仞。凡巜之屬皆从巜。	許慎　説文解字	
巜			篆文	象形，經傳以澮爲之。	林義光 文源	24300
巜			甲骨	川即巜，古澮字，疑讀爲鄶，在河南新鄭。	饒宗頤 殷代貞卜人物通考 卷十一	24302
粼			説文	水生厓石閒粼粼也。从巜粦聲。	許慎　説文解字	
粼			秦簡	應讀爲遴，選擇。	睡虎地秦墓竹簡整理小組 睡虎地秦墓竹簡	24304

川部

川			説文	貫穿通流水也。《虞書》曰："濬く巜，距川。"言深く巜之水會爲川也。凡川之屬皆从川。	許慎　説文解字	
川			甲骨	古川字。	王襄　簠室殷契類纂　正編卷十一	24307
川	 毛公旅方鼎 竸字偏旁		金文	《説文》曰：貫穿通流水也。按象形。古作與篆同。	林義光　文源	24309
川			甲骨	甲骨文從巜者，象有畔岸而水中流之行。	孫海波　中國大學講義（内刊）　甲骨金文研究	42363
川	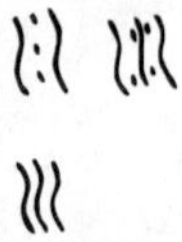		甲骨	象有畔岸而水中流，是川也。	羅振玉　增訂殷虚書契考釋　卷中	24306
川	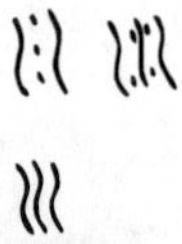		甲骨	象有畔岸而水中流，是川也。	商承祚　甲骨文字研究　卷下	24308
川	 宜侯夨簋		金文	郭沫若云川即是甽，同畎，是也。	唐蘭　宜侯夨簋考釋　考古學報 1956 年 6 期	28371
川	 宜侯夨簋		金文	這裏的川是名詞而不是數量詞，應指山下肥沃的土地。	唐蘭　宜侯夨簋考釋　考古學報 1956 年 6 期	28372
川			甲骨	依甲文則爲兩岸之間有水流之形。甲文川象有畔岸而水在其中，周以後其中水形略變。	高鴻縉　中國字例二篇	28373
川	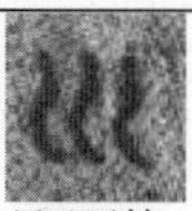 長/丙篇		楚簡	動詞。	何琳儀　長沙帛書通釋　江漢考古 1986 年 1、2 期	10188

川			篆文	〈象水形，巜從二〈，川從三〈也。	楊樹達 文字形義學	24310
川	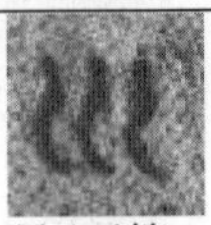 長/丙篇		楚簡	饒文、何文、李文讀“穿”，可從。	李零《長沙子彈庫戰國楚帛書研究》補正 古文字研究 2000 年 20 輯	10189
川	 上一/紂衣/7		楚簡	《説文》：“川，貫穿通流水也。”又《説文》：“順，理也。從頁從川。”郭店簡作“𢘓”，從心、川聲。	陳佩芬 上海博物館藏戰國楚竹書第一册 紂衣	11969
川		𢘓	楚簡	郭店簡作“𢘓”，傳世本作“順”。郭店簡易頁爲心，上博簡并心亦省之。訓爲理也。	虞萬里 上博簡、郭店簡《緇衣》與傳本合校補證（上） 史林 2002 年 2 期	14214
川	 上三/周易/58		楚簡	意未濟之時，居險而不能自濟，如征，必致凶危。然畜其全力，用於排難，也可轉不利爲有利。	濮茅左 上海博物館藏戰國楚竹書第三册 周易	13971
川	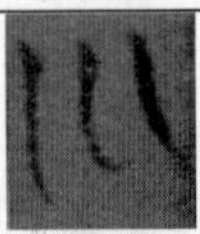 上三/周易/22		楚簡	使天下賢者，能得重用，進於朝廷，受禄於國，而不食於家，除邪欲興正道，天下得治而吉。	濮茅左 上海博物館藏戰國楚竹書第三册 周易	13597
川	 上三/周易/2		楚簡	“大川”是坎，坎爲水，有大川之象。以剛建而進，即不患於險，乾德乃亨。	濮茅左 上海博物館藏戰國楚竹書第三册 周易	13352
川	 上三/周易/25		楚簡	養道當以守正爲常，違常行則失類，能居守正道，則可以得吉。	濮茅左 上海博物館藏戰國楚竹書第三册 周易	13636
川	 上三/周易/4		楚簡	訟者，需要判定是非曲直，故利見於大人，大人能以其剛明中正決所訟。以險涉險，故不利涉大川。	濮茅左 上海博物館藏戰國楚竹書第三册 周易	12821
巠	  古文		説文	水脈也。从川在一下。一，地也。壬省聲。一曰水冥巠也。古文巠不省。	許慎 説文解字	

巠	 毛公鼎  虢季子白盤經字偏旁		金文	古作皆從壬。巠即古經字。字中川象縷，壬持之，壬即縢，機持經者。上從一。	林義光 文源	28374
巠	 大盂鼎  毛公鼎		金文	金文上從二不從一，蓋二者即一陰一陽之象。下即土字，壬之省。	高田忠周 說文古籀篇 卷五	28378
巠	 大盂鼎  毛公鼎		金文	巠蓋經之初字，象織機之縱線形。	郭沫若 金文叢考 釋巠	28377
巠	 克鐘	涇	金文	克鐘：遹涇東至于京師。"涇"不從水。又一器所見從水。	强運開 說文古籀三補 卷十一	39081
巠	 大盂鼎  大克鼎		金文	金文從巠之字皆省同篆文。	商承祚 說文中之古文考	28375
巠	 大盂鼎  大克鼎		金文	巠倚壬畫縱絲形，故爲縱絲之意。周人加糸爲意符作經。	高鴻縉 中國字例二篇	28376

巠	 克鐘		金文	金文或不從水作巠，用同涇水之涇。	林潔明、周法高主編 金文詁林 卷十一	39082
巠	 匩/信陽一號墓遣策/3		楚簡	此字可隸定作巠，實即《説文》之巠字。巠之古文即簡文之訛變。	劉雨 信陽楚墓 信陽楚簡釋文與考釋	24318
巠	 㝬簋  大克鼎		金文	古文壬聲孳乳字多含直長義，故《廣韻》訓“直波爲巠”。金文巠用作經之本字。訓常，訓法，還用作地名。	戴家祥 金文大字典 卷上	24319
巠	 郭/尊德義/13		楚簡	輕捷抑或輕財、輕死，似難確指。	陳偉 郭店竹書別釋	7411
巠	 逨盤		金文	讀爲經。	王輝 逨盤銘文箋釋 考古與文物 2003年3期	15220
巠	 逨盤		金文	通經，行也，引申爲遵循。	劉懷君、辛怡華、劉棟 逨盤銘文試釋 文物2003年6期	15259
巠	 逨盤		金文	讀爲“經”。“經”訓爲常。	李學勤 眉縣楊家村新出青銅器研究 文物2003年6期	15292
巠	 郭/尊德義/13		楚簡	讀爲勁，果勁謂果敢强勁。	劉釗 郭店楚簡校釋	7410
巟			説文	水廣也。从川亡聲。《易》曰：“包巟用馮河。”	許慎 説文解字	
巟	 巟伯簋		金文	許慎訓釋可從。金文作人名。	戴家祥 金文大字典 卷上	24322

巟	 上三/亙先/5		楚簡	讀“荒”。這裏疑是荒廢之義。	李零 上海博物館藏戰國楚竹書 第三册 亙先	12873
巟	 上三/亙先/5		楚簡	“亡”，原作“巟”，“巟”從“亡”聲，疑可讀爲“亡”。	李鋭《恒先》淺釋 簡帛研究網 2004年4月23日	2949
巟	 上三/亙先/5		楚簡	亡：無也。《說文》：“無，亡也。”通行本《老子》中的“無”在郭店楚簡《老子》中多作“亡”，可見二字古通用。	趙建功《恒先》易解（下） 簡帛網 2005年2月7日	1422
巟	 上三/亙先/5		楚簡	巟，疑讀爲“亡”；亡，無也。“巟”，也可能讀爲荒，乃荒遠之義。	丁四新 楚簡《恆先》章句釋義 簡帛網 2005年12月30日	1473
𡿧			説文	水流也。从川或聲。	許慎　説文解字	
𡿦			説文	水流也。从川曰聲。	許慎　説文解字	
𡿪			説文	水流𡿪𡿪也。从川，列省聲。	許慎　説文解字	
𡿪	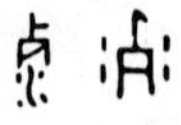		甲骨	此即《説文》𡿪之古文，許君説𡿪字曰：水流𡿪𡿪也。從巛，歺省聲。小徐本如此，大徐本所見已誤作列省聲。	陳邦懷 殷虛書契考釋小箋	24325
𡿪	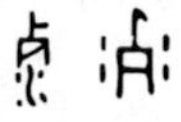	𡿪	甲骨	契文從水從歺，陳氏説此字當從歺省，其説殊信。商氏疑古歺𡿪爲一字，按契文歺乃象殘骨之形，𡿪則從歺爲聲，二者不得爲一字也。	李孝定 甲骨文字集釋 卷十一	24328
邕	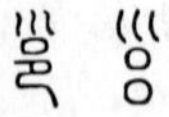 籀文	邕	説文	四方有水，自邕城池者。从川从邑。𠁁籀文邕。	許慎　説文解字	
邕	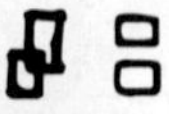	吕	甲骨	此即壅之正字，籀文從川，吕象邕水成池形。	劉心源 古文審 卷八	24329
邕	 大盂鼎  毛公鼎		金文	盂鼎雝字從吕，毛公鼎從𡿺，與籀文𡿺字皆象自邕城池之形。篆文作邕從邑，蓋吕之變始爲會意字矣。	王國維 史籀篇疏證 王國維遺書第六册 1983年	24330

邕	 彔作辛公簋 雒字偏旁	沓 邕	金文	古作“水”下“口”、“吕”，皆象池形。篆訛從邑。	林義光 文源	28381
邕	 邕子良人甗	邑川	金文	此邑在右，川在左，與篆構形同意。籀文從吕。或省作口。其意未詳。	高田忠周 說文古籀篇 卷五	28380
邕			甲骨	從巛從口從隹，古辟雝字如此。辟雝有環流故從巛，或從く，巛省也。口象圜土形，外爲環流，中斯爲圜土。古辟雝有囿，鳥之所止，故從隹。	陳邦懷 殷虚書契考釋小箋	24331
邕	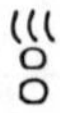	邕	金文	邕依川畫吕，吕示環繞之形，環水爲邑，名詞，秦變爲邕。	高鴻縉 中國字例二篇	28379
邕			金文	邕字金文多從吕，吕乃宫之古文，邕從之爲聲。	李孝定 金文詁林讀後記 卷十一	24335
邕	 邕子良人甗	邑川	金文	邕從邑爲會意，邕從吕爲象形。皆表示城邑之義。邕作爲地名，經傳皆以雝爲之，邕從巛從邑示環繞之形，引申出障義塞義，爲從字形上區别引申義，又加土旁作壅。	戴家祥 金文大字典 卷下	24336
邕	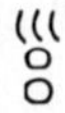		篆文	《説文》對“邕”的分析是：“從川，從邑。”爲從巛吕聲字。“邕”疑爲“邕”之訛。“邕”爲二級主諧字。	侯占虎《説文》諧聲偏旁補正 中國文字研究 2003 年 4 輯	14623
𡿧			説文	害也。从一雝川。《春秋傳》曰：“川雝爲澤，凶。”	許慎 説文解字	
𡿧			甲骨	《説文》𡿧，害也。從一雝川。古代洪水爲𡿧。古契文𡿧象洪水。	葉玉森 説契 學衡 1924 年 31 期	24338
𡿧	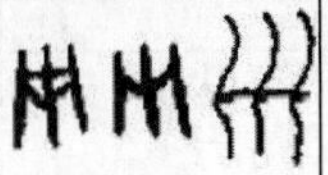		甲骨	甲骨文象川流形，一以雝之，川雝則爲災也。	孫海波 中國大學講義（內刊） 甲骨金文研究	42365
𡿧	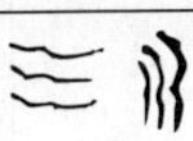		甲骨	象水壅之形。川壅則爲巛也。其作≋者，象横流氾濫也。	羅振玉 增訂殷虚書契考釋 卷中	24337

巛	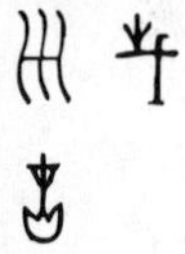		甲骨	《説文》，巛，害也。甲骨文中水巛曰巛，兵𢦏曰𢦏，火灾曰灾，后复孳乳爲烖、灾、災、甾、烒。	商承祚 甲骨文字研究 卷下	24340
巛	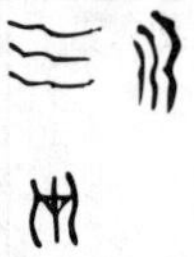		甲骨	洪水爲災，其勢浩浩泛濫之形。	商承祚 甲骨文字研究 卷下	24342
巛			甲骨	此字象有獸類的東西俯着土穴窺伺的形狀，表示獸正闞穴，就有巛的意思。	金祖同 殷虚卜辭講話	24341
巛	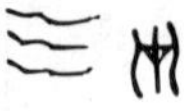		甲骨	甲骨文字形，從水横之，象水横流之形，指事，蓋水不順行爲災也。或作從川才聲之字形，爲形聲字。	馬叙倫 説文解字六書疏證 卷二十二	24343
巛	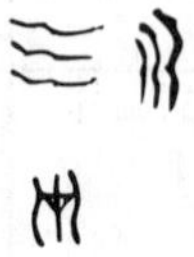		甲骨	契文巛有爲水之横流形、爲川之壅塞形，更由巛害之義，假借而用𢦏字，𢦏有從才從中之不同。從才者與許書訓傷之𢦏形義同，中爲才變體，𢦔亦由𢦏衍出。不同時代巛的形體使用有别。𢦏、𢦔同，故卜辭方國名用𢦏或𢦔。𢦏、𢦔與巛相通或相同。	王襄 古文流變臆説	24339
巛	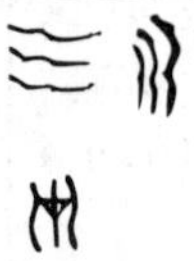		甲骨	契文此字異體頗多。象洪水横流之形，當是初文。繼慮其與"水"無别，乃作巛從一壅川爲會意。許説不誤。復衍爲𡿧，從水才聲，爲形聲，當屬晚出字。	李孝定 甲骨文字集釋 卷十一	24345
巛	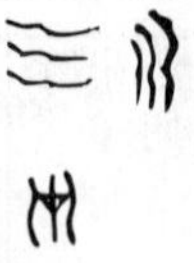		甲骨	甲骨文有如昔字所從同，又或作巛。《説文》，巛，害也，從一壅川也。川壅而潰，故泛濫成災。甲骨文又有作象川道被土石壅塞之形，爲其初義。至用才爲聲符，乃後世事。	商承祚 石刻篆文編字説 古文字研究 1981 年 5 輯	24344
巛	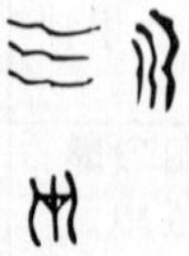		甲骨	象洪水横流之形。四期後增才爲聲符。初當爲水害之專字，引申爲災禍之義。	徐中舒 甲骨文字典 卷十一	24346

侃			説文	剛直也。从㐰，㐰，古文信；从川，取其不舍晝夜。《論語》曰："子路侃侃如也。"	許慎 説文解字	
侃			金文	侃義同衎。《玉篇》云：侃，樂也，又强直也。是侃本訓樂也。	阮元 積古齋鐘鼎彝器款識 卷三	28384
侃			金文	字不從川，乃衎古文，和樂也。和樂之言有文飾，故從人口彡。	林義光 文源	28383
侃	 兮仲鐘		金文	字從川，取其不舍晝夜；從古信字，會意。銘意借爲衎。	高田忠周 説文古籀篇 卷五	28382
侃			説文	古文作，蓋從人不從刀，此爲假借字，疑即侃字。侃訓剛直也。	高田忠周 古籀篇 二十八	40677
侃	 楚王酓忎鼎	但	金文	但，侃字，疑當讀爲鍊或煉。	楊樹達 積微居金文説 楚王酓忎鼎跋	40679
侃	 楚王酓忎鼎	但	金文	字當釋爲侃，讀爲鍊，侃師即煉師。	楊樹達 積微居金文説 楚王酓忎鼎跋	42817
侃			説文	當作彊也斷也。説文古文從川㐰聲，蓋即侃字。古書或以侃爲剛。	馬叙倫 説文解字六書疏證 卷八	40678
侃	 楚王酓忎鼎		金文	但即侃字，剛之古文借侃爲之。	劉節 古史考存 壽縣所出楚器考釋	40682
侃			金文	當釋侃，侃讀爲工師。侃剛音意並近。	李孝定 金文詁林讀後記 卷四	40685
侃	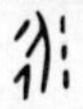 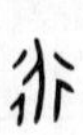		甲骨	在殷墟甲骨文中，"永"和"衍"這兩個詞本來是用相同的字形表示的，後來出現分化，一般以、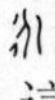表示永，、等表示衍，這一分化在殷末應已完成。甲骨文三、四期中的"王""王"其字當釋爲衍，讀爲侃（衎），可能是"衍"的異體。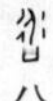類當是表示衍的假借義的分化字，到西周時代省變成爲侃字。	裘錫圭 釋"衍"、"侃" 魯實先先生學術討論會論文集 1993 年 6 期	24351

侃	 郭/緇衣/32		楚簡	今本作“𧦝”，《詩》作“愆”。“𧦝”爲“愆”字籀文。	彭浩、劉祖信、王傳富 郭店楚墓竹簡	7266
侃	 上一/孔子詩論/2	屖	楚簡	作左右結構，左邊有“亻”傍，右上爲“言”之省文，右下有一横三豎，馬校隸定爲“屖”，恐非。疑當讀爲“侃”或“𧦝”，《論語·鄉黨》：“朝，與下大夫言，侃侃如也。”何晏等《集解》引孔安國語：“侃侃，和樂之貌。”此句形容頌之樂安祥和樂。	俞志慧 《孔子詩論》五題 上博館藏戰國楚竹書研究 2002年	10785
州	  古文	𡿧	説文	水中可居曰州，周遶其旁，从重川。昔堯遭洪水，民居水中高土，或曰九州。《詩》曰：“在河之州。”一曰州，疇也。各疇其土而生之。古文州。	許愼 説文解字	
州	 散氏盤		金文	州古文象水中可居之地。	吴大澂 説文古籀補	28386
州			甲骨	州爲水中可居者，故此字旁象川流，中央象土地。	羅振玉 殷虚書契考釋 卷中	24353
州	 散氏盤		金文	從重川非義。古作象川中有地可居形。	林義光 文源	28387
州	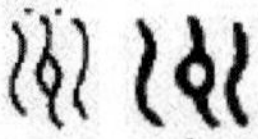		甲骨	甲骨文金文俱作，兩旁象川流之形，中象高土可居也。	孫海波 中國大學講義（内刊） 甲骨金文研究	42366
州	 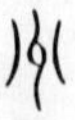		篆文	字兩旁象川之兩際，中間象州土與繞水，是象形文字。	高田忠周 古籀篇 卷五	28385
州	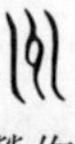 榮作周公簋  散氏盤		金文	金文散盤周公簋中州字，皆象中央有高原而水繞流之。小篆字形乃傳寫之訛誤也。	商承祚 甲骨文字研究	24356
州				甲文金文皆象中央土地，兩旁川流。	商承祚 説文中之古文考	28388

州			金文	字倚川字畫其中有高地之形。加水爲洲。	高鴻縉 中國字例 二篇	28389
州			甲骨	契文象水中高土之形，羅釋州可從。金文形體並同，小篆已訛。	李孝定 甲骨文字集釋 卷十一	24360
州	 滎作周公簋		金文	州，姜姓，國名。	周法高主編 金文詁林 卷十一	28390
州	 包/文書/114		楚簡	地名，可能指今河南沁陽縣境內的州邑。	劉彬徽、彭浩、胡雅麗、劉祖信 包山楚簡	5218
州	 包/文書/22		楚簡	“州”應該是一種特殊的地域組織。	陳偉 包山楚簡初探	4277
州	 越王州句劍		金文	越王州句，越王勾踐之曾孫，越王不壽之子。	曹錦炎 跋古越閣新藏之州句劍銘文 第三届國際中國古文字學研討會論文集 1997 年 10 月	16180
州	 上二/容成氏/25		楚簡	兗州。在冀州之東，位於商邑東部靠近濟寧一帶，自然劃分區應該地屬今山東省西部。	沈建華 楚簡《容城氏》州名與卜辭金文地名 古文字研究 2004 年 25 輯	13274

泉部

泉			説文	水原也。象水流出成川形。凡泉之屬皆从泉。	許慎　説文解字	
泉			金文	此實泉字。	劉心源　古文審　卷二	24361
泉			甲骨	此形較《説文》泉略繁，中有四點或象水形，或是甲坼痕，未能決定也。“□泉”當是地名。	孫詒讓　契文舉例　卷下	24362
泉	 散氏盤原字偏旁		金文	古作象水出穴之形。	林義光　文源	24364
泉	  		甲骨	甲骨文象泉從石罅涓涓流出之狀，金文與此同。	孫海波　中國大學講義（内刊）　甲骨金文研究	42368
泉			甲骨	此從丆，象從石罅涓涓流出之狀。古金文原字所從泉與此略同。	羅振玉　增訂殷虚書契考釋　卷中	24363
泉	 		甲骨	《説文》泉，水源也。象水流出成川形。此從丆，象從石罅涓涓流出之狀。金文泉與此同。	商承祚　甲骨文字研究　卷下	24365
泉	 包/文書/143	𣶒	楚簡	此字與甲骨文泉、金文原所從泉形近。泉、淵，音近義屬，故相通用。	商承祚　戰國楚帛書述略　文物1964年5期	24368

泉	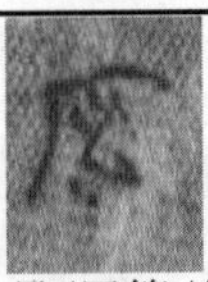 長/甲篇/行 3-4	㡿	楚簡	石經《春秋》中有泉字，字形與繒書同，商氏釋“晨”，誤。	嚴一萍 楚繒書新考 中國文字 1967年	24369
泉	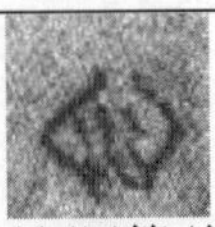 長/甲篇/行 5-7		楚簡	黄泉，地底深處的泉水。	李零 長沙子彈庫戰國楚帛書研究	401
泉	 散氏盤		金文	字從水從泉。湶字《説文》所無，爲泉之加旁字也。	戴家祥 金文大字典 卷中	24370
泉	 上三/周易/45	湶	楚簡	與“泉”同。	濮茅左 上海博物館藏戰國楚竹書 第三册 周易	13788
⿱緐泉			説文	泉水也。从泉緐聲。讀若飯。	許慎　説文解字	
⿱緐泉			漢簡	簡文⿱緐泉字即當《説文》⿱緐泉字異體，借爲繁。	銀雀山漢墓竹簡整理小組 銀雀山漢墓竹簡 第一輯	24374
⿱緐泉	 史牆盤	壺	金文	⿱緐泉應讀爲蕃。𩑶，古髮字。⿱緐泉𩑶讀爲⿱緐泉𤔲，與《國語》滋大涵義同。	于豪亮 牆盤銘文考釋 古文字研究 1982年7輯	24373
⿱緐泉	 史牆盤	壺	金文	史牆盤⿱緐泉假作緐，爲多的意思。	戴家祥 金文大字典 卷中	24375
⿱⺈泉			甲骨	從⿱⺈电從泉，《説文》所無。卜辭該字似爲人名。	李孝定 甲骨文字集釋 卷十	16724
⿱⺈泉	 訇簋		金文	該字音薄，與亳相通。因知⿱⺈泉夷乃亳夷。	李福泉 訇簋銘文的綜合研究 湖南師範學院學報 1979年2期	16726

㬐	 㬐觚		金文	該字上邊乃量字初文，下邊爲泉字，該字可隸定爲㬐，前面冠有子字，應爲人名。	張亞初　甲骨金文零釋　古文字研究 1981 年 6 輯	16898

灥部

灥			説文	三泉也。闕。凡灥之屬皆从灥。	許慎　説文解字	
原	  篆文		説文	水泉本也。从灥出厂下。篆文从泉。	許慎　説文解字	
原		驫	石鼓	古原字。	張燕昌 石鼓文釋存	24377
原	 散氏盤   雍伯原鼎		金文	金文結體從厂從泉與篆文同，泉原二字聲近韻同，泉亦聲。泉加厂，指明它處在山石之厓巖。故知原的本義當是水源，後引申爲一切事物的本源。	戴家祥 金文大字典 卷上	24384
原	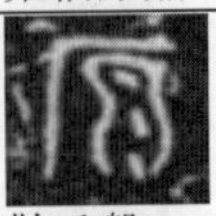 散氏盤		金文	古文從泉出厂下。	林義光 文源	28392
原	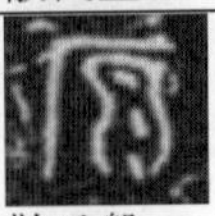 散氏盤		金文	字從厂從三泉。古文從泉，從三泉葢籀文。轉意爲本也，再也。	高田忠周 説文古籀篇 卷五	28391
原			篆文	許慎所謂篆文原者即古文，驫乃古文奇字。	丁山 説文闕義箋	28393
原	 散氏盤	湶	金文	右旁上所從即“厂”的變體，下所從與本銘泉字寫法相近，可分析爲從厂從泉；左旁從“水”，故字即“源”字，《説文》有“原”無“源”，“原”訓“水泉本”，此應是在“原”上加“水”以增顯“水泉本”義，應即原字異體。	董蓮池 金文編校補	28575

原			金文	咸原少公。咸原，地名。	王輝 秦文字釋讀訂補(八篇) 考古與文物1997年5期	15359
原	 上二/民之父母/2	篪	楚簡	此字釋爲“原”是。包山簡86“泉”字近此字下半。	李銳 上博館藏楚簡（二）初劄 簡帛研究網 2003年1月6日	3152

永部

永			説文	長也。象水巠理之長。《詩》曰：“江之永矣。”凡永之屬皆从永。	許慎　説文解字	
永	 封仲甗  曶鼎  許子妝簠		金文	古文象水長流相會形。《説文》羕字實永之或體。	林義光 文源	28398
永			甲骨	卜辭永之異體甚多，孫氏僅釋其中一形爲永，予疑增水象者乃繁文，仍當讀永。	葉玉森 殷虛書契前編集釋 卷一	24388
永			甲骨	王襄釋𠂢，或釋行，均不確。當釋爲永字。	瞿潤緡 殷契卜辭釋文	24387
永			金文	金文永命之辭甚多，意爲天神或祖先之命。	徐中舒 金文嘏辭釋例 中央研究院歷史語言研究所集刊第六本第一分 1935 年	28395
永	 不其簋蓋 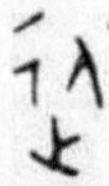 寔鼎	⿺辶永	金文	此即永字，在此蓋假爲用。	楊樹達 積微居金文説 不嬰簋跋	28396
永	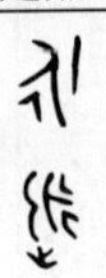	⿱永止	金文	永即泳之初文，原從人在水中行。金文或加止。羕永爲一字。	高鴻縉 中國字例 二篇	28397

永		備	楚簡	“㑅”，即“永”字異體，又增人旁。	商承祚 戰國楚帛書述略 文物 1964 年 9 期	729
永	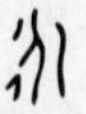		甲骨	卜辭永、𠂢同字。	孫海波 甲骨文編 卷十一	24390
永		㑅	楚簡	商氏謂㑅即永異體，是也。惠棟據齊侯鎛“羕保其身”云羕乃古永字。《説文》永下引詩“江之永矣”，羕下引作“江之羕矣”。繒書之人事，故加人旁。	嚴一萍 楚繒書新考 中國文字 1967 年	24394
永	 史牆盤		金文	永不鞏，毛公鼎有“永鞏先王”語，永鞏和永不鞏正反相對，永字之義不詳。或疑當釋爲“𠂢”，讀爲“俾”。	裘錫圭 史牆盤銘解釋 文物 1978 年 3 期	24393
永	 不其簋蓋	㞑	金文	永下增止，乃文字類化現象，仍爲永字。銘文“用逑乃事”者，逑似當如字讀之，“永乃事”者，長久乃事之意也。	李孝定 金文詁林讀後記 卷十一	24395
永			甲骨	周原甲骨之扶風齊家村《三（二）·一》“由于永終”，永終是指人的吉運可以永遠保持下去，世代不衰，至於天極。永與終含義相近。卜辭中有冬即終也，當訓爲永。	連劭名 讀周原出土的甲骨刻辭 古文字研究 1986 年 13 輯	24397
永			甲骨	人之旁有水點，會人潛行水中之義，爲泳之原字。永字既爲長義所專，遂更加水旁而作泳以表永之本義。	徐中舒 甲骨文字典 卷十一	24399
永	 杞伯敏亡鼎	逑	金文	銘文永、其或體爲逑：（一）副詞，猶長也，久也；（二）連詞，猶以也，而也。	崔永東 兩周金文虛詞集釋	24398
永	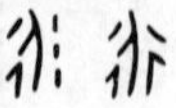	侃	甲骨	在殷墟甲骨文中，“永”和“衍”這兩個詞本來是用相同的字形表示的，後來出現分化，一般以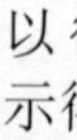、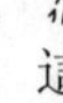表示永，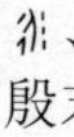、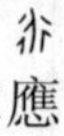等表示衍，這一分化在殷末應已完成。甲骨文三、四期中的“王”“王”其字當釋爲衍，讀爲侃（衎），可能是“衍”的異體。類當是表示衍的假借義的分化字，到西周時代省變成爲侃字。	裘錫圭 釋“衍”、“侃” 魯實先先生學術討論會論文集 1993 年 6 期	39108

永	 杞伯敏亡鼎	逨	金文	永字下加辵爲永之繁構，爲形符重複，義與永同。銘文中加辵之形均用作永。	戴家祥 金文大字典 卷中	24400
永			甲骨	甲骨文該字諸形，從彳從人，而不從水，《説文》之解形有誤。“永”字本義，蓋像人遵道而行，當訓爲順義。而長、久之義當是後來的引申義。	朱彦民《明義士家藏中國文物展》中兩片甲骨考釋 文史哲 2001 年 4 期	15902
永		⿱永口	甲骨	“魯王”之“魯”，或從口，或省口，乃一字異體，不應分别爲“永”和“咏”。應釋爲順義。	朱彦民《明義士家藏中國文物展》中兩片甲骨考釋 文史哲 2001 年 4 期	15901
永	 不其簋蓋		金文	隸爲永，動詞，意義是向前行進。永早期構形，形體左右無别，從彳從人。有加點的永字，加點的數量不等，位置亦不固定，其後位置固定下來，點的數量統一成三點。	鄧飛 不其簋銘文“永追”考 伊犁師範學院學報 2002 年 4 期	15166
羕			説文	水長也。从永羊聲。《詩》曰：“江之羕矣。”	許慎　説文解字	
羕	 陳逆簠		金文	羕《爾雅》訓爲長，羕同永。	阮元 積古齋鐘鼎彝器款識 卷七	28394
羕	 許子妝簠		金文	羕通永。古刻“永保”、“羕保”互用。	劉心源 奇觚室吉金文述 卷五	24401
羕	 許子妝簠		金文	羕者與永同意。	方濬益 綴遺齋彝器款識考釋 卷八	28400
羕	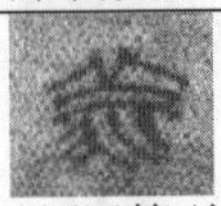 長/甲篇/行 1-2		楚簡	楚繒書與金文各器之羕字結體完全相同。《説文》：羕，永長也。商氏釋“義”。	嚴一萍 楚繒書新考 中國文字 1967 年	24406
羕	  		金文	羕爲永之轉注字，永或作羕者，古今音殊，方言音殊而用轉注字耳。	李孝定 金文詁林讀後記 卷十一	24405

羕	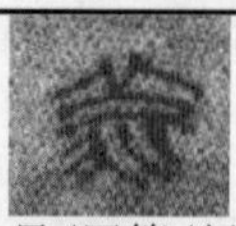 長/甲篇/行1-2		楚簡	在此假爲“殃”。子也從羊聲寫作“殚”。	高明 楚繒書研究 古文字研究 1985年12輯	91
羕	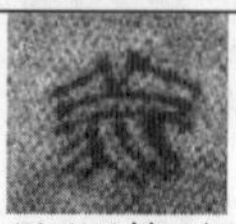 長/甲篇/行1-2		楚簡	舊釋“義”，殊誤。嚴釋“羕”，甚確。	何琳儀 長沙帛書通釋 江漢考古 1986年1、2期	93
羕			篆文	羕永同字，羕於象形之外加聲旁羊耳。	楊樹達 文字形義學	24404
羕	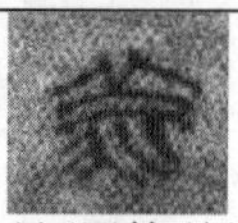 長/甲篇/行1-2		楚簡	饒謂“羕”讀“祥”，李零謂“祥”是“外來的災禍”。均可從。	何琳儀 長沙帛書通釋校補 江漢考古 1989年4期	90
羕	 包/卜筮/221		楚簡	借作恙，《漢書》注憂病也。	劉彬徽、彭浩、胡雅麗、劉祖信 包山楚簡	6897
羕	 包/卜筮/221	恙	楚簡	羕，借作恙。《漢書》注：恙，憂病也。	劉彬徽、彭浩、胡雅麗、劉祖信 包山楚簡	35498
羕			金文	羕爲永之注音加旁字也，加旁從水，聲義不變。永本象形，羕漾爲形聲孳乳字也。	戴家祥 金文大字典 卷中	24407
羕	 郭/性自命出/11		楚簡	該字原釋文讀爲“養”，也可能讀爲“永”，爲長久之意。前文説“待習而後奠”，“永”與“奠”意義相關，“養”則無涉。讀爲“永”的問題在於簡文隨後有“長性”，永、長似嫌重複。	陳偉 郭店簡書《人雖有性》校釋 中國哲學史 2000年4期	14182
羕	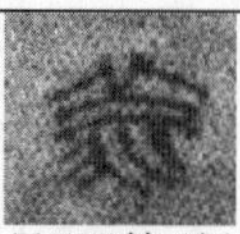 長/甲篇/行1-2		楚簡	讀爲“祥”。是一種外來的災禍。	李零 《長沙子彈庫戰國楚帛書研究》補正 古文字研究 2000年20輯	92

羕	 郭/性自命出/26		楚簡	永（原作“羕”）思，長思。《尚書・大誥》云“肆予沖人永思艱”；《荀子・正名》引逸詩云“長夜漫兮，永思騫兮”，可比照。	陳偉　郭店簡書《人雖有性》校釋　中國哲學史2000年4期	14211
羕	 上一/性情論/16		楚簡	羕，《説文・永部》引：“《詩》曰：‘江之羕矣。’”今本《詩・周南・漢廣》作“江之永矣”。明楊慎《丹鉛總録・訂訛・羕與永通》：“古字羕與永同。”又《尚書・舜典》：“詩言志，歌永言。”孔安國傳：“謂詩言志以導之歌，詠其義以長其言。”《史記・五帝本紀》作“詩言志，歌長言”。羕、永、長同義。	濮茅左　上海博物館藏戰國楚竹書第一册　性情論	10208
羕	 上二/容成氏/16		楚簡	祅羕，即“妖祥”，指各種怪異反常現象。	李零　上海博物館藏戰國楚竹書　第二册　容成氏	13221
羕	 郭/尊德義/39		楚簡	讀爲養，養心，涵養心性。	陳偉　郭店竹書別釋	6362
羕	 郭/尊德義/30		楚簡	讀爲養，培育、修養之意。	陳偉　郭店竹書別釋	7985
羕	 郭/尊德義/21		楚簡	讀爲養。	劉釗　郭店楚簡校釋	8164
羕	 郭/老子甲/35		楚簡	讀爲祥，用爲妖祥之祥，指災殃。	劉釗　郭店楚簡校釋	6582
羕	 郭/性自命出/10		楚簡	義爲積漸。	劉釗　郭店楚簡校釋	8275

羕	 郭/性自命出/26		楚簡	讀爲咏。	劉釗 郭店楚簡校釋	8897
羕	 郭/尊德義/39		楚簡	讀爲永，意爲長久。	劉釗 郭店楚簡校釋	6361
羕	 上三/周易/9		楚簡	通“永”。	濮茅左 上海博物館藏戰國楚竹書第三册 周易	13340
羕	 上三/周易/48		楚簡	通“永”。	濮茅左 上海博物館藏戰國楚竹書第三册 周易	13804
羕	 上三/彭祖/1		楚簡	“羕”，原從羊、從三人，三人之形殆爲“派”右偏旁之誤摹，反“派”亦同，與“永”同像人於水上游泳之形，“羕”、“永”皆陽部，《説文》云：“羕，水長也，從永，羊聲。”則“羕”雖從羊聲，兩偏旁後來似有雙標音現象。	黄人二、林志鵬 上博藏簡第三册彭祖試探 簡帛研究網 2004年4月29日	2901
羕	 上四/柬大王泊旱/23		楚簡	通“永”。《説文·永部》：“羕，水長也。從永，羊聲。《詩》曰：‘江之羕矣。’”今《詩》一作“江之永矣”。	濮茅左 上海博物館藏戰國楚竹書第四册 柬大王泊旱	3297
羕	 上三/彭祖/1		楚簡	“羕”通“永”。	趙炳清 上博簡三《彭祖》補釋 簡帛研究網 2005年1月26日	2802

𠂢部

𠂢			説文	水之衺流，别也。从反永。凡𠂢之屬皆从𠂢。讀若稗縣。	許慎　説文解字	
𠂢			甲骨	古𠂢字，或釋行。	王襄　簠室殷契類纂正編　卷十一	24410
𠂢	 鄀公平侯鼎		金文	水之流别也，從反永。象衆派合流形，與永形近義别。	林義光　文源	24409
𠂢			甲骨	此當是水之流别之𠂢字。𠂢派本一字，許君分爲二，誤也。	羅振玉　增訂殷虚書契考釋　卷中	24408
𠂢			篆文	古文反正不拘，謂𠂢爲反永始於秦，從反永乃借意用爲偏旁。	高鴻縉　中國字例四篇	28402
𠂢			篆文	永𠂢古一字。分爲二字蓋自小篆始。高氏之言是也。	李孝定　金文詁林讀後記　卷十一	24415
衇	  或體  籀文	脉	説文	血理分衺行體者。从𠂢从血。衇或从肉。籀文。	許慎　説文解字	
衇	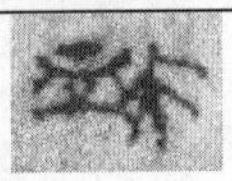		楚簡	備後一字嚴一萍釋盛。此字從血不從皿，當爲衈字，也作脈。即山脈之脈。“山陵備脈”，謂山陵俱已通貫相連。	高明　楚繒書研究　古文字研究 1985 年 12 輯	44870
覛	  籀文	覤	説文	衺視也。从𠂢从見。	許慎　説文解字	

谷部

谷			説文	泉出通川爲谷。从水半見，出於口。凡谷之屬皆从谷。	許慎　説文解字	
谷	 格伯簋		金文	此銘口作凵，張口也。《説文》無從此者。	吴榮光 筠清館金文 卷三	28406
谷	 格伯簋  五祀衛鼎俗字偏旁		金文	凵下象窪處，仌象川所通形，或作谷，變從口。	林義光 文源	28404
谷			金文	此字從口，借其義也。凵爲張口，谷口開張而水可流出。故或以口代凵。	高田忠周 説文古籀篇 卷五 谷格伯簋	28405
谷	  格伯簋			此字當倒看。作今體者疑非其朔也。	商承祚 甲骨文字研究 卷下	24422
谷			甲骨	許曰從水半見，於形不類。疑字本從仌口，會意。兩山分處是爲谷也矣，口則象谷口也。字在卜辭爲地名。	李孝定 甲骨文字集釋 卷十一	24424
谷	 長/甲篇/行11-13	浴	楚簡	繒書甲篇第十一行有“山川澫浴”之文，當讀爲“山川萬谷”，浴蓋谷也。	許學仁 楚文字考釋 中國文字 1983年4月	24190
谷			甲骨	隸作谷。卜辭用爲田狩、祭祀地名。	朱歧祥 甲骨學論叢	24425
谷	 上一/孔子詩論/16		楚簡	假作“欲”。	馬承源 上海博物館藏戰國楚竹書 第一册 孔子詩論	11294

谷	 上一/孔子詩論/3		楚簡	讀爲“俗”。此句讀爲“普觀人俗”，意爲普觀民風民俗。這裏孔子所言，《邦風》具有教化作用的論述，在各種史料中是較早的。	馬承源 上海博物館藏戰國楚竹書 第一册 孔子詩論	4494
谷	 上一/紂衣/4		楚簡	谷，郭店簡作“忩”，從心。今本作“俗”，從人。	陳佩芬 上海博物館藏戰國楚竹書 第一册 紂衣	11929
谷	 上一/孔子詩論/3		楚簡	“谷”讀爲“俗”。此句讀爲“普觀人俗”，意爲普觀名風名俗。這裏孔子所言《邦風》具有教化作用的論述，在各種史料中是較早的。	馬承源 上海博物館藏戰國楚竹書 第一册 孔子詩論	10842
谷	 上一/孔子詩論/7		楚簡	當讀爲“裕”，有寬義。	馬承源 上海博物館藏戰國楚竹書 第一册 孔子詩論	10943
谷	 上一/孔子詩論/3		楚簡	谷，馬校釋爲“俗”，人俗，猶民風，然“人俗”未聞，似以借作“欲”爲當，於郭店簡和本組簡文皆不乏佐證。	俞志慧 《孔子詩論》五題 上博館藏戰國楚竹書研究 2002 年	10839
谷	 上一/孔子詩論/3		楚簡	人俗即民俗。	龐樸 上博藏簡零箋 上博館藏戰國楚竹書研究 2002 年	10837
谷	 上一/孔子詩論/3		楚簡	所謂“人俗”，當指民風民俗。	江林昌 上博竹簡《詩論》的作者及其與今傳本《毛詩》序的關係 上博館藏戰國楚竹書研究 2002 年	10841
谷	 上二/容成氏/27	浴	楚簡	即“谷”。	李零 上海博物館藏戰國楚竹書 第二册 容成氏	13289
谷	 上一/孔子詩論/7		楚簡	“文王唯谷”，馬承源讀“谷”爲“裕”，云“裕”有寬義。龐樸讀“谷”爲“欲”，謂即“文王雖欲已”（雖想不幹），劉信	單周堯 楚簡《詩論》“文王唯谷”説 第四届國際中國古文字學研討會論文集 2003 年	14729

				芳不同意龐説，云“唯谷”若以今本當讀“維谷”，毛傳訓此“谷”爲窮。“文王唯谷”指其羑里之困。不過，阮元認爲“谷”無窮訓，“谷”當作“穀”，是善的意思。故疑“文王唯谷”亦當訓善，正好與開首“懷爾明德”相應。此外，“唯谷”似爲當時慣用語。		
谷	 上四/曹沫之陳/64		楚簡	“一欲”，甚欲。	李零　上海博物館藏戰國楚竹書 第四册 曹沫之陳	3089
谿			説文	山瀆无所通者。从谷奚聲。	許慎　説文解字	
䜕			説文	通谷也。从谷害聲。	許慎　説文解字	
豂			説文	空谷也。从谷翏聲。	許慎　説文解字	
豅			説文	大長谷也。从谷龍聲。讀若聾。	許慎　説文解字	
谹			説文	谷中響也。从谷厷聲。	許慎　説文解字	
睿	  古文  或體	濬 濬	説文	深通川也。从谷从𣦵。𣦵，殘地；阬坎意也。《虞書》曰：“睿畎澮距川。”古文睿。睿或从水。	許慎　説文解字	
睿	 		説文	篆文與口部𧮫之古文同爲一字，此睿亦古文，或作睿濬濬，許引尚書古文也，《洪範》作睿，古文之異也。口部用爲𧮫，則古文之借也。	商承祚　説文中之古文考	42369
谸			説文	望山谷谸谸青也。从谷千聲。	許慎　説文解字	

仌部

仌			説文	凍也。象水凝之形。凡仌之屬皆从仌。	許慎　説文解字	
仌	 姑馮昏句鑃馮字偏旁		金文	《説文》曰，冰凍也。象水冰凝之形。	林義光 文源	24432
仌			金文	字系屬於水也，冰凝爲正俗字，而經傳皆借冰爲之，仌字殆廢。	高田忠周 説文古籀篇 卷五	28408
仌	 夌姬鬲		金文	知爲仌者，陳逆簋冰月之冰正從此作。冰即葥之音變，故冰即是葥。葥字象形，乃盛矢器，則冰實箙筒。本銘言“錫仌三”，即是錫以箙甬三事。	郭沫若 兩周金文辭大系圖録考釋 夌姬鬲	24434
仌			金文	冰的本字。加水旁是爲了表示它的類屬。經傳皆作冰，冰行而仌廢。	戴家祥 金文大字典 卷中	24438
冰	 俗體	凝	説文	水堅也。从仌从水。凝俗冰从疑。	許慎　説文解字	
冰	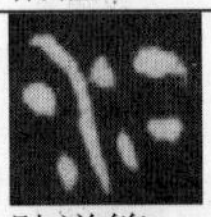 陳逆簋		金文	寒烈結水，謂之仌，其所以爲仌謂之冰，俗人亦加仌作凝。	高田忠周 説文古籀篇 卷五	28409
冰	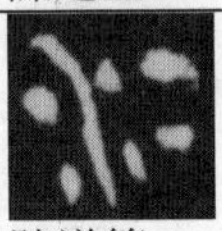 陳逆簋		金文	吴式芬謂冰月見《晏子春秋》，即十一月也。	于省吾 雙劍誃諸子新證 卷一 晏子新證	28410
凓			説文	寒也。从仌㮚聲。	許慎　説文解字	
凊			説文	寒也。从仌青聲。	許慎　説文解字	
凍			説文	仌也。从仌東聲。	許慎　説文解字	
腠	 或體	凌	説文	仌出也。从仌朕聲。《詩》曰：“納于朕陰。”凌朕或从夌。	許慎　説文解字	

澌			説文	流仌也。从仌斯聲。	許慎　説文解字	
凋			説文	半傷也。从仌周聲。	許慎　説文解字	
冬	 古文	各	説文	四時盡也。从仌从夂。夂，古文終字。古文冬从日。	許慎　説文解字	
冬			甲骨	余釋冬，象枝折下垂，墜墜碩果。卜辭冬之形體即金文所由訛。不冬之冬疑假作終。	葉玉森 鐵雲藏龜拾遺附考釋	24445
冬			甲骨	冬字多見，但均用作終。從古文字形來看，當是《爾雅・釋木》“終牛棘”之終之本字。郝懿行解終爲棒。以終爲棒，則于冬之字形優有可説，蓋象二棒實相聯而下垂之形，故用爲始終及冬夏者均假借也。	郭沫若 金文叢考 金文考所無考	24446
冬			甲骨	予舊釋爲冬，象枝垂葉落上有二碩果形，望而知爲冬象。	葉玉森 殷虚書契前編集釋 卷四	24447
冬		各	篆文	冬終一字，甲、金文皆不從日，此從日者，言冬日可愛，而時易終也。	商承祚 説文中之古文考	28411
冬			甲骨	冬讀爲終，終，成也。燕大一九二：“貞：隹龜令。其乍丝邑。”此作邑卜龜之證。“終丝邑”猶言成茲邑，求帝之祐也。	饒宗頤 殷代貞卜人物通考 卷三	24453
冬			甲骨	此字就其字形從許書之次當收作冬，而其義則爲終。	李孝定 甲骨文字集釋 卷十一	24452
冬			甲骨	此終字，不從糸，與《説文》古文同。	孫海波 甲骨文編 卷十三	24450
冬	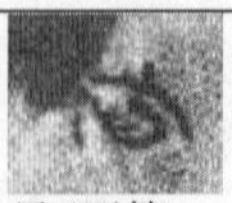 長/丙篇	各	楚簡	陳騂壺孟冬之“冬”、正始石經春秋僖公二十八年冬之“冬”，形體皆與繒書同。《説文》古文形體蓋正始石經所見那種形體之訛。頌鼎所見與甲骨同，均假爲終字。	嚴一萍 楚繒書新考 中國文字 1967 年	24454

冬				甲骨文、金文及篆文“冬”字，本義是“踵”，指示人體的下肢足跟部位。繁體從大，省去上肢，簡化爲從入，下打兩圈或兩點，指踵。人體從頭始，到足跟爲終。所以引申爲末了、盡頭的“終”，一年四季最后的一季“冬”。踵、終、冬原是一字，以後分化爲三字。	夏渌　釋甲骨文春夏秋冬——商代必知四季説　武漢大學學報1985年5期	24455
冬	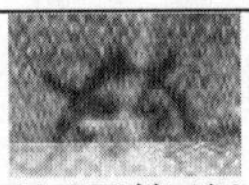 長/甲篇/行1-2	各	楚簡	“春夏秋冬”，原篆均以日爲形符，分别以屯、夏、禾（秋省形）、冬爲音符。甲骨文只有春秋二季，帛書則四季連文，殊堪注目。	何琳儀　長沙帛書通釋　江漢考古1986年1、2期	57
冬	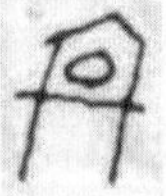 陳璋方壺	各	金文	乃四季冬之本字。從日，從∩（終），∩亦聲。∩爲終之本字，象束絲終端有結。冬季爲一年之盡，故加日以區别本義。冬天寒冷，故後人又加仌形。	戴家祥　金文大字典卷中	24456
冬	 郭/老子甲/8		楚簡	簡文與《説文》古文“冬”字同。	彭浩、劉祖信、王傳富　郭店楚墓竹簡	6006
冬	 上一/紂衣/17		楚簡	經籍“冬”、“終”通用。《釋名·釋天》：“冬，終也，物終成也。”今本《老子》六十四章“慎終如始”，《馬王堆漢墓帛書·老子乙本》“終”作“冬”。今本作“終”。	陳佩芬　上海博物館藏戰國楚竹書　第一册　紂衣	9362
冬	 上一/孔子詩論/23		楚簡	讀爲“終”。	馬承源　上海博物館藏戰國楚竹書　第一册　孔子詩論	10072
冬	 上一/紂衣/6	⿱夂日	楚簡	即“冬”之古文，從日、冬聲。	陳佩芬　上海博物館藏戰國楚竹書　第一册　紂衣	11955
冬	 上二/容成氏/6		楚簡	讀爲“終”。民冬，義同文獻中的“泯没”，是死亡的委婉説法。	李零　上海博物館藏戰國楚竹書　第二册　容成氏	13162

冬	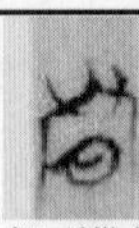 郭/緇衣/10	各	楚簡	該字原釋文隸定從日冬聲，不確。該字應分析從日終聲，乃冬字古寫，可直接釋爲“冬”。	白於藍《上海博物館藏戰國楚竹書（一）》釋注商榷 華南師範大學學報 2002年5期	12647
冬	 上二/子羔/12		楚簡	張富海《上博簡〈子羔〉篇“后稷之母”節考釋》（簡帛研究網站，2003年1月17日）指出，簡文所云“芺”即《説文》“荽”字，此草在四月長成，簡文“冬見芺”亦言其神異。按，若從整理者讀爲終，則指遊途之終。	林志鵬 戰國楚竹書《子羔》篇復原芻議 上博館藏戰國楚竹書研究續編 2004年	276
冬	 上四/昭王毀室/7	昝	楚簡	“定昝”即“定冬”，疑爲地名。	陳佩芬 上海博物館藏戰國楚竹書 第四册 昭王毀室——昭王與龔之脽	3655
冬	 上二/從政（甲篇）/1	昝	楚簡	此字應該是從“日”的“冬”字，“冬”讀作“終”。簡文的意思是最終取得（或奪取）天下，老百姓都認爲是理所當然的。	楊澤生 讀上博竹書劄記（六則） 古文字研究2004年25輯	13018
冬	 上三/周易/2		楚簡	讀爲“終”，此形用作“始終”及“冬夏”字。	濮茅左 上海博物館藏戰國楚竹書 第三册 周易	13579
冬	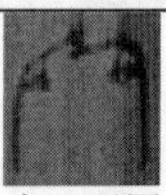 上三/周易/39		楚簡	可讀爲“聰”。	濮茅左 上海博物館藏戰國楚竹書 第三册 周易	13732
冬	 上三/周易/57		楚簡	讀爲“終”。	濮茅左 上海博物館藏戰國楚竹書 第三册 周易	13965
冬	 上三/周易/42		楚簡	讀爲“有孚不終”。	濮茅左 上海博物館藏戰國楚竹書 第三册 周易	13760
冬	 上三/彭祖/3		楚簡	冬，整理者讀爲“終”，甚是。《釋名·釋天》：“冬，終也，物終成也。”郭沫若《金文叢考》：“（金文中）冬字多見，但均用爲終。”	趙炳清 上博簡三《彭祖》補釋 簡帛研究網 2005年1月26日	2712

冶			説文	銷也。从仌台聲。	許慎 説文解字	
冶	 楚王酓忎盤	佁	金文	安徽壽縣李三孤堆出土的楚器中有佁字，從其字形及銘辭的内容來看應即是冶字。這個字從最繁的結構中可以省去從火或從口的任一部分；刀字可正寫或反寫，其位置可置於左上角或右上角；兩横可置於左上角或右下角。這些變化的特點反映出此字的寫法還不固定。	王人聰 關於壽縣楚器銘文中“佁”字的考釋 考古1972年6期	24458
冶	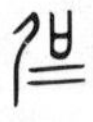 酓忎盤	佁	金文	戰國時直接製造兵器的人稱爲冶或工、攻，攻尹或丞爲工和冶的直接管理者。	黄茂琳 考古 新鄭出土戰國兵器中的一些問題	42820
冶	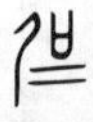 酓忎盤	佁	金文	剛師當讀爲工師，而佁師釋爲冶師爲佳。	周法高 金文詁林卷四	42821
冶	 卅二年坪安君鼎	听	金文	“平安君爲冶客所造”，該句中冶字多有歧釋，予認爲釋爲冶字爲是。	黄盛璋 新出信安君鼎、平安君鼎的國别年代與有關制度問題 考古與文物1982年2期	24459
冶	 宜安戈	炶	金文	在組成冶字的四個部件中，口和兩横之形無意，只有火和刀是有實際意義的偏旁，一般來説，形聲字的形符可省，聲符則不可省。而冶字中惟獨刀不可省，然則刀是冶字的聲符。冶、刀雙聲。	何琳儀 戰國文字通論	24461
冶			漢簡	《武威漢代醫簡》中的一些醫方中經常有“冶合”一詞，從日本古醫書的訓釋中，我們輾轉得知，該冶字應釋爲擣碎。	李學勤 “冶”字的一種古義 語文建設1991年11期	24460
冶	 包/文書/80	佁	楚簡	佁，冶字。楚國銅器銘文中的冶字多作此形。	劉彬徽、彭浩、胡雅麗、劉祖信 包山楚簡	24464
冶	 包/文書/80	佁	楚簡	“冶”字，楚國銅器銘文的“冶”字多作此形。	劉彬徽、彭浩、胡雅麗、劉祖信 包山楚簡	6149
冶			金文	此字從冫從匕從土，與三晉兵器冶字構形相近，當是冶字異體。	蔡運章 甲骨金文與古史研究	24463

冶	 宜安戈	炤	金文	冶，會意字，從刀、火、口、二横之形。學界大多認同。何琳儀先生指出，冶，從火，刀聲，火、口、二横之形皆可省，惟獨聲旁刀不可省。此説未必可信也。	林清源 戰國“冶”字異形的衍生與制約及其區域性特徵 第二屆國際中國文字學研討會論文集 1993年10月	24466
冶	 包/文書/80	[illegible]	金文	戰國文字中的冶字均從刀作。此篆左旁亦應是“刀”而非從“人”。楚器銘文冶兩横多在口旁下，簡文在上，應系異構。	湯餘惠 包山楚簡讀後記 考古與文物 1993年2期	24462
冶	 伺睘戈	[illegible]	金文	是冶字。考三晉兵器銘文冶字多作炤，而戈銘省“火”，是冶字異體。楚國兵器銘文鑄匠一般稱冶師，戈名省稱冶。	尤仁德 楚伺睘戈考釋 考古與文物 1996年4期	24465
滄			説文	寒也。从仌倉聲。	許慎　説文解字	
冷			説文	寒也。从仌令聲。	許慎　説文解字	
涵			説文	寒也。从仌圅聲。	許慎　説文解字	
滭			説文	風寒也。从仌畢聲。	許慎　説文解字	
冹			説文	一之日滭冹。从仌犮聲。	許慎　説文解字	
溧			説文	寒也。从仌栗聲。	許慎　説文解字	
瀨			説文	寒也。从仌賴聲。	許慎　説文解字	
凄	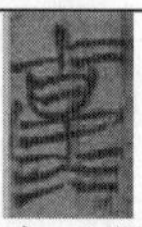 上三/周易/58		楚簡	讀爲“濟”，同韻部。	濮茅左 上海博物館藏戰國楚竹書 第三册 周易	13970

雨部

雨	 古文		説文	水从雲下也。一象天，冂象雲，水霝其閒也。凡雨之屬皆从雨。古文。	許慎　説文解字	
雨			甲骨	龜文云雨者亦多，雨字形體最爲奇古。或與征、獵同卜，蓋雨則不宜征行及田獵也。	孫詒讓 契文舉例 卷上	24470
雨	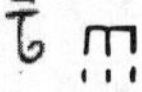		甲骨	冂象穹隆下覆之形，天象已晐於其中，不必從一。象形字。	孫詒讓 名原 卷上	28416
雨			甲骨	契文雨字。別構孔繁。疑作上三點下三點形者爲初文，象雨霝形。後增從一，象天。	葉玉森 説契 學衡 1924 年 31 期	24472
雨			甲骨	《説文》雨，水從雲下也。一象天，冂象雲，水霝其間也。⁝⁝⁝爲初文，其後乃衍變。	商承祚 甲骨文字研究 卷下	24473
雨			石鼓	古文雨。《説文》小篆從籀文也。楚公鐘中之雨字，與鼓文微異。	强運開 石鼓釋文	24475
雨			甲骨	正象雨水下墜形。	明義士 柏根氏舊藏甲骨文字考釋	24474
雨				初體只畫雨點與雨綫，多寡任意，後加整齊，進而成今體。	商承祚 説文中之古文考	28415
雨	 子雨已鼎		金文	此字如字讀之，文不可通，以聲類求之，此假雨爲父也。	楊樹達 積微居金文説 子雨已鼎跋	28413
雨			甲骨	甲文象雨自雲下滴之形，或於其上畫一爲天，金文以下仍之。	高鴻縉 中國字例 二篇	28414
雨				初體衹是雨點與雨線多寡示意，後加整齊。	商承祚 説文中之古文考	42372

雨			陶文	疑是雨字，刻在陶盆的腹部。	陳全方 周原出土陶文研究 文物 1985 年 3 期	24479
雨			篆文	[illegible]内所從皆象雨，本形。冂、一皆象天，示雨之所從來也。	楊樹達 文字形義學	24476
雨	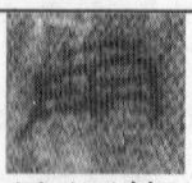 長/甲篇/行 3-4		楚簡	“雨”字后只有一殘文。此殘文爲重文，當爲疊音形容詞。	徐山 長沙子彈庫戰國楚帛書行款問題質疑 考古與文物 1990 年 5 期	328
雨	 郭/緇衣/9		楚簡	溶雨，雨盛。	彭浩、劉祖信、王傳富 郭店楚墓竹簡	7698
雨			甲骨	甲骨刻辭中不能肯定存在反復問句。“雨不雨”、“雨不”實際上分屬命辭和驗辭。	楊逢彬 對殷墟甲骨刻辭中“雨不雨”、“雨不”的考察 武漢大學學報（人文社會科學版）2000 年 1 月	15921
雨			甲骨	該字過去有三種釋讀，即“霽”、“霝”、“雹”，都有問題。其實就是“雨”字，只不過把下端三點用勾勒法表現，使之更像雨點而已。下的“雨”，字三點用勾勒法，名詞的“雨”則不然，是書寫者力求變化，以示區別。	李學勤 甲骨文同辭同字異構例 江漢考古 2000 年 1 期	15948
雨	 上一/紂衣/6		楚簡	“日俱雨”，郭店簡作“日傛雨”。今本作“夏日暑雨”。	陳佩芬 上海博物館藏戰國楚竹書 第一册 紂衣	11948
雷	  古文 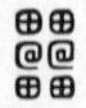 古文  籀文	雷 靁 靁	說文	陰陽薄動靁雨，生物者也。从雨，畾象回轉形。[illegible]古文靁。[illegible]古文靁。[illegible]籀文。靁間有回；回，靁聲也。	許慎　說文解字	
雷	 楚公逆鐘	畾	金文	象形字，如今人所畫雷鼓形，籀文整齊之，有雷𤰞兩讀。	王筠 說文釋例	28432

雷	 洹子孟姜壺	𤳳	金文	女雷，齊侯之女名也。	劉心源 奇觚室吉金文述 卷十八	28430
雷	 洹子孟姜壺  雷甗		金文	象雲氣，象鼓。鼓在雲中，以狀其聲。或從雨。	林義光 文源	28434
雷			金文	王廷鼎云從三“田”爲雷之古文。説是。後加雨頭。從四“田”者非真古。	高田忠周 説文古籀篇 卷一	28425
雷	 師旂鼎	𤳳	金文	方雷似與伐東夷有關。	徐中舒 謚敎考釋 中央研究院歷史語言研究所集刊第三本第二分 1931 年	28427
雷	 師旂鼎	𤳳	金文	方雷，當係夷狄國名。	于省吾 雙劍誃吉金文選	28428
雷	 洹子孟姜壺		金文	齊侯女名，即孟姜。	郭沫若 兩周金文辭大系圖録考釋	28417
雷	 師旂鼎	𤳳	金文	雷爲人名，屬下句讀作雷使氒友弘。	郭沫若 兩周金文辭大系圖録考釋	28429
雷	 師旂鼎	𤳳	金文	此方雷即黄帝所娶之方雷氏。	温廷敬 重訂金文疑年表序 史學專刊第三卷第一期 1936 年	28426
雷			金文	雨雷有閃電，“田”字間形象電。整齊而成回。	商承祚 説文中之古文考	28418
雷	 師旂鼎	𤳳	金文	方來，即卜辭世俘所稱方來，亦即師旂鼎銘所謂方雷。	丁山 周武王克殷日曆 責善半月刊 1940 年	28424
雷	 師旂鼎	𤳳	金文	此假借爲歸，雷、歸回古音通。	周法高 金文零釋 師旂鼎考釋	28421

雷			金文	雷字從古電字，從雷聲之意象。周人或加雨，亦有加雲形者。	高鴻縉 中國字例 三篇	28423
雷	 師旂鼎	畾	金文	雷爲于方首領之名，與卜辭稱“盂方白炎”、“攸侯喜”語例相同。	白川静 金文通釋	28422
雷	 雷甗		金文	釋雷也，從古申字，三“田”或四“田”無殊，可通虺。	馬叙倫 讀金器刻詞	28419
雷	 師旂鼎	畾	金文	讀雷爲歸義似較勝。	林潔明、周法高主編 金文詁林 卷十一	28420
雷		靁		第一個形體白玉錚釋“媦”，即女字“寫”，是。後一個形體爲白氏所引金文，皆是“寫且”合文，即“雷祖”。古文雹與《説文》雷字近，一從∴，一從畾。而古文雷則從四田中夾二“ㄹ”，另一古文則從二“О”，殆庖音之源。故繒書中之庖字，實出之古文雷字，而有包聲也。	丁驌 讀契記 中國文字 1985 年 9 月	24489
雷	 長/甲篇/行 3-4	電	楚簡	此字下半從“田”形，故應釋“雷”。	何琳儀 長沙帛書通釋 江漢考古 1986 年 1、2 期	12481
雷			甲骨	推測畾字應是雷的異體字，殷人假借爲壘，故曰“丘壘”。	沈建華 卜辭所見地名同字異體及假借釋例 第三届國際中國古文字學研討會論文集 1997 年 10 月	16188
雷	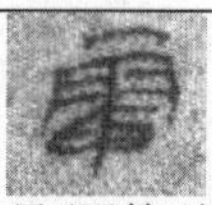 長/甲篇/行 3-4	電	楚簡	何文以爲電從申聲，而此字下半爲田，應釋爲“雷”。但即使此字從田，亦以讀電更合適。	李零《長沙子彈庫戰國楚帛書研究》補正 古文字研究 2000 年 20 輯	12480
雷		靁	甲骨	陳邦懷釋爲雷，引許書古文雷爲證，較確。雷妃卜辭數見。殆殷以雷爲女神。	葉玉森 鐵雲藏龜拾遺附考釋	24481

雷		靁	甲骨	古文雷字。	陳邦懷 殷虚書契考釋小箋	24480
雷	 楚公逆鐘  御事罍  雷甗  洹子孟姜壺	靁	金文	金文雷作連鼓而無回環之形，與《説文》古、籀文異。雷之先兆始見電，電可見而雷只能聞其聲，其聲隆隆如鼓，故造字者圖鼓形而附以電也。	商承祚 釋靁 國學叢刊 1925 年 10 月	24487
雷		靁	甲骨	乃靁之初文。或省作，從實點與從虚廓一也。或從申從田，從虚廓與從田一也，田形中間之横豎畫乃文飾。周器或加雨旁，從雨，畾聲。要之，靁從申，申即電初文，電者靁之形。其增雨作形符，爲《説文》作靁所本。釋電、雹、虹均無當。	于省吾 甲骨文字釋林 釋靁	24490
霣	  古文	霣	説文	雨也。齊人謂靁爲霣。从雨員聲。一曰雲轉起也。古文霣。	許慎 説文解字	
霣				則字籀文作鼎，員字籀文作工鼎，乃籀文，非古文也，《玉篇》作籀文。	商承祚 説文中之古文考	42374
霆			説文	雷餘聲也鈴鈴。所以挺出萬物。从雨廷聲。	許慎 説文解字	
霆	 長/甲篇/行 3-4	霆	楚簡	諸家釋震，陳槃庵先生釋爲霆，可信。段玉裁曰：古義霆電不别，許意則統言之謂之雷，自其振物言之謂之震，自其餘聲言之謂之霆，自其光燿言之謂之電。	嚴一萍 楚繒書新考 中國文字 1967 年	24493
䨓			説文	䨓䨓，震電皃。一曰衆言也。从雨，嚞省聲。	許慎 説文解字	

電	 古文		説文	陰陽激燿也。从雨从申。[illegible]古文電。	許慎 説文解字	
電	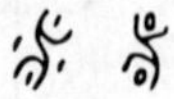		甲骨	從[illegible]，象電形，四點象雨點之形，雨與電相將也。作[illegible]者，疑亦電字。	羅振玉 增訂殷虚書契考釋 卷中	24495
電		申	甲骨	此電之初文也。象電流伸縮之形，後假借爲十二生辰之申。《説文》以申訓電，古文雨爲後加。	商承祚 甲骨文字研究 卷下	24497
電			金文	《説文》申部申，虫部虹，阜部陳下籀文申，皆緣於一體。	商承祚 説文中之古文考	28435
電	 番生簋蓋		金文	王筠謂籀文虹[illegible]之右旁乃電古文，是也。古電字作申，周朝始加雨。	田倩君 釋申電神 中國文字叢譯 1968 年	28436
電	 長/甲篇/行 3-4		楚簡	此字應從諸家釋“電”。	何琳儀 長沙帛書通釋校補 江漢考古 1989 年 4 期	12479
震	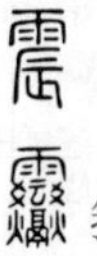 籀文	䨠	説文	劈歷，振物者。从雨辰聲。《春秋傳》曰：“震夷伯之廟。”[illegible]籀文震。	許慎 説文解字	
震	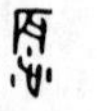		甲骨	疑爲震字，文曰不辟者三，從辰聲從止，有震動意。	柯昌濟 殷墟書契補釋	24499
震	 長/甲篇/行 3-4	雹	楚簡	應爲“雷震”之“震”。	安志敏、陳公柔 長沙戰國繒書及其有關問題 文物 1963 年 9 期	343
震	 長/甲篇/行 3-4	雹	楚簡	“震”字。當以商氏摹本爲是。	陳邦懷 戰國楚帛書文字考證 古文字研究 1981 年 5 輯	24502
雪			説文	凝雨，説物者。从雨彗聲。	許慎 説文解字	
雪	 令鼎	溓	金文	雪字。從天雨雪而言，則作雨在彗上，從雪在地而言則從水在彗下。	吴榮光 筠清館金文 卷四	28437
雪			篆文	從雨從彗，彗者，可以埽也。	林義光 文源	24505

䨮			甲骨	古雪字。	王襄 簠室殷契類纂正編 卷十一	24503
䨮				古雪字，象水雪雜下，乃古霰字。	葉玉森 殷契鉤沈	42376
䨮			甲骨	此從二又，雪爲凝雨，故得以手取之。	商承祚 甲骨文字研究	24506
䨮		溓	金文	此從古雪字，從水。	吴大澂 説文古籀補	28412
霄			説文	雨霓爲霄。从雨肖聲。齊語也。	許慎　説文解字	
霄	 上二/容成氏/41	雹	楚簡	隸定作霄，其下爲月之訛，與“霸”之古文形近。“以霸四海之内”即稱霸於天下。	王輝 讀上博楚竹書《容成氏》劄記（十則） 古文字研究 2004年25輯	12785
霰	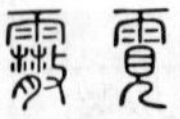 或體	霓	説文	稷雪也。从雨散聲。霓霰或从見。	許慎　説文解字	
雹	 古文	靁	説文	雨冰也。从雨包聲。古文雹。	許慎　説文解字	
雹			甲骨	古雹字。象冰點之形。省雨。殷契電亦省雨，同例。	王襄 簠室殷契徵文考釋 一編	24510
雹			甲骨	甲骨文辭以上諸文，以文義繹之，乃雹字也。作晶者爲初字。《説文》之古文從雨爲後增。	商承祚 甲骨文字研究 卷下	24511
雹			甲骨	余曩定爲雹。雹緣電氣發生，古人制雹字從申，申象電燿屈折形，乃初文電字。其所從四點或虚廓之形，象冰點、冰塊，釋雹無疑。	葉玉森 殷虛書契前編集釋 卷三	24512
雹			甲骨	古文是雹本字，“雨”下所從即雹的象形初文，知甲骨文有字作者應即雹字。加“雨”指事則爲靁。字，武丁卜辭僅一見：“雨氏”，猶如説這場雨帶來了，雨帶來了，則其必爲冰雹的雹字。	胡厚宣 殷代的冰雹 史學月刊 1980年3期	24514

雹			甲骨	乃雹字古文。象下雹子之形。	沈建華 甲骨文釋文二則 古文字研究 1981 年 6 輯	24515
雹	 長/乙篇/行 1-3	靁	楚簡	金祥恒釋爲雹，下字讀爲戲。雹戲也即包戲、伏羲，確爲卓識。	李零 長沙子彈庫戰國楚帛書研究	24517
雹	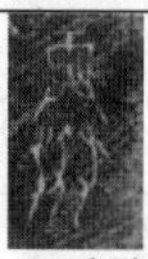 王孫霡簠		金文	湖北當陽縣出土的一批春秋中期的青銅禮器中有雹字，且爲作器者的名字。此爲金文字書所未著録的，但青銅銘文是歷史的見證，作器者爲王孫雹無疑。	高應勤、夏淥 王孫雹簠及其銘文 文物 1986 年 4 期	24516
霝			説文	雨零也。从雨，㗊象零形。《詩》曰：“霝雨其濛。”	許慎 説文解字	
霝			石鼓	霝靈零令本一字。彝器文令終多作霝也。	趙烈文 石鼓文纂釋	24518
霝			甲骨	古霝字。	王襄 簠室殷契類纂正編 卷十一	24519
霝	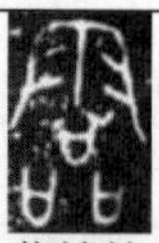 蔡姞簋  邾公釛鐘		金文	《説文》：“霝，雨零也，從雨，㗊象零形。《詩》曰，霝雨其濛。”二形體爲古霝字。	林義光 文源	24521
霝	 曾太保盆	亟	金文	曾大保盆中霝字假借爲羉。《説文》：羉，大羊而細角。《本草》作羚羊，今通用之。	郭沫若 金文叢考 彝銘文字解詁	24522
霝			石鼓	霝訓雨零，是本義也。霝，令也。假借字。此霝字應從本訓爲是。	强運開 石鼓釋文	24523
霝			金文	鄦安云：《説文》靁之古文作䨓，䨓霝一字，借霝爲罍。	强運開 説文古籀三補 卷十一 伯躳父鼎	28433
霝	 齊太宰歸父盤		金文	吴榮光釋爲受，按此明是霝字。釋零亦自通。	方濬益 綴遺齋彝器款識考釋 卷七	28438

霝	 瘐鐘		金文	金文霝冬即令終，令終義爲善終。	徐中舒 金文嘏辭釋例 中央研究院歷史語言研究所集刊第六本第一分 1935 年	28439
霝	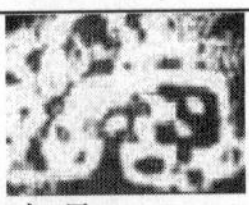 克鼎		金文	霝龠必官名，霝令古通，龠侖本同字。侖一讀如官，霝龠、伶倫、伶官一也。	聞一多 聞一多全集 卷二 璞堂雜識	28440
霝	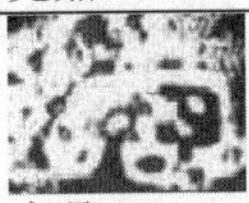 克鼎		金文	霝龠即職官，霝鼓鍾均係樂器，蓋以所司之事爲名。	斯維至 兩周金文所見職官考 中國文化研究所彙刊第七卷 1947 年	28441
霝	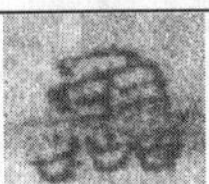 長/乙篇/行 4-6		楚簡	即“睿天命”，謂命帝夋掌管日月是聖明的。夋生日月，故命之率領。	商承祚 戰國楚帛書述略 文物 1964 年 9 期	2178
霝			甲骨	契文霝字初形，有誤釋爲霽字的。蓋霝字古字形雨下之形與古齊字形似。但從文例來看，釋爲霽是不通的，還應釋爲霝爲是。	李孝定 甲骨文字集釋 卷十一	24525
霝	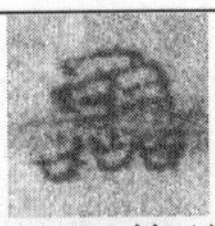 長/乙篇/行 4-6		楚簡	讀爲“靈”。天靈指天神。	李零 長沙子彈庫戰國楚帛書研究	2180
霝	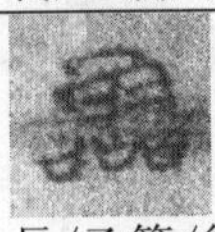 長/乙篇/行 4-6		楚簡	“天靈”，指北辰，又稱北極，天極。	連劭名 長沙楚帛書與中國古代的宇宙論 文物 1991 年 2 期	2179
霝			金文	經傳中令終即霝冬。許氏所訓之霝字爲其初義，金文多用作霝冬之霝，亦有作人名、官名的。	戴家祥 金文大字典 卷中	24526
霝	 包/遣册/268	繻	楚簡	望山簡和包山簡多次出現“霝光”，望山二號墓八號簡還出現“繻”。其所指織物疑即後來的綾。“霝光”與“繻”，在楚簡中似指同一種絲織品。	古敬恒 望山楚簡文字考釋三則 中國文字研究 2001 年 2 輯	14533
霝	 上一/紂衣/14		楚簡	經籍“霝”、“命”通用。《尚書·吕刑》：“苗憰弗用靈。”今本引“霝”作“命”。	陳佩芬 上海博物館藏戰國楚竹書 第一册 紂衣	12043

霝	 上一/紂衣/14		楚簡	“䞍”，見《説文》卷十二上至部，許慎訓“到也”，音義與“臻”相通，是完美之義，今本作“命”，乃“令”字之借，《吕刑》原文作“靈”，“靈”與“臻”含義相近。上博簡作“霝”，合於今本《吕刑》。	李零 上博楚簡校讀記（之二）：《緇衣》上博館藏戰國楚竹書研究 2002 年	14028
霝	 逨盤		金文	讀爲令。	王輝 逨盤銘文箋釋 考古與文物 2003 年 3 期	15228
霝	 新/甲三：65/109		楚簡	“霝力”當讀爲“靈力”。見於齊叔弓鎛“靈力若虎”，可與《詩・邶風・簡兮》“有力如虎”相比照。“靈力”義爲威力。“休有成慶”與史頌簋“休有成事”、中山王壺“休有成工”句式同。	徐在國 新蔡葛陵楚簡劄記 簡帛研究網 2003 年 12 月 7 日	14452
䨝			説文	雨零也。从雨各聲。	許慎 説文解字	
䨝	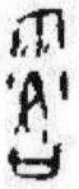		金文	或借爲洛，不必定是露省。	劉心源 奇觚室吉金文述 卷十九	24527
䨝			甲骨	此亦從雨各聲，與小篆同。	李孝定 甲骨文字集釋 卷十一	24529
零			説文	餘雨也。从雨令聲。	許慎 説文解字	
零	 格伯簋	雹	金文	此古零字，從雨從卩。零，古地名。	吴大澂 説文古籀補	28442
零	 格伯簋	雹	金文	古零字，從雨從卩。	吴大澂 説文古籀補 卷十一	24530
零	 格伯簋	雹	金文	按銘意以爲地名，即假借。古文省文假借之例，唯當以令爲之，故此器第三、四文爲令之異體可知矣。	高田忠周 説文古籀篇 卷五	28443
𩅟			説文	小雨財零也。从雨鮮聲。讀若斯。	許慎 説文解字	

霡			説文	霡霂，小雨也。从雨脈聲。	許慎 説文解字	
霡	 郭/成之聞之/39	霏	楚簡	蓋爲“霡”之訛。作動詞用當有沐浴的含義，在此語境中有接受、服從的意思。	崔永東 讀郭店楚簡《成之聞之》與《老子》劄記 簡帛研究 2001年	8613
霂			説文	霡霂也。从雨沐聲。	許慎 説文解字	
䨕			説文	小雨也。从雨酸聲。	許慎 説文解字	
䨢			説文	微雨也。从雨𢦔聲。又讀若芟。	許慎 説文解字	
䨚			説文	小雨也。从雨眾聲。《明堂月令》曰：“䨚雨。”	許慎 説文解字	
霃			説文	久陰也。从雨沈聲。	許慎 説文解字	
䨮			説文	久雨也。从雨兼聲。	許慎 説文解字	
䨡			説文	久雨也。从雨圅聲。	許慎 説文解字	
霖			説文	雨三日已往。从雨林聲。	許慎 説文解字	
𩂣			説文	霖雨也。南陽謂霖𩂣。从雨㐺聲。	許慎 説文解字	
䨵			説文	雨聲。从雨真聲。讀若資。	許慎 説文解字	
䨞			説文	雨皃。方語也。从雨禹聲。讀若禹。	許慎 説文解字	
䨘			説文	小雨也。从雨僉聲。	許慎 説文解字	
霑			説文	雨䨲也。从雨沾聲。	許慎 説文解字	
䨲			説文	濡也。从雨染聲。	許慎 説文解字	
霤			説文	屋水流也。从雨留聲。	許慎 説文解字	
屚			説文	屋穿水下也。从雨在尸下。尸者，屋也。	許慎 説文解字	
屚	 格伯簋	雹	金文	疑當爲從雨從尸，即屚字。	孫詒讓 古籀餘論 卷三	28444

䨣			説文	雨濡革也。从雨从革。讀若膊。	許愼　説文解字	
霽			説文	雨止也。从雨齊聲。	許愼　説文解字	
霋			説文	霽謂之霋。从雨妻聲。	許愼　説文解字	
霩			説文	雨止雲罷皃。从雨郭聲。	許愼　説文解字	
露			説文	潤澤也。从雨路聲。	許愼　説文解字	
露			貨幣	古潞字。從雨。借露爲潞。	吴大澂 説文古籀補 卷十一	23639
露	 旻人守鬲	旻	金文	當爲國族名，疑露之古文，從雨從夊，夊象人足形，會意也。	柯昌濟 韡華閣集古録跋尾甲篇第一五一頁	28445
霜			説文	喪也。成物者。从雨相聲。	許愼　説文解字	
霚	 籀文	雺	説文	地氣發，天不應。从雨敄聲。雺籀文省。	許愼　説文解字	
霾			説文	風雨土也。从雨貍聲。《詩》曰："終風且霾。"	許愼　説文解字	
霿			説文	天氣下，地不應，曰霿。霿，晦也。从雨瞀聲。	許愼　説文解字	
霓			説文	屈虹，青赤，或白色，陰氣也。从雨兒聲。	許愼　説文解字	
霓			甲骨	此霓字，從雨，兒聲。	余永梁 殷虚文字考 國學論叢 1927年	24575
䨺			説文	寒也。从雨執聲。或曰：早霜。讀若《春秋傳》"墊阨"。	許愼　説文解字	
雩	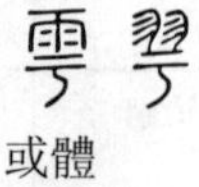 或體	𦏸	説文	夏祭，樂于赤帝，以祈甘雨也。从雨于聲。𦏸或从羽。雩，羽舞也。	許愼　説文解字	
雩	 毛公鼎		金文	雩本字讀如扈，地近豐，雩蓋公族都邑。	徐同柏 從古堂款識學 卷十六	28448
雩	 毛公鼎		金文	雩從雨從于，銘文用爲連及之詞與也，及也。經傳省作于。	楊樹達 積微居金文説 毛公鼎跋	28447

雩	 逹盤		金文	與粵通，句首助詞。	王輝 逹盤銘文箋釋 考古與文物 2003 年 3 期	15231
雩	 毛公鼎		金文	雩即于，即於，亦即粵。曰越皆一聲之轉。	劉心源 奇觚室吉金文述 卷二	24578
雩	 毛公鼎		金文	雩本義求雨時之舞。經傳因形近誤爲粵，假借爲曰。	高田忠周 說文古籀篇 卷五	28446
雩			甲骨	粵字，古金文多作從雨從于之雩。金文中雩示爲祈雨之祭，多假雩爲粵。	葉玉森 殷虛書契前編集釋 卷五	24580
雩		𩆉	甲骨	𩃬，諦審，乃動詞，且均爲求雨之事，則𩃬當是雩之異。從雨無聲，無亦會意，無古文舞。《說文》："雩，夏祭乐于赤帝以祈甘雨。羿，雩或從羽。雩舞羽也。"《周禮鼓師》"教皇舞，帥而舞旱暵之事"，足見𩃬之從舞之意。	郭沫若 殷契粹編考釋	24581
雩	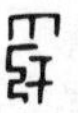 		甲骨	契文從雨從于，與小篆同，當爲雩字無疑。雩爲祭名，似與後世通詁相契合。一體作𩃬，從雨從無，無亦聲。郭謂即許書之雩，其說可從。	李孝定 甲骨文字集釋 卷十一	24588
雩	 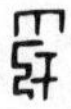		甲骨	何休注《公羊桓公五年傳》云：雩，旱請雨祭名。君親之南郊，以六事謝過自責。使童男女各八人，舞而呼雩，故謂之雩。卜辭之雩祭即爲求雨，亦當有舞，是否有謝過自責之辭，則不得而知。	陳夢家 殷商天文志 中國文字 1980 年 9 月	24586
雩	 散氏盤		金文	雩，地名。	王國維 毛公鼎銘考釋 王國維遺書第六册 1983 年	24579
雩	 毛公鼎		金文	爲與介詞"于"區別開來，在西周和春秋銅器銘文中，專用"于"的同音字"雩"爲連詞。	陳永正 西周春秋銅器銘文中的聯結詞 古文字研究 1986 年 15 輯	24587

雩	 逨盤		金文	即越，也即粵。發語詞。	劉源 逨盤銘文考釋 中國史研究 2003 年 4 期	15232
需			説文	頿也。遇雨不進，止頿也。从雨而聲。《易》曰："雲上於天，需。"	許慎　説文解字	
需	 伯公父簠		金文	而，下垂也。物遇雨溼，則軟而下垂。故從雨而。人遇雨不進，猶物濡軟。此需之引申義。	林義光 文源	24589
需	 伯公父簠		金文	周原考古隊隸定爲需是對的。銘中假借作"稬"（糯），指稻之粘者。	陳初生 需考 古文字研究 1986 年 13 輯	24591
需	 上二/容成氏/2		楚簡	敉需，即"侏儒"，矮人。	李零 上海博物館藏戰國楚竹書 第二册 容成氏	13132
需	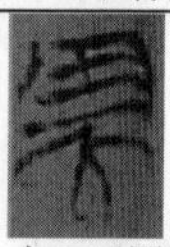 上三/周易/57		楚簡	或讀爲"濡"，霑濕之義。或讀爲"繻"，引申爲裂縫。	濮茅左 上海博物館藏戰國楚竹書 第三册 周易	13963
需	 上三/周易/57		楚簡	或讀爲"濡"。	濮茅左 上海博物館藏戰國楚竹書 第三册 周易	13967
需	 伯公父簠		金文	從雨、從天（顛的本字，象人形而突出其頭），會雨水沾濕人頭之意。濡是後起的纍增字。《説文》訓需爲頿，把借義誤當成本義了。	陳秉新《〈説文〉箋證》選録（一） 中國文字研究 2004 年 5 輯	14645
翯			説文	水音也。从雨羽聲。	許慎　説文解字	
翯	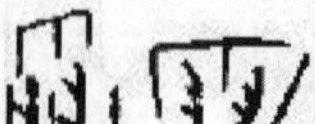		甲骨	翯字，即小篆雪字。於卜辭當從雨羽聲。	唐蘭 殷虚文字記 釋羽翯習	24593
霞			説文	赤雲氣也。从雨叚聲。	許慎　説文解字	
霏			説文	雨雲皃。从雨非聲。	許慎　説文解字	
霎			説文	小雨也。从雨妾聲。	許慎　説文解字	

霸			説文	黮霸雲黑皃。从雨對聲。	許慎　説文解字	
靄			説文	雲皃。从雨，藹省聲。	許慎　説文解字	
㝠			甲骨	以聲類求之，蒙澤當是甲骨文所見之，從雨從目，象雨點迷目形，《詩·豳風·東山》“零雨其濛”是其本義，音當讀與濛同。	丁山　商周史料考證	18009
雹	 上二/容成氏/41		楚簡	從雨、匕聲，於此似可讀爲包，爲包取之意。	白於藍　讀上博簡（二）劄記　上博館藏戰國楚竹書研究續編 2004 年	14352
雹	 上二/容成氏/41		楚簡	從雨匕聲，似可讀爲“包”，有包取之意。“包”與“必”聲字相通，“必”、“匕”音近。	白於藍　讀上博簡（二）劄記　江漢考古 2005 年 4 期	14263
雺	 長/甲篇/行 3-4		楚簡	舊或釋震、霆。以字形論分明從雨從亡，與震、霆殊不合。字不見字書，也許是震、霆等字的同義字或者電雺字別爲另一種物候。	李零　長沙子彈庫戰國楚帛書研究	345
雺	 長/甲篇/行 3-4		楚簡	此字從雨，下爲止字。陳槃釋霆，可從。	高明　楚繒書研究　古文字研究 1985 年 12 輯	342
雺	 長/甲篇/行 3-4		楚簡	諸家多釋“震”。李釋爲雺讀“霜”，甚確。“雺”即“霜”之異文。帛書“雷霜”乃“陰氣勝”所致。	何琳儀　長沙帛書通釋　江漢考古 1986 年 1、2 期	341
雺	 長/甲篇/行 3-4		楚簡	讀“霜”，似從亡，確不可易。	李零《長沙子彈庫戰國楚帛書研究》補正　古文字研究 2000 年 20 輯	344
雭	  		金文	應隸定作雭，典籍作“鈒”或“闟”。“雭”、“鈒”、“闟”、“闒”均一音之轉。“闟戟”是獵車上的戟。“雭萃鋸”與“闟戟”、“闒戟車”有關。	何琳儀　戰國兵器銘文選釋　考古與文物 1999 年 5 期	15523
㚣			甲骨	從雨從灭，《説文》所無，與求雨有關。不可遽定爲《周禮》舞師之皇或《説文》之翌。	李孝定　甲骨文字集釋　卷十一	17588

㚒	 包/文書/174	霦	楚簡	下從“拔”，應釋“㚒”。	何琳儀 包山竹簡選釋 江漢考古 1993 年 4 期	6474
㼌	 上二/容成氏/41	雹	楚簡	疑此字從雨從瓜。	安徽大學古文字研究室 上海楚竹書（二）研讀記 簡帛研究網 2003 年 1 月 13 日	4164
雺	 上三/周易/38		楚簡	竹書《周易》中的“雺”即“霧”字,傳世文獻又作“蒙”、“霿”、“瞀”等。簡文中的“雺（霧）”有兩種釋讀。其一，可依帛書和今本讀爲“濡”。“濡”、“雺”二字一爲日紐，一爲明紐，聲屬准雙聲，又都屬侯部疊韻，古音極近，可以通假。“雺”從“矛”聲，從“矛”之字可與“濡”相通。其二，可如字讀爲“霧”。兩種釋讀，我們更傾向於後者。因讀“雺（霧）”已可通達文意，無需再破讀爲“濡”。	周波 楚文字中的“雺”簡帛研究網 2004 年 4 月 29 日	2378
零	 上一/孔子詩論/21		楚簡	審零，今本《詩・小雅・南有嘉魚之什》篇名作《湛露》零，《説文》云：“雨零也。從雨，各聲。”露，《説文》云：“潤澤也。從雨，路聲。”此二字義稍有區别，其音爲雙聲對轉。	馬承源 上海博物館藏戰國楚竹書 第一册 孔子詩論	11425
零	 郭/老子甲/19		楚簡	露的省聲字。	劉釗 郭店楚簡校釋	7387
霝	 上三/周易/24		楚簡	簡文“霝”或從二口、或從三口、或從四口同，通“靈”。	濮茅左 上海博物館藏戰國楚竹書 第三册 周易	13620
霆	 長/乙篇/行 1-3		楚簡	此二字，地名，無可考。	李零 長沙子彈庫戰國楚帛書研究	814
霆	 長/乙篇/行 1-3		楚簡	此字饒宗頤疑爲“沃”之異文，謂“霝霆”與“聽沃”音近，“聽沃”者炎帝之妻。	高明 楚繒書研究 古文字研究 1985 年 12 輯	811

𩂣	 長/乙篇/行 1-3		楚簡	諸家多釋“震”。《帝王世家》載“伏羲”乃“出於震”，“震”可能是“𩂣”之誤字，地望待考。	何琳儀 長沙帛書通釋 江漢考古 1986 年 1、2 期	810
𩂣			楚簡	此字多釋爲震，然下體與震不類。從雨走聲。	曾憲通 長沙楚帛書文字編	17858
𩂣	 長/乙篇/行 1-3		楚簡	此二字饒文認爲是指包戲的世系所出。	李零《長沙子彈庫戰國楚帛書研究》補正 古文字研究 2000 年 20 輯	813
𩂣	 長/乙篇/行 1-3		楚簡	可能是“震”的異體字。	董楚平 楚帛書“創世篇”釋文釋義 古文字研究 2002 年 24 輯	812
𩅄	 曾/42		楚簡	在此讀爲“蒙”。	湖北省博物館 曾侯乙墓	5798
𩅄	 曾/3		楚簡	車馬器的名稱。	湖北省博物館 曾侯乙墓	5716
𩁹		帇	楚簡	商承祚釋亂，嚴一萍釋策，皆不確。李零釋“𩁹”，可從。	高明 楚繒書研究 古文字研究 1985 年 12 輯	7745
𩃬	 長/乙篇/行 1-3		楚簡	金祥恒、嚴一萍均釋爲“庖犧”，其説至確。今從繒書來看，當以孔穎達疏引爲確，又知帛書熊前一字當爲黄，讀作“曰古黄熊庖犧”。	高明 楚繒書研究 古文字研究 1985 年 12 輯	16824
𩃬	 長/乙篇/行 1-3		楚簡	釋爲從靁勹聲。	曾憲通 長沙楚帛書文字編	16823
𩇕	 郭/老子甲/25		楚簡	字亦作“靃”，（《包山楚簡》第 185 號簡）從“毳”聲。王弼本作“脆”。	彭浩、劉祖信、王傳富 郭店楚墓竹簡	5975
𩇕	 郭/老子甲/25		楚簡	“靃”之省文，讀爲脆。	劉釗 郭店楚簡校釋	5976

⿱雨屰	 郭/成之聞之/39		楚簡	釋爲朔。	李零 郭店楚簡校讀記 道家文化研究 1999 年 17 輯	8614
⿱雨屰	 郭/成之聞之/39		楚簡	疑當讀爲溯，朝向的意思。	陳偉 郭店竹書別釋	8616
⿱雨屰	 郭/成之聞之/39		楚簡	字從屰得聲，可讀爲逆。	劉釗 郭店楚簡校釋	8615
⿱雨頁	 郭/語叢三/31		楚簡	寡悔，即少悔，與寡尤（少過）相通。	陳偉 郭店竹書別釋	9795
⿱雨頁	 郭/語叢三/31		楚簡	寡字訛變字體。	劉釗 郭店楚簡校釋	9796
⿱雨毳	 上四/采風曲目/3		楚簡	“⿱雨毳氏”，曲目。“⿱雨毳”，從雨，⿰毛毛聲，字書所無，疑讀爲“毳”。“毳氏”疑爲掌皮的百工。字亦見於《包山楚簡》。	馬承源 上海博物館藏戰國楚竹書 第四册 采風曲目	2421
⿱雨侖	 鄭井叔鐘	⿱雨⿱品冊	金文	該字隸定爲⿱雨侖，所從下邊部分爲龠之初文。以是樂中之林鐘，故從初文龠。	馬叙倫 讀金器刻詞 國學季刊 1935 年	17019
⿱雨侖	 鄭井叔鐘	⿱雨⿱品冊	金文	馬叙倫所釋可聊備一説。	戴家祥 金文大字典	17020
䨏			石刻	該字應釋爲䨏。	强運開 石鼓釋文	16948
⿱雨龜			甲骨	疑爲龜作俯狀，如雨之下降。	饒宗頤 殷代貞卜人物通考	17007
⿱雨龜			甲骨	該字從雨從龜，《説文》所無。	孫海波 甲骨文編	17006

霝	 匯/信陽一號墓遣策/9		楚簡	假爲罍。	商承祚 戰國楚竹簡匯編 信陽長臺關一號楚墓竹簡第二組遣策	9422

雲部

雲	  古文  古文	雲	説文	山川氣也。从雨，云象雲回轉形。凡雲之屬皆从雲。古文省雨。亦古文雲。	許慎　説文解字	
雲		云	篆文	云本象雲氣囬轉之形，後變爲“云”，從二，古文上字，本乎天者，多從二。雲上於天，故言下象云形。引申以云爲語詞，故篆加雨爲形聲字。	高潛子 釋云 國學叢刊 1925 年 10 月	24600
雲		云	甲骨	商釋旬，非誤。卜辭或作上部出頭形，或作不出頭形，字形演變，時代有先後也。以字形言之，則當即雲，在《説文》爲雲之古文。而旬字卜辭多作上部出頭形者，當即勻字。旬從勻聲。雲勻聲類相近，蓋本一字。	唐蘭 殷墟卜辭考釋	24596
雲		云	甲骨	此字當即云而假借爲旬字。云本象雲氣回環之形，旬之本字當從云作，《説文》旬字從勹，勹疑云字之訛。云旬聲相近，故可通也。	孫海波 誠齋甲骨文字考釋	24598
雲		云	甲骨	正象雲回轉形，與古文第二體合，當即雲字。	葉玉森 説契 學衡 1924 年 31 期	24594
雲		云	甲骨	非旬字。	瞿潤緡 殷墟卜辭考釋	24595
雲	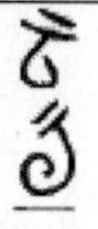	云	甲骨	契文云勻有別。唐以云爲《説文》雲之古文是也。云爲雲之初文，加雨爲形符，乃後起字也。	于省吾 雙劍誃殷契駢枝三編 釋云	24602
雲		云	篆文	爲最初古文，純象回轉形。段玉裁云“從古文上，象自下回轉而上”，是也。雲則加義旁是後起字。雲受形義於回轉。	楊樹達 增訂積微居小學金石論叢 説云	24597

雲		云	甲骨	云字與旬字形體主要區别在於其上部出頭與否。云字上又加一横，其作用在於加强與旬字形體上的區别，後又加雨作雲，雨字既作區别形式，又作義類符號。	姚孝遂 說“一”第二届國際中國文字學研討會論文集 1993年10月	24603
雲		云	金文	金文吴太子姑發劍所作之云亦雲象形。劍銘云作虚詞用，義與“或”同。	戴家祥 金文大字典 卷上	24604
雲	 上三/亙先/4	云=	楚簡	云云：迄無確詁，聯繫上文“濁氣生地，清氣生天”，“云云”當借爲絪緼或氤氲，音似而假，指天地陰陽二氣交感綿密之狀。	趙建功《恒先》易解（上） 簡帛網 2005年1月26日	2396
雲	 上三/亙先/4	云=	楚簡	重文，讀爲“云云”，是衆多之義。	李零 上海博物館藏戰國楚竹書 第三册 亙先	12856
云	 上三/亙先/4	云=	楚簡	云云、芸芸，上古音皆在文部。芸芸，衆多、盛多貌。	丁四新 楚簡《恒先》章句釋義 簡帛網 2005年12月30日	2888
霒	  古文  古文	侌	說文	雲覆日也。从雲今聲。古文或省。亦古文霒。	許慎 說文解字	
霒	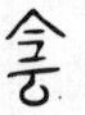		說文	《玉篇》引作工昙，乃合二字而寫誤。	商承祚 說文中之古文考	42381

魚部

魚			説文	水蟲也。象形。魚尾與燕尾相似。凡魚之屬皆从魚。	許慎　説文解字	
魚	 父丁觶	𧆨	金文	𪚔爲漁之古文，則𧆨即魚字。	劉心源 奇觚室吉金文述 卷六	28453
魚			金文	金文魚字象形最完備者有喙目有鱗甲有脊鬐一腹鬐二，尾如丙字。後省變。	孫詒讓 名原 卷上	28457
魚			金文	《説文》：魚，象形也。魚尾與燕尾相似。	林義光 文源	24610
魚			甲骨	卜辭中魚尾與燕尾同，而在石鼓文中魚字下所作之形有異。卜辭中諸魚字皆假借爲捕魚之漁。	羅振玉 增訂殷虚書契考釋 卷中	24607
魚	 害簋		金文	舊釋爲敷，分明魚字也。魚蓋漁服之省稱，矢房也。	郭沫若 金文餘釋之餘 釋底魚	24613
魚	 魚父癸鼎		金文	此文魚尾中有二點，當即篆文所由昉省變而爲火者歟？	方濬益 綴遺齋彝器款識考釋 卷五	28451
魚			石鼓	鼓文本古文魚也。	强運開 石鼓釋文	24612
魚	 魚爵		金文	此文有似魴魚之形，頭小身博。	方濬益 綴遺齋彝器款識考釋 卷十九	28452
魚			甲骨	卜辭中有“不匕自魚”，殆殷人成語也。義不可知。	郭沫若 殷契粹編考釋	24611
魚	 兮甲盤		金文	古文魚字。《周禮・天官・𪚔人》釋文：本或作魰。𪚔、魰爲一字之繁省例。知𧆨、魚亦一字也。古魚、吾同音。往往假𧆨、𪚔爲“吾”。也假魚字爲吾。	戴家祥 兮伯吉父盤銘考釋 華東師範大學學報 1955年1期	24615

魚		魯	甲骨	魚之繁文，非魯字。	魯實先 卜辭姓氏通釋之二 幼獅學報 2-11959 年 10 月	42891
魚		䲆	甲骨	爲動詞，與“魚”文同而字異，上益八形爲飾文。葉氏、商氏皆謂與魚爲一字是也。	饒宗頤 殷代貞卜人物通考 卷十三	24753
魚	 兮甲盤	䲅	金文	按：字原象形。其從虍者，乃增虎省聲。	高鴻縉 中國字例二篇	28454
魚	 曾/2		楚簡	魚皮。	湖北省博物館 曾侯乙墓	5699
魚	 曾/2		楚簡	此句是説用纁紫色的魚皮和綠色的魚皮做的。	湖北省博物館 曾侯乙墓	5700
魚	 包/遣册/256		楚簡	即用醬腌過的魚。	劉彬徽、彭浩、胡雅麗、劉祖信 包山楚簡	7032
魚	 包/遣册/257		楚簡	幹煎魚。	劉彬徽、彭浩、胡雅麗、劉祖信 包山楚簡	7045
魚	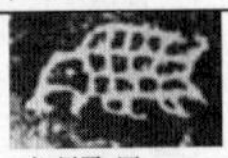 戍嗣鼎		金文	犬魚，復合族氏銘。	杜廼松 全國銅器鑑定所見金文考察 中原文物 2001 年 6 期	15484
鰖	  籀文		説文	魚子已生者。从魚，憜省聲。籀文。	許慎 説文解字	
鮞			説文	魚子也。一曰魚之美者，東海之鮞。从魚而聲。讀若而。	許慎 説文解字	
魼			説文	魚也。从魚去聲。	許慎 説文解字	
魶			説文	魚。似鼈，無甲，有尾，無足，口在腹下。从魚納聲。	許慎 説文解字	

鰨			説文	虚鰨也。从魚曷聲。	許慎　説文解字	
鱒			説文	赤目魚。从魚尊聲。	許慎　説文解字	
鰲			説文	魚也。从魚敖聲。	許慎　説文解字	
鰫			説文	魚也。从魚容聲。	許慎　説文解字	
鰖			説文	魚也。从魚胥聲。	許慎　説文解字	
鮪			説文	鮥也。《周禮》："春獻王鮪。"从魚有聲。	許慎　説文解字	
鮪		⿱山魚	甲骨	此字當是鮪字初文。上從㞢，即有字，下從魚，釋爲從魚有聲的鮪字初文似可確信。	蔡運章 甲骨金文與古史研究	24625
䱝			説文	鯍也。《周禮》謂之䱝。从魚恆聲。	許慎　説文解字	
鯍			説文	䱝鯍也。从魚㐬聲。	許慎　説文解字	
鮥			説文	叔鮪也。从魚各聲。	許慎　説文解字	
鯀			説文	魚也。从魚系聲。	許慎　説文解字	
鯀			篆文	系非聲，當以鮌爲正，從魚玄聲，訛從系。	林義光 文源	28458
鯀			篆文	鮌，《史記·夏本紀》索引鯀亦作鮌。竊謂其正字，漢人誤玄爲系，遂有鯀字。	高田忠周 古籀篇卷一百	28459
鯀	 史牆盤		金文	鯀字象用繩索繫大魚，此從又，象用手牽。古讀當如鷄，轉聲如滾，剛鯀當讀如綱系。	唐蘭 略論西周微史家族窖藏銅器群的重要意義——陝西扶風新出牆盤銘文解釋 文物1978年3期	24632
鯀	 史牆盤		金文	此銘剛鯀二字，剛當讀爲山岡之岡，鯀字讀作繇。岡繇用來形容周、召二公的高大。	陳世輝 牆盤銘文解説 考古1980年5期	24633
鯀	 史牆盤		金文	史牆盤"剛鯀"，疑即"剛果"，聲同字通。殆即周公及其與會者。	戴家祥 金文大字典 卷下	24634

鯀	郭/語叢一/3		楚簡	此字疑當讀爲倫序之“倫”。	彭浩、劉祖信、王傳富 郭店楚墓竹簡	7895
鯀			篆文	鯀亦作爲治水之象，我們可以把它視爲與禹同類，即也是一種治水儀式的描摹。	臧克和 尚書文字校詁 釋“禹”	24635
鯀	郭/語叢一/3		楚簡	讀爲倫。古音見系字與舌音關係密切，所以鯀可以讀爲倫。倫指道理。	劉釗 郭店楚簡校釋	7896
鰥			説文	魚也。从魚眔聲。李陽冰曰：“當从罘省。”	許慎　説文解字	
鰥			金文	《説文》曰，從魚眔聲。按眔非聲。朱氏云，罘省聲。	林義光 文源	24636
鰥			金文	孫詒讓云鰥，《説文》欠部歠字從此。	張之綱 毛公鼎斠釋 毛公鼎	28460
鰥			金文	該字從魚從眔，即鰥字的偏旁移位字也。	戴家祥 金文大字典 卷下 作册益卣	24638
鰥	毛公鼎		金文	從銘文辭例來看，鰥寡似乎早已成爲周人成語。鰥字從魚從目或從眔，從目可以解釋爲魚眼常開，從眔又何解呢？我認爲當從語音關聯上考慮，鰥寡爲連綿語，很早就是古成語，都表示獨的意思。至於鰥字右邊的眔字，當爲罘聲，因而鰥字當爲從罘省。	臧克和 釋“鰥” 文學人類學論叢 2 輯 1999 年 9 月	24639
鯉			説文	鱣也。从魚里聲。	許慎　説文解字	
鯉			石鼓	鰋鯉。由《周頌》看，周人鰋鯉二字每多連用。	郭沫若 石鼓文研究	24640
鱣	籀文	鱣	説文	鯉也。从魚亶聲。䲡籀文鱣。	許慎　説文解字	
鱄			説文	魚也。从魚專聲。	許慎　説文解字	
鮦			説文	魚名。从魚同聲。一曰鱶也。讀若絝襱。	許慎　説文解字	

鱺			説文	鮦也。从魚蠡聲。	許慎 説文解字	
鱫			説文	魚名。一名鯉，一名鰜。从魚婁聲。	許慎 説文解字	
鰜			説文	魚名。从魚兼聲。	許慎 説文解字	
鯈			説文	魚名。从魚攸聲。	許慎 説文解字	
鋀			説文	魚名。从魚豆聲。	許慎 説文解字	
鯾	或體	鯿	説文	魚名。从魚便聲。鯿鯾又从扁。	許慎 説文解字	
鯾			石鼓	蓋即許書鯾之籀文。	羅振玉 石鼓文考釋	24648
鯾			石鼓	張德容釋爲魶之籀文似爲近之。	强運開 石鼓釋文	24649
魴	或體	鰟	説文	赤尾魚。从魚方聲。鰟魴或从旁。	許慎 説文解字	
魴				小徐本：“鰟，籀文魴。”大徐本作“鰟或從旁”。殆以籀文旁作“雱”，不應有從“旁”之籀文而改之。	王國維 史籀篇疏證 王國維遺書第六册 1983 年	24651
魴		鱄	石鼓	即爲魴也，蓋轉注字，從魚，専聲。	馬叙倫 説文解字六書疏證 卷二十二	24652
鱮			説文	魚名。从魚與聲。	許慎 説文解字	
鱮			石鼓	《詩・齊風》：“其魚魴鱮。”傳曰：魴鱮大魚。箋曰：鱮似魴而弱鱗。疏曰：鱮，似魴而頭大。《廣雅》：“鱮，鰱也。”	强運開 石鼓釋文	24653
鰱			説文	魚名。从魚連聲。	許慎 説文解字	
鰱			篆文	鱮，頭大而肥者，徐州人謂之鰱也。按：今人通呼爲鰱子魚。	楊樹達 增訂積微居小學金石論叢 字義同緣於語源同例證	24654

鮍			説文	魚名。从魚皮聲。	許慎　説文解字	
䱂			説文	魚名。从魚幼聲。讀若幽。	許慎　説文解字	
鮒			説文	魚名。从魚付聲。	許慎　説文解字	
䲔			説文	魚名。从魚巠聲。	許慎　説文解字	
䱬			説文	魚名。从魚胥聲。	許慎　説文解字	
鱺			説文	魚名。从魚麗聲。	許慎　説文解字	
鰻			説文	魚名。从魚曼聲。	許慎　説文解字	
鱯			説文	魚名。从魚蒦聲。	許慎　説文解字	
魾			説文	大鱯也。其小者名鮡。从魚丕聲。	許慎　説文解字	
鱧			説文	鱯也。从魚豊聲。	許慎　説文解字	
鰈			説文	鱧也。从魚果聲。	許慎　説文解字	
鱨			説文	揚也。从魚嘗聲。	許慎　説文解字	
鱏			説文	魚名。从魚覃聲。傳曰：“伯牙鼓琴，鱏魚出聽。”	許慎　説文解字	
鯢			説文	刺魚也。从魚兒聲。	許慎　説文解字	
鰼			説文	鰌也。从魚習聲。	許慎　説文解字	
鰌			説文	鰼也。从魚酋聲。	許慎　説文解字	
鯇			説文	魚名。从魚完聲。	許慎　説文解字	
魹			説文	哆口魚也。从魚乇聲。	許慎　説文解字	
鮆			説文	飲而不食，刀魚也。九江有之。从魚此聲。	許慎　説文解字	
鮀			説文	鮎也。从魚它聲。	許慎　説文解字	
鮎			説文	鰋也。从魚占聲。	許慎　説文解字	

⿰魚妟	或體	鰋	説文	鮀也。从魚妟聲。鰋⿰魚妟或从匽。	許慎　説文解字	
⿰魚妟			石鼓	⿰魚妟正體，鰋或體，實一字也。	趙烈文 石鼓文纂釋	24671
⿰魚妟			石鼓	鄭箋⿰魚妟鰋一字。《説文》：鰋，從魚，妟聲。或從匽作鰋。	羅振玉 石鼓文考釋	24668
⿰魚妟			石鼓	鮎字下云⿰魚妟也，是二字爲轉注矣。	强運開 石鼓釋文	24669
鮷			説文	大鮎也。从魚弟聲。	許慎　説文解字	
⿰魚賴			説文	魚名。从魚賴聲。	許慎　説文解字	
鰼			説文	魚名。从魚習聲。	許慎　説文解字	
鰯			説文	魚名。从魚翁聲。	許慎　説文解字	
⿰魚臽			説文	魚名。从魚臽聲。	許慎　説文解字	
鱖			説文	魚名。从魚厥聲。	許慎　説文解字	
鱖			漢簡	從歲。鱥爲鱖之或體。	朱德熙 馬王堆一號漢墓遺策考釋補正 文史 1980 年 10 輯	24674
鯫			説文	白魚也。从魚取聲。	許慎　説文解字	
鱓			説文	魚名。皮可爲鼓。从魚單聲。	許慎　説文解字	
鮸			説文	魚名。出薉邪頭國。从魚免聲。	許慎　説文解字	
魵			説文	魚名。出薉邪頭國。从魚分聲。	許慎　説文解字	
⿰魚虜			説文	魚名。出樂浪潘國。从魚虜聲。	許慎　説文解字	
⿰魚虜		⿸虍⿱田灬	金文	愚謂⿸虍⿱田灬古文⿰魚虜字也。	高田忠周 説文古籀篇 卷一百	28461
鰸			説文	魚名。狀似蝦，無足，長寸，大如叉股，出遼東。从魚區聲。	許慎　説文解字	
鯜			説文	魚名。出樂浪潘國。从魚妾聲。	許慎　説文解字	

魳			説文	魚名。出樂浪潘國。从魚市聲。	許慎　説文解字	
[illegible]			説文	魚名。出樂浪潘國。从魚匊聲。一曰[illegible]魚出江東，有兩乳。	許慎　説文解字	
魦			説文	魚名。出樂浪潘國。从魚，沙省聲。	許慎　説文解字	
鱳			説文	魚名。出樂浪潘國。从魚樂聲。	許慎　説文解字	
鮮			説文	魚名。出貉國。从魚，羴省聲。	許慎　説文解字	
鮮	 散盤	鯗	金文	舊釋爲義。諦審篆文，實從羊從魚，畢鮮敦鮮字與此正同，實非義字也。	孫詒讓 古籀餘論 卷三	28465
鮮	 散盤	鯗	金文	此字阮元釋義，吴大澂釋善，俱未確。按畢鮮敦"鮮"字與此極似，叔氏鼎亦與此相近。	强運開 説文古籀三補 卷十一	28466
鮮	 朳氏壺		金文	鮮虞，金文作鮮于，其先子姓。	周法高主編 金文詁林 卷十一	28467
鮮			石刻文	《説文》"少數"字作尟，"新味"字作鱻，"魚名"字作鮮。	黄錫全 汗簡注釋補遺 卷五	42383
鮮	 上四/逸詩一多薪/1		楚簡	"鮮"，寡。"兄及弟斯，鮮我二人"，只有我們兄弟二人。	董珊 讀《上博藏戰國楚竹書(四)》雜記 簡帛研究網 2005年2月20日	3658
鰅			説文	魚名。皮有文，出樂浪東暆。神爵四年，初捕收輸考工。周成王時，揚州獻鰅。从魚禺聲。	許慎　説文解字	
鰅	 [illegible]作祖乙鼎	[illegible]	金文	此即鰅省文，從魚從禺省。此爲人名。	柯昌濟 韡華閣集古録跋尾甲篇	28468
鱅			説文	魚名。从魚庸聲。	許慎　説文解字	
鱅			石刻文	亯庸字通，詳見自部庸。此字右旁乃石經古字寫訛，原當作[illegible]。	黄錫全 汗簡注釋補遺 卷五	42384

鰂	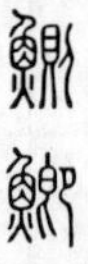 或體	鯽	説文	烏鰂，魚名。从魚則聲。鯽鰂或从卽。	許慎　説文解字	
鮐			説文	海魚名。从魚台聲。	許慎　説文解字	
鮊			説文	海魚名。从魚白聲。	許慎　説文解字	
鰒			説文	海魚名。从魚复聲。	許慎　説文解字	
鮫			説文	海魚，皮可飾刀。从魚交聲。	許慎　説文解字	
䲔	 或體	鯨	説文	海大魚也。从魚畺聲。《春秋傳》曰："取其䲔鯢。"鯨䲔或从京。	許慎　説文解字	
䲔			石刻文	《説文》䲔字或體作鯨，此從畕作，與彊字類同。	黄錫全 汗簡注釋補遺 卷五	42385
鯁			説文	魚骨也。从魚更聲。	許慎　説文解字	
鱗			説文	魚甲也。从魚粦聲。	許慎　説文解字	
鮏			説文	魚臭也。从魚生聲。	許慎　説文解字	
鱢			説文	鮏臭也。从魚喿聲。《周禮》曰："膳膏鱢。"	許慎　説文解字	
鮨			説文	魚脂醬也。出蜀中。从魚旨聲。一曰鮪魚名。	許慎　説文解字	
鮺			説文	藏魚也。南方謂之䱗，北方謂之鮺。从魚，差省聲。	許慎　説文解字	
䱗			説文	鮺也。一曰大魚爲鮺，小魚爲䱗。从魚今聲。	許慎　説文解字	
鮑			説文	饐魚也。从魚包聲。	許慎　説文解字	
魿			説文	蟲連行紆行者。从魚令聲。	許慎　説文解字	
鰕			説文	魵也。从魚叚聲。	許慎　説文解字	

鰝			説文	大鰕也。从魚高聲。	許慎　説文解字	
鮥			説文	當互也。从魚各聲。	許慎　説文解字	
魧			説文	大貝也。一曰魚膏。从魚亢聲。讀若岡。	許慎　説文解字	
鮩			説文	蚌也。从魚丙聲。	許慎　説文解字	
鮚			説文	蚌也。从魚吉聲。漢律：會稽郡獻鮚醬。	許慎　説文解字	
鮅			説文	魚名。从魚必聲。	許慎　説文解字	
鑺			説文	魚名。从魚瞿聲。	許慎　説文解字	
鯸			説文	魚名。从魚侯聲。	許慎　説文解字	
鯛			説文	骨耑脃也。从魚周聲。	許慎　説文解字	
鯙			説文	烝然鯙鯙。从魚卓聲。	許慎　説文解字	
鮁			説文	鱣鮪鮁鮁。从魚犮聲。	許慎　説文解字	
鈇			説文	鯕魚。出東萊。从魚夫聲。	許慎　説文解字	
鈇			甲骨	從魚從大。由形構言，或即《説文》鈇字。卜辭僅一見，字形未能盡明。借用爲附庸名，其酋封爲伯。	朱歧祥　殷墟甲骨文字通釋稿	24727
鯕			説文	魚名。从魚其聲。	許慎　説文解字	
鮡			説文	魚名。从魚兆聲。	許慎　説文解字	
鮅			説文	魚名。从魚匕聲。	許慎　説文解字	
鱻			説文	新魚精也。从三魚。不變魚。	許慎　説文解字	
鱻	 公貿鼎		金文	三魚非不變之義，鱻色鮮明也。魚者鮮物，鱻象魚多色鮮，經傳多以鮮爲之。	林義光　文源	24730
鱻	 公貿鼎		金文	鮮明、新鮮皆應作鱻。	丁佛言　説文古籀補補　卷十一	24731

鱻			篆文	此即新鮮之鮮本字，狀詞。	高鴻縉 中國字例四篇	24733
鱻	 公貿鼎		金文	鱻從三魚，所謂數多略不過三之意。三隹爲雥，三虫爲蟲，皆狀其多，三魚當亦此意。新鮮恐是後起之義。	李孝定 金文詁林讀後記 卷十一	24734
鰈			説文	比目魚也。从魚枼聲。	許慎　説文解字	
魮			説文	文魮，魚名。从魚比聲。	許慎　説文解字	
鰩			説文	文鰩，魚名。从魚䍃聲。	許慎　説文解字	
𩵎			甲骨	象有魚懸於綸索之形，八象水點之滴瀝。此字象魚在橐貫之形。“今日𩵎，止日賁”謂今日釣得之魚，至其卜定之日始賁以祭也。	吴其昌 殷墟書契解詁	17645
𩵎			甲骨	“止日允𩵎”、“止日允雨”同例，此似與天時有關。	金祖同 殷契遺珠	17646
罴	 罴作祖乙鼎		金文	此爲臣名，字書所無，古字逸文也。或釋鯉恐非是。	高田忠周 説文古籀篇 卷一百	28449
𩵹		嬀	甲骨	《説文》所無，通作𩵹字，或繁體爲𩶎字，象形，魚名。	施勇雲 試釋幾個甲骨文字 考古論文選第1集1980年	17785
鮓			璽印	鮓，從魚乍聲。在璽印中爲人名。	徐寶貴 戰國璽印文字考釋七篇 考古與文物1994年3期	16501
𩵋			甲骨	《説文》無。從屮從魚，隸作魚。	李孝定 甲骨文字集釋 卷十一	17948
𧇡	 𩶬鎛		金文	此與吾通。	楊樹達 積微居金文説 效卣跋	28450
𧇡	 上一/紂衣/4		楚簡	從虍、魚聲。《説文》所無。《𩶬鎛》銘文“保𧇡兄弟”，“𧇡”讀爲“餘”。郭店簡作“洙”，今本作“御”。	陳佩芬 上海博物館藏戰國楚竹書第一册 紂衣	11932
𧇡	 上一/紂衣/4		楚簡	“虞”，原從虍從魚，此處應依今本讀作“禦”。郭店簡與禦、淫二字相應的字，都是錯寫。	劉樂賢 讀上博簡劄記 上博館藏戰國楚竹書研究 2002年	5672

⿱虍魚	 上一/紂衣/4		楚簡	“御”，上博簡作“⿱虍魚”，可以證明郭店本的“涞”字是從亡得聲。	李零 上博楚簡校讀記（之二）:《緇衣》 上博館藏戰國楚竹書研究 2002 年	11931
⿱自魚			甲骨	字書所無，以文義揣之，意爲抵禦，疑讀爲敔。敔與圉、禦音義同。	饒宗頤 殷代貞卜人物通考	16619
⿱自魚			甲骨	從自從魚。《說文》所無。	孫海波 甲骨文編 卷四	16618
⿰魚州	 包/文書/170		楚簡	簡文右部與州字形近。	劉彬徽、彭浩、胡雅麗、劉祖信 包山楚簡	6249
⿰魚州	 包/文書/170		楚簡	應釋“鮈”。	何琳儀 包山竹簡選釋 江漢考古 1993 年 4 期	6248
鯖	 郭/忠信之道/6		楚簡	應讀“請”，求也。	何琳儀 郭店竹簡選釋 簡帛研究 2001 年	8491
鯖	 郭/忠信之道/6		楚簡	讀爲争。	劉釗 郭店楚簡校釋	8490
鯌	 上二/容成氏/24		楚簡	從魚、昔聲。讀爲“粗”。典籍中從“昔”聲的字常和從“且”聲的字通假。《説文》：“粗，疏也。”引申指粗糙。	徐在國 上博竹書（二）文字雜考 學術界 2003 年 1 期	4126
鯌	 上二/容成氏/24		楚簡	“鯌𩬏不生”似可讀“錯糾不生”。鯌字可讀爲錯或藉，義爲錯雜、錯亂，或者狼藉。《漢書·地理志》：“五方雜厝，風俗不純。”《書·禹貢》：“厥賦惟上上錯。”疏：“錯爲雜也。”從丩從𩬏的字可讀爲糾。“錯糾”義近“糾雜”。《宋書·恩倖傳論》：“官置百司，權不外假，而刑政糾雜，理難遍通，耳目所寄，事歸近習。”這裏指洪水氾濫成災，雜亂不堪，五穀不生。	黄錫全 讀上博簡（二）劄記（肆） 簡帛研究網 2003 年 5 月 16 日	4125

鰭	 上二/容成氏/24		楚簡	讀爲“皵”。“乾皵”指面部皮膚乾燥粗糙。	孟蓬生 上博竹書（二）字詞劄記 上博館藏戰國楚竹書研究續編 2004 年	14002
鱄		鰟	石刻	張德容之説甚是。該字本魚名，不必釋鱄爲鮒也。	强運開 石鼓釋文	16905

鱻部

鱻			説文	二魚也。凡鱻之屬皆从鱻。	許慎　説文解字	
𩺰	  篆文	漁	説文	捕魚也。从鱻从水。篆文𩺰从魚。	許慎　説文解字	
𩺰		𤅩	石鼓	古漁字，從魚從水從又。以手捕魚也。	吴大澂 説文古籀補 卷十一	24736
𩺰		漁	甲骨	古文𩺰從二魚，小篆省從一魚。此文亦止一魚，或即小篆之濫觴與？	孫詒讓 契文舉例	24737
𩺰		𤅩	石鼓	卜辭漁或作從又持釣綸以取魚。《周禮・漁人》作“𩵦人”，亦從又，此從寸者，即“又”之變。古文從寸從又不别。	羅振玉 石鼓文考釋	24738
𩺰			甲骨	古𩵦字。	王襄 簠室殷契類纂 正編	24739
𩺰			甲骨	此從魚從水者，與許書篆文同。或從水，中四魚。或又作𩵦，從又持絲從魚，象漁釣形，𩵦爲漁無疑。許君以爲𩵦之古文，殆不然矣。	羅振玉 增訂殷虚書契考釋 卷中	24742
𩺰			甲骨	此作四魚泳水中，文曰“王漁”，故知與《説文》之𩺰同字。金文從廾，石鼓文從寸，則象以手捕魚。	商承祚 甲骨文字研究 卷下	24744
𩺰		𩵋	甲骨	此字卜辭恆見，以文義釋之，亦是漁字。與魯同爲變體，從八、口，皆象取魚之具。	商承祚 殷契佚存附考釋	24745
𩺰		𤅩	石鼓	《説文長箋》云石鼓“君子漁之”從魚從水從又，三體會意亦象形，後人妄臆，誤以又字爲二體重文，遂改作𩺰。説雖近是，惟鼓文乃從寸非從又。《長箋》之説亦未可信。	强運開 石鼓釋文	24748

瀊		魰	甲骨	魰即捕魚之漁之本字，即《周禮·漁人》之𪄳。	金祖同　殷虚卜辭講話	24749
瀊			甲骨	象兩手張網以捕魚之形，當即漁字之異。	郭沫若　殷契粹編考釋	24750
瀊				契文之漁，最初作四魚在水中形。漸衍爲用手搏魚諸形。更衍爲手持竿絲釣魚之形、手舉網魚之形，終則用漁。許書瀊字亦契文漁之簡體。	王襄　古文流變臆説	24740
瀊	 楚王孫漁戈	𤅩	金文	從水從魚從舟從又。四字合成。似人乘舟於水中，以手捕魚之形，乃漁字之繁體也。卜辭漁字，有的從魚從水，有的從魚從又，有的從魚從網從又。又古時往往魚漁不分，可互假通用。故漁又可作魚字解。	石志廉　“楚王孫𣟭(漁)”銅戈　文物 1963 年 3 期	24755
瀊			甲骨	或從又持竿取魚。	孫海波　甲骨文編	24746
瀊	 通簋	𣸣	金文	漁訓捕魚，當從遹簋作𣸣爲正，象兩手於水中取魚，省作𢍰，猶存捕取義。	李孝定　金文詁林讀後記　卷十一	24757
瀊			甲骨	即漁字之異構，漁從水從魚，此字形中有表示“河”形者，亦當爲從水從魚。	中國社會科學院考古研究所　小屯南地甲骨	24756
瀊		漁 鰀	甲骨	卜辭魚、漁、瀊、鰀諸字在形體和涵義上都有嚴格區分。魚通常作名詞；漁則但用作人名，與後世有别；瀊，動詞，即後世之漁；鰀爲張網捕魚之專用字，與漁在形體即用法上均有别。	姚孝遂、肖丁　小屯南地甲骨考釋	24758
瀊		漁	甲骨	從魚在水中，隸作漁。	朱歧祥　殷墟甲骨文字通釋稿	24759
瀊				鄭珍認爲此形“移篆”。	黄錫全　汗簡注釋補遺　卷五	42387
瀊		潙 𣸣		𩺰之屬有瀊字。但在石鼓文遹敦銘中象手入水中取魚形。卜辭或從网作。皆非從二魚。漁可歸魚部，其所從𩺰亦魚之古文奇字或籀文。	丁山　説文闕義箋	16747

瀺	 兮甲盤	䱷	金文	䱷，䱹之省，蓋䱹即古漁字，又與御虞字通。	孫詒讓 古籀餘論 卷三	28471
瀺		澞	石鼓	石鼓文象手在水中取魚形。	林義光 文源	28470
瀺	 楚王孫漁戈	瀴	金文	字從水從漁從舟從又，漁之繁體。漁魚可通用。	高田忠周 說文古籀篇 卷一百	28473
瀺			甲骨	蓋即漁字之古體。	高明 “圖形文字”即漢字古體說 第二届國際中國文字學研討會論文集 1993 年 10 月	24760

燕部

燕			説文	玄鳥也。籋口，布翄，枝尾。象形。凡燕之屬皆从燕。	許慎 説文解字	
燕	 燕侯旨鼎		金文	古燕字，象燕處巢見其首。宴晏匽三字皆當從此字。	吴大澂 説文古籀補 卷十一	24762
燕			甲骨	象燕籋口布翄枝尾之狀，篆書之形稍失也，卜辭借爲燕享字。	羅振玉 增訂殷虚書契考釋 卷中	24763
燕	 		甲骨	一字象飛燕逼肖，一字與凖之文例類似同字。二字在一辭内且爲連文，又似非一字，仍待商。	葉玉森 殷虚書契前編集釋 卷六	24764
燕			甲骨	甲文中有“燕”與“雨”對貞，蓋假燕爲暳。《説文》：暳，星，無雲也。與今晴同。則吉燕猶今言快晴。	楊樹達 卜辭求義 燕	24766
燕			甲骨	甲文中燕之字形，象燕飛之形。燕其變訛也。	馬叙倫 説文解字六書疏證 卷二十二	24765
燕			甲骨	即燕字也。	朱芳圃 殷周文字釋叢 卷中	24768
燕			甲骨	燕於卜辭有二義，一爲借作燕享之燕，二爲方名。	魯實先 殷契新詮 卷四 釋燕	24767
燕			甲骨	卜辭中有以“燕”字爲氣象之詞者，楊樹達云與雨對貞，蓋假爲暳，晴無雨之義。楊説是。	温少峰、袁庭棟 殷墟卜辭研究——接掌技術篇 1983 年	24769
燕	 長/丙篇	乚	楚簡	與甲乙之乙有别。此字即爲燕字。	李零 長沙子彈庫戰國楚帛書研究	24850
燕			漢印	燕字也，其中部較小篆有所省略，但仍當歸入燕字之下。	張標 古文字劄記 考古與文物 1988 年 2 期	24770

燕	 堇鼎		金文	從乚，晏聲。《説文》所無，以形聲求之，當即“燕朝”之“燕”本字。	戴家祥 金文大字典 卷上	24772
燕	 亞吴簋		金文	即殷之族徽燕字。	斯維至 由至箕矦諸器銘文推論燕齊建國及文化 陝西歷史博物館館刊 1995 年 2 輯	24771
燕			甲骨	燕祭的符號。是很祥和友善的燕子的樣子。	張寶明 從甲骨文、金文看商族的母性崇拜 河南社會科學 2002 年 4 月	15489
燕	 上一/孔子詩論/16	鼹	楚簡	“燕”，原爲從鳥旻聲之字，而阜陽漢簡《詩經》作“匽”。	王志平 《詩論》箋疏 上博館藏戰國楚竹書研究 2002 年	5476

龍部

龍			説文	鱗蟲之長。能幽，能明，能細，能巨，能短，能長；春分而登天，秋分而潛淵。从肉，飛之形，童省聲。凡龍之屬皆从龍。	許慎　説文解字	
龍	 上五/競建内之/7	䖵	楚簡	原考釋所隸“龍”字，與楚系文字所見“龍”不合，當非。字從它、中、月。此字可讀爲“孽”。月、孽二字上古音同在疑紐月部。從“它”可視爲義符，古人以“它（蛇）”爲一種災害。	季旭昇 上博五芻議（上） 簡帛網 2006年2月18日	4833
龍	 史頌簋	章	金文	即龍字，通作寵。	徐同柏 從古堂款識學 卷二 史頌簋	28150
龍	 頌簋	章	金文	覲寵猶云覲光，寵與光同意。	徐同柏 從古堂款識學 卷六 頌簋	28151
龍	 頌鼎	章	金文	龍。或釋章，非。此用爲寵。	劉心源 奇觚室吉金文述 卷二 頌鼎	28152
龍	 頌鼎龔字偏旁		金文	古文左下與右旁象龍飛形，從𢆉省從二。𢆉上龍飛之象也。	林義光 文源	28476
龍			金文	字象龍形，蓋龍字也。	薛尚功 歷代鐘鼎彝器款識法帖 龍爵	24773
龍			金文	或釋作章者，非也，蓋古龍字之古文。	周慶雲 夢坡室獲古叢編 周周章	24775
龍			甲骨	卜辭或上從“辛”形的形體，即許君所謂童省，其大首朝下而身紀曲的形體象龍形。其大首即許君誤以爲從肉者。紀曲者其身矣。或省“辛”形，或又增足。	羅振玉 增訂殷虚書契考釋 卷中	24776

龍	 頌鼎	章	金文	爲古龍字，假爲寵。	强運開 說文古籒三補 卷七	28153
龍		龐	甲骨	蓋龍之繁文。以亡爲聲。	郭沫若 殷契粹編考釋	24777
龍			甲骨	此辭中之兹邑龍，猶它辭中之大邑商，或天邑商。殆是地名也。	金祖同 殷契遺珠	24779
龍	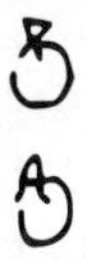		甲骨	卜辭中有似龍之字形，而尾向外，唐蘭先生釋其簡體之形爲云字，即雲之本字。蓋由其能興雲而造，其字應爲龍之類。史記中螾字，集釋以爲蚯蚓，予謂龍之假借也。	孫海波 誠齋甲骨文字考釋	24781
龍			甲骨	龍非後世所想象的飛龍，當是一種較大的蛇類而已。若“龍”字的詮釋不誤，則龍方可能與匈奴有關。	陳夢家 殷虚卜辭綜述	24785
龍			甲骨	龍可爲人名，習見。亦爲殷人祈祝之對象。殷人祀龍，意者即雩祭，所以祈年也。	饒宗頤 巴黎所見甲骨録	24789
龍			甲骨	疑是龍字，古音與兇同部，假爲兇，是問疾病吉兇之詞。	張秉權 殷墟文字丙編考釋	24783
龍			甲骨	即龍字。卜辭凡卜疾病之吉語每曰“龍”（即此形龍字），疾龍即謂疾和。龍，讀爲寵，和也。	饒宗頤 殷代貞卜人物通考 卷三	24784
龍			篆文	龍疑即鰐魚。甲文首上與鳳首同，象簇嶽並起之形。	高鴻縉 中國字例二篇	28478
龍			甲骨	諸形舊並釋爲龍。唐蘭始析爲二字，謂其尾向内之形者即㠯字，爲地螾之象形。疑讀爲惸或鈞。今按卜辭此字爲人名，與蔔旬之字有别，訓爲惸或鈞皆不可通。	嚴一萍 殷契徵醫	24782
龍			甲骨	契文龍字有諸形，蓋皆釋爲龍也。其形迥異者，蓋以古文字形體本就多異，爲文字演變之必經階段。龍字在卜辭爲地名或方國之名，又有與疾病有關之義。	李孝定 甲骨文字集釋 卷十一	24787

龍			甲骨	龍之字形，李氏集釋中有六。其第一形與他文迥異，疑是虎字。其餘五文，可分兩類，第一類爲象形字，象龍或百足之蟲形，殆真龍從虫出也。第二類字形異於第一類，字形如鳳而無羽。龍之用法也有多種，第一類象形之字，所見卜辭，有不祥之義；龍字亦可謂動物之稱，人名，地名，亦可爲吉祥與否之貞。第二類則有關疾病痊癒與否之貞。	丁驌 契文獸類及獸形字釋 中國文字 1966 年	24788
龍			甲骨	卜辭龍字，有諸形，意義和用法有爲方國名者，有爲地名者，有爲人名者，有爲物神崇拜之神者。卜辭中又有“告龍”之辭例，應爲觀天象而授時之事。	温少峰 殷周奴隸主階級“德”的觀念 中國哲學 8 輯	24792
龍			璽印	秦“廏將”印，首字應爲龍字。	羅福頤 龍字私議 古文字研究 1983 年 10 輯	24791
龍			甲骨	古代遇到旱災作土龍以求雨。卜辭“作龍”，龍就是求雨的土龍。	裘錫圭 説卜辭的焚巫尪與作土龍 甲骨文與殷商史 1983 年	24790
龍	 長/丙篇		楚簡	句龍，即后土。	曹錦炎 楚帛書《月令》篇考釋 江漢考古 1985 年 1 期	10159
龍		瀧	甲骨	甲骨文有地名“龍”和“瀧”，辭例可證二者爲一地。從水旁之“瀧”應爲“龍”字的繁構，仍釋爲“龍”。	曹錦炎 甲骨文地名構形試析 殷都學刊 1990 年 3 期	24793
龍			璽印	此璽第一字與古璽文龍字之右旁相同，應爲龍字之省。	王人聰 戰國璽印考釋（七篇） 于省吾教授百年誕辰紀念文集 1996 年 9 月	24794
龍	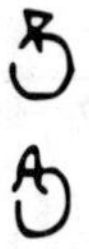		甲骨	把這種身尾内屈的字形與龍字相混是欠妥的。這種形體學者亦多釋爲龍，但它與龍形體顯然不同。釋作龍雖然也能通讀某些卜辭，但絶不見用作國族之稱或地名中，而前面所説的龍字，則普遍用作國族名或地名。	彭邦炯 卜辭所見龍人及相關國族研究 殷都學刊 1996 年 4 期	24796

龍	 郭/性自命出/28		楚簡	讀爲動。	李零 郭店楚簡校讀記 道家文化研究 1999 年 17 輯	8920
龍			甲骨	輪廓走勢與九字相同，唯繁畫其巨吻與頭飾而已。從字形看“龍”的原型當爲虺蜥：“九”即具體而微之“龍”，“龍”即神化了的巨蜥。	國光紅 關於伏羲氏的幾個古文字——釋九、龍、宄、辛、祟 殷都學刊 2000 年 4 期	15864
龍	 上一/性情論/17		楚簡	讀作“隆”，龍、隆雙聲，可通。隆，有深、盛、多之意。《尚書大傳》：“水泉不隆。”《荀子・議兵》：“隆禮貴義者其國治理，簡禮賤義者其國亂。”古樂隆心，指古樂能大深人心，尊崇禮義。	濮茅左 上海博物館藏戰國楚竹書第一册 性情論	7809
龍	 郭/性自命出/28		楚簡	疑讀爲弄，乃撩撥、挑逗義。	劉釗 郭店楚簡校釋	8919
龍	 上四/柬大王泊旱/15		楚簡	讀爲“寵”。	濮茅左 上海博物館藏戰國楚竹書第四册 柬大王泊旱	1640
龗			説文	龍也。从龍霝聲。	許慎 説文解字	
龕			説文	龍皃。从龍合聲。	許慎 説文解字	
龕	 眉壽鐘	龕	金文	段玉裁云：“龕，各本作合聲，篆體亦誤。”按段説是。《玉篇》及戴侗引唐本並從今聲。此字從龍今聲，尤證今本《説文》從龍合聲誤。與戡堪字通，克也。	于省吾 雙劍誃古文雜釋 釋龕	24799
龕	 史牆盤		金文	即今龕字。當讀爲“堪”。	裘錫圭 史牆盤銘解釋 文物 1978 年 3 期	24800
龕	 眉壽鐘		金文	從龍今聲，《説文》誤作合聲。年無彊編钟讀如欽。《爾雅・釋詁》：“欽，敬也。”	唐蘭 略論西周微史家族窖藏銅器群的重要意義——陝西扶風新出牆盤銘文解釋 文物 1978 年 3 期	24801

龘			説文	龍者脊上龘龘。从龍幵聲。	許慎　説文解字	
龘			甲骨	此字從龍從初文幵以爲聲。	唐蘭 殷虚文字記 釋龘	24802
龘			甲骨	契文從龍，另一偏旁唐氏謂即幵，其説可從。	李孝定 甲骨文字集釋 卷十一	24804
龖			説文	飛龍也。从二龍。讀若沓。	許慎　説文解字	
龖	 王尊	[illegible]	金文	從字形上看，予以爲或即龖之初字，《説文》雖訓爲飛龍也，然由尊銘按之當爲動詞，爲襲擊字之本字。	郭沫若 殷周青銅器銘文研究 卷二 者瀘鐘韻讀	24805
龖			甲骨	字與田獵有關，當是動詞。	郭沫若 卜辭通纂	24806
[illegible]			甲骨	從龍從丙，《説文》所無。	孫海波 甲骨文編 卷十一	16937

飛部

飛			説文	鳥翥也。象形。凡飛之屬皆从飛。	許慎 説文解字	
飛		蜚	漢簡	蜚，簡文此字似爲飛字之異體。	銀雀山漢墓竹簡整理小組 銀雀山漢墓竹簡 第一輯	24809
飛	 曾/171		楚簡	簡文“騑”均寫作“飛”。《説文·馬部》：“騑，驂旁馬。”舊注一般認爲驂、騑異名同實，非是。	湖北省博物館 曾侯乙墓	5856
翼	 篆文		説文	翄也。从飛異聲。翼篆文𩙺从羽。	許慎 説文解字	
翼	 大盂鼎	異	金文	古文以爲翼字。	吴大澂 説文古籀補 卷十一	24810
翼	 邾公華鐘	𩙺	金文	或釋戴，《説文》異即此字，此以異爲翼。或皆釋畏非。	劉心源 奇觚室吉金文述 卷二	24811
翼			甲骨	王静安釋以上諸字爲翌日之翌字，王氏説良信，惟昱翌皆非本字，象形翼字當爲本字，昱翌並爲後起字也。	葉玉森 説契 學衡1924年31期	24813
翼		𩙺	甲骨	卜辭言明日或它日，其字多作以上諸字形。王國維釋爲昱，且推之卜辭各體。葉玉森釋爲翼字，並稱翼爲本字，昱翌爲後起字。翼能飛越，故稱未來之日皆可假用之。	商承祚 甲骨文字研究 卷下	24815
翼		𩙺	甲骨	當釋爲羽翼之形，翼之本字也。	唐蘭 殷墟卜辭考釋	24816
翼	 宰椃角  魯侯爵	𩙺	金文	舊釋爲角，今考定爲古文翼字。	周名煇 新定説文古籀考 卷上	24820

翼	 長/甲篇/行 5-7	𩙿	楚簡	此字左旁與鳥旁實同，右旁從異，以形聲求之，當是𩙿即翼之異構。	曾憲通 長沙楚帛書文字編	24821
翼	 鄂君啓節	𦐧	金文	從“羽”從“能”聲，疑即“翼”字的異體。節銘“歲翼返”似當讀爲“歲代返”。“代”從“弋”聲，“弋”、“翼”古通。	朱德熙 鄂君啓節考釋 朱德熙古文字論集 1995 年	24823
翼			甲骨	假爲昱；祭名。	明義士 柏根氏舊藏甲骨文字考釋	42915
翼	 大盂鼎	異	金文	異，翼省，虢叔旅鐘以異爲翼。翼有覆冒義，又輔助也。	劉心源 奇觚室吉金文述 卷二	28480
翼	 乖伯歸夆簋	異	金文	象頭身尾兩翼形，當爲翼之古文。	林義光 文源	28154
翼	 㠯父乙方鼎	㠯	金文	金文此字下部所從象兩手端舉高與首齊形，當即翼敬、翼戴之本字。	丁山 說冀 中央研究院歷史語言研究所集刊第一本第二分 1930 年	24814
翼	 邵鱉鐘	異	金文	非畢字，當讀爲翼。	楊樹達 積微居金文說 邵鱉鐘跋	42736
翼	 大盂鼎	異	金文	翼敬字古當以作“異”爲正字。	李孝定 金文詁林讀後記 卷十一	24819
翼	 曾/91		楚簡	當是“翻”的筆誤。	湖北省博物館 曾侯乙墓	1787
翼	 逑鼎乙  逑鼎辛	趩 廙	金文	敬也。即文獻之“翼”。	孫亞冰 眉縣楊家村卅二、卅三年逑鼎考釋 中國史研究 2003 年 4 期	15145

非部

非			説文	違也。从飛下翄，取其相背。凡非之屬皆从非。	許慎　説文解字	
非	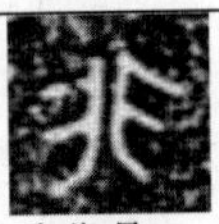 毛公鼎		金文	古文象張兩翅。周伯琦以爲與飛同字，當從之。	林義光 文源	28481
非			甲骨	文編八卷九頁北下收[illegible]，非北字。疑與[illegible]爲一字。[illegible]字于省吾釋非，可從。	李孝定 甲骨文字集釋 第八	44871
非			甲骨	甲骨文以非爲地名，亦以爲否定詞。甲骨文之非若爲非順善也，匪與非同義，古通用，自漢以來，匪行而裴廢。	于省吾 甲骨文字釋林 釋非、裴	24829
非	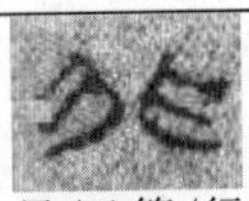 長/乙篇/行4-6		楚簡	日非九天則大㠯：非當假爲排，列也。	高明 楚繒書研究 古文字研究 1985 年 12 輯	24830
非			甲骨	非，其繁體或寫作排。卜辭用作表示疑問的語氣詞，相當於後世文獻的否。	趙誠 甲骨文虚詞探索 古文字研究 1986 年 15 輯	24832
非	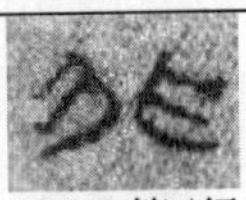 長/乙篇/行4-6		楚簡	“非”，讀爲“排”，推究之義。	連劭名 長沙楚帛書與中國古代的宇宙論 文物 1991 年 2 期	2161
非	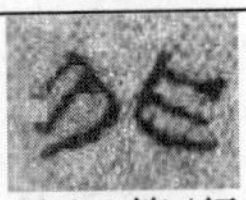 長/乙篇/行4-6		楚簡	非九天之非，選堂先生釋爲棐與妃，借爲配，猶言配天。	曾憲通 長沙楚帛書文字編	24833
非			甲骨	非，甲骨文中多作否定副詞用，一般用來表示對判斷的否定。可譯爲“不是”。	張玉金 甲骨文虚詞詞典	24834

非				盟書	侯馬載書此字形體與金文“非”字全同，決爲“非”字無疑。傳文中的“彼視”與載書中的“非是（氏）”相當，載書中的非字當從傳文訓爲彼。	朱德熙 戰國文字研究（六種） 朱德熙古文字論集 1995 年	24831
非	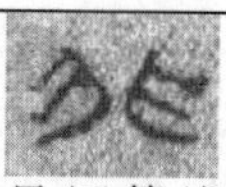 長/乙篇/行4-6			楚簡	借作“龔”。	董楚平 楚帛書“創世篇”釋文釋義 古文字研究 2002 年 24 輯	2163
非	 郭/語叢四/1			楚簡	讀爲靡，義爲無。	劉釗 郭店楚簡校釋	9030
非	 郭/老子甲/8			楚簡	借爲微。	劉釗 郭店楚簡校釋	7324
非	 上四/曹沫之陳/1			楚簡	“非”似可讀爲“鄙”。“非”，古音爲幫母微部；“鄙”，幫母之部，聲紐是雙聲，韻部則孟蓬生先生已指出“楚國方言中之部與脂微部有相混的情形。本書《曹沫之陳》中用‘幾（微部）’爲‘忌（之部）’，即其證也”。此又爲《曹沫之陳》簡中“之”、“微”相混的現象增添一例。“鄙”意爲“郊外”，如《國語·齊語》：“參其國而伍其鄙。”韋昭《注》：“國，郊以內也。……鄙，郊之外。”或“邊遠地區”，如《左傳·隱公元年》：“既而大叔命西鄙、北鄙貳於己。”杜預《注》：“鄙，鄭邊邑。”與“幽”、“僻”、“遠”等意思相去不遠。董仲舒《春秋繁露·奉本》：“當此之時，魯無鄙疆，諸侯之伐哀者皆言我。”凌曙注：“無鄙疆，言王化所及者遠。”所謂“魯無鄙疆”或可與本簡讀作“鄙山鄙澤，亡有不民”相參看。	蘇建洲 《上博（四）曹沫之陳》補釋一則 簡帛研究網 2005 年 3 月 6 日	3827

非			璽印	《古璽彙編》3080著録一枚雙面璽印，其印文分別爲“非⿱戔止”和“非武”。其中，“非爲姓氏，而“⿱戔止”、“武”應是名和字。古有非氏，《元和姓纂》：“非，《風俗通》云：‘秦非子之後。’”非子也作“飛子”，因善禦馬而被周天子封於秦地，其後裔或以“非”爲氏。“⿱戔止”即“後”之異體，“止”作爲偏旁時意義與“行”“辵”相同。可以互相换用。《説文解字》：“後，跡也。”“武”也有足跡之義。《爾雅・釋訓》：“武，跡也。”《詩經・大雅・下武》：“昭兹來許，繩其祖武。”傳：“武，跡也。”	肖曉暉 古璽名字解詁 漢字研究第2005年1輯	15711
非	 上四/曹沫之陳/2		楚簡	“非山非澤”應解爲“無山無澤”。在古籍中，“非”字可以通假成“不”，而“不”字又可通假成“無”，由此可見“非”可以通假成“無”。“無山無澤”的“無”並不能解成“没有”，更不能説成“不是”，而應解爲“無論”、“不論”，不但非“否定”，反而是“肯定”的口吻。“無山無澤，亡有不民”其文意即所謂“無論哪一座高山，無論哪一處水澤，都是我們魯邦之民”，如此解釋於文義上十分清爽適暢。	高佑仁 讀《曹沫之陳》心得兩則：“幾”、“非山非澤，亡有不民” 簡帛網 2005年4月3日	39101
非	 上四/曹沫之陳/2		楚簡	“非山非澤”的“非”，其實當訓爲隱、閒，也就是偏僻之“僻”。所謂“非山非澤，無有不民”，是説魯邦全境“東西七百，南北七百”里之内，即使是偏僻的山澤，無一例外，所居住的都是魯之臣民。這是追溯魯國昔日的强大，以與今日的“小”作對比，説明“爲大鐘”之非。	廖名春 讀楚竹書《曹沫之陳》劄記 簡帛網 2005年2月12日	39100

非	 上五/君子爲禮/11		楚簡	簡 11 之首的“行”字字形可參看簡 7“行”字，原釋爲“非”。	陳劍 談談《上博（五）》的竹簡分篇、拼合與編聯問題 簡帛網 2006 年 2 月 19 日	4690
非	 上三/亙先/3（正）	非=	楚簡	重文，疑讀“悲，悲”。	李零 上海博物館藏戰國楚竹書第三册 亙先	13491
非	 上三/亙先/3（正）	非=	楚簡	“非”可能是“悲”字。	吴根友 上博楚簡《恒先》篇哲學思想探析 簡帛研究網 2004 年 5 月 8 日	2978
非	 上三/亙先/3（正）	非=	楚簡	非：非常，反常。	趙建功 《恒先》易解（上） 簡帛網 2005 年 1 月 26 日	2702
䨽	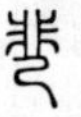		説文	别也。从非己聲。	許慎 説文解字	
靡			説文	披靡也。从非麻聲。	許慎 説文解字	
靠			説文	相違也。从非告聲。	許慎 説文解字	
陛	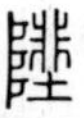		説文	牢也。所以拘非也。从非，陛省聲。	許慎 説文解字	

乚部

乚	 或體	鳦	説文	玄鳥也。齊魯謂之乚。取其鳴自呼。象形。凡乚之屬皆从乚。鳦乙或从鳥。	許慎　説文解字	
乚	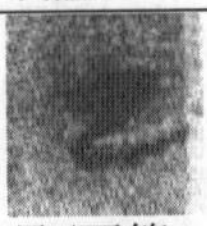 長/丙篇	几	楚簡	此字釋爲"乙"，爲"鳦"字之省，燕也。	高明 楚繒書研究 古文字研究1985年12輯	11544
乚			甲骨	多作契文干支人名，《爾雅》釋爲魚腸也。疑從雅訓參以陰陽五行，遂引申爲人象也。	陳邦福 説文十榦形誼箋	24844
乚	 小子斝簋  乙魚簋		金文	乙字諸形皆象刀形，《廣雅》《釋名》釋乙爲軋也。軋，刀刻其面也。則乙之爲刀至爲顯白。唯乙義爲刀，故乙又以爲刀刻面之稱也。	吴其昌 金文名象疏證	24845
乚			甲骨	此形體是玄鳥之乙所從出也。	唐蘭 天壤閣甲骨文存考釋	24846
乚			甲骨	甲乙之乙字與許書訓流之乙字形實爲一字，以乙假爲干支名遂歧爲二字。	李孝定 甲骨文字集釋 卷十二	24848
乚	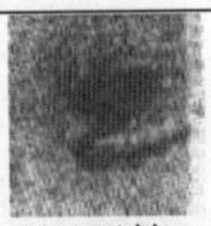 長/丙篇		楚簡	與甲乙之乙有别，此字或體作鳦，即燕字。	曾憲通 長沙楚帛書文字編	24851
乚	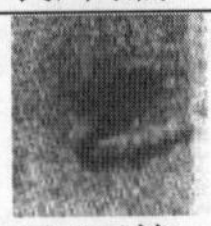 長/丙篇	几	楚簡	與甲乙之乙有别，或體作鳦。就是燕字。	李零 長沙子彈庫戰國楚帛書研究	2237
孔			説文	通也。从乚从子。乚，請子之候鳥也。乚至而得子，嘉美之也。古人名嘉字子孔。	許慎　説文解字	
孔	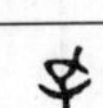		金文	多用作副詞，表示程度之深。	崔永東 東周金文集釋	24862

孔				石鼓	此字當是孔字。	張燕昌 石鼓文釋存	24852
孔				金文	此字爲指事字，指示小兒頭角上有孔也。故孔之本義爲囟，引申之則凡空皆曰孔，有空則可通，故有通意。通達宏大每相因，則有大意，通達宏大則有善意，故古人所以名嘉字子孔也。	郭沫若 金文餘釋之餘 釋孔	24857
孔				石鼓	凡言孔者，皆所以嘉美之。	强運開 石鼓釋文	24858
孔				金文	孔字金文象子就母哺乳之形。	李孝定 金文詁林讀後記 卷十二	24861
孔				金文	金文孔多用作副詞甚。也有用作人名的。	戴家祥 金文大字典 卷中	24863
孔				楚簡	“孔子”二字均寫成合文，作“”。釋定這合文是孔子，還可以在《子羔》和《魯邦大旱》等篇中得到證明。	馬承源 上海博物館藏戰國楚竹書 第一册 孔子詩論	60096
孔				楚簡	孔子二字合文。	馬承源 上海博物館藏戰國楚竹書 第二册 魯邦大旱	60084
孔				楚簡	“孔子”合文。	濮茅左 上海博物館藏戰國楚竹書 第二册 民之父母	60081
孔	 上一/孔子詩論/1			楚簡	“孔子”爲合文。或釋“卜子”（裘錫圭説，新出簡帛國際學術研討會發言，北京大學，2000 年），或釋“子上”（黄錫全《孔子乎？卜子乎？子上乎？》，簡帛研究網站，2001 年 2 月 26 日首發。2000 年北京大學國際簡帛會議論文集，待刊），均誤。“孔”的這種形體比較特殊，其演變規律可參見：元年埒令戈塚“夜”，寧鼎“冢”，楚帛書乙八·十“亙”，香港簡六“舀”，隨縣簡四“所”，隨縣簡一四七“瞖”，郭店簡《緇衣》四六“猒”，郭店簡《語叢三》六二“矣”，包山簡二四六“鹿”，上海簡《詩論》一	何琳儀 滬簡《詩論》選釋 上博館藏戰國楚竹書研究 2002 年	13510

				"孔"。以上各字與標準字形相比較，形體中都增加一"卜"旁，或彎曲作匕形（原形請詳該文）。凡此乃戰國文字特殊的附件。至於下列字形由卜旁變異爲宀的平行現象，也頗值得注意：上博簡《詩論》一八"悁"，上博簡《顔淵》"孔"。另外，《古文四聲韻》卷三引《籀韻》"孔"作扒形，更能説明《考釋》對《詩論》"孔"字的隸定是正確的。		
孔	 上一/孔子詩論/1		楚簡	依《上海博物館藏戰國楚竹書（一）》整理者之説明，舉出四種"孔子"二字合文之寫法，則讀爲"孔子"是也。	黄人二 "孔子曰詩無離志樂無離情文無離言"句跋 上博館藏戰國楚竹書研究 2002 年	9716
孔	 上二/子羔/9		楚簡	"孔子"的合文。	馬承源 上海博物館藏戰國楚竹書第二册 子羔	10631
孔	 上二/民之父母/3		楚簡	"孔子"合文。	濮茅左 上海博物館藏戰國楚竹書第二册 民之父母	11630
孔			楚簡	疑應是"子卜"二字合書。其中"子"指孔子，孔門一向把"子"作爲對孔子的特稱，"卜"則指卜商，亦即子夏，史載《詩》定自孔子，發明章句始自子夏，子夏序《詩》，於其姓氏上加孔子特稱"子"，書寫時特令"子"大於"卜"，其用意一當是表明尊卑。二當是表明師承，史載子夏曾受《詩》於孔子。三當是表明他是孔門的學術傳人。史載子夏嘗爲莒父宰，晚年居西河教授，爲魏文侯師，故字其所指實即爲卜商，徑釋爲卜亦可。	董蓮池《上海博物館藏戰國楚竹書（一）·孔子詩論》解詁（一） 古籍整理研究學刊2002年	60092

孔		孔 =	楚簡	孔子的合文。	馬承源 上海博物館藏戰國楚竹書第二册 子羔	60088
乳			説文	人及鳥生子曰乳，獸曰産。从孚从乚。乚者，玄鳥也。《明堂月令》：“玄鳥至之日，祠于高禖，以請子。”故乳从乚。請子必以乚至之日者，乚，春分來，秋分去，開生之候鳥，帝少昊司分之官也。	許慎　説文解字	
乳			甲骨	本義當爲人乳，象母撫子就乳。	林義光 文源	24864
乳			甲骨	契文象懷子哺乳之形。	李孝定 甲骨文字集釋 卷十二	24866
乳			甲骨	象母抱子以哺乳之形，爲乳之初文。	徐中舒 甲骨文字典 卷十二	24867

不部

不			説文	鳥飛上翔不下來也。从一，一猶天也。象形。凡不之屬皆从不。	許慎　説文解字	
不	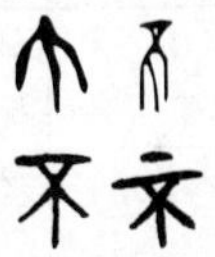			疑不字作植物之根解，本之本義爲樹木之根，不本幫紐雙聲，物文對轉。然古籍中不字無作根本之義者，姑存疑以待考也。	單周堯　“不”字本義爲花柎説質疑　中國語文研究	24887
不				不字按其原始字形來看可有三義：（1）與帝同，不，當爲花柎；（2）象草木尚未出頭，不成形；（3）伐木的餘幹。	嚴學宭　試論古訓的得失與取捨　中國語文研究	24886
不	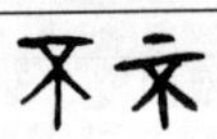		金文	古文以爲丕字。	吴大澂　説文古籀補　卷十二	24868
不			金文	不字從一爲指事，像花柎形。	劉心源　奇觚室吉金文述　卷二	24869
不			甲骨	不之省文，古與否通。	王襄　簠室殷契類纂	24871
不			金文	不字《説文》釋爲鳥飛上翔不下來也。按“一”下所從與鳥形不類，周伯琦認爲即萼足謂之柎之柎。《説文》丕訓大，從一無大義，丕即“不”之變，丕不實同字。	林義光　文源	24870
不			金文	不者，柎也，象花萼全形。	王國維　釋天　觀堂集林卷六 1959 年 6 月	24872
不	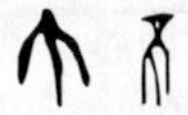		甲骨	象花不形，花不爲不之本義。	羅振玉　增訂殷虛書契考釋　卷中	24873
不			甲骨	不者，房也。象子房猶帶餘蕊，與蒂之異在非全形。房熟則盛大，故不引申爲丕，其用爲不是字者乃假借也。	郭沫若　甲骨文字研究　釋祖妣	24875
不	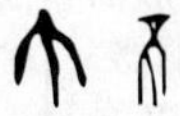		甲骨	古不字，係方名。金文不多作丕，後又加邑爲邳，不丕邳實爲一字。	徐協貞　殷契通釋	24874

不			石鼓	本義爲鳥飛不下來，故引申爲凡不然之稱。	强運開 石鼓釋文	24876
不	 師遽簋蓋		金文	師遽敦："敢對揚天子言不杯休。"此不杯即丕丕，上丕借不，下丕作杯。	强運開 説文古籀三補 卷十二	24877
不	 天亡簋		金文	丕有乃義，丕克之丕當訓乃。	聞一多 聞一多全集 卷二 大豐簋考釋	24879
不			甲骨	不與否同。	楊樹達 卜辭瑣記 雨不	24880
不			甲骨	古不泭柎音同，故相通用也。此處當與舟同例，假爲泭字無疑。	楊樹達 卜辭求義	24881
不			甲骨	當爲不字，此處當爲人名或地名。	張秉權 殷墟文字丙編考釋	24882
不			甲骨	不字亦作，爲地名。不即邳。	饒宗頤 殷代貞卜人物通考 卷十二	24883
不			甲骨	當爲丕之初文，有大義。假借爲否定詞後，遂爲借意所專，另造丕字以還其原。後又造芣字以盡其用。	白玉峥 契文舉例校讀 中國文字 1969 年	24884
不	 長/乙篇/行 4-6		楚簡	讀"丕"。古文丕、不一字。	商承祚 戰國楚帛書述略 文物 1964 年 9 期	2090
不			甲骨	契文不字，多用作否定詞，則尚有通假之義，更有作名詞用者。	嚴一萍 不國解 中國文字 1973 年	24885
不			金文	不字金文或作中垂加一點字，爲古文字通例也。非蓓蕾之指事字。	李孝定 金文詁林讀後記 卷十二	24888
不			甲骨	不字與弗非亡勿毋一類，都爲否定詞，甲骨文中不可與其他類否定詞互易，不字還可以置於句末表示疑問。此不猶如後世之否。	陳煒湛 甲骨文同義詞研究 古文字學論集初編 1983 年	24893
不			甲骨	武丁卜辭中有"子不"二字，子不之不當爲私名，與地名族名之不無關。	胡平生 對部分殷商"記名銘文"銅器時代的考察 古文字論集一 1983 年	24889

不			甲骨	郭老在《卜辭通纂》中謂此"不"假爲泭字無疑。説可從。《説文》泭，編木以渡也。一曰小木筏也。卜辭之"[illegible]不"即"綍泭"，當即以繩索挽木筏以爲水上交通工具之記載。	温少峰、袁庭棟 殷墟卜辭研究——科學技術篇	23949
不			甲骨	不、勿同爲否定詞，但勿字所及動詞代表一種商人能夠控制住的行動，而不所及動詞代表商人不能控制住的情况狀態。	周國正 卜辭兩種祭祀動詞的語法特徵及有關句子的語法分析 古文字學論集初編 1983 年	24894
不	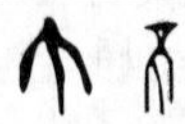		甲骨	不，甲骨文字形均象草根之形。用作否定副詞則是假借之義。	趙誠 甲骨文虛詞探索 古文字研究 1986 年 15 輯	24891
不			甲骨	從鳥占推之，隹（正面）爲鳥身，不（反面）則爲鳥尾。	楊聯陞 古史劄記兩條 中國文字 1988 年 7 月	24895
不			甲骨	不字，象花萼之形。卜辭習見借爲否定詞。	朱歧祥 殷墟甲骨文字通釋稿	24892
不			金文	丕，銘文多作副詞，表示程度之深；不，銘文作否定副詞，禁戒副詞，或通丕猶乃也。	崔永東 兩周金文虛詞集釋	24897
不			甲骨	即不字，象花萼形。卜辭借爲否定詞。	朱歧祥 甲骨學論叢	24896
不			金文	《小雅》"鄂不"當讀作"萼苞"。不字上半象華蒂，下垂三筆象萼片形。植物學謂蓓蕾待放之前爲苞。不亦作芣，後聲符更旁，字又作苞。則不之爲芣，而後再變而爲苞，可證也。	戴家祥 金文大字典卷中	24898
不	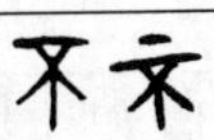			上半象華蒂，下垂三筆象萼片形。植物學家謂蓓蕾待放之前，包在花序週邊之變態葉。許氏釋爲否定詞，知其一不知其二。鄭箋釋爲鄂足，亦未深入實際，甚矣！考文識字之不易也。	戴家祥 金文大字典	14919

不	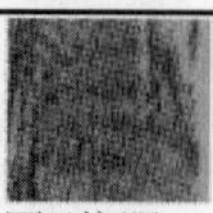 匯/信陽一號墓文章/6		楚簡	秦以前金文每作，見鄘侯簋、王子午鼎、蔡侯𩰫鐘、中山王譽兆域圖等。以下筆一爲文飾，後因文字需要，去上小横及下尖筆作丕，分爲二字，此簡不作。	商承祚 戰國楚竹簡匯編 信陽長臺關一號楚墓竹簡第一組文章	9904
不	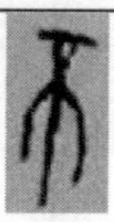		甲骨	不義當爲草之根，字亦作芣，不字本象草根形，後假作否定詞，遂别造芣字。甲骨、金文中，不字亦作丕大之義，亦有用作人名、地名。	姚孝遂 甲骨文字詁林 第二册 按語	24890
不			金文	戈銘“蝨生不自洹來”中不字可以容許兩種解釋，一作否定詞用，一爲人名讀作“丕”。	林清源 《殷周金文集成》11383號戈銘文讀序檢討 第三届國際中國古文字學研討會論文集 1997年10月	16100
不	 郭/五行/20		楚簡	帛書本自“不聰不明”以下，位於“不遠不敬……”一段之後。“不聰不明”帛書本作“□□不聖”。帛書此處殘損嚴重，難以確定。	彭浩、劉祖信、王傳富 郭店楚墓竹簡	7963
不	 郭/唐虞之道/28		楚簡	裘按：“不喿”，疑當讀爲“不肖”。	彭浩、劉祖信、王傳富 郭店楚墓竹簡	8080
不	 郭/緇衣/31		楚簡	簡文於“不”上脱一“行”字，亦即上句“行”字脱一重文符號。	彭浩、劉祖信、王傳富 郭店楚墓竹簡	7265
不			甲骨	甲骨刻辭中不能肯定存在反復問句。“雨不雨”、“雨不”實際上分屬命辭和驗辭。	楊逢彬 對殷墟甲骨刻辭中“雨不雨”、“雨不”的考察 武漢大學學報(人文社會科學版)2000年1月	15922
不			甲骨	在殷墟早期卜辭自組大字類卜辭中，有句末作“不我”者。從使用情况看，卜辭中的這些“不我”應當是表疑問的語氣詞。“我”古音屬疑母，很容易與其前的“不”構成謰語或	張世超 卜辭句末語氣詞的再探索 中國文字研究 2001年2輯	14539

				切語。“不我”當即古代典籍中之語氣詞“夫”。在自組大字類卜辭中，“不我”偶亦省作“不”。		
不	 長/乙篇/行 1-3		楚簡	諸家皆讀“不”。戰國文字不丕同形，本篆下部有二橫，比一般不、丕字多一橫，似特意表示其爲丕字。	董楚平 楚帛書“創世篇”釋文釋義 古文字研究 2002 年 24 輯	941
不	 郭/尊德義/32		楚簡	不時，古人習語，指不遵時令。	陳偉 郭店竹書别釋	7609
不	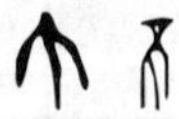		甲骨	古代占卜皆有陰陽、内外、正反之分。師組卜辭句尾的否定詞“不”亦當屬於命辭，用以表示占卜者的期望與判斷，即古人所説的“志”。	連劭名 論殷墟師組卜辭中的否定詞“不” 文物春秋 2002 年 5 期	15925
不	 上二/魯邦大旱/6		楚簡	豈不，是對公行爲的確定語氣。	馬承源 上海博物館藏戰國楚竹書 第二册 魯邦大旱	13009
不	 上二/昔者君老/4		楚簡	太子没有不善之名聲傳播於外。《左傳・宣公九年》：“洩冶諫曰：‘卿宣淫，民無效焉，且聞不令，君其納之。’”“且聞不令”句，于鬯《香草校書》謂此倒句也，猶云“不令且聞”，指不善之聲且外聞於民。	顔世鉉 上博楚竹書散論（三） 簡帛研究網 2003 年 1 月 19 日	1898
不			金文	“不小”當讀爲“不肖”。即不賢、不善之義。	裘錫圭 讀逨器銘文劄記三則 文物 2003 年 6 期	15581
不	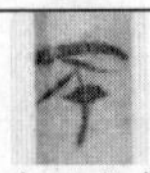 郭/成之聞之/22		楚簡	讀爲丕。	劉釗 郭店楚簡校釋	8586
不			楚簡	讀爲丕。	劉釗 郭店楚簡校釋	60057
不	 上三/周易/7		楚簡	今本作“否”，“不”、“否”古通。	濮茅左 上海博物館藏戰國楚竹書 第三册 周易	11743

不			甲骨	根據“勿”、“不”和“弗”出現在命辭、占辭、驗辭中的情況以及驗辭同命辭的關係，可以證明殷商時代它們在意義上和分佈特徵上的區别：（1）“勿+VP”相當於“不要VP”，“不 VP”和“弗+VP”相當於“不會 VP”；（2）“不”主要用於猜度問句，“弗”主要用於一般疑問句。	郝文華《甲骨文字典》中的“勿”、“不”和“弗” 鄖陽師範高等專科學校學報 2005 年 2 月	15957
不	 上三/亙先/3（正）		楚簡	不，借爲丕，作語氣助詞或訓爲大皆通。又，“不”亦可借爲“𦕹”，通作疑，疊韻而假，訓爲定，止，不移，不改。	趙建功《恒先》易解（上） 簡帛網 2005 年 1 月 26 日	2024
不	 上五/三德/22		楚簡	“不”讀“丕”。	王蘭 上博五《三德》編聯 簡帛網 2006 年 4 月 15 日	4863
不			楚簡	不時，古人習語，指不遵時令。	陳偉 郭店竹書别釋	60066
否			説文	不也。从口从不，不亦聲。	許慎　説文解字	
否		䫀	金文	否鄙通。	郭沫若 兩周金文辭大系圖録考釋	19989
否				從口，不聲。否者緩詞，不然者決詞，否輕於不然。後世亦或用否同音通假以代不。	高鴻縉 中國字例五篇	19991
否	 上二/魯邦大旱/3		楚簡	否也。子貢對孔子的問題作了否定的答覆。	馬承源 上海博物館藏戰國楚竹書 第二册 魯邦大旱	12987
㕻	 虎簋蓋		金文	疑不㕻即丕丕，上丕借不，下丕作㕻，以見重意。	吴式芬 攈古録金文 卷三之二	17559
㕻	 師遽簋蓋		金文	舊釋顯，即㬎之絲而省者。	劉心源 奇觚室吉金文述 卷四	17560
㕻	 師遽簋蓋		金文	守宫尊不否作㕻䫀，否可作䫀，則不可作㕻。	郭沫若 兩周金文辭大系圖録考釋 班簋	17561

㶀			甲骨	從二不，《説文》所無。金文有此字，義同丕。	孫海波 甲骨文編	17558
㶀			甲骨	從二不。容庚引“丕丕基”説于義爲長。不㶀休即丕丕休，與丕丕基語法正同。	李孝定 甲骨文字集釋 卷十二	17562

至部

至	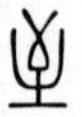  古文		説文	鳥飛从高下至地也。从一，一猶地也。象形。不，上去；而至，下來也。凡至之屬皆从至。古文至。	許慎　説文解字	
至	 		金文	“一”上與鳥形不類，矢之倒文。從矢射一，一象正鵠，矢著於鵠，有至之象。	林義光　文源	24901
至			甲骨	林義光説至從矢射一，是也。而以“一”爲鵠則非。射無到鵠，殆象遠矢至地之意也。	商承祚　甲骨文字研究　卷下	24904
至			甲骨	古至字，亦方名。後世加邑爲郅。	徐協貞　殷契通釋卷二	24903
至			金文	至字最初之義爲“及”。又可演轉爲“上”、“下”之義，甲骨文皆象矢射至之狀。更有下象所射及之物亦省去。然“至”字本爲矢、交諸字之倒文，絶明白也。	吴其昌　金文名象疏證	24905
至	 			至由倒矢插地所得，臸爲至之後起復體，義同而音稍有變化。	蕭璋　釋至　國立浙江大學文學院集刊 1943 年 3 輯	24907
至			甲骨	至蓋假爲失也。失衆猶他辭言喪衆也。	楊樹達　卜辭求義　至	24908
至	 長/丙篇		楚簡	鑄客豆室字所從至字之形與繒書同。	嚴一萍　楚繒書新考　中國文字 1967 年	24910
至			漢簡	古代至字與實字相近，故從至之字多以實爲聲訓字。	銀雀山漢墓竹簡整理小組　銀雀山漢墓竹簡　第一輯　孫臏兵法注釋	24914
至	 		甲骨	象木質火把之燭。燭有手執植地兩制，若植於地則下從一，即成至字之古形。	王獻唐　古文字中所見之火燭	24909
至			甲骨	至字的倒書。	沈之瑜　説至　文物 1979 年 11 期	24911

至			甲骨	口腔腫痛加劇，則使患者畏痛而不敢開口，卜辭中謂之“至口”，至當讀爲“窒”，窒，塞也。	温少峰、袁庭棟 殷墟卜辭研究——科學技術篇 1983 年	24913
至				甲骨文、金文作，同篆文，金文作同古文。其初形當象矢族，后變爲一横，失之。一者鵠也，矢中的，故曰至。	商承祚 説文中之古文考	42396
至	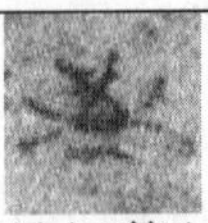 長/乙篇/行 4-6		楚簡	與極同義。乍至也就是立極。	李零 長沙子彈庫戰國楚帛書研究	2109
至	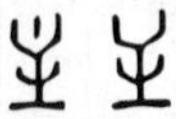		甲骨	字形近於至，疑爲至之異構。	徐中舒 甲骨文字典 卷三	24916
至			甲骨	此爲至的繁形。	饒宗頤 由《尚書》“余弗子”論殷代爲婦子卜命名之禮俗 古文字研究 1989 年 16 輯	24915
至	 包/文書/16		楚簡	借作致。	劉彬徽、彭浩、胡雅麗、劉祖信 包山楚簡	3231
至	 包/卜筮/224		楚簡	借作致。	劉彬徽、彭浩、胡雅麗、劉祖信 包山楚簡	6914
至	 包/卜筮/205		楚簡	至，極同義。《國語·越語》云“陽至而陰”，韋注：“至，極也。”	劉彬徽、彭浩、胡雅麗、劉祖信 包山楚簡	5286
至			甲骨	卜辭中的“至日”語習見。前人釋爲“日至”。其實，至日中的至應是表示時間關係的詞，日是指日子。至日應是到某個日子的意思而不是指日至。	張玉金 説卜辭中的“至日”、“即日”、“𢦏日” 考古與文物 1992 年 4 期	24917
至			甲骨	從倒矢從一。象箭矢由此地射往彼地之形，隸作至。	朱歧祥 甲骨學論叢	24918
至	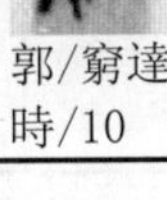 郭/窮達以時/10		楚簡	當讀爲“致”。	彭浩、劉祖信、王傳富 郭店楚墓竹簡	8015

至	 郭/性自命出/20		楚簡	疑此字當讀爲“致”。	彭浩、劉祖信、王傳富 郭店楚墓竹簡	8845
至	 郭/忠信之道/2		楚簡	“比至”，即“順序而至”之意。	劉釗 讀郭店楚簡字詞劄記（三） 古文字研究 2000 年 22 輯	8098
至	 郭/性自命出/29		楚簡	致(原作“至”)，表達的意思。	陳偉 郭店簡書《人雖有性》校釋 中國哲學史 2000 年 4 期	12670
至	 郭/性自命出/29		楚簡	至，極。	陳偉 郭店簡書《人雖有性》校釋 中國哲學史 2000 年 4 期	12672
至	 上一/紂衣/7		楚簡	即“致”。《老子》十四章“此三者不可致詰，故混而萬一”，《馬王堆漢墓帛書·老子甲本》、《乙本》“致”皆作“至”。	陳佩芬 上海博物館藏戰國楚竹書第一册 紂衣	11965
至	 上二/民之父母/2		楚簡	“㠯至”，讀爲“以致”。“至”、“致”古通。《禮記·禮器》：“有放而不致也。”陸德明釋文：“不致本或作不至。”又《禮記·大學》“致知在格物”，鄭玄注：“此致或爲至。”	濮茅左 上海博物館藏戰國楚竹書第二册 民之父母	11676
至	 郭/語叢四/27、27 背		楚簡	如上文“内”字讀爲“納”，則此字當讀爲“致”，指致仕，即歸還官職。	陳偉 郭店竹書別釋	9852
至	 上二/民之父母/3		楚簡	《禮記·孔子閒居》孔穎達疏：“凡言至者，謂經中五事至者也，云至於民也者，君行五事至極於民。”	濮茅左 上海博物館藏戰國楚竹書第二册 民之父母	11629
至	 攻敔王光劍		金文	“以至”或釋爲“允至”。	過常職 盧江出土吴王光劍銘文考辨 巢湖學院學報（人文社會科學版） 2002 年 4 期	15607

至	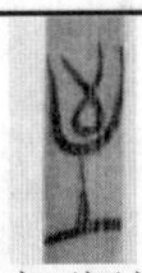 郭/語叢一/69		楚簡	讀爲識，意爲標誌。	劉釗 郭店楚簡校釋	8957
至	 上三/中弓/23		楚簡	極點。	李朝遠 上海博物館藏戰國楚竹書第三册 中弓	13431
至	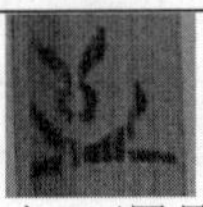 上三/周易/37		楚簡	負也者，小人之事也。乘也者，君子之器也。小人而乘君子之器，盜思奪之矣！上慢下暴，盜思伐之矣！慢藏誨盜，治容誨淫。亦喻小人自不量力，竊居君子之位，以致戎寇來侵。	濮茅左 上海博物館藏戰國楚竹書第三册 周易	13716
至	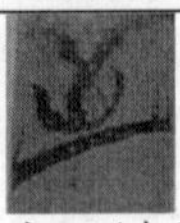 上三/中弓/6		楚簡	通“致”。	李朝遠 上海博物館藏戰國楚竹書第三册 中弓	12849
至	 上二/昔者君老/2		楚簡	“至命”當讀爲致命，傳達言辭之意。	林素清 上博楚竹書《昔者君老》新釋 上博館藏戰國楚竹書研究續編 2004 年 7 月	14363
至	 上二/容成氏/50		楚簡	“至”當讀爲質。“質約”爲同義連文，即訂立攻守同盟之義。	孟蓬生 上博竹書（二)字詞劄記 上博館藏戰國楚竹書研究續編 2004 年	14365
至			楚簡	“至”、極同義。《國語•越語》云“陽至而陰”，韋注：“至，極也。”	連劭名 考古 包山簡所見楚地巫禱活動中的神靈	60093
至	 上四/柬大王泊旱/4		楚簡	亦通“致”。《説文・夊部》：“致，送詣也。”	濮茅左 上海博物館藏戰國楚竹書第四册 柬大王泊旱	2053
到			説文	至也。从至刀聲。	許慎 説文解字	

到	 曶鼎  乖伯歸夆簋	侄	金文	古到字，從人不從刀。	吴大澂 說文古籀補 卷十二	24919
到	 曶鼎	櫨	金文	古文到字。從人不從刀。	吴大澂 說文古籀補 卷十二	45012
到	 曶鼎	侄	金文	古作從人至。	林義光 文源	24921
到	 屭羌鐘	侄	金文	侄乃到之異，古文到字其見金文者均從人作，人形與刀近，故後世誤從刀耳。	郭沫若 金文叢考 屭羌鐘銘考釋	24922
到	 屭羌鐘	侄	金文	到之異文。到字其見於金文者均從人作。人形與刀形相近，故后世誤從刀作而以爲聲也。與臸僅左右互易而已。此讀爲擣。	郭沫若 金文叢考 屭羌鐘銘考釋	45016
到	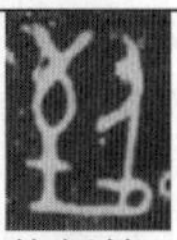 伯侄簋		金文	到字從企從至會意。	柯昌濟 韡華閣集古録跋尾 伯到簋	45019
到			秦簡	到，疑讀爲菿，大也。	睡虎地秦墓竹簡整理小組 睡虎地秦墓竹簡	24924
臻			説文	至也。从至秦聲。	許慎　説文解字	
[illegible]			説文	忿戾也。从至，至而復遜。遜，遁也。《周書》曰："有夏氏之民叨[illegible]。"[illegible]，讀若摯。	許慎　説文解字	
[illegible]	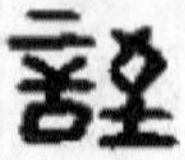	諲	秦簡	諲，疑讀爲駤。《説文》作[illegible]，云"讀若摯"，與訊古音同部。訊，疑讀爲誖，乖戾。	睡虎地秦墓竹簡整理小組 睡虎地秦墓竹簡	39113
臺			説文	觀，四方而高者。从至从之，从高省。與室屋同意。	許慎　説文解字	
臺			篆文	上部象臺形，從至在其下，㞢聲。	林義光 文源	24928

臺		壴	楚簡	虽臺，即“夏臺”。	李零 上海博物館藏戰國楚竹書 第二册 容成氏	12681
臺	 上二/容成氏/44	壴	楚簡	即“臺”。	李零 上海博物館藏戰國楚竹書 第二册 容成氏	12540
臺	 上二/容成氏/38	壴	楚簡	夅壴，應即“瑤臺”。	李零 上海博物館藏戰國楚竹書 第二册 容成氏	12768
臺	 上二/子羔/11	壴	楚簡	央臺，讀爲“瑤臺”，是高臺的泛稱，或稱九成之臺、九層之臺。	馬承源 上海博物館藏戰國楚竹書 第二册 子羔	12938
臺	 上二/子羔/11	壴	楚簡	簡文的“央台”，既不能讀爲瑤台，也不能讀爲陽台，而應該依《拾遺記》讀爲桑野。	廖名春 《子羔》篇感生簡文考釋 上博館藏戰國楚竹書研究續編 2004年7月	228
臺	 上二/子羔/11	壴	楚簡	“央臺”，何讀“陽臺”。	安徽大學古文字研究室 上海楚竹書（二)研讀記 簡帛研究網 2003年1月13日	4030
臸			説文	到也。从二至。	許慎　説文解字	
臸	 師湯父鼎	[illegible]	金文	臸，從重至。此與矢連文疑當爲晉之省。古音晉箭相近，可通用。是矢臸即矢箭。	孫詒讓 古籀餘論 師湯父鼎	24930
臸			篆文	當作至之或體。	林義光 文源	24931
臸			篆文	臸爲至字重繁文。	高田忠周 古籀篇 卷九	24932
臸	 師湯父鼎	[illegible]	金文	當假借爲翦。此言“矢臸”者即謂金鏃翦羽，翦箭同從前聲，臸可假借爲箭。亦可假借爲翦，知必爲翦而非箭者，以矢箭一事，既言矢不得又言箭也。	郭沫若 兩周金文辭大系圖録考釋 師湯父鼎	24933
臸	 師湯父鼎	[illegible]	金文	二全當重不當並，即臸之古文也。	强運開 説文古籀三補 卷十二	24934

晊			璽印	此字當爲晊字。	于省吾 雙劍誃古文雜釋 釋晊	24936
晊	 郭/緇衣/26		楚簡	此處不知用爲何義。	彭浩、劉祖信、王傳富 郭店楚墓竹簡	7239
晊	 郭/緇衣/26		楚簡	此字爲“晉”之省簡，通“命”。	何琳儀 郭店竹簡選釋 簡帛研究 2001 年	7240
晊			楚簡	晊，《説文》訓“到也”，音義均與臻字相通，是完美之義，今本作命，乃令字之借。吕型原文作靈，靈與臻含義相近。	李零 郭店楚簡校讀記（增訂本）	60083
晊	 郭/緇衣/26		楚簡	應釋爲其本意“終極”。	晁福林 郭店楚簡《緇衣》與《尚書•吕刑》 史學史研究 2002 年 2 期	14437
晊			篆文	實晊即至之後起復體，本非二字。	蕭璋 釋晊 浙江大學文學院集刊第三集 1943 年 3 輯	24937
㿭	 		甲骨	從至從皀，當爲餁，甲骨文從皀每從食。此字可能是祭祀名，也可能是保佑或加害之意，典籍通致、侄（祇）等。	黄錫全 甲骨文字釋叢 考古與文物 1992 年 6 期	17594

西部

西	  古文  或體  籀文	棲	説文	鳥在巢上。象形。日在西方而鳥棲，故因以爲東西之西。凡西之屬皆从西。古文西。西或从木、妻。籀文西。	許慎　説文解字	
西			甲骨	當爲卣字，《説文》西古文作，籀文作。金文散氏盘二形并與古文同，此亦與彼同。	孫詒讓 契文舉例	24939
西			石鼓	西，許云象鳥在巢上形。卜辭所作與此所作并鳥巢形。古文西上，但爲巢形，上無鳥形，日在西方，鳥在巢中也。	羅振玉 石鼓文考釋	24941
西			甲骨	此西字。實象鳥巢，即巢之古文。	王國維 釋西 觀堂集林卷六 1959年6月	24942
西	 		甲骨	西。與許書籀文及古金文同，許謂西象鳥在巢上形，今諸文正象鳥巢狀。日既西落，鳥已入巢，故不復如篆文於巢上更作鳥形。	羅振玉 增訂殷虚書契考釋 卷中	24940
西			甲骨	於卜辭用爲西方之西。以字形言當以孫詒讓釋爲甾爲是，卜辭以甾爲西，蓋卜辭時代本或稱爲東甾，即假甾字爲之耳。後世巢字之形，上與甾字相近，然不得附會甾爲鳥巢也。其作等形者，本即囟字，後漸變，專爲東西之稱，小篆形體即由此訛成。許慎以爲鳥在巢上，實爲繆篆所誤。	唐蘭 釋四方之名 考古學社社刊 1936年	24944
西			石鼓	《説文》西或從木妻作棲，此篆與籀文西相近。至第十鼓所作則是從古文矣。	强運開 石鼓釋文	24943
西			甲骨	兩形均爲古巢字，商時兩形均可借用東西之西，周時分化，前者爲西，後者爲巢。	高鴻縉 中國字例 二篇	24946

西			石鼓	本鼓文中此字釋爲西字是對的，而釋爲囱卻不能舉出古文字相同的例證，而且於文例不和。	黄奇逸 石鼓文年代及相關諸問題	24949
西			金文	異字甲骨文作人首載物之形，上所從假借爲西字者，倘謂是囟，則謂人首載囟，無意可取也。	李孝定 金文詁林讀後記 卷十二	24948
西			説文	甲骨文象鳥巢，鳥入巢不見鳥，日已西矣。金文作已與鳥形不類。	商承祚 説文中之古文考	42398
西			周甲	此字形釋爲叀或乃是不確切的，當釋爲東西之西字。	徐錫臺 試釋周原卜辭中的字 古文字研究 1986 年 13 輯	24951
西			甲骨	此形體即《説文》訓爲鬼頭之“甶”，卜辭用作敵方之“首領”義，亦借作東西南北之“西”。而中作形者即《説文》訓爲“頭會腦蓋”的“囟”，這樣的形體以及在這樣的形體裹面增一斜畫者只用作“西”不用作“甶”。	姚孝遂 再論古漢字的性質 古文字研究 1989 年 17 輯	24950
西			璽印	從木從西，字應釋栖，栖爲棲之異體。與栗從木從卤卤亦聲者截然不同。	何琳儀 古璽雜釋再讀 中國文字 1993 年 3 月	24947
西			甲骨	《甲骨文編》入《説文》所無字。郭沫若釋“西帀（師）”，可信。甲骨文屢稱西師，不見東、南、北師，可見“西”似指國族名或地名。疑爲周人建國前的另一個國名。一國同時可有兩個國名。	王恩田 釋（𠂤）、（官）、（帀）補證 第三届國際中國古文字學研討會論文集 1997 年 10 月	43512
西	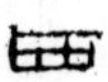		金文	西字和西鄉鼎之西字極相似。西河，郡名，戰國時魏置。	朱華、王仲璋 “西河庫”銅鼎淺説 文物世界 2002 年 3 月	15122
西				“西”字的古文字形體，大體可歸納爲以下五類：1. 鳥巢形；2. 囟形；3. 甾形；4. 甶形；5. ，卣、卤等形。第一類占百分之九十，其他的總共占百分之十。前四類都出現在甲骨文中，它們之間時代比較接近。第五類出現較晚。我們認爲、像鳥巢。“西”是表示方位的，難於	馮良珍、閆華 “西”及相關諸字演變之考查 漢字研究 2005 年 1 輯	15775

				直接象形，於是以‘鳥巢”的形體來表示“西”這一抽象的概念。“西”與“囟”，本爲一字，第二類形體是由第一類中“⊕”訛變而來的。“西”與“甾”是兩個不同的字，“西”字並非假借“甾”字，只是二者有少量形體相似，二者互相影響，“西”字發生訛變，出現了“西”字的第三類形體。“西”與“由”是兩個不同的字，由於形體相似，“西”字發生訛變，産生了“西”字的第四類形體。		
垔	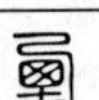		説文	姓也。从西圭聲。	許慎　説文解字	

鹵部

鹵			説文	西方鹹地也。从西省，象鹽形。安定有鹵縣。東方謂之㡿，西方謂之鹵。凡鹵之屬皆从鹵。	許慎　説文解字	
鹵			金文	鹵，古文魯也。東方濱海地多㡿鹵。	阮元 積古齋鐘鼎彝器款識 卷四	24954
鹵			金文	古文魯。	徐同柏 從古堂款識學 卷十三	24955
鹵			璽印	此從丁疑下，義猶土也。	丁佛言 説文古籒補補 卷十二	24959
鹵	 		金文	阮元云：按鹵古文魯。東方濱海地多㡿魯，故以爲名字。與魯通。卜辭金文多皆作鹵，即本字也。	高田忠周 古籒篇 卷二十一	24960
鹵			甲骨	古鹵字，象田中鹽結之形。	王襄 簠室殷契徵文考釋	24958
鹵			金文	鹵字，即魯字也。古之文字形聲假借，如鄦作許之類是也。	薛尚功 歷代鐘鼎彝器款識法帖 卷九	24953
鹵	 免盤		金文	鹵者，大龜之甲，古代民族必有以此爲禦身之物者。	松井 廿一年（五月至十二月）國内學術界消息 燕京學報 1932 年 12 期	24962
鹵	 免盤		金文	鹵是干鹵字，象形。鹽鹵乃出假借。後干鹵字以櫓若樐爲之，而鹵轉成爲鹽鹵之專字。鹽字亦從之以會意也。	郭沫若 兩周金文辭大系圖録考釋 免盤	24963
鹵			金文	《説文》部首：鹵，西方鹹地也。東方謂之㡿，西方謂之鹵。此古文象田中生鹽形，從田不從西省。魯之建國正以地鹵得名。觀艸部蓾之或體從鹵作，知鹵魯以同音得相通假，是不必在西方始曰鹵矣。	方濬益 綴遺齋彝器款識考釋 卷三	24956

鹵			金文	從其形象上看，應是鹵字。鹵即櫓或作櫓，即盾牌也。	石志廉、楊桂榮 中國歷史博物館所藏部分商代青銅器 中國歷史博物館館刊 1982 年 4 期	24968
鹵	 晉姜鼎		金文	鹵在來紐，鹽在喻紐四等，二者古讀可以相通。故鹵即鹽之初文之説確實可信也。	陳連慶《晉姜鼎》銘新釋 古文字研究 1986 年 13 輯	24969
鹵	 五十二病方	囟	秦簡	五十二病方中的囟字舊不識，予以爲此字乃是鹵字。鹵土即《神農本草經》中的鹵鹽。	李學勤 《馬王堆漢墓醫書校釋》序 四川大學學報 1990 年 2 期	24970
鹵			陶文	陶器上的鹵市值得注意，鹵字當爲鹵縣市井官署的代稱。	陶榮 甘肅崇信出土的秦戳記陶器 文物 1991 年 5 期	24971
鹵			篆文	《説文》西字古文、籀文均爲編竹之簍形。鹵爲盛鹽之簍，魯爲盛魚之簍，故鹵與魯古通用。	陳獨秀 小學識字教本 上篇	24961
鹺			説文	鹹也。从鹵，差省聲。河内謂之鹺，沛人言若虘。	許慎 説文解字	
鹹			説文	銜也。北方味也。从鹵咸聲。	許慎 説文解字	
盧	 包/文書/147		楚簡	金文中多有"賜鹵"辭例，表明鹵是可計量的製成品，很可能就是粗鹽。此字可能是鹵的繁體，或甚至就是未加聲符得鹽字初文。本簡是目前最早言及煮鹽於海的記載，頗足珍貴。	林澐 讀包山楚簡劄記七則 江漢考古 1992 年 4 期	6172
鹵禺			金文	從鹵從禺。不見於字書。古人對鹵很珍視，因之酬庸物品中有鹵或鹵類物品之鹵禺。	徐中舒 謎敦考釋 中央研究院歷史語言研究所集刊 第三本第二分 1931 年 2 期	16830
鹵禺			金文	該字字書不載。前人均無詳説，難成定説，有待再考。	戴家祥 金文大字典	16832

鹽部

鹽			説文	鹹也。从鹵監聲。古者，宿沙初作煮海鹽。凡鹽之屬皆从鹽。	許慎　説文解字	
鹽			金文	此從水從鹵從皿會意。	劉心源 奇觚室吉金文述 卷十	24979
鹽			金文	象水在皿中可煮形。從鹵。	林義光 文源	24975
鹽			璽印	古鉥。鹽朔。從古從鹽省。	丁佛言 説文古籀補補 卷十二	24976
鹽	 作潭右戈		金文	此篆從水從鹵從皿，實鹽字異文。	高田忠周 説文古籀篇 卷二十一	28482
鹽			甲骨	此鹽字。上半爲鹵字可證，下從口，即皿也。故可知爲鹽字也。	余永梁 殷虛文字續考 國學論叢 1928 年	24977
鹽	 作潭右戈		金文	此字從鹵，鹵爲古文西，而從水在皿以象煮鹽之形。當是鹽之别體。	方濬益 綴遺齋彝器款識考釋 卷三十	24978
鹽	 上五/季庚/10	㿝	楚簡	此字實應隸定作“㿝”，當是“鹽”字的異體；《從政》篇有另一異體，從“水”從“鹵”。兩字皆當讀爲“嚴”。“嚴則失衆”似乎比較好理解。《晏子春秋·内篇諫下》：“晏子對曰：‘朝居嚴則下無言，下無言則上無聞矣。下無言則吾謂之喑，上無聞則吾謂之聾。聾喑，非害國家而如何也！且合升斗之微以滿倉廩，合疏縷之綈以成幃幕，大山之高，非一石也，累卑然後高，天下者，非用一士之言也，固有受而不用，惡有拒而不受者哉！’”《説苑》卷七：“公叔文子爲楚令尹三年，民無敢入朝，公叔子見曰：‘嚴矣。’文子曰：‘朝廷之嚴也，寧云妨國家之治哉？’公叔子曰：‘嚴則下喑，下喑則上聾，聾喑不能相通，何	楊澤生《上博五》零釋十二則 簡帛網 2006年3月20日	5160

				國之治也？順針縷者成帷幕，合升斗者實倉廩，並小流而成江海；明主者有所受命而不行，未嘗有所不受也。’”《鹽鐵論·周秦》：“故政寬則下親其上，政嚴則民謀其主，晉厲以幽，二世見殺，惡在峻法之不犯，嚴家之無悍虜也？聖人知之，是以務和而不務威。”這些引文大概能說明“嚴則失衆”的情形。		
盬			説文	河東鹽池。袤五十一里，廣七里，周百十六里。从鹽省，古聲。	許慎　説文解字	
鹼			説文	鹵也。从鹽省，僉聲。	許慎　説文解字	

戶部

戶	  古文	戹	説文	護也。半門曰戶。象形。凡戶之屬皆从戶。戹古文戶从木。	許慎 説文解字	
戶	 士父鐘 啟字偏旁		金文	《説文》半門曰戶。象形。	林義光 文源	24982
戶			甲骨	甲骨文於形爲肖。戶有防護之用，故以護訓，此聲訓耳。	楊樹達 文字形義學	24986
戶			甲骨	隸作戶。古文作戹，卜辭用本義，殷人有於宗廟之戶用人牲祭祀。	朱歧祥 殷墟甲骨文字通釋稿	24985
戶			金文	此字爲戶字古文。	黄盛璋 戰國祈室銅位銘文破譯與相關問題新探 第二屆國際中國文字學研討會論文集 1993 年 10 月	24987
戶	 郭/語叢四/4	戹	楚簡	此字爲《説文》古文“戶”字。	彭浩、劉祖信、王傳富 郭店楚墓竹簡	9049
戶	 郭/語叢四/4	戹	楚簡	此戶指代口，戶之閉，即閉口不言。古人有用“閉”、“門戶之閉”來表示緘口不語的做法。	陳偉 郭店竹書别釋	9051
戶	 郭/語叢四/4	戹	楚簡	爲戶字加義符的繁體。	劉釗 郭店楚簡校釋	9050
扉			説文	戶扇也。从戶非聲。	許慎 説文解字	
扇			説文	扉也。从戶，从翄聲。	許慎 説文解字	

扇			篆文	字形當分析爲從羽、戶聲，本義扇動。門的開合就是來回扇動，故稱門爲扇。扇子所以稱扇，也是因爲使用時需要來回扇動的緣故。	楊琳 《説文》辨正五則 中國文字研究 2004 年 5 輯	14650
房			説文	室在旁也。从戶方聲。	許慎 説文解字	
房	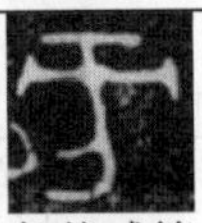 彔伯㦰簋蓋		金文	銘意用爲旁字。然字形與篆文旁自别。字所從爿爲宀之省。從宀與從戶同，此爲房字，所不容疑。录字金文作彔，也從房省，下象其義。彔謂房室有飾刻者。	高田忠周 説文古籀篇 七十四	45127
房	 天亡簋	宜	金文	此字金文多有之，宋以來均釋宜，羅振玉始釋爲俎，然從卜辭中所考見者，此字之義不限於俎。蓋即房俎之房本字。字乃象形，後人假房字爲之。古璽封泥用爲宜者乃誤用别字之例。其在本銘，所謂“王饗大房”者，正《詩》之“籩豆大房”，與下文降以下諸字亦復兩諧。	郭沫若 殷周青銅器銘文研究 大豐簋韻讀	24991
房			甲骨	宮字從此，雝亦從此。象連室之形，聲當與宮雝相近，蓋即古房字。字在此當是人或國族名。	郭沫若 卜辭通纂	38953
房			金文	字象連室之形，聲當與宮雝相近，蓋即古房字。	郭沫若 卜辭通纂	24992
房	 天亡簋	宜	金文	图字舊多不得其解。銘文大图之後即是賞賜之文，蓋大图必爲舉行大饗或賞賜的地方，太廟太室之得名蓋當因其房屋特别大，此大图應有此義，且图字又入韻。故图當爲房字之初文。	黄盛璋 大豐簋銘製作的年代、地點與史實 歷史研究 1960 年 6 期	24994
房	 包/遣册/266		楚簡	《詩·閟宮》“籩豆大房”，毛傳：“大房，半體之俎也。”《國語》注：“大俎。”	劉彬徽、彭浩、胡雅麗、劉祖信 包山楚簡	5947
戾			説文	輜車旁推戶也。从戶大聲。讀與釱同。	許慎 説文解字	
戾	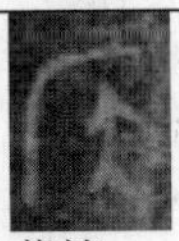 蔡簋	戾	金文	兩慶字均當是戾之異。《説文》讀與釱同。前字讀爲汏，言恣縱也。後之“慶止”即釱趾。	郭沫若 兩周金文辭大系圖録考釋 蔡簋	24995

戹			説文	隘也。从戶乙聲。	許慎　説文解字	
戹	 毛公鼎		金文	古厄字。	吴大澂 説文古籀補 卷十三	24998
戹	 毛公鼎		金文	厄，即金厄。	劉心源 奇觚室吉金文述 卷二	24999
戹	 彔伯𢦚簋蓋		金文	當爲軶原始象形字。	孫詒讓 名原 卷上	25000
戹	 彔伯𢦚簋蓋		金文	實即軶之古文。軶一名衡，本有二軥，但象一軥，略形也。	林義光 文源	25001
戹	 毛公鼎		金文	《攈古》釋爲戹，甚確。	張之綱 毛公鼎斠釋	25003
戹	 彔伯𢦚簋蓋		金文	戹。車部作軶，則後起之字。	强運開 説文古籀三補 卷十二	25004
戹	 彔伯𢦚簋蓋		金文	字原爲叉馬頸之具。象形。	高鴻縉 中國字例二篇	25006
戹	 毛公鼎		金文	厄，象形。後訛爲戹，失其形而存其音。小篆又添車作軶，遂爲形聲字。	王國維 毛公鼎銘考釋 王國維遺書第六册 1983 年	25002
戹	 曾/7		楚簡	金文此字象軛形。簡文概由此演變而成。	湖北省博物館 曾侯乙墓	5751
戹			甲骨	見齊家村发現的西周甲骨。可分析爲從“戹”從“止”，“止”表行動之意，爲“戹”的繁化形體。是系聯西周金文與春秋金文之間的“戹”的過渡形體。在卜骨中似有災難之意。	何琳儀、程燕 釋戹——兼釋齊家村 H90#西周甲骨 2004 年安陽殷商文明國際學術研討會論文集 2004 年	15086

肁			説文	始開也。从戶从聿。	許慎 說文解字	
肁			金文	肁肇古通。	吴大澂 説文古籀補 卷十二	25007
肁	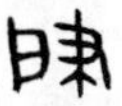		金文	肇，始。	徐同柏 從古堂款識學 卷十三	25008
肁			金文	肇始字本是肁。古亦通用肇。	劉心源 奇觚室吉金文述 卷一	25009
肁			金文	從又持丨在戶側，丨象門歫。手持歫，啓門之象。或作從攴。	林義光 文源	25010
扆			説文	戶牖之閒謂之扆。从戶衣聲。	許慎 說文解字	
𢨥			説文	閉也。从戶，劫省聲。	許慎 說文解字	
扃			説文	外閉之關也。从戶冋聲。	許慎 說文解字	
扃	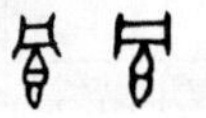	冟	金文	冟本義當爲覆，扃之本字。	林義光 文源	31688
扃		冂	篆文	冂乃扃字之初文，冂左右二竪象戶旁植柱，中一横象關，此以本字字形證之也。	楊樹達 積微居小學述林 扃	25015
戌	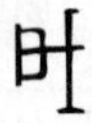		甲骨	從戶從戈，當爲肇之初文，今本詩書多爲肇，此字象以戈破戶形，本義當爲攻城以戰之兆。	丁山 殷商氏族方國志 亞戌 姚	18099
扈	 曾/2		楚簡	與金文“迺”字形近，但恐非一字。疑指承載兵器和旗的東西，與“扃”同。	湖北省博物館 曾侯乙墓	5705

門部

門			説文	聞也。从二戶。象形。凡門之屬皆从門。	許慎 説文解字	
門			金文	門上多二横筆。二古文上字，今本作從下誤也。上門故訓登。	劉心源 奇觚室吉金文述 卷四 師酉簋	25018
門	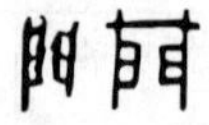		甲骨	象兩扉形，次象加鍵，三則上有楣。	羅振玉 增訂殷虚書契考釋 卷中	25017
門	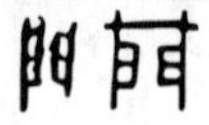		甲骨	卜辭第 1043 片有“門令”者，門當作動詞解，謂榜之於門也。	郭沫若 殷契粹編考釋	25019
門	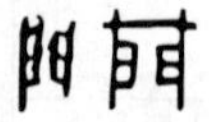		甲骨	卜辭“父甲門”、“且丁門”當指祖甲、祖丁的廟祊，乙門、丁門的乙、丁似亦指廟主。南門、宗門、宗户、和門當指宗室祖廟的門。西周金文群臣入門北向，則所入門當是南門。	陳夢家 殷虛卜辭綜述	25021
門	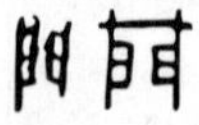		甲骨	武丁卜辭甲門、乙門、丁門，甲、乙、丁當指武丁以前的先王，門指宗廟門內。	嚴一萍 釋乙門 中國文字 1988 年 7 月	25024
門	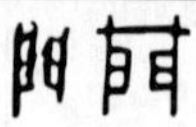		甲骨	三門即是禹貢之砥柱。	柯昌濟 《殷墟卜辭綜類》例證考釋 古文字研究 1989 年 16 輯	25022
門	 包/文書/19		楚簡	借作問。《説文》：“訓也。”徵問，驗問，召問。	劉彬徽、彭浩、胡雅麗、劉祖信 包山楚簡	1214
門	 包/文書/29		楚簡	“阩門有敗”當指不從命者所應承擔的罪名。	陳恩林、張全民 包山“受期”簡析疑 江漢考古 1998 年 2 期	14307
門	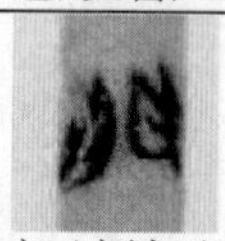 郭/窮達以時/4		楚簡	監門，里正衛也，地位較低。	趙平安 從楚簡“娩”的釋讀談到甲骨文的“娩妿” 簡帛研究 2001 年	4421

門	 上一/孔子詩論/4		楚簡	平門，春秋吴國城門名，吴王闔閭始築城，四面八門，北面稱爲平門、齊門。在簡文中可能泛指城門。此小句意或爲詩義理猶如城門之寬達。	馬承源 上海博物館藏戰國楚竹書 第一册 孔子詩論	4495
門	 上二/容成氏/38		楚簡	《竹書紀年》有桀“立玉門”之説。	李零 上海博物館藏戰國楚竹書 第二册 容成氏	12770
門	 上一/孔子詩論/4		楚簡	當隸作“塝門”。“塝”，讀作“旁”，訓爲寬廣。“門”當讀爲“聞”。《説文》：“門，聞也。”“聞，知聞也。從耳，門聲。”《廣雅·釋詁三》：“聞，捍也。”《論語·季氏》：“友直，友諒，友多聞。”邢昺疏：“多聞謂博學。”《漢書·劉向傳贊》：“此數公者，皆博物洽聞，通達古今，其言有補於世。”“旁聞”，即“廣聞”，猶多聞、洽聞，指《詩》内容繁富，故下文有數問。	廖名春 上海博物館藏詩論簡校釋劄記 上博館藏戰國楚竹書研究 2002 年	10881
門	 上一/孔子詩論/4		楚簡	這裏的“門”指門徑，也比喻説話的嘴口。“坪門”意指擴大沿路門徑。“詩，其猶坪門與”就是説風詩大概是擴大言路的門徑吧。	江林昌 上博竹簡《詩論》的作者及其與今傳本《毛詩》序的關係 上博館藏戰國楚竹書研究 2002 年	10883
門	 上四/采風曲目/2		楚簡	“毋overline過虐門”，曲目。讀爲“毋過吾門”。	馬承源 上海博物館藏戰國楚竹書 第四册 采風曲目	3591
門	 師酉簋		金文	中間加兩短横爲飾筆。	何琳儀 司夜鼎考釋 中國史研究 2004 年 3 期	15667
門	 上二/容成氏/40		楚簡	省作“高門”，即“巢門”。其名或作“焦門”。上古“巢”、“焦”、“高”皆爲宵部字，音近可通。	許全勝 《容成氏》篇釋地 上博館藏戰國楚竹書研究續編 2004 年	13982

門	 包/文書/28		楚簡	問。阩門，徵問、驗問。	史傑鵬 包山楚簡研究四則 湖北民族學院學報(哲學社會科學版)2005年3期	14100
閶			説文	天門也。从門昌聲。楚人名門曰閶闔。	許慎 説文解字	
闈			説文	宫中之門也。从門韋聲。	許慎 説文解字	
闟			説文	闟謂之樀。樀，廟門也。从門詹聲。	許慎 説文解字	
閎			説文	巷門也。从門厷聲。	許慎 説文解字	
閨			説文	特立之户，上圜下方，有似圭。从門圭聲。	許慎 説文解字	
閨	 上三/周易/52		楚簡	讀爲“闚”，傾頭門中視。	濮茅左 上海博物館藏戰國楚竹書 第三册 周易	13863
閨	 上四/昭王毁室/1		楚簡	指宫中之小門，即閤門。《楚辭·九思·逢尤》：“念靈閨兮，隩重深。”王逸注：“閨，閤也。”“迈閨”是走到閨門。	陳佩芬 上海博物館藏戰國楚竹書 第四册 昭王毁室——昭王與龔之脽	2043
閨	 上四/柬大王泊旱/9		楚簡	通“圭”。《説文·門部》：“閨，特立之户，上圜下方，有似圭。從門，圭聲。”《左傳·襄公十年》“篳門閨竇之人而皆陵其上”，《經典釋文》：“閨，音圭，本亦作圭。”“晶閨”，即“三圭”、“三珪”、“三旌”。《楚辭·大招》“三圭重侯，聽類神祇”，王逸注：“三圭謂公、侯、伯也。公執桓圭，侯執信圭、伯執躬圭，故言三圭也。”諸侯之三卿，因其車服各有旌别，故也稱“三旌”。	濮茅左 上海博物館藏戰國楚竹書 第四册 柬大王泊旱	3308
閤			説文	門旁户也。从門合聲。	許慎 説文解字	

闟			説文	樓上户也。从門翕聲。	許慎　説文解字	
閈			説文	門也。从門干聲。汝南平輿里門曰閈。	許慎　説文解字	
閈	 毛公鼎		金文	此非里閈之閈，當讀如捍衛之捍。	吴大澂 愙齋集古録第四册	25033
閈	 毛公鼎		金文	門所以限内外，閈猶限義。	吴寶煒 毛公鼎文正注	25034
閈	 毛公鼎		金文	此猶言域也，限也。言無不限於文武光明普及之内。	于省吾 雙劍誃吉金文選 卷上	25035
閈	 毛公鼎		金文	閈假借爲厈，厈有兩義，一曰蓺也，一曰明也，本銘中之閈爲明義。	郭沫若 兩周金文辭大系圖録考釋 毛公鼎	25036
閈	 毛公鼎		金文	此借閈爲捍。	張之綱 毛公鼎斠釋	25037
閈	 中山王鼎		金文	閈，同幹。閈於天下之物，謂堪任天下之事也。	徐中舒、伍仕謙 中山三器釋文及宫室圖説明 中國史研究 1979 年 4 期	25040
閈	 毛公鼎		金文	此非里閈之閈，當讀如捍衛之捍也。	戴家祥 金文大字典 卷下	25042
閈	 逨鼎乙	閉	金文	釋作閈。郭沫若釋覒較爲妥帖。	孫亞冰 眉縣楊家村卅二、卅三年逨鼎考釋 中國史研究 2003 年 4 期	15130
閭			説文	里門也。从門吕聲。《周禮》："五家爲比，五比爲閭。"閭，侣也，二十五家相羣侣也。	許慎　説文解字	
閭		閵	璽印	蓋即古閭字。篆文吕從肉從旅，此從旅，與從吕同義。	强運開 説文古籀三補 卷十二	25043
閭	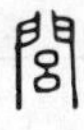		篆文	閭從吕聲，吕聲字有連吕之義，五家謂之比，五比謂之閭。	楊樹達 增訂積微居小學金石論叢 字義同緣於語源同例證	25044

閭	 閭丘虞鵖造戈	⿵門膚	金文	王國維釋爲閭，從膚。	李孝定 金文詁林讀後記 卷十三	25049
閭	 徐王盧		金文	此字實從門從膚（臚），即閭字異體。	吴振武 談徐王爐銘文中的“閭”字 文物 1984 年 11 期	25046
閭		⿵門足	陶文	此字從門從足，蓋即閭字。	濰坊市博物館益都縣博物館 益都藏陶 古文字研究 14 輯	25047
閭			陶文	此字從門盧聲，盧吕古音同，即閭也。此外，閭字門内亦可從足、疋。	孫敬明等 臨淄齊故城内外新發現的陶文 文物1988 年 2 期	25048
閻	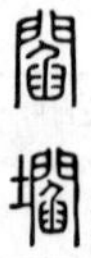 或體	壛	説文	里中門也。从門臽聲。壛閻或从土。	許慎　説文解字	
闠			説文	市外門也。从門貴聲。	許慎　説文解字	
闉			説文	城内重門也。从門垔聲。《詩》曰：“出其闉闍。”	許慎　説文解字	
闉		⿵門印	漢簡	簡文闉作⿵門印，印、垔音近，疑⿵門印即闉之異體。	銀雀山漢墓竹簡整理小組 銀雀山漢墓竹簡 第一輯	25053
闍			説文	闉闍也。从門者聲。	許慎　説文解字	
闕			説文	門觀也。从門欮聲。	許慎　説文解字	
閞			説文	門欂櫨也。从門弁聲。	許慎　説文解字	
閉			説文	門扇也。从門介聲。	許慎　説文解字	
闔			説文	門扇也。一曰閉也。从門盍聲。	許慎　説文解字	
闑			説文	門梱也。从門臬聲。	許慎　説文解字	
閾	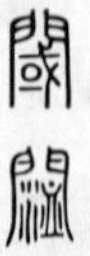 古文	⿵門洫	説文	門榍也。从門或聲。《論語》曰：“行不履閾。”⿵門洫古文閾从洫。	許慎　説文解字	
閬			説文	門高也。从門良聲。巴郡有閬中縣。	許慎　説文解字	

闢	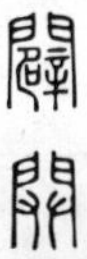 虞書		説文	開也。从門辟聲。𨴮《虞書》曰："闢四門。"从門从𠬞。	許慎　説文解字	
闢	 大盂鼎		金文	古闢字，象兩手闢門形。	吴大澂 説文古籀補卷十二	25062
闢			篆文	古文闢，象手闢門形。	林義光 文源	25064
闢			篆文	從門從兩手向外之形，彼作兩手持横關，將啓户之象，此作兩手外向之形，已啓户畢之象。即是象形而會意也。後借辟爲之。又從門作闢。	高田忠周 古籀篇卷七十四	25065
闢			篆文	或作𨳡，象以兩手反向門開之形。	楊樹達 增訂積微居小學述林 字義同緣於語源同	25066
闢	 大盂鼎		金文	此假作辟也。	陳夢家 西周銅器斷代 大盂鼎	25068
闢	 中山王鼎		金文	讀爲闢。	張守中 中山王𰯼器文字編	25069
闢		𨳡	篆文	從門從𠬞，𠬞象兩手，能形；門爲兩手所開，所形。	楊樹達 文字形義學	25070
闢	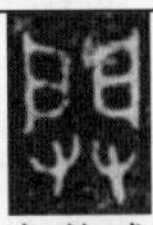 彔伯𢦏簋蓋		金文	金文作開闢疆域用。	戴家祥 金文大字典卷下	25071
闢		𨳡	金文	字的結構爲雙手啓二户（雙合門）。形同二𠬝相背。	師玉梅 張亞初金文考釋方法商榷——讀《殷周金文集成引得・序言》 考古與文物 2003 年 4 期	15490
闢	 逨鼎乙	𨳡	金文	意爲屏除。	裘錫圭 讀逨器銘文劄記三則 文物 2003 年 6 期	15580
闢	 逨鼎乙	𨳡	金文	即闢字。	孫亞冰 眉縣楊家村卅二、卅三年逨鼎考釋 中國史研究 2003 年 4 期	15137

闖			説文	闢門也。从門爲聲。《國語》曰："闖門而與之言。"	許慎　説文解字	
闡			説文	開也。从門單聲。《易》曰："闡幽。"	許慎　説文解字	
開	  古文	閞	説文	張也。从門从幵。閞古文。	許慎　説文解字	
開			篆文	古文象兩手攴闢形。篆文開形近古文，當即古文之變。	林義光 文源	25074
開			陶文	《説文》古文字形中有一，此處省一。	顧廷龍 古匋文舂録 卷十二	25075
開			篆文	古文從一從収，一者象門關之形，從収者，以兩手取去門關，故爲開也。	楊樹達 積微居小學述林 釋開闢閉	25076
開			篆文	閞象兩手去其楗，會意。	馬叙倫 説文解字六書疏證 卷二十三	25077
開			説文	閞爲闢，是門已開，門示門閉，𠬞象兩手，手開門也。	商承祚 説文中之古文考	42407
闓			説文	開也。从門豈聲。	許慎　説文解字	
閜			説文	大開也。从門可聲。大杯亦爲閜。	許慎　説文解字	
閘			説文	開閉門也。从門甲聲。	許慎　説文解字	
閘	 豆閉簋	閉	金文	從門從甲當即閘。	吴大澂 説文古籀補 卷十二	25080
閘			璽印	字從門從甲，應釋爲閘。	劉釗 璽印文字釋叢（一） 考古與文物 1990 年 2 期	25082
閘	 逹鼎乙	閉	金文	釋"閘"，讀爲狎。	李學勤 眉縣楊家村新出青銅器研究 文物 2003 年 6 期	15294
閟			説文	閉門也。从門必聲。《春秋傳》曰："閟門而與之言。"	許慎　説文解字	
閟	 郭/語叢四/4		楚簡	户之閉，即閉口不言。古人有用"閉"、"門户之閉"來表示緘口不語的做法。	陳偉 郭店竹書别釋	9053

閟	 郭/語叢四/4		楚簡	《説文》："閉門也。"此正用本義。	劉釗 郭店楚簡校釋	9054
閣			説文	所以止扉也。从門各聲。	許慎 説文解字	
閣			漢簡	從有關簡文看，閣顯然是存放東西的地方。	裘錫圭 漢簡零拾 文史 1981 年 12 輯	25085
閒	  古文	閖	説文	隟也。从門从月。閖古文閒。	許慎 説文解字	
閒	 上四/逸詩—交交鳴鶩/3	閖	楚簡	《説文》所無，《篇海類編》載有"閖"字："呼計切，音系，門扇也。"與"閒"通。	馬承源 上海博物館藏戰國楚竹書 第四册 逸詩——交交鳴鶩	3573
閒	 上四/逸詩—交交鳴鶩/3	閖	楚簡	此字《説文•門部》："古文閒。"疑當訓爲安閒。	廖名春 楚簡《逸詩•多薪》補釋 簡帛研究網 2005 年 2 月 12 日	3805
閒	 上四/逸詩—交交鳴鶩/3	閖	楚簡	馬讀爲"閒"是正確的。但對於此字形及其來源，有待補充。《説文・門部》所收"閒"的古文與簡文此字形稍異，前者從門從外，後者從門從列，所以二者不能直接等同。郭店楚簡《老子》甲第 23 簡有"列"字，與此字所從部件形體相同。與今本《老子》對照，"列"即"閒"字。故此字亦"閒"字。簡文此字大概是從門，列聲。閖，爲會意字。凡象形、會意之字往往有後起之形聲字予以替代。《説文》所録閒的古文，段玉裁已指出其字形各本皆誤，今似可據楚文字以正之。	秦樺林 楚簡佚詩《交交鳴鶩》劄記 簡帛研究網 2005 年 2 月 20 日	3875
閒	 郭/老子甲/23	列	楚簡	曾姬無卹壺銘文"閒"字作，簡文則省去"門"，仍讀作"閒"。相同的字形也見於包山楚簡。	彭浩、劉祖信、王傳富 郭店楚墓竹簡	7447

閒	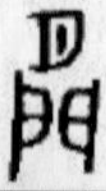		金文	閒疑當讀爲榦。	楊樹達 積微居金文説（增訂本） 曾姬無卹壺跋	25091
閒	 曾姬無卹壺	閖	金文	字從門從夗會意。即間之别體。	劉節 古史考存 壽縣所出楚器考釋	25092
閒			秦簡	讀爲閑。	睡虎地秦墓竹簡整理小組 睡虎地秦墓竹簡	25095
閒	 中山王方壺	明	金文	此字閒之省門也。	徐中舒、伍仕謙 中山三器釋文及宮室圖説明 中國史研究 1979 年 4 期	25093
閒				段作閖，從外，是也。	商承祚 説文中之古文考	42409
閒	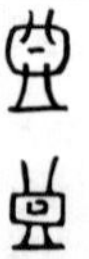		甲骨	閒字表示時間概念，往往連在兩個相鄰的干支中間；閒祀也是一種特殊的祭祀方法；閒亦可做地名。	鄭慧生 從“間”字之釋説到商代的“閒祀” 史學月刊 1987 年 3 期	25094
閒	 匯/望一劄記/65	閖	楚簡	即閒。與《説文》閒之古文小異。	商承祚 戰國楚竹簡匯編 望山一號楚墓竹簡疾病雜事劄記	10655
閒	 郭/語叢三/27		楚簡	亡間，即無間，無懈可擊義。	陳偉 郭店竹書别釋	9793
閒			楚簡	亡閒，指極微小處。簡文説德發展到了細小之處，統治者就會無微不至。	劉釗 郭店楚簡校釋	60055
閜			説文	門傾也。从門阿聲。	許慎　説文解字	
閼			説文	遮攡也。从門於聲。	許慎　説文解字	
⿵門繇			説文	開閉門利也。从門繇聲。一曰縷十紘也。	許慎　説文解字	
閣			説文	門聲也。从門曷聲。	許慎　説文解字	
閣			璽印	古鉥。牛閣。	丁佛言 説文古籀補補 卷十二	25101

闀			説文	門響也。从門鄉聲。	許慎　説文解字	
闌			説文	門遮也。从門柬聲。	許慎　説文解字	
闌	 宰椃角	[illegible]	金文	釋東門夕曰。東門，青陽門也。	阮元 積古齋鐘鼎彝器款識 卷二	25104
闌	 利簋  宰椃角	[illegible] [illegible]	金文	此銘之字蓋與闌近似，闌，地名也，距商都不遠。	唐蘭 西周時代最早的一件銅器利簋銘文解釋 文物 1977 年 8 期	25115
闌	 利簋	[illegible]	金文	闌作地名，屢見於殷商之銅器，其地必去朝歌不遠，于氏以闌爲管叔之管，以聲韻及地望言之，其説可信。	徐中舒 關於利簋銘文考釋的討論 文物 1978 年 6 期	25112
闌	 宰椃角  王孫誥編鐘	[illegible]	金文	金文從門，柬聲。或增從月，同。	方述鑫等 甲骨金文字典 卷十二	25114
閑			説文	闌也。从門中有木。	許慎　説文解字	
閑	 中山王鼎	閇	金文	閇，疑當爲閑。	朱德熙 平山中山王墓銅器銘文的初步研究 文物 1979 年 1 期	25041
閉			説文	闔門也。从門；才，所以歫門也。	許慎　説文解字	
閉	 豆閉簋		金文	從門才。才所以歫門也。	林義光 文源	25118
閉			篆文	才，訓草木初生。引申之義爲木材。閉從才者，距門之關以木爲之也。	楊樹達 積微居小學述林 釋開闢閉	25121

閉	 豆閉簋		金文	字倚門晝其已閉自内見其門槓之形，託以寄關閉之閉意。門内原爲十，物形，後變爲才。	高鴻縉 中國字例二篇	25120
閉	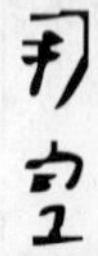		漢簡	𤔲、𡨄，兩字爲閉塞無疑也。	于豪亮 釋漢簡中的草書 于豪亮學術文存 1985 年 1 月	28560
閉			金文	閉讀爲閟或毖。《詩・閟宫》正義引閟作閉。《玉篇》閟，慎也。《尚書・大誥》："天閟毖我成功所在。"孔氏傳："閟，慎也，言天慎勞我周家成功所在。"錢大昕認爲閟、毖通用。閟、毖引申爲珍重。爵讀爲勞，"閟乃祖考有勞於周邦"是説逹之先祖考有勞績於周邦，宣王至爲珍重，永不忘懷。毖又訓勤，"毖乃先祖考有勞於周邦"即勤乃先祖考有老於周邦，這様解釋，似亦可通。	王輝 四十二年逑鼎銘文箋識 第四届國際中國古文字學研討會論文集	60054
閡			説文	外閉也。从門亥聲。	許慎　説文解字	
閡			璽印	閡，古文豕亥同。從三豕者爲閡字繁文。	丁佛言 説文古籀補補 卷十二	25124
闇			説文	閉門也。从門音聲。	許慎　説文解字	
關			説文	以木横持門户也。从門䜌聲。	許慎　説文解字	
關	 左關之鉌 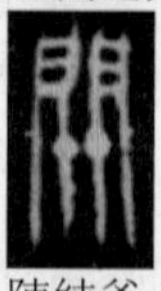 陳純釜		金文	古關字。	吴大澂 説文古籀補 卷十二	25127
關			陶文	陳猷釜有關，與此同。	顧廷龍 古匋文孴録 卷十二	25129

關	 左關之鉚 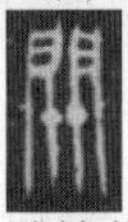 陳純釜  子釜		金文	寄倚門畫其已關，自外見其門紐之形由文門生意，故託以寄關門之關意。動詞。	高鴻縉 中國字例二篇	25131
關	 左關之鉚  陳純釜  子釜		金文	即關之初文，象形。門，附加之形符也。關所以閉門，故引伸有閉義。	朱芳圃 殷周文字釋叢 卷中	25133
關			璽印	乃關字，鄂君啓節關字作此，從門串聲，可爲其證。	石志廉 戰國古璽考釋十種 中國歷史博物館館刊 1980 年 2 期	25134
關	 包/文書/149	閳	楚簡	關字，亦見鄂君啓節。	劉彬徽、彭浩、胡雅麗、劉祖信 包山楚簡	25135
關	 包/文書/34	閳	楚簡	關字，亦見於《鄂君啓節》。	劉彬徽、彭浩、胡雅麗、劉祖信 包山楚簡	6060
關	 噩君啓節	閳	金文	象城門用門杠直插關閉，爲關之異文。	戴家祥 金文大字典 卷下	25137
關		閳	秦簡	爲關之異構字，從門串聲。	王貴元 馬王堆帛書文字考釋 古漢語研究 1995 年 3 期	25136
關	 上一/孔子詩論/10	閳	楚簡	此字從門從串，以串爲聲符。此字字形與《鄂君啓舟節》中“關”字形體相同，大約是楚國較流行的寫法。	馬承源 上海博物館藏戰國楚竹書 第一册 孔子詩論	11190
闟			説文	闟下牡也。从門龠聲。	許慎　説文解字	

闐			説文	盛皃。从門真聲。	許慎　説文解字	
闛			説文	闛闛，盛皃。从門堂聲。	許慎　説文解字	
閹			説文	豎也。宫中奄閽閉門者。从門奄聲。	許慎　説文解字	
閽			説文	常以昏閉門隸也。从門从昏，昏亦聲。	許慎　説文解字	
闚			説文	閃也。从門規聲。	許慎　説文解字	
闚			篆文	從夫與從大同意，象人形，從見猶從頁，象在門中闚人形。	林義光 文源	25143
闌			説文	妄入宫掖也。从門䜌聲。讀若闌。	許慎　説文解字	
闌	 兮甲盤	䜌	金文	翁祖庚説䜌或是闌之省。	吴式芬 攈古録金文 卷三之二 兮甲盤	28156
闌	 散氏盤	㝈	金文	從宀，當讀闌，宀與門同義。	劉心源 奇觚室吉金文述 卷八	25145
闌		㝈	金文	從宀從䜌，尤明晰者。䜌蓋其聲也。字書無之，或云宀門同意，此當闌之異文。亦似可矣。	高田忠周 説文古籀篇 卷七十二	25147
闌			金文	㝈與闌同，謂闌入也。	王國維 毛公鼎銘考釋 王國維遺書第六册 1983 年	28561
闌		寷	甲骨	這個字應該是從宀䜌聲的形聲字。䜌應該釋爲從攴䜌聲的"變"字，故這個字應該釋作寷。不見字書，也許就是《説文》闌的異體。卜辭中據文義應該讀爲辯（遍）。	裘錫圭 殷墟甲骨文字考釋 湖北大學學報 1990 年 1 月（期）	25148
𨳿			説文	登也。从門、二。二，古文下字。讀若軍敶之敶。	許慎　説文解字	
𨳿			金文	門上多二横筆，即𨳿字，《六書故》引唐本《説文》從二，二古文上字也。則今本從二誤也。	劉心源 奇觚室吉金文述 卷四	25150

冃			篆文	下門者，其下爲門，登高之象。	林義光 文源	25151
閃			説文	闚頭門中也。从人在門中。	許慎　説文解字	
閱			説文	具數於門中也。从門，説省聲。	許慎　説文解字	
閱			秦簡	閱，讀爲穴。矢穴，當指城上射箭用的穴口。	睡虎地秦墓竹簡整理小組 睡虎地秦墓竹簡	25154
闋			説文	事已，閉門也。从門癸聲。	許慎　説文解字	
闋		[illegible]	漢簡	即闋之異體字。	于豪亮 居延漢簡釋叢 文史 1981 年 12 輯	25156
闞			説文	望也。从門敢聲。	許慎　説文解字	
闊			説文	疏也。从門活聲。	許慎　説文解字	
閔	  古文		説文	弔者在門也。从門文聲。古文閔。	許慎　説文解字	
閔			篆文	閔，痛惜也。從門，非義。門文皆聲也。	林義光 文源	25160
閔		[illegible]	金文	即閔之異體。皿、文古音聲同韻近。一聲之轉，作爲聲符可以互換。	查瑞珍 閩翁主釭鑼 文物 1979 年 7 期	25162
閔	 兆域圖銅版		金文	讀爲門，朱德熙、裘錫圭謂：戰國文字多借閔爲門。	張守中 中山王礜器文字編	25163
闖			説文	馬出門皃。从馬在門中。讀若郴。	許慎　説文解字	
闠			説文	市垣也。从門𧶠聲。	許慎　説文解字	
闥			説文	門也。从門達聲。	許慎　説文解字	
閌			説文	閌閬，高門也。从門亢聲。	許慎　説文解字	
閥			説文	閥閱，自序也。从門伐聲。義當通用伐。	許慎　説文解字	
闃			説文	静也。从門狊聲。	許慎　説文解字	

閁	 毛公鼎	閈	金文	前人釋閈，讀爲捍，或扞。但其字門内並非干字，其直筆右斜應爲弋字也。字《説文》所無，其音當讀弋。	高鴻縉　毛公鼎集釋	25039
閔		⿱門女 ⿰女門	甲骨	字不識，或爲"力門"二字之合書。亦或爲誤契。故於女字中央增一横，以示誤契之意。若其爲一字，當從女從門，隸定之當作⿱門女，或作⿰女門。字書均無，僅《字彙》有閔字，其爲《字彙》之閔字矣。	白玉崢　殷虛第十五次發掘所得甲骨校釋　中國文字 1990 年 2 月	17323
閔	 包/卜筮/233		楚簡	讀作閥，《廣雅・釋詁一》："伐，殺也。"	劉彬徽、彭浩、胡雅麗、劉祖信　包山楚簡	6515
閔	 包/卜筮/233		楚簡	即《説文》"閔"之訛變。讀若縣。簡文"閔"應讀"懸"。	何琳儀　包山竹簡選釋　江漢考古 1993 年 4 期	6514
閔	 郭/老子甲/27		楚簡	"閉"之誤寫。他本作"塞"。	彭浩、劉祖信、王傳富　郭店楚墓竹簡	6031
閔	 郭/老子甲/27		楚簡	此字即"閔"之誤寫，閔讀若縣，訓"虛"。	何琳儀　郭店竹簡選釋　簡帛研究 2001 年	6033
閔	 郭/老子甲/27		楚簡	乃閟字之誤寫，讀爲閉。	劉釗　郭店楚簡校釋	6032
閔	 包/卜筮/233		楚簡	應讀爲"磔"。《古文四聲韻》中磔字從門從木，疑木爲戈之訛。	史傑鵬　包山楚簡研究四則　湖北民族學院學報（哲學社會科學版）2005 年 3 期	13825
⿵門夬			璽印	從門從夬，應釋爲⿵門夬。	劉釗　璽印文字釋叢（一）　考古與文物 1990 年 2 期	17417
閠	 上二/容成氏/38		楚簡	簡文此字可能是表示玉門的專用字。	李零　上海博物館藏戰國楚竹書　第二册　容成氏	12769

閈		閔	盟書	“閈”其腹心，蓋爲剖明心腹之意。	張頷 侯馬東周遺址發現晉國朱書文字 文物 1966 年 2 期	17609
閐	 郭/忠信之道/9	閔	楚簡	郭店簡“閔”字（8.9），當從門，又聲。古文字材料證明，“右”從“又”分化而來，故疑是“閐”之初文。《玉篇·門部》：“閐，古文佑。”又，“閐，同閐（祐）”。	陳偉武 郭店楚簡中《漢語大字典》所無之字 中國文字研究 2002 年 3 輯	14570
閝		㗊	甲骨	從門從吅，吅既象門上窻，又以其爲聲符。當是古閝字，卜辭中可能是人名或方國名。	黄錫全 甲骨文字釋叢 考古與文物 1992 年 6 期	17748
閳			璽印	從門甫聲，閳如可讀爲蒲如，復姓。	劉樂賢 漢印複姓雜考 于省吾教授百年誕辰紀念文集 1996 年 9 月	17867
閡	 婦闟卣	闟	金文	閡繁文。《篇海類編》有此字，門也。	徐同柏 從古堂款識學 卷十四	17869
閡	 婦闟卣	闟	金文	從門從豩，豩爲豩之異文，豩亦爲豕之異文。	馬叙倫 讀金器刻詞 國學季刊 1935 年	17873
閡	 婦闟卣	闟	金文	古鉢文又作闟，蓋一字。《玉篇》從豕不從豕，金文從豕，與《玉篇》同。	陳直 金文拾遺	17872
閺	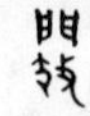		金文	疑從門從犬從攴，三字會意，今失其讀。	高田忠周 説文古籀篇 卷七十四	17874
閺	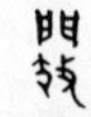		金文	從門豩聲。豩，即豩、豕異文。	馬叙倫 讀金器刻詞 國學季刊 1935 年	17875
闈	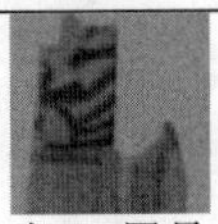 上三/周易/58		楚簡	此字屬《未淒（濟）》卦初六爻辭末字。“未淒（濟）”，卦名，《周易》第六十四卦，離上坎下。物窮則乖，功極則亂，故“既濟”之後，爲“未濟”。	濮茅左 上海博物館藏戰國楚竹書 第三册 周易	13968
闇	 上二/昔者君老/2		楚簡	合文，讀作“閤門”。閤門是門旁户也，即大門旁的小門。	陳佩芬 上海博物館藏戰國楚竹書 第二册 昔者君老	13089

闠	 上二/昔者君老/2		楚簡	原從門從會，有合文號，讀作閤門，指旁門，也稱小門。《漢書・公孫宏傳》“開東閤”注：“小門也。”	彭浩 《昔者君老》與“世子法” 文物 2004年5期	1881
闠	 上二/昔者君老/2		楚簡	從會得。讀爲“閽”。會，古音匣紐月部；閽，曉紐文部，二字聲母旁紐，韻部旁對轉可通。“閽”即“閽人”的省稱。	林素清 上博楚竹書《昔者君老》新釋 上博館藏戰國楚竹書研究續編 2004年7月	14356

耳部

耳			説文	主聽也。象形。凡耳之屬皆从耳。	許慎　説文解字	
耳	 弭叔師家簋 弭字偏旁  毛公鼎 䎶字偏旁  井人鐘 聖字偏旁		金文	象耳及耳竇之形。	林義光 文源	25168
耳			金文	此明耳字也。聖字耳形正與此合。	高田忠周 説文古籀篇 卷五十三	25169
耳			金文	金文早期耳字。外象耳之外廓，内象耳之内廓。	于省吾 雙劍誃古文雜釋	25171
耳			甲骨	契文正象耳形。金文耿、聖字偏旁與此並近可證。	李孝定 甲骨文字集釋 卷十二	25172
耳			秦簡	疑讀爲佴，識佴當即標記次第。	睡虎地秦墓竹簡整理小組 睡虎地秦墓竹簡	25173
耳	 郭/唐虞之道/26	聍	楚簡	釋爲耳，讀爲聰。	劉釗 郭店楚簡校釋	8066
耴			説文	耳垂也。从耳下垂。象形。《春秋傳》曰“秦公子輒”者，其耳下垂，故以爲名。	許慎　説文解字	
聑			説文	小垂耳也。从耳占聲。	許慎　説文解字	
耽			説文	耳大垂也。从耳冘聲。《詩》曰：“士之耽兮。”	許慎　説文解字	

耽	 宰峀簋	光	金文	今考定爲耽字古文，讀若賸同。	周名煇 新定説文古籀考 卷中	36205
耽	 宰甫卣	妶	金文	今考定爲耽字古文。與《汗簡》耽字古文從火從女者形體相合。銘義疑當若賸同。古之言賸即今贈予之意。銘云王妶猶言王贈。	周名煇 新定説文古籀考 卷中	25177
耼	  或體	聃	説文	耳曼也。从耳冉聲。聃聃或从甘。	許慎　説文解字	
聸			説文	垂耳也。从耳詹聲。南方聸耳之國。	許慎　説文解字	
耿			説文	耳箸頰也。从耳，烓省聲。杜林説：耿，光也。从光，聖省。凡字皆左形右聲。杜林非也。	許慎　説文解字	
耿		覭	金文	疑從日見，尹聲。日見爲晛，光明義。有光明義。《周書》耿命耿光皆訓光，或即耿之異文歟？	吴式芬 攈古録金文 卷三之一	25180
耿	 史頌簋	覭	金文	字從日見，尹聲。日見爲晛，有光明義。周書耿命耿光皆訓光，或即耿之異文。尹耿古音近。	吴式芬 攈古録金文　卷三之一	45181
耿			篆文	耿儆古同音，當即儆之古文。從耳從火，耳聞火聲，儆儆然也。	林義光 文源	25181
耿			篆文	耳箸頰義耿字即爲假借，耿光義字固當從火，聖省聲。又或耳義之耿從耳烓省聲。兩字形同，而形聲之恉迥殊。後人合而爲一也。	高田忠周 古籀篇 卷五十三	25182
聯			説文	連也。从耳，耳連於頰也；从絲，絲連不絶也。	許慎　説文解字	
聯			篆文	從耳其連於頰之義不顯。從絲從耳。	林義光 文源	25184
聯	 兆域圖銅版	䜌	金文	字所從的“玆”象兩束絲相連，乃“聯”字初文。字從“玆”得聲，銘文讀爲“連”。	朱德熙 平山中山王墓銅器銘文的初步研究 文物 1979年1期	25188

聯			甲骨	字從耳從絲，實即是“聯”字的古文。	葉保民 商周文字考 復旦大學學報（增刊）1980 年	25186
聯			璽印	根據“䜌”從“𢇇”聲這點，可以肯定“𢇇”讀音一定和“䜌”相同或相近。“𢇇”象兩糸相連，義應和“聯”、“系”相同或相近。古印文，《三補》釋作“聯”是正確的。根據聯字本來的字形分析，其結構應該是從耳從𢇇，𢇇亦聲。形聲字的聲旁如果在意義上也與該字有顯著的聯繫，往往就是這個形聲字所從派生出來的詞根或這個形聲字的初文。因此，𢇇可能是跟“聯”字聲義並近並且爲“聯”所從派生的一個字。也可能就是“聯”的初文。不過以上推論是以《説文》以“連”爲“聯”之本義的説法爲前提的。説不定“聯”字另有已經佚失的本義，𢇇才是聯接之“聯”的本字。	裘錫圭 戰國璽印文字考釋三篇 古文字研究 1983 年 10 輯	25187
聯		聅		何琳儀、黄錫全將此二文釋作“聯”，指出乃聯字初文，演變至戰國作，爲小篆所本。本銘“医聯”以音求之即《論語》之“瑚璉”，所言極是。	董蓮池 金文編校補 考母壺	28581
聯		聅	甲骨	字當釋聯。契文從糸即絲之省。卜辭“不聯雨”即不連雨，猶他辭言“不祉雨”。	姚孝遂 甲骨文字詁林 按語	28582
聊			説文	耳鳴也。从耳卯聲。	許慎 説文解字	
聖			説文	通也。从耳呈聲。	許慎 説文解字	
聖	 ⿰黍命鎛		金文	聖本字，聲假借字。聖字本從耳得義，言其聞聲知情通於天地。	潘祖蔭 攀古樓彝器款識 卷二	25189
聖	 曾伯霥簠		金文	聲也，通也。聞聲知情謂之聖。聖聲古通。	吴大澂 説文古籀補 卷十二	25190

聖	 太保簋		金文	象聲出於口入於耳之形，實即聲之古文。象聲入耳，亦聽之義，故聽字古亦作聖。從心，則本義當爲聖哲之聖。出於口爲聲，入於耳爲聽，因而通於心者聖也，聖與聽相承互易其義，古但作聖。	林義光 文源	25191
聖			甲骨	此字疑聖字，從耳口，會意。孳乳爲聽字。	余永梁 殷墟文字考	25192
聖	 太保簋	耶	金文	古聖字，亦即古聲字。從口耳會意。聽以壬爲聲稍後起，聲字更屬後起。	郭沫若 兩周金文辭大系圖録考釋 太保簋	25193
聖	 師望鼎		金文	聖本古聲字，從口耳會意，此言“聖人”，猶言“聞人”。與後世所謂聖人義别。	郭沫若 兩周金文辭大系圖録考釋 師望鼎	28551
聖	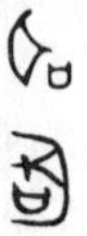	耶	説文	從耳從口，會口言而耳聽之之意，後乃增𡈼聲爲轉注字。	馬叙倫 説文解字六書疏證 卷二十三	25195
聖			金文	或如孫詒讓説，聽即《説文》聑字所從之耳，爲聑之初文，轉注從𡈼得聲爲聑，聽復從聑省悳聲爲聽。	馬叙倫 讀金器刻詞 卷下	25196
聖			甲骨	契文象人上着大耳，從口會意。聖之初誼爲聽覺官能之敏鋭。故引申訓通。	李孝定 甲骨文字集釋 卷十二	25197
聖			甲骨	字形乃以耳形著於人首部位强調耳之功用，從口者，口有言詠，耳得感知者爲聲，以耳知聲則爲聽，耳具敏鋭之聽聞之功效是爲聖。	徐中舒 甲骨文字典 卷十二	25198
聖	 包/文書/84		楚簡	借作聲。聖夫人，即聲夫人，楚聲王之妻。	劉彬徽、彭浩、胡雅麗、劉祖信 包山楚簡	2521
聖	 包/文書/130		楚簡	借作聽。	劉彬徽、彭浩、胡雅麗、劉祖信 包山楚簡	1188
聖	 包/文書/136		楚簡	借作聽。	陳偉 包山楚司法簡 131—139 號考析 江漢考古 1994 年 4 期	4634

聖	 匯/望一劄記/72		楚簡	聖、聲一音之轉。	商承祚 戰國楚竹簡匯編 望山一號楚墓竹簡疾病雜事劄記	10681
聖			璽印	此字實際上應該釋爲“聖”字。分析起來，它是由“耳”和“呈”兩部分組成的，衹是兩部分在書寫時被書寫者用“借筆法”疊套在一起了，而且“耳”還比正常的“耳”少了一筆。古聖、聲二字相通，璽文“外司聖鍴”，“司聖”即《管子》中所見“司聲”。“司聲”當是負責聽察國情、民情之官，是王的耳目。“外”是指外朝，也可能指朝廷外，無論是哪種情況，此璽總是燕國掌聽“理亂之音”的官員遺留下來的。	吴振武 釋雙劍誃舊藏燕“外司聖鍴”璽 于省吾教授百年誕辰紀念文集 1996 年 9 月	25199
聖	 郭/語叢四/27、27 背		楚簡	裘按：疑讀爲“聽”。	彭浩、劉祖信、王傳富 郭店楚墓竹簡	9847
聖	 郭/性自命出/27		楚簡	此字也有可能應讀爲“聲”。	彭浩、劉祖信、王傳富 郭店楚墓竹簡	8916
聖	 郭/唐虞之道/1		楚簡	簡文作、、等形。簷平鐘所見“聖”與第一例形近。第二例從“壬”省，第三例從“口”。	彭浩、劉祖信、王傳富 郭店楚墓竹簡	8369
聖	 上一/性情論/14		楚簡	“聖（聲）”表達了情，情、信相關。	濮茅左 上海博物館藏戰國楚竹書第一册 性情論	12192
聖	 上一/性情論/36		楚簡	讀作“聲”。	濮茅左 上海博物館藏戰國楚竹書第一册 性情論	12302

聖	 上一/孔子詩論/3		楚簡	借爲聲，古詩皆有曲可以歌唱，此言《邦風》樂聲的和美。	馬承源 上海博物館藏戰國楚竹書第一册 孔子詩論	10862
聖	 上一/性情論/3		楚簡	通“聲”。《老子》二章“是以聖人處無爲之事”句，《馬王堆漢墓帛書・老子甲本》“聖”作“聲”，《道經》全同，《德經》仍作“聖”。	濮茅左 上海博物館藏戰國楚竹書第一册 性情論	12118
聖	 上二/民之父母/5		楚簡	“亡聖”，讀爲“無聲”。無，有特殊的哲理引申概念。《列子・仲尼》：“無樂無知，是真樂真知。”無聲上天所配，《詩・大雅・文王》“上天之載，無聲無臭”，天無聲無臭，所以爲静，化民之德，清静如神。	濮茅左 上海博物館藏戰國楚竹書第二册 民之父母	11637
聖	 上二/昔者君老/1		楚簡	即“聽”，等候。《周禮・地官・大司徒》有“以聽王命”。	陳佩芬 上海博物館藏戰國楚竹書第二册 昔者君老	13075
聖	 上二/容成氏/16		楚簡	即“聲”。	李零 上海博物館藏戰國楚竹書 第二册 容成氏	13216
聖			楚簡	讀爲聽，聖、聽本一字之分化。	劉釗 郭店楚簡校釋	60049
聖	 郭/老子甲/16		楚簡	聖聲古本一字，後乃分化爲二。	劉釗 郭店楚簡校釋	7367
聖	 上二/昔者君老/4		楚簡	《説文》：“聽，聆也。”段注：“凡目所及者云視，如視朝、視事是也。凡目不能遍而耳所及者云聽，如聽天下、聽事是也。”聽由主動去瞭解，引申出主動從事，即治理、處理。“亡聽”，則是指太子不主動去瞭解或參與政事。	顔世鉉 上博楚竹書散論（三） 簡帛研究網 2003年1月19日	1897

聖	 上二/昔者君老/1		楚簡	“昃聽”指朝、夕兩次朝君中的夕朝。古代還有一日三次朝君之例，如《禮記・文王世子》：“文王之爲世子，朝于王季日三，雞初鳴而衣服，至於寢門外……及日中又至……及莫又至。”孔穎達正義：“《内則》云‘命士以上昧爽而朝，日入而夕’。凡常朝父母，每日唯二。今文王增一時，又三皆稱朝，並是聖人之法也。”	彭浩《昔者君老》與“世子法”文物2004年5期	4068
聖	 上二/昔者君老/4		楚簡	古制，父死，子居喪三年。《檀弓》：“子張問曰：‘書云“高宗三年不言，言乃讙”，有諸？’仲尼曰：‘胡爲其不然也！古者天子崩，王世子聽於塚宰三年。”《禮記集解》引胡氏曰：“三年之喪，自天子達於庶人，子張非不知也。蓋以爲人君三年不言，則臣下無所稟令，禍亂或從而生耳。夫子告以聽於塚宰，則禍亂非所憂矣。”世子居喪期間之政事皆由塚宰代行。簡文“唯悲哀是思”即“喪禮，哀戚之至也”（《檀弓》）的表現。	彭浩《昔者君老》與“世子法”文物2004年5期	1896
聖	 上四/内豊/10		楚簡	讀爲“聽”。據《説文・耳部》“聖，呈聲”，《口部》“呈，壬聲”，《耳部》“聽，壬聲”，故通。	李零 上海博物館藏戰國楚竹書 第四册 内豊	3406
聖	 上五/君子爲禮/6		楚簡	“聖”可讀爲“聲”，見《郭店・老子甲》簡16“音聖（聲）之相和也”、《郭店・性自命出》簡24“聖（聽）琴瑟之聖（聲）”。	季旭昇 上博五芻議（下） 簡帛網 2006年2月18日	4783
聽			説文	察也。从耳悳聲。	許慎　説文解字	
聽	 郭/五行/15	聣	楚簡	此字右部明確從“兒”。“兒”與“聽”右旁聲系可通，故此字爲“聽”之異文。	何琳儀 郭店竹簡選釋 簡帛研究 2001年	7943

聽	 郭/五行/15	聀	楚簡	聀爲聽字異體。	劉釗 郭店楚簡校釋	7944
聽			説文	聆也。从耳、㥁，壬聲。	許慎　説文解字	
聽	 洹子孟姜壺	聑	金文	古聽字，從聖，從十口，聖人能兼聽也。	吴大澂 説文古籀補 卷十二	25203
聽	 太保簋	耴	金文	聽。或釋班或釋启皆非。此字從耳從口，乃聖省，古文聖聽通用。	劉心源 奇觚室吉金文述 卷三	25201
聽		耳	金文	疑古聽字，從耳從十，猶相字之從十目也。	吴大澂 愙齋集古録 第十三册	25202
聽		聑	甲骨	聑即聽字，或但作耴。	饒宗頤 殷代貞卜人物通考 卷四	25205
聽		聑	甲骨	聽，契文乃會意字。廳字從此爲聲。	李孝定 甲骨文字集釋 卷十二	25206
聆			説文	聽也。从耳令聲。	許慎　説文解字	
聆		㽷	甲骨	其構形蓋象張大雙耳，屏息聽從之義焉，疑即今之聆之初文。	白玉峥 殷虚第十五次發掘所得甲骨校釋 中國文字 1990年2月	25208
職			説文	記微也。从耳戠聲。	許慎　説文解字	
職	 毛公鼎	戚	金文	職之省。折緎猶言隕職。	吴闓生 吉金文録 卷一	28486
職	 曾姬無卹壺		金文	䁬即職之異。	郭沫若 兩周金文辭大系圖録考釋 曾姬無卹壺	25210
職	 曾姬無卹壺		金文	䁬在王室，䁬與職同。蓋䁬字之或作從耳之字或亦從首。《爾雅·釋詁》："職，常也。"	楊樹達 積微居金文説 曾姬無卹壺跋	25212
職	 長/甲篇/行3-4		楚簡	此爲職字無疑。	嚴一萍 楚繒書新考 中國文字 1967—1968年	25213

職	 長/甲篇/行 3-4		楚簡	天職，即天運所主，謂參驗天道。	李零 長沙子彈庫戰國楚帛書研究	325
職			漢簡	三字均爲職字。	于豪亮 釋漢簡中的草書 于豪亮學術文存 1985年1月	25214
職	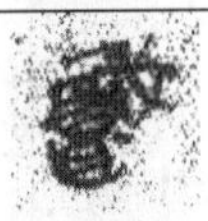 長/甲篇/行 3-4		楚簡	"不得其參職"謂"不能燮理陰陽"，與上文"陰氣勝"相涵。	何琳儀 長沙帛書通釋 江漢考古 1986年1、2期	327
職			楚簡	"參職"，何文以爲是燮理陰陽之義。	李零 《長沙子彈庫戰國楚帛書研究》補正 古文字研究20輯	60106
聒	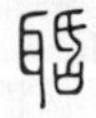		説文	驩語也。从耳昏聲。	許慎 説文解字	
聥			説文	張耳有所聞也。从耳禹聲。	許慎 説文解字	
聲			説文	音也。从耳殸聲。殸，籀文磬。	許慎 説文解字	
聲			甲骨	當即聲字。	郭沫若 殷契粹編考釋	25217
聲			甲骨	殸是聲的省體，繁體也作聲。聲在此條卜辭中應讀作馨。"馨齋其禱兄辛"，是説康丁用馨香的齋祭祀其兄廩辛。	于省吾 甲骨文字釋林 釋黍、齊、乘	25219
聲			甲骨	從殸從耶（聽），殸會叩擊懸磬之義，擊磬則空氣振動，傳之於耳而感之者爲聲。	徐中舒 甲骨文字典 卷十二	25220
聲			甲骨	均爲聲字。	李宗焜 釋磬聲 第三屆國際中國古文字學研討會論文集 1997年10月	14782
聞	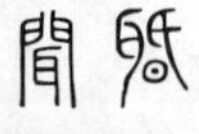 古文	䎽	説文	知聞也。从耳門聲。䎽古文从昏。	許慎 説文解字	
聞	 上二/從政（乙篇）/2	䎽	楚簡	此字於楚簡中多讀爲"聞"或"問"，今讀爲"問"。	張光裕 上海博物館藏戰國楚竹書第二册 從政（乙篇）	13049

聞	 上二/容成氏/50	䎽	楚簡	讀爲“昏”，疑同《書·牧誓》的“昏棄”。	李零　上海博物館藏戰國楚竹書　第二册　容成氏	12695
聞	 上二/容成氏/53	䎽	楚簡	從昏、耳。“潰者”可讀作“泯屠”，謂棄絶屠戮百姓。《尚書》的泰誓、牧誓謂商王紂“作威殺戮”、“暴虐百姓”與此相近。	趙建偉　讀上博竹簡（二）劄記七則　簡帛研究網 2003 年 11 月 2 日	4181
聞	 上四/柬大王泊旱/10	䎽	楚簡	讀爲“問”。	濮茅左　上海博物館藏戰國楚竹書　第四册　柬大王泊旱	3402
聞	 上四/柬大王泊旱/21		楚簡	讀爲“聞”。	濮茅左　上海博物館藏戰國楚竹書　第四册　柬大王泊旱	3403
聞	 包/文書/137		楚簡	謹聒，實即對聞，讀爲對問。回答提問。	劉樂賢　楚文字雜識　第三届國際中國古文字學研討會論文集 1997 年 10 月	16214
聞	 上四/柬大王泊旱/8		楚簡	讀爲“問”。	濮茅左　上海博物館藏戰國楚竹書　第四册　柬大王泊旱	3401
聞	 大盂鼎	[illegible]	金文	此字容庚釋聞，至確。古聞字有三異：或從耳昏聲作䎽。或從耳[illegible]聲作[illegible]。新出魏石經作，乃[illegible]之省而稍有訛變者也。	郭沫若　金文餘釋之餘　釋[illegible]	25226
聞	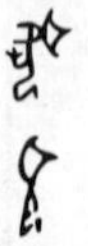	兂	甲骨	聞之本字。冥之於卜辭，蓋當作矨，即夒字。夒冥一聲之轉，卜辭烄矨當即郊冥也。	唐蘭　古文字學導論（下）	25222
聞	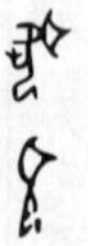	兂	甲骨	唐蘭釋䎽是也。䎽聞古今字。䎽應讀作閔，卜辭之㞢䎽亡䎽，即有憂亡憂也。其有來䎽即其有來憂也。	于省吾　雙劍誃殷契駢枝續編	25225

聞	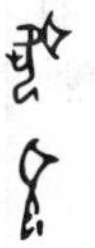	兂	甲骨	唐蘭以爲聞之本字是也。聞字原爲報告、奏事之專字。聞之義，一爲聞知，一爲達聞。此二義，殷代已並用之。此字最初之意義當爲奏聞上達之聞，接受此報告者必有所聞，故同時也有“知”義。在殷代，聞之一字，似已成爲公文中習用語。	董作賓 殷曆譜下編卷三	25224
聞		兂	甲骨	聞字。其初形當爲倚耳畫人掩口屏息静聽之狀。由文耳生意，故託以寄聽聞之聞意。	高鴻縉 中國字例二篇	25227
聞	 大盂鼎	𦖞	金文	聞。金文從耳，聲。古文作䎽，從耳昏聲。足證、昏同音。由於文字由繁趨簡，故六國時之古文改從昏作。	朱芳圃 殷周文字釋叢 卷下	25228
聞	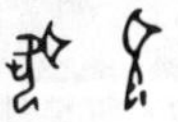	兂	甲骨	隸定作兂或聅。唐蘭謂聅即夒字是對的。聅字左所從即古欠字，右上從耳，與欠相連。造字本義，象人之坐，用手掩其口，以示静默，而耸耳以聽。甲骨文中聞訓知。又指消息，是聞的引申義。甲骨文聅昏二字有别，聅爲聞字初文，西周金文還未見昏字。周初金文聅字雖有訛變，但仍作聞字用。西周中葉以來的金文，既以聅爲昏愚之昏，又以聅爲婚媾之婚。𢼄䎽聞三字始見於晚周古文。	于省吾 甲骨文字釋林	25229
聞	 大盂鼎	𦖞	金文	金文聞字，象人形着大“耳”會意。非形聲字。與望字着大“目”以會“望”意者同。金文或借爲“昏庸”、“婚媾”，以其音近也。	李孝定 金文詁林讀後記 卷十二	25231
聞			説文	昏不能察，聞而可知，桂氏説也。以昏爲聲，段氏説也。	商承祚 説文中之古文考	42416
聞	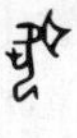	聅	甲骨	聞字，全係象形，突出一耳，表聽聞，人跽張口振臂舉手，表報告。本義當爲聞報，負責聞報之機關亦可稱聞。聞當爲商代的政治制度。	李圃 甲骨文選注	25232

聞	 包/文書/130反	䎽	楚簡	聞字古文。	劉彬徽、彭浩、胡雅麗、劉祖信 包山楚簡	1193
聞		䎽	楚簡	䎽，即聞。戰國前無從耳，門聲之聞。	商承祚 戰國楚竹簡匯編 江陵望山一號楚墓竹簡疾病雜事劄記考釋	25230
聞	 匯/信陽一號墓文章/3	䎽	楚簡	作䎽，從昏，從耳，即聞字。	商承祚 戰國楚竹簡匯編 信陽長臺關一號楚墓竹簡第一組文章	9900
聞	 郭/五行/15	𦖞	楚簡	“聞”字。簡文字形與《汗簡》“聞”字，《古文四聲韻》引《古老子》及《古尚書》“聞”字同。	彭浩、劉祖信、王傳富 郭店楚墓竹簡	7945
聞	 上一/紂衣/19	聒	楚簡	《説文》：“聞之古文。”郭店簡作“䎽”。今本作“聞”。	陳佩芬 上海博物館藏戰國楚竹書第一册 紂衣	8701
聞	 上一/性情論/14	䎽	楚簡	古文“聞”。	濮茅左 上海博物館藏戰國楚竹書第一册 性情論	12195
聞	 上二/民之父母/1	[illegible]	楚簡	即古“聞”字，從宀、昏、耳，簡文也作“聒”、“䎽”。“聒”，《説文·耳部》：“聞，知聲也。從耳，門聲。聒，古文從昏。”亦假借爲“問”。	濮茅左 上海博物館藏戰國楚竹書第二册 民之父母	11584
聞	 上二/從政（乙篇）/3	䎽	楚簡	憂則問，蓋心有戚戚，故時有所疑問。	馬承源 上海博物館藏戰國楚竹書第二册 魯邦大旱	13050
聞		䎽	楚簡	大子亡潰亡聖：大子守喪乃無聞無聽。“無聞”，不問朝政。	陳佩芬 上海博物館藏戰國楚竹書第二册 昔者君老	60086

聞	 上二/昔者君老/4	䎽	楚簡	《説文》："聞，知聲也。"段注："往曰聽，來曰聞。"聽指主動用耳去感受外界的聲音，聞則指外界的東西傳到自己的耳朵裏。"亡聞"，應是指太子不令政事上達，使其聞知。	顏世鉉 上博楚竹書散論（三） 簡帛研究網 2003 年 1 月 19 日	1893
聞	 上二/昔者君老/4	䎽	楚簡	太子没有不善之名聲傳播於外。《左傳·宣公九年》："洩冶諫曰：'公卿宣淫，民無效焉，且聞不令，君其納之。'""且聞不令"句，于鬯《香草校書》謂此倒句也，猶云"不令且聞"，指不善之聲且外聞於民。	顏世鉉 上博楚竹書散論（三） 簡帛研究網 2003 年 1 月 19 日	4069
聞	 上二/容成氏/50	䎽	楚簡	即聞字，讀爲"昏"。	王輝 讀上博楚竹書《容成氏》劄記（十則） 古文字研究 2004 年 25 輯	12694
聞		䎽	楚簡	讀爲"聞"。	濮茅左 上海博物館藏戰國楚竹書第四册 柬大王泊旱	60017
聞	 上二/昔者君老/4	䎽	楚簡	"君卒，太子乃亡聞"：古制，父死，子居喪三年。《檀弓》："子張問曰：'書云"高宗三年不言，言乃讙"，有諸？'仲尼曰：'胡爲其不然也！古者天子崩，王世子聽於塚宰三年。"《禮記集解》引胡氏曰："三年之喪，自天子達於庶人，子張非不知也。蓋以爲人君三年不言，則臣下無所稟令，禍亂或從而生耳。夫子告以聽於塚宰，則禍亂非所憂矣。"世子居喪期間之政事皆由塚宰代行。簡文"唯悲哀是思"即"喪禮，哀戚之至也"（《檀弓》）的表現。	彭浩 《昔者君老》與"世子法"文物 2004 年 5 期	1892

聞	 上四/曹沫之陳/10	餌	楚簡	此“聞”義猶接受、聽從。《戰國策·秦策二》：“義渠君曰：‘謹聞令。’”高誘注：“聞，猶受也。”《史記·絳侯周勃世家》：“軍中聞將軍令，不聞天子之詔。”“勉哉，吾聞此言”，盡力吧，我聽從這一建言。	廖名春　讀楚竹書《曹沫之陳》劄記　簡帛網　2005 年 2 月 12 日	3773
聘			說文	訪也。从耳甹聲。	許慎　説文解字	
聾			說文	無聞也。从耳龍聲。	許慎　説文解字	
聾	 聾作寶器鼎		金文	字當是從耳從龍省，即聾。	柯昌濟　韡華閣集古録跋尾甲篇　鼎	25236
聾		聑	甲骨	爲聾之初文。以口就耳明白如畫，其爲聾字無疑。	金祖同　殷契遺珠釋文	25238
聾			甲骨	從耳從龍當是聾字。	李孝定　甲骨文字集釋　卷十二	25239
聾	 聾作寶器鼎		金文	金文作左右結構，左旁從龍不顯，細辨之，從龍爲妥。	戴家祥　金文大字典　卷下	25240
聾	 上二/容成氏/2		楚簡	唫聾，即“喑聾”，聾啞人。	李零　上海博物館藏戰國楚竹書　第二册　容成氏	13129
聳			說文	生而聾曰聳。从耳，從省聲。	許慎　説文解字	
聹			說文	益梁之州謂聾爲聹，秦晉聽而不聞，聞而不達謂之聹。从耳宰聲。	許慎　説文解字	
聵	  或體	聲	說文	聾也。从耳貴聲。聵或从䫲。臣鉉等曰：當从蔽省，義見蔽字注。	許慎　説文解字	
聵		聲	甲骨	可將此字隸寫作聲，就是許慎講的聵字的或體。	彭邦炯　釋卜辭“衆人聲……”及相關問題　殷都學刊 1989 年 2 期	25244
聉			說文	無知意也。从耳出聲。讀若孽。	許慎　説文解字	

聵			説文	吴楚之外，凡無耳者謂之聵。言若斷耳爲盟。从耳闋聲。	許慎 説文解字	
聅			説文	軍法以矢貫耳也。从耳从矢。《司馬法》曰："小罪聅，中罪刖，大罪剄。"	許慎 説文解字	
聝	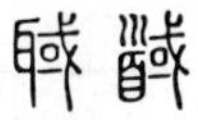 或體	馘	説文	軍戰斷耳也。《春秋傳》曰："以爲俘聝。"从耳或聲。馘 聝或从首。	許慎 説文解字	
聝	 小盂鼎	戫	金文	其字從或爪，當爲聝之古文。	孫詒讓 古籀餘論 卷三	25254
聝		䎸	甲骨	象眼簾，古時戰勝，取人眼簾，猶斷耳也。聝在卜辭爲人名。	明義士 柏根氏舊藏甲骨文字考釋	25255
聝	 小盂鼎	戫	金文	從或從爪，疑馘之異文。	方濬益 綴遺齋彝器款識考釋 卷三	25251
聝		冒	甲骨	冒牛疑䎸牛之省，䎸即馘字，䎸牛即殺牛。	饒宗頤 殷代貞卜人物通考	18010
聝	 多友鼎	戫	金文	即聝字。	李仲操 多友鼎銘文考釋 陝西省文博考古科研成果彙報會論文選集 1981 年	25257
聝		䎸	甲骨	當爲聝字初文，義爲獲而斷首。	伍仕謙 甲骨文考釋六則 古文字研究論文集 1982 年	25259
聝	 戜鼎	戜	金文	疑爲聝之省體，此篆省作從耳從戈，以戈擊殺後割耳，字屬會意。	戴家祥 金文大字典 卷下	25261
聝	 虢季子白盤	戒	金文	從或省，從首省，非從戈從爪也。字當爲聝。	戴家祥 金文大字典 卷中	25260
聝	 多友鼎	戫	金文	"爪"已訛變爲與"巛"同形。	張再興 西周金文構字元素的形體變化及其影響 瓊州大學學報 2002 年 1 月	15396
聝	 虢季子白盤	𠯑	金文	古文馘，從口糸虢省聲。	徐同柏 從古堂款識學 卷十 虢季盤	28158

聝	 戢鼎	[illegible]		即馘字；馘字所從即倒首之省。或作聝，以戈斷耳。商周時期，在戰争後獻馘應爲獻獲之頭，獻聝應爲獻獲之耳。	王長豐 釋“馘”、“県”及其相关字 中原文物2005年4期	15110
[illegible]			説文	墒耳也。从耳月聲。	許慎　説文解字	
靡			説文	乘輿金馬耳也。从耳麻聲。讀若涠水。一曰若《月令》靡草之靡。	許慎　説文解字	
聆			説文	《國語》曰：“回禄信於聆遂。”闕。	許慎　説文解字	
聑	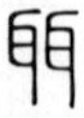		説文	安也。从二耳。	許慎　説文解字	
聑			篆文	二耳審聽，安静無聲之意。妥帖之帖，本字如此。	林義光 文源	25265
聑		甹	甲骨	在卜辭爲地名。	李孝定 甲骨文字集釋 卷十二	25267
聑		甹	甲骨	以左右二耳並列之形會全神貫注而審聽之意。	徐中舒 甲骨文字典 卷十二	25268
聶			説文	附耳私小語也。从三耳。	許慎　説文解字	
聶			篆文	象衆耳有所附之形。	林義光 文源	25269
聶	 曾/1 正		楚簡	聶，從“市”、“聑”聲。“聶”、“聑”古音相近可通。這裏讀作“攝”，訓爲緣。“貘聶”蓋指“虎韔”有貘皮的緣飾。	湖北省博物館 曾侯乙墓	5695
聱			説文	不聽也。从耳敖聲。	許慎　説文解字	
[illegible]			甲骨	《説文》無，從耳從口，魏石經古文以爲聽字。	孫海波 甲骨文編	18157
[illegible]	 上一/紂衣/11		楚簡	經籍“聖”之省筆。《老子》二章“是以聖人處無爲之事”，《馬王堆漢墓帛書・老子乙本》“聖”作“[illegible]”，郭店簡、今本皆作“聖”。	陳佩芬 上海博物館藏戰國楚竹書第一册 紂衣	12005
戢	 攻敔王光劍	戠	金文	從耳從戈。此字是馘的初形。字義上是與武器戰争相聯繫的一個字。	過常職 盧江出土吴王光劍銘文考辨 巢湖學院學報（人文社會科學版）2002年4期	15608

聅			甲骨	字從耳從糸，隸作聅。	黨相魁 殷契斠釋 紀念王懿榮發現甲骨文一百周年論文集 2000 年	16062
聕	 包/遣册/265		楚簡	讀如貫。	劉彬徽、彭浩、胡雅麗、劉祖信 包山楚簡	7066
聕			璽印	此爲人名字，從耳從串，串亦聲，會意兼形聲。串、貫音意通，即爲貫耳本字，古書通作貫。	湯餘惠 古璽文字七釋 第二屆國際中國文字學研討會論文集 1993 年 10 月	17582

臣部

臣	 篆文 籀文	頤	説文	顄也。象形。凡臣之屬皆从臣。篆文臣。籀文从首。	許慎 説文解字	
臣			甲骨	疑當爲臣之省。	孫詒讓 契文舉例	25271
臣	 鑄子叔黑叢簠  魯大司匝姬字偏旁		金文	臣古作象形，中象腠理。或作中加點形。	林義光 文源	25272
臣	 鑄子叔黑叢簠		金文	頤字初文。象形。象重頷而上有須也。	郭沫若 金文叢考 名字解詁	25273
臣	 鑄子叔黑叢簠		金文	臣者即頤之初字，象形。古作象有重頷而上有須也。須之色黑，故名臣而字叔黑。	郭沫若 兩周金文辭大系圖録考釋 鑄子簠	25274
臣	 姬字偏旁		金文	臣本象梳比之形，後世以竹爲之，故《説文》作筐。	于省吾 雙劍誃殷契駢枝三編 釋臣	25276
臣			金文	臣即俗所謂之下巴。下巴動而向上，故謂之頤養。下巴掀起可以示人，故謂之頤指。後世頤行而臣只見於偏旁也。	高鴻縉 中國字例三篇	25277
巸	 古文	戺	説文	廣臣也。从臣巳聲。古文巸从戶。臣鉉等曰：今俗作牀史切。以爲階戺之戺。	許慎 説文解字	
巸			金文	此當爲巸字，亦熙之省。	孫詒讓 古籀拾遺 卷上 孟姜匜	36208

配		户巴	篆文	《爾雅》：樞達北方謂之落時，落時謂之户巴。户巴從户，本義當爲落時，配户巴同字。臣巳皆聲。	林義光 文源	25280
配			璽印	古璽此字是配字。金文姬字從臣，中間或有點或無點，此無點，有點與無點一也；璽文“起”從的“巳”和此配從的“巳”形同。配古熙字也。	于省吾 雙劍誃古文雜釋 釋配	25282
配				此從户，當是寫訛。	商承祚 説文中之古文考	42418
配	 九/五六號墓/43		楚簡	讀“阯”。	李零 讀九店楚簡 考古學報 1999 年 2 期	3142
配			楚簡	原文“巳”旁寫在“臣”旁之左。古代合體字的偏旁的位置不十分固定，左右並列結構的偏旁位置可以互易。上古音“臣”、“巳”都是喻母四等之部字，所以林義光指出“臣”、“巳”皆聲，“巳”與“其”、“止”古音相近可以通用。疑簡文應讀爲“基”或“阯”，聞一多説配字古文即“基”字。如聞氏所説可信，簡文“配”當以讀“基”爲是。“復山之基”猶上引《白虎通·封禪》“梁父之基”，即復山之山腳的意思。	李家浩 九店楚簡釋文與考釋	60107

手部

手	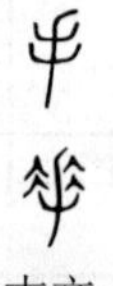 古文	𠂿	説文	拳也。象形。凡手之屬皆从手。古文手。	許慎 説文解字	
手	 無㠱簋蓋		金文	象掌及五指之形。或象覆手之形。與毛相混。	林義光 文源	25283
手	 師虎簋	𠂇	金文	手字省文，借以爲左手。	高田忠周 説文古籀篇 卷五十六	28166
手			篆文	象指掌之形也，舒之爲掌，卷之爲拳。	高田忠周 古籀篇 卷五十四	25284
手			説文	象手有五指之形。	高鴻縉 中國字例 二篇	25286
手			説文	石經古文偏旁與此同，金文同篆文。	商承祚 説文中之古文考	42419
掌			説文	手中也。从手尚聲。	許慎 説文解字	
掌		岸	楚簡	此字從雙手，捧持之義尤爲明白，當是掌字無疑。	嚴一萍 楚繒書新考 中國文字 1967年	25288
掌		学	漢簡	下從手，上從尚省口，即掌字異體。古有掌姓。	裘錫圭 居延漢簡甲乙編釋文商榷（1） 人文雜誌 1982年2期	25289
掌			璽印	古璽文此字，從古尚省聲，當釋爲掌。	陳漢平 古文字釋叢 考古與文物 1985年	25290
拇			説文	將指也。从手母聲。	許慎 説文解字	
拇	 上三/周易/37		楚簡	或讀爲“罶”，雉網。	濮茅左 上海博物館藏戰國楚竹書第三册 周易	13717

拇	 上三/周易/27		楚簡	“拇”，王弼本及《小象傳》、《説文》引作“脢”；帛書本作“股”。《説文・肉部》：“脢，背肉也。從肉，每聲。”疑帛書本之“股”當讀爲“胑”。“拇”爲“脢”之借字，“股”當讀爲“胑”，爲“脢”之同義字。本字當作“脢”。	廖名春 楚簡《周易》校釋記（二）簡帛研究網 2004年4月23日	2846
指			説文	手指也。从手旨聲。	許慎　説文解字	
指			甲骨	當釋手指之指。甲骨文指字爲象形，後世變作形聲耳。	李義 甲骨文字補釋四則 考古與文物 1990年3期	25293
指	 郭/性自命出/28		楚簡	指，手指。	陳偉 郭店簡書《人雖有性》校釋 中國哲學史2000年4期	14208
指			楚簡	《廣雅・釋言》：“斥也。”如《漢書・王嘉傳》：“千人所指，無病而死。”益（溢）樂龍指，意爲淫樂千夫所指，令人痛斥。	濮茅左 上海博物館藏戰國楚竹書第一册 性情論	7810
指	 郭/性自命出/28		楚簡	手指，因其位於肢體終端，古人有時用於與心對舉，以表示膚淺。	陳偉 郭店竹書別釋	8925
指	 郭/性自命出/28		楚簡	疑讀爲嗜。	劉釗 郭店楚簡校釋	8924
拳			説文	手也。从手𢍏聲。	許慎　説文解字	
掔			説文	手掔也。楊雄曰：“掔，握也。”从手臤聲。	許慎　説文解字	
攕			説文	好手皃。《詩》曰：“攕攕女手。”从手韱聲。	許慎　説文解字	
㨨			説文	人臂皃。从手削聲。《周禮》曰：“輻欲其㨨。”	許慎　説文解字	
摳			説文	繑也。一曰摳衣升堂。从手區聲。	許慎　説文解字	

攐			説文	摳衣也。从手褰聲。	許慎　説文解字	
撎			説文	舉手下手也。从手壹聲。	許慎　説文解字	
揖			説文	攘也。从手咠聲。一曰手箸胷曰揖。	許慎　説文解字	
揖				此字之形，實象有客臨門，主人出迎，躬身舒張兩臂邀客入席，蓋即揖字初形。	嚴一萍　釋揖　中國文字 1985 年 9 月	25302
攘			説文	推也。从手襄聲。	許慎　説文解字	
攘		務	漢簡	攘之異體字，取。	馬王堆漢墓帛書整理小組　馬王堆漢墓帛書	25304
拱			説文	斂手也。从手共聲。	許慎　説文解字	
拱	 喪史寘瓶	叏	金文	從又持中，與取意近，爲拱之古文。	林義光　文源	28167
撿			説文	拱也。从手僉聲。	許慎　説文解字	
拜	  古文  楊雄説		説文	首至地也。从手、𠦪。𠦪音忽。古文拜。楊雄説：拜从兩手下。	許慎　説文解字	
拜		𢷎	金文	古拜字，從手從雩。	吴大澂　字説	25307
拜	 毛公鼎	𢷎	金文	拜，或釋顛。	劉心源　奇觚室吉金文述　卷二	25308
拜		𢷎	篆文	此字古有兩體，一爲從手𠦪聲者爲古文，一爲從兩手也。	高田忠周　古籀篇　卷五十四	25310
拜		𢷎	金文	拜實拔之初字。用爲拜首頴首字者，乃其引伸義也。	郭沫若　金文餘釋之餘　釋𢷎	25311
拜		𢷎	金文	從手𠦪聲，爲拔之轉注字。	馬叙倫　説文解字六書疏證　卷二十三	25312

拜		捧	金文	契文所見諸家釋爲𠦪的形體，李孝定認爲當釋爲求，與金文拜字偏旁之類禾草者混爲一談非是。竊意蓋取其下垂之象，旁著手形，意味行拜禮之際，俯首下垂於手之意。觀其從手從頁形拜字者正似首至手之形，故拜義非首至地。郭氏以爲拜即拔之初字，似與拔義無涉。	張光裕　拜䭬首釋義　中國文字 1968 年	25313
拜		捧	金文	拜字作二形，作者左邊是一棵植物的象形，右邊從手會意，本意應該是“拔”的意思。而拜稽首的拜應以從手從頁的形體爲本字。	周清海　古文字的考釋與經典的訓讀　中國文字 1971 年	25314
拜		捧	金文	是拜字，祭時必拜，故拜亦祭義。字從手從華，手持華而薦於神之意，故涵義爲祭。	馬薇廎　彝銘中所加於器上的銘字　中國文字 1972 年	25315
拜		捧	秦簡	捧，疑讀爲撥。	睡虎地秦墓竹簡整理小組　睡虎地秦墓竹簡	25317
拜				《汗簡》是而此非。	商承祚　説文中之古文考	42421
拜			甲骨	就其構形審量，頗象屈躬掛拜之形，似爲今字拜之初形。	白玉峥　殷契佚存五一八號骨柶試釋　中國文字 1985 年 9 月	25316
拜	 康鼎	䫏	金文	當是拜之異文，篆文作捧，此則換𠦪旁爲頁，首至地義更明確。	戴家祥　金文大字典　卷中	25318
拜			金文	此字當是捧字的繁構。	施謝捷　金文零釋　于省吾教授百年誕辰紀念文集	60133
拜	 伯氏姒氏鼎		金文	此字當是捧字的繁構。	施謝捷　金文零釋　于省吾教授百年誕辰紀念文集	25319
拜			金文	或釋頔。從頁從手，會意。	劉心源　奇觚室吉金文述　卷二　毛公鼎	31638
拜	 取雷匜	麗	金文	當是拜字異文。字從《説文》所收古文比，下象兩膝與足。	方濬益　綴遺齋彝器款識考釋　卷七	36098

拜		捧	金文	金文中拜從手從𠦪，以銘文中拜字形，右旁爲𠦪字，即賁。	段紹嘉 扶風齊家村出土西周青銅器群	36366
拜		𠦪	甲骨	"拜"爲祭名，有祈求福壽與拔除凶咎的含義，如拜年、拜雨、拜於某祖、某妣、某自然神等。	方述鑫 殷墟卜辭中所見的"尸" 考古與文物 2000 年 5 期	15886
拜		捧	金文	參拜即"三拜"。	李學勤 春秋鄭器與兵方壺論釋 松遼學刊 2001 年 5 期	15571
拜	 包/遺册/272		楚簡	原文寫法與《古文四聲韻》卷四怪韻所引《説文》古文"拜"和魏正始石經古文"拜"相近，從二古文"手"。"拜"、"譽"二字古音相近，可以通用。"紫拜"應讀爲"紫譽"。	李家浩 包山遣册考釋（四篇） 古籍整理研究學刊 2003 年	4651
捾			説文	搯捾也。从手官聲。一曰援也。	許慎 説文解字	
搯			説文	捾也。从手舀聲。《周書》曰："師乃搯。"搯者，拔兵刃以習擊刺。《詩》曰："左旋右搯。"	許慎 説文解字	
拲			説文	攤也。从手巩聲。	許慎 説文解字	
拲	 毛公鼎	巩	金文	竊疑拲爲奉之古文。乙亥鼎正作兩手奉玉之形，恐從此，言心之恐懼如執玉如捧盈也，不巩猶言豈不恐也。	吴大澂 毛公鼎釋文	25322
推			説文	排也。从手隹聲。	許慎 説文解字	
推	 季𣪘簋	𣪘	金文	此爲推字甚顯也。推者也，以其所不取之同於其所取者，予之也。	高田忠周 説文古籀篇 卷五十四	25324
捘			説文	推也。从手夋聲。《春秋傳》曰："捘衞侯之手。"	許慎 説文解字	
排			説文	擠也。从手非聲。	許慎 説文解字	
擠			説文	排也。从手齊聲。	許慎 説文解字	
抵			説文	擠也。从手氐聲。	許慎 説文解字	

摧			説文	擠也。从手崔聲。一曰挏也，一曰折也。	許慎　説文解字	
拉			説文	摧也。从手立聲。	許慎　説文解字	
挫			説文	摧也。从手坙聲。	許慎　説文解字	
扶	 古文	⿰夫攴	説文	左也。从手夫聲。⿰夫攴古文扶。	許慎　説文解字	
扶	 龏叔父辛卣	⿰夫又	金文	篆文從手，古文從攴。攴手通用恆見。攴又亦通用多矣。此⿰夫又即扶明矣。	高田忠周 説文古籀篇 卷五十四	25334
扶			甲骨	此字或釋爲扶，其字異體頗多。	饒宗頤 殷代貞卜人物通考 卷十	25336
扶			甲骨	契文象二人相扶⿰爿手之形，古文大天夫均象人形，偏旁中每得通用，篆文中又省一人形而存其手，遂作扶耳。	李孝定 甲骨文字集釋 卷十二	25337
扶			甲骨	扶字在甲骨卜辭中多出現於二三四期，其爲貞人名。	丁驌 扶 中國文字 1981 年 12 月	25338
扶				從攴不從手者，攴象手持半竹，老人扶筇意也。	商承祚 説文中之古文考	42425
⿰爿手			説文	扶也。从手爿聲。	許慎　説文解字	
⿰爿手	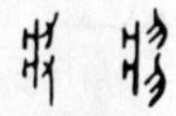		甲骨	《説文》⿰爿手字，篆文但省兩手，象扶⿰爿手之形。	陳邦懷 鐵雲藏龜拾遺釋文	25341
⿰爿手	 陳侯作孟姜腰簠		金文	此篆右旁蓋即受字。⿰爿手字從受，固爲會意。從受亦與從手同意。但⿰爿手將通用，故此篆形與將相涉。或云⿰爿手亦與將元同字，故有如此者。古手又通用，又寸通用，作⿰爿手作⿰爿又均皆將字省，扶也、進也、行也，亦將帥扶行之轉義。	高田忠周 説文古籀篇 卷五十四	25339
⿰爿手	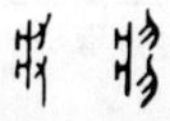		甲骨	字當釋爲⿰爿手，象兩手扶⿰爿手之誼。古詩中扶將蓋扶⿰爿手字之假借。	陳邦福 殷契辨疑	25340
⿰爿手	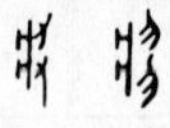		甲骨	或古戕字，或假⿰爿手爲戕。戕，傷也。	葉玉森 殷虚書契前編集釋 卷四	25342
⿰爿手	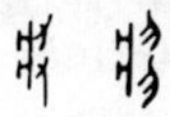		甲骨	隸作⿰爿手，從手，從双同。字又假借爲戕。	朱歧祥 殷墟甲骨文字通釋稿	25344

持			説文	握也。从手寺聲。	許慎 説文解字	
持	 邾公牼鐘	⿱山亏	金文	古持字，古文從之。	高田忠周 説文古籀篇 卷五十	28170
持	 邾公牼鐘		金文	愚謂寺即持本字。	高田忠周 説文古籀篇 卷五十四	25345
持	 邾公牼鐘	寺	金文	古持字。	方濬益 綴遺齋彝器款識考釋 卷二 邾公牼鐘	28169
持			石鼓	即持之省。	强運開 石鼓釋文	25346
持	 上二/從政（甲篇）/7	歨	楚簡	“持”，“持行”與下文“視上”和“卒食”，意思頗難理解。如果推測一下的話，“三制”可能是三種重要的“禮儀”，但更有可能是三種重要的事項。作爲“禮儀”，“持行”疑爲走路應保持的姿勢；作爲事項，“持行”應爲“篤行”。陳偉亦持此兩可之説。	王中江 《從政》重編校注 簡帛研究網 2003年1月16日	4220
挈			説文	縣持也。从手㓞聲。	許慎 説文解字	
拑			説文	脅持也。从手甘聲。	許慎 説文解字	
揲			説文	閲持也。从手枼聲。	許慎 説文解字	
摯			説文	握持也。从手从執。	許慎 説文解字	
摯	 師寰簋	𡰥	金文	此摯字異文，而與執通用。摯有奉持義，故字從丮爲至當。	高田忠周 説文古籀篇 卷五十四	36334
摯			甲骨	契文象辠人被桎梏以手執之形。	李孝定 甲骨文字集釋 卷十二	25353
摯			漢簡	疑簡文摯亦當讀爲設。	銀雀山漢墓竹簡整理小組 銀雀山漢墓竹簡 第一輯	25354

摯			漢簡	釋爲摯字。此字在印文中用作姓氏。	劉樂賢 秦漢文字釋叢 考古與文物 1991年6期	25355
操			説文	把持也。从手喿聲。	許慎 説文解字	
操			金文	此字當釋爲操字。而不應釋爲乘字。	周寶宏 讀古文字雜記九則 于省吾教授百年誕辰紀念文集 1996年9月	25358
操		桒	楚簡	讀爲“操”。《説文•手部》：“操，把持也。”《羣經音辨》：“操，持也。”	濮茅左 上海博物館藏戰國楚竹書第四册 柬大王泊旱	60022
擢			説文	爪持也。从手瞿聲。	許慎 説文解字	
捦	  或體	襟	説文	急持衣裣也。从手金聲。襟捦或从禁。	許慎 説文解字	
捦	 者減鐘	𨥫	金文	金即捦之異，金金猶欽欽。	郭沫若 兩周金文辭大系圖録考釋 者減鐘	25360
捦		鈙	楚簡	此捦字無疑也。	嚴一萍 楚繒書新考 中國文字 1967年	25362
搏			説文	索持也。一曰至也。从手尃聲。	許慎 説文解字	
搏	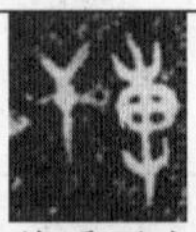 虢季子白盤	䗚	金文	迫也。從干尃聲，經典通用薄。	吴大澂 説文古籀補 卷一	25364
搏	 不其簋蓋	戟	金文	此字疑與薄博同。𦎧戟謂迫笮博伐之也。	孫詒讓 古籀餘論 卷三	25367
搏			石鼓	薛釋作搏是也。或從干、從戈、從十，義俱相通而偏旁則各異也。	强運開 石鼓釋文	25369
搏	  			此字在甲骨文金文中有較多用法，但要直接認定爲某字的初文，有一定困難。只好沿襲《金文編》中把戟、䗚當成搏字的辦法，也讀爲搏。	張政烺 釋戠 古文字研究 1981年6輯	25371

摶		敼	金文	此字從戈專聲。他器中有從干專聲之字，從干從戈同。摶均是其後起字。其在經傳中有捕執，搏擊等義。本銘與逘連文，合表一義。	黄盛璋 戰國祈室銅位銘文破譯與相關問題新探 第二届國際中國文字學研討會論文集 1993年10月	25372
摶	 虢季子白盤	䎽	金文	摶字從干者，以干搏也。從戈者，以戈搏也。二者皆搏之更旁異體字。其與伐字成詞，經典作“薄伐”。義爲迫伐。	戴家祥 金文大字典 卷上	25373
據			説文	杖持也。从手豦聲。	許慎　説文解字	
攝			説文	引持也。从手聶聲。	許慎　説文解字	
拼			説文	并持也。从手冄聲。	許慎　説文解字	
捇			説文	捫持也。从手布聲。	許慎　説文解字	
挾			説文	俾持也。从手夾聲。	許慎　説文解字	
捫			説文	撫持也。从手門聲。《詩》曰：“莫捫朕舌。”	許慎　説文解字	
擥			説文	撮持也。从手監聲。	許慎　説文解字	
擸			説文	理持也。从手巤聲。	許慎　説文解字	
握	  古文		説文	搤持也。从手屋聲。古文握。	許慎　説文解字	
握	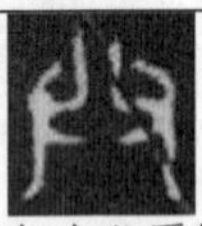 叔向父禹簋		金文	字形實類古文父字之反正對比。父爲把字初文。字爲對把，應爲握之初文。	高鴻縉 中國字例四篇	28171
握		㚇	説文	此寫訛，當作㚇。	商承祚 説文中之古文考	42426
撣			説文	提持也。从手單聲。讀若行遟驒驒。	許慎　説文解字	
把			説文	握也。从手巴聲。	許慎　説文解字	
把	 叔向父禹簋	父	金文	與尹字同構，乃把字初文。	高鴻縉 中國字例三篇	28172

搹	或體	掋	説文	把也。从手鬲聲。𢬵搹或从戹。	許慎　説文解字	
拏			説文	牽引也。从手奴聲。	許慎　説文解字	
攜			説文	提也。从手巂聲。	許慎　説文解字	
提			説文	挈也。从手是聲。	許慎　説文解字	
捓			説文	拈也。从手耴聲。	許慎　説文解字	
拈			説文	捓也。从手占聲。	許慎　説文解字	
摛			説文	舒也。从手离聲。	許慎　説文解字	
捨			説文	釋也。从手舍聲。	許慎　説文解字	
捨	 上一/性情論/11		楚簡	或讀爲“序”。	濮茅左 上海博物館藏戰國楚竹書第一册 性情論	11093
擪			説文	一指按也。从手厭聲。	許慎　説文解字	
按			説文	下也。从手安聲。	許慎　説文解字	
按		㪃	金文	審其篆形，從攴從安，古文手攴通用。知是從攴安聲。古文按字也。	高田忠周 説文古籀篇 卷五十四	25395
控			説文	引也。从手空聲。《詩》曰：“控于大邦。”匈奴名引弓控弦。	許慎　説文解字	
揗			説文	摩也。从手盾聲。	許慎　説文解字	
掾			説文	緣也。从手彖聲。	許慎　説文解字	
拍			説文	拊也。从手百聲。	許慎　説文解字	
拍	 拍敦	拍	金文	拍字從手從白，《説文》所無，以形聲擬之，當即拍之異文。	戴家祥 金文大字典 卷中	25400
拊			説文	揗也。从手付聲。	許慎　説文解字	

掊			説文	把也。今鹽官入水取鹽爲掊。从手音聲。	許慎 説文解字	
捊			説文	取易也。从手孚聲。	許慎 説文解字	
撩			説文	理也。从手尞聲。	許慎 説文解字	
措			説文	置也。从手昔聲。	許慎 説文解字	
措	 中山王方壺	散	金文	古文從攴從手同，蓋此字當爲措置之措也。	戴家祥 金文大字典 卷中	25406
插			説文	刺肉也。从手从臿。	許慎 説文解字	
掄			説文	擇也。从手侖聲。	許慎 説文解字	
擇			説文	柬選也。从手睪聲。	許慎 説文解字	
擇	 許子妝簠	睪	金文	古刻用爲擇，是擇之古文。	劉心源 奇觚室吉金文述 卷五 鄦子妝簠	28174
擇		睪	金文	睪爲最古文字，斁擇釋皆後出異文也。	高田忠周 説文古籀篇 卷六十	28175
捉			説文	搤也。从手足聲。一曰握也。	許慎 説文解字	
捉		踊	楚簡	捉，意爲握。"握固"即握持堅固之意。	劉釗 郭店楚簡校釋	60058
捉	 郭/老子甲/33		楚簡	即捉字，意爲握。	劉釗 郭店楚簡校釋	6573
搤			説文	捉也。从手益聲。	許慎 説文解字	
挻			説文	長也。从手从延，延亦聲。	許慎 説文解字	
揃			説文	搣也。从手前聲。	許慎 説文解字	
搣			説文	批也。从手烕聲。	許慎 説文解字	
批			説文	捽也。从手此聲。	許慎 説文解字	

揤			説文	捽也。从手卽聲。魏郡有揤裴侯國。	許慎　説文解字	
捽			説文	持頭髮也。从手卒聲。	許慎　説文解字	
撮			説文	四圭也。一曰兩指撮也。从手最聲。	許慎　説文解字	
[illegible]			説文	撮也。从手，[illegible]省聲。	許慎　説文解字	
擳	 或體	[illegible]	説文	撮取也。从手帶聲。讀若《詩》曰“螮蝀在東”。[illegible]擳或从折从示。兩手急持人也。	許慎　説文解字	
捊	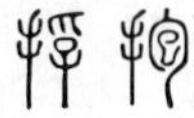 或體	抱	説文	引取也。从手孚聲。[illegible]捊或从包。臣鉉等曰：今作薄報切，以爲褒裒字，非是。	許慎　説文解字	
捊			甲骨	古捊字，卜辭假作俘。	葉玉森 鐵雲藏龜拾遺附考釋	25422
捊	 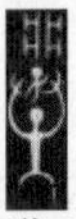 㠱父乙方鼎		金文	舊釋子孫，實當釋俘字。	葉玉森 殷虛書契前編集釋 卷一	25421
捊	 長/乙篇/行4-6	孜	楚簡	從攵之字當可易爲手旁，則此字即捊字也。	嚴一萍 楚繒書新考 中國文字 1967年	25424
擧			説文	自關以東謂取曰擧。一曰覆也。从手弇聲。	許慎　説文解字	
擧			楚簡	字可釋擧，與掩通。	湯餘惠 包山楚簡讀後記 考古與文物 1993年2期	25426
擧	 包/文書/159	舆	楚簡	從臼與從手同意，字可釋擧，與掩通。	湯餘惠 包山楚簡讀後記 考古與文物 1993年2期	6214
授			説文	予也。从手从受，受亦聲。	許慎　説文解字	
授			甲骨	從二得，象上位者賜貝朋於下，即今授字。予也。手付之令其受也。	朱歧祥 殷墟甲骨文字通釋稿	25428
承			説文	奉也。受也。从手从卪从収。	許慎　説文解字	

承			篆文	奉也，受也。從手丞省聲。	林義光 文源	25429
承			篆文	有奉此者，又有受此者，此謂之承。奉之爲主，古文字從廾，廾，手也，又從手爲複。承字受授並稱，一爲本義，一爲轉義。	高田忠周 古籀篇 卷五十四	25430
承		丞	甲骨	承之本字，從収從卩，從収象奉承之意。《説文》又增手作承。	徐中舒 謎敦考釋 中央研究院歷史語言研究所集刊第三本第二分 1931 年	28177
承	 [illegible]丞卣		金文	承。此省手但從収，収即手，意已足也。	强運開 説文古籀三補 卷十二	25432
承			甲骨	契文象兩手捧一人之形。奉之義也。	李孝定 甲骨文字集釋 卷十二	25434
承	 小臣謎簋	丞	金文	字爲奉承之承字，與從凵者之拯不同。	周法高主編 金文詁林 卷三上	28176
拒			説文	給也。从手臣聲。一曰約也。	許慎　説文解字	
撞			説文	拭也。从手堇聲。	許慎　説文解字	
攩			説文	朋羣也。从手黨聲。	許慎　説文解字	
接			説文	交也。从手妾聲。	許慎　説文解字	
抪			説文	摿也。从手市聲。	許慎　説文解字	
抪			甲骨	它當是抪字的初文。構形頗象一人站在樹木旁用手推摩擦拭的樣子，左旁所從當是朩，右旁所從應是丮字，古文字從丮與從手可以通用，故此字當是從手朩聲的會意兼形聲字。	蔡運章 甲骨金文與古史研究	25440
挏			説文	攤引也。漢有挏馬官，作馬酒。从手同聲。	許慎　説文解字	
招			説文	手呼也。从手、召。	許慎　説文解字	

招	 中甗	省	金文	即招字。	吴式芬 攈古録金文 卷三之一	25443
招	 君夫簋蓋	價	金文	許印林説蓋招字之異文。爲召字，加貝加即招字。	吴式芬 攈古録金文 卷三之一 君夫敦蓋	44971
招			璽印	《古璽匯編》3503 ，此古璽文字從卲從廾，當讀爲“招”字，在古璽中用作人名。	高智 古璽文徵十則 第三届國際中國古文字學研討會論文集 1997 年 10 月	25447
撫	  古文	辷	説文	安也。从手無聲。一曰循也。古文从辵、亡。	許慎　説文解字	
撫	 郭/性自命出/35	寀	楚簡	撫，原從亡從米。亡、無相通，郭店簡中的“亡”多讀爲“無”，《説文》“撫”字古文即從辵、亡作。從“米”之字有“侎”，《説文》曰：“撫也。”此字下部的“米”也許讀爲“侎”，爲義符。撫有拍擊之意，在這個意義上也寫作“拊”。《禮記·檀弓下》“歎斯辟”，鄭玄注：“辟，拊心。”《釋文》：“辟，撫心也。”《爾雅·釋訓》：“辟，拊心也。”郭璞注：“謂椎胸也。”郝懿行《義疏》指出：“辟者，假音，當作‘擗’。《説文》云：‘兩手擊也。從卑聲。’借作‘辟’。”在這個意義上，撫（拊）、辟略同，故可换用。	陳偉 郭店簡書《人雖有性》校釋 中國哲學史 2000 年 4 期	13389
捪			説文	撫也。从手昏聲。一曰摹也。	許慎　説文解字	
捪			金文	《字説》釋捪，不釋勞。	鮑鼎 愙齋集古録校勘記	25449
捪			金文	象手持民形，當爲捪之初文。	朱芳圃 殷周文字釋叢 卷中	25451
捪			秦簡	應即捪，撫慰的意思。	睡虎地秦墓竹簡整理小組 睡虎地秦墓竹簡	25452
揣			説文	量也。从手耑聲。度高曰揣。一曰捶之。	許慎　説文解字	

揣			篆文	耑非聲，象以手量物之端。	林義光 文源	25453
揣	 上三/周易/24	敱	楚簡	“敱”，王弼本作“朵”，帛書本作“掇”，阜陽漢簡本作“端”。“敱”字徐鉉疑從端省，則“敱”當隸定爲“敱”。楚簡此字左下其實從“而”，隸定爲“敱”也是可以的。而“敱”也就是“揣”。“揣”古音爲歌部初母，“朵”爲歌部端母，當爲音近通用。帛書本之“掇”從“短”得聲，古音爲元部端母。與“朵”韻近聲同，與“揣”也韻近，故能通用。阜陽漢簡本作“端”，進一步證明將楚簡此字隸定爲“敱（揣）”是正確的。至於“朵”、“揣”、“掇”、“端”何者爲本字，也是值得研究的。我懷疑楚簡“揣”當爲本字，“揣”的本義爲“度量高低”，引申爲“動”非常自然。後來假借爲“端”或“朵”，京房作“揣”，正反映了古文的原貌。	廖名春 楚簡《周易·頤》卦試釋 簡帛研究網 2004年4月24日	430
抧			説文	開也。从手只聲。讀若抵掌之抵。	許慎　説文解字	
摜			説文	習也。从手貫聲。《春秋傳》曰：“摜瀆鬼神。”	許慎　説文解字	
投			説文	擿也。从手从殳。	許慎　説文解字	
投			甲骨	即“遺大投艱”之投，實爲妖，與咎爲同族字。	李平心 商代彗星的發見 李平心史論集 1983 年	25458
擿			説文	搔也。从手適聲。一曰投也。	許慎　説文解字	
搔			説文	括也。从手蚤聲。	許慎　説文解字	
扴			説文	刮也。从手介聲。	許慎　説文解字	
摽			説文	擊也。从手票聲。一曰挈門壯也。	許慎　説文解字	

挑			説文	撓也。从手兆聲。一曰搮也。《國語》曰："卻至挑天。"	許慎　説文解字	
抉			説文	挑也。从手夬聲。	許慎　説文解字	
撓			説文	擾也。从手堯聲。一曰捄也。	許慎　説文解字	
擾			説文	煩也。从手夒聲。	許慎　説文解字	
擾	 大克鼎	𩓝	金文	孫詒讓謂即擾之異，卣乃聲。	郭沫若 兩周金文辭大系圖録考釋 大克鼎	25467
擾			甲骨	皆夒之異體。其作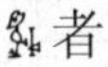者，乃夒之繁文，即擾之古文。從戉者，以兵器示征伐之義。	魯實先 殷契新詮 卷四	25469
挶			説文	戟持也。从手局聲。	許慎　説文解字	
据			説文	戟挶也。从手居聲。	許慎　説文解字	
擖			説文	刮也。从手葛聲。一曰撻也。	許慎　説文解字	
摘			説文	拓果樹實也。从手啻聲。一曰指近之也。	許慎　説文解字	
摘	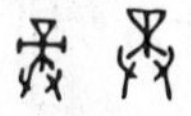		甲骨	字從収從帝，帝即啻，収與挑手可通，所以這應是摘字。	張亞初 古文字分類考釋論稿 古文字研究 1989 年 17 輯	25474
搳			説文	擖也。从手害聲。	許慎　説文解字	
搳		𪸿	金文	字從夫害聲，夫與人同意，人手取害。此或爲搳字異文。	高田忠周 說文古籀篇 卷三十九	36405
搳	 𫢍鼎	𪸿	金文	字從夫從害，夫者，丈夫也，人也，人手取害，疑爲搳異文。	高田忠周 說文古籀篇 卷五十四	36408
搳	 𫢍鼎	𫢍	金文	從夫從害，不見字書。假借爲害，爲匄，以夫爲形義，從害爲聲可知。從夫，夫與大同意，大與人同意，人手取害，此或爲搳字異文。	高田忠周 說文古籀篇 卷三十九	25475
搳	 大簋蓋	𠜋	金文	𠜋即搳字，所謂搳章，殆即經過摩剮之璋。	李旦丘 金文研究 卷一 釋搳	25478

摲			説文	暫也。从手斬聲。	許慎　説文解字	
拹			説文	摺也。从手劦聲。一曰拉也。	許慎　説文解字	
摺			説文	敗也。从手習聲。	許慎　説文解字	
揫			説文	束也。从手秋聲。《詩》曰："百祿是揫。"	許慎　説文解字	
摟			説文	曳、聚也。从手婁聲。	許慎　説文解字	
抎			説文	有所失也。《春秋傳》曰："抎子，辱矣。"从手云聲。	許慎　説文解字	
抎			甲骨	象以雙手抓云之形，可釋作從手從云之抎字。甲骨文中表示消失義。	施謝捷 釋甲骨文中的"抎"字 殷都學刊 1989 年 4 期	25485
披			説文	从旁持曰披。从手皮聲。	許慎　説文解字	
[疒手]			説文	引縱曰[疒手]。从手，瘛省聲。	許慎　説文解字	
𢫬			説文	積也。《詩》曰："助我舉𢫬。"搣頰旁也。从手此聲。	許慎　説文解字	
掉			説文	搖也。从手卓聲。《春秋傳》曰："尾大不掉。"	許慎　説文解字	
搖			説文	動也。从手䍃聲。	許慎　説文解字	
搖			甲骨	此字象一人披髮上揚，手舞足蹈之狀，有搖動之義，疑爲搖之初文。	嚴一萍 卜辭四方風新義 古文字研究 1979 年 1 輯	25490
搈			説文	動搈也。从手容聲。	許慎　説文解字	
[扌貳]			説文	當也。从手貳聲。	許慎　説文解字	
揂			説文	聚也。从手酋聲。	許慎　説文解字	
掔			説文	固也。从手臤聲。讀若《詩》"赤舄掔掔"。	許慎　説文解字	
掔		曼	甲骨	卜辭從臣，臣，俘虜也，從二又，象兩手引臣，即牽之本誼。掔牽爲古今字。	葉玉森 殷虛書契前編集釋 卷二	25494
捀			説文	奉也。从手夆聲。	許慎　説文解字	

擧			説文	對舉也。从手輿聲。	許慎　説文解字	
擧	 包/卜筮/203	譽	楚簡	擧字異體，借作舉。	劉彬徽、彭浩、胡雅麗、劉祖信　包山楚簡	25498
揚	 古文	敭	説文	飛舉也。从手昜聲。敭古文。	許慎　説文解字	
揚	 毛公鼎	䍩	金文	對揚也。執玉以朝日，日爲君象。	吴大澂 説文古籀補 卷十二	25499
揚	 揚方鼎	玐	金文	蓋古刻對揚字之省。	劉心源 奇觚室吉金文述 揚方鼎	25500
揚		旱	甲骨	對揚之意與?	商承祚 殷虚文字類編	25503
揚	 段簋	䍩	金文	此爲瑒字顯矣。	高田忠周 説文古籀篇 卷七	25501
揚		猲	金文	吴大澂云，揚字或從犬。	高田忠周 説文古籀篇 卷九十 盩方鼎	36161
揚	 揚方鼎	玐	金文	即揚字顯矣。	高田忠周 説文古籀篇 卷五十五	25502
揚	 作册夨令簋	㕷	金文	當即揚字，字從長，當是聲符，可知必讀陽部音。	郭沫若 殷周青銅器銘文研究 令彝令簋與其它諸器物之綜合研究	25504
揚	 令簋	㕷	金文	此當即揚字。	郭沫若 殷周青銅器銘文研究 令彝令簋與其它諸器物之綜合研究	35943
揚	 史頌簋	遅	金文	遅字中從羊，當即揚字。或釋爲匡，顯命不必爲言匡也。	吴闓生 吉金文録 卷三 毛公鼎	25506
揚	 毛公鼎	䍩	金文	揚字金文變體極多。此鼎䍩字左省昜之下半，遂成日形，聲母不具與伯臣鼎字同。	張之綱 毛公鼎斠釋	25505

揚			金文	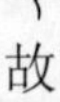，實即巩字。揚實奉之轉注字，故訓舉也。經傳及金文每言對揚即對舉也。	馬叙倫 説文解字六書疏證 卷二十三	25507
揚		昜	甲骨	甲骨文以昜爲地名、方名。與揚爲古今字。揚也通作颺，飛揚也。	于省吾 甲骨文字釋林 卷下 釋“兕方昜”	25509
揚	 寏長方鼎	寏	金文	揚或作寏，從宀，無義。	李孝定 金文詁林讀後記 卷十二	25510
揚	 既尊	寏	金文	當爲揚字異體。	戴家祥 金文大字典 卷中	25511
揚	 王孫遺者鐘	旟	金文	揚颺表義更旁字，金文旟（之偏旁）亦颺之更旁字也。	戴家祥 金文大字典 卷下	25512
揚		昜 旲 㫚 巩 旲 䁂 寏	金文	金文“揚”字形體可分四類，主要作稱揚、頌揚義，少數用作人名。從字形上分析，這些用法當爲引申義，本義可以理解爲舉起。引申指舉用、薦舉；顯揚、傳播；稱揚、稱説等。抽象義引申爲高漲。至於用爲姓氏或地名，在甲骨文時已有大量用例。	秦建文 金文“揚”字形義考 曲靖師範學院學報 2004 年 1 月	15433
舉			説文	對舉也。从手與聲。	許慎 説文解字	
舉	 上五/鬼神之明/2	舉	楚簡	“舉”當讀爲“譽”。“長年有舉”即“多年有譽”。指常年被人稱譽讚揚。《墨子・天志中》：“帝善其順法則也，故舉殷以賞之，使貴爲天子，富有天下，名譽至今不息。”“長年有譽”即“名譽至今不息”。	廖名春 讀《上博五•鬼神之明》篇劄記 孔子2000網 2006 年 2 月 19 日	5118
舉	 上三/中弓/8	舉	楚簡	“重舉”，重視新選拔出來的人。	晁福林 上博三《仲弓》篇簡序調整之一例 簡帛研究網 2004 年 6 月 6 日	2298

舉	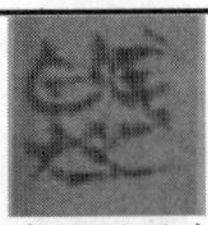 上三/亙先/10	[illegible]	楚簡	舉：全，皆。	趙建功《恒先》易解（下） 簡帛網 2005 年 2 月 7 日	2660
舉	 [illegible]己卣	[illegible]	金文	古文舉形象鬲。	阮元 積古齋鐘鼎彝器款識 卷五	25518
舉	 [illegible]己卣	[illegible]	金文	舉。	薛尚功 歷代鐘鼎彝器款識法帖 卷九	25516
舉			金文	[illegible]皆舉也。	周慶雲 夢坡室獲古叢編 商[illegible]父乙爵	25519
舉	 羙父辛觶	羙	金文	均系古文舉字。丮爲凡舉之通稱。兲爲的孳乳字。即舉子的專字。商代金文裏的羙字自系兲的孳乳字，應讀爲舉可以肯定。	于省吾 釋羙 考古 1979 年 4 期	25521
舉	 無敄鼎	[illegible]	金文	釋爲舉字無疑。當是商朝一個部落的族徽。	史樹青 無敄鼎的發現及其意義 文物 1985 年 1 月	25523
舉	 郭/性自命出/16	[illegible]	楚簡	舉，興起。	陳偉 郭店簡書《人雖有性》校釋 中國哲學史 2000 年 4 期	14169
舉	 上二/昔者君老/3	[illegible]	楚簡	此字與《郭店楚墓竹簡・窮達以時》第五簡中字相同，從郭店簡，釋爲“舉”。	陳佩芬 上海博物館藏戰國楚竹書第二册 昔者君老	13101
舉	 郭/性自命出/16	[illegible]	楚簡	舉，興起、設立。	陳偉 郭店竹書別釋	8303
舉	 郭/語叢四/16	[illegible]	楚簡	釋爲舉。此字與《窮達以時》5 簡“舉”字相似，恐亦是“舉”字。	陳偉 郭店竹書別釋	6631

舉		舉	甲骨	象人正立兩手向上舉子形以表意，乃提舉之舉的本字。卜辭多用作族名，在殷商時期是與商王室同姓的强大宗族。	王建軍 “舉”字溯源與舉族史考 平頂山師專學報 2003 年 1 期	15852
舉	 上三/中弓/7	礜	楚簡	即“舉”，與下從二口，簡文中常見。	李朝遠 上海博物館藏戰國楚竹書 第三册 中弓	11717
舉	 上三/中弓/8	舉	楚簡	馬王堆帛書本作“與”，“與”同“舉”，有復興、振興之義。	李朝遠 上海博物館藏戰國楚竹書 第三册 中弓	11729
掀			説文	舉出也。从手欣聲。《春秋傳》曰：“掀公出於淖。”	許慎 説文解字	
揭			説文	高舉也。从手曷聲。	許慎 説文解字	
抍	  或體	撜	説文	上舉也。从手升聲。《易》曰：“抍馬，壯，吉。” 撜抍或从登。	許慎 説文解字	
抍			甲骨	甲骨文丞字即抍之初文。	徐中舒 甲骨文字典 卷十二	25528
抍			甲骨	從手，從鉦，象手持鉦甬以懸挂的樣子，有使升高之意。即《説文》的“抍”字。	李義海 殷商甲骨刻辭䢅及從䢅諸字考釋 殷都學刊 2001 年 4 期	15850
抍	 上三/周易/54	拯	楚簡	應分析爲從“攴”、“升”聲，釋爲“抍”。攴、手二旁古通。《説文》：“抍，上舉也。從手，升聲。《易》曰‘抍馬壯吉’。撜，抍或從登。”撜、抍二字爲異體。抍、拯二字音同古通。	徐在國 上博竹書（三）《周易》釋文補正 簡帛研究網 2004 年 4 月 24 日	2582
振			説文	舉救也。从手辰聲。一曰奮也。	許慎 説文解字	
振	 師趛鼎	𦦑	金文	振字異文。此借振爲裖。	高田忠周 説文古籀篇 卷九	28178
振	 中觶	𢍱	金文	𢍱旅，𢍱讀爲振，古從収的字，小篆往往變爲手。振爲整齊的意思，振旅是整齊隊伍和治兵的意思。	唐蘭 論周昭王時代的青銅器銘刻 古文字研究 1980 年 2 輯	25531

振			甲骨	振。振字義爲作樂，後世不廢。卜辭言及振鼓。	唐健垣 卜辭中有關樂舞文字考釋 第四届中國文字學全國學術研討會論文集 1993 年	25534
振	 中觶	孱	金文	《集成》11.6514 號中觶銘曰："王大省公族，於庚孱旅。王易中馬……王曰：用先……""庚"下一字，馬承源《銘文選》、郭沫若《兩周金文辭大系》均未釋，于省吾《雙劍誃吉金文選》釋"辰"，唐蘭《史徵》、社科院考古所《殷周金文集成釋文》均釋"振"。"振旅"一詞的用法，其不僅可以用於軍隊班師，從中觶銘用例中看，亦可用於征戰之前。	商豔濤 金文劄記四則 漢字研究 2005 年 1 輯	15733
扛			説文	横關對舉也。从手工聲。	許慎　説文解字	
扮			説文	握也。从手分聲。讀若粉。	許慎　説文解字	
撟			説文	舉手也。从手喬聲。一曰撟，擅也。	許慎　説文解字	
捎			説文	自關巳西，凡取物之上者爲撟捎。从手肖聲。	許慎　説文解字	
攡			説文	抱也。从手雝聲。	許慎　説文解字	
攡	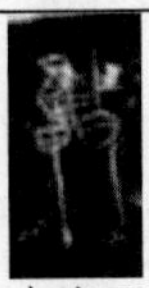 中山王鼎	敱	金文	當釋爲擁。此處從申，乃吕形之訛變。	徐中舒、伍仕謙 中山三器釋文及宫室圖説明 中國史研究 1979 年 4 期	25540
擩			説文	染也。从手需聲。《周禮》："六曰擩祭。"	許慎　説文解字	
揄			説文	引也。从手俞聲。	許慎　説文解字	
擧			説文	擧擭，不正也。从手般聲。	許慎　説文解字	
擭			説文	擧擭也。一曰布擭也，一曰握也。从手蒦聲。	許慎　説文解字	
拚			説文	拊手也。从手弁聲。	許慎　説文解字	

擅			説文	專也。从手亶聲。	許慎 説文解字	
揆			説文	葵也。从手癸聲。	許慎 説文解字	
揆		⿰癸殳	甲骨	疑揆字。	王襄 簠室殷契類纂存疑 卷三	25549
揆		⿰癸殳	甲骨	當釋揆。通作葵。	陳邦福 殷契辨疑	25551
揆	 ⿰癸殳作父庚簋	⿰癸殳	金文	疑爲揆字異文，古從手從攴可通。	柯昌濟 韡華閣集古録跋尾甲篇 ⿰癸殳彝	28179
揆	 ⿰癸殳由方尊	⿰癸殳	金文	疑即揆字異文。	柯昌濟 韡華閣集古録跋尾甲篇 ⿰癸殳彝	25550
揆		⿰癸殳	甲骨	契文⿰癸殳字陳氏釋揆，可從。字在卜辭爲地名。	李孝定 甲骨文字集釋 卷十二	25553
擬			説文	度也。从手疑聲。	許慎 説文解字	
損			説文	減也。从手員聲。	許慎 説文解字	
失			説文	縱也。从手乙聲。	許慎 説文解字	
失	 諫簋	芳		乙失不同音，乙抽也。從手從乙，自手中抽去之也。	林義光 文源	25556
失			甲骨	疑即古文失字。後訛從手從乙。	柯昌濟 殷墟書契補釋	25557
失	 天亡簋	考	金文	“不顯”下一字當爲從手乙聲之失字。失通佚，佚又可假借爲懿，美也。不顯懿與金文習見之不顯休同例，都是稱美之詞。	殷滌非 試論大豐簋的年代 文物 1960 年 5 期	25560
失	 長/甲篇/行 8-10		楚簡	失字。古失佚泆通。此“失羊”疑即“樂祥”也。	嚴一萍 楚繒書新考 中國文字 1967 年	25559
失	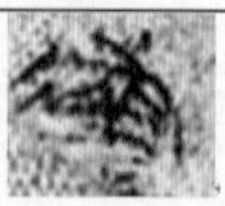		楚簡	漢印中的“逆”字往往作逹，應屬形訛。拙作釋逆，李文同。《尚書大傳洪範五行傳》“時則有日月亂行，星辰逆行”，是相近文例。	李零 《長沙子彈庫戰國楚帛書研究》補正 古文字研究 20 輯	60118

失				“益”系、“失”系字及“逸”字往往相通用，其語源爲超出、脱離之類義，皆同源。這些字的語源義象是同一的，只是造字的角度不同罷了。《説文》説“失，縱也”，是正確的（縱者，棄也，捨也），但説“失”爲“從手乙聲”的形聲字，恐不確。“失”字的篆體像手中有所失落之意，字中所謂的“乙”不似表聲之字，而像脱手之物。“失”不應是形聲字，而應是會意字。	侯占虎　據語源探求漢字形義關係舉例　中國文字研究 2002 年 3 輯	14590
失	 上三/周易/10	遊	楚簡	楚文字中，“失”字多作此形。	濮茅左　上海博物館藏戰國楚竹書第三册　周易	13660
捝			説文	解捝也。从手兑聲。	許慎　説文解字	
撥			説文	治也。从手發聲。	許慎　説文解字	
撥	 中山王鼎	𤼵	金文	象用手腳撥動弓弩發箭之形，當是撥之古文。	戴家祥　金文大字典　卷上	25563
挹			説文	抒也。从手邑聲。	許慎　説文解字	
挹			陶文	挹字。可能是工名。	牛濟普　鄭州、滎陽兩地新出戰國陶文介紹　中原文物 1981 年 1 期	25565
挹			陶文	隸定爲挹。以偏旁從邑看，似作地名講。	張松林　鄭州商城内出土東周陶文簡釋　中原文物 1986 年 1 期	25566
抒			説文	挹也。从手予聲。	許慎　説文解字	
抯			説文	挹也。从手且聲。讀若樝棃之樝。	許慎　説文解字	
抯	 史牆盤	𠫓	金文	字當爲抯。則牆弗敢抯，猶云牆不敢取。	戴家祥　金文大字典　卷上	25569

抯			金文	釋𢝊未塙。右旁有羡文，但從頁無疑。左象手形，非從心省。疑爲羞惡之羞正字。借字羞行而本字廢。或云借爲尤悔字，於義亦通。	張之綱 毛公鼎斠釋	30413
擭			説文	扟也。从手蒦聲。	許慎　説文解字	
扟			説文	从上挹也。从手卂聲。讀若莘。	許慎　説文解字	
拓	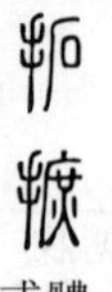 或體	摭	説文	拾也。陳、宋語。从手石聲。拓或从庶。	許慎　説文解字	
㩟			説文	拾也。从手麇聲。	許慎　説文解字	
拾			説文	掇也。从手合聲。	許慎　説文解字	
掇			説文	拾取也。从手叕聲。	許慎　説文解字	
擐			説文	貫也。从手睘聲。《春秋傳》曰："擐甲執兵。"	許慎　説文解字	
擐	 睘簋	睘	金文	擐字古文，假借爲睘。	高田忠周 説文古籀篇 卷五十五	28181
擐	 伯㱃卣	睘	金文	擐字，從袁得聲。	馬叙倫 讀金器刻詞 擐卣	28180
揯			説文	引、急也。从手恆聲。	許慎　説文解字	
摍			説文	蹴引也。从手宿聲。	許慎　説文解字	
摅			説文	相援也。从手虔聲。	許慎　説文解字	
援			説文	引也。从手爰聲。	許慎　説文解字	
援			甲骨	象兩手援一物，當釋爲爰，即古文援。	葉玉森 殷虚書契前編集釋 卷七	25579
援			甲骨	字從木從爰，可釋爲楥，與援通。	饒宗頤 殷代貞卜人物通考 卷十七	25581

搯	  或體  或體	㨞 抽	説文	引也。从手留聲。㧖搯或从秀。抽搯或从由。	許慎　説文解字	
擢			説文	引也。从手翟聲。	許慎　説文解字	
擢	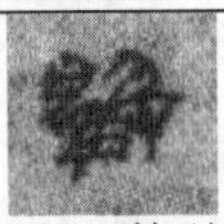 長/乙篇/行1-3	䍜	楚簡	此字從羽從隹從又，實際是從手翟聲，即擢字古體。擢成古音相同，聲同在定紐，兩字古屬雙聲疊韻。繒書中“擢口”即《史記》中之成紀，乃庖犧居處。	高明 楚繒書研究 古文字研究 1985 年 12 輯	25584
拔			説文	擢也。从手犮聲。	許慎　説文解字	
拔		桒	甲骨	當即祓之初文。	于省吾 雙劍誃殷契駢枝續編 釋桒	25586
拔		桌	楚簡	簡文字形與《古文四聲韻》引《古老子》“拔”字相同。	彭浩、劉祖信、王傳富 郭店楚墓竹簡	60120
拔	 郭/性自命出/23	杲	楚簡	疑此字當讀爲“撥”。參看《老子》乙注 25。	彭浩、劉祖信、王傳富 郭店楚墓竹簡	8862
拔	 郭/性自命出/23	杲	楚簡	祓(原作“拔”)，《廣雅・釋詁下》：“除也。”《國語・周語上》云：“民之所急在大事，先王知大事之必以眾濟也，是故祓除其心，以和惠民……祓除其心，精也……今晉侯……以惡實心，棄其精也。”“祓除其心”是指去掉心中的不純成分。	陳偉 郭店簡書《人雖有性》校釋 中國哲學史 2000 年 4 期	14183
拔	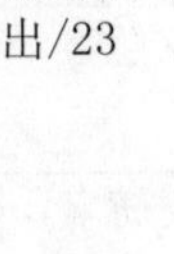 郭/性自命出/63	杲	楚簡	應訓爲“疾”。	劉釗 讀郭店楚簡字詞劄記（三） 古文字研究 2000 年 22 輯	8324
拔	 郭/性自命出/63	杲	楚簡	釋拔，義爲疾速。	陳偉 郭店竹書別釋	8322

拔		⿱臼木	楚簡	即拔字古文，象兩手拔木形。	劉釗 郭店楚簡校釋	60059
揠			説文	拔也。从手匽聲。	許慎　説文解字	
擣			説文	手推也。一曰築也。从手𠷎聲。	許慎　説文解字	
攣			説文	係也。从手䜌聲。	許慎　説文解字	
攣	 小臣𢆶卣	𢆶	金文	丁山認爲是攣的古字。可能是正確的。但他認爲本義爲“纂”似乎缺乏根據。	裘錫圭 戰國璽印文字考釋三篇 古文字研究 1983 年 10 輯	25591
挺			説文	拔也。从手廷聲。	許慎　説文解字	
搴			説文	拔取也。南楚語。从手寒聲。《楚詞》曰：“朝搴批之木蘭。”	許慎　説文解字	
探			説文	遠取之也。从手罙聲。	許慎　説文解字	
探		垣	盟書	此甲骨文金文形體，象以手伸入穴中（有水滴）探尋東西狀，爲探之本字。後引申爲深。	李裕民 侯馬盟書疑難字考 古文字研究 1981 年 5 輯	18100
探			甲骨	字象以手探取狀，應爲探之本字。	劉釗 卜辭所見殷代的軍事活動 古文字研究 1989 年 16 輯	25595
撢			説文	探也。从手覃聲。	許慎　説文解字	
捼			説文	推也。从手委聲。一曰兩手相切摩也。	許慎　説文解字	
擎			説文	別也。一曰擊也。从手敝聲。	許慎　説文解字	
摵			説文	搖也。从手咸聲。	許慎　説文解字	
搦			説文	按也。从手弱聲。	許慎　説文解字	
掎			説文	偏引也。从手奇聲。	許慎　説文解字	
揮			説文	奮也。从手軍聲。	許慎　説文解字	
摩			説文	研也。从手麻聲。	許慎　説文解字	

⿰扌⿱囟比			説文	反手擊也。从手⿱囟比聲。	許慎　説文解字	
攪			説文	亂也。从手覺聲。《詩》曰："祇攪我心。"	許慎　説文解字	
揖			説文	推擣也。从手茸聲。	許慎　説文解字	
撞			説文	丮擣也。从手童聲。	許慎　説文解字	
撞			甲骨	疑即撞之初字。	郭沫若 甲骨文字研究 釋挈	25607
⿰扌因			説文	就也。从手因聲。	許慎　説文解字	
扔			説文	因也。从手乃聲。	許慎　説文解字	
扔	 ⿺辶竝尊	⿺辶竝	金文	從竝從勿，釋賜非是。此爲作器者名，出自意造，不得其聲。	方濬益 綴遺齋彝器款識考釋 卷十四 第五頁	36439
扔		偁	甲骨	實從乃，當爲扔字。讀爲仍。	饒宗頤 殷代貞卜人物通考 卷三	25612
括			説文	絜也。从手𠯑聲。	許慎　説文解字	
括			甲骨	從収舌聲，隸作括。卜辭用作殷西戍兵地名。	朱歧祥 殷墟甲骨文字通釋稿	25614
抲			説文	抲撝也。从手可聲。《周書》曰："盡執，抲。"	許慎　説文解字	
擘			説文	撝也。从手辟聲。	許慎　説文解字	
撝			説文	裂也。从手爲聲。一曰手指也。	許慎　説文解字	
捇			説文	裂也。从手赤聲。	許慎　説文解字	
扐			説文	《易》筮，再扐而後卦。从手力聲。	許慎　説文解字	
技			説文	巧也。从手支聲。	許慎　説文解字	
摹			説文	規也。从手莫聲。	許慎　説文解字	
拙			説文	不巧也。从手出聲。	許慎　説文解字	
搯			説文	縫指搯也。一曰韜也。从手舀聲。讀若罙。	許慎　説文解字	

摶			説文	圜也。从手專聲。	許慎 説文解字	
摶	 守宮盤	叀	金文	即摶字。	郭沫若 兩周金文辭大系圖録考釋 守宮尊	25624
摑			説文	手推之也。从手圂聲。	許慎 説文解字	
捄			説文	盛土於梩中也。一曰擾也。《詩》曰："捄之陾陾。"从手求聲。	許慎 説文解字	
拮			説文	手口共有所作也。从手吉聲。《詩》曰："予手拮據。"	許慎 説文解字	
搰			説文	掘也。从手骨聲。	許慎 説文解字	
掘			説文	搰也。从手屈聲。	許慎 説文解字	
掩			説文	斂也。小上曰掩。从手奄聲。	許慎 説文解字	
摡			説文	滌也。从手既聲。《詩》曰："摡之釜鬵。"	許慎 説文解字	
摡		抚	甲骨	當從旡從又，又與手同，應該隸定爲抚，"既"從旡聲與抚同聲，因此，抚實際是摡字。	李平心 甲骨文金石文劄記（一） 華東師範大學學報 1958年1期	25632
揟			説文	取水沮也。从手胥聲。武威有揟次縣。	許慎 説文解字	
播	 古文	𢿌	説文	穜也。一曰布也。从手番聲。古文播。	許慎 説文解字	
播	 師旂鼎	⿰釆攵	金文	此篆疑從番省。	高田忠周 説文古籀篇 卷五十五	25634
播	 師旂鼎	⿰釆攵	金文	即播之異文。播古文從番從攵，此省從釆，釆番古本一字。播者，布也。	郭沫若 兩周金文辭大系圖録考釋 師旅鼎	25635
播	 師旂鼎	⿰釆攵	金文	蓋播字之異。《説文》播古文作𢿌，此省田耳。	郭沫若 兩周金文辭大系圖録考釋 師旅鼎	25639
播	 散氏盤	⿰番殳	金文	阮釋作播是也。	强運開 説文古籀三補 卷十二	25636

播	 師旂鼎	敊	金文	《説文》古文作𢿥，此復省番爲釆。	容庚 善齋彝器圖録 師旅鼎	25637
播				《説文》播字古文作𢿥。蓋釆與番同字，番與幡同音，悉應是幡字。	高鴻縉 散盤集釋 師大學報 1957 年 2 期	42434
播	 父丁册方鼎		金文	字不見於著録，字形象一人直立，以一手向地面撒東西。很像我們今天耕地以手播種之形。故以其形義釋此字爲播。	石志廉 介紹幾件商代青銅器 文物 1964 年 4 期	25641
播				番之古文作，則此誤從篆文番。	商承祚 説文中之古文考	42433
播	 上二/子羔/8	采	楚簡	所言“播”是指播德，播德亦通布德，“播”爲幫紐歌部，“布”乃幫紐魚部，爲雙聲韻部通轉假借字。	馬承源 上海博物館藏戰國楚竹書第二册 子羔	10624
播		采	楚簡	原釋文隸作采是對的，但以爲是采字異文而通假作“播”或“布”則缺乏根據。黄德寬、劉信芳謂此字與郭店簡《唐虞之道》第十二簡上的、《忠信之道》第六簡的同字，並當讀由，則是疏於辨析。此字上從爪、下從禾，隸定當采，郭店簡兩個字上部所從像肉不像爪，兩者顯然不是同一個字，郭店那兩個字從肉得聲，自可讀由，此字爲穗字異體，與由字字音遠隔，實難相涉，頗疑當讀穗爲逸，句中作隱逸埋没講。	張桂光 上海博物館藏戰國楚竹書研究續編 上博簡(二)《子羔》篇釋讀劄記	60028
播		采	楚簡	此字隸作采是正確的，但整理者認爲即“番”字從的聲符“采”，通假作“播”或“布”，則是錯誤的。《説文》爲穗字正篆，白於藍認爲它在上古確實兼具“秀”的讀音，應同時代表“穗”、“秀”兩個詞。它多次見於郭店楚簡，均讀爲由，因此在《子羔》簡文中也應讀爲由。《爾雅·釋詁》：“由，自也。”郭璞注：“自猶從也。”簡文“由諸畎畝之中”，	徐在國 上海博物館藏戰國楚竹書研究續編 上博竹書《子羔》瑣記	60033

				意爲從田畝之中，與《孟子·告子下》“舜發於田畝之中”義近。		
播		采	楚簡	“采”字疑爲“釆”字之誤，和取同義。	李學勤 上海博物館藏戰國楚竹書研究續編 楚簡《子羔》研究	60031
挃			説文	穫禾聲也。从手至聲。《詩》曰：“穫之挃挃。”	許慎　説文解字	
扌致			説文	刺也。从手致聲。一曰刺之財至也。	許慎　説文解字	
扤			説文	動也。从手兀聲。	許慎　説文解字	
抈			説文	折也。从手月聲。	許慎　説文解字	
抈	 令鼎	䟦	金文	當即《説文》抈字，古代從手從攴的字常通用。此處當如仡，《説文》：“勇氣也。”抈仡均爲疑母字，從乞聲的字又往往讀如没韻。	唐蘭 論周昭王時代的青銅器銘刻 古文字研究 1980 年 2 輯	25648
摎			説文	縛殺也。从手翏聲。	許慎　説文解字	
撻	  古文		説文	鄉飲酒，罰不敬，撻其背。从手達聲。古文撻。《周書》曰：“遽以記之。”	許慎　説文解字	
撻	 䩙戈			金文、甲骨文中都有從𠦍從攴的一個字即撻字。甲骨文中，大多作動詞用，即鞭撻、撻伐。	張亞初 甲骨文金文零釋 古文字研究 1981 年 6 輯	25651
撻	 六年安平守鈹	幸	金文	戰國兵器銘末往往有“幸齋”二字，當釋爲“撻齊”。	黄盛璋 “敎（撻）齋（齊）”及其和兵器鑄造關係新考 古文字研究 1986 年 15 輯	25652
捘			説文	止馬也。从手夋聲。	許慎　説文解字	
抨			説文	撣也。从手平聲。	許慎　説文解字	
捲			説文	氣勢也。从手卷聲。《國語》曰：“有捲勇。”一曰捲，收也。	許慎　説文解字	

扱			説文	收也。从手及聲。	許慎 説文解字	
摷			説文	拘擊也。从手巢聲。	許慎 説文解字	
摷	 ⿱罒單仲父丁卣	⿱罒單	金文	其全體象以鳥網摷取巢中之鳥，以手取之之形。即罺之繁文。金文之罺亦即是摷。多爲民族之名，疑爲鄛。	陳夢家 《史字新釋》補證 考古學社刊 1936 年 12 月	25657
挨			説文	擊背也。从手矣聲。	許慎 説文解字	
撲			説文	挨也。从手菐聲。	許慎 説文解字	
撲	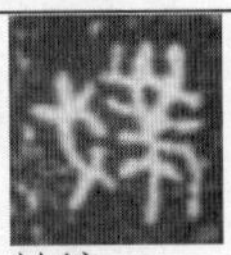 㝬鐘  兮甲盤	⿰菐戈 ⿰戈業	金文	即撲字。從戈與從斤同意。	劉心源 奇觚室吉金文述 卷八	25660
撲	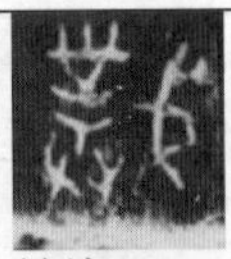 㝬鐘	⿰菐戈	金文	撲伐，即典籍所載“大刑用甲兵”。又作“薄伐”。	連劭名 金文所見西周時代的刑典 華夏考古 2003 年 1 月	15439
撲		⿰菐戈	金文	“菐”旁不僅見於郭店簡所謂讀察、竊、淺的形體中，還存在於郭店簡《老子甲》中“樸”字中，包山簡“僕”也從“菐”，有的下面加了“又”旁，證明即便是在郭店簡和包山簡時代，我們並不能見到含有“”的字就斷言只能讀爲劉釗所謂的“菐”的音（辛），還應當考慮有讀並紐屋部的“菐”的可能。既然不能根據郭店簡讀作察的形體否定西周時代從“廾”的“僕”讀作僕，那就沒有理由否定西周時代同樣從“菐”的厮、⿰菐戈讀爲撲。撲原有擊義，故“撲伐”不必説它等於“搏伐”。	林澐 究竟是“蔑伐”還是“撲伐” 古文字研究2004年25輯	60030

撲		戴	金文	戴、剫、撲爲攴之演變更旁字也，釋爲撲，剝也。	戴家祥　金文大字典	17986
撲		戴	金文	這兩個字從的菐就是見於郭店簡讀作察、淺、竊三個字的聲旁，它有可能就是"辛"字的變體，在這個字中也是用作聲旁。銘云：戴伐，戴應該讀爲"踐"，戴伐就是踐伐，也就是翦伐。古"踐"通"翦"，《吕氏春秋·古樂》："成王立，殷民反，王命周公踐伐之。"高亨認爲踐伐即翦伐。《禮記·文王世子》："不翦其類也。"《周禮·天官·甸師》鄭玄注引翦作踐。翦伐不是一般的擊伐，而帶有斬盡殺絶的意味。《尚書·蔡仲之命》"成王既踐奄"，孔傳："已滅奄。"	劉釗　古文字構形研究	60000
擊			説文	旁擊也。从手敫聲。	許慎　説文解字	
扚			説文	疾擊也。从手勺聲。	許慎　説文解字	
抶			説文	笞擊也。从手失聲。	許慎　説文解字	
抵			説文	側擊也。从手氏聲。	許慎　説文解字	
抰			説文	以車鞅擊也。从手央聲。	許慎　説文解字	
㨐			説文	衣上擊也。从手保聲。	許慎　説文解字	
捭			説文	兩手擊也。从手卑聲。	許慎　説文解字	
捶			説文	以杖擊也。从手垂聲。	許慎　説文解字	
搉			説文	敲擊也。从手隺聲。	許慎　説文解字	
擌			説文	中擊也。从手竟聲。	許慎　説文解字	
拂			説文	過擊也。从手弗聲。	許慎　説文解字	

拂			甲骨	從广從弗，疑拂之異構。治也。	饒宗頤 殷代貞卜人物通考 卷八	25674
掔			説文	擣頭也。从手堅聲。讀若“鏗尔舍瑟而作”。	許慎　説文解字	
抌			説文	深擊也。从手冘聲。讀若告言不正曰抌。	許慎　説文解字	
擊			説文	傷擊也。从手、毀，毀亦聲。	許慎　説文解字	
擊			説文	攴也。从手毄聲。	許慎　説文解字	
扞			説文	忮也。从手干聲。	許慎　説文解字	
扞	 大鼎	攼	金文	攼扞同字，謂扞取也。	吴闓生 吉金文録 卷一 大鼎	28182
扞	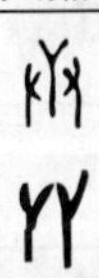	玕 秆	甲骨	字當是扞。亦作捍。卜辭中作人名或地名。	張秉權 殷墟文字丙編考釋	25680
扞	 長/乙篇/行4-6	攼	楚簡	攼同扞。	李零 長沙子彈庫戰國楚帛書研究	25681
扞		阡	甲骨	扞是殷代古國。甲骨文字形從一人背干而面向外，金文則從二人，其義一也。其所從干，金文或寫作單。扞字其義有守禦、護衛。	胡厚宣 蘇聯國立愛米塔什博物館所藏甲骨文字考釋 出土文獻研究續集 1989 年	25682
抗	  或體	杭	説文	扞也。从手亢聲。杭抗或从木。	許慎　説文解字	
捕			説文	取也。从手甫聲。	許慎　説文解字	
簎			説文	刺也。从手，籍省聲。《周禮》曰：“簎魚鼈。”	許慎　説文解字	
撚			説文	執也。从手然聲。一曰蹂也。	許慎　説文解字	
挂			説文	畫也。从手圭聲。	許慎　説文解字	
挂	 庸伯馭簋	馭	金文	此挂字異文也。手又同意，厓圭通用。俗又作掛。	高田忠周 説文古籀篇 卷五十五	35945

拕			説文	曳也。从手它聲。	許慎　説文解字	
拕	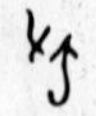		甲骨	象拖蛇之狀，當是拕字。即後世之拖字。	屈萬里　殷墟文字甲編考釋	25690
拕	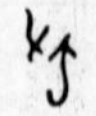		甲骨	即拕字。非徒以它爲聲，亦象形意字也。	王國維　觀堂書札　中國歷史文獻研究集刊第一集1980年	25691
拕	 師同鼎	𢌳	金文	即拕，當是地名。	陝西周原扶風文管所　周原發現師同鼎　文物1982年12期	25692
捈			説文	臥引也。从手余聲。	許慎　説文解字	
捈		敘	楚簡	《説文》古文從攴之字，皆可從手，此字疑爲捈字。	嚴一萍　楚繒書新考　中國文字1967年	25694
抴			説文	捈也。从手世聲。	許慎　説文解字	
揙			説文	撫也。从手扁聲。	許慎　説文解字	
撅			説文	从手有所把也。从手厥聲。	許慎　説文解字	
攎			説文	挐持也。从手盧聲。	許慎　説文解字	
挐			説文	持也。从手如聲。	許慎　説文解字	
搵			説文	没也。从手𥁕聲。	許慎　説文解字	
搒			説文	掩也。从手旁聲。	許慎　説文解字	
挌			説文	擊也。从手各聲。	許慎　説文解字	
拲	  或體	桊	説文	兩手同械也。从手从共，共亦聲。《周禮》："上辠，梏拲而桎。"𣐾拲或从木。	許慎　説文解字	
拲		奔	甲骨	此字從㚔，從収，當爲拲之初文。㚔爲械其兩手之刑具。	朱芳圃　殷周文字釋叢　卷下	25704
拲		奔	甲骨	朱氏釋拲是對的。	張亞初　商周族氏銘文考釋舉例　古文字研究1982年7輯	25705
掫			説文	夜戒守，有所擊。从手取聲。《春秋傳》曰："賓將掫。"	許慎　説文解字	

撖	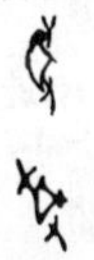	戞	甲骨	此字象上下兩手持耳，當即撖字。	于省吾 雙劍誃殷契駢枝 釋大	25707
撖		戞	甲骨	撖=驟。	于省吾 雙劍誃殷契駢枝三編	43295
撖	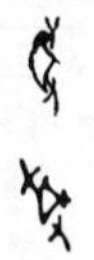	戞	甲骨	契文作戞，于氏釋撖讀驟極是。	李孝定 甲骨文字集釋 卷十二	25708
撖			甲骨	驟。	李孝定 甲骨文字集釋	43296
撖		戞	甲骨	天象。	于省吾 骨文字釋林	43297
撖		戞	甲骨	擴之意。	赤塚忠 甲骨金文研究 赤塚忠著作集・七	43298
撖			甲骨	讀爲驟，驟猶暴，大撖風即大暴風。	徐中舒 甲骨文字典	43299
捐			説文	棄也。从手肙聲。	許慎　説文解字	
捐	 上一/孔子詩論/18	悥	楚簡	投之以木瓜之“投”，義與“捐”相通。“投”，《集韻》云：“棄也。”《説文》言“捐”曰：“棄也。”是“投”、“捐”義相近。	馬承源 上海博物館藏戰國楚竹書第一册 孔子詩論	11342
掤			説文	所以覆矢也。从手朋聲。《詩》曰：“抑釋掤忌。”	許慎　説文解字	
扜			説文	指麾也。从手亏聲。	許慎　説文解字	
摩			説文	旌旗，所以指麾也。从手靡聲。	許慎　説文解字	
捷			説文	獵也。軍獲得也。从手疌聲。《春秋傳》曰：“齊人來獻戎捷。”	許慎　説文解字	
捷	 䳄鼎	戢	金文	當是古文捷字。	郭沫若 兩周金文辭大系圖録考釋 䳄鼎	25713
捷	 禹鼎	戋	金文	古捷字，捷字從中得聲，而此形體正是從戈中聲，概捷字初文。	管燮初 説戋 中國語文 1978 年 3 期	25715

捷	 逨鼎乙	戜	金文	即捷字。	孫亞冰 眉縣楊家村卅二、卅三年逨鼎考釋 中國史研究 2003 年 4 期	15138
扣			説文	牽馬也。从手口聲。	許慎　説文解字	
扣	 郭/老子甲/33		楚簡	扣，疑讀作“敂”。《説文》：“擊也。”	彭浩、劉祖信、王傳富 郭店楚墓竹簡	6570
掍			説文	同也。从手昆聲。	許慎　説文解字	
搜			説文	衆意也。一曰求也。从手叜聲。《詩》曰：“束矢其摉。”	許慎　説文解字	
搜		叟	甲骨	叟爲叜之省形，乃摉字。	饒宗頤 殷代貞卜人物通考 卷三	25719
換			説文	易也。从手奐聲。	許慎　説文解字	
掖			説文	以手持人臂投地也。从手夜聲。一曰臂下也。	許慎　説文解字	
摦			説文	横大也。从手瓠聲。	許慎　説文解字	
攙			説文	刺也。从手毚聲。	許慎　説文解字	
搢			説文	插也。从手晉聲。搢紳前史皆作薦紳。	許慎　説文解字	
掠			説文	奪取也。从手京聲。本音亮。《唐韻》或作擽。	許慎　説文解字	
掐			説文	爪刺也。从手臽聲。	許慎　説文解字	
捻			説文	指捻也。从手念聲。	許慎　説文解字	
拗			説文	手拉也。从手幼聲。	許慎　説文解字	
摵			説文	捎也。从手戚聲。	許慎　説文解字	
捌			説文	方言云：無齒杷。从手别聲。	許慎　説文解字	
攤			説文	開也。从手難聲。	許慎　説文解字	

抛			説文	棄也。从手从尤从力，或从手尥聲。案:《左氏傳》通用摽。《詩》:“摽有梅。”摽，落也。義亦同。	許慎　説文解字	
㩩			説文	舒也。又，㩩蒲，戲也。从手雩聲。	許慎　説文解字	
打			説文	擊也。从手丁聲。	許慎　説文解字	
扏	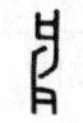		甲骨	從丩從二又，即扏。商先王小甲之本名。《紀年》作高者借字也。	于省吾 雙劍誃殷契駢枝 續編 釋扏甲	16234
扗		⿰阝土	篆文	“扗”可作“阡”用，表示道路。其篆文可隸定爲⿰阝土。“阡陌”文獻或以“仟佰”書之，《史記》、《漢書》均有其例。據此推測“⿰阝土”字左旁本應作“仟”，右旁“土”爲形旁。《説文》“仁”字的古文寫法與“⿰阝土”中的“仟”旁很接近。	潘玉坤《篆隸萬象名義》篆文二題 中國文字研究2005年6輯	14721
抔			甲骨	陳邦福釋抔。該字用爲祭名。	葉玉森 殷虛書契前編集釋 卷二	16367
抔			甲骨	捊當與杈、抔爲一字。	李孝定 甲骨文字集釋 補遺	16368
扻			楚簡	原釋砍。今改釋扻。讀次。姓氏。	何琳儀 戰國文字形體析疑 于省吾教授百年誕辰紀念文集 1996 年 9 月	44872
抎	  包/文書/169		楚簡	該字應分析爲從手厷聲。讀爲肱。在簡文中都用爲人名。	徐在國 包山楚簡文字考釋四則 于省吾教授百年誕辰紀念文集 1996 年 9 月	16369
抎	 上三/周易/51		楚簡	又作“厷”，手臂。右肱被折，雖有左在，也不足用。	濮茅左 上海博物館藏戰國楚竹書第三册 周易	13856
扫		舀	金文	字當釋爲扫，從爪從手同意。	郭沫若 陝西新出土器銘考釋 説文月刊 1943 年 10 期	31760

抇		曶	金文	該字從爪從日，殆是抇字。從爪與從手同意。	郭沫若 陝西新出土器銘考釋 説文月刊 1942 年 5 月	16370
抃	 師晨鼎	共	金文	爲抃字本字。	唐蘭 永盂銘文解釋 文物 1972 年 9 期	28162
担	 郭/緇衣/7		楚簡	讀爲癉，意爲勞苦。	劉釗 郭店楚簡校釋	7223
抽	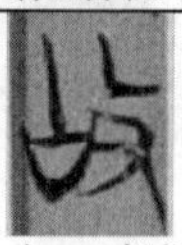 上三/彭祖/8		楚簡	當爲“抽”字異體。“抽”有展示之義，如《楚辭·九章·惜往日》：“君無度而弗察兮，使芳草爲藪幽。焉舒情而抽信兮，恬死亡而不聊。”簡文“毋抽富”意思是不要展示財富。	楊澤生 上博竹書第三册零釋 簡帛研究網 2004 年 4 月 29 日	2715
拯				置身於低地的民衆溺没於洪水，居處高岸的民衆則對溺水者拯救之。此種拯救行動在上古稱爲“拼”、“撜”、“拯”、“承”、“丞”。這五個字異字同詞。	宋永培 《説文解字》字系研究 中國文字研究 1999 年 1 輯	14511
捍			陶文	《説文》無，《集韻》同扞，即捍。	高明、葛英會 古陶文字徵	18364
掑	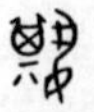	期		按銘意人名，此從丮從其甚明。期即掑字。此期亦惎異文。	高田忠周 古籀篇 卷五十四	41161
搼	 上五/鮑叔牙與隰朋之諫/6	倸	楚簡	“搼”之訛字，省作“倸”。《集韻》：“搼，裂也。”	陳佩芬 上海博物館藏戰國楚竹書 第五册 鮑叔牙與隰朋之諫	3035
搆	 走簋	䙴	金文	依據《篇海》，該字應釋爲搆，在金文中，當作並字的意義。	李旦丘 金文研究 卷一	16826

攜			甲骨	疑爲携之象形字。從人出左手或右手。疑王行親迎之禮，携后以歸。	温丹銘 殷卜辭婚嫁考 中山大學文史學研究所月刊一卷五期 1933 年	17589
揨			貨幣	從長尚省聲，乃雙重聲符字。	陳漢平 古文字釋叢 考古與文物 1985 年	18372
摑	 師寰簋	彧	金文	從又從國。	劉心源 奇觚室吉金文述 卷四	17726
擒			甲骨	卜辭中已有擒字，或作動詞，或爲人名、國族名、地名。	白玉峥 契文舉例校讀 中國文字 1969 年	17859
擤	 簋		金文	阮元釋得。得字從貝，卜辭金文形體與此偏旁不類，阮釋非是。右上半從自。自即鼻之初字。此字從手從鼻，當釋擤。古字從人表義者，往往隨意增省。	戴家祥 金文大字典	14797
擾	 毛公鼎	憂	金文	右旁蓋爲夒省文，左旁手形，則此爲擾字異文無疑。銘意：煩也，亂也。	高田忠周 説文古籀篇 卷五十四	31639
擾	 大克鼎	𧮫	金文	擾與柔同。	王國維 克鼎銘考釋 觀堂集林 1959 年 6 月	45179
攀	  宄鼎	䙴	金文	䙴基本由三個構件構成：右邊爲“𠬞”，左上爲“𢦏”，左下爲“凡”。從“𠬞”，從“𢦏”，𢦏亦聲，“凡”爲疊加聲符。爲“攀”初文。銘文中“䙴司”可讀“班司”，義爲“分別司事”；“䙴官司”可能是“班司”的別稱，在銘文中仍有分管之義，“䙴”可讀“班”，疑爲“䙴司”簡省，又讀“告”，如《逆鐘》之“䙴”；“ 䙴賜”應讀“班賜”或“頒賜”；“䙴令”讀“頒令”；“䙴胥”讀“班胥”，義爲“分別佐助”。“𢦏”作爲偏旁，已見於甲骨卜辭。又《甲骨文合集》28041 著録一個奇字，應是“䙴”字的最早形體。	何琳儀、胡長春 釋攀 漢字研究 2005 年 1 輯	15752

擾	 大克鼎	𩔰	金文	當爲擾之異文，右形從夒省，左從卤，與擾古音同部。擾遠猶詩柔遠。銘言其安遠而善近。	孫詒讓 籀高述林七 克鼎釋文	45174
擾	 大克鼎	𩔰	金文	孫説近是。字當爲夒之異文。克鼎從頁卤聲，番生簋從夒卤聲，俱爲夒字别構。卤與卣字同，頁與夒形近。	朱芳圃 甲骨文字釋叢	45178

乑部

乑			説文	背吕也。象脅肋也。凡乑之屬皆从乑。	許慎　説文解字	
脊			説文	背吕也。从乑从肉。	許慎　説文解字	
脊			篆文	象脊肋之形，從肉。	林義光 文源	25725
脊			甲骨	酷肖魚脊骨之形，當是脊之初文，小篆譌爲乑，後人復譌爲乖。	郭沫若 殷契粹編考釋	25726
脊	  《漢印文字徵》卷五・九		漢印	《漢印文字徵》卷五・九青字下收二字形，釋青誤。由睡虎地秦簡、馬王堆醫書《足臂灸經》、《戰國縱横家書》等脊字字形可知此二字爲脊。	劉樂賢 秦漢文字釋叢 考古與文物 1991 年 6 期	25923
脊	 		甲骨	小篆脊字字形，既像草木華葉下垂之形。又象背吕脅肋之形。字形有多種變體，其中最省之形象犠牲背吕脅肋之形，其字形雖有筆畫繁省之差異，但屬於文字早期形體未完全固定的普遍現象。	鍾柏生 釋“[illegible]” 考古與歷史文化 1991 年 6 期	25925
脊			楚簡	《説文》諸家都以脊爲會意字，脊實爲從肉從朿的形聲字。	黄德寬 古文字考釋二題 于省吾教授百年誕辰紀念文集 1996 年 9 月	25924
脊			金文	李學勤、劉釗釋爲脊，很有見地。爲脊骨的象形字。	張亞初 金文考證例釋 第三届國際中國古文字學研討會論文集 1997 年 10 月	16090
脊			楚簡	此字林澐釋爲“膌”，可從。	徐在國 讀《楚國簡帛文字編》劄記 安徽大學學報 5 期	60121

脊	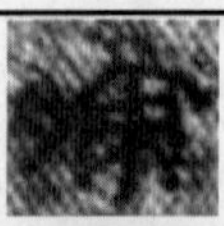		楚簡	帛書脊，讀瘠。	何琳儀 戰國古文字典	60122
脊	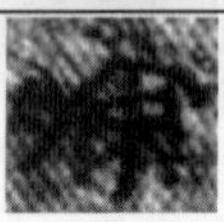		楚簡	痍，與《説文》“膌”之古文同形，或作“瘠”，諸家多隸作“痍”，不妥。按字從“疒”作，而非從肉作，字又見包山簡 168，用作人名。	劉信芳 子彈庫楚墓出土文獻研究	60078
脊	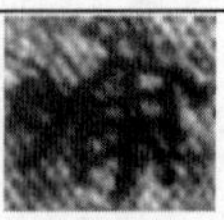		楚簡	應釋爲脊，讀爲“膌”。	黄德寬 古文字考釋二題 于省吾教授百年誕辰紀念文集 1996 年 9 月	60132

女部

女			説文	婦人也。象形。王育說。凡女之屬皆从女。	許慎　説文解字	
女			金文	女，汝省。女南，汝水之南。	劉心源 奇觚室吉金文述 卷五	25926
女			金文	女。象頭身脛及兩臂之形，身夭矯，兩手交，此女之態。	林義光 文源	25928
女			金文	亦女字異文。上一即象簪笄也。	高田忠周 説文古籀篇 卷三十七	25929
女				甲骨文女象兩手交覆跽伏之形，與 ? 之垂手與𠨎者同意。	孫海波 中國大學講義（内刊） 甲骨金文研究	42437
女			甲骨	甲骨文女象人環臂而跽之狀。環臂所以形容女人之臃腫。蓋古人繪女人之形,每以臃腫爲其特徵。作跽之狀因爲古人下衣無褲，坐則兩股張開，易露下體，跽則能免。	李星可 釋女 中法大學月刊 1934 年 3 月	25930
女			金文	女字。女首一者，笄也。	方濬益 綴遺齋彝器款識考釋 卷三	25927
女			甲骨	貝文“女六朱”舊釋“各一朱”，誤。因爲此貝確有六朱重，小的也有二朱多。且各不可解。女爲汝省水。戰國楚地。	鄭家相 古代的貝化 文物 1959 年 3 期	25936
女	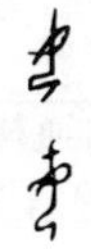			就歷代女字的字形可以看出甲骨文及金石文中的女字，十分象形。小篆以下漸離本體。女字乃席地而坐的女子姿態，並非俘虜或卑賤之人，也非馴服而成，乃女子自然之態。	田倩君 中國文字 1963 年	25932
女			楚簡	甲篇四行至五行。“西域又吝女，日月既亂，乃又災荒。東域又吝悔，歲乃兵，母于其王。”甲骨文女母每三字形稍異而通用。卜辭成語弗每即易經之無悔。女字讀悔或如均可通。吝女即吝悔，母于其王即悔于其王。	唐健垣 楚繒書文字拾遺 中國文字 1968 年	25933

女			甲骨	契文女用爲字之偏旁則是女字，用於人名合文則作母字。母字爲女字胸多兩點，或上多一横。母女二字字形上既無分别，於一辭中爲何義，端視辭義。	丁驌 説女字 中國文字 1970 年	25934
女			甲骨	甲骨文女字形象一個女人跪在地上雙手交叉於胸前之狀。少數上加一横。象簪笄。母字則在女字中加兩點，像胸前雙乳之形，金文也如此。爲指事字。甲骨文母有時也去掉兩點，與女字異字同形。	陳煒湛 甲骨文異字同形例 古文字研究 1981 年 6 輯	25937
女	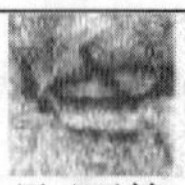 長/丙篇		楚簡	即《爾雅・釋天》十二月名之如，春二月。	李零 長沙子彈庫戰國楚帛書研究	2255
女	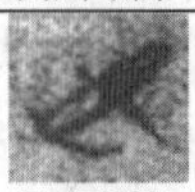 長/丙篇		楚簡	娶女也是古人經常卜問的對象。	李零 長沙子彈庫戰國楚帛書研究	1333
女	 長/丙篇		楚簡	“女”當讀作“如”，月名。	高明 楚繒書研究 古文字研究 1985 年 12 輯	10079
女	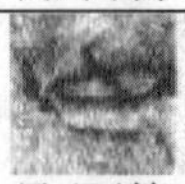 長/丙篇		楚簡	《爾雅・釋天》：“二月爲如”，此作女。如從女得聲，女、如可通。	曹錦炎 楚帛書《月令》篇考釋 江漢考古 1985 年 1 期	10080
女	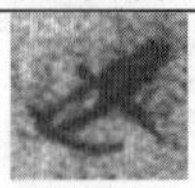 長/丙篇		楚簡	取女，即下文取女，謂是月可以娶女。	李零 長沙子彈庫戰國楚帛書研究	1325
女			甲骨	女，即《爾雅・釋天》十二月名之如，春二月。女此武似可借字連讀爲如此武，謂此月可舉武事。	李零 長沙子彈庫戰國楚帛書研究	25935
女			楚簡	“女”即“如月”。	何琳儀 長沙帛書通釋 江漢考古 1986 年 1、2 期	11557
女			甲骨	象屈膝交手之人形。婦女活動多在室内，屈膝交手爲其於室内居處之常見姿態，故以爲女性特徵。别於力田之爲男性特徵也。或於胸部加兩點表示女乳，或上加一横表示其頭飾，則女性之特徵更加明顯。女母初爲一字，后意義各有所專。	徐中舒 甲骨文字典 卷十二	25939

女	 包/文書/7		楚簡	地名。	劉彬徽、彭浩、胡雅麗、劉祖信 包山楚簡	3191
女	 匯/楊家灣/16		楚簡	殆爲某種專職女俑的名稱。	商承祚 戰國楚竹簡匯編 楊家灣六號楚墓竹簡	9707
女	 匯/信陽一號墓文章/30		楚簡	漢代以前無汝字，皆用女爲汝，金文銘文中常見，爲習見語詞，後因用詞需要，分爲二字二義。	商承祚 戰國楚竹簡匯編 信陽長臺關一號楚墓竹簡第一組文章	9956
女	 郭/性自命出/24		楚簡	鮮如，猶粲然，笑容生動的樣子。	李零 郭店楚簡校讀記 道家文化研究 1999 年 17 輯	8868
女	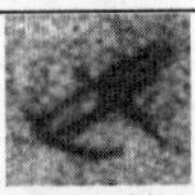 長/丙篇		楚簡	“娶女”，應與下文“娶女”有關。	李零 《長沙子彈庫戰國楚帛書研究》補正 古文字研究 2000 年 20 輯	10147
女	 上一/孔子詩論/4		楚簡	“……其用心也將可（何）女（如）”，此簡文提出有關《邦風》的兩個啓發式問題，對第一個問題作了“邦風是也”的答問。第二問題的答辭已殘失無存。這種問答式的講辭也是孔子的教育方法。	馬承源 上海博物館藏戰國楚竹書 第一册 孔子詩論	1979
女	 上一/紂衣/1		楚簡	讀作“如”。	陳佩芬 上海博物館藏戰國楚竹書 第一册 紂衣	11885
女	 上一/性情論/19		楚簡	澅女讀爲“流如”，流漫無節制狀。《禮記·樂記》“樂而不流”，鄭玄注：“流，猶淫放也。”荀子屢言樂而不流。	濮茅左 上海博物館藏戰國楚竹書 第一册 性情論	7828

女	 上一/性情論/16		楚簡	“蒖女”，即“喟焉”，與“喟爾”、“喟然”同。《楚辭·懷沙》：“永嘆喟兮。”王琦：“喟，嘆聲。”《吕氏春秋·慎勢》：“簡公喟焉太息。”《禮記·禮運》：“出遊於觀之上，喟然而嘆。”	濮茅左 上海博物館藏戰國楚竹書 第一册 性情論	10209
女			楚簡	喟如，猶古書中習見的“喟然”。	陳偉 郭店竹書别釋	60065
女			楚簡	讀作“如”。	馬承源 上海博物館藏戰國楚竹書 第二册 魯邦大旱	60079
女	 上二/魯邦大旱/3		楚簡	“吾子女（如）重命其與”，此處“如”字訓而（黄人二《上博藏簡〈魯邦大旱〉試探》（稿本）），表示轉折語氣，猶今語“卻”、“但”。	馬承源 上海博物館藏戰國楚竹書 第二册 魯邦大旱	12
女	 上二/民之父母/1		楚簡	“可女”讀爲“何如”。	濮茅左 上海博物館藏戰國楚竹書 第二册 民之父母	11667
女			金文	處理爲“女”有三義。A.爲女氏名。除了假借作代詞“汝”、動詞“如”外，還假借作“女氏”之“女”。B.“女兒”之“女”。C.“男女”之“女”。處理爲“母”，有三義。A.“母親”之“母”。B.“配偶”義之“母”。C.“成年女通稱美稱”義之“母”。	曹兆蘭 金文“女”、“母”的形義試析 學術研究 2002 年 7 期	15412
女	 郭/性自命出/25		楚簡	齊如，莊重恭敬的樣子。	陳偉 郭店竹書别釋	8886
女	 上二/魯邦大旱/3		楚簡	當爲“乃”，《經傳釋詞》：“女，乃也。”	顔世鉉 上博楚竹書散論（三） 簡帛研究網 2003 年 1 月 19 日	4006

女	 郭/性自命出/47		楚簡	快如，意爲直爽、爽快。	劉釗 郭店楚簡校釋	9191
女	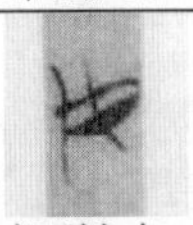 郭/性自命出/24		楚簡	“舀女”即陶然，乃喜悦快樂貌。	劉釗 郭店楚簡校釋	8875
女	 郭/性自命出/24		楚簡	鮮如，形容快樂貌。	劉釗 郭店楚簡校釋	8869
女	 上三/周易/1		楚簡	“六三：勿用取女”，本辭屬《尨（蒙）》卦六三爻辭。“尨”，卦名，《周易》第四卦，坎下艮上。	濮茅左 上海博物館藏戰國楚竹書 第三册 周易	12803
女	 郭/性自命出/44		楚簡	節節如，有節度、節制的意思。	劉釗 郭店楚簡校釋	9166
女	 上二/魯邦大旱/3		楚簡	可徑直讀爲“若夫”。“女”（rǔ）、“如”同屬日母魚部，“若”屬日母鐸部，爲陰入對轉，可以假借。《廣雅》曰：“如，若也。”《荀子·不苟》：“民猶若未從也。”楊倞注：“若，如也。”《吕氏春秋·下賢》：“堯論其德行達智而弗若。”高誘注：“若，如也。”至於簡文中的“女”字隨文讀“如”還是讀“若”，當依據篇内語境與傳世文例具體而定。“若夫”，王引之《經傳釋詞》卷七：“‘若夫’，轉語詞也。”又“發語詞也”。典籍中習見。	秦樺林 上博簡《魯邦大旱》虚詞劄記 簡帛研究網 2003年2月15日	4010
女	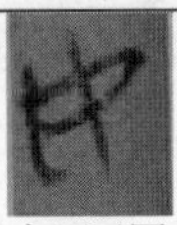 上三/周易/26		楚簡	“取女”，即“娶妻”。	濮茅左 上海博物館藏戰國楚竹書 第三册 周易	13639

女	 上二/魯邦大旱/3		楚簡	“吾子女重命其與”之“女”可從馬承源先生説，讀爲“若”。從語法上説，“若”爲副詞無疑。從文意推求，此句的虛詞含有測度語氣。楊伯峻《古漢語虛詞》云：“‘若’可作表示不肯定之副詞,可譯爲‘似乎’、‘大約’等。”又云：“‘與’、‘歟’還可以表示推測，估計。”因此，“若……其歟”連用，很可能是加强測度語氣。	秦樺林 上博簡《魯邦大旱》虚詞劄記 簡帛研究網 2003年2月15日	4007
女			楚簡	讀爲“如”。	濮茅左 上海博物館藏戰國楚竹書 第四册 柬大王泊旱	60021
女	 上二/魯邦大旱/6		楚簡	“亡（無）如”猶云無奈，可參看《禮記·哀公問》“無如後罪何”鄭注。	李學勤 上博楚簡《魯邦大旱》解義 上博館藏戰國楚竹書研究續編 2004年7月	142
女			楚簡	讀爲“如”。	濮茅左 上海博物館藏戰國楚竹書 第三册 周易	60039
女			楚簡	讀爲“如”。	濮茅左 上海博物館藏戰國楚竹書 第三册 周易	60040
女	 上三/中弓/8		楚簡	“夫先有司爲之女可”之“女”讀爲“如”。	李朝遠 上海博物館藏戰國楚竹書 第三册 中弓	11725
女	 上四/柬大王泊旱/5		楚簡	“女表”之“女”讀爲“如”。	濮茅左 上海博物館藏戰國楚竹書 第四册 柬大王泊旱	3411
女	 上五/鮑叔牙與隰朋之諫/7		楚簡	“然則奚女”之“奚女”猶“何如”。	陳佩芬 上海博物館藏戰國楚竹書 第五册 鮑叔牙與隰朋之諫	591

女	 上五/三德/1		楚簡	我們懷疑此處的“女”當“母”之誤。簡文讀作“天惡毋忻”，意爲“上天所厭惡的不要喜歡”，這與同簡“平旦毋哭，暝毋歌”句式及句意恰好相一致。同時也與後文“埤牆勿增，廢人勿興。皇天之所棄，而後帝之所憎。毋曰冥冥，上天有下政”的論述相互應。	范常喜 《上博五•三德》劄記六則 簡帛網 2006 年 5 月 18 日	4296
女	 上五/姑成家父/9		楚簡	“强門大夫曰：女……”女、如與若通假，古書習見。上博二《魯邦大旱》3 號簡“女夫”讀作“若夫”，是楚簡中的例證。此“女”恐讀爲“諾”，是表示遵命的應答聲。	陳偉 《苦成家父》通釋 簡帛網 2006 年 2 月 26 日	5069
女	 上三/中弓/3		楚簡	“汝”稱代“中弓”。	楊懷源 讀上博簡《中弓》劄記四則 簡帛研究網 2004 年 8 月 7 日	2838
女	 上五/鬼神之明/3		楚簡	恐當讀爲“如”，爲表示假設的連詞。	陳偉 上博五《鬼神之明》篇初讀 簡帛網 2006 年 2 月 18 日	4933
姓			説文	人所生也。古之神聖母，感天而生子，故稱天子。从女从生，生亦聲。《春秋傳》曰：“天子因生以賜姓。”	許慎 説文解字	
姓	 叔㚸簋	生	金文	百生即百姓。	劉心源 奇觚室吉金文述 卷三	25940
姓			甲骨	古姓字，從女從生，人所生也。生亦聲。	王襄 簠室殷契類纂正編卷十二	25941
姓			甲骨	此姓字。金文以生爲姓，或用借字矣。	余永梁 殷虚文字考 國學論叢 1927 年	25942
姓		生		原始社會圖騰或氏族之名在階級社會就演變成各族的姓。由此姓字的原始意義及古姓之多從女偏旁，又在古姓中多保留先妣生子的信仰可以推知。	孫作雲 周先祖以熊爲圖騰考 開封師範學報 1957 年 2 期	25945

姓	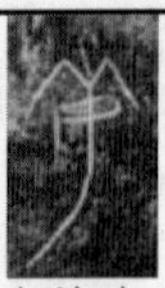 㚸盜壺	每	金文	“慈愛百姓”，釋姓爲㱿、僚、每皆誤，應爲姓字。	黄盛璋 中山國銘刻在古文字、語言上若干研究 古文字研究 1982 年 7 輯	25946
姓			甲骨	姓字象女子向生之神禱告之形，可能是古人的生殖崇拜的禮俗。德字從行，就是向四方禱告生之神。	斯維至 關於德字的形義問題 人文雜誌 1983 年 5 期	25947
姓		𠇷	金文	姓。古字從人表義者，亦或更旁從女；從女表義者，亦或更旁從人。此姓之從人其例亦猶是。子姓，古之成語，或謂子或謂孫，亦或泛指衆子孫。	戴家祥 金文大字典 卷上	25948
姜			説文	神農居姜水，以爲姓。从女羊聲。	許慎　説文解字	
姜			甲骨	姜字有從羊未刻全者，爲姜字。亦有上從羊下從一人面縛之形，似非姜字，疑羌之異構。	李孝定 甲骨文字集釋 卷十二	25952
姜			甲骨	姜字與㛜字不同。㛜只用爲人名，疑㛜本姜姓之女子。㛜、𡛚、孊或係同一人名。	丁驌 説女字 中國文字 1970 年	25955
姜			甲骨	從羊省從女，爲姜字。	徐中舒 甲骨文字典 卷十二	25954
姬			説文	黄帝居姬水，以爲姓。从女𦣞聲。	許慎　説文解字	
姬				黄帝居姬水，以爲姓。水名唯當以𦣞爲之，黄帝以爲姓，而後字亦從女耳。姜、姚、嬴、姞皆如此也。	高田忠周 古籀篇 卷三十七	25956
姬			甲骨	從𦣞從每，即姬字。卜辭母女每無别，知姬亦可從每也。	孫海波 誠齋甲骨文字考釋	25959
姬	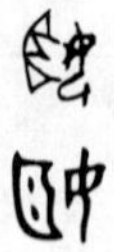			姬所從得聲的𦣞原象熊蹟。從女從𦣞，即因姜嫄履大人蹟的信仰而製作者，姬字的得義得形皆由于圖騰。	孫作雲 周先祖以熊爲圖騰考 開封師範學報 1957 年 2 期	25961
姬			甲骨	姬字或從每，甲骨文每、女可通。𦣞象梳篦之形。在甲骨文中不單獨出現，僅見於偏旁。	徐中舒 甲骨文字典 卷十二	25962
姬			甲骨	從每𦣞聲，隸作姬。卜辭與婢連用，均爲賤役女子，用作人牲。	朱歧祥 殷墟甲骨文字通釋稿	25960

姞			説文	黄帝之後百鯀姓，后稷妃家也。从女吉聲。	許慎　説文解字	
姞	 楊姞壺		金文	姓氏。	王人聰 楊姞壺銘釋讀與北趙63號墓主問題 文物1996年5期	15368
嬴			説文	少昊氏之姓也。从女，羸省聲。	許慎　説文解字	
嬴	 庚嬴卣		金文	從𣎆從貝，不從冈，乃嬴字。古與嬴通。嬴，餘也。象蜾嬴之形。	方濬益 綴遺齋彝器款識考釋 卷十二	25967
嬴			金文	從女，嬴聲，釋嬴甚是。方濬益謂象蜾嬴之形，其説可從。非從能。嬴熊非得通，蓋以形近而訛耳。	李孝定 金文詁林讀後記 卷十二	25969
嬴			金文	青銅鼓座上、下沿銘文中均有“□公”，“公”字筆畫清晰形體較奇異。其上部象飛蟲之頭，下部象翅和足。展翅即如周壁上沿之字形，側視如周壁下沿之字形，即“螟蛉有子，蜾嬴負之”的嬴字。	殷滌非 九里墩墓的青銅鼓座 古文字研究1986年14輯	25970
姚			説文	虞舜居姚虚，因以爲姓。从女兆聲。或爲姚，嬈也。《史篇》以爲：姚，易也。	許慎　説文解字	
姚	 包/文書/174		楚簡	應爲媦。簡文媦，《説文》作嫘，“好也”。今字作媛。	湯餘惠 包山楚簡讀後記 考古與文物1993年2期	6475
嬀			説文	虞舜居嬀汭，因以爲氏。从女爲聲。	許慎　説文解字	
嬀	 陳侯鼎		金文	金文陳侯鼎有字從女從爲省從氏，因嬀爲陳之女姓，故以氏字標示其下，非苟爲繁縟文也。	孫詒讓 名原 卷下	25974
嬀	 筍伯大父盨	嬴	金文	此篆文舊釋嬴，當釋嬀爲是。	强運開 説文古籀三補 卷十二	25975

嫣	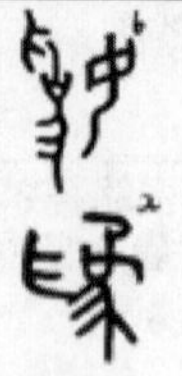	爲	金文	金文或不從女，段注：虞舜既姓姚，則嫣爲舜之後世。姓統於上，氏別於下。按古代氏族社會，姓爲同一圖騰者所共有。舜後居嫣汭，因以爲姓。	林潔明、周法高主編 金文詁林 卷十二	25977
妘	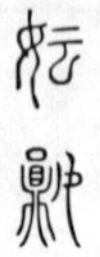 籀文	[illegible]	説文	祝融之後姓也。从女云聲。籀文妘从員。	許慎 説文解字	
妘		嫦	金文	妘籀文，此季嫦者莫詳何國。	阮元 積古齋鐘鼎彝器款識 卷十一	25980
妘		嫦	金文	古金文妘字皆作嫦。	王國維 史籀篇疏證 王國維遺書第六册 1983 年	25981
妘				祝融之後姓也，從女云聲。籀文作嫦，從員聲。籀文以鼎爲貞，段氏改貞爲貝。貝鼎形本迥異，至小篆區别消失。	高田忠周 古籀篇 卷三十七	25982
妘	 圅皇父簋	嫦	金文	嫦即娟字，亦即妘字。古從鼎作之字后多誤爲貝。古從貝者亦有誤爲鼎者，如具字。	郭沫若 兩周金文辭大系圖録考釋 圅皇父簋	25984
妘	 翏生盨	嫦	金文	妘嫦聲符更旁字也。	戴家祥 金文大字典 卷上	25985
姺			説文	殷諸侯爲亂，疑姓也。从女先聲。《春秋傳》曰："商有姺邳。"	許慎 説文解字	
嫐			説文	人姓也。从女然聲。	許慎 説文解字	
妞			説文	人姓也。从女丑聲。《商書》曰："無有作妞。"	許慎 説文解字	
娸			説文	人姓也。从女其聲。杜林説：娸，醜也。	許慎 説文解字	
娸			金文	嬰疑娸之異文。説文，娸人姓也。杜林説，娸醜也。段氏注曰，按頁部顛醜也。杜説蓋以娸爲顛頭字也。	方濬益 綴遺齋彝器款識考釋 卷二	41152
奼			説文	少女也。从女乇聲。	許慎 説文解字	

媒			説文	謀也，謀合二姓。从女某聲。	許慎　説文解字	
妁			説文	酌也，斟酌二姓也。从女勺聲。	許慎　説文解字	
妁	 匯/楊家灣/34		楚簡	第三四簡妁爲一種女奴之稱，用作媒妁之言，爲後起義。	商承祚 戰國楚竹簡匯編 長沙楊家灣六號楚墓竹簡遺策考釋	25992
嫁			説文	女適人也。从女家聲。	許慎　説文解字	
娶			説文	取婦也。从女从取，取亦聲。	許慎　説文解字	
娶	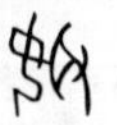		甲骨	從女從取，與《説文》篆文娶字略同。	徐中舒 甲骨文字典 卷十二	25997
婚	  籀文	憂	説文	婦家也。《禮》：娶婦以昏時，婦人陰也，故曰婚。从女从昏，昏亦聲。籀文婚。	許慎　説文解字	
婚		䏣		從爵女。婚禮父醴女而送之，故從爵女。古者女初至，爵以禮之。諸彝器多以爲之，此古聞字。聞婚古同音。	王國維 史籀篇疏證 王國維遺書第六册 1983年	25999
婚		䏣	金文	從爵女。昏禮父醴女而送之。故從爵女。	林義光 文源	26000
婚		䏣	金文	古婚字。從女聲。，古聞字，從人掩口屏息張耳而静聽也。後改作聝、從耳昏聲。又作從耳釆聲又作聞，後世唯有聞字獨傳。	高鴻縉 毛公鼎集釋	26003
姻	  籀文	婣	説文	壻家也。女之所因，故曰姻。从女从因，因亦聲。籀文姻从𣶒。	許慎　説文解字	
妻	  古文	娄	説文	婦與夫齊者也。从女从中从又。又，持事，妻職也。古文妻从𡿺、女。𡿺，古文貴字。	許慎　説文解字	
妻			甲骨	疑妻字。	王襄 簠室殷契類纂存疑 卷十二	26006

妻			甲骨	契文妻字從女首戴髮，從又或二又。蓋手總女髮，爲妻之初義。	葉玉森 說契 學衡 1924年31期	26007
妻	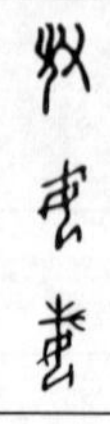		甲骨	疑妻字。卜辭妻與母女有通用之例。所以㞢妻或者也就是㞢母。	張秉權 殷墟文字丙編考釋	26011
妻			説文	此女應作，甲骨文，此從，殆傳寫之誤。	商承祚 説文中之古文考 卷十	42438
妻	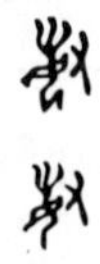		甲骨	甲骨文妻從又，另一構件象婦女長髮形。又或爲雙手，象掠奪婦女之形。上古有掠奪婦女爲妻的習俗。	徐中舒 甲骨文字典 卷十二	26014
妻	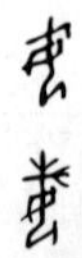		甲骨	妻從女，首配髮飾。隸作妻。	朱歧祥 殷墟甲骨文字通釋稿	26012
妻	 包/文書/91		楚簡	簡文與長沙子彈庫帛書中的妻字相似。	劉彬徽、彭浩、胡雅麗、劉祖信 包山楚簡	2545
妻			金文	楊樹達釋農卣此字爲妻，是也。妻從又從女，女上三筆象女人長髮，手或握住長髮。象徵父權社會丈夫對妻子的絶對權威。	戴家祥 金文大字典 卷上	26015
妻	 郭/六德/28	㝥	楚簡	妻。簡文與《説文》古文"妻"字形近。	彭浩、劉祖信、王傳富 郭店楚墓竹簡	9242
妻	 郭/語叢一/34		楚簡	讀爲齊，意爲莊重、恭敬或完備。	劉釗 郭店楚簡校釋	7917
妻	 郭/老子甲/18	㝥	楚簡	即妻字，讀爲細。古音妻在清紐脂部，細在心紐脂部，聲爲一系，韻部相同，故可通轉。	劉釗 郭店楚簡校釋	7377

婦			説文	服也。从女持帚灑掃也。	許慎　説文解字	
婦		帚	金文	薛氏款識有商帚女乙觚，釋帚女爲箕帚之妾。非是。此帚字當是婦之省文。	阮元 積古齋彝器款識考釋 卷一 婦女鼎	44911
婦			甲骨	從女帚聲，帚之孳乳也。卜辭婦者殆今王之配偶。	唐蘭 殷虚文字記 釋帚婦	26020
婦			甲骨	殷代的婦指男性子的配偶。在先秦文獻裏婦都是子婦。	李學勤 論殷代親族制度 文史哲 1957 年 11 期	26018
婦	 商[illegible]鼎		金文	初釋婦字。或釋孋字。	段紹嘉 商[illegible]鼎介紹 人文雜誌 1958 年 2 期	26019
婦			金文	婦字屬會意，金文均作人名。	戴家祥 金文大字典 卷上	26021
婦	 郭/語叢四/10		楚簡	裘按："佖婦禹夫"當讀爲"匹婦愚夫"。	彭浩、劉祖信、王傳富 郭店楚墓竹簡	9090
婦		帚	金文	在商代不代表一切女性，代表有特殊地位的社會階層"帚（婦女）"。在商代，女性的通稱是"女"。	張寶明 從甲骨文、金文看商族的母性崇拜 河南社會科學 2002 年 4 月	15488
婦	 上一/孔子詩論/29		楚簡	《唐風·葛生》是描寫婦人懷夫，故謂之"婦"。	廖名春 上海博物館藏詩論簡校釋劄記 上博館藏戰國楚竹書研究 2002 年	11467
婦	 上四/曹沬之陳/34		楚簡	"佖夫𡜌婦"，第三字略殘，疑讀"匹夫寡婦"。	李零 上海博物館藏戰國楚竹書 第四册 曹沬之陳	2434
妃			説文	匹也。从女己聲。	許慎　説文解字	
妃			金文	妃字己在左在右不拘束。	劉心源 奇觚室吉金文述 卷八	26022
妃	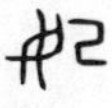		金文	古金文中作妃作改者，皆爲女姓。	羅振玉 增訂殷虚書契考釋 卷中	26025

妃	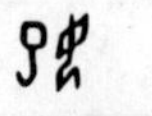		甲骨	羅振玉説此乃妃匹之本字，可從。然所從非己而爲巳。	徐中舒　甲骨文字典　卷十二	26027
妃	 郭/忠信之道/5	伔	楚簡	當釋爲妃，讀爲配，義爲匹配、耦合。與唐虞之道 11 號簡首字類似。	陳偉　郭店竹書别釋	8482
媲			説文	妃也。从女囟聲。	許慎　説文解字	
妊			説文	孕也。从女从壬，壬亦聲。	許慎　説文解字	
妊			甲骨	書契卷八第十四葉，壬卜辭作工，爲妊字無疑。孕非本義。	商承祚　殷虚文字考　國學叢刊 1925 年 10 月	26030
妊			甲骨	懷妊之妊，契文隸變作孕，此爲本字。作妊作姙皆爲後起形聲字。	李孝定　金文詁林讀後記　卷十二	26034
妊			甲骨	“妊冉入石”此石爲妊姓冉所貢者。妊姓即任姓。	饒宗頤　婦好墓銅器玉器所見氏姓方國小考　古文字研究 1985 年 12 輯	26035
娠			説文	女妊身動也。从女辰聲。《春秋傳》曰：“后緡方娠。”一曰宫婢女隷謂之娠。	許慎　説文解字	
娠		妊	甲骨	疑當是從女辰聲，其上缺文當是婦字。帚娠爲武丁諸婦之一。	屈萬里　殷墟文字甲編考釋	26033
娠			甲骨	契文正從女從辰，殷人不唯於諸婦免身卜其嘉否，即於方娠之時，亦貞其休咎也。	李孝定　甲骨文字集釋　卷十二	26038
媰			説文	婦人妊身也。从女芻聲。《周書》曰：“至于媰婦。”	許慎　説文解字	
媰	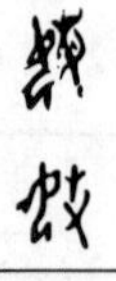		甲骨	甲骨文媰本辭爲地名。	葉玉森　殷虚書契前編集釋　卷二	26039
媰	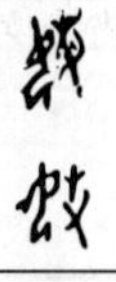		甲骨	此字當即《説文》之媰字。	徐中舒　甲骨文字典　卷十二	26041
嬔			説文	生子齊均也。从女从生，免聲。	許慎　説文解字	
嫛			説文	娩也。从女殹聲。	許慎　説文解字	

婗			説文	嫛婗也。从女兒聲。一曰婦人惡皃。	許慎　説文解字	
母			説文	牧也。从女，象褱子形。一曰象乳子也。	許慎　説文解字	
母			石鼓	當是母字。	張燕昌 石鼓文釋存	26048
母			金文	母通毋。	劉心源 奇觚室吉金文述 卷四	26049
母			石鼓	母即毋，母不毋不也。古金文毋皆作母。	羅振玉 石鼓文考釋	26050
母	 矢令方尊	奭	金文	母之奇文，象人胸頭垂二乳。	郭沫若 兩周金文辭大系圖録考釋 令彝	28183
母		奭	甲骨	其字或即母字假爲保母。	陳夢家 史字新釋坿尹奭 考古 1936 年 2 期	26057
母			甲骨	粹 916 片𡚦乃母字，蓋假爲患也。	郭沫若 殷契粹編考釋	26058
母			甲骨	母字在女字中加兩點象胸前雙乳之形，金文亦多如此作，這在六書中爲“指事”。有時又不加兩點，與女字相混。這樣加兩點者是母非女很清楚。但不加兩點者是女也是母，變成異字同形。	陳煒湛 甲骨文異字同形例 古文字研究 1981 年 6 輯	26063
母			甲骨	母女古得通。象兩手操作形，與男從力從田會意有別。兩點象兩乳，示乳子之意。	李孝定 金文詁林讀後記 卷十二	26062
母			甲骨	從女突出乳房，表示哺育過子女的人。即母字本意。	趙誠 甲骨文虚詞探索 古文字研究 1986 年 15 輯	25745
母			金文	女中多兩點，郭沫若進而説：“母字即生子崇拜之象徵。”金文有上加一横字形，象插髮簪於頭。	戴家祥 金文大字典 卷上	25746
母	 郭/語叢四/26		楚簡	王母，指祖母，見《爾雅・釋親》。	陳偉 郭店竹書別釋	9842
母			甲骨	不是連詞。“母”是對先工先王配偶的尊稱。	楊逢彬 論殷墟甲骨刻辭中不能肯定存在連詞 古漢語研究 2003 年 3 期	15909

母			金文	朿季姬對“君”即王后的稱呼。西周金文的“王母”猶云“皇母”。“王母”是母親，不是祖母。	李學勤 季姬方尊研究 中國史研究 2003 年 4 期	15598
母	 上四/曹沫之陳/22		楚簡	“幾俤君子，民之父母”，連上簡“幾”字爲讀，即“豈弟君子，民之父母”，出《詩・大雅・洞酌》。	李零 上海博物館藏戰國楚竹書 第四册 曹沫之陳	3622
母	 上四/柬大王泊旱/11		楚簡	“旱母”，即“旱魃”、“女魃”，神鬼之屬。《説文・鬼部》：“魃，旱鬼也。”《詩・大雅・雲漢》“旱魃爲虐”，孔穎達疏：“魃字從鬼，連旱言之，故知旱神，《神民經》曰：‘南方有人，長二三尺，袒身，目在頂上，走行如風，名曰魃。所見之國大旱，赤地千里，一名旱母。’”《山海經・大荒經》：“有人衣青衣，名曰‘黄帝女魃’。”	濮茅左 上海博物館藏戰國楚竹書 第四册 柬大王泊旱	3625
母	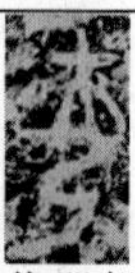 作册般黿	女	金文	“作母寶”，爲紀念此事，作册般做了這個寶器獻給母親。	王冠英 作册般銅黿三考 中國歷史文物 2005 年	60010
母	 作册般黿	女	金文	“作母寶”，母字稍向右偏，但作册並没有“乙”“丁”之類天干，值得注意，這在商代金文里罕見。要知道，銅黿不屬於禮器，在祭祀中無所用之，所以這裹作册般之母當時可能是生存的，也可能是已故的。	李學勤 作册般銅黿考釋 中國歷史文物 2005 年	60006
母	 上五/季庚子問於孔子/19	毋	楚簡	“母歸”之“母”，濮茅左先生把它釋爲“毋”，後來學者皆從之，不過“毋歸”在簡文里頗覺不辭。我們考慮，“母”字有可能是“女”字的錯寫，二字的區别只在於“女”字中間兩點的有無，容易相混。比如《睡虎地秦墓竹簡・日書乙種》簡117“正月、七月朔日，以出母	單育辰 上博五短札（三則）簡帛網 2006 年 4 月 30 日	4744

				（女）、取婦，夫妻必有死者”的“母”即“女”之訛。在典籍中，常有“如歸”之説。而戰國文字資料中“女”和“如”通用之例甚多，這樣看來，把“母歸”釋爲“如歸”還是比較恰當的。		
母	 作册般黿	女	金文	“作女寶”還是以與上一句“奏於庸”相聯繫，合作一句爲好。“女”字雙臂中間没有兩點，不當隸定作“母”，女字在殷墟卜辭中雖也可以讀作“母”，但在這裏如讀成“作母寶”，便很費解，所以“女”在這裏還是讀爲“汝”較爲妥貼，“作汝寶”乃承上句“奏于庸”而言，是王命作册般作此銘功之庸器後囑其永寶之。	朱鳳翰 作册般黿探析 中國歷史文物 2005 年	60008
母			楚簡	讀爲“毋”。	濮茅左 上海博物館藏戰國楚竹書 第四册 柬大王泊旱	60020
母	 上三/周易/14		楚簡	讀爲“毋”，與“勿”通用。	濮茅左 上海博物館藏戰國楚竹書 第三册 周易	10348
母	 上四/柬大王泊旱/12		楚簡	讀爲“毋”。	濮茅左 上海博物館藏戰國楚竹書 第四册 柬大王泊旱	3398
母	 上四/昭王毁室/3		楚簡	愚以爲“母”當讀爲“父母”之“母”。“僕之母辱君王不逆,僕之父之骨在此室之階下”當爲修辭學上的“互文足義”句法,可還原“僕之父母之骨在此室之階下，辱君王不逆”。爲君子謙稱自己的父母之骨骸現今葬於君王之宫室之下,有辱君王。	鄭玉姗 《上博四·昭王毁室》劄記 簡帛研究網 2005 年 3 月 31 日	3864

母	 上四/昭王毁室/8		楚簡	《昭王毁室、昭王與龔之脽》第七號簡和第八號簡之間有“王命龔之脽母見”，第八和第九號之間有“今君王或命脽母見”。兩“母”字,整理者都讀爲“毋”。按，從第十號簡有“其子脽既與吾同車”一句看，此處“母”字也可能是指龔之脽之母，故不當讀“毋”。蓋大尹以爲昭王命龔之脽之母覲見,是要治脽母之罪,故而有“自訟”之舉。	劉樂賢 讀上博（四）劄記 簡帛研究網 2005年2月15日	3830
母	 上四/昭王毁室/3		楚簡	整理者將該簡上、下兩殘簡連讀，並讀“母”爲“毋”，似不可信。從形制和内容看，這兩枚殘簡似不能直接拼成一支整簡。頗疑這裹的“母”是指母親，“僕之母辱”後應有缺文。從下文講到父骨之所在及不得並父母之骨等事看，此處應是講喪母，是故事的起因。因此，這裹的“母”不必讀爲“毋”。	劉樂賢 讀上博（四）劄記 簡帛研究網 2005年2月15日	1079
嫗			説文	母也。从女區聲。	許慎　説文解字	
媪			説文	女老偁也。从女𥁕聲。讀若奥。	許慎　説文解字	
姁			説文	嫗也。从女句聲。	許慎　説文解字	
姁	 衰𦍒父作罍姁鼎		金文	金文用作人名。《前漢書》吕后字娥姁。是好字眼。	戴家祥 金文大字典 卷上	25750
姐			説文	蜀謂母曰姐，淮南謂之社。从女且聲。	許慎　説文解字	
姐	 嫚妊壺	嫚	金文	從女從且，且古文祖，以聲類求之，字當釋姐。	戴家祥 金文大字典 卷上	25752
姑			説文	夫母也。从女古聲。	許慎　説文解字	
姑			金文	姑君。姑古從**十**，此**十**更從○，四方之象。	徐同柏 從古堂款識學 卷十四	25754

姑			金文	左旁所從實是女字，左畔加申、二形。其爲一字二字三字不可定。若爲一字則爲姑也。	吴式芬 攈古録金文卷二之一	25755
姑	 長/丙篇		楚簡	十一月辜，繒書作姑。與辜爲同部字。	饒宗頤 楚繒書十二月名覈論 大陸雜誌 1965 年 1 月	25761
姑	 長/丙篇		楚簡	“曰姑，利侵伐，可以攻城……”姑在此爲月名。姑辜古同音通用。	高明 楚繒書研究 古文字研究 1985 年 12 輯	25763
姑	 長/丙篇		楚簡	姑，即《爾雅・釋天》之十二月名之辜。	李零 長沙子彈庫戰國楚帛書研究 釋文考證 丙篇	25762
姑	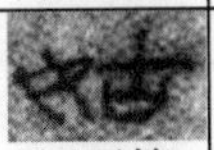 長/丙篇		楚簡	《爾雅・釋天》：“十一月爲辜。”姑與辜均從古得聲，自可通假。	曹錦炎 楚帛書《月令》篇考釋 江漢考古 1985 年 1 期	11561
姑	 長/丙篇		楚簡	即“辜月”。	何琳儀 長沙帛書通釋 江漢考古 1986 年 1、2 期	10595
姑	 長/丙篇		楚簡	此字讀爲“祜”。	連劭名 長沙楚帛書與卦氣説 考古 1990 年 9 期	1536
姑	 姑衍簋蓋	𫟈	金文	左半從夫，右半從古明甚。字當釋姑。姑舅之姑名由夫來，必更旁從夫，乃足以示别異於姑姊妹之姑。	戴家祥 金文大字典 卷上	25764
姑	 上五/姑成家父/1		楚簡	苦，簡文本作“姑”。李朝遠先生指出：姑、苦二字爲魚部叠韻，見、溪旁紐，可通。今按，據王符，關於郤犨稱謂的此字還有别的寫法。《潛夫論・志氏姓》云：“郤犨食采于苦，號苦成叔。”同篇又云：“苦成，城名也，在鹽池東北。後人書之或爲‘枯’；齊人聞其音，則書之曰‘庫成’；燉煌見其字，呼之曰‘車成’；其在漢陽者，不喜‘枯’、‘苦’之字，則更書之曰‘古成氏’。”據《元和姓纂》卷六“苦成”條與《路史・國名紀五》“苦”條所引，《潛夫論》二處所言爲一事。依王符所云，這些異名是後代的分化。其中有的用字是否在一定程度上反映	陳偉 “苦成家父”小考 簡帛網 2006 年 5 月 18 日	4300

				早期的異寫，或不可完全排除。上引《潛夫論》語還有另外一層意味，即“苦成家父”的“苦成”二字是郤犨采邑之名。這在《元和姓纂》和《路史》中表述得更明晰一些。《元和姓纂》卷六“苦成”條云：“晉卿郤犨食采苦成，因氏焉。”《路史·國名紀五》“苦”條云：“苦成也。王符云：‘郗犨采于苦，曰苦成。’”似“苦”一名“苦成”。鄭樵《通志·氏族略五》“以邑謚爲氏”條解釋説：“苦成氏，姬姓郤犨别封于苦，爲苦成子。《潛夫論》：‘苦成，城名，在鹽池東北。’然此城因苦成子之封而得苦成城之名，其實‘成’謚也。”鄭氏此説，似出揣測。《國語·魯語上》“子叔聲伯如晉謝季文子”章記子叔聲伯云“苦成氏有三亡”。如果這在一定程度上是當時實録，也説明“成”不當是謚稱。		
威			説文	姑也。从女从戌。漢律曰：“婦告威姑。”	許慎 説文解字	
威		䰟	金文	此字當從示從畏，乃威之變體。	孫詒讓 古籀餘論 卷三 陳肪簋	35813
威	 沇兒鐘		金文	古威畏字通，威乃後起字。	郭沫若 兩周金文辭大系圖録考釋	35832
威			金文	金文威字，或從戊，小篆從戌。威字古當以畏爲之。	李孝定 金文詁林讀後記 卷十二	25768
威			金文	金文威從戈從女，結構與畏相通。卜戈都爲兵器，婦人爲女，人死爲鬼，女鬼也有聯繫，可作形符交换。威畏二字轉注互訓，字義一致。銘文二字也可通用。甲骨文不見威字，當以畏一字統之。威畏古爲一字無疑。	戴家祥 金文大字典 卷上	25769

威	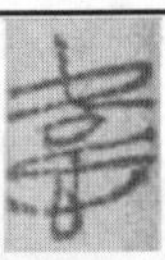	韋心	楚簡	即“愇”字，通“韙”。明其是者，戒其非。或讀爲“威”、“委”。	濮茅左 上海博物館藏戰國楚竹書 第三册 周易	60045
威	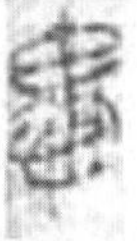	畏心	楚簡	同“愧”，讀爲“威”。	濮茅左 上海博物館藏戰國楚竹書 第五册 季庚子問於孔子	60004
妣	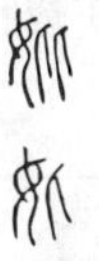 籀文	妣	説文	殁母也。从女比聲。籀文妣省。	許慎　説文解字	
妣	 召仲鬲	匕女	金文	張孝達説，尊鬲上是妣非姒。從女從比省作匕，匕比同讀。生妣之“生妣”猶後代言所生母。	潘祖蔭 攀古樓彝器款識 卷一	25770
妣	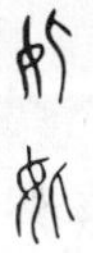			妣籀文省比作妣。金文召中作生妣鬲妣與籀文同。	孫詒讓 契文舉例 卷下	25772
妣		匕	金文	疑古妣字，舊釋作乃，非也。父字作又持杖形。去杖爲妣。即妣之省文。	吴大澂 愙齋集古録 第七册	25771
妣	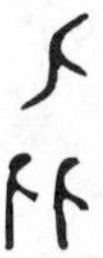		金文	比，與父平等也。妣與考相等而亦比次於考者也。從比形聲兼會意。故最古唯用比又用匕爲之耳。	高田忠周 説文古籀篇 卷三十七	25775
妣	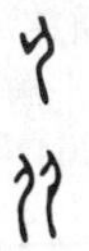		甲骨	卜辭妣字多不從女，與古金文同。吴中丞説古妣字與父相比，右爲父，左爲匕，予案考妣之匕引申而爲匕箸字，匕必有偶猶父之與母相匕也。	羅振玉 增訂殷虛書契考釋 卷中	25773
妣			甲骨	男子皆得以祖名，女子皆得以妣名。從此可知殷人所謂祖妣有異於周人之所謂祖妣矣。	郭沫若 甲骨文字研究 釋祖妣	25776
妣	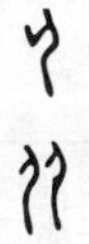		甲骨	殷代的妣指祖的配偶。其地位可分爲四等：列入衣祭祀典的；不列入衣祭祀典，但仍可系於祖的；不系於祖但仍有日名的；無日名的。	李學勤 論殷代親族制度 文史哲 1957 年 11 期	25779
妣		匕	金文	妣古假匕爲之，後乃增女。妣本意爲母。不別生死。	李孝定 金文詁林讀後記 卷十二	25780

姊			説文	女兄也。从女𠂔聲。	許慎　説文解字	
妹			説文	女弟也。从女未聲。	許慎　説文解字	
妹	 大盂鼎		金文	妹古文以爲昧字。盂鼎妹辰即昧辰。假借字。	吴大澂 説文古籀補 卷十二	25783
妹			甲骨	卜辭字從女從未，其未與十二時辰之未同，知此字爲妹矣。	王國維 戩壽堂所藏殷墟文字附考釋	25784
妹	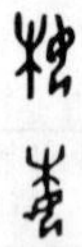		甲骨	契文上象木近女首，下象木在女旁。古以木爲枕。女子雞鳴而起。卜辭用如昧爽之昧。妹固昧之初文。	葉玉森 説契 學衡 1924 年 31 期	25785
妹	 沈子它簋蓋		金文	妹讀爲敉。敉弭妹古本同音字。	郭沫若 金文叢考 沈子簋銘考釋	25786
妹			甲骨	葉玉森云：妹應訓昧爽。古文蓋以妹爲昧。他辭云“妹其雨”，“妹”爲妹爽可爲顯證。	楊樹達 卜辭求義 妹	25788
妹	 大盂鼎		金文	妹辰之妹古通昧。昧勉古通。故妹可解釋爲勉。妹辰是一個聯合式的合成詞，可以拆開來用其一部分爲單音詞。故妹辰釋勉。	朱人瑞 大盂鼎銘文“妹辰”的涵義及其源流演變 學術月刊 1957 年 8 期	25790
妹	 大盂鼎		金文	妹辰即古衛國的别名。	李平心 《大盂鼎銘》“女妹辰又大服”解 中華文史論叢 1964 年 5 輯	25792
妹			甲骨	卜辭的妹，一般都是時稱即昧爽之意。	李宗焜 卜辭所見一日内時稱考 中國文字 1965 年	25791
妹			甲骨	從木從女，疑爲妹之異體。	徐中舒 甲骨文字典 卷十一	25793
妹			金文	妹之初義有争論，段玉裁謂“又似從末”。金文妹字未有從末者，所疑不確。	戴家祥 金文大字典 卷上	25794
妹	 湆司徒逘簋	湆	金文	湆作爲地名應爲“明大命於妹邦”之妹。	彭裕商 湆司徒逘簋考釋及相關問題 于省吾教授百年誕辰紀念文集 1996 年 9 月	25795

妹	 上四/内豐/附簡		楚簡	“姑姊妹”，即父親的姐姐，姑母。《左傳·襄公十二年》“無女而有姊妹及姑姊妹”，孔穎達疏：“若父之姊爲姑姊，父之妹爲姑妹。”	李零 上海博物館藏戰國楚竹書 第四册 内豐	3631
娣			説文	女弟也。从女从弟，弟亦聲。	許慎 説文解字	
娟			説文	楚人謂女弟曰娟。从女胃聲。《公羊傳》曰：“楚王之妻娟。”	許慎 説文解字	
嫂			説文	兄妻也。从女叜聲。	許慎 説文解字	
嫂	 宗婦鄁嬰簋蓋	嬰	金文	兄所聘妻，當即小篆嫂字。隸書甹叟相近，一變而從叟，義不可通矣。	吴大澂 説文古籀補 卷十二	25798
嫂	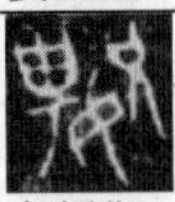 宗婦鄁嬰簋蓋	嬰	金文	古聘娉通用。然娉妻字，從女爲正，此從兄娉。爲嫂会意明矣。	高田忠周 説文古籀篇 卷三十七	25799
姪			説文	兄之女也。从女至聲。	許慎 説文解字	
姪	 嬻妊壺	嬻	金文	該字應釋爲嬻，同姪。吴説良是。	阮元 積古齋鐘鼎彝器款識 卷五	16963
姪	 嬻妊壺	嬻	金文	嬻即姪。《説文》不載。嬻爲姪古文。	劉心源 奇觚室吉金文述 卷八	16966
姪	 嬻妊壺	嬻	金文	此爲姪所作之器。爲姪作器以媵。	方濬益 綴遺齋彝器款識考釋 卷七	16964
姪	 晉公盆	嬻	金文	《汗簡》以嬻爲古文姪。銘中應讀爲秩秩。《詩》言德音秩秩，此言秉德秩秩，詞例語義並相仿也。	于省吾 雙劍誃古文雜釋 釋嬻嬻	25804
姪			甲骨	從女從至，與《説文》姪字篆形同。	徐中舒 甲骨文字典	25805
姪	 包/文書/170		楚簡	侄，簡文從人從至。	劉彬徽、彭浩、胡雅麗、劉祖信 包山楚簡	25807

姨			説文	妻之女弟同出爲姨。从女夷聲。	許慎　説文解字	
姨	 叀妝鬲	尸+二	金文	尸下作二，謂上一字，乃指重體之省也，重體亦可作形，尸即尼，此字即妮，亦即姨。	劉心源 奇觚室吉金文述 卷八	18122
妿			説文	女師也。从女加聲。杜林説：加教於女也。讀若阿。	許慎　説文解字	
妿		妫	甲骨	乃妿省。讀爲嘉。此言婦好有孕，將分娩。卜其吉凶也。	郭沫若 殷契粹編考釋	25809
妿	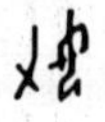	妫	甲骨	從女從力，郭沫若釋妿，讀爲嘉，可從。蓋古文字繁變，往往加口字無義，故字即妿之初文。	徐中舒 甲骨文字典 卷十二	25811
妿		妫	甲骨	該字可直接隸寫作力，但這裏應是妿字省寫。卜辭妿字多作從力從女。卜辭中凡言生育之事稱娩或娩妿；妿者，美也，善也。商人認爲生男孩是大好的事情，因此甲骨文中生男孩曰妿，生女孩曰不妿。	彭邦炯 三版有關生育卜辭的釋文和内容初探 2004年安陽殷商文明國際學術研討會論文集 2004年	15093
娒			説文	女師也。从女每聲。讀若母。	許慎　説文解字	
娒		㑄	甲骨	㑄爲娒之繁形。娒，《説文》訓女師，字亦借作侮，此疑通悔。	饒宗頤 殷代貞卜人物通考 卷五	25813
媾			説文	重婚也。从女冓聲。《易》曰："匪寇，婚媾。"	許慎　説文解字	
媾	 殳季良父壺	顜	金文	媾或從頁，頁爲人體，與女事類相近，故得通。	李孝定 金文詁林讀後記 卷十二	25816
媾	 殳季良父壺	顜	金文	凡從冓字均有兩方以上的事物交合的意思。媾指男女兩方結爲夫婦關係。形聲兼會意。	戴家祥 金文大字典 卷上	25817
姼	  或體	㛅	説文	美女也。从女多聲。姼或从氏。	許慎　説文解字	

㚇	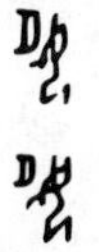		甲骨	㚇，或省女旁作多，或只寫多字之一半，成帚⿰女夕。⿰女夕顯然是㚇之省。	丁驌 屯乙八八九六版解釋 中國文字 1970年	25819
㚇			甲骨	㚇即是一個獨立的字，又是多母二字的合文。這是獨字與合文同形之例。如此，則《甲骨文編》卷十二許多從女的字，是否全爲獨體字而没有合文在内，該書卷内母哭以下至王母二十餘條是否全屬合文而無獨體字在内，也就有必要重新加以考慮，審慎作出判斷。	陳煒湛 甲骨文異字同形例 古文字研究 1981年6輯	25820
妭			説文	婦人美也。从女犮聲。	許慎 説文解字	
⿰女奚			説文	女隸也。从女奚聲。	許慎 説文解字	
⿰女奚	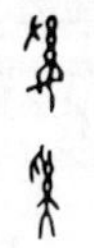		甲骨	前編卷以第三頁之卜辭第二字從女奚省聲。當是⿰女奚之初文。	陳邦懷 殷虛書契考釋小箋	25822
婢			説文	女之卑者也。从女从卑，卑亦聲。	許慎 説文解字	
婢		⿰妾卑	甲骨	晚期卜辭中有⿰妾卑字，爲婢的初文。	于省吾 釋奴婢 考古 1962年9期	25827
婢			甲骨	京5080從妾從卑，與《説文》婢字略同。從女從妾可通。	徐中舒 甲骨文字典 卷十二	25828
奴	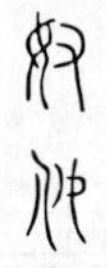 古文	伮	説文	奴、婢，皆古之辠人也。《周禮》曰：“其奴，男子入于辠隸，女子入于舂藁。”从女从又。古文奴从人。	許慎 説文解字	
奴		㚢	甲骨	此疑即奴字。	孫詒讓 契文舉例 卷下	25829
奴	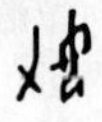	㚢	甲骨	從又，與《説文》篆文合。	羅振玉 增訂殷虛書契考釋 卷中	25831
奴		㚢	甲骨	從耒形，先哲造奴字，蓋取女持耒之意。	葉玉森 殷虛書契前編集釋 卷一	25832

奴	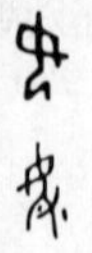		甲骨	卜辭有多習見於偏旁而象反縛其雙手跪形者，舊以女爲釋，其實與女用法迥然有别，是奴字初文。本無男女之别。施反縛於戰俘，是奴字的造字本義。商代晚期和周代金文則代以“從又持女，女亦聲”的“奴”字。	于省吾 釋奴婢 考古1962年9期	25835
奴		㚢	甲骨	甲骨文之首上之物爲首飾，非刑具。字象女子之有首飾也。此從人從女，即《説文》奴之古文。	金祥恒 釋㚢 中國文字1963年	25837
奴	 四年咎奴蓍令戈		金文	邱集8415第四字從女從寸，偏旁從寸從又可通。知此字爲奴。	林清源 兩周青銅句兵銘文匯考	25838
奴			説文	甲骨文、古鉢同篆文。作㚢者，辠人不限男女意也。	商承祚 説文中之古文考	42439
奴			甲骨	從卩而首繫物，垂手膝跪以待命。意亦爲奴。首上一横象枷鎖，意與羌、童、妾、僕諸字所配首飾類同。	朱歧祥 殷墟甲骨文字通釋稿	25836
奴		㕟	金文	金文真正的奴字見於宗周鐘。從又抓側面跪着的人形。爲奴之初文，動詞爲提拿奴隸的“拏”字。名詞就是奴隸的奴。	夏渌 甲骨文奴隸二字尋踪與考辨 于省吾教授百年誕辰紀念文集 1996年9月	26064
奴	 包/文書/20		楚簡	奴與從人從女之㚢並非一字，應讀作拏，指依法受株連的妻妾及成年子女。	劉信芳 包山楚簡近似之字辨析 考古與文物1996年2期	25839
奴	 包/文書/20		楚簡	應即奴隸。	陳偉 包山楚簡初探	4667
奴	 郭/老子甲/8		楚簡	依下文文例，本句“奴”字前脱“其”字。	彭浩、劉祖信、王傳富 郭店楚墓竹簡	6004
奴	 上四/采風曲目/4		楚簡	“子之賤奴”，曲目。	馬承源 上海博物館藏戰國楚竹書 第四册 采風曲目	3069

奴	 上四/采風曲目/1		楚簡	《子奴思我》,李鋭先生解爲“子如思我”，與《褰裳》中的“子惠思我”同義，並據此推測其可能就是《褰裳》。而如此推斷的話，簡 4 中的《子之賤奴》是否也要定爲《子之賤如》，如作形容詞尾，作“……的樣子”來解？“奴”作爲女子自稱，始於南北朝時代,此處顯然不能應用。那麼，此處之“奴”是否可以作實詞來解釋，其意就是奴隸？如此，則《子奴思我》爲名詞的意動用法，“以奴視我”之意，是爲控訴詩，後面的《子之賤奴》則爲實詞義，與《子奴思我》内容亦相近。作“如”或作實詞講，兩種説法皆可通，姑且存疑。	黄鳴 上博四《采風曲目》零拾 簡帛研究網 2005 年 12 月 30 日	3908
奴	 上四/逸詩一多薪/1		楚簡	“莫奴”讀爲“莫如”，“奴”字在此解作本義於辭意不諧，當讀作“如”，“如”、“奴”亦雙聲疊韻字。“莫如”一辭見於《詩·小雅·鹿鳴之什·常棣》：“常棣之華，鄂不韡韡。凡今之人，莫如兄弟。”	馬承源 上海博物館藏戰國楚竹書 第四册 逸詩——多薪	1726
妣			説文	婦官也。从女弋聲。	許慎　説文解字	
妣	 妣𤔲母簋		金文	古文妣。古母女同字。	徐同柏 從古堂款識學 卷十一	26065
妣	 妣𤔲母簋		金文	是妣字也。	劉心源 奇觚室吉金文述 卷三	26067
妣	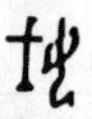		甲骨	古妣字。	王襄 簠室殷契類纂正編卷一	26066
妣			甲骨	從女弋聲，隸作妣。卜辭用爲婦姓。	朱歧祥 殷墟甲骨文字通釋稿	26069
媊			説文	甘氏《星經》曰：“太白上公，妻曰女媊。女媊居南斗，食厲，天下祭之。曰明星。”从女前聲。	許慎　説文解字	

媧	  籀文	𡢗	説文	古之神聖女，化萬物者也。从女咼聲。籀文媧从𤮺。	許慎　説文解字	
媧			楚簡	“女”，嚴一萍釋女皇，謂即女媧。從帛書的内容上看是可信的。我想這個字恐怕就是媧的本字。《帝王世紀》所説女希、女皇，希和皇可能都是此字的誤寫。	李零　長沙子彈庫戰國楚帛書研究	26073
媧			甲骨	從女咼聲，隸作媧。卜辭用爲武丁時期婦姓。	朱歧祥　殷墟甲骨文字通釋稿	26072
娀			説文	帝高辛之妃，偰母號也。从女戎聲。《詩》曰：“有娀方將。”	許慎　説文解字	
娀			甲骨	此爲娀字。	商承祚　殷虚文字考　國學叢刊 1925 年 10 月	26074
娀			甲骨	從女從戎，隸作娀。字見晚期卜辭，爲殷王婦姓。	朱歧祥　殷墟甲骨文字通釋稿	26076
娥			説文	帝堯之女，舜妻娥皇字也。秦晉謂好曰娙娥。从女我聲。	許慎　説文解字	
娥			甲骨	甲骨字形從女從我，即娥字也。亦人名。	王國維　戩壽堂所藏殷墟文字附考釋	26077
娥			甲骨	從女從古文我。知即娥字也。	羅振玉　增訂殷虚書契考釋　卷中	26078
娥	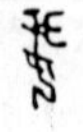		甲骨	羅振玉以娥卯爲人名，非也。卯乃用牲之法。娥用於人名之外無它意。即娥皇。	郭沫若　甲骨文字研究　釋祖妣	26079
娥			甲骨	娥爲人名，郭沫若以爲娥皇，安知殷人無名娥者？	葉玉森　殷虚書契前編集釋　卷四	26080
娥			甲骨	從女從我，與《説文》娥字略同。	徐中舒　甲骨文字典　卷十二	26083
娥	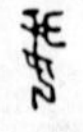		甲骨	從女我聲，隸作娥，卜辭用爲先世人名，能降禎祥。始見於第一期甲文。	朱歧祥　殷墟甲骨文字通釋稿	26082
嫄			説文	台國之女，周棄母字也。从女原聲。	許慎　説文解字	
嬿			説文	女字也。从女燕聲。	許慎　説文解字	
妸			説文	女字也。从女可聲。讀若阿。	許慎　説文解字	

妸			甲骨	即妸字。《説文》："女字也。"商承祚釋娥誤。	唐蘭 天壤閣甲骨文存附考釋	26086
嬃			説文	女字也。《楚詞》曰："女嬃之嬋媛。"賈侍中說：楚人謂姊爲嬃。从女須聲。	許慎 說文解字	
婕			説文	女字也。从女疌聲。	許慎 說文解字	
嬩			説文	女字也。从女與聲。讀若余。	許慎 說文解字	
嬬			説文	女字也。从女需聲。	許慎 說文解字	
嫽			説文	女字也。从女尞聲。	許慎 說文解字	
㛄			説文	女字也。从女衣聲。讀若衣。	許慎 說文解字	
㛄			甲骨	古㛄字。	王襄 簠室殷契類纂正編卷十二	26093
婤			説文	女字也。从女周聲。	許慎 說文解字	
姶			説文	女字也。从女合聲。《春秋傳》曰："嬖人婤姶。"一曰無聲。	許慎 說文解字	
妀			説文	女字也。从女己聲。	許慎 說文解字	
妵			説文	女字也。从女主聲。	許慎 說文解字	
妏			説文	女字也。从女久聲。	許慎 說文解字	
㚷			説文	女號也。从女耳聲。	許慎 說文解字	
始			説文	女之初也。从女台聲。	許慎 說文解字	
始		嬰	甲骨	此爲嬰之省。	商承祚 殷虚文字類編卷十二	26105
始			金文	姒。古姒即始字，此爲始之異文。	方濬益 綴遺齋彝器款識考釋 卷四	26108
始	 上二/容成氏/31	君	楚簡	此字構形與《容成氏》8 簡"始"和 32 簡"治"字絕類，爲之部字，此當讀爲"慈"，"孝慈"乃常語。左半稍有殘泐，但右上半部不封口，確與"君"字有別。	晏昌貴 《容成氏》中的"禹政" 上博館藏戰國楚竹書研究續編 2004 年 7 月	14361

始		紿	楚簡	金文中的“始”乃是用爲女姓“姒”，其字形可證厶和司聲音是相同或相近的。由上金文字形可以看出，楚簡“治、始、詞、殆”上部構件當是厶(以字所從)與鷳的疊置,它是一個雙聲符字，從厶聲與鷳聲，也可分析爲從台聲和司聲。	陳英傑 楚簡劄記五種 漢字研究 2005 年 1 輯	39093
始			楚簡	金文中的“始”乃是用爲女姓“姒”，其字形可證厶和司聲音是相同或相近的。由上金文字形可以看出，楚簡“治、始、詞、殆”上部構件當是厶(以字所從)與刁的疊置,它是一個雙聲符字，從厶聲與刁聲，也可分析爲從台聲和司聲。	陳英傑 楚簡劄記五種 漢字研究 2005 年 1 輯	15783
媚			説文	説也。从女眉聲。	許慎　説文解字	
媚			甲骨	此媚字，從女眉聲。	余永梁 殷虛文字考 國學論叢 1927 年	26111
媚			甲骨	從女從眉,於女之頭部附著眉目,乃特加强調而以見意之故。	徐中舒 甲骨文字典 卷十二	26115
媚	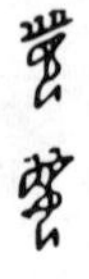		甲骨	即媚字，卜辭有媚子之詞。	柯昌濟 《殷墟卜辭綜類》例證考釋 古文字研究 1989 年 16 輯	26114
媚	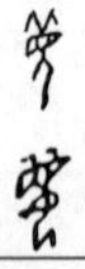		甲骨	“媚娩”言婦人終於分娩成功。媚雨言終日下雨不停。	朱歧祥 殷墟甲骨文字通釋稿	26113
嫵			説文	媎也。从女無聲。	許慎　説文解字	
媄			説文	色好也。从女从美，美亦聲。	許慎　説文解字	
嬇			説文	媎也。从女畜聲。	許慎　説文解字	
嫷			説文	南楚之外謂好曰嫷。从女隋聲。	許慎　説文解字	
姝			説文	好也。从女朱聲。	許慎　説文解字	

姝	 杞伯每亡簋	敄	金文	古姝字。從飾之華者，從女。	吴大澂 説文古籀補 卷十二	26120
好			説文	美也。从女、子。	許慎　説文解字	
好	 		金文	媄也。從女子。	林義光 文源	26123
好			甲骨	段玉裁改本注云：“好，本謂女子，引申爲凡美之稱。”“歸好”當爲嫁女之禮。	王襄 簠室殷契徵文考釋 典禮	26124
好			甲骨	石鼓文“好”字形與此合。	羅振玉 增訂殷虚書契考釋 卷中	26122
好			甲骨	金文后妃之妃從己，非從子。甲骨文從子從女應釋爲好。	容庚 殷契卜辭考釋	26125
好			石鼓	好古音讀如朽。與妞相通假。	强運開 石鼓釋文	26127
好			甲骨	帚好者。婦子也。好爲女姓，即商人子姓之本字。	唐蘭 天壤閣甲骨文存附考釋	26129
好	 亞吴妃盤	妃	金文	此文從女從巳，即從女從子，乃好姓好字之異文。	周名煇 新定説文古籀考 卷中	26130
好		斆	金文	此字左旁即《説文》孶之或體省形，孶子古本一字，此字即好也。	楊樹達 積微居金文説 斆毁再跋	17894
好			金文	即《説文》孶字或體之省形，亦孶字也。孶與子古音同，古蓋本一字。	楊樹達 積微居金文説 斆簋再跋	26131
好			甲骨	從子從女，籀廎先生釋好。是也。	白玉峥 契文舉例校讀 中國文字 1969 年	26135
好			甲骨	武丁卜辭常見“子某”之文字正作子可證。非巳也。字從女子正當釋好。	李孝定 甲骨文字集釋 卷十二	26134
好	 			此字卜辭金文習見，子女二字左右佈局不定，金文則以子左女右爲多。	李平心 釋好 中華文史論叢 1980 年 1 輯	26133

好	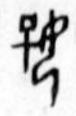		甲骨	甲骨刻辭好、姓、姪的字形與篆文完全相同，但是很難説就是同字，因爲這些字在甲骨文中都是專有名字，很難在卜辭上加以説明。	姚孝遂 古文字的符號化問題 古文字學論集初編 1983 年	26140
好	 			“好”既非女子會意也不是女子合文，本是一個由母和子組成的表意字。取母與子的親近關係。	劉勝有 釋“好” 東北師範大學學報 1986 年 3 期	26136
好			甲骨	訓美乃後起意，甲骨文好爲女姓。	徐中舒 甲骨文字典 卷十二	26138
好			甲骨	從女從子，隸作好。武丁時期婦姓。	朱歧祥 殷墟甲骨文字通釋稿	26137
好			金文	好字即由處子會意。處子，女子之妙齡時期，有“美”的意義。	戴家祥 金文大字典 卷上	26139
好			甲骨	從女從子，子表示男子的通稱或是美稱。本義爲男女匹配爲偶，與“妃”同，在卜辭皆用作人名。	張玉春 釋“好” 東北師範大學學報(哲學社會科學版)2001 年 4 期	15804
好	 上四/逸詩—交交鳴鶩/1		楚簡	“君子相好”，《詩・小雅・鴻雁之什・斯干》：“兄及弟矣，式相好矣，無相猶矣。”“相好”，言兄弟不相疑。	馬承源 上海博物館藏戰國楚竹書 第四册 逸詩——交交鳴鶩	1734
好	 上四/逸詩—交交鳴鶩/3		楚簡	當讀爲“豈譽是好”。即“豈好譽”，意爲：難道（只是）喜愛好名聲？《管子・任法》：“舍法而任智，故民舍事而好譽。”君子相交，必求有令名者，《大雅・思齊》：“古之人無斁，譽髦斯士。”毛傳：“古之人無猒於有名譽之俊士。”鄭箋：“令此士皆有名譽於天下，成其俊乂之美也。”“豈譽是好？唯心是萴。”相仿的句式有《左傳・僖公四年》：“豈不穀是爲？先君之好是繼。”	秦樺林 楚簡佚詩《交交鳴鶩》劄記 簡帛研究網 2005 年 2 月 20 日	3781
好	 上四/逸詩—交交鳴鶩/1		楚簡	相好，對我們很好，《毛詩・邶風・日月》：“乃如之人兮，逝不相好。”	季旭昇 《上博四・逸詩・交交鳴烏》補釋 簡帛網 2005 年 2 月 15 日	3732

好	 上四/逸詩一交交鳴鴛/1		楚簡	“相好”的一般義就是交好。如《詩・邶風・日月》：“日居月諸，下土是冒。乃如之人兮，逝不相好。胡能有定？”《左傳・成公十三年》：“昔逮我獻公及穆公相好，戮力同心，申之以盟誓，重之以婚姻。”《公羊傳・宣公十二年》：“吾兩君不相好，百姓何罪？”《管子・輕重丁》：“途旁之樹未沐之時，五衢之民，男女相好往來之市者，罷市，相睹樹下，論議互語，終日不歸。”這裏的“相好”都是互相友好的意思。簡文“君子相好”也當是交好、互相友好義。	廖名春　楚簡《逸詩・多薪》補釋　簡帛研究網 2005 年 2 月 12 日	3916
嬹			説文	説也。从女興聲。	許慎　説文解字	
嬮			説文	好也。从女猒聲。	許慎　説文解字	
⿰女殳			説文	好也。从女殳聲。《詩》曰：“静女其⿰女殳。”	許慎　説文解字	
⿰女殳	 仲師父鼎		金文	從攴從女。古從殳或變體作從攴。即爲⿰女殳字，好也。	吴式芬　攈古録金文卷三	26143
姣			説文	好也。从女交聲。	許慎　説文解字	
嬽			説文	好也。从女䍠聲。讀若蜀郡布名。	許慎　説文解字	
娧			説文	好也。从女兑聲。	許慎　説文解字	
媌			説文	目裏好也。从女苗聲。	許慎　説文解字	
嫿			説文	静好也。从女畫聲。	許慎　説文解字	
婠			説文	體德好也。从女官聲。讀若楚郤宛。	許慎　説文解字	
娙			説文	長好也。从女巠聲。	許慎　説文解字	
嬪			説文	白好也。从女贊聲。	許慎　説文解字	

嫋	籀文	變	説文	順也。从女䜌聲。《詩》曰："婉兮嫋兮。"𦃃籀文嫋。	許慎　説文解字	
嫋			篆文	變，籀以爲嫋字，篆以爲戀慕字也。	王國維 史籀篇疏證 王國維遺書第六册 1983年	26154
𡛷			説文	婉也。从女夗聲。	許慎　説文解字	
婉			説文	順也。从女宛聲。《春秋傳》曰："太子痤婉。"	許慎　説文解字	
㛚			説文	直項皃。从女同聲。	許慎　説文解字	
嫣			説文	長皃。从女焉聲。	許慎　説文解字	
姘			説文	弱長皃。从女冄聲。	許慎　説文解字	
姘			甲骨	《殷虚文字類編》卷四8頁姘從冄省一横；後編下35頁從"冂"。	商承祚 殷虚文字類編 卷十二	26160
姘			甲骨	從女從冄，古姘字。	王襄 簠室殷契徵文考釋 人名	26161
姘			甲骨	與《説文》姘字篆文略同，或從冄從婦，同。	徐中舒 甲骨文字典 卷十二	26164
姘			甲骨	從女入聲，隸作妠，或即姘之省畫。婦姓，見於第一期甲文。	朱歧祥 殷墟甲骨文字通釋稿	26163
嫋			説文	姘也。从女从弱。	許慎　説文解字	
孅			説文	鋭細也。从女韱聲。	許慎　説文解字	
嫇			説文	嬰嫇也。从女冥聲。一曰嫇嫇，小人皃。	許慎　説文解字	
嫇			甲骨	疑是嫇字。	王襄 簠室殷契類纂存疑 卷十二	26167
嫇			甲骨	當釋嫇。冥或嫇之用爲動詞者，並假爲娩，生子免身也。	唐蘭 天壤閣甲骨文存附考釋	26169

嫇			甲骨	契文所從乃冥字。陳邦懷舊以爲從弇，釋此字爲媕，郭沫若釋爲㚒，謂女子免身之事。唐蘭釋爲冥，讀爲娩，於字形、音假之由悉能貫通。	李孝定　甲骨文字集釋卷十二	26170
嫇			甲骨	此字從女從冟，冟做聲符通冥，此字即嫇。	陳漢平　古文字釋叢　考古與文物 1985 年	26171
媱			説文	曲肩行皃。从女䍃聲。	許慎　説文解字	
嬛			説文	材緊也。从女睘聲。《春秋傳》曰："嬛嬛在疚。"	許慎　説文解字	
姽			説文	閑體，行姽姽也。从女危聲。	許慎　説文解字	
委			説文	委隨也。从女从禾。	許慎　説文解字	
委	 司馬成公權	殹	金文	司馬成公權"殹史"，字從匧從殳。戰國中山王鼎有匧字，與此字所從聲旁同，必爲一字。匧當是委字。"殹史"可能與"蒞事"同義，也可能爲委任官吏之意。	黄盛璋　司馬成公權的國別、年代與衡制問題　中國歷史博物館館刊 1982 年 2 期	26176
委	 中山王鼎	匧	金文	此字乃委字。	黄盛璋　中山國銘刻在古文字、語言上若干研究　古文字研究 1982 年 7 輯	26177
委			甲骨	象置禾於器中之形，似即委古文，會意字。	趙誠　甲骨文簡明詞典	26178
委			甲骨	非從禾，其形與甲骨文禾形有别，象木枯萎之形。篆文委從禾爲形近而訛。	陳邦懷　釋委　一得集 1989 年	26179
委			甲骨	從禾從乚，乚象置放禾稼之地，此字爲會意字，謂將禾稼或糧食藏於山洞之中，當是委積之委的本字。	劉桓　殷契偶札　于省吾教授百年誕辰紀念文集 1996 年 9 月	26180
婐			説文	妮也。一曰女侍曰婐。讀若騧，或若委。从女果聲。孟軻曰："舜爲天子，二女婐。"	許慎　説文解字	

婐			甲骨	古婐字。	王襄 簠室殷契類纂正編卷十二	26182
婐			甲骨	左從女，右所從殆爲果字。	羅振玉 增訂殷虛書契考釋 卷中	26181
婐			甲骨	契文從枼，乃媟字。	李孝定 甲骨文字集釋卷十二	26185
姽			説文	婐姽也。一曰弱也。从女厄聲。	許慎 説文解字	
姑			説文	小弱也。一曰女輕薄善走也。一曰多技藝也。从女占聲。或讀若占。	許慎 説文解字	
姑			甲骨	字在卜辭爲婦名。舊不識，按甲骨文占有諸體，與此字除去女旁的部分同形，知此從女占聲。	陳漢平 古文字釋叢 考古與文物 1985 年	26187
姑	 郭/老子甲/18	㚾	楚簡	上部實與占相同，可能從女占聲，即姑字，義爲小弱。	陳偉 郭店竹書别釋	7376
婆			説文	妗也。从女沾聲。	許慎 説文解字	
妗			説文	婆妗也。一曰善笑皃。从女今聲。	許慎 説文解字	
妗			甲骨	按即妗字。婦名。	于省吾 甲骨文字釋林	26190
嬿			説文	竦身也。从女篕聲。讀若《詩》"糾糾葛屨"。	許慎 説文解字	
婧			説文	竦立也。从女青聲。一曰有才也。讀若韭菁。	許慎 説文解字	
姘			説文	静也。从女井聲。	許慎 説文解字	
姘	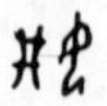		甲骨	契文姘字皆從井女，井在左。	孫詒讓 契文舉例 卷下	26193
姘	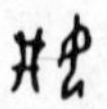		甲骨	從女井聲，卜辭多見，其文皆言婦姘。	羅振玉 增訂殷虛書契考釋 卷中	26194
姘	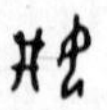		甲骨	姘亦作井，通邢。	明義士 柏根氏舊藏甲骨文字考釋	26195
姘	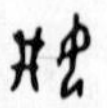		甲骨	在卜辭皆與婦字連文，乃女字。	李孝定 甲骨文字集釋卷十二	26197
姘	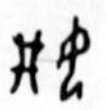		甲骨	姘很可能也是女俘或女奴，用於祭祀羌妣。	中國社會科學院考古研究所 小屯南地甲骨	26198

姘			甲骨	姘有兩種讀法，一爲姘，一爲母井。根據甲骨卜辭商王之祭祀母妣，皆以天干爲名，從無稱母私名之例，我們以爲當讀作姘，而不能是母井的合文。	姚孝遂、肖丁 小屯南地甲骨考釋	26199
姘			甲骨	從女井聲，隸作姘。	朱歧祥 殷墟甲骨文字通釋稿	26200
姂			説文	婦人皃。从女乏聲。	許慎　説文解字	
姂		姃	甲骨	古姂字。	王襄 簠室殷契類纂存疑 卷十二	26202
姂		姃	甲骨	契文從女從正，古文反正無別，王以爲姂字，是也。	李孝定 甲骨文字集釋 卷十二	26204
姂	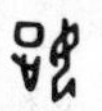	姃	甲骨	甲骨文正反無别，王襄疑此即姂可從。	徐中舒 甲骨文字典 卷十二	26205
嫙			説文	好也。从女旋聲。	許慎　説文解字	
𪗉			説文	材也。从女齊聲。	許慎　説文解字	
姡			説文	面醜也。从女昏聲。	許慎　説文解字	
嬥			説文	直好皃。一曰嬈也。从女翟聲。	許慎　説文解字	
嫢			説文	媞也。从女規聲。讀若癸。秦晉謂細爲嫢。	許慎　説文解字	
媞			説文	諦也。一曰妍黠也。一曰江淮之閒謂母曰媞。从女是聲。	許慎　説文解字	
媞	 遷邟鐘		金文	媞，金文初見。此處當讀爲寔，經典以實借之。形容鐘聲之美。	曹錦炎 遷邟編鐘銘文釋議 文物 1989 年 4 期	26212
婺			説文	不繇也。从女敄聲。	許慎　説文解字	
嫺			説文	雅也。从女閒聲。	許慎　説文解字	
嫺		閔	甲骨	當釋爲嫺。	陳漢平 古文字釋叢 考古與文物 1985 年	26215
媐			説文	説樂也。从女巸聲。	許慎　説文解字	
婜			説文	美也。从女臤聲。	許慎　説文解字	

娛			説文	樂也。从女吳聲。	許慎 說文解字	
娭			説文	戲也。从女矣聲。一曰卑賤名也。	許慎 說文解字	
媅			説文	樂也。从女甚聲。	許慎 說文解字	
媅	 周棘生簋		金文	古媅字。	吴大澂 說文古籀補 卷十二	26220
媅	 周棘生簋		金文	從女甚聲，但媅者樂之深甚者。字兼會意。其實甚媅古今字。	高田忠周 說文古籀篇 卷三十八	26221
娓			説文	順也。从女尾聲。讀若媚。	許慎 說文解字	
嫡			説文	孎也。从女啻聲。	許慎 說文解字	
孎			説文	謹也。从女屬聲。讀若人不孫爲孎。	許慎 說文解字	
婏			説文	宴婏也。从女冤聲。	許慎 說文解字	
媕			説文	女有心媕媕也。从女弇聲。	許慎 說文解字	
媕			甲骨	《説文》媕之古文。	陳邦懷 殷虛書契考釋小箋	26227
媣			説文	諟也。从女染聲。	許慎 說文解字	
嫥			説文	壹也。从女專聲。一曰嫥嫥。	許慎 說文解字	
如			説文	从隨也。从女从口。	許慎 說文解字	
如	 		甲骨	契文諸文從女從口皆如字，從女同。唯從口有方圓、篆勢小異也。	孫詒讓 契文舉例 卷下	26231
如			金文	從女從口，口出令，女從之。	林義光 文源	26232
如	 		甲骨	如字。口或在左或在女首。	王襄 簠室殷契類纂正編卷十二	26233

如	 曾侯乙鐘	号	金文	下半從女。從口從女，上下結構與左右結構同，字應釋如。《説文》十二篇："如，從隋也。從女從口。"徐鍇曰：女子從父之教，從夫之命，故從口會意。初義尚有待再考。	戴家祥 金文大字典	14867
如	 郭/五行/45		楚簡	帛書本作"心曰諾"。簡本無"心曰"。以下各句同。	彭浩、劉祖信、王傳富 郭店楚墓竹簡	7757
如	 郭/老子甲/8		楚簡	裘按："奴"似應讀爲"如"。	彭浩、劉祖信、王傳富 郭店楚墓竹簡	6005
如			楚簡	胥如，就是"呴然"。	劉釗 讀郭店楚簡字詞劄記（三）古文字研究 22 輯	60114
如	 上四/曹沫之陳/60	茴	楚簡	"如"字。原誤釋爲上從"弗"，讀爲"弗"。	陳劍 上博竹書《曹沫之陳》新編釋文（稿）簡帛網 2005年2月12日	3677
嫧			説文	齊也。从女責聲。	許慎　説文解字	
婡			説文	謹也。从女朿聲。讀若謹敕數數。	許慎　説文解字	
婡			甲骨	該字疑爲婡。	丁驌 諸帚名 中國文字 1969 年	17127
婡			甲骨	契文從女從朿，不從果，葉釋婐，非。應爲婡。	李孝定 甲骨文字集釋 卷十二	26246
婡			甲骨	從女朿聲。卜辭用爲武丁婦姓。	朱歧祥 殷墟甲骨文字通釋稿	26247
嬐			説文	敏疾也。一曰莊敬皃。从女僉聲。	許慎　説文解字	
嬪			説文	服也。从女賓聲。	許慎　説文解字	
嬪			甲骨	當即嬪字。	孫詒讓 契文舉例 卷下	26249
嬪	 		甲骨	卜辭有"貞嬪婦好"，嬪可借爲賓。	羅振玉 增訂殷虚書契考釋 卷中	26250

嬪			甲骨	《説文》："嬪，服也。從女賓聲。"或從卩，偏旁得通也。	李孝定 甲骨文字集釋 卷十二	26252
嬪	 		甲骨	甲骨文賓、儐、嬪一字。	徐中舒 甲骨文字典 卷十二	26253
嬪	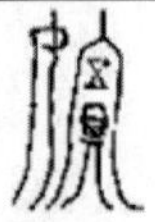		金文	嬪的本意當指賓服之女子。	戴家祥 金文大字典 卷上	26254
摯			説文	至也。从女執聲。《周書》曰："大命不摯。"讀若摯同。一曰《虞書》雉摯。	許慎　説文解字	
摯	 齊侯鎛鐘	鞢	金文	此爲摯字。	孫詒讓 古籀拾遺 卷上	36331
摯			甲骨	從女從奔（執之異構），《説文》所無，疑摯之古文。	李孝定 甲骨文字集釋 卷十二	26256
摯	 包/文書/80		楚簡	"執"具體來説即是拘禁於牢房之中。	陳偉 包山楚簡初探	4279
摯	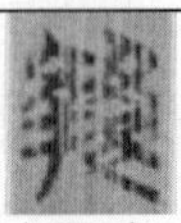 上四/柬大王泊旱/15		楚簡	《説文・女部》："鞢，至也。從女，執聲。"又作"摯"。"母（毋）敢執"，不敢承擔自己的責任，意"莫敢執咎"。《詩・小雅・小旻》"發言盈庭，誰敢執其咎"，鄭玄箋："謀事者衆，訩訩滿庭，而無敢決當是非，事若不成，誰云已當其咎責者？言小人争知而讓過。"	濮茅左 上海博物館藏戰國楚竹書 第四册 柬大王泊旱	1261
婚			説文	俛伏也。从女沓聲。一曰伏意。	許慎　説文解字	
妟			説文	安也。从女、日。《詩》曰："以妟父母。"	許慎　説文解字	

晏	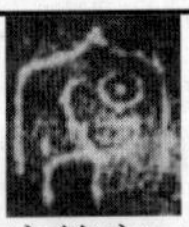 宴簋宴字偏旁  亞㠱侯父乙盉宴字偏旁		金文	日近也。	林義光 文源	26258
妟			甲骨	妟即匽，也即郾國。	董作賓 帚方説 安陽發掘報告1931年6期	26259
妟			甲骨	訓安從日無義，契文象女子妟坐之形，上從象頭篆變，從日者，古文於空廓中每加小點爲文飾，遂似從日矣。字在卜辭爲女字。	李孝定 甲骨文字集釋卷十二	26261
妟			甲骨	隸作妟。疑即晏字。卜辭用爲武丁時附庸族名。其婦來貢，稱“婦妟”。	朱歧祥 殷墟甲骨文字通釋稿	26262
嬗			説文	緩也。从女亶聲。一曰傳也。	許慎　説文解字	
㜁			説文	保任也。从女辜聲。	許慎　説文解字	
媻			説文	奢也。从女般聲。	許慎　説文解字	
娑			説文	舞也。从女沙聲。《詩》曰：“市也媻娑。”	許慎　説文解字	
姷	 或體	侑	説文	耦也。从女有聲。讀若祐。侑姷或从人。	許慎　説文解字	
姷	 叔伎父簋	伎	金文	舊釋叔若父非。此從人從二又，二又即友字，伎當即侑字。	高田忠周 説文古籀篇卷三十八	26268
姷	 叔伎父簋	伎	金文	從人從二又，二又亦友字，友有同聲，當爲侑字。	高田忠周 説文古籀篇三十八	45011

姷	 師遽方彝	舂	金文	疑即侑字，通作宥。	方濬益 綴遺齋彝器款識考釋 卷十八 師遽尊	28185
姰			説文	鈞適也。男女併也。从女旬聲。	許慎　説文解字	
姕			説文	婦人小物也。从女此聲。《詩》曰："屢舞姕姕。"	許慎　説文解字	
妓			説文	婦人小物也。从女支聲。讀若跂行。	許慎　説文解字	
妓	 取膚盤	㚶	金文	㚶即妓字。麗妓爲人名。在周時僅作美女解。	陳直 金文拾遺	26278
嬰			説文	頸飾也。从女、賏。賏，其連也。	許慎　説文解字	
嬰			金文	郭沫若亦釋倗，略有可商。蓋以小篆言之。字當釋嬰也。	李孝定 甲骨文字集釋 第八	44873
嬰		妟	金文	舊釋子荷貝形者是也,此從一貝。	李孝定 金文詁林讀後記 卷十二	26284
嬰			甲骨	所會意不明。	徐中舒 甲骨文字典 卷十	26285
嬰				説見前幺部。	黄錫全 汗簡注釋補遺 卷二	42444
嬰		妟	金文	象女繫貝連形，即嬰之省。金文用作人名。	戴家祥 金文大字典 卷上	26286
㚸			説文	三女爲㚸。㚸，美也。从女，奻省聲。	許慎　説文解字	
媛			説文	美女也。人所援也。从女从爰。爰，引也。《詩》曰："邦之媛兮。"	許慎　説文解字	
娉			説文	問也。从女甹聲。	許慎　説文解字	
娉	 宗婦鄁嬰簋蓋	[illegible]	金文	從甹從兄，當即古文娉字。	强運開 説文古籀三補 卷十二	26289
娽			説文	隨從也。从女彔聲。	許慎　説文解字	
妝			説文	飾也。从女，牀省聲。	許慎　説文解字	

妝			金文	妝或通臧。	吴大澂 説文古籀補 卷十二	26293
妝	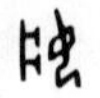		甲骨	字從爿從女，當即妝字。也爲女姓。	孫海波 卜辭文字小記讀 考古社刊 1936 年 12 月	26297
妝			金文	方濬益釋焿爲安之異文殊牽傅。	李孝定 金文詁林讀後記 卷十二	26299
孌			説文	慕也。从女䜌聲。	許慎　説文解字	
孌	 中伯盨		金文	古孌字，中伯作孌姬簋。	吴大澂 説文古籀補 卷十二	26300
孌		嫋	金文	該字即孌。這裏表示“好貌”的意思。	方濬益 綴遺齋彝器款識考釋 卷九	16940
孌	 包/文書/89	媰	楚簡	疑此字當釋作孌。	李天虹 《包山楚簡》釋文補正 江漢考古 1993 年 2 期	2538
媟			説文	嬻也。从女枼聲。	許慎　説文解字	
媟			甲骨	從枼從女，當爲媟，字在卜辭爲女字。	李孝定 甲骨文字集釋 卷十二	26304
媟			甲骨	羅振玉釋娸，《金文編》釋作枼，爲葉之本字。	白玉峥 契文舉例校九 中國文字 1972 年	26305
媟			甲骨	從女枼聲，隸作媟。	朱歧祥 殷墟甲骨文字通釋稿	26306
嬻			説文	媟嬻也。从女賣聲。	許慎　説文解字	
嫑	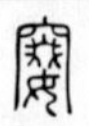		説文	短面也。从女竅聲。	許慎　説文解字	
嬖			説文	便嬖、愛也。从女辟聲。	許慎　説文解字	
嬖	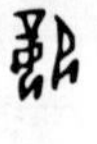	妿	甲骨	從卩從妾，疑是嬖字。	商承祚 殷虚文字考 國學叢刊 1925 年 10 月	26309
嬖		妿	甲骨	契文從卩從妾。篆文乃變爲從女從辟。卜辭言嬖與用牲之事有關。	李孝定 甲骨文字集釋 卷十二	26311
嫛			説文	難也。从女毀聲。	許慎　説文解字	
妎			説文	妒也。从女介聲。	許慎　説文解字	

妒			説文	婦妒夫也。从女戶聲。	許慎　説文解字	
媢			説文	夫妒婦也。从女冒聲。一曰相視也。	許慎　説文解字	
媄			説文	巧也。一曰女子笑皃。《詩》曰："桃之媄媄。"从女芺聲。	許慎　説文解字	
佞			説文	巧讇高材也。从女，信省。	許慎　説文解字	
佞	 井人妄鐘	妄	金文	以釋佞爲妥。	戴家祥 金文大字典卷上	26318
嫈			説文	小心態也。从女，熒省聲。	許慎　説文解字	
嫪			説文	婟也。从女翏聲。	許慎　説文解字	
婟			説文	嫪也。从女固聲。	許慎　説文解字	
姿			説文	態也。从女次聲。	許慎　説文解字	
嫭			説文	嬌也。从女虘聲。	許慎　説文解字	
妨			説文	害也。从女方聲。	許慎　説文解字	
妨			甲骨	妨。從女從方。女字。	李孝定 甲骨文字集釋卷十二	26325
妄			説文	亂也。从女亡聲。	許慎　説文解字	
妄	 毛公鼎		金文	妄。鼎銘借爲荒。	戴家祥 金文大字典卷上	26327
媮			説文	巧黠也。从女俞聲。	許慎　説文解字	
婆			説文	婆䀀，貪也。从女污聲。	許慎　説文解字	
娋			説文	小小侵也。从女肖聲。	許慎　説文解字	
媣			説文	量也。从女朵聲。	許慎　説文解字	
妯			説文	動也。从女由聲。	許慎　説文解字	

妯	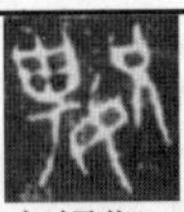 宗婦鄁嫛簋蓋	嫛	金文	從粤得聲，當釋妯。從女從兄，會合兩文以見意，妯之涵義蓋盡於此矣。從粤，蓋聲符也。	戴家祥 金文大字典	14855
嫌			説文	不平於心也。一曰疑也。从女兼聲。	許慎　説文解字	
媘			説文	減也。从女省聲。	許慎　説文解字	
婼			説文	不順也。从女若聲。《春秋傳》曰："叔孫婼。"	許慎　説文解字	
婞			説文	很也。从女幸聲。《楚詞》曰："鮌婞直。"	許慎　説文解字	
嫳			説文	易使怒也。从女敝聲。讀若擊擎。	許慎　説文解字	
嫸			説文	好枝格人語也。一曰靳也。从女善聲。	許慎　説文解字	
娺			説文	疾悍也。从女叕聲。讀若唾。	許慎　説文解字	
嬒			説文	含怒也。一曰難知也。从女酓聲。《詩》曰："碩大且嬒。"	許慎　説文解字	
娿			説文	媕娿也。从女阿聲。	許慎　説文解字	
姸			説文	技也。一曰不省録事。一曰難侵也。一曰惠也。一曰安也。从女幵聲。讀若研。	許慎　説文解字	
娃			説文	圜深目皃。或曰吴楚之閒謂好曰娃。从女圭聲。	許慎　説文解字	
娃		㚬	甲骨	《合》4464（乙 2244）有一個從女從"𠦒"的字，即《説文·女部》訓"圜深目皃也"的"娃"。	蔡哲茂 説殷卜辭中的"圭"字 漢字研究 2005 年 1 輯	15762
陖			説文	不媥，前却陖陖也。从女陜聲。	許慎　説文解字	
妜			説文	鼻目閒皃。讀若煙火炔炔。从女，决省聲。	許慎　説文解字	
嬌			説文	愚戇多態也。从女嶲聲。讀若隓。	許慎　説文解字	
婕			説文	不説也。从女恚聲。	許慎　説文解字	

嫼			説文	怒皃。从女黑聲。	許慎　説文解字	
娍	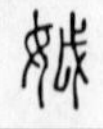		説文	輕也。从女戉聲。	許慎　説文解字	
嫖			説文	輕也。从女㥲聲。	許慎　説文解字	
娙			説文	訬疾也。从女巠聲。	許慎　説文解字	
姎			説文	女人自偁，我也。从女央聲。	許慎　説文解字	
媁			説文	不説皃。从女韋聲。	許慎　説文解字	
婎			説文	姿婎，姿也。从女隹也。一曰醜也。	許慎　説文解字	
婎			金文	銘一字，音義無可徵，從女從唯顯然。唯隹古通，此必婎之異文。	高田忠周　説文古籀篇卷三十八	26356
婎			金文	高田忠周釋爲婎，形聲有據。	戴家祥　金文大字典卷上	26359
㜶			説文	有守也。从女弦聲。	許慎　説文解字	
㜶			金文	此字從女甚明，從弦省，當爲㜶字省文。	高田忠周　説文古籀篇卷三十八	26361
㜶			金文	從女從玄，即妶，字亦作㜶。	于省吾　雙劍誃古文雜釋　釋妶	26363
媥			説文	輕皃。从女扁聲。	許慎　説文解字	
嫚			説文	侮易也。从女曼聲。	許慎　説文解字	
嫚	 伯氏姒氏鼎		金文	即嫚之别構。	戴家祥　金文大字典卷上	26367
㛼			説文	疾言失次也。从女臿聲。讀若懾。	許慎　説文解字	
嬬			説文	弱也。一曰下妻也。从女需聲。	許慎　説文解字	
娝			説文	不肖也。从女否聲。讀若竹皮箁。	許慎　説文解字	
嬯			説文	遲鈍也。从女臺聲。闒嬯亦如之。	許慎　説文解字	
嫸			説文	下志貪頑也。从女覃聲。讀若深。	許慎　説文解字	

嫪			說文	婪也。从女參聲。	許慎　說文解字	
婪			說文	貪也。从女林聲。杜林說：卜者黨相詐驗爲婪。讀若潭。	許慎　說文解字	
婪			甲骨	從女從林，與小篆婪同。商釋婪可從。	李孝定 甲骨文字集釋 卷十二	26377
嬾			說文	懈也，怠也。一曰臥也。从女賴聲。	許慎　說文解字	
婁	  古文	嘦	說文	空也。从毋、中、女，空之意也。一曰婁，務也。古文。	許慎　說文解字	
婁			篆文	秦會稽刻石數字從婁與籀文爲近。	王國維 史籀篇疏證 王國維遺書第六册 1983 年	26379
婁			篆文	毋中女無鏤空之義。婁即摟之古文，曳也。	林義光 文源	26380
婁			金文	釋要甚誤。《説文》婁字古文與此金文所從同，隨縣曾侯乙墓出土漆二十八宿婁字形體可資證明，此金文當釋爲婁字無誤。	陳漢平 古文字釋叢 考古與文物 1985 年	28566
婁	 長/甲篇/行 5-7		楚簡	李零辨認作婁而讀爲數，於形義較勝。	曾憲通 長沙楚帛書文字編	26383
婁			金文	字當釋爲婁。	戴家祥 金文大字典 卷上	26382
婁	 伯婁簋		金文	字當釋婁。	戴家祥 金文大字典	14857
婁	 要君盂	要	金文	殆仍爲婁字。殆婁氏之樓的古文。	張振林 先秦“要”、“婁”二字及相關字辨析——兼議散氏盤主人與定名 第三届國際中國古文字學研討會論文集 1997 年 10 月	16224

婁	 伯婁簋	𢿵	金文	上從𡚁下從分，隸定當作𢿵。以譠字例之，讀數。字以言或分爲意符，蓋因人們數數習慣一邊以口唸數，一邊以口分點，其次，數之爲用，既可供言稱，亦可供分析以分別多寡也。	張振林 先秦“要”、“婁”二字及相關字辨析——兼議散氏盤主人與定名 第三届國際中國古文字學研討會論文集 1997 年 10 月	14785
婁	 郭/成之聞之/27		楚簡	讀爲數，疾切之義。	陳偉 郭店竹書別釋	4339
婁	 上二/容成氏/37		楚簡	此七種殘疾，多與上第二、三簡同。	李零 上海博物館藏戰國楚竹書 第二册 容成氏	11712
婁	 郭/成之聞之/27		楚簡	讀爲數。	劉釗 郭店楚簡校釋	4340
婁	 郭/語叢一/90		楚簡	讀爲數，疑指名數之數。	劉釗 郭店楚簡校釋	8970
娎			説文	娎婡也。从女折聲。	許慎　説文解字	
婡			説文	得志婡婡。一曰婡息也，一曰少氣也。从女夾聲。	許慎　説文解字	
嬈			説文	苛也。一曰擾、戲弄也，一曰嬥也。从女堯聲。	許慎　説文解字	
嫛			説文	惡也。一曰人皃。从女毀聲。	許慎　説文解字	
姍			説文	誹也。一曰翼便也。从女，删省聲。	許慎　説文解字	
敾			説文	醜也。一曰老嫗也。从女酋聲。讀若蹴。	許慎　説文解字	
嫫			説文	嫫母，都醜也。从女莫聲。	許慎　説文解字	
婓			説文	往來婓婓也。一曰醜皃。从女非聲。	許慎　説文解字	

孃			説文	煩擾也。一曰肥大也。从女襄聲。	許慎 説文解字	
孃	 大克鼎		金文	蓋從女喪聲，爲孃之異文。	馬叙倫 説文解字六書疏證 卷十五	44874
孃		娘	甲骨	孃。從女從良，見於《唐韻》："娘，同孃，少女之號。"	徐中舒 甲骨文字典 卷十二	26393
嬒			説文	女黑色也。从女會聲。《詩》曰："嬒兮蔚兮。"	許慎 説文解字	
⿰女宎			説文	好皃。从女宎聲。	許慎 説文解字	
婄			説文	誣挐也。从女奄聲。	許慎 説文解字	
㜮			説文	過差也。从女監聲。《論語》曰："小人窮斯㜮矣。"	許慎 説文解字	
嫯			説文	侮易也。从女敖聲。	許慎 説文解字	
婬			説文	私逸也。从女㸒聲。	許慎 説文解字	
姘			説文	除也。漢律："齊人予妻婢姦曰姘。"从女并聲。	許慎 説文解字	
奸			説文	犯婬也。从女从干，干亦聲。	許慎 説文解字	
奸	 襄奸鼎		金文	即奸字。金文偏旁可以左右移位。	戴家祥 金文大字典 卷上	26402
姅			説文	婦人汚也。从女半聲。漢律："見姅變，不得侍祠。"	許慎 説文解字	
娗			説文	女出病也。从女廷聲。	許慎 説文解字	
婥			説文	女病也。从女卓聲。	許慎 説文解字	
娷			説文	諉也。从女垂聲。	許慎 説文解字	
娷			金文	釋爲娷字當是也。	吴式芬 攈古録金文 卷二之二	26406
㛴			説文	有所恨也。从女𡿺聲。今汝南人有所恨曰㛴。	許慎 説文解字	

媿	 或體	愧	説文	慙也。从女鬼聲。媿或从恥省。	許慎　説文解字	
媿	 鄭同媿鼎		金文	媿。	劉心源　奇觚室吉金文述　卷一	26409
媿				《説文》“鬼”古文，此篆爲媿字無疑。	高田忠周　古籀篇　卷三十八	26410
媿	 庚姬鬲	娘	金文	今考定爲媿字古文。	周名煇　新定説文古籀考　卷下	26412
媿	 子禾子釜	禩	金文	媿字古文。	周名煇　新定説文古籀考　卷中	26411
媿		要	甲骨	從女上從田，田爲鬼頭。當釋爲媿。	徐中舒　甲骨文字典　卷十二	26415
媿			金文	吴大澂云：媿，姓也。後世借爲慚媿字。説可通。	戴家祥　金文大字典　卷上	26416
奻			説文	訟也。从二女。	許慎　説文解字	
奻	 奻作乙公觚		金文	奻。從二女會意。此銘爲人名，意義不可知。	高田忠周　説文古籀篇　卷三十八	26417
姦	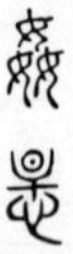 古文	悬	説文	私也。从三女。古文姦从心旱聲。	許慎　説文解字	
姦			篆文	姦，《説文》云從三女。朱駿聲説從女從奻，奻亦聲，極佳。古文以悍爲之。解云從心旱聲，旱干同聲通用。《玉篇》俗作姧，即奸異文。實姦奸亦原當同字。	高田忠周　古籀篇　卷三十八	26419

姦			篆文	《説文》姦字古文作𢙭，乃用假借字。許君謂從三女，是以會意説姦，朱駿聲謂從女從奻，奻亦聲，則是會意兼聲字。奸姦原當同字。奸爲姦後起形聲字。	李孝定 金文詁林讀後記 卷十二	26421
嬙			説文	婦官也。从女，牆省聲。	許慎　説文解字	
妲			説文	女字。妲己，紂妃。从女旦聲。	許慎　説文解字	
嬌			説文	姿也。从女喬聲。	許慎　説文解字	
嬋			説文	嬋娟，態也。从女單聲。	許慎　説文解字	
娟			説文	嬋娟也。从女肙聲。	許慎　説文解字	
嫠			説文	無夫也。从女𠩺聲。	許慎　説文解字	
嫠			金文	從子𠩺聲，當即嫠之古文。從子從女同。銘文爲禧之借字。	戴家祥 金文大字典 卷下	26423
嫠	 仲叡父盤  季宫父簠	婡	金文	仲叡父盤字左來，右從女，當即《説文》十二篇《女部》新附字：女無夫也之嫠。	戴家祥 金文大字典 卷上	14853
姤			説文	偶也。从女后聲。	許慎　説文解字	
伩	 包/文書/122		楚簡	應讀如“孥”，指依法受株連之妻妾及成年子女。	劉信芳 包山楚簡近似之字辨析 考古與文物 1996 年 2 期	5265
㚥			甲骨	卜辭從女從力，言女子用力，謂生子也。	楊潛齋 釋冥 華中師範學院學報 1981 年 3 期	26044
㚥	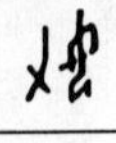		甲骨	從女力聲，隸作㚥。郭沫若説乃妿省，讀爲嘉。可從。	朱歧祥 甲骨學論叢	16265
囡			甲骨	金祖同隸定爲囡，可商。此象蕹人之形，金氏讀爲蕹，其意是也，然非謂此即蕹字。俟考。	李孝定 甲骨文字集釋存疑	16264

㚪			甲骨	從女在（才），楷寫作𡛷（㚪），《説文》所無。是一名詞。	張秉權　殷墟文字丙編考釋	16336
㚯	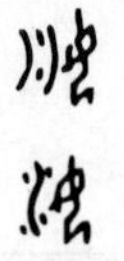		甲骨	從女水聲，乃武丁時婦姓，有孕。	朱歧祥　甲骨學論叢	17526
㚸	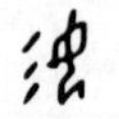		甲骨	從女從彡，即從女彡聲之㚸，女姓也。《説文解字》無。	孫海波　甲骨文録附考釋	16337
㚘			甲骨	從女從凡，《説文解字》無。王國維謂當是任宿顓臾須句風姓之風。	孫海波　甲骨文編　卷十二	16339
㚘	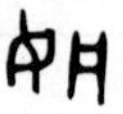		金文	從女凡聲。王國維謂此當是《左傳》任、宿、須句、顓臾風姓也之“風”字，是也。	陳邦懷　曹伯簋考釋　文物 1980 年 5 期	16340
㚘	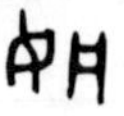		金文	《説文解字》無。陳邦懷謂即古籍曹國風姓之風。	容庚　金文編	16338
妃	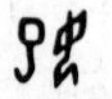		甲骨	古妃從女從巳，古文以即巳之倒文，疑古似字本從女從巳也。	王襄　簠室殷契類纂存疑	17522
妦	 君夫簋蓋	姅	金文	《説文》未見。徐同柏云：妦字《集韻》音豐，《方言》云凡好而輕者曰妦，此當讀爲奉字，從女。女卑，奉承之意。（《從古堂款識學》卷十五第十五頁）按徐釋近是，然未盡也。《鄭風·豐篇》：“子之豐兮。”《毛傳》：“豐滿也。”《釋文》：“方言作妦。”知妦爲丰之加旁字。	戴家祥　金文大字典	14848
妦			金文	爲丰之加旁字。讀奉。奉揚猶言對揚也。讀爲奉。	戴家祥　金文大字典	16464
妊			甲骨	右從卜辭“往”。	商承祚　殷虛文字類編　卷十二	17130
肗			甲骨	當是婦稱，應隸定爲肗。釋“如”、“姼”不妥。	彭邦炯　三版有關生育卜辭的釋文和内容初探　2004 年安陽殷商文明國際學術研討會論文集 2004 年	15095
妥	 鄦侯少子簋	媥	金文	或當釋妥，與綏同，亦語詞也。	吴闓生　吉金文録　卷三	16660

炏	 上二/容成氏/38		楚簡	疑讀爲“火伴”或“夥伴”之“火”，這裏是偕同的意思。	李零 上海博物館藏戰國楚竹書 第二册 容成氏	12762
姒	 仲師父鼎		金文	漢世固有“姒”字，古器銘則借“始”字爲之。	吴式芬 攈古録金文 卷三之一	17521
姒	 保侃母壺	妸	金文	從女從司，疑姒之異文。	孫詒讓 古籀餘論 卷二	18113
姒		妃	甲骨	疑爲古姒字。	王襄 簠室殷契徵文考釋 卷十一	17523
姒	 燕侯旨鼎	娼	金文	台以同字，即姒字，又爲加手。	吴闓生 吉金文録 卷一	18117
姒	 保侃母壺	妸	篆文	從女從臥，當即古姒字。	强運開 説文古籀三補 卷十二	18118
姒	 保侃母壺	妸	金文	從女司聲即姒，司姒音同。	王獻唐 釋醜 説文月刊 1944 年	18119
姒	 者女觥	妸	金文	孫詒讓將上部的“司”、“女”認作一個字，經過我的解釋和下面的“㠯”再合認作一個字。即“姒”字。上部不從“司”的那個形體也是姒字。	周法高 金文零釋 諸女彝考釋	18120
姒			金文	《説文》所無。從巳。許印林釋妃，周名煇釋好均不確。	李孝定 金文詁林讀後記 卷十二	17525
姒	 姒𣪕罍		金文	姒所從以的演化：簡化爲，但同時又發生增繁，產生了。上古姒、始本一字，後來在使用中逐漸分化。《説文》中仍以始概姒，可見直到這時二字的分化還不是絶對的。	許青松 季姒𣪕罍跋 中國歷史博物館館刊 1984 年 6 期	17524

⿰女白	 郳⿰女白鬲		金文	從女從白，長女之謂。	徐同柏 從古堂款識學 卷十六	18111
⿰女兄	 取膚匜	⿰女只	金文	⿰女只字無考。或説從女兄會意，爲姊字；或説從兄女會意，爲姪字。《玉篇》⿰女兄，音兄，嬉也，疑即此字。	劉心源 奇觚室吉金文述 卷八 孖商盤	18110
⿰女司	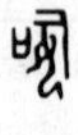	⿱司女	甲骨	從女從司，即⿰女司，集韻媤字之重文作⿰女司。	陳邦懷 殷虚書契考釋小箋	18114
⿰女司	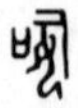		甲骨	彝⿰女司乃女子名，⿰女司同姒。	郭沫若 卜辭通纂	18116
⿰女司	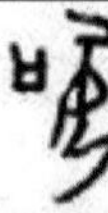			⿱司女、⿰女司爲一字，以之爲姒字，似有可商。	李孝定 甲骨文字集釋 卷十二	18121
姫			甲骨	從女從臣，《説文》無，意義不明。	徐中舒 甲骨文字典 卷十二	18311
⿰女戊			甲骨	從女從戊，疑爲武丁時諸婦之一。	白玉峥 殷虚第十五次發掘所得甲骨校釋 中國文字 1990 年 2 月	18312
⿱⿱⺊日女	 郭/老子甲/18		楚簡	隸定爲“妻”，應讀“穉”，年小也。也作“稚”。帛書乙本、王弼本均作小，與“稚”義同。	何琳儀 郭店竹簡選釋 簡帛研究 2001 年	7375
⿰女缶	 子作婦⿰女匋卣	⿰女匋	金文	從女缶聲，《説文》所無。《集韻》有：妚，好貌，或作⿰女缶。一曰女儀也。俯九切，並音缶。《玉篇》三十五：妚，音方酉切。然則商周古文確有⿰女缶字，許氏失收，《玉篇》、《廣韻》等猶可見其遺存。	戴家祥 金文大字典	14852
娝	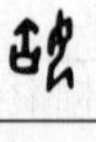		甲骨	從女從否，《説文》無，廣韻，好色貌，一曰女儀也，用作人名。	徐中舒 甲骨文字典 卷十二	18313
⿰女自	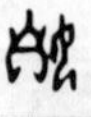		甲骨	從女從自，《説文》無，集韻，妒也，作方國名。	徐中舒 甲骨文字典 卷十二	18314
⿰女攴	 郭/老子丙/7	⿰言攴	楚簡	係“⿰女攴”字訛體。	彭浩、劉祖信、王傳富 郭店楚墓竹簡	7103

姺	 上二/容成氏/21		楚簡	褻姺，即"鮮美"，是色彩豔麗之義。	李零 上海博物館藏戰國楚竹書 第二册 容成氏	13249
娊	 庚姬鬲		金文	該字用作女名。	戴家祥 金文大字典	17128
娩	 鑄叔皮父簋	妻	金文	古刻從龟之字，皆象獸頭。此銘女上從龟，蓋娩省。娩子即生雙子。	劉心源 奇觚室吉金文述 卷三	26042
娩	 上五/君子爲禮/6	正	楚簡	整理者釋"正"，細察之，其實應即楚簡中寫得很像"字"的分娩的"娩"之本字……於此可讀爲俛，《玉篇・人部》："俛，低頭也。"《後漢書・劉玄傳》："更始羞怍，俛首刮席不敢視。"李賢注："俛，俯也。"古人或以"俛"爲"俯"字，實際上是一種同義换讀的做法，"俛"本從"免"聲，與"俯"讀音不同。……"俛視"即低頭而視。《新書・屬遠》："俛視中國，遠望四夷，莫不如志矣。"簡文"毋俛視"與"毋側睇"並舉，均爲對君子視容的要求，不俛不側，是謂"定視"。另外一種可能是讀爲"眄"。《説文・目部》："眄，目偏合也。一曰：衺視也，秦語。從目，丏聲。"義亦可通。但考慮到與"側"的相配，似仍以讀"俛"較勝。	陳斯鵬 讀《上博竹書（五）》小記 簡帛網 2006年4月1日	5097
婭	 子婭迊子壺		金文	該字《説文》所無。右上所從爲古文爻。爲古字逸文。	高田忠周 說文古籒篇 卷三十八	17132
婭	 子婭迊子壺		金文	該字《説文》所無。右邊所從爲網之古文。	方濬益 綴遺齋彝器款識考釋 卷十三	17131

⿱巩女	 上三/周易/47		楚簡	從女，巩聲，讀爲“鞏”。以牛皮束物。	濮茅左 上海博物館藏戰國楚竹書 第三册 周易	13796
⿱𡖊女	 上五/季庚/10		楚簡	從女，𡖊聲，不見於字書，讀爲“夙”。《集韻》：“夙，古作𡖊。”《説文》：“𡖊，早敬也。從丮、夕。持事雖夕不休，早敬者也。”徐鉉等曰：“今俗作夙僞。”	濮茅左 上海博物館藏戰國楚竹書 第五册 季庚子問於孔子	3025
娘			甲骨	該字從女從良，《説文》所無。娘爲女字。今以爲爺娘字，與卜辭義有别。	李孝定 甲骨文字集釋 卷十二	17137
娮			金文	該字從女從言，《説文》所無。	戴家祥 金文大字典	17133
婞	 叔向父簋	䢺	金文	該字《説文》所無。從女辛聲，與親音義皆近，故通用。	高田忠周 説文古籀篇 卷三十八	17134
婞	 叔向父簋	䢺	金文	該字從女從辛，乃辛姓之本字。辛爲古文，莘爲孳乳假借字，婞爲其本字。	周名輝 新定説文古籀考 卷下	17135
婞	 叔向父簋	䢺	金文	辛爲古文，莘爲孳乳假借字，婞爲其本字。三字同爲姒姓。周名煇説至確。高田忠周之説非是。	戴家祥 金文大字典	17136
娟			甲骨	從女從貝，《説文》所無。意義不明。	徐中舒 甲骨文字典 卷十二	17129
婄	 燕侯旨鼎		金文	字從奴從台，當釋佁。《説文·人部》：“佁，癡貌，從人台聲。讀若騃。”《廣雅·釋詁》一：“儓，臣也。”《方言》三：“南楚凡罵庸賤謂之田儓，或謂之西服。”字亦同嬯。《集韻》上平十六：“嬯，鈍劣貌。或從人。”《説文》：“嬯，遲鈍也。”商周之世，臣仆奴隸被列在低下階級且被視爲愚騃無知者，故常以醜名詈之。佁、嬯、儓皆一語之演變耳。	戴家祥 金文大字典	14850

娵			甲骨	從女從取，婦名。	季旭昇 談甲骨文中“耳、戌、已、士”部中一些待商的字 第三届國際中國古文字學研討會論文集 1997年10月	16187
婋	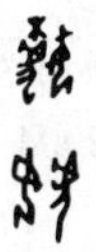		甲骨	該字從女虎聲，隸定爲婋字。《説文》所無。字屬於殷祭祀的地名。由辭例見字與增木旁者相同。	朱歧祥 甲骨學論叢	17321
婋			甲骨	花園莊東地甲骨卜辭中“”當隸爲“婋”，在卜辭中假借爲“虐”。有“作虐”或“（程度很重地）傷害”的意思。	時兵 花園莊東地甲骨卜辭考釋三則 東南文化 2005年2期	15937
[女戉]			金文	字特從女從户從戈，宜即武丁夫人氏族，讀爲姚。	丁山 殷商氏族方國志 亞戉 姚[女戉]	18394
[女戉]			甲骨	該字特從女。卜辭所見該字當讀爲姚。即有余之二姚也。	丁山 殷商氏族方國志 亞戉 姚[女戉]	17316
[女戉]			甲骨	該字從女從戉，《説文》所無。從戉未必從兆。丁説待考。	李孝定 甲骨文字集釋 卷十二	17317
嫍	 季宮父簠		金文	《説文》所無。右當從舀。	强運開 説文古籀三補 卷十二	17322
嫍	 季宮父簠		金文	字當釋嫍。《集韻》上聲五十琰：“嫍 陵女前卻。”音醜琰切。	戴家祥 金文大字典	14854
婭			甲骨	該字從女從亞，《説文》所無。	徐中舒 甲骨文字典 卷十二	17320
[女寅]	 上四/采風曲目/2		楚簡	“不寅之[女寅]”，曲目。《爾雅·釋詁》：“寅，敬也。”“[女寅]”，女子。此説明其人爲女子。	馬承源 上海博物館藏戰國楚竹書 第四册 采風曲目	3688
[女食]			甲骨	該字從女從食，殷人俘食之婦女。因繫女旁於食爲識别。食爲國名或地名。	葉玉森 殷虚書契前編集釋 四卷	17497
[女客]		[女各]	甲骨	該字從女客，不見於《説文》。蓋古有專字而今無矣。或省宀，或省口。	羅振玉 增訂殷虚書契考釋 卷中	17498

嫆		峈	甲骨	該字從女從客，《説文》所無。省宀或省口者當隸作其它字，不能混爲一字。	李孝定 甲骨文字集釋 卷十二	17499
姌			金文	《説文》所無。該字與姊音近。	强運開 説文古籀三補 卷十二	16757
嬉			甲骨	從女從壴，壴亦聲。壴爲鼓的初文，“嬉”字從之，即指女性有鼓噪喧囂的特徵。引申指含有鼓噪騷擾性質的他事物。	葉正渤 卜辭“來嬉”研究 殷都學刊 2004年1期	15810
嫭	 杞伯敏亡鼎		金文	從女從𣜩，疑當與曹通，即邾國之姓。正字當作“𡛷”，從女𣎳聲，金文假“𣜩”爲“𣎳”，“𣎳”蓋本從夲得聲，《説文》夲讀若滔，與曹古音同部，故經典皆假曹爲之。	孫詒讓 名原 卷下	16753
嫭	 杞伯敏亡鼎		金文	今考定當爲嫭，讀如曹同。郭沫若謂字從女棗，乃邾國曹姓本字，説是。	周名煇 新定説文古籀考 卷上	28553
嫀			甲骨	從女從秦，《説文》所無，見於類篇，疑爲人名。	徐中舒 甲骨文字典 卷十二	17687
[illegible]	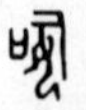	妇	甲骨	疑[illegible]之省。	余永梁 殷墟文字考	18115
嬍	 郭/緇衣/1	媺	楚簡	即“嬍”字。美、嬍聲韻同。美，善也。賢猶善也。傳本此處作“賢”字，簡文該字與傳本兩者文異而義同。	虞萬里 上博簡、郭店簡《緇衣》與傳本合校補證（上） 史林 2002年2期	12646
嬍	 上四/逸詩—交交鳴鶩/1	敚	楚簡	該字實當分析爲從“女”，即“嬍”字之省，讀爲“美”。	董珊 讀《上博藏戰國楚竹書（四）》雜記 簡帛研究網 2005年2月20日	3885
[illegible]	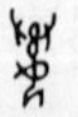		甲骨	從妥從臼，《説文》所無，或釋奚。	孫海波 甲骨文編	17625
媵	 宋公䜌簠	[illegible]	金文	該字即媵之别體，意與朕、賸相通。金文均用在女子用器，或謂周代婦女出閤時的隨嫁品。	戴家祥 金文大字典	16717

媵	 員侯簋	龔	金文	媵。從“子”可與“女”通。	張光裕 新見員侯媵器簡釋 第三屆國際中國古文字學研討會論文集 1997 年 10 月	16196
⿰女害		姑	金文	嫴。或釋姑。所從絶非古，從害也。此銘或是姓或是女字。	劉心源 奇觚室吉金文述 卷六	25756
⿰女桼			甲骨	從女從桼。其地當在永城之北。	陳夢家 殷虛卜辭綜述	17690
⿰女桼			甲骨	從女從桑，非從桼。《説文》所無，地名。	李孝定 甲骨文字集釋 卷十二	17691
摯	 上一/性情論/3		楚簡	《説文》：“摯，至也。從女，執聲。《周書》曰‘大命不摯’，讀若執同。”讀爲“勢”。所謂的摯（勢）也就是“物誘於外”，主觀上適意迎合。《郭店楚墓竹簡·性自命出》作“執”，下同。	濮茅左 上海博物館藏戰國楚竹書 第一册 性情論	12114
摯	 上一/性情論/28		楚簡	讀爲“執”。	濮茅左 上海博物館藏戰國楚竹書 第一册 性情論	12257
嫘	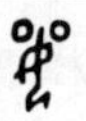	娶	甲骨	蓋今嫘之本字。從女從吅，吅與雷之聲符同。蓋今嫘之本字。應爲氏族之專字。	白玉峥 説媢 中國文字 1981 年 3 月	17688
⿰女蔑	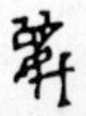		甲骨	從女從蔑，《説文》所無。	李孝定 甲骨文字集釋 卷十二	16752
毓	 包/卜筮/217	婕	楚簡	字從的⺀爲楚文字中的“㐬”旁，此旁是由初文毓所從的倒子和頭部羊水變成，字應隸，從女從㐬，實際就是甲骨文所見毓字的楚文字寫法，字應釋作毓。	董蓮池 釋戰國楚系文字中從⺀的幾組字 古文字研究 2004 年 25 輯	28579
⿰女途			甲骨	從女從余從止，《説文》無。葉玉森謂左側之女是另一字之旁從，非與𡋯爲字，諦來影本仍是一字。	李孝定 甲骨文字集釋 卷十二	17814
嬉	 	娭	甲骨	從女從壴，蓋即嬉之省文。	孫詒讓 名原 卷下	17952
嬉		娭	甲骨	娭字，亦作嬉，從壴之字，多變爲從喜，讀爲艱。	唐蘭 殷虛文字記 釋壴鼓㱿竂喜㚔侸[illegible]娭嬉饎	17954

嬉		娭	甲骨	從女從喜。《説文》所無。《廣雅》："嬉，戲也。"	孫海波 甲骨文編 卷十二	28552
㛚			甲骨	從女從喪，《説文》無。左旁非喿，乃喪字。	李孝定 甲骨文字集釋 卷十二	17955
嫦	 鄭鄧伯鬲	敝	金文	從女從㡀，字書所無，金文用作人名。	戴家祥 金文大字典	17956
嬣	 伯疑父簋蓋	寍	金文	從女從甯，當是女子字寍，故注女旁以爲標誌，非實有此字。	孫詒讓 名原 卷下	17944
嬣			金文	寍字義主於安，故此篆從安。後省作寍，又省作宁。	高田忠周 説文古籀篇 卷七十一	17945
嬣			金文	寍爲寧之别構，嬣爲嚀别構，訓爲體。	戴家祥 金文大字典	17946
嫾	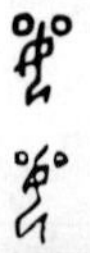	㚔	甲骨	此字從女從吅，應釋爲嫾，卜辭每、母、女可通。	黄錫全 甲骨文字釋叢 考古與文物 1992 年 6 期	17618
婁	 上三/彭祖/2		楚簡	所從聲旁"𡕜"，學界已多有討論，又見上博《性情論》，是與《性自命出》"訙"字對應者，或疑"言"爲省訛之體。	李鋭 《彭祖》補釋 簡帛研究網 2004 年 4 月 19 日	2637
婁	 上三/彭祖/2		楚簡	可理解爲從"妾"，要省聲，妾、要共用"女"旁，似可隸定爲婁，不見字書，疑爲偠或嫑字别體。	黄錫全 讀上博《戰國楚竹書（三）》劄記数則 簡帛研究網 2004 年 6 月 22 日	2280
婁	 上三/彭祖/2		楚簡	此字疑應釋"要"。"要"字《説文》古文作，與此相近。《仲弓》13 號簡"唯有德"，字整理者李朝遠先生隸定作"𨐌"，認爲即"孝"字。我們懷疑此字左旁也是"要"的另外一種寫法。古音"要"屬影母宵部，"孝"屬曉母幽部，它們讀音相近，所以簡文可用"要"作爲增加的聲旁。	楊澤生 上博竹書第三册零釋 簡帛研究網 2004 年 4 月 29 日	1483

婁	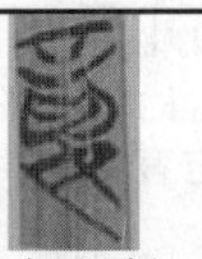 上三/彭祖/2		楚簡	查《楚文字編》，在包山簡第五簡、第七十五簡，郭店簡《成之聞之》第五簡、第二十七簡等中有“蚔”字，與此字極似，或爲變體，隸定爲“婁”，從朱德熙、裘錫圭之説，讀爲“要”。	趙炳清 上博簡三《彭祖》補釋 簡帛研究網 2005年1月26日	1715
娍	 包/卜筮/217		楚簡	“娍”和“融”從“蟲”省聲，可與“鬻”通假。	劉彬徽、彭浩、胡雅麗、劉祖信 包山楚簡	6875
娍	 包/卜筮/217		楚簡	把字所從的“虫”符作爲“蟲”省聲來處理是正確無誤的。	曾憲通 從“虫”符之音讀再論古韻東部的分合 第三届國際中國古文字研討會論文集 1997年10月	28578
娍	 包/卜筮/217		楚簡	以上六例同筆者數年前所寫的小文相比，删去了過去釋“湁”爲“雍”和釋“娍”爲“用”，增加釋“譃”爲“讒”一例，這就排除了“虫”符代表東冬合韻的可能性，增加了代表冬侵合韻的可信度。	曾憲通 再説“虫”符 古文字研究2004年25輯	28580
敹	 伯蔡父簋		金文	從女裘聲。	天津市文化局文物組 天津市新收集的青銅器 文物1964年9期	17978
嬭			金文	薛書楚邛仲南和鐘有此字，他器無之。	阮元 積古齋鐘鼎彝器款識 卷七	16656
嬭	 王子申盞		金文	嬭《説文》不收。	高田忠周 説文古籀篇 卷三十八	16658
嬭	 鄦侯少子簋	妳	金文	該字從女尒聲，乃嬭之或字。在此銘當讀爲乃。	楊樹達 積微居甲文説 鄦侯少子簋跋	16662

嬭			金文	嬭字形可分三類：1.嬭、嬶，從女從爾或從女從𣈆。2.𣈆，從日從爾。3.妳，從女從尒（爾之上半）。此字的初文可能是“爾”，“女字旁”是漢字形符類型化時方加上，强調“爾”跟女性有關。“嬭”是“女而乳子者”的正面形象；“母”是“女而乳子者”的側面形象。在金文中此字最主要的義項是用作楚國之姓。嬭即楚姓羋之本字。在辭書中“嬭”有“乳”義。“嬭”的本義及引申關係可排爲：1.母親的乳房。2.母輩的女性。3.母親。4.楚人之姓。5.成年女性通稱。嬭，奴蟹切、又奴禮切，皆在泥紐。	曹兆蘭 金文中方言“嬭”與雅言“母”的相因生義 方言 2002年2期	15426
[illegible]	 [illegible]方鼎		金文	該字上從雔，《説文》所無，是當古字逸文。	高田忠周 説文古籀篇卷三十八	16664
嫢	 長/甲篇/行 5-7		楚簡	該字應釋爲嫢，讀爲繼。	曾憲通 長沙子彈庫帛書文字編	16682
嫢	 長/甲篇/行 5-7		楚簡	此字李文釋“縛”，字形不合。饒文釋“緐”，近是，但忽去下半殘存的女旁。	李零 《長沙子彈庫戰國楚帛書研究》補正 古文字研究 2000年20輯	7743
嬫	 古陶文匯編 5.158		陶文	嬫，《説文》所無。	高明、葛英會 古陶文字徵	16758
嬢	 季宫父簠		金文	劉釗釋爲嬢，甚是。字見《廣韻》。	董蓮池 金文編校補	28576
嬢	 季宫父簠		金文	該字《説文》失收。當釋爲嬢。	施謝捷 金文零釋 于省吾教授百年誕辰紀念文集 1996年9月	16810

嬬	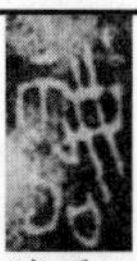 遣盉	𡢃	金文	“需終”爲金文恆語。該字當爲需之加旁字。	戴家祥 金文大字典	16879
嫞			金文	《説文》所無。用爲女姓，未有用作呼母之稱者。	周法高主編 金文詁林 卷十二	16663
嬻	 嬻妊壺		金文	翁祖庚認爲該字從晶。竊疑晶乃日之精光，若釋爲明字，則文義可通。	吴式芬 攗古録金文 卷三之三	16965
嬻	 嬻妊壺		金文	其字《説文》所無。該字從女，當爲女子名字。竊疑黄帝妃或本名嬻，後人訛之。	孫詒讓 名原 卷下	16967
嬻	 嬻妊壺		金文	其讀當在東陽部，此字又從[illegible]，[illegible]讀爲房俎之房，音韻亦合，並以此爲聲符，上從三日乃房宿，星之象也，銘文“嬻嬻”，或讀爲“煌煌”。	郭沫若 殷周青銅器銘文研究 晉邦盦韻讀	16969
嬻	 嬻妊壺		金文	該字從女疊聲。假爲熠。	郭沫若 兩周金文辭大系圖録考釋 穌甫人匜	16970
嬻	 嬻妊壺		金文	該字不見於《説文》。從女疊聲。	馬叙倫 讀金器刻詞 國學季刊 1935 年	16972
嬻	 嬻妊壺		金文	《説文》未收。此古取字也，從女，從晶，從且，或從厽。厽即參字省文。	陳直 金文拾遺	16968
嬻	 嬻妊壺		金文	嬻從疊聲。嬻、姪、秩字通也。	于省吾 雙劍誃古文雜釋 釋嬻嬻	16971
嬻	 齊嬻姬簋		金文	以聲類求之，字當釋姐。	戴家祥 金文大字典	14858

毋部

毋			説文	止之也。从女，有奸之者。凡毋之屬皆从毋。	許慎　説文解字	
毋		母	甲骨	此字或釋女、母、汝。作母甚爲明晰，古金文母毋一字。	强運開 石鼓釋文	26424
毋		母	甲骨	第 329 片“貞母又”，母應該讀爲毋，古本一字。	郭沫若 殷契粹編考釋	26425
毋		母	甲骨	契文假母爲毋，卜辭言“貞師母在此兹延”即貞師毋在曰羈延也。	李孝定 甲骨文字集釋 卷十二	26427
毋		母	甲骨	甲骨文常借母爲毋，金文石鼓文亦如此。母毋一字，古本無毋字，借母字爲之。	金祥恒 甲骨文叚借字續説——比毋 中國文字 1965 年	26428
毋	 匯/望一劄記/107		楚簡	毋、無古通。	商承祚 戰國楚竹簡匯編 望山一號楚墓竹簡疾病雜事劄記	10001
毋			楚簡	此字是母字誤寫。	商承祚 戰國楚竹簡匯編 信陽長臺關一號楚墓竹簡第一組文章	9948
毋		母	楚簡	讀爲“毋”，與“勿”通用。	濮茅左 上海博物館藏戰國楚竹書第三册 周易	60044
毋		母	楚簡	讀爲“毋”。	濮茅左 上海博物館藏戰國楚竹書第四册 柬大王泊旱	60023
毋		母	楚簡	讀爲“毋”。	濮茅左 上海博物館藏戰國楚竹書第四册 柬大王泊旱	60018
毋	 上二/魯邦大旱/1		楚簡	“毋乃”一般用於反語句，義猶“得無”。“毋乃”之反語乃是表達委婉、試探的語氣。	林志鵬 《魯邦大旱》詮解 上博館藏戰國楚竹書研究續編 2004 年	112

毋		女	金文	“毋寶”的意思就是不用當作寶物，應指不用把鼉的甲殼保存下來當作寶物。	裘錫圭 商銅鼉銘補釋 中國歷史文物 2005 年 6 期	60002
毋	 上五/三德/19		楚簡	“母”，整理者隸作“毋”。本無可非議，但考慮到下文有“晝”爲對文，因改隸作“母”，讀爲“晦”。《爾雅·釋言》：“晦，冥也。”《左傳·昭公元年》：“晦婬惑疾，明淫心疾。”注：“晦，夜也。明，晝也。”	劉信芳 上博藏五試解七則 簡帛網 2006 年 3 月 1 日	556
毋	 上五/季庚子問於孔子/7		楚簡	“母寐”，李天虹及陳偉皆讀爲“晦昧”，認爲有“懵懂”或“愚昧”義，在簡文中“母寐”和“敬成其德”連用，語法結構似應一致，如果理解爲“晦昧”，是一個形容詞詞組作謂語，和“敬成其德”的語法結構就不太一樣了。現在看起來，這裏的“母”也可能是“女”的錯字，通“如”，“如寐”猶言小人對德行的表現像睡了一樣無動於衷。	單育辰 上博五短札（三則） 簡帛網 2006年4月30日	28568
毋	 上五/季庚子問於孔子/7		楚簡	毋，簡文原作“母”，疑讀爲“晦”。母、每古音相同，都是明母之部字；從“每”之字，楚簡文字常從“母”。寐，疑讀爲“昧”。晦、昧爲同義詞。《詩·周頌·酌》“於鑠王師，遵養時晦”，毛傳：“晦，昧也。”鄭箋：“于美乎文王之用師，率殷之叛國以事紂，養是闇昧之君。”《左傳·宣公十二年》“兼弱攻昧”，杜注：“昧，昏亂。”簡文“晦昧”大概類似於今之“懵懂”。	李天虹 讀《季康子問於孔子》劄記 簡帛網 2006 年 2 月 24 日	5109
毐			說文	人無行也。从士从毋。賈侍中說：秦始皇母與嫪毐淫，坐誅，故世罵淫曰嫪毐。讀若娭。	許慎　說文解字	

民部

民	 古文		説文	眾萌也。从古文之象。凡民之屬皆从民。古文民。	許慎　説文解字	
民	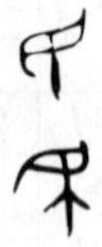		金文	像草芽之形，引申爲人民之民。萌之初文。轉音爲氓字。	林義光　文源	26430
民			金文	“庶民”二字半殘，徐釋“庶人”。殘筆斜偏右，釋民爲當。	郭沫若　金文叢考　毛公鼎之年代器銘考釋	26433
民	 陳喜壺		金文	象目中有刺，爲民之異體。	馬承源　陳喜壺　文物 1961 年 2 期	26434
民	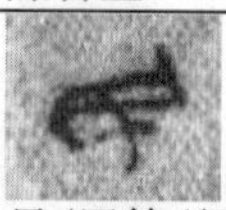 長/甲篇/行 5-7		楚簡	“民”當假爲“萌”。	安志敏、陳公柔　長沙戰國繒書及其有關問題　文物 1963 年 9 期	54
民	 長/甲篇/行 5-7		楚簡	民爲萌之本字。像種子冒出地面。上爲其葉，下爲其根，引申爲凡草木萌芽皆謂之民，人民之民乃借義。有目中有刺之字形，表示盲其左目以爲奴隸之總稱。	商承祚　戰國楚帛書述略　文物 1964 年 5 期	26435
民			金文	民從古文之象而不知古文之象究竟爲何意？字在金文象左目形，以刃刺之。與盲爲一字。字均作左目，爲奴隸之總稱。甲骨文有民字，無刃物在目中，按金文銘文意義，在周民已經引申爲庶人之意，非單指奴隸。	周法高主編　金文詁林　卷十二	26436
民	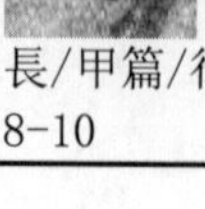 長/甲篇/行 8-10		楚簡	懷民，懷柔其民。	李零　長沙子彈庫戰國楚帛書研究	702

民	 長/甲篇/行 8-10		楚簡	“……建恒懷民”，此句似是指調和律曆，敬授民時。	李零 《長沙子彈庫戰國楚帛書研究》補正 古文字研究 2000 年 20 輯	701
民	 上一/紂衣/13		楚簡	“長民”，郭店簡作“伥民”，今本作“夫民”。	陳佩芬 上海博物館藏戰國楚竹書 第一册 紂衣	12027
民			金文	“亟（極）於後民”之“民”意與“人”通。	李學勤 春秋鄭器與兵方壺論釋 松遼學刊 2001 年 5 期	15575
民			甲骨	上爲目，表示面。下部直畫表示針。直畫多入目中表示文面之義。或加“又”表示以手持針形。	董來運 甲骨文新考（二）——對甲骨文“臣”、“民”的再考釋 洛陽農業高等專科學校校報 2001 年 3 期	15814
民	 郭/六德/38		楚簡	似應讀爲“萌”，指發端，故與“徵”連言。	陳偉 郭店竹書別釋	9294
民	 上二/子羔/3		楚簡	莉民，即黎民，古字通用。	馬承源 上海博物館藏戰國楚竹書 第二册 子羔	12931
民	 上二/容成氏/6		楚簡	疑是“民”字的異寫或“敃”字的省略，讀爲“泯”。	李零 上海博物館藏戰國楚竹書 第二册 容成氏	13161
民	 上二/子羔/7		楚簡	受命之民，謂舜爲受天命的凡人。	馬承源 上海博物館藏戰國楚竹書 第二册 子羔	12569
民	 上二/魯邦大旱/2		楚簡	庶民，乃與公室相對而言的衆民。	馬承源 上海博物館藏戰國楚竹書 第二册 魯邦大旱	12973

民	 上二/從政（乙篇）/2		楚簡	“民斂”，當指民之積財。	張光裕 上海博物館藏戰國楚竹書第二册 從政（乙篇）	13041
民	 上三/中弓/11		楚簡	引導民衆。又可通爲教導、勸導、誘導之“導”。“道民”與“道眔”同義。	李朝遠 上海博物館藏戰國楚竹書第三册 中弓	13364
民	 上三/中弓/19		楚簡	“民”字原屬上爲讀，恐非是。此處簡文跟上文所論“宥過赦罪”有關，係以山川日月星辰皆有過，來説明民亦必有過，故爲政者對民要“宥過赦罪”。	陳劍 上博竹書《仲弓》篇新編釋文（稿） 簡帛研究網 2004年4月18日	2848
民	 上四/曹沫之陳/2		楚簡	“亡又不民”，指山澤以外的土地都有人居住。	李零 上海博物館藏戰國楚竹書 第四册 曹沫之陳	3595
民	 上三/中弓/8		楚簡	“民”，就是《傳》之“眔庶”，《管子》之“百姓”。	廖名春 楚簡《仲弓》篇與《論語·子路》篇仲弓章對讀劄記 孔子2000網 2004年4月16日	2849
氓			説文	民也。从民亡聲。讀若盲。	許慎　説文解字	

丿部

丿			説文	右戾也。象左引之形。凡丿之屬皆从丿。	許慎 説文解字	
乂	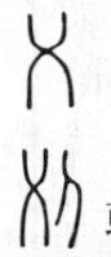 或體	刈	説文	芟艸也。从丿从乀，相交。刈乂或从刀。	許慎 説文解字	
乂		⿱炏乂	金文	上從兩火下從刀，燒薙之象。	徐同柏 從古堂款識學 卷六 周封簋	31574
乂	 毛公鼎  大克鼎	⿱罒⿱犬吅 ⿱罒⿱乂吅	金文	此當即刈字，亦即是乂。乂之爲器，可用以剪除草卉蟲害。	郭沫若 金文叢考 毛公鼎之年代 器銘考釋	26439
乂		㐅㐅	璽印	隸定應作㐅㐅。《説文》有乂無㐅㐅，疑是乂之複體。乂，治也。	方繼成 長沙侯家塘M018號墓的年代問題 考古通訊 1957年6期	26441
弗			説文	撟也。从丿从乀，从韋省。	許慎 説文解字	
弗			金文	弗字不從韋，迺從弓。丿乀者左右戾。所謂矯也。凡如此者，矯之則不如此。故爲弗。	劉心源 奇觚室吉金文述 卷二 噩侯鼎	26443
弗			金文	兩竪象物之直，左右拂戾之。丿乀者經傳未見，當爲弗之偏旁，不爲字。	林義光 文源	26444
弗			甲骨	第1581片，弗字形至特異。從此可知弗之本義。字與弔同意。當是茀矢之茀。字之義與夷同，區別在於夷單矢，弗雙矢。	郭沫若 殷契粹編考釋	26446
弗	 新弨戟		金文	弗。即鍕，不從金。同爲戈之別名。	商承祚 新弨戈釋文 文物1962年11期	26449

弗			甲骨	弗字象編籃之樹皮或蘆而縱横往復之形。	陳獨秀 小學識字教本	26445
弗			金文	即弓柲之本字，亦即弜之或體。	戴家祥 金文大字典	14838
弗	 郭/語叢四/19		楚簡	弗憒，之舌齒之不相亂。	彭浩、劉祖信、王傳富 郭店楚墓竹簡	9122
弗			金文	另一鼎作井，此係誤字。井讀爲型，效法。	李學勤 眉縣楊家村新出青銅器研究 文物2003年6期	15296
弗	 上二/子羔/1		楚簡	“弗世”原釋文爲“歿世”，誤，劉信芳、孟蓬生已辨其非（劉信芳《上博藏簡竹書試讀》，簡帛研究網站，2003年1月9日；孟蓬生《上博竹書（二）字詞劄記》，簡帛研究網站，2003年1月14日），“弗”爲否定詞的講法，應該更近情理。	張桂光《上博簡》（二）《子羔》篇釋讀劄記 上博館藏戰國楚竹書研究續編 2004年7月	234
弗	 上四/柬大王泊旱/13		楚簡	“我”字寫法略有變化，原誤釋爲“弗”。	陳劍 上博竹書《昭王與龔之脽》和《柬大王泊旱》讀後記 簡帛研究網 2005年2月15日	3661
弗	 郭/語叢四/19		楚簡	弗，郭店簡(7.19)。聲化爲從“必”聲。弗，幫紐物部；必，幫紐質部。聲紐相同，質、物旁轉。	張静 郭店楚簡中的變形音化現象 漢字研究 2005年1輯	15729
弗			甲骨	根據“勿”、“不”和“弗”出現在命辭、占辭、驗辭中的情況以及驗辭同命辭的關係，可以證明殷商時代它們在意義上和分佈特徵上的區別：(1)“勿+VP”相當於“不要 VP”，“不 VP”和“弗+VP”相當於“不會VP”；(2)“不”主要用於猜度問句，“弗”主要用於一般疑問句。	郝文華《甲骨文字典》中的“勿”、“不”和“弗” 鄖陽師範高等專科學校學報 2005年2月	15958

弗	 上二/子羔/1		楚簡	弗義即不，“弗殜”即“不世”，世，《玉篇・世部》：“世，父子相繼也。”《周禮・秋官・大行人》“世相朝也”，鄭玄注：“父死子立曰世。”《吕氏春秋・圜道》“皆欲世勿失矣”，高誘注：“父死子繼曰世。”	陳英傑 讀上博簡（二）劄記五則 簡帛研究網 2005年2月15日	3968
㇏			説文	左戾也。从反丿。讀與弗同。	許慎 説文解字	

厂部

厂			説文	抴也。明也。象抴引之形。凡厂之屬皆从厂。虒字从此。	許慎　説文解字	
厂			篆文	即厂之反文，與厂同字。	林義光 文源	26451
弋			説文	橜也。象折木衺鋭著形。从厂，象物挂之也。	許慎　説文解字	
弋			金文	弋字。亦即古必字，金文戈柲均作必。所從的弋象柲形，八聲。形聲後於象形，故弋爲古必字，而必即柲也。弋爲柲之最初文，金文中用爲必然字，后轉爲畢𩿹字。必字次之，金文用爲柲，後迺轉爲必然字而失其古義。柲字又次之，金文所未見。	郭沫若 金文叢考 釋弋	26456
弋	 枤氏壺	㲋	金文	㲋爲弋之繁文。	郭沫若 兩周金文辭大系圖録考釋 枤氏壺	26455
弋		尤	甲骨	卜辭常見“亡”一詞，金文也有出現。舊釋作“亡它”、“亡厭”。或説字不可釋，義猶“亡咎、亡它”。又或釋“亡尤”。今謂即弋字。應釋作“亡弋”，讀亡忒。	李平心 甲骨文金石文劄記(一) 華東師範大學學報 1958 年 1 期	26458
弋			金文	弋字。象橛形，今呼木樁。	朱芳圃 殷周文字釋叢 卷中	26459
弋	 史牆盤		金文	必弋古音不相近。《説文》以爲必從弋聲不可信。用作虛詞的弋應該讀爲式。	裘錫圭 史牆盤銘解釋 文物 1978 年 3 期	26460
弋			甲骨	許氏訓弋爲橜是對的，但根據訛變之小篆爲之解，不通。典籍中也通作杙。	于省吾 甲骨文字釋林 釋弋、弟	26461
弋			甲骨	從木杙特點來看，把這些字釋爲“弋”是很合理的。這些弋在卜辭裏都是動詞，似都應讀爲代替的代。	裘錫圭 釋柲 古文字研究 1980 年 3 輯	26462

弋			金文	弋之本意爲歧首之樁，故原作丫，象其物形複以。意象指明其部位，言此即樁也。所以指明之意象，初爲一點復變爲一斜畫，即非象掛之,亦非繫物之索也。惟其爲意象，故弋爲指事字名詞。器銘以考弋、叔弋爲辭，字當釋姒。	戴家祥　金文大字典	14841
弋			甲骨	“弋”爲卦辭,它本是帶有細繩用來射鳥的箭頭。“弋”有取的含義。	蔡運章　論甲骨金文中的互體卦　第三屆國際中國古文字學研討會論文集 1997 年 10 月	16078
弋	 上一/紂衣/2		楚簡	更也。與“代”通。《說文通訓定聲》“弋”，假借爲“代”。《尚書·多士》：“敢弋殷命。”	陳佩芬　上海博物館藏戰國楚竹書第一册　紂衣	11903
弋	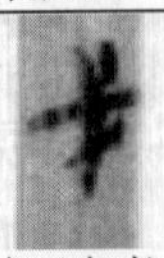 郭/唐虞之道/9		楚簡	疑讀爲式，式有法式義，這裏用爲動詞，猶垂範之意。	陳偉　郭店竹書別釋	8417
弋	 郭/緇衣/13		楚簡	讀作“式”。簡文作“弋”，必將“弋”、“式”字同讀成近似定紐之音,此與地處湖北荆門之古代方音相應。	虞萬里　上博簡、郭店簡《緇衣》與傳本合校補證（上）　史林 2002 年 2 期	14187
弋	 郭/唐虞之道/9		楚簡	疑當讀爲“式”。“式”有法式之義，這裏用作動詞，猶垂範之意。	陳偉　郭店竹書《唐虞之道》校釋　江漢考古 2003 年 2 月	14091
弋	 郭/緇衣/13		楚簡	讀爲式。	劉釗　郭店楚簡校釋	7472
弋	 郭/窮達以時/14		楚簡	讀爲慝，惡也。	劉釗　郭店楚簡校釋	6316

弋	 郭/唐虞之道/17		楚簡	讀爲式，義爲效法。	劉釗 郭店楚簡校釋	8451
弋	 郭/唐虞之道/18		楚簡	疑讀爲忒。	劉釗 郭店楚簡校釋	8452
弋	 郭/唐虞之道/9		楚簡	讀爲式，義爲用。	劉釗 郭店楚簡校釋	8416
弋	 𠑇匜		金文	原文是一從“弋”得聲字，當讀爲“代”。變改之義。	連劭名 金文所見西周時代的刑典 華夏考古 2003 年 1 月	15444

乀部

乀			説文	流也。从反厂。讀若移。凡乀之屬皆从乀。	許慎　説文解字	
乀	 上二/容成氏/1		楚簡	《郭店楚墓竹簡·緇衣》第十七簡第四字與此相同。	李零 上海博物館藏戰國楚竹書 第二册 容成氏	13120
也	  秦刻石	乜	説文	女陰也。象形。乜秦刻石也字。	許慎　説文解字	
也	 沈子它簋蓋		金文	字乃古文匜，象匜之平視形。《説文》以爲象女陰，非也。又字與古文它有别，不可混爲一字。	郭沫若 兩周金文辭大系圖録考釋 沈子簋	26465
也		同	楚簡	此字隸定爲“也”，即“殹”。“星辰不也”即星辰皎潔爛漫，無掩殹。	安志敏、陳公柔 長沙戰國繒書及其有關問題 文物 1963 年 9 期	651
也		同	楚簡	此字釋爲“也”。這裏用爲掩蔽的翳字。	商承祚 戰國楚帛書述略 文物 1964 年 9 期	9566
也	 沈子它簋蓋		金文	古匜或假“也”爲之，或從“也”聲。鼎之稱“也”，即以匜名鼎，蓋方言殊。	李孝定 金文詁林讀後記 卷十二	26466
也	 匜/五里牌遣策/14		楚簡	即匜，器名。	商承祚 戰國楚竹簡匯編 長沙五里牌四〇六號楚墓竹簡遣策	9658

也	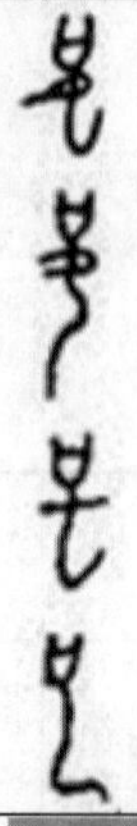		楚簡	此字釋也爲是。	黄德寬 說“也”第三届國際中國古文字學研討會論文集 1997 年 10 月	60129
也			秦簡	也，秦文字主要用“殹”爲“也”。或借“施”爲之。或用爲語氣詞。與“它”二字既非同源又非同字。二者相混大都是隸變之後才發生。	黄德寬 說“也”第三届國際中國古文字學研討會論文集 1997 年 10 月	14766
也	 郭/性自命出/59		楚簡	“凡兑人勿慳也”，疑此句當讀爲“凡悦人勿吝也”。	彭浩、劉祖信、王傳富 郭店楚墓竹簡	8775
也	 郭/性自命出/8		楚簡	“剛之梪也，剛取之也”，裘按：《語叢三》46 號簡：“彊（强）之鼓（尌）也，彊取之也。”語與此近。	彭浩、劉祖信、王傳富 郭店楚墓竹簡	8268
也	 郭/語叢三/41		楚簡	裘按：此條疑當讀爲：慟，哀也。三慟，度也。	彭浩、劉祖信、王傳富 郭店楚墓竹簡	9814
也	 上一/孔子詩論/11		楚簡	此小句爲“智不可得也”。	馬承源 上海博物館藏戰國楚竹書第一册 孔子詩論	4491
也	 上一/孔子詩論/11		楚簡	情愛也，當爲《鴅鴅》篇評語之殘。	馬承源 上海博物館藏戰國楚竹書第一册 孔子詩論	11231

也	 上一/孔子詩論/8		楚簡	“少旻多疑矣，言不中志也。”《詩·小雅·節南山之什》第五篇《小旻》内容也是怨憤國家亂象的，這一小句是孔子對此的評論。	馬承源 上海博物館藏戰國楚竹書 第一册 孔子詩論	4500
也	 上一/孔子詩論/9		楚簡	此小句讀爲“饌寡，德故也”。意思是説孝享的酒食不多，但守德如舊。	馬承源 上海博物館藏戰國楚竹書 第一册 孔子詩論	4502
也	 上二/子羔/2		楚簡	“鈐也”之“也”，用爲稱人或自稱的語氣辭。	馬承源 上海博物館藏戰國楚竹書 第二册 子羔	11805
也			楚簡	“也”，簡文實作“已”。後句應讀爲“文王雖欲已，得乎？”	劉樂賢 讀上博簡劄記 上博館藏戰國楚竹書研究 2002年	60074
也			楚簡	（上博）釋文誤“已”爲“也”。誤“已”爲“也”的例子，他處亦見，如《詩論》第四簡的“邦風是也”、第五簡開頭的“是也”、第二十七簡的“賓贈是也”，諸“也”字原皆作“已”。只不過那三個“已”都用作語詞，與“也”字的意義無别，而“文王雖欲已”句的情況則不然，這個“已”字可以是動詞，也可以是語詞，而從上下文看，很大可能是用作動詞。	龐樸 上博藏簡零箋 上博館藏戰國楚竹書研究 2002年	60080
也	 叔五父匜		金文	讀爲匜。	李學勤 眉縣楊家村新出青銅器研究 文物 2003年6期	15308
也	 上三/亙先/3（正）		楚簡	讀“不獨有與也”，疑指不是孤立，而是相互關聯。	李零 上海博物館藏戰國楚竹書 第三册 亙先	13485
也	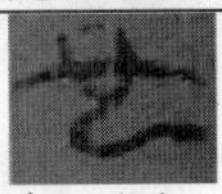 上三/亙先/11		楚簡	“無與也，而能自爲也。”指無求於外。本簡與下簡可連讀。	李零 上海博物館藏戰國楚竹書 第三册 亙先	13522

也	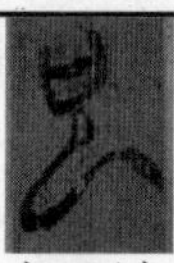 上三/中弓/附		楚簡	“唯正者，正也。夫子唯又與，女蜀正之，幾不又蚺也。”全句意思是對賢哲不能求全責備。	李朝遠 上海博物館藏戰國楚竹書第三册 中弓	13454
也	 上四/采風曲目/4		楚簡	“亓芄也”，曲目。	馬承源 上海博物館藏戰國楚竹書第四册 采風曲目	1717
也	 上三/中弓/12		楚簡	此字殘存最下面一部分，原釋爲“也”，恐不可信。比較同篇“也”字下半即可知。	陳劍 上博竹書《仲弓》篇新編釋文（稿） 簡帛研究網 2004年4月18日	1836
也	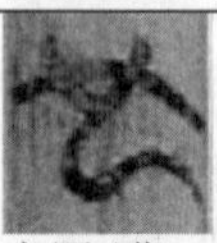 上四/曹沬之陳/18		楚簡	“所㠯爲倀也”，猶言“所以爲上也”。	李零 上海博物館藏戰國楚竹書 第四册 曹沬之陳	3597
也	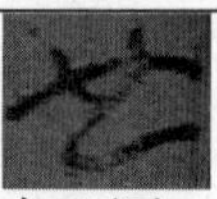 上三/亙先/11		楚簡	“無與也”，謂君王不親躬參與，但能收“有爲”之效，相當於是“自爲”，故曰“而能自爲也”。	黄人二、林志鵬 上博藏簡第三册恆先試探 簡帛研究網 2004年5月12日	2754
也	 上三/亙先/11		楚簡	無夜也：夜，讀如掖，扶持。	龐樸 《恒先》試讀 簡帛研究網 2004年4月26日	3248
也	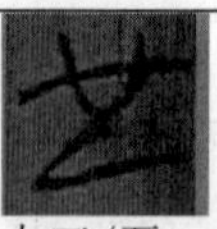 上三/亙先/3（正）		楚簡	有與也：有與恒氣相同的例。	劉信芳 上博藏竹書《恒先》試解 簡帛研究網 2004年5月16日	2402
也	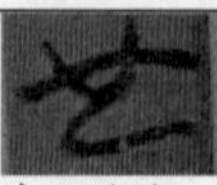 上三/亙先/11		楚簡	無亦也：《莊子•田子方》：“顔淵問於仲尼曰：‘夫子步亦步，夫子趨亦趨。’”	劉信芳 上博藏竹書《恒先》試解 簡帛研究網 2004年5月16日	1569
也	 上三/亙先/7		楚簡	“舉天之事，自作爲，事甬（通）以不可賡（更）也”：這是舉“天之事”爲例説明，天道自爲，但是天之行事一旦貫徹通行之後，就不可更改了。	王志平 《恒先》管窺 簡帛研究網 2004年5月8日	2852

也	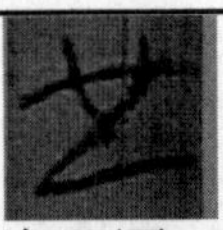 上三/亙先/3（正）		楚簡	“(恒、氣之)生，不獨有與也”：這是説“恒”與“氣”的産生，不僅僅是相互聯繫的。	王志平　《恒先》管窺　簡帛研究網 2004年5月8日	3244
也	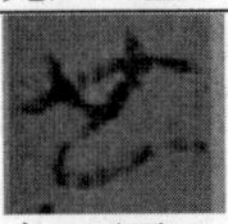 上三/亙先/12		楚簡	舉天下之作也：“舉”字依上下句式補。	龐樸　《恒先》試讀　簡帛研究網 2004年4月26日	2658
也	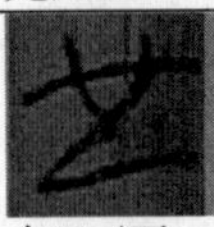 上三/亙先/3（正）		楚簡	不獨，有與也：雖是自生，卻不孤獨，它還有伴。	龐樸　《恒先》試讀　簡帛研究網 2004年4月26日	2876
也	 上三/亙先/10		楚簡	“言名先者，有疑妄；言之後者，考比焉。舉天下之名虛樹，習以不可改也”：這裏的意思是説先樹起來的名聲，可能會是虛妄；而後樹起來的名聲，就可以進行考察比較了。如果普天下的名聲都是“虛樹”的話，那麼這種積習就不能改變了。這是一種循名責實的思想。	王志平　《恒先》管窺　簡帛研究網 2004年5月8日	2938
也	 上四/采風曲目/3		楚簡	“良人亡不宜也”，曲目。《詩》中詠良人的詩句有：《唐風・綢繆》：“綢繆束薪，三星在天。今夕何夕，見此良人。子兮子兮，如此良人何。”婦人對丈夫稱謂亦呼“良人”，此曲目不知出於何處。	馬承源　上海博物館藏戰國楚竹書第四册　采風曲目	1732
也	 上四/采風曲目/4		楚簡	“之白也”，曲目。	馬承源　上海博物館藏戰國楚竹書第四册　采風曲目	3077
也	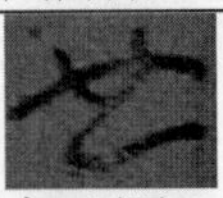 上三/亙先/11		楚簡	無與也：與，幫助。	龐樸　《恒先》試讀　簡帛研究網 2004年4月26日	3247
也	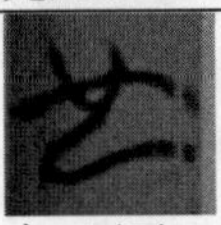 上三/亙先/10		楚簡	習以不可改也：習以爲常，而不可改變了。	龐樸　《恒先》試讀　簡帛研究網 2004年4月26日	2617

也	 上四/采風曲目/4		楚簡	《駱（鷺）羽之白也》“鷺羽”，詞見《小雅·宛丘》“值其鷺羽”。	董珊 讀《上博藏戰國楚竹書(四)》雜記 簡帛研究網 2005年2月20日	3834
也	 上三/亙先/11		楚簡	無掖，不去扶持。	丁四新 楚簡《恆先》章句釋義 簡帛網 2005年12月30日	2619
也	 上五/競建内之/9		楚簡	讀爲“豈不二子之憂也哉”。	陳佩芬 上海博物館藏戰國楚竹書第五册 競建内之	2506

氏部

氏			説文	巴蜀山名岸脅之㫄箸欲落墒者曰氏，氏崩，聞數百里。象形，乀聲。凡氏之屬皆从氏。楊雄賦：響若氏隤。	許慎　説文解字	
氏		氏	甲骨	當釋氏無疑。此云“氏牧”疑讀爲眂。他辭云氏衆及氏王族之類疑當讀爲提。	唐蘭 天壤閣甲骨文存附考釋	26480
氏			甲骨	卜辭之氏字，或作反寫，氏較氏字多一横，卜辭氏字應讀作厎。	于省吾 雙劍誃殷契駢枝 釋氏	26472
氏	 	氒	金文	氏、氏之形與義皆出於丨，即樹木之幹。今曰木棍，古曰木橛。《説文》之氒即此。古金器文皆象掘地之木橛。氏字象以木橜掘地之形，自專以氏爲姓氏字，氒亦廢。廼别作厥，知氒之爲厥亦即撅與橛，則氏字象以橛掘地形並無疑義。	陳獨秀 小學識字教本	26470
氏	 魯大司徒厚氏元簠  䜌季鼎		金文	林義光所釋可從。蜷曲的一筆象樹的老根，右旁的一筆爲支根，支根上的一點爲指事符號。表示支根之所在，爲象形指事字。支氏一聲之轉，古籍通假，而氏的初義正與支密切相關，其初義是支根。	戴家祥 金文大字典 卷中	26473
氏	 上一/孔子詩論/4		楚簡	簡文多讀作“是”。	馬承源 上海博物館藏戰國楚竹書 第一册 孔子詩論	10113

氏	 上一/孔子詩論/27		楚簡	中氏，篇名。今本《詩》中未見。	馬承源 上海博物館藏戰國楚竹書第一册 孔子詩論	10978
氏	 上一/孔子詩論/22		楚簡	嘆辭與今本有所差異。	馬承源 上海博物館藏戰國楚竹書第一册 孔子詩論	10059
氏	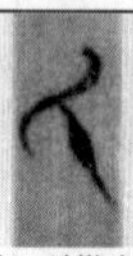 郭/緇衣/3		楚簡	《小明》詩文獻所引無作“氏”者，而其他文獻互代者極多，殆以古音皆禪紐支部，遂相通用。此處簡文作“氏”，理同，然亦益證古人書寫之隨便。傳本作“是”，傳本和簡文實同。	虞萬里 上博簡、郭店簡《緇衣》與傳本合校補證（上） 史林 2002 年 2 期	12661
氏	 上一/孔子詩論/16		楚簡	“氏”通“祇”，而“祇”與“祇”通，故“氏”當讀作“祇”，敬也。《書・冏命》：“下民祇若。”孔傳：“下民敬順其命。”《管子・牧民》：“不祇山川，則威令不聞。”	廖名春 上海博物館藏詩論簡校釋劄記 上博館藏戰國楚竹書研究 2002 年	5497
氏	 上一/孔子詩論/16		楚簡	簡文“氏”，疑“師氏”之省稱。《詩・周南・葛覃》：“言告師氏，言告言歸。”	何琳儀 滬簡《詩論》選釋 上博館藏戰國楚竹書研究 2002 年	5498
氏	 上一/孔子詩論/27		楚簡	疑前（李零《上博楚簡校讀記（之一）——子羔篇“孔子詩論”部分》、廖名春《上博詩論簡的形制和編連》假讀爲“螽斯”）指“螽斯”之可能性較大。	黄人二 從上海博物館藏《孔子詩論》簡之《詩經》篇名論其性質 上博館藏戰國楚竹書研究 2002 年	5613
氏	 上一/孔子詩論/27		楚簡	《燕燕》錯簡説（張劍《關於〈邶風・燕燕〉的錯簡》，《孔子研究》2001 年第 2 期，第 112—114 頁）支持了詩篇名“中氏”讀作“仲氏”的意見。	楊澤生 試説《孔子詩論》中的篇名《中氏》 上博館藏戰國楚竹書研究 2002 年	10975

氏	 上一/孔子詩論/27		楚簡	“中氏”與《詩》中的“仲氏”無涉，“中氏”當即《周南》中的《螽斯》。“氏”與“斯”同在齒音支部，“氏”聲爲正齒音，“斯”爲齒頭音。《漢書・地理志》，代郡所治十八縣中有“狋氏”，顏師古注引孟康云：“狋音權，氏音精。”“精”聲在齒頭，此“氏”或存古音之舊。	李守奎 楚簡《孔子詩論》中的《詩經》篇名文字考 上博館藏戰國楚竹書研究 2002 年	10974
氏	 上一/孔子詩論/16		楚簡	當讀爲“是”，此也，古文字習見。	周鳳五 《孔子詩論》新釋文及注解 上博館藏戰國楚竹書研究 2002 年	11287
氏	 上一/孔子詩論/27		楚簡	此“仲氏”當與《何人斯》及《燕燕》兩篇之“仲氏”皆無關，應當是《大雅・蕩之什・烝民》裏的仲山甫。	胡平生 讀上博藏戰國楚竹書《詩論》劄記 上博館藏戰國楚竹書研究 2002 年	10972
氏	 上一/孔子詩論/27		楚簡	“氏”，可讀“斯”。三孔布“封氏”（《貨系》二四八六），讀“封斯”，地名。是其佐證。“中氏”應讀“螽斯”，即《詩・周南・螽斯》。	何琳儀 滬簡《詩論》選釋 上博館藏戰國楚竹書研究 2002 年	10973
氏	 上一/孔子詩論/22		楚簡	“氏”讀爲“示”。《周禮・天官・大宰》：“祀大神示，亦如之。”《釋文》：“示本又作祇。”	王志平 《詩論》箋疏 上博館藏戰國楚竹書研究 2002 年	10056
氏	 上一/紂衣/19		楚簡	“是”，原作“氏”，郭店本作“氒”，今本作“厥”，“氏”與“氒”字形相近，可能是“氒”的誤寫，但於義可通。	李零 上博楚簡校讀記（之二）：《緇衣》 上博館藏戰國楚竹書研究 2002 年	14042

氏	 上一/孔子詩論/22		楚簡	《詩論》引《詩》，今本《詩·曹風·鳲鳩》作“其儀一兮”。簡文“氏”應讀“只”。《説文》“抧，讀若抵掌之抵”是其佐證。“只”與“兮”均爲語尾嘆詞，在《詩經》、《楚辭》中習見。	何琳儀 滬簡《詩論》選釋 上博館藏戰國楚竹書研究 2002 年	4517
氏			楚簡	誤釋厥爲氏。	劉釗 讀《上海博物館藏戰國楚竹書》(一)劄記 上博館藏戰國楚竹書研究 2002 年	60072
氏			楚簡	“氏”疑爲“氒”字之誤。	王志平 《詩論》箋疏 上博館藏戰國楚竹書研究 2002 年	60070
氏		氏	甲骨	字形象土石旁箸欲脱墮之形，隸定爲氏爲宜。凡物之墮者必下至於地，故從一象地。孳乳爲氐。	魯實先 卜辭姓氏通釋之一 東海學報 2003 年	26481
氏			楚簡	此形體究其實當是“氒”字。在戰國其它地域文字以及楚本身，“氒”、“氏”區别已經很小，曾侯乙、上博簡都可以找到例證。准此，所謂“氏初之詩”的“氏”應是“氒”，應讀作“氒初之詩”，指《詩·大雅·生民》。《生民》首句“厥初生民”，“氒初”即“厥初”，是取詩首句以名篇。這種稱詩法在上博簡中可以找到很多例子。《生民》是一篇尊祖報本的詩，簡文“吾以《葛覃》得氒初之詩”，《葛覃》主旨亦是“不忘所由生”，與《生民》主旨同，故詩論作者如是云。	董蓮池 新出土文獻與古代文明研究《上海博物館藏戰國楚竹書（一）·孔子詩論三詁》	60034
氏			楚簡	“𦬁氏”，曲目。“𦬁”，從雨，毳聲，字書所無，疑讀爲“毳”。“毳氏”疑爲掌皮的百工。字亦見於《包山楚簡》。	馬承源 上海博物館藏戰國楚竹書第四册 采風曲目	60016

氏	 上五/融師有成氏/1		楚簡	我們認爲此十二字應斷爲“融師有成，氏狀若生。有耳不聞，有口不鳴”。“氏”可通“是”，戰國文字其例甚繁。比如簡 7 的“昔融之氏師”就是“昔融之是師”。典籍中“是”和“其”在用作代詞的時候，有相近的意思，如《説苑·善説》“吾聞夫羊殖者賢大夫也，是行奚然？”就是這種用法。我們從古書中“是”和“其”常常互用也可以看出這一點，比如《國語·齊語》“桓公擇是寡功而讁之”，《管子·小匡》作“擇其寡功者”；《韓詩外傳》卷四“無他，由是道故也”，《荀子·議兵》、《史記·禮書》並作“由其道故也”。所以“氏狀若生”猶“其狀若生”。這樣斷開後，這兩句的“成”、“生”、“鳴”屬耕部，下面兩句的“趨”、“侮”屬侯部，從文章韻腳看也是非常合適的。	單育辰 上博五短札（三則） 簡帛網 2006年4月30日	4745
氏	 上四/曹沫之陳/64		楚簡	“氏不”，讀“是否”，意思是説我的話是不對的。	李零 上海博物館藏戰國楚竹書 第四册 曹沫之陳	3602
氒			説文	木本。从氏。大於末。讀若厥。	許慎　説文解字	
氒	 長/甲篇/行 1-2		楚簡	李零隸定此字即“厥”之古文。“厥”與“其”均屬見紐，音義相通。帛書以“氒”爲“其”，不足爲異。	何琳儀 長沙帛書通釋校補 江漢考古 1989 年 4 期	12466
氒	 上一/孔子詩論/16	氏	楚簡	“氏”疑爲“氒”字之誤。	王志平 《詩論》箋疏 上博館藏戰國楚竹書研究 2002 年	11281
氒	 上一/孔子詩論/16	氏	楚簡	誤釋厥爲氏。	劉釗 讀《上海博物館藏戰國楚竹書》(一)劄記 上博館藏戰國楚竹書研究 2002 年	11282

氒	 長/乙篇/行 1-3		楚簡	此字釋爲“厥”。	董楚平 楚帛書“創世篇”釋文釋義 古文字研究 2002 年 24 輯	11068
氒	 麥盉		金文	釋爲厥，代詞，義同其。	楊文山 青銅器麥盉與“邢侯征事”——兩周邢國歷史綜合研究之四 文物春秋 2004 年 2 月	15176
氒	 上三/周易/11		楚簡	傳世本中“有孚”多見而“厥孚”少見；古文字中“又”“氒”字形相近，金文中多見。故此氒可能是又之誤。	張新俊 《周易》新證一例——“厥孚”可能是“有孚”之誤 開封大學學報 2005 年 1 期	14286

氏部

氏			説文	至也。从氏下箸一。一，地也。凡氏之屬皆从氏。	許慎　説文解字	
氏			甲骨	于省吾所釋之氏字應爲氏。小篆作氏下一横乃其從出。卜辭有合稱氏羌或單稱氏羌者。	商承祚 福氏所藏甲骨文字釋文	26478
氏			甲骨	契文字形象人側立，手有所提攜之狀，初義當爲提。以形近於氏之古文，至篆文遂訛爲“氏下箸一”之氏。	李孝定 甲骨文字集釋 卷十二	26482
氏	 匍盉		金文	應讀爲“泜”。河水名。	李學勤 論應國墓地出土的匍盉 平頂山師專學報 1999年1期	15649
氏	 上二/容成氏/53		楚簡	訟城氏，即“容成氏”。這是原書的篇題，估計是在倒數第二、三簡的背面。	李零 上海博物館藏戰國楚竹書 第二册 容成氏	12800
䲭			説文	臥也。从氏垔聲。	許慎　説文解字	
昳			説文	觸也。从氏失聲。	許慎　説文解字	
𣱵			説文	闕。	許慎　説文解字	

戈部

戈			説文	平頭戟也。从弋，一横之。象形。凡戈之屬皆从戈。	許慎　説文解字	
戈			甲骨	即戈字。	孫詒讓 契文舉例 卷下	26486
戈			甲骨	全爲象形。“丨”象柲，“一”象戈。非從弋也。	羅振玉 增訂殷虛書契考釋 卷中	26487
戈			甲骨	甲骨文戈正象横刃裝置於柲上之形，此即《説文》所謂“平頭”也。	陸懋德 書經顧命篇侍臣所執兵器考 燕京學報 1950 年 38 期	26491
戈	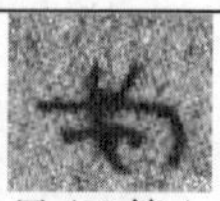 長/乙篇/行 4-6		楚簡	“戈”通“過”。“相過”，殆言彼此互相配合，四時相應而爲一歲。	商承祚 戰國楚帛書述略 文物 1964 年 9 期	984
戈	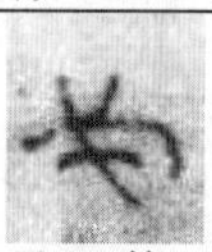 長/甲篇/行 11-13		楚簡	安釋“忒”是對的。“忒”，謂毋疑。	商承祚 戰國楚帛書述略 文物 1964 年 9 期	740
戈	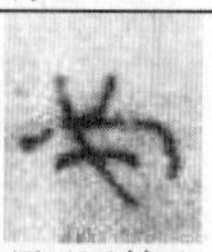 長/甲篇/行 11-13		楚簡	釋“忒”。但“忒”從弋不從戈。	李零 長沙子彈庫戰國楚帛書研究	742
戈	 長/乙篇/行 4-6		楚簡	這裏疑讀爲“隔”。李家浩認爲用爲弋字，讀爲代，亦通。	李零 長沙子彈庫戰國楚帛書研究	986
戈	 長/乙篇/行 4-6		楚簡	此字從李家浩説釋“弋”，讀“代”。	何琳儀 長沙帛書通釋 江漢考古 1986 年 1、2 期	987

戈	 長/甲篇/ 行 11-13		楚簡	此字釋爲“弋”，諸家多讀“忒”。	何琳儀 長沙帛書通釋 江漢考古 1986 年 1、2 期	741
戈	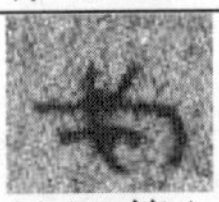 長/乙篇/ 行 4-6		楚簡	此字應讀“代”。	李零 《長沙子彈庫戰國楚帛書研究》補正 古文字研究 2000 年 20 輯	985
戈			金文	原文從戈從土，當是戈的異體字。古人認爲天圓地方，戈形如矩，故戈字又可從土。戈又稱句兵。	連劭名 安陽劉家莊商代墓葬所出朱書玉銘考 華夏考古 2001 年 1 月	15201
戈	 郭/唐虞 之道/12		楚簡	隸定作弋，讀爲式，義爲用。	劉釗 郭店楚簡校釋	8429
肇			説文	上諱。	許慎 說文解字	
肇			金文	肇之省文每作戶攴。勅鼎這個形體易户爲阜，移支於下而加口，仍肇之變體。	吴闓生 吉金文録 卷一 衛鼎	26495
肇	 甚諆臧鼎	聿	金文	聿爲肇之省文。	方濬益 綴遺齋彝器款識考釋 卷四 甚諆臧鼎	26493
肇	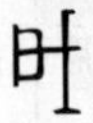		甲骨	從戈從户爲肇之初文。言始也。	丁山 甲骨文所見氏族及其制度 殷商氏族方國志	26498
戎			説文	兵也。从戈从甲。	許慎 説文解字	
戎	 彔伯刻簋 蓋	刻	甲骨	吴大澂引舊釋爲戎近是。蓋當爲從戈∩聲。疑爲戎之異文。	孫詒讓 古籀餘論	26499
戎	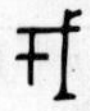 		甲骨	卜辭與古金文從戈從十，今隸戎字尚從古文甲。	羅振玉 增訂殷虚書契考釋 卷下	26500
戎	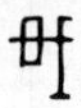		甲骨	即戎，戎，興兵也。	饒宗頤 殷代貞卜人物通考 卷四	26503

戎			甲骨	此字從戈從盾形，舊釋戟不確。戎字。	徐中舒 甲骨文字典 卷十二	26505
戎			甲骨	象左手持盾右手持戈，當會威武之義，疑即戎之初文。戎字甲骨文金文皆象戈盾之形，惟省人耳。	徐中舒 甲骨文字典 卷十	26504
戎			楚簡	“戎”，或是“武”字的訛寫，述”同“遂”，武遂，在今山西垣曲東南臨黄河處，湯從這裏進攻住在安邑的桀，位置比較合適。……但武遂也可能相當《湯誓•序》的“陑”。	李零 上博館藏戰國楚竹書（二）《容成氏》	60071
戎			金文	《殷周金文集成》11383 號戈銘有“乍戎戒”，戎字指本戈的配屬單位或人員，《易•同人》“伏戎於莽”的戎字，即指兵士而言。	林清源 《殷周金文集成》11383 號戈銘文讀序檢討 第三届國際中國古文字學研討會論文集 1997 年	60128
戎	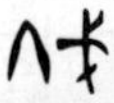	㦷	金文	疑戎之異文。	孫詒讓 古籀餘論 卷二	18171
戎	 伯勇父簋	戫	金文	蓋戎之異，從戈用聲。舊釋勇不確。	郭沫若 兩周金文辭大系圖録考釋 鄭戫句父鼎	26501
戎	 郭/成之聞之/13		楚簡	釋爲“農”。	彭浩、劉祖信、王傳富 郭店楚墓竹簡	7538
戎	 上三/周易/38		楚簡	戰事。	濮茅左 上海博物館藏戰國楚竹書 第三册 周易	13722
戎	 郭/成之聞之/13		楚簡	讀爲農。	劉釗 郭店楚簡校釋	6525
戎	 上二/容成氏/39		楚簡	即《湯誓》序之“陑遂”。上古音“戎”屬日母冬部，“陑”屬日母蒸部，冬、蒸二部字音有關，可通。	許全勝《容成氏》篇釋地 上博館藏戰國楚竹書研究續編 2004 年 7 月	13992

戎	 上五/弟子問/20	兎	楚簡	“戎”字原形略有訛變，原釋文和注釋未釋出。農夫之“農”用“戎”字表示，見於郭店《成之聞之》簡 13、馬王堆帛書《易傳·昭力》等。	陳劍 談談《上博（五）》的竹簡分篇、拼合與編聯問題 簡帛網 2006年2月19日	4698
戣			説文	《周禮》：侍臣執戣，立于東垂。兵也。从戈癸聲。	許慎 説文解字	
戣			金文	爲從癸從戈字之變體。	周慶雲 夢坡室獲古叢編 周冀鑄戣	26506
戣	 敄作父庚簋	敄	金文	當爲戣之異文。	强運開 説文古籀三補 卷三	28186
戰			説文	盾也。从戈旱聲。	許慎 説文解字	
戰			金文	干戈本字，此用爲扞。	劉心源 古文審 卷一	26509
戰			甲骨	卜辭常見字，舊釋國、或均誤，當即戰字，戰，盾也。其省中畫者，借戈柲之豎畫爲之也。	于省吾 雙劍誃殷契駢枝 總第二期 釋戜	26510
戟			説文	有枝兵也。从戈、倝。《周禮》：“戟，長丈六尺。”讀若棘。	許慎 説文解字	
戟	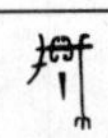	戟	金文	舊釋爲立戈穿貝形。實戟字。	劉心源 古文審 卷三	26512
戟		戟	金文	山西長治出土的銅戟中，最末一字寫法相同，當是戟字。	史樹青 對五省出土文物展覽中幾件銅器的看法 文物參考資料 1956年8期	26514
戟	 曾/3		楚簡	原文作“雉”，即“戟”的異體。	湖北省博物館 曾侯乙墓	5710
戟		戟	金文	新鄭兵器銘文中戟字有五種變體：第一種爲，是戟（戟）這種寫法的簡體；第二種僅將戈刻成丰，仍是戟字；第三種與第一種大同小異，將戈的兩筆連刻或加以簡化；第四種隸可爲旃，爲戟的繁體；第五種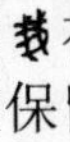在第四種的基礎上簡化，僅保留戉。戈戟的區別在於内部是否有刃，有刃爲戟。	郝本性 新鄭出土戰國銅兵器部分銘文考釋 古文字研究 1992年19輯	26515

戟	 包/遣册/牘 1	必	楚簡	應爲“我（戟）”。	湯餘惠 包山楚簡讀後記 考古與文物 1993 年 2 期	1205
戟			金文	即戟字。	王人聰 六年襄城令戈考釋 第三届國際中國古文字學研討會論文集 1997 年 10 月	16075
戟	 上一/紂衣/10	戩	楚簡	應釋爲“戟”。《滕侯戟》的器名用字即從“各”從“戈”。楊樹達在《積微居金文説》中分析説：“從‘各’聲者，‘各’與‘戟’古音相同故也（同鐸部見母）。”在上古音中，戟仇音近可通。故簡書中的“戟戟”大概是傳世本中“仇仇”（傲慢義）的假借字。	陳偉 上博、郭店二本《緇衣》對讀 簡帛研究網 2002 月 1 月 21 日	14321
戟	 上一/紂衣/22	斴	楚簡	傳世本作“仇”，郭店本 43 號簡作“戟”，讀爲“仇”。此字左旁似“來”形，右旁作“攴”。這種“來”形，當釋爲“棗”，與“仇”音近可通；可能用作“戟”的聲符。“攴”、“戈”作爲形旁，或可通用。此字大約也是“戟”字異體，應當釋爲“戟”，讀爲“仇”。	陳偉 上博、郭店二本《緇衣》對讀 簡帛研究網 2002 月 1 月 21 日	14429
戟	 郭/緇衣/19	戭	楚簡	左旁近似“來”的形體，與郭店本《老子》乙 1 號簡、《語叢》三 19 號簡中的“早”字所從相似。黄德寬、徐在國先生認爲：此字左旁即“棗”之省。鑒於“戟”、“戭”皆與“仇”讀音相近，而“戭”也以“戈”爲義符，“戭”很可能也是“戟”字異體。	陳偉 上博、郭店二本《緇衣》對讀 簡帛研究網 2002 月 1 月 21 日	14409
戟	 郭/緇衣/19	栽	楚簡	當釋戟，上博簡此字寫作戩，各與戟，古音相同。上古音中，戟爲見母，仇爲群母，音近可通。	陳偉 郭店竹書别釋	7499

戟	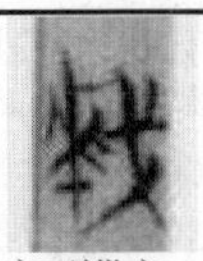 郭/緇衣/43	戣	楚簡	應釋戟，讀爲仇。	陳偉 郭店竹書別釋	7650
戛			説文	戟也。从戈从百。讀若棘。	許慎　説文解字	
戛			甲骨	從戈從百，當爲戛字。《説文》戛，戟也。從戈百。讀若棘。是也。	孫詒讓 契文舉例卷下	26516
戛	 無叀鼎 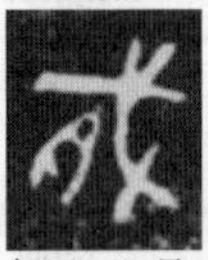 師坴父鼎	戫	金文	《説文》戛，戟也。從戈首。按從戈從首者，所以㦰人首。或從肉。	林義光 文源	26517
戛			甲骨	戛之初文，象人倒置斧鉞。小篆訛省從百，乃會意，非形聲。甲骨文中一爲伐擊之義，一爲先公名。	于省吾 雙劍誃殷契駢枝校補 釋戛	26519
戛			甲骨	當即戛字。	于省吾 雙劍誃殷契駢枝 釋戛	26518
戛	 王臣簋	戫	金文	戫，吴大澂、劉心源、林義光釋戛，《説文》：戛，戟也。在“戈琱戛必彤沙”句中，戛、柲、沙都是戈的附件，非完整兵器。	張政烺 王臣簋釋文 四川大學學報 1982 年	26521
賊			説文	敗也。从戈則聲。	許慎　説文解字	
賊	 散氏盤		金文	從戈從則，則字反書。	王國維 海寧王忠慤公遺書 第六册 散氏盤考釋	26522
賊			金文	戈文第三字左則右戈。爲賊字。賊訓殺害，音義從則出。	王獻唐 那羅延室稽古文字　周虎段賊戈考記	26524
賊	 散氏盤		金文	心賊，即邪惡之心。	連劭名 金文所見西周時代的刑典 華夏考古 2003 年 1 月	15461

賊	 上三/彭祖/7		楚簡	上從則，下從心。《玉篇・心部》：“古惻字。”《説文》：“惻，痛也。從心，則聲。”《廣雅・釋詁三》：“惻，悲也。”訓爲“憂傷、悲痛”。	趙炳清 上博簡三《彭祖》補釋 簡帛研究網 2005年1月26日	1598
戍			説文	守邊也。从人持戈。	許慎　説文解字	
戍			甲骨	1155片，殷周古文伐與戍頗混亂。然亦有區别。伐之戈必及人身。戍爲人立在戈下。	郭沫若 殷契粹編考釋	26526
戍			甲骨	象人執戈之形。	張秉權 殷墟文字丙編考釋	26528
戍			金文	疑戍伐古本一字。兼有守與擊兩種相反的含義。	戴家祥 金文大字典 卷中	26530
戰			説文	鬭也。从戈單聲。	許慎　説文解字	
戰	 散氏盤	嘼	金文	戰或釋單。非。	劉心源 奇觚室吉金文述 卷八 夨人盤	26531
戰		戔	甲骨	卜辭從二戈相向，爲戰争之戰的初文。兵刃相接，戰争之義可見。訓賊由戰引申之，黷武無厭爲戔也。	羅振玉 增訂殷虛書契考釋 卷下	26592
戰	 沈子它簋蓋	戰	金文	從單從攴，爲戰之異文。古從攴從戈通。	郭沫若 金文叢考 沈子簋銘考釋 器銘考釋	26533
戰			金文	即戰字。	劉節 古史考存 壽縣所出楚器考釋	26535
戰			金文	戰，金文從“嘼”，實廼單之變體。單者盾也。	李孝定 金文詁林讀後記 卷十二	26536
戰	 郭/窮達以時/4		楚簡	原書釋此字爲“戰”，甚確。疑在簡文中應讀爲“守”。從戈單聲。	趙平安 從楚簡“娩”的釋讀談到甲骨文的“娩妿” 簡帛研究 2001年	4556
戰	 郭/窮達以時/4		楚簡	通作守。戰、嘼本爲一字之分化，獸、守皆在書紐幽部。	劉釗 郭店楚簡校釋	4555

戰	 郭/老子丙/10		楚簡	戰字異體。	劉釗 郭店楚簡校釋	7114
戰	 上四/曹沫之陳/19	戩	楚簡	即“戰”。《左傳·莊公十一年》：“皆陳曰戰。”	李零 上海博物館藏戰國楚竹書 第四册 曹沬之陳	3345
戰	 上四/曹沫之陳/50	戩	楚簡	“盤戩”即“盤戰”，待考，疑與下文“盤就行□人”有關。	李零 上海博物館藏戰國楚竹書 第四册 曹沬之陳	1722
戰	 上四/曹沫之陳/46	戩	楚簡	“復敗戰”，指挽救“敗戰”。《左傳·莊公十一年》：“凡師，敵未陳曰敗某師，皆陳曰戰，大崩曰敗績。”“敗”與陣形潰亂有關。案：以下“復”字含義相同。“復敗戰”、“復盤戰”、“復甘戰”、“復茫戰”，都是講處於不利情況下應當采取的補救措施。	李零 上海博物館藏戰國楚竹書 第四册 曹沬之陳	1854
戰	 上四/曹沫之陳/53	戩	楚簡	“甘戩”，疑讀“酣戰”。	李零 上海博物館藏戰國楚竹書 第四册 曹沬之陳	3643
戰	 上四/曹沫之陳/46	戩	楚簡	原注釋謂“復敗戰“指‘挽救敗戰’”，“‘敗’與陣形潰亂有關”。按由下文曹沫的回答“有。三軍大敗，死者收之，傷者問之……”云云，可知“復敗戰之道”指已經打了敗戰之後，要再戰鬥即“復戰”的辦法。後文“復盤戰”、“復甘戰”等類同，只是“盤戰”等之具體含義不明。	陳劍 上博竹書《曹沫之陳》新編釋文（稿） 簡帛網 2005年2月12日	1084

戲			説文	三軍之偏也。一曰兵也。从戈䖒聲。	許慎 說文解字	
戲	 豆閉簋		金文	讀麾，見《漢書·高帝紀》。麾太室者，開太室也，與鼒比鼎徲太室一例。	劉心源 奇觚室吉金文述 卷四 豆閉敦	26537
戲			石鼓	象破鼓形，以殘破表伤害、小災難和不吉等意，爲繁化後起字，加戈表示是爲戈所毁，加虍是虎省聲的聲符。	殷康 古鼓和古文鼓字 社會科學戰綫 1979 年 3 期	17863
戲		盡	金文	戲下從皿，疑委戲之繁飾。用於器物銘文，故從皿。	戴家祥 金文大字典 卷中	26541
戲			楚簡	戲字異體，讀爲“嚱”，“嚱”爲歎息之義。	陳偉 郭店簡書《人雖有性》校釋 中國哲學史 2000 年 4 期	60102
戲	 郭/性自命出/33	遊	楚簡	爲戲，從劉釗讀。《禮記·孔子閒居》：“闔門之内，戲而不歎。”鄭玄注：“戲，謂孺子言笑也。”簡文似用此義。	陳偉 郭店簡書《人雖有性》校釋 中國哲學史 2000 年 4 期	13920
戥			説文	利也。一曰剔也。从戈呈聲。	許慎 說文解字	
或	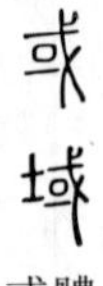 或體	域	説文	邦也。从囗从戈，以守一。一，地也。或又从土。	許慎 說文解字	
或			金文	子或即子國，或即國之古文，後人加囗於外。	劉心源 奇觚室吉金文述 卷八 子國盤	26543
或			甲骨	當即“或”字。古文以“或”爲國。	孫詒讓 契文舉例 卷上	26544
或			甲骨	宗周鐘、毛公鼎或字與此略同，從戈守口。手有衛也。作或稍失其旨矣。	商承祚 殷虛文字考 國學叢刊 1925 年 10 月	26545
或			石鼓	國之本字。	强運開 石鼓釋文	26546
或	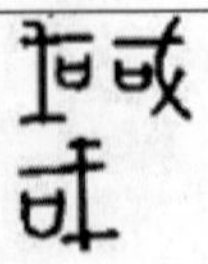			從口從戈，國誼不顯，加一則更晦，許説殊迂迴。卜辭并從戈口，蓋口象都邑之形，從戈以守，國之義也。金文加一者，緐媷文也。	孫海波 卜辭文字小記 考古學社社刊 1935 年 12 月	42451

或	 上一/紂衣/2		楚簡	讀作“惑”。《國語・晉語八》：“其惑者未夏郊邪？”宋庠本“惑”作“或”。郭店簡作“惑”，從心。	陳佩芬 上海博物館藏戰國楚竹書第一册 紂衣	11916
或	 上一/性情論/11		楚簡	或讀爲“序”。	濮茅左 上海博物館藏戰國楚竹書第一册 性情論	1982
或	 上一/紂衣/7		楚簡	“四或”郭店簡作“四方”。今本作“四國”。	陳佩芬 上海博物館藏戰國楚竹書第一册 紂衣	11968
或	 上二/魯邦大旱/4		楚簡	讀本義字。	馬承源 上海博物館藏戰國楚竹書第二册 魯邦大旱	13001
或	 郭/尊德義/31		楚簡	與常見或字有别，釋或没有把握。	陳偉 郭店竹書别釋	7600
或	 上二/魯邦大旱/4		楚簡	讀作“何”。“或”、“何”同聲紐，“或”古韻在職部，“何”在歌部，屬旁對轉，音近而通假。	馬承源 上海博物館藏戰國楚竹書第二册 魯邦大旱	13003
或	 郭/老子乙/3		楚簡	讀爲又。	劉釗 郭店楚簡校釋	7550
或	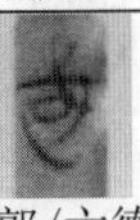 郭/六德/21		楚簡	讀爲又。	劉釗 郭店楚簡校釋	9210
或	 上三/亙先/1		楚簡	在簡文中是重要術語。它是從“無”派生，先於“氣”、“有”的概念，從文義看，似是一種界於純無（道）和實有（氣、有）的“有”（“或”可訓“有”），或潛在的分化趨勢（“或”有或然之義）。	李零 上海博物館藏戰國楚竹書 第三册 亙先	13461

或	 上三/亙先/3（正）		楚簡	疑指“或”屬於“恆”，創造“或”的力量也屬於“恆”。上簡“氣是自生自作”至此是講“氣”。	李零 上海博物館藏戰國楚竹書 第三册 亙先	13486
或	 逹盤		金文	通域，疆界，邊界。	劉懷君、辛怡華、劉棟 逨盤銘文試釋 文物2003年6期	15254
或	 曶鼎		金文	同“又”。	連劭名 金文所見西周時代的刑典 華夏考古2003年1月	15456
或	 上三/亙先/12		楚簡	此二字應與下簡連讀。	李零 上海博物館藏戰國楚竹書 第三册 亙先	13530
或	 上二/魯邦大旱/4		楚簡	當讀爲“有”，清王引之《經傳釋詞》卷三：“或，猶‘有’也。”“有”屬匣母之部，“或”屬匣母職部，爲陰入對轉，故可通假。“有甚於”一語恒見於典籍，如《孟子•告子下》：“生亦我所欲，所欲有甚於生者，故不爲苟得也。死亦我所惡，所惡有甚於死者，故患有所不避也。”《左傳•襄公二十六年》：“今又有甚於此。”	秦樺林 上博簡《魯邦大旱》虛詞劄記 簡帛研究網2003年2月15日	4021
或	 上二/魯邦大旱/4		楚簡	從馬承源先生讀作“何”。屬旁對轉。儘管缺乏傳世文獻的通假字例，但依“或甚於”之“或”的對轉關係而推之，“或”讀作“何”自可通。“何必”是表否定的反詰語氣詞，與簡文語境相符，文意貫通。	秦樺林 上博簡《魯邦大旱》虛詞劄記 簡帛研究網2003年2月15日	4013
或	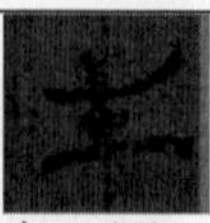 上三/亙先/2		楚簡	“未或明”、“未或兹生”，似指將明未明、將生未生的混沌狀態。他們都含有“或”字。我們懷疑，原文此段就是講“或”。	李零 上海博物館藏戰國楚竹書 第三册 亙先	13480

或	 郭/老子甲/2		楚簡	讀爲有，古音有在匣紐之部，或在匣紐職部，聲紐相同，韻爲對轉。	劉釗 郭店楚簡校釋	6708
或	 上三/亙先/1		楚簡	“或”，多讀爲“域”，非是，當從整理者讀“或”，“域”是空間概念，所謂“域中有四大”，即“道”、“天”、“地”、“王”，何况尚有其他非四大之事物，簡文之“或”，尚處在未生天地之前，是以知。	黄人二、林志鵬 上博藏簡第三册恆先試探 簡帛研究網 2004年5月12日	499
或	 上三/亙先/6		楚簡	或非或，無謂或：如果知道“或”不是“或”了，則不要再稱之爲“或”。參《公孫龍子·名實論》：“夫名，實謂也。知此之非此也，知此之不在此也，則不謂也；知彼之非彼也，知彼之不在彼也，則不謂也。”	龐樸 《恒先》試讀 簡帛研究網 2004年4月26日	2679
或	 上三/亙先/2		楚簡	“未或”爲古人習語，即是未有。	李銳 《恒先》淺釋 簡帛研究網 2004年4月23日	2946
或	 上三/亙先/1		楚簡	“域”是一個“場”或“場有”，不僅是空間，而且是時間。這裏說的意思是：“道”自圓自足、不變不動，同時也可以發作、自己運動，“道”之發動即爲“域”，亦是“域”之作興。“域”在這裏是“不自忍”、初發動的“道”。	郭齊勇 《恒先》——道法家形名思想的佚篇 簡帛研究網 2004年5月8日	1399
或	 上三/亙先/1		楚簡	“域”，本作“或”，“或”爲“域”本字。《恒先》的“域”是“恒”，“域恒焉，生域者同焉”；《恒先》的“域”並不是生成氣的母體；《恒先》又有：“有出於域”。這説明《恒先》的域實際上只表明一個範圍，而不是具象物質世界的宇宙。	朱淵清 “域”的形上學意義 簡帛研究網 2004年4月18日	2335

或	 上三/亙先/1		楚簡	“或”即“域”，也就是“宇”，指空間。“域”是一個相當抽象的表示空間的概念。	李鋭 《恒先》淺釋 簡帛研究網 2004年4月23日	2965
或	 上二/魯邦大旱/5		楚簡	讀爲“有”（參看何琳儀《第二批滬簡選釋》，載《學術界》2003年第1期，第88頁）。	李學勤 上博楚簡《魯邦大旱》解義 上博館藏戰國楚竹書研究續編 2004年7月	137
或	 上三/亙先/1		楚簡	“或”，宜理解“或”爲一種不確定的存在，很可能是“氣”的前身，所以它和“氣”一样是“恆”在的。	曹峰 從“自生”到“自爲”——《恒先》政治哲學探析 孔子2000網 2004年12月23日	2325
或	 上三/亙先/5		楚簡	有出於或：“有”是“或”化生出來的。化生以後，“或”便成了“有”並寓於“有”中，故下文曰：“或非或”。或、有、性、音等等，除能化生出下一級外，都還能自生不息，即所謂的自復。	龐樸 《恒先》試讀 簡帛研究網 2004年4月26日	2404
或	 上二/魯邦大旱/4		楚簡	應如字讀，訓爲“又”，見《詞詮》。	安徽大學古文字研究室 上海楚竹書(二)研讀記 簡帛研究網 2003年1月13日	4020
或	 上二/魯邦大旱/4		楚簡	疑從整理者釋爲“何”。	林志鵬 《魯邦大旱》詮解 上博館藏戰國楚竹書研究續編 2004年7月	27
或	 上三/亙先/1		楚簡	“或”應讀作“域”，這個詞其實也是從《老子》來的。“域”訓爲界，和“宇”意義類同，所以“域中”、“域外”即“宇中”、“宇外”，就道家宇宙論而言，系指空間。	李學勤 楚簡《恒先》首章釋義 簡帛研究網 2004年4月23日	2964
或	 上三/亙先/2		楚簡	兩“有”字原作“或”。“或”、“有”互用，文獻習見。	廖名春 上博藏楚竹書《恆先》簡釋 簡帛研究網 2004年4月19日	2279

或	 上二/魯邦大旱/5		楚簡	宜訓爲“有”。	林志鵬 《魯邦大旱》詮解 上博館藏戰國楚竹書研究續編 2004 年 7 月	136
或	 上二/魯邦大旱/4		楚簡	“或”除如字讀外，往往用作“又”。或、又爲匣紐雙聲，韻部屬支、職旁對轉。古音相近，故可通假。本篇中兩句“其欲雨或甚於我”的“或”字，恐當讀爲“又”，表示程度上更進一層，與“甚”的意義正好相關。“又甚”連文在古書中亦往往可見，如《左傳・昭公三十年》説“光又甚文，將自同於先王”；《國語・鄭語》“又甚聰明和協，蓋其先王”等。	陳偉 讀《魯邦大旱》劄記 上博館藏戰國楚竹書研究續編 2004 年 7 月	4019
或	 上三/亙先/1		楚簡	“或”當讀爲“域”。“或”，本爲“域”本字。而“域”與“宇”同。“宇”爲空間。“域”是一個相當抽象的表示空間的概念。	廖名春 上博藏楚竹書《恆先》簡釋 簡帛研究網 2004 年 4 月 19 日	403
或			楚簡	“或必待吾命乎”中的“或”也讀爲又。“又”作爲副詞，可以用在反問句中，起加强語氣的作用。	陳偉 讀《魯邦大旱》劄記 上博館藏戰國楚竹書研究續編 2004 年	60029
或	 上三/亙先/5		楚簡	有出于或：看得見、摸得着的東西出于“或”，“或”是從來就有的。	劉信芳 上博藏竹書《恒先》試解 簡帛研究網 2004 年 5 月 16 日	1402
或	 上三/亙先/3（正）		楚簡	兩“域”字原皆作“或”。	廖名春 上博藏楚竹書《恆先》簡釋 簡帛研究網 2004 年 4 月 19 日	1678
或			楚簡	疑從整理者釋爲“何”。	林志鵬 《魯邦大旱》詮解 上博館藏戰國楚竹書研究續編 2004 年	60032
或	 上三/亙先/3（正）		楚簡	“或”，也是“恆”。生“或”者，就是“恆先無有”。	丁四新 楚簡《恆先》章句釋義 簡帛網 2005 年 12 月 30 日	1032

或	 上三/亙先/1		楚簡	有“或”，於是就有“氣”，説明“或”似乎也不是静止不動的。但是從下文“或”是“恒”，“氣”是“自生自作”來看，“或”、“氣”、“有”這些概念不同於有始往、有變化的形下之物，它們仍然具有恒常不動的特性。	丁四新 楚簡《恒先》章句釋義 簡帛網 2005年12月30日	1561
或	 上三/亙先/1		楚簡	“或”，界於無有與氣有之間，爲或無或有、或有氣或無氣的階段。此“或”在“氣”、“有”之前，在有形有名之前，所以屬於形而上者。該字似不宜讀爲“域”或“宇”。	丁四新 楚簡《恒先》章句釋義 簡帛網 2005年12月30日	1378
或	 上三/亙先/2		楚簡	“未或明”及下一“或”字，皆訓有；與作爲概念的“或”不同。	丁四新 楚簡《恒先》章句釋義 簡帛網 2005年12月30日	1371
或	 上三/亙先/2		楚簡	或：猶有也。	趙建功 《恒先》易解（上） 簡帛網 2005年1月26日	2681
或	 上三/亙先/5		楚簡	“或”與“有”相關，從“恒先無有”，到“或”，再到“有”，三者間的邏輯關係清晰地表明了“或”就是或有或無、或有氣或無氣之義。	丁四新 楚簡《恒先》章句釋義 簡帛網 2005年12月30日	2963
或	 上四/曹沫之陳/37		楚簡	“而或興或康以會”，“或”於此表示“有”。《廣雅・釋詁一》：“或，有也。”《書・五子之歌》：“有一於此，未或不亡。”睡虎地秦簡《日書》：“五酉、甲辰、丙寅不可以蓋，必有火起，若或死焉。”	王蘭 “牸爾正砫”句試釋 簡帛網 2005年12月10日	2070
或	 上三/亙先/5		楚簡	或：讀爲域。有出于或：即上文之“有或焉有氣，有氣焉有有”。	趙建功 《恒先》易解（下） 簡帛網 2005年2月7日	2682

或	 上三/亙先/3（正）		楚簡	或：讀爲域，宇也。	趙建功 《恒先》易解（上） 簡帛網 2005年1月26日	2686
或	 上五/鬼神之明/4		楚簡	楚竹書中的“或”往往讀爲“又”，如郭店《老子》乙 3 號簡“損之或損”、《語叢四》21 號簡“至之或至之”、上博《魯邦大旱》4 號簡“其欲雨或甚於我”。	陳偉 上博五《鬼神之明》篇初讀 簡帛網 2006 年 2 月 18 日	4932
或	 上五/三德/14		楚簡	“或”字原報告括注爲“惑”，恐不確。“或”在此作“又”，“禍乃或之”是禍不單行的意思。	晏昌貴 《三德》四札 簡帛網 2006 年 3 月 7 日	5036
截			説文	斷也。从戈雀聲。	許慎 説文解字	
截		耴	金文	從鳥從戈。釋鳶誤。戈弋不可互換。	李孝定 金文詁林讀後記 卷三	26549
截		戋	金文	就是後來“截”字的初文。	黄盛璋 “戋”爲“截”之初文形、音、義證 于省吾教授百年誕辰紀念文集 1996 年 9 月	26550
戓			説文	殺也。从戈今聲。《商書》曰：“西伯既戓黎。”	許慎 説文解字	
戕			説文	搶也。他國臣來弒君曰戕。从戈爿聲。	許慎 説文解字	
戕	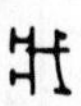		甲骨	字從爿從戈，即《説文》戕字。訓殘害。	孫海波 卜辭文字小記讀 考古社刊 1936 年 12 月	26552
戮			説文	殺也。从戈翏聲。	許慎 説文解字	
戮	 戚作彝觶	戚	金文	從戈從尞。卜辭象燃木形。尞聲同翏。是爲戮之別體，昭昭然也。	戴家祥 金文大字典	14878
戡	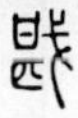		説文	刺也。从戈甚聲。	許慎 説文解字	
戡		戋	甲骨	疑當讀爲戡。	夏渌 學習古文字散記 古文字研究 1980 年 4 輯	26558

戡	 郭/性自命出/42	甚	楚簡	原書釋爲“甚”。我們認爲將此字徑釋爲“甚”是不正確的。此字與郭店簡中真正的“甚”相比，多了“戈”旁，只不過“戈”旁橫綫與“甚”字“八”下的横綫共用而已。古文字中類似的借筆現象習見。此字當分析爲從“戈”“甚”聲，釋爲“戡”。簡文“凡用心之喿者，思爲戡”之“戡”，讀爲“甚”。	徐在國 郭店簡考釋二則 中國文字研究 2003 年 4 輯	14611
戭			説文	長搶也。从戈寅聲。《春秋傳》有擣戭。	許慎 説文解字	
𢦔			説文	傷也。从戈才聲。	許慎 説文解字	
𢦔	 	𢦏	甲骨	𢦔。《説文》：“傷也。從戈，才聲。”此從古文在字。卜辭多言亡𢦔，猶言無害矣。	羅振玉 增訂殷虚書契考釋 卷中	26561
𢦔			甲骨	從戈，乃兵刃，足以傷人，又加𠂇聲爲之，當爲巛之後起字。	董作賓 安陽發掘報告 新獲卜辭寫本後記	26562
𢦔	 	𢦏	甲骨	管燮初認爲甲骨文中的𢦏與𢦔不同字，𢦏是捷字的初文。這一看法不大可靠。只宜釋作“傷害”不應釋作“捷”。兩字應該本是一字，到了商代開始有特定的意義與用法。從中從戈多用作動詞，𢦔多用爲名詞，已經分化成了兩個字。絶大多數情況下兩個字的用法不相混，但追溯到其源頭則是同一個字。	單周堯 甲骨文中的𢦏與𢦔 中國語文 1980 年 2 期	26565
𢦔	 		甲骨	“𢦏𢦔方”是書寫者故意於同一字採用不同寫法，以免誤會爲重刻，這三字仍可讀爲“捷戴方”。	李學勤 甲骨文同辭同字異構例 江漢考古 2000 年 1 期	15949
𢦔	 史牆盤	𢦏	金文	甲骨文在貞卜征伐時而言𢦔，𢦔訓敗。訓爲斬、災、捷無一可通。然則銘文“武王既𢦔殷”，是説武王已經打敗了殷人。	于省吾 牆盤銘文十二解 古文字研究 1981 年 5 輯	26566

戩			說文	滅也。从戈晉聲。《詩》曰：“實始戩商。”	許慎　說文解字	
戩	 虢季子白盤	聝	金文	戈下從爪，《集韻》同戩。此銘文意當兼滅、福二義。蓋戩滅玁狁即是福也，故云獻戩。	劉心源 奇觚室吉金文述 卷八 虢季子白盤	26567
戩		歲	甲骨	從戈從爪。虢季子白盤  從爪與此正同，翁氏祖庚引郭忠恕《汗簡》引古文戩字作戒爲說，則此字亦戩字無疑。內二點爲繁文。	柯昌濟 殷墟書契補釋	26568
𢦏			說文	絶也。一曰田器。从从持戈。古文讀若咸。讀若《詩》云“攕攕女手”。	許慎　說文解字	
𢦏			金文	𢦏古字，從“从”從“戈”從“犬”。	吴大澂 愙齋集古録 第十九册 卣	26570
𢦏			金文	從戈翏從，從，人多之象。經傳以殲爲之。	林義光 文源	26571
𢦏	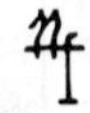		甲骨	此象多刃之兵易於斷物。當爲殲之初文。	商承祚 甲骨文字研究 卷下	26572
𢦏			篆文	𢦏本殲字。非雙人持戈也。乃以戈殲兩人也。“從”不必爲兩人，示衆多之義。	唐桂馨 説文識小録 古學叢刊 1939年	26573
武			説文	楚莊王曰：“夫武，定功戢兵。故止戈爲武。”	許慎　説文解字	
武			楚簡	“文武之德”者，非周之文王、武王之有德，乃謂后稷能文能武，文武雙全，兼有文德與武德。《生民》中有后稷稼穡之描述，是所謂武德；有祭祀上帝的描述，是所謂文德。	胡平生 讀上博藏戰國楚竹書《詩論》劄記 上博館藏戰國楚竹書研究 2002年	60091
武			甲骨	健威等乃武之本義。甲骨文從戈從止，止非停止之止，乃腳趾，像人足跡之形，古文用以代表人之全身。	商承祚 釋武 中山大學語言歷史研究所周刊二集 1927年20期	26576
武			甲骨	從行從武，此步武之本字。	羅振玉 增訂殷虛書契考釋 卷中	26575

武			甲骨	《書契》卷六 23 頁，武字之初文。從行從止從戈。操戈行於道上。	余永梁 殷虚文字續考 國學論叢 1928 年	26577
武			甲骨	從戈從止，止，足之趾，表示行動義。戈即武器也。本義爲征伐示威。	于省吾 雙劍誃古文雜釋 釋武	26579
武	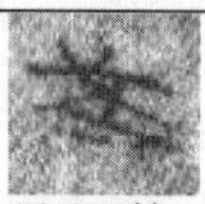 長/丙篇		楚簡	謂此月可舉武事。	李零 長沙子彈庫戰國楚帛書研究	2260
武	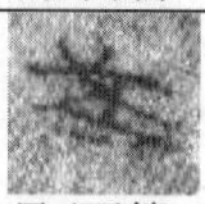 長/丙篇		楚簡	“武”當訓爲跡。“此武”之意爲隨時之行。	連劭名 長沙楚帛書與卦氣説 考古 1990 年 9 期	10078
武	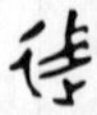	䟵	金文	從彳從武，字書所無。疑即武字異體。	戴家祥 金文大字典 卷上	26580
武	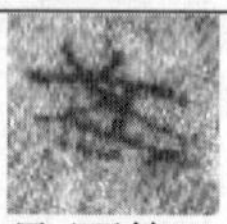 長/丙篇		楚簡	讀爲“如此武”，指下文“可以出師”。	李零 《長沙子彈庫戰國楚帛書研究》補正 古文字研究 2000 年 20 輯	10077
武	 上一/性情論/15		楚簡	《詩·周頌》篇名，《詩序》：“《武》，奏《大武》也。”《詩集傳》：“周公象武王之功，爲《大武》之樂。”《大武》爲表現、頌揚周武王武功的舞樂。	濮茅左 上海博物館藏戰國楚竹書 第一册 性情論	10204
武	 上二/容成氏/39	戎	楚簡	或是“武”字的訛寫。	李零 上海博物館藏戰國楚竹書 第二册 容成氏	12775
武	 上二/子羔/12		楚簡	足跡。人武，人的足跡。	馬承源 上海博物館藏戰國楚竹書 第二册 子羔	12955
武	 上二/從政（甲篇）/15		楚簡	“不攸不武”即“不修不武”。古人重視修德與修身，德、身不修終是一失。“不武”，不逞勇武之謂也。《老子》六十八章：“善爲士者不武，善戰者不怒，善勝敵者不興。”	張光裕 上海博物館藏戰國楚竹書 第二册 從政（甲篇）	10248

武	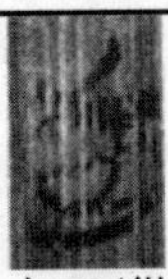 上二/從政（甲篇）/15		楚簡	可讀爲“誨”。“不武（誨）”相當於《荀子·宥坐》“不教而責成功”之“不教”。	顏世鉉 上博楚竹書補釋二則 簡帛研究網 2003年4月29日	1905
武	 上二/從政（甲篇）/15		楚簡	“不攸不武”之“武”，可讀爲“誨”。《禮記·曲禮上》：“鸚鵡能言。”“鵡”，《釋文》作“母”云：“本或作鵡。”“鸚鵡”，《説文》作“鸚母（從“鳥”）”可見“武”與“母”可相通。“每”則從“母”得聲，從“每”、從“母”之字可相通，《説文》“每（從“女”）”字云：“讀若母。”《老子》十七章“其次侮之”，“侮”，帛書本作“母”。“每”字反切是“武罪切”，“誨”是“荒内切”，陸志韋先生説，這是“喉牙音通唇音”的現象。“武”通“誨”，就聲母而言，也是此種現象。《説文》：“誨，曉教也。”段注：“曉教者，明曉而教之也。訓以柔克，誨以剛克。《周書·無逸》‘胥訓告，胥教悔’是也。曉之以破其晦是曰誨。”	顏世鉉 上博楚竹書散論 齊魯學刊 2003年6期	1904
武	 上四/曹沫之陳/63		楚簡	“莵武”，待考。	李零 上海博物館藏戰國楚竹書 第四册 曹沫之陳	2429
武	 上二/從政（甲篇）/15		楚簡	“不攸不武”之“武”，“戒”的形訛。	周鳳五 讀上博楚竹書《從政》甲篇劄記 上博館藏戰國楚竹書研究續編 2004年	1903

武			璽印	《天津藝術博物館藏印選》31頁録有一枚兩面印，印文分别是“事武”、“事緊”。作爲姓氏的“事”在古璽中極爲常見，實即後世的“史”氏。“武”、“緊”分别爲名、字。“緊”和“堅”同源：這裏的“緊”可以讀爲“堅”。“武”和“堅”都有剛强、强健的意思，《廣雅·釋詁二》：“武，健也。”《説文》：“堅，剛也。”《廣雅·釋詁一》：“堅，强也。”因此“武”和“堅”意義相近，可以相配。	肖曉暉 古璽名字解詁 漢字研究 2005年1輯	15717
武			楚簡	“不攸不武”，“武”可讀爲“誨”。“不武（誨）”相當於《荀子·宥坐》“不教而責成功”之“不教”。	顔世鉉 上博楚竹書補釋二則 簡帛研究網 2003年4月29日	60035
戢			説文	藏兵也。从戈咠聲。《詩》曰：“載戢干戈。”	許慎　説文解字	
戢			陶文	從角從戈，戢字。	牛濟普 五方印陶新釋 中原文物 1987年1期	26582
戠			説文	闕。从戈从音。	許慎　説文解字	
戠	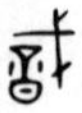		金文	戠。或釋戎，非。戠，織省。	劉心源 奇觚室吉金文述 卷四 穴敦	26583
戠			甲骨	從戈從辛省，當即“戠”字。《説文》戠字從音，此上從丫即從音省。	孫詒讓 契文舉例 卷上	26584
戠			甲骨	此字或即戠字。	王國維 戩壽堂所藏殷墟文字附考釋	26586
戠	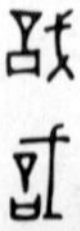		甲骨	此從言從戈。古金文識幟等字皆如此作。古從言從音殆通用不别。	羅振玉 增訂殷虚書契考釋 卷中	26585
戠	 豆閉簋		金文	“戠衣”吴大澂釋爲“織衣”。或謂戠當是色。戠衣疑即色如埴土的衣服。按戠非色也。仍當釋爲織。織衣迺貴者之服。	郭沫若 兩周金文辭大系圖録考釋 豆閉簋	26587

戠	 盂截父壺	截 戠	金文	戠之重文，當入戈部。	周名煇 新定説文古籀考 卷下	28187
戠			甲骨	戠字。甲骨文於祭祀言戠，均應讀作膱。均就祭祀時所用的幹肉爲言。	于省吾 甲骨文字釋林 卷中	26589
戠	 曾/54		楚簡	一種顔色。	湖北省博物館 曾侯乙	5822
戠			甲骨	戠是甲骨卜辭的一個常用字。有一種戠常出現在否定詞“勿”或“弜”的句子末尾，還可以看到把某個動詞跟加“勿”或“弜”的“戠”字並用。這樣一些用法的“戠”字所表的動詞只能是須待的“待”。還有一個從彳從戠的字，似乎是“戠”讀爲待的這一假借義的專字，可以看作待的古體。	裘錫圭 説甲骨卜辭中“戠”字的一種用法 語言文字學術研究論文集 1989 年	26591
戠	 曾/44		楚簡	此字或在下面加注聲符“翼”。疑當讀爲“戴”或“載”。	湖北省博物館 曾侯乙墓	5803
戠	 包/卜筮/243	戴	楚簡	戠字異體。	劉彬徽、彭浩、胡雅麗、劉祖信 包山楚簡	6948
戠	 包/卜筮/200		楚簡	似讀作特。特，一也。	劉彬徽、彭浩、胡雅麗、劉祖信 包山楚簡	5912
戠	 包/文書/21		楚簡	借作識，審也。	劉彬徽、彭浩、胡雅麗、劉祖信 包山楚簡	1223
戠	 匯/望一劄記/54		楚簡	戠即戠。甲骨文之戠牛及此之戠牛，指牲體黄色。	商承祚 戰國楚竹簡匯編 江陵望山一號楚墓竹簡疾病雜事劄記考釋	26590

戠			甲骨	學者們通常認爲商代卜辭“日戠”、“日又戠”是日食記事，讀作“日食”、“日有食”。然而文獻中記載日食的最正規形式是“日有食之”。而且，若將讀“日戠”爲“日食”、讀“日又戠”爲“日有食”這種讀法推廣到其他卜辭的相同形式中，便會遇到困難。如甲747、甲818、佚253、寧1.331。或許有學者認爲，“日又戠”讀作“日有食”，此“食”應釋作“虧蝕”之義。但食的虧蝕義是後起的。把“日戠”、“日又戠”釋作日食記事，還有一個很大的疑問，即按照這種理解，似乎有預卜日食的卜辭，如佚384、合集33700。而據文獻材料，春秋時尚不能預測日食。預測日月食的方法直到兩漢時期才初步掌握。如果説商代有預卜日食之辭，令人殊難置信。考慮到以“日又戠”爲日食記事存在的問題，那麽，有的學者以“月又戠”爲月食記事，也是值得懷疑的了。	何峙　對商代日月食問題的一些認識　中國文字研究 2001年2輯	14562
戠	 郭/尊德義/18		楚簡	讀爲職，義爲主理。	陳偉　郭店竹書别釋	8147
戠	 郭/尊德義/18		楚簡	讀爲識。	劉釗　郭店楚簡校釋	8146
戔			説文	賊也。从二戈。《周書》曰：“戔戔巧言。”	許慎　説文解字	
戔			甲骨	從二戈相向，爲戔字。戔甲當爲河亶甲，河亶者，戔之緩言也。	郭沫若　卜辭通纂	26593

戔			甲骨	更以聲音推之，則戔與亶古無舌上音，當讀若“旦”。古文從戔、亶、單字爲一字。	吴其昌 殷墟書契解詁	26594
戔	 上一/性情論/23		楚簡	讀作“賤”，聲通。	濮茅左 上海博物館藏戰國楚竹書第一册 性情論	12210
戔	 上一/孔子詩論/4	民	楚簡	“戔民”當讀爲“殘民”；殘，害也。	周鳳五 《孔子詩論》新釋文及注解 上博館藏戰國楚竹書研究 2002 年	10103
戔	 上二/容成氏/41		楚簡	即“殘”。	李零 上海博物館藏戰國楚竹書 第二册 容成氏	12788
戔	 上二/子羔/9		楚簡	此字讀爲“賤”。	馬承源 上海博物館藏戰國楚竹書第二册 子羔	10635
戔	 郭/性自命出/53		楚簡	讀爲賤。	劉釗 郭店楚簡校釋	8748
㦯	 厵羌鐘	敓	金文	字所從的“戈”可能代表弋字。其左旁所從是力字，那末它應釋爲敓。在銘中讀作“代”，是一個從力弋聲的字。	朱德熙 關於厵羌鐘銘文的斷句問題 中國語言學報 1984 年	16235
戋	 上四/采風曲目/5		楚簡	此字從“才”聲，當讀作“豺”，“豺虎”古書習見。	楊澤生 讀《上博四》劄記 簡帛研究網 2005 年 3 月 24 日	3802
𢦏			甲骨	以戈擊草會意，“戈”在此是對原始農具的象形，“𢦏”字本意當爲劈斬草木，與農耕有關。	劉鳳泉 釋“載” 古漢語研究 2000 年 4 期	15803
𢦏				𢦏是芟的古體。𢦏，從戈從屮會意，意思是用戈這種工具把草叢荆棘去掉。同理，芟，從殳從艸會意。可以認爲它們本是一個字。甲文有𢦏無芟，秦統一文字後有芟無𢦏。也就是先寫作𢦏，後才寫作芟。	王顯 讀了《説𢦏》以後 中國語文 1980 年 2 期	28595

𢦏			甲骨	甲文用法大多跟征、伐等字接近。解作“傷害”“侵害”。與𢦏用法截然不相混。	單周堯 “𢦏”爲“截”之初文説獻疑 第三届國際中國古文字學研討會論文集 1997年10月	16203
𢦔	 郭/語叢三/26		楚簡	裘按：此字與見於此後有些簡的“鉰”字當是一字異體，疑當讀爲“治”。	彭浩、劉祖信、王傳富 郭店楚墓竹簡	9792
𢦔	 郭/語叢三/32		楚簡	從戈厶聲，疑讀爲治。	劉釗 郭店楚簡校釋	9799
戜			甲骨	從戈從土，土亦聲。所從土應爲圭的本字，象圭形。從戈，則説明圭與戈類武器有淵源關係。其形象兵器，源於兵器而有象徵性的擊殺功能，故可用於隨葬和祓禳邪物。	王輝 殷墟玉璋朱書“109”字解 于省吾教授百年誕辰紀念文集 1996年9月	16345
𢦒	 郭/成之聞之/10		楚簡	讀爲攻。	彭浩、劉祖信、王傳富 郭店楚墓竹簡	8549
𢦒	 上二/容成氏/2		楚簡	相𢦒，從文義看，似相當“矇瞽”，意思是瞎子。	李零 上海博物館藏戰國楚竹書 第二册 容成氏	13130
𢦓	 上三/中弓/20		楚簡	當讀爲“扞”。“扞”也寫作“捍”。扞”有“保衛”與“抵擋”義，二義相反而實相成，“保衛”對己而言，“抵擋”對敵而言，是同一事物的兩個方面。本簡文是“抗拒，抵制”之義。	楊懷源 讀上博簡《中弓》劄記四則 簡帛研究網 2004年8月7日	2719
𢦓	 上三/中弓/20		楚簡	“攼”之原字形，左從“干”，右從“戈”，“干”爲盾，“戈”旁與“攴”旁通用，典籍通作“捍”，“攼”之爲“捍”，在簡文中與“孚（愎）”爲對文，用爲動詞，訓爲捍衛、維護。	侯乃鋒 《仲弓》篇“攼析”試解 簡帛研究網 2004年5月3日	1382

戟	 上三/中弓/20		楚簡	“咸”，整理者讀“我”，非是，簡文此字讀同《尚書·君奭》“咸劉厥敵”之“咸”，字形之本義爲“殺”，與“劉”同，簡文雖讀“咸”，但訓“皆”。	黄人二、林志鵬 上博藏簡第三册仲弓試探 簡帛研究網 2004年4月23日	2905
戟	 上三/中弓/20		楚簡	戟，從戈、干聲，應讀爲“干”，“戈”爲贅加的義符，這樣的例子多見，如《中山王壺》銘文的“救”即從“戈”。“干”訓爲“干預、干涉”。《後漢書·孝仁董皇后紀》：“后每欲參幹政事，太后輒相禁塞。”又《蔡邕傳》：“今災眚之發……皆婦人幹政之所致也。”	張通海 上博簡（三）《中弓》散記 漢字研究 2005年1輯	15745
戟	 包/遣册/269		楚簡	讀如戟。一格車戟，即一件長柄車戟。	劉彬徽、彭浩、胡雅麗、劉祖信 包山楚簡	6754
戟	 包/文書/61		楚簡	戟字。	劉彬徽、彭浩、胡雅麗、劉祖信 包山楚簡	6115
戔	 匯/信陽一號墓文章/1		楚簡	同戔，《説文》：“賊也。”此作兩戈相並，有互相殘殺意，亦見第五簡，在此用作賤，下簡同。	商承祚 戰國楚竹簡匯編 信陽長臺關一號楚墓竹簡第一組文章	9859
戔	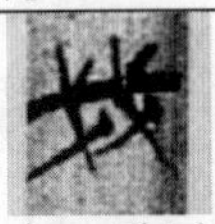 上一/孔子詩論/4		楚簡	讀爲賤，地位低下之人。	馬承源 上海博物館藏戰國楚竹書第一册 孔子詩論	10102
戔	 上一/孔子詩論/4		楚簡	當讀爲“殘民”；殘，害也。	周鳳五 《孔子詩論》新釋文及注解 上博館藏戰國楚竹書研究 2002年	10887
戔	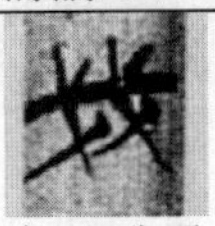 上一/孔子詩論/4		楚簡	“戔”可讀爲“善”。《禮記·曲禮上》：“則必踐之。”鄭玄注：“踐讀曰善，聲之誤也。”	廖名春 上海博物館藏詩論簡校釋劄記 上博館藏戰國楚竹書研究 2002年	5397

戔	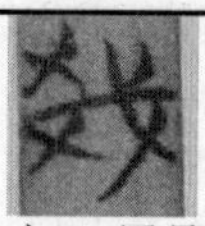 上三/周易/22		楚簡	字待考。	濮茅左 上海博物館藏戰國楚竹書第三册 周易	13608
戔	 上三/周易/22		楚簡	從戈，爻聲。今本作“衛”。按，“爻”，匣紐；“衛”匣紐。二字雙聲可通。子彈庫楚帛書“山陵不戔”、“以爲其戔”，似均應讀戔爲“殺”。又甲骨文亦有一字（《類纂》2421），疑爲滬簡之初文。	何琳儀、程燕 滬簡《周易》選釋 簡帛研究網 2004年5月16日	1482
戔	 上三/周易/22		楚簡	此字構造的特殊：二“乂”分別置於“戈”之上下，被短横隔開。此字斷不從“爻”。從聲韻關係看，“刈”與“衛”僅疊韻，一爲疑母一爲匣母；“爻”、“效”與“衛”僅雙聲，一爲宵部一爲月部。以上兩種通假，其聲韻關係距“衛”字都存在一定距離，且所釋之義亦均有未安之處。簡文此字實乃“歲”字。戰國古文中，“歲”字所從“戉”多省作“戈”形，所從“步”之二“止”亦發生訛變。其中上“止”有作“乂”者；下“止”作“乂”者，因此，簡文此字實際上是從“戉”省，從二“止”的訛變字。《説文》謂“歲”：“從步、戌聲。”從聲韻關係看，簡文“戔”（歲）與“衛”皆爲匣母月部字，屬同音通假。	秦樺林 釋“戔”“㦰” 簡帛研究網 2004年8月17日	2287
戔	 上四/逸詩—交交鳴鶩/4		楚簡	從爻、從戈，《説文》所無，《上海博物館藏戰國楚竹書（三）·周易·大䀈（畜）》“曰班車戔”句中亦有此字，今本之對應字作“曰閑輿衛”。故此字當與“衛”音同，假借字讀作“慧”，“衛”、“慧”乃雙聲疊韻字，敏、智之義。	馬承源 上海博物館藏戰國楚竹書第四册 逸詩——交交鳴鶩	3448

⿰爻戈	 上三/周易/22		楚簡	從戈，爻聲。疑讀爲“較”，典籍作“較”。“爻”與“衛”雙聲可通，故今本帛本均作“衛”。	何琳儀、程燕 滬簡《周易》選釋 簡帛研究網 2004年5月16日	14272
⿰爻戈			楚簡	甲三380“⿰爻戈尹”，“⿰爻戈”字從“戈”從兩“⿱乂乂”。佝或從佝之字在楚帛書和上博簡中均有其用例。上博簡《周易》中的這個字廖名春曾作考釋：“佝，帛書易經本、帛書易傳《昭力》引、王弼本作‘衛’。‘⿰爻戈’字從爻從戈，戈與衛一爲歌部，一爲月部。爻與衛聲同，韻一屬宵部，一屬月部，主要元音同。疑音近相同。”也就是説，根據《周易》異文，可以認定它們之間的關係不外乎三種：異體、通假、同義。葛陵簡中的“衛”爲地名。	徐在國 新蔡葛陵楚簡劄記 中國文字研究 2004年5輯	14679
⿰爻戈	 上四/逸詩—交交鳴鶩/4		楚簡	原考釋指出此字又見《上博三·周易·大畜》，相當於今本的“衛”。可從。但是，以爲此字假借讀作“慧”，爲敏、智之義，則可以討論。此字似可直接讀“衛”，即保衛之意。	季旭昇 《上博四·逸詩·交交鳴烏》補釋 簡帛網 2005年2月15日	3721
⿰申戈	 郭/性自命出/7		楚簡	伸展，與張義近。	陳偉 郭店竹書別釋	8261
⿰申戈	 上四/曹沫之陳/13		楚簡	讀“陳”。本篇中“營陳”之“陳”皆作“⿰申戈”。	李零 上海博物館藏戰國楚竹書 第四册 曹沫之陳	3431
⿰申戈	 上四/曹沫之陳/43		楚簡	原將“陳”字屬下爲讀。按《吴子·料敵》有“吴子曰：凡料敵，有不卜而與之戰者八……八曰陣而未定，舍而未畢，行阪涉險，半隱半出……”“陣而未定，舍而未畢，行阪涉險”與簡文“三軍未成陳，未豫（舍），行阪濟障”甚相近。	陳劍 上博竹書《曹沫之陳》新編釋文（稿） 簡帛網 2005年2月12日	3725

戕			金文	戕，《班簋》中的戕是個從弋（他處或從戈）、鉦聲的形聲字，它的意義存乎其聲符上。它是個表示軍中所用“鉦”這一用以“爲鼓節”以“節鼓”進而傳達主帥指令的擊打樂器的專字。“戕人”，從文例上看，地位應在“毛公”、“邦塚君”之下，與“土禦”也就是經籍中的“徒禦”相當，是在將帥的指令下負責掌管鉦或通過擊鉦（舉鉦以賅鼓）向軍隊傳遞行止命令的官吏。	李義海 商周古文鉦及从鉦諸字考釋 中國文字研究 2005年6輯	14704
㦬	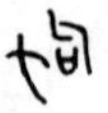		金文	從戈從句。爲雙聲字，讀作戈或句均可。	曹錦炎 吴王壽夢之子劍銘文考釋 文物 2005年2期	15113
或	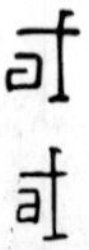		甲骨	疑或字。	王襄 簠室殷契類纂存疑	18334
戝	 郭/緇衣/19		楚簡	從“戈”“考”聲，在簡文中借作“仇”。	彭浩、劉祖信、王傳富 郭店楚墓竹簡	7498
酨			金文	戈形當是植木縣器之物，音義同栽。讀若載。	徐同柏 從古堂款識學 卷七	17156
戚	 上二/容成氏/16	戾	楚簡	隸定作戚，此字與列、厲聲字通用。	王輝 讀上博楚竹書《容成氏》劄記（十則） 古文字研究 2004年25輯	13218
或	 晉侯蘇編鐘		金文	從壬之字金文中往往從土，從土之字也往往從壬。或是或的後起變體字。或字從金爲鍼；鍼，鐵或省。《説文》：“或，利也。”或可以訓爲鐵之利也。鐵爲質，利爲用。晉侯穌編鐘有“或人”，這些亦工亦兵者，有戰事時，結集出征；無，則專於匠技。	李朝遠 晉侯穌鐘銘文的刻製與西周用鐵問題 徐中舒百年誕辰紀念文集 1998年10月	16023

或	 晉侯蘇編鐘（四）		金文	或，當與或伯鼎的或同字。楊樹達曾釋彼字爲《説文》戈部之戜，並分析其所從爲從口從土（後演變爲壬），證之蘇鐘，若合符節。《説文通訓定聲》："戜，利也，一曰剔也，從戈呈聲，今讀如秩。"《山海經·海外南經》："⿹𢦏至國在其東。"郭璞云："音秩，亦音替。"郝懿行云："⿹𢦏至疑當爲戴……《玉篇》作戜，云：'戜，國名也，在三苗東。'本此。"可見，《山海經》⿹𢦏至國乃戜國之訛。金文中的"或""或人"所指當與此相同。晉侯蘇鐘的"或人"與班簋同解，即"或地之人"。	陳雙新 晉侯蘇鐘銘文新釋 中國文字研究 2001 年 2 輯	14544
⿰各戈	 上一/紂衣/10		楚簡	下有重文符，即"⿰各戈⿰各戈"。郭店簡作"㦰㦰"，今本作"仇仇"。	陳佩芬 上海博物館藏戰國楚竹書 第一册 紂衣	12002
⿰各戈	 上一/紂衣/10		楚簡	"各"原寫作從各從戈，郭店簡寫作從來從戈（整理者隸定爲從考從戈），今本作"仇"。李零指出，郭店簡所從的來實是求之混，與今本作"仇"爲同音通假字。疑上博簡此字也是錯寫，原應從咎從戈，與仇、求皆音近通假。	劉樂賢 讀上博簡劄記 上博館藏戰國楚竹書研究 2002 年	12001
⿰戈酉	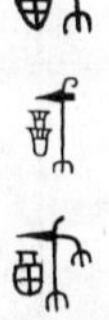	⿰酉戈	金文	該字從酉從戈，《説文》所無。集韻下平八戈⿰戈酉讀古禾切，訓酒色也。古代或有其字，説文失收。	戴家祥 金文大字典	17157
⿰医戈	 上二/魯邦大旱/3		楚簡	此字讀作"也"，古通假字，在此用爲語助詞。其他簡文金文中皆有同例。	馬承源 上海博物館藏戰國楚竹書 第二册 魯邦大旱	12988

䝿	 上二/魯邦大旱/3		楚簡	馬承源先生讀爲“也”，所釋不誤。此字不應如何琳儀先生讀爲“緊”，“緊”用作語首助詞，典籍中多訓爲“是”，起到加强肯定語氣的作用，而“歟”“何”用於句尾，都是典型的疑問語氣詞，因此“䝿”讀爲“緊”恐難成立。實際上，“某人（問）曰：‘……乎（歟）？’某人（對）曰：‘否也。’”這樣的句式典籍中習見。	秦樺林 上博簡《魯邦大旱》虚詞劄記 簡帛研究網 2003年2月15日	4035
䝿	 上二/魯邦大旱/3		楚簡	“䝿”字在古文字中初見，字從影母脂部的醫聲，推求上下文，疑讀爲見母脂部的“偕”。“偕乎子女”，意爲偕同其子女。	李學勤 上博楚簡《魯邦大旱》解義 上博館藏戰國楚竹書研究續編 2004年	297
䝿	 上二/魯邦大旱/3		楚簡	從“医”從“戈”，爲發語詞，《左傳》：“爾有母遺，緊我獨無。”	安徽大學古文字研究室 上海楚竹書(二)研讀記 簡帛研究網 2003年1月13日	4036
㦰	 郭/緇衣/43	𢦒	楚簡	亦見於第十九號簡。在此讀作“逑”。今本作“仇”。	彭浩、劉祖信、王傳富 郭店楚墓竹簡	7649
㦰	 郭/緇衣/19	𢦒	楚簡	所從可視爲求的變體，字從求聲，故可通作仇。	劉釗 郭店楚簡校釋	7501
㦰	 郭/緇衣/43		楚簡	逑原注曰“字不識”，李零先生曰字從來從匕從土。郭店《緇衣》43號有異文，上博與其稍有不同，但爲一字無疑。按：此字所謂從匕（整理者作卜）從土乃是誤認分章符爲筆畫之後導致的偏旁錯誤拆分。本篇簡文“均以‘子曰’爲各章起首，在最末一字下設一墨釘，示該章結束，緊接下章簡文。本篇共有二十三章，均有相同	陳英傑 上博簡拾零 學術研究 2003年4期	13939

				的分章符號”。只是此處“子曰”前的分章符與上章末字接在了一起，實際字左旁爲攴，而非從匕（或卜）從土。		
⿰光戈	 ⿰光戈者簋		金文	今考定爲⿰光戈字。讀如光。從戈，與“或”字從戈同意，乃光國國名專字。	周名輝 新定説文古籀考 卷下	18346
⿰舌戈	 包/文書/34		楚簡	讀如敌。守關官吏。	劉彬徽、彭浩、胡雅麗、劉祖信 包山楚簡	6061
⿰豆戈	 包/文書/61		楚簡	讀如鬬。	劉彬徽、彭浩、胡雅麗、劉祖信 包山楚簡	6114
⿰豆戈	 上五/弟子問/19		楚簡	“誅”者，以言語誅責攻討也。	陳斯鵬 讀《上博竹書（五）》小記 簡帛網 2006年4月1日	5100
减	 包/文書/183		楚簡	姓氏。	陳偉 包山楚簡初探	4669
鉰	 郭/語叢三/28		楚簡	讀爲治。	劉釗 郭店楚簡校釋	9794
⿰甬戈	 郭/成之聞之/21		楚簡	讀爲用，與上文“知”字相對。	陳偉 郭店竹書別釋	8583
⿰其戈	 上四/曹沫之陳/51		楚簡	“廝徒”原未釋出。“廝”字原簡文右從“戈”，左半所從非一般的“其”字，乃“斯”之左半。此字可分析爲從“斯”省聲，同時楚簡文字“斯”字常省去“斤”只作此字左半之	陳劍 上博竹書《曹沫之陳》新編釋文（稿） 簡帛研究網 2005年2月12日	3666

				形，故直接説爲從此類省體之“斯”得聲亦未嘗不可。“乇”可讀爲“徒”（參看董珊《中山國題銘考釋拾遺（三則）》）。“厮徒”見於《戰國策·魏策一》“蘇子爲趙合從説魏王”章、《韓策一》“張儀爲秦連横説韓王”章（又《史記·蘇秦列傳》、《張儀列傳》）、《淮南子·覽冥》等。《蘇秦列傳》“厮徒十萬”正義：“謂炊烹供養雜役。”		
戠			甲骨	爲人名，武丁時名將。沚戠之封土介於土方與吕方，爲殷室西陲外藩。	吴其昌　殷墟書契解詁	17380
戠			甲骨	沚、戠二者連稱或指國族，其地望當在殷都之北，是戍守殷朝北邊的雄族。同時又是專掌册告之職的氏族，曾嘗祓土方等之來侵，又入而祝告於唐、上甲的宗廟。	白川静著、鄭清茂譯　作册考　中國文字 1971 年	17383
戠	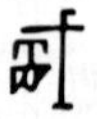		甲骨	沚戠爲與商王聯盟的方國。在征伐中和商王處於對等地位，不應把他們理解成爲商王屬下的將領。	林澐　甲骨文中的商代方國聯盟　古文字研究 1981 年 6 輯	17384
⿰来戈	 包/文書/138 反		楚簡	讀如來，至也。	劉彬徽、彭浩、胡雅麗、劉祖信　包山楚簡	5997
⿰来戈	 郭/緇衣/19	⿰考戈	楚簡	此字聲符不是考，而是來，當是⿰来戈之訛。讀作仇、逑，文從字順。	王輝　郭店楚簡釋讀五則　簡帛研究 2001 年	7500
⿰奇戈	 郭/老子甲/29		楚簡	從戈奇聲，讀爲奇。正奇乃一對哲學概念，最初指作戰的常法和變法。	劉釗　郭店楚簡校釋	6547
⿰豈戈	 匯/望一劄記/51		楚簡	爲貞人名。	商承祚　戰國楚竹簡匯編　望山一號楚墓竹簡疾病雜事劄記	10359

⿰咎戈	 上一/紂衣 /10	⿰各戈	楚簡	“仇”，原從戈從各，“各”是“咎”字的省變。	李零 上博楚簡校讀記（之二）：《緇衣》 上博館藏戰國楚竹書研究 2002 年	11999
⿰咎戈	 上一/紂衣 /10	⿰各戈	楚簡	“⿰各戈”蓋“⿰咎戈”字之誤。各與咎形近易誤。《爾雅・釋魚》：“鮥，鮛鮪。”《釋文》：“鮥，《字林》作鰽。”是其證。九聲與咎聲古音均在幽部，讀音相通。《説文・厂部》：“厬，仄出泉也。從厂，咎聲。讀若軌。”《爾雅・釋水》：“氿泉，穴出。穴出，仄出也。”《詩・小雅・大東》：“有洌氿泉。”《釋文》：“氿，字又作晷。”	孟蓬生 上博簡《緇衣》三解 上博館藏戰國楚竹書研究 2002 年	12000
⿰糸戈	 包/遣册 /269		楚簡	讀作織。《禮記》釋文注：“黑經白緯爲織。”	劉彬徽、彭浩、胡雅麗、劉祖信 包山楚簡	6755
戝	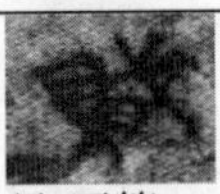 長/丙篇		楚簡	這裏讀爲“盜”。	李零 長沙子彈庫戰國楚帛書研究	1346
⿰⿱日豕戈	 古陶文字徵 6.79		陶文	《説文》所無，《玉篇》⿰⿱日豕戈戈也。	高明、葛英會 古陶文字徵	17605
⿱龍戈	 曾/81		楚簡	疑當讀爲“戴”或“載”。	湖北省博物館 曾侯乙墓	1784
⿰骨戈	 包/遣册 /267		楚簡	讀作滑。惡⿰骨戈即卓滑。人名。	劉彬徽、彭浩、胡雅麗、劉祖信 包山楚簡	5958
戫		戠	甲骨	今釋爲戫，□（浞）國國君名。本辭的戫即□（浞）戫。	葉玉森 殷虛書契前編集釋 卷一	17379

戚			甲骨	該字疑應爲職官名，蓋即今之衛士，王出行必隨。戚字從戈從ꝏ，即執戈盾夾車之謂。ꝏ從目，扞身蔽目之意。固疑戚爲旅賁之本職而賁爲同聲相假之後起字。	金祖同 殷契遺珠	17382
戚	 戎作從彝卣	戎	金文	從戈，中聲，字應釋戚，中，古文盾。《廣韻》入聲、《十月》“戚，盾也。或作戚”。按爲戚爲盾之注音加旁字，戚爲盾之形義加旁字。	戴家祥 金文大字典	14876
鳶	 鳶祖辛卣 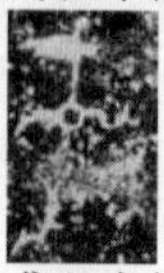 鳶父辛簋		金文	從鳥戈聲。古文偏旁中戈、弋互作。隸書訛戈爲弋，亦有未當。	于省吾 雙劍誃古文雜釋 釋鳶	17729
戕	 郭/性自命出/38		楚簡	此字左旁與《五行》篇當讀爲“察”的“言”之字的右旁相似，據文義亦當讀爲“察”。	彭浩、劉祖信、王傳富 郭店楚墓竹簡	9142
戠	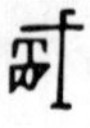		甲骨	ꝏ當爲害若𢀛之本字，象首有物蓋之之形。此字當爲戠。古從戈字或可從刀，此字當爲割之異文。卜辭爲人名，亦有人名沚戠，沚爲國名，戠爲其國君名。	唐蘭 天壤閣甲骨文存附考釋	17381
戠	 郭/緇衣/37		楚簡	從“戈”“害”聲，讀作“割”。	彭浩、劉祖信、王傳富 郭店楚墓竹簡	7295
戤	 上四/逸詩—交交鳴鶩/4		楚簡	此字當讀爲“豈”，反詰副詞。此句中的“好”和“萬”均用作動詞，“豫”、“心”分別是“好”和“萬”的賓語。簡4語意當爲，難道是喜好“豫”嗎，只是勉勵心志而已。	孟蓬生 上博竹書（四）閒詁 簡帛研究網 2005年2月15日	3801

𢦟	 郭/尊德義/26		楚簡	裘按：此字從"戈""𠯑"聲。讀爲"讎"，仇敵也。	彭浩、劉祖信、王傳富 郭店楚墓竹簡	8198
𢨋	 包/文書/139		楚簡	疑讀作僚。《左傳·文公七年》云："同官爲僚。"	劉彬徽、彭浩、胡雅麗、劉祖信 包山楚簡	3117
𢨋	 包/文書/139		楚簡	疑讀作僚。《左傳·文公七年》云："同官爲僚。"	陳偉 包山楚司法簡131—139號考析 江漢考古 1994年4期	4637
𢦻	 郭/尊德義/8		楚簡	讀爲就。	陳偉 郭店竹書別釋	7405
𢦻	 郭/尊德義/8		楚簡	從言，右旁楚簡中用爲淺、竊、察三字聲旁，疑讀爲察。	劉釗 郭店楚簡校釋	7404
𢧗	 包/遣册/269		楚簡	借作鍛。《廣雅·釋詁》："鍛，椎也。"出土實物中有小如錐狀之矛，或許稱作鍛。	劉彬徽、彭浩、胡雅麗、劉祖信 包山楚簡	6760
𢧗	 包/遣册/272		楚簡	從"戈"從"貟"聲。"貟"即"爨"的異體。"𢧗"從"戈"，説明它應當是一種兵器，疑即"穳"的異體。其義爲短小的矛。	李家浩 包山遣册考釋（四篇） 古籍整理研究學刊 2003年	4648
𢧵	 包/文書/139	𢨋	楚簡	應爲"𢧵"。左旁從尞。古文字戈、攴形近，每有混用之例，故疑"𢧵"即古"敹"字。《玉篇》："敹，小長皃。"	湯餘惠 包山楚簡讀後記 考古與文物 1993年2期	3119
𢧵	 包/文書/139	𢨋	楚簡	應釋"𢧵"。	何琳儀 包山竹簡選釋 江漢考古 1993年4期	3116

𢨋			楚簡	左爲尞，右爲戈，古文戈、攴形近，疑爲敹。	湯餘惠 包山楚簡讀後記 考古與文物 1993 年 2 期	17975
𢧐			陶文	《説文》所無。吴大澂云："似散氏盤字。"	高明、葛英會 古陶文字徵	16594
𢧐	 散氏盤		金文	釋作𢧐，訓爲拊，二者音通，拊、撫音同意近。	張筱衡 散盤考釋上 人文雜誌 1958 年 3 期	17985
慽	 郭/唐虞之道/13		楚簡	讀作"威"。	彭浩、劉祖信、王傳富 郭店楚墓竹簡	8431
𢧤	 長/丙篇	䫏	楚簡	此字從戈須聲，疑讀"頺"。	何琳儀 長沙帛書通釋 江漢考古 1986 年 1、2 期	10170
𢨝	 攻敔王光劍		金文	字右從尋，象伸兩臂與杖齊長之形，應爲𢨝。	石曉 吴王光劍銘補正 文物 1989 年 7 期	16536
戰	 上四/曹沫之陳/54		楚簡	"故戰"，待考。	李零 上海博物館藏戰國楚竹書 第四册 曹沫之陳	1868
𢨚	 曾/1 正		楚簡	從"戈"，"䰞"聲。亦作"䰞"。	湖北省博物館 曾侯乙墓	5674

戉部

戉			說文	斧也。从戈𠄌聲。《司馬法》曰：“夏執玄戉，殷執白戚，周左杖黄戉，右秉白髦。”凡戉之屬皆从戉。	許慎　說文解字	
戉			金文	與戊字同形，即戉字聲轉爲戊也，戉與戊亦雙聲。	林義光 文源	26597
戉	 祖戉簋		金文	古戉戊戌三字都從戈得義，故都可通。此器銘文正象戈擊鉞形，古本戉字，假借作戊。	周慶雲 夢坡室獲古叢編 商祖戊彝禮器一	26598
戉	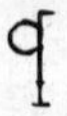		甲骨	戉字象形，非形聲。	羅振玉 增訂殷虛書契考釋 卷下	26596
戉			甲骨	象戉之形，乃戉之異文。兩點爲紋飾，無意義。卜辭以今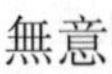爲今歲，此處當讀爲劌，割也，謂割牲以祭也。	唐蘭 天壤閣甲骨文存附考釋	39131
戉			甲骨	卜辭字形近戉，疑爲戉之異體。	徐中舒 甲骨文字典 卷十二	26600
戉	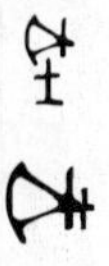		甲骨	當隸定爲“戉”。兩個形體都是“戉”。第一個形體從“士”，上象鉞形，是一個初文加義符的形聲字。此既釋爲“戉”，則不加義符的第二個形體當然也應釋爲“戉”。在甲骨文中都指祭祀時衛士所執儀仗。	季旭昇 談甲骨文中“耳、戊、巳、士”部中一些待商的字 第三届國際中國古文字學研討會論文集 1997年10月	16081
戚			說文	戉也。从戉尗聲。	許慎　說文解字	
戚	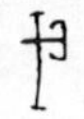		甲骨	疑戚之古文。釋歲不可通。	葉玉森 鐵雲藏龜拾遺附考釋	26601

戚			甲骨	安陽侯家莊 1001 號墓出土的一種商代玉器——兩側有齒形鉞形器。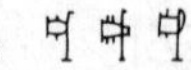正是這種兵器的裝柄象形。由已知詛楚文和馬王堆帛書中的之爲戚，可反推這些字形確是戚字。	林澐 説戚、我 古文字研究 1989 年 17 輯	26603
戚	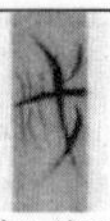 郭/語叢一/34		楚簡	讀爲蹙，局促不安的意思。	陳偉 郭店竹書别釋	7922
戚	 郭/性自命出/38	戩	楚簡	可能是戚字異體，讀爲就，憑藉義。	陳偉 郭店竹書别釋	9143
戚	 郭/成之聞之/19	戩	楚簡	釋戚，讀爲就，有因凴、依隨義。此字與《性自命出》34 號簡及上博《詩論》4 號簡“戚”字類同，前者從言，後者從心，心與言作爲古文字形旁每可互换，故此字當爲戚字另一種寫法。	陳偉 郭店竹書别釋	8580
戚	 郭/性自命出/30	㦹	楚簡	應讀爲“愀”。	蘇建洲 楚簡從“戈”之字考釋 簡帛研究網 2003 年 7 月 2 日	13826
戚	 郭/唐虞之道/13	㦹	楚簡	可能是“戚”字異體。“戚”是兵器，可與本句“夏用戈”對舉。釋“威”則與“戈”無甚關聯。	陳偉 郭店竹書《唐虞之道》校釋 江漢考古 2003 年 2 月	14136
戚	 郭/語叢一/34		楚簡	訓爲憂愁、悲哀。	劉釗 郭店楚簡校釋	7921
戱			甲骨	從字形來看，説此字左旁從“斧”，不如説它從“戉”，象斧鉞之形，右旁又從“中”，“中”形和“木”形可以通，全字象砍除草木、整平田土，有武裝墾殖，拓張新土的意味。似當讀爲“圣”。	季旭昇 談甲骨文中“耳、戊、巳、士”部中一些待商的字 第三届國際中國古文字學研討會論文集 1997 年 10 月	16167

⿰夏戉			甲骨	象一人倒執斧鉞之形，卜辭爲人名，乃殷之先公。	郭沫若 殷契粹編考釋	17851
⿰夏戉		⿰夒戉	甲骨	是執斧鉞征服自然或抵禦敵人的樣子。	田倩君 釋夒 中國文字 五卷 1961年	17852
⿰夏戉			甲骨	從戉從夏，不知其音讀。	李孝定 甲骨文字集釋 卷九	17856
⿰夏戉			甲骨	殷先祖名。	中國社會科學院考古研究所 小屯南地甲骨	17853
⿰夏戉			甲骨	爲殷人禱雨祈年的主要對象之一。	姚孝遂、肖丁 小屯南地甲骨考釋	17854

我部

我	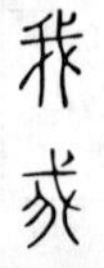 古文	䵦	説文	施身自謂也。或説我，頃頓也。从戈从𠦬。𠦬，或説古垂字。一曰古殺字。凡我之屬皆从我。古文我。	許慎　説文解字	
我	 叔我鼎		金文	舊釋作戎，失篆形，《説文》古文我字正如此。	劉心源 古文審 卷二	26604
我	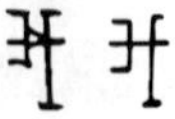		甲骨	此即我字古文之變體。與金文我字形體略同。	孫詒讓 契文舉例 卷上	26605
我			金文	手爲古文垂無考。我字本義當爲施，施猶加也，象交加之形，戈聲。加與戈古亦同音。加爲口語相加，我爲凡物相加。因我爲借義所專，故通用加字。	林義光 文源	26608
我	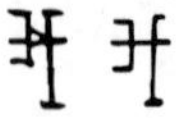		甲骨	我之契文從戈，另一構件疑象足形。疑足形物乃戈上附著之兵，如戉戌類，而有銛峰五若趾。	葉玉森 説契 學衡 1924 年 31 期	26607
我	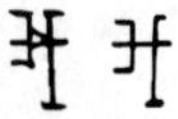		甲骨	我字。《説文》古文“我”字形體乃由金文傳寫之訛。	羅振玉 增訂殷虚書契考釋 卷中	26606
我	 王孫誥編鐘			葉玉森謂“我”之本字爲兵，是也。謂兵似足形則未當。王孫鐘“我”字乃我兵之初形。	商承祚 甲骨文字研究 卷下	26609
我			甲骨	“雨我”的“我”，或作“娥”，我們初步認爲這個字應讀爲“宜”。卜辭中的“求雨宜”應該就是求雨水得宜的意思。這也可以説是一種宜祭。	裘錫圭 古文字研究 釋“求”	44875
我			甲骨	甲骨文“我”字，左旁與“戈”形相同，“㦱”以“王”作偏旁，“王”是斧鉞的象形，和“戈”是同類，“㦱”把“戈”换成“王”，只能説是文字異構，并没有其他深意。	季旭昇 談甲骨文中“耳、戊、已、士”部中一些待商的字 第三届國際中國古文字學研討會論文集 1997 年 10 月	16162

我	 郭/語叢三/49		楚簡	讀爲義。	李零 郭店楚簡校讀記 道家文化研究1999年17輯	9827
我	 上二/魯邦大旱/1		楚簡	此字字形戈形上下連筆，左側原三齒形省爲二齒，從整體看稍有形變。	馬承源 上海博物館藏戰國楚竹書 第二册 魯邦大旱	12963
我	 上二/民之父母/8		楚簡	音通“儀”。	濮茅左 上海博物館藏戰國楚竹書 第二册 民之父母	11686
我	 郭/語叢三/49		楚簡	讀爲義對“無邪”是合適的，但對“無疆”、“無期”卻不切。	陳偉 郭店竹書別釋	9828
我	 上二/民之父母/13		楚簡	“禝我”，讀爲“威儀”。“我”，音通“儀”，同屬歌部韻。	濮茅左 上海博物館藏戰國楚竹書 第二册 民之父母	11769
我	 上四/采風曲目/1	奴	楚簡	《毛詩·鄭風·褰裳》：“子惠思我，褰裳涉溱。子不我思，豈無他人？”舊解“惠”爲“愛”，其實不可從。甲骨文惠字爲語氣副詞，表示出强調、必要和肯定的語氣。這種用法拿來解釋《毛詩·鄭風·褰裳》，非常合適，所以“子惠思我”的意思是：“你如果真的想念我。”《采風曲目》的“子奴（如）思我”和“子惠思我”意思非常接近，如果此説可信，那麼《采風曲目》中和今本《毛詩》相同的篇目除了《碩人》之外，也許還可以加上《子如思我》（即《褰裳》）。	季旭昇 上博四零拾 簡帛網 2005年2月15日	3833
我			楚簡	“子奴思我”，曲目。	馬承源 上海博物館藏戰國楚竹書 第四册 采風曲目	60015

義	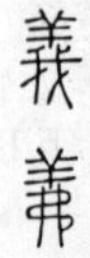 墨翟書	羛	説文	己之威儀也。從我、羊。羛《墨翟書》義从弗。魏郡有羛陽鄉，讀若錡。今屬鄴，本内黄北二十里。	許慎　説文解字	
義	 虢叔旅鐘		金文	即儀本字，經傳假爲仁誼字，乃有從人之儀，而以誼爲恩誼字。	劉心源 奇觚室吉金文述 卷九 虢叔鐘	44975
義	 散氏盤	羛	金文	或釋善，今釋義。《説文》云義從弗，從弗者乃古文我整齊書之，此義從古文我。	劉心源 奇觚室吉金文述 卷八	28488
義	 長/丙篇		楚簡	“戮不義”乃謂殺戮不義之人。	高明 楚繒書研究 古文字研究 1985 年 12 輯	11576
義	 長/丙篇	羛	楚簡	下所從與弗相近，但這個類似弗的偏旁也可能是我字的變體。	李零 長沙子彈庫戰國楚帛書研究	1531
義			楚簡	義字上體從羊無異議，下體是否從我則應加以考察。我的本義應該是鋸形或多戈戟一類的兵器，即是我，又是戟，我、戟應出自同一語源。後我借爲第一人稱代詞後，本義已失，形音亦變，遂分化爲不同的字。帛文義字下體的“我”是由“戟”演化而來。	曾憲通 長沙楚帛書文字編	26614
義		我	金文	《説文》十二篇：“義，己之威義也。從我羊。”金文恒言“威義”，用與此同。金文義或作人名。陳邦懷曰：“相邦義”當讀爲“相邦儀”，即相邦張儀也。《史牆盤》：“義其禋祀。”義即宜。	戴家祥 金文大字典	14949
義	 郭/五行/27		楚簡	義也，帛書本經部作“聖也”，解説則作“義也”。經部之“聖也”係“義也”之誤。	彭浩、劉祖信、王傳富 郭店楚墓竹簡	6377
義	 長/丙篇	羛	楚簡	“不義”，應指不宜，即兇災。	李零 《長沙子彈庫戰國楚帛書研究》補正 古文字研究 2000 年 20 輯	10590

義				“義”字從我從羊，古義當爲以“我”饌羊。饌羊爲古代用爲祭品之羊。據《説文》，“我”本與“殺”形近義同。古之羊，多用爲祭品。古有告朔之禮，其儀亦爲饌羊。因“義”有殺之誼，故引申爲“威”；因“義”用於禮，故引申爲“儀”；至於“威儀”連用，因其本義相關使然。	陳五雲 古文字學雜志兩篇 中國文字研究 2001年2輯	14536
義	 上一/紂衣/3		楚簡	“義”、“儀”古通。《禮記·緇衣》“臣行儀”，鄭玄注：“儀當爲義，聲之誤也。”《周禮·秋官·司盟》“及其禮儀”，陸德明釋文“儀作義”。《左傳·隱公元年》孔穎達疏引同。郭店簡作“義”。	陳佩芬 上海博物館藏戰國楚竹書 第一册 紂衣	11920
義	 上一/性情論/2		楚簡	義，本篇也寫作“宜”。“義”、“宜”相通用，如《易·旅》“其義焚也”，陸德明釋文：“一本作‘宜其焚也’。”《論語·爲政》“信近於義”，認爲“信”與“義”相近。“義”字下有墨釘。	濮茅左 上海博物館藏戰國楚竹書 第一册 性情論	12110
義			楚簡	“義”即“儀”的本字。	劉釗 郭店楚簡校釋	60152
義	 上四/曹沫之陳/36		楚簡	“義”字下所從“我”形略有變化，原未釋出。此“爲義”之“義”即上文簡 33“不義則不服”和下文簡 28“則民宜（義）之”之“義”。三處簡文用以表“義”之字不同，類似情況楚簡文字中已多次見到。順便指出，《上海博物館藏戰國楚竹書（四）·柬大王泊旱》簡 13：“太宰（其上所缺簡文當爲“王問”一類）：‘我何爲歲焉熟？’太宰答：……”“我”字寫法亦略有變化，原誤釋爲“弗”。	陳劍 上博竹書《曹沫之陳》新編釋文（稿） 簡帛網 2005年2月12日	3848
義	 上五/君子爲禮/2		楚簡	簡一、簡二諸“義”字，義與上文“仁”同，“義”即“仁”。正因爲“君子爲禮，以依於仁”，君子一切踐履，都要以仁爲本，所以“言之而不義，口勿言也；視之而不義，目勿視也；聽之而不義，耳	廖名春 《上博五·君子爲禮》篇校釋劄記 孔子2000網 2006年2月28日	4960

				勿聽也；動而不義，身毋動焉”。“不義”即不“依於仁”。		
義	 上五/季庚子問於孔子/7		楚簡	本段的前三句是排比句，書、詩都是具體的東西，而“義”是抽象的概念，所以我懷疑“義”讀爲“儀”。“儀”可指禮儀，但在這裏也可能指記載禮儀的文字或文章。	李天虹 讀《季康子問於孔子》劄記 簡帛網 2006年2月24日	5110
義	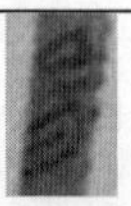		楚簡	此爲義字。	商承祚 戰國楚竹簡匯編	60138
義			楚簡	“義”即“儀”的本字。	劉釗 郭店楚簡校釋	60047

亅部

亅			説文	鉤逆者謂之亅。象形。凡亅之屬皆从亅。讀若橜。	許慎　説文解字	
㇄	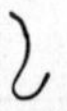		説文	鉤識也。从反亅。讀若捕鳥罬。	許慎　説文解字	
㇄	 郭/老子乙/16	乇	楚簡	釋作“乇”從聲、義上均難解釋順暢。疑當釋作《説文》訓“鉤識也，從反亅，讀若捕鳥罬”的㇄，本義是用作標記的符號，引申出停頓、截止的意思，引申出與“輟”、“絶”等字相同的用義。無須假借即可文從字順，無須通轉即可與“脱”相押。	張桂光　《郭店楚墓竹簡》釋注續商榷　簡帛研究　2001年	7675

琴部

琴	 古文		説文	禁也。神農所作。洞越。練朱五弦，周加二弦。象形。凡珡之屬皆从珡。古文珡从金。	許慎　説文解字	
琴	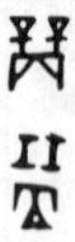			第一個形體爲珡。第二個形體亦珡之古文，子珡，蓋卜人字也。	孫詒讓 名原 卷上	26617
琴			篆文	琴瑟爲我國最古之弦樂器。當鈴輸入之前，中國必已有此。其制於空木之上加弦柱爲之。小篆琴瑟字同從形，本爲象形字，玨象弦柱之形，其下部象空木之形。後人或以其形不易識别，故復從象鈴之今聲。輾轉取譬，此例在文字中極多。	徐中舒 北狄在前殷文化上之貢獻 中國文字研究 1999年1輯	14485
瑟	 古文		説文	庖犧所作弦樂也。从珡必聲。古文瑟。	許慎　説文解字	
瑟			楚簡	漆文即古文瑟。	劉國勝 曾侯乙墓E61號漆箱書文字研究——附“瑟”考 第三屆國際中國古文字學研討會論文集 1997年10月	26620
琵			説文	琵琶，樂器。从珡比聲。	許慎　説文解字	
琶			説文	琵琶也。从珡巴聲。義當用枇杷。	許慎　説文解字	

乚部

乚			説文	匿也，象迟曲隱蔽形。凡乚之屬皆从乚。讀若隱。	許慎　説文解字	
直	  古文	㮣	説文	正見也。从乚从十从目。㮣古文直。	許慎　説文解字	
直			金文	從直從乚。直古循字。乚，崎嶇之處有循而直也。	林義光 文源	26623
直			甲骨	象視線平直之形。	商承祚 甲骨文字研究 卷下	26624
直	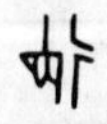	徝	甲骨	羅釋德。今案此蓋直之繁文。古金文德字均從此作。德字從心。	郭沫若 卜辭通纂	26625
直	 上一/性情論/32		楚簡	“直”與“十”通。	濮茅左 上海博物館藏戰國楚竹書第一册 性情論	11478
直	 郭店/緇衣/3	植	楚簡	爲古文直。《説文》中指出上從直下從木的字爲古文直。此處釋爲“植”，不妥。	虞萬里 上博簡、郭店簡《緇衣》與傳本合校補證（上） 史林 2002 年 2 期	14076
𠥻			甲骨	從㐭從乚，《説文》所無，卜辭用作人名，有字形省禾。	朱歧祥 甲骨學論叢	17790

亡部

亡			説文	逃也。从入从乚。凡亡之屬皆从亡。	許慎 説文解字	
亡	 長/甲篇/行3-4		楚簡	“亡”應屬下句。	徐山 長沙子彈庫戰國楚帛書行款問題質疑 考古與文物 1990 年 5 期	353
亡	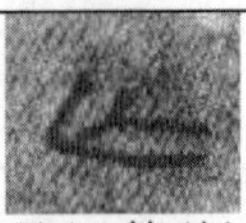 長/乙篇/行1-3		楚簡	“亡”讀爲“莽”或“茫”。	連劭名 長沙楚帛書與中國古代的宇宙論 文物 1991 年 2 期	836
亡	 匯/望二遣策/1		楚簡	亡童，或稱明童，盲僮，即木製童俑。《吴越春秋·夫差内傳》：“梧桐心空，不爲用器，但爲盲僮，舉死人俱葬也。”	商承祚 戰國楚竹簡匯編 望山二號楚墓竹簡遣策	10726
亡		貣	楚簡	字當是貣，貝、見二字形近，但可區别。比較二形可知。簡文中讀爲亡，可能就是爲“亡”之“失”義所造的分化字。亡之失義與导構成反義詞，导從手持貝，受其類化，亡也增加了貝旁。	李守奎 江陵九店 56 号墓竹簡考釋四則 江漢考古 1997 年	60130
亡	 郭/老子甲/36	貣	楚簡	“亡”字異體。	彭浩、劉祖信、王傳富 郭店楚墓竹簡	6588
亡	 郭/性自命出/1		楚簡	無也。	彭浩、劉祖信、王傳富 郭店楚墓竹簡	6366
亡	 長/甲篇/行3-4		楚簡	“亂紀亡”，四、五月失政，則造成四時之序的紊亂。	李零 《長沙子彈庫戰國楚帛書研究》補正 古文字研究 2000 年 20 輯	357

亡	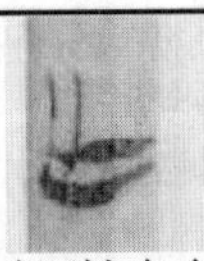 郭/性自命出/1		楚簡	亡，無。	陳偉 郭店簡書《人雖有性》校釋 中國哲學史 2000 年 4 期	14078
亡	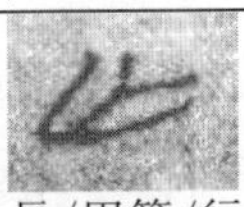 長/甲篇/行 3-4		楚簡	“逆終亡”，一、二、三月失政，是因年終置潤失當而造成。	李零 《長沙子彈庫戰國楚帛書研究》補正 古文字研究 2000 年 20 輯	12496
亡	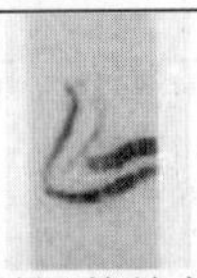 郭/尊德義/29		楚簡	原屬上讀，似不辭。恐當屬下句，讀爲“明”。亡、明爲明母雙聲，陽部疊韻。	陳偉 郭店簡書《尊德義》校釋 中國哲學史 2001 年 3 期	14423
亡	 上一/性情論/1		楚簡	讀爲“無”。	濮茅左 上海博物館藏戰國楚竹書第一册 性情論	12085
亡	 上二/昔者君老/4		楚簡	亡聽，不聽奏事。	陳佩芬 上海博物館藏戰國楚竹書第二册 昔者君老	13112
亡	 上二/昔者君老/4		楚簡	“亡聞”，不問朝政。	陳佩芬 上海博物館藏戰國楚竹書第二册 昔者君老	13111
亡	 上一/孔子詩論/1		楚簡	“亡”無有也，與禁止之毋不同。簡文謂人心之真實情志皆反映於詩歌、音樂、言語之中，無法隱匿或矯飾，即“詩言志”是也。	周鳳五 《孔子詩論》新釋文及注解 上博館藏戰國楚竹書研究 2002 年	4514
亡	 上一/紂衣/5		楚簡	“君以亡”，應據郭店簡及今本補一民字。郭店簡的“芒”，是“亡”的通假字。	劉樂賢 讀上博簡劄記 上博館藏戰國楚竹書研究 2002 年	13512
亡	 上二/民之父母/5		楚簡	“三亡”，即“三無”，即下文“無聲之樂，無體之禮，無服之喪”。	濮茅左 上海博物館藏戰國楚竹書第二册 民之父母	11636

亡	 上一/孔子詩論/1		楚簡	“亡”不可解作“不”義。“詩亡”、“樂亡”、“文亡”的三“亡”字與《孟子·離婁》下的“王者之跡熄而《詩》亡，《詩》亡然後《春秋》作”的二“亡”字之用法是完全一致的。其義應該訓作“失也”解，才是正確的。專指某種作品或是某種經籍的“消失”而言。	邱德修《上博簡》（一）“詩無隱志”考 上博館藏戰國楚竹書研究 2002 年	9326
亡	 上二/子羔/1		楚簡	讀爲“無”。	馬承源 上海博物館藏戰國楚竹書第二册 子羔	11794
亡	 上二/民之父母/2		楚簡	通“無”。	濮茅左 上海博物館藏戰國楚竹書第二册 民之父母	11677
亡	 上一/孔子詩論/1		楚簡	這裏的“亡”，自然是“毋”、“無”的古音通用。	江林昌 上博竹簡《詩論》的作者及其與今傳本《毛詩》序的關係 上博館藏戰國楚竹書研究 2002 年	9730
亡	 郭/尊德義/29		楚簡	讀爲“明”，屬下讀。典籍習見“明德”一詞，是尊崇德行的意思。	陳偉 郭店竹書别釋	7981
亡			楚簡	《説文》：“聞，知聲也。”段注：“往曰聽，來曰聞。”聽指主動用耳去感受外界的聲音，聞則指外界的東西傳到自己的耳朵裏。“亡聞”，應是指太子不令政事上達，使其聞知。	顏世鉉 上博楚竹書散論（三） 簡帛研究網 2003 年 1 月 19 日	60038
亡	 上二/昔者君老/4		楚簡	《説文》：“聽，聆也。”段注：“凡目所及者云視，如視朝、視事是也。凡目不能徧而耳所及者云聽，如聽天下、聽事是也。”聽由主動去瞭解，引申出主動從事，即治理、處理。“亡聽”，則是指太子不主動去瞭解或參與政事。	顏世鉉 上博楚竹書散論（三） 簡帛研究網 2003 年 1 月 19 日	1895

亡	 郭/老子甲/36	貢	楚簡	即亡字，受上文貴字影響亦類化爲從貝作。	劉釗 郭店楚簡校釋	6589
亡	 上二/子羔/1		楚簡	“無有”連讀指没有、不分之意，此從陳偉《〈上海博物館藏戰國楚竹書〉（二）零釋》（簡帛研究網站）之説。	林志鵬 戰國楚竹書《子羔》篇復原芻議 上博館藏戰國楚竹書研究續編 2004 年	14053
亡	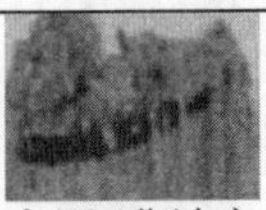 上四/曹沫之陳/8		楚簡	字殘，從殘存筆畫和文義看，應是“亡”字。	李零 上海博物館藏戰國楚竹書 第四册 曹沫之陳	2029
亡	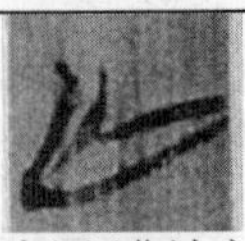 上四/曹沫之陳/5		楚簡	“忎亡”，讀“任亡”，指聽任敵國來滅亡自己。	李零 上海博物館藏戰國楚竹書 第四册 曹沫之陳	2431
亡	 上二/昔者君老/4		楚簡	古制，父死，子居喪三年。《檀弓》：“子張問曰：‘書云“高宗三年不言，言乃讙”，有諸？’仲尼曰：‘胡爲其不然也！’古者天子崩，王世子聽於塚宰三年。”《禮記集解》引胡氏曰：“三年之喪，自天子達於庶人，子張非不知也。蓋以爲人君三年不言，則臣下無所禀令，禍亂或從而生耳。夫子告以聽於塚宰，則禍亂非所憂矣。”世子居喪期間之政事皆由塚宰代行。簡文“唯悲哀是思”即“喪禮，哀戚之至也”（《檀弓》）的表現。	彭浩《昔者君老》與“世子法” 文物 2004 年 5 期	1890
亡	 上四/曹沫之陳/24		楚簡	“遂則見亡”，貴人居後，則容易潰亡。	李零 上海博物館藏戰國楚竹書 第四册 曹沫之陳	1866

亡	 上二/民之父母/11		楚簡	孔子曰：“無體之禮，敬也。”（《百子全書》第216頁）蓋“敬之在心，目不可見”（同篇第六至第七簡），故云“無體”，而禮節威儀，皆從此出。范祖禹云：“經禮三百，曲禮三千，可以一言蔽之，曰‘毋不敬’。”	黎廣基 上博楚竹書（二）叢考——“無體之禮，日逑月相” 簡帛研究網 2004年5月12日	4189
亡	 上四/采風曲目/3		楚簡	“蠶亡”，曲目。《説文·蚰部》：“蠶，任絲蟲也。從蚰，朁聲。”古代有祭蠶神之儀，后妃享先蠶，爲蠶祈福。“蠶亡”疑是育蠶曲詞的首二字。	馬承源 上海博物館藏戰國楚竹書第四册 采風曲目	3687
亡	 上四/曹沫之陳/8		楚簡	簡文中的“亡”通作“無”，出土楚文獻中“亡”多用作“無”。	范常喜 《曹沫之陳》“君言無以異於臣之言君弗 ”臆解 簡帛網 2005年2月20日	3756
亡	 上二/子羔/1		楚簡	“無……皆……”句式中，“無”作“無論”講。	白於藍 讀上博簡（二）劄記 江漢考古 2005年4期	14302
亡	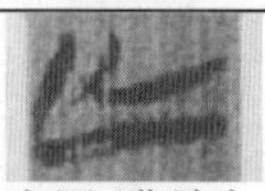 上四/曹沫之陳/2		楚簡	“亡”可讀爲“無”。	廖名春 讀楚竹書《曹沫之陳》劄記 簡帛網 2005年2月12日	3663
亡	 上五/弟子問/13		楚簡	“亡”讀作“無”。	何有祖 上博五《弟子問》試讀三則 簡帛網 2006年2月20日	4885
亡	 上五/姑成家父/4		楚簡	原釋“亡”，無説。按：字當讀作“無”。《論語·衛靈公》：“君子病無能焉，不病人之不巳知也。”	何有祖 《季庚子問於孔子》與《姑成家父》試讀 簡帛網 2006年2月19日	1274
亡	 上五/姑成家父/1	無	楚簡	釋文作“無”，看原簡是“亡”字，當作“亡（無）”。	何有祖 《季庚子問於孔子》與《姑成家父》試讀 簡帛網 2006年2月19日	1279

亡	 上三/周易/47		楚簡	無慮，或讀爲“悔亡”。	濮茅左 上海博物館藏戰國楚竹書第三册 周易	13795
亡	 上三/周易/28		楚簡	指久於中道，而無變易，所以悔亡。	濮茅左 上海博物館藏戰國楚竹書第三册 周易	13651
亡	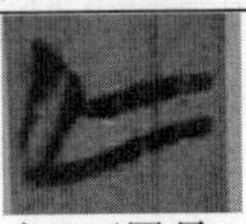 上三/周易/25		楚簡	“亡”爲“無”通用，文獻中習見。	廖名春 楚簡《周易·頤》卦試釋 簡帛研究網 2004年4月24日	2820
亡		亾	金文	卜辭亡字無一類從入作者。金文雖有類似從入作者，然僅一二例外也。此當是原義已失之象形文，無旁可從。用爲逃亡、死亡及有無字者，均當是假借之義。亡者肓之初文也。	郭沫若 金文叢考 金文餘釋	26627
亡	 上五/鮑叔牙與隰朋之諫/1	㡌	楚簡	原考釋所釋“葬”字，細審照片，實從死、芒聲，當即“亡”之異體。此字在本節出現三次，前兩次原考釋均釋“葬”，第三次釋“亡”，案之文義，均當釋亡，指朝代滅亡。謂夏朝只看臣子的外表，等到夏朝滅亡，就是因爲只看外表；殷人爲此取代了夏朝，記取其教訓，除了看外表之外，還聽他説話的内容，等到殷朝滅亡，就是因爲只看外表、聽言語；周朝爲此取代了殷朝，記取其教訓，除了觀看外表、聽言語之外，還重視“迫佝”的態度，等到周朝衰亡，就是忘了“迫佝”的態度。	季旭昇 上博五芻議（上） 簡帛網 2006年2月18日	4794
乍			説文	止也，一曰亡也。从亡从一。	許慎　説文解字	
乍			甲骨	此字羅振玉收入待問篇中。按此實即乍字。金文與卜辭同。	郭沫若 甲骨文字研究 卷上 釋作	26630

乍	 天亡簋  量侯簋		金文	《説文》謂乍字從亡一，亦沿訛字爲説也。金文此字至多，决不從亡一。余謂乍乃象人伸脚而坐有所操作之形，即作之初字。量侯簋形尤顯。	郭沫若 金文叢考 釋亡乍	26629
乍	 長/乙篇/行7-8		楚簡	此句謂無百神，風雨辰禕亂作也。	高明 楚繒書研究 古文字研究 1985年 12 輯	2213
乍	 長/乙篇/行7-8		楚簡	亂作，於是混亂發生。	李零 長沙子彈庫戰國楚帛書研究	2211
乍		衜	甲骨	該字從行從乍，《説文》所無。疑爲乍之異文。	徐中舒 甲骨文字典 卷二	17254
乍				乍的初文是從耒形取象的。疑是以耒起土時隨庛而起的土塊。因知以耒起土是“乍”的本義，引申而爲耕作、農作之作。卜辭有“乍田”的記録，乍（作）義爲耕作。此義古籍中亦不乏例證。	曾憲通 “作”字探源 古文字研究 1992年19輯	28570
乍	 		金文	金文乍字都不從亡一。亡乍並不相襲。乍當爲製作的本字。古文動詞多加又旁，乍爲動詞，故戰國乍字常常加又。金文乍作，或作，從木，疑爲興構之形。	戴家祥 金文大字典 卷上	26632
乍	 上一/性情論/1		楚簡	讀爲“作”，甲骨文、金文多以“乍”爲“作”。	濮茅左 上海博物館藏戰國楚竹書第一册 性情論	12090
乍	 上一/孔子詩論/6		楚簡	此字今本作“無”，簡文“乍”與“亡”字形相近，古“亡”、“無”通用，今本爲傳抄之訛。	馬承源 上海博物館藏戰國楚竹書第一册 孔子詩論	10926

乍	 長/乙篇/行7-8		楚簡	辰褘亂作，指異常的天象，如日蝕、月蝕、流星等。	董楚平 楚帛書“創世篇”釋文釋義 古文字研究 2002年24輯	2212
乍	 上一/孔子詩論/6		楚簡	整理者誤讀古書而將“無競”訓爲“乍競”。	姚小鷗 《孔子詩論》第六簡釋文考釋的若干問題 上博館藏戰國楚竹書研究 2002年	5417
乍	 上二/子羔/9		楚簡	此字讀爲“作”，興起。	馬承源 上海博物館藏戰國楚竹書第二册 子羔	10634
乍			甲骨	合 6497“我其祀賓乍帝降若……”等辭中“乍”不是連詞，屬上讀。	楊逢彬 論殷墟甲骨刻辭中不能肯定存在連詞 古漢語研究 2003年3期	15917
乍	 哀成叔鼎		金文	讀爲則。	李義海 哀成叔鼎銘文續考 漳州師範學院學報(哲學社會科學版)2003年4月	15497
乍			金文	爲作之初文，在此義爲鑄造。	楊文山 青銅器麥盉與“邢侯征事”——兩周邢國歷史綜合研究之四 文物春秋 2004年2月	60011
乍			金文	天乍，讀爲“天祚”。祚字本訓福，由賜福義引申爲流傳、傳代。	曹錦炎 自鐸銘文考釋 文物 2004年2期	15691
乍	 上二/子羔/9		楚簡	《廣雅·釋詁一》：“作，始也。”	林志鵬 戰國楚竹書《子羔》篇復原芻議 上博館藏戰國楚竹書研究續編 2004年7月	267
乍	 上三/亙先/1		楚簡	讀“作”，這裏指“或”的創生。	李零 上海博物館藏戰國楚竹書 第三册 亙先	13462
乍	 上三/亙先/2		楚簡	疑指“始”。	李零 上海博物館藏戰國楚竹書 第三册 亙先	13472

乍	 上三/亙先/1		楚簡	或作：忽有某個區域在躁動。	龐樸 《恒先》試讀 簡帛研究網 2004年4月26日	3249
乍	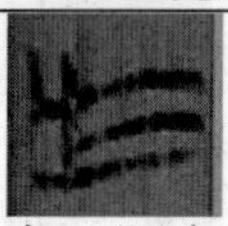 上三/亙先/1		楚簡	“作”訓爲“起”。“自厭不自忍，或（域）作”：是指由“樸”到“太樸”，由“清”到“太清”，由“虚”到“太虚”，這個過程是自滿的而不是自節的；並由自滿的“太樸”、“太清”、“太虚”生成了“域”。	王志平 《恒先》管窺 簡帛研究網 2004年5月8日	1582
乍	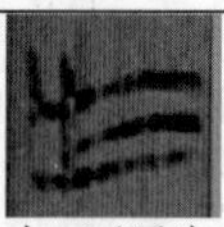 上三/亙先/1		楚簡	或作，空間初成。或讀爲域，“作”，創作，如同“述而不作”（《論語•述而》）、“杜康作秫酒”（《説文》引《世本》）之“作”。	劉信芳 上博藏竹書《恒先》試解 簡帛研究網 2004年5月16日	493
乍	 上三/亙先/1		楚簡	“或作”一詞中的“作”字與老子所説的“化而欲作，吾將鎮之以無名之朴”（37章）有類似之處，即興起，産生變化之意。	吴根友 上博楚簡《恒先》篇哲學思想探析 簡帛研究網 2004年5月8日	2309
乍			楚簡	“作”當是“興生”之意。	陳麗桂 上博簡（三）：《亙先》的義理與結構 簡帛研究網 2004年12月19日	60012
乍	 上三/亙先/1		楚簡	作：興起，行動，作爲。	趙建功 《恒先》易解（上） 簡帛網 2005年1月26日	2350
望			説文	出亡在外，望其還也。从亡，朢省聲。	許慎　説文解字	
望			金文	從臣從月從壬，“壬”即“廷”字。“臣”即“目”也。從“臣”從“壬”從“月”即在廷中以目仰而睎月也。是“望”也。月之可望，十四五日也。	吴其昌 矢彝考醳 燕京學報 1931年9期	26633
望		旲	甲骨	即望字。象人舉目之形。	商承祚 殷契卜辭釋文	26634
望	 包/文書/145	㞷	楚簡	疑此字從壬亡聲，乃望字異體。	李天虹 《包山楚簡》釋文補正 江漢考古 1993年2期	1453

望			金文	所謂望，推溯其本源，應源於望而祭之。從望字的古文字形體現特點分析，原始意義是俯眺。遠古祭天既於山頂，山頂又是最適合眺望遠近山川之處，所以祭天和望祭自然相屬。	林澐　天亡簋“王祀于天室”新解　史學集刊 1993 年 3 期	26636
望	 郭/語叢一/1	㞷	楚簡	此語有見 104 號簡，此字作“望”，字在此疑當讀爲“亡（無）”。	彭浩、劉祖信、王傳富　郭店楚墓竹簡	7892
望	 上一/紂衣/2	亣	楚簡	“望”，下所從或是立人之變，不一定是“介”字。	李零　上博楚簡校讀記（之二）：《緇衣》　上博館藏戰國楚竹書研究 2002 年	11906
望	 上一/紂衣/2	亣	楚簡	這個字的主體爲亢，八爲飾筆。望本作 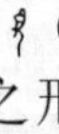（《後》上 31.9），像人張望之形，後加月作 （《師望鼎》），省簡爲 （《休盤》）。 的主體部分與《休盤》“望”所從相同，應是“望”的母字或古形，兩邊加羡畫八，與古文字“关”的上部相似。郭店簡《緇衣》“亣”作“䁗”，從見、從古文望，是古文“望”的增纍字。今本《緇衣》作“望”。足見把它釋爲古文“望”很合適。	趙平安　上博藏《緇衣》簡字詁四篇　上博館藏戰國楚竹書研究 2002 年	11908
望		㞷	楚簡	上從亡，下從人，人字左右兩弧筆，乃裝飾筆畫，此字應是“望”之省形。郭店簡作 ，是古“望”字異體，㞷即“望”之省文，“見”是疊加意符。	陳秉新　《上海博物館藏戰國楚竹書（一）》補釋　東南文化 2003 年 9 期	13815
望	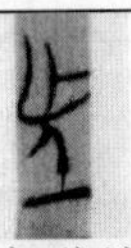 郭/語叢一/1	㞷	楚簡	當從 104 號簡讀望。郭店簡《性自命出》有云“凡見者之謂物”。	連劭名　郭店楚簡《語叢》叢釋　孔子研究 2003 年 2 期	14259
望	 郭/語叢二/33		楚簡	疑用爲怨恨義。	劉釗　郭店楚簡校釋	9350

望	 上五/季庚/4	䁅	楚簡	從見，望聲，字書所無。疑“看望”之“望”形聲字。	濮茅左　上海博物館藏戰國楚竹書 第五册 季庚子問於孔子	1442
無	  奇字	无	説文	亡也。从亡無聲。𠑵奇字无，通於元者。王育説：天屈西北爲无。	許慎　説文解字	
無			篆文	當與古文“丏”同意，從“人”，“二”者厚之象。擁蔽之使無所見也，無所見即謂之無矣。	林義光　文源	26637
無	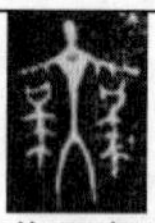 作册般甗		金文	古無字或從古舞字，象人以手舞形。	柯昌濟　殷墟書契補釋	26638
無		雩	甲骨	卜辭舞象人兩袖舞形，即“無”字。巫祝之巫乃“無”字所衍變。巫之所事乃舞號以降神求雨，名其舞者曰巫，名其動作曰舞，名其求雨之祭祀行爲曰雩。巫舞雩吁都是同音的，都是從求雨之祭而分衍出來的。	陳夢家　殷虛卜辭綜述	24585
無			甲骨	舞；象持細竹之枝葉曳舞之狀。	蘇瑩輝　中國文字書寫工具探原（上）（中）（下）《大陸雜誌》15—6、7、8（下）1957 年	32117
無		憮	金文	上無下亡，蓋漢世有無之無之專字。商假亡爲無，金文假舞之本字無爲有無字。從無從亡則合二假借字爲無之本字。	李孝定　金文詁林讀後記　卷十二	26639
無		舞	甲骨	巫字本義。	康殷　古文字學新論	32118
無	 長/甲篇/行 11-13		楚簡	此字釋爲“舞”。	何琳儀　長沙帛書通釋　江漢考古 1986 年 1、2 期	11052
無		舞	甲骨	舞字作正視的人持牛尾舞蹈狀。	林澐　古文字研究簡論	32119
無	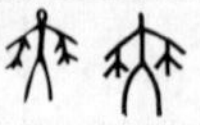	舞	甲骨	假借爲母。	丁驌　東薇堂讀契記　二	32120

無	 長/甲篇/行8-10	失	楚簡	應釋爲“無”。	何琳儀 説無 江漢考古 1992 年 2 期	688
無	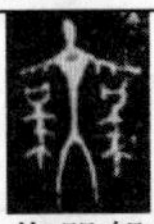 作册般甗		金文	爲舞之初文。	戴家祥 金文大字典	14847
無	 匯/望一劄記/72	僭	楚簡	即無。“無他”，爲古占卜吉用語，甲骨卜辭常見。	商承祚 戰國楚竹簡匯編 望山一號楚墓竹簡疾病雜事劄記	10671
無	 郭/窮達以時/13		楚簡	非本字，似應讀爲“璑”。	劉樂賢 郭店楚簡雜考（五則） 古文字研究 2000 年 22 輯	8021
無			楚簡	孔子曰：“無體之禮，敬也。”（《百子全書》第 216 頁）蓋“敬之在心，目不可見”（同篇第六至第七簡），故云“無體”，而禮節威儀，皆從此出。范祖禹云：“經禮三百，曲禮三千，可以一言蔽之，曰‘毋不敬’。”	黎廣基 上博楚竹書（二）叢考——“無體之禮，日逑月相” 簡帛研究網 2004 年 5 月 12 日	4190
無	 上三/亙先/1		楚簡	無：無聲無形，超言絶名。即《老子》第一章“無，名天地之始”、第四十章“天下萬物生於有，有生於無”、《莊子•天地》：“泰初有無”之“無”。《墨子•經下》：“無不必待有，説在所謂。”《墨子•經説下》：“無若無焉，則有之而後無；無無焉，則無之而無。”	趙建功 《恒先》易解（上） 簡帛網 2005年1月26日	2623
無	 上三/亙先/6		楚簡	無：勿也，不要。	趙建功 《恒先》易解（下） 簡帛網 2005 年 2 月 7 日	2622
匄			説文	氣也。逯安説：亡人爲匄。	許慎 説文解字	
匄		匃	甲骨	古金文匃與卜辭同。	羅振玉 增訂殷虚書契考釋 卷中	26641

⿱亡壬	 郭/語叢二/3		楚簡	讀爲望，義爲責望。	劉釗 郭店楚簡校釋	8995
⿱亡介	 上一/紂衣/2		楚簡	⿱亡介，從介、亡聲。《説文》所無。	陳佩芬 上海博物館藏戰國楚竹書第一册 紂衣	11907
⿱亡米	 郭/性自命出/35		楚簡	從亡得聲，讀爲撫。	龐樸 郭店楚簡研究 撫心曰辟	8700
⿱亡米	 郭/性自命出/35		楚簡	也可能從米得聲，徑讀爲辟。	陳偉 郭店竹書別釋	9022
⿱亡㒼	 郭/性自命出/35	⿱亡米	楚簡	從亡從㒼省，讀爲辟，意爲拊心，即捶胸。	劉釗 郭店楚簡校釋	8699
⿱亡貝	 上五/三德/18		楚簡	疑讀爲“亡”。	李鋭 讀上博（五）補札 孔子2000網 2006年2月28日	1287

匸部

匸			説文	衺徯，有所俠藏也。从乚，上有一覆之。凡匸之屬皆从匸。讀與傒同。	許慎　説文解字	
匸			篆文	象藏物之器。	林義光 文源	26643
區			説文	踦區，藏匿也。从品在匸中。品，眾也。	許慎　説文解字	
區	 子禾子釜		甲骨	區當爲甌之初文。甌爲小盆，古用以盛食，品爲物之象形，匸其所以藏之。	朱芳圃 殷周文字釋叢 卷中	26646
區			甲骨	甲骨文區字。從乚，非省文。區字之義爲隱藏。而乚之義爲匿。其音讀爲隱，從乚之義於是顯矣。	陳邦懷 一得集 1989 年	26647
區			金文	静安先生謂區即毃。按子禾子釜區字象三玉在一系形，三爲數之大者，可爲舊説進一解。	戴家祥 金文大字典 卷上	26648
區	 郭/語叢三/26		楚簡	微小義。	陳偉 郭店竹書別釋	9791
區	 郭/語叢三/26		楚簡	義爲細小。	劉釗 郭店楚簡校釋	9790
匿			説文	亡也。从匸若聲。讀如羊騶箠。	許慎　説文解字	
匿			金文	古從匸從桑之省。象採桑藏筐中形。匿藏也。	林義光 文源	26649
匿	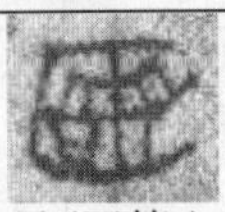 長/甲篇/行 5-7		楚簡	匿者惡也，禍也。這裏指天之刑罰。德匿是反義的合成詞，表示上天對人事的報施。	李零 長沙子彈庫戰國楚帛書研究	46

匿	 長/甲篇/行 5-7		楚簡	“悳匿”，商讀“側慝”或“仄慝”，甚確。	何琳儀 長沙帛書通釋 江漢考古 1986 年 1、2 期	47
匿	 包/文書/138 反		楚簡	借作暱，近也。	劉彬徽、彭浩、胡雅麗、劉祖信 包山楚簡	3113
匿	 郭/緇衣/34		楚簡	《廣雅・釋詁四》：“匿，藏也。”	彭浩、劉祖信、王傳富 郭店楚墓竹簡	7280
匿	 長/甲篇/行 5-7		楚簡	“悳匿”，各家多從商承祚讀爲“側慝”（屬於退舍）。但側慝應有咎咎，下文所述反是，可見這一讀法是有問題的。	李零《長沙子彈庫戰國楚帛書研究》補正 古文字研究 2000 年 20 輯	45
匿	 長/甲篇/行 5-7		楚簡	以上講“德慝”本身，似乎並無咎咎。而以下講違反“德慝”，反而皆屬咎咎。可見，“德慝”並非側慝。	李零《長沙子彈庫戰國楚帛書研究》補正 古文字研究 2000 年 20 輯	400
匿	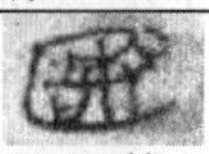 長/甲篇/行 8-10		楚簡	這是原文對“德慝”的解釋，諸家皆以“側慝”爲解，與此不合。高文已注意及此，因謂此句非衍即誤。其實此句適可反證“德慝”與“側慝”含義有别。	李零《長沙子彈庫戰國楚帛書研究》補正 古文字研究 2000 年 20 輯	709
匿	 郭/緇衣/34		楚簡	當讀慝，通爲忒，訓爲變更。	陳偉 郭店竹書别釋	7281
匿	 郭/五行/37		楚簡	此字與《六德》32—33 號簡“容”字對應，訓爲隱匿，原釋文和斷讀不誤。	陳偉 郭店竹書别釋	8049
匿	 上二/容成氏/33		楚簡	蝨匿，即“苛慝”，指煩苛暴虐。	李零 上海博物館藏戰國楚竹書 第二册 容成氏	13322

匿	 上二/從政（乙篇）/6		楚簡	整理者所釋“匿”，頗爲費解。據文意應爲遠大，釋爲何字待考。	王中江 《從政》重編校注 簡帛研究網 2003年1月16日	3967
匢			説文	側逃也。从匚丙聲。一曰箕屬。	許慎　説文解字	
匢			篆文	丙非聲，丙者，旁之本字。從丙匚。	林義光 文源	26653
匽			説文	匿也。从匚妟聲。	許慎　説文解字	
匽		安	貨幣	齊地貨刀有一字，從匚從女。爲匽省。	馬昂 貨幣文字考	26654
匽			貨幣	燕楚面文匽字的書體，仍可找到猶存的古形幾種，一望可知不是由日月組成的字。乃玄鳥象形字的省訛。釋爲匽，也就是燕字，雖有望文生義之嫌，但較釋爲明較爲合理，較釋易更近情。	朱活 釋幟篇——兼談刀背文字 古文字研究 1983年10輯	26656
匽			金文	匽，從匚聲妟。《説文》所無。以形聲求之，當即燕朝之燕本字。金文用爲地名，加旁作郾，更旁作鄽，即召公奭所封地也。宴、燕、晏、醼聲同字通。加旁從匚，與廷建兩字義亦相近。《夏官·太仆》：“王眂燕朝，則正位而退。”鄭玄云：燕朝，朝於路寢之庭。庭廷同字，故燕朝亦得寫作匽朝。	戴家祥 金文大字典	14811
医			説文	盛弓弩矢器也。从匚从矢。《國語》曰：“兵不解医。”	許慎　説文解字	
医			甲骨	医乃蔽矢之器。乚象其形。	羅振玉 增訂殷虛書契考釋 卷下	26657
匹			説文	四丈也。从八、匚。八揲一匹，八亦聲。	許慎　説文解字	
匹			金文	匹，辟也。往相匹偶也。	吴大澂 窸齋集古録 上册	26659

匹	 曾姬無卹壺	馬	金文	此即馬匹之專字，猶駢驂駟之即并參四也。	郭沫若 兩周金文辭大系圖録考釋	36064
匹	 曾姬無卹壺	馬	金文	左匹右馬即爲馬匹之匹專字。	郭沫若 兩周金文辭大系圖録考釋 曾姬無卹壺	26660
匹	 曾姬無卹壺	馬	金文	此即今匹字。	劉節 古史考存 壽縣所出楚器考釋	36065
匹			金文	朱、裘、李、于皆釋一，此字何以爲一則未解，張釋鼠，僅據形似，而文義不通。此字實從㲋從一。㲋、一、匹皆在脂部。㲋、匹雙聲。這是中山一個新造字。㲋表聲符，意表示義符，與匹音義合。	黄盛璋 中山國銘刻在古文字、語言上若干研究 古文字研究1982年7輯	26662
匹			甲骨	從一從丿，會意不明。按金文匹字字形和卜辭字形相同，且此字辭例與馬匹有關，疑爲匹之初文。	徐中舒 甲骨文字典 卷十四	26663
匹	 上一/紂衣/21		楚簡	《説文》："從匚、八。"《爾雅・釋詁上》："匹，合也。"《曾侯乙墓竹簡》一七九："鄱牧之晶匹駒騂。"一八七："三匹騂。""匹"字與此相同。郭店簡作"駜"，今本作"正"。	陳佩芬 上海博物館藏戰國楚竹書第一册 紂衣	12059

匚部

匚	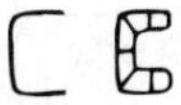 籀文	匚	說文	受物之器。象形。凡匚之屬皆从匚。讀若方。匚籀文匚。	許慎　説文解字	
匚			甲骨	匚爲方石函形，與方、祊爲一聲之轉。	吴其昌 卜辭所見殷先公先王三續考 燕京學報 1933年14期	26666
匚			甲骨	匚爲祭名。即祊祭也。	唐蘭 殷契卜辭釋文	26665
匠			説文	木工也。从匚从斤。斤，所以作器也。	許慎　説文解字	
匠			篆文	象斤在藏中。	林義光 文源	26668
匧	 或體	篋	説文	藏也。从匚夾聲。篋匧或从竹。	許慎　説文解字	
匡	 或體	筐	説文	飲器，筥也。从匚㞷聲。筐匡或从竹。	許慎　説文解字	
匡			甲骨	舊釋爲庸，此字蓋匡之古文。	郭沫若 卜辭通纂	26672
匡		筪	金文	應釋爲匡。	孫稚雛 金文釋讀中一些問題的探討(續) 古文字研究 1984年9輯	26674
匜			説文	似羹魁，柄中有道，可以注水。从匚也聲。	許慎　説文解字	
匜	 師同鼎	弄	金文	由銘文意義推斷，弄爲匜之異構。金文它匜基本同形，故羿即匜下加廾，表示雙手相拱。	戴家祥 金文大字典 卷中	26678
匜	 匯/五里牌遣策/14		楚簡	也，即匜。器名。	商承祚 戰國楚竹簡匯編 長沙五里牌四〇六號楚墓竹簡遺策考釋	26677

匜	 匜/信陽一號墓遺策/21		楚簡	鉈即匜，指銅匜。	商承祚 戰國楚竹簡匯編 信陽長臺關一號楚墓竹簡第二組遺策考釋	26676
匴			説文	淥米籔也。从匚算聲。	許慎　説文解字	
匵	  或體	櫝	説文	小桮也。从匚贛聲。櫝匵或从木。	許慎　説文解字	
匵	 匵/望二遺策/2	⿱贛金	楚簡	贛或從木。爲匵之假借字。或不從貝從金，表示金屬器。	商承祚 戰國楚竹簡匯編 江陵望山一號楚墓竹簡疾病雜事劄記考釋	26681
匪			説文	器，似竹筐。从匚非聲。《逸周書》曰："實玄黄于匪。"	許慎　説文解字	
⿷匚倉			説文	古器也。从匚倉聲。	許慎　説文解字	
⿷匚攸			説文	田器也。从匚攸聲。	許慎　説文解字	
⿷匚異			説文	田器也。从匚異聲。	許慎　説文解字	
匫			説文	古器也。从匚曶聲。	許慎　説文解字	
匬			説文	匬，器也。从匚俞聲。	許慎　説文解字	
匱			説文	匣也。从匚貴聲。	許慎　説文解字	
匱	 包/文書/13		楚簡	《説文》："匣也。"	劉彬徽、彭浩、胡雅麗、劉祖信 包山楚簡	3218
匵			説文	匱也。从匚賣聲。	許慎　説文解字	
匣			説文	匱也。从匚甲聲。	許慎　説文解字	
匯			説文	器也。从匚淮聲。	許慎　説文解字	
柩	  籀文	匶	説文	棺也。从匚从木，久聲。匶籀文柩。	許慎　説文解字	

匰			説文	宗廟盛主器也。《周禮》曰：“祭祀共匰主。”从匚單聲。	許慎　説文解字	
匤			楚簡	從匚，去聲。此字假爲胠。	商承祚 戰國楚竹簡匯編 長沙五里牌四〇六號楚墓竹簡遣策考釋	9643
匤			楚簡	匤，從匚，去聲。匤，假爲胠。胠本義取人體的兩腋，引申爲翼、爲旁、爲邊。簡文胠𨸏，即邊箱。	商承祚 戰國楚竹簡匯編 長沙五里牌四〇六號楚墓竹簡遣策考釋	40365
固	 包/遣册/265		楚簡	合𠥰，即銅簠。	劉彬徽、彭浩、胡雅麗、劉祖信 包山楚簡	7070
𠥰	 上二/從政（甲篇）/5		楚簡	從匚，古聲，可讀爲“固”。“𠥰”於金文中與“簠”相通，古音爲幫母，古韻屬魚部，“固”爲見母，古韻亦屬魚部，二者古韻同部，可以通假。	張光裕 上海博物館藏戰國楚竹書 第二册 從政（甲篇）	13037
𠥰	 新/甲三：90/130		楚簡	我們認爲新蔡簡中的此字與九店簡中的“簷（擔）”字相當。此字從“匚”，“古”聲，疑讀爲“石”。秳、石二字古通，如：《楚辭・九章》：“重任石之何益。”《考異》：“石一作秳。”可爲旁證。石是古代的重量單位，重一百二十斤。	徐在國 新蔡葛陵楚簡劄記（二）簡帛研究網 2003年12月17日	14477
匥	 包/文書/13	匵	楚簡	應隸定“匵”，釋“匥”。	何琳儀 包山竹簡選釋 江漢考古1993年4期	3217

曲部

曲	 古文		説文	象器曲受物之形。或説曲，𠚕薄也。凡曲之屬皆从曲。𠙺古文曲。	許慎　説文解字	
曲			甲骨	盧江劉善齊先生藏卜辭有凹字，並爲祭名，蓋即許書之曲。	孫海波　卜辭文字小記　考古社刊 1935年12月	26696
曲			甲骨	屯甲2878甲子表上有從止從曲字，疑即卻曲之曲本字。	饒宗頤　殷代貞卜人物通考　卷九	26699
曲			甲骨	即曲字古文。	于省吾　甲骨文字釋林　釋曲	26700
曲	 鳥書箴銘帶鉤		金文	此文，與下文的直相對，應肯定是曲字。也可借此糾正舊誤釋“上曲陽”、“下曲陽”。曲作匕的原因是匕與匚寫法相同，只是横竪位置不同。	李零　戰國鳥書箴銘帶鈎考釋　古文字研究1983年8輯	26701
曲	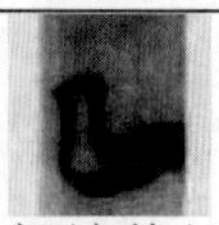 郭/六德/43		楚簡	一曲，同一遍義近，指某一點，一個局部。	劉釗　郭店楚簡校釋	9306
曲			金文	曲，本係曲盡形，銘文少典爲復姓。少曲本是韓國的一個邑名，以邑爲氏。	劉釗　上皋落戈考釋　考古6期	60151
曲			金文	曲。本象曲尺形。銘文少曲爲複姓。少曲本是韓國的一個邑名，以邑爲氏。	劉釗　上皋落戈考釋　考古6期	60007
曲	 银404		漢簡	曲勝：曲解作局部的、部分的，此爲局部的勝利。	劉小文　銀雀山漢簡《尉繚子》字詞褸考　古漢語研究2005年2期	16006
曲	 上五/季庚子問於孔子/23		楚簡	簡20與23連讀處的“各當其曲以成之”，“曲”即“委曲”之“曲”，舊注訓爲“事”、“小事”、“小小之事”等，在此指各種詳細具體的情況。	陳劍　談談《上博（五）》的竹簡分篇、拼合與編聯問題　簡帛網　2006年2月19日	4688

豊			說文	飤曲也。从曲玉聲。	許慎　說文解字	
豊	 伯卣	豊	金文	從曲從玉。乃豊字。	彭静中 金文新釋（九則） 四川大學學報 1983 年 1 期	26703
䰟		䰟	說文	古器也。从曲舀聲。	許慎　說文解字	

甾部

甾	古文	由	説文	東楚名缶曰甾。象形。凡甾之屬皆从甾。古文。	許慎 説文解字	
甾			金文	即省，東楚名缶曰由。今作甾。	劉心源 古文審 卷六	26705
甾			甲骨	甾之初文甲骨文自地名人名以外，讀爲載，訓行，訓乘，訓語詞。	于省吾 雙劍誃殷契駢枝 續編 釋甾	26709
疀			説文	斛也，古田器也。从甾疌聲。	許慎 説文解字	
畚			説文	餠屬，蒲器也，所以盛穜。从甾弁聲。	許慎 説文解字	
餠			説文	帗也。从甾并聲。杜林以爲竹筥，楊雄以爲蒲器。讀若軿。	許慎 説文解字	
𠤮	篆文 籀文	𦉪 罏	説文	𤮊也。从甾虍聲。讀若盧同。篆文𠤮。籀文𠤮。	許慎 説文解字	

瓦部

瓦			説文	土器已燒之總名。象形。凡瓦之屬皆从瓦。	許慎　説文解字	
瓬			説文	周家搏埴之工也。从瓦方聲。讀若抵破之抵。	許慎　説文解字	
甄			説文	匋也。从瓦垔聲。	許慎　説文解字	
甍	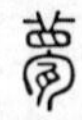		説文	屋棟也。从瓦，夢省聲。	許慎　説文解字	
甑	  籀文	鬵	説文	甗也。从瓦曾聲。籀文甑从䰜。	許慎　説文解字	
甗			説文	甑也。一曰穿也。从瓦鬳聲。讀若言。	許慎　説文解字	
甗	 㲃父甗		金文	鬳以金冶而成者，甗以陶旊而成者。鬳是鼎屬，甗是甑屬。	阮元 積古齋鐘鼎彝器款識 卷七	36125
甗	 陳公子甗	獻	金文	古甗字從鬲虍聲，此從鼎，與鬲同，從犬，蓋鬳所以獻。	徐同柏 從古堂款識學 卷九	36130
甗			甲骨	上形如鼎，下形如鬲。是甗也。古金文加犬。	羅振玉 增訂殷虚書契考釋 卷下	26719
甗			甲骨	《説文》從鬲或從瓦或從犬。金文皆從犬。或從犬從鼎。	容庚 殷周禮樂器考略 燕京學報 1927 年 1 期	26720
甗	 毛公鼎	鬲	金文	古甗字，象形。甗之爲物，上下兩層，下層爲鬲，上層爲甑。	郭沫若 金文叢考 毛公鼎之年代 器銘考釋	26721
甗	 伐甗戈	鬳	金文	象器形，甗字古文。	高鴻縉 中國字例二篇	28188
甗		鬲	金文	郭沫若謂古甗字，假爲圭瓚之瓚。圭瓚爲祭祀盛挹鬯酒之器，與鬯之關係至爲密切。	黄然偉 殷周青銅器賞賜銘文研究	39127

甗		鬲	金文	郭沫若將此字釋爲“甗”，讀作“瓚”，謂“鬲乃古甗字，象形”。郭説誠是。“瓚”是古代舉行灌祭和祼禮時，祀享先王、宴享賓客所用的舀取鬱鬯香酒之玉具。	王慎行 瓚之形制與稱名考 考古與文物 1986 年 2 期	39128
甗	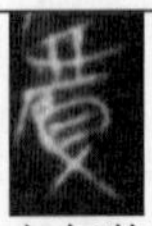 九年將軍戈	虘		上從虍，有方曲畫中斷，是燕文字的特有寫法。下從貝，當是鼎省。字當是甗。	湯餘惠 略論戰國文字形體研究中的幾個問題 古文字研究 1986 年 15 輯	26723
瓵			説文	甌瓿謂之瓵。从瓦台聲。	許慎　説文解字	
瓵		盒	甲骨	從合從皿。蓋即《説文》瓦部瓵之異體。	孫詒讓 契文舉例	26724
瓵	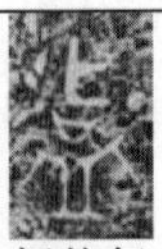 杞伯每亡盆	盁	金文	盁爲瓵之異文，器形如盆，字或從皿。	孫詒讓 古籀餘論卷二	18318
𤮿			説文	大盆也。从瓦尚聲。	許慎　説文解字	
甌			説文	小盆也。从瓦區聲。	許慎　説文解字	
瓮			説文	罌也。从瓦公聲。	許慎　説文解字	
瓨			説文	似罌，長頸。受十升。讀若洪。从瓦工聲。	許慎　説文解字	
㼝			説文	小盂也。从瓦夗聲。	許慎　説文解字	
㼝	 右里𣪘鋺量	鋺	金文	古㼝字，不從瓦。	吴大澂 説文古籀補 卷十二	26729
瓴			説文	瓮，似瓶也。从瓦令聲。	許慎　説文解字	
㼰			説文	罌謂之㼰。从瓦卑聲。	許慎　説文解字	
㼰	 土匀瓶	錍	金文	這個戰國時期的“錍”字即“㼰”字異體。	徐無聞 釋“錍”字 文物 1981 年 11 期	26733
甂			説文	似小瓿。大口而卑。用食。从瓦扁聲。	許慎　説文解字	

瓿			説文	甂也。从瓦音聲。	許慎 説文解字	
瓵			説文	器也。从瓦容聲。	許慎 説文解字	
甓			説文	瓴甓也。从瓦辟聲。《詩》曰："中唐有甓。"	許慎 説文解字	
甃			説文	井壁也。从瓦秋聲。	許慎 説文解字	
甈	 或體	㽂	説文	康瓠，破罌。从瓦臬聲。甈或从埶。	許慎 説文解字	
甗			説文	瑳垢瓦石。从瓦爽聲。	許慎 説文解字	
甄			説文	蹈瓦聲。从瓦耎聲。	許慎 説文解字	
瓴			説文	治橐榦也。从瓦今聲。	許慎 説文解字	
𤬪			説文	破也。从瓦卒聲。	許慎 説文解字	
瓪			説文	敗也。从瓦反聲。	許慎 説文解字	
瓷			説文	瓦器。从瓦次聲。	許慎 説文解字	
甀			説文	酒器。从瓦，稀省聲。	許慎 説文解字	
甔		罏	金文	該字即甔字。	阮元 積古齋鐘鼎彝器款識 卷八	16783

弓部

弓			説文	以近窮遠。象形。古者揮作弓。《周禮》六弓：王弓、弧弓以射甲革甚質；夾弓、庾弓以射干矦鳥獸；唐弓、大弓以授學射者。凡弓之屬皆从弓。	許慎　説文解字	
弓			金文	古弓字。	吴大澂 説文古籀補 卷十二	26746
弓			甲骨	疑皆象形“弓”字。	孫詒讓 契文舉例 卷下	26748
弓			甲骨	弓父庚卣弓或作倒形，同。	羅振玉 殷虚書契考釋 卷中	26749
弓			金文	銘弓庚父三字。其式甚古。前哲多釋爲弓，或謂張弓形，皆非。蓋弓未施弦之形。從弓長聲。形聲中兼會意。	高田忠周 説文古籀篇 卷二十八	26750
弓			甲骨	弓象張弓或弛弓形。	商承祚 甲骨文字研究 卷下	26752
弓			金文	弓象形。	强運開 説文古籀三補 卷十二	26751
弓			石鼓	弓。薛尚功釋作及，誤。	强運開 石鼓釋文	26753
弓			金文	古籀文弓字多作弛弓形。此文象弦在弓上爲張弓之形。分之則爲引。	方濬益 綴遺齋彝器款識考釋 卷十	26747
弓	 曾/45		楚簡	疑當讀爲“鞃”。	湖北省博物館 曾侯乙墓	5806
弓	 伯晨鼎	彤	金文	銘文舊釋“弓三矢二”。非三字，乃彡。二也非二，乃三點脱落一點，亦彡。故此爲彤弓彤矢也。	戴家祥 金文大字典 卷上	26763
弓			楚簡	即“仲弓”。	李朝遠 上海博物館藏戰國楚竹書 第三册 中弓	60043

弓	 上三/中弓/16（背）		楚簡	即“仲弓”。爲本篇篇題。	李朝遠 上海博物館藏戰國楚竹書 第三册 中弓	13405
弴			説文	畫弓也。从弓𦎧聲。	許慎 説文解字	
弭	  或體	⿰弓兒	説文	弓無緣，可以解轡紛者。从弓耳聲。⿰弓兒弭或从兒。	許慎 説文解字	
弭	 師湯父鼎		金文	古弭字。	吴大澂 説文古籀補 卷十二	26766
弭	 弭叔作叔班盨蓋		金文	此篆爲弭字明矣。	高田忠周 説文古籀篇 卷二十八	26769
弭			金文	按弭之古文從弓從兒。此其省文。	强運開 説文古籀三補	26770
弭	 師湯父鼎		金文	弭字。弓在下，耳在弓頭上。證明弭是弓頭上的飾件。	孫桂恩 試説煙墩山出土的“銅角狀器”和“銅鐏”的名稱與用途 文物 1958 年 1 期	26776
弭			漢簡	第 39 簡的弭字，釋文誤釋爲弦：第 1796 及 1203 兩簡的弭字，釋文誤釋爲張，古人把弭字誤釋爲張字在傳世的金文及古籍中常見。當爲弭字。	于豪亮 居延漢簡甲編補釋 考古 1961 年 8 期	26774
弭	 師湯父鼎		金文	弭字從耳，殆亦會意兼聲之例。弓末斜出，正如人之有耳也。	李孝定 金文詁林讀後記 卷十二	26773
弭	 師湯父鼎		金文	釋弭。	戴家祥 金文大字典 卷上	26775
弰			説文	角弓也，洛陽名弩曰弰。从弓肙聲。	許慎 説文解字	
弧			説文	木弓也。从弓瓜聲。一曰往體寡，來體多曰弧。	許慎 説文解字	

弨	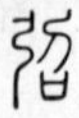		説文	弓反也。从弓召聲。《詩》曰："彤弓弨兮。"	許慎　説文解字	
⿰弓雚			説文	弓曲也。从弓雚聲。	許慎　説文解字	
彄			説文	弓弩耑，弦所居也。从弓區聲。	許慎　説文解字	
⿰弓繇			説文	弓便利也。从弓繇聲。讀若燒。	許慎　説文解字	
張			説文	施弓弦也。从弓長聲。	許慎　説文解字	
張		⿰糸長	金文	張頷謂應讀爲張。義爲張大。銘中長作䠊與此有别。	張守中　中山王嚳器文字編	26785
張			璽印	此字左旁似人而非人，應爲弓。右旁與戰國楚系文字的"長"同。包山簡及曾侯乙墓出土之長及從長字可證。此字即張。	徐寶貴　戰國璽印文字考釋七篇　考古與文物 1994 年 3 期	26786
張	 郭/窮達以時/10		楚簡	當讀爲"長"，長有大義。張山即長山，義爲大山。	趙平安　從楚簡"娩"的釋讀談到甲骨文的"娩㚘"　簡帛研究 2001 年	8008
彏			説文	弓急張也。从弓矍聲。	許慎　説文解字	
弸			説文	弓彊皃。从弓朋聲。	許慎　説文解字	
彊			説文	弓有力也。从弓畺聲。	許慎　説文解字	
彊			金文	彊，古文以爲疆字。	吴大澂　説文古籀補　卷十二	26788
彊			金文	《説文解字》："畕，比田也。畺，界也。從畕，三其界畫也。"此從弓從畕，從弓，古者以弓紀步，畕，象二田相比，界畫之義已明。知畕與畺爲一字。	羅振玉　增訂殷虚書契考釋　卷中	26789
彊	 姬鼎		金文	姬鼎有彊字，金文多假借作疆土字。	强運開　説文古籀三補　卷十二	26791
彊			金文	彊爲弓有力專字。金銘以爲"疆"字，今假"强"爲弓有力字。	李孝定　金文詁林讀後記　卷十二	26795

彊	 郭/語叢三/48		楚簡	讀爲疆。	陳偉 郭店竹書别釋	9824
彊	 郭/語叢三/46		楚簡	讀爲剛。	劉釗 郭店楚簡校釋	9821
彎			説文	持弓關矢也。从弓䜌聲。	許慎 説文解字	
引			説文	開弓也。从弓、丨。	許慎 説文解字	
引		弓	甲骨	字從弓從丨，引字。	唐蘭 古文字學導論下	26754
引	 仲子觥		金文	今考定爲引字古文。	周名煇 新定説文古籀考 卷中	26805
引	 長由盉	弙	金文	從弓從寅，古引字。	李亞農 長由盉銘釋文注解 考古學報 1955年9期	26809
引			甲骨	此字不如釋爲引。云“引牛百”即陳牛百。	饒宗頤 殷代貞卜人物通考 卷五	26801
引		弓	甲骨	象形。唐蘭謂作者廼引字，以偏旁分析法衡之，説亦是。卜辭均用爲人名。	李孝定 甲骨文字集釋 卷十二	26758
引				秦簡與帛書的引字寫法大體相同，帛書從的弓字末一筆向上延伸，稍有變化，此引字常見於金文和甲骨文之中。秦簡的寫法同甲骨文、金文的寫法相同。帛書的寫法也同甲骨文、金文的寫法極相近。在甲骨文金文中以前都將此字釋爲弘。根據秦簡和帛書可以肯定這個字是引字。	于豪亮 説引字 考古 1977年5期	26803
引		弓	甲骨	象弓繫弦之形，高田忠周、馬叙倫並釋弦，於字形無徵；方濬益釋引，較釋絃爲優。可從。	李孝定 金文詁林讀後記 卷十二	26760

引	 [illegible]簋		金文	即《玉篇・弓部》訓爲“挽弓”的弘字。弘即引之初文，引乃後起的省化字。	于省吾 釋从天从火从人的一些古文字 古文字研究 1986 年 15 輯	26806
引	 毛公鼎		金文	周代銅器銘文的“引”字，見於毛公鼎“引唯乃智（知）余非”，讀矧，“矧唯”義當與“亦惟”、“又惟”相近。“引其唯王智（知）”，引讀矧，與古書中訓“况”的“矧”相同。毛公旅鼎“亦引唯考”中的引也讀矧，“亦矧”連言，使進一層説的語氣加强。	裘錫圭 説金文“引”字的虚詞用法 古漢語研究 1988 年 12 期	26808
引	 九/五六號墓/71		楚簡	即“收引”之“引”，是一種筋脈拘牽之症。	李零 讀九店楚簡 考古學報 1999 年 2 期	6684
弙			説文	滿弓有所鄉也。从弓于聲。	許慎　説文解字	
弘			説文	弓聲也。从弓厶聲。厶，古文肱字。	許慎　説文解字	
弘	 毛公鼎	引	金文	古弘字。	吴大澂 説文古籀補	26811
弘		引	甲骨	此即弘字，金文毛公鼎弘與此同。	孫詒讓 契文舉例 卷下	26813
弘	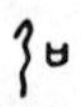	弜	甲骨	從弓從口疑弘字。	王襄 簠室殷契類纂 存疑 卷十二	26815
弘		引	甲骨	厶，古肱字。卜辭字形與毛公鼎同。	羅振玉 增訂殷虚書契考釋 卷中	26814
弘	 毛公鼎	引	金文	弘爲指事字非形聲字。	商承祚 甲骨文字研究 卷下	26816
弘	 毛公鼎	引	金文	發語詞。從王國維説。	董作賓 毛公鼎考年注譯	26819
弘		引	甲骨	卜辭有“弘吉”。即大吉。	楊樹達 卜辭求義 弘	26820
弘		引	甲骨	孫氏釋弘，弘宰應即大宰。	饒宗頤 殷代貞卜人物通考 卷十三	26821

弘		引	甲骨	羅釋弘字是也。字在卜辭爲人名。小篆爲形聲，金文甲骨文爲象形。象弓上加一附件，該附件用以固定矢的位置。	李孝定 甲骨文字集釋 卷十二	26823
弘		引	甲骨	《説文》字形與甲骨文合。但不應是象形，是指事。	白玉峥 契文舉例校讀典禮篇 中國文字 1974 年	26824
弘		引	甲骨	按《説文》誤以厶爲肱，誤以弘爲形聲字。甲骨文弘象在弓背隆起處加一斜畫爲標誌。爲指事字。	于省吾 甲骨文字釋林 釋弘	26825
弘		引	金文	《引》文釋引非，還是以舊釋弘爲是。弘有深義，也可引申爲長遠義。	張忠松 《説“引”字》質疑 考古 1981 年 6 期	26826
弘		引	金文	弘。徐中舒謂象弛弓有臂之形，即弩之本字，説字形不誤，然謂臂上爲厷，以傅會其音讀，似涉牽强。此字音讀如“洪”，弘從厶聲，蓋後起形聲字，與弓有臂之象形字非一事也。高鴻縉以爲指事之説亦未安。	李孝定 金文詁林讀後記 卷十二	26827
弘		引	金文	弘。從弓，丿爲指事符號，指示由弓上發出的聲響。	戴家祥 金文大字典 卷上	26828
彌			説文	弛弓也。从弓璽聲。	許慎 説文解字	
彌			金文	孫怡讓以彌性釋彌生，實非原文之義。林義光以長生釋彌生。	徐中舒 金文嘏辭釋例 歷史語言研究所集刊 6 册 1935 年	42460
弛	  或體	㢮	説文	弓解也。从弓从也。㢮弛或从虒。	許慎 説文解字	
弛			陶文	古陶文。當即弛之變體。	吴大澂 説文古籀補 卷十二	26834
弛	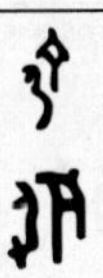		陶文	弛。吴大澂云，細審從弓，或即弛字，右旁當即也。	顧廷龍 古匋文舂録 卷十二	26835
弢			説文	弓衣也。从弓从㚇。㚇，垂飾，與鼓同意。	許慎 説文解字	

弢				弢是個會意兼形聲字，從弓，從叏，叏亦聲，本義弓衣。這需要搞清楚“叏”的構造和初義。叏，徐灝分析爲“從又從中，取之意也”。馬叙倫贊同本義爲取，但認爲“中艸一字”，叏是個“從又艸聲”的形聲字。我們認爲，中（艸）可以看作是“取”的對象，就是說，叏是一個會意兼形聲字。與“叏”相類似的比如“受”字。弓衣的作用在於藏弓，有入藏則必有取出，所以“弢”字用本義爲“取”的“叏”作爲構字偏旁具有兼表意音的作用，就如授予的“授”以接受的“受”爲構字偏旁具有兼表意音的作用一樣。韜是弢的異體。《説文》：“韜，劍衣也，從韋，舀聲。”其實，這也是一個形聲兼會意字，舀兼有表意作用。舀，從爪、臼，意思是探手入臼、取出臼裏的東西，其核心意義也是“取”。	楊澤生 説字兩則 中國文字研究 2004 年 5 輯	60027
弩			説文	弓有臂者。《周禮》四弩：夾弩、庾弩、唐弩、大弩。从弓奴聲。	許慎　説文解字	
弩	 匯/五里牌遣策/9		楚簡	“弩弓”二字合文。	商承祚 戰國楚竹簡匯編 長沙五里牌四〇六號楚墓竹簡遣策	4461
彀	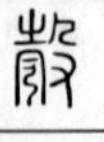		説文	張弩也。从弓𣪊聲。	許慎　説文解字	
彉			説文	弩滿也。从弓黄聲。讀若郭。	許慎　説文解字	
彃			説文	䠶也。从弓畢聲。《楚詞》曰：“芎焉彃日。”	許慎　説文解字	
彈	 或體	𢎗	説文	行丸也。从弓單聲。彈或从弓持丸。	許慎　説文解字	

彈			甲骨	古彈字，象丸在弦上，將發之形。與射字矢在弦上之義同。	王襄 簠室殷契類纂正編卷十二	26843
彈		引	甲骨	《説文》彈，或説從弓持丸，今卜辭字形正爲弓持丸，與許書或説同。	羅振玉 增訂殷虛書契考釋 卷中	26844
彈			甲骨	卜辭有“賓于彈用百牢”。《史記·殷本紀》引馬融注云：“咎單，湯司空。”卜辭此彈，疑爲單之繁文。	陳直 殷契剩義	26845
彈	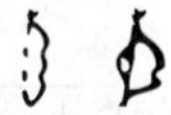		甲骨	《説文》彈，或從弓持丸。此字正象之。	商承祚 甲骨文字研究 卷下	26846
彈	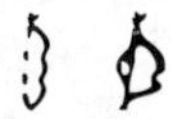		甲骨	皆象撥弓弦以激彈丸之狀，彈字。在卜辭皆爲人名。	吴其昌 殷墟書契解詁	26847
彈		弜	甲骨	弜字羅振玉釋爲彈，在此殆假爲禪。	郭沫若 殷契粹編	20738
彈			甲骨	疑爲父彈合文。卜辭羅振玉釋彈，象彈丸之形。唐蘭釋爲弦字。余游殷墟，見與甲骨同坑出土彈丸甚多，知殷時已有彈弓。	孫海波 誠齋甲骨文字考釋	26849
彈		引	甲骨	《説文》彈，或體從弓持丸。契文之彈象丸在弦上，與許説合。	王襄 古文流變臆説	26842
彈			甲骨	彈雖均從弓，然非一字。前者爲動詞的彈射之彈。象弓弦受外力撥動，將彈丸射離弓弦之瞬間，弓弦所産生的波紋之形，瞬間恍惚之狀故用三點之形描述；後者爲名詞彈丸之彈。象丸在弦上，將發未發之時。	白玉峥 契文舉例校讀 中國文字 1969 年	26851
彈	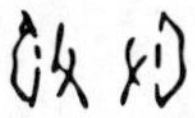		甲骨	契文並當釋彈，從又從攴偏旁可通。“使戰動掉彈”當爲“彈”之本義。從弓單聲乃後起形聲字。亦從弓從是。卜辭彈爲用牲之法。	姚孝遂 甲骨文字詁林 第三册 按語	26854
發			説文	䠶發也。从弓癹聲。	許慎　説文解字	
發	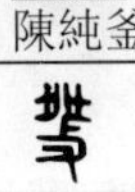 陳純釜	𢎨	金文	古發字。	吴大澂 説文古籀補 卷十二	26855
發			石鼓	蓋發字也。與下滢涉爲韻。	趙烈文 石鼓文纂釋	26856

發	 陳純釜	䒭	金文	發。古從弓矢韋。韋者，違之古文。相離也。	林義光 文源	26857
發			漢簡	簡文此字當爲發。	賀昌群 流沙墜簡校補第十四簡 圖書季刊第二卷第一期 1935 年 1 期	26859
發			甲骨	癸發同從癶聲，疑即《紀年》外壬名之發。	楊樹達 積微居甲文説 竹書紀年所見殷王名疏證	26860
發	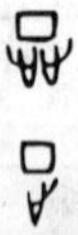		甲骨	㱝與疋異字，㱝從址，《説文》讀若撥。㱝均即發字，謂方爲亂也。	饒宗頤 殷代貞卜人物通考 卷十二	26861
發	 姑發胃反劍		金文	“姑發胃反”是人名，爲吴王壽夢長子諸樊。在鑄劍時尚未繼王位，故稱“大子”。	商承祚 姑發胃反即吴王諸樊别議 中山大學學報 1963 年 3 期	26862
發	 中山王鼎	竣	金文	竣，同發。《侯馬盟書》作癹，此從立，仍當讀發。	徐中舒、伍仕謙 中山三器釋文及宫室圖説明 中國史研究 1979 年 4 期	26863
發		弜 弢	甲骨	“弜”應是“發”的初文。其較原始的寫法顯然象弓弦被撥不斷顫動之形。“弢”應該是其繁體，加攴旁大概是爲了使撥動弓弦之意表達得更明白些。後來所從的“攴”又被加上“址”而改造成聲旁“癹”，表意字弢轉化成形聲字“發”，這一步至遲在春秋時代已經完成。卜辭中的弜大都用爲否定詞，用法與“勿”字極相似。在第一期卜辭中弢是人名，弜有時也用作人名，兩者大概不是一個人。在三、四期卜辭中，弢是用牲法，發字古訓射。古祭祀時有射牲禮，卜辭“其發廿人”、“羌，發五十”，“發”的用法都如同“射”。	裘錫圭釋“勿”“發”中國語文研究 1981 年 2 期	26866

發			璽印	“發弩”亦見於璽印文字及古籍當中。在戰國中期，弩已經成爲射程較遠殺傷力較强之武器。軍隊中有專司發弩之軍官。	于豪亮　古璽考釋　古文字研究 1981 年 5 輯	26864
發	 姑發䏍反劍	㢁	金文	㢁（發），金文象手腳並用撥弓發箭之形，當是撥的古文。引申出出發義後纔加手符以存古意。吴太子姑發劍用作人名。	戴家祥　金文大字典卷上	26865
發	 郭/忠信之道/2	犨	楚簡	“發”字。《汗簡》引石經“發”字與簡文極近。《廣雅·釋詁三》：“發，開也。”此處指散開。裘按：“癹(發)”疑當讀爲“伐”。	彭浩、劉祖信、王傳富　郭店楚墓竹簡	8092
發	 郭/忠信之道/2	犨	楚簡	此字即“發”之初文。裘錫圭先生按讀爲“伐”極是。	劉釗　讀郭店楚簡字詞劄記（三）　古文字研究 2000 年 22 輯	8094
發	 	斐	楚簡	此字或從弓，蓋即“發”字。	李零　《長沙子彈庫戰國楚帛書研究》補正　古文字研究 2000 年 20 輯	12462
發	 上五/競建内之/3	刍	楚簡	《説文》：“發，射發也。”段《注》：“引申爲凡作起之偁。”此“發古度”之“發”字不破讀，訓爲起；下“發”字從整理者讀爲廢。	林志鵬　上博楚竹書《競建内之》重編新解　簡帛網　2006 年 2 月 25 日	4981
𢏚			説文	帝嚳躲官，夏少康滅之。从弓开聲。《論語》曰：“𢏚善躲。”	許慎　説文解字	
弤	 匯/信陽一號墓遣策/3		楚簡	此字未見於字書。	商承祚　戰國楚竹簡匯編　信陽長臺關一號楚墓竹簡第二組遣策	9621
弦	 曾/48		楚簡	疑當讀爲“鞁”。	湖北省博物館　曾侯乙墓	5812
弡	 包/文書/153	佢	楚簡	應釋“弡”，其“弓”旁訛作“人”形。緣下“疆”字訛變而類化。“弡疆”應讀“距疆”。距，至也。	何琳儀　包山竹簡選釋　江漢考古 1993 年 4 期	6194

弫	 包/文書/153	佢	楚簡	弫疆的弫應讀爲歫或距，義爲至。“執疆”的執也應讀爲“至”。	劉樂賢 楚文字雜識 第三屆國際中國古文字學研討會論文集 1997 年 10 月	16183
弤			甲骨	隸爲弤，《龍龕手鑒》音引。意義未詳。	屈萬里 殷墟文字甲編考釋	16459
弤			甲骨	從弓從斤，或又從又。象以斤斫弓形，唐蘭説近是。在卜辭中義不詳，唐説亦無由證明。	李孝定 甲骨文字集釋 卷十四	16460
弤		弢	甲骨	從弓從斤從又，與弤當爲一字。	李孝定 甲骨文字集釋 卷十二	16461
弝	 郭/老子甲/6		楚簡	强字古文。	劉釗 郭店楚簡校釋	7314
彥			金文	《説文》無，當爲説文彥字所從，或當另立一部。	容庚 金文編	18259
弜	 上二/從政（乙篇）/5		楚簡	此字楚簡中或讀爲“剛”，今宜讀“强”。	張光裕 上海博物館藏戰國楚竹書 第二册 從政（乙篇）	13065
弜	 上二/從政（乙篇）/5		楚簡	“君子强行”即《孟子》“沛然莫之能禦”之意。	顏世鉉 上博楚竹書散論（三） 簡帛研究網 2003 年 1 月 19 日	1110
弳	 曾/116		楚簡	從“弓”，當是一種弓名。此簡文字可能與上面 78 號簡相接。	湖北省博物館 曾侯乙墓	1798
彌	 蔡姞簋	镾	金文	古彌字。	吴大澂 説文古籀補 卷十二	26829
彌	 黐鎛	镾	金文	彌字當從徐中舒説釋滿。	李孝定 金文詁林讀後記 卷十二	26832
彌	 史牆盤  黐鎛	镾	金文	彌。前人釋爲璽，非是。彌、镾通，镾，久也。從長，爾聲。齊鎛、牆盤銘云“彌生”者，長生也。	戴家祥 金文大字典 卷上	26833

弜部

弜			説文	彊也。从二弓。凡弜之屬皆从弜。	許慎 説文解字	
弜			甲骨	古弜字。	王襄 簠室殷契類纂 正編卷十二	26870
弜	 册弜祖乙角		金文	銘中作雙弓者，弜字也。《玉篇》音渠良切。彊也。銘中爲作器者之名。	薛尚功 歷代鐘鼎彝器款識法帖 卷十一	26868
弜				此篆正此弜字。舊釋爲雙弓形未矣。許氏云重弓未妥當。雙弓即弜也。兼二弓之力，即彊也。彊則重矣。又古有》字，與弜有别，爲榜字也。	高田忠周 古籀篇 卷二十八	26871
弜			甲骨	卜辭兩見此字。其文皆曰弜改。疑弜乃弼之古文。	羅振玉 增訂殷虚書契考釋 卷中	26869
弜			甲骨	王國維之説比苗夔尤精。則弜爲柲檠初字可無復疑。	丁山 説文闕義箋	26873
弜			甲骨	弜，即古文柲。從二弓，彊與輔重之義並顯。卜辭則假爲必，亦含彊意，故每以其與弜爲對文。其爲疑詞，弜爲決詞。	葉玉森 殷虚書契前編集釋 卷四	26875
弜			甲骨	即弜字也。今人將其與弜分爲二文，殆未必然。	吴其昌 殷墟書契解詁	26874
弜	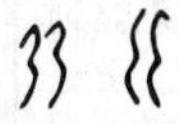		甲骨	竊謂卜辭弜字蓋與弗相通假。有三證：其一弜弗同聲；其二弜與弗勿不毋亡同用；其三對貞之辭。	張宗騫 卜辭弜弗通用考 燕京學報 1940年28期	26878
弜	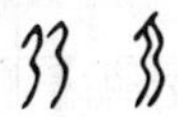		甲骨	我們曾經釋它爲斯，根據是它可以代替其、是、之等字，這些字都是虚字，則它必爲虚字無疑，王氏《經傳釋詞》所收之字凡160個，能兼有其、是、之諸詞之義者僅 斯字，故釋它爲斯。	李亞農 殷契雜釋 中國考古學報 1951年	26879
弜	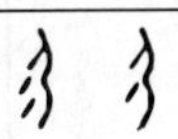	弖	甲骨	當爲弜之别構。弜與弖在卜辭中皆借爲否定詞，義與不、弗相同，其爲弜之别構審矣。	朱芳圃 殷周文字釋叢 卷下	26884

弜	 亞弜觚		金文	舊釋亞弓，然金文弓字無如此作者。《説文》有弜字，王國維謂柲本字。蓋柲所以輔弓，形略如弓。故從二弓。其音讀當如弼。此即弜之初文。	馬叙倫 讀金器刻詞 卷上	26877
弜			甲骨	《説文》：“弜，弓彊也。從二弓。”契文正從二弓。羅振玉、王國維之説是。釋從釋比並有可商。葉氏謂讀爲必亦非。張氏讀爲弗，於諸詞並可通讀，文義亦通順，其説是也。	李孝定 甲骨文字集釋 卷十二	26880
弜	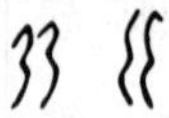		甲骨	弜爲柲之初文。讀若弼。卜辭中借爲否定詞。	韓燿隆 甲骨卜辭中否定詞用法探究 中國文字 1972 年	26885
弜		弓	甲骨	卜辭裏的否定詞，“弓”和“弜”的用法很相似，“不”和“弗”的用法也比較接近。“弓”、“弜”和“不”、“弗”的用法有明顯區别，粗略地説，“不”和“弗”是表示可能性和事實的，“弓”、“弜”是表示意願的。用現代話來翻譯，“不”、“弗”往往可翻成“不會……”；“弓”、“弜”跟“勿”一樣，往往可翻成“不要……”。	裘錫圭 説“弜”古文字研究 1979 年 1 輯	26886
弜	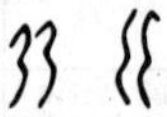		甲骨	卜辭多以弜爲弗，是其初讀必與弗近，始得通用。王國維謂柲本字，其説甚是。	李孝定 金文詁林讀後記 卷十二	26887
弜	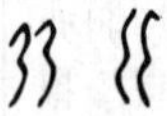		甲骨	甲骨文字形從二弓，表示保護調正弓的工具。本義當爲弓檠。卜辭用作否定副詞。	趙誠 甲骨文虚詞探索 古文字研究 1986 年 15 輯	26888
弜	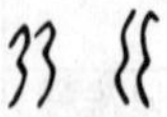		甲骨	《紀年》説“祖乙即位，居庇”。庇即甲骨文所常見的弜。	丁山 商周史料考證	26883
弜	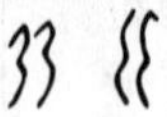		甲骨	勿、弜分見於《説文》不同部屬中。一直被視爲二字。今從形構分析、從卜辭斷代、從古音、從對貞文例、從疊否定詞、從對貞句型、從勿弜同版通用、從復合句的用法、從修飾義類九個方面而言，勿、弜本屬同一字的前後期書體。	朱歧祥 甲骨學論叢 釋勿、弜同字	26890

弜			金文	按照造字上並重的方法有疊加本字意義的作用。疊加本字意義的結果就是孳乳出對本字的修飾意義。由此可知弜的本義是彊弓，彊是後生義。	戴家祥 金文大字典 卷下	26889
弼	  古文  古文  或體	㢸 𢏏 𢐀	説文	輔也。重也。从弜丙聲。並古文弼。並古文弼。弼或如此。	許慎　説文解字	
弼	 毛公鼎	弻	金文	古弼字。毛公鼎作弼，詩采芑作茀。弻以蔽車，有輔弼之意。	吴大澂 説文古籀補 卷十二	26891
弼	 毛公鼎		金文	毛公鼎茀作弻者，古文弻。或作㢸。又輔弼之弼亦作佛。	徐同柏 從古堂款識學 卷十六	26892
弼	 毛公鼎	弻	金文	車蔽本作弻，弻爲車之輔。故曰輔車相依。後人因弻之古文從弗從弓，或以爲茀字，或以爲佛字。	吴大澂 毛公鼎釋文	26893
弼	 毛公鼎	弻	金文	毛公鼎弻簠即簟茀，魚論即魚服。	劉心源 古文審 卷十二	26894
弼	 毛公鼎  番生簋蓋	弻	金文	弼字從弜之義無考，西亦非聲。古作右旁即茵字，象茵覆二人之形。或作與從弓形近。	林義光 文源	26895
弼	 毛公鼎  番生簋蓋	弻	金文	毛公鼎番生敦均有“簟茀魚服”語，茀字二器皆作弻，余謂此茀之本字。	王國維 觀堂古金文考釋 卷六	26896

弼	 毛公鼎	弻	金文	古文弗弼音通。此簟茀爲車蔽，亦即車笭，故曰簟茀。	張之綱 毛公鼎斠釋	26897
弼	 肄作父乙簋	爽	金文	字應釋爲弼，弼即由之訛變而來。	周同 令彝考釋中的幾個問題 歷史研究 1959 年 4 期	28189
弼		㪻	甲骨	弼，篆從弜丙聲。古文亦作㢸，别從支，則此字殆弼字。	饒宗頤 殷代貞卜人物通考 卷六	26899
弼	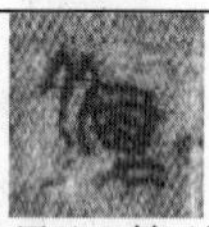 長/乙篇/行1-3	弻	楚簡	乖戾。意志障蔽，則行動乖戾。	商承祚 戰國楚帛書述略 文物 1964 年 9 期	11082
弼	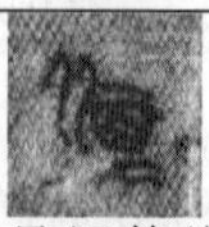 長/乙篇/行1-3	弻	楚簡	古通“拂”，是治的意思。	李零 長沙子彈庫戰國楚帛書研究	843
弼	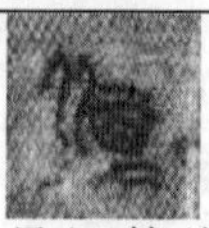 長/乙篇/行1-3	弻	楚簡	弼字古文作“𢐀”，通弗。疑同宿字讀爲肅，或可爲肅静，此乃謂宇宙未分之時，世界昏暗無光，静寂肅默。	高明 楚繒書研究 古文字研究 1985 年 12 輯	11083
弼	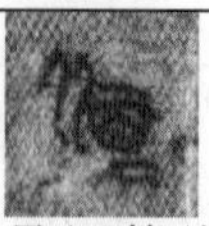 長/乙篇/行1-3	弻	楚簡	“弼”，讀若“柲”。這裏爲重文。“弼弼”應讀“瞈瞈”，或作“瞌瞌”。“無章弼弼”意謂洪荒飄渺之時“萬物無别，不可測量”。一片混沌而已。	何琳儀 長沙帛書通釋 江漢考古 1986 年 1、2 期	11084
弼	 曾/1 正	弻	楚簡	原文從“丙”從“弜”，“丙”即“簟”的初文。王國維以此字爲“茀”的本字。	湖北省博物館 曾侯乙墓	5690
弼		弢	漢簡	弼字之形構，敦煌寫卷隸字作㢸，當本於《説文》弼之古文。	林平和 敦煌《隸古定尚書》寫卷中源自《説文解字》古文之隸字研究 第四屆中國文字學全國學術研討會論文集 1993 年	26902
弼	 包/文書/51	艴	楚簡	上從弗下從力，爲弼之古文。	高智《包山楚簡》文字校釋十四則 于省吾教授百年誕辰紀念文集 1996 年 9 月	26901

弼		弻	楚簡	嚴一萍認爲此處字疊用，釋弼難通，因疑此字或即宿字，此讀爲肅乃肅敬之義。今按嚴説極是。	李運富 楚國簡帛文字構形系統研究	60127
弼		弻	楚簡	弼弼，讀“瞎瞎”，《廣韻》：“瞎瞎，不可測量也。”	何琳儀 戰國古文字典	60123
弼		弻	楚簡	“弼弼”，讀爲“沸沸”，《廣雅•釋詁》與“混混”同義。	李學勤 簡帛佚籍與學術史 楚帛書與道家思想	60101
弼		弻	楚簡	弼，讀爲閔。閔有昏暗之意。此意可以重言“閔閔”。	馮時 中國天文考古學	60099
弼		弻	楚簡	亡章弻弻，章指章法制度，弻，擬釋爲“弼”，“弼”同“拂”，爲治理之義。故謂没有章法和政治之義。	陳久金 帛書及古典天文史料注析與研究	60098
弼		弻	楚簡	馮、弼雙聲，是知“弼弼”同“馮馮”，皆爲描寫天地混沌之狀的連綿詞。	劉信芳 子彈庫楚墓出土文獻研究	60085
弼		弻	楚簡	弼弼，即閉閉，字亦作“閟”，黑暗静謐。	何新 古經新解：宇宙的起源 2002年	60082
弼	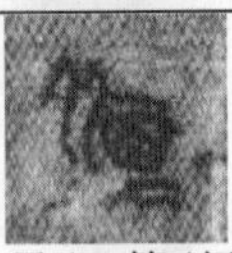 長/乙篇/行1-3	弻	楚簡	古與從弗之字多相通，古從弗之字常有模糊不清之義。弼弼，辨别不清之貌。	董楚平 楚帛書“創世篇”釋文釋義 古文字研究 2002年24輯	845
弢	 𤇾戒鼎		金文	弢字從弜從攴，《廣雅・釋詁》云：弢爲“擊也”。	陳佩芬 釋𤇾戒鼎 第三届國際中國古文字學研討會論文集 1997年10月	16217
𩰫	 上三/周易/24		楚簡	《説文》所無，馬王堆漢墓帛書《周易》作“棉”，今本《周易》作“拂”，阜陽漢簡《周易》作“弗”，讀爲“弗”。	濮茅左 上海博物館藏戰國楚竹書第三册 周易	13625

⿱弜惟	 上三/周易/24		楚簡	作者隸作從“弜”、“隹”、“心”，是正確的。“弜”字似應從王國維之説爲“柲”之本字。《説文》“弼”字古文有一形體從攴、弜，學者多認爲“弜”是聲符。“弼”字也以“弜”爲聲符。弼、拂二字古通，例極多。上古音弗爲幫紐物部字，惟爲喻紐微部字，物、微對轉。此字當是一個雙聲符的字，“弜”、“惟”均是聲符，與“棉”、“弗”、“拂”爲通假關係。	徐在國 上博竹書（三）《周易》釋文補正 簡帛研究網 2004年4月24日	2345
⿱弜惟	 上三/周易/24		楚簡	帛書《易經》作“棉”，王弼本作“拂”，阜陽漢簡本作“弗”，《子夏傳》同，《玉篇・口部》引作“咈”，阜陽漢簡本六五爻辭作“不”。“不”從“弗”來。而“棉”、“拂”、“咈”皆從“弗”得聲，故能通用。此字上“弜”即“弼”。“弼”古音爲物部並母，“弗”爲物部幫母，韻同聲近，故能通用。字下部從隹從心，古音屬微部，也與“弼”、“弗”韻近。“弼”有“勇壯”義，引申則爲勉力、努力。	廖名春 楚簡《周易・頤》卦試釋 簡帛研究網 2004年4月24日	2745

弦部

弦	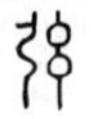		説文	弓弦也。从弓，象絲軫之形。凡弦之屬皆从弦。	許慎 説文解字	
弦			篆文	弓弦也。從弓，象絲軫之形。	林義光 文源	26903
弦	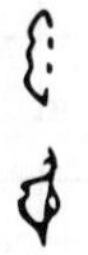		甲骨	羅氏據段氏所改彈篆釋此爲彈，誤。甲骨文字形有二，一象弓弦上有丸之形，一弓弦爲斷開的三點形。後者不得謂象形矣。許君遂以象絲軫之形説之。或謂象弓弦，則從丨足矣，不必用斷開的三點形表示。但從丨又嫌於弓。若引字單作丨不從弓則又不足以名其爲弓弦。故不得不以指事出之。字在卜辭爲人名。	李孝定 甲骨文字集釋 卷十二	26905
弦		紖	漢簡	紖，弦之異體。	銀雀山漢墓竹簡整理小組 銀雀山漢墓竹簡 第一輯	26906
弦	 曾/3	㢴	楚簡	舊釋“幻”，不一定可信。簡文中都是與弓一起提及的，或疑爲“弦”。	湖北省博物館 曾侯乙墓	5707
盭			説文	弼戾也。从弦省，从盩。讀若戾。	許慎 説文解字	
盭	 師詢簋	盩	金文	盩，盭省，讀如戾，此讀爲厲。勵與蹫通，盩勵猶言“發揚蹈厲”。	郭沫若 兩周金文辭大系圖録考釋 師訇簋	26907
盭	 史牆盤	敹	金文	即盭字，與戾通。敹龢于政爲善和于政。	李學勤 論史牆盤及其意義 考古學報 1978 年 2 期	26910
盭	 史牆盤	敹	金文	敹、盩並是盭的簡體。盭可讀爲周，龢同和，“周和于政”言周之臣民普遍擁護文王之政。	徐中舒 西周牆盤銘文箋釋 考古學報 1978 年 2 期	26909
盭	 史牆盤	敹	金文	盭龢即利龢。盭音同戾，其義爲和。它是用作“龢利”之利的，“龢利”見於《國語》。	孫常叙 秦公及王姬鐘、鎛銘文考釋 吉林師範大學學報 1978 年 4 期	26911

盩	 史牆盤	𢾊	金文	曰古文王，初𢾊龢于政。𢾊爲盩之省文。本銘讀爲利。龢，古籍多作和。于讀爲爲。故“𢾊龢于政”即利和爲政，謂以利人和惠爲政。	于豪亮 牆盤銘文考釋 古文字研究 1982年7輯	26912
盩	 史牆盤	𢾊	金文	牆盤“𢾊和于政”，師訇簋字作盩。𢾊盩同字。《説文》：“盩，弼戾也。讀若戾。”盩，古戾字。戾有乖、背、違義，又有定義。定之與乖，猶亂之訓治。盩用法同盭，作動詞，意爲整飭。	戴家祥 金文大字典 卷中	26913
玅			説文	急戾也。从弦省，少聲。	許慎　説文解字	
𢐀			説文	不成，遂急戾也。从弦省，曷聲。讀若瘞葬。	許慎　説文解字	

系部

系	 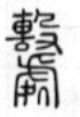 或體  籀文	繫 𦃃	説文	繫也。从糸丿聲。凡系之屬皆从系。系或从毄、處。籀文系从爪、絲。	許慎 説文解字	
系		𢆶	甲骨	從爪絲，古系字。	王襄 簠室殷契類纂 正編卷十二	26919
系			璽印	系，相聯繫也。上之弧形即象聯繫之形。	丁佛言 說文古籀補補 卷十二	26920
系	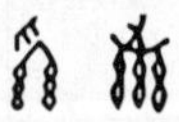	𢆶 𢇁	甲骨	系。卜辭作手持絲形，與許書籀文合。	羅振玉 增訂殷虛書契考釋 卷中	26922
系		𢆶 𢇁	甲骨	系之異體或從二糸或從三糸。卜辭系字數見，其義均不祥。	葉玉森 殷虛書契前編集釋 卷五	26926
系		𢆶 𢇁	金文	與籀文系從爪絲相同。	强運開 說文古籀三補 卷十二	26927
系	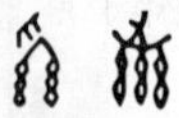	𢆶 𢇁	甲骨	象以手提絲之形。而系之義自顯。	于省吾 雙劍誃殷契駢枝 三編 釋系	26929
系	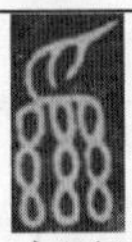 小臣𢇁卣	𢆶 𢇁	金文	亦系字。釋䜌非也。	楊樹達 積微居金文説 小臣系卣跋	26924
系		𢆶	甲骨	“𢆶”即“系”，謂繫玉帛爲祭。	饒宗頤 殷代貞卜人物通考 卷十四	26930
系		𢆶 𢇁		系字初文俱象手持絲形，與許書籀文合。原倚“爪”畫絲相聯繫形，由文字“爪”生意，故託以寄聯繫之意。動詞。	高鴻縉 中國字例二篇	26931
系	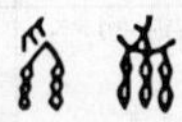	𢇁	甲骨	卜辭以系爲祭儀之一種，其詳則莫可得説。	屈萬里 殷墟文字甲編考釋	26932
系	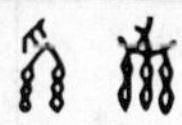	𢆶 𢇁	甲骨	契文正從爪絲或從三幺。古文偏旁繁簡每不拘也。	李孝定 甲骨文字集釋 卷十二	26933
系			甲骨	疑系字之殘。	孫海波 甲骨文編 附録上	26925

系		𢆶系	盟書	《侯馬盟書·字表》釋系，字形作從爪從糸。	李裕民 侯馬盟書疑難字考 古文字研究 1981 年 5 輯	26934
系			甲骨	契文諸字，止從一手，象手挈絲束之形，字當釋“系”，舊説不誤。系與𤔔的區别，一從一手之爪，一從二手之𠬪，其别皎然甚明不可通作。	李孝定 金文詁林讀後記 卷三	22467
系		𢆶𢆸	金文	系字從爪、從絲，象手持絲形；𤔔則象一手持絲一手治之。當釋爲𤔔，故𤔔字訓亂亦訓治。	李孝定 金文詁林讀後記 卷十二	26935
系	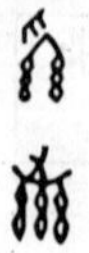	𢆶𢆸	甲骨	從爪從絲或三糸。由糸、絲之字形可見其爲已經繅繹成束之狀。可知此字爲系字初文，而其本義是以手引蠶繭絲緒而繅之。	温少峰、袁庭棟 殷墟卜辭研究——科學技術篇	26936
系			篆文	糸爲基字，上一筆爲糸所繫之物，指事。非聲符。	楊樹達 文字形義學	26937
系	 上二/從政（乙篇）/1	係	楚簡	“系”《説文》解爲“繫束”，段注爲“圍而束之也”。《爾雅·釋詁》釋爲“繼也”。“不系”意爲不兑現其諾。	王中江 《從政》重編校注 簡帛研究網 2003 年 1 月 16 日	4048
孫			説文	子之子曰孫。从子从系。系，續也。	許慎 説文解字	
孫	 黽爵  黽父丁鼎	黽	金文	古孫字。	吴大澂 説文古籀補 卷十二	26939
孫			甲骨	古孫字。	王襄 簠室殷契類纂 正編卷十二	26941
孫	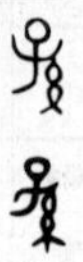		金文	從子糸。糸亦系屬之意。	林義光 文源	26940

孫	 虆父丁鼎 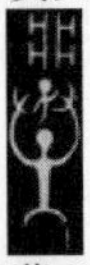 虆父乙方鼎	虆	金文	其文有若大小人形者。蓋謂孫與子也。小者孫，大者子。	薛尚功 歷代鐘鼎彝器款識法帖 卷三	26938
孫			金文	此自孫字之異。象小兒頭上有總角之形。	郭沫若 兩周金文辭大系圖録考釋 邾討鼎	26944
孫	 卓林父簋蓋	卓	金文	當是孫字之異，象小兒頭上有總角之形。	郭沫若 兩周金文辭大系圖録考釋 孫林父簋	45035
孫			甲骨	金文孫字多見。均從子從糸。與此同。契文干支子巳雖有别，然實假子爲巳。今此所從之子固子孫字，不得以巳字解釋之。	李孝定 甲骨文字集釋 卷十二	26947
孫	 邾討鼎		金文	當爲孫字異體。從Ψ與從系同義，皆本系屬之義。	戴家祥 金文大字典 卷上	26948
孫	 郭/性自命出/64		楚簡	讀爲遜，義爲謙恭。	陳偉 郭店竹書别釋	8790
孫	 上二/民之父母/12		楚簡	“孫子”二字合文。	濮茅左 上海博物館藏戰國楚竹書第二册 民之父母	11767
孫	 郭/唐虞之道/12		楚簡	讀爲遜，義爲順。	劉釗 郭店楚簡校釋	8426
孫	 上五/三德/3		楚簡	“孫=”原釋“孫子”，似當釋爲“子孫”。	何有祖 上博五《三德》試讀(二) 簡帛網 2006年2月21日	4891

孫	 上五/三德/3		楚簡	“孫子”的意思就是“子孫”，但不必專門改爲“子孫”。因爲這是押韻的需要，例如《詩經·皇矣》“比于文王，其德靡悔。既受帝祉，施于孫子”中的“孫子”的意爲“子孫”，在這裏，“悔(讀喜)”、“祉”、“子”同屬之部。《三德》的“孫子”的“子”和前面“敬者得之，怠者失之……皇天將興之……上帝將憎之……忌而不忌，天乃降災。已而不已，天乃降異”（簡 2）的“之”、“忌”、“災”、“已”同屬“之”部，和“異”是職之合韻。	曹峰 《三德》零釋（一） 簡帛網 2006年4月10日	5142
孫	 上四/柬大王泊旱/10	孫=	楚簡	“子孫”兩字合文。	濮茅左 上海博物館藏戰國楚竹書第四册 柬大王泊旱	3070
䌛			説文	聯微也。从系从帛。	許慎　説文解字	
繇			説文	隨從也。从系䍃聲。	許慎　説文解字	
繇	 散氏盤  師寰簋  彔伯𢦚簋蓋		金文	三字相近，疑古文謠繇爲一字。	吴大澂 字説　謠繇字説	26951
繇	 彔伯𢦚簋蓋		金文	繇即謠，即繇，即謠，亦即猷。	劉心源 奇觚室吉金文述 卷四	26952

繇	 散氏盤 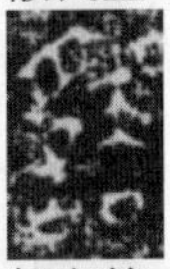 師寰簋  录伯㦰簋蓋		金文	愚謂繇䚻謠三字有别。録伯㦰簋所見當爲繇。圝之從繇，蓋取於義也，繇即由字，鳥所由來也，故從繇爲會意，不可爲繇謠同字之證。師寰敦所見當爲譎字。吴氏釋此篆爲謠則得矣。	高田忠周 說文古籀篇 卷五十三	26953
繇	 大鼎	誰	金文	殆即繇字，讀爲鴇。	郭沫若 兩周金文辭大系圖録考釋 大鼎	26954
繇	 录伯㦰簋蓋		金文	繇謠古相通假。以篆體審之，實爲謠之重文。	强運開 說文古籀三補 卷十二	26955
繇	 散氏盤  師寰簋  录伯㦰簋蓋		金文	吴大澂釋謠，説甚精，而未達一間，謠繇本系一字，無取通假也。	聞一多 聞一多全集 卷二 釋圝	26959
繇	 录伯㦰簋蓋		金文	繇爲嘆詞。	楊樹達 積微居金文説 录伯㦰簋跋	26958
繇			金文	劉幼丹釋詂，王静安從之。大系考釋訂爲繇。釋繇非。	高鴻縉 散盤集釋 師大學報 1957 年 2 期	42470

繇	 散氏盤  師寰簋  彔伯㦰簋蓋		金文	今本繇誤從爪。聞一多謂繇謠一字，誤。字從言，另一部分象獸形。即鼬的初文，表聲。	朱芳圃 殷周文字釋叢 卷上	26960
繇	 長/甲篇/行 11-13		楚簡	懋史鼎形體與此相近。繒書結體較繁。《正始石經》“王曰繇”，《大誥》作猷。猷繇古字通。	嚴一萍 楚繒書新考 中國文字 1967 年	26961
繇			石刻	三體石經“王曰繇”。一從言，一從缶。二字同。	商承祚 《石刻篆文編》字説 中山大學學報 1980 年 1 期	26963
繇	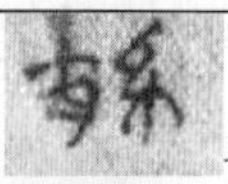長/甲篇/行 11-13	⿰有糸	楚簡	疑爲繇之别體。繇，由通用。	陳邦懷 戰國楚帛書文字考證 古文字研究 1981 年 5 輯	26962
繇	 散氏盤  師寰簋  彔伯㦰簋蓋		金文	諸家謂繇、謠同字者是也，右旁原當從“象”，象首或與系字混淆。爲從爪，篆文誤作月，謠遂誤爲繇。字原從言，爲聲，未有繇獸之象。	李孝定 金文詁林讀後記 卷十二	26964
繇	 伯晨鼎		金文	孫郭讀其爲皋，不可易，於字形有所未諦。右旁所從實爲繇之初文，乃象形文鼬之省變。上體象鼬之頭部，非幺非白，亦非從糸。下體象鼬鼠之足尾，絶非夲聲。因此，字乃從虎，從初文鼬聲或繇省聲。可隸定爲虩。與從虎報省聲之虩古音同在幽部。小盂鼎之虩最古，必	曾憲通 説繇 古文字研究 1983 年 10 輯	28556

				爲以虎皮包甲之專字，伯晨鼎之𩊱後起，乃𩊱之異構。“𩊱胄”即甲胄。		
䌛			陶文	從口，從繇省聲。古文從口與從言同意，故當是繇之異體。讀爲陶。	曾憲通 說繇 古文字研究 1983 年 10 輯	28599
䌛			陶文	繇字，讀爲陶。	曾憲通 說繇 古文字研究 1983 年 10 輯	28600
䌛	 录伯㦰簋蓋		金文	從言，從繇省聲。	曾憲通 說繇 古文字研究 1983 年 10 輯	26965
䌛	 長/甲篇/行8-10	⿰言繇	楚簡	⿰言繇，同由。用也。録伯㦰簋中的匾是嘆詞。	李零 長沙子彈庫戰國楚帛書研究	26966
䌛	 录伯㦰簋蓋		金文	從言，皋聲，其爲嘷殆無疑義。在簋銘字當讀繇，又通由。	戴家祥 金文大字典 卷下	26968
䌛			甲骨	從口從卜，即䌛之古文。讀爲憂。	劉桓 殷契偶札 于省吾教授百年誕辰紀念文集 1996 年 9 月	26969
䌛	 郭/五行/28	⿰事⿱月多	楚簡	簡文從“𡈼”，讀作“由”。裘按：此字實不成字，疑即“䌛”之誤寫。	彭浩、劉祖信、王傳富 郭店楚墓竹簡	6379
䌛	 逨盤		金文	即繇，讀爲由。	李學勤 眉縣楊家村新出青銅器研究 文物 2003 年 6 期	15291
䌛	 新/甲三/15、60		楚簡	此字在傳世古書中通常寫作“繇”，指貞問時所得的文辭。通觀《左傳》之文和古人注疏，可知：卜兆和筮卦都有繇辭。這些繇辭備有成文，卜筮時可方便地引述。繇辭的語言近乎詩句，有的還前後押韻。葛陵簡的主體是卜筮記録。這裏説的“用受繇元龜、巫筮”，正應是通過卜筮獲得判斷吉凶的繇辭。	陳偉 葛陵簡中的繇 簡帛研究網 2004 年 2 月 29 日	14402

繇	 上五/季庚/13		楚簡	同“繇”。《集韻》：“繇，《説文》隨從也，一曰憂也，由也。或作繇。”	濮茅左　上海博物館藏戰國楚竹書第五册　季庚子問於孔子	621
繇	 上五/姑成家父/9		楚簡	原考釋謂“同由，指過去”。於本簡甚難通讀。《説文》：“隨從也。”全句謂：長魚翯自公所策劃，至百豫糾集人眾，納於己，使追隨，以便消滅三郤也。	季旭昇　上博五芻議（下）　簡帛網 2006年2月18日	4777
繇	 上五/姑成家父/9		楚簡	字讀爲“囚”；前已見於郭店簡《窮達以時》簡6“管夷吾拘繇（囚）束縛”。“繇”、“由”古常通用，銀雀山漢簡“許由”（《漢書・古今人表》作“許繇”）之“由”寫作“囚”，也是兩字相通之例。	陳劍《上博（五）》零札兩則　簡帛網 2006年2月21日	1157
繇	 曾/21		楚簡	疑是“繇”字的變體。“繇”、“由”古通。此字似應讀爲“鼬”，指黄鼠狼。	湖北省博物館　曾侯乙墓	5779
繇	 能匋尊		金文	疑當是陶文繇字的省變。	曾憲通　説繇　古文字研究1983年10輯	28602
繇	 上五/弟子問/10		楚簡	此字應讀爲“由”，是人名，即孔門弟子仲由，字子路。第10簡應讀爲“汝弗知也乎？由，夫以衆犯難，以親受服，勞以成事，見以△（擅？）官，……”第17簡應讀爲“……，善矣夫，焉能王人？由！子過曹”。如此，此兩簡都是孔子與子路的對話，且都是講爲政之事，當可連接，但17簡上端已殘，故不能確定，暫附記於此。《史記・仲尼弟子列傳》：“政事：冉有，季路（即子路）。”《論語》中也記有子路問政之事，可與《弟子問》相參。另《論語・爲政》：“子曰：‘由！	牛新房　讀上博（五）《弟子問》劄記一則　簡帛網 2006年3月4日	5090

				誨女知之乎？知之爲知之，不知爲不知，是知也。’”《論語・雍也》：“季康子問：‘仲由可使從政也與？’子曰：‘由也果，於從政乎何有？’”也稱子路爲“由”，說明讀爲“由”，即子路，是合理的。		
繇	 上三/周易/25		楚簡	俗作“繇”。	濮茅左 上海博物館藏戰國楚竹書第三册 周易	13637
繇	 上三/周易/25		楚簡	“繇”，王弼本作“由”。《説文・糸部》：“繇，随從也。從糸，䍃聲。”邵瑛《群經正字》：“今作繇。”《集韻・宵韻》：“繇或作繇。”《詩經・小雅・賓之初筵》：“匪由勿語。”鄭玄箋：“由，從也。”《論語・泰伯》：“民可使由之，不可使知之。”鄭玄注：“由，從也。”兩字音義皆近，故可通用。	廖名春 楚簡《周易・頤》卦試釋 簡帛研究網 2004年4月24日	429
繇	 郭/窮達以時/6	繇	楚簡	裘按：疑當讀爲“囚”。	彭浩、劉祖信、王傳富 郭店楚墓竹簡	4428
繇	 郭/六德/7	繇	楚簡	裘按：此字上原當有“不”字已殘去。	彭浩、劉祖信、王傳富 郭店楚墓竹簡	7721
繇	 郭/窮達以時/3	繇	楚簡	簡文“卲繇”之名不見於各書，所記爲傳説之事。	彭浩、劉祖信、王傳富 郭店楚墓竹簡	4549
繇	 郭/成之聞之/12	繇	楚簡	讀爲由，義爲原由、來源。	陳偉 郭店竹書别釋	7534
繇	 郭/窮達以時/3	繇	楚簡	爲繇字。即咎繇，也即皐陶。疑書寫有誤，據《史記・殷本紀》應爲傳説。	劉釗 郭店楚簡校釋	4548

繇	 逨鼎辛	繇	金文	與䌛本是一字。繇、舊聲近字通。舊義。	孫亞冰 眉縣楊家村卅二、卅三年逨鼎考釋 中國史研究 2003 年 4 期	15128
繇	 郭/窮達以時/6	繇	楚簡	讀爲囚。	劉釗 郭店楚簡校釋	4429
繇	 郭/語叢一/10	繇	楚簡	《爾雅・釋詁》云："繇，道也。""道"，即《老子・道經》第一章所云"常無"和"常有"之"常無"，又稱"無極"。	連劭名 郭店楚簡《語叢》叢釋 孔子研究 2003 年 2 期	14299
繇	 郭/語叢一/10	繇	楚簡	讀爲由，義爲開始、發生。	劉釗 郭店楚簡校釋	7901
繇	 郭/語叢一/1	䌛	楚簡	隸定爲䌛，讀爲由。	劉釗 郭店楚簡校釋	7891
繇	 上四/曹沬之陳/20	繇	楚簡	這裏是用的意思。	李零 上海博物館藏戰國楚竹書 第四册 曹沬之陳	2045
繇	 上四/曹沬之陳/20	繇	楚簡	該字讀作"由"即可。《墨子・耕柱》："乙，又言兆之由。"孫詒讓《墨子・閒詁》："由、繇通。""由"字有從、遵照之意。《詩・大雅・假樂》："不愆不忘，率由舊章。"高亨注："由，從也。"又《論語・泰伯》："民可使由之，不可使知之。"鄭玄注："由，從也。"可見"由"、"從"關係之密切。雖然"由"也有"用"這個意義，但簡文"由"字釋"從"之意，較"用"的意義更清楚、通順。	高佑仁 《曹沬之陳》"君必不已則由其本乎"釋讀 簡帛網 2005 年 9 月 4 日	3772

參考文獻

著作類

作者	書名	出版社	出版時間
白川静	金文通釋	神户白鶴美術館	1962 年
鮑鼎	窸齋集古録校勘記	同文書局	1932
貝塚茂樹	京都大學人文科學研究所藏甲骨文字·本文篇	京都大學人文科學研究所	1959 年
蔡運章	甲骨金文與古史研究	中州古籍出版社	1993 年 12 月
蔡運章	中國錢幣大辭典·先秦編	中華書局	1995
陳邦福	説文十榦形誼箋	來青閣	
陳邦福	殷契辨疑		1929 年
陳邦福	殷契説存		1929 年
陳邦懷	鐵雲藏龜拾遺釋文		1914 年
陳邦懷	殷虚書契考釋小箋	略識字齋	1925 年
陳邦直	夢坡室獲古叢編		1927 年
陳獨秀	小學識字教本	巴蜀書社	1995 年
陳久金	帛書及古典天文史料注析與研究	萬卷樓圖書有限公司	2001 年
陳夢家	金文論文選	香港圖鴻製版印刷公司	1968 年 7 月
陳夢家	西周銅器斷代	中華書局	2004 年 4 月
陳夢家	殷虚卜辭綜述	中華書局	1988 年 1 月
陳仁壽	金匱論古初集	香港亞洲石印局	1952 年
陳世輝、湯餘惠	古文字學概要	吉林大學出版社	1988 年
陳偉	包山楚簡初探	武漢大學出版社	1996 年
陳偉	郭店竹書别釋	湖北教育出版社	2002 年 12 月
陳直	金文拾遺		1949 年前
陳直	殷契剩義		1930 年
池田末利	殷虚書契後編釋文稿	廣島大學文學部中國哲學研究室	1965 年
赤塚忠	赤塚忠著作集·七甲骨金文研究	東京·研文社	1986 年

赤塚忠	中國古代の宗教と文化		1977年
褚德彝	夢坡室獲古叢編		1927年
崔永東	東周金文集釋		
崔永東	兩周金文虚詞集釋	中華書局	1992年
戴家祥	金文大字典	學林出版社	1995年5月
島邦男	祭祀卜辭の研究	弘前·弘前大學文理學部	1965年
丁佛言	説文古籀補補	中華書局	1988年
丁山	甲骨文所見氏族及其制度	科學出版社	1956年
丁山	商周史料考證	中華書局	1988年
丁山	説文闕義箋	國立中央研究院	1930年
丁山	殷商氏族方國志	科學出版社	1956年
丁驌	東薇堂讀契記二	藝文印書館	1989年
董蓮池	金文編校補	東北師范大學出版社	1995年
董作賓	安陽發掘報告		1931年
董作賓	殷曆譜	中央研究院歷史語言研究所	1945年
段紹嘉	扶風齊家村出土西周青銅器群	文物出版社	1963年
方濬遺	綴遺齋彝器款識考釋	上海涵芬樓	1935年
方述鑫等	甲骨金文字典	巴蜀書社	1993年11月
馮時	中國天文考古學	社會科學出版社	2001年
高定彝	老子道德經研究	北京廣播學院出版社	1999年
高鴻縉	毛公鼎集釋		1956年7月
高鴻縉	散盤集釋	臺灣省立師範大學	1957年
高鴻縉	頌器考釋		1958年
高鴻縉	中國字例	臺灣省立師範大學	1960年
高明、葛英會	古陶文字徵	中華書局	1991年
高田忠周	説文古籀篇	東京古籀篇刊行會	1925年
顧廷龍	古匋文舂録	北平研究院史學研究會	1936年
郭沫若	卜辭通纂	上海群聯書店	1933年
郭沫若	古代銘刻彙考續編	日本文求堂	1934年
郭沫若	郭沫若全集考古編	科學出版社	1982年
郭沫若	甲骨文字研究	大東書局石印	1931年5月
郭沫若	甲骨學文字編補遺		
郭沫若	金文叢考	東京文求堂	1932年
郭沫若	金文餘釋之餘	東京文求堂	1932年
郭沫若	兩周金文辭大系圖録考釋	東京文求堂	1935年
郭沫若	石鼓文研究	東京文求堂	1933年

郭沫若	殷契粹編	東京文求堂	1937 年
郭沫若	殷契萃編考釋	東京文求堂	1937 年
郭沫若	殷周青銅器銘文研究	上海大東書局	1931 年
何琳儀	戰國古文字典	中華書局	1998 年
何琳儀	戰國文字通論	中華書局	1989 年 4 月
何新	古經新解：宇宙的起源	時事出版社	2002 年
胡光煒	甲骨文例	國立中山大學歷史語言研究所	1928 年
胡厚宣	甲骨學商史論叢	上海書店出版社	1990 年
湖北省博物館	曾侯乙墓	文物出版社	1989 年
湖北省文物考古研究所	望山楚簡	中華書局	1995 年
黄然偉	殷周青銅器賞賜銘文研究	龍門書店	1978 年
黄錫全	汗簡注釋	武漢大學出版社	1990 年
黄錫全	汗簡注釋補遺	武漢大學出版社	1990 年
黄錫全	湖北出土商周文字輯證	武漢大學出版社	1992 年 10 月
金祖同	殷契遺珠	上海中法文化出版委員會	1939 年 5 月
金祖同	殷契遺珠釋文	上海中法文化出版委員會	1939 年 5 月
金祖同	殷虛卜辭講話	中華書局	1935 年
康殷	古文字學新論	榮寶齋	1983 年 5 月
考古所	小屯南地甲骨考釋	中華書局	1985 年 8 月
柯昌濟	韡華閣集古録跋尾	崇基書店	1968 年
柯昌濟	韡華閣集古録跋尾甲篇	餘園叢刻	1935 年
柯昌濟	殷墟書契補釋	自刻本	1921 年
李旦丘	金文研究	萊薰閣書店	1941 年
李旦丘	鐵雲藏龜零拾附考釋	上海中法文化出版委員會	1939 年 5 月
李家浩	九店楚簡	中華書局	2000 年
李零	長沙子彈庫戰國楚帛書研究	中華書局	1985 年
李零	郭店楚簡校讀記（增訂本）	中國人民大學出版社	2002 年
李圃	甲骨文選注	上海古籍出版社	1989 年 8 月
李孝定	甲骨文字集釋	“中央研究院”歷史語言研究所	1965 年
李孝定	金文詁林讀後記	“中央研究院”歷史語言研究所	1982 年
李學勤	簡帛佚籍與學術史	江西教育出版社	2001 年
李學勤	殷代地理簡論	科學出版社	1958 年

李運富	楚國簡帛文字構形系統研究	岳麓書社	1997年
林義光	文源		1920年
林澐	古文字研究簡論	吉林大學出版社	1986年
劉彬徽、彭浩、胡雅麗、劉祖信	包山楚簡	文物出版社	1991年10月
劉鶚	鐵雲藏龜序	丹徒劉氏抱殘守缺齋	1903年10月
劉節	古史考存	人民出版社	1958年
劉心源	古文審	嘉魚劉氏龍江樓自寫刻本	1891年
劉心源	奇觚室吉金文述		1902年
劉信芳	子彈庫楚墓出土文獻研究	藝文印書館	2002年
劉雨	信陽楚簡釋文與考釋	文物出版社	1986年3月
劉釗	古文字構形研究	福建人民出版社	2006年
劉釗	郭店楚簡校釋	福建人民出版社	2003年
魯實先	殷契新詮	臺北黎明文化公司	1973年6月
羅福頤	古璽文編	文物出版社	1981年
羅振玉	石鼓文考釋	上虞羅氏影印楚雨樓叢書初集	1916年
羅振玉	雪堂金石文字		1920年
羅振玉	殷虚書契考釋	東方學會	1917年2月
羅振玉	殷虚文字類編	商氏决定不移軒	1923年
羅振玉	增訂殷虚書契考釋	藝文印書館	1927年
羅振玉	貞松堂集古遺文	北京圖書館出版社	2003年
馬昂	貨幣文字考	金山錢培益蘭隱園	1842年
馬承源主編	上海博物館藏戰國楚竹書（一）	上海古籍出版社	2001年12月
馬承源主編	上海博物館藏戰國楚竹書（二）	上海古籍出版社	2002年12月
馬承源主編	上海博物館藏戰國楚竹書（三）	上海古籍出版社	2003年12月
馬承源主編	上海博物館藏戰國楚竹書（四）	上海古籍出版社	2004年12月
馬承源主編	上海博物館藏戰國楚竹書（五）	上海古籍出版社	2005年12月
馬承源主編	上海博物館藏戰國楚竹書（七）	上海古籍出版社	2008年12月
馬王堆漢墓帛書整理小組	馬王堆漢墓帛書	文物出版社	1974年9月
馬叙倫	讀金器刻詞	中華書局	1962年
馬叙倫	説文解字六書疏證	科學出版社	1957年5月
明義士	柏根氏舊藏甲骨文字考釋		1935年
潘祖蔭	攀古樓彝器款識	西泠印社	1913年

龐樸	郭店楚簡研究	遼寧教育出版社	1999 年
彭浩、劉祖信、王傳富	郭店楚墓竹簡	文物出版社	1998 年 5 月
强運開	石鼓釋文	上海商務印書館	1935 年
强運開	説文古籀三補	上海商務印書館	1935 年
屈萬里	書傭論學集	開明書店	1969 年
屈萬里	殷墟文字甲編考釋	“中央研究院”歷史語言研究所	1961 年
瞿潤緡	殷墟卜辭考釋	中華書局	1935 年
饒宗頤	巴黎所見甲骨録		1956 年
饒宗頤	殷代貞卜人物通考	香港大學出版社	1959 年
容庚	寶藴樓彝器圖録		1929 年
容庚	卜辭研究（北京大學講義）	北京圖書館出版社	2000 年
容庚	金文編	中華書局	1985 年
容庚	善齋彝器圖録	北平燕京大學哈佛燕京學社	1936 年
容庚	武英殿彝器圖録	哈佛燕京學社	1934 年
容庚	殷契卜辭考釋		1933 年
阮元	積古齋鐘鼎彝器款識	嘉慶九年阮氏自刻本	1804 年
陝西周原考古隊	西周微氏家族青銅器羣研究	文物出版社	1992 年
商承祚	福氏所藏甲骨文字釋文	金陵大學中國文化研究所	1933 年
商承祚	甲骨文字研究	北京師範大學講議	1932 年
商承祚	十二家吉金文圖録	金陵大學	1935 年
商承祚	石刻篆文編	科學出版社	1957 年 9 月
商承祚	説文中之古文考	上海古籍出版社	1983 年
商承祚	殷契卜辭釋文		1933 年
商承祚	殷契佚存附考釋	金陵大學中國文化研究所	1933 年 10 月
商承祚	殷虚文字類編	商氏決定不移軒	1923 年
商承祚	戰國楚竹簡匯編	齊魯書社	1995 年 11 月
沈兼士	輔仁學誌		1939 年
睡虎地秦墓竹簡整理小組	睡虎地秦墓竹簡	文物出版社	1977 年 9 月
孫海波	誠齋甲骨文字考釋	北京修文堂書店	1940 年
孫海波	甲骨文編	中華書局	1965 年
孫海波	甲骨文録附考釋	河南通志館刊影印本	1938 年
孫海波	濬縣彝器		1938 年

孫海波	中國大學講義（内刊）		1925 年
孫淼	夏商史稿	文物出版社	1987 年
孫詒讓	古籀拾遺	孫氏籀廎自刊本	1888 年
孫詒讓	古籀餘論	中華書局	1989 年
孫詒讓	名原	浙江孫氏自刻本	1905 年
孫詒讓	契文舉例		1904 年
孫詒讓	籀廎述林		1910 年
唐蘭	古文字學導論	作者手寫石印本	1935 年
唐蘭	天壤閣甲骨文存附考釋	北平輔仁大學	1939 年 4 月
唐蘭	五省出土重要文物展覽圖録	文物出版社	1958 年
唐蘭	殷墟卜辭考釋	中華書局	1933 年
唐蘭	殷虚文字記	中華書局	1981 年 5 月
王國維	觀堂古金文考釋		1921 年
王國維	海寧王忠慤公遺書		1927 年
王國維	戩壽堂所藏殷虚文字考釋	上海倉聖明智大學	1917 年
王輝	秦銅器銘文編年集釋	三秦出版社	1990 年 7 月
王獻唐	古文字中所見之火燭	齊魯書社	1979 年
王獻唐	黄縣㠱器	山東人民出版社	1960 年
王獻唐	那羅延室稽古文字	齊魯書社	1985 年
王襄	簠室殷契類纂	天津河北第一博物館	1920 年
王襄	簠室殷契徵文考釋	天津河北第一博物館	1925 年
王襄	簠室殷契類纂存疑	天津河北第一博物館	1920 年
王襄	古文流變臆説	龍門聯合書局	1964 年
王襄	殷墟卜辭類纂正編	中華書局	
王筠	説文釋例	王筠自刻本	1837 年
王讚源	周金文釋例	文史哲出版社	1982 年
温少峰、袁庭棟	殷墟卜辭研究——科學技術篇	四川省社會科學院出版社	1983 年
聞一多	聞一多全集	開明書店	1948 年
吴寶煒	毛公鼎文正注	吴氏石印本	1930 年
吴寶煒	南公鼎文釋考	吴氏石印本	1929 年
吴大澂	愙齋集古録	上海涵芬樓	1918 年
吴大澂	毛公鼎釋文	同文書局	1887 年
吴大澂	説文古籀補	上海石印本	1881 年
吴大澂	字説	思賢講舍	1893 年
吴闓生	吉金文録	南宫邢氏刻本	1933 年

吴其昌	金文厤朔疏證	上海商務印書館	1936年
吴其昌	金文名象疏證		1936年
吴其昌	殷墟書契解詁	藝文印書館	1960年
吴榮光	筠清館金文	吴氏筠清館	1842年
吴式芬	攈古録金文	開封刻本	1895年
吴雲	兩罍軒彝器圖録	自刻本	1872年
吴澤	古代史：殷代奴隸制社會史	棠棣出版社	1952年
徐同柏	從古堂款識學		1886年
徐協貞	殷契通釋	北京文楷齋印本	1933年
徐中舒	𠫑氏編鐘圖釋		1932年
徐中舒	甲骨文字典	四川辭書出版社	1988年
薛尚功	歷代鐘鼎彝器款識法帖	上海鴻章書局	1925年
嚴一萍	殷契徵毉	藝文印書館	1961年
楊樹達	卜辭求義	群聯出版社	1954年
楊樹達	卜辭瑣記	科學出版社	1953年
楊樹達	積微居甲文説	中國科學院	1954年5月
楊樹達	積微居金文説	科學出版社	1952年
楊樹達	積微居小學述林	北京中國科學院出版社	1954年
楊樹達	文字形義學	上海古籍出版社	1988年
楊樹達	增訂積微居小學金石論叢	科學出版社	1955年
楊樹達	增訂積微居小學述林	科學出版社	1955年
姚孝遂	甲骨文字詁林	中華書局	1996年
姚孝遂、肖丁	小屯南地甲骨考釋	中華書局	1985年8月
葉玉森	鐵雲藏龜拾遺附考釋	五鳳硯齋	1925年5月
葉玉森	研契枝譚		1929年
葉玉森	殷契鉤沈	北平富晋書社	1929年
葉玉森	殷虛書契前編集釋	大東書局	1934年
伊藤道治	倉敷考古館研究集報	仓敷考古館	1977年
銀雀山漢墓竹簡整理小組	銀雀山漢墓竹簡	文物出版社	1975年7月
于省吾	甲骨文字釋林	中華書局	1979年6月
于省吾	雙劍誃古文雜釋	中華書局	1962年
于省吾	雙劍誃吉金文選	北平石印本	1933年
于省吾	雙劍誃殷契駢枝	藝文印書館	1958年
于省吾	雙劍誃殷契駢枝續編	藝文印書館	1958年
于省吾	雙劍誃殷契駢枝三編	藝文印書館	1958年

于省吾	雙劍誃殷契駢枝校補	藝文印書館	1958年
于省吾	雙劍誃諸子新證	中華書局	1962年
余永梁	殷墟文字考		1927年
余永梁	殷虛文字續考	清華研究院	1928年4月
臧克和	漢字單位觀念史考述	學林出版社	1998年
臧克和	尚書文字校詁	上海教育出版社	1999年
曾憲通	長沙子彈庫帛書文字編	中華書局	1993年
張秉權	甲骨文與甲骨學	臺灣"國立"編譯館	1989年
張秉權	殷墟文字丙編考釋	"中央研究院"歷史語言研究所	1957—1972年
張鳳	文物周刊		1946年
張日昇	金文詁林	香港中文大學	1975年
張守中	中山王嚳器文字編	中華書局	1981年5月
張燕昌	石鼓文釋存	自刻本	1788年
張玉金	甲骨文虚詞詞典	中華書局	1994年
張之綱	毛公鼎斠釋		1935年7月
趙誠	甲骨文簡明詞典	中華書局	1988年1月
趙烈文	石鼓文纂釋	静園刻本	1885年
中國社會科學院考古研究所	小屯南地甲骨（上）	中華書局	1980年10月
中國社會科學院考古研究所	小屯南地甲骨（下）	中華書局	1983年10月
周法高	金文零釋	"中央研究院"歷史語言研究所	1951年
周法高等	金文詁林	香港中文大學	1975年
周谷城	古史零證	上海新知識出版社	1956年
周名煇	新定説文古籀考	上海開明書店	1948年
周慶雲	夢坡室獲古叢編		1927年
朱芳圃	甲骨學文字編	商務印書館	1933年
朱芳圃	殷周文字釋叢	中華書局	1962年
朱歧祥	甲骨學論叢	臺灣學生書局	1992年
朱歧祥	殷墟甲骨文字通釋稿	文史哲出版社	1989年

論文類

作者	題目	出處	出版社	出版時間	卷期
L.C.Hopkins	中國古文字裏所見的人形	中山大學語言歷史研究所周刊		1930年	第六册
安徽大學古文字研究室	上海楚竹書（二）研讀記	簡帛研究網		2003年1月13日	
安志敏、陳公柔	長沙戰國繒書及其有關問題	文物		1963年9期	
白川静著、鄭清茂譯	作册考	中國文字	藝文印書館	1971年	第四十册
白於藍	《包山楚簡文字編》校讀瑣議	江漢考古		1998年2期	
白於藍	讀上博簡（二）札記	江漢考古		2005年4期	
白於藍	郭店楚墓竹簡考釋（四篇）	簡帛研究	廣西教育出版社	2001年	
白於藍	《上海博物館藏戰國楚竹書(一)》釋注商榷	華南師範大學學報	華南師範大學	2002年5期	
白於藍	釋"玄咎"	簡帛研究網		2003年1月19日	
白玉峥	契文舉例校讀	中國文字	藝文印書館	1961年	第八册
白玉峥	契文舉例校讀	中國文字	藝文印書館	1969年	第三十二册
白玉峥	契文舉例校讀	中國文字	藝文印書館	1969年	第三十三册
白玉峥	契文舉例校讀	中國文字	藝文印書館	1969年	第三十四册
白玉峥	契文舉例校讀	中國文字	藝文印書館	1971年	第三十九册
白玉峥	契文舉例校讀	中國文字	藝文印書館	1972年	第四十三册
白玉峥	契文舉例校讀典禮篇	中國文字	藝文印書館	1974年	第五十二册

白玉峥	説嫿	中國文字	藝文印書館	1981 年 3 月	新三期
白玉峥	勿不因説	中國文字	藝文印書館		
白玉峥	殷契佚存五一八號骨柶試釋	中國文字	藝文印書館	1985 年 9 月	新十期
白玉峥	殷虚第十五次發掘所得甲骨校釋	中國文字	藝文印書館	1990 年 2 月	新十三期
蔡全法	近年來“鄭韓故城”出土陶文簡釋	中原文物		1986 年 1 期	
蔡運章	論甲骨金文中的互體卦	第三屆國際中國古文字學研討會論文集	香港中文大學	1997 年10月	
蔡哲茂	説殷卜辭中的“圭”字	漢字研究	學苑出版社	2005 年 6 月	一輯
曹定雲	釋廳	考古與文物		1991 年 5 期	
曹峰	楚簡《恆先》“祥義利巧綵物出於作”解	簡帛研究網		2004 年12月 26 日	
曹峰	從“自生”到“自爲”——《恒先》政治哲學探析	孔子 2000 網		2004 年12月 23 日	
曹峰	對《孔子詩論》第八簡以後簡序的再調整——從語言特色的角度入手	上博館藏戰國楚竹書研究	上海書店出版社	2002 年	
曹峰	《恒先》編聯、分章、釋讀札記	簡帛研究網		2004 年 5 月 16 日	
曹峰	《魯邦大旱》初探	上博館藏戰國楚竹書研究續編	上海書店出版社	2004 年 7 月	
曹峰	《三德》零釋(一)	簡帛網		2006 年 4 月 6 日	
曹峰	《三德》零釋(二)	簡帛網		2006 年 4 月 8 日	
曹峰	《三德》零釋(三)	簡帛網		2006 年 4 月 11 日	
曹建敦	讀上博藏楚竹書《内豊》篇札記	簡帛研究網		2005 年 3 月 4 日	

曹錦炎	跋古越閣新藏之州句劍銘文	第三屆國際中國古文字學研討會論文集	香港中文大學	1997年10月	
曹錦炎	楚帛書《月令》篇考釋	江漢考古		1985年1期	
曹錦炎	讀甲骨文劄記(二則)	上海博物館集刊	上海古籍出版社	1987年	
曹錦炎	甲骨文地名構形試析	殷都學刊		1990年3期	
曹錦炎	紹興坡塘出土徐器銘文及其相關問題	文物		1984年1期	
曹錦炎	吴王壽夢之子劍銘文考釋	文物		2005年2期	
曹錦炎	遷邟編鐘銘文釋議	文物		1989年4期	
曹錦炎	自鐸銘文考釋	文物		2004年2期	
曹兆蘭	金文"女"、"母"的形義試析	學術研究		2002年7期	
曹兆蘭	金文中方言"嬭"與雅言"母"的相因生義	方言	中國社科院語言研究所	2002年2期	
岑仲勉	天亡簋全釋	中山大學學報		1961年1期	
晁福林	郭店楚簡《緇衣》與《尚書·吕刑》	史學史研究		2002年2期	
晁福林	上博三《仲弓》篇簡序調整之一例	簡帛研究網		2004年6月6日	
陳邦懷	曹伯簋考釋	文物		1980年5期	
陳邦懷	甲骨文"⿱入䖵"字試釋	中國語文		1966年1期	
陳邦懷	釋鬼	一得集	齊魯書社	1989年	
陳邦懷	釋委	一得集	齊魯書社	1989年	
陳邦懷	永盂考略	文物		1972年11期	
陳邦懷	戰國楚帛書文字考證	古文字研究	中華書局	1981年1月	五輯
陳秉新	《上海博物館藏戰國楚竹書(一)》補釋	東南文化	南京博物院	2003年9期	

陳秉新	《〈説文〉箋證》選録（一）	中國文字研究	華東師範大學	2004年11月	五輯
陳秉新	殷虚征人方卜辭地名彙釋	文物研究		1989年5期	
陳秉新、李立芳	包山楚簡新釋	江漢考古		1998年2期	
陳初生	旃需考	古文字研究	中華書局	1986年6月	十三輯
陳恩林、張全民	包山“受期”簡析疑	江漢考古		1998年2期	
陳漢平	古文字釋叢	考古與文物	文物出版社	1985年	一輯
陳劍	《上博（五）》零札兩則	簡帛網		2006年2月21日	
陳劍	上博竹書《曹沫之陳》新編釋文(稿)	簡帛研究網		2005年2月12日	
陳劍	上博竹書《昭王與龔之脽》和《柬大王泊旱》讀後記	簡帛研究網		2005年2月15日	
陳劍	上博竹書《仲弓》篇新編釋文（稿）	簡帛研究網		2004年4月18日	
陳劍	釋上博竹書《昭王毀室》的“幸”字	簡帛研究網		2005年12月16日	
陳劍	談談《上博（五）》的竹簡分篇、拼合與編聯問題	簡帛網		2006年2月19日	
陳抗	釋“恁”	中山大學研究生學刊		1980年（創刊號）	
陳麗桂	上博簡(三)：《亙先》的義理與結構	簡帛研究網		2004年12月19日	
陳麗桂	《性情論》説“道”	上博館藏戰國楚竹書研究	上海書店出版社	2002年	
陳連慶	《晉姜鼎》銘新釋	古文字研究	中華書局	1986年6月	十三輯
陳連慶	敔簋銘文淺釋	古文字研究	中華書局	1984年1月	九輯
陳夢家	讀天壤閣甲骨文存	國書季刊		1963年	一卷三期
陳夢家	古文字中之商周祭祀	燕京學報		1936年19期	

陳夢家	射與郊	清華大學學報		1941年1期	
陳夢家	《史字新釋》補證	考古學社社刊		1936年12月5期	
陳夢家	史字新釋坿尹吏	考古		1936年2期	
陳夢家	釋丹坿記	考古學社社刊		1936年2期	
陳夢家	釋"國""文"	國文學刊	國學叢刊出版部		
陳夢家	釋豖	考古社刊		1937年6月	第六期
陳夢家	壽縣蔡侯墓銅器	考古學報		1956年2期	
陳夢家	西周銅器斷代五	考古學報		1956年3期	
陳夢家	殷商天文志	中國文字	藝文印書館	1980年9月	新二期
陳夢家	禺邗王壺考釋	燕京學報		1937年21期	
陳寧	《郭店楚墓竹簡》中的儒家人性言論初探	中國哲學史		1998年4期	
陳槃	春秋大事表列國爵姓及存滅表譔異	"中央研究院"歷史語言研究所集刊		1969年	第三十本
陳槃	漢晉遺簡偶述	歷史語言研究所集刊		1947年	第十六本
陳佩芬	繁卣、趞鼎及梁其鐘銘文詮釋	上海博物館集刊	上海古籍出版社	1982年	總2期
陳佩芬	釋㚇戒鼎	第三届國際中國古文字學研討會論文集	香港中文大學	1997年10月	
陳奇猷	北趙晉侯墓出土叔矢方鼎銘文研究	古籍整理研究學刊	古籍整理研究學刊編輯部	2004年1月	
陳全方	陝西岐山鳳雛村西周甲骨文概論	古文字研究論文集	四川人民出版社	1982年	
陳全方	周原出土陶文研究	文物		1985年3期	
陳全方	周原甲骨所見國名補釋	考古與文物叢刊		1983年2號	
陳世輝	牆盤銘文解説	考古		1980年5期	
陳世輝	師同鼎銘文考釋	史學集刊		1984年1期	
陳雙新	晉侯蘇鐘銘文新	中國文字研究	華東師範	2001年10月	二輯

	釋		大學		
陳斯鵬	讀《上博竹書（五）》小記	簡帛網		2006年4月1日	
陳松長	包山楚簡遣册釋文訂補	第二届國際中國文字學研討會論文集	香港中文大學	1993年10月	
陳松長	湖南新出戰國楚璽考略（四則）	第四届國際中國古文字學研討會論文集	香港中文大學	2003年	
陳松長	九店楚簡釋讀札記	第三届國際中國古文字學研討會論文集	香港中文大學	1997年10月	
陳偉	包山楚司法簡131—139號考析	江漢考古		1994年4期	
陳偉	楚竹書《周易》文字試釋	簡帛研究網		2004年4月18日	
陳偉	讀《魯邦大旱》劄記	上博館藏戰國楚竹書研究續編	上海書店出版社	2004年7月	
陳偉	讀《上博六》條記	簡帛網		2007年7月9日	
陳偉	葛陵簡中的繇	簡帛研究網		2004年2月29日	
陳偉	郭店楚簡別釋	江漢考古		1998年4期	
陳偉	郭店簡《六德》校讀	古文字研究	中華書局	2002年	二十四輯
陳偉	郭店簡書《人雖有性》校釋	中國哲學史		2000年4期	
陳偉	郭店簡書《尊德義》校釋	中國哲學史		2001年3期	
陳偉	郭店竹書《唐虞之道》校釋	江漢考古		2003年2月	
陳偉	《季康子問孔子》零識（續）	簡帛網		2006年3月2日	
陳偉	《競建内之》《鮑叔牙與隰朋之諫》零識	簡帛網		2006年2月22日	
陳偉	《苦成家父》通釋	簡帛網		2006年2月26日	
陳偉	“苦成家父”小考	簡帛網		2006年5月18日	

陳偉	上博、郭店二本《緇衣》對讀	簡帛研究網		2002月1月21日	
陳偉	上博五《弟子問》零釋	簡帛網		2006年2月21日	
陳偉	上博五《鬼神之明》篇初讀	簡帛網		2006年2月18日	
陳偉	上博五《季康子問於孔子》零識	簡帛網		2006年2月20日	
陳偉	上博五《三德》初讀	簡帛網		2006年2月19日	
陳偉	竹書《容成氏》零識	簡帛網		2006年10月13日	
陳偉	竹書《仲弓》詞句試解（三則）	簡帛研究網		2005年8月15日	
陳偉武	《古陶文字徵》訂補	中山大學學報		1995年1期	
陳偉武	郭店楚簡中《漢語大字典》所無之字	中國文字研究	華東師範大學	2002年10月	三輯
陳偉武	説"貘"及其相關諸字	古文字研究	中華書局	2004年	二十五輯
陳偉武	戰國楚簡考釋斠議	第三届國際中國古文字學研討會論文集	香港中文大學	1997年10月	
陳煒湛	甲骨文同義詞研究	古文字學論集初編	香港中文大學	1983年	
陳煒湛	甲骨文異字同形例	古文字研究	中華書局	1981年11月	六輯
陳五雲	古文字學雜志兩篇	中國文字研究	華東師範大學	2001年10月	二輯
陳小松	國佐𪔂爲齊人鑄以祀火正者説	文物周刊		1946年32期	
陳英傑	楚簡札記五種	漢字研究	學苑出版社	2005年6月	一輯
陳英傑	讀楚簡札記	簡帛研究網		2002年11月24日	
陳英傑	讀上博簡（二）札記五則	簡帛研究網		2005年2月15日	
陳英傑	上博簡拾零	學術研究		2003年4期	

陳永正	西周春秋銅器銘文中的聯結詞	古文字研究	中華書局	1986年6月	十五輯
陳振裕	望山一號墓的年代與墓主	中國考古學會第一次年會論文集	文物出版社	1979年	
陳振裕、李天虹	“汅”與“汅工”探析	于省吾教授百年誕辰紀念文集	吉林大學出版社	1996年9月	
程邦雄	“鬼”字形義淺探	華中理工大學學報		1997年3期	
崔永東	讀郭店楚簡《成之聞之》與《老子》札記	簡帛研究	廣西教育出版社	2001年	
郕笛	卜辭考釋數則	古文字研究	中華書局	1981年10月	六輯
戴家祥	墻盤銘文通釋	上海師範大學學報		1979年2期	
戴家祥	兮伯吉父盤銘考釋	華東師範大學學報	華東師範大學	1955年1期	
黨相魁	殷契斠釋	紀念王懿榮發現甲骨文一百周年論文集	齊魯書社	2000年	
鄧飛	不其簋銘文“永追”考	伊犁師範學院學報		2002年4期	
丁福保	古泉學綱要	説文月刊		1930年	二卷一期
丁山	郯其卣三器銘文考釋	文物周刊		1946年	第三十七期
丁山	説冀	中央研究院歷史語言研究所集刊		1930年	第一本第二分
丁山	由陳侯因資錞銘黄帝論五帝	史語所集刊2-4		1933年	第三本第四分
丁山	周武王克殷日曆	責善半月刊		1940年	一卷二十期
丁四新	楚簡《恆先》章句釋義	簡帛網		2005年12月30日	
丁驌	東薇堂讀契記（二）	中國文字	藝文印書館	1988年7月	新十二期
丁驌	讀契記	中國文字	藝文印書館	1985年9月	新十期
丁驌	扶	中國文字	藝文印書館	1981年12月	新五期
丁驌	契文獸類及獸形字釋	中國文字	藝文印書館	1966年	21—22期

丁驌	説后	中國文字	藝文印書館	1969 年 3 月	第三十一册
丁驌	説木杏朿（[illegible] [illegible] [illegible]）	中國文字	藝文印書館	1969 年	第三十三册
丁驌	説女字	中國文字	藝文印書館	1970 年	第三十七册
丁驌	説夾	中國文字	藝文印書館	1981 年 12 月	新五期
丁驌	屯乙八八九六版解釋	中國文字	藝文印書館	1970 年	第三十八册
丁驌	諸帚名	中國文字	藝文印書館	1969 年	第三十四册
丁驌	子	中國文字	藝文印書館		
董楚平	楚帛書"創世篇"釋文釋義	古文字研究	中華書局	2002 年	二十四輯
董楚平	徐器湯鼎銘文考釋中的一些問題	杭州大學學報		1987 年 1 期	
董琨	郭店楚簡《老子》的語言學札記	古文字研究	中華書局	2002 年	二十四輯
董來運	甲骨文新考（二）——對甲骨文"臣"、"民"的再考釋	洛陽農業高等專科學校校報	洛陽農業高等專科學校	2001 年 3 期	
董蓮池	釋戰國楚系文字中從[illegible]的幾組字	古文字研究	中華書局	2004 年 10 月	二十五輯
董珊	楚簡《恆先》初探	簡帛研究網		2004 年 5 月 12 日	
董珊	楚簡《恆先》"詳宜利巧"解釋	簡帛研究網		2004 年 11 月 9 日	
董珊	讀《上博藏戰國楚竹書（四）》雜記	簡帛研究網		2005 年 2 月 20 日	
董作賓	卜辭中所見之殷曆	安陽發掘報告		1929 年	
董作賓	帚方説	安陽發掘報告		1931 年 6 期	
杜迺松	全國銅器鑑定所見金文考察	中原文物		2001 年 6 期	

杜迺松	史牆盤銘文幾個字詞的解釋	文物		1978 年 7 期	
杜迺松	談毓祖丁卣等三件商代長銘銅器	文物		1984年10期	
杜忠誥	古文字形體研究五則	國文學報		1991 年	
段紹嘉	介紹陝西省博物館的幾件周銅器	文物		1963 年 3 期	
段紹嘉	商[illegible]鼎介紹	人文雜誌		1958 年 2 期	
范常喜	《曹沫之陳》"君言無以異於臣之言君弗"臆解	簡帛網		2005 年 2 月 20 日	
范常喜	上博二《容成氏》簡 14 補説	簡帛網		2006 年 1 月 14 日	
范常喜	《上博五・三德》札記六則	簡帛網		2006 年 5 月 18 日	
范德茂、吴蕊	關於"厶"字的象意特點及幾個證明	文史哲		2002 年 3 期	
方國瑜	"獲白麟"質疑	師大國學叢刊		1931 年 1 卷 2 期	
方繼成	長沙侯家塘M018號墓的年代問題	考古通訊		1957 年 6 期	
方述鑫	殷墟卜辭中所見的"尸"	考古與文物		2000 年 5 期	
馮良珍	説文勹字及從勹之字探源	文物研究		1985 年 1 期	
馮良珍、閆華	"西"及相關諸字演變之考查	漢字研究	學苑出版社	2005 年 6 月	一輯
馮勝君	讀上博簡《緇衣》劄記二則	上博館藏戰國楚竹書研究	上海書店出版社	2002 年	
阜陽漢簡整理組	阜陽漢簡《倉頡篇》	文物		1983 年 2 期	
高鴻縉	散盤集釋	師大學報		1957 年 2 期	
高明	楚繒書研究	古文字研究	中華書局	1985 年	十二輯
高明	"圖形文字"即漢字古體説	第二届國際中國文字學研討會論文集	香港中文大學	1993年10月	

高潛子	釋云	國學叢刊	國學叢刊出版部	1925年10月	一卷二期
高應勤、夏淥	王孫雹簠及其銘文	文物		1986年4期	
高佑仁	《曹沫之陣》校讀九則	武漢大學簡帛研究網		2005年11月13日	
高佑仁	《曹沫之陣》"君必不已則由其本乎"釋讀	簡帛網		2005年9月4日	
高佑仁	讀《曹沫之陳》心得兩則："幾"、"非山非澤，亡有不民"	簡帛網		2005年4月3日	
高佑仁	《姑成家父》札記一則	簡帛網		2006年2月24日	
高佑仁	論《曹沫之陣》簡17之"愛"字	孔子2000網		2005年8月23日	
高智	《包山楚簡》文字校釋十四則	于省吾教授百年誕辰紀念文集	吉林大學出版社	1996年9月	
高智	古璽文徵十則	第三屆國際中國古文字學研討會論文集	香港中文大學	1997年10月	
葛毅卿	説滴	中央研究院歷史語言研究所集刊		1938年	第七本第四分
葛英會	古陶文研習札記	考古學研究		1992年1期	
古敬恆	望山楚簡文字考釋三則	中國文字研究	華東師範大學	2001年10月	二輯
顧實	釋易	國學輯林		1926年1期	
顧史考	讀《尊德義》札記	第四屆國際中國古文字學研討會論文集	香港中文大學	2003年	
管燮初	説戠	中國語文		1978年3期	
郭沫若	敖簋銘考釋	考古		1973年	
郭沫若	侯馬盟書試探	文物		1966年2月	
郭沫若	陝西新出土器銘考釋	説文月刊		1942年5月	三卷十期
郭沫若	信陽墓的年代與國別	文物參考資料		1958年1期	
郭沫若	由周初四德器的	文物		1959年7月	

	考釋談到殷代已在进行的文字簡化				
郭沫若	者瀘鐘銘考釋	文物參考資料		1958年1期	
郭齊勇	《恒先》——道法家形名思想的佚篇	簡帛研究網		2004年5月8日	
郭子直	戰國秦封宗邑瓦書銘文新釋	古文字研究	中華書局	1986年6月	十四輯
過常職	盧江出土吴王光劍銘文考辨	巢湖學院學報（人文社會科學版）	巢湖學院	2002年4期	
國光紅	關於伏羲氏的幾個古文字——釋九、龍、宂、辛、祟	殷都學刊		2000年4期	
寒峰	甲骨文所見的商代軍制數則	胡厚宣等《甲骨探史録》	生活·讀書·新知三聯書店	1982年	
韓燿隆	甲骨卜辭中否定詞用法探究	中國文字	藝文印書館	1972年	第四十五册
郝本性	新鄭出土戰國銅兵器部分銘文考釋	古文字研究	中華書局	1992年8月	十九輯
郝士宏	説恩及從恩的一組字	漢字研究	學苑出版社	2005年	一輯
郝文華	《甲骨文字典》中的“勿”、“不”和“弗”	鄖陽師範高等專科學校學報		2005年2月	
何大定	説文解字部首刪正	中央研究院歷史語言研究所集刊			第五本
何琳儀	包山竹簡選釋	江漢考古		1993年4期	
何琳儀	長沙帛書通釋	江漢考古		1986年1、2期	
何琳儀	長沙帛書通釋校補	江漢考古		1989年4期	
何琳儀	第二批滬簡選釋	上博館藏戰國楚竹書研究續編	上海書店出版社	2004年	

何琳儀	句吴王劍補釋	第二届國際中國文字學研討會論文集	香港中文大學	1993年10月	
何琳儀	古兵地名雜識	考古與文物		1996年6期	
何琳儀	古陶雜識	考古與文物		1992年4期	
何琳儀	古璽雜識續	古文字研究	中華書局	1992年8月	十九輯
何琳儀	古璽雜釋再續	中國文字	藝文印書館	1993年3月	新十七期
何琳儀	郭店簡古文二考	古籍整理研究學刊	古籍整理研究學刊編輯部	2002年5期	
何琳儀	郭店竹簡選釋	簡帛研究	廣西教育出版社	2001年	
何琳儀	滬簡《詩論》選釋	上博館藏戰國楚竹書研究	上海書店出版社	2002年	
何琳儀	逨盤古辭探微	安徽大學學報(哲學社會科學版)	安徽大學	2003年4期	
何琳儀	橋形布幣考	吉林大學社會科學學報		1992年2期	
何琳儀	秦文字辨析舉例	人文雜誌		1987年4期	
何琳儀	説無	江漢考古		1992年2期	
何琳儀	司夜鼎考釋	中國史研究	中國史研究編輯部	2004年3期	
何琳儀	新蔡竹簡選釋(上)	簡帛研究網		2003年12月7日	
何琳儀	新蔡竹簡選釋(下)	簡帛研究網		2003年12月2日	
何琳儀	戰國兵器銘文選釋	考古與文物		1999年5期	
何琳儀	戰國文字形體析疑	于省吾教授百年誕辰紀念文集	吉林大學出版社	1996年9月	
何琳儀	中山王器考釋拾遺	史學集刊		1984年3期	
何琳儀、程燕	滬簡《周易》選釋	簡帛研究網		2004年5月16日	
何琳儀、程燕	釋岜——兼釋齊家村 H90#西周甲骨	2004年安陽殷商文明國際學術研討會論文集	社會科學文獻出版社	2004年	

何琳儀、胡長春	釋販	第四届國際中國古文字學研討會論文集	香港中文大學	2003 年	
何琳儀、胡長春	釋攀	漢字研究	學苑出版社	2005 年 6 月	一輯
何有祖	《季庚子問於孔子》與《姑成家父》試讀	簡帛網		2006 年 2 月 19 日	
何有祖	上博楚竹書（四）劄記	簡帛研究網		2005 年 4 月 15 日	
何有祖	上博五《鮑叔牙與隰朋之諫》試讀	簡帛網		2006 年 2 月 19	
何有祖	上博五《弟子問》試讀三則	簡帛網		2006 年 2 月 20 日	
何有祖	上博五《君子爲禮》試讀	簡帛網		2006 年 2 月 19 日	
何有祖	上博（五）零釋	簡帛網		2006 年 2 月 22 日	
何有祖	上博（五）零釋（二）	簡帛網		2006 年 2 月 24 日	
何有祖	上博五《三德》試讀	簡帛網		2006 年 2 月 20 日	
何有祖	上博五《三德》試讀（二）	簡帛網		2006 年 2 月 21 日	
何崝	對商代日月食問題的一些認識	中國文字研究	華東師範大學	2001 年 10 月	二輯
何直剛	僕賃五年解	中國史研究	國史研究編輯部	1988 年 1 期	
賀昌群	流沙墜簡校補第十四簡	圖書季刊		1935 年 1 期	第二卷第一期
侯乃鋒	讀上博（五）《三德》札記四則	簡帛網		2006 年 2 月 27 日	
侯乃鋒	上博（五）幾個固定詞語和句式補説	簡帛網		2006 年 3 月 20 日	
侯乃鋒	《昭王與龔之脽》第九簡補説	簡帛研究網		2005 年 3 月 20 日	
侯乃鋒	《仲弓》篇"攷析"	簡帛研究網		2004 年 5 月	

	試解			3日	
侯占虎	據語源探求漢字形義關係舉例	中國文字研究	華東師範大學	2002年10月	三輯
侯占虎	《説文》諧聲偏旁補正	中國文字研究	華東師範大學	2003年12月	四輯
胡厚宣	甲骨文所見殷代奴隸的反壓迫鬥争	考古學報		1966年1期	
胡厚宣	蘇聯國立愛米塔什博物館所藏甲骨文字考釋	出土文獻研究	文物出版社	1989年	二輯
胡厚宣	殷代的冰雹	史學月刊		1980年3期	
胡平生	讀上博藏戰國楚竹書《詩論》劄記	上博館藏戰國楚竹書研究	上海書店出版社	2002年	
胡平生	對部分殷商"記名銘文"銅器時代的考察	古文字論集		1992年	二輯
胡性初	論毛公鼎銘文的修辭藝術	廣東教育學院學報	廣東教育學院	2000年5期	
黄德寬	古文字考釋二題	于省吾教授百年誕辰紀念文集	吉林大學出版社	1996年9月	
黄德寬	關於古代漢字字際關係的確定	中國文字研究	華東師範大學	2003年12月	四輯
黄德寬	説"也"	第三屆國際中國古文字學研討會論文集	香港中文大學	1997年10月	
黄德寬	戰國楚竹書（二）釋文補正	上博館藏戰國楚竹書研究續編	上海書店出版社	2004年7月	
黄茂琳	新鄭出土戰國兵器中的一些問題	考古		1973年6期	
黄鳴	上博四《采風曲目》零拾	簡帛研究網		2005年12月30日	
黄奇逸	石鼓文年代及相關諸問題	四川大學碩士論文		1980年	
黄奇逸	釋沃丁・盤庚	考古與文物		1987年1期	
黄人二	從上海博物館藏《孔子詩論》簡之《詩經》篇名論其	上博館藏戰國楚竹書研究	上海書店出版社	2002年	

	性質				
黄人二	“孔子曰詩無離志樂無離情文無離言”句跋	上博館藏戰國楚竹書研究	上海書店出版社	2002年	
黄人二、林志鵬	上博藏簡第三册恆先試探	簡帛研究網		2004年5月12日	
黄人二、林志鵬	上博藏簡第三册彭祖試探	簡帛研究網		2004年4月29日	
黄人二、林志鵬	上博藏簡第三册仲弓試探	簡帛研究網		2004年4月23日	
黄盛璋	“𢽾(撻)齋(齊)”及其和兵器鑄造關係新考	古文字研究	中華書局	1986年6月	十五輯
黄盛璋	“戔”爲“截”之初文形、音、義證	于省吾教授百年誕辰紀念文集	吉林大學出版社	1996年9月	
黄盛璋	班簋的年代、地理與歷史問題	考古與文物		1981年1期	
黄盛璋	大豐簋銘製作的年代、地點與史實	歷史研究		1960年6期	
黄盛璋	關於利簋銘文考釋的討論	文物		1978年6期	
黄盛璋	司馬成公權的國别、年代與衡制問題	中國歷史博物館館刊		1982年2期	
黄盛璋	新出信安君鼎、平安君鼎的國别年代與有關制度問題	考古與文物		1982年2期	
黄盛璋	戰國祈室銅位銘文破譯與相關問題新探	第二届國際中國文字學研討會論文集	香港中文大學	1993年10月	
黄盛璋	中山國銘刻在古文字、語言上若干研究	古文字研究	中華書局	1982年6月	七輯
黄天樹	花園莊東地甲骨中所見的若干新資料	陝西師範大學學報（哲學社會科學版）		2005年2期	

黄錫全	讀上博楚簡（二）劄記八則	上博館藏戰國楚竹書研究續編	上海書店出版社	2004 年	
黄錫全	讀上博簡（二）劄記（叁）	簡帛研究網		2003 年 3 月 23 日	
黄錫全	讀上博簡（二）劄記（肆）	簡帛研究網		2003 年 5 月 16 日	
黄錫全	讀上博簡（二）劄記五則	第四届國際中國古文字學研討會論文集	香港中文大學	2003 年	
黄錫全	讀上博《戰國楚竹書（三）》劄記六則	簡帛研究網		2004 年 4 月 29 日	
黄錫全	讀上博《戰國楚竹書（三）》劄記数則	簡帛研究網		2004 年 6 月 22 日	
黄錫全	甲骨文字釋叢	考古與文物		1992 年 6 期	
黄錫全	利用《汗簡》考釋古文字	古文字研究	中華書局	1986 年 6 月	十五輯
黄錫全	士山盤銘文别釋	中國歷史文物		2003 年 2 月	
季旭昇	讀《上博（二）》小議	簡帛研究網		2003 年 1 月 12 日	
季旭昇	《上博二》小議（二）：《民之父母》“五至”解	簡帛網		2003 年 3 月 19 日	
季旭昇	《上博三・仲弓》篇零釋三則	簡帛研究網		2004 年 4 月 23 日	
季旭昇	《上博三・周易》簡六“朝三褫之”説	簡帛研究網		2004 年 4 月 19 日	
季旭昇	《上博三・周易》零釋七則	簡帛研究網		2004 年 4 月 24 日	
季旭昇	《上博四・柬大王泊旱》三題	簡帛研究網		2005 年 2 月 12 日	
季旭昇	上博四零拾	簡帛網		2005 年 2 月 15 日	
季旭昇	《上博四・逸詩・交交鳴烏》補釋	簡帛研究網		2005 年 2 月 15 日	

季旭昇	上博五芻議（上）	簡帛網		2006年2月18日	
季旭昇	談甲骨文中“耳、戊、已、士”部中一些待商的字	第三届國際中國古文字學研討會論文集	香港中文大學	1997年10月	
江林昌	上博竹簡《詩論》的作者及其與今傳本《毛詩》序的關係	上博館藏戰國楚竹書研究	上海書店出版社	2002年	
姜廣煇	《郭店楚墓竹簡•語叢一》疏解（六）	簡帛研究網		2002年10月2日	
姜亮夫	古初的繪畫文字	杭州大學學報		1962年2期	
蔣瑞	“昜”字形義考	古漢語研究	商務印書館	1999年3期	
金祥恒	長沙漢簡零釋	中國文字	藝文印書館	1972年46期	
金祥恒	甲骨文叚借字續説——比毋	中國文字	藝文印書館	1965年	第十六册
金祥恒	釋赤與幽	中國文字	藝文印書館	1962年8期	
金祥恒	釋大伙达	中國文字	藝文印書館	1991年	新14期
金祥恒	釋廄	中國文字	藝文印書館		
金祥恒	釋伩	中國文字	藝文印書館	1963年12期	
金祥恒	釋票	中國文字	藝文印書館	1969年	34期
金祥恒	釋涉	中國文字	藝文印書館	1970年	第三十五册
金祥恒	小臣謎鼎銘文謎字考釋	中國文字	藝文印書館	1991年	新14期
柯昌濟	《殷墟卜辭綜類》例證考釋	古文字研究	中華書局	1989年9月	十六輯
孔仲温	楚簡中有關祭禱的幾個固定字詞試釋	第三届國際中國古文字學術研討會論文集	香港中文大學	1997年10月	

勞榦	古文字試釋	史語所集刊		1969 年	第四十本上
勞榦	釋漢簡中的“烽”	中國文字	藝文印書館	1988 年	新 12 期
黎廣基	上博楚竹書（二）叢考——“無體之禮，日逑月相”	簡帛研究網		2004 年 5 月 12 日	
李步青、林仙庭	山東省龍口市出土西周銅鼎	文物		1991 年 5 期	
李朝遠	晉侯穌鐘銘文的刻製與西周用鐵問題	徐中舒百年誕辰紀念文集	巴蜀書社	1998 年 10 月	
李福泉	訇簋銘文的綜合研究	湖南師範學院學報		1979 年 2 期	
李濟	跪坐蹲居與箕踞	歷史語言研究集刊		1954 年	二十四輯
李家浩	包山楚簡研究（五篇）	第二屆國際中國古文字學研討會論文集	香港中文大學	1993 年 10 月	
李家浩	包山祭禱簡研究	簡帛研究	廣西教育出版社	2001 年	
李家浩	包山遣册考釋（四篇）	古籍整理研究學刊	古籍整理研究學刊編輯部	2003 年 5 期	
李家浩	楚墓竹簡中的“昆”字及從“昆”之字	中國文字	藝文印書館	1999 年 12 月	新二十五期
李家浩	先秦文字中的“縣”	文史	中華書局	1987 年	二十八輯
李家浩	信陽楚簡“澮”字及從“关”之字	中國語言學報		1983 年 1 期	
李家浩	盱眙銅壺芻議	古文字研究	中華書局	1985 年 10 月	十二輯
李家浩	戰國官印考釋兩篇	于省吾教授百年誕辰紀念文集	吉林大學出版社	1996 年 9 月	
李景林	陝西永壽縣出土春秋中滋鼎	考古與文物		1990 年 4 期	
李開	上博楚竹簡《孔子詩論》詞語考釋	古籍整理研究學刊	古籍整理研究學刊編輯部	2005 年 1 期	

李麗娜、劉玉珍	逐鹿中原——兩周中原列國文物瑰寶展掠影	中原文物		2003年3期	
李零	《長沙子彈庫戰國楚帛書研究》補正	古文字研究	中華書局	2000年	二十輯
李零	楚國銅器銘文編年匯釋	古文字研究	中華書局	1986年6月	十三輯
李零	讀九店楚簡	考古學報		1999年2期	
李零	古文字雜識（二則）	第三屆國際中國古文字學研討會論文集	香港中文大學	1997年10月	
李零	古文字雜識（六篇）	古文字研究	中華書局	1989年6月	十七輯
李零	郭店楚簡校讀記	道家文化研究	三聯書店	1999年	十七輯
李零	郭店楚簡中的“敏”和“文”字	古文字研究	中華書局	2003年	二十四輯
李零	上博楚簡校讀記（之二）：《緇衣》	上博館藏戰國楚竹書研究	上海書店出版社	2002年	
李零	釋“利津”和戰國人名中的[illegible]與孯字	出土文獻研究續集	文物出版社	1989年	
李零	戰國鳥書箴銘帶鉤考釋	古文字研究	中華書局	1983年	八輯
李民	甲骨文亳地綜考	紀念王懿榮發現甲骨文一百周年論文集	齊魯書社	2000年	
李平心	卜辭金文中所見社會經濟史實考釋	中華文史論叢	人民出版社	1983年	
李平心	《大盂鼎銘》“女妹辰又大服”解	中華文史論叢	中華書局	1964年	五輯
李平心	甲骨文及金文考釋（初稿）	華東師範大學學報	華東師範大學	1956年4期	
李平心	甲骨文金石文劄記	李平心史論集	人民出版社	1983年	
李平心	甲骨文金石文劄記（一）	華東師範大學學報	華東師範大學	1958年1期	
李平心	商代彗星的發見	李平心史論集	人民出版社	1983年	

李平心	奭字略釋	中華文史論叢	中華書局	1962 年	一輯
李平心	釋好	中華文史論叢	中華書局	1980 年	一輯
李平心	者減鐘銘考釋讀後記	中華文史論叢	中華書局	1980 年	三輯
李鋭	《曹劌之陣》重編釋文	簡帛研究網		2005 年 5 月 27 日	
李鋭	讀《季康子問於孔子》札記	孔子 2000 網		2006 月 2 月 26 日	
李鋭	讀上博楚簡劄記	上博館藏戰國楚竹書研究	上海書店出版社	2002 年	
李鋭	讀上博四札記（三）	孔子 2000 網		2005 年 2 月 21 日	
李鋭	讀上博（五）補札	孔子 2000 網		2006 年 2 月 28 日	
李鋭	《恒先》淺釋	簡帛研究網		2004 年 4 月 23 日	
李鋭	《彭祖》補釋	簡帛研究網		2004 年 4 月 19 日	
李鋭	上博館藏楚簡（二）初劄	簡帛研究網		2003 年 1 月 6 日	
李鋭	《仲弓》續釋	簡帛研究網		2004 年 4 月 19 日	
李守奎	楚簡《孔子詩論》中的《詩經》篇名文字考	上博館藏戰國楚竹書研究	上海書店出版社	2002 年	
李守奎	楚簡文字四考	中國文字研究	華東師範大學	2002 年 10 月	三輯
李守奎	讀《上海博物館藏戰國楚竹書》（二）雜識	上博館藏戰國楚竹書研究續編	上海書店出版社	2004 年	
李守奎	江陵九店 56 號墓竹簡考釋四則	江漢考古		1997 年 4 期	
李守奎	曾侯乙墓竹簡“水”字補釋	第四屆國際中國古文字學研討會論文集	香港中文大學	2003 年	
李天虹	《包山楚簡》釋文補正	江漢考古		1993 年 2 期	
李天虹	讀《季康子問於孔	簡帛網		2006 年 2 月	

	子》札記			24日	
李天虹	上博館藏竹書（二）雜識	簡帛研究網		2003年9月17日	
李天虹	上博五《竞》、《鮑》篇校讀四則	簡帛網		2006年2月19日	
李天虹	釋楚簡文字“𢑃”	華學	紫禁城出版社	2000年	四輯
李天虹	新蔡楚簡補釋四則	簡帛研究網		2003年12月17日	
李天虹	再談《鮑叔牙與隰朋之諫》中的“息”字	簡帛網		2006年3月1日	
李天智	包山二號墓陶罐試析	江漢考古		2003年4期	
李羲	甲骨文字補釋四則	考古與文物		1990年3期	
李孝定	讀契識小録	“中央研究院”歷史語言研究所集刊		1964年	第三十五本
李孝定	釋釁與沬	“中央研究院”歷史語言研究所集刊		1961年	外編第四種下册
李星可	釋女	中法大學月刊		1934年3月	四卷三期
李學勤	北宋河清出土的一組青銅器	洛陽大學學報	洛陽大學	1999年1期	
李學勤	楚簡《恒先》首章釋義	簡帛研究網		2004年4月23日	
李學勤	楚簡《子羔》研究	上博館藏戰國楚竹書研究續編	上海書店出版社	2004年	
李學勤	春秋鄭器與兵方壺論釋	松遼學刊		2001年5期	
李學勤	湖南戰國兵器銘文選釋	古文字研究	中華書局	1985年10月	十二輯
李學勤	季姬方尊研究	中國史研究	中國史研究編輯部	2003年4期	
李學勤	甲骨文同辭同字異構例	江漢考古	江漢考古編輯部	2000年1期	
李學勤	論史牆盤及其意義	考古學報		1978年2期	

李學勤	論殷代親族制度	文史哲		1957年11期	
李學勤	論應國墓地出土的匍盉	平頂山師專學報	平頂山師專	1999年1期	
李學勤	《馬王堆漢墓醫書校釋》序	四川大學學報		1990年2期	
李學勤	眉縣楊家村新出青銅器研究	文物		2003年6期	
李學勤	上博楚簡《魯邦大旱》解義	上博館藏戰國楚竹書研究續編	上海書店出版社	2004年	
李學勤	釋東周器名卮及有關文字	第四届國際中國古文字學研討會論文集	香港中文大學	2003年	
李學勤	釋《性情論》之逸蕩	中國古代文明研究	華東師範大學出版社	2005年4月	
李學勤	小臣缶方鼎與箕子	殷都學刊		1985年2期	
李學勤	小盂鼎與西周制度	中青年學者文庫李學勤集	安徽教育出版社	1999年5月	
李學勤	續論西周甲骨	人文雜誌		1986年1期	
李學勤	"冶"字的一種古義	語文建設	教育部語文文字報刊社	1991年11期	
李學勤	作册般銅黿考釋	中國歷史文物		2005年1期	
李亞農	長甶盉銘釋文注解	考古學報		1955年9期	
李亞農	殷契雜釋	中國考古學報		1951年	第五册
李義、趙世超	甲骨文字補釋四則	考古與文物		1990年8期	
李義海	哀成叔鼎銘文續考	漳州師範學院學報（哲學社會科學版）		2003年4月	
李義海	商周古文鉦及從鉦諸字考釋	中國文字研究	華東師範大學	2005年10月	六輯
李義海	殷商甲骨刻辭鬯及從鬯諸字考釋	殷都學刊		2001年4期	
李裕民	古文字考釋四種	古文字研究	中華書局	1982年	七輯
李裕民	侯馬盟書疑難字考	古文字研究	中華書局	1981年	五輯

李仲操	多友鼎銘文考釋	陝西省文博考古科研成果彙報會論文選集	文物出版社	1981 年	
李宗焜	卜辭所見一日内時稱考	中國文字	藝文印書館	1965 年	第十八期
李宗焜	釋磐聲	第三届國際中國古文字學研討會論文集	香港中文大學	1997 年 10 月	
連劭名	安陽劉家莊商代墓葬所出朱書玉銘考	華夏考古	華夏考古編輯部	2001 年 1 月	
連劭名	包山簡所見楚地巫禱活動中的神靈	考古		2001 年 6 期	
連劭名	卜辭所見商代自然崇拜中的火	中原文物		2001 年 3 期	
連劭名	長沙楚帛書與卦气説	考古		1990 年 9 期	
連劭名	長沙楚帛書與中國古代的宇宙論	文物		1991 年 2 期	
連劭名	讀周原出土的甲骨刻辭	古文字研究	中華書局	1986 年	十三輯
連劭名	郭店楚簡《語叢》叢釋	孔子研究		2003 年 2 期	
連劭名	金文所見西周時代的刑典	華夏考古	華夏考古編輯部	2003 年 1 月	
連劭名	論殷墟師組卜辭中的否定詞“不”	文物春秋		2002 年 5 期	
連劭名	殷墟卜辭中的“對”和“非”	文物春秋		2001 年 2 期	
廖名春	楚簡《逸詩·多薪》補釋	簡帛研究網		2005 年 2 月 12 日	
廖名春	楚簡《仲弓》篇與《論語·子路》篇仲弓章對讀劄記	孔子 2000 網		2004 年 4 月 16 日	
廖名春	楚簡《周易·大畜》卦再釋	簡帛研究網		2004 年 4 月 24 日	
廖名春	楚簡《周易》校釋記（一）	簡帛研究網		2004 年 4 月 23 日	

廖名春	楚簡《周易》校釋記（二）	簡帛研究網		2004年4月23日	
廖名春	楚簡《周易·頤》卦試釋	簡帛研究網		2004年4月24日	
廖名春	讀楚竹書《曹沫之陳》劄記	簡帛網		2005年2月12日	
廖名春	讀楚竹書《内豊》篇劄記（一）	簡帛研究網		2005年2月20日	
廖名春	讀《上博五·鬼神之明》篇札記	孔子2000網		2006年2月19日	
廖名春	讀《上博五·融師有成氏》篇札記四則	孔子2000網		2006年2月19日	
廖名春	郭店楚簡《五行》篇校釋札記	中國哲學史		2001年3期	
廖名春	上博藏楚竹書《恆先》簡釋	簡帛研究網		2004年4月19日	
廖名春	《上博五·君子爲禮》篇校釋劄記	孔子2000網		2006年2月28日	
廖名春	上海博物館藏詩論簡校釋劄記	上博館藏戰國楚竹書研究	上海書店出版社	2002年	
廖名春	《子羔》篇感生簡文考釋	上博館藏戰國楚竹書研究續編	上海書店出版社	2004年7月	
林平和	敦煌《隸古定尚書》寫卷中源自《説文解字》古文之隸字研究	第四届中國文字學全國學術研討會論文集	香港中文大學	1993年	
林清源	兩周青銅句兵銘文彙考	東海大學碩士論文	1987年		
林清源	《殷周金文集成》11383號戈銘文讀序檢討	第三届國際中國古文字學研討會論文集	香港中文大學	1997年10月	
林清源	戰國“冶”字異形的衍生與制約及其區域性特徵	第二届國際中國文字學研討會論文集	香港中文大學	1993年10月	
林素清	郭店楚簡《語叢四》箋釋	郭店楚簡國際學術研討會論文集	湖北人民出版社	2000年5月	

林素清	上博楚竹書《昔者君老》新釋	上博館藏戰國楚竹書研究續編	上海書店出版社	2004 年 7 月	
林素清	《上博簡》（二）《民之父母》幾個疑難字的釋讀	上博館藏戰國楚竹書研究續編	上海書店出版社	2004 年	
林泰輔	毛公鼎銘考	中山大學語言歷史研究所周刊		1930 年	第六册
林澐	讀包山楚簡札記七則	江漢考古		1992 年 4 期	
林澐	甲骨文中的商代方國聯盟	古文字研究	中華書局	1981 年	六輯
林澐	究竟是"翦伐"還是"撲伐"	古文字研究	中華書局	2004 年	二十五輯
林澐	釋史牆盤銘中的"逖虘髟"	陝西歷史博物館館刊		1994 年	
林澐	天亡簋"王祀于天室"新解	史學集刊		1993 年 3 期	
林澐	説戚、我	古文字研究	中華書局	1989 年	十七輯
林志鵬	《魯邦大旱》詮解	上博館藏戰國楚竹書研究續編	上海書店出版社	2004 年 7 月	
林志鵬	上博楚竹書《競建内之》重編新解	簡帛網		2006 年 2 月 25 日	
林志鵬	戰國楚竹書《子羔》篇復原芻議	上博館藏戰國楚竹書研究續編	上海書店出版社	2004 年	
林志鵬	仲弓任季氏宰小考	簡帛研究網		2004 年 6 月 6 日	
劉鳳泉	釋"載"	古漢語研究	商務印書館	2000 年 4 期	
劉國勝	上博(五)零札(六則)	簡帛網		2006 年 3 月 31 日	
劉國勝	曾侯乙墓 E61 號漆箱書文字研究——附"瑟"考	第三届國際中國古文字學研討會論文集	香港中文大學	1997 年10月	
劉漢生	釋"泰"	武漢大學學報		1995 年 5 期	
劉懷君、辛怡華、劉棟	逨盤銘文試釋	文物		2003 年 6 期	
劉桓	卜辭雜釋五則	殷都學刊		1996 年 1 期	

劉桓	古代文字研究	内蒙古大學學報		1980 年 4 期	
劉桓	五年琱生簋、六年琱生簋銘文補釋	故宫博物院院刊	故宫博物院	2003 年 3 期	
劉桓	殷契偶札	于省吾教授百年誕辰紀念文集	吉林大學出版社	1996 年 9 月	
劉樂賢	楚文字雜識	第三届國際中國古文字學研討會論文集	香港中文大學	1997 年10月	
劉樂賢	讀郭店簡儒家文獻札記	新出楚簡與儒家思想國際學術研討會論文	新出楚簡與儒家思想國際學術研討會論文	2002 年 3 月	
劉樂賢	讀上博簡《民之父母》等三篇札記	簡帛研究網		2003 年 1 月 10 日	
劉樂賢	讀上博簡劄記	上博館藏戰國楚竹書研究	上海書店出版社	2002 年	
劉樂賢	讀上博（四）劄記	簡帛研究網		2005 年 2 月 15 日	
劉樂賢	郭店楚簡雜考（五則）	古文字研究	中華書局	2000 年	二十二輯
劉樂賢	漢印複姓雜考	于省吾教授百年誕辰紀念文集	吉林大學出版社	1996 年 9 月	
劉樂賢	秦漢文字釋叢	考古與文物		1991 年 6 期	
劉樂賢	釋《説文》古文慎字	考古與文物		1993 年 4 期	
劉青	從卜辭“立中”到《易傳》的中道思想	上海財經大學學報	上海財經大學	2001 年 3 期	
劉勝有	釋“好”	東北師大學報		1986 年 3 期	
劉小文	銀雀山漢簡《尉繚子》字詞襍考	古漢語研究	商務印書館	2005 年 2 期	
劉信芳	包山楚簡近似之字辨析	考古與文物		1996 年 2 期	
劉信芳	包山楚簡遣策考釋拾零	江漢考古		1992 年 3 期	
劉信芳	包山楚簡神名與《九歌》神祇	文學遺產		1993 年 5 期	

劉信芳	包山楚簡中的幾支楚公族試析	江漢論壇		1995年1期	
劉信芳	郭店楚簡《六德》解詁一則	古文字研究	中華書局	2000年7月	二十二輯
劉信芳	郭店簡文字例解三則	“中央研究院”歷史語言研究所集刊		2000年	第七十一本第四分
劉信芳	郭店簡《語叢》文字試解（七則）	簡帛研究	廣西教育出版社	2001年	
劉信芳	居延漢簡《隸》篇研究	考古		2005年9期	
劉信芳	上博藏五試解七則	簡帛網		2006年3月1日	
劉信芳	上博藏竹書《恒先》試解	簡帛研究網		2004年5月16日	
劉一曼、曹定云	殷墟花東H3#卜辭中的馬——兼論商代馬匹的使用	殷都學刊		2004年1期	
劉源	讀《殷墟花園莊東地甲骨》	博覽群書		2005年1期	
劉源	逨盤銘文考釋	中國史研究	中國史研究編輯部	2003年4期	
劉昭瑞	説錫	考古		1993年1期	
劉釗	卜辭所見殷代的軍事活動	古文字研究	中華書局	1989年	十六輯
劉釗	讀郭店楚簡字詞札記（三）	古文字研究	中華書局	2000年	二十二輯
劉釗	讀郭店楚簡字詞札記（四）	古籍整理研究學刊	古籍整理研究學刊編輯部	2002年5期	
劉釗	讀《上海博物館藏戰國楚竹書》（一）劄記	上博館藏戰國楚竹書研究	上海書店出版社	2002年	
劉釗	甲骨文字考釋	古文字研究	中華書局	1992年	十九輯
劉釗	金文考釋零拾	第三届國際中國古文字學研討會論文集	香港中文大學	1997年10月	
劉釗	容成氏釋讀一則（二）	簡帛研究網		2003年4月6日	

劉釗	上皋落戈考釋	考古		2005 年 6 期	
劉釗	説“離”、“皇”二字來源並談楚帛書“萬”、“兒”二字的讀法	江漢考古		1992 年 1 期	
劉釗	談睡虎地秦簡中的文字	古漢語研究	商務印書館	1995 年 3 期	
劉釗	璽印文字釋叢(一)	考古與文物		1990 年 2 期	
劉自讀、路毓賢	周至敔簋器蓋銘文考釋	考古與文物		1991 年 6 期	
劉宗漢	《叔夨方鼎》“王乎殷厥士賫叔夨”解	歷史研究		2003 年 3 期	
柳詒徵	説吴	史學與地學		1926 年 1 期	
盧連成	古夨國遺址墓地調查記	文物		1982 年 2 期	
魯實先	卜辭姓氏通釋之一	東海學報		1959 年 1 期	
魯實先	卜辭姓氏通釋之二	幼獅學報 2-1		1959年10月	二卷第一期
陸懋德	書經顧命篇侍臣所執兵器考	燕京學報		1950年38期	
吕浩	《郭店楚墓竹簡》釋文訂補	中國文字研究	華東師範大學	2001年10月	二輯
羅福頤	封泥證史録舉隅	古文字研究	中華書局	1985 年	十一輯
羅福頤	龍字私議	古文字研究	中華書局	1983年10輯	十輯
羅琨	釋家	古文字研究	中華書局	1989 年	十七輯
麻愛民	墻盤與文獻新證	語言研究		2003 年 3 期	
馬承源	陳喜壺	文物		1961 年 2 期	
馬國權	徜角新釋	學術研究		1962 年 6 期	
馬薇廎	彝銘中所加於器上的銘字	中國文字	藝文印書館	1972 年	四十三册
馬薇廎	彝器中所加於器上的形容字	中國文字	藝文印書館	1972 年	四十三册
孟蓬生	《三德》零詁(二則)	簡帛網		2006 年 2 月 28 日	

孟蓬生	上博簡《緇衣》三解	上博館藏戰國楚竹書研究	上海書店出版社	2002 年	
孟蓬生	上博竹書（二）字詞劄記	上博館藏戰國楚竹書研究續編	上海書店出版社	2004 年	
孟蓬生	上博竹書（三）字詞考釋	簡帛研究網		2004 年 4 月 26 日	
孟蓬生	上博竹書（四）閒詁	簡帛研究網		2005 年 2 月 15 日	
孟蓬生	上博竹書（四）閒詁（續）	簡帛研究網		2005 年 3 月 6 日	
孟蓬生	上博竹書《周易》的兩個雙聲符字	簡帛研究網		2005 年 3 月 31 日	
孟蓬生	張家山漢簡字義札記	古籍整理研究學刊	古籍整理研究學刊編輯部	2004 年 5 期	
聶中慶、李定	郭店楚簡《老子》校讀札記之一	古籍整理研究學刊	古籍整理研究學刊編輯部	2003 年 3 期	
牛濟普	五方印陶新釋	中原文物		1987 年 1 期	
牛濟普	滎陽印陶考	中原文物		1984 年 2 期	
牛濟普	鄭州、滎陽兩地新出戰國陶文介紹	中原文物		1981 年 1 期	
潘玉坤	《篆隸萬象名義》篆文二題	中國文字研究	華東師範大學	2005年10月	六輯
龐樸	初讀郭店楚簡	歷史研究		1998 年 4 期	
龐樸	《恒先》試讀	簡帛研究網		2004 年 4 月 26 日	
龐樸	上博藏簡零箋	上博館藏戰國楚竹書研究	上海書店出版社	2002 年	
彭邦炯	卜辭所見龍人及相關國族研究	殷都學刊		1996 年 4 期	
彭邦炯	三版有關生育卜辭的釋文和內容初探	2004 年安陽殷商文明國際學術研討會論文集	社會科學文獻出版社	2004 年	
彭邦炯	釋卜辭“衆人聲……”及相關問題	殷都學刊		1989 年 2 期	

彭邦炯	武王伐紂探路	中原文物		1990年2期	
彭浩	試説“畝纆短，田纆長，百粮篁”	簡帛網		2006年4月2日	
彭浩	《昔者君老》與“世子法”	文物		2004年5期	
彭浩	“有司箸作浮老弱不刑”解	簡帛網		2006年3月7日	
彭静中	金文新釋（九則）	四川大學學報		1983年1期	
彭裕商	卜辭中的“土”“河”“岳”	古文字研究論文集	四川人民出版社	1982年	
彭裕商	讀《郭店楚墓竹簡》札記	古文字研究	中華書局	2002年	二十四輯
彭裕商	渣司徒遙簋考釋及相關問題	于省吾教授百年誕辰紀念文集	吉林大學出版社	1996年9月	
齊文濤	概述近年來山東出土的商周青銅器	文物		1972年5期	
齊文心	殷代的奴隸監獄和奴隸暴動——兼甲骨文“圉”、“戎”二字用法的分析	中國史研究	中國史研究編輯部	1979年1期	
秦樺林	楚簡佚詩《交交鳴鴬》劄記	簡帛研究網		2005年2月20日	
秦樺林	上博簡《魯邦大旱》虚詞劄記	簡帛研究網		2003年2月15日	
秦樺林	釋“戔”“戔”	簡帛研究網		2004年8月17日	
秦樺林、凌瑜	“習以不可改也”——楚簡《恒先》中有關“語言符號的强制性”的思想	簡帛研究網		2005年1月26日	
秦建文	金文“揚”字形義考	曲靖師範學院學報		2004年1月	
秦永龍	釋“麗”	北京師範大學學報		1984年	
邱德修	《上博簡》（一）“詩無隱志”考	上博館藏戰國楚竹書研究	上海書店出版社	2002年	

裘錫圭	讀安陽新出土的牛胛骨及其刻辭	考古		1966年5期	
裘錫圭	讀逨器銘文札記三則	文物		2003年6期	
裘錫圭	讀上博簡《容成氏》札記二則	古文字研究	中華書局	2004年	二十五輯
裘錫圭	漢簡零拾	文史	中華書局	1981年	十二輯
裘錫圭	居延漢簡甲乙編釋文商榷（1）	人文雜誌		1982年2期	
裘錫圭	商銅黿銘補釋	中國歷史文物		2005年6期	
裘錫圭	史牆盤銘解釋	文物		1978年3期	
裘錫圭	釋柲	古文字研究	中華書局	1980年	三輯
裘錫圭	釋“求”	古文字研究	中華書局	1986年	
裘錫圭	釋“勿”“發”	中國語文研究		1981年2期	
裘錫圭	釋“衍”、“侃”	魯實先先生學術討論會論文集		1993年6期	
裘錫圭	釋殷虛甲骨文的“遠”“犾”（邇）及有關諸字	古文字研究	中華書局	1985年	十二輯
裘錫圭	説卜辭的焚巫尪與作土龍	甲骨文與殷商史	上海古籍出版社	1983年	
裘錫圭	説甲骨卜辭中“戠”字的一種用法	語言文字學術研究論文集	新知識出版社	1989年	
裘錫圭	説“弜”	古文字研究	中華書局	1979年	一輯
裘錫圭	説金文“引”字的虚詞用法	古漢語研究	商務印書館	1988年12期	
裘錫圭	説字小記	北京師範學院學報		1988年2期	
裘錫圭	談談上博簡《子羔》篇的簡序	上博館藏戰國楚竹書研究續編	上海書店出版社	2004年7月	
裘錫圭	由郭店簡《性自命出》的“室性者故也”説到《孟子》天下之言性也章	第四届國際中國古文字學研討會論文集	香港中文大學	2003年	
裘錫圭	戰國璽印文字考釋三篇	古文字研究	中華書局	1983年	十輯
屈萬里	河字意義的演變	史語所集刊		1959年	第30本上

屈萬里	岳義稽古	清華大學學報		1941 年 1 期	
饒宗頤	楚繒書十二月名覈論	大陸雜誌		1965 年 1 月	三十卷一期
饒宗頤	楚繒書疏證	“中央研究院”歷史語言研究所集刊		1969 年	第四十本上册
饒宗頤	楚繒書之摹本及圖像	故宫季刊	“國立”故宫博物院	1968 年	三卷二期
饒宗頤	婦好墓銅器玉器所見氏姓方國小考	古文字研究	中華書局	1985 年	十二輯
饒宗頤	釋紀時之奇字：[illegible]、[illegible]與[illegible]（執）	第二屆國際中國文字學研討會論文集	香港中文大學	1993年10月	
饒宗頤	説洀與豐及洀㕧——卜辭復合人名研究舉例	故宫博物院院刊	故宫博物院	2000 年 6 期	
饒宗頤	由《尚書》“余弗子”論殷代爲婦子卜命名之禮俗	古文字研究	中華書局	1989 年	十六輯
容庚	殷周禮樂器考略	燕京學報		1927 年 1 期	
陝西周原扶風文管所	周原發現師同鼎	文物		1982年12期	
單育辰	佔畢隨録	簡帛網		2007 年 7 月 26 日	
單育辰	上博五短札（三則）	簡帛網		2006 年 4 月 30 日	
單周堯	“𢦏”爲“截”之初文説獻疑	第三屆國際中國古文字學研討會論文集	香港中文大學	1997年10月	
單周堯	“不”字本義爲花柎説質疑	中國語文研究			五期
單周堯	楚簡《詩論》“文王唯谷”説	第四屆國際中國古文字學研討會論文集	香港中文大學	2003 年	
單周堯	甲骨文中的[illegible]與[illegible]	中國語文		1980 年 2 期	
商承祚	姑發䣄反即吴王諸樊别議	中山大學學報		1963 年 3 期	
商承祚	立字質疑	中山大學文學院研究所集刊		1930 年	第六册

商承祚	石刻篆文編字説	古文字研究	中華書局	1981年	五輯
商承祚	釋靁	國學叢刊	國學叢刊出版部	1925年10月	一卷二期
商承祚	釋武	中山大學語言歷史研究所周刊		1927年20期	二集二十期
商承祚	談鄂君啓節銘文中幾個文字和幾個地名等問題	中華文史論叢	中華書局	1965年	六輯
商承祚	新弨戈釋文	文物		1962年11期	
商承祚	殷虚文字考	國學叢刊	國學叢刊出版部	1925年10月	第二卷第四期
商承祚	戰國楚帛書述略	文物		1964年9期	
商豔濤	金文札記四則	漢字研究	學苑出版社	2005年6月	一輯
商志醰	次□缶銘文考釋及相關問題	文物		1989年12期	
申紅義	《上海博物館藏戰國楚竹書》(三)《仲弓》雜記	簡帛研究網		2004年6月30日	
沈長雲	釋《大盂鼎銘》"人鬲自馭至於庶人"	河北師範學院學報		1988年3期	
沈長雲	談銅器銘文中的"夭王"及相關歷史問題	考古與文物		1989年6期	
沈兼士	鬼字原始意義之試探	國學集刊	國學叢刊出版部	1935年	五卷三期
沈建華	卜辭所見地名同字異體及假借釋例	第三届國際中國古文字學研討會論文集	香港中文大學	1997年10月	
沈建華	楚簡《容城氏》州名與卜辭金文地名	古文字研究	中華書局	2004年	二十五輯
沈建華	甲骨金文釋字舉例	第四届國際中國古文字學研討會論文集	香港中文大學	2003年	
沈建華	甲骨文釋文二則	古文字研究	中華書局	1981年	六輯
沈建華	釋甲骨文中所見西周幾個重要地名	考古與文物		1997年4期	

沈培	周原甲骨文裏的“囟”和楚墓竹簡裏的“囟”或“思”	漢字研究	學苑出版社	2005 年	一輯
沈壽	西漢帛畫《導引圖》解析	文物		1980 年 9 期	
沈文倬	“執駒”補釋	考古		1961 年 6 期	
沈之瑜	説至	文物		1979 年 11 期	
施謝捷	金文零釋	于省吾教授百年誕辰紀念文集	吉林大學出版社	1996 年 9 月	
施謝捷	釋甲骨文中的“抎”字	殷都學刊		1989 年 4 期	
施勇雲	試釋幾個甲骨文字	考古論文選		1980 年	一集
師玉梅	以古音釋字五則	中國文字研究	華東師範大學	2005 年 10 月	六輯
師玉梅	張亞初金文考釋方濬商榷——讀《殷周金文集成引得・序言》	考古與文物		2003 年 4 期	
石曉	吴王光劍銘補正	文物		1989 年 7 期	
石志廉	“楚王孫欅(漁)”銅戈	文物		1963 年 3 期	
石志廉	介紹幾件商代青銅器	文物		1964 年 4 期	
石志廉	商婦婦翼銅觚	文物		1980 年 12 期	
石志廉	戰國古璽考釋十種	中國歷史博物館館刊		1980 年 2 期	
石志廉、楊桂榮	中國歷史博物館所藏部分商代青銅器	中國歷史博物館館刊		1982 年 4 期	
時兵	花園莊東地甲骨卜辭考釋三則	東南文化	南京博物院	2005 年 2 期	
史傑鵬	包山楚簡研究四則	湖北民族學院學報(哲學社會科學版)	湖北大學學報	2005 年 3 期	
史傑鵬	上博竹簡(三)注釋補正	簡帛研究網		2005 年 7 月 16 日	
史樹青	對五省出土文物	文物參考資料		1956 年 8 期	

	展覽中幾件銅器的看法				
史樹青	無敄鼎的發現及其意義	文物		1985年1月	
舒大剛	《周易》、金文"享孝"釋義	周易研究		2002年4月	
斯維至	關於德字的形義問題	人文雜誌		1983年5期	
斯維至	兩周金文所見职官考	中國文化研究彙刊		1947年7卷	
斯維至	由至箕吴諸器銘文推論燕齊建國及文化	陝西歷史博物館舘刊		1995年	二輯
松井	廿一年(五月至十二月)國内學術界消息	燕京學報		1932年12期	
宋永培	《説文解字》字系研究	中國文字研究	華東師範大學	1999年7月	一輯
蘇建洲	楚簡從"　"之字考釋	簡帛研究網		2003年7月2日	
蘇建洲	楚文字考釋四則	簡帛研究網		2005年3月14日	
蘇建洲	《上博(四)曹沫之陣》補釋一則	簡帛研究網		2005年2月15日	
蘇建洲	《上博(五)》柬釋(一)	簡帛網		2006年2月27日	
蘇建洲	《上博(五)》柬釋(二)	簡帛網		2006年2月28日	
蘇瑩輝	中國文字書寫工具探原(上)(中)(下)	《大陸雜誌》15-6、7、8(下)		1957年	
隨縣博物館	湖北隨縣城郊發現春秋墓葬和銅器	文物		1980年1期	
孫常叙	麥尊銘文句讀試解	松遼學刊		1983年3期	
孫常叙	秦公及王姬鐘、鎛銘文考釋	吉林師範大學學報		1978年4期	

孫桂恩	試説煙墩山出土的"銅角狀器"和"銅鐏"的名稱與用途	文物		1958 年 1 期	
孫海波	卜辭文字小記	考古社刊		1935 年 3 期	
孫海波	卜辭文字小記讀	考古社刊		1936 年 5 期	
孫敬明等	臨淄齊故城内外新發現的陶文	文物		1988 年 2 期	
孫啓明	《行氣銘》古文字研究	醫古文知識		2001 年 4 期	
孫亞冰	眉縣楊家村卌二、卌三年逨鼎考釋	中國史研究	中國史研究編輯部	2003 年 4 期	
孫稚雛	金文釋讀中一些問題的商討	中山大學學報		1979 年 3 期	
孫稚雛	金文釋讀中一些問題的探討(續)	古文字研究	中華書局	1984 年	九輯
孫作雲	周先祖以熊爲圖騰考	開封師範學院學報		1957 年 2 期	
譚戒甫	西周"曶"器銘文綜合研究	中華文史論叢	中華書局	1982 年	三輯
譚戒甫	中國古代文字的哲學觀	中國哲學		1980 年	二輯
譚戒甫	周初夨器銘文綜合研究	武漢大學人文科學學報		1956 年 1 期	
譚其驤	鄂君啓節銘文釋地	中華文史論叢	中華書局	1980 年 2 輯	
湯餘惠	包山楚簡讀後記	考古與文物		1993 年 2 期	
湯餘惠	古璽文字七釋	第二届國際中國文字學研討會論文集	香港中文大學	1993年10月	
湯餘惠	九年將軍張戈銘文補正	史學集刊		1987 年 4 期	
湯餘惠	略論戰國文字形體研究中的幾個問題	古文字研究	中華書局	1986 年	十五輯
湯餘惠、吴良寶	郭店楚簡文字拾零（四篇）	簡帛研究	廣西教育出版社	2001 年	
唐復年	毛公鼎銘斠補	第二届國際中國文字	香港中文	1993年10月	

		學研討會論文集	大學		
唐桂馨	説文識小録	古學叢刊		1939 年	
唐健垣	卜辭中有關樂舞文字考釋	第四届中國文字學全國學術研討會論文集	香港中文大學	1993 年	
唐健垣	楚繒書文字拾遺	中國文字	藝文印書館	1968 年	第三十册
唐蘭	羼羌鐘考釋	唐蘭先生金文論集	紫禁城出版社	1995 年	
唐蘭	獲白兕考	史學年報		1934 年 4 期	
唐蘭	論周昭王時代的青銅器銘刻	古文字研究	中華書局	1980 年	二輯
唐蘭	略論西周微史家族窖藏銅器群的重要意義——陝西扶風新出牆盤銘文解釋	文物		1978 年 3 期	
唐蘭	陝西省岐山縣董家村新出西周重要銅器銘辭的譯文和注釋	文物		1976 年 5 期	
唐蘭	釋四方之名	考古學社社刊		1936 年 4 期	
唐蘭	西周時代最早的一件銅器利簋銘文解釋	文物		1977 年 8 期	
唐蘭	西周銅器斷代中的“康宫”問題	考古學報		1962 年 1 期	
唐蘭	宜侯夨簋考釋	考古學報		1956 年 6 期	
唐蘭	永盂銘文解釋	文物		1972 年 9 期	
唐蘭	周王　鐘考	唐蘭先生金文論集	紫禁城出版社	1995 年	
唐蘭	作册令尊及作册令彝銘考釋	北京大學國學季刊		1934 年	4 卷 1 號
陶北溟	舊雲盦金文釋略·郘鐘	古學叢刊		1939 年	
陶榮	甘肅崇信出土的秦戳記陶器	文物		1991 年 5 期	
滕壬生	釋悳	古文字研究	中華書局	1983 年	十輯

天津市文化局文物組	天津市新收集的青銅器	文物		1964年9期	
田昌五	周原出土甲骨中反映的商周關係	文物		1989年	
田倩君	釋夔	中國文字	藝文印書館	1961年5卷	
田倩君	釋申電神	中國文字叢譯	臺灣商務印書館	1968年	
田倩君	釋夷	中國文字	藝文印書館		第十二期
王長豐	竝方國族氏考	中原文物		2006年1期	
王長豐	釋“䶒”、“県”及其相關字	中原文物		2005年4期	
王大有	赞公盨·遂國·遂人氏解讀	尋根		2003年2月	
王恩田	齊國地名陶文考	考古與文物		1996年4期	
王恩田	釋ß（𠂤）、ȣ（官）、不（帀）補證	第三届國際中國古文字學研討會論文集	香港中文大學	1997年10月	
王冠英	作册般銅黿三考	中國歷史文物		2005年1期	
王貴元	馬王堆帛書文字考釋	古漢語研究	商務印書館	1995年	
王輝	讀上博楚竹書《容成氏》札記（十則）	古文字研究	中華書局	2004年	二十五輯
王輝	郭店楚簡釋讀五則	簡帛研究	廣西教育出版社	2001年	
王輝	逨盤銘文箋釋	考古與文物		2003年3期	
王輝	虎簋蓋銘座談紀要	考古與文物		1997年3期	
王輝	秦器銘文叢考	考古與文物		1989年5期	
王輝	秦文字釋讀訂補（八篇）	考古與文物		1997年5期	
王輝	四十二年𠍛鼎銘文箋識	第四届國際中國古文字學研討會論文集	香港中文大學	2003年	
王輝	殷人火祭説	四川大學學報叢刊古文字研究論文集		1982年5月	十輯
王輝	殷墟玉璋朱書	于省吾教授百年誕辰	吉林大學	1996年9月	

	"109"字解	紀念文集	出版社		
王建軍	"學"字溯源與學族史考	平頂山師專學報	平頂山師專	2003年1期	
王晶	釋《上博五·三德》簡十六	簡帛網		2006年3月6日	
王蘭	"牪爾正砫"句試釋	簡帛網		2005年12月10日	
王蘭	上博五《三德》編聯	簡帛網		2006年4月15日	
王連成	郭店楚簡《老子》甲第25、26號簡重讀	簡帛網		2006年9月3日	
王平	上博簡《緇衣》引《詩》中的"又共悳行，四或川之"	天津師範大學學報		2002年3期	
王人聰	關於壽縣楚器銘文中"信"字的考釋	考古		1972年6期	
王人聰	六年襄城令戈考釋	第三届國際中國古文字學研討會論文集	香港中文大學	1997年10月	
王人聰	楊姞壺銘釋讀與北趙63號墓主問題	文物		1996年5期	
王人聰	戰國璽印考釋(七篇)	于省吾教授百年誕辰紀念文集	吉林大學出版社	1996年9月	
王慎行	商代宮室建築考	考古與文物		1988年3期	
王慎行	乙卯尊銘文通釋譯論	古文字研究	中華書局	1986年	十三輯
王慎行	殷周社祭考	中國史研究	國史研究編輯部	1988年3期	
王慎行	瓚之形制與稱名考	考古與文物		1986年2期	
王樹明	論陶尊文字"炟"與"炅"	古文字論集		1992年	
王顯	讀了《説戕》以後	中國語文		1980年2期	
王獻唐	釋醜	説文月刊		1944年	
王永誠	魯實先先生金文治學要旨與貢獻	魯實先先生學術討論會論文集		1993年6期	

王宇信	甲骨文"馬""射"的再考察——兼駁馬、射與戰車相配置	第三届國際中國古文字學研討會論文集	香港中文大學	1997年10月	
王宇信	商代的馬和養馬業	中國史研究	國史研究編輯部	1980年1期	
王宇信、張永山、楊升南	試論殷墟五號墓的"婦好"	考古學報		1977年2期	
王振复、鄔元華	甲骨文字原始人文意識考釋	學術月刊		2003年5期	
王正書	甲骨"[illegible]"字補釋	考古與文物		1994年3期	
王志平	《恒先》管窺	簡帛研究網		2004年5月8日	
王志平	《容成氏》中製樂諸簡的新闡釋	上博館藏戰國楚竹書研究續編	上海書店出版社	2004年	
王志平	《詩論》箋疏	上博館藏戰國楚竹書研究	上海書店出版社	2002年	
王中江	《從政》重編校注	簡帛研究網		2003年1月16日	
濰坊市博物館益都縣博物館	益都藏陶	古文字研究		1986年	十四輯
衛聚賢	函皇父諸器考釋	説文月刊		1940年6月	二卷三期
魏啓鵬	説"四方有敗"及"先王之道"——讀《上博簡》(二)箋記之一	上博館藏戰國楚竹書研究續編	上海書店出版社	2004年	
魏宜輝	讀上博楚簡(四)劄記	簡帛研究網		2005年3月10日	
魏宜輝	試析古文字中的"激"字	簡帛網		2006年3月29日	
温丹銘	殷卜辭婚嫁考	中山大學文史學研究所月刊		1933年	一卷五期
温少峰	殷周奴隸主階級"德"的觀念	中國哲學		1982年	八輯
温廷敬	重訂金文疑年表序	史學專刊		1936年1期	第三卷第一期

吴根友	上博楚簡《恒先》篇哲學思想探析	簡帛研究網		2004 年 5 月 8 日	
吴洪清	芝罘曩國銅器銘文補釋	山東古文字研究		1993 年 6 月	
吴九龍	簡牘帛書中的“夭”字	出土文獻研究	文物出版社	1985 年 6 月	
吴匡、蔡哲茂	釋金文“[illegible]”“[illegible]”“[illegible]”等字兼解《左傳》的“讒鼎”	歷史語言研究所集刊		1988 年	五十九輯
吴其昌	卜辭所見殷先公先王三續考	燕京學報		1933 年 14 期	
吴其昌	矢彝考釋	燕京學報		1931 年 9 期	
吴辛丑	楚簡《周易》“不家而食”新解	簡帛研究網		2004 年 7 月 18 日	
吴辛丑	竹書《昔者君老》一、四簡疏解	簡帛研究網		2004 年 7 月 25 日	
吴郁芳	包山楚簡卜禱簡牘釋讀	考古與文物		1996 年 2 期	
吴振武	《合》33208 號卜辭的文字學解釋	史學集刊		2000 年 1 期	
吴振武	湖北隨縣劉家崖青銅器銘文補釋	考古		1982 年 6 期	
吴振武	釋雙劍誃舊藏燕“外司聖鍴”璽	于省吾教授百年誕辰紀念文集	吉林大學出版社	1996 年 9 月	
吴振武	談徐王爐銘文中的“間”字	文物		1984 年 11 期	
伍仕謙	白公父簠銘文考釋	古文字研究論文集	四川人民出版社	1982 年	
伍仕謙	甲骨文考釋六則	古文字研究論文集	四川人民出版社	1982 年	
夏含夷	試論周原卜辭⊗字——兼論周代貞卜之性質	古文字研究	中華書局	1989 年 6 月	十七輯
夏渌	古文字的一字對偶義	武漢大學學報		1988 年 3 期	
夏渌	甲骨文奴隸二字尋踪與考辨	于省吾教授百年誕辰紀念文集	吉林大學出版社	1996 年 9 月	

夏淥	釋“渡”與“度”	語言研究		1986 年 1 期	
夏淥	釋甲骨文春夏秋冬——商代必知四季説	武漢大學學報		1985 年 5 期	
夏淥	學習古文字散記	古文字研究	中華書局	1980 年	四輯
夏淥	造字形義來源非一説	武漢大學學報		1987 年 2 期	
肖曉暉	古璽名字解詁	漢字研究	學苑出版社	2005 年 6 月	一輯
肖曉暉	古璽文釋讀補議（三則）	中國文字研究	華東師範大學	2004年11月	五輯
肖毅	楚系成語璽輯略	漢字研究	學苑出版社	2005 年	一輯
蕭璋	釋銍	浙江大學文學院集刊	浙江大學	1943 年	三集
熊傳新、何光岳	《鄂君啓節》舟節中江湘地名新考	湖南師範大學學報		1982 年 3 期	
徐寶貴	戰國璽印文字考釋	中國文字	藝文印書館	1991 年 9 月	新 15 期
徐寶貴	戰國璽印文字考釋七篇	考古與文物		1994 年 3 期	
徐莉莉	武威漢代醫簡異體字考	天津師範大學學報		2005 年 1 期	
徐山	長沙子彈庫戰國楚帛書行款問題質疑	考古與文物		1990 年 5 期	
徐少華	包山楚簡釋地六則	簡帛研究	廣西教育出版社	2001 年 9 月	
徐少華	包山楚簡釋地十則	文物		1996年12期	
徐少華	包山楚簡釋地五則	江漢考古		1996 年 4 期	
徐無聞	釋“鉀”字	文物		1981年11期	
徐錫臺	試釋殷墟出土甲骨文字二十七則	紀念王懿榮發現甲骨文一百周年論文集	齊魯書社	2000 年	
徐錫臺	試釋周原卜辭中的[illegible]字	古文字研究	中華書局	1986 年	十三輯
徐錫臺	西周陶文試釋	人文雜誌		1985 年 3 期	

徐錫臺	周原出土卜辭試釋	四川大學學報叢刊		1982年5月	十輯
徐云峰	商代廙、康卜辭中之玳瑁及其他	農業考古		2002年1期	
徐在國	包山楚簡文字考釋四則	于省吾教授百年誕辰紀念文集	吉林大學出版社	1996年9月	
徐在國	楚簡文字拾零	江漢考古		1997年2期	
徐在國	郭店簡考釋二則	中國文字研究	華東師範大學	2003年12月	四輯
徐在國	上博竹書（二）文字雜考	學術界		2003年1期	
徐在國	上博竹書（三）札記二則	簡帛研究網		2004年4月26日	
徐在國	上博竹書(三)《周易》釋文補正	簡帛研究網		2004年4月24日	
徐在國	上博竹書《子羔》瑣記	上海博物館藏戰國楚竹書研究續編	上海書店出版社	2004年	
徐在國	新蔡葛陵楚簡劄記	簡帛研究網		2003年12月7日	
徐在國	新蔡葛陵楚簡劄記	中國文字研究	華東師範大學	2004年11月	五輯
徐在國	新蔡葛陵楚簡劄記（二）	簡帛研究網		2003年12月17日	
徐在國、黄德寬	《上海博物館藏戰國楚竹書（一）緇衣、性情論》釋文補正	古籍整理研究學刊	古籍整理研究學刊編輯部	2002年3月	第2期
徐中舒	北狄在前殷文化上之貢獻	中國文字研究	華東師範大學	1999年7月	一輯
徐中舒	陳侯四器考釋	史語所集刊		1933年	第三本第四分
徐中舒	關於利簋銘文考釋的討論	文物		1978年6期	
徐中舒	金文嘏辭釋例	史語所集刊		1935年	第六本第一分
徐中舒	耒耜考	史語所集刊		1932年4期	第二本第一分

徐中舒	謚敦考釋	中央研究院歷史語言研究所集刊		1931 年	第三本第二分
徐中舒	西周牆盤銘文箋釋	考古學報		1978 年 2 期	
徐中舒	殷人服象及象之南遷	歷史語言研究所集刊		1930 年	2 册
徐中舒	怎樣考釋古文字	古文字學論集	香港中文大學	1988 年	
徐中舒	怎樣研究中國古代文字	古文字研究	中華書局	1986 年	十五輯
徐中舒	中山三器釋文及宫室圖説明	中國史研究	中國史研究編輯部	1979 年 4 期	
許進雄	談與金有關的字	殷都學刊		1992 年 2 期	
許敬參	釋鬼	河南博物館館刊		1936 年	一輯
許青松	季姒簪罍跋	中國歷史博物館館刊		1984 年 6 期	
許全勝	《容成氏》篇釋地	上博館藏戰國楚竹書研究續編	上海書店出版社	2004 年	
許學仁	楚文字考釋	中國文字	藝文印書館	1983 年 4 月	新七期
禤健聰	上博楚簡（五）零札（二）	簡帛網		2006 年 2 月 26 日	
禤健聰	上博簡（三）小札	簡帛研究網		2004 年 5 月 12 日	
顔世鉉	郭店楚簡《六德》箋釋	“中央研究院”歷史語言研究所集刊		2001 年	第七十二本第二分
顔世鉉	郭店楚簡散論（二）	江漢考古		2000 年 1 期	
顔世鉉	上博楚竹書補釋二則	簡帛研究網		2003 年 4 月 29 日	
顔世鉉	上博楚竹書散論	齊魯學刊		2003 年 6 期	
顔世鉉	上博楚竹書散論（三）	簡帛研究網		2003 年 1 月 19 日	
嚴學宭	試論古訓的得失與取捨	中國語文研究		1986 年 8 期	
嚴一萍	卜辭四方風新義	大陸雜誌	中華書局	1957 年	第 15 卷
嚴一萍	不國解	中國文字	藝文印書館	1973 年	第四十九册

嚴一萍	楚繒書新考	中國文字	藝文印書館	1967—1968年	26—28期
嚴一萍	婦好列傳	中國文字	藝文印書館	1981年	新三期
嚴一萍	甲骨文斷代研究新例	《史語所集刊》外編第四種-下		1961年	
嚴一萍	牢字新義	中國文字	藝文印書館	1969年	第九册
嚴一萍	釋大	中國文字	藝文印書館		
嚴一萍	釋交	中國文字	藝文印書館		
嚴一萍	釋太	中國文字	藝文印書館	1961年	第四期
嚴一萍	釋文	中國文字	藝文印書館		
嚴一萍	釋揖	中國文字	藝文印書館	1985年9月	新十期
嚴一萍	釋乙門	中國文字	藝文印書館	1988年7月	新十二期
嚴一萍	釋矢	中國文字	藝文印書館		
嚴一萍	吴人——讀石鼓文小記	中國文字	藝文印書館	1973年48期	
嚴一萍	殷商天文志	中國文字	藝文印書館	1980年	新二期
嚴一萍	于省吾强詞造"甲"	中國文字	藝文印書館		
晏昌貴	《容成氏》中的"禹政"	上博館藏戰國楚竹書研究續編	上海書店出版社	2004年7月	
晏昌貴	《三德》四札	簡帛網		2006年3月7日	
晏昌貴	張家山漢簡釋地六則	江漢考古		2005年2期	
楊朝明	《從政》篇釋義三則	簡帛研究網		2003年5月4日	
楊逢彬	對殷墟甲骨刻辭	武漢大學學報（人文		2000年1月	

	中“雨不雨”、“雨不”的考察	社會科學版）			
楊逢彬	論殷墟甲骨刻辭中不能肯定存在連詞	古漢語研究	商務印書館	2003 年 3 期	
楊懷源	讀上博簡《中弓》札記四則	簡帛研究網		2004 年 8 月 7 日	
楊寬	楚帛書的四季神像及其创世神話	文學遺産		1997 年 4 期	
楊聯陞	古史劄記兩條	中國文字	藝文印書館	1988 年 7 月	新十二期
楊琳	《説文》辨正五則	中國文字研究	華東師範大學	2004年11月	五輯
楊潛齋	釋冥	華中師範學院學報	華中師範學院	1981 年 3 期	
楊升南	説甲骨卜辭中的“湄日”	徐中舒百年誕辰紀念文集	巴蜀書社	1998年10月	
楊文山	青銅器麥盉與“邢侯征事”——兩周邢國歷史綜合研究之四	文物春秋		2004 年 2 月	
楊澤生	讀《上博四》劄記	簡帛研究網		2005 年 3 月 24 日	
楊澤生	讀上博竹書札記（六則）	古文字研究	中華書局	2004 年	二十五輯
楊澤生	《上博五》零釋十二則	簡帛網		2006 年 3 月 20 日	
楊澤生	上博竹書第三册零釋	簡帛研究網		2004 年 4 月 29 日	
楊澤生	上博竹書考釋（三篇）	第四届國際中國古文字學研討會論文集	香港中文大學	2003 年	
楊澤生	試説《孔子詩論》中的篇名《中氏》	上博館藏戰國楚竹書研究	上海書店出版社	2002 年	
楊澤生	説上博簡“宋穆公者，天下之亂人也”	簡帛網		2006 年 3 月 10 日	
楊澤生	説字兩則	中國文字研究	廣西教育出版社	2004年11月	5 輯

楊澤生	竹書《周易》劄記（四則）	簡帛研究網		2004年5月8日	
楊澤生	竹書《周易》中的兩個異文	簡帛研究網		2004年5月29日	
姚小鷗	《孔子詩論》第六簡釋文考釋的若干問題	上博館藏戰國楚竹書研究	上海書店出版社	2002年	
姚孝遂	古文字的符號化問題	古文字學論集	香港中文大學	1983年	
姚孝遂	牢宰考辨	古文字研究	中華書局	1984年	八輯
姚孝遂	説“一”	第二届國際中國文字學研討會論文集	香港中文大學	1993年10月	
姚孝遂	再論古漢字的性質	古文字研究	中華書局	1989年	十七輯
葉保民	商周文字考	復旦大學學報（增刊）		1980年	
葉玉森	説契	學衡		1924年31期	
葉正渤	卜辭“來	殷都學刊		2004年1期	
殷滌非	安徽壽縣新發現的銅牛	文物		1959年4期	
殷滌非	九里墩墓的青銅鼓座	古文字研究	中華書局	1986年	十四輯
殷滌非	試論大豐簋的年代	文物		1960年5期	
殷滌非	壽縣出土的“鄂君啓金節”	文物		1958年4期	
殷康	古鼓和古文鼓字	社會科學戰綫	社會科學戰綫編輯部	1979年3期	
尹盛平	西周的國與太伯、仲雍奔“荆蛮”	陝西省文博考古科研成果彙報會論文選集	陝西省文物事業管理局	1981年	
雍城考古工作隊	鳳翔縣高莊戰國秦墓發掘簡報	文物		1980年9期	
尤仁德	楚伺県戈考釋	考古與文物		1996年4期	
尤仁德	春秋戰國八璽考釋	考古與文物		1982年3期	
尤仁德	館藏戰國六璽考釋	考古與文物		1990年3期	

于豪亮	古璽考釋	古文字研究	中華書局	1981年	五輯
于豪亮	居延漢簡甲編補釋	考古		1961年8期	
于豪亮	牆盤銘文考釋	古文字研究	中華書局	1982年	七輯
于豪亮	陝西省扶風縣强家村出土虢季家族銅器銘文考釋	古文字研究	中華書局	1984年	九輯
于豪亮	釋漢簡中的草書	于豪亮學術文存	中華書局	1985年1月	
于豪亮	説引字	考古		1977年5期	
于豪亮	中山三器銘文考釋	于豪亮學術文存	中華書局	1985年1月	
于省吾	讀金文札記五則	考古		1966年2期	
于省吾	鄂君啓節考釋	考古		1963年8期	
于省吾	牆盤銘文十二解	古文字研究	中華書局	1981年	五輯
于省吾	釋從天從火從人的一些古文字	古文字研究	中華書局	1986年	十五輯
于省吾	釋羙	考古		1979年4期	
于省吾	釋能和嬴以及從嬴的字	古文字研究	中華書局	1983年	八輯
于省吾	釋奴婢	考古		1962年9期	
于省吾	釋羌、苟、敬、美	吉林大學社會科學學報		1992年	
于省吾	釋庶	考古		1959年	
于省吾	殷代的交通工具和馹傳制度	吉林大學社會科學學報		1995年2期	
于中航	[illegible]藿戟小考	文物		1994年3期	
余永梁	殷虚文字考	國學論叢		1927年	一卷一期
余永梁	殷虚文字續考	國學論叢		1928年	一卷四號
俞志慧	《孔子詩論》五題	上博館藏戰國楚竹書研究	上海書店出版社	2002年	
虞萬里	上博簡、郭店簡《緇衣》與傳本合校補證（上）	史林		2002年2期	
虞萬里	上博簡、郭店簡《緇衣》與傳本合校補證（中）	史林		2003年3期	

袁國華	《包山楚簡》文字考釋	第二屆國際中國文字學研討會論文集	香港中文大學	1993年10月	
袁國華	鑄司寇鼎銘淺釋	第三屆國際中國古文字學研討會論文集	香港中文大學	1997年10月	
臧克和	釋"鰥"	文學人類學論叢		1999年9月	二輯
臧克和	《説文解字》中的"夸父"	學術研究		1995年5期	
臧克和	殷周《金文資料庫》與《尚書》文獻用字研究(一)	中國文字研究	華東師範大學	2002年10月	三輯
曾憲通	包山卜筮簡考釋	第二屆國際中國文字學研討會論文集	香港中文大學	1993年10月	
曾憲通	楚文字釋叢	中山大學學報		1996年3期	
曾憲通	楚月名初探	中山大學學報		1980年1期	
曾憲通	楚月名初探——兼談固墓竹簡的年代問題	古文字研究	中華書局	1981年	五輯
曾憲通	從"蚩"符之音讀再論古韻東部的分合	第三屆國際中國古文字研討會論文集	香港中文大學	1997年10月	
曾憲通	説繇	古文字研究	中華書局	1983年	十輯
曾憲通	再説"蚩"符	古文字研究	中華書局	2004年	二十五輯
曾憲通	"作"字探源	古文字研究	中華書局	1992年	十九輯
查瑞珍	鬪翁主釦	文物		1979年7期	
詹鄞鑫	甲骨文字考釋二則	語言研究		1986年2期	
詹鄞鑫	釋甲骨文炅字及相關的青銅器紋飾	徐中舒百年誕辰紀念文集	巴蜀書社	1998年10月	
張寶明	從甲骨文、金文看商族的母性崇拜	河南社會科學	河南社會科學編輯部	2002年4月	
張標	古文字劄記	考古與文物		1988年2期	
張標	漢簡帛筆記三則	考古與文物		1987年5期	
張秉權	甲骨文中所見人地同名考	慶祝李濟先生七十歲論文集·下	臺北清華學報社	1967年	
張秉權	殷虚文字劄記	"中央研究院"歷史語言研究所集刊		1954年	第二十五本

張富海	上博簡五《鮑叔牙與隰朋之諫》補釋	簡帛網		2006年5月10日	
張富祥	説“叀”	淄博學院學報（社會科學版）		1997年3期	
張光裕	拜䭫首釋義	中國文字	藝文印書館	1968年	第二十八册
張光裕	先秦泉幣文字辯疑	中國文字	藝文印書館	1970年9月	第三十七册
張光裕	新見曩侯媵器簡釋	第三届國際中國古文字學研討會論文集	香港中文大學	1997年10月	
張光裕	玉刀珌銘補釋	中國文字	藝文印書館		
張桂光	古文字考釋六則	于省吾教授百年誕辰紀念文集	吉林大學出版社	1996年9月	
張桂光	《郭店楚墓竹簡·老子》釋注商榷	江漢考古		1999年2期	
張桂光	《郭店楚墓竹簡》釋注續商榷	簡帛研究	廣西教育出版社	2001年	
張桂光	《柬大王泊旱》編聯與釋讀略説	古文字研究	中華書局	2006年11月	二十六輯
張桂光	上博簡（二）《子羔》篇釋讀劄記	上海博物館藏戰國楚竹書研究續編	上海書店出版社	2004年	
張頷	《成皋丞印》跋	古文字研究	中華書局	1986年	十四輯
張頷	庚兒鼎解	考古		1963年5期	
張頷	古幣文三釋	張頷學術文集	中華書局	1995年3月	
張頷	“貴海”銅印釋文正誤	張頷學術文集	中華書局	1995年3月	
張頷	侯馬東周遺址發現晉國朱書文字	文物		1966年2期	
張頷	侯馬盟書分類例釋注	張頷學術文集	中華書局	1995年3月	
張頷	魏幣布考釋	中國錢幣		1985年4期	
張金霞	甲骨文[illegible]字及其地望考	古漢語研究	商務印書館	1997年3期	
張静	郭店楚簡中的變形音化現象	漢字研究	學苑出版社	2005年6月	一輯

張世超	卜辭句末語氣詞的再探索	中國文字研究	華東師範大學	2001年10月	二輯
張世超	"尺"的字源考察與語源問題	漢字研究	學苑出版社	2005年6月	一輯
張世超	釋"逸"	中國文字研究	華東師範大學	2005年10月	六輯
張松林	鄭州商城内出土東周陶文簡釋	中原文物		1986年1期	
張通海	上博簡《容成氏》補釋數則	中國文字研究	華東師範大學	2005年10月	六輯
張通海	上博簡（三）《中弓》散記	漢字研究	學苑出版社	2005年6月	一輯
張筱衡	散盤考釋（上）	人文雜誌		1958年3期	
張筱衡	散盤考釋（下）	人文雜誌		1958年3期	
張新俊	釋殷墟甲骨文中的"騮"	古籍整理研究學刊	古籍整理研究學刊編輯部	2005年5期	
張新俊	《周易》新證一例——"厥孚"可能是"有孚"之誤	開封大學學報		2005年1期	
張學城	釋"赤"	内蒙古民族大學學報（社會科學版）		2002年4期	
張亞初	古文字分類考釋論稿	古文字研究	中華書局	1989年17輯	
張亞初	甲骨文金文零釋	古文字研究	中華書局	1981年	六輯
張亞初	金文考證例釋	第三届國際中國古文字學研討會論文集	香港中文大學	1997年10月	
張亞初	商周族氏銘文考釋舉例	古文字研究	中華書局	1982年	七輯
張亞初	周厲王所作祭器㝬簋考——兼論與之相關的幾個問題	古文字研究	中華書局	1981年	五輯
張與仁	巳己文字與彝器畫紋考釋	中國文字	藝文印書館	1966年	第十九册
張玉春	釋"好"	東北師大學報（哲學社會科學版）	東北師範大學	2001年4期	

張玉金	釋甲骨金文中的“西”和“囟”字	中國文字研究	華東師範大學	2001年10月	二輯
張玉金	釋甲骨文中的“[illegible]”和“[illegible]”	出土文獻研究	文物出版社	1999年	五輯
張玉金	説卜辭中的“至日”、“即日”、“戠日”	考古與文物		1992年4期	
張玉金	周原甲骨文“囟”字釋義	殷都學刊		2000年1期	
張再興	西周金文構字元素的形體變化及其影響	瓊州大學學報		2002年1月	
張再興	殷周金文集成·青銅器定名問題	古籍整理研究學刊	古籍整理研究學刊編輯部	2003年2月	
張占民	秦兵器題銘考釋	古文字研究	中華書局	1986年14輯	
張振林	先秦“要”、“婁”二字及相關字辨析——兼議散氏盤主人與定名	第三届國際中國古文字學研討會論文集	香港中文大學	1997年10月	
張政烺	釋戋	古文字研究	中華書局	1981年	六輯
張政烺	王臣簋釋文	古文字研究論文集		1982年	十輯
張政烺	殷契劦田解	甲骨文與殷商史	上海古籍出版社	1983年	一輯
張政烺	中山王譽壺及鼎銘考釋	古文字研究	中華書局	1979年	一輯
張忠松	《説“引”字》質疑	考古		1981年6期	
張宗騫	卜辭弜弗通用考	燕京學報		1940年28期	
趙炳清	上博簡三《彭祖》補釋	簡帛研究網		2005年1月26日	
趙誠	甲骨文行爲動詞探索（一）	古文字研究	中華書局	1989年	十七輯
趙誠	甲骨文虚詞探索	古文字研究	中華書局	1986年	十五輯
趙誠	牆盤銘文補釋	古文字研究	中華書局	1981年	五輯
趙建功	《恒先》易解（上）	簡帛網		2005年1月26日	
趙建功	《恒先》易解（下）	簡帛研究網		2005年2月7日	

趙建偉	讀上博竹簡（二）劄記七則	簡帛研究網		2003年11月2日	
趙平安	從楚簡"娩"的釋讀談到甲骨文的"娩㓃"	簡帛研究	廣西教育出版社	2001年	
趙平安	《窮達以時》第九號簡考論——兼及先秦兩漢文獻中比干故事的衍變	古籍整理研究學刊	古籍整理研究學刊編輯部	2002年2期	
趙平安	山東泰安龍門口新出青銅器銘文考釋	中國歷史文物		2006年2月	
趙平安	商周時期金屬稱量貨幣的自名名稱及其嬗變	中國文字研究	華東師範大學	2003年12月	四輯
趙平安	上博藏《緇衣》簡字詁四篇	上博館藏戰國楚竹書研究	上海書店出版社	2002年	
趙世綱	禱詞考——温縣盟書T4K5#盟詞釋讀	第四届國際中國古文字學研討會論文集	香港中文大學	2003年	
趙世綱等	王子午鼎銘文試釋	文物		1980年10期	
趙天吏	釋"惪"	河南師範大學學報		1982年2期	
趙錫元	周代的二等國民——庶人	史學集刊		1982年3期	
鄭剛	金文中的"陳"和"彖"	第三届國際中國古文字學研討會論文集	香港中文大學	1997年10月	
鄭慧生	從"間"字之釋説到商代的"間祀"	史學月刊		1987年3期	
鄭家相	古代的貝化	文物		1959年3期	
鄭傑祥	殷墟新出卜辭若干地名考釋	中州學刊		2003年5期	
鄭玉姍	《上博四·昭王毀室》劄記	簡帛研究網		2005年3月31日	
鍾柏生	釋"[illegible]"	考古與歷史文化		1991年6期	
鍾柏生	釋束及其相關問題	"中央研究院"歷史語言研究所集刊		1987年	第五十八本第一分

周寶宏	讀古文字雜記九則	于省吾教授百年誕辰紀念文集	吉林大學出版社	1996年9月	
周波	楚文字中的“雩”	簡帛研究網		2004年4月29日	
周波	上博五札記（三則）	簡帛網		2006年2月26日	
周鳳五	讀上博楚竹書《從政》甲篇劄記	上博館藏戰國楚竹書研究續編	上海書店出版社	2004年	
周鳳五	《孔子詩論》新釋文及注解	上博館藏戰國楚竹書研究	上海書店出版社	2002年	
周鳳五	説猾	中國文字	藝文印書館	1973年	第四十七册
周國正	卜辭兩種祭祀動詞的語法特徵及有關句子的語法分析	古文字學論集	香港中文大學	1983年	初編
周清海	古文字的考釋與經典的訓讀	中國文字	藝文印書館	1971年	第三十九册
周同	令彝考釋中的幾個問題	歷史研究		1959年4期	
周永珍	兩周時期的應國、鄧國銅器及地理位置	考古		1982年1期	
朱德熙	鄂君啓節考釋	朱德熙古文字論集	中華書局	1995年	
朱德熙	鄂君啓節考釋（八篇）	紀念陳寅恪先生誕辰百年學術論文集	北京大學出版社	1989年8月	
朱德熙	關於屭羌鐘銘文的斷句問題	中國語言學報		1984年2期	
朱德熙	馬王堆一號漢墓遣策考釋補正	文史	中華書局	1980年	十輯
朱德熙	平山中山王墓銅器銘文的初步研究	文物		1979年1期	
朱德熙	戰國文字研究（六種）	朱德熙古文字論集	中華書局	1995年	
朱德熙	戰國文字中所見有關廄的資料	古文字論集（初編）		1983年	

朱鳳翰	作册般黿探析	中國歷史文物		2005年1期	
朱華、王仲璋	“西河庫”銅鼎淺説	文物世界		2002年3月	
朱活	釋篇——兼談刀背文字	古文字研究	中華書局	1983年	十輯
朱人瑞	大盂鼎銘文“妹辰”的涵義及其源流演變	學術月刊		1957年8期	
朱彦民	《明義士家藏中國文物展》中兩片甲骨考釋	文史哲		2001年4期	
朱淵清	“域”的形上學意義	簡帛研究網		2004年4月18日	
朱淵清	仲弓的年齡及其身份	簡帛研究網		2004年5月12日	
莊淑慧	曾侯乙墓出土竹簡考	臺灣師範大學國學研究所集刊	臺灣師範大學國學研究所	1996年3月	

圖書在版編目(CIP)數據

古文字考釋提要總覽.第四册/劉志基等主編;董蓮池分册主編. —上海:上海書店出版社,2019.1
ISBN 978-7-5458-1688-4

Ⅰ.①古… Ⅱ.①劉… ②董… Ⅲ.①漢字-古文字-内容提要 Ⅳ.①Z89:H121

中國版本圖書館CIP數據核字(2018)第275970號

責任編輯 鄒 燁
封面設計 傅惟本

古文字考釋提要總覽(第四册)
劉志基等 主編
董蓮池 分册主編

出　版 上海人民出版社
上海書店出版社
(200001 上海福建中路193號)
發　行 上海人民出版社發行中心
印　刷 蘇州市越洋印刷有限公司
開　本 787×1092 1/16
印　張 74.25
字　數 1,000,000
版　次 2019年1月第1版
印　次 2019年1月第1次印刷
ISBN 978-7-5458-1688-4/Z·68
定　價 500.00圓